韬略通鉴

(国际篇)

董书城 著

红旗出版社

图书在版编目（CIP）数据

韬略通鉴. 国际篇 / 董书城著.
——北京：红旗出版社，2018. 4
ISBN 978 - 7 - 5051 - 4799 - 7

Ⅰ. ①韬… Ⅱ. ①董… Ⅲ. ①谋略 - 研究 - 中国②国家战略 - 研究 - 世界 Ⅳ. ①C934②D5

中国版本图书馆 CIP 数据核字（2018）第 240176 号

书　　名	韬略通鉴. 国际篇		
著　　者	董书城		
出 品 人	唐中祥	责任编辑	刘险涛　周艳玲
总 监 制	李仁国	封面设计	高　建
出版发行	红旗出版社	地　　址	北京市沙滩北街 2 号
邮政编码	100727	编 辑 部	010 - 57274526
E - mail	hongqi1608@126. com		
发 行 部	010 - 57270296		
印　　刷	三河市同力彩印有限公司		
开　　本	787mm×1092mm	1/16	
字　　数	1001 千字	印　张	40.75
版　　次	2019 年 1 月河北第 1 版	2019 年 1 月河北第 1 次印刷	
ISBN 978 - 7 - 5051 - 4799 - 7		定　价	158 元

欢迎品牌畅销图书项目合作　　联系电话　010 - 57274627
凡购本书，如有缺页、倒页、脱页，本社发行部负责调换。

目 录
CONTENTS

第一篇 外国主要军事思想

绪 言 ··· 1
  一、外国古代军事思想 ··· 1
  二、外国近代军事思想 ··· 2
  三、外国现代军事思想 ··· 2

第一章 美国的军事思想 ··· 5
  一、马汉的《海权对历史的影响，1660—1783》 ······································ 5
  二、索普的《理论后勤学：战争准备的科学》 ·· 6
  三、蒙哥马利的《蒙哥马利回忆录》 ·· 7
  四、格兰特的《个人回忆录》 ··· 8
  五、米切尔的《空中国防论》 ··· 9
  六、罗斯福的军事思想 ··· 10
  七、塞维尔斯基的《空权：生存的关键》 ·· 11
  八、艾克尔斯的《国防后勤学》 ··· 12
  九、泰勒的《不定的号角》 ··· 12
  十、布罗迪的《绝对武器：原子力量与世界秩序》 ·································· 13
  十一、奥斯古德的《有限战争：美国战略面临的挑战》 ··························· 13
  十二、康恩的《论逐步升级：比喻和假想情景》 ···································· 14
  十三、基辛格的《核武器与对外政策》 ··· 15
  十四、柯林斯的《大战略》 ··· 16
  十五、格雷厄姆的《高边疆——新的国家战略》 ···································· 17
  十六、鲍德温的《明天的战略》 ··· 18
  十七、托夫勒的《未来的战争》 ··· 18

第二章 俄国（包括苏联）的军事思想 …… 20
一、苏沃洛夫的《制胜的科学》 …… 20
二、鲁缅采夫的《指南》《军规》《思想》 …… 21
三、列宁的军事思想 …… 22
四、斯大林的军事思想 …… 22
五、伏龙芝的《统一的军事学说与红军》 …… 23
六、沙波什尼科夫的《军队大脑》 …… 24
七、特里安达菲洛夫的《现代军队的战役性质》 …… 25
八、索科洛夫斯基的《军事战略》 …… 26
九、朱可夫的《回忆与思考》 …… 27
十、格列奇科的《苏维埃国家的武装力量》 …… 28
十一、伊万诺夫的《战争初期》 …… 29
十二、戈尔什科夫的《国家的海上威力》 …… 30

第三章 德国（包括普鲁士）的军事思想 …… 32
一、弗里德里希二世的《给将军们的训词》 …… 32
二、克劳塞维茨的《战争论》 …… 33
三、恩格斯的军事思想 …… 35
四、鲁登道夫的《总体论》 …… 36
五、泽克特的《德国国防军》 …… 37
六、古德里安的《坦克－前进!》 …… 38
七、希特勒的军事思想 …… 39

第四章 法国的军事思想 …… 42
一、萨克斯的《梦想》 …… 42
二、拿破仑的《拿破仑军事语录》 …… 43
三、福煦的《作战原则》 …… 45
四、戴高乐的《向职业军队发展》 …… 47
五、博福尔的《战略入门》 …… 48

第五章 英国的军事思想 …… 50
一、科洛姆的《海战：基本原则和历史经验》 …… 50
二、麦金德的《历史的地理枢纽》 …… 51
三、富勒的《装甲战》 …… 52
四、丘吉尔的《第二次世界大战回忆录》 …… 53
五、哈特的《战略论》 …… 55
六、斯莱塞的《西方战略》 …… 57
七、罗素的《常识和核武器战争》 …… 57

第六章 其他国家的军事思想 …… 59
一、修昔底德的《伯罗奔尼撒战争史》 …… 59
二、阿里安的《亚历山大远征记》 …… 60
三、恺撒的《高卢战记》 …… 61

四、弗龙蒂努斯的《谋略》 …………………………………………………………… 61
　　五、韦格蒂乌斯的《兵法简述》 ……………………………………………………… 62
　　六、杜黑的《制空权》 ………………………………………………………………… 63
　　七、若米尼的《兵法概论》 …………………………………………………………… 64
　　八、格瓦拉的《游击战》 ……………………………………………………………… 65
　　九、林子平的《海国兵谈》 …………………………………………………………… 66

第二篇　无产阶级革命斗争的战略与策略

第一章　战略和策略是指导无产阶级革命斗争的科学 ……………………………………… 69
　　一、无产阶级战略的理论基础与战略任务 …………………………………………… 69
　　二、战略与策略的辩证关系 …………………………………………………………… 72
　　三、原则坚定性和策略灵活性的辩证统一 …………………………………………… 72
第二章　革命阶段中的战略与革命来潮退潮中的策略 …………………………………… 74
　　一、革命阶段与战略 …………………………………………………………………… 74
　　二、革命运动的来潮退潮与策略 ……………………………………………………… 74
　　三、制定无产阶级战略和策略应该注意的问题 ……………………………………… 77
第三章　战略指导：运用革命后备军 ……………………………………………………… 79
　　一、直接后备军 ………………………………………………………………………… 79
　　二、间接后备军 ………………………………………………………………………… 85
　　三、战略指导的任务 …………………………………………………………………… 87
　　四、实行正确的退却 …………………………………………………………………… 90
　　五、要发挥精神上的优势 ……………………………………………………………… 91
第四章　策略指导：运用革命的斗争形式与组织形式 …………………………………… 93
　　一、要善于发动群众和组织群众 ……………………………………………………… 93
　　二、要善于选择斗争形式和组织形式 ………………………………………………… 93
　　三、要善于找到主要环节 ……………………………………………………………… 94

第三篇　高科技战争与战略

绪　言 ………………………………………………………………………………………… 97
第一章　新军事革命与战略演变 …………………………………………………………… 99
　　一、新军事革命基本内容 ……………………………………………………………… 99
　　二、新军事革命的原因 ………………………………………………………………… 103
　　三、新军事革命的特点 ………………………………………………………………… 104
　　四、新军事革命的影响 ………………………………………………………………… 106
　　五、新军事革命与战争谋略 …………………………………………………………… 109
第二章　核武器与核威慑 …………………………………………………………………… 117

一、核武器概述 ································· 117
　　二、核武器的杀伤破坏因素 ························· 119
　　三、核武器的使用及对作战的影响 ····················· 120
　　四、核战争与核战争理论 ·························· 121
　　五、当代核威慑战略 ···························· 125
　　六、核威慑战略被提到空前高度 ······················ 129
　　七、核威慑的发展与战略演变 ······················· 130
　　八、物极必反——核威慑的衰落 ······················ 134
　　九、核战争时刻威胁着人类 ························ 134
第三章　非接触性无核战争 ··························· 137
　　一、非接触性战争是接触性战争的蜕变 ·················· 137
　　二、高精度武器是非接触战争决定性因素 ················· 140
　　三、未来战争中新武器 ··························· 144
　　四、美俄研制最新武器 ··························· 147
　　五、高精度武器的试验 ··························· 150
　　六、武器的"慈化"倾向 ·························· 153
　　七、零伤亡战 ······························· 155
　　八、高科技战争中的精确指挥 ······················· 157
第四章　非对称战争 ······························· 159
　　一、典型的非对称战争：恐怖战 ······················ 159
　　二、一种新型战争：反恐战 ························ 163
　　三、其他类型的非对称战争 ························ 166
第五章　未来战争几种全新的作战形态 ····················· 171
　　一、全新战争的四大特点 ·························· 171
　　二、以信息优势为作战目的的信息战 ··················· 173
　　三、突破平台中心战的网络中心战 ···················· 181
　　四、其他战争形式 ····························· 185
　　五、在外层空间进行军事对抗的太空战 ·················· 198
第六章　高科技战争中的心理战 ························· 204
　　一、高科技战争对军人心理的影响 ···················· 204
　　二、高科技战争中的心理战 ························ 207
　　三、高科技战争中心理战的战法 ······················ 210
　　四、高科技战争中的心理进攻和防御 ··················· 212
　　五、孙子心理战思想在现代战争中的应用 ················· 215
第七章　现代战争的后勤保障 ·························· 219
　　一、后勤保障关系到战争的胜败 ······················ 219
　　二、高科技局部战争战役后勤指挥问题 ·················· 222
　　三、战役后勤保障的特点与影响 ······················ 225
　　四、改变传统模式，实施超常保障 ···················· 226

五、沙漠地区机动作战的后勤保障···228
　　六、登陆战役的后勤保障···229
　　七、山地进攻战役后勤保障···229
　　八、海上局部战争的后勤保障··231
　　九、城市进攻战役的后勤保障··232
　　十、空中进攻战役的后勤保障··234
　　十一、导弹战后勤保障趋势及对策···237
第八章　军事高科技··239
　　一、军事高科技的定义、分类、特点与发展趋势······························239
　　二、高科技在军事上的应用···248
第九章　几场高科技局部战争···251
　　一、高科技局部战争概说··251
　　二、马岛之战··256
　　三、海湾战争··262
　　四、波黑战争··268
　　五、科索沃战争···272
　　六、阿富汗战争···276
　　七、伊拉克战争···280
　　八、人类正进入高科技战争的新时代··286
第十章　主要国家的战略决策···289
　　一、战略领导的决策··289
　　二、美国战略领导···293
　　三、西欧主要国家的战略领导体系···296
第十一章　主要国家的军事战略··300
　　一、美国的军事战略··300
　　二、北约军事战略的演变··303
　　三、俄罗斯的军事战略··309
　　四、日本的军事战略··312
　　五、印度的军事战略··314
　　六、大国军事战略纵横比较···319

第四篇　冷战时期的美苏争霸战略

第一章　战略上的分割包围···335
　　一、美苏争霸的战略演变··335
　　二、苏联在实力基础上形成全球战略··336
　　三、美国对苏联战略的调整···337
　　四、美苏的战略重点的欧洲···339
　　五、美苏的亚洲战略··343

六、美苏的中东战略 ……………………………………………………… 349
　　七、美苏的非洲战略 ……………………………………………………… 355
　　八、美苏的拉丁美洲战略 ………………………………………………… 359
第二章　苏联在外交上的和平攻势 …………………………………………… 362
　　一、苏联缓和攻势的价值 ………………………………………………… 362
　　二、苏联缓和攻势的新调 ………………………………………………… 365
　　三、绥靖与缓和 …………………………………………………………… 367
　　四、美苏新的核谈判 ……………………………………………………… 368
第三章　间谍组织的渗透颠覆 ………………………………………………… 371
　　一、美国的中央情报局与情报界 ………………………………………… 371
　　二、苏联的克格勃（KGB）……………………………………………… 374
　　三、间谍活动与反间谍活动 ……………………………………………… 381
　　四、美苏间谍战中的世界战略 …………………………………………… 388
第四章　对战略物资石油的封锁控制 ………………………………………… 407
　　一、美国战略中的石油 …………………………………………………… 407
　　二、苏联战略中的石油 …………………………………………………… 412
　　三、美苏两霸对世界石油资源的争夺 …………………………………… 415
　　四、油田地带的夹击战 …………………………………………………… 417
第五章　以核武器建立军事上的绝对优势 …………………………………… 422
　　一、美苏战略家的核战略思想 …………………………………………… 422
　　二、核战略武器的竞赛 …………………………………………………… 425
　　三、美苏核武器的优劣 …………………………………………………… 428
　　四、最新的致命武器 ……………………………………………………… 429
　　五、按照核战略所作的打算 ……………………………………………… 431
　　六、美苏的民防：防御核辐射 …………………………………………… 432
第六章　苏联与东欧的巨变 …………………………………………………… 435
　　一、第二次世界大战后的国际形势 ……………………………………… 435
　　二、戈尔巴乔夫执政和苏联、东欧的剧变 ……………………………… 437
　　三、苏联、东欧剧变的四层原因 ………………………………………… 445
　　四、苏联、东欧剧变的严重后果与影响 ………………………………… 453

第五篇　一超多强的全球战略

第一章　"一超多强"多极化格局 …………………………………………… 457
　　一、苏东欧剧变后的国际形势 …………………………………………… 457
　　二、多极化中的"极"与力量中心 ……………………………………… 460
　　三、美国与多极化格局 …………………………………………………… 462
　　四、多极化与区域集团化 ………………………………………………… 462
第二章　经济全球化 …………………………………………………………… 467

一、经济全球化的趋势 ……………………………………………………… 467
二、经济全球化中的安全问题 ……………………………………………… 470
三、技术演进与全球化 ……………………………………………………… 472
四、经济全球化条件下的趋同文化和多元文化 …………………………… 473
五、全球化与南北关系 ……………………………………………………… 475
六、全球化与建立国际政治经济新秩序 …………………………………… 479
七、美国与世界经济全球化 ………………………………………………… 480
八、经济全球化与发展中国家的对策 ……………………………………… 482

第三章 北约新战略 ……………………………………………………………… 485
一、北约与华约对峙数十年 ………………………………………………… 485
二、北约战略调整 …………………………………………………………… 487
三、北约三颗棋子的运行轨迹 ……………………………………………… 487
四、北约从大西洋化到全球化 ……………………………………………… 489
五、北约东扩与反北约东扩斗争 …………………………………………… 492
六、北约东扩与美俄中的地缘政治 ………………………………………… 494
七、联合国受北约组织与八国集团左右夹击 ……………………………… 498

第四章 美国世界新战略 ………………………………………………………… 502
一、全球和地区战略 ………………………………………………………… 502
二、军事战略 ………………………………………………………………… 504
三、亚洲的军事部署 ………………………………………………………… 506
四、美国亚太战略 …………………………………………………………… 507
五、"融合欧洲"战略 ……………………………………………………… 511
六、美国霸权主义的制约因素 ……………………………………………… 513

第五章 21世纪发展中国家经济增长与战略任务 …………………………… 517
一、21世纪发展中国家经济力量的增长 ………………………………… 517
二、21世纪发展中国家的战略任务 ……………………………………… 522
三、非洲联合自强的战略 …………………………………………………… 525

第六章 亚太地区的安全形势与矛盾斗争 …………………………………… 529
一、亚太地区政治、经济形势 ……………………………………………… 529
二、均势在亚太地区安全中的地位和作用 ………………………………… 532
三、21世纪东亚国际新秩序 ……………………………………………… 534
四、亚太大国在东南亚地区的利益与矛盾 ………………………………… 537

第七章 欧洲新格局与战略问题 ……………………………………………… 543
一、欧洲进入一个动荡时期 ………………………………………………… 543
二、欧洲安全战略三大症结 ………………………………………………… 544
三、欧洲军事格局 …………………………………………………………… 546
四、欧盟经济战略 …………………………………………………………… 548
五、欧洲格局转换中的英法德关系 ………………………………………… 551
六、演变中的北欧平衡格局 ………………………………………………… 554

七、西欧对东欧的"融合战略" …………………………………………………… 556
第八章 俄罗斯的新战略 558
　一、苏联剧变对欧洲的影响 …………………………………………………… 558
　二、新战略的出台 ……………………………………………………………… 558
　三、复兴战略中的经济走势 …………………………………………………… 559
　四、俄罗斯的外交策略 ………………………………………………………… 562
第九章 日本谋求政治大国的战略 564
　一、加强日美安保体制 ………………………………………………………… 564
　二、谋求政治大国的外交战略 ………………………………………………… 567
　三、日本能否成为"军事大国" ………………………………………………… 571
　四、争夺亚太经济的领导权 …………………………………………………… 573
　五、日本的军事大国化倾向 …………………………………………………… 576
　六、"美日台战略同盟"的台湾角色 …………………………………………… 578
第十章 印度的国际战略 580
　一、国防政策 …………………………………………………………………… 580
　二、军事战略 …………………………………………………………………… 581

第六篇　人类未来的全球战略

第一章 宇宙万物运动的程序 583
　一、宇宙程序、社会程序与大脑程序 ………………………………………… 583
　二、宇宙程序、社会程序与人脑程序三者存在复杂相互作用 ……………… 590
第二章 人类共同面临的重大威胁及如何对策 593
　一、人类共同面临的威胁 ……………………………………………………… 593
　二、消除人类祸患的对策 ……………………………………………………… 600
第三章 构建和谐社会与和谐世界 605
　一、和谐思维与和谐观 ………………………………………………………… 605
　二、和谐社会动力发展机制 …………………………………………………… 611
　三、构建和谐世界 ……………………………………………………………… 612
第四章 社会发展的内在动力 616
　一、社会发展的动力机制 ……………………………………………………… 616
　二、社会制度作为社会发展动力的作用机制 ………………………………… 620
　三、思想决定制度、制度决定强弱 …………………………………………… 622
第五章 未来的全球化与建立地球国家 629
　一、全球化与当代民族主义 …………………………………………………… 629
　二、文化的多元与制度的同构 ………………………………………………… 631
　三、人类未来走向地球国家 …………………………………………………… 634

第一篇　外国主要军事思想

绪　言

军事思想是关于战争、军队和国防基本问题的理性认识，是人们长期从事军事实践的经验总结和理论概括。不同阶级、国家或政治集团有不同的军事思想。即使同一阶级、国家或政治集团的军事思想，在不同历史时期或发展阶段也有区别。军事思想可按社会历史发展阶段、阶级、国家和不同历史时期主导性兵器的特征等分类。军事思想是一种社会意识形态，既受其他社会意识形态的制约和影响，也影响和作用于其他社会意识形态。军事思想是军事科学的综合性基础理论门类，既对军事科学其他门类的研究与发展具有总体指导作用，又从军事科学其他门类中汲取营养，使自身不断发展。军事思想对人类社会生活的重要影响，迫使人们很早就开始对军事领域的基本问题进行思考，并逐渐形成不同的军事思想。

一、外国古代军事思想

远古时代，生息繁衍于世界各地的众多氏族群体，对军事问题的认识普遍处于蒙昧状态，往往把战争发生和胜负的原因归结为"天意""神旨"等。随着私有财产和阶级的产生，特别是进入奴隶制社会后，战争成为阶级斗争的最高形式。与此同时，随着社会的进步，人类的思维能力达到了新的水平。丰富的军事实践经验与提高了的认识能力相结合，使人类对战争问题的认识进一步向客观实际靠近，迷信色彩有所淡化。

在古代，世界各国的军事思想，特别是古代希腊军事思想和古代罗马军事思想获得显著发展。从史书记载的古希腊底比斯军事统帅埃帕米农达、马其顿国王亚历山大三世、迦太基军事统帅汉尼拔、古罗马军事改革家 G. 马略、奴隶起义军领袖斯巴达克等的军事实践活动和这一时期的代表性军事著作，像希罗多德的《历史》、修昔底德的《伯罗奔尼撒战争史》、色诺芬的《远征记》、G. J. 凯撒的《高卢战记》和《内战记》等书中都可反映出古代欧洲一些国家的军事思想：为赢得战争胜利，必须政治、外交手段和军事打击并用；用兵之道，计谋胜于刀枪；军队的力量在于指挥官和纪律，没有优秀的指挥官将一事无成；统帅的艺术在于根据情况采取行动；战争艺术的基本原则是避免分散兵力，作战指挥的要旨在于选择时机、迅速行动和击敌要害；正确编组战斗队形是取得战斗胜利的前提之一，应考虑参战兵力和地形条件等进行编组；突然出击最能使敌方惊慌失措等。至公元 1 世纪，开始出现带有较强理论色彩的军事著作，如古罗马 S. J. 弗龙蒂努斯的《谋略》以及后来韦格蒂乌斯的《论军事》等。在随后长达千年的中世纪，欧洲军事思想发展较为缓慢。在这一时期，穆罕默德创建的阿拉伯帝国奉行宗教与军事一体化的治军方针，其继承人欧麦尔一世在一系列对外征服战争中，以"圣战"为旗帜；奥斯曼帝国皇帝穆罕默德二世实行庞大的兵员数量与先进的军事技术并重、贵族骑兵与平民步兵并重的建军原则；日本颁布的第一部较完备的国家军事法典《大宝军防令》，就兵役、边防和军队的组织、训练、管理及作战提出若干指导原则，都对军事思想的发展作出了贡献。

二、外国近代军事思想

近代是资本主义形成与上升、无产阶级作为独立的政治力量开始登上历史舞台的时代。近代军事思想发展的总体特征，一是欧洲一些国家在文艺复兴运动和产业革命的推动下率先实行军事思想的变革，资产阶级军事思想体系得到确立；二是人类军事思想发生革命性变化，以马克思主义军事理论为代表的无产阶级军事思想宣告诞生。15世纪和16世纪之交，欧洲军事思想领域出现了近代化的萌芽，主要代表著作是意大利N.马基雅维利的《战争艺术》等。17—18世纪，欧美各国资产主义因素迅猛发展，发达的工场手工业生产出大量新式火器，资产阶级政治革命风暴造成的阶级关系和民族关系变化，加之早已兴起的文艺复兴运动对意识形态的催化作用，促使战争和军队建设从形式到内容发生了巨大变革，欧美军事思想的近代化过程随之达到高潮。瑞典国王古斯塔夫二世·阿道夫、英国革命战争领导人O.克伦威尔、俄国沙皇彼得一世、普鲁士国王弗里德里希二世、英国军事著作家H.劳埃德、俄国大元帅A.V.苏沃洛夫、美国独立战争领导人G.华盛顿、普鲁士军事著作家A.H.D.VON比洛、奥地利军队统帅卡尔大公等，对这一时期军事思想的发展均产生过重要影响。近代欧洲军事思想变革的成果集中体现在产生于18世纪末至19世纪前期的拿破仑战争艺术，以及C.von克劳塞维茨所著的《战争论》和A.H.若米尼所著的《战争艺术概论》这两部军事理论名著之中。拿破仑一世凭借法国大革命造成的新的社会条件，创立了使用广大民众力量进行战争的崭新作战体系。

克劳塞维茨在《战争论》中提出了"战争无非是政治通过另一种手续的继续"的著名论断；比较系统地探讨了战争的目的，论证了消灭敌人和保存自己的关系；阐述了民众战争的作用及使用原则；认为指导战争必须考虑精神的和物质的要素，物质要素是"刀柄"，统帅的才能、军队的武德和民族精神等精神要素才是"刀刃"，打败敌人就是要剥夺对方的抵抗意志；强调集中兵力是首要的战略原则，兵力优势是战争中普遍的制胜因素，防御是较强的作战形式，并最早提出了积极防御的作战思想。若米尼在《战争艺术概论》中论证了军事领域的一些基本原理及其应用规则，同时又指出不能把这些原理和规则当成绝对化的公式；提出了战争指导上的若干原理，强调战争艺术应首先考察国家的战争政策和影响战争胜败的多种因素；指出各种不同类型战争的规律是有区别的，全民参加的民族战争具有最可怕的力量；对战争艺术的内容体系做了新的划分，提出了有关战略、战术以及军队建设的一系列基本原则。这两部著作均在总结拿破仑战争经验的基础上产生，标志着欧洲和世界近代资产阶级军事思想体系的基本确立。

三、外国现代军事思想

1917年俄国十月社会主义革命的成功，标志着人类文明跨入现代史时期，而世界现代军事思想的孕育则可前推至19世纪和20世纪之交。19世纪中叶以后，世界列强竞相利用产业革命所提供的崭新物质技术手段，在全球加剧争夺势力范围，相应的军事理论开始产生。德国首相 O. von 俾斯麦宣称，德国的一切重大问题都只能通过"铁与血"的手段解决。日本首相山县有朋宣布，以朝鲜和中国等邻国国土为日本的"利益线"。世界资本主义体系在 19 世纪末至 20 世纪初发展到帝国主义阶段，对外扩张的各种军事理论大量出现。英国 H. 斯宾塞的"社会达尔文主义""社会有机论"和德国 F. 拉采尔的"地理环境决定论"认为，"强存弱汰"是国际生活的"自然法则"，一个"健全的国家有机体"有权通过战争扩展自己的"生存空间"。美国 A.T. 马汉的海权论则提出，谁能控制海洋谁就能控制世界，为此必须大力发展海上力量。他的理论被美、英、日等国奉为国防发展的主导原则。T. 罗斯福执政时期，美国国家安全的指导原则由 19 世纪前期专注控制西半球，改变为追求全球扩张。随着垄断资本主义的进一步发展，帝国主义国家之间重新瓜分世界的争斗愈演愈烈，终于导致第一次世界大战的发生。这场大浩劫刚结束，帝国主义列强在签订各种和平条约和实行军备控制的同时，纷纷抢先发展坦克、飞机、潜水艇、航空母舰等机械化兵器并大量装备军队，种种新的战争理论也应运而生。英国 H.J. 麦金德提出"大陆心脏说"，认为谁能控制东欧和中亚，谁就能控制世界。德国纳粹地缘政治学家 K. 豪斯霍弗尔把这一学说加以利用和发展，为 A. 希特勒的侵略政策制造舆论。E. 鲁登道夫提出"总体战"的理论，强调动员国家一切力量、使用一切手段进行战争。意大利的 G. 杜黑、英国的 H.M. 特伦查德、美国的 W. 米切尔等认为，空中力量在现代战争中有决定性作用，主张建立并优先发展独立的空军。英国的 J.F.C. 富勒和 B.H. 利德尔·哈特、法国的 C. 戴高乐和德国的 H. 古德里安等认为，现代战争中的决定性制胜手段是高度装甲化、机械化的机动突击力量。为此，古德里安提出"闪击战"理论，戴高乐主张把小型职业军队作为军队建设的发展方向。利德尔·哈特还提出"间接路线"战略，认为在战争指导上应尽量采取迂回打击的方式。上述理论在第二次世界大战中得到一定程度的应用，并有所发展。

在这一阶段，无产阶级军事思想在世界范围内蓬勃发展。列宁在领导俄国十月社会主义革命和反对帝国主义武装干涉及国内战争中，从帝国主义和无产阶级革命时代的特点与俄国的实际出发，创立了关于战争与革命、武装起义和建设工农红军、实行全民战争等学说，为马克思主义军事理论谱写了新篇章。列宁逝世后，斯大林等在领导苏联工农红军和国防现代化建设中，在领导和指挥反对法西斯侵略的卫国战争中，继承和发展了马克思列宁主义的军事理论，制定了苏维埃国家军队和国防建设的基本原则，做出了关于决定战争命运的诸多因素及相互关系、战略与策略等问题的论述，全面建立起苏联军事思想体系。世界其他一些国家的无产阶级政党在领导本国人民的革命武装斗争中，把马克思列宁主义军事理论的原理与本国的实际结合起来，创立了各具特色的军事思想。

从第二次世界大战结束到 20 世纪 70 年代后期，随着核武器的进一步发展和世界两极格局的形成，以美国和苏联为首的两大国际政治、军事集团之间进行了长期的冷战。双方都曾认为，核战争成为现代战争的主要样式，导弹（火箭）核武器决定现代战争的命运；有人还提出核战争已不再是政治的继续。在此期间，随着双方核力量由比较悬殊到相对均势的发展变化，军事思想也在相应调整。在战争指导原则方面，先是立足于打赢核大战，后相继提出冷战理论、有限战争理论及特种战争理论等。军队和国防建设的指导方针由原来的优先发展核武器调整为既注重发展核军备，同时也不放松发展常规力量，以适应打赢核威慑条件下不同规模和强度的常规战争的需要。美、苏尽管对核武器和核战争作用等问题的认识有过一些变化，但始终都把核军备与核威慑作为推行国家政策的重要手段。

苏联解体后，世界格局加快向多极化方向发展；武装冲突和局部战争频繁发生，尤其是海湾战争，参战国家和兵力多，使用高新技术武器装备种类、数量繁多，现代化程度高。这些都有力地推动了各国现代军事思想的发展，集中体现为着重探索现代条件特别是高科技条件下局部战争的客观规律及指导原则，探索在这种新的战争形态下军队建设和国防建设的指导方针及原则。例如，美国提出了低强度冲突理论和空地一体战思想等；俄罗斯联邦的军事学说中，增加了"积极防御"的战略思想等。

高科技条件下局部战争和军队质量建设问题仍将是军事思想研究的重点。

新科技革命的影响和世界战略格局的改变，使现代军事领域的许多方面正发生深刻的变革。对这一变革的研究，尤其是对变革方向、变革重点以及变革给战争和军队建设、国防建设提出的规律性要求等的研究，将成为今后一个较长时期军事思想发展的趋势。其中高科技条件下局部战争和军队质量建设的指导原则问题，仍将是各国军事思想界关注与探索的重点。高科技条件下的局部战争是当今战争的重要样式甚至是主要样式，各国将继续综合考察这种战争的基本特点与基本规律，考察这些特点与规律对战争指导和军队建设、国防建设提出的新要求，据以调整各自的军事思想。我们可以预见，关于对高科技条件下局部战争基本理论和作战指导的研究将不断深化，并将继续产生一些新的理论观点和指导原则。高科技条件下局部战争需要高素质的军队，世界许多国家将把加强军队质量建设摆在突出地位。军事思想界将会对高科技条件下人与武器的关系、装备发展方针、提高军人素质和优化军队结构等方面的问题进行深入研究，提出新的思想。军事思想的研究方法将更加科学化和多样化。这一趋势主要表现为：对信息论、系统论、控制论等新理论的军事应用研究将进一步深入，使用电子计算机、系统模拟等现代技术手段研究军事问题的范围将进一步扩大，定性分析与定量分析将更加有效地结合起来；将更加注重把行为学、心理学、管理学、国际法学等社会科学领域的理论成果引入军事思想研究，多角度地研究和回答军事领域的基本问题；关于军事问题认识论和方法论的研究将更加普遍地受到重视。

第一章 美国的军事思想

美国的军事思想萌芽于它的殖民地时期，其主要内容有全民武装、反抗暴政、文官治军、灵活机动的战术、建立军事联盟、制海权思想及对外扩张。进入18世纪，北美的一些有识之士从殖民地的长远利益出发，试图从理论上阐述军事问题，为美国早期军事思想的发展做出了贡献。他们主要是杰斐逊·富兰克林和华盛顿。但在理论上没有形成军事专著，因而这里无法介绍。到了19世纪末20世纪初，由于军事斗争实践的发展，美国军界在军事理论上做了各方面的研究，形成一批军事理论专著，对世界军事理论的发展做出巨大贡献。

这些军事专著有马汉的《海权对历史的影响，1660—1783》、索普的《理论后勤学：战争准备的科学》、蒙哥马利的《蒙哥马利回忆录》、格兰特的《个人回忆录》、米切尔的《空中国防论》、罗斯福的战略思想、塞维尔斯基的《空权：生存的关键》、艾克尔斯的《国防后勤学》、泰勒的《不定的号角》、布罗迪的《绝对武器：原子力量与世界秩序》、奥斯古德的《有限战争：美国战略面临的挑战》、康恩的《论逐步升级：比喻和假想情景》、基辛格的《核武器与对外政策》、柯林斯的《大战略》、格雷厄姆的《高边疆——新的国家战略》、鲍德温的《明天的战略》、托夫勒的《未来的战争》。在当今世界上，美国出现的战略家与军事理论著作，算是最多的一个国家。

一、马汉的《海权对历史的影响，1660—1783》

艾尔弗雷德·塞耶·马汉（1840—1914），是美国著名的军事理论家，海权论的创立者。马汉一生著作甚丰，一些著作被翻译成多种文字并在国际上广泛流传，其中《海权对历史的影响，1660—1783》尤有影响。

马汉出身于美国的一个军人家庭，父亲是西点军校的教授。1859年，他从安纳波利斯海军学校毕业后入海军服役，参加了美国内战，并经历过长期的海上生活的锻炼。1886—1893年曾两次出任纽波特海军学院院长，1893—1895年担任巡洋舰舰长，1896年以海军少将军衔退休。后来还担任过美国海军战略委员会委员、历史学会主席等职务。

马汉较有影响的著作包括《海权对历史的影响，1660—1783》《海权对法国大革命和帝国的影响，1793—1812》《纳尔逊传：大不列颠海上力量的体现》《海军战略》《国际环境中的美国利益》《亚洲的问题》《美国的海权利益，现在和将来》等。其中，《海权对历史的影响》是马汉海权论的奠基之作。该书总结研究了有史以来海战的战略战术及其影响，提出了制海权决定一个国家命运兴衰的思想，即著名的马汉主义。马汉把产品、海运、殖民地归结为海权的三大环节，并提出了影响海权的六个条件，即地理位置、自然结构、领土范围、人口、民族特点、政府的特点和政策。他强调制海权，特别是与国家利益和贸易有关的主要交通线上的制海权，是民族强盛和繁荣的主要因素。

以后的《纳尔逊传：大不列颠海上力量的体现》和《海军战略》等书，也是他阐述的"海权论"的主要著作。其主要谋略和贡献表现在如下方面：①"海上实力论"的开拓者。马汉对海上实力含义的记述是从海洋对人类的重要性以及如何充分利用和控制海洋为出发点的。他指出，在五光十色的现实世界里，应该考虑到海洋。它是人类借以通向四面八方的场所，是大自然的赋予。他在阐述要做到充分利用和控制海洋所必须具备的条件时指出，海上实力应是一个完整统一的体系，它应是海军（海上武力）、运输船队（商船队）、基地以及其他支援附属设施的总和。其中，海军是海上实力的主体，庞大的商船队是海上实力的重要组成部分，而海军基地是海上实力的支撑点。海上实力是一个严密的体系，这个体系中的任何一个部分都不能离开主体而独立存在，否则将丧失其效能。②把海权提到海军战略高度的第一人，制海权的概念虽古已有之，但在海战史上，马汉是第一个把制海权提到海军战略高度进行系统论述的人。马汉指出，制海权是海上实力采取集中优势兵力的方法，在具有决定性意义的战略位置上，摧毁敌舰队主力，持久、牢固地控制一条或全部交通线，一个战区或一个战区的某一部分水域，以达到限制敌方行动，保障己方行动自由之目的。

马汉的上述思想和主张深得美国当权者的赞赏。1910年，西奥多·罗斯福出任美国总统后，立即把马汉的主张付诸实施，从而使美国海军实力仅次于英国，居世界第二。

海军战略学说的创立者马汉认为，要夺取制海权，取得海战的胜利，仅有强大的海上实力是不够的，还必须运用正确的海战战略战术。马汉撰写的《海军战略》一书是海战史上第一部系统全面地研究海军战略的专著。马汉所创立的海军战略的基本内容，有以下几个方面：①海军战略与国家政治。马汉以前的军事理论家论述对战争与政治的关系，特别是克劳塞维茨深刻指出"战争是政治的继续"。马汉的贡献在于把两者的关系贯穿于海军战略理论和海军作战计划之中。他多次强调，进行海上战争，制订海战计划，都必须考虑政治因素。②海军战略与海军武器装备。马汉认为，海军战略受海军武器装备发展水平的制约，海军战略战术必须随武器装备的发展而发展，他指出："技术影响于战略的运用""海战中许多新式武器装备的使用，必然给海战原则带来变化"。③海上进攻作战与防御作战。马汉提出，海军的主要作战形式是进攻而不是防御，因为"攻势是强而有效的作战方式"。④兵力的集中与分散。集中使用兵力是马汉海军战略思想的一条基本原则。怎样集中兵力呢？马汉认为，首先必须有"心理和信念的集中，决策的集中，然后才能有军力的集中""其次，任何时候，任何情况下，都应集中兵力于一个方向上，打击一个目标。永远不要企图在同一时间做两件事情，除非力量超过双管齐下还绰有余裕"。马汉还认为，在有些情况下，根据任务的需要，也必须分散兵力。他说"作战力量固需集中，而补给力在可能时必须分散""兵力转移时，也应分散"。

二、索普的《理论后勤学：战争准备的科学》

乔治·赛勒斯·索普（1875—?），美国资产阶级后勤学家。1875年生于美国。美西战争中，参加过镇压菲律宾的作战，时任中尉。1930年任上尉，指挥过一支海军陆战特遣队。后在西印度群岛、古巴、巴拿马运河等地区和大西洋舰队服役，担任过陆战队军官。曾先后从美国海军学院和陆军参谋学院学习毕业。两次在新港海军学院工作。1917—1919年任驻多米尼加新建卫队司令，最高军衔为上校。

索普在新港海军学院学习和工作期间，开始对战争，尤其是对后勤科学理论的研究，撰写了《理论后勤学：战争准备的科学》。该书共12章及1个序言，约6.8万字。第一部分为11章：第一章，后勤学的定义及其在战争科学中的地位；第二章，拿破仑征俄之战（1811—1812）的后勤工作；第三章，美国内战时期的亚特兰大战役；第四章，普法战争中的德军;第五章,作战军队的全国性组织;第六章,海军组织;第七章,陆军组织;第八章,作战机器;第九章,和平时期的后勤;第十章,战时生产准备;第十一章,后勤问题示例。第二部分仅1章,即第十二章,教育。该书依据以往战争尤其是19世纪以来拿破仑征俄之战、美国内战和普法战争三次战争的经验教训,从理论上探讨了军队后勤在工业化时代战争中的地位作用,军队后勤的组织体制、领导管理方法、平时与战时的后勤准备及动员以及加强后勤官兵的教育训练等问题。

索普的基本观点是:①后勤与战略、战术一起构成战争科学的三大分支;②随着战争的发展,后勤在战争中的地位和作用日益明显地表现出来;③应健全后勤机构,特别是应组织全国性的后勤并赋予相应的职责和权限;④后勤工作必须加强领导和管理,尤其是后勤工作要"协调一致""坚持联合协作""搞好协同";⑤平时要搞好后勤战备,如果平时不做好后勤战备工作,战时就会造成浪费和损失;⑥搞好后勤教育,只有培养后勤人员的智力,才能提高后勤工作效率。作者打破传统的狭窄的后勤概念,使后勤的内涵扩大到包括战争财政、军备生产以及战争经济的其他方面。这是西方19世纪以来后勤理论的重要发展,是研究后勤理论和原则的首次尝试。在军事理论后勤领域具有开拓性地位。但该书尚未构成后勤学完整的科学体系,对战争与经济、战争与后勤的相互关系的论述上欠系统与深入。

西方的军事后勤学术界对索普的《理论后勤学:战争准备的科学》有较高的评价。美国著名后勤学家亨利·艾克尔斯称该书是"写得很出色的小册子",是"研究后勤理论和原则的首次尝试"。英国1980年版的《不列颠百科全书》认为,该书提出的"战略、战术、后勤三位一体的结构"以及"后勤当然的职能就是提供战争的一切手段"等观点,打破了传统的后勤狭窄概念,是西方19世纪以来后勤理论的重要发展。但由于索普站在资产阶级立场看待人民群众在战争中的作用问题,对战争与经济、战争与后勤等也缺乏深入的科学分析,因此需要我们在阅读时注意加以鉴别。

三、蒙哥马利的《蒙哥马利回忆录》

蒙哥马利(1887—1976),英国陆军元帅,著名将领。1908年,毕业于英国桑赫斯特皇家军官学校。参加过第一次世界大战,负伤两次。1920年,进坎伯利参谋学院学习。毕业后,参加过爱尔兰战争。1923年,入德文波特参谋学院。1934年,任奎塔参谋学院主任教官。1937年起任旅长、师长。第二次世界大战爆发后,率部与比、法军并肩作战。1940年5月底,英军从敦刻尔克撤出欧洲大陆后,先后任军长和军区司令。1942年8月,任英国驻北非第8集团军司令,指挥阿莱曼等重要战役,击溃隆美尔指挥的德意军队集团,扭转了北非战局。1943年7月,率英军在西西里岛登陆。9—12月,与美军一起进行意大利战役。后调任第21集团军群司令,参与诺曼底登陆战役的计划工作。1944年6月,英、美军在法国登陆时,任盟军副总指挥,率英、加军队转战法、比、荷、德。德国投降后,任盟国管制委员会英方代表和盟军联合统帅部副统帅。1946—1948年,任英帝国参谋总长。1948年,任西欧联盟常设防御组织主席。1951年,任北大西洋公约组织欧洲盟军副总司令。著有《蒙哥马利回忆录》《一种趋于明智的态度》《走向领导的途径》《战争史》等书。其主要军事谋略思想与活动如下。

(1)重视人的因素。蒙哥马利认为,"打胜仗的关键不仅仅是提供坦克、大炮和其他装备。我们当然需要优良的坦克和大炮,但是真正重要的是坦克里面和大炮后面的人。主要是

'人',而不是'机械'"。在整个第二次世界大战期间,他用1/3的工作时间来做人的工作。像他这样重视人的因素,在资产阶级军事将领中是极为罕见的。他重视人的因素主要表现在以下三个方面:①注重精神因素。他始终认为,在战斗中士气是至关重要的。②强调训练素质。他认为,一支部队只靠装备和勇气是不能打胜仗的,还要有良好的训练素质。③严格选拔指挥官。蒙哥马利要求"不论哪一级,都不能容忍第二流的军官。不合格、不称职者必须清除"。在他任高级指挥官时,还亲自掌握包括营、团一级在内的指挥官的任用权。

(2) 善于使用智囊团。在第二次世界大战中,蒙哥马利善于使用好参谋长德·甘岗和以他为首的高效能的参谋机构,堪为典范。其具体做法是:让参谋长协调整个司令部的业务工作,对下传达蒙哥马利的指示,对上报告部队及参谋们的建议;每次战役开始后,参谋长都领导司令部,掌握战场情况,协调部队行动,处理一般情况,除特殊情况外,不得惊动蒙哥马利,并在与蒙哥马利联系不上时,指挥部队作战;一般情况下可以代替蒙哥马利参加各种会议和处理各项事务。

(3) 稳扎稳打,从不蛮干。蒙哥马利在作战上以"稳"著称。其突出表现在:制订圆满的总体规划;审慎准备;攻击有限度,发展胜利有节制。他指挥打的仗,往往获胜后力量还绰绰有余。

(4) 以静制动。蒙哥马利十分注重个人修养,他给自己订立的原则是"激而不怒""掳而不跳""引而不发""乐不狂欢",认为这对一个指挥员来说至关重要。在战争中,它能使一个指挥员保持心情平静,冷静地观察、分析和处理一切问题,不因感情的一时冲动而影响正确决策。他最大的嗜好和习惯就是集中精力抓大事。

四、格兰特的《个人回忆录》

格兰特(1822—1885),美国军事家,军事谋略家,美国第18届总统。1843年,毕业于西点军校,曾参加侵略墨西哥的战争(1846—1848年)。1861年,美国内战爆发,格兰特反对奴隶制,任联邦志愿军的团长、旅长,在西部战场作战。1862年2月,率军攻占田纳西境内南军的亨利堡和多纳尔森堡,为进而控制密西西比河流域创造了有利条件。1862年10月,率军进攻密西西比河畔的维克斯堡要塞。翌年7月,以迂回战术攻克该要塞,俘南军约2万人,使联邦军在内战中取得重大胜利。1864年,任联邦军总司令(中将),制定各战场协调行动的军事战略。同年5月,率主力在弗吉尼亚与南军主力鏖战,将南部同盟切为两块。1865年4月2日,格兰特率军攻占"南部同盟"首都里士满,迫使南军于4月9日在阿波马托克斯投降。他指挥作战坚决,不仅运筹帷幄、力求决胜,而且亲临前线,置身于主战场,英勇果断,多谋善断,为取得美国内战的胜利做出了重大贡献。1866年,被授予陆军上将军衔。1867年,任陆军部长。1869—1877年,连任两届美国总统。著有《美国格兰特的个人回忆录》。其主要军事谋略思想与实践如下。

(1) 歼敌主力,务求全胜。格兰特军事思想中有一个鲜明的特点,即"全胜思想",也就是歼敌主力、力求全胜、打歼灭战的思想。例如,在1862年多纳尔森堡作战中,他要求被围敌军"无条件投降",这在美国军事史上尚属首创。格兰特的"全胜思想"无论在战役战术上还是在战略上,都对发展联邦军的胜利起到了重大的作用。

(2) 善于总结,敢于创新。格兰特认真总结战争经验教训,探索取胜之道。首先,他对匹茨堡渡口附近的夏洛伊一战做了回顾,总结了个人带伤临阵指挥与顽敌拼搏的教训,认识到击毙敌将后而未追歼残敌"是一大错误",从而更加坚定了务求全胜的打歼灭战的信念。其次,他对西部战场的形势做了充分研究,确信攻占密西西比河下游的战略要点维克斯堡是西部战场成败的关键,而且将把南方同盟的西部力量分割为二,为及早结束战争创造有利条件。后来的战争进程表明,格兰特关于维克斯堡战役的作战方案是超群非凡的,是完全正确的。

他在晚年所写的《个人回忆录》中说道,我们有些将领之所以打败仗是因为他们一切都照章办事。……甚至以拿破仑来说,在我看来,他初期的胜利是因为他用自己的方法打仗而不是模仿别人,战争是不断发展变化的。我不相信打仗要像做生意那样碰运气。运气的作用不大,它只能影响一次战斗或一次进退,而不能影响一个战役或一生的事业。

(3) 善于从总体上观察与处理问题。格兰特任联邦军总司令后,充分显示了他的雄才大略。有些美国史学家曾把他与"南方同盟"军总司令罗伯特·李做过如下比较:李打过不少胜仗,但缺乏战略眼光,只看到弗吉尼亚一个洲,而格兰特却能放眼全国;李企图像拿破仑那样亲自去指挥军队,而格兰特却卓有成效地采用了现代化的参谋班子;格兰特能精确地认清对手,而李只能一般地了解对手;格兰特"知彼知己",能始终把李军团牢牢地钉死在弗吉尼亚州内,并不断消灭其有生力量,特别是力主肢解南方之举,从总体上动摇叛军的基础。

五、米切尔的《空中国防论》

威廉·米切尔(1879—1936),美国陆军航空勤务部队高级指挥官,美国空军的奠基人之一。他与意大利朱里奥·杜黑和英国休·特伦查德齐名,是世界空军学术思想发展早期最著名的三位思想家之一。《空中国防论》是米切尔空军学术思想的代表作。

米切尔出身于富贵家庭,生性喜爱冒险。1898年,美西开战,米切尔毅然弃学从军,被委任为通信兵少尉。1899年,奉命为陆军通信兵中尉。1903年成为上尉。1916年,升为少校。第一次世界大战期间,米切尔作为美国远征军的航空勤务队高级指挥官,到战争结束时升为准将。战后,他出任航空勤务队的副司令,并利用其地位和声望,不断地宣传空战理论,强调航空兵的独特地位、制空权的重要价值,抨击当时的陆军部和海军部所奉行的政策,先后出版了《我们的空军》《空中国防论》。结果,他的言行触犯了当权者,被迫退役。先后写成《大战始末》《阿拉斯加的开辟》《美国、空中力量及太平洋》和《空中之路》。

该书选录的《空中国防论》是米切尔的主要军事著作,原名《有翼的国防——现代空中力量在经济上和军事上发展的可能性》,是米切尔第一次世界大战后发表的若干篇文章和他的国会所做的证词的汇编,1925年在美国出版。该书共11章,另有自序、绪言和1个附录,约14.4万字。各章分别为:第一章,航空时代;第二章,航空的领导地位应属于美国;第三章,美国空军证明飞机能制服海上舰船;第四章,民用和商业航空;第五章,如何组织我国空中力量,让其成为一支主要力量或仍是一支附属力量;第六章,空中力量对国际军备限制的影响;第七章,现代航空学一瞥;第八章,空中人员队伍建设;第九章,为飞行人员获取飞机和设备;第十章,防空作战;第十一章,结论。该书阐明航空兵的出现改变了以往的作战方法,在未来战争中,空中力量的影响将起决定作用,主张空军应取得与陆军、海军平等的地位。米切尔《空中国防论》一书中的主要观点是:①航空兵的出现将改变战争的面貌,导致作战方法的革命;②未来战争中,空中和水下将是两大决定性战场,现有陆军和海军水面舰艇部队将丧失原有的地位;③空中力量是在空中或经过空中进行某种任务的能力,是关系到国家的生存、发展、繁荣和安全的;④空军使用的飞机应分成驱逐机、轰炸机和强击机三个机种,使空军形成三大兵种,驱逐航空兵是空军的主要作战部队;⑤"负责国家的全面防空"是空军的主要任务之一,要地防空的兵力部署应按监听站、驱逐机、探照灯和高炮组成的防空体系来进行;⑥空中力量大规模而持久的发展,必须建立在坚实的商业和民用航空基础上。总之,米切尔对空中力量发展的远见卓识,在一定程度上反映了带有普遍性的战争规律。

尽管米切尔在《空中国防论》中过高地估计了航空技术的发展速度以及轰炸的作用,对夺取制空权的艰苦性及其在现代战争中的相对性认识不足,其有些学术观点也是超越现实的,但其空权理论对美国乃至世界各国都有着重要的影响。其中,关于制空权的重要性、航空兵的集中指挥、飞行员的训练及发展民用航空等观点,仍具有现实意义。

六、罗斯福的军事思想

富兰克林·罗斯福(1882—1945)出身于美国的上流社会家庭,父亲是百万富翁。罗斯福幼年时曾多次跟随父母游历欧洲国家,18岁入哈佛大学主修历史和政治,1904年毕业后转入哥伦比亚大学法学院,后任律师。1910年,罗斯福初入政界,以民主党候选人身份当选为纽约州参议员,1912年连任。1913年31岁时任海军部次长,表现出卓越的行政管理才能。1920年,罗斯福以民主党副总统候选人身份参加美国大选,虽然败北,却由此成为全国闻名的政界人物。1921年,罗斯福在加拿大参加了一次扑灭森林火灾的战斗,由于过度疲劳后又下水游泳,染上了脊髓灰质炎,致使下肢瘫痪。1928—1932年,罗斯福任纽约州州长,进行了一系列改革,以政绩优异提高了威望。1932年,罗斯福以"新政"作为解决危机的出路,当选为美国总统。任期内进行许多改革,使美国资本主义走出危机。1936年、1940年和1944年,罗斯福多次当选为总统,是美国历史上唯一获得4次连任的总统。第二次世界大战爆发后,罗斯福站在反法西斯势力一边,为反法西斯战争的胜利做出了巨大的贡献。临终前他仍致力于创建联合国。1945年4月12日,罗斯福在伏案工作时突然患脑出血与世长辞,终年63岁。

罗斯福是美国历史上最杰出的总统之一,他的治国方略和外交谋略很值得后人借鉴。

(1)一反传统的治国谋略,视改革为"新政"的核心。罗斯福上任伊始便宣布,全国银行一律"休假",以利于财政部对美国金融体制进行整顿。在工业生产上,国家负责调节各企业主之间、雇主与工人之间的关系,国家投资举办"公共工程"和"劳动营",以减少失业大军;在农业上,国家以给农民适当补助的形式削减农业生产,消除农产品"过剩"现象。在社会福利领域,国家担负起维护社会公正原则的责任,采取美国有史以来第一项措施,向穷人和失业工人提供帮助,为失业者创造就业机会。新政是对美国资本主义生产关系的重大调整,使美国摆脱了危机。罗斯福说:"如果有人说这是违犯正统的,那就把责任推给我吧。人民已经选中了我,而这一切都对国家有好处。"

(2)睦邻"后院"的治"家"方略。罗斯福采取的睦邻政策,也是值得称道的。为了保证美国的国家安全,首先须得保证美国"后院"即拉丁美洲的友好与稳定。他上任伊始,便对外交政策进行了战略性调整,首先是采取巩固"后院"的策略。1934年,罗斯福政府废除了严重侵犯古巴主权的普拉特修正案,撤出了在海地和尼加拉瓜的占领军。1940年7

月，罗斯福政府倡议在古巴哈瓦那召集泛美会议，许多拉丁美洲国家参加。会上通过决议并发表宣言，宣布美洲及其四周为安全区，由美国海军负责巡逻，美国保证不干涉拉美各国的内部事务，并向其他国家提供经济援助。8月，罗斯福又与加拿大政府进行会谈，建立了美加联防。当然美国是不会不干涉拉美各国事务的。总的看来，罗斯福的巩固"后院"政策保证了美国与拉美各国的友好关系，巩固了美国在"后院"的经济政治地位，使美国在第二次世界大战中能有一个安全稳定的大后方。

（3）坚决摒弃孤立主义，采取"自救先救邻"的外交策略。20世纪30年代后期，日、德、意法西斯的侵略野心不仅威胁到欧亚两洲，而且威胁到大洋彼岸美国的安全。但美国国内强大的孤立主义势力仍然坚持美国不应介入欧洲事务。罗斯福敏锐地认识到希特勒称霸世界的野心，迫切感到美国必须援助欧洲方能"自救"，美国为了自己的民族利益，必须援助英、法等国家。罗斯福首先促进国会两院修改了"中立法"，允许英法等国现金购买美国军火。1940年夏罗斯福提出"租借法"，指明美国的敌人是法西斯势力，美国必须成为民主国家的伟大兵工厂。1941年，罗斯福与丘吉尔发表"大西洋宪章"，提议建立集体安全制度。珍珠港事件后罗斯福抓住时机，使美国彻底摆脱"孤立主义"，成为反法西斯联盟的重要成员。罗斯福的外交谋略使美国为反法西斯战争作出了巨大贡献，也为美国确立了第二次世界大战后世界政治大国的地位，并为成为资本主义世界霸主奠定了政治基础。

七、塞维尔斯基的《空权：生存的关键》

亚历山大·塞维尔斯基（1894—1974），美国著名空权理论家。其代表作《空权：生存的关键》在军事学术史上有重要地位，对美国现代核威慑理论的形成产生了深刻的影响。

塞维尔斯基于1894年生于俄国。1914年毕业于海军学院。之后进入航空学校学习飞行，毕业后任波罗的海方面海军航空队副队长。第一次世界大战中，负伤失去右脚，后又回到航空兵部队。1917年，任战斗机队队长，成为"海军"王牌飞行员，获圣乔治勋章。1918年作为航空使节团成员赴美，后定居美国。先后任美国政府航空工程师兼试飞员，航空队副指挥官米切尔的顾问及陆军部技术顾问等职。

《空权：生存的关键》全书共有11个部分：导言、国家安全的危机、选择适当的武器、海外基地之末日、航空母舰之神话、潜艇问题、我们的战略地位、全球战争、未来之混成支队、空战、和平与胜利必不可少的条件。在书中，作者以美苏的现实对抗为背景，认真分析了美国在取得对苏优势过程中的重点与途径。其主要论点包括：①要确保世界的和平，必须有正确的战备和适当的武器，正确的战略便是寻求世界性的空中优势。②只有发挥飞机所具有的克服地理障碍的特点，实行战略性空中行动，将战争引入敌人纵深并彻底摧毁其发动战争的机器，美国战略目标的实现才有可靠的保证，下大力发展空中力量是美国的首要选择。③空军建设重点应置于战略进攻力量上，由此决定空军的规模、作战编组、武器配备及用途、空战样式等。④以轰炸机为核心的混成支队将是赢得未来战争的主要组织形式。由于可以装备更强的火力和电子作战能力，轰炸机在交锋中能够占据更加有利的地位。

从总体看来，塞维尔斯基继承了米切尔的思想，并对空权理论做了进一步的发展。特别是对电子装备在未来战争的关键地位给予肯定，充分反映出作者所具有的战略眼光。但就长远而言，联合作战仍然代表着战争发展的主流，单靠某一军种取得胜利缺乏现实的基础。这说明，作为资产阶级的军事理论家，他的学术思想不可避免地带有局限性。

八、艾克尔斯的《国防后勤学》

亨利·E. 艾克尔斯，美国著名的军事后勤理论专家，著有《军事概念学与哲学》《海军作战后勤》《国防后勤学》等多部著作。其中，《国防后勤学》是一部非常有影响和比较系统的军事后勤理论专著。

艾克尔斯1898年出生，青年时毕业于犹他州的拉特格恩大学，不久，投笔从戎，在第二次世界大战中担任美国海军后勤部门的领导工作。由于他为人谨慎，颇具组织才能，军衔累晋至海军少将。第二次世界大战结束后，他退役到华盛顿大学，在那里从事将近20年的教学和理论研究工作。《国防后勤学》一书就是他在这段时间里潜心研究的结果。

《国防后勤学》全书共计21万字，共分3个部分19章。第一部分是总论，包括一章至六章，主要通过回顾历史的经验教训，说明后勤的定义和后勤在现代战争中的地位与作用；第二部分含七章至十二章，讲影响后勤工作的一般原则问题；第三部分从十三章至十九章，是组织体制与战备，实际上讲后勤的组织指挥体制与战备问题。

在《国防后勤学》一书中，艾克尔斯总结了前人的理论研究成果，结合美国情况特别是美国海军后勤的实际情况，站在组织指挥的高度，着重阐发了后勤的内部关系和外部联系，比较系统地论证了后勤的主要理论问题，有一定的深度和广度。其主要内容有：后勤是军事科学的重要组成部分之一；后勤是四大军种（陆、海、空、后）之一；后勤是五大军事要素之一，尤其与战略问题密不可分，战略与后勤合二为一，战略、战术与后勤三者融为一体；后勤是国民经济与军队之间的桥梁；后勤是战争准备的科学；现代战争实际是一场后勤争夺战；作战要以后勤为基础，后勤必须保障作战；军事指挥官必须懂后勤，会用后勤，后勤指挥官必须具备指挥官的才能、知识；物资供应要定额限量，注意节约等。

总的来说，艾克尔斯在该书中通过对第二次世界大战以来一些战例的分析，提出了许多理论观点，在一定程度上反映了战争后勤发展的一般规律，可供借鉴和参考。

九、泰勒的《不定的号角》

马克斯威尔·泰勒（1901—1987）是美国陆军上将。他所提出的灵活反应战略成为20世纪60年代美国肯尼迪政府和约翰逊政府的军事战略，对后来美国军事思想的发展也有重大影响。

泰勒于1901年出生在美国密苏里州基特斯维尔。1922年，毕业于西点军校。1937年，担任美国驻华副武官。1939—1940年，在陆军军事学院学习。第二次世界大战期间，任一〇一空降师师长，西点军校校长。朝鲜战争期间，任侵朝美军第八集团军司令，并先后担任陆军参谋长和参谋长联席会议主席等职。1953年，被授予上将军衔。1959年，因与艾森豪威尔总统和参谋长联席会议主席雷德福在军事战略等问题上产生严重意见分歧，辞去陆军参谋长职务。1964—1980年，历任驻越南大使、总统特别顾问、国防分析研究所所长、当前危急委员会委员等职。

泰勒的主要著作有《不定的号角》《责任与反应》《剑与犁》《不可靠的安全》等。其中，《不定的号角》是泰勒的代表作。全书共9章和1个前言及1个附录，约9万字。第一章，极端荒谬的论点；第二章，大规模报复原则的产生；第三章，新面貌政策在实施中；第四章，"新面貌"衰老了；第五章，军事战略的制定——理论方面；第六章，参谋长联席会议的工作；第七章，决策的失败：军事战略实际上是如何制订的；第八章，灵活反应—新的国家军事计划；第九章，号角响亮的新军号。该书抨击了艾森豪威尔政府奉行的大规模报复政策，指出美国国防体制存在的弊端，提出了美国应采取的战略方针及其武装力量建设的指导思想。

该书的主要观点是：①在"相互威慑"的时代，"大规模报复"战略必须被"灵活反应"战略所取代；②应区分战争样式，重点是打赢有限战争；③必须根据进行有限战争的需要确定武装部队的建设方向；④应采用适应"灵活反应"战略的新的国家军事计划。

泰勒提出的灵活反应战略曾得到美国总统肯尼迪的重视和采纳，并一度成为美国军事战略的主要趋势。泰勒也因此官运亨通，1961年被任命为肯尼迪总统军事顾问，1962年出任参谋长联席会议主席，1965年又任约翰逊总统特别顾问。但由于灵活反应战略将矛头指向民族解决斗争，致使美国在这种思想的指导下陷入越南战争无法自拔，最后只能以失败告终。

十、布罗迪的《绝对武器：原子力量与世界秩序》

伯纳德·布罗迪（1910—1978），美国开创核战略理论的先河者。他于1910年5月生于美国芝加哥。1932年和1940年，分获芝加哥大学哲学学士和博士学位。1945年，任耶鲁大学副教授。1966年，到加利福尼亚大学洛杉矶分院社会科学系任教授。1946年，在国防军事学院任客座教授。

布罗迪一生主要从事战略方面的研究，撰有《机器时代的海上力量》《海军战略指南》《导弹时代的战略》《逐步升级与核选择》《战争与政治》《绝对武器：原子力量与世界秩序》简称（《绝对武器》）。

第二次世界大战末期，美国研制出当时世界上最具杀伤力的战略性武器——原子弹，并于1945年8月6日和8月9日先后在日本的广岛和长崎各投掷了一枚，杀死了几十万无辜贫民，从此也为整个人类的生存前景笼罩上巨大的阴影。

作为美国军事理论家，布罗迪敏锐地认识到，原子弹的出现必将导致战争史上一个新时代的到来，将引起核威慑、有限战争、核扩散等一系列问题，因而加紧了对核战争理论的研究。1945年秋，布罗迪发表了《原子弹与美国安全》一文，次年又将该文与耶鲁大学几位学者的相关论文编在一起，取名为《绝对武器：原子力量与世界秩序》并出版。全书共包括前言和3部分内容。第一部分"武器"，包括布罗迪的《原子时代的战争》《军事政策的含义》两篇文章，系对《原子弹与美国安全》一文充实加工后分编而成；第二部分"政治影响"，包括A.沃尔福斯的《美苏关系中的原子弹》，P.E.考伯特的《国际组织的影响》两篇文章；第三部分"控制"，只有W.T.R.福斯特的《原子武器的国际控制》这篇文章。该书代表了美国在刚刚进入核时代以后军事理论界对核战争的基本看法，对美、英、法等西方国家核战略的形成有着深远的影响。

十一、奥斯古德的《有限战争：美国战略面临的挑战》

罗伯特·奥斯古德，美国著名学者，美国有限战争理论倡导者之一。1921年出生于美国圣路易斯。1952年，毕业于美国哈佛大学，曾在芝加哥大学、华盛顿外交政策研究中心等从事教学与研究工作，是美国著名的外交政策学者和专家。著有《美国对外关系中的理想与自身利益》《力量、正义与秩序》《联盟和美国的外交政策》《有限战争：美国战略面临的挑战》《重温有限战争》《日本与美国在亚洲的地位》等。其中，《有限战争：美国战略面临的挑战》为代表作。

《有限战争：美国战略面临的挑战》共分3个部分10章。其主要观点包括：①战略对军事力量的合理运用应能达到两个目的，其一是摄止类似于能引发全面战争的重大侵略的发生；其二是摄止或击败只能使用全面战争以外的手段应付的较小规模侵略。②美国必须制定有限战争的战略，这主要是由于存在"扩张主义"的共产党国家集团和核、生、化等大规模杀伤性武器，美苏都拥有摧毁对方的能力等因素。③有限战争的基本问题是军事力量与国家政策间的关系问题，这主要取决于两个方面的原因：战争本身不是目的，而只是实现目的的手段；有限战争提出了道义与作为权宜之计的问题，这一问题必须在一个人对于力量与国家政策关系的正确理解基础上加以回答。④纯粹的军事上的胜利不仅可能不会有助于国家政策的实现，甚至可能会危害国家政策目标的实现；为使军事和战争行为与国家政策相一致，必须将战争的整个过程严格地置于政治的控制之下。⑤战争不仅是物质和技术手段的较量，也是意志的对抗。要确保将战争限制在一定范围内，则必须作政治上的努力。⑥战争的目的与手段之间存在着必然的联系。战争的手段与战争的规模、强度等息息相关。战争物质手段的不断提高使对战争进行有效的政治控制变得日益艰难。⑦第二次世界大战后实际上就是有限战争的时期，美国和苏联形成了核"恐怖平衡"的僵局，这一局面使发生全面战争的可能性变得极小。美国应制定有限战争战略，使美国同时具备应付全面战争和有限战争的能力。

有限战争理论对第二次世界大战后的战争理论产生了深远的影响，在战争的各种条件已发生巨大变化的今天，对有限战争理论进行深入研究和探讨仍有其现实意义。

十二、康恩的《论逐步升级：比喻和假想情景》

赫尔曼·康恩，美国著名防务分析专家，逐步升级理论的倡导者。主要著作除该书外，还有《论热核战争》《设想一下不可设想的事》《我们能在越南取胜吗》（合著）等。该书是他所在的赫德逊研究所为马丁公司承担的研究任务的一部分。

康恩于1922年生于美国新泽西州，曾在道格拉斯飞机公司、兰德公司、加利福尼亚大学、诺思罗普航空公司、赫德逊研究所供职。第二次世界大战期间服役于美国陆军。康恩在陆军服役3年，退伍时是个军士。

《论逐步升级：比喻和假想情景》是关于战争危机的控制与对策的理论专著，共13章。此书"主要讨论武力的'政治'用途"，旨在研究国际关系中逐步升级和谈判能起重要作用的那些方面，"试图对大量现代逐步升级的理论做一种有效的总结""系统集中地讨论国际关系的某些方面"。

康恩在分析了实行逐步升级的原因、衡量升级的标准、逐步升级的实施方式后，把国际关系中的危机通过升级的方式进行了区分，一共分析设置44个不同梯级，分成7组；7组梯级之间还设立了6个"门槛"，借用"罢工"和"小鸡游戏"两个比喻，形象地说明"逐步升级"的表现，以及实行逐步升级战略战术原则等。其主要观点是：①逐步升级是一种比决心的竞争，比局部资源的竞争；②逐步升级是与边缘政策相联系的；③仅仅依靠军事优势不一定能保证"升级优势"，升级优势取决于士气、决心、义务等综合因素；④在国际危机中，即使是缓慢地、一个梯级一个梯级地升级，也是十分危险的战略。

《论逐步升级：比喻和假想情景》是康恩从本国利益出发，对在全面核战争威胁下的国际危机局势各阶段的详细分析，虽然其时代背景与设想的危机对象是特定的，并不能适用于当今时代的国际关系处理，但是他对国际危机中各个阶段的论述，对我们认识、处理当代国际关系有一定启迪。

十三、基辛格的《核武器与对外政策》

亨利·基辛格（1923—），美籍犹太人，美国前国务卿，世界著名政治活动家和知名学者，国际级大谋略家。

基辛格于1923年出身于德国巴伐利亚州费尔特市的一个犹太人家庭。1938年，迁居美国。1943年，加入美国国籍，并于当年参加了美国陆军，赴欧洲作战。1947年，退役。1950年，毕业于哈佛大学。1952年，在该校获文学硕士学位。1954年，获哲学博士学位，后在哈佛任教至1969年。1969—1974年，任尼克松总统的国家安全事务助理。1973—1977年，任美国国务卿。曾先后于1973年和1977年分别获诺贝尔和平奖和自由勋章。

其主要谋略思想与活动是提出了"有限战争"的战略构想。他以《核武器与外交政策》为题，全面记述了美国的对外政策。他在报告中提出了"有限战争"的战略构想。他认为，由于核武器的发展和美国核讹诈的失灵，美国政府所推行的"大规模报复"的全面战争作为一种"威慑手段"，已经行不通。美国既然不能以全面战争来对付小国，也不能以"制止对方取得胜利"的绝对优势对付大国，那么美国就应当在这两者之间选择一个最佳战略。这种战略必须是冒最小风险，以最小代价，达到最大限度的"威慑目的"。他认为"有限战争年代"是这一战略的最佳方案。基辛格的这一战略构想，受到当时美国政府的极大重视。

在20世纪60年代初期世界大动荡、大分化、大改组形势下，做出了"新的选择"，提出了"同苏谈判，打破僵局"的大胆战略构想。他认为，有效的"威慑力量"和"手段"仍然是美国的第一选择，但是，这种"威慑手段"不再是打"有限核战争"，而是应当加强美国的常规军事力量。基辛格认为，4年前有效的"有限战略"在4年后的今天已不再能取得全面的威慑作用。因为世界舆论"会逼人放弃一种看来可能使人类濒临大祸的战略"。一旦使用核武器，很可能会引起比军事力量更严重的政治后果。在这种情况下，他提出了"同苏谈判，打破僵局"的大胆设想。认为"在局势日益紧张的情况下，打破僵局"不能只靠军事力量和强硬态度，谈判也是改变对方的主要手段。因此，美国只有努力创造同苏联的和谈条件和机会，才能在世界对峙局面中把握主动。

然而遗憾的是，基辛格并未如愿，传统的观念和政治格局不可避免地使基辛格在白宫要员中屡遭冷遇和白眼，因此基辛格不得不在肯尼迪任职期间，辞掉"顾问"，拂袖而去。

20世纪70年代末期起，基辛格担任白宫"助理"期间计出连环，屡屡获胜。1968年12月2日，基辛格如愿以偿。当选第37届总统的尼克松任命基辛格为"总统国家安全事务助理"。基辛格万万没有想到，多少年来惨淡经营却屡遭白眼，最后寄托于洛克菲勒的一切雄图厚望，却在洛克菲勒的劲敌尼克松身上实现了。他决心出山受任，以其雄韬伟略来辅佐这位开明的总统。他首先提醒总统，70年代与50年代不同之点就在于世界已由"两极"向"多极"演化。他建议美国重新调整自己的敌我友关系。在对"北大西洋公约"各国伙伴的问题上，要改变以前那种由美国"单独承担一切责任"和"统一指挥"的方式，而应当建立一种具有政治创造力的全新秩序，实行划分打击目标的"明智联盟"政策。这样，在对苏关系上，基辛格认为，尽管苏联是美国的一贯对手，但是时代不同了，通过谈判是可以达到一定程度的合作和规避冲突的"绝对极限"的。基辛格的上述建议，对尼克松产生了重大影响，以至于他在后来的对华关系和美苏和谈上迈出了历史性的一步。

尼克松上台时，困扰其最大的问题莫过于越南战争。在这个问题上，基辛格早有研究，他的回答也十分明确；通过谈判，撤回军队，结束战争。尼克松采纳了这一建议，终于解决了棘手的越南战争问题。

基辛格作为尼克松的高级幕僚，不仅是一位足智多谋的国际战略策划者，同时也是一位精明干练的战略实践家。作为顾问、智囊，他审时度势、深谋远虑，运筹于白宫之内，施展于千里之外；作为助手、使者，他忠心不渝、献身其职，周旋于美国朝野，活跃在世界各地。美苏和谈，他纵横捭阖；中美邦交，他牵线搭桥；巴黎谈判，他以强制胜；中东危机，他以柔克刚……在当代国际的大舞台上，为美国和尼克松政府演出了一幕幕具有时代意义的话剧。其中，最能反映基辛格深谋远虑、智勇兼备独特风格的，莫过于中美秘访的"波罗行动"和越南停战的"巴黎谈判"，在当代国际关系和外交史上占有重要地位。他那高超的战略艺术和战略风格、超人的谋略思想和谋略活动，在当代的外交史上也是不多见的。

十四、柯林斯的《大战略》

约翰·柯林斯是美国著名战略理论家，曾任美国国会研究防务问题的高级专家，并担任过美国国防大学战略研究所所长。《大战略》一书较为系统、全面地阐述了有关大战略的理论问题，是现代西方大战略理论的代表作。

柯林斯的《大战略》一书全名为《大战略：原则与实践》，于1973年由美国海军学会出版社出版。全书共6部分29章，外加前言和代序：战略思想的演变，约27万字。第一部分，大战略的结构：第一章，目的与手段；第二章，对威胁的估计问题；第三章，战略的实质；第四章，作战原则。第二部分，战略环境：第五章，全面战争的性质；第六章，有限战争的性质；第七章，革命战争的性质；第八章，冷战的性质。第三部分，当代美国各派军事思想：第九章，对美国安全的外来威胁；第十章，美国大战略的概貌；第十一章，威慑的概念；第十二章，战略报复的概念；第十三章，战略防御的概念；第十四章，灵活反应——美国战略的一个组成部分；第十五章，美国关于集体安全的概念；第十六章，美国对欧洲的战略；第十七章，美国对东亚和西太平洋的战略；第十八章，美国对中东的战略；第十九章，反暴乱的战略思想。第四部分，特殊考虑事项：第二十章，地理的影响；第二十一章，武装部队的特点；第二十二章，军备控制的影响；第二十三章，经济与财政方面的制约；第二十四章，科学、技术与战略；第二十五章，民族特性及其态度。第五部分，通往战略优势的道路：第二十六章，成功的战略家的特征；第二十七章，培养创造性的思想；第二十八章，怎么办？第六部分，战略的运用：第二十九章，越南战争：对大战略的一个实例研究。

在《大战略》一书中，柯林斯主要论述了如下观点：①大战略是在各种情况下运用国家力量的一门艺术和科学，以便通过威胁、武力、间接压力、外交、诡计以及其他可以想到的手段，对敌方实施所需要的各种程度和各种样式的控制，以实现国家安全的利益和目标。②应根据不同的战争实施不同的战略，如连续战略和积累战略、直接战略和间接战略、威慑战略和实战战略、打击军事力量战略和打击社会财富战略。③没有一条作战原则是永恒不变的，应通过正确运用作战原则实施战略指导，常见的12条作战原则有目的、主动权、灵活性、集中、节约、机动、突然性、扩张战果、安全、简明、统一指挥、士气等。④全面战争是美苏之间的核大战;冷战是"冲突光谱下端的国际紧张局势的一种活跃状态";有限战争是在全面战争与冷战之间存在的一系列正规战争的统称;革命战争是"用自觉的努力,通过非法的强制手段去夺取政权"。⑤大战略受多种因素的制约,如地理的影响、武装部队的特点、军备控制的影响、经济和财政方面的制约、科学和技术方面的影响、民族特性及其态度的影响。⑥成功的战略家均具有如下共同特征,即才智、智力的主动性、敏锐的分析能力、坚韧性、能言善辩、开阔的眼界、有预见性等。

《大战略》一书对国家战略、大战略和军事战略等基本概念做了较为明确的界定,从国家安全、利益、目标、政策及国家力量各组成部分,以及地理、经济和科技等方面,较系统地论述了大战略理论,为认识理解美国各派军事思想及军事战略提供了新的视角,较其他同类理论更为系统、全面。

十五、格雷厄姆的《高边疆——新的国家战略》

丹尼尔·奥·格雷厄姆是美国陆军中将、安全问题专家。他的《高边疆——新的国家战略》一书是探讨美国"星球大战"计划和空间战争战略的重要著作。

格雷厄姆曾任美国国家安全委员会特种计划室主任,里根政府的国家安全顾问。1976年从国防情报局局长任上退休后,历任迈阿密大学国际研究所教授、研究员等职。

《高边疆——新的国家战略》全书共8章,文前有序、前言及"高边疆"的研究概述,多数章后还附有大量附录及附件,从财政、政治、法律和技术等方面支持书中的观点,共21.7万字。第一章,战略;第二章,军事方面;第三章,非军事方面;第四章,间接行动;第五章,紧急要求和费用;第六章,影响;第七章,实施;第八章,条约方面的考虑。该书阐明,"高边疆"战略的实质是使美国开拓和利用空间领域发展经济和加强军事实力,在美苏全面竞争中占据战略优势。

该书的主要观点有:①美国奉行的"相互确保摧毁"战略并不能为美国提供有效的核保护。它束缚了美国进行军备控制的能力,导致美国及其盟国在核攻击和核讹诈面前无所作为。②为了消除苏联军事力量对美国及其盟国现有的和日益增长的威胁,美国需要彻底摈弃"相互确保摧毁"战略,实行新的"高边疆"战略。③美国要充分利用空间技术优势,把防御系统有效地部署在空间,摆脱不稳定的"恐怖平衡",走向"确保生存"的世界环境,并有效地促进美国经济。④要使美国和盟国的战略思想体系从"相互确保摧毁"理论有效地转向"确保生存",唯一的出路就是部署全球弹道导弹防御系统。⑤"高边疆"战略拥护大力加强美国的进攻性战略力量,强调战略防御并不排斥替换过时的战略轰炸机、导弹和导弹发射潜艇的有关要求。⑥"高边疆"战略的主要军事影响是能以最快的速度、最经济的方式达到美国所要求的"安全"感,恢复美军传统的军事伦理道德。⑦"高边疆"战略可使苏联面临其最害怕的那种武器竞赛,加重苏联的技术和工业资源负担,动摇苏联在过去20年里花费巨资建造起来的战略结构的根基。该书对认识当代美国军事战略有重要参考价值。

《高边疆——新的国家战略》一书于1982年3月由美国"高边疆"学会正式出版后,很快受到美国政府、军方和公众的关注,它不仅对美国的经济、政治、军事和高科技发展,以及世界形势产生了重大影响,而且在理论和技术上为美苏的空间争夺提供了论证性的依据。次年,美国总统里根就以此为基础,正式提出了具体的"战略防御倡议"("星球大战"

计划），改变了原来所奉行的"相互确保摧毁"战略，以强化战略防御来增强战略威胁。但由于该书作者受其立场和认识的局限，对"高边疆"战略的论述难免有失偏颇之处，这需要读者在阅读时注意分析鉴别。

十六、鲍德温的《明天的战略》

汉森·W.鲍德温是美国著名的军事记者和军事评论家。他在担任《纽约时报》军事主编期间，同五角大楼高级官员的关系密切，其评论及著述也经常反映美国政府和国防部的意向。

鲍德温于1903年出生于美国马里兰州的巴尔的摩。毕业于安那波利斯美国海军学院。1924年，被授予海军少尉军衔。曾先后在美国东部沿海、加勒比海及欧洲舰队的战斗舰和驱逐舰上服役。1927年，退出现役，在《巴尔的摩太阳报》当过一年采访记者。1929年，进入《纽约时报》，1942年担任该报军事主编，同年获普利策奖。

鲍德温著有《实力的代价》《巨大的军备竞赛》《战争的巨大错误》《第一次世界大战》《战争的失败和胜利》《明天的战略》等。其中，《明天的战略》一书是在美国乔治城大学战略和国际问题研究中心主持下撰写的，于1970年出版。全书共10个问题和1个附录，约23万字。内容包括：①人与力量；②关于新近的历史；③明天的世界；④巨人在紧张中；⑤这是我们必须防御的；⑥欧洲的防御；⑦地中海和中东；⑧苏伊士之东；⑨亚洲和广大太平洋地区；⑩明天的战略。该书总结了美国自第二次世界大战以来的经验教训，尤其是越南战争中失败的原因，预测了20世纪最后30年的世界形势，提出了美国今后的总战略。

鲍德温《明天的战略》一书出版时，美国《国际先驱论坛报》曾发表评论说，作者的战略思想"同尼克松和莱尔德的国防计划的方针是一致的"。该书收集了不少关于世界各地区的形势，美、苏以及有关国家军事部署等方面的材料，对研究美国对外政策及其全球战略有一定的参考价值。但作者从维护美国垄断资产阶级利益的立场出发，较露骨地流露了美国企图争夺世界霸权的野心。

十七、托夫勒的《未来的战争》

阿尔文·托夫勒是美国著名的未来学家。《未来的战争》是探讨第三次浪潮文明、战争发展趋势的军事未来学的代表作之一。

托夫勒曾在汽车厂、铸钢厂工作过5年；后到华盛顿当记者、《幸福》杂志任副主编；他还担任过拉塞尔·塞奇基金会的访问学者、康奈尔大学客座教授、社会研究学院的教师，以及国际战略研究研究员。

全书分为冲突、轨迹、探索、知识、危机、和平6部分，共25章。在回顾历史上两次浪潮文明、战争发展轨迹的基础上，着重探讨了以第三次浪潮文明为背景的未来战争的特点、发展趋势与和平的形式。其主要观点有：①自古以来，战争的形式一直都在不断地变化。农业时代，战争的形式是锄头和刀剑；工业时代，战争的形式是大规模生产加毁灭性武器；而未来，随着信息和知识在经济体系中的作用越来越大，我们将目睹到"软件战胜钢铁"时代的到来。②人们创造财富的途径也是发动战争的途径，今天商业活动中发生的革命性变化也会在世界各国军队和未来战争中有所反映；"知识战略"将在军事思想中占有越来越重要的地位。③在未来的高精尖知识战争中，将会出现机器人制定关键的军事决策、大量使用迷惑敌人的"虚拟真实"武器、渗入敌人商业和情报计算机网络的"电子蚂蚁",甚至还会出现取代外交手段的数字媒体等。④当务之急是在进行变革时,需要缔造和平。反战争并不完全是靠呼吁和平的演讲祈祷、示威游行、宣传画来进行的,更重要的是,反战争还包括政治家甚至是军人采取行动,来创造条件阻止战争的爆发或限制战争的规模。反战争的最高水平包括运用军事、经济和信息的力量以减少暴力行为。《未来的战争》一书将使世界各国的政治家、军事领导人,以及和平组织的官员在有关未来世界战争与和平等重大问题上产生新的启迪。

第二章 俄国（包括苏联）的军事思想

俄国自古以来就是一个好战的国家，其祖先彼得大帝就是一位穷兵黩武、对外扩张的皇帝，东征西讨，占领他国领土，形成世界横跨欧亚最大的国家。其子孙亦富有勇敢、进取、好战的禀性。在战争实践中积累了丰富的经验，并善于总结，形成很多军事专著，对世界军事理论的发展做出了较大的贡献。其中最著名的军事专著和军事思想有苏沃洛夫的《制胜的科学》，鲁缅采夫的《指南》《军规》与《思想》，列宁的军事思想，斯大林的军事思想，伏龙芝的《统一的军事学说与红军》，沙波什尼科夫的《军队大脑》，特里安达菲洛夫的《现代军队的战役性质》，索科洛夫斯基的《军事战略》，朱可夫的《回忆与思考》，格列奇科的《苏维埃国家的武装力量》，伊万诺夫的《战争初期》，戈尔什科夫的《国家的海上威力》等。

一、苏沃洛夫的《制胜的科学》

苏沃洛夫（1730—1800），俄军大元帅，俄国军事学术奠基之一，著名的军事谋略家。自幼在父亲的指导下研究炮兵、筑城学与军事史，崇拜彼得大帝和古罗马名将恺撒。1742年，在禁卫军注册，1748年正式服役。曾参加七年战争、两次俄土战争（1768—1774年和1787—1791年）和1794年镇压波兰起义。1798年，第二次反法联盟组成后，任意大利北部俄奥联军总司令。1799年率军转战意大利和瑞士，行军中翻越阿尔卑斯山，恩格斯认为，这是"到当时为止所进行的一切阿尔卑斯山行军中最出色的一次"。后遭贬谪，死于彼得堡。苏沃洛夫主张摒弃警戒线战略和线式战术；主张集中兵力于主要方向，以歼灭敌有生力量为主要目标，快速机动，积极进攻；主张结合实战需要进行练兵。他总结了多年作战经验和治军学术思想，著有《团谕》和《制胜的科学》。

《制胜的科学》的基本内容包括：①提出观察、快速、猛攻三项基本战术原则。②在重视发挥火力的作用、重视射击训练和实战射击的同时，重视发挥刺刀的作用，强调白刃突击的重要性。③在人和武器的关系中，坚决把人置于优先地位，认为人是战斗胜负的决定因素。

苏沃洛夫的战略以极重进取和果断见长。重军事行动的主要目的是在不设防的野战中消灭敌军。战略行动的基本方法是进攻。他认为："军事学术之真谛，是从敌人最要害的部位直接进攻敌人，而不是采取间接的迂回的方式接敌……只有直接的勇敢的进攻才能制胜。"每次作战，苏沃洛夫都要鼓励兵士们说："勇士们，敌人会在你们面前发抖的！"使每个兵士能确信自己的力量，懂得后退一点就是死，即使侥幸不死，也是可耻的。著名的伊兹梅尔攻坚战就是在这种指导思想下取胜的。

莫罗评论苏沃洛夫说："此人具有非凡的坚韧精神，他宁愿亲自牺牲，并使自己的军队战斗到最后一卒为止，但却不肯退却一步。"

50多年的军事生活使苏沃洛夫认识到，兵士是制胜之本，并养成了一种特殊的性格与习惯：像士兵那样生活，始终把自己看成一个士兵。在沙俄军队里，军官一般把士兵当奴隶，把士兵视为会走动的机器，可以任意打骂和侮辱。苏沃洛夫对此十分气愤，曾把沙皇保罗一世所推行的棍棒纪律叫作"残暴制度"。苏沃洛夫一贯尊重士兵，爱护士兵，把士兵看成勇士，打仗时决不让战士白流一滴血，爱惜士兵的生命；平时，不准军官虐待士兵，不许侮辱士兵的人格。因此，他本人便在士兵中有着无限的影响力，士兵们都亲昵地称他为"士兵元帅"，都愿在他的统率下拼命杀敌，排除万难，去争取胜利。

苏沃洛夫的《制胜的科学》是一部简要阐述作战原则及治军思想的军事教令，它于1806年发表后，曾引起世界各国军事理论家的广泛注意，在俄国与土耳其和拿破仑法国作战的5年间，该书再版了8次。1870年，俄国军事理论家德拉戈米罗夫把该书的基本原则写入自己的《战术教材》。1918—1920年苏联国内战争和帝国主义武装干涉时期，列宁等审批的第一本红军战士服役手册就引用了该书的主要原则。苏联卫国战争年代，该书的许多原则被运用到实战之中。该书在战后又多次再版，它不仅在俄国军事史上占有重要地位，而且还被作为苏联军官必修的教材书，对苏联军队的建设、训练和作战也有重要影响。

二、鲁缅采夫的《指南》《军规》《思想》

彼得·亚历山德罗维奇·鲁缅采夫（1725—1796），俄国统帅，陆军元帅，军事谋略家。出身将门。6岁在禁卫军注册，16岁随父参加1741—1743年俄瑞战争。七年战争期间，先后任旅长、师长、军长，参加对普鲁士作战。在大埃格尔斯多夫、库讷斯多夫和围攻科尔贝格要塞等会战中指挥出色，屡败普军。1768—1774年，俄土战争中任集团军司令，在兵力上居于劣势、处境不利的条件下，采取坚决进攻行动，以少胜多，击败土军，占领多瑙河下游左岸地区。鲁缅采夫指挥作战敢于创新，强调进攻，重视发扬火力和白刃突击的作用，常采用正面突击与翼侧和后方突击相结合的战法。在俄军将领中，他最先发现线式队形的不足，并在作战中采用纵队和散兵线，为而后的战术发展打下了基础。他的军事思想对俄国军事学术的发展曾有过重大影响。著有《指南》《军规》《思想》等书。其主要军事谋略思想和活动如下。

（1）转败为胜，崭露头角。18世纪中叶，欧洲各列强之间矛盾重重，利益关系错综复杂，发生了一场欧洲两大军事集团间的大战——七年战争。初期，俄军利用普军被奥、法军牵制的有利时机，取得了一些进展，但后来由于俄军总司令阿普克辛迟疑不决、贻误战机，普鲁士国王乘势调动部队迎战俄军。一举突破俄军中央部队阵地。俄军张皇失措，迅速溃散。在此危急时刻，原为预备队的鲁缅采夫及时赶到战场。他当机立断，不等待命令，主动向敌军侧后方发动进攻，普军遭受突然袭击，一时阵脚大乱，战场形势突变，溃逃的俄军也乘势转入反攻，莱瓦尔德所率普军迅被全歼。鲁缅采夫成为转败为胜的英雄，他的名字在俄军中被广为传颂。

（2）以寡敌众，以弱胜强，三战三捷。18世纪下半叶，沙皇俄国处心积虑地准备对土耳其发动战争，以便控制黑海，进而打通与地中海的联系。但是，俄国的扩张企图与法国、奥地利的利益有矛盾。为了牵制法、奥并孤立瑞典、土耳其，俄国便与普鲁士结盟，并与英国签订贸易协议。土耳其对俄国的扩张政策极为不满，自恃拥有一定的军力，握有亚速海、黑海和东地中海的制海权，又有法国和奥地利的支持，便决定先发制人，于1768年9月向俄国宣战。在这次战争中，鲁缅采夫先后担任第2集团军和第1集团军的司令，在摩尔多瓦、瓦拉几亚、多瑙河流域作战。1770年，鲁缅采夫率第1集团军沿普鲁特河左岸南下，迎战士军主力，从6月底至8月初，一个月内三战皆捷，以寡敌众，以弱胜强，打出了气势，打出了声威。

三、列宁的军事思想

弗拉基米尔·伊里奇·列宁（1870—1924）不仅是马克思主义天才的政治家和杰出的理论家，也是卓越的战略家和军事家。列宁的军事思想既体现在对无产阶级武装斗争的实际领导中，也反映在对于这一斗争实践经验的理论总结上。

列宁于1870年4月22日出生在俄国辛比尔斯克城（今乌里扬诺夫斯克）。1887年，在辛比尔斯克中学毕业，进喀山大学法律系就学，数月后因积极参加学生运动被当局开除和流放。1888年，回喀山，开始阅读马克思的《资本论》，并加入俄国的一个马克思主义小组。

1893年以后成为马克思主义的领导人，为在俄国建立马克思主义政党进行思想和组织工作。1895年秋，把彼得堡所有的马克思主义工人小组统一起来，创建工人阶级解决斗争协会。同年12月被捕入狱，次年2月被流放西伯利亚东部。在监狱和流放地，继续领导协会进行斗争，并钻研哲学和从事理论写作。1898年，成立俄国社会民主工党。

1904年，帝国主义的日俄战争，直接导致俄国第一次革命高潮，列宁由此尖锐地提出了武装斗争及军事问题。1905年，通过总结无产阶级革命斗争的经验教训，撰写了《旅顺口的陷落》《革命军队和革命政府》等军事论著。同年11月，由日内瓦秘密回到彼得堡，直接领导武装起义的准备工作。

1914年第一次世界大战爆发后，列宁以极大的精力直接参加并领导了俄国无产阶级武装起义的准备和组织工作，并通过深刻总结在帝国主义世界大战条件下无产阶级进行武装斗争的基本经验，撰写了《社会主义与战争》《无产阶级革命的军事纲领》《战争与革命》等军事论著，提出了"变现时的帝国主义战争为国内战争"的策略思想，详尽阐述了关于帝国主义时代的战争学说和武装起义的学说，从而创造性地继承和发展了马克思主义关于战争和军队的学说，为俄国无产阶级革命的胜利提供了军事科学的正确指导，丰富了马克思主义军事思想的理论宝库。

四、斯大林的军事思想

约·斯大林（1879—1953）是苏联共产党和国家领导人，苏联大元帅。他在俄国无产阶级革命及其夺取政权后的长时间里，是列宁革命事业的直接继承者，以及列宁军事思想的伟大实践者。

斯大林于1879年12月21日出生在格鲁吉亚的哥里城。1894年，在中学读学时即开始参加革命活动。1898年，加入俄国社会民主工党的梯弗里斯组织。1899年，因从事马克思主义的宣传活动被开除学籍，此后成为职业革命家。这期间，斯大林研读了马克思、恩格斯的《共产党宣言》《资本论》等著作，还研读了列宁的多种著作，受到列宁思想的深刻影响。

1901年，斯大林创办格鲁吉亚社会民主党人的秘密报纸《斗争报》，11月当选为俄国社会民主工党梯弗里斯委员会委员。1903年，被选入俄国社会民主工党高加索联盟委员会。1904年12月，领导巴库石油工人大罢工。从1901年3月到1917年二月革命，先后被捕7次，流放6次，从流放地逃出5次，但始终没有间断反对沙皇制度和传播马克思主义的斗争。1912年1月，在党的第六次代表会议后，增补为中央委员，并受党的委托，领导俄国中央局的工作。

1917年二月革命后，从流放地回到彼得格勒，领导《真理报》的工作，并在全俄布尔什维克党第七次代表会议上当选为常中央委员会政治局委员。同年10月，在党中央委员会扩大会议上被选进党领导起义的总部，参加十月社会主义革命的组织领导工作。

1918—1920年，苏俄国内战争和外国武装干涉时期，任全俄中央执行委员会工农国防委员会委员，共和国革命军事委员会委员，以及南方、西方、西南方面军革命军事委员会委员。1922年，当选党中央书记。

1924年1月列宁逝世后，斯大林担任苏联党政军主要领导人达29年之久。在卫国战争时期，担任国防委员会主席、国防人民委员，武装力量最高统帅，领导苏联人民和苏联军队取得了反法西斯战争的伟大胜利。第二次世界大战结束后，担任党中央总书记、苏联部长会议主席和苏联武装力量部部长。

在斯大林毕生的革命经历中，军事活动中占有重要地位。他丰富和发展了马克思列宁主义关于战争、军队和军事学术的理论和实践。其军事、政治实践方面突出表现在以下几点。

（1）识破"祸水东引"计，签订《苏德互不侵犯条约》。1938年，欧洲大陆风云变幻，战争危机日益迫近。希特勒一方面大肆叫嚣消灭社会主义苏联；一方面又加紧准备，首先向西方侵略扩张。面对法西斯德国咄咄逼人的气势，英、法等国一再退让，它们不积极从事抗击德国的准备，反而企图诱使希特勒向东进攻苏联，挑动苏、德在战争中两败俱伤，它们则坐收渔人之利。这就是臭名昭著的"祸水东引"政策。面对此种情况，苏联、德国签订了《苏德互不侵犯条约》，从而宣告了英法纵容德国祸水东引政策的彻底破产，苏联避免了单纯与德国作战，反而爆发了英法与德国之间的战争。

《苏德互不侵犯条约》的签订为苏联赢得了23个月的宝贵战备时间，它利用这段时间迅速扩军，加速发展东部地区的工业，加紧储备战争物资，这对苏联赢得战争的最后胜利具有重大意义。

（2）签订《苏日中立条约》，避免两线作战。1940年9月27日，德国、意大利、日本三国签订了军事同盟。日苏关系一向紧张，日本对共产主义又深恶痛绝，这一条约对苏联的意味太明显不过了。苏联政府认真分析研究了错综复杂的国际形势，认为德国目前是最危险的敌人。于是，斯大林决定把主要力量用来对抗德国，对日本则采取两个措施：一是大力支援中国的抗日战争，以便利用中国，最大限度地拖住日本；二是利用日本急于南进、顾忌苏联的心理，与它进行谈判，缓和关系。果然不出所料，日本首先提出缔结《日苏中立条约》的建议，经过数次讨价还价，条约于1941年4月13日正式签订。苏联与日本签订的《苏日中立条约》，可谓是基于类似深远谋略的"祸水南引"计划，但这回苏联成功了。苏从中获得巨大好处，而本身始终未受条约限制，较为主动，未因与日签约而影响对中国抗日战争的支援和在美对日、德宣战后及时宣布对日作战，终于赢得第二次世界大战的胜利。

五、伏龙芝的《统一的军事学说与红军》

米哈依尔·华西里耶维奇·伏龙芝（1885—1925），苏联党务、国务活动家，卓越的统帅和军事理论家，苏联武装力量的积极组织者和创建者之一。《统一的军事学说与红军》是伏龙芝论述苏联军事学说的一部有影响的著作。

伏龙芝1885年2月出生，1904年加入苏联共产党，后积极参加了1905—1907年革命。十月革命时，积极组织武装起义和创建红军。国内战争时期他先后担任集团军、方面军司令，指挥参加了解放克里木之战。国民经济恢复时期，他主持了苏联红军的改编工作，并先后担任苏联军事委员会副主席和副陆海军人民委员，红军参谋长和军事学院院长，苏联革命军事委员会主席和陆海军人民委员等职务。他根据现代战争的特点与性质，深入研究了苏联军事科学的一系列问题，先后发表了一系列的军事著作，主要有《红军和它的任务》《红军的改编》《统一的军事学说》。

伏龙芝从政治和战争的相互关系中划分出了三个最重要的因素：第一，战争的发生是政治的继续，战争取决于政治；第二，政治具有决定作用，进行战争的全部问题从属于政治领导；第三，反过来，政治也依存于战争。从这些原则出发，以及从战争是政治通过暴力手段的继续这一观点出发，伏龙芝公正地指出，战争的主要特征是武装斗争；战争的内容包括武装斗争、经济斗争、思想斗争、外交斗争和其他斗争形式的总和。政治在战争和军事战略中所处的决定地位在整个战争过程中是不变的。与此同时，伏龙芝认为战争对政治亦有反作用，主要表现在一个方面：第一，战争是社会运动的特殊状态，它对社会生活和社会活动的各个方面都产生深刻的影响；第二，人民和武装力量对战争的态度取决于战争的性质——正义还是非正义，即取决于这场战争的社会政治性质；第三，今后政治的性质在很大程度上取决于战争的进程和结局，取决于胜利还是失败，总的来说，就是取决于战争的结果。

伏龙芝非常理解基干兵比民兵优越，并把后者视为被迫采取的临时措施。他认为，在当时的历史条件下，巧妙而合理地把基干军与民兵结合起来，是武装力量建设的一种非常合适的形式，并发表《正规兵与民兵》一文。后来在伏龙芝的领导下，制定并实行了基干部队与民兵部队相结合的武装力量建设的混合体制。伏龙芝还强调指出，要根据现代战争的要求统一建设军队，必须对红军当前战斗任务的性质以及解决这些任务的方法有统一的观点。他在《统一的军事学说与红军》和《红军的改编》等重要文章中均强调了这一思想。他说，变红军为团结一致的机体，使上下不仅有共同的政治思想，而且对共和国当前军事任务的性质，解决这些任务及军队战斗训练的方法有共同的观点，是保证红军具有最大威力的基本条件之一。

六、沙波什尼科夫的《军队大脑》

B. M. 沙波什尼科夫（1882—1945）是苏联元帅、军事理论家。他出生于1882年，1901年开始在沙俄军队服兵役。先后毕业于莫斯科军事学校（1903年）和总参军事学院（1910年）。曾在土耳斯坦军区和华沙军区任指挥与参谋职务。参加过第一次世界大战。1917年10月起，任团长，领上校军衔。同年12月，升任高加索掷弹兵师师长。

国内战争时期，始任最高军事委员会司令部作战部副部长，后任共和国革命军事委员会野战司令部情报部长。1919年3月，任乌克兰陆海军人民委员部第一副参谋长。同年8月，任共和国革命军事委员会野战司令部情报部长。同年10月任作战部长，参与制订对邓尼金军队的反攻计划。并为1920年西南、西方战线和克里木战局计划的制定者之一。

国内战争后，1921年2月，任工农红军第一副参谋长。1925—1928年，先后任列宁格勒军区和莫斯科军区司令。1932年，任伏龙芝军事学院院长兼政委。1935年，任列宁格勒军区司令。1937年，5月任总参谋长。1940年8月，任苏联副国防人民委员。

卫国战争期间，1941年7月，任西战略方向参谋长，后复任总参谋长，直接参与制订重大战略计划，在关键时刻发挥了决定性作用，荣获红旗勋章。1942年5月，任副国防人民委员。1943年，任总参军事学院院长，直到1945年病逝。在27年的戎马生涯中，沙波什尼科夫除撰写《军队大脑》外，还出版了《在维斯瓦河》《战斗的历程》等著作以及40余篇论文，并主持编写了20余部军事著作。

《军队大脑》一书是在1927—1929年陆续完成和出版的，全书共8章，即关于总参谋长的几点想法、"一切质量取决于它"、对内政策与总参谋部、经济与战争、对外政策与战争、战争计划与对外政策、动员是战争的序幕、联盟战争，另有一篇前言。书中主要观点是：①无产阶级"要创立新的、能与当今世界上形成的社会关系相适应的军事体系形式"，其中之一就是建立新型"军队大脑"；②德国式的统帅体制已彻底破产，现代战争要在"国家首脑集体"和"集体指挥机构"的领导下准备和实施；③必须把总参谋部建设成为政治素质高、工作能力过硬、意志和性格坚强、对一切问题都经常进行深入细致研究的健全指挥机构；④现代军队不能脱离国内政策而存在，总参谋部必须"随时熟悉国内政策并在制定一切预案时将其估价进去"；⑤总参谋部要关注战争经济问题，"对其中每一个问题都加以考虑并予以支持"；⑥战争是政治的继续，军事必须服从于政治，战略计划要与战争的政治性质和目的相适应；⑦现代战争具有联盟性，必须在政治和军事上解决好联盟的统一战略与共同作战计划问题。

由于沙波什尼科夫在《军队大脑》中深刻分析了第一次世界大战的经验教训，并引用参战国军队大量翔实的资料，阐述了苏军总参谋部的职能、作用，及其在国家指挥体系和军事体系中的地位等重大课题，提出了许多的新观点。因此，该书一经问世，便在苏联国内引起了强烈反响。《苏联军事百科全书》（1976—1980）高度评价说："这部具有重大价值的著作，阐述了关于未来战争性质的基本观点，深刻揭示了指导现代战争的特征，提供了作为最高统帅部指挥武装力量机关的总参谋部的作用、职能和机构的广泛知识。伟大卫国战争年代总参谋部的活动，证明了这部著作中所提出的基本思想和观点的正确性。"

七、特里安达菲洛夫的《现代军队的战役性质》

特里安达菲洛夫（1894—1931），苏军著名军事理论家，苏军纵深战役战斗理论的奠基人之一。他出身于马加拉德日镇（今属土耳其）一个农民家庭。1918年，参加红军。1919年，加入共产党。1923年，毕业于工农红军军事学院，十月革命前，毕业于准尉学校（1915年）。第一次世界大战时任上尉营长。在苏联国内战争期间，在东方面军、南方面军和西南方面军内参加同白卫军作战，历任连长、营长、团长、旅长。1923年后，先后任工农红军司令部处长、作战部部长、步兵军军长兼政委、工农红军副参谋长。在战争年代，他对第一次世界大战以后军队的发展和未来战争、战役的性质进行了长期细致的观察研究，写下了《现代军队的战役规模》《未来军队可能的数量》和《现代军队的战役性质》等著作。

其中，《现代军队的战役性质》一书是其代表作。全书共分为现代军队的现状和现代军队作战两个部分。第一部分包括战后武器装备的发展、军事力量可能动员的数量、现有的力量编制；第二部分包括前提、战役、后续战役等。其主要观点是：①必须充分认识所有军事装备发展的新成就及其未来的发展趋势，否则就不可能理解将来军队编制方面可能出现的变化。②机械化的部队在未来会广泛发展起来，各国的经济实力决定了各自机械化部队的规模。③指挥上的措置裕如、广泛的战术与战役艺术产生所要求的最佳条件，将是通过提高国家大规模动员军队的能力来实现，而不是向从头到脚武装起来的小型职业军队的回归。④突击集团军依靠自身的力量自始至终地实施一系列的作战，必须具有摧毁任何敌人抵抗的物质力量。⑤要在现代战役行动中夺取胜利，就意味着要攻克敌人整个纵深内的战术部署，同时要立即击退那些企图借助汽车等实施机动来参加作战的敌军。⑥在战役主攻正面上，拥有众多压制性武器的突击集群实施集群攻击，与此同时，集群内的其他部队也必须实施助攻行动。⑦如果进攻作战的意义不是局部的，而是追求决战目标的达成，那么在首轮攻击之后，立即发起突破敌之纵深防御的第二、第三次和以后的进攻行动，必须预先彻底打败敌军。⑧纵深歼灭性的打击，一直成为达到战争目的的战略中最有决定意义的手段，纵深的歼灭性打击仍然是将战争转化为国内战争最可靠的军事行动之一。

特里安达菲洛夫的《现代军队的战役性质》作为苏军战役理论发展过程中的奠基之作，不仅在苏联军事思想发展过程中占据着极其重要的地位，而且有力地推动了世界战役理论的发展。尤其是作者注重从军事装备的发展来预见未来战争的发展变化及在战前对敌我双方作战力量进行科学计算的研究方法，至今仍有积极的借鉴意义。

八、索科洛夫斯基的《军事战略》

瓦·达·索科洛夫斯基（1897—1968），苏联著名的军事家，在军事理论方面造诣甚深，领导并参加撰写过多部重要军事著作，《军事战略》一书是苏联火箭核战略的代表作。

索科洛夫斯基出生于沙皇俄国时期的格罗德诺省（今波兰比亚韦斯托克）。1918年，加入苏军，毕业于工农红军军事学院（1921年）和高级速成班（1928年）。国内战争时期，随东方面军、南方面军和高加索方面军参加作战，历任连长、团长、旅长、师长。1938年4月，任莫斯科军区参谋长。1941年2月，任副总参谋长。卫国战争时期，历任西方面军参谋长、西方面军司令、乌克兰第一方面军参谋长、白俄罗斯第一方面军副司令。战后索科洛夫斯基曾任苏军驻德军队集群副总司令，1946年3月起任总司令。在部队的教育训练中，逐渐形成了对军事战略理论方面的独到见解，集中体现在《军事战略》一书之中。

该书共8章，共计56万字。第一章，绪论；第二章，帝国主义国家的战略及其对新战争的准备；第三章，苏联军事战略学的发展；第四章，现代战争的性质；第五章，军队的建设问题；第六章，作战方法；第七章，国家对反侵略的准备；第八章，军队的领导。另有第三、第二版前言、序言、结束语，附录1～4。

在《军事战略》中，索科洛夫斯基论述了战略学的许多重要问题。他论述了军事战略同政治、经济和精神因素的相互关系，以及军事学说对战略的主导作用，分析了西方帝国主义国家军事战略学的本质特征，阐述了苏联军事战略学的发展道路。全书以很大篇幅详细地探讨了以火箭核突击为核心的全面核战争的战略问题，提出了一系列新的概念和观点。作者强调指出"未来的世界大战必须具有火箭核战争的性质，就是说战争中的主要武器将是核武器，核武器的主要投射工具将是火箭"。因此，他认为火箭核武器现在决定着军队建设和未来战争中作战方法的主要发展方向，"核武器现在已成为各军种火力的基础。因此，在核武器及其使用方法上造成对敌优势，乃是平时和战时军队建设的一项最重要的任务"。该书分析了战略范围内作战方法的内容，按新的方式提出了战略行动的分类。作者认为，在未来战争中军队的一切战略行动可归结为以下四种类型：①火箭核突击，目的是破坏和消灭构成敌国军事经济潜力基础的目标，破坏其国家机关和军事领导机关，消灭敌人的战略核武器和敌军的主要集团；②陆战场的军事行动，目的是彻底消灭敌军；③保卫社会主义各国后方和军队免遭敌人核突击；④海战场的军事行动，目的是消灭敌人海军。

九、朱可夫的《回忆与思考》

格·康·朱可夫（1896—1974），苏联元帅杰出的战略家，4次荣获苏联英雄称号，一位成功地从士兵逐级晋升到元帅的传奇式职业军人。

朱可夫于1896年11月19日出生在俄罗斯的一个鞋匠家庭。12岁离开家乡，到莫斯科一位亲戚开的毛皮店当学徒。1915年8月，参加沙俄军队，并参加了第一次世界大战。1918年8月，加入红军。1919年3月，加入苏联共产党。苏德战争爆发前，历任士兵、军士、排长、连长、团长、骑兵第2旅旅长、骑兵监察部助理（负责军事训练）、骑兵第4师师长、骑兵第3军军长、骑兵第6军军长、白俄罗斯军区副司令员（主管骑兵）、基辅特别军区司令员、总参谋长。1941年6月22日，苏德战争爆发，朱可夫先后担任预备队方面军司令员、列宁格勒方面军司令员、西方面军司令员、白俄罗斯第一方面军司令员，并多次作为最高统帅部代表被派往战争的关键方向。战争期间，朱可夫一直是苏联最高统帅部成员，并于1942年8月27日任命为最高副统帅，成为斯大林的第一副手，为苏联伟大卫国战争的胜利立下了不朽的功勋。1945年5月8日，作为苏联最高统帅部代表，在柏林接受了法西斯德国武装力量的投降。在这之后的和平岁月中，朱可夫在复杂多变的政治风浪中历经坎坷。1955年2月，出任国防部长。1957年10月，被免除党内外一切职务。1958年3月，被迫退休。1966年恢复名誉。1974年6月病逝。葬于红场克里姆林宫墙下。

《回忆与思考》是朱可夫被解除一切职务以后，赋闲在家时所做的回忆录，1969年由苏联出版社出版。全书共76万余字。其主要军事谋略思想与活动是实事求是，多谋善断，指挥若定，堪称"奇才"。1941年6月22日，苏德战争爆发。战争初期，德军以闪击战法侵占了苏联大片领土。朱可夫审时度势，从实际出发，主张收缩兵力，于7月29日正式提出放弃基辅的建议，结果不仅被斯大林指责为"胡说八道"，而且半小时后被免去总参谋长职务，调任新组建的预备队方面军司令员。次日，朱可夫即到任了解情况，着手准备在斯摩棱斯克东南的耶利尼亚地域发动一次进攻战役。这是朱可夫在苏德战争中第一次独立指挥的战略性战役。1941年8月30日至9月8日，他成功地实施了这次的方面军进攻战役，彻底铲除了德军在耶利尼亚的突出部，迫使敌人暂时停止了进攻，为苏军统帅部在莫斯科方向上改善防御态势赢得了时间。

1941年9月下旬至10月上旬，德军从西部迂回，直奔莫斯科。10月10日，朱可夫奉命任西方面军司令员，担负保卫莫斯科的重任。朱可夫知己知彼，料定墨守成规的德军还将采用强攻两翼、分进合击的战法，因此，他格外重视两翼的防守，同时掌握部分兵力在紧急时从正面支援翼侧。11月15日，德军以51个师180万人向莫斯科发起总攻。朱可夫指挥若定，沉着应战，只以一线部队抗击敌军而不动用预备队。守旧的德军果然犯了一个致命的错误，在两翼部队苦战之时，正面的部队按兵不动，从而使朱可夫得以把正面兵力机动到两翼抗击德军。12月13日，红军击溃德军两翼，使希特勒损兵折将50万人，打破了法西斯德国"不可战胜"的神话，为战争进程的根本转折奠定了基础，朱可夫也从此名扬天下，连"和朱可夫打过仗的德国人都承认他是苏俄将领中最大的天才"。

1942年夏，不甘心失败的希特勒企图利用第第二次世界大战场尚未开辟之机，在南翼发动一次进攻战役。斯大林格勒处在危急之中。此时，朱可夫被任命为苏军最高副统帅，并被派往顿河前线了解情况，提出战略决策。朱可夫经过实地考察，与总参谋长华西列夫斯基反复讨论研究，提出了一个大胆的作战方案：坚守斯大林格勒，将德军第6集团军和坦克第4集团军紧紧地牵制在这里，待苏军各后备集团军组建完毕后，对之实施战略反包围，予以全歼。这是一个冒风险而大胆的战略决策，关键在于斯大林格勒守军能否坚持到大反攻。战争实践证明，这一决策完全正确。斯大林格勒会战的胜利成为苏德战争的根本转折点，从此，德军由战略进攻转入了战略防御，步步走下坡路了。

以优势兵力，先防御，后反攻，最后歼灭敌主力，完成了苏德战争的根本转折。斯大林格勒会战后，苏军将战线向西推进600余公里，在库尔斯克附近形成一个突出部。1943年3月中旬，朱可夫来到库尔斯克，迅速查明了德军意欲夺占库尔斯克的企图。朱可夫向苏军最高统帅部建议苏军先不要转入进攻，而以优势兵力进行防御，在阵地上疲惫和消耗敌人，然后投入精锐预备队，转入反攻，最后歼灭德军主力。

1943年7月5日凌晨，朱可夫当机立断，命令苏军炮兵提前对敌实施炮火反准备，迫使德军将发起冲突的时间推迟3小时。德军进攻进展缓慢，不久便转入防御。7月12日，苏军转入反攻，并于8月23日解放哈尔科夫，胜利结束了这次战役，完成了苏德战争乃至第二次世界大战的根本转折。

1945年春，对德的最后一战开始了。而奉命直捣柏林的正是朱可夫指挥的白俄罗斯第1方面军。为了实施这一不寻常的战役，朱可夫要求部队进行特别周密细致的准备。为了出奇制胜，他决定打破常规，改变过去那种从凌晨实施炮火准备、白昼开始冲击的老办法，计划在黎明前2小时实施夜间冲击，并利用140部探照灯的突然照射，惊吓敌人。

1945年4月16日4时，朱可夫下令白俄罗斯第1方面军发起进攻。4月18日晨，攻克泽劳费弗高地，打开了这把"柏林之锁"。4月20日，突破柏林近郊的德军防线。次日，朱可夫的3个集团军突入了市区。4月30日15时50分，朱可夫下属的两名军士将红旗插到了国会大厦。

朱可夫还以治军严格闻名，特别是对干部的要求更为严格，这在他戎马生涯的早期就开始表现出来。在他担任团长时，他禁止任何坦克兵穿工作服离开车间、车库和坦克停车场，外出必须穿规定的制服。穿着制服时，必须把铜扣、皮鞋擦得锃亮。野外训练归来，必须立即洗刷战斗车辆。

十、格列奇科的《苏维埃国家的武装力量》

安德烈·安东诺维奇·格列奇科（1903—1976），苏联国防部长、元帅、军事家。《苏维埃国家的武装力量》是一部全面论述苏联武装力量的著作，该书阐述了苏联对未来战争的看法、建军观点、武器装备、军队训练、战略战术、军队指挥等问题，在一定程度上反映了苏联勃列日涅夫时期的军事战略思想。

格列奇科出生于1903年10月。1919年，参加苏联红军。1928年，加入苏联共产党。先后担任过排长、连长、营长、师参谋长、师长、军长、集团军司令等职，曾经就读于伏龙芝军事学院和总参军事学院。1955年，晋升为苏联元帅。1967年，担任苏联国防部长。

格列奇科的主要著作有《崇高的使命》《保卫和平和建设共产主义》《越过喀尔巴阡

山》《高加索会战》《解放基辅》《苏维埃国家的武装力量》《战争年代（1941—1943）》。该书选录的《苏维埃国家的武装力量》于1974年由苏联国防部军事出版社出版发行，1975年增订再版。中译本由厦门大学外文系根据再版本翻译，上海人民出版社于1975年出版发行。全书共分12章，即伟大十月革命所产生的军队、保卫社会主义、在新阶段、苏联武装力量的人民性、科学技术进步和武装力量、社会主义军队的精神特征、苏联武装力量的军官、武装力量的领导和部队的指挥、部队的训练和教育、论苏联军事科学和军事学术、陆海军中的党政工作和社会主义各国军队的战斗大家庭。该书的主要观点包括：①国际帝国主义是发动侵略的主要元凶，必须防止新的更为残酷的世界大战。②战略火箭军是苏联陆海军战斗基础，要协调发展各军种。③在武器发展上，既要重视发展核武器，同时也要加快研制和改进常规武器。④部队的教育训练是苏军建设中最重要的部分，应把训练和教育部队与用现代化的武器装备武装部队摆到同样重要的位置。⑤无论将来发生什么样的战争，战术仍然是取得战役和战略胜利的基础。⑥党政工作是党的强大的思想武器，要重视共青团员的作用，要加强对部队官兵的政治教育，要提高意识形态工作的效果。⑦领导与指挥是整体与局部的关系，在现代条件下武装力量的领导和军队指挥的条件要比过去复杂得多，因此也就大大提高了对领导和指挥的要求。

十一、伊万诺夫的《战争初期》

谢·帕·伊万诺夫（1907—1979），苏军著名将领，总参军事学院院长。

伊万诺夫出生于沙皇俄国时期。年轻时参加苏联红军，表现出较高的军事指挥才能。第二次世界大战中他被委以重任，担任过苏军集团军和方面军参谋长，先后参加了斯大林格勒、库尔斯克、乌克兰、远东等重大战役。1945年苏军对日作战时，任远东苏军总部参谋长。战后他一直在苏军最高指挥机构总参谋部工作，1968年他被调往总参军事学院任院长，在此期间他根据自己的长期战争实践经验，对第二次世界大战中各国对战争初期的不同认识和准备产生浓厚兴趣，并写成《战争初期》一书。此外，他还著有《伟大卫国战争期间苏联的战略思想》《库尔斯克会战的经验对战略学和战役学发展的影响》等论著。

该书选录的《战争初期》集中反映了苏联军事理论界20世纪70年代早期对战争初期问题的主要观点。该书1974年在苏联正式出版，1976年中国人民解放军军事科学院译成中文，由战士出版社出版。全书共25.6万字，并有10幅详细的彩色战例附图。该书以大量史实阐述了第二次世界大战前各主要资本主义国家和苏联关于战争初期的理论与实践，对战争初期在战争全局中日益提高的地位和作用进行了系统分析。全书共3编、14章，分别论述了19世纪和20世纪初各国加入战争的经验、两次世界大战间隙时期各主要资本主义国家武装力量的建设和军事理论的发展、苏军的建设和苏联关于未来战争及其初期观点的形成、战略计划的军事政治基础。各资本主义国家的军队在初期战局和初期战役中的目的和企图、资本主义国家武装力量战略展开的方法、在欧洲和太平洋地区发动侵略时的伪装、法西斯德国在反苏战争中的企图和计划。军队的战略展开、苏联抗击法西斯侵略的准备、欧洲战场战争初期进攻战役的特点、波兰和西欧战略防御的崩溃、伟大卫国战争初期苏军战略防御的特点、准备并实施首次突然突击，开辟新的战场、太平洋战争初期诸战役的特点、战争初期夺取制空权的问题和国家对空防御的组织等。

该书的主要观点有：①在第二次世界大战中，战争初期通常是一个特定、较短的阶段。

在这个阶段，为达到当初战略目的而在战争爆发前展开的所有兵团和军团，进行着大规模的进攻战役和防御战役。与此同时，交战国一面采取各种紧急措施动员国内资源用于战争；一面对敌国、盟国和中立国进行一系列外交活动，巩固自己的国际地位。②战争初期的主要内容是诸军种联合实施的战斗行动，战争初期的有机内容是加速实现军事经济的动员计划。③初期战役的经验表明，战役的成败取决于能否从战争之初起就夺得制空权。④战争初期证明，战略防御这种战略行动和战略进攻同时存在是完全合乎规律的，而且战争初期还为战略防御增添了不少新的内容。⑤战争初期揭示出，侵略国往往竭力在首次突击中最大限度地使用兵力兵器，以便达到当前的战略目的，其中包括夺取制空权和在海洋战区夺取制海权。⑥战争初期还表明，对于初期战役的进程和结局来说，精神政治因素的作用尤其是军队心理训练的作用大大提高了。

十二、戈尔什科夫的《国家的海上威力》

谢·格·戈尔什科夫（1910—1988），苏联海军领导人，苏军元帅。他在海军建设的实践和理论方面均有建树，被西方称为现代马汉。他的一些著作不仅是他个人观点的反映，也代表了当时苏联海军官方的看法。《国家海上威力》比较系统地反映了他的海军强国论的思想。

戈尔什科夫于1927年加入海军，在苏联卫国战争前历任驱逐舰领航员、护卫舰舰长、黑海舰队驱逐舰分队参谋长、司令员。1941年，毕业于海军学校，同年晋升海军少将。在苏联卫国战争期间参加并指挥了数次登陆战役。战后历任黑海舰参谋长、司令员、海军副司令员。1956-1986年，任苏联国防部副部长兼海军总司令。战后，他在发展和建设海军、以现代化舰艇和军事技术装备海军、组织苏联海军和其他军种协同及与华沙条约国海军协同，特别是在使苏联海军由一支近海防御海军转变为远洋击型海军方面做出了巨大努力。此外，他还进行了大量理论研究工作，发表了许多有影响的著作。他所著的《战争年代与和平时期的海军》《海军学术的发展》《国家的海上威力》等书，对苏联海军建设都产生较大影响。

《国家的海上威力》是戈尔什科夫的重要代表作。全书共4章，另有绪言和结束语，约29万字。第一章，海洋和国家的海上威力；第二章，各国海军史片段；第三章，第二次世界大战后各国海军的发展；第四章，海军艺术问题。该书通过系统总结历次战争经验，强调海洋、海战场和海军的作用，主张拥有并运用国家的海上力量开发和控制海洋，以实现国家的战备目的。

该书的主要观点包括：①国家的海上威力是开发世界海洋的手段与保护国家利益的手段这二者合理结合。海上威力既包含着经济，也包含着军事因素。海上威力和海洋这个环境有着不可分离的联系。②国家海上威力的最基本因素是海军。尽管因历史条件的不同构成海上威力的各组成部分的作用也有所不同，但海军却始终起着主导作用。③大规模技术发明尤其是导弹核技术在海军的应用大大提高了海军的作战能力，同时也相应在使海洋方面斗争的作用大大提高了。与此相适应，海军的任务也不仅限于消灭敌人的舰艇，还包括从海上直接影响敌人中心，摧毁其军事经济潜力。④海军兵力应保持平衡。在重视发展潜艇和海军航空兵等战略兵力的同时，也应协调发展海军其他兵种，海军的胜利和在专门使用这支海军的战争中使用海军的艺术，很大程度上取决于海军平衡问题的正确解决。总的来看，尽管该书的初衷是为苏联争夺世界霸权特别是海上霸权提供理论依据的，但作者对现代海上力量的地位作用及其建设规律的认识还是有一定借鉴意义的。

戈尔什科夫的《国家的海上威力》一书是苏联建成远洋导弹核舰队的经验总结，反映了20世纪60—70年代苏联海军建设的指导思想，出版后受到世界各国的普遍重视。该书对于我们研究当代苏联海军建设具有一定的参考价值，但应批判地认识其中有关过分夸大海军的作用等错误观点。

第三章　德国（包括普鲁士）的军事思想

在德国历史上军事传统对于德国方方面面有着不可忽视的影响，远的不说，从克劳塞维茨的《战争论》开始，历经几次重大战争。伴随军队建设的完备和成熟，德国一步步登上历史舞台，并在20世纪初期大唱主角。其中最有影响的军事家与军事专著和军事思想有弗里德里希二世的《给将军们的训词》、克劳塞维茨的《战争论》、恩格斯的军事思想、鲁登道夫的《总体战》、泽克特的《德国国防军》、古德里安的《坦克－前进》和希特勒的军事思想。特别是克劳塞维茨的《战争论》被誉为西方近代军事理论的经典之作，对近代西方军事思想的形成和发展起了重大作用。毋庸置疑，其对日后德国军事理念的形成有决定性的意义。

一、弗里德里希二世的《给将军们的训词》

弗里德里希二世（1712－1786），普鲁士国王，著名统帅，又译为腓特烈二世，史称腓特列大帝。一生征战多年，不仅有丰富的作战经验，而且在军事理论上也颇有建树。《给将军们的训词》是他的重要军事著作，其中所总结的一些军事经验和提出的一些军事观点，对拿破仑的军事思想及后世德国军国主义的形成有相当影响，有些至今还对欧美军队有一定影响。

弗里德里希二世于1712年1月生于柏林，是普鲁士王国奠基人弗里德里希·威廉一世之子。1740年5月继承王位之后，励精图治，加强军事官僚体制，将财政收入的4/5用于军费，建立起一支强大的常备雇佣军。通过1741－1745年两次西里西亚战争，击败奥地利，夺占了西里西亚。之后又通过1756－1763年的战争多次以少胜多，击败法、俄、奥的军队，最终保住了西里西亚，并从此确立了普鲁士在中欧的强国地位。1772年，他伙同俄、奥君主瓜分波兰，夺得西普鲁士的大片地区，从而把普鲁士的领土连成了一片。1778年，在巴伐利亚王位继承战争中，再次击败奥军。弗里德里希二世是欧洲历史上一代名将，恩格斯认为"他的军事组织是当时最好的"，并建立了"历史上无与伦比的骑兵"。拿破仑对其评价是"愈是在最危急的时候，就愈显得他伟大"，并认为他"无愧于第一流名将的称号"。弗里德里希二世死后20年，拿破仑在耶拿战役中大败普鲁士军，来到他的墓前，用马鞭指着他的墓碑对属下的将领们说："要是他还活着，我们就不可能站在这里了。"

弗里德里希二世不仅具有军事天才，而且爱好音乐、文学、艺术、哲学。他一生勤勉著述，共留下30卷著作，其中包括7卷历史、6卷词歌和3卷军事专著。除了《给将军们的训词》以外，还包括《当代史》《七年战争史》《军事遗书》《军事典范》《布阵法与战术纲要》《勃兰登堡史》等。

该书选录的《给将军们的训词》是作者在1747年用法文写的，1748年经修订更名为《战争原理》，1753年该书印刷50册发给了国王指定的将领，并密令持有者发誓不在战场上随身携带，同时死后将书密封送还国王。1760年2月，普鲁士一名将军被奥军俘虏，从他身上搜出了这部书，该书得以公开出版发行。1761年出版了德文本，同年又被译为法文，

1762年被译为英文。该书也被收入1856年编的《弗里德里希二世军事文集》里面。1936年，纪念弗里德里希二世逝世150周年时，柏林出版了1747年的原著版本。1940年，美国军事服务出版公司即根据1936年的柏林版进行翻译，把《给将军们的训词》收入其军事经典丛书的《战略之祖》一书中。该书选录的《给将军们的训词》的内容即是根据《战略之祖》中的英文编辑的。全书不分章卷，用内容小标题分节阐述了普鲁士军队的缺陷与优势，普鲁士军队的能力和特长，作战计划，军粮供给，兵力部署，将军必备的才能、谋略，战略与用间，预备队的退却，对将军调动军队的要求，如何以劣胜优等。

《给将军们的训词》的主要观点有：①战略上要先发制人，出其不意、各个击破，广泛实施机动，变被动为主动。②战术上强调突然袭击，集中使用骑兵于主要方向，并继承和发展古希腊军队的斜切队形，他认为：面对着敌人，把一翼缩回，并增强那个准备进攻的一翼。利用后者兵力，尽量地对敌军的一翼作侧击。10万人的大军，若在侧翼上受到3万人的攻击，也有可能在较短的时间内被击溃。他还指出，这种战斗行列有三大优点：一是一支小型的兵力可以与较强大的兵力作战；二是它在一个决定点上攻击敌军；三是假使你被击败了，那却是你兵力的一部分，你3/4的兵力仍然还很完整，可以掩护你退却。③在军队建设上，他以严格的训练方法和严厉的棍棒纪律著称，要求军人以服从命令为天职，哪怕前进一步就是死亡也不后退半步。

二、克劳塞维茨的《战争论》

卡尔·冯·克劳塞维茨（1780-1831），是19世纪上半叶普鲁士资产阶级著名的军事理论家、哲学家、谋略家、将军，是举世公认的资产阶级军事理论的奠基者。其名著《战争论》的问世和广为流传，使他的名字至今仍闪烁着跨时代的光芒。

克劳塞维茨于1780年6月生于普鲁士王国马格德堡附近布尔格镇一个小税务官的家庭。12岁便参加普鲁士军队，13岁踏上战场。1803年，从柏林军官学校毕业后，任奥古斯特亲王副官。1806年，随亲王参加对法战争，战败被俘。翌年被释放回国后，参加普鲁士军事改革工作。1809年，在普鲁士军队总参谋部工作。1810年，任柏林军官学校战略学和战术学教官，并为王太子讲授军事课。1812年，对普鲁士国王不满，转到俄军中任军参谋长等职，并参加奥斯特罗夫诺等会战。1813年，任俄普联合军团参谋长，参加莱比锡大战。1814年，回到普鲁士军队。1815年，任步兵军参谋长，参加林尼等会战和进军巴黎。同年秋任莱茵军团参谋长。1818年，任柏林军官学校校长，同年9月晋升为将军。在任校长的12年间，致力于战争史和军事理论的研究，撰写了《战争论》。1830年调任第二炮兵监察部总监，同年12月又调任军团参谋长。1831年11月6日因患霍乱逝世。

克劳塞维茨的遗著共有10卷，死后由其妻玛丽于1832-1937年陆续整理出版。其中前3卷为《战争论》，后7卷为战史著作。《战争论》是克劳塞维茨在总结以往战争特别是拿破仑战争经验的基础上写成的，全书共8篇124章，8篇分别是：第一篇，论战争的性质；第二篇，论战争理论；第三篇，战略概论；第四篇，战斗；第五篇，军队；第六篇，防御；第七篇，进攻（草稿）。第八篇，战争计划（草稿），另有说明、作者自序，及作者在1810—1812年为普鲁士王太子讲授军事课的材料，关于军队的有机区分、战术或战术学讲授计划和提纲等附录，约70万字。

1830年春，克劳塞维茨由于调到炮兵部门工作，《战争论》尚未修订完毕。于是，他把

3000多页手稿分别包封好，贴上标签。8篇中的前6篇已誊写清楚，但他还准备重新改写，第七篇和第八篇则仅仅是草稿。然而正如作者所说："尽管这部著作没有完成，我仍然相信，一个没有偏见、渴望真理和追求信念的读者，在读前6篇时也不会看不见那些经过多年的思考和对战争的热心研究所获得的果实的，而且或许还会在书中发现一些可能在战争理论中引起革命的主要思想。"克劳塞维茨的军事思想充满辩证法，反映了资产阶级初期的进步倾向和革新精神，对世界军事学术的发展具有重大影响。

克劳塞维茨提出，"战争无非是政治通过另一种手段的继续"，政治意图是目的，战争是手段。这在一定程度上揭示了战争的本质，得到了列宁的高度评价。在克劳塞维茨的学说诞生之前，欧洲的许多军事理论家总爱把战争看作一种孤立的行为和固定不变的现象，未能正确揭示战争的本质。克劳塞维茨则深刻揭示了战争与政治之间的内在联系，他明确指出："战争有它自己的语法，但是它并没有自己的逻辑。"与此同时，克劳塞维茨还看到问题的另一面，即战争本身具有的特殊性。他强调，战争是一种以流血方式区别于其他政治交往的冲突，有其自身的规律性，因而它要求政治与之相适应，任何违背这种规律性的政治都将遭到失败。

针对当时欧洲某些著名军事理论家把对战争问题的探讨局限于物质现象和单方面活动的错误做法，克劳塞维茨把人的因素提到了一个突出的位置。他指出："军事活动绝对不是仅涉及物质因素，它总是还同时涉及物质具有生命力的精神力量，因此把两者分开是不可能的。"他认为，精神要素是战争中最重要的问题之一，它贯穿在整个战争领域，并在一定的条件下（如当双方的物质损失相等时）起决定性的作用。他还认为，"一般来说，善于运用民众战争这一手段的国家会比那些轻视民众战争的国家占有相对的优势"。

诱敌深入谋略是1812年战局中沙皇亚历山大对付法皇拿破仑的重要法宝，对赢得战争胜利起过决定性作用。但真正把此手段上升至理论并加以系统、全面阐述的则是克劳塞维茨。在诱敌深入谋略方面，克劳塞维茨总结了向本国腹地退却的优缺点和实施此项谋略必须具备的条件。他认为，在战争初期实行向本国腹地退却，通常易遭到民众和军队误解，乃至失去信心。因为他们对于退却是主动进行的还是被迫进行的，是聪明地预见到可靠的利益，还是害怕敌人的武力，均难以分辨清楚。当然，在少数情况下，采取诱敌深入的措施也能很快为民众和军队所理解，甚至能够加强他们的依赖和希望。究竟在什么情况下才能使用诱敌深入的谋略呢？他认为："主要的和根本的条件是国土辽阔，或者至少是退却线较长，因为几天的行军当然不会使敌人遭到显著的削弱。"在谈到实施诱敌深入的战法时，他指出："向本国腹地退却……应该由没有战败和没有分割的兵力来实施，而且应该直接在敌军主力的前方尽可能缓慢地进行，同时，要通过不断的抵抗迫使敌人经常处于准备战斗的状态，迫使敌人忙于采取战术的状态，迫使敌人忙于采取战术和战略上的预防措施而大大消耗力量。"

克劳塞维茨还从哲学高度揭示了进攻和防御的实质内容及其相互间的辩证关系。他的这些科学思考集中体现在《战争论》的第六和第七两篇中。他认为，进攻和防御这两种主要作战形式既相互渗透，又相互转化。战争中没有不含防御因素的进攻，而防御也包含进攻的因素。他在比较进攻和防御这两种作战形式的优缺点时指出，进攻是"较弱的形式，但具有积极的目的"；防御是"较强的形式，但具有消极的目的"。克劳塞维茨在论证战争中两大主要作战形式的实质时，最可贵之处在于，他在防御这种具有消极目的作战形式中看到了带有积极意图的还击手段。他指出："防御的目的只是据守，但是据守并不是单纯的防守，因而不是忍受，而是在据守中还要进行积极的还击。"这种还击就是消灭敌人进攻的部队。他在回答"防御究竟是什么"的问题时写道："防御无非是一种较强的作战形式，人们利用这种形式赢得胜利，以便在取得优势后转入进攻，也就是转向战争的积极目的。"在克劳塞维茨看来，以防御开始而以进攻结束，才是战争的自然进程。1812 年俄法战争等战例雄辩地证明了这一点。

克劳塞维茨的《战争论》反映了新兴资产阶级在战争理论方面的进步倾向和革新精神，对战争本质等问题提出了许多精辟见解，曾在很大程度上促进了战争理论的发展。因而该书自 1832 年面世以来，已经再版 20 多次，其各种译本在世界范围广为流传，受到了各国军界的推崇。例如，曾任德军参谋长的施利芬，在《战争论》第 5 版导言中写道："克劳塞维茨的战争学说，无论从形式还是内容上看，都是有史以来有关战争的论述中最高超的见解。"在苏联，《论资产阶级军事科学》一书的作者评价道："许多年来，直到当代，克劳塞维茨的这本书一直是各国资产阶级军事家、军官和将军们的必读书。在克劳塞维茨死后，资产阶级军事科学还没有第二部如此完整地阐述最一般的战争原理和战争哲学的著作。"美国于 20 世纪 80 年代出版的《大不列颠百科全书》"战争指导"的条目提出："克劳塞维茨是一位伟大的战略学家，是现代战略学研究的鼻祖。"他的不朽著作《战争论》不愧为全面研究军事学术的最佳理论著作，在某种程度上讲，他的著作就是战略学的"圣经"。马克思主义经典作家也对克劳塞维茨及其有关论点作了很高的评价。恩格斯称克劳塞维茨在军事方面是全世界公认的权威人士。马克思也认为克劳塞维茨具有近乎机智的健全推断能力。列宁称克劳塞维茨是非常有名和造诣极高的军事问题的著作家，并高度评价克劳塞维茨关于"战争无非是政治通过另一种手段的继续"这一论断的基本思想，在 20 世纪，已为一切善于思考的人所接受，"马克思主义者始终把这一原理公正地看作考察每一战争的意义的理论基础"。

三、恩格斯的军事思想

弗里德里希·恩格斯（1820 – 1895）是无产阶级的第一位军事理论家，他不仅同马克思一道创立了哲学、政治经济学和科学社会主义的科学理论，而且还创立了崭新的无产阶级的军事理论。马克思曾把恩格斯称作能为他解答任何军事问题的"曼彻斯特的陆军部"。马克思的长女燕妮·马克思也热情地送给恩格斯一个绰号——将军。

恩格斯于 1820 年 11 月 28 日出生在普鲁士王国莱茵省巴门城一个纺织工厂主家庭。14 岁以前，在市立小学读书。1834 年 10 月，进爱北斐科理科中学读书。在学生时代，恩格斯就对军事史有所偏好，他曾阅读过一些古希腊和罗马作家关于古代战争的著作，以及描定德意志英雄人物的书籍，尤其爱看莱茵地区勇士们的故事。1838 年 7 月，在不来梅当办事员。

1841 年 10 月，恩格斯到柏林，作为志愿兵被编入近卫炮兵旅的第十二近卫步兵一炮连中服兵役。在此期间，他学习了枪械及兵器知识，研究了条令和教范，阅读了各种教科书及其他相关材料。

1848 年，爆发了欧洲革命。恩格斯利用《新莱茵报》这一"堡垒"，从政治和军事的角度分析了欧洲各国的革命运动及武装起义的经验教训，撰写了一系列军事论文。1849 年 5 月，恩格斯亲自参加了德国西南地区的 5 月起义和战争，并担任了巴登和普法尔茨起义军领导人维利希的副官，并英勇地指挥和参加了 4 次战斗。

1851－1852年，恩格斯着重研究了军事学术，特别是战术问题，同时对军事科学史、武装斗争的方法、武器的发展等也有兴趣。1857年开始，为《美国新百科全书》撰写了诸如《攻击》《会战》《军队》《步兵》《骑兵》《炮兵》《海军》等许多军事条目，根据大量事实材料，全面深刻地分析和揭示了各历史时期军队及各兵种发展的主要特点及其一般规律。他还于1870－1871年普法战争期间，通过对战争进程的分析判断，及时为报刊撰写了59篇战争短评，其中关于战况发展的许多预见都准确无误地得到了证实，而对于军事行动的精辟分析，曾多次使军事专家们感到震惊，进而充分展现其作为军事专家的杰出天才。

纵观恩格斯的一生，他留给后人的各种军事文献近500篇，约200万字，内容涉及军事领域各个方面，尤其从战争观、军队建设、人民战争及其战略战术、武装起义等方面，奠定了无产阶级军事科学的理论基础。虽然恩格斯在军事思想上的理论贡献是同马克思一道在从事革命活动中所共同取得的，但恩格斯又的确为马克思主义军事科学的创立做出了主要的贡献。正如马克思在给拉萨尔等的信中所说："恩格斯在参加巴登战局以来，已经把军事作为他的研究专业。并且，正如你们所知道的，他写的文章非常令人信服。""人们将会怀疑作者是普鲁士的大军事作家。"恩格斯正在"被公认为伦敦的头号军事权威"。恩格斯不愧为第一位伟大的马克思主义军事理论家。

四、鲁登道夫的《总体论》

鲁登道夫（1865－1937），德国近代资产阶级军事家，第一次世界大战期间的德军将领。1916年，任德军最高统帅部副总参谋长，实际领导德国的全部武装力量。在1917年、1918年指挥了对协约国的一系列作战行动。败北后，被解职去瑞典。1919年返回德国。1923年与希特勒勾结，在慕尼黑发动政变未遂（"啤酒馆暴动"）。1912－1928年，为国家社会党的国会议员，1937年逝世。鲁登道夫一生著述颇丰，主要有《我对1914－1918年战争的回忆》《我的军事生涯》《总体战》（也称《全民族战争》）等。其中最具代表性、最有影响的是他在1935年撰写出版的《总体战》一书。他在该书中所创立的"总体战"理论，对以后世界各国特别是德国的军事战略思想产生了重大的影响，成为纳粹德国进行战争的主要理论依据。他的基本观点至今仍为西方国家一些人所推崇。

第一次世界大战开始后，鲁登道夫显示出在军事指挥方面的才略，在"列日之战"中夺得首功，受到德皇威廉二世的嘉奖，晋升为第2军军需总监。自此以后，他官运亨通，势倾朝野，一直追逐到他权力的最高峰。

鲁登道夫指挥过许多主要战役，其中最著名的是"坦能堡战役"。1914年8月，当德军在西线激战正酣、无暇东顾之际，俄国军队乘德东线兵力空虚，分兵两路突入东普鲁士。来势汹汹，不可一世。东普鲁士守将接连败北。德朝野上下对俄军的突然进逼不知所措，莫衷一是。在此紧要关头，德皇任命鲁登道夫为东普鲁士第8军参谋长，同司令兴登堡一起抵御俄军。到任后，鲁登道夫立即调整军事部署，对俄军进行最广泛的军事包围。为了诱敌深入，陷敌于绝境，他指挥德军在弗兰克诺佯败。俄军不知是计，贸然猛进。待到醒悟过来，为时已过晚，德军已从两翼包抄过来，俄军进退两难，在坦能堡和马苏林湖之间遭到德军炮火的猛烈袭击。从8月26日至8月30日，鏖战5昼夜。俄军大败，萨姆索洛夫率领的第2集团军全军覆灭，他本人自杀身死。俄军死亡、被俘达12万人，德军缴获辎重无数，只伤亡12000人。"坦能堡战役"被认为是"到第一次世界大战结束为止，有史以来最大的一次围歼战"。

鲁登道夫的军事战略思想集中反映在《总体战》一书中。他所谓的"总体战"是和"政府战"相对而言的,一切以战争为目的,鼓吹用极端的手段,即用武力和煽动宣传进行一场毁灭性的世界大战。战争的过程就是军事、经济和精神力量进行总动员的过程,必要时取消参战和非参战人员的界线,把交战的另一方作为绝对的敌人予以消灭。他提出,"战争是政治交涉的继续"的论断已经过时。他认为,以后的战争包括第一次世界大战在内,是"强盗式之掠夺,毫无道德上的意义"。战争要求以民族生存为唯一目的,是民族生存的最高努力。他说:"战争和政治都是以民族生存为目的,而战争则是为民族生存而奋斗的最高表现,所以政治是从属于战争的。"他的"总体战"理论后来在希特勒发动的第二次世界大战中得到运用。

鲁登道夫的《总体论》对第一次世界大战作了某种程度的反思及总结,并探讨了第二次世界大战中德国的军事战略,触及一些直接关系战争胜负的重要问题,且他站在战争实践指导者的高度谈论战争,其论述显得较为通俗和具体,它对于我们研究第一次世界大战,探讨第二次世界大战中德国的战略思想及其所采取的措施,以及研究未来战争都有一定的借鉴作用。但鲁登道夫作为资产阶级的军事家,该书在政治上有鼓吹法西斯侵略及民族沙文主义等消极的一面,因此应注意加以鉴别,批判地吸收其有价值的东西。

五、泽克特的《德国国防军》

汉斯·冯·泽克特（1866 – 1936）,第一次世界大战时期的德国将领,军事著作家。

泽克特于1866年4月22日出生在施勒苏益格的一个普鲁士军官家庭。幼年随父移防,1885年7月17日在施特拉斯堡的一所新教办的高级中学毕业。他丰富的文学知识、对文学深透的理解能力,受到老师和同学们的高度评价。1885年8月,19岁以候补军官身份进入有名的柏林亚历山大皇帝第1近卫步兵团服役。1886年3月1日,入汉诺威军事学校,学习9个月后,于1887年1月15日被授予少尉军衔。1893年,又考入柏林军事学院,3年后,以优异成绩被分配到总参谋部工作,不久晋升为上尉。1914年,晋升中校,任第3军参谋长,并随军赴西线作战。1915年,调任东线第11集团军参谋长。在此期间,根据他的计划进行了有名的戈尔利采–塔尔努夫突破会战。同年,晋升为少将,参加塞尔维亚战局。1916年,他以德国皇家陆军将军的身份任奥地利王位继承人卡乐的参谋长,后任约瑟夫大公爵的参谋长。1917年12月,他被任命为奥斯曼陆军总参谋长,其使命是防止土耳其军队的崩溃,在土耳其依靠自己的力量结束战争之后,于1918年12月返回柏林。1919年1月,任东普鲁士北部边境防御部队司令部参谋长,同年4月作为德国和平代表团军事首脑赴凡尔赛。

1919年10月,他被任命为新组建的国防军陆军部部队局（相当于原总参谋部）局长。1920年卡普–吕特维茨暴动后,升任国防军陆军部首脑。鉴于魏玛共和国国内形势岌岌可危,1923年共和国总理艾伯特授他以军事全权。借此机会,他镇压了左派力量的起义,同时也平息了希特勒在慕尼黑发动的暴动。1926年年初,他晋升为大将,同年,由于与国防部长发生矛盾被迫离职。退职后,他便从事写作,同时参加一些政治活动。1934–1935年,他应邀到中国,任蒋介石的军事顾问。1936年12月27日,死于柏林。

他的一生著述颇丰,主要有《一个军人的思想》《帝国的未来——评价和要求》《德国国防军》《毛奇——一个典范》《处于东西方之间的德意志》《德国外交的策略》等。《德国国防军》是他根据一次大战的经验,专门阐述德国国防军建设问题的书,于1932年在柏林出版,我国最早于1934年将此书翻译成中文。全书共分6个部分,主要阐述了以下几个问题:①提出国防军发展的基本原则是:在最短的时间内,建立一个国家中占有重要位置的过渡性基础组织,并不断变革;②强调继承旧传统和发扬新传统的必要性;③指出选拔军官必备的条件,强调优秀军官集团对军队建设的重要性;④强调必须严格士兵的征募和训练工作。此外,对骑兵、炮兵、工兵、通信兵等兵种的训练作了专门论述,指出骑兵在新时代仍不失为一支能发挥重要作用的兵种,必须加强骑兵战术的训练。

六、古德里安的《坦克－前进!》

海因茨·古德里安(1888－1954),德国装甲兵与"闪击战"理论创始人,第二次世界大战中曾任德国装甲兵总监和陆军参谋总长,第二次世界大战战犯。

古德里安出身在普鲁士维斯瓦河畔库尔姆市的一个军官家庭里。军官家庭和普鲁士的军事传统对古德里安的性格和世界观的形成有很大的影响。他13岁进入军官学校,开始接受正规的军事教育。1907年,毕业于陆军学校,获得准尉,被派到汉诺威的第10骑兵营工和。1914年,参加了第一次世界大战。战后,他在德国国防军供职。1922年,先后在汽车兵和坦克兵部队任职,开始注意当时英、法等国军事专家提出的新观点,尤其对坦克产生了浓厚的兴趣。第二次世界大战爆发后,古德里安作为希特勒侵略扩张的急先锋,几乎参加了纳粹德国在欧洲战场上所有重大行动,并一直指挥坦克师、坦克集团军作战,创造了坦克群作战战术。正因为他亲自指挥坦克作战,所以对坦克在战争中的地位和作用有直观的认识,并总结提出以坦克群作为进攻主要兵器的"闪击战"理论。1943年,被任命为德国装甲兵总监。1944年,升为德军陆军参谋总长,但不到一年就被撤职。从1935年开始,古德里安为建立和发展德军坦克兵做了大量的工作,被认为德国"装甲之父"。

古德里安是"闪电战"的倡导者,认为大量集中使用坦克对进攻战役和整个战争的胜利起着重大的作用;主张在狭窄正面集中大量坦克,迅速突破并向纵深发展胜利。

1939年9月1日凌晨,德国向波兰大举进犯,揭开了第二次世界大战的序幕。这时,古德里安任第4军集团第19军军长,他的任务是指挥第19军渡过布拉希河,歼灭"波兰走廊"的波军,再向维斯托拉推进。第19军辖有第3装甲师,第2、第20两个摩托化师,另有一些军的直属部队。第3装甲师加强了1个战车示范营,装备的都是德国最先进的战车。

第一天,德军就突破了波兰边防线。古德里安的装甲部队充当德国陆军的急先锋,始终冲在最前边。9月3日,古德里安的部队已对"波兰走廊"形成钳形夹击之势,把波军包围在希维兹以北和格劳顿兹以西的森林地区。波军骑兵团不懂战车的性能,居然向战车发起冲锋,结果遭到极大损失。波军有个炮兵团向维斯托拉方向运动时,被德军战车追上,全部被歼灭。"波兰走廊"之战一结束,古德里安军即向波兰纵深猛插。9月6日,古德里安的各师前卫已渡过维斯托拉河。9月8日,古德里安的各师渡过维斯托拉河。为了防止华沙附近的波军建立新的防线,古德里安命令部队全速前进。9月11日,古德里安的第20摩托化师,绕过向南方撤退的波军,继续向布拉格前进,以便围歼波军。9月12日,形成对波军的包围,波军被迫投降。

波兰战役之后,古德里安即开始考虑未来西战场的作战计划。他发现,英法联军投入的装甲车辆有4000多辆,在数量上比德国多。但法国消极地接受了第一次世界大战的教训,构筑了最坚固的要塞——马其诺防线，只重视阵地防御，不重视机动进攻。针对这种状况，古德里安拟定了一个战略构想：使用一支强大的装甲兵力，经过比利时和卢森堡，直抵色当，以决定性的猛烈攻势，突破该区的马其诺防线，直插大西洋海岸，从敌后包抄、割断已经进入比利时的英法联军。然后趋势攻击，扩大战果，夺取全胜。

古德里安十分强调神速用兵，认为赢得了时间就赢得了胜利。他指挥的装甲部队的进攻速度，往往使计划中的时间大大提前。这不仅使法军最高统帅部感到意外，就连德军最高统帅部也感到简直不可思议，甚至连希特勒本人都如此。所以，在战斗过程中，古德里安常常接到阻止他前进的命令，而他深信自己指挥的正确，总是"违令"而行。

德军在西战场击败荷、比两国和法国北部守军之后，即准备消灭法国南部大约70个师的法军。为了取得战役第二阶段的胜利，德军成立了"古德里安装甲兵团"。1940年6月21日，法军即完全崩溃。1941年，古德里安又参加了入侵苏联的战争，任第2装甲兵团司令，其装甲兵团再次充当德军急先锋，取得了战争初期的胜利。

古德里安虽称不上西方机械化战争论的创始人，不过其关于装甲兵应在陆军中居于主要地位等某些观点，又的确从一定意义上反映了坦克等新式武器出现后建军和作战的客观要求。但其过分夸大装甲兵作用的做法是不足取的。

七、希特勒的军事思想

阿道夫·希特勒（1889－1945），法西斯德国最高统帅，国家元首，第二次世界大战头号战犯。生于奥地利。1913年，移居德国。1914年8月，加入德国陆军，在第一次世界大战中是个下士。战后成为纳粹党党魁。1933年，任总理，解散参议院，取缔除纳粹以外的其他一切政党。翌年，总统兴登堡死后，集总统和总理权力于一身。1935年，废除《凡尔赛条约》，大力重整军备。1938年，任德国武装部队最高统帅，独揽海陆空三军指挥权。后发动了对欧洲诸国的侵略战争。1945年4月30日，盟军包围柏林时自杀身亡。

第一次世界大战刚一打响，希特勒就狂热地投入了这场狗咬狗的战争。他充当了一名勇敢的传令兵，曾多次凭侥幸逃脱了死神的阴影。他经常狂言："我尚未鸣，只是等待着，直到我的时辰降临。"1918年10月14日，他获悉德国战败并签订了停战协定的消息后，精神受到沉重的打击，立志要当一名政治家。

1919年，希特勒加入了德国工人党，并凭借自己的演讲才能接管了该党的宣传工作，取得了领导权。次年将党改名德国国家社会主义工人党，简称纳粹党。他反对《凡尔赛条约》，鼓吹民族主义、民粹主义和反犹主义，反共反民主。他还设计了党旗、党徽，把"卐"字作为醒目的标志。由于希特勒不仅是个煽动家，而且还有很高的组织才能，所以终于排除了在独掌纳粹党领导权道路上的一个个障碍。在党内两次特别会议上，他施展了狡猾的手段，实现了独裁，冠冕堂皇地成了该党主席。

希特勒虽掌握了纳粹，但这只是魏玛共和国的一个邦——巴伐利亚邦内有影响的一个政党。希特勒开始考虑篡夺国家最高权力的谋略。1923年2月，冲锋队长罗姆组织了4个武装的"爱国团体"，与纳粹党组成了一个"祖国战斗团体工作联盟"，以希特勒为政治领导。9月，这一联盟迅速扩大，"德国人战斗联盟"宣告成立。希特勒是该组织三巨头之一。他牢牢抓住了"战时英雄"鲁登道夫将军，共同策划了反叛共和国事宜。

1923年11月18日晚，希特勒同戈林、赫斯等在慕尼黑一家啤酒馆发动政变失败，遂被捕入狱。在狱中，他写了《我的奋斗》一书，宣扬复仇主义和种族主义，仇恨共产主义，成为法西斯的理论武器。

1929年开始，整个资本主义世界再次陷于经济危机之中。内外交困的德国资产阶级再也无法统治下去了，他们迫切希望建立法西斯统治。希特勒认为时机一到，他吸取了啤酒店政变失败的教训，决定不再通过武力而采用宪法的手段来夺取政权。他四处游说，积极参加竞选活动，有时一天之内能演说49次之多。至1932年，希特勒用欺骗的手法获得选票1300万张，纳粹党获得230个席位，成为全国第一大党。纳粹党的冲锋队也发展到10万多人，成了比国防军还要庞大的一支队伍。希特勒越来越成为德国统治阶级的宠儿和救星。17个工业、银行巨头上书总统兴登堡要求任命希特勒组阁。希特勒夺取国家最高权力的时机到了。1931年1月，柏林寒气逼人。希特勒策划于密室，点火于诸方各界，致使刚刚执政57天的施莱彻尔内阁又倒台了。30日11时，希特勒兴致勃勃地驱车来到总理府。迫于政治危机的兴登堡不得不把总理印章授予了这个纳粹党魁。希特勒梦寐以求的"第三帝国"终于诞生了。

希特勒为了掌握绝对独裁的权力，他利用纳粹党徒，采取贼喊捉贼、嫁祸于人的阴谋诡计，制造了臭名远扬的"国会纵火案"，解散国会，颁布《禁止组织新的政党法》，宣布纳粹党是德国唯一政党，取消其他所有政党，建立一党专制，疯狂迫害与屠杀共产党人、进步人士和犹太人。1934年6月30日，希特勒采取制造矛盾、利用矛盾的卑劣伎俩，以陆军军官团的发展和消灭"二次革命论"者——冲锋队头子罗姆为筹码，换取了军官团承认他继任总统和对他的忠诚不贰。1934年8月，兴登堡总统逝世，希特勒颁发国家元首法，取消总统职务，自称元首兼国家总理，拥有最高统帅权。

希特勒的地位一经巩固，便开始了大规模的扩军备战。对部队进行了改组，撤换了近20名高级将领，使部队完全听命和效忠于他。

从1934年开始，希特勒就开始了一系列违背《凡尔赛条约》的大胆行动，但却成功地给西方人造成德国只破坏《凡尔赛条约》并不意味着战争的假象。希特勒在抛出普遍兵役制，宣告扩军50万人的同时，又提出关于和平的25点建议，来麻痹英、法各国。1936年3月2日，希特勒命令德军3个营进入莱茵兰非军事区，却一本正经地发表声明："我们在欧洲没有领土要求"，"德国政府不过是重新确立德国在非军事区的不受任何限制的绝对主权""德国永远不会破坏和平"。这些谎言再一次哄骗了英、法两国。

除大量的和平倡议外，希特勒还利用柏林奥运会的机会，与世界著名人士进行了数百次会谈，似乎不分昼夜地沉浸于"和平努力"之中。但是，他话音未落，就于1938年春立即出兵奥地利，使欧洲为之一惊。但希特勒又故技重演，以"奥地利问题纯属日耳曼人自己的问题"为借口，巧渡难关。在这样的调子下，希特勒于1939年3月15日晚命令德军开进捷克斯洛伐克，仅一天时间便攻占了布拉格。4月28日，作为缓兵之计，希特勒与波兰签订了《德波友好条约》和《德英海军协定》。与此同时，希特勒又紧锣密鼓，加紧筹划全面战争。他认为必须在短时间内解决波兰；要在英、法未做好战争准备之前征服西欧，在征服西欧的同时着手对苏联的作战部署。善于玩弄两面派手法的希特勒于1939年8月23日与苏联签订了互不侵犯条约，既保证了苏联不插手波兰事务，又利用与西欧的紧张关系麻痹了苏联，以便随后伺机再吃掉苏联。

1939年9月1日，德国对波兰实施突然袭击。此前，德军伪装成波军对德国边境进行了攻击,制造了对波战争的借口。波兰很快沦陷。1940年4月1日至6月4日,德军又攻占了丹麦、挪威、荷兰等国。6月14日,德军又侵占了巴黎。22日,法国投降。

西线的胜利使希特勒又转向东线。一方面,他采取狂轰滥炸的手段,迫使英国屈服;另一方面,开始对苏作战部署。1941年6月22日,希特勒撕毁了苏德互不侵犯条约,投入190个师计550万士兵对苏联发动了全线攻击。初期战役收到了突然袭击的效果,但推至莫斯科、列宁格勒一线,德军受到重创。1945年1月,希特勒的侵略活动终被反法西斯盟国彻底粉碎。4月30日,柏林被苏军攻占前夕,在地下室里希特勒与其情妇爱娃·布劳恩举行了婚礼,遂一同自杀。

希特勒给人类造成了空前的灾难,他的一生充满了疯狂、暴虐、阴险、狡诈和阴谋伎俩,概言有四:一是邪恶的意志;二是不择手段;三是两面三刀;四是狡猾多谋。他靠欺骗独霸了纳粹党,靠纳粹党统一了全德国,靠军队征服了全欧洲。希特勒不仅知道他在某个时期所依赖的东西,而且懂得如何运用它们,他可以化社会渣滓为党徒,化文学天才为造谣专家,化总统为个人工具,化军队为战争机器……然而,阴谋诡计再高超,终究逃脱不了失败的命运。即使是像希特勒这样的大阴谋家,也无法抗拒这一历史的规律。

第四章 法国的军事思想

法国资产阶级登上历史舞台之前，蒂雷讷子爵·S. le. de 沃帮等著名军事理论家，曾对法国军事思想的形成做出重大贡献。1789 年法国大革命和拿破仑战争造就了拿破仑一世著名的军事家，对法国军事思想的发展影响深远，对世界军事思想影响亦甚巨大。在拿破仑军事实践与军事思想的影响下，法国军事理论界出现了不少军事名著。其中，影响较大的军事专著有萨克斯的《梦想》、拿破仑的《拿破仑军事语录》、福煦的《作战原则》、戴高乐的《向职业军队发展》、博福尔的《战略入门》。

一、萨克斯的《梦想》

萨克斯（1696－1750），原名赫尔曼·莫里斯，法国大元帅，军事理论家。其所著的《梦想》是 18 世纪的重要军事理论著作。

萨克斯于 1696 年 10 月出生。12 岁，开始在欧根亲王麾下服役。13 岁，授步兵上尉。17 岁时就已指挥自己的骑兵团，并以勇敢善战闻名。1719 年，转入法军，任上校团长。在 1733－1736 年战争中因表现杰出而晋中将，受法王路易十五信任与赏识。1741 年法军入侵波希米亚（捷克）时，萨克斯率领先头部队，在他的谋划和指挥下法军一举攻克和占领布拉格。1745 年擢升元帅，并任驻荷兰法军总司令。此后 1745－1748 年，萨克斯率领法军先后在丰特努瓦、罗库和马斯特里赫特等地击败英、奥、荷联军，并攻占布鲁塞尔、安特卫普等城市。由于这一系列的胜利，1747 年晋升大元帅。1749 年退役。1725－1749 年，萨克斯一直梦想并追求拥有自己的王国，但直到 1750 年 11 月去世，这一梦想也未实现。

《梦想》（又译为《我的沉思》）是萨克斯于 1732 年在病中用 13 天时间撰写的，于他死后的 1757 年正式出版。它集中反映了萨克斯在战术技术和作战指挥方面的见解，这些见解比罗马时代以来欧洲其他作品都要深刻，也远远超过其同时代的人。该书尤以重视人的精神因素在战争中的作用而著称，在欧洲军事理论史上颇有影响。1940 年，美国军事服务出版公司根据 1895 年的法语版本进行部分删节后翻译成英文，将《梦想》收入"军事经典丛书"的《战略之祖》一书中。该书选录的《梦想》的主要内容是根据 1940 年《战略之祖》的版本编译的。全书不分卷，只根据内容用小标题将全书划分成不同的小节，分别阐述了招募军队、军队着装、军队供给、军饷、训练、军团、骑兵概述、骑兵铠甲、骑兵的编制、骑兵的行军、冲锋与训练、骑兵先遣队、联合作战、纵队、轻武器、军旗或旗帜、炮兵及其运输、军队纪律、要地防御、对战争中将领的看法、如何构筑要塞、山地战斗、起伏地作战、横渡江河、各种地形、防线与堑壕、堑壕攻击、多面堡、间谍与向导、各种征兆、将领指挥等方面的内容。其主要观点有：①在影响战争的诸因素中，人的精神因素是最重要的。在所有影响战争的因素中，精神因素是最值得研究的。如果对人的心理缺乏了解，那么一个将领就只能靠变幻莫测的运气来保佑。②在战术领域，主张采用多面堡，在 18 世纪这相当于现代的防御要点。这一点为后来世界大战中的军事家所证明，他们走过了同样的历程，从开始采用堑壕防线到最后采用互相支撑的防御要点。萨克斯还试图展开当时的战斗队形，他还是第一位主张不给敌人任何喘息之机地追歼逃敌的近代军事家。③设想模仿大古罗马方式用军团或更小的单位来重新改编军队，使之现代化。④认为将领应该有随机应变的天才。计划要完善细致，命令要简明扼要。将领最重要的才能是勇气、智慧和健康。⑤最早提倡征兵制，要求用更实用的军装来取代华而不实的军服；改进士兵使用的滑膛枪；强调和重视部队的行军训练，是第一个反对齐射的军事家等。该书所反映出的萨克斯的军事思想在当时是很超前的，很多观点也为后来的军事实践所证明，他的思想对弗里德里希二世、拿破仑等欧洲名将都有很深刻的影响。

二、拿破仑的《拿破仑军事语录》

拿破仑·波拿巴（1769－1821）是法国资产阶级杰出的统帅和军事家，他从土伦围城崭露头角到滑铁卢战役的败北，前后20多年干戈征战，曾亲自指挥过约60个战役，比远古以来西方历史上著名的军事统帅亚历山大、汉尼拔和恺撒所指挥的战役的总和还要多，且以以少胜多而驰名于世，被后人称为"真正的军事艺术的巨匠"。

拿破仑于1769年8月15日出生在地中海科西嘉岛阿雅克修城的一个破落贵族家庭。7岁时，在雷科神父学校念书。10岁时，靠着贵族血统的特权和友人的帮助，获法国王室的奖学金，进入法国东部布里埃纳少年军官学校。就学6年毕业，本想当海军，但由于母亲不赞成，便选学了炮兵专业。他学习非常勤奋，对所学11门课程均取得良好成绩。他特别崇拜古代著名的英雄及其业绩，课余时间多用来阅读古代名人的传记，亚历山大、汉尼拔和恺撒等著名统帅成了他效法的榜样。15岁时，为巴黎军官学校士官生。16岁时，被任命为瓦朗斯拉费尔炮兵团炮兵少尉。

1789年7月14日，法国资产阶级革命爆发，武装起义的群众推翻了波旁王朝的封建统治。1793年6月雅各宾党人上台后，全国83个省中的60个省发生了叛乱，第一次反法联盟的军队占领了土伦和科西嘉。在革命处于危急之时，雅各宾党人通过了1793年宪法，改组了救国委员会，颁布了总动员令，确立了罗伯斯庇尔的政治领导权。这时，结业于巴黎军事学校，只是炮兵少尉的拿破仑，经过周密的实地考察，提出了调虎离山、避实击虚的新作战方案，即首先夺取港湾西岸的制高点小直布罗陀高地，然后居高临下，以强大炮火轰击英舰，英军害怕切断退路，必然弃城保舰逃向大海，这样，土伦将不攻自破。这一方案很快被采纳。拿破仑被任命为攻城炮兵副指挥，并晋升为上校。在围攻土伦的战役中，拿破仑不仅判断正确、指挥果断，而且冲锋陷阵、身先士卒。他的马被炮弹击毙，小腿被击伤，仍然坚守岗位，指挥战斗，直至战斗取得完全胜利，第一次显示了卓越的指挥才能。1794年1月，24岁的拿破仑破格晋升为准将旅长。

1795年10月，政府颁布了维护共和国的新宪法，这就使王党对热月党人复辟君主制的希望落空了。王党立即在巴黎组织有2万余人参加的叛乱，并围攻国民公会大厦。督政官巴拉期不是军人，对平叛一筹莫展，但他断然启用了大智大勇的拿破仑代替他行使职权。当时，拿破仑仅有军队6000人，与叛乱军相比，力量悬殊。然而，他善于运用武器和高超的军事艺术来弥补力量之不足，果敢开炮轰击王党叛乱队伍。这一惊人之举，开了用大炮镇压城市暴乱的先例。叛乱顿时平息，拿破仑声名大噪。国民公会授予他少将军衔，并任命他为法国内防军和巴黎卫戍司令。

法国国内的叛乱虽平息下去，但以英国、奥地利为首的反法联盟仍然威胁着法国的安全。要击败反法联盟，首先要击败奥地利。拿破仑先计后战，大胆地提出了避实击虚的作战方针，经过防御比较薄弱的意大利北部进入奥地利，向维也纳进军，迫使奥地利退出战争，以粉碎第一次反法联盟的军事方案，督政府接受了拿破仑的方案，并任命他为远征意大利军团总司令。但交给拿破仑的是一支仅有4万人的半饥饿、衣服褴褛的军队，他面临的敌人计有8万，配备有强大的骑兵和占压倒优势的炮兵，但防守分散。1796年4月9日，拿破仑率领法军，历尽艰难险阻，长途跋涉，越过阿尔卑斯山天险，在蒙特诺特首战告捷。接着又以迅雷不及掩耳之势，集中优势兵力，取得了代戈和芝多维的胜利，共打了6个大胜仗，在洛迪战役中又大败奥军。最后在阿尔科拉地区血战三天三夜，彻底打败了奥军。

意大利战争是拿破仑首次直接指挥的规模较大的战争，不但为拿破仑带来殊荣，也引起世界各国军事学家的关注和钦佩。贯穿意大利战争全过程的拿破仑战略战术思想，成为世界军事思想宝库一个极其重要的组成部分。

1805年4月，英国利用新沙皇亚历山大一世反法的立场，联合俄国组成了第三次反法联盟。参加这个联盟的还有奥地利、瑞典、那不勒斯等国。联盟军队很快向法国推进。

同年12月2日，正值拿破仑加冕称帝一周年之际，法国同俄奥联军在奥斯特里茨村展开会战。历史上又称这次会战为"三皇会战"。显然，与俄奥联军相比，拿破仑在总兵力上居于劣势。联军企图越过特尔尼茨和查特坎尼之间的湖泊与沼泽逃走，但是，冰块被法军炮火击碎，大批人马被活活淹死。会战只经一个白天就结束了。由于拿破仑先谋后事，部署正确，反攻及时，追击组织得好，法军只以死伤8800人的代价，毙伤联军1.22万人，俘虏1.5万人，缴获大炮133门，联军总司令库图佐夫也受了伤，险些被俘。沙皇亚历山大一世在逃跑中吓得一路痛哭，浑身发抖。

奥斯特里茨战役一举摧垮了第三次反法联盟。它是拿破仑战争史中最辉煌的一次胜利，为拿破仑赢得了"欧洲第一名将"的荣誉。拿破仑自己曾说过："这一仗打得实在是好。同样的仗我曾打过30次，但是，没有哪一次堪与此次相比。"恩格斯也对此次战役作了高度评价，称"这是战略上奇迹，只要战争还存在，这次战役就不会被忘记"。

拿破仑戎马一生，特别是加冕称帝后的10年里，指挥过一系列战争和战役，屡屡获胜，显示了高超的军事指挥艺术。后来，由于战争逐渐丧失了进步性，转化为侵略性，既要对付强大的欧洲反法联军，又要镇压各国人民的反抗，再加上后期军事指导上的一些失误，遂由胜利走向挫折和失败。1814年，他被第6次反法联盟的军队打败，4月退位，被放逐到厄尔巴岛。1815年3月又重返巴黎，恢复短期统治，史称"百里"王朝。同年6月，滑铁卢会战失败后再次退位，被流放到圣赫勒拿岛。1821年死于该岛。

拿破仑作为资产阶级的代表人物，在其执政时期，对内严厉镇压封建贵族复辟势力，对外多次打败欧洲各国封建君主，为巩固法国的资本主义制度作出了不可磨灭的贡献。其军事谋略思想概括起来就是：充分认识和发挥自己军队的特点，善于利用机动兵力和集中优势兵力各个歼敌。恩格斯指出，"拿破仑的功绩就在于：他发现了在战术和战略上唯一正确使用广大的武装群众的方法，而这样广大的武装群众之出现只是由于革命才能成为可能，并且他把这种战略和战术发展到那样完善的程度。"

拿破仑纵横驰骋欧洲战场20多年，一生指挥大小会战50多次，赢得35次胜利，创造了资产阶级军事史上的许多奇迹。拿破仑战争大大刺激了资产阶级军事科学的发展。拿破仑的军事见解对于资产阶级军事科学的形成和发展有深刻的影响。除《拿破仑军事语录》外，后人根据拿破仑晚年的回忆录以及他大量的书信、手令等编辑成书的还有《拿破仑文选》《拿破仑一世书信集》和多种版本的口述回忆录。

《拿破仑军事语录》以语录的形式记述了拿破仑的军事观点，集中反映了拿破仑的战略战术作战原则和指挥艺术，以及他的建军思想和带兵方法等。该书是在拿破仑死后的第6年即1827年，由布尔诺将军根据他的书信、手令和日记等摘编出版的，几乎在同时，这本小册子就被翻译成德语、英语、西班牙语和意大利语。1940年，该书被收入美国军事出版服务公司军事经典丛书。20世纪以来，该书也有多个版本的中译本问世，该书采用的译本是军事科学院1979年翻译的。全书不分章卷，按标题共115条，每条为一则语录。《拿破仑军事语录》反映出的拿破仑的军事思想主要有：①强调要积极采取攻势行动，为了达到消灭敌军兵力的目的，把积极发动进攻作为自己的主要手段；②要善于集中兵力，即在必要的时候，在必要的地点，集中比敌人在此时此地更为强大的兵力；③强调快速机动，认为行动的迅速可以弥补军队的不足，快速的行军，能够提高军队的士气，增加取胜的机会；④强调突然性，注重出奇制胜；⑤重视国家军事组织的完善和军队骨干力量的培养；⑥重视选拔将领，强调统帅的素质。

三、福煦的《作战原则》

福煦（1851－1929）是法国元帅，这位拿破仑的旁系后裔，堪为熟谙拿破仑用兵之道的一代名将，第一次世界大战后，他曾担当大任，屡挫强敌，战功显赫，被当时的舆论称为"人类纪元以来超群拔萃之人"。

福煦于1851年10月2日生于法国西南部的一个边远小城。他自幼聪明，有过目成诵之才，深得老师的赞赏和同学的称道。12岁入中学，除学习规定的课程外，曾大量阅读了法国伟人的传记和法国史。中学毕业后，考入巴黎百科大学，并对军事颇感兴趣。普法战争爆发后，他毅然从军，被编入步兵第四团当兵。1871年，退伍后又重返学校，并在以优异的成绩完成学业后，自愿要求到驻地偏远的炮兵第二十四团服兵役。两年后，考入骑兵学院。1878年，福煦以第4名的优异成绩毕业，晋升上尉，到炮兵第十团任职。1885年，福煦考入巴黎高等军事学院，并于两年后又以第4名的优异成绩毕业。1891年，福煦晋升少校，到总参谋部第三局任职。1895年，在巴黎高等军事学院读研究生。1896－1900年，福煦在该校任教官，曾长期讲授战略课程。1903年，他任炮兵团第35团上校团长。1907年，任少将旅长。1908年，任巴黎高等军事学院院长。1911年后，任师长、军长、第九集团军司令、北方集团军群司令、法国总参谋长和协约国联军总司令等职，曾统一指挥协约国联军对德军发起总攻，对协约国战胜同盟国做出重大贡献。1918年8月6日，晋升法国元帅。战后，又相继受领英国元帅和波兰元帅军衔，并被选为法兰西学院和法国最高军事委员会委员。

福煦一生著有《作战原则》《战争指南》《论交战前的机动》及《战争回忆录1914－1918》等多部军事著作。《作战原则》是福煦的第一本重要军事理论著作。该书是他在陆军大学任教时所用讲义的汇编。全书共12章，依次为论教授战争、现代战争的基本特点、节约兵力、智力纪律——作为服从的一种机制的行动自由、警戒勤务、前卫、纳霍德地战中的前卫、战略奇袭、战略警戒、会战、决定性攻击、会战：一个历史上的战例、现代会战。它主要论述了战争的一个理论及近代战争的基本特点，战争指导的基本原则，近代会战的性质与组织实施等。福煦在书中强调从战史上吸取有益经验，通过分析具体战例造就足智多谋的指挥官，并用了大量篇幅仔细地分析战例，探讨作战双方胜负的原因。

福煦的军事思想深受拿破仑战争和克劳塞维茨军事理论的影响。他认为现代战争是全民性的战争，是争取和维护现有国家独立的手段。战争在成为加强各民族国际地位的暴力手段以后，正成为用来致富的手段。他认为，现代战争的特点之一是参加战争的人数众多，人的因素显得越来越重要，战争结局更加取决于战争指导的质量，高质量的战争指导具有加强战备和激发斗志的功效。这种由有限战争向民族战争的演变，是由法国大革命引起的。法国本来是民族战争的创立者，但在整个欧洲都走上全民皆兵的道路时，第二帝国的法国却落伍了，导致1870年普法战争的失败。所以他主张回到拿破仑的论点上，不以据守良好阵地为目的，而是力求以流血为胜利的代价，用会战来解决问题，达到战争的目的。

他根据自己对现代战争的理解，确立了几条作战原则：①节约兵力的原则，即在主要方向上使用全部兵力或至少是主要兵力以夺取胜利，在次要方向由尽可能少的兵力保障安全；②行动自由的原则，即保持主动和不受敌人意志控制；③安全的原则，即能够有效避免敌人的打击，而采取安全和确实的行动。

第一次世界大战是两个帝国主义集团之间争夺世界霸权的不义战争，也是协约国内部各国之间争夺世界霸权的不义战争。协约国内部各国之间，虽然协议上信誓旦旦地写着"保持行动一致，协同作战"，但实际上却各有各的打算。在作战中，各国军队往往很难协调一致地行动。因此，采取有力措施，组织好各国军队协调一致地行动，是夺取战争胜利的重要保证。在这一重要问题上，福煦做出了重大贡献。

马恩河战役后，法军乘胜前进，向德军据守的埃纳河北岸发起攻击，但无进展。德军也想包抄法军，向伊普尔方向发起强大攻势，企图占领法国北海岸，切断美军与法军的联系。联军在这条战线上，兵力薄弱，英、比军队与法国军队各自为战，没有统一的指挥，行动极不协调，形势十分危急。福煦受命为总参谋部的特别代表指挥那里的法国军队，协调三国的作战行动。在福煦的游说和组织下，经过一个多月的激战，联军的防线终于得到了巩固。1917年福煦任法军总参谋长。根据联军多次作战的经验，福煦深切感到，协调联军作战行动是刻不容缓的大事。因此，他再次呼吁和建议成立统一的联军统帅部，协调联军的作战行动，但遭到英国首相和法国总理的拒绝。联军由于配合不力而继续受到惩罚。

失败的教训使协约国首脑进一步认识到福煦主张的正确性。1918年3月，英、法领导人在杜朗会晤，宣布"福煦将军负责协调西线联军的行动"，正式任命他为西线协调国军总司令，后又将他的权力扩大到意大利战线。福煦就任联军最高统帅后，联军密切配合，成功地顶住了德军的5次进攻性战役。德军损失惨重，后备力量消耗殆尽，战争难以为继。协约国虽然也损失巨大，但因美国参战，使协约国力量占了明显优势。

在上述有利形势下，福煦指挥联军发起了几次攻势战役。7月18日，以法军为主力的联军开始向马恩河突出部的德军环形防线发动进攻，8月6日战役结束。此役后，德军再也威胁不到巴黎了。为此，福煦被授予元帅军衔。而后联军又拿下了亚眠突出部和圣米耶尔突出部。拿下了三个突出部以后，协约国在军力、物力和态势上都占了绝对优势。福煦决定不给德军以喘息机会，毫不迟疑地发起了总反攻。11月7日，德军向联军投降。

大战结束，协约国取得了胜利。福煦由于指挥联军协同作战有功而成为英雄。英国和波兰也都授予他元帅军衔。他还被享有很大荣誉的法国科学院选为院士。

四、戴高乐的《向职业军队发展》

夏尔·戴高乐（1890—1970），法国前总统，政治家、军事家。

戴高乐于 1890 年 11 月 22 日出生在法国里尔市一个具有强烈民族意识的教师家庭。1909 年，他考入法国著名的圣西尔军校。第一次世界大战爆发后，时任中尉排长的戴高乐随所在部队赴比利时阻击德军。他作战英勇，3 次负伤。第三次负伤后被德军俘虏，经受了两年零 8 个月的战俘生活。他曾 5 次越狱都失败了，一直到战争结束才获释。1919 年，他在波兰军事学院当战术教官时就敏锐地察觉到坦克的出现所具有的革命性意义，提出了步兵和坦克在空军配合下协同作战的思想。1922 年，他进入法国军事学院深造，两年后毕业，到一个部队司令部任职，其后又调任最高军事委员会副主席贝当元帅办公室参谋。1927 年，戴高乐晋升为少校，任步兵营营长。1932 年在国防委员会秘书处任职，进行了为期 5 年的战略研究工作，之后调任坦克团上校团长。第二次世界大战爆发后，他受命组建第四装甲师抵抗德军入侵，一度战果显著，受总部嘉奖。法国政府投降后，戴高乐只身飞往伦敦，发表广播演说，号召法国人民反对投降，继续战斗，从此成为法国抵抗运动领袖。第二次世界大战结束的当年，戴高乐当选为政府总理。1958 年，当选为法兰西第五共和国总统，期满后获连任。1969 年，因内政问题辞职，1970 年 11 月 9 日逝世。其主要著作有《剑刃》《向职业军队发展》《法国和她的军队》《战争回忆录》《希望回忆录》等。其中，1934 年出版的《向职业军队发展》集中反映了他的"建设职业军队"思想，被译成多种文字出版。该书采用的英译本是 1941 年美国的沃尔特·米利斯根据法文译出的，书名被更改为《未来的军队》。

该书是作者为了维护法国的安全，针对当时法国最高当局采用消极防御的作战思想，保持一支规模庞大但效能低下的军队的弊端而写的。全书分为 6 章，分别为防卫需求、技术需求、政治需求、编制体制、作战运用、高层指挥，主要论述了以下观点：①法国无险可守，物质和精神条件又无法和对手抗衡，只有建立一支职业军队，实施攻势防御，只有靠打赢小战来制止大战，才能确保法国的安全。②以坦克为代表的技术兵器的数量和性能的提高，必然要对兵员的素质、战备训练水平和时间保障等问题提出新的要求，必须建立一支体制编制、兵役制度与之相应的职业军队，才能充分发挥技术兵器和装备的威力，提高军队的作战效能。③军队建设模式要和未来政治斗争的需求以及可能的战争形态相一致，建设职业军队和具有突发性、速决性的有限局部战争形态的需求相一致。④职业军队应是一支与现代化、社会化的生产方式相适应的兵员高度专业化的军队，是一支整体素质较高的质量效能型军队，是一支由志愿兵组成、兼顾后备的常备军队。⑤建设职业军队的方法包括采用募兵制度精选兵员、军事训练引入竞争机制、采取多种措施加强军队的团队精神等。⑥职业军队的作战方式是在空军配合下，进行快速突击，深远迂回，同时利用其强大的震撼力瓦解敌军。⑦职业军队的指挥要贯彻快捷高效的思想，与之相适应，指挥员要有深厚的文化底蕴。指挥员的培养要注重创新能力的提高。

戴高乐的战略思想与实践活动：思想解放、胆识独特、谋略深远。

1931 年，戴高乐从近东奉调回国，随即担任国防委员会最高军事会议秘书，直至 1936 年。其间，他一直致力于宣传他的具有远见卓识的新颖的军事谋略思想。他科学地预见到，即将到来的战争将是快速机动的机械化战争，单纯坚守防御的一方必将失败，而拥有最精锐的装甲部队的一方将取得战争的胜利。但当时法国军界上层当权者却固执地迷信阵地战是未来战争的主要形式，不惜花费国家大量物力财力在法国东部国境线上构筑"马其诺防线"，以为靠此防线即可有效地阻击德国的入侵。

针对这种情况，戴高乐不顾地位低微，将自己的研究成果写成多篇论文和数本著作公开发表，以期唤起举国上下对这一事关国家命运的重大问题的关注。他在《职业军队》一书中系统地阐述了自己的军事谋略思想。他首先分析了法国的地理位置特点，明确指出，法国与比利时接壤的边界是国防明显的薄弱环节。他认为，英国和美国可以依赖海洋；西班牙和意大利各自有比利牛斯山和阿尔卑斯山作为屏障；法国首都巴黎是国家的心脏，但却无险可守，形势相当严峻。据此，戴高乐进一步提出，在这种条件下，法国唯一可靠的防御措施不应是构筑要塞，而应是建立一支由10万人组成的能随时实施进攻行动的职业化军队。这支军队应能熟练地使用手中的武器，而且必须在陆地、海上和空中都有一批精选人员。他们在部队的服役时间不应少于6年，以掌握专门技术，养成进取和集体协作精神。这支军队在指挥方面也应有相应的变化，以适应未来机械化战争瞬息万变的形势的需要。因此，必须发展无线电通信技术。

戴高乐还在一些文章中对刚刚建成的马其诺防线进行了猛烈的抨击，指出"马其诺防线的战略意味着外交和军事上的保守主义"。德军侵占波兰后，戴高乐置个人荣辱和地位升迁变化的风险于不顾，再次挺身而出，上书最高统帅部，明确指出："一条绵亘的防线是难以防守的，要吸取波兰在德军闪电战下失败的教训，组建强大的坦克预备队，以便随时消灭可能突入之敌。"但思想僵化、缺乏现代化战争远大目光的法国军政界，对戴高乐这一具有真知灼见的军事谋略先是充耳不闻，后来竟公开进行压制和打击。历史的辩证法是无情的，而后事态的发展证明，戴高乐的军事谋略思想和具体建议是完全正确的，而当时法国军政界占统治地位的军事思想是落后和脱离实际的，并带来了众所周知的惨重的后果。

五、博福尔的《战略入门》

安德烈·博福尔（1902－1975）是法国著名战略家，陆军上将。其代表作《战略入门》集中研究了总体战略和间接战略，被利德尔·哈特称为战略学方面"最优秀的一本教科书"。

博福尔生于1902年。1921年，进入圣西尔军校，结识了当时任教官的戴高乐。毕业后到北非阿尔及利亚服役，曾参加殖民地战争，身负重伤，愈后回国进入战争学院学习。毕业后分配到陆军总参谋部工作，是当时本部中最年轻的军官。先后参加了第二次世界大战、越南战争、阿尔及利亚战争和苏伊士运河战争。1958年，任欧洲盟军最高司令部参谋长。1960年，任北约常设小组法国代表，并获上将军衔。1961年，退为预备役。

在退役之前，博福尔不曾发表任何重要著作。但在退役之后，他在战略思想领域犹如彗星般地突然出现，著作接连出版。其中《战略入门》是博福尔的代表作。该书于1963年在法国正式出版。该书采用的中译本系由军事科学院外国军事研究院根据1965年R.H.巴里少将的英译本转译的，军事科学出版社1989年出版。《战略入门》共分5章：第一章，战略概述；第二章，传统军事战略；第三章，核战略；第四章，间接战略；第五章，总结论。另有利德尔·哈特所做的序言以及博福尔自己作的引言。

在《战略入门》中，博福尔首先建立一个总体架构，即所谓"总体战略"，再把它分为两大部分,即所谓"威慑"与"行动"。在当前的核时代,威慑与核武器实际上已不可分。核威慑终至形成"核瘫痪",这是西方世界所面临的最大的战略难题。博福尔认为,他的间接战略就是最佳的对策,即必须在有限的行动自由之下采取行动。所以在当前的核时代,战略行动已经改为非军事行动为主,行动战略就是间接战略。综述之,总体战略、行动战略、间接战略就构成博福尔战略思想的三位一体。总体战略是以行动战略为主,而行动战略又以间接战略为主。间接战略并非不追求胜利,而是追求总体的胜利,而非单纯的军事胜利;间接战略也并非不使用军事权力,而是主张与各种不同的国家权力合并使用,而不以军事权力为主。

博福尔虽然将自己于1963年出版的这本定名为《战略入门》,但其中却阐述了许多独特而深奥的战略原理。对此,利德尔·哈特在为该书所做的序中曾评价说:"事实上,他的书是迄今所出版的一本内容最丰富、写得最严谨的战略专著,在许多方面超过了过去的任何著作。这该书可能成为这门学问方面最优秀的一本教科书。"当然,这个评价有些言过其实,且书中也不乏一些片面乃至错误的观点,但它又的确对战略理论作了有益的探讨。

第五章 英国的军事思想

17世纪中叶,英国发生资产阶级革命,摧毁了封建制度,建立了资产阶级政权。英国内战期间,克伦威尔组建了第一支资产阶级新型军队——新模范军。资产阶级早期军事理论家劳埃德通过对七年战争的历史研究,提出军事行动基地和作战线等新概念,促进了英国军事思想的发展。19世纪初期,英国海军统帅纳尔逊率领海军打败法军和西班牙舰队。到19世纪中叶,英国对外发动一系列侵略战争。通过战争,培养和锻炼一批军事家与军事理论家。其中较有影响的军事专著有科洛姆的《海战:基本原则和历史经验》、麦金德的《历史的地理枢纽》、富勒的《装甲战》、丘吉尔的《第二次世界大战回忆录》、哈特的《战略论》、斯莱塞的《西方战略》、罗素的《常识和核武器战争》。

一、科洛姆的《海战:基本原则和历史经验》

菲利浦·霍华德·科洛姆(1831-1899),英国19世纪著名的海军理论家和海军历史学家,在海军战略、战术及技术等方面都有著述和发明。其中,《海战:基本原则和历史经验》一书深入分析了历史上数次重大海战的得失成败,阐述了关于制海权一系列战略、战术原则,对西方各国的海军建设有较大影响。

科洛姆于1831年出身于军人家庭。15岁时,参加了英国海军,并先后于1852年和1854年参加了缅甸战争和著名的克里米亚战争。1868-1870年,他参与东非印度洋地区镇压奴隶贸易的行动,于此间完成了论述海上贸易与封锁的著作《印度洋捕奴记》,从而一发不可收地开始了他的写作生涯,写了大量关于海军历史及海军战略战术的学术文章。1870年起的4年中,他参与编写了英国海军发行的《舰队机动手册》。他自1871年至1893年发表在各种刊物上的学术文章被编辑为《论海上防务》一书出版,成为当时英国鲜见的全面论述海上防务的著作。此外,他还著有《决斗:海战游戏》(1879年)、《1887年海军军鉴》(1887年)、《1897年的大战:预示着什么》(1897年)等,为处于技术急剧变革时代,海上霸主地位受到挑战的英帝国的海上防务提供了理论基础和战略原则。值得注意的是,他不仅长于笔耕,还是一位海军技术的革新发明家,曾先后发明了一种称为"科氏闪光信号"的类似于"莫斯"电码的海上通信系统和一种用于战舰内部通信的通话管道系统,均被英国海军采用。另外,他还是世界上最早记述木制铁甲舰船战斗行动的人之一。1887年56岁时,因年龄较大和部队调整,他以海军少将军衔退休。1892年,晋升为海军中将。1899年因心脏病去世,终年68岁。

《海战:基本原则和历史经验》是科洛姆最重要的一部著作,主要由他发表在《海军军事杂志》上的一系列文章编纂而成,因此整体结构较为松散。此书初版于1891年,1895年和1899年两次修订再版,科洛姆分别为后两版作了序。此书曾有俄文版、德文版出现,但至今尚无中译本,此次选用的版本是美国马里兰州的美国海军学院于1990年根据英国1899年的第三版重印发行的。全书共两卷,分为20章,第一卷包括第一章至第九章,其余为第二卷。第一章介绍了英国早期尤其是伊丽莎白时代海战的本质。第二章至第四章以英国、荷兰间的海战为焦点论述了争夺制海权的斗争。第五章着重讲述了海军各作战单元的差别，阐明了不同类型的海战中不同舰船的部署原则。第六章至第九章以18世纪几场著名海战为线索，论述了因不同的战争目的而产生的夺取制海权的不同意图之间的差别。第十章，论述了从海上对岸上进攻成败的条件。第十一章至第十八章展开论述了如何运用海上力量袭击敌岸上工事，攻击敌海港及封锁敌海岸线等。第十九章和第二十章是再版和三版时的新增内容，分别考察了1891年的智利战争、1894—1895年的朝鲜战争（中日甲午战争）和美西战争。

在《海战：基本原则和历史经验》中，科洛姆对16世纪以来重大的海战进行系统研究后认为，除非英国海军有足够力量来保持通信畅通和制海权，否则，防御工事将毫无用处。这种思想成为后来"蓝水"海军思想的萌芽。他的主要观点有：①只有海上贸易在国家财富中占有相当大的比重，并且拥有足以控制海洋的舰船时，真正的海战才可能发生；②除非对手的海上力量全被消灭，否则一次海上战斗的胜利是不足以获得制海权的；③进行一场彻底的海战至少要有三个等级的战舰：第一等级夺取和保持制海权，第二等级执行随机任务，第三等级担负通信联络；④将夺取制海权作为战争的目的与仅将它作为达到其他什么战争目的的手段是有极大区别的；⑤制海权的完全获得有赖于对敌国领土的攻击；⑥一个国家的防御能力在于其控制海洋并以此影响人们的海上活动的能力。

虽然科洛姆一直处于他同时代的美国同行马汉的阴影之下，但他仍是在西方尤其是在英国有重大影响的海军理论家，他的这部著作对西方各国甚至苏联的海军建设都产生过一定影响。

二、麦金德的《历史的地理枢纽》

哈尔福德·约翰·麦金德（1861－1947）是英国近代地理学的鼻祖。他最先以全球战略观念分析世界政治力量，西方学者认为，其"地缘政治论"对理解战后各种政治力量的变化和分析战略形式比马汉的学说更为重要。

麦金德于1861年2月15日出生于英国林肯郡的盖恩斯巴勒。1874年，被送到埃普索姆学院学习。1880年10月，进入牛津大学，攻读自然科学和近代史。曾担任该校学生俱乐部主席，并在法学协会获律师资格。

1885年冬天至1886年，麦金德周游全国，宣讲他所称为的"新地理学"。1886年，被选为英国皇家地理学会会员。1887年1月，应英国皇家地理学会的邀请，宣读了他的《地理学的范围和方法》的论文，曾在英国引起很大反响。同年7月，被委任为牛津大学第一个地理讲师。由于他的努力和英国皇家地理学会的财政支持，牛津大学于1899年创立了英国第一个地理系，麦金德担任系主任。同时他还担任雷丁学院院长和伦敦大学的教师职务。从1903年12月至1908年，他还担任了伦敦经济学院院长。1904年1月，他又向英国皇家地理学会宣读了《历史的地理枢纽》，该文影响到世界政治。在此期间，他集中主要精力，力图使地理教学成为牛津大学、雷丁学院和伦敦大学的一门主课。

1919年，麦金德任英国驻南俄的高级官员，并在回国时获爵士称号。同年还担任了英国皇家所得税委员会委员和英国皇家发明专利委员会委员。1920年担任帝国航运委员会主席。1925年，担任食品价格委员会的委员。1926年，担任英国枢密院顾问官兼帝国经济委员会主席。1932年，担任英国皇家地理学会副主席。1946年，获佩特伦奖章。

麦金德的《地理学的范围和方法》和《历史的地理枢纽》两篇论文，是西方地理学的名作，它们的篇幅虽然都不很长，但影响却广泛而深远。英国皇家地理学会将这两篇论文以《历史的地理枢纽》为名出版，并附有吉尔伯特的引言。共约4万字。该书论述了地理环境与人类文明的关系，尤其是地理与国际战略的关系问题。

在《历史的地理枢纽》一文中，麦金德纵横比较、旁征博引，剖析了地理与战略之间的相互关系。他的主要观点就是，随着哥伦布时代的过去，海权占支配地位的时代一去不复返了，陆权时代已经来临。他认为，地理与历史之间有着密切的联系，人们第一次能够了解整个世界舞台上各种特征和事件与地理之间的因果关系，而且从中可寻到公式并能透视当时国际斗争中的对抗势力。并认为人类与自然之间的关系是：起主动作用的是人类而不是自然，但是自然在很大程度上占支配地位，也就是说自然影响到世界历史。

如何看待地理环境与人类的关系是地理学中的重大问题。麦金德从全球的角度分析世界的方法是新颖独到的，但他过分强调地理环境的支配作用，并且简单地把世界历史的发展与地理环境直接对应起来，陷入了地理环境决定论的误区。另外，麦金德由于时代的局限而未能认识到空权的巨大潜力，不能不说是其理论的一大缺陷。

三、富勒的《装甲战》

J. F. C 富勒（1878 - 1966）是英国资产阶级著名的军事理论家和军事史学家。他一生出版46部军事专著，且涉猎广泛，从军事理论到军事历史，从战略到战术均有独到的研究，而《装甲战》则是较早论述机械化战争论的理论著作。据悉，德国陆军曾将之视为坦克兵的"圣经"。

富勒于1899年入伍服役，先后参加过英布战争和第一次世界大战。第一次世界大战期间，他随远征军赴法参战，担任过坦克军参谋长。战后曾任英国坎伯利参谋学院主任教官、英帝国总参谋长军事助理及旅长等职。不过他对军事的最杰出贡献是在军事理论和军事历史的研究上。他的主要著作包括《军事改革》《论未来战争》《装甲战》《西洋世界军事史》《战争指导》等。

《装甲战》原名《关于〈野战命令（三）〉的讲义》，现名是1932年在英国首次出版时由出版者加上的。当时，英国陆军的现行条令《野战条令（二）》没有着重论述机械化部队作战问题，因此希望在《野战条令（三）》中体现机械化部队的作战特点和战术。富勒的这本讲义就是《野战条令（三）》的蓝本。1943年美国再版此书时，富勒根据当时正在进行的第二次世界大战的作战经验，对原书的一些内容以注释的方式作了补充说明。

富勒一生著述颇丰，《装甲战》是其机械化战争理论的代表作。全书共15讲，分13章，另有1个前言和1个序言及4个附录，约10万字。从第1讲至14讲的标题分别是：第一章，武装部队、部队指挥与军事原则；第二章，战斗部队及其特点和武器装备；第三章，参战的战略准备；第四章，作战；第五章，情报；第六章，防护；第六章，防护（续）；第七章，进攻；第七章，进攻（续）；第七章，进攻（续）；第八章，防御；第八章，防御（续）；第九章，夜间战斗；第十章，不发达国家和半开化国家中的战争；第十五讲下设的3章是：第十一章，海运、陆运和空运；第十二章，命令、指示、报告和电函；第十三章，内部通信联络。用富勒本人的话说，该书"是第一本完整地写机械化部队作战的书"。它"不是一本做结论的书，而是一本启迪思想的书，如果通过学习这本书，军队中一些年轻人的思想更加活跃，那么就达到了出版此书的目的"。

《装甲战》是第一本完整地叙述机械化部队作战的书，对军队指挥和一些军事原则以及装甲部队在各种战斗中的运用都有精辟的论述。富勒概要分析了汽车、坦克、飞机、毒气等现代武器的出现对战争性质、武装部队的编制体制、战术、后勤、指挥、计划、纪律、军事原则的影响，并提出了一些重要观点，如工业是机械化的基础，是战争的决定性因素；应组建受严格训练的职业部队取代由短期服役的应征士兵组成的部队；未来的军队应由摩托化游击部队、第一线机械化部队和第二线非装甲部队组成；用军事力量摧毁敌人的方式将被瓦解敌人士气的某些方式所取代；装甲战要求将军亲临前线指挥作战等。作者还对情报与防护问题，进攻和防御作战问题，夜战、山地战、丛林战、沙漠战问题，军事运输和通信联络等问题做了颇有预见性的分析和论述。但书中明显存在片面强调机械化战争的倾向。

富勒的《装甲战》于1932年首次出版时几乎无人问津，但随着战争的发展，尤其是经历战争实践的检验后，其理论价值逐渐为人们所了解和认识。在20世纪40年代前期，《装甲战》被苏联军队当作军官的"日常读物"。在德国，古德里安、隆美尔等著名将领都将之视为战争"圣经"。在英、美等国，不仅把它作为准则使用，而且把它视为一种具有明显实用价值的论述战争的文件。战后，各国仍十分重视对《装甲战》的研究，并认为该书在核战争条件下仍有重要的战术价值。但由于《装甲战》主要探讨的是战术问题，其中的一些观点随着时代的发展已经或正在失去意义，并且，其机械化战争理论的局限与不足，也需在新的战争条件下加以变革和完善。

四、丘吉尔的《第二次世界大战回忆录》

温斯顿·丘吉尔（1874—1965），英国著名的政治家、军事家、战略家，第二次世界大战时期和20世纪50年代前期的英国首相。

丘吉尔于1874年11月30日出生于牛津郡的一个贵族家庭。1893年，考取桑赫斯特皇家军事学院步兵专业。1894年，以优异的成绩毕业，被分配到第四骠骑兵团。先后参加英国在印度、苏丹和南非等地的殖民战争，并充当随军记者，这些经历大大提高了他的声誉，他的战时通讯也使他跻身名记者之列。1900年，26岁的丘吉尔以保守党人的身份当选下院议员。1908—1922年，他历任贸易、内政、海军、军需、陆军、空军、殖民和财政大臣等职。担任海军大臣时大刀阔斧地进行人事调整，并创设了海军军事参谋部，有效地强化了该部战略决策和作战指挥的能力。同时他还促成了士兵薪饷的提高，修改了不合理的军纪条例，拓宽了士兵晋升军官的渠道，并重视新技术的应用和军事装备的更新。1917年7月，任军需大臣，任内促成了大规模坦克生产，赢得"坦克之父"的桂冠。20世纪30年代在野期间，他呼吁加强英国的国防和军队建设，关注科学技术的发展，成为提醒英国警惕德国战争危险的发言人。1939年，英国参加第二次世界大战，他被召担任海军大臣。1940年5月起，担任联合政府首相，领导战时临时内阁。在1945年的选举中失利。1946年，丘吉尔的富尔顿演说成为"冷战"的序幕，他提出的"铁幕"一词成为时代的流行语。1951—1955年，再次担任保守党政府首相、第一财政大臣兼国防大臣。1963年4月，被授予"美国荣誉公民"称号。

丘吉尔一生笔耕不辍，著述很多。从1898年他以生动的笔触写成《马拉坎德野战军纪实》一书后，又出版了多部与军事、政治有关的著作，如《河上的战争》《伊恩·汉密尔顿的进军》《世界危机》《军备与盟约》《步步紧逼》《投入战争》《第二次世界大战回忆录》

《和平砥柱》《欧洲联合》《均势》《战时讲演录》等。

其主要思想与活动如下。

(1) 从英国国情及其战略地理位置的实际出发,力主优先发展海军。丘吉尔自1900年步入政界以来,先后在各届政府中担任过海军、贸易、财政、军需和陆军大臣等重要职务。尽管他在任职的各部门都干出了较有影响的业绩,但相比之下,他在就任两届海军大臣期间的业绩还是最为突出,较多地反映了他的远见卓识和非凡才干,反映了他那出类拔萃的谋略水平。

丘吉尔一向重视英国的海军建设,早在他刚刚进入议会的最初几年里,这位青年议员就经常利用议会的讲坛来提醒政府应当重视这一战略性建设。1899年,英布战争之后,当时任陆军大臣的布罗德里克鉴于南非战争所暴露的英军力量不足,向国会提出扩建陆军的提案。丘吉尔首先对此提出异议。丘吉尔认为,应当从整个国民经济状况来考虑军备开支,更应当结合英国的实际情况和所处的战略地理位置来权衡陆军与海军在帝国防御体系中的地位。丘吉尔指出,首先应当明确扩军的目的,如果仅仅是为了对付海外殖民地,那么根本就用不着更多的兵力;如果目的是在欧洲打仗,那么至关重要的是应当建立一支精良超群的海军力量。因为对于一个岛国来讲,漫长的海峡便是一道天然屏障,任何来犯之敌,都只有通过海上的较量,才能进入英国本土。只有建立强大的海上力量,对于英国才会有备无患。丘吉尔这一战略思想不仅赢得了国会的赞许,而且也是他在两次世界大战中担任海军大臣的主导思想。

(2) 在德军面前毅然决定"敦刻尔克大撤退",震惊世界。1940年5月10日,丘吉尔期盼30多年的时刻终于到来了。英王授权丘吉尔出山组阁。他理所当然地成了战时英国的首相。丘吉尔在这种特定的历史条件下出任首相,不仅因为他无所畏惧、敢于斗争,更重要的是因为他还具有一般人少有的审时度势、深谋远虑的政治气质。丘吉尔不论在朝在野,一向都对把握时势、总览全局很感兴趣。20世纪30年代初期,当人们还沉醉于和平环境之中时,丘吉尔就已经闻到第二次世界大战的火药味。1932年夏,离开政界的丘吉尔在德国参观祖先马尔巴公爵战斗过的古战场时,就十分注意纳粹分子复仇和准备新战争的阴谋。他广交各界朋友,通过各种渠道了解德国的政治、经济及军事动态。在占有丰富材料的基础上,他对德国法西斯的扩军备战阴谋做出了极清醒的分析,特别是他对希特勒纳粹分子的"圣经"——"我的奋斗"研究之后,正确地预见到第二次世界大战不可避免。因此,他上任的第一件事就是激发人民的抗战激情。他号召人民,在凶猛残暴的敌人面前要丢掉幻想,只有齐心协力,团结抗战,才是唯一的生存出路。特别是法国被德国打败后,丘吉尔清楚地看到,欧洲抵抗希特勒的最后堡垒只有他和他的大英帝国了。艰难的"不列颠之战"即将开始。出于战略上的需要,丘吉尔当机立断,他要把在法英国的远征军及法国的抵抗力量尽可能地全部撤回英国本土,同时要求法国的所有军舰驶入英国港口,以免落到德军手中。5月20日,法国战场形势急剧恶化,德军明显地放弃巴黎,其装甲部队改变了主攻方向,直朝西北方向的海岸线冲来,其意图是切断英军的退路,以实施包抄歼灭。对于英军来说,出路已无可选择,必须在短时间内经由敦刻尔克跨越海峡,才能撤回英国,然而数十万英法抵抗力量想在极短时间内越过海峡实在是太难了,更何况还有德国海空军的凶猛堵截和袭击。丘吉尔命令海军部要想方设法,不惜一切代价地实施海上大撤退。从5月26日至6月4日,英国海军在十分险恶的条件下,奇迹般地救回英法军队338 226人。这一奇迹既惊呆了法国人，更气坏了德国人。英国人把这场大救援当作一场胜利加以庆贺，他们最能理解，这正是战时首相丘吉尔的雄韬大略及无所畏惧精神的体现。

被暂时胜利冲昏头脑的纳粹德国，尽管知道对付英国人不会像对付法国人那样容易，但是仍然没有把英国人放在眼里。他们要创造"伟大的四天"，即计划通过8月11日至8月14日4天轰炸迫使英国投降。但事与愿违，"不列颠空战"以德国的失败而告终。野心勃勃的希特勒丧失了制空权。他不得不将他进攻英国的"海狮"计划推迟到"1941年春"。然而他的这一计划却永远未能实现，他的强硬对手丘吉尔正在谋划着一个比"海狮"计划更大的战略，进攻柏林。

（3）争取美国，支援苏联，建立世界反法西斯统一战线。第二次世界大战期间，丘吉尔不仅凭借其顽强的毅力率领英国军民英勇奋战，使一个小小的岛国成为欧洲战场上反希特勒的中流砥柱；而且也借助深谋远虑的政治信念，调动各方面力量，在世界范围内建立起反法西斯的广泛战线。丘吉尔把美国作为一个主要发动对象，是有深刻意义的。长期以来，较为发达的美国一直奉行孤立主义政策，第二次世界大战初期仍采取隔岸观火的态度。丘吉尔想方设法使美国人明白，打败希特勒不仅是英国自己的事，总有一天希特勒也会把战火烧到美国身上的。在丘吉尔的多次鼓动和激励下，美国开始选择自己在这场战争中的应有位置了。1941年12月7日，珍珠港事件爆发，美国终于放弃了"中立"政策，向法西斯轴心国宣战，从而使丘吉尔得到了极大的宽慰。与力劝美国参战的同时，丘吉尔也在竭力关注着另一个大国——苏联。早在1939年，丘吉尔就已经看到许多迹象，希特勒正在准备进攻苏联。1941年4月，丘吉尔通过驻苏大使将这一信息传递给斯大林。但是，由于斯大林对和平还抱有幻想，对此并不重视。两个月后即1941年6月22日，德军出其不意地对苏发动闪电战，很快占领了苏联的大片土地。丘吉尔十分震惊。他知道，希特勒一旦在苏联得手，很快就要回过头来进攻英伦三岛，于是当晚即发表广播讲话，号召英国人民，即使英国自身岌岌可危，也要尽一切能力给苏联以援助。

丘吉尔作为一名出色的战略家和政治、军事谋略家，胸怀全局，纵横捭阖。为了建立反法西斯统一战线，他使美国放弃了中立，又与苏联解除敌对，与世界反法西斯力量结为同盟。1943年11月28日，丘吉尔、罗斯福、斯大林终于在德黑兰举行了第二次世界大战期间的英、美、苏三国首脑会谈。正是这次著名的"三巨头会谈"确定了希特勒的灭亡命运，为第二次世界大战的胜利结束奠定了基础。

五、哈特的《战略论》

利德尔·哈特（1895—1970），英国著名军事理论家，一生著述颇丰，在战略战术、军队建设、军事历史等方面均有建树。他的一些著作被译为多种文字在国际上广泛流传，其中《战略论》一书集中研究和阐述了"间接路线战略"，尤有影响。

哈特出身于牧师家庭，18岁时考入剑桥大学攻读近代史。第一次世界大战爆发后，他终止学业，报名参加英国陆军，随后赴欧洲参战。1916年夏，哈特参加了以规模浩大、伤亡惨重而著称的索姆河会战，并在会战中3次负伤。第一次世界大战的经历，对哈特影响很大。大战之后，哈特开始投入军事理论研究。他关注武器与战术的发展，积极支持以富勒为主要代表的机械化战争论。1924年，由于健康原因，哈特以上尉军衔退役。在此后的十几年间，他先后在英国的《每日电讯报》《泰晤士报》任军事记者，1937年又成为英国陆军大臣霍尔·贝利沙的私人军事顾问。在此期间，哈特出版了多部军事著作，包括《帕里斯，或未来战争》《比拿破仑更伟大的人》《名将揭秘》《重建现代军队》《历史上的决定性战争》《英国式战争》《英国的防务》等，并逐步形成其"间接路线"理论。

第二次世界大战前夕以及整个战争期间，因其主张不符合英国的战争政策，哈特陷入被排斥的孤立境地。战后，哈特的研究活动再度活跃起来。除先后几次修订《战略论》外，他还陆续出版了《战争的变革》《西方的防务》《威慑或防御》3部论文集，就核时代的防务政策与战略问题进行了广泛的探讨。1965年，哈特出版了两卷本《回忆录》，同年被英国女王授予爵士勋位。1970年辞世前，哈特最终完成了历时20多年精心撰写的《第二次世界大战史》。

《战略论》是哈特的主要军事著作，集中反映了他的基本思想即所谓"间接路线战略"。全书共4编22章，另有3个附录和17幅地图，约38.6万字。第一编，从公元前5世纪至公元20世纪这段历史中的战略，包括第一章至第十章，分别是历史是实际经验、希腊时代的战争、罗马时代的战争、拜占庭时代的战争、中世纪的战争、17世纪的战争、18世纪的战争、法国革命与拿破仑·波拿巴、1854年到1914年、25个世纪以来的结论。第二编，第一次世界大战的战略，包括第十一章至第十四章，分别是1914年的西战场、东北欧战场、东南欧战场、1918年的战略。第三编，第二次世界大战的战略，包括第十五章至第十八章，分别是希特勒的战略、希特勒的全盛战略、希特勒的衰颓、希特勒败亡。第四编，军事战略和大战略的基础，包括第十九至第二十二章，分别为：战略的理论；战略和战术的实质、国家目的与军事目标、大战略。该书通过分析西方2500年来的大量战例，以及两次世界大战的经验教训，阐述了间接路线战略理论。

在《战略论》中，哈特对2000多年西方战争史进行了较为系统深入的研究，他的结论是"最完美的战略也就是那种不必经过严重战斗而能达到目的的战略""间接路线比直接路线优越得多"。他的主要观点有：①战争的根本目的是获得巩固的和平，而不是追求绝对的胜利，战争的实行要用理智来控制；②战略是一种分配和运用军事工具以达到政治目的的艺术，一个成功的战略必须把目的与手段正确地协调起来；③战略的目的在于造成一种最有利的战略形势，即破坏敌人的稳定性，使之在心理上和物理上失去平衡，这样只要继之以会战，就一定可以获得决定性成果；④在战争中，使敌人丧失稳定性的最有效方法就是采取间接路线，主要是结合运用四种战略行动，即破坏敌人的部署、分割敌人的兵力、危害敌人的补给系统、威胁敌人的交通线；⑤作战指导要遵循八条原则，即根据手段来选择目标、时刻记住既定的目标、选择敌人期待性最小的行动路线、沿着抵抗力最小的路线采取行动、选择可以同时威胁敌人几个目标的作战线、计划和部署要具有灵活性、不要全力进攻已有所戒备的敌人、进攻失利后不要再按照原来的路线和部署发动攻击。总的来看，哈特的间接路线理论主要是对西方的战争经验，特别是英国军事传统的总结，也在一定程度上反映了带有普遍性的战争规律。但他将间接路线推崇为至高无上甚至唯一的战争法则，以"间接路线"完全否定"直接路线"，这又是简单机械的。

哈特的间接路线战略在第二次世界大战前，就在欧洲一些国家受到程度不同的关注。例如，在德国，勃罗姆堡、勃劳希契、伦斯德特、赖歇瑙、曼斯坦因、隆美尔、古德里安等一批高级将领对间接路线战略中有关坦克集群作战的思想尤为重视并加以吸收，并在战后承认，战前德军装甲部队的建议和"闪击战"理论的建立，得益于哈特的思想，他们都是哈特的信徒。在战后，以色列的前作战部长、总参谋长伊格尔·扬丁、前总理伊扎克·拉宾以及伊加尔·沙龙等以军高级将领也认为，间接路线战略是一种健全合理的战略，对解决以色列的战略问题具有理论指导作用。哈特基于"间接路线"思想提出的关于核时代战略问题的见解，在西方国家也有影响。美国前总统肯尼迪称哈特是值得尊敬的军事问题专家。美国著名的核战略理论家伯纳德·布罗迪则自称是哈特的追随者。

当然，即使在西方，也有不少军事理论家及研究者对哈特所谓的间接路线战略提出了尖锐的批评。一些评论认为，在哈特的著作中，一些历史事件及一些重要战略都被忽略了；其理论缺陷在于未能对"间接路线"的确切含义作出科学的说明；其在研究方法上的缺陷在于，为证明"间接路线"是至高无上的战争法则，便以某种偏见从战争史中搜寻能够支持这个观点的材料等。概言之，哈特提出了一些有益的战略理论及原则，同时其中存在一些缺陷，这就要求我们应善于运用批判的方法加以借鉴。

六、斯莱塞的《西方战略》

约翰·斯莱塞（1897－1979），英国著名的皇家空军元帅。他的《西方战略》一书是一本有关联盟战略的重要著作。

斯莱塞于1915年加入英国皇家空军。第一次世界大战结束后，他继续留在皇家空军，分别在国内和印度服役。第二次世界大战爆发后，他作为英国空军参谋部代表出席盟国军事会议，参与制订了美英联合作战计划。1941年，他参加英国军事代表团赴美谈判，达成ABC计划（亦称ABC－1联合战略计划。该计划奠定了美英军事合作的战略指导方针和基本体制）。1942年，任英国空军助理参谋长。1943年2月，首相丘吉尔任命他为英空军海岸司令部司令。任职期间，他积极配合海军在大西洋上打击德国潜艇，取得辉煌成果。1944年，升任英国驻地中海和中东空军总司令和地中海盟国空军副总司令。第二次世界大战结束后，他回到国内，并于1948年初开始担任帝国国防学院院长。1950年1月，升任英国皇家空军的最高职位—空军参谋长，曾多次代表英军出席北大西洋公约组织的各种军事会议。1952年，退休。

《西方战略》一书包括真正的战争、敌人、长期备战、我们需要的力量、首要武器以及空军和欧洲问题共6章，此外还附有作者对此书的简要说明。本文所选用的英文原版是由英国卡瑟尔出版公司于1954年出版发行的。

该书的主要论点包括：①在当今条件下，不管是东方大国还是西方大国，都不可能有本国的独立战略，所谓的"国家战略"是不存在的。我们所处的时代是"联盟的时代"，西方国家应该根据这一现实采取更加广泛的"联盟战略"或世界战略。②在联盟内，应坚持合理的平衡力量，每一个成员国都应根据本国资源、特点及传统对联盟整体做出贡献。③在联盟中任何一个国家拥有过多的权力都是不必要的，不可取的。④防止德国重新成为欧洲霸主，一个方法是法国和德国之间达成真正的谅解，或者英国完全加入欧洲政治和军事联合体中。⑤必须承认美国加入欧洲的防御是必不可少的。该书对了解西方冷战时期的联盟战略思想有一定的参考价值。

七、罗素的《常识和核武器战争》

伯特兰·罗素（1872－1970），英国著名思想家，一生著述颇丰，共发表40余部著作，涉及哲学、数学、科学、伦理学、社会学、教育、历史、宗教、政治、军事等各个方面，如《数学原理》《西方哲学史》《心的分析》《物的分析》《意义与真理的探究》《人类的知识：文化范围与界限》和《常识和核武器战争》（又译《常识与核战争》）等。

罗素于1872年生于英国茅斯郡的拉文斯克洛夫特。1890年，进入剑桥大学攻读数学，第4年起改学哲学。1905年，他在英国著名的哲学刊物《心灵》上发表了《论指称》一文。此时他把大部分精力用来和怀特海合作撰写《数学原理》一书。该书于1913年出版，被人们视为数学和逻辑发展史上的里程碑。第一次世界大战期间，罗素因反战攻击美国而被判处6个月的监禁。1920年，罗素访问过苏联。同年他还访问过中国。第二次世界大战期间，罗素是在美国度过的。1944年，罗素返回英国，受聘在剑桥大学三一学院讲哲学。1949年，罗素获得英国的荣誉勋章。他晚年最为关心的问题就是人类的和平，使各国人民免遭核战争的毁灭。1955年7月，罗素在伦敦的记者招待会上，在电视节目中宣读了著名的《罗素—爱因斯坦宣言》，敦促美苏两个核大国一致采取核裁军行动。他还担任"禁止核武器运动"会长一职，领导群众性的反政府活动，组织过"和平反核战争百人委员会"。1961年，因鼓动群众在海德公园集会纪念"广岛日"搞静坐示威，他又被判处两个月的监禁。1963年，罗素筹建了"罗素和平基金会"。1966年，他筹建了"国际战犯审判法庭"，针对美国政府在侵越战争中犯下的罪行进行缺席审判。1967年，罗素出版的最后一部著作就是《美国在越南的战争罪行》。

《常识和核武器战争》由英国乔治·艾伦与昂温公司于1959年出版。该书在西方产生过很大的影响。全书共10章，依次为如果"战争边缘政策"继续下去、如果发生核武器战争、核时代解决争端的方法、走向和平的行动纲领、谈判前所需的新的看法、裁减军备、走向和解的步骤、领土的调整、走向一个国际权力机构、看法上一些必要的改变。主要观点：①如果目前的战争边缘政策继续下去，发生核战争的可能性比一般人所想象的要大。②一个重要的常识是核战争将使全世界走向毁灭，核战争的结果是双方都无法实现自己的政治目的。③在核时代，核战争必须防止。④裁军尽管不是消除核战争的办法，起到的只是延缓作用，但其意义仍很重大。⑤为了建立持久和平，使人类免遭核战争威胁，应最终建立一个国际权力机构。

罗素的和平主张代表了西方进步势力的要求和人民崇尚和平的呼声，对冷战时期东西方关系产生过积极影响。但其对现代战争根源的认识是有其阶级局限性的，因而其和平主张在现实面前往往显得苍白无力。

第六章　其他国家的军事思想

本章是将世界其他国家有关个别军事专著罗列而成的。其中有古希腊修昔底德的《伯罗奔尼撒战争史》、古希腊阿里安的《亚历山大远征记》、古罗马恺撒的《高卢战记》、古罗马弗龙蒂努斯的《谋略》、古罗马韦格蒂乌斯的《兵法简述》、意大利杜黑的《制空权》、瑞士若米尼的《兵法概述》、阿根廷格瓦拉的《游击战》、日本林子平的《海国兵谈》。

值得一提的是，日本是当代的经济大国，但它的文化思想极端贫困，尤其是军事思想没有一本像样的专著，它对外带兵打仗，全靠中国的军事思想作指导。645年经"大化改新"建立封建制度后，日本不断派使者到正处于盛唐时期的中国，中国的军事思想随之传入日本。日本兵学家学习、研究《孙子》《吴子》等中国古代兵书，后来他们也开始研究军事思想并著书立说，但其中不少观点都是从中国以及其他国家军事学术中剽窃来的。这个国家的长处是无论在政治、军事、经济方面，总是善于学习人家的东西，经过整理、吸收而转为己有。

一、修昔底德的《伯罗奔尼撒战争史》

伯罗奔尼撒战争（公元前431－公元前404）是希腊城邦由极盛走向全面危机的转折点，是"希腊人的历史中最大的一次骚动"，给希腊民族带来了空前的痛苦："过去从来没有这么多的城市被攻陷，被破坏……从来没有这么多的流亡者；从来没有这么多生命的丧失……战争同时也影响到大部分非希腊人的世界，可以说，影响到几乎整个人类"，战争对雅典和斯巴达双方来说都是非正义的，从头到尾都是一场争夺霸权的战争。战争最后以斯巴达的胜利、雅典的彻底失败而告终。

《伯罗奔尼撒战争史》是修昔底德结合自己的亲身经历、耗费30余年心血写成的一部军事历史名著。

修昔底德（约公元前460－公元前395）出身于雅典一个贵族家庭，自幼受过良好教育。公元前431年，雅典和斯巴达为争夺希腊霸权，爆发了著名的伯罗奔尼撒战争。修昔底德此时应征入伍，并参加了一些陆军和海军的战役。公元前424年，他被推选为雅典十将军之一，在塔索斯负责指挥一支由7艘战舰组成的舰队。不久，安菲玻里城遭到围攻，修昔底德率舰队前往援救，未能成功。安菲玻里城失陷后，雅典当局误认为修昔底德贻误战机，遂以叛逆的罪名将其革职放逐。其实在伯罗奔尼撒战争中，雅典的失败是另有原因的。伯罗奔尼撒战争爆发前，雅典是希腊世界的海上霸主。政治、经济、军事和外交明显占优势的雅典是有可能战胜处于劣势的斯巴达的，但雅典最终败于斯巴达。雅典的失败主要是由于经济的对外依赖性和财政来源的不稳定性造成战时财力不足；内部党争和缺乏有智慧的集中；战略和战术的错误，同盟内部矛盾导致盟邦的暴动及波斯对斯巴达的支持。修昔底德对此次战争作了各方的分析与探讨。

在《伯罗奔尼撒战争史》中，修昔底德不仅严格按照时间顺序描述了战争的进程，而且以理性主义的精神对待历史，对一些重要的军事问题做出了较为合理的解释。其主要内容包括：①战争的发生有着深刻的社会原因。修昔底德可以说是第一个尝试揭示历史事件的真正因果关系的历史学家。他不是简单地将战争发生的原因归之于某个偶然的历史事件，而是力图寻找更为深刻的原因。例如，关于伯罗奔尼撒战争发生的原因，他不同意当时一些人"为了三个媳妇，战火就会在全希腊燃烧起来了"的说法，而是立足于整个希腊社会来看问题，认为"使战争不可避免的真正原因是雅典势力的增长和因而引起斯巴达的恐惧"。因为斯巴达和雅典是分裂的希腊社会的两大霸主，它们都有各自的同盟国，一个在陆地上称雄，一个在海上争霸。②强调经济对战争的决定作用。修昔底德第一个注意到经济因素对历史发展的影响，强调经济对战争的决定作用。他认为，特洛伊战争之所以拖延了10年之久，不是因为希腊军队人数的不够，而是由于经济资源的不足。他借伯里克利之口，说明长期战争完全靠经济的支持。金钱的缺乏不仅会使军队在战争中处于不利地位，而且会使军队丧失战机，拖延战争时间。③政治因素对战争的进程与结局有着重大影响。据修昔底德分析，雅典在伯罗奔尼撒战争中之所以惨遭失败，不仅是因为它在别国境内作战处境艰难、海陆对敌封锁未能奏效、地形不利、统帅优柔寡断等，更重要的还是由于国内党派之争，削弱了他们自己的力量，使他们既要对付敌人，又要对付自己的同盟国。此外，修昔底德还注意到其他许多因素，如联盟战略、民心士气、军队纪律等对战争胜负的影响。

二、阿里安的《亚历山大远征记》

阿里安（约96－180），古希腊历史学家，所著《亚历山大远征记》，既是他一生著述中最著名的一部，也是古代流传下来的几个有关亚历山大的著作中比较好的一个。

阿里安一生的经历比较简单。他是希腊人，约96年出生于尼考米地亚，年轻时曾赴罗马学习哲学，是雅典斯多噶学派（禁欲主义）哲学家艾皮克提塔斯的学生。131－137年，他被哈德良委任为驻卡帕多西亚总督。147年，他在雅典当选为执政官。退出政坛后，阿里安回到故乡，潜心著述。

《亚历山大远征记》的国外版本较多，该书收录的中译本，是李活根据英国伦敦罗布古典图书出版社1929年英译版（由E.伊利夫·罗布逊根据希腊原文校勘翻译）转译的，1979年由商务印书馆出版。全书一共分8卷，依次叙述了马其顿国王亚历山大从公元前334年至公元前323年，率军亲征波斯帝国，先沿地中海东岸南下直抵埃及（当时这一带皆属波斯），后回兵小亚细亚，东征波斯本土，直至印度西北部（相当于今巴基斯坦全境），建立强大的马其顿帝国的过程。

阿里安写作该书，其主要用意在于表彰亚历山大的所谓"勋业"。所记自亚历山大即位始至他去世终；主要写亚历山大的远征。该书在叙述亚历山大的戎马生涯的过程中，对他的战略思想、指挥艺术、布阵谋略，以及他身先士卒、冲锋陷阵和体恤下情、关心将士的精神，均做了详细的描述；并以较大篇幅记述了亚历山大根据客观情况做出判断、定下决心，针对不同情况灵活运用战术，以己之长击敌人之短，及时变换战斗队形，步兵、骑兵协同作战，发挥马其顿方阵的优势，以及在受挫后及时改变战法夺取最终胜利的作战指挥艺术。例如，当马其顿海军处于劣势时，避免与强大的波斯海军交锋，从陆地占领其沿海基地，切断其陆海军的联系，由此产生了著名的"从陆地上征服舰队"的战法；在围攻海岛城市提尔时，陆、海军协同作战，运用各种机械和技术突破城防；在敌人领土上作战时，因地形不熟审慎夜战；对被征服地区实行怀柔政策，尊重当地的宗教和民俗；战斗胜利后，为阵亡将士举行隆重葬礼，探视负伤官兵，奖励有功人员等。这些描述都反映了亚历山大的军事思想。

三、恺撒的《高卢战记》

盖乌斯·尤利乌斯·恺撒（公元前 100 - 公元前 44），古罗马共和国领袖和军事统帅。他带兵打仗几十年，指挥过几十个战役，大都是以少胜多，出奇制胜。他的战略思想和战术原则为西方许多著名军事统帅诸如拿破仑等所效法，对西方军事学术的发展作出了杰出的贡献。他曾与幕僚共同著书立说，主要有《高卢战记》《内战记》《亚历山大战记》《阿非利加战记》等。

恺撒出身于贵族世家。公元前 78 年开始政治活动，起初被选为军事护民官，后历任度支官、市政官、大法官、罗马远征西班牙行省总督等职。恺撒为了成功竞选执政官，需要庞培和克拉苏这两位在当时最有影响的人的支持，于是，他决意与庞培和克拉苏建立友好关系。公元前 60 年，庞培和克拉苏、恺撒这 3 位有着巨大影响的政治家达成了相互支持的秘密协议，历史上称为"前三头同盟"。为了巩固这一同盟，恺撒把他年仅 14 岁就已经和别人订了婚的女儿嫁给了年近 50 岁的庞培。在庞培和克拉苏的一致支持下，恺撒于公元前 59 年当选为执政官。恺撒经过一系列的政治活动，已经获得广大平民和骑士阶层的支持，成为与庞培、克拉苏齐名的强有力的人物。

恺撒所写的《高卢战记》共 7 卷，记述他在高卢作战的经过，从公元前 58 年至公元前 52 年，每年的事迹写成一卷，是研究古罗马军事历史的重要文献。他把这部书叫作 Commentarii，即《随记》或《手记》之意，表示直陈战事，供人参考而已。在叙述过程中，他处处用第三人称称呼自己。《高卢战记》叙事翔实精确，文笔清晰简朴。由于恺撒是罗马共和国时代第一个亲身深入到外高卢西部和北部、到过不列颠和莱茵河以东的日耳曼地区、目睹过当地的山川形势与风俗人情的人，因此，《高卢战记》又成为记述这些地区情况最古老的历史文献，它以对高卢和日耳曼各地区的从氏族公社逐渐解体到萌芽状态国家出现这段时间的政治、社会、风俗和宗教的记述，成为我们研究原始社会和民族学的重要依据。

虽然恺撒的 7 卷《高卢战记》只写到公元前 52 年，但他直到公元前 50 年才离开高卢，因此后面缺了两年的事迹。恺撒死后，他的幕僚奥卢斯·伊尔久斯续写了第八卷，弥补了这段空缺。

恺撒征战一生，多谋善断，善于抓住战机，特别是能在不利的情况下，以顽强的意志坚持自己的战略企图，扭转战局，表现出他那不同凡响的高超的军事艺术，在罗马乃至世界的历史上留下了盖世英名。

四、弗龙蒂努斯的《谋略》

塞克斯图斯·尤利乌斯·弗龙蒂努斯（约 35 - 约 103），古罗马政治家和军事理论家。先后担任罗马城执政官、不列颠行省总督、亚细亚行省总督等职。他一生军事著述颇多，但其中绝大部分均已散佚，留传至今的仅存《谋略》（又译为《谋略例说》）一书。有关他的生平细节，历史少有记载。70 年，弗龙蒂努斯任市行政长官。后来曾三度被推举为执政官。第一次执政官任期满后，他被派往不列颠任行省总督。据塔西陀的《历史》记载，弗龙蒂努斯在这个职位上保持了他的前任佩蒂利乌斯·西雷阿利斯的优良作风，需要他处理棘手的紧急情况时，他能应付自如。他组织指挥平息了威尔士地区强盛而好战的西尔人的起义，并在征服地区立即进行公路建设，这条公路的名字就是以他的名字命名的，他在43～62岁，撰写过大量著作。78年，他完成《战争艺术》。

《谋略》一书则成于84－96年。这该书旨在补充叙述战略上获得成功的战例，用以说明军事学的规律，并使将军们对这些规律能有充分的认识，以提高作战指挥的能力。全书共分4卷50章，分类详尽，举例繁多（总计达581条）。前3卷由弗龙蒂努斯所写，第4卷据考证系后人添加。卷1提供的是进入交战前使用的谋略实例，共计12类；卷2罗列与交战本身有关以及对完全制服敌人有影响的实例，概括为13类；卷3的内容涉及围困和解除围困的谋略，分成18类。作者在书中收集了古希腊和古罗马的各次重大战争，内容涉及作战用兵的各个方面，其中不乏妙计高招，而用谋者均是古代世界著名的统帅，如大流士、居鲁士、腓力、亚历山大、汉尼拔、恺撒、马略等。因此，该书是一本以介绍谋略为主旨的学术著作，告知我们一些克敌制胜的道理。

该书实为一本与战争有关的各种军事活动特别是谋略实例的分类集。其中概括出以下重要军事思想：为在交战中取胜，必须周密进行准备，正确选择交战地点和时间，善于布置战斗队形，并要设法瓦解敌军；强调谋略运用对于争取战争主动权乃至作战胜负的决定性影响；重视兵力集中与分散问题、军人士气纪律的地位和作用等。书中概括出的大量用兵法则如出敌不意、示假隐真、声东击西、策反用间、攻其无备、诱敌入瓮等，与中国古代的军事谋略思想不谋而合，反映出带有共性的军事指导规律的内容。《谋略》一书尽管是史例的分类集锦，但其中隐含着丰富的古代军事哲学思想和古代用兵之道，诸如以逸待劳、弱守强攻、避实击虚、兵贵神速、欲擒故纵、联盟击敌等，都能在书中找到相应的例证。

《谋略》一书不仅有反映带普遍性的军事指导规律内容的学术价值，而且还有军事史学研究价值。通过阅读此书，可以获得对古代战争特点和规律的基本认识。当然，书中有些观点和结论有其历史局限性。阅读时必须结合当时的历史情况和作者的认识能力的局限加以辨析。

运用史例研究和阐发军事理论，是西方军事理论研究的一大传统及特色。《谋略》可谓这方面最早的代表作之一，它在欧美的军事学术界受到一定的重视。该书初以拉丁文问世，后来又有不少其他文字的译本相继出版，中文本由袁坚依据洛布古典丛书贝内特教授英译本于1921年版译出，1991年由解放军出版社出版。

五、韦格蒂乌斯的《兵法简述》

弗拉维乌斯·韦格蒂乌斯·雷纳图斯是古罗马的军事著作家。据悉，他简述古罗马武事经略的《兵法简述》一书，在10—15世纪的手抄本就约有150部之多，其本人也被西方推崇为"古典世界最伟大的军事理论家"。

韦格蒂乌斯的生卒年月不详，有关其生平人们更知之甚少。只知他是古罗马帝国时期的一位军事专家，贵族出身，其活动时期大致在4世纪下半叶或4世纪末5世纪初。从其著作中可以看出，他尚无广泛的军事实践经验。他自己曾非常坦率地说，他的意图是收集古代的兵法手稿和条令，加以综合，从中理出使古罗马成为伟大帝国的军事惯例和智慧。

韦格蒂乌斯写作《兵法简述》时，罗马帝国的军事实力处于日趋衰落的恶劣境地，为了复兴昔日的军事荣耀，他大声疾呼通过军事改革，恢复古罗马严于练兵、勇于作战的精神。然而，却一度遭到冷落。直到中世纪后期，随着重装骑兵的衰落和步兵的再度兴起，他的这部著作才引起了军事界的广泛重视。全书共分5卷，约11万字。卷一述系有关新兵之募选、训练和操练等内容；卷二论及罗马军团的组织机构及其指挥官；卷三述系战略和战术；卷四涉及筑城及攻防；卷五涉及水师及其运用问题。

韦格蒂乌斯在书中着重阐述了以下观点：①强调军队要武艺精湛，熟谙兵法、训练有素，只有这样，才能确保在战斗中获得胜利。②非常注重士兵的挑选，不仅要求他们具有强健而灵巧的身体素质，而且还特别强调他们在精神方面应具有勇敢无畏的气质。③强调组织精良的军团，使其宛如固若金汤的城池，这是军队在会战中取得胜利的根本保证。④强调将帅必须充分了解敌我双方的一切情况，制定正确的作战方针，依据战时的各种状况，适时发动进攻。另外，韦格蒂乌斯还强调了兵马粮秣、战争中的突然性、保持强大的预备队以及兵贵神速等问题的重要性。

虽然该书中提出了许多具有真知灼见的观点，值得我们今人学习和借鉴，但其中也包括一些错误的观点，如他认为将帅"准备怎样做只能同最可靠的少数人商议，最好还是自己同自己商量"的愚兵政策等，是我们在阅读时应当予以注意的。

韦格蒂乌斯的《兵法简论》是备受西方学术界推崇的一部古罗马时期的兵法名著。"狮心王"理查德像其父亲亨利二世一样，在征战时随身携带这部书。奥地利陆军元帅利纳亲王称之为金光闪闪的大作。美国将军托马斯·菲利普斯在为该书撰写的英译本序言中评价说："上自古罗马时期，下迄19世纪，韦格蒂乌斯的《兵法简述》在西方世界是影响最大的一部军事专著。"

六、杜黑的《制空权》

朱利奥·杜黑（1869－1930）是意大利资产阶级著名的空军理论家。他最先系统地阐述了建设和使用空军的思想，创立了最初的制空权理论，有人将他称为空军学术理论的先驱。

杜黑于1869年5月30日出生在意大利南部的小镇卡塞塔。他出身于军人世家，家中几代人都曾为萨优依王室服务。少年时代，他便肯于钻研，在学业方面取得良好成绩。中学毕业后，立志继承父业，从军习武，考入意大利陆军炮兵学院。1888年，从该炮兵学院毕业，由于学习成绩优异，被直接授予中尉军衔，时年19岁。其后不久，又考入都灵工程学院，再次成为班里的尖子。在都灵工程学院毕业后，深感要把所学的科学技术应用于军事学术研究，还需有扎实深厚的军事理论基础，于是又考入都灵军事学院。

1903年，飞机在美国诞生。1908年5月，杜黑以其敏锐的军事眼光，预见到飞机将改变人生的生活面貌和战争面貌。1909年和1910年，他以极大的热情向公众尤其是其同事们宣传飞机的巨大潜力，并为《军事训练》杂志撰写了一系列文章，表明他对飞机的认识。

1918年，杜黑受命出任意大利陆军的航空兵部部长。1921年，杜黑出任意大利空军中央管理局局长，授少将军衔。其《制空权》一书正式出版发行。1922年法西斯党上台后，出任航空部部长。1923年辞职，专事著述。

杜黑率先创立制空权理论。1909年，当世界上仅有少数几个国家的陆军装备了几架飞机用于通信和观察的时候，杜黑就预言：现在人们都强调制海权的重要，但不久就会看到，制空权比制海权更重要。杜黑认为，天空即将成为战场，将来会有成百架甚至上千架飞机在空中飞行。各国将在航空力量对比上展开激烈的角逐，空中战场将是决定性的战场，"夺得制空权就是胜利"。

杜黑的"制空权"观点，有人赞同，有人怀疑，而更多的人则是反对。杜黑深知，一个全新的观点要使人们接受必须要有充分的理论根据。他把建立制空权理论作为自己奋斗的一个目标。

杜黑倡导建立独立空军。他的理论虽然是建立在航空技术基础上的，但他观察问题却是站在战略高度上的。他的理论主要涉及未来战争、国家武装力量的体制、空军的建设和作战使用等方面的问题。

杜黑的主张是建立在"独立空中战争理论"的基础上的，即空军和陆军、海军一样能在一定条件下完成战争使命。但杜黑没有抹杀陆军、海军在战争中的作用，他非常强调三军合成使用。杜黑说："我比任何人都更一贯坚持，这三种武装力量构成一个不可分割的整体，是一件三刃的战争武器。"

杜黑倡导建立独立空军的主张同他的制空权理论一样，一开始就遭到传统势力的强烈反对。但是杜黑对自己的主张坚信不疑，他充分利用报纸、杂志等舆论工具宣传他的主张。杜黑的观点在不同观点的争论中得到广泛的传播。

杜黑倡导建立独立空军的主张首先得到了英国的赞赏。1918年4月，英国皇家航空队和海军航空队后并，成立了统一的皇家空军。这是世界上最早建立的一支独立空军。

杜黑的理论从一定意义上说带有军事未来学性质，他从经验、现实和必然性出发，探索、揭示和预测未来。由于他的理论顺应了客观发展的要求，因而逐渐被许多国家接受、采纳。当今世界上100多个国家，几乎都有一支规模不等的空军。

杜黑的《制空权》一书问世以来，曾在西方军事界产生过广泛的影响。法国的贝当元帅认为，杜黑的理论是值得认真研究的，他所创立的杰出学说对未来战争有着决定性影响。美国的核战略问题专家布罗迪认为，杜黑的学说对各国空军普遍产生并将继续产生巨大的影响，美国空军学说是按照杜黑学说发展起来的。

七、若米尼的《兵法概论》

若米尼（1779－1869），资产阶级军事理论家，生于瑞士帕耶讷。1798年起，在瑞士军队服役，曾任陆军部长的副官和秘书长等职。1804年，到法军供职，参加过拿破仑一世指挥的多次远征。1805年，曾把自己的新著《论大规模军事行动》面呈拿破仑一世，深得拿破仑一世赏识，任命他为上校参谋，后任军参谋长。1813年，因与拿破仑一世的参谋长L. A. 贝尔蒂埃元帅矛盾激化而转投俄军，两度担任沙皇尼古拉一世的侍从武官。为沙俄军事学院的奠基人之一。俄土战争和克里木战争时，参加过俄军作战计划的制订工作。1855年，晋升步兵上将。同年离俄赴比利时。后去法国，死于巴黎。他认为，对战史的研究，是军事学术原则的唯一理论基础；军事学术应包括战争政策、战略、大战术、勤务学、工程学和初级战术6个组成部分。主要著作有《论大规模军事行动》《1792－1801年革命战争批判军事史》《战略学原理》《拿破仑的政治和军事生涯》和《战争艺术概论》等。他曾与克劳塞维茨一道，被称为19世纪上半叶资产阶级军事思想的两大代表之一。

若米尼的《兵法概论》否定了当时建立在封建君主制基础上的旧的军事思想及作战原则，阐述了法国革命群众和军队所创造的新的军事体系及作战原则。因此一经面世，便受到世界军事界的极大重视，先后被译成英文、俄文、德文、意大利文、日文等多种文字出版，并被许多国家定为军官必修教材。据说,在美国内战中,该书是南北两军将军囊中必备的读物。马汉从《兵法概论》中学习战争原理并将其用于海军战略,创立了"海权论",并写出了《海权对历史的影响》的名著。恩格斯也称赞若米尼是描写拿破仑战争的"最好的著作家",在军事理论方面同克劳塞维茨一样,是"全世界公认的权威人士"。

若米尼一生参加过12个战局和许多高级军事会议,对法国革命战争和拿破仑战争深有研究,著述颇丰。《兵法概述》则是若米尼战争理论的传世之作。全书共分7章47节,前面写有"现代战争理论及其作用概论"和"兵法的定义",后面另有"结论""补遗",2个"续编"和7幅附图。第一章,战争政策;第二章,军事政策或战争哲学;第三章,战略;第四章,大战术与交战;第五章,战略战术混合作战;第六章,战争勤务或调动军队的实用艺术;第七章,军队的战斗部署和3个兵种的单独使用或联合使用。总共约40万字。该书通过总结法国大革命战争和拿破仑战争的经验,创立了18世纪末期和19世纪初期的战争艺术理论,提出了至今犹有指导意义的军事思想。1869年,死于巴黎。

若米尼的军事理论和谋略观点对资产阶级军事思想的发展产生过重大影响。诸如,他认为,对战史的研究是军事学术原则的唯一理论基础;军事学术应包括战争政策、战略、大战术、勤务学、工程学和初级战术等6个组成部分;战略是进行战争的科学,战术是进行战斗的科学;进攻优于防御;克敌制胜的唯一方法不是实施者在威胁敌人交通线的机动,而是交战;为了打败敌人,必须采取坚决的战略,及时把主力投到具有决定意义的地点,以闪电速度实施突击,并适时转入追击等。在若米尼的军事著作中也反映出形而上学和机械论的色彩,如认为军事学术的规律是永恒的、绝对的和不变的,夸大统帅在决战中的作用,低估政治和经济因素对整个战争的影响。

八、格瓦拉的《游击战》

切·格瓦拉(1928-1967)是阿根廷著名的游击战理论家。在20世纪五六十年代的国际舞台上,他堪称一位叱咤风云的传奇人物、革命领袖和游击英雄,曾被萨特誉为"我们时代最完善的人"。

格瓦拉于1928年出身于阿根廷一个大庄园主家庭。青少年时代就深受资产阶级民主主义的影响,同时也读过几本马列主义的著作。大学毕业后放弃优裕的生活,周游列国义务巡回行医,投身拉美各国从事争取民族独立解放的斗争。1954年到危地马拉,支持阿本斯政府所采取的一系列民族主义措施。被美国中央情报局列入黑名单。1955年,避居墨西哥期间结识了卡斯特罗,并加入卡斯特罗领导的地下游击队,从此成为古巴革命起义军的缔造者和领导核心。

1959年古巴革命胜利后,格瓦拉先后担任过全国土地改革委员会主席、国家银行行长、工业部部长等职。1965年4月,格瓦拉写信给卡斯特罗,自愿辞去他的政府要职和少校军衔,放弃古巴国籍。嗣后,先后到非洲的刚果和拉美的玻利维亚,从事建立"游击中心"的活动,兵败被俘,于1967年10月遇害,年仅39岁。

格瓦拉著有《游击战》《古巴革命战争回忆录》和《古巴的人与社会主义》等书,其代表作《游击战》是当时在拉美地区颇有影响的游击战理论专著。全书共4章,约8万字。第一章,游击战的一般原则;第二章,游击战;第三章,游击阵线的组织;第四章,附录。该书通过总结古巴武装斗争的经验,着重阐述了对游击队员的要求、游击队的组织和游击战的发展，以及实施游击战的一般原则。

格瓦拉以古巴武装斗争为基础，提出"游击中心"的理论。他认为游击战要由城市中少数青年学生和知识分子作为"领导核心"，在人烟稀少、居民分散的边远地区发动游击战争，采用"打了就跑"的战术，通过最初的胜利把群众吸引到自己方面来，像蜜蜂分群一般不断开创新的游击中心，从而最终取得革命的胜利。《游击战》不仅在古巴有重要影响，在拉美其他国家，有些游击队也用以指导游击运动。格瓦拉在玻利维亚创建"游击中心"时，该书是游击队员的必读课本。《游击战》一书在战后世界军事著作中也有一席之地。但由于格瓦拉对战后国际关系新格局下的阶级矛盾没作具体的分析，单纯强调游击战的军事影响，从而不可避免地带有军事冒险主义和流寇主义，他领导的游击斗争的失败也说明了这一点。

格瓦拉的《游击战》曾于1960年由古巴革命武装训练处委托全国土地改革委员会印刷出版，作为培训士兵的读物之一。不过，该书难免带有忽视无产阶级政党领导等历史局限性。

九、林子平的《海国兵谈》

林子平（1738-1793），日本德川幕府中后期军事思想家。《海国兵谈》是最早论述日本海防思想的著名军事著作。

林子平于1738年出身于江户（今日本东京）武士家庭，因养父早逝，家境贫寒。在艰难窘迫的处境中，他勤奋攻读，广泛涉猎。尤喜爱儒学经典、兵学与地理知识。他在钻研中国、日本传统兵学基础上还努力学习荷兰兵学与西方军事技术，力求"熔三方（中、日、西方）兵法于一炉，取长补短，融会贯通，灵活运用"。他于1775年、1777年、1782年多次南下、北上，到日本南方九州港口城市长崎与日本"北门"——北海道进行实地考察，在长崎他特别注重与旅日的荷兰人接触。通过学习调查，对"兰学"、荷兰兵学、荷兰炮术、荷兰舰船特点以及日本当面俄国的情况有了更为深入具体的了解。《海国兵谈》就是在他多年学习调查研究的基础上形成的。

《海国兵谈》写于1777—1786年，由作者自筹经费出版。此书原有16卷于1787—1791年刊行，其后又连续多次再版。1856年，安积贞通校全书改称《精校海国兵谈》共10卷并附有自序与跋。原16卷各篇依次分别论述了海战（或称水战）、陆战、军法、战略、夜战、坚守城池、武士主体、制度法令等诸多内容，反映了日本兵学界在西方殖民各国对东方进行侵犯的前夕所表现的主导思想和所抱的基本态度。

林子平首次明确地提出沙俄南下侵略对日本构成了实际威胁，进而提出了作为岛国的日本必须加强海防的主张，并对开展海战、陆战的战略策略做了详尽的阐述。但他的思想和主张并没有得到德川幕府的重视和采纳，反而被幕府处以重罪，投入牢狱。1793年，他以55岁抱病之身，忧愤而死。

林子平在《海国兵谈》中表达的主要思想是：①强调加强海防，防敌入侵，反对发动对外侵略战争；②强调日本海防的重点是防俄入侵；③强调保卫日本安全必须重视武备；④强调日本武备的核心是海战与大炮。

林子平除了《海国兵谈》这一专著之外，还写了《三国通览图说》《堪察加传闻考》《荷兰船图说》《富国建议（第一上书）》《富足训》等著作。

林子平是日本倡导海防思想的第一人。他强调防御的思想并不代表日本传统军事思想，他以中国为假想敌的思想也反映了他的民族偏见。但他的思想对日本社会产生较大影响。特别是明治维新后，日本迅速走向对外扩张侵略的道路。《海国兵谈》一书迅速为以天皇为首的大财阀、大军阀所利用。林子平也被明治天皇、大正天皇先后追赠正五位、正四位的勋位，为其树碑立传，大加颂扬。

第二篇 无产阶级革命斗争的战略与策略

第一章 战略和策略是指导无产阶级革命斗争的科学

一、无产阶级战略的理论基础与战略任务

(一) 无产阶级战略的理论基础

无产阶级的战略和策略以马克思主义哲学为依据，因此，它具有不可战胜的力量，而与众不同；这种力量不晓得也不承认什么叫障碍，它以实事求是、不屈不挠的精神摧毁一切的障碍，它不会不把已开始的事业进行到底。马克思列宁主义世界观使党有勇往直前，不惧暗礁的可能，并给它以明晰的纲领和坚定的策略。

战略与策略以及共产党的全部活动，是建立在辩证唯物主义与历史唯物主义不可动摇的基础上的，是以认识社会发展的规律，以辩证的方法解释历史事件，严格客观地估计革命的动力和阶级相互关系等为根据的。所以列宁说："马克思决定无产阶级策略的基本任务时，始终是严格依据他的辩证唯物主义世界观的一切前提的。"

马克思在1844-1845年已经指出旧时社会主义的主要缺点之一，是它不能领略实际条件，明确实际革命行动的意义。马克思、恩格斯除理论的著作外，还竭力注意无产阶级斗争的战略策略问题。马克思、恩格斯按照他们的辩证法唯物论的观点，来决定无产阶级斗争战略策略的主要任务。只有非常具体地估计社会内一切阶段的相互关系的综合，估计社会发展的客观阶段以及这个社会与别个社会的关系，方能有正确的决定无产阶级战略策略的根据。在这上面，一切阶级斗争的情况都不能在不动的情况中去观察，而应该在动的状况中去观察，此种运动，是按照辩证法的规律进行的，所以在观察时，不能采取庸俗的"进化论者"的观点，而应该采取辩证法的观点。马克思在致恩格斯的信里说道：在伟大的历史发展上，二十年能够等于一天；可是以后，也会有这种时期，使一天等于二十年。"在某一个发展的阶段上，在每一个期间，无产阶级的策略都应该估计到人类历史上这种客观的辩证法。所以，一方面，应该利用"运动低落"的时期，来发展先进无产阶级的觉悟力及战斗力；另一方面，应该利用这时期的工作，来逼近无产阶级运动的伟大革命变革时期，使无产阶级能够有力量在"一日等于二十年"的伟大时期中，实际地完成它的伟大的任务。

对立统一的规律是制定政策、战略与策略的重要的理论根据，它对无产阶级革命的实际

活动具有重大的现实意义。对立统一规律的内容极其丰富，包括矛盾对立面的对立与统一、矛盾的普遍性与特殊性、主要矛盾与矛盾的主要方面、矛盾的转化、对抗在矛盾中的地位等。

矛盾两个方面的对立与统一，要求在敌强我弱的斗争情况下团结一切力量，建立统一战线，孤立和打击一小撮阶级敌人，争取斗争的胜利。

矛盾的普遍性原理运用于实际生活，则要求必须遵循斗争的路线，发扬无产阶级的彻底革命精神，对一切被打倒的阶级敌人实行社会主义改造，彻底消灭斗争的对立面，创造全国大一统的局面。

矛盾的特殊性的原理，要求在斗争中严格坚持革命原则坚定性与斗争策略灵活性的高度统一。一切斗争的方法都要从具体情况出发，机动灵活，而且要用发展的观点来观察斗争的变化情况，确定下一步的斗争步骤，高瞻远瞩，预见未来。

主要矛盾和矛盾的主要方面运用于斗争实际，则要求在每个革命时期，都要确定一个主要敌人，明确主攻方向。在军事上，就是要善于集中优势歼灭敌人。从矛盾转化原理来说，就是把战略劣势转化为战术优势，因为在这种情况，虽然在战略上敌强我弱，由于集中优势对付主要敌人，则在战术上就是敌弱我强。

矛盾转化的原理告诉我们，在革命斗争中，要善于积蓄革命力量，创造有利的革命时机，依靠先进的革命阶级，力求矛盾转化，掌握斗争的主导权，使自己由被统治阶级上升为统治阶级，建立无产阶级革命政权。

对抗在矛盾中的地位，要求一切政治活动立足于斗争，反对各种改良主义和机会主义、投降主义，利用一切斗争形式，公开的斗争与隐蔽的斗争相结合，政治斗争与经济斗争相结合，暴力革命与议会斗争相结合……

事物发展变化的辩证法要求在斗争中充分估计客观情况的变化和发展，要求无产阶级的斗争必须随着历史条件和客观情况的变化而改变。它是以分析无产阶级斗争的条件、冷静地估计斗争者的力量为基础的。为了在政治上不犯错误，我们必须依靠无产阶级的先进力量要向前看，不要向后看。必须掌握社会活动的一切形式或方面，最充分地发动群众，并且时刻准备最迅速和最突然地用一种形式来代替另一种形式。

否定的否定的规律要求我们在斗争中熟练地掌握能进能退、善攻善守的革命策略。要做到这一点，共产党人必须通过许多迂回曲折和中间站，才能达到最终目的，也就是要采取许多机动、通融和妥协策略。

质量互变规律要求共产党人努力创造条件，促进革命时机的成熟。当革命时机还没有成熟时，应该耐心地做群众工作，积蓄革命力量，等待革命时机；革命时机一旦成熟，就应该组织力量，大胆地发动进攻。如果共产党人能够正确选定时机，革命的胜利就有了保证。

运用革命的辩证法于政治斗争和军事斗争，制定正确的战略和策略，指导革命，革命就会胜利。运用形而上学，指导革命，革命无不失败。所以正确战略策略的制定与执行必须符合革命的辩证法，那些脱离实际的主观主义的战略策略，是机械的、冒险的，最后必然导致失败。

（二）马克思列宁主义战略思想的发展阶段

无产阶级革命的战略和策略同其他科学一样，要达到成熟和完备，需要有一个发展过程，它是在无产阶级和反对各种机会主义斗争的实践中建立、发展和日益起来的。

无产阶级革命的战略和策略的基本思想，是由马克思和恩格斯奠定的。马克思指出：无产阶级策略的决定，应考虑到一定社会，由无例外的所有阶级的相互关系；应考虑到这一社会及其组成阶段的客观发展阶段，以及这一社会同其他社会的相互关系。马克思和恩格斯根据资本主义上升时期无产阶级反对资产阶级的革命斗争经验，特别是1848年欧洲革命和1871年巴黎公社的经验，总结和指出了无产阶级领导的工农联盟，通过暴力革命，打碎旧政权，建立新政权；关于不断革命；关于无产阶级社会主义革命和农民战争相结合；关于武装起义是革命艺术等光辉的思想原理。但是这些思想原理后来被第二国际的机会主义者埋葬了。第二国际的机会主义者不可能制定出无产阶级革命的战略和策略，他们夸大了合法的议会斗争形式的意义，把这种斗争形式看成唯一的斗争形式。

资本主义发展到帝国主义阶段，无产阶级革命成为直接实践问题，这就要求无产阶级政党——共产党制定无产阶级革命斗争的完整的战略和策略。列宁适应时代的要求，不仅恢复了被第二国际机会主义者埋葬的马克思和恩格斯关于无产阶级革命的战略和策略的思想原理，而且还根据俄国革命与国际无产阶级革命的丰富经验，在这些思想原理的基础上大大地加以发展并做了新的补充，使之形成无产阶级革命战略和策略的完整体系。列宁主义的这一套完整的战略和策略在俄国革命的实践中得到了运用和检验。伟大的十月社会主义革命的胜利，为世界各国无产阶级革命和人民革命树立了正确运用战略和策略的光辉榜样。列宁逝世以后，斯大林在反对帝国主义和反对一切反列宁主义的机会主义者的斗争中，坚决地捍卫和丰富了马克思列宁主义的理论与策略，推进了世界无产阶级革命事业。

（三）无产阶级的战略任务

推翻资产阶级和一切剥削阶级，用社会主义代替资本主义，用无产阶级专政代表资产阶级专政，最后实现共产主义，这是历史赋予无产阶级的伟大而艰巨的任务。为了完成这一任务，无产阶级政党——共产党，不仅应该研究和通晓社会与革命的发展规律、得出正确的理论的结论、确定革命目标，而且还应该认真研究和正确地估计革命运动发展的阶段，各阶段的社会阶级状况和阶级关系，确定无产阶级完整的斗争计划，掌握无产阶级进行革命斗争的各种方法、方式，指导无产阶级进行胜利的斗争。也就是说，共产党要想引导无产阶级和其他被压迫阶级达到革命的胜利，不仅应有正确的理论和纲领，而且还应有正确的战略和策略。

无产阶级革命运动是由两个因素构成的。一种是客观的或自发的因素，它不是以无产阶级及其政党的自觉意志为转移的客观过程。马克思列宁主义的理论和纲领所研究的正是这个方面。另一种是主观的或自觉的因素。这是无产阶级革命运动的自发过程在无产阶级的头脑反映，是无产阶级走向一定目标的自觉的和有计划的行动。无产阶级革命运动的主观方面，这是战略和策略运用的领域与范围。

适应无产阶级革命运动的主观和客观两个因素的马克思列宁主义的两个方面——理论和战略策略，是相互依存而不可分离的。这种革命的战略和策略必须以马克思列宁主义的解放理论为出发点。恩格斯在说明马克思主义的科学基础时写道："对于我，马克思的历史理论是任何沉着的彻底的革命策略的基本条件；只要将这些理论应用该国的经济和政治条件上，就能获得这种策略"。只有以马克思列宁主义理论所得出的资本主义必然灭亡、共产主义必然胜利这一基本理论为出发点的战略和策略,才称得上真正的马克思列宁主义的战略和策略。同样,一个马克思列宁主义者必须懂得无产阶级革命的战略和策略。只有懂得应当革命,才懂得如何革命,才算得上是一个好的完全的马克思列宁主义者。

无产阶级革命是一场异常激烈和复杂的阶级斗争,是历史上最深刻、最彻底的一次革命。革命的敌人十分强大、凶恶和狡猾,革命的道路非常曲折。要想取得胜利,只靠无产阶级一个阶级的力量是不行的,必须善于把广大人民群众和一切可以团结的力量团结在无产阶级政党的周围,造成一支强大的政治队伍,并采用各种形式组织起来,共同对敌。如何组织力量,团结革命的同志,对敌人展开有效的斗争,正是马克思列宁主义战略和策略所要解决的问题。无产阶级革命的战略和策略的完备或缺陷、正确和错误,直接影响无产阶级革命的前进或后退、成功或失败。这已是为国际无产阶级革命运动的实践经验所一再证明了的真理。

二、战略与策略的辩证关系

策略就是根据运动发展的情况(运动的来潮去潮等)所规定的在一个比较短促时期内的行动路线,以及为实现这行动路线必须提出的口号和必须采用的斗争形式与组织形式。策略是战略的一部分,是服从战略和为战略服务的。它和战略同为工人阶级政党指导工人阶级和一切被压迫剥削阶级进行革命斗争的科学。策略与战略不同的是:政治的战略是规定在某一个革命阶段的整个过程中,无产阶级要和什么阶级结成统一战线,孤立什么阶级,打击和推翻什么阶级,完成什么革命任务的总的方针路线。或者说,战略所要解决的问题就是在某一革命阶段的整个过程中,究竟应该怎样来规定革命运动的主要方向,使得我们能够在这个方向上对敌人组织决定性的打击。政治上的战略所涉及的是关于革命的基本力量和同盟军的问题。因此,当革命从一个阶段转到另外一个阶段时,政治战略就要改变,但在某一阶段的整个时期,政治战略大体上是不变更的。正确的、完整的政治战略对于革命成败的关系是有决定意义的。

策略不涉及整个革命阶段的问题,而只涉及个别事件、个别斗争、个别战役中发生的问题,即工人阶级的斗争口号、斗争形式、组织形式,以及这些口号、形式的变换和各种形式的配合问题。为了正确运用策略,首先,要根据群众的觉悟程度,提出最适当的口号和形式来使群众最迅速地革命化;其次,要善于抓住推动革命运动的关键,由一个中心任务过渡到另一个中心任务,由一个中心口号代替另一个中心口号。

三、原则坚定性和策略灵活性的辩证统一

马克思主义革命原则的坚定性与策略的灵活性是辩证统一的。策略是服从革命原则的,决不能以牺牲革命原则而去讲策略,否则就是机会主义。机会主义就是一味讲究策略而不顾革命原则。列宁指出:机会主义就在于缺乏任何明确和坚定的原则。修正主义的政策就是迁就眼前的事变,迁就微小的政治变动,忘记无产阶级的根本利益,忘记整个资本主义制度,整个资本主义演变的基本特点,为谋取实际的或可以设想的一时的利益而牺牲无产阶级的根本利益。一切新老机会主义者从来都是不讲原则的。老修正主义者伯恩施坦说过"最终目的是微不足道的,运动就是一切"。王明提出过"一切经过统一战线,一切服从统一战线"的口号。赫鲁晓夫说:"脑袋掉了,原则还有什么用。"他们抛弃的是革命的原则,主张的

是"只要得到和平,我们准备取消任何目的"。在这种修正主义观点指导下,他们向反动派屈膝投降,出卖无产阶级的根本利益。

无产阶级为了取得革命的胜利,始终坚持革命的原则,同时又注意到斗争策略,采取灵活机动的战略、战术,夺取一个又一个胜利。革命原则是制定斗争策略的依据,而斗争策略是为革命原则服务的。没有正确的策略就无法达到我们既定的目的。

阶级斗争的历史告诉我们,军事冒险和政治欺骗是帝国主义和一切反动派对付人民惯用的反革命两面法。它们出于反革命的需要,常常交替使用谈判与战争这两手。当它们认为形势对自己有利的时候,就往往采取军事冒险,当它们军事冒险失败,或者它们的侵略战争没有准备好的时候,就往往利用政治谈判的办法,进行反革命部署。因此,无产阶级应该把原则的坚定性和策略的灵活性结合起来,以打对打,以谈对谈,针锋相对,用革命的两手来对付并战胜反革命的两手。

第二章 革命阶段中的战略与革命来潮退潮中的策略

一、革命阶段与战略

战略是研究全局性的革命斗争指导规律的东西。它就是在某一整个革命阶段内，规定革命的对象、动力和同盟军以及对待这些敌人和同盟军的总的方针和总的政策。换句话说，就是根据某一整个阶段的革命性质、规定革命的总路线和总任务。只有革命从一个阶段转到另一个阶段的时候，战略才发生根本性质的改变，而在一个革命阶段的整个时期内，它基本上是不变的。不过，在一个大的革命阶段内，由于国际国内政治形势，整个社会阶段状况和阶级关系的发展变化，以及革命与反革命阵线的某些变动，也会影响战略发生部分变更。例如，俄国革命经过三个阶段，与此相适应，战略也有过变更。

第一个阶段（1903年至1917年2月）：目的是推翻沙皇制度，革命的基本力量是无产阶级，最亲近的后备军是农民，主要的打击方向是孤立保黄派自由资产阶级，力量的布置计划是工人阶级和农民联盟，麻痹资产阶级的不稳定性。

第二个阶段（1917年3月至1917年10月）：目的是推翻俄国的帝国主义，摆脱帝国主义战争。革命的基本力量是无产阶级。最亲近的后备军是贫苦农民。邻国的无产阶级是可能的后备军，主要的打击方向是孤立小资产阶级民主派（孟什维克、社会革命党人），力量的布置计划是无产阶级和贫苦农民的联盟，麻痹农民和小资产阶级的不稳定性。

第三个阶段（十月革命以后开始）："目的是在——国内巩固无产阶级专政，革命的基本力量是一国的无产阶级专政，世界各国的无产阶级的革命运动，主要的后备军是发达的国家的半无产阶级群众和小农群众，殖民地和附属国的解放运动。主要的打击方向是孤立小资产阶级民主派，孤立第二国际各党，力量的布置计划是无产阶级革命和殖民地附属目的解放运动联盟。

二、革命运动的来潮退潮与策略

策略是研究局部性的革命斗争指导规律的东西。它是根据革命的来潮与退潮，高涨与低落的实际发展情况，规定在一个比较短的时期内的行动路线和为实现这个行动路线而提出的口号和采用的斗争形式、组织形式。在一个大的革命阶段内，战略基本不变的情况下，策略则随着革命的来潮和退潮、高涨和低落的发展变化而往往变更许多次。一般说来，在革命的来潮和高涨的情况下，党的策略是进攻的，斗争形式和组织形式是比较公开的；反之，在革命退潮和低落的情况下，革命则是积极的退却，斗争的形式与组织形式也与此适应，是比较隐蔽的和秘密的。

上面说过，战略和策略的关系是全局与局部的关系。战略是全局，策略是战略的一部分。战略决定策略，策略是根据战略制定、为战略服务的，策略的胜利为战略的胜利做准备。因此评价策略的效果，不应只从策略本身着眼，而应首先从战略任务的要求着眼。

策略是随着来潮退潮而变更的，可以马克思与恩格斯领导 1848 年德国工人阶级的革命运动来说明。马克思和恩格斯密切注意阶级斗争的新动态，分析阶级斗争形势。当革命处在高潮时，主张发动工人阶级进行革命斗争，反对投降；当革命处于低潮时，则主张实行暂时退却，进行秘密斗争，反对冒险主义。

1850 年德国六月革命失败之后，马克思、恩格斯研究了世界资本主义发展的情况和 1848 年革命后的政治形势，认为革命高潮已经过去，"新的革命只有在新的危机之后才有可能"。因此，无产阶级的革命斗争策略应该是组织和训练自己的队伍，长期积蓄革命力量，为将来的革命做好准备。为了适应新的形势和斗争策略，"共产主义同盟"必须是一个完全秘密的组织，它的主要任务是开展科学共产主义的宣传工作，从思想上提高无产阶级的觉悟；从组织上加强无产阶级的队伍，建立和巩固无产阶级的独立政党。

但是，在革命转变的关头，"同盟"中央委员会内部发生策略分歧和斗争。中央委员会成员维利希和沙佩尔竟同空谈"革命"的小资产阶级民主派站在一起，把革命仅仅看成一小群革命家的意志的表现，相信密谋和暴动万能，准备采取直接行动，组织新的起义。他们极力反对马克思和恩格斯制定的正确的斗争策略，"同盟"中央终于因内部策略的分歧而导致分裂。

1848 年革命失败以后，接着而来的是欧洲各国政治上的反动。正如马克思后来所说的："在 1848 年革命失败后，大陆上工人阶级所有的党组织和党的机关报刊都被暴力的铁腕所摧毁，工人阶级最先进的子弟在绝望中逃亡到大西洋彼岸的共和国去，短促的解放梦已随着工业狂热发展、道德的败坏和政治反动的时代的到来而破灭了。"

特别是 1878 年 10 月德国俾斯麦颁布"反社会主义者非常法令"以来，全国出现了反动的高潮。德国党就被处置于非法的地位，全国处于一片白色恐怖之中，德国社会主义工人党的一些领导人，由于迷信资产阶级议会民主，思想麻痹，对于统治阶级加强镇压缺乏警惕，在思想上和组织上都没有准备，因此在斗争条件改变的情况下，一时惊慌失措，不能及时辨明方向，确定新的斗争策略，反而采取了投降主义的立场，党的中央委员会和中国党团中的拉萨尔分子和右倾机会主义分子声明自行解散德国社会主义工人党，服从《非常法令》，并表示反对暴力革命。党内右倾主义分子赫希伯格、施拉姆和伯恩斯坦三人，在瑞士苏黎世办了一个反党、反马克思主义的刊物，宣扬投降主义，号称三人团。不少基层党员纷纷退党。

马克思、恩格斯除了积极支持广大基层党员群众的斗争外，还帮助德国党的领导正确地分析形势，制定正确的路线和策略。马克思和恩格斯指出，俾斯麦反动政府实行高压政策，这并不表明反动派力量强大，而是反映了它的虚弱，党既然失去了合法地位，就应该采取合法斗争与秘密斗争相结合的策略，要紧密地保持和发展党和群众之间的联系。要建立党的秘密组织，创办党的秘密刊物，要通过各种方式对群众进行宣传组织，并领导他们进行斗争。

策略是随着来潮退潮而变更的，如以俄国革命为例，在革命第一阶段，战略计划始终没有变更，策略却变更过几次。1903—1905 年，党的策略是进攻的，因为当时革命处于来潮，运动是上升的，策略应当以这个事实为出发点，与此相适应，斗争形式也是革命的，是适合于革命的来潮的要求的。地方的政治罢工、政治示威、政治总罢工，抵制杜马，起义和革命战斗口号，就是这个时期内互相代替的斗争形式。当时的组织形式也因斗争形式的变更而变更了。工厂委员会、农民革命委员会、罢工委员会、工人代表苏维埃和比较公开的工人政党就是这个时期内的组织形式。

1907—1912年,党不得不转而采取退却的策略,因为当时革命运动低落,革命处于低潮,策略不能不估计到这个事实。与此相适应,斗争形式和组织形式也变更了。不是抵制杜马,而是参加杜马;不是杜马外的公开的革命发动,而是杜马内的发动和杜马内的工作;不是政治罢工,而是局部经济罢工,或简直无声无息,当然,党在这个时期内应该转入秘密状态,而群众的革命组织也就由文化教育组织、合作社组织、保险组织以及其他合法组织代替了。

关于革命的第二阶段和第三阶段也应该这样说,在这两个阶段中,策略变更过几十次,战略计划却始终没有变更。例如,在对待杜马的态度问题上,就应该根据革命形势来定,国家杜马是布尔什维克党在革命低潮时期进行合法斗争的全国性据点。列宁指出,社会民主党要使自己的全部议会活动都完全无条件地服从工人运动的总的利益和无产阶级在当前资产阶级民主革命中的特殊任务。列宁和布尔什维克结合俄国的具体情况,强调利用杜马进行议会斗争必须坚持以下基本原则。

首先,对待杜马的态度,应该根据革命形势的变化而定。在革命高潮时,必须坚决抵制杜马,否则就会在人民群众中散布立宪幻想,动摇或涣散革命意志,危害革命事业。在革命低潮时期,必须积极参加杜马,否则就会脱离群众,孤立自己,不利于秘密斗争的开展。

其次,布尔什维克认为在杜马活动中必须坚持无产阶级的领导权。布尔什维克对待杜马的策略路线是:"对沙皇君主制和支持它的地主资本家政党进行无情的斗争,同时彻底揭露以立宪民主党为首的资产阶级自由派的反革命观点和它们的假民主。"这个策略的主要目的是迫使全国人数最多的农民群众在资产阶级的立宪民主党和无产阶级民主工党之间加以选择,引导农民摆脱自由资产阶级的影响,在杜马内建立了工人代表和农民代表的革命联盟,即"左派联盟"从而保证无产阶级的领导权。

再次,布尔什维克认为社会民主工党的杜马党团,必须服从党中央的绝对领导。孟什维克取消派根据团是党的"顶峰"这个机会主义观点,认为必须使党适应于党团。因此第三、第四届杜马党团中的取消分子不服从党的决议,破坏党团的团结,坚持取消主义立场,竭力为自由派效劳。布尔什维克则把杜马党团看成党的一个组成部分,是党的前哨战斗队,它必须在党的领导和全党的支持下,才能进行卓有成效的活动。因此杜马党团必须服从党的绝对领导。

最后,杜马内的活动必须紧密地与杜马外的斗争配合起来,并且服从杜马外的斗争,因为"无产阶级在杜马外的斗争是起决定作用的斗争"。列宁教导说,在革命战争时代,社会民主党人"必须认真地准备好运用议会外面的斗争方法",否则定会遭到悲惨的打击和失败。

由于遵循了以上原则,布尔什维克在革命时期成功地进行了杜马斗争,取得了卓著的成绩。特别是第四届杜马中的布尔什维克党团,在列宁的直接领导下,表现尤为出色。它不但利用杜马讲坛猛烈抨击了沙皇政府残害人民的罪行,揭穿了专制制度和立宪民主党的反革命本性;并且利用党团成员的合法身份经常深入工厂进行宣传鼓动,召开秘密会议,建立党的秘密组织。反之,取消派则把杜马内的活动看成唯一的或主要的活动,反对进行杜马外的革命斗争,并且把杜马外的其他合法活动服从杜马内的活动。

职工会是布尔什维克在工人中进行合法斗争的重要据点,在反动年代里,布尔什维克非常重视工会这个党联系广大工人群众的纽带,曾多次在党的会议上讨论过工会工作的方针路线问题。

1912年5月5日(俄国4月22日),在彼得堡创刊的《真理报》是布尔什维克党进行合法斗争的另一全俄性据点，它曾经起过异常大的作用。布尔什维克通过《真理报》巧妙地宣传了党的各项方针政策，揭穿了沙皇专制制度的凶恶本性，支持了无产阶级反动奴役的斗争和日益高涨的革命运动，打击了取消派的分裂叛卖活动，从而教育、团结了广大工农群众，加强了各地党的组织工作，密切了合法组织与秘密党的联系，培养、锻炼了整整一代革命工人和党的干部，为俄国无产阶级革命的胜利奠定了基础。

三、制定无产阶级战略和策略应该注意的问题

无产阶级政党这一共产党不是凭空制定无产阶级革命的战略和策略的。

制定无产阶级革命的战略，必须依据马克思列宁主义的理论和纲领；必须十分清醒和客观地考虑到世界阶级力量的对比，注意参照各国革命运动的经验，特别是同本国情况相类似的国家经验；客观地考察和估计到本国社会的经济政治之间的关系；具体地估计到在本国内部活动着的一切力量、集团、政党、阶级和群众的实际状况及其相互关系，正如列宁所说："马克思是严格地根据他的辩证唯物主义世界观的一切前提确定无产阶级策略的基本任务的。"只有客观地考察某个社会中一切阶级的所有相互关系，因而也考察该社会发展的客观阶段，考实该社会和其他社会之间的相互关系，先进阶级才能以此为根据制定正确的策略。

制定无产阶级革命的策略，必须根据战略指示和战略计划，考虑到革命的来潮和退潮、高涨和低落的具体情况；使党的策略的革命斗争形式与组织形式适合本民族的特点和习惯，为本民族的广大人民群众所喜闻乐见；恰当而正确地估计到群众的实际觉悟程度，使党所提出的策略口号和所采取的斗争形式和组织形式易于为广大群众所接受；遵循无产阶级在革命斗争中能最大限度地获得最多的同盟军的原则，斯大林说："有几个列宁主义策略原则是必须顾到的……第一个原则，在共产党国际给各国工人运动作业指导性指示时，一定要估计到每个国家的民族特殊的东西和民族独有的东西；第二个原则，每个国家的共产党一定要利用最小的可能的保证无产阶级有数量众多的同盟者……第三个原则，一定要估计到这样一个真理：在政治上教育千百万群众，只有宣传和鼓动是不够的，必须要有群众自身的政治经验。"制定无产阶级斗争策略，不能单凭革命热情，要保持冷静的头脑，特别要防止小资产阶级狂热性。小资产阶级单凭情绪来制定革命策略，单凭情绪来领导群众；他们把自己的主观愿望当作客观现实。列宁在分析这种思潮的社会根源时指出，小资产阶级由于在资本主义制度下经常受到压迫，生活往往下降，以至于破产，所以容易激发一种极端的革命热情，而缺乏坚韧性、组织性、纪律性和坚定精神。被资产阶级摧残的发狂的小资产者，也和无政府主义一样，都是一切资本主义国家所特有的一种社会现象。这种革命热情动摇不定、华而不实，有一种很快就转为俯首听命、消沉颓丧、耽于幻想甚至转为疯狂地醉心于这种或那种资产阶级的时髦思潮的特性（《共产主义运动中的"左派"幼稚病》），列宁认为，"左派"的情绪在某些方面表达了被压迫被剥削群众对资产阶级的憎恨，这是可贵的，但是制定革命策略决不能只根据革命热情，而必须清醒地极为客观地考虑本国和世界范围内的一切阶级力量，并且要参照许多革命运动的经验。他说："政治乃是一种科学，乃是一种艺术，这种艺术不是天上掉下来的，不是白白可以得到的；无产阶级要想战胜资产阶级，就必须造就自己，即无产阶级的阶级政治家。"

在资本主义条件下制定党的战略路线应注意以下事项。

第一，正确确定工人阶级在某一阶段的主要目标和主要敌人，在这个阶段上必须使所有

劳动人民的阶级仇恨和打击力量集中对付这个主要的阶级敌人，必须粉碎它的反抗。

第二，必须正确地确定党对最广泛的中间阶层的态度，这个阶层虽然也起反对主要敌人的作用，但由于它的阶级利益具有两重性，它表现出危险的政治不稳定性，倾向于妥协，有时甚至跟敌人直接勾结起来。

例如，在俄国革命的第一阶段，列宁确定运动的主要目标是推翻专制制度，并给无产阶级提出两项任务：用强力打破专制制度的反抗（主要敌人）并麻痹资产阶级的不稳定性。布尔什维克承认这两项任务，孟什维克不承认后面那项任务，从而陷入右倾机会主义的泥坑。

在俄国革命的第二阶段，列宁提出主要目标是推翻资产阶级，并给无产阶级提出两项任务："用强力打破资产阶级的反抗"（主要敌人）并"麻痹农民和小资产阶级的不稳定性"。布尔什维克肩负起了实现这两项任务的担子，如果他们只限于实现上述任务中的一个任务，把第二项任务作为主要打击方向，那么革命就会遭受严重的损失。

第三，在制定战略路线的时候，重要的是正确地确定工人阶级在运动的某一阶段上的同盟者。然而，如果把工人阶级在运动者看作党的后备军，以为可以随意"使用"，可以像长官在战场上调遣后备军那样随便"调遣"他们，那就错了，把政治中的战略领导归结为使用后备军的问题，那就忽略了在资本主义国家中为准备决定性的阶级战斗所必需的任务——不断巩固共产党跟工人阶级和最广泛的劳动人民阶层的联系，并跟社会党、工会及其他群众组织建立行动上的一致。每个国家的共产党都要承认临近国家的工人运动和殖民地革命运动的独立作用，而不能只是把他们看作自己这个国家的或其他那个国家的革命的"后备军"。如果对反对帝国主义的解放运动的各个阶级采取另一种态度的话，那就不仅跟共产党人的原则及其政治道德相违背，而且还有失去这些同盟者的危险。

第三章 战略指导：运用革命后备军

战略指导是关于运用革命后备军的问题。

斯大林把无产阶级革命后备军分为直接和间接的两种。直接后备军是指：①本国的农民和一般过渡阶层；②邻国的无产阶级；③殖民地和附属国的革命运动；④无产阶级革命和无产阶级专政的胜利品和成果（如金钱、土地及其他物质等）。间接后备军是指：①本国各个非无产阶级之间的矛盾和冲击；②国际上资本帝国主义之间的矛盾和战争。

战略指导的任务就是要正确地运用这一切革命的后备军，在革命决战关头，善于把所有革命力量都很好地组织与调动起来，对敌人展开有效的斗争，并夺取革命的胜利。

因此，无产阶级要取得革命的胜利，在战略指导上必须：一是调动直接后备军的力量：①建立以工农联盟为基础的统一战线；②全世界无产者联合起来，反对共同的敌人；③支持殖民地附属国的革命运动。二是利用间接后备军的力量：①利用本国非无产阶级之间的矛盾；②利用国际资本帝国主义之间的矛盾与冲突。

一、直接后备军

（一）建立以工农联盟为基础的统一战线

无产阶级在革命过程中必须同本国的农民和一般过渡的阶层结成统一战线。统一战线就是不同阶级不同党派的联合战线。革命统一战线就是把许多革命力量联合起来，结成一条战线，是无产阶级的阶级政策，是马克思列宁主义战略策略的重要组成部分。

革命必须依靠一定的社会力量，结成广泛的统一战线，团结和壮大革命力量，孤立和瓦解敌人，这是任何革命斗争取得胜利的根本条件。历史上一切成功的革命运动总是依靠不同程度的各阶级间的联合。

伟大的革命导师马克思、恩格斯、列宁和毛泽东同志对革命同盟军的问题都给予高度重视。马克思早在1856年4月致恩格斯的信中就说过："德国的全部事情，都将以是否可能由某种再版农民战争来协助无产阶级革命为转移。"

巴黎公社之所以最后遭到失败，一个很重要的原因就是它没有能争得巴黎以外全国广大小资产阶级尤其是农民的支持，没有能够建立起巩固的工农联盟。巴黎公社所实施的政策，马克思给予很高的评价。例如，在公社公布宣言和《告农村劳动人民书》的文件中宣布，战争赔款应该由发动战争的祸首承担，成立"廉价政府"，用由人民选举、领取相当于工人工资的政府工作人员，代替吞噬农民血汗的官僚，废除征兵制，取缔高利贷，消灭乡警、宪兵、地方行政官的压迫，扫除僧侣的愚昧统治等。所有这些不仅对工人、城市小资产阶级、资产将阶级有利，而且首先对农民有利。这些政策不仅能为全国农民所了解，并且取得认真的实现，农民就会很快欣然接受城市无产阶级为他们的领导者和老大哥，并且很快爆发农民的普遍起义来支持巴黎的无产阶级政权。由于梯也尔的封锁和对公社的诽谤，未能有效地向农民宣传和实现自己的农民纲领，因而各省农民未能行动起来和无产阶级共同战斗。无产阶级的独唱终于不免成为悲壮的哀歌。

19世纪90年代，法、德等国农民运动的发展使工农联盟的问题提到革命议事日程，各国工人党开始着手制定工农纲领，把农民吸引到自己方面来。在这种情况下，恩格斯于1894年写了《法德农民问题》这篇光辉著作，阐明了工农联盟的重要意义，并对法德两党在农民问题上的机会主义路线进行批判。为了争取政权，工人党应当首先从城市跑到农村，应当成为农村中的力量，建立巩固的工农联盟。

究竟怎样建立工农联盟？恩格斯分析了资本主义条件下农民的各个阶层和他们的政治态度，明确规定了党在建立工农联盟中应当遵循的阶级路线。他针对德国农村状况指出，工人党首先当然应该依靠农村的无产者；其次，小农（小块土地的所有者）和租佃者是党建立工农联盟依靠的"重心"。

法国六月革命开始不久，马克思、恩格斯便为"共产主义同盟"起草了《共产党在法国的要求》，阐明了《共产党宣言》中关于无产阶级对待资产阶级革命的态度的基本原则。

马克思和恩格斯根据德国国内阶级力量对比的实际情况，以及当时国际环境的特点，拟定了一条革命路线。由于德国资产阶级的软弱、动摇和叛变行径，无产阶级应当努力争取革命的领导权。

马克思、恩格斯为了贯彻革命路线，又制定了一系列具体斗争策略。

首先，无产阶级以民主派彻底斗争的身份进行活动，就是说要打起民主派左翼的旗号，采取同民主派联合的策略，以便团结广大群众，把资产阶级民主革命进行到底。

其次，马克思、恩格斯认为，创办大型日报、掌握斗争的工具，是指导"同盟"盟员活动和教育广大革命群众进行革命斗争的最好形式。

最后，马克思和恩格斯把资产阶级民主革命彻底完成看作无产阶级社会主义革命的开始，他们认为当时德国立刻实行社会主义革命的条件还不具备，革命目标应当是争取统一民主共和国。无产阶级应当在这个战场上认清自己同资产阶级的根本对立，利用共和国争得的言论、集会等的自由，充分发挥扩大自身的力量，组成自己的独立政党，并争取实现革命的领导权，然后过渡到社会主义革命。

马克思、恩格斯关于无产阶级在资产阶级民主革命中的理论和策略，是马克思主义宝库中的重要组成部分。马克思和恩格斯教给无产阶级的是革命的策略，是把斗争推进到最高形式的策略，是引导农民跟着无产阶级革命，而不是引导无产阶级跟着自由派叛变者走的策略。"凡是愿意就无产阶级在资产阶级革命中的任务问题向马克思求教的人，都必须掌握马克思针对法国资产阶级革命时代所做的结论。"

列宁精辟地阐明了无产阶级在革命斗争中为了战胜强大的敌人，需要联合最广泛同盟军的思想，1917年俄国十月社会主义革命的胜利，正是农民战争和无产阶级革命的完全结合。十月革命证明，只要无产阶级能够使中间阶层首先是农民脱离资产阶级，能够使这些阶层由资本的后备力量变为无产阶级的后备力量，它就能够夺取政权，达到胜利。

列宁同马克思一样，对民主革命的领导权问题亦给予高度重视。列宁认为，民主革命的领导权问题是革命成败的关键。革命是以工农大众的伟大胜利而结束，还是以要与沙皇妥协分赃而告终革命的结局，取决于工人阶级是成为在攻击专制制度方面的强大有力、但在政治上软弱的无力的资产阶级助手，抑或是成为人民革命的领导者。

列宁进一步指出，俄国无产阶级完全有可能成为民主革命的领导者。因为，第一，无产阶级按其地位来说，是最先进的和唯一彻底革命的阶级；第二，无产阶级已有一个单独存在的阶级性十分严格的独立政党。

俄国无产阶级领导权的中心问题就是对农民领导的问题。列宁指出，当时农民所关心的是夺取地主的土地，而只有彻底的民主革命，才能满足农民的土地要求，因此农民能够成为无产阶级的同盟军，成为彻底拥护革命的力量，无产阶级也只能同农民结成联盟，才能成为战无不胜的民主战士。列宁在驳斥孟什维克关于发动农民就会迫使资产阶级退出革命从而缩小革命规模的谬论时指出，谁真正了解农民在革命中的作用，谁就不能够说革命的规模会因资产阶级退出而缩小。因为事实上只有当资产阶级退出，而农民以积极革命者的资格同无产阶级一起奋斗的时候，俄国革命的规模才会真正开始发展起来，只有那时，才会有资产阶级民主革命时代可能有的那种真正最广大的革命规模。

列宁的上述思想，把马克思主义关于领导权的一般原则发展为严密的理论体系和完整的策略路线。

（二）全世界无产者联合起来，反对共同敌人

各国的无产阶级在革命斗争中，既要在国内联合各革命阶级，组织统一战线，也要在国外团结一切革命力量，首先是邻国的无产阶级力量，建立广泛的国际统一战线。

19世纪50—60年代工人运动中的一个特点是：无产阶级在反对资产阶级斗争中逐渐意识到加强国际合作和联合行动的必要性。1857年，欧洲各国工人从简单的铁路罢工斗争中就已经意识到各国工人必须兄弟般地团结起来，以便阻止资本家从外国招募工人来破坏本国工人的罢工。60年代的一系列国际政治事件以及资产阶级联合一切反动势力对革命运动的镇压，更增长了各国无产阶级要求互相支援、一致行动的愿望。当时在英国发生过无产阶级反对本国政府帮助美国南方奴隶主干涉美国内战的战争，在欧洲各国曾出现过工人支持波兰民族解放运动。这种无产阶级国际团结的思想，最初是从无产阶级的斗争实践中产生出来的，还有待于把它与科学共产主义结合起来，从而进一步提高无产阶级国际主义的觉悟。

为了加强无产阶级的国际团结，马克思和恩格斯曾在理论和实践中进行了大量的工作。1847年6月，在伦敦举行了"正义者同盟"的大会上，马克思和恩格斯提出的"全世界无产者，联合起来"的新口号。从此，这个新口号就成为全世界无产者团结起来打击敌人的战斗口号。

马克思主义者的创始人在制定无产阶级的政治斗争的策略时指出，工人阶级在民族战争中必须注意监视资产阶级政府的外交活动，揭发它们的所有反对本国人民和反对他国人民的反动措施。马克思和恩格斯教导说，只有工人阶级的坚决行动才能破坏反动政府在外交政策方面的计划。马克思和恩格斯认为，争取民主的外交政策是争取工人阶级解放总斗争的一部分。他们阐明了全世界工人的国际团结在反对反动势力斗争中的巨大意义。

马克思和恩格斯在普法战争中所发表的两篇宣言，就是体现着工人阶级在民族战争当中如何注意监视资产阶级政府的外交活动，揭发它们发动非正义战争的反对措施的策略思想。

普法战争爆发后，欧洲无产阶级特别是法、德两国工人阶级应该怎样认识和对待这场战争？应该吸取的策略方针又是什么呢？马克思为第一国际总委会起草的《关于普法战争的第一篇宣言》（简称《宣言》）于1870年7月23日发表，及时回答了这个问题。《宣言》指明了法、德两国无产阶级对这场互相战争所应吸取的态度和策略。战争是拿破仑首先发动

的，法国是侵略者，德国处于防御地位。因此，法国无产阶级必须坚决反对这场侵略战争，德国无产阶级则应该把战争严格局限于民族防御的范围内，坚决防止战争失去纯粹防御战争，而变为反对法国人民的战争。必须警惕俾斯麦可能把防御战争变为侵略战争，并因此接受沙皇的援助，再将法国置于俄国的统治之下。这样，马克思在《宣言》中就为法、德工人阶级提出一条唯一正确的国际主义的策略方针。它是以无产阶级的革命利益作为根本出发点的。它要求法、德两国工人都必须善于区别自己阶级的利益和王朝的利益，紧密携起手来，利用战争形势，加速法国君主专制制度的解体，争取在比较有利于无产阶级的条件下实现德国的民族统一，从而促进法、德两国等欧洲大陆各国民主、民族任务的胜利实现，为进一步开展无产阶级的阶级斗争创建更为有利的环境。

在普法战争爆发之后，沙俄已经建成通往欧洲的铁路，并自西欧方向集结了军队，虎视眈眈，准备下手实现其称霸欧洲的野心。马克思在第一篇宣言中就指出在这场战争中已显现出"俄国的阴森形象"。在第二篇宣言中，马克思再一次提醒法、德两国工人阶级：沙俄准备在法德双方两敌俱伤的情况下进行侵略扩张。马克思指出："沙皇'亚历山大'也自鸣得意地认为1870年的战争将使德国和法国都筋疲力尽，因而使他成为西欧大陆命运动的最高主宰。"因此，法、德两国工人阶级应该共同行动，努力实现"光荣的和平"，团结一致来反对沙皇俄国的侵略野心和霸权主义，保障各国的独立与和平。《宣言》也为各国无产阶级提出了任务，号召他们执行国际主义义务，采取积极行动来迫使本国政府承认法兰西共和国，支持法国工人阶级的斗争，反对普鲁士肢解法国；防止沙俄伸入侵略魔爪而使这场战争发展成为一场世界大战，使处于发展阶段的各国工人运动遭受损失。

马克思和恩格斯在《共产党宣言》中从战略的高度论证了无产阶级国际团结的重要意义。

《共产党宣言》指出，无产阶级的国际团结是夺取革命胜利的保证。无产阶级反对资产阶级的斗争，从形式上而言，首先是一国范围内的斗争，"每一个国家的无产阶级当然首先应当打倒本国的资产阶级"；从内容上说，无产阶级革命从来就是国际性的。这是因为"现代的工业劳动，现代的资本压迫，无论在英国或法国，无论在美国和德国，都是一样的，都使无产者失去了任何民族性"。也就是说，各国无产阶级有着共同的敌人、共同的命运、共同的要求和共同的斗争目标；民族压迫实质上是阶级压迫，所以，各国的无产阶级在斗争中必须相互援助、相互支持，实现无产阶级的国际团结，才能取得胜利。《共产党宣言》明确指出："联合的行动，至少是各文明国家的联合的行动，是无产阶级获得解放的首要条件之一。"《宣言》发出："全世界无产者，联合起来！"团结战斗的口号，一直鼓舞着各国无产阶级争取解放的胜利斗争。团结战斗是全世界无产阶级必须遵循的国际主义原则。

在普法战争期间，马克思起草的两篇宣言，根据当前的具体历史条件和阶级力量的对比，正确地分析了战争、和平与革命的关系，透彻地揭露了普法战争的起因和性质；科学地预见了战争的结局和后果。它教育无产阶级要区分正义战争和非正义战争，坚决支持正义战争，反对非正义战争，坚持无产阶级的国际主义，反对资产阶级的"爱国主义"，把当前的斗争和无产阶级的长远目标结合起来。它不仅是无产阶级革命策略的典范，也是马克思主义理论宝库中的重要文献，对于我们今天的斗争仍具有十分重要的指导意义和现实意义。

列宁所处的时代，正是帝国主义国家中无产阶级革命的时代。列宁指出，一个国家无产阶级革命的胜利，对于推动各国被压迫人民和被压迫民族斗争具有极为重要的作用。

无产阶级革命已经取得胜利的国家建设起比资本主义制度无比优越的社会主义制度会促进世界革命,同时,也只有世界革命才能保证社会主义在这些国家里取得最终胜利。列宁一再强调说:"我们的事业是国际的事业,因此,在一切国家(包括最富有的和最文明的国家)的革命还没有完成以前,我们的胜利只是一半,也许还不到一半。"按事情本质来说,要想在一个国家内彻底战胜资本是不可能的。资本是一种国际力量,要想彻底战胜它,就需要国际范围内的工人共同行动起来。只有把已在俄国取得胜利的社会主义革命转变为国际工人革命,才是这个革命能够巩固的最可靠的保证。

第二国际机会主义者以及某些自称为共产主义政党的党的领导人,用民族利己主义和和平主义来代替无产阶级国际主义。列宁痛斥了这种叛徒的行为,他说:"我看问题,不应该从'本'国的观点出发(因为这是民族主义市侩这类可怜的笨蛋的议论,知道他是帝国主义资产阶级手中的玩具),而应该从我要准备,宣传和推进世界无产阶级革命的观点出发。"这才是国际主义,这才是国际主义者、革命工人、真正社会主义者的任务。这也就是叛徒考茨基'忘记了'的常识。"布尔什维克的策略,不是建筑在害怕世界革命的怯懦心理,不相信世界革命的市侩心理上面,而是建筑在对世界革命形势的正确估计上面。列宁提出了无产阶级国际主义的两个根本原则:第一,要求一个国际的无产阶级斗争的利益服从全世界范围的无产阶级斗争利益;第二,要求正在战胜资产阶级的民族,有能力为推翻国际资产阶级承担民族牺牲。

革命不断输出,各国人民的解放是各国人民自己的事情,这是从马克思以来一切真正共产党人的坚定不移的主张。同时,社会主义国家必须同情和支持一切国家人民的解放事业。列宁模范地履行无产阶级国际主义的义务,制定了布尔什维克和苏维埃政府的国际政策。他在为俄共(布)第七次代表大会起草的党纲草案草稿中,规定苏维埃国家必须支持先进国家的社会主义无产阶级的革命运动和支持一切国家特别是殖民地和附属国的民主运动和革命运动。

(三) 支持殖民地和附属国的革命运动

民族问题是革命总纲领的一部分。在世界无产阶级革命时期,民族运动是世界资产阶级运动的一部分。在第一次世界大战和十月革命开辟了世界无产阶级革命的新时代以后,民族解放运动就成为世界无产阶级革命的一部分。毛泽东同志说:"不管被压迫民族中间参加革命的阶级、党派或个人,是何种阶级、党派和个人,又不管他们意识着这一点如何,他们主观上了解了这一点与否,只要他们反对帝国主义,他们的革命就成了无产阶级社会主义世界革命的一部分,他们就成了无产阶级社会主义世界革命的同盟军。"由于被压迫民族占世界人口大多数,其中主要是农民,他们蕴藏有强大的革命力量。又由于殖民地半殖民地是帝国主义原料的重要来源,商品、资本输出的国际市场,是帝国主义赖以生存的基础。因此,被压迫民族的革命斗争,必须促进帝国主义各种固有矛盾的尖锐化,起着从根本上动摇帝国主义的作用。他们是社会主义国家,国际无产阶级反对帝国主义斗争中的基本的、可靠的同盟军。列宁指出:"帝国主义只有在国际无产阶级和被压迫民族的联合斗争中才能灭亡。"

马克思和恩格斯从彻底的无产阶级立场出发,把支援和联合一个被压迫民族的独立运动,作为欧洲革命总的战略方针以不可分割的组成部分,同时,又总结了民族运动的经验教训,形成马克思主义关于民族运动的理论、纲领和策略的重要思想。

在世界史上，各个民族国家的形成先后不一，就欧洲而言，当西欧各民族形成国家时，在中欧、东欧却形成了一些多民族国家，即有几个民族组成的国家，如奥匈帝国和俄国就是这类型的国家。这些国家一般是一个占统治地位的、强大民族和若干被统治的弱小民族组成的，而在每一个民族内部又存在着剥削阶级和被剥削阶级的矛盾。近代以来，当西欧主要资本主义国家以其经济、政治的优势向外开始扩张和侵略时，中欧、东欧的这些被压迫民族则仍处于"封建殖民地"的落后状态。随着资产阶级的发展和人民的觉醒，这些被压迫民族不断地进行反对民族压迫、争取民族独立和统一的斗争。因而当时的中欧尤其是东欧就成为资产阶级民族运动的发祥地。1848年的革命促进了一切被压迫民族起来要求自己管理自己事务的权利，出现了蓬勃发展的民族独立运动。这些运动虽然失败了，却表现出被压迫民族的巨大革命威力，并使运动越出民族的范围。

马克思和恩格斯从彻底的无产阶级国际主义立场出发，大力声援和支持匈牙利人、意大利人和波兰人争取民族独立的革命斗争，在他们所主办的《新莱茵报》上，报道了这些民族解放战争的情况，揭露了俄、普、奥等国反动势力镇压民族独立运动的凶残面目。同时，他们还研究和总结了民族解放运动的经验教训，指出他和无产阶级革命的密切关系，从而形成了马克思主义关于民族解放运动的理论、纲领和策略的基本思想。

首先，不恢复每个民族的独立和统一，那就不可能有无产阶级的国际联合，也不可能有各民族为达到共同目的而必须实行的和睦的与自觉的合作。

其次，马克思、恩格斯认为，匈、法两种不同性质的民族运动是无产阶级制定民族政策的出发点。无产阶级支持进步的、革命的民族运动，反对反动的民族运动。

最后，马克思、恩格斯指出，资产阶级领导的进步的民族运动也有它阶级的局限性，民族问题的解决必须依靠无产阶级，"应该以民族的工人的联盟来对抗各民族的资产阶级的联盟""无产阶级对资产阶级的胜利同时是一切被压迫民族获得解放的信号"。他们进一步阐明了无产阶级的解放和被压迫民族争取独立和解放运动的相互关系，提出了无产阶级解决民族问题的国际主义纲领和策略的基本思想。马克思主义根据资本主义私有制是造成一些民族剥削压迫另一些民族的根本原因，根据俄、普、奥瓜分波兰，并置普、奥于俄国控制之下的痛苦经验，提出了一个有利的原则，即"任何民族当它还在压迫别的民族时，不能成为自由的民族"，这一著名判断包括的内容和要求是：①压迫民族的无产阶级必须大力开展反对民族压迫的斗争，积极支持被压迫民族的解放运动；②被压迫民族的解放斗争，是对压迫民族中的无产阶级革命斗争的一种有力的支持；③民族压迫实质是阶级压迫，只有消灭产生民族矛盾的阶级压迫，即推翻资产阶级专政，建立无产阶级专政，才是彻底摆脱民族压迫的道路。可见，民族解放的斗争与无产阶级的革命斗争是相互支持、互为条件的。所以马克思、恩格斯号召全欧的无产阶级都来支持被压迫民族的解放运动，并认为无产阶级责无旁贷地崇高国际主义。

综上所述，马克思、恩格斯关于民族运动的理论、纲领和策略思想是"完全正确的，唯一彻底的民主主义和无产阶级的观点"。它完全符合资产阶级民主革命的历史要求，推动了当时的民族解放运动的发展，并为后来的各国马克思主义所正确处理民族问题提供了基本原则。

列宁在帝国主义的时代发展了马克思主义关于民族解放运动的理论与策略，他认为，无产阶级要在国际范围内战胜帝国主义，必须和世界各国的无产阶级，一切被压迫民族、被压迫人民联合起来，集中优势力量，反对共同敌人。列宁认为，社会主义革命不会仅仅是或主要是每一个国家的革命无产者反对本国资产阶级的斗争。这个革命将是受帝国主义压迫的一切殖民地、一切国家和一切附属国反对国际帝国主义的斗争。一方面，资本主义国家的无产阶级没有各被压迫殖民地民族劳动群众的支持援助，首先是东方的各民族劳动群众的援助，他们是不可能取得胜利的。另一方面，被压迫民族的解放斗争只有同国际无产阶级反对帝国主义的革命斗争联系在一起才能顺利发展。列宁认为，共产国际提出的"全世界无产者和被压迫民族联合起来"的口号是完全正确的。

无产阶级怎样把一切被压迫民族和人民团结在自己的旗帜下建立国际统一战线对抗世界帝国呢？关于这个问题，列宁写了一系列著作，阐述了无产阶级政党在这问题上的纲领和策略。

首先，区别压迫和被压迫的民族。列宁指出："社会民主党党纲应当指出帝国主义时代基本的、极其重要的和必然的现象：'民族已经分成压迫和被压迫民族。'"民族的无产阶级和劳动人民群众联合起来，共同进行反对帝国主义的斗争，而在打倒帝国主义压迫之后，各民族可能在真正民主的基础上根据自愿原则，实行平等的联合。

然后，支持被压迫民族的解放运动。列宁强调，帝国主义的无产阶级必须积极支持被压迫民族的解放运动。他认为，被压迫民族的解放斗争是从帝国主义后方打击帝国主义，动摇帝国主义基础的伟大力量，是国际无产阶级革命同盟军。在帝国主义时代，民族殖民地问题形成无产阶级革命总问题的一部分，帝国主义国家的无产阶级革命运动必须同殖民地、半殖民地国家的民族解放运动结成反对帝国主义的统一战线，才能打败共同的敌人，取得斗争的胜利。在此，列宁指出了无产阶级的两个基本原则：要求一个国家的无产阶级斗争的利益服从全世界范围的无产阶级斗争的利益；要求正在战胜资产阶级的民族，有能力和决心去为推翻国际资本主义而承担最大的民族牺牲。

二、间接后备军

关于第二种后备军的意义，并不是任何时候都很明显的，实际上它对于革命进程具有头等的意义。因为无产阶级可以利用本国各个非无产阶级之间的矛盾和冲突来削弱敌人，加强自己后备军力量；利用各个帝国主义之间矛盾和冲突分化瓦解敌人，使无产阶级进攻或退却获得可乘之机。例如在俄国，列宁就充分利用间接后备的力量而不断取得革命胜利。

（一）利用国内敌人的内部矛盾

关于利用矛盾，争取同盟军的策略，列宁在《共产主义运动中的左派幼稚病》一书中作了极其精辟的论证，他说：要想战胜比较强的敌人，只有尽最大的努力，同时必须极精细、极留心、极谨慎、极巧妙地一方面利用敌人之间的一切裂痕，哪怕是极小的机会，来获得大量的同盟军，尽管这些同盟者是暂时的、动摇的、不稳定的、靠不住的、有条件的，谁不懂得这一点，谁就是丝毫不懂得马克思主义，根本不懂得现代化的科学社会主义。俄国布尔什维克在第一次革命后，利用小资产阶级民主派（社会革命党人）和保皇派自由资产阶级（立宪民主党人）之间的冲突，来孤立最顽固的敌人。摆脱资产阶级的影响，壮大无产阶级革命力量。毛泽东同志在领导中国革命的长期实践斗争中，又把这个策略概括成为"利用矛盾，争取多数，反对少数，各个击破"的原则，这是对马克思列宁主义战略和策略的重大发展。利用矛盾问题，主要是指利用敌人矛盾，这是运用间接后备军的问题。具体地说，就是无产阶级政党在领导革命的过程中，应当抓住各种时机，同敌人营垒中可能和无产阶级联合的成分，或者今天还不是无产阶级的主要的敌人的阶层集团和派别建立暂时的联盟，去反对当前的主要的敌人，以壮大自己和削弱敌人的力量。毛泽东同志在领导中国的革命斗争中非常重视这个问题，他认为不论在统治阶级营垒发生破裂的时期，还是暂时稳定的时期，无产阶级党都可以利用它们的矛盾。并且强调指出，敌人内部的那种大狗小狗饱狗饿狗之间的争斗、缺口和矛盾，对于革命的人民都是有用的。我们要把敌人营垒中间的一切争斗、缺口、矛盾，统统收集起来，作为反对当前主要敌人之用。然而，一切机会主义者都不懂得马克思列宁主义的这个策略原则，"左"倾机会主义者只承认革命与反革命的矛盾，不承认敌人内部的矛盾，在他们看来，承认利用敌人内部的矛盾，同阶级敌人作某些妥协和让步，就是混淆马克思主义和机会主义的界限。因此，他们在革命斗争中总是采取一概打倒的策略。结果不是孤立了敌人，而是孤立了自己。例如，中国共产党历史上的历次"左"倾机会主义的路线就是这样，与此相反，右倾机会主义者、修正主义者则只承认敌人内部的矛盾，即抹杀了革命与反革命之间的根本矛盾。宣扬阶级妥协与阶级合作，放弃马克思列宁主义关于无产阶级革命和无产阶级专政的根本原则，叛徒伯恩斯坦和考茨基就是如此，不同的只是某些形式而已。

马克思列宁主义认为，在运用敌人矛盾的策略时，必须反对上述两种机会主义的片面性，坚持马克思列宁主义的全面观点，把原则的坚定性与策略的灵活性有机地结合起来。

争取多数就是争取广大的同盟军的问题，马克思列宁主义从来就认为，人民群众是创造世界历史的动力。无产阶级革命只依靠人民群众的大多数，才能获得胜利，马克思和恩格斯在《共产党宣言》中指出："至今发生过的一切运动都是少数人的运动，或者都是为少数人谋利益的运动。无产阶级运动是绝大多数人谋利益的独立自主的运动"。① 列宁也教导我们说："单靠先锋队是不能制胜的……单叫先锋队去进行决战，那就不仅是愚蠢，而且是犯罪"。② 毛泽东同志历来就特别强调坚决依靠和放手发动群众。他指出："……只要我们依靠人民，坚决地相信人民群众的创造力是无穷无尽的，因而信任人民，和人民打成一片，那就任何困难也能克服，任何敌人也不能压倒我们，而只会被我们所压倒。"③ 据此，毛泽东同志在领导中国革命的过程中，制定和贯彻了关于"放手发动群众，壮大人民力量"的方针和"发展进步势力，争取中间势力，孤立顽固势力"的策略，从而将全国绝大多数的人团结在中国共产党的周围。

反对少数就是在一定时期中，集中力量反对当前的主要敌人。只有坚决地反对少数，不树敌过多，才能促使敌人内部发生分化和加速分化，使敌人队伍中的动摇分子跑到革命队伍一边来，致中间势力更加靠拢革命，或者至少保持中立，这一切对革命是十分有益的，它可以达到孤立敌人、壮大自己的目的。反之，对敌人打击面过宽，或同时一概打倒，那就会使敌人内部的分化减少，使中间势力更加动摇，甚至将其推到反革命一边去，这对革命是极为不利的。由此可见，不敢和少数反动派坚决斗争，或者打击面过宽，都是错误的，都会使革

---

① 《马恩全集》第四卷第477页。
② 《列宁全集》第31卷第74页。
③ 《毛泽东选集》第3卷，第1099页。

命事业受到损失。

各个击破就是逐步消灭敌人的问题,我们要在全世界消灭一切剥削阶级,实现共产主义,这是无产阶级的最终目的。但是,要达到这个目的,绝不是一次革命就会成功的,要不断进行革命。毛主席指出:"打仗只能一仗一仗地打,敌人只能一部分一部分地消灭,工厂只能一个一个地盖,农民犁田只能一块一块地犁,就是吃饭,也是如此,我们在战略上藐视吃饭:这顿饭我们能够吃下去,但是具体地吃,却是一口口地吃饭,你不可能把一桌酒席一口吞下去,这叫作各个解决,军事书上叫作各个击破。"

"利用矛盾,争取多数,反对少数,各个击破"是有机联系的统一整体。只有善于利用矛盾,才能争取多数;只有将多数争取过来,才能集中力量反对少数。同时,也只有反对少数,才能有效地争取到多数,最后达到各个击破,一个一个地消灭敌人的目的。在这些策略原则中,贯穿着一个中心思想,就是最大限度地孤立、瓦解和削弱敌人,发展和壮大自己。

(二) 利用帝国主义之间的矛盾和冲突

一个世界性的大战是无产阶级发动武装起义的极好时机,这时帝国主义正处于相互厮杀状况,而无暇顾及国内,帝国主义的军队奔赴前线,国内空虚,同时由于战争,帝国主义的力量得到不断的削弱和损耗,人民反战的情绪空前高涨,革命危机日益深刻,这一切都会给无产阶级的起义造成非常有利的条件,在这关键时刻,无产阶级如果乘机而起,发动武装起义,就会一下子打垮本国的资产阶级,取得革命的胜利。

在第一次世界大战期间,列宁提出变帝国主义战争为国内战争的口号,正是抓住无产阶级同资产阶级决战的大好时机。在列宁的领导下,布尔什维克反对孟什维克和社会革命党人保护资产阶级祖国的政策,而提出了使本国政府在帝国主义战争中失败的政策。

列宁说:"变现时的帝国主义战争为国内战争是唯一正确的无产阶级口号,这个口号由巴黎公社的经验所提出,由巴塞尔决议(1912年)所规定,并且是由高度发展的资产阶级国家之间的帝国主义战争的各种条件中产生出来的"[1] 这个口号的基本精神就是号召各交战国的工人、农民、士兵,利用资产阶级交给他们的互相厮杀的武器调转枪口,去推翻本国资产阶级的统治,实现社会主义革命(在俄国第一步是实现民主革命)。要实现这一口号,列宁认为,首先应当采取以下步骤:否决军费开支;退出资产阶级的内阁;同"国内和平"的政策完全决裂;建立秘密组织;赞助各交战国士兵举行联欢;支持无产阶级的各种群众性的革命发动。

"使本国政府在帝国主义战争中失败"这一口号与前一口号是统一而不可分割的。因为"一方面,政府在军事上失利(失败),就容易使政府间的战争转变为国内战争,另一方面,竭力实现这一种转变而又不至使政府的失败,事实上这是不可能的"[2]

三、战略指导的任务

战略指导的任务就是要正确运用这一切后备军来达到革命在某一发展阶段上的基本目的。

---

[1]《列宁选集》第2卷574页。
[2]《列宁全集》21卷254页。

怎样才是正确运用后备军呢？或者是如何实行战略指导呢？这就是要执行一些必要的条件，其中主要条件如下。

（一）正确认清革命形势

革命不是在任何时候、任何情况下都能发生的，革命只有在客观上具备革命形势的情况下才能发生。这是革命的一条基本规律。

所谓革命形势，按照列宁的提法就是：①统治阶级不可能仍旧不变地维持自己的统治；上层的某种危机，即统治阶级的政策危机给被压迫阶级的愤怒和不满造成一个爆破缺口，光是下层不愿照旧生活下去，对革命的到来，通常是不够的，要革命到来还需上层不能照旧生活下去。②被压迫阶级的贫困和灾难超乎寻常地加剧。③由于上述原因，群众积极性大大提高，这些群众在和平时期忍气吞声地受人掠夺，而在动荡时期，整个危机形势和上层本身都迫使他们去进行独立的历史性的发动。

所谓革命形势，就是说反对统治阶级已经不能照旧统治下去，而被剥削阶级也不愿照旧生活下去，形成了一个既牵动被剥削阶级者又牵动剥削者的全国性的危机。没有这样一个客观的革命形势的成熟，按照一般规律，革命是不可能发生的，因为只有在具备革命形势的情况下，才会把革命提到实践的日程上来；只有具备革命形势，才能激发广大被压迫人民群众的革命积极性和革命决心，把人民群众中最落后的阶层吸引到革命斗争中来，从而形成强大的革命的政治大军。

革命形势是社会内部种种矛盾发展的必然结果，是阶级矛盾和阶级斗争发展的必然结果。只要存在阶级矛盾和阶级斗争，革命形势的到来和发展就不可避免、不可阻挡。

但是，仅仅有成熟的革命形势，革命还不一定发生，即使发生也不可能取得胜利。要举行胜利的革命，除了要有客观的革命形势以外，还必须有革命的主观条件的成熟。所谓革命的主观条件，就是"革命阶级能够发动足以打倒（或摧毁）旧政府的强大的群众革命行动"。对于无产阶级革命和无产阶级领导的人民革命来说，主观条件的成熟集中地表现为无产阶级政党的成熟。只有一个真正成熟的马克思列宁主义的党，才能够把无产阶级和广大劳动人民充分地发动起来，并团结在自己的周围，形成足以摧毁反动政权的强大的群众性革命力量；只有一个真正成熟的党，才能够领导人民进行坚定不移的革命斗争，不失时机地领导人民夺取革命的胜利。如果没有这样的党，即使有大好的革命形势，也会白白地放过，历史正是这样向我们证明的。在第一次世界大战期间，欧洲各帝国主义资本主义国家，都存在着革命形势，但是，并没有引起欧洲的无产阶级革命。主要就是因为当时欧洲各国的党是第二国际机会主义和社会沙文主义统治的党。后来，在十月革命的影响下，许多国家虽然爆发了革命，但是都失败了。俄国的情况就完全不同。俄国的无产阶级有伟大的列宁主义领导，有布尔什维克党的领导。正因为这样，他们才能够抓住战争在俄国造成的革命形势，首先进行了二月革命，并且在二月革命后两个政权并存的复杂局面下，把资产阶级民主革命转变为胜利的十月社会主义革命。

除了无产阶级先锋队的觉悟和成熟的问题以外，还有一个人民群众的觉悟问题。当人民还不觉悟的时候，革命是不可能取得胜利的，甚至已经取得的革命果实还仍然有重新丧失的可能。但是，人民的觉悟是要靠无产阶级的政党去组织、教育、提高的。

革命形势、革命危机是无产阶级革命行动的基础。一个马克思列宁主义的党绝不能不考虑是否具备革命形势而轻率地发动革命，也绝不能不根据革命形势的不同发展情况，采取相应的革命策略，否则，就必然要给无产阶级的革命事业带来损失。但是，这绝不是说，在不具备革命形势的情况下，无产阶级政党就可以放弃革命工作，就可以忘掉无产阶级的最终目的，就可以抛弃马克思列宁主义。一个革命的马克思列宁主义的政党，在革命形势还没有到来的时候，要善于预见革命形势的必然到来，并能坚持在人民群众中进行革命工作，坚持以马克思列宁主义的革命精神教育和武装人民，准备组织无产阶级和一切被剥削劳动人民去进行革命。革命形势一旦到来，又善于把无产阶级和广大人民群众充分地发动起来，敢于并善于领导无产阶级和劳动人民夺取革命的胜利。

（二）选择起义时机

要选择危机已经达到顶点、先锋队已经具有战斗到底的决心、后备军已经具有援助先锋队的决心、敌人内部已经极端慌乱的时机作为施行致命打击的时机，开始起义。

列宁说：决战时机可以说完全成熟了，如果一切敌视我们的阶级力量已经十分混乱，彼此之间的厮杀已经十分厉害，由于进行力不胜任的斗争已经十分疲倦；如果一切犹豫的、动摇的、不坚定的中间分子，即和资产阶级不同的小资产阶级，小资产阶级民主派，已经在人民面前充分暴露自己，由于实际破产而大丢其丑；如果在无产阶级中，群众支持采取最坚决、最奋勇的革命行动来反对资产阶级的情绪，已经开始产生并且大大地高涨起来。那时候，革命就成熟了。那时候，如果我们正确地估计到上面所指出的……一切条件，并且正确地选定时机，我们的胜利就有保证了。

（三）发动武装起义

马克思和恩格斯认为，无产阶级要夺取政权，必须用暴力革命，革命是新社会的产婆。马克思提出革命暴力在历史发展中的伟大作用。他说：六月和十月的日子以后的无结果的屠杀，二月和三月以后的无止境的残害——仅仅这种反革命的残酷野蛮行为就足以使人民相信，只有一个方法可以缩短、简化和集中旧社会的凶猛的垂死挣扎和新社会诞生的流血痛苦，这个方法就是实行革命的恐怖。

恩格斯说：武装起义是一种艺术，它要遵守一定的规则。第一，起义要有充分的准备，不要把起义当作儿戏，轻率地玩弄起义；第二，起义一旦开始，就必须以最大的决心行动起来，采取进攻、防御是任何武装起义的死路；第三，必须集中强大的优势力量对付敌人，在敌军还分散时，出其不意地袭击他们；第四，每天都必须力求获得新的胜利必须保持起义者第一次胜利的行动所造成的精神上的优势；第五，起义必须有后备力量的支援，组织游击队支援主攻部队采取坚决措施取消反动阶级对劳动人民的剥削，以取得物资和经费；争取动摇的群众到革命方面来，以壮大起义者的声势和力量，只有遵守这些原则，起义才有可能获得胜利。群众对敌斗争的革命热情、勇敢、果断和自我牺牲的决心，在武装起义中具有重大的意义。马克思说："谁有更大的勇气和更多的毅力，谁就能取得胜利。"恩格斯提出：在革命中，也像在战争中一样，永远需要勇敢地面对敌人，而进攻者总是处于有利地位。

列宁根据当时的革命时机，制定了武装起义的大体计划，他要求像马克思、恩格斯所说的，把武装起义当作一种"艺术"，像对待艺术那样严肃认真地对待起义。稍后，列宁在《局外人的意见》一文中提出："武装起义是受特殊规律支配的一种特殊的政治斗争形式，必须仔细地考虑这些规律"。他根据马克思、恩格斯的指示,武装起义的主要规则总结如下。

(1) 不要玩弄起义,在开始起义时就要切实懂得,必须把它进行到底。

(2) 必须在决定的地点、在决定的关头,集中强大的优势力量;否则,更有准备、更有组织的敌人就会把起义者消灭。

(3) 起义一旦开始,就必须以最大的决心行动起来,并坚决采取进攻(防御是武装起义的死路)。

(4) 必须在敌军还分散的时候,出其不意地袭击他们。

(5) 每天(如果一个城市来说,可以说每小时)都必须取得胜利即令是不大的胜利,无论如何要保持精神上的优势。

在实践中善于运用列宁的这些指示,是俄国十月社会主义变革胜利的条件之一,这次革命几乎是历史上流血最少的一次革命,临时政府被推翻和政权转归苏维埃是冲击冬宫的结果,而在冲杀冬宫时,双方死亡的总共只有几十人。

四、实行正确的退却

1. 组织退却

斯大林说:当敌人力量强大,当退却不可避免,当接受敌人挑战显然对自己不利,当在一定的力量对比下退却是使先锋队免受打击并保存其后备军的唯一手段的时候,要机动调度后备军来实行正确的退却。

退却是为了更好地保存革命力量,以利再战。列宁在革命斗争中,不仅勇于进攻,而且还善于退却。

在实行新经济政策时期,列宁竭力同资本主义阵地后退一步。新经济政策的主要内容是用粮食税代替余粮征集制。农民生产的粮食除一部分的食物形式向国家缴纳粮食税外,剩余粮食归农民自己支配,可以在市场上进行贸易,换取工业品,实行新经济政策,这是苏维埃经济政策历史性的转变,从"战时共产主义"政策过渡到实行商品交换和自由贸易的新经济政策,表面上是让步和退却,实际上是积蓄和扩展力量,对资本主义进行迂回包围,以逐步战胜资本主义,巩固和扩大社会主义阵地,在新的基础上巩固工农联盟。

2. 实行暂时妥协

俄共党内的"左派"曾提出"不作任何妥协"的口号,"左派"们认为,凡是同其他政党妥协,凡是实行机动的政策,都是不正确的和异常危险的,都应当坚决拒绝。列宁批判了这种所谓"原则上"反对妥协的有害的说法,认为这简直是难于当真看待的孩子气,在布尔什维克全部历史中,有不少实行妥协的事例:还在布尔什维克产生以前,1901-1902年,列宁参加的《大星报》论辑部,就同资产阶级自由派司徒卢威成立过政治联盟;1907年,在杜马选举中,布尔什维克同考茨基派等,在齐美瓦尔得和昆塔尔一起开过会,发表过共同宣言;十月革命的时候,布尔什维克全盘接受了未作任何修改的社会革命党的土地纲领。所有这些都是妥协,布尔什维克通过这种妥协,在一定时期内和一定条件下,联合他们反对共同的敌人。但是,布尔什维克在思想上和政治上从来没有受这些政治派别的约束,一直对它们的错误进行无情的揭露和斗争。列宁指出,作为无产阶级先锋队的共产党,在革命活动中,特别是在推翻国际资本的斗争中,就像攀登一座崎岖险阻、未经勘察、人迹未到的高山一样，绝对不可能走一条笔直又笔直的大道，一定要通过许多迂回、曲折和中间站，才能达到最终目的，也就是一定要采取许多机动、通融和妥协的策略。应当善于运用这个策略，来提高无产阶级的觉悟性、革命精神、斗争能力和制胜能力的一般水平，而不是降低这种水平，应当运用这个策略，来巩固和加强无产阶级，削弱和瓦解无产阶级的敌人。

"左派"反对布尔什维克实行革命的妥协，而机会主义者则歪曲地援引布尔什维克所作的妥协，来为自己的叛卖行为辩护。为了教育革命者，同时也是为了回击机会主义者，列宁反复论述了两种不同性质的妥协。他说：每个无产者由于处在群众斗争和阶级矛盾极端尖锐的环境里，都看到了下列两种妥协之间的差别：一种是为客观条件（罢工者钱用完了，没有外方援助，陷于极端的饥饿和苦难）所迫而作的妥协，这种妥协丝毫不会使接受这种妥协的工人削弱对革命的忠诚和继续斗争的决心；另一种是叛徒的妥协，他们把一切都归在客观原因上，而实际上却是贪图私利（工贼也实行"妥协"！）怯懦畏缩，甘愿向资本家讨好，屈服于资本家的威胁，有时是被资本家说服，有时是被他们的小恩小惠引诱，有时是被他们的甜言蜜语迷惑住了。前一种妥协是局部的、非根本问题上的、暂时的妥协，是为了等待有利的条件，重新组织力量，准备对敌人进行无畏的进攻；后一种妥协是放弃无产阶级根本利益的叛卖性的妥协。列宁又举布尔什维克签订布列斯特和约的例子，说明这是革命的妥协，是做得完全正确的，不容机会主义者任意歪曲，而机会主义者同资本帝国主义强盗实行妥协，则是使自己成为资产阶级强盗的同谋犯，是叛卖无产阶级根本利益的妥协。妄图把这种妥协同革命的妥协混为一谈，是拙劣的、可悲的。列宁说：愿意作一个有利于革命无产阶级的政治家，就应当善于辨别在哪种具体情况下，妥协是机会主义和叛卖的表现，因而是不能容许的，并且对这种具体的妥协全力展开批评。最无情地加以揭露，毫不调和地同它作战，决不许那班老于世故的求实主义的社会党人以及议会掮客，拿一般妥协的空谈来支吾搪塞，脱身卸责。

3. 进攻与退却相结合

革命和革命战争是进攻的，但是也有防御和后退。为了进攻而防御，为了前进而后退，为了向正面而向侧面，为了走直路而走弯路，这是许多事物在发展过程中所不可避免的现象。

战略的后退和防御是打败强大敌人进攻的战略战术。暂时的退却是为了避开敌人一时的优势，在退却中造成和发现敌人的过失，以便组织有把握地进攻。"为了前进而后退"，反映了革命战争的发展规律。革命军队要战胜反革命军队，不能不进行反复激烈的斗争。因此，尽管革命力量总是不断由小到大，由弱转强，革命的形势总是不断向前发展的，但道路不是笔直的。在我们革命战争中，实行大踏步的妥协退让，就是为了更大踏步的战略进攻。

战略退却的目的是为了保存军力，准备反攻，需选择和造成有利于我们不利于敌人的若干条件，使敌我力量对比发生变化，然后发动进攻。退却应在条件好的地区，退却的军队能够选择自己所欲的有利阵地，使进攻的军队不得不就我范围，这是内线作战的一个优良条件。这个条件再和其他条件相配合，战争就很容易取得胜利。

五、要发挥精神上的优势

无产阶级在同敌人作斗争的过程中，要发扬勇敢善战的精神，能攻善守，发挥精神上的优势。

1919年11月，列宁在《苏维埃政权成立两周年》的演说中总结了粉碎帝国主义武装干涉和国内反革命叛乱的胜利。列宁指出，两年以前，当时人们以为，世界帝国主义是一种巨大的不可战胜的力量，如落后国家的工人要起来反对这种力量，简直是发了狂。现在，我们回顾一下过去两年的情形就可以看到，连我们的敌人也愈来愈认为我们是正确的。我们看到：像一个制服不了的巨大的帝国主义，在大家眼中已成为泥足巨人，所有这些似乎是强大的和不可战胜的国际帝国主义力量是不可靠的，是不可怕的，它们已在腐烂，它们使我们愈来愈强，使我们能够击退外来的侵略，取得彻底的胜利。列宁的这一光辉思想深刻地揭露了帝国主义和一切反动派的虚弱本质，对于武装革命人民树立敢于斗争、敢于革命、敢于胜利的思想是有极其伟大意义的。

要战胜敌人，首先必须在战略上藐视敌人。这是因为：第一，反动的力量必然灭亡，革命的力量必须胜利。这是不以人们的意志为转移的客观规律。历史上一切反动的、腐朽的势力，例如俄国的沙皇、德国的希特勒、意大利的墨索里尼和日本军国主义，都曾气势汹汹一时，但最后都被人民推翻和消灭了。第二次世界大战以来的历史事实也一再证明帝国主义和一切反动派并不是不可战胜的，依靠人民的团结和斗争完全可以打败它们。例如，与美国近在咫尺又受它长期控制的古巴人民，不但推翻了美国扶植的傀儡政府，而且还接二连三地打击了它的直接干涉和破坏活动，把革命继续推向前进。亚洲、非洲和拉丁美洲的民族解放运动，一浪高过一浪，一系列殖民地和半殖民地国家获得了独立，殖民体系迅速瓦解。所有这些都证明了这个真理。第二，在战略上藐视敌人，敢于斗争，敢于胜利，是加速革命事业胜利发展不可缺少的精神条件。精神力量可以转化为物质力量。如果在斗争中惧怕敌人、缺乏勇气、丧失信心，就不可能取得胜利。无数的经验证明，在同样的革命形势下，敢不敢斗争，敢不敢胜利，是革命成败的关键。

要战胜敌人，既要在战略上藐视敌人，又要在策略上重视敌人，采取谨慎态度，讲究斗争艺术。这是因为当我们如实地指出帝国主义和一切反动派都是纸老虎的时候，并不是说它的凶恶本质已经改变，或者可以改变；也不是说它毫无力量不打自倒。恰恰相反，帝国主义和一切反动派的本质永远不会改变。它们也绝不会自动退出历史舞台。它们愈临近死亡，就愈是垂死挣扎。历史经验证明，战胜敌人，绝不是轻而易举、一朝一夕的事情，要付出极大的力量，花费很长时间，要一步一步地孤立和消灭敌人。

在战术上重视敌人，就是要在具体的斗争中不可轻视敌人，要认真地准备，不打无准备无把握之仗，每战必须集中绝对优势兵力，以便全部歼灭敌人，做一切工作都要进行周密的调查研究，做到胸中有数，有步骤有计划地消灭敌人；要分化敌人，善于利用敌人的矛盾，各个击破敌人；要团结一切可能团结的力量，即使是暂时的同盟者或中立的力量，也要根据不同的时间、地点和条件，采取适当的斗争形式和组织形式，发动群众进行革命斗争；要估计到可能出现的各种情况，力争实现最好的可能，同时也要从最坏处着想，这样就使自己在任何情况下都能处于主动地位，立于不败之地。

在战略上藐视敌人和在战术上重视敌人是相互依存的，是一件事情的两个方面。前者必须以后者为证据，后者必须以前者为前提。马克思主义在战略上藐视敌人，在战术上重视敌人，既坚定和鼓舞人民的革命信心与决心，又引导人民去掌握各种战胜敌人的斗争方法，使他们把敢于斗争、敢于夺取胜利的革命精神和善于斗争、善于夺取胜利的斗争艺术结合起来。这种革命力量由小变大、由弱变强、由劣势变为优势，最终达到消灭敌人的目的。

第四章 策略指导：运用革命的斗争形式与组织形式

策略指导是关于运用革命的斗争形式和组织形式的问题。由于社会情况和革命斗争异常复杂。所以斗争形式和组织形式也必然多种多样。一般说来，有合法的和非法的，有公开的和秘密的，有流血的和不流血的等。策略指导的任务就是要熟悉和正确地运用无产阶级革命斗争的这一切斗争形式和组织形式，以便将一切革命的后备力量最有效地组织到革命斗争中来。

怎样才是正确运用无产阶级的斗争形式和组织形式呢？就是要靠无产阶级革命家的领导艺术。列宁谈到政治时说，政治不仅是科学，而且是艺术。也就是说，政治领导不仅需要对形势作正确的、有科学根据的分析，并依此制定正确的路线。而且需要极大才干、技巧和真正的艺术来实现这个策略路线。如果没有这样的艺术，政治路线再好也是无益的。可能某一阶段的主要目标和主要敌人都规定得很正确，但是如果不善于组织斗争来争取达到这个目标和打倒这个敌人，那又有什么用呢？可能工人阶级的同盟军也找到了。但是，如果党不善于把他们争取到自己方面来，不善于组织和领导他们斗争，那又有什么用呢？因此，对于政治领导来说，重要的不仅是知，而且要能。那么怎样才能具有这样的才能、这样的艺术呢？

一、要善于发动群众和组织群众

一切党和领导者，只要他们愿与劳动人民同甘苦、共命运，忠心耿耿地为劳动人民服务，就能胜任并愉快地担负起这个任务。

列宁主义的政治艺术原则之一就是要吸引千百万群众积极参加斗争。只靠宣传鼓动是不够的，还必须有群众自身的政治经验。列宁说："……如果党的劝告同人民自身的生活经验所教给他们的东西不一致的话，千百万人民是决不会听这种劝告的。"因此，政治领导的艺术就在于：使采取的一切手段与方法都能从领导的经验和他们的觉悟水平出发，从而能够领导群众前进，为最终目的而斗争。党不能消极地等待现实本身去教导群众。党应当善于帮助群众得出正确的结论。列宁把这叫作根据群众自身的经验引导他们走上坚决斗争立场的才能。十月社会主义革命胜利的根本原因之一，就是因为以列宁为首的布尔什维克党，正确地运用了斗争策略，善于依据客观情况的变化迅速地由一个策略转变为另一个适合当时情况的策略。由一种革命运动形势迅速地更替为另一种适合当时情况的革命运动形式，并把几种革命运动的形式互相配合和互相联系起来。

二、要善于选择斗争形式和组织形式

善于正确地选择适合于当时条件的斗争形式，并能准备好最迅速地、突然地变换斗争形式，这也是政治领导的艺术。列宁在《共产主义运动中的"左派"幼稚病》一文中指出：第一，革命阶级为了实现自己的任务，必须善于毫无遗漏地掌握社会获得的一切形式或方向……第二，革命阶级必须时刻准备着最迅速和突然地用一种形式来代替另一种形式。"倘若我们不掌握一切斗争手段，当其他阶级的状况发生了不以我们的意志为转移的变化，把我们

特别没有把握的一种形式提到日程上来的时候，我们就会遭到极大的失败，有时甚至会遭到决定性的失败。如果我们掌握了一切斗争手段，哪怕当时情况不容许我们使用对于敌人最危险、能极迅速地给予致命打击的武器，我们也一定能胜利。

俄国十二月起义失败后，革命走向低潮，当时布尔什维克必须及时改变策略，采用迂回的斗争手段，以便重新团结、组织、教育群众，积蓄革命力量，准备迎接新的革命高潮。也就是说，党必须实行秘密斗争与合法斗争相结合的策略方针，这个方针要求一方面必须保卫党，使党转入地下，在各个部门建立党的秘密支部，创办秘密报刊，坚决展开秘密斗争；另一方面，要善于利用一切合法、半合法的组织和机会，建立党在群众中的公开据点，以巩固和加强广大群众的联系，掩护秘密斗争。只有这两方面密切配合起来，才能更有效地开展革命斗争，所以轻视合法斗争的思想是错误的。但是，在反动政府疯狂镇压的情况下，秘密斗争是基本的，秘密党组织是领导革命的坚强核心，所以醉心合法主义更是错误的。列宁指示说：合法的议会党团，各种各样的合法工人团体，这是必要的条件；而秘密的党组织终归还是基础。很明显，党的这个正确的策略方针是一条坚持革命的路线。

在列宁的领导下，布尔什维克为彻底执行秘密斗争与合法斗争相结合的策略方针，进行了坚决的斗争，不顾反动派的疯狂迫害和取消派的百般阻挠。布尔什维克依靠秘密党组织的坚强领导，很好地利用一切可以利用的合法组织，如国家杜马《真理报》职工会、合作化、俱乐部、疾病保险社、戒酒会以及各种群众性代表大会等，成功地进行了革命斗争，树立了以革命精神进行合法斗争的榜样。

三、要善于找到主要环节

政治领导的科学和艺术也表现在善于抓住主要的任务，并集中全力解决主要的任务。各个政治事件都是彼此联系的，但又总是错综复杂的。列宁说，可以把它们比作链条，但是也有区别，那就是各个环节的次序，它们的形式、它们彼此的关联都不像铁匠所制成的链条那样简单。此外，在一根普遍的链条上，所有的环节都是一样的，而在政治生活中，则有根本的问题，还有从属的、次要的问题。必须善于在每时机里找出链条上的一个特别环节，并全力抓住这个环节，掌握整个链条，准备稳步地过渡到下一环节……

俄国在推翻了沙皇制度以后，决定性的环节就是革命地退出战争。二月革命后，广大群众立即产生护国主义的情绪。他们相信战争已改变了性质，已不再是帝国主义战争了。但是列宁指出了这种看法的毫无根据。只要政权还在资产阶级手里，战争就仍然是帝国主义性质的。为了取得和平，当时除社会主义革命外，别无出路。

在苏联新经济政策时期，工业遭到破坏的毒手而奄奄一息，农业苦于工业品的不足，国营工业和农民经济的结合已成为顺利进行社会主义建设的基本条件——在这个时期，事变过程链条中的基本环节，许多任务中的基本任务，就是发展商业。只有掌握商业，只有掌握这个环节，才能指望把工业和农民市场结合起来并顺利地解决其他的当前任务，以便为建立社会主义的经济基础创造条件。

在当前的条件下，毁灭性的原子战争的危险已临到各国人民的头上，想要强迫各国人民接受法西斯秩序的美国以及其他企图称霸的国家，又在相互勾结，争夺世界霸权，蠢蠢欲动，这时，对于各个资本主义国家共产党的政策来说，反对美国称霸，争取和平和民主的斗争就成了主要环节。

对现实情况进行马克思列宁主义的分析，密切联系群众，就使每个党都有可能根据本国情况的特点，抓住革命进程中的主要任务，并加以解决，使工人阶级的最终目的早日得到实现。

第三篇 高科技战争与战略

绪 言

关于历史上曾经有过多少次军事革命，各国战略家有不同的说法：

一种观点认为，按能源基础区分，人类已经经历了三代战争。古代战争的能源基础是人力，相应的武器装备是长矛、短剑、弓箭和标枪等。中世纪战争的能源基础是畜力，相应的武器装备是战马、长矛、滑膛枪和刺刀等。现代战争的能源基础是机械力，相应的武器装备是坦克、飞机和大炮等。目前人类社会正向后现代战争迈进，人类正在开发新的能源，研制新的武器系统，如激光武器、电磁轨道炮、高能微波射弹和光学弹药等。

著名学者罗怕特·莱基认为，在人类历史上共发生过6次军事革命，他根据每次革命的突出特征分别称之为"火器革命""民主革命"（征兵制和民族主义）"工业革命""管理革命"（总参谋部）"机械革命"和"科学革命"。

俄罗斯总参军事学院科研部主任斯利普琴科则认为，从古至今，战争已经经历了五代，现在正在走向第六代。第一代战争是在奴隶社会和封建社会，以原始工艺生产力为基础，各国军队由步兵和骑兵组成，使用冷兵器。第二代战争是技术生产力的提高、火药和滑膛枪问世的产物。第三代战争中，军队开始使用身管火炮和轻武器，它们具有射程较远、射速较快、精度较高和火力较强的特点。第四代战争中，开始出现自动武器，如坦克、军用飞机、新式运输工具和通信装备。第五代战争是军队开始装备核武器。目前，战争正在向第六代演变。在未来的第六代战争中，常规精确制导武器或基于新物理原理的武器将取代原来的核武器。

关于战争时代的划分，中国军事专家则有不同的看法，中国军事专家将其分为四代。一是冷兵器时代，即体能战争时代；二是热兵器时代，即热能战争时代；三是信息武器时代，即"信息能战争"时代；四是非接触战争，即智能战争时代。从划分的条理性和逻辑性来看，中国军事专家划分得更为合理。但是，不管怎么划分，结论都是一致的，即"非接触战争"是未来战争发展的必然趋势。

由上所述，可知军事变革的最终结果会导致战争形态的根本性变化。自古以来，战争形态的变化总是与军事变革的演进相适应、相一致的。冷兵器战争、热兵器战争、机械化战争和信息化战争，都是与历次军事变革的进程相适应所出现的不同战争形态。每次新军事变革，都会催生新的战争形态。战争形态体现在战术上，就是具体的作战方法。

战争的主动权是军队的命脉，部队作战方法选择的正确，可以改变战争的主动权。努力探索和研究有效的作战方法，不断地丰富和创新战法，对赢得战争胜利具有极端重要性。从第二次世界大战后的历次局部战争，特别是海湾战争、科索沃战争和伊拉克战争的实践可以看出，现代高科技条件下作战，信息领域的对抗越来越激烈，并贯穿于战争全过程，一些崭新的战争形态和作战样式初露端倪，已经陆续登上了战争的历史舞台。当前人类社会已进入高科技战争，高科技战争的特点是人机结合，战场呈现一体化、网络化、信息化和智能化，人与武器成为一个完整的不可分割的整体，成为一个活的富有生命力的作战系统。

在高科技战争中，思想观念的落后往往比武器装备的落后更可怕，因为它不仅影响战争的进程，而且会窒息武器装备的发展，最终导致战争的失败。我们应该承认：在广泛运用高科技武器的现代战争条件下，光靠"人海战术""口袋战术""近战歼敌""200 米内硬功夫"和"夜老虎"等传统战法将难以取胜。我们应该注重围绕增强高科技战争观念这条主线，广泛深入地展开高科技局部战争的军事理论研究和战法研究，结合新"三打三防"创新战法，并加强研究成果的导向作用和实际应用。不仅要了解高科技，研究高科技，还应掌握作战对象、高科技武器装备的性能特点及使用高科技武器的方法和策略，针对我国现役装备差距提出以劣胜优、以土制洋的对策。

确立高科技战争观念，必须正确理解和认识我军以少胜多、以弱胜强、以劣胜优的战争经验。应该看到，高科技战争时代的战略指导、国际环境、武器装备及军事作战原则等都发生了根本的变化，对过去的传统和经验万万不可生搬硬套，更不能沉醉于以劣胜优的传统经验之中而不求进取，甘居劣势。同时也应该看到，在数十年革命战争实践中人们积累了丰富的游击战、人民战争和常规战争经验，也有过核战争条件下军事训练及人民防空的演练经验，但对高科技战争的概念、模式、威胁、防御等还非常陌生，特别是我们还没有参与此类高科技局部战争的经验和教训。因此，确立高科技战争观念既是历史发展的必然，又是未来战争的需要。

在现代战争、特别是高科技战争中，光靠勇敢无畏和不怕牺牲的精神是不行的，还要靠斗智，靠谋略，靠新的战法，靠人与武器的结合，而这一切又恰恰建立在一个最基本的问题上，那就是思想观念是否更新的问题。所以，战争经验告诉我们，要想在未来高科技战争中战胜敌人，必须首先战胜自己，必须抛弃那些传统、落后、过时、陈旧的观念，大胆创新，以新的科学的战法和谋略去获取战争的胜利。在高科技条件下，面对未来局部战争现实，我们应正确看待以劣胜优的问题，要正视优劣现实，不能回避矛盾，更不能以口号和精神是掩盖现实，不能造成以劣为荣、劣一定能胜优的思潮。

第一章 新军事革命与战略演变

作为社会巨变结果的军事革命，同时也是社会变革的巨大推动力，这是一条被世界军事革命史所反复证明的客观规律。今天，在人类即将迈进新世纪门槛之际，世界又在进入一个新的军事革命时期：电子、微电子技术、计算机技术、遥感、遥控技术、新材料、新能源技术，海洋、生物工程技术、航空、航天技术等高新技术群在军事技术领域的广泛运用，以及历史转换时期的时代特征和全球政治、经济、军事新态势的规定和驱导，正在军事领域引发从武器装备的概念、基本组成、作战能力，到整个作战思想、军队结构、军事建设方法等各个方面、各个层面的重大变革。正是这一系列的重大变革，构成了近年来特别是海湾战争以来国际军事发展的大趋势和核心线索。可以肯定地说，这场新军事革命将对下个世纪世界格局的重塑和人类航船的进程产生前所未有的深远影响。乘上新军事革命这艘航船的国家和民族，才不致落伍于未来的世纪，才不可能在下个世纪的全球竞争中占有一席之地，因此，目前不仅发达国家正在新军事革命的总框架下，筹划和实施其军事建设，不少发展中国家也纷纷行动起来，寻找对策，争取使本国的军事建设顺应新军事革命的潮流。同样，在我国，无论在军事理论研究领域还是在军事建设的实践领域，如何迎接新军事革命的挑战，也正在成为人们关注和探索的一个热点问题。

虽然由于各个国家的军事发展、文化背景及人的思维方式的不同，对军事革命的界定会产生差异，但有一点却是基本一致的，都认为军事革命是指军事领域各方面发生根本性变化的社会现象。据此，我们认为，军事革命是它与社会发展相联系，在军事领域发生的带根本性的、具有重大影响的变革。它主要表现于军事技术、武器装备、军队体制编制、作战理论以及作战方法等方面发生的重大变革上。

一、新军事革命基本内容

（一）新军事革命的内涵

在新军事革命的研究中，对于什么是新军事革命众说纷纭。弄清这个问题，对于认识军事革命本质及指导军事革命实践具有重要意义。

美国未来学家托夫勒认为，武装部队从技术到编制、战略、战术、训练、条令和后勤等各个层次都同时发生变化，即是军事革命。美国新军事革命倡导者之一安德鲁·马歇尔说，军事革命是指作战概念和战争发生重大变化的一个特殊历史时期。《苏联军事百科》载：军事上的革命是指科学技术进步和武装斗争工具的发展。在军队建设和训练以及进行战争和实施作战行动的方法上发生的根本变化。

（二）新军事革命的主要内容

在谈到新军事革命的主要内容时，外国军事专家有下述看法。以色列史学家克里沃尔德认为，新军事革命涉及"武器装备、军事训练、军队编制和军事学说的变革"。美国军事战略家克雷派尼维奇说,"代表新军事革命特征的四个要素是:技术的变化,军事系统的发展,作战理论的创新,以及组织结构的调整。"托夫勒指出,真正的军事革命应体现在三个方面:第一,它应改变军事领域的方方面面,包括作战方法、武器装备、体制编制、教育训练等,从而改变整个战争形态;第二,这些变化不应只发生在一个国家的军队,而应发生在许多国家的军队;第三,更为重要的是,它应改变战争同社会的相互关系,即社会的变化带动战争形态的变化。

总而言之,从对国外军事学术界提供的大量资料的研究分析中,可以得出这样的结论,新军事革命的基本内容,主要包括军事技术革命、武器装备革命、军事理论革命和军事组织体制革命四个方面。

1. 军事技术革命

构成新军事革命的第一项要素——军事技术革命,自第二次世界大战以来经历了三个革命性的过程,即军事工程革命、军事探测革命和军事通信革命。

(1) 军事工程革命。军事工程革命始于第二次世界大战期间,止于 20 世纪 80 年代中期。它起到的作用是,通过采用新的工程工艺技术,使各种武器和作战平台的射程、航程、速度等性能指标达到或接近物理极限。在射程方面,洲际导弹可打击世界上任何地点的目标。在航程方面,大型轰炸机可飞到地球上的任何角落。在速度方面,运输机的最大巡航时速达 640 英里,接近 1 马赫的大气层飞行速度极限;巡航导弹的时速达 2 马赫;弹道导弹的速度极限为每小时 1.8 万公里,现已达到;由于各种因素的限制,舰船的最高航速只能限制在 30 节左右;地面运输车辆的时速极限为 55 公里,西方国家的军用车辆已达到这一指标。

引发新军事革命的重要因素之一就是,军事工程革命已使许多武器装备的性能达到物理极限。要突破这一极限,就必须大胆革新,另辟蹊径,进行装备建设革命。军事工程革命到后期(20 世纪 80 年代初),便迎来了新军事革命。

(2) 军事探测革命。军事探测革命始于 20 世纪 70 年代初,可能止于 90 年代末,主要表现是:出现了计算机控制的探测器材,以及单个作战平台和武器系统的计算机化。由于计算机具有图像放大、数据处理与显示等多种功能,探测器材的灵敏度得到了极大提高。随着控制系统的计算机化,武器的性能也提高了,战术导弹具备了超视距制导能力,单个作战平台不仅可探测和跟踪目标,还可用远程导弹或制导鱼雷等对目标实施超视距攻击。由于信息收集能力的增强,装有远程制导武器的单个作战平台的性能指标成倍地提高。据测算,装有新型传感器的作战平台,其探测距离相当于过去的 5 倍,探测范围和探测到的信息量是过去的 25 倍。

(3) 军事通信革命。始于 20 世纪 80 年代初的军事通信革命主要表现为,出现了可处理大量数据信息的指挥、控制、通信、情报与计算机系统(C4I 系统),从而产生了"多系统的大系统"和"整体力量综合"等概念。目前,传感器材可收集超视距信息,卫星可收集全球信息。但是,如果这些信息只能供给单个作战平台使用,目标识别和快速攻击问题就无法解决。要解决这一问题,就必须依赖于"数字化的实时通信",确保各种兵力兵器和作战系统之间在目标探测、情报、跟踪、火控、指挥、攻击、毁伤评估等方面信息畅通,从而实现"整体力量综合"。

2. 武器装备革命

军事技术革命的出现,必然导致武器装备革命的发生。以军事信息技术为核心的军事高科技群，正在或必将使人类进行战争的工具——武器装备发生"断代性的飞跃"，即由热兵器和热核兵器阶段进入高科技兵器或信息化武器系统阶段。信息化武器系统主要由信息化弹药、信息化作战平台、单兵数字化装备等组成。

(1) 信息化弹药。信息化弹药，即精确制导武器，主要包括制导炸弹、制导炮弹、制导子母弹、制导地雷、未制导导弹、反辐射导弹等。实际上，它们是能够获取和利用目标所提供的位置信息，修正自己的弹道，以准确命中目标的弹药。智能型弹药是能在各种条件下，利用声波、无线电波、可见光、红外、激光，甚至气味、气体等一切可利用的直接或间接的目标信息，自主地选择攻击目标和攻击方式的精确制导武器。

(2) 信息化作战平台。作战平台主要包括坦克与装甲车、火炮与导弹发射装置、作战飞机与直升机、作战舰艇等武器载体。信息化作战平台除了能充分地利用己方和敌方信息外，还有拒止敌方利用己方信息的能力，有侦察、干扰、欺骗功能。

(3) 单兵数字化装备。单兵数字化装备是从头到脚，从攻击、防护到观察、通信、定位，能实时地侦察和传递信息，具有人机一体化、多功能等特点的21世纪士兵在数字化战场上使用的个人装备。近年来，发达国家十分重视研制单兵数字化装备，如美国制订了"21世纪地面勇士"规划，英国推出了"未来野战军人系统"计划，法国已着手开发"未来士兵系统"，俄罗斯正在实施"巴尔米察实验设计工程"，澳大利亚则已开始执行"温杜拉工程"计划。

3. 军事理论革命

军事理论革命是这次新军事革命的重心。它既是军事技术革命的必然结果，又是进一步开展军事技术革命、武器装备革命和军事组织体制革命的指针。迄今为止，国内外军事问题专家们在军事理论方面主要提出了以下新观点。

(1) 战争动因更趋复杂。传统战争的动因一般是政治斗争掩盖下的经济利益之争。在信息时代，由于"地球变成了一个村庄"，各国之间、国际国内各派政治力量之间交往增多，联系密切，这就必然导致各个国家、民族、社团之间由政治、外交、精神等因素引发的冲突增多，使宗教、民族矛盾上升，使暴力活动、走私贩毒国际化。这些矛盾与冲突不仅是"亚战争行动"的直接根源，也是导致战争的动因之一。

(2) 战争目的更加有限。未来战争一般不追求占领敌国、全歼敌军或使敌方"彻底"投降等"终极目标"。这主要是因为，那样做会使交战双方招致重大伤亡，从而引发民众的强烈反战情绪。在战争对广大民众十分"透明"的信息时代，战争指导者不得不对战争进程和战争目的严加限制。

(3) 战争内涵扩大。战争内涵将明显扩大，这表现在：打赢战争的要求更高，与工业时代的战争相比，信息时代的战争不仅要对付敌国军队和削弱敌工业基础，还要摧毁其信息系统；战争的发动者增多，除了国家和国家联盟外，还将包括恐怖组织、宗教团体、贩毒集团、工商集团等；作战样式更新，将出现信息战、精确战、控制战、瘫痪战、隐形战、计算机病毒战、"虚拟现实"战等许多新作战样式。

(4) 战争伤亡破坏减小。信息时代战争的一大特点是，将使伤亡破坏，特别是附带破坏减少到最低限度。这主要是因为，战争双方将在透明度很大的战场上，使用精确制导兵器，实施精确打击，尽量避免实施会造成巨大伤亡的直瞄人力战、地毯式轰炸、重兵集团之间的殊死决战。

(5) 战争持续时间缩短。在未来战场上，交战双方将实时做出反应，采取行动，即实时探测与发现目标、实时指挥、实时机动、实时打击、实时评估毁伤、实时保障等。这样做可把过去在战场上需要几小时乃至更长时间才能做完的事压缩到几分钟甚至数秒钟，使定下决心与作战进程几乎同步，因而将大大压缩战争持续时间。同时，由于战争目的有限和规模缩小，也会大大缩短战争时间。

(6) 战场十分透明。沙利文说，未来战争的透明度将比"海湾战争中提高一个数量级"。在未来战争中，前线的传感器、太空的卫星将不停地把各种情报传输给计算机，这些情报信息的图像画面可以实时出现在指挥所的显示屏上。所有己方战斗人员均可同时获得这些图像，从而对敌我双方的位置、态势，以及集结、运动等情况看得一清二楚。导致战场透明的是数字压缩技术。这种技术可扩大对敌探测距离，提高信息处理能力，把战场情报以一种悄然无声、图文并茂的方式，及时准确地传输给用户。

(7) 战争一体化程度空前提高。第一，陆、海、空、天战将高度一体化，这不仅表现在大规模战争中，在小规模冲突中也是如此。第二，军种间作战的界限将不易区分。例如，摧毁敌方坦克的兵器，可能不是己方陆军的坦克或反坦克兵器，而是空军的飞机或海军潜艇发射的"智能"型导弹。第三，战区作战行动将联为一体，正如沙利文所说，"工业时代发展起来的分散实施的战区战役将不复存在，取而代之的是在整个战区实施的一体化作战行动"。第四，战略级、战役级、战术级作战的界限将模糊不清。这主要是因为，信息化兵器由于其精度和威力，为迅速达成战争目的提供了有效手段，不动用大部队，有时也能达成战略、战役目标。最后，战斗部队、战斗支援部队、战斗勤务支援部队等各种作战系统，战场情报、指挥、控制、通信、打击、毁伤评估等各种作战职能，将连成一个有机的整体。

(8) 集中兵力的内容新。首先，集中兵力的方式有所改变。在工业时代的战争中，必须首先在战术级集中兵力，以获得不断积累的作战效果，最后达成战役乃至战略目标。其次，集中兵力的实质将由集中兵力兵器变为集中火力和信息。将来，不必集中兵力，就可集中火力。各类远程打击兵器不需集中部署，就可对目标实施集中突击。要使集中后的火力能有效地发挥作用，还必须集中大量信息，否则就无法捕捉、跟踪和摧毁目标。最后，以集中陆、空兵力为主向集中陆、海、空、天兵力转变。在整个战区集中空中、地面、海上和特种作战能力，在太空作战系统的支援下，实施联合战役作战。

4. 军事组织体制革命

在新军事革命的四项基本内容中，军事组织体制革命的进展最慢，迈出的步伐最小。尽管如此，从各国军队建设的长远规划和军事理论家的预测中，仍可看到军队体制编制变革的基本走向和前景。

(1) 军队规模将大幅度压缩。安德鲁·马歇尔指出："人数少、职业化程度高的军队将取代大规模军队。"这主要是因为：在未来广泛使用高科技兵器的战场上，军队的数量、质量与战斗力之间的关系将发生根本变化；质量将升至主导地位，数量将退居次要地位；质量可以弥补数量的不足，数量往往难以抵消质量上的差距。有鉴于此，再加上大战更加遥远、军费拮据等原因，进入20世纪90年代以后，各大国都在大幅度压缩军队规模。

(2) 指挥体制将"扁平网络化"。为了适应信息时代和信息战的要求，发达国家的军队正在酝酿变纵长形"树"状指挥体制为扁平形"网"状指挥体制，这种指挥体制的结构特征是：外形扁平，横向联通，纵横一体。外形扁平要求，减少指挥层次，缩短信息流程，充分发挥横向网络的作用，使尽量多的作战单元同处一个信息流动层次。横向联通是指不仅平级单位之间能直接沟通联系，各作战平台之间也能实时交换信息。实现纵横一体的关键设备是计算机，不仅在指挥中心、网络节点，而且每件武器、每个士兵都有计算机，"整个战场就像一个计算机大平台"，从而实现信息流程最优化，信息流动实时化，信息采集、传递、处理、存储、使用一体化。

（3）部队编制将小型化、一体化。美军计划以旅取代目前的师，使旅成为编有各种作战和保障分队的基本战术单位，在作战中遂行目前师的职能。俄军也准备由"集团军—师"制改为"军—旅"制。日军的设想是，陆军全部撤销师一级编制，代之以编有3000人左右的旅。美军设想组建四种一体化部队：由装甲兵、炮兵、机步兵、导弹兵、攻击与运输直升机分队组成的一体化地面部队；由多机种组成的空军混编联队和中队；编有"飞行坦克"的"陆空机械化部队"；由1个陆军旅特遣队、1个空军战斗机中队、1支海军舰艇部队和1个陆战队远征分队编成的陆海空"联合特遣部队"。

美国是世界上最早进入信息社会的国家，美军的技术装备最先进，因此它在这次军事革命中先行一步是不奇怪的。但是，美军对新军事革命如此积极热情，也自有考虑，居心叵测。近因是：利用新技术创造一种新型的"闪击战"理论，极大地提高美军的作战效能；保持美军的"技术优势""编制优势"和"质量优势"；通过转变观念，开拓创新，找到一条高效率、高效益建设军队的路子。最终目的是：通过先于其他国家推进和完成军事革命，使美国在下个世纪拥有一支具有"高水平非核战略威慑能力的强大的军事力量"，凭借这支力量，"使敌国依从美国的愿望，无条件或在提出很少要求的情况下投降"，从而"左右国际体制"，按美国的价值观"去塑造这个世界"。

二、新军事革命的原因

新军事革命的发生和发展不是偶然的，有其特定的内部原因和外部条件。其动因主要有四个方面。

（一）技术进步的推动

人类战争史充分证明，科学技术的进步决定着军事的发展趋势。技术上的进步用于军事目的就会强制地引起作战方式的改变甚至变革。历史上，每次划时代的技术革命发生后，随之而来的就是军事变革与战争形态的变化。20世纪后半叶，人类社会掀起了一场波澜壮阔的高新技术革命浪潮，以微电子技术、电子计算机技术、人工智能技术、通信技术为基础的信息技术，以遗传工程为代表的生物技术，以复合材料、耐高温材料为代表的新材料技术，以及新能源技术和空间技术等高新技术蓬勃兴起。军事领域是吸纳和运用高新科技成果最快、最多的领域，新的武器装备大量出现。军队的指挥控制能力、远程攻击能力、快速机动能力、精确打击能力和毁伤能力都得到了空前提高。飞速发展的高新技术，直接推动了新军事变革的发生和发展。

（二）战略需求的驱动

在一定的技术基础上，战略需求和战略主体的选择成为决定军事革命进程和结局的重要因素。美国是这场新军事革命的积极鼓吹者和先行者。新军事革命源于当代敌对的国家、政治集团对抗的需要，是美国与苏联或俄罗斯之间争夺世界霸权的需要。敌对双方为了维护其物质经济利益和政治利益而展开对抗，运用新的手段来提高自己的对抗能力，以确保自己在对抗中取胜。因而，美苏竞相发展尖端技术，研制先进武器装备，开展军备竞赛，提出新的作战理论，调整军队结构。两极格局解体后，美国一些人强烈地意识到，历史条件给了美国"最大机遇"。美国可以利用其技术、经济优势，先于其他国家推行军事革命，把美军建成世界上第一支信息化军队，为在21世纪按照美国的意愿"塑造整个世界"提供强大后盾。在美前国防部长佩里、前参联会副主席欧文斯和前国防部基本评估办公室主任马歇尔等人的极力推动下，美军的作战思想不断创新，体制编制逐步调整，新军事革命取得了实质性进展，远远地走在世界的前列。英、德、法、俄等国也不甘落后，纷纷对新军事革命理论，尤其是信息战理论开展深入研究，在军事领域的各个方面着手实施根本性调整与变革。为了尽可能缩小与发达国家在军事上的差距，许多发展中国家在经济比较困难的情况下，仍不得不加大国防投入，研究新军事革命，购买先进的武器装备。

（三）理论创新的牵引

军事理论的创新，是世界新军事革命的先导。从20世纪70年代末开始，世界军事领域各种新思想、新观点竞相出台，传统理论与新兴学说激烈碰撞，呈现出异常活跃的局面。军事理论的创新与繁荣，引导了新军事革命的方向，丰富了新军事革命的内容，加速了新军事革命的进程。一是战略理论的创新促进了军事战略的调整。冷战结束后，美国军事战略由机械化战争形态下的军事战略向信息化战争形态下的军事战略转变。二是军队建设理论的创新引导了军队的改革和发展。在新的军队建设理论的引导下，世界各国军队普遍裁减了数量，进行了不同程度的改革，军队建设的质量特别是高科技含量在不断提高。三是作战理论的创新推动了作战方式的变革。20世纪80年代之后，美军提出了信息作战理论、空间作战理论和联合作战理论，并把这些理论成果吸收到新颁布的作战条令之中，运用于战争实践，出现了超视距打击、精确打击、非对称作战等新的作战方式，极大地改变了现代战争的面貌。

（四）战争实践的催生

20世纪70年代以来，世界共发生了几百场局部战争和武装冲突。人们从实战的经验教训中更加清楚地认识到新军事变革到来的必然性。以美国为例，越南战争的失败使美军方领导人深刻地意识到必须进行新的军事革命。其后，他们在作战思想、武器装备、军事训练和作战编成等方面进行了一系列改革和创新，使军队的作战能力得到了恢复和提高。从20世纪80年代初入侵格林纳达、1986年空袭利比亚、1989年出兵巴拿马到1991年的海湾战争、1999年科索沃战争和2003年的伊拉克战争，美军的军事行动频频得手。每一次军事行动，既实际检验了以往军事变革的成果，也有力地促进了下一步的军事改革。美军在战争中使用的精确制导弹药，海湾战争时只占9%，"沙漠之狐"行动中提高到70%，而在科索沃战争中达到了90%以上，发展速度惊人。新的战争实践，不仅直接推动了美国的新军事变革，而且引起了世界各国的高度关注。研究高科技战争，进行军事改革，提高军队建设质量和效益，成为世界军事发展的一大趋势。

三、新军事革命的特点

在人类军事史上，军事革命曾发生过多次。不同的军事理论家所依据的划分标准不同，对历史上发生军事革命次数的看法也不同。但有一点是共同的，就是当前的这场新军事革命在深度、广度上超过了以往任何一次，是对旧的军事形态进行实质性的改造，是一次新的历史性飞跃。它有以下几个显著特点。

（一）发起的主动性

以往的军事革命，大多是被动应对军事技术和武器装备的发展变化，作战思想和作战方法滞后于军事变革的实践。第一次世界大战后，许多国家都拥有一定数量的坦克，但都未能创造出很好的使用方法。苏联是较早组建空降部队的国家，但从组建到实际使用整整用了10年时间。当前的这次新军事革命，是在初露端倪的时候，人们就敏锐地洞察到发生这场革命的必然性，进行超前研究和规划，积极主动地加以推进。世界主要国家不仅筹划当前的军队如何建设，而且研究明天的军队如何发展，后天的军队和战争将是什么样子，并以理论为先导创新军事技术，发展武器装备，改革组织体制，力求掌握和保持军事竞争中的主动。美军1995年就出台了《2010年联合构想》，不到5年时间又抛出了《2020年联合构想》，充分反映出推进军事变革的主动性和超前性。

（二）范围的广泛性

主要体现在两个方面：一方面，这次新军事革命是一场全面的军事变革，从军事理论、作战思想、武器装备、组织体制到军事训练、后勤保障等各个方面，都在积极地进行改革和创新。另一方面，这次新军事革命是一场全球性的军事变革，各大国加快了军事革命的步伐，一些中小国家也积极创造条件启动和实施军事革命。

（三）变革的根本性

这次新军事革命，既不同于一般的军事改革，也不同于军事领域某个方面的局部改革，而是彻底改变工业时代的军事形态，创造信息时代崭新的军事形态，是由旧质向新质的一次突变。美国军事革命的积极推行者、原陆军参谋长沙利文说："信息时代的出现将从根本上改变战争进行的方式。"马歇尔甚至认为，坦克、航空母舰以及战斗机即将沦为"没落的军事系统"，将出现一种全新的作战概念和与之配套的新系统。它不是对原有军事事物的补充和完善，而是作战方式的革命与其他要素有机地结合在一起，从整体上改变了原有的战争形态。

（四）发展的长期性

这场新军事变革目前仍处在初级阶段，走向成熟和最终完成还需要一个相当长的历史过程。这是因为，目前人类社会正处在由工业社会向信息社会过渡之中，社会转型的渐进性决定了军事变革的长期性；进行新的军事革命，需要大量经费投入和物资保障，即使是发达国家也只能从长计议，分批投入，逐步推进；新军事革命的发展有其自身规律，人们对它的认识不是一次就可以完成的，需要经过实践、认识、再实践、再认识的循环往复过程。据推测，基本完成这场新军事变革，发达国家需要再用30年左右的时间，其他国家则需要50～70年甚至更长的时间。

(五) 发展的不平衡性

由于各个国家或地区在经济、政治、科学技术、军事和思想观念上的差别，新军事革命不会同步发生于所有的国家或地区。美国拥有当今世界最雄厚的经济实力、最先进的科学技术和最强大的军事力量，在这样一个高起点上推行新军事革命，其"能量"的积累将更加惊人，与其他国家的相对优势将更加明显。新军事革命使国际战略力量对比发生明显的倾斜，造成一种强者愈强的不平衡态势。北约军事委员会主席瑙曼说："因为装备差距不断扩大，欧洲人和美国人无法肩并肩地在同一战场作战的日子已经临近了。"俄罗斯预测，到2020年，世界发达国家与发展中国家将拉开数十年的距离。

始于20世纪80年代末90年代初的世界新军事革命已经走过了30多年的路程。进入21世纪，新军事革命在广度和深度上又有新发展。从广度上看，不仅有更多国家加入新军事革命的行列，而且在美、英、法、德等已经启动新军事革命的国家内，有更多的军事领域开始进行"跨时代变革"，如进行训练变革、后勤变革等。从深度上讲，工业时代的机械化军事形态更加深入地向信息时代的信息化军事形态发展，即各国的机械化装备不断向信息化装备过渡，机械化战争加速向信息化战争转变，军事理论创新势头强劲，军事组织体制进一步向有利于信息快速流动的方向发展。

四、新军事革命的影响

军事革命作为一种带有根本质变性质的重大发展，所产生的影响将是非常广泛和极其深远的。这场新军事革命无论是对军事领域本身，还是对国际战略格局和安全环境都有着重大而深刻的影响。

（一）对国际战略格局和安全环境的影响

1. 冲击传统战争理念

这场新军事革命极大地冲击传统战争理念，改变了现代战争面貌，促使各国重新审视安全环境和战略策略，依据客观环境和主观需求积极主动地进行战略调整。20世纪90年代以来，美国出于维护其霸权的需要，已进行过三次军事战略调整：1992年布什政府首先提出"地区防务"战略；1995年，克林顿政府制定了"灵活选择和参与"战略；1997年，又提出"塑造、反应、准备"战略。俄、英、法、德、日等国不甘落后，为谋求在国际舞台上的有利地位，积极顺应世界新军事变革发展的潮流，纷纷进行战略调整。一些发展中国家基于维护自身安全的考虑，在战略上也做出了必要调整。可以预见，随着新军事革命的深入发展，各国还会进行新的战略调整，并促进国际战略格局进行新的整合。

2. 加剧各国战略力量对比的失衡

这场新军事革命有可能加剧战略力量对比的失衡，使各国已经存在的差距不仅不容易缩小，反而有可能扩大。可能会诱发新一轮军备竞赛，甚至导致发达国家和发展中国家军事系统特别是武器装备的新的更大的"时代差"，从而对世界和平、发展和安全构成新的威胁。

3. 地区安全受到威胁

这场新军事革命不仅使军事手段的地位和作用明显上升，而且会刺激新干涉主义进一步抬头，给世界和平与地区安全带来新的威胁。新军事革命为运用军事手段达成政治目的，提供了低风险、高效能、多样化的可能选择。如一枚导弹携带228枚精确制导反坦克子弹，攻击敌坦克群的能力与1000吨当量的核弹相当。现在，高新技术使战争的可控性显著增强，也使军事手段的运用空间进一步拓展。据统计，冷战时期发生的局部战争和武装冲突年均为4次，而冷战后年均却达10次之多。以美国为首的西方发达国家认为，拥有绝对军事优势是处理国际危机的前提。

4. 发展中国家战略选择的难度进一步增大

新军事变革对发展中国家的国际建设也有一定的促进作用。例如，可以吸收和运用世界军事科技的成果，推动本国国防科技事业的发展；可以借鉴发达国家军事变革的经验，使本国的军事改变少走弯路。但是，世界军事发展的强劲势头是一把双刃剑，发展中国家在战略选择上面临两难困境：如果不顺应世界潮流，积极推进本国的军事变革，大力提高国防实力，与发达国家军队存在的差距就会越来越大，国家安全就没有保障；如果把主要力量用在军事发展上，就会影响国家经济建设，从根本上削弱国家的综合竞争能力。面对世界新军事变革的挑战，发展中国家何去何从，怎样决断，是一个关系重大、非常复杂的战略难题。

（二）对军事领域产生广泛深远的影响

新军事革命的不断深入，将对军事领域的空间、时间、效能与观念产生重大影响，导致其发生一系列变化。

1. 空间方面的变化

工业时代的战争，没有超出地球的范围。而信息时代的战争，战场已扩向宇宙，宇宙空间，现在观察到的离地球最远的天体约200亿光年。我们现在利用的外层空间以同步卫星计算也有3.58万公里，约为地球与月球距离38万公里的1/10，是地球距离太阳1.5亿公里的1/500万，但已超出了地球的极半径的近6倍。航空站、航天器的发展，使航天基地和航天军兵种的生成有了可能。美、俄早已建立起航天的机构，最近美国正在酝酿成立"天军"。洲际弹道导弹可以发射到1.2万公里以外的距离。地球赤道周长只4000多公里，洲际导弹可以打到世界上任何一个地方。地地战役战术导弹射程达几百公里到上千公里，这使战役、战术的纵深随之扩大了。战略轰炸机的航程可达1.2万公里（美B-1轰炸机）。就是战斗轰炸机经过多次空中加油航程也可达5000公里以上，如1986年美国袭击利比亚时，在英国机场起飞的飞机经过4次加油就飞行了5000多公里。

空间方面的军事革命，不但影响作战环境，而且影响军队的作战方法。信息技术运用到军事领域以后，战场才扩向外层空间，才出现天地一体作战。海湾战争中，施瓦茨科普夫的E-3预警指挥飞机，探测范围达50万平方公里，1架即可覆盖整个战区。海湾战争中多国部队几乎占领了海、空、天的全部空间和电磁领域，大部分的陆地空间，信息探测的范围几乎无所不及，使伊拉克军队几乎无藏身之地，连深藏在永备掩体内的飞机也被钻地炸弹摧毁。

伊军信息优势一失，空间优势也荡然无存。而美军来去自由，可以进行几百公里的横向机动，可以实施几百公里的空中突击，这就是空间的军事革命对战争带来的深刻影响。

2. 时间方面的变化

兵贵神速，历来如此，每一次军事革命，对时间的利用率都是上了几个台阶。千里传书，在农业时代最快也需十天半月，在工业时代最快也需几个小时，在信息时代只要几秒钟而已。

人造卫星必须达到第一宇宙速度即7.9公里/秒，摆脱地球引力而飞往行星际空间的第二宇宙速度为11.2公里/秒，摆脱太阳系引力而飞往恒星际空间的第三宇宙速度为16.7公里/秒，洲际弹道导弹打击万公里左右的目标约需30分钟时间。利用信息探测器材如红外探测器在导弹发射90秒钟即可捕捉到目标，再用光电速度的通信传送给有关单位，需3~4分钟，就可以争取到25分钟的预警时间。这就是速度的比赛。

通信技术的革新使传递速度接近光速。战场信息高速公路使网络中的用户可以信息共享。战场的网络化把侦察到的信息实时传递到有关单元，信息的快速处理和快速决策能够缩短处理时间，网络化又便于各单位的及时横向联络，增强战斗协调，减少误伤。信息的获取快、传递快、处理快、决策快、指挥快、部队机动快、火力支援快、互相协同快、解决战斗快，这是时间形态方面革命的成果。

3. 效能方面的变化

战争与作战是最讲效能的。所谓作战效能，即在单位时间内能按照要求完成作战任务，如能攻占（坚守）预定目标，能大量杀伤敌人，能有效保存自己等。如果完成任务的速度快，质量好，就是效能高；反之，就是质量差，效能低，如果完不成任务就没有效能，或产生负效能。

空间和时间的标准与效能标准密切相关。有时效能标准可以包含空间和时间的标准，比如巡航导弹能在远距离上快速有效地击毁目标，远距离就是空间标准，快速就是时间标准，有效击毁目标就是效能标准。效能标准除了包含空间和时间的标准外，还包含了质量标准、包含了投入少、效益大的消费比标准。因而效能标准带有综合性。

4. 观念方面的变化

新的战争形态正向我们走来，我们也正在向新的战争形态走去。这是今天我们应有的认识和应有的观念。我们的思想千万不能停留在工业社会的战争形态上，而要跟上时代的发展，跟上战争的发展。迎接军事革命的挑战有许多事情要做，其中首要的是观念的转变。观念转变过来了，其他的转变才能一个一个地落实。

最主要的，是确立信息制胜的观念，以信息制约能量，以信息配置物资，以信息沟通指挥，以信息网络化筹建战场，以信息来武装军队，以信息战争的要求来制定战略战术等，这是信息制胜观念的基本方面。我们要把"制信息权"当作军队的"自由权""主动权"和"生命权"来对待。将过去的一切行之有效的战略战术原则都注入信息的内容，才能使之在信息时代的战争中焕发青春的力量。例如人民战争，其中的重要内容是用信息武装群众，动员、组织群众中的信息技术来夺取信息的主导权等等。信息制胜观念与人民战争观念并不矛盾。信息制胜是依据战争的技术性质而说的，人民战争主要是根据战争的政治性质来说的。任何军事技术的发展都不会否定战争的政治性质，战争的政治性质也不会否定军事技术的发展。我们是人民战争和信息制胜统一论者，反对把它们放在对立的位置。

在信息时代的战争中，信息通过人和武器起着十分重要的作用。要肯定，信息与武器都是人控制的，人是战斗力的主要因素。但也要肯定，人和武器的作用，将主要由对信息的控制和利用反映出来，有时信息通过人的利用在战争中起着十分重要的作用。因而在人的控制下，信息流注入人力流、能量流、物质流，将左右战场的形势，决定战争的胜负。战争主要"打钢铁"的时代已经过去，将让位于"打硅片"。火力优势将依赖于信息的优势，这是一个阶段性的转变。工业时代衡量军队的战斗力是以这支军队对能量拥有的多少和释放的大小为主要标志的。在信息时代，除了军队对能量的拥有和释放外，更重要的是看能量释放的效能。能量释放出来而无效，仅仅造成不必要的破坏和浪费，对作战胜负并无实际意义。只有把拥有的能量进行有效释放，才能形成真正有效的战斗力。而用信息技术制约的能量释放，就成功地解决了这一问题。这样，军队建设和发展武器装备的着力点，就应主要是增强信息技术、信息武器系统以及信息网络化方面，我们的目光不能停留在工业时代的火力战争，而要投向信息时代的信息战争，以信息制约火力作为起点，牵动军队建设，提高作战的层次和水平。

总括地说，当前这场军事革命的广泛性和深刻性，反映在空间方面是空前扩大了战场范围，超视距打击的远战日益重要了；反映在时间方面是缩短了从获取信息到做出反应采取行动的时间，战争的节奏明显加快了；反映在效能方面是加快了信息处理的速度和增强了武器命中精度；反映在观念方面是要树立在战争中制信息权的观念，以此来指挥军队建设和作战。空间、时间、效能、观念这几个方面的进步和飞跃，构成了一场完整的深刻的军事革命。

五、新军事革命与战争谋略

军事谋略历来是兵家制胜之道。当代由新军事革命所引起的军事技术的发展，不仅没有降低军事谋略的作用，而且为更加巧妙地施韬展略提供了新手段、新途径。在高科技战争条件下，为了科学地把握指导军事谋略斗争的理论和方法，正确地制订和实施军事谋略方案，达到以最小的代价取得最大的胜利，甚至"不战而屈人之兵"的目的，就必须正确地认识和处理高科技战争与军事谋略思维艺术的关系。

（一）高科技战争谋略的内涵和特征

高科技战争是运用各种高科技武器装备和谋略手段进行的高度立体化的战争。作为一种新的战争形态，高科技战争既高度集中了当今时代人类的科学技术成果精华，又蕴含着人类在战争实践上的谋略智慧思想。

谋略是指人们谋划料事的主意、办法，或者说是经过谋划运筹而产生的计谋、策略。军事谋略，则是指从战争实际出发筹划和指导作战的艺术，是巧妙运用战争规律以智胜敌的方略。军事谋略思维是关于军事谋略的产生、运用和发展的思维机制、思维方法，它具有诡诈性、对抗性、灵活性和制胜性等鲜明特点。据此，我们认为，高科技战争谋略，是指挥员和指挥机关根据现代战争条件和各种军事信息，创造性地对诸多作战因素进行思维综合，寻求运用高科技武器的新战法，能动地创造有利的作战态势，使战斗力得到充分发挥的谋略。高科技战争谋略是指挥员和参谋人员创造性地发挥人的自觉能动性的重要表现。具体来说，高科技战争要求指挥员在战场上做到：不因循守旧，墨守成规；思维敏捷、流畅，具有综合、比较、概括、想象的创造性思维能力，对战场上出现的新情况，能做出迅速的处理；在复杂的战局条件下，能敏锐地观察和透彻地分析问题，迅速转换思维角度，以形成胜人一等的具有创见性的制胜方略，等等。

从总体上看,高科技战争谋略具有以下不同于传统军事谋略的特点。

1. 谋略运用高层次化

高科技条件下,一次战役或战斗的成败,往往决定整个战争的结局。交战双方的高层指挥员,大都直接参与战役战斗层次的作战决策。这种情况决定了在高科技战争中,谋略运用的层次大大提高了。

2. 以战前谋划为重点

由于高科技战争作战过程相对短促,作战主动权一旦丧失就很难夺回,所以注重战前谋划与作战准备,夺取先期优势,比过去更显重要。例如,以色列入侵黎巴嫩的作战过程虽然只有几天时间,但战前以方却准备了3年之久。

3. "人谋"与"机谋"相结合

谋略的基础是计算,料敌、预测、判断等都离不开计算。以往的施计用谋,靠人脑计算就可以了,而现代战争离开了计算机等计算工具,已无法满足作战运筹的需要。目前作战指挥已经发展到了人机结合的自动化指挥阶段,在用谋上也是这样。无论设谋定计,还是识谋、破谋,都需要借助以计算机为核心的各种技术设备。

4. 注重发挥"智囊团"的作用

高科技条件下,参战军兵种多,战场范围广阔,情况复杂多变,单靠指挥员个人的谋划,很难满足谋略斗争的需要。因此,智囊团和司令部的作用越来越重要,使谋略主体呈现出群体化的特点。

5. 利用高科技装备施谋

高科技武器装备的发展,给军事谋略运用增添了许多新内容。如利用电子欺骗、干扰,可起到迷惑、调动敌人的作用;利用高性能的伪装器材,可起到隐真示假的作用;利用计算机病毒,可起到干扰、破坏敌自动化指挥系统的作用。

6. 施谋效能取决于人的科技素质

谋略是敌对双方智力的较量,现代条件下施计用谋能力的高低与指挥员的科技素质密切相关。指挥员的科技素质越高,运用技术手段设计定谋的能力就越强。因此,要提高高科技战争的谋略水平,必须注重提高各级指挥员和参谋人员的科技素质。

(二)高科技战争与军事谋略的关系

从高科技战争与军事谋略之间的关系来看,在高科技兵器激烈对抗的背后,始终隐藏着敌对双方指挥人员的智慧和谋略的抗争,每一次战争的胜利者无不是以奇谋妙策赢得战争的主动权而取胜的。在20世纪90年代初的海湾战争中,美国海军陆战队军官每人都带有一本《孙子兵法》和一盘解释《孙子兵法》的录音带,从深居白宫的布什总统到前线将士,都试图从《孙子兵法》中领悟制胜的谋略。美军的随军记者曾幽默地报道说:尽管中国在海湾战争中没有派一兵一卒,但却派了一个神秘的"老人"亲临前线,他就是中国2500多年前的孙武。高科技战争对谋略水平的要求不是降低了,而是提高了。这正如列宁曾指出的:"没有不用军事计谋的战争。"

具体地说,高科技战争与军事谋略的关系主要体现在如下几个方面。

1. 高科技武器装备为施计用谋提供了新的物质手段，使军事谋略跃升到一个更高的层次

高科技战争与军事谋略的关系，从本质上说是人和武器的矛盾在高科技战争阶段的特殊表现。恩格斯说："一旦技术上的进步可以用于军事目的并且已经用于军事目的，它们便立刻几乎强制地，而且往往是违反指挥官的意志而引起作战方式上的改变甚至变革。"高科技武器装备在战争中的运用，已经引起战略战术和作战指挥的新变化，给各级指挥员施计用谋提出了新的要求。有什么武器打什么仗，高科技武器装备是产生和形成现代军事谋略意识的客观物质基础。在高科技条件下，只有在熟悉敌人使用的现代侦察与监视技术、电子对抗技术、隐形与反隐形技术等高科技和精确制导武器、夜视器材等武器装备的性能和活动规律的基础上，才能以出其不意的计谋和手段制服敌人。在近20多年来发生的一些高科技局部战争中，谋略家们演出了一幕幕利用高科技武器施计用谋的活剧，使传统的谋略艺术得到了升华和创新。在海湾战争中，美军依靠它的快速机动能力，实施了高科技条件下"明修栈道、暗渡陈仓"的计谋。在战役发起的前一个阶段，美军最初把担任主力突击的第7军和担任迂回的第18空降军部署在东部地区，并频繁地组织地面进攻和两栖登陆演习，使伊军错误地判断美军将在科威特南部地区实施主攻，并因此在科威特南部地区部署了大约10个师的兵力进行防御。但是，等到地面部队进攻的前夕，美军利用其快速机动能力，用飞机和地面运输工具迅速将第7军和第18空降军西调至300公里外的伊沙边境，在腊夫哈一线建立起进攻出发阵地，在伊军防守薄弱的西部地区实施突击。而当伊军发现美军企图之后，为时已晚。

2. 军事谋略思维为高科技战争决策提供了思维手段

军事决策是军事指挥官和参谋人员的一种高级的思维活动，是根据敌我双方的各种条件和掌握的各种信息，对军事活动的目标和达成目标的手段、方案进行设计、选择和决断的思维过程，是即将开始的战争实践在思维中的建构，因而高度凝聚着指挥官和参谋人员的决心、情感、智慧、意志、经验等军事指挥能力和谋略思维水平。在高科技战争条件下，由于参战的兵种多，武器装备先进，作战手段复杂，战役战斗的进程快，只有重视对战争的宏观控制和周密谋划，加强军事、政治、经济、外交等方面的统筹，才能做出适情、适机、适时的科学决策。稍有不慎，就会露出破绽，导致决策的失误和战争的失败。近30多年来世界上发生的几场高科技局部战争，无论规模大小，其决策都体现了较高的军事谋略思维水平。例如，1983年10月25日，美国在实施入侵格林纳达的"暴怒"计划中，便使用了多种谋略欺骗手段，声东击西，以迂为直，以致当时的苏联和古巴领导人看清美国的意图时，格林纳达的失守已成定局。

3. 军事谋略思维是充分发挥高科技武器装备效能的"倍增器"

人和武器是战争中的两种最基本的因素，任何战争既是武器装备等物质力量的对抗，又是敌我双方斗智赛谋等精神力量的对抗，二者不可或缺。其中精神力量植根于物质力量，而物质力量作用的发挥又离不开精神力量的作用。在高科技战争条件下，谋略思维水平的高低直接影响着高科技武器装备效能的发挥。高科技武器装备无论多么现代化，都是人的思维能力和人的各种器官的延伸、补充和发展，是为了实现人的某种目的、满足人的某种需要而制造和使用的。尽管有些高科技武器装备具有人所不及的功能，可以代替甚至超过人的部分思维能力，但是如果离开人的思维所给予的信号、指令、程序，根本不可能发挥效能。从这个意义上说，"人谋"决定着"机谋"，在"人—机"结合的系统中，人这一因素永远起着决定性的作用，因此，高科技武器装备只有与巧妙的军事谋略相结合，才能产生巨大的战场效应。英阿马岛战争中阿军击沉英军"谢菲尔德"号导弹驱逐舰，经过精心的谋划，先以"天鹰"和"幻影"式飞机飞到"谢菲尔德"号上空，进行高空佯动，吸引了英军舰队雷达和舰载收音机的注意力。而担任主攻的"超级军旗"式飞机则从对英舰威胁较小的南面作超低空飞行，在飞抵距英舰仅46公里处，突然将飞行高度提升到150米，机载雷达短时开机30秒，捕捉到了"谢菲尔德"号驱逐舰。飞行员立即将目标指示数据输入"飞鱼"式反舰导弹计算机，导弹发射后即命中目标，导致"谢菲尔德"号舰毁人亡。据说在导弹击中目标之前6秒钟，"谢菲尔德"号舰上的C3I系统发现了它，但是按照战前英军专家输入的信息判断，认为是"友军"。由此可见，高科技武器装备的使用和防护，必须有军事谋略的指导和配合，才能达到最佳效果。

（三）强化高科技战争条件下的谋略思维意识

高科技战争中敌我双方斗智赛谋的过程，是对双方谋略思维素质高低的检验过程。德不优者不能怀远，才不大者不能博见，只有德才修养都很成熟的谋略思维主体才能制定和实施高瞻远瞩、深谋远虑的谋略。因此，强调固本，加强我军跨世纪军事人才的谋略思维训练，是打赢高科技战争的重要前提。

在高科技战争条件下，提高各级指挥人员和参谋人员的谋略思维能力，必须不断增强现代谋略意识，特别要注意培养、锻炼和强化以下几个方面的谋略意识。

1. 善于宏观驾驭的整体谋略意识

高科技战争是诸军兵种相互配合，以整体方式出现于战场，靠整体威力与敌人抗争。为此，指挥人员必须具有善于宏观驾驭的整体谋略意识。所谓整体谋略意识，是指在观察、思考和处理问题时，要从战争的全局出发，从整体上思考，注意整体效应。换言之，一切军事行动的成败得失，要看整体效果发挥得如何，是否有利于战略全局利益的获取。有的时候，为了战争全局的需要，要求主动舍弃一些战术的、局部的利益，以换取战略的、全局的胜利。因此，必须从战略、全局和长远利益来看待、评价和指导各种军事行动和军事工作。只有把各个方面、各个局部有机地结合成为一个整体，才能减少内耗，充分发挥各个方面、各个局部应有的作用，保证整体功能大于各个部分之和，依靠整体力量赢得战争的胜利。

2. 善于科学预测的超前谋略意识

任何谋略的制定和实施都是根据对即将发生或出现的未知事物的预测而做出的，都离不开超前谋略意识的指导。所谓超前谋略意识，是指导谋略思维主体对战争未来发展变化的状况和结果提前做出预计和判断的一种思维能力。赢得未来可能发生的高科技局部战争的胜利，在和平时期，必须对未来高科技局部战争的样式和打法做好充分准备，包括国防力量的建设、战略物资的储备、武器装备的研制、编制体制的改革、战法战术的演练等，都需要超越时空去预测、分析、推断，要站得高，想得深，看得远，通过富有远见的理性思考，做出科学的谋划。

3. 善于周密统筹的协调谋略意识

现代军队是一个结构复杂、分工很细的庞大系统，要使这个庞大的系统运转自如，使千军万马统一行动，把方方面面的积极性都调动起来，形成合力，就必须具备协调谋略意识，搞好统筹协调工作。所谓协调谋略意识，是指谋略思维主体根据军事系统的内在规律和发展要求，通过调整诸要素之间的联结方式和比例关系，使其相互适应、相互支持，形成一种有序结构的思维方式。在高科技战争条件下，军事协调的内容非常广泛，它不仅包括首长与部队、机关与基层、上级与下级之间的纵向协调，而且包括各军兵种、各个分队、各种人员之间的横向协调；不仅包括工作配合上的协调，而且包括人际关系上的协调；不仅包括军事系统内部的协调，而且包括军事系统外部的协调。在协调中要正确处理系统与要素、全局与局部、需要与可能、当前与长远等各种关系，运用系统分析和系统综合的方法，抓住主要的矛盾与关键性的环节，正确确定协调的方向，谋求各种要素的最佳结合，从而围绕总目标和总任务，使人和武器发挥出最大效能。

虽然谋略思维训练是军队教育训练的重要内容之一，但它又不同于一般的战役、战术训练，而是一种智力、计谋的训练，有其自身的特点和规律。因此，我们应该基于军事谋略思维的特殊性，有针对性地进行指挥人员和参谋人员的谋略思维训练。

首先，根据高科技战争的复杂性进行谋略想定作业。高科技战争中的各种矛盾对抗激烈，战场情况异常复杂。据此，谋略训练的主要形式必须是进行谋略想定作业。谋略想定作业要根据高科技战争的复杂性，提出和设置多种复杂情况，使谋略思维主体置身于曲折隐晦、扑朔迷离的战场环境之中，进而找出以谋制胜的方法和途径。谋略想定内容的来源有多种，一是利用古今中外的一些著名战例，特别是高科技战争的战例，抽取其中施计用谋的情况，置身于实际环境条件下进行谋略对抗训练；二是利用合同战役战术课题的想定，从施计用谋的角度思考如何根据敌我双方的战略战术进行施计用谋；三是根据各种奇谋妙计范例，设置假想的各种谋略想定，锻炼谋略思维主体运用这些计策的能力。无论是哪一种谋略，都要从最复杂、最困难的情况出发，锻炼谋略思维主体在复杂的环境条件下斗智赛谋、思谋定策的能力。

其次，根据诡诈用谋的原则进行创造性思维训练。斗智赛谋的过程，是一种欺骗与反欺骗、蒙蔽与反蒙蔽、灵活多变、变幻莫测的过程，也是一种发挥谋略思维主体的想象力、创造力的过程。因此，谋略训练一定要突出各种情况的变化，多设想几套方案，多进行几手准备，做到一种情况多种预案，一种预案多种打法，多设疑局、僵局、难局、残局、危局和败局等局面，使指挥人员和参谋人员面对各种疑难问题与变幻莫测的情况，敢于进行创造性思维，开拓新的谋略艺术境界。

最后，多种训法因情而施。在高科技战争条件下，为了达到训战一致，必须运用各种现代训练手段，模拟高科技战争的各种情况，进行思谋定策的训练。在训练方法上，可采用图上作业、沙盘作业、计算机模拟、实兵演习、对抗演练等形式。其中，计算机模拟和"电脑定计"开辟了思谋定策的新手段、新途径，具有无穷的奥妙和广阔的前途。纵观近30多年的高科技局部战争，"谋略"这柄古老的"杀手锏"正以全新的形象出现在现代军事舞台上。着眼于高科技武器装备的特点，谋求高科技武器装备运用的最佳效益，以获取高科技战争的胜利，已经成为谋略运用的基本目的。在这里，高科技武器装备既成为谋略的对象，又变为谋略的手段。传统的军事谋略——"眉头一皱、计上心来"的"人脑的谋略"，已变为"高科技化谋略"，或称为"高谋略的技术化"。因此，作为跨世纪的军事人才，必须走出"眉头一皱、计上心来"的传统谋略方式和思维定式，加强对信息技术、控制技术等与谋略相关的科学知识的学习，以提高谋略艺术水平。

总之，通过多种形式的谋略思维训练，强化高科技战争条件下的各种谋略意识，是培养我军跨世纪军事人才的谋略思维素质，提高谋略能力，从而打开高科技战争中一个个矛盾之锁的内在基础和智力手段。

（四）军事战略家思维更新的九大趋势

当前军事战略家思维更新的趋势表现在以下九个方面。

1. 更新集中兵力观念

集中兵力须由过去注重数量的集中转变为注重质量的集中，尤需强调火力的集中。

2. 更新作战目标观念

军事战略思维对作战目标的选择必须首先投向敌方的指挥中枢、信息系统和摧毁敌方的信息能力，而消灭敌方的有生力量则被置于次要地位。

3. 更新作战实力评估观念

机械化战争那种仅以军队数量规模来评价作战实力的观念已不合时宜。准确衡量军队的作战实力，应将其传递信息能力和作战体系结构的整体性作为重要标准。

4. 更新空间和时间观念

军事高科技的发展所导致的战场空间的拓展的战争时间进程的加快，决定了军事战略思维主体必须重新审视时空因素及其所构成的环境条件，进而正确把握和自觉运用时空变化的发展规律，最大限度地利用时空环境。

5. 更新武器装备观念

对于半机械化、机械化和信息化武器装备共存的军队，在继续发挥机械化、半机械化武器装备作用的同时，更要注意运用高科技武器装备，特别是运用高科技战略武器达到战略目的，尤其应考虑如何发挥各军兵种精兵利器的作用、实施联合火力打击的问题。

6. 更新作战保障观念

高科技局部战争的高效能是以高消耗为代价的，为此，军事战略思维须比过去更重视作战保障问题，并适应作战勤务保障的变革，改变传统的保障问题。

7. 更新人民战争观念

未来的人民战争将是具有新时代特征、建立在高科技尤其是信息技术发展基础之上的新型人民战争。目前，迫切需要新的人民战争观念和人民战争理论的指导。

8. 更新军队编成与运用观念

要高度重视诸军兵种的合成运用，像指挥乐队那样全方位地运用、协调、发挥好各方面力量的优势，形成作战合力，达到战略目的。要善于运用信息化部队、特种作战部队，以收作战之奇效。

9. 更新战争形态和作战样式观念

军事战略思维应从过去运用大规模机械化兵团及兵器进行的以高消耗、大规模摧毁为典型特征的机械化战争，转变到大量使用信息化武器装备，运用相应的作战方法的高科技局部战争形态上来。作战方式的选择要紧紧围绕高度立体化的联合作战来思考。

(五) 高科技战争中谋略的发展趋向

新军事革命来势凶猛，信息技术、生物技术、新材料新能源技术、航空航天技术等高新技术正广泛运用于军事领域，从而推动军队的指挥控制系统、武器系统、后勤保障系统、作战理论、战争形态等不断发展，使得指挥员的决策指挥能力、武器系统的远程精确打击能力、部队的快速机动能力等都有了较大提高，为战争指导者施计用谋提供了新的特殊手段。纵面近期几场高科技局部战争中的谋略运用，展望未来，军事谋略似呈以下发展趋向。

1. 造势威慑

造势作为一种谋略思想和方法，历来为兵家所重视，"不战而屈人之兵"更是任何一位战争指导者孜孜以求的思想境界，也是军事谋略追求的最高目标。军事高科技为造势提供了物质条件，使得"牛刀杀鸡"式的造势威慑谋略的前景更加广阔。此种谋略的成功运用，会使对方被施谋一方强大的"阵势"所慑服，俯首称臣，施谋者不损一兵一卒、不废一枪一弹即可达到战争目的。1994年9月，美军打着联合国的旗号，以恢复海地民主为借口，介入海地内政。在种种外交收效甚微的情况下，美国公然调集两万士兵，动用了第82空降师和第10山地师，出动了18艘军舰、81架战斗机和66架直升机，并将所有军事准备情况通过有线电视新闻网向全球进行报道。美军还不断在海地附近进行军事演习，形成"大兵压境"之势，大有战争一触即发之急。此时，海地军方领导人塞德拉斯从电视荧屏上看到的是美军一架架战斗机在空中编队后凶猛扑来，一艘艘战船劈开海浪向海地包抄而来，入侵迫在眉睫，顿时被强大的阵势吓破了胆，立即与美国签署了自动交权的"太子港协议"。21世纪，快速发展的虚拟现实技术已被美国等发达国家军队广泛运用于军事训练、战役技术对抗演习等军事领域，为这一军事谋略的运用又注入了强大的活力。

2. 心理欺骗

信息技术的飞速发展，使信息成为影响战争全局的主要资源，夺取信息优势的斗争日趋激烈。军事谋略对信息资源的依赖性越来越大，要求战争指导者把信息作为比人力、物力、财力等更为重要的战争资源加以集聚、谋划，加快信息获取、传输、处理和利用速度，从而提高谋略水平。战争双方都力争凭借自身先进的电子设备、器材等，采取各种手段，对敌方进行强烈的干扰和破坏，屏蔽其电子耳目，堵塞其信息"通道"，进而剥夺其获取信息的能力，使其变成既瞎又聋的"残废"；同时采取一些有效的抗干扰措施，保护己方信息渠道的畅通。在敌方信息缺乏的情况下，采用"攻心为上"的方法，对敌方人员广施心理欺骗，可收到事半功倍的效果。海湾战争期间的一天傍晚，美空军的两架歼击机从航空母舰上起飞，直奔伊拉克上空，凭借着机尾喷出的长长的"气尾"和高超的飞行技能，快速巧妙地在沙漠上空"画"出一幅巨大的伊拉克国旗。此时，躲在坑道深处的伊军官兵抬头看到这种景象，顿时齐声欢呼，视之为"上苍的恩赐和暗喻，定能取胜"。然而正在此时，两架美机又迅速折回，互相交叉飞行，在这面"国旗"上打了一个大大的"叉"，伊军官兵目睹这惨痛的一幕，霎时大惊失色，不祥之兆迅速在官兵心头蔓延，士气为之大落，垮下阵来。

3. 声东击西

"兵者，诡道也"，"兵以诈立"，"兵在厌诈"，是亘古以来的作战法则。高科技条件下的作战，双方指挥员都采取"诡道"谋略，以高敌一等的"变术"施计用谋，通过广泛机动，巧妙示形于敌，声东击西，隐蔽己方真实企图，使敌方的作战意图扑空，做到"致人而不致于人"，从而争得战场上的主动权，为取得战争的胜利创造条件。海湾战争中，多国部队实施的地面作战的"沙漠军刀"行动中，就采取了机动示形的方式，隐蔽了主要进攻方向，达成了进攻的突然性，很快夺取了地面进攻的主动权。当时，多国部队为了给伊拉克造成将从伊、科边境和海上进攻的假象，采取了一系列行动，隐真示假，对伊军进行有效欺骗，如在海湾集结大量舰只，陆续进行了5次两栖作战行动，并在这一地区上空反复进行空中加油训练，第1、2师在科边界连续实施袭击等。同时还通过舆论机构故意泄露这一计划。这些"诡诈"行动使伊军信以为真，因此遂布重兵于海湾方向，甚至火炮炮口都掉转了方向，从而为美军在北侧实施地面主要攻击创造了条件。

4. 釜底抽薪

高科技局部战争中，各作战系统之间的相互依赖性大大增强，彼此之间必须协同作战，才能发挥整体的作战功能，体系中的任何一个环节出现故障或遭到破坏，就可能导致整个作战体系的瘫痪，降低其作战效能。因此，战争指导者要从全局上谋划战争，就必须注重对敌防御薄弱处的"关键部位"如指挥机关、通信设施、导弹发射阵地等进行攻击。高新武器装备的远程打击能力和精确攻击能力空前提高，使得"擒贼先擒王"轻而易举，运用这一谋略取得"击一点而瘫全身"之功效，进而使敌庞大复杂、功能齐全的作战系统陷于瘫痪，丧失应有的性能。海湾战争一开始，美军首先使用远程精确制导导弹对伊拉克政府的指挥通信大楼进行轰炸，使伊通信设备遭受很大损失，其指挥控制系统一时处于瘫痪状态，多国部队在巴格达上空进行突袭时，巴格达40分钟后才进行灯火管制，1小时后伊军才使用高炮对空进行盲目射击。此谋略的成功运用，为多国部队38天的空袭提供了方便。

5. 先谋后战

快速反应能力是衡量军事谋略水平高低的重要标志。"将计就计""先谋而后战"在高科技局部战争中的作用更加明显。现代作战，参战的军兵种多，战场趋向多维化，作战空间明显增大，"陆、海、空、天、电"一体，信息来源广，流量大，速度快，时效性强，战机稍纵即逝，对军事谋略的快速反应性提出了更高的要求，只有实现信息收集快、处理快、形成决策快、指挥部队快等先敌之策，才能准确捕捉战机，先敌行动，打敌措手不及，取得较大的作战效益。计算机技术的发展，把指挥、控制、通信和情报等功能联为一体，实现了信息获取、传输、处理、显示和辅助决策的自动化，从而为谋略家进行科学判断，加快思维节奏，进行快速决策提供了依据。海湾战争中，美国为首的多国部队就充分发挥了其先进的通信卫星、C3I系统等的巨大作用，广泛收集伊拉克的信息，快速处理，果断决策，并对其一些重要目标进行"近实时"或"实时"打击，使伊军一直处于被动挨打的不利局面，躲开了空中火力的袭击，又遭到炮兵火力的杀伤；避开了一个兵种的打击，又受到另一兵种的攻击；使其始终"跟不上"多国部队的作用节奏，飞机不敢升空迎击敌机，导弹打不中目标，高炮胡乱射击。这种被动应付的局面一直持续到战争结束，给伊军带来巨大损失，使多国部队以小的代价获取了大的胜利。

第二章 核武器与核威慑

核武器是利用能自持进行的核裂变或聚变反应瞬间释放的巨大能量,产生爆炸作用,并具有大规模杀伤破坏效应的武器的总称。它包括原子弹、氢弹、中子弹等。核武器系统一般由核战斗部(核弹头)、运载工具和指挥控制系统等部分构成,核战斗部是其主要构成部分。

第二次世界大战不久,美苏核战略就形成了对抗的态势。随着美苏关系的变化及核武器技术的发展,双方的核战略不断演变,在各自的军事战略中占有不同的地位。美苏核战略的对抗与演变有一个共同的特点,即双方均以相互威慑和争夺优势为基本目的。这也是它们核军备竞赛的基本动力。中等核力量国家基本上都采取有限的核威慑战略,但也都结合国情形成了各自的特点。

一、核武器概述

(一)核武器的类型

核武器具有以下几种类型。

1. 原子弹

原子弹,是利用易裂变重原子发生裂变链式反应,瞬间释放巨大能量,造成杀伤破坏作用的核武器,也称裂变弹。原子弹的威力通常为几百至几万吨级梯恩梯当量。它可由不同的运载工具携载而成为核导弹、核航弹、核地雷或核炮弹等。

2. 氢弹

氢弹主要是利用氘、氚等轻原子核的自持聚变反应瞬时放出巨大能量,造成杀伤破坏作用的核武器,又称聚变弹。由于轻核聚变反应要在极高的温度下才能进行,所以氢弹还被称为热核弹。氢弹的威力比原子弹大得多,可达几千万吨梯恩梯当量。

3. 中子弹

中子弹是以高能中子辐射为主要杀伤因素,且相对减弱冲击波和光辐射效应的一种特殊设计的小型氢弹,又称为增强辐射弹。

4. 其他新型核武器

核武器发展的主要趋势是研制和使用特种功能核弹。所谓特种功能核弹是根据使用需要研制的具有某种特殊功能的核武器。它的研制方向、途径是:其一,突出核弹某一种杀伤破坏因素的作用,相对减少或抑制其他杀伤破坏因素的任用,如中子弹、冲击波弹、核燃烧弹等;其二,改变破坏性能,可将核弹的威力变为可调整的,或使其具有钻地功能,或控制其核爆炸能量释放的方向等;其三,以核爆炸为动力而派生出其他具有特异功能的武器系列,如核激励 X 射线激光器、钢珠子母弹、粒子束武器等。这些新型核武器,有的仍然是一种研制方向,尚未成型。

（二）核武器的威力

核武器的威力是指核弹爆炸时所释入的能量，而不是指核爆炸的杀伤破坏范围。核武器爆炸时释放的能量，比只装化学炸药的常规武器要大得多。

1. 核武器的威力表示方法——梯恩梯当量

为了衡量核武器的威力大小，一般用梯恩梯当量表示。梯恩梯当量是指核武器爆炸时释放出的能量相当于多少质量的梯恩梯炸药爆炸时所放出的能量，简称当量。

2. 核武器威力等级分类

（1）按梯恩梯当量的吨位划分核武器威力等级。

（2）按梯恩梯当量的大小划分核武器威力等级。核武器的也可按当量的大小分为几类，但此种划分，各国不尽一致。

（3）按作战任务划分核武器。战术核武器是指为了达到战役、战术目的而使用的射程较近、威力较小的核武器，其当量通常在几十万吨以下，多为万吨级。

（三）核武器爆炸的外观景象

不同方式的核爆炸有其独特的外观景象，可以通过对核爆炸外观景象的探测来判断核爆炸的方式，进而估计其杀伤破坏情况。

1. 空中核爆炸的外观景象

几种空中核爆炸的景象有其共同的特点，即依次出现闪光、火球、蘑菇状烟云，还能听到核爆炸的巨大响声。

2. 地（水）面核爆炸的外观景象

总的来说，地（水）面核爆炸的外观景象与低空核爆炸相类似。所不同的是：火球接触地（水）面，近似半球形（或球缺形），且闪光持续时间、火球发光时间和火球直径比空爆时有所增加；烟云颜色深暗，尘柱粗大，烟云和尘柱几乎从形成时就连接在一起。此外，触地爆炸时，还可能形成弹坑，弹坑的大小与核爆炸当量、爆高以及地质等因素有关。

3. 地下核爆炸的外观景象

地下核爆炸通常可以分为深层地下核爆炸和浅层地下核爆炸。两者的区别在于：深层地下核爆炸是指爆炸效应基本上被封闭在地下的那种爆炸，其爆炸点上方的地面可能受到挠动。地下爆炸时，通常看不见闪光和火球，但一般能听到巨大的爆炸响声。由于火球在土壤中猛烈膨胀，产生强烈的地震波，所以，在一定距离上能感觉到强烈的地震。

4. 水下核爆炸的外观景象

水下核爆炸时，通常能听到低沉的爆炸响声，但火球发出的光辐射大部分被水吸收，发光的时间极短，在近距离上可以看到一个明亮的发光区。火球迅速冷却成高温、高压的气泡，向外猛烈膨胀，产生水中冲击波。当气泡上升，即将冲出水面时，在爆炸点的上方涌起一股浪花翻腾的水柱称为喷水水墩。气泡冲出水面时形成空中冲击波，并把大量的水掀起，出现烟囱形的空心水柱，气泡内的气体（蒸汽）通过空心水柱中心上升，在顶端喷出，成为菜花状云团。由于喷出的气体湿度很大，进入空中的部分立即聚集，结成冷凝云。水柱上升到最大高度后开始回降，在水面激起巨大的波浪向四周扩散，且随距离的增加而迅速减弱；同时，在水面靠近水柱基部形成一个环形的具有强烈放射性的云雾，称为基雾。它随着水的大量回落，逐渐向周围扩散，并且向上升起，与空中的冷凝云、天然云相混，在高空风的作用下向下风地区飘移，它经过时可能有放射性雨降落。

5. 高空核爆炸的外观景象

爆炸高度在海拔 30 千米以上的核爆炸为高空核爆炸。这时大气稀薄，爆炸外观景象与在稠密大气层空中爆炸有较大差异。高空大气密度很小，光子的平均自由程很长，故火球的膨胀速度快，而且火球上部发展速度大于下部，火球呈倒梨形。由于冲击波在穿过稀薄空气产生电子激化的氧原子，所以在火球周围形成巨大红色球形波。

（四）核武器爆炸方式

核武器爆炸方式是指核武器在不同介质和不同高度（或深度）处爆炸的类型。爆炸方式对核武器的杀伤破坏作用有很大的影响，即使是爆炸当量相同，若爆炸方式不同，则其产生的爆炸外观景象、对目标的杀伤破坏效果、造成地面沾染的程度也会不相同。因此，判明爆炸方式，对于分析核袭击造成的杀伤破坏和地面放射性沾染情况，有重要意义。在实施核袭击时，根据作战任务、目标性质和地形、气象条件等，正确选择爆炸方式，可取得较好的效果。

二、核武器的杀伤破坏因素

核武器爆炸以后，不仅释放的能量巨大，而且反应过程非常迅速，在微秒级的时间内即可完成。巨大能量集中在瞬间释放，并与周围大气作用，便产生了"光辐射""冲击波""早期核辐射""核电磁脉冲"等多种瞬时杀伤破坏因素。而且，核爆炸时重核裂变产生的放射性裂变产物和中子流作用于地面产生的感生放射性核素又构成了核爆炸特有的杀伤因素，即"放射性沾染"。这几种杀伤破坏因素相比，放射性沾染的作用时间长，在核爆炸后几小时、几个星期、几个月，甚至更长的时间内，对处于沾染地域内的人员都有危害作用。

光辐射可灼伤人员，可使易燃物质燃烧，并引起不同程度火灾。冲击波可使人员受到摔伤、挤压伤，能破坏各种武器装备、工事和建筑物等。早期核辐射可使人员患急性放射病。核电磁脉冲可使电气、电子设备受到干扰和破坏。放射性沾染可使地面、空气、水、武器装备等遭到污染，能使人员受到放射性损伤。

核武器具有杀伤破坏因素多、杀伤破坏范围广、杀伤破坏严重、杀伤持续时间长、防护复杂等特点，但它的杀伤破坏力总是有限的，也是可以防护的。只要了解核武器的杀伤因素及其破坏作用，加强防护训练，提高防护素质，消除恐惧心理，就能避免或减轻核武器的伤害。

（一）光辐射

核武器爆炸瞬间产生温度极高的火球，在火球整个发光过程中，不断发射由紫外线、可见光和红外线波段组成的辐射能流，构成了核爆炸的重要杀伤破坏因素——光辐射。它是核爆炸的重要特征之一，有时也称热辐射。

（二）冲击波

核爆炸的冲击波是核武器的主要杀伤因素，它所带走的能量约占核爆炸总能量的一半，因此，在军事上衡量核爆炸的杀伤破坏效果，通常以冲击波的杀伤破坏半径为标准。核爆炸冲击波在本质上与梯恩梯爆炸形成的冲击波相类似，并不是核武器特有的杀伤破坏因素。

（三）早期核辐射

早期核辐射是指在核爆炸后15秒内放出的中子和γ射线。关于15秒的时间界限的确定，各国不尽一致，根据我国核试验的经验，爆后15秒之后的核辐射，其瞬时杀伤破坏特征已不明显，所以把15秒之后的核辐射列入剩余核辐射（放射性沾染）之中。早期核辐射是核武器特有的杀伤破坏因素。

（四）核电磁脉冲

核电磁脉冲是核武器爆炸时，产生的强脉冲瞬发γ射线与周围空气物质相互作用而形成的辐射瞬变电磁场。它是核爆炸的瞬时破坏因素，当它作用于适当的接收体时，可在瞬间产生很高的电压和很强的电流，损坏电子元器件，使指挥、控制系统以及通信联络失灵。

（五）瞬时杀伤破坏因素的综合作用

上述核爆炸产生的光辐射、冲击波、早期核辐射、核电磁脉冲等几种瞬时杀伤破坏因素，实际上不是一个一个地单独作用于人员和物体，而是这几种杀伤破坏因素几乎同时或略有先后地作用于人员或物体。人员和物体受到的杀伤破坏作用，也常常是几种杀伤破坏因素综合作用的结果，所造成的伤害或破坏常常是复合型的，不大可能是单一的。因而在防护上也要考虑到具有综合性的防护措施，这是核爆炸防护的很重要的课题。

（六）放射性沾染

放射性沾染是核爆炸产生的放射性物质对地面、水域、空气和各种物体的污染，放射性沾染是核武器特有的杀伤因素之一，从其放射性物质放出的β射线和γ射线作用于人体而产生杀伤效应。由于放射性沾染放出的核辐射，作用的时间较晚，为与早期核辐射区别，又称为剩余核辐射。

三、核武器的使用及对作战的影响

随着核武器的不断发展，进一步增强了其打击、突防、快速反应和生成能力，使用的可能性增大。未来战争中，虽然爆发核大战的可能性日趋减小，但战区或有限核战争的可能性依然存在。

（一）核武器使用的特点

核武器作为大规模毁伤性武器，其使用可能具有如下特点。

（1）通常在关键时刻、有利时机由高层决策，慎重使用。虽然有些国家师以上部队装备有核武器，但核火力的组织计划单位通常为战役军团或兵团，其最初使用权将由国家最高指挥当局在综合考虑国内外有关的政治和军事形势后作出。如果需要动用核武器，通常在战争过程中的关键性时节或有利时机使用。既要满足军事上的需要，显示己方作战的实力和决心，又要与政治斗争形势相配合。

（2）从使用高科技常规武器发展到使用核武器的可能性较大。当军事强国或地区霸权主义国家发动侵略战争时，由于他们具有高科技常规武器和核武器的双重优势，可能从常规作战开始，当态势对其不利或需加快战役进程时，就有可能动用核武器。

（3）通常在中等强度和中等规模以上的战争中使用。由于核武器巨大的杀伤破坏作用及其使用后所造成的各种影响，迫使有核国家不到万不得已，不会轻易使用。在边境冲突、低强度、小规模的战争中，运用核武器的可能性较小。

（4）严格控制、有限使用。核武器系非常规武器，最初使用权属于统帅部，为防止战争升级，核武器在使用目标、范围、数量、当量、时间等方面都必将严格控制。局部战争的目的、作战地幅和空间、打击目标及战争持续时间等均是有限的。通常主要使用当量较小的战役、战术核武器，打击范围有限，主要使用于战场军事目标。近年来外军核条件下演习，在核武器使用的数量、当量、范围等方面，均有缩减的趋势。

（5）确保摧毁。局部战争中，由于核武器通常在关键时刻有限使用，要求代价要小，效益要高，可靠性要强。为此，将精心设计，充分准备，采用高科技，选用高效手段，选择有利时机，实行突然袭击。

（二）核武器的使用手段

核弹头可由导弹、火箭运载，从陆地、空中、水面或水下发射；也可以制成炸弹、炮弹、由飞机投掷、火炮发射；还可以制成鱼雷、地雷等。

（三）爆炸方式和爆心投影点的选择

选用爆炸方式，通常应考虑目标的性质和坚固程度。核弹的威力、预期毁伤效果、己方安全或对作战行动有无妨碍。不同爆炸方式对目标的毁伤特点。正确选用爆炸方式能获得最大毁伤效果，减少核弹药消耗。通常杀伤地面和野战工事内的人员，破坏轻型工事、技术装备、地面建筑和水陆交通、地面航空附属设施等，采用中比高核爆炸。破坏地面和浅地下坚固工事、大型武器装备等，采用地面核爆炸。进攻时主要采用低空爆炸，以免妨碍己方行动，有时对坚固目标可提前采用地面爆炸。防御时，只有核突击目标不在己方阵地及其附近，可灵活选择爆炸方式。

四、核战争与核战争理论

（一）非接触性核战争

现在必须对历代战争演变中的反常现象进行研究。这里要讲的是破坏了历代战争发展逻辑的核战争问题。1945年核武器的出现破坏了相对稳定发展的战争进程。除了1945年第二次世界大战结束时，美国对日本两座大城市实施核弹轰炸外，核战争没再发生过。随着核时代的开始，对常规武器，尤其是战役—战略常规武器的兴趣会自然降低，这是武器装备和军事技术装备发展道路上的一个显著并且合乎规律的特点。在这个仅仅依靠核武器的时代，常规武器似乎变得不再必要。在常规毁伤兵器、特别是带有远程精确制导系统的常规毁伤兵器发展过程中，以及在以常规弹药精确高效毁伤目标的远程毁伤兵器的研制过程中，一个相当长的停滞时代开始了。核武器不需要很高的精确度。

应当强调指出的是，在核前时代的历代接触性战争中，对抗双方的武装力量必然是毁伤的主要目标，因为在通常情况下，只有粉碎了敌人的武装力量，才能摧毁敌人的经济和推翻敌人的政权，取得战争的最后胜利。由于缺乏对敌国整个领土上军用目标和民用设施进行远程密集突击的常规兵器，因此为了取得战略性胜利，在接触性战争中就必须主要以人数众多的陆军集团实施长时间战役—战略规模的进攻行动。

总之，在核前时代的历代战争中，这些任务的完成都是通过接触性对抗方式，双方投入人数众多的陆军部队，并且单是在占领敌方的领土过程当中，就必须付出巨大的伤亡代价。

在导弹核时代一切都发生了急剧的变化。在核战争中非接触性毁伤的首要目标，可能不仅仅是武装力量，实际上是交战双方领土上的所有重要目标和居民同时被毁伤，准确地说，在导弹核战争中军事行动的战场是整个地球的陆地、海域、空中和太空。如上所述，由于核战争发展演变进程中的反常现象，所以它不能达成任何战略目的，尤其是政治目的。正是由于世界两个政治体系长期的核对抗，导致了冷战，并且规模不断扩大。俄罗斯作为苏联的合法继承国，它所继承的不仅仅是苏联的核武器，而且还有苏联在冷战中的失败。如今，在冷战中获胜的美国正在寻求使其自身的核武器以及世界许多国家大量储存的核武器摆脱困境的办法。美国绝对不允许来自任何一个核国家的任何一枚核弹对其领土实施突击。谁发动突击以及出于何种目的，对于美国都不具有任何特殊意义。因为这种突击将会对美国的领土及其国家利益造成不可承受的损失，无论是民众的伤亡，还是经济的重创，美国都难以承受。所以美国就绝对相信永远不会有针对其领土的核突击，并为此采取了一系列措施，保护美国国家安全。

"9·11"事件后，美国开始认识到核武器并不是确保美国国家安全的万全之策，而是一个沉重的负担，它将不可避免地导致与其他国家的核对抗。现在这一时期已经来临，有无核武器都同样不能确保国家高枕无忧。美国一直在努力建立牢不可破的国家导弹防御系统，这无论是在理论上还是在实践上都是行不通的。有一系列基础物理方面的制约，从而不能够对所有先进的进攻性核弹弹道目标进行毁伤。因此，美国不得不进行单方面核裁军并将俄罗斯也拉入该进程当中。确信无疑的是，俄罗斯永远也不会成为美国的盟友，俄罗斯的核武器也将永远处于美国的瞄准之下。最好的情况是，两个国家在某些感兴趣的领域内进行合作。只有当上述国家在相互对等的基础上将核武器完全销毁之后，它们之间才有可能建立起真正友好和相互信任的关系。

可以预料，当俄罗斯继续拥有核武器时，对于俄罗斯将独联体国家以及其他国家联合到自己周围的企图，美国将十分嫉妒。可以认为，俄罗斯无意成为北约当中一个享受平等权利的成员国，即使给予俄罗斯最优惠的条件，这首先是由于俄罗斯不愿意受在北约起着重要作用的美国的军事监督和核监视。

目前，在大多数国家中，核力量是陆海空力量的二重奏或三重奏。但是，在最发达国家向非接触战争过渡阶段，将会出现无核战略力量。在最初阶段，它们将只是空基和海基力量的二重奏。这种力量主要由大量多用途无人驾驶飞机，远、中、近程高精度巡航导弹构成，空军和海军将拥有这些装备，随后将出现非核洲际导弹，从而建立起"三位一体"的立体力量。

与战略核力量不同的是，如果不出意外，精确制导非核导弹的主要载体实际上将是整个航空兵、所有水面舰艇和潜艇，随后便是有人驾驶和无人驾驶的太空作战系统。只有当准备用新方式作战的国家武器库中有足够数量的各种精确制导武器的情况下，非核战略遏制才有可能实现。核武器和核遏制在这种情况下不会立即消逝，但它的作用将逐渐发生变化。它很可能不再是原来的那种武器，而是转化为不可动用的战略武器库对国家进行政治保护。只要非核战略力量和兵器尚未全部替代战略核力量，那么战略核力量就会处于待命状态。当然，也不能排除这种情况，即核武器成为贸易和政治交易的对象。但是，核武器自身作为装备还会长期存在。许多国家武器库中这种危险的武器将继续引起世界的恐慌，这主要是以下三个方面的原因。

（1）除核武器之外，某些国家没有可靠的武装力量，它们公开在宪法或军事学说上宣布首先使用核武器的决心。

（2）实际上在所有的核国家当中，显然将保留现行的极为有限的核遏制以及在某种危机情况下使用这种武器的决心。

（3）所有主要核国家的核遏制机制都在是在冷战时期制定的原则，所参照的是过去两个世界体系的对抗，在现代的国际环境下，它与全球新的地缘政治和地缘战略不相适应。

某些国家在其军事学说中保留首先使用核武器的条款将是极其危险的。如同俄国军事科学院院长加列耶夫将军所指出的那样，在局势极其复杂和尖锐的情况下，追求毫不迟疑地首先使用核武器将引发危险的竞赛，一方先使用核武器就意味着可能引发另一方采取先发制人的核突击。随后将难以确定，到底是谁，出于何种原因首先使用了核武器。

（二）核战争理论

一般认为核战争理论包括全面核战争理论、有限战略核战争理论和战区核战争理论。

1. 全面核战争理论

全面核战争也称战略核战争，与此相应的理论是在20世纪50年代时期美国拥有绝对核优势情况下提出的，认为全面核战争是各大国之间最后的决战手段，双方将无限制动用核武库的所有武器。这种战争的特点是：①战争的突然性。导弹核武器的出现，缩短了将核弹头投射到敌方国土的时间和敌方的预警时间。加之敌方没有有效对付洲际导弹的手段，因此战争初期实施先发制人的核突击，对夺取战争胜利有决定性作用，战争可能不经传统的威胁阶段而突然爆发。②战争的毁灭性。双方使用的战略核武器具有杀伤破坏力，因此战争空前激烈。双方在短期内即遭到毁灭性打击。③战争规模巨大。战场范围除欧、亚两洲以外，还包括北极甚至美国本土。双方的前后方都将同时遭到攻击。④战争进程短促。战争胜负有可能在短期内决定。双方的战争动员、军队输送和展开不同于两次世界大战。来不及在战争发生后进行，而必须在战前做好准备。⑤进行全面核战争不仅要拥有实施首次核突击的第一次打击力量，还要拥有实施核还击的第二次打击力量；不仅要有打击对方城市目标的核力量，还要有打击对方军事目标的核力量。西方军事问题专家认为，可能引发全面核战争的潜在因素有五个，即蓄意发动、意外事件、情况估计错误、第三者的蓄意挑动以及好战国家领导人的冲动。苏联和西方军事理论界均认为，在美、苏双方都拥有大量战略核武器的情况下，全面核战争会使交战双方遭到毁灭性打击，发动此种战争作为达到国家目的的手段已失去合理性。战略核武器主要用于核威慑。因此发生此种战争的可能性很小。

2. 有限战略核战争理论

有限战略核战争是一种使用战略核武器而在战争规模、攻击目标和破坏程度等方面加以限制的核战争。20世纪50年代，美国开始丧失核武器及其运载工具方面的绝对优势，因而大规模使用核武器对美国本身孕育着遭到核报复的潜在危险。面对这种情况，美国军事理论界提出必须在某种程度上限制核报复规模的观点，着手研究有限战略核战争理论。康恩认为，有限战略核战争可能是一种有控制的核战争，战争双方将只打击对方的军事力量，以达到消耗对方报复能力的目的。另一些美国军事问题专家如M. 卡普兰、T. C. 谢林和G. 斯奈德则主张，对军事和非军事目标的破坏应同样降到最低限度，目的主要在于动摇对方的决心而不是消耗其战略部队。最终通过谈判在有利于己的条件下停战。1974年，美国国防部长J. 施莱辛格正式宣布采纳有限战略核战争这一理念，认为使用具有一定威力和精度的核武器破坏敌方军事目标，有可能迫使对方不攻击美国及其盟国的城市。当时，美国一些国会议员和学者曾对此表示怀疑，认为有限战略核战争理论既然把核武器看作可以在实战中使用的武器，就必将增加使用核武器的危险性，从而引起新的核军备竞赛。实际上，在实战中对对方实施战略核突击很难明确区分军事目标和非军事目标。西欧国家的一些学者认为有限战略核战争理论不能保证美国对其盟国"核保护"的可靠性，这种"核保护"即使能拯救美国一些城市，也不能防止欧洲的城市遭到摧毁。

3. 战区核战争理论

战区核战争是使用战术核武器进行的战争，亦称有限核战争。华沙条约组织解体之前，美国军事当局认为这种战争可能在美国以外的任何地区发生，但以欧洲为主。当时，美、英、法及苏联等均在欧洲地区部署有大量战术核武器。在这种战争中，北大西洋条约组织不仅使用美国部署在欧洲的战术核武器，而且可能使用英国、法国的战术核武器。战术核武器可在对方实施核袭击时作为报复手段使用，也可在抗击对方大规模常规进攻失败时作为还击手段使用。在战区核战争中，战术核武器主要用于摧毁对方领土内选定的工业目标，在有限的作战地域消灭对方部队，以及摧毁对方空军基地、导弹基地和运输线。美国一些军事问题专家认为，使用战术核武器，不仅有利于进攻作战，也有利于防御作战。在发起进攻前使用战术核武器，可迅速有效地摧毁对方的指挥控制机构、原子弹、导弹、航空兵基地和主要防御阵地，为坦克兵、摩托化步兵和空降兵实施高速度进攻创造有利条件。在进攻作战中使用战术核武器，不仅可有效地支援地面部队提高进攻速度，达成突然性，保持进攻锐势和掌握主动权，而且还可在心理上给对方造成严重影响，使其惊慌、混乱和失去控制能力，从而保证己方进攻部队迅速突破对方防御。在防御作战中使用战术核武器，可迫使敌人改变其进攻取胜的决心，迅速有效地歼灭敌装甲突击梯队，摧毁直接支援敌装甲部队的导弹、火箭、火炮和作战飞机等武器装备，从而阻滞和粉碎敌人的进攻。在M. S. 戈尔巴乔夫执政时期，苏联政府认为无论怎样使用战术核武器，都势必导致双方动用大量核武器，战区核战争将不可避免地扩大为全面核战争。美国和北约军事当局也认为，战区核战争异常激烈，且有核升级的风险。

五、当代核威慑战略

（一）中国孙武最早提出威慑战略

"威慑"之说，早在《孙子兵法》中就提出了，这是一个具有远见卓识的思想观点。

孙子在《谋攻篇》中极力倡导"不战而屈人之兵"的"全胜"战略。孙子曰："凡用兵之法，全国为上，破国次之；全军为上，破军次之；全旅为上，破旅次之；全卒为上，破卒次之；全伍为上，破伍次之。是故百战百胜，非善之善者也；不战而屈人之兵，善之善者也。故上兵伐谋，其次伐交，其次伐兵，其下攻城。……故善用兵者，屈人之兵而非战也，拔人之城而非攻也，毁人之国而非久也，必以全争于天下。"

孙子的"不战而屈人之兵"的威慑思想，首先是出自春秋时期兼并争霸的需要。在从奴隶社会向封建社会急剧转变的春秋时期，阶级矛盾尖锐，奴隶起义连续不断，诸侯各国争夺霸主地位，战争此起彼伏，造成巨大的损失。因此，各国都在探索指导战争的正确理论。孙子提出的"不战而屈人之兵，善之善者"的辩证唯物的思想，正与兼并争霸战争的目的相吻合。兼并争霸战争的主要目的并不是消灭敌国，而是占有敌国的人口、土地和资源。如果一味"伐兵"，每每"驰车千驷，革车千乘，带甲十万，千里馈粮"，"日费千金"，势必双方"钝兵挫锐，屈力殚货"，造成巨大人员伤亡和财力损失；而且力服不如心服，靠武力征服获取的霸主地位也不稳固。若能"不战而屈人之兵"，"自保而全胜"，实为"善之善者"。

孙子的威慑思想也并非凭空的臆造，它是在当时诸侯之间"伐谋""伐交"和"不战而屈人之兵"的实践基础上产生的。春秋时期的齐桓公运用"不战而胜"的战略争霸，以"杀鸡儆猴"和"挟天子以令诸侯"的威慑方式，使鲁国和其他许多小诸侯尊奉齐国为盟主，并以具有威慑意义的"会盟诸侯"外交手段，"九合诸侯"，维持霸业数十载而不衰。继齐桓公之后，晋文公采用"取威图霸"的威慑战略，战胜了实力强大的楚国，威服诸侯，登上了霸主的宝座。到公元前529年，晋昭公为巩固霸主地位，大会诸侯于平丘，以兵车4000乘（一乘通常由三马一车组成）显威示众，震慑诸侯，使他们俯首称臣，是谓平丘之会。这些成功的实践是孙子的威慑思想得以产生的重要基础。

孙子虽然强调"不战而屈人之兵"，并认为它是"善之善者"，但并不是纯威慑，而是"先为不可胜"，积极准备战争，立足于打。孙子十三篇兵法包括计篇、作战篇、谋攻篇、形篇、势篇、虚实篇、军争篇、九变篇、行军篇、地形篇、九地篇、火攻篇和用间篇，几乎全是论述如何不战而屈人之兵。可以说孙子的战略思想就是威慑加实战。他是世界上最早提出"威慑战略"与"实战战略"的先驱。

孙子的威慑思想，不仅对当时，而且对后来国家与国家、集团与集团之间的政治、军事、经济、外交、科技、文化等方面的斗争产生了极其广泛的影响。他的威慑思想、屈兵战略，迄今仍被世界各国军事战略家所推崇。美国战略家柯林斯说："孙子是古代第一个形成战略思想的伟大人物……今天没有一个人对战略的相互关系、应考虑的问题和所受的限制比他有更深刻的认识。"英国著名战略家利德尔·哈特在《孙子兵法》英译本的序言中说："在导致人类自相残杀、灭绝人性的核武器研制成功后，就更需要重新而且更加完整地翻译《孙子》这该书，更需要充分地阐明的思想。"哈特认为，孙子的战略思想对于研究核时代的战争很有帮助。日本安全保障研究中心主任三好修在他所著的《苏联帝国主义的世界战略》一书中明确提出了"孙子核战略"的命题。三好修认为孙子的战略观点,触及了核战争的实质,具有现实意义。核战争会给人类造成巨大灾难,理应尽力避免,眼下最理想的战略还是孙子提出的以谋略取胜,不战而克敌,不付出巨大代价而获得战略利益。

(二) 威慑的运用与分类

按照不同的运用和标准,可以对威慑进行不同的分类。

根据威慑目的的不同,可以分为进攻性威慑和防御性威慑。前者是通过威慑手段进行要挟,迫使对方放弃抵抗的决心,从而夺取本来要通过战争才能获取的利益;后者是通过威慑手段慑服对方放弃采取某种行动,从而捍卫自己的利益不受侵犯。

根据威慑所保护的范围的不同,又可分为消极威慑与积极威慑。前者指一个国家为保卫其自身安全而采取的威慑行动,后者指一个国家为保卫其盟国的安全而采取的威慑行动。例如美国和苏联给各自的盟国提供核保护伞就属于积极威慑。由于美国和苏联的核武器保护范围扩展到盟国,所以这种威慑又称为"扩展的威慑"。不过这个名词在美国还有一层含义,即这种威慑除用于遏制核战争以外,还扩展到遏制前华约的常规进攻。

根据威慑所采用的报复方式的不同,可以分为负威慑与正威慑。负威慑以惩罚为威慑手段,最典型的是动用武力;正威慑则以停止某种事先许给的利益为威慑手段,如停止贷款或技术援助,以及取消最惠国待遇等。

从威慑状态上来看,又可分为直接威慑和一般威慑。前者指出现战争危机时,一方企图通过进攻来夺取既定的战略目标,而另一方则采取报复威胁来迫使对方放弃进攻的打算;后者指敌对双方平时通过保持强大的军备力量来调节双方的关系,通常国与国之间的斗争大都处于一般威慑状态。

根据威慑的领域的不同,还可分为政治威慑、军事威慑、经济威慑、科技威慑和文化威慑等。若进行细分,军事威慑又可分为核威慑、常规威慑等。

(三) 从"造势""示形"与"藏形"看威慑的基本特征

1. 威慑三要素

美国基辛格博士在《选择的必要》一书中说:"威慑需具备以下要素,即实力、使用实力的决心和使潜在的侵略者估计到这两点。""如果有一种要素不存在,威慑就不起作用。实力不论如何大,如果没有诉诸武力的决心,它也没有用处。如果侵略者不相信对方既有实力又有使用实力的决心,或者在他看来发动战争所冒的风险对他不是没有充分吸引力的,即使对方既有实力又有使用力量的决心,也不会发生作用。"下面对这三种要素分别加以研究。

(1) 实力。这是威慑的物质基础。一个国家的威慑力量,除军事实力外,还包括政治、经济、科技、文化、国土、人口、地理、道德等非军事因素。军事实力(特别是战略核打击力量)是最直接的威慑力量。威慑者的实力越大,则他的威胁也就越能受到对方的重视,威慑的成功率也就越大。

但必须指出,威慑效力并不随实力成正比例增加,而是受到递减原则的支配,甚至在某些极端的情况下还会走向反面。今天的核威慑就出现了这种趋势。

（2）使用实力的决心。单有实力，实力不论多大，而没有使用实力的决心，威慑就不能奏效。没有使用实力的决心，决不可虚张声势，因为一旦被威慑者要求摊牌就会产生相反的结果。下定使用实力的决心是采取威慑行动关键的一步，它需要进行周密的"庙算"，做好实战的准备。这种决心必须通过能够付诸实施的具体行动方案来表达，而不是只停留在抽象的语言的表态上。也就是说，要使这种威胁在对方心目中具有可信性。

（3）威慑信息的准确传递。准确传递威慑信息，就是要使被威慑者认知威慑者的实力和使用实力的决心。只有当被威慑者准确接受了威慑信息，心理上的压力达到足够程度时，威慑才可能奏效。

作为"实战战略"，孙子主张"藏形"，要求做到"微乎微乎，至于无形；神乎神乎，至于无声"。但是威慑战略却不同，它要求平时显示实力，增加军事上的"透明度"，也就是孙子所说的"示形"。当前"示形"的方式很多，诸如公布武器的数量和性能，组织军事检阅和军事演习，进行核试验和导弹试验等，有些活动还发布新闻和邀请外国记者或外国武官参观。不断向外界显示乃至炫耀武力，已成为现代国际军事的一种新的重要现象。

某些威慑具有先天的内在的可信度，如美国以核报复来威慑苏联对其本土的潜在的核打击，这种决心是毋庸怀疑的。但也有某些威慑可信度较低，需要采取措施加强其可信度。例如美国以核报复来威慑前华约对北约的潜在的进攻，它不仅难使对手相信，就是美国的盟国也持怀疑态度。于是，美国在西欧驻军，并部署大量的战术核武器，通过直接卷入来增加威慑的可信度。

以上所讨论的是一般威慑（平时威慑）信息的传递。一旦需要采取直接威慑，则信息渠道是否畅通，也是关系到威慑能否成功的重要环节。当前国际事务中有许多复杂和微妙的因素（例如对利益的范围缺乏明确的界定）都能造成威慑信息传递的困难和失真，所以威慑者力求用一种准确而慎重的方式将威慑信息传给对方，并保证对方对信息的内容不会有任何误解和遗漏。

当今科技发展日新月异，威慑双方通过指挥、控制、通信、情报系统相互监视着对手，但也很难完全避免技术上的小差错造成信息传递的失真，使对方发生误解，甚至导致战争。为此，有些核国家之间还建立了"热线"联系，以便国家首脑能直接对话，消除误解，避免偶发性的战争。

上述三要素缺一不可，否则威慑的效果为零。所以说，威慑是三要素的乘积，而不是它们的和。或者说，威慑的效果等于对手认知的实力与对手认知的决心的乘积。

威慑三要素的运作，清晰地体现在原美苏的"冷战"对抗中。对于中等核力量国家来说，这三个要素同样适用，但有其不同的特点。

就实力来说，中等核力量国家远不如超级大国那么强大，但由于核武器杀伤破坏威力巨大，涉及一个城市乃至一个国家的生死存亡问题，所以中等核力量国家只要能保持一支数量适当、具有较高的生存能力和突防能力的核报复力量，就能"以弱制强"，对强者构成有效的威慑。

就使用实力的决心来说，由于中等核力量国家一般采用防御性威慑，并承受第一次核打击的情况下被迫进行核反击，"人不犯我，我不犯人；人若犯我，我必犯人"。其意志的坚决是毋庸怀疑的。这种意志坚决的高度可信度给对方造成的心理上的压力，可以在一定程度上弥补实力上的劣势，或者说，能使实力升值。

至于威慑信息的传递，中等核力量国家也要让对手认知自己的实力和使用实力的决心，但不可能像超级大国那样公布核武器的某些数据和使用条件，不能做到军事上那样透明，而是要让对手有所知和有所不知，制造一些不定因素。可以说是"示形"和"藏形"相结合。虚虚实实反而能增加中等核力量国家的威慑作用，有利于国家的安全。

2. 威慑的层次性

威慑具有层次性，这是因为国与国之间的军事威慑是多元的和多层次的。国外一般将威慑分为三个层次，即高强度的核威慑、中强度的常规威慑和低强度的有限战争威慑。一般说来，对抗双方的威慑通常是同一层次的相互威慑，否则作用甚微。例如高强度的核威慑对中强度的常规战争的威慑作用就很小，对低强度的冲突的威慑作用就更小；反之亦然。不过，高层次威慑可以作为低层次威慑的后盾；低层次威慑可以作为高层次威慑的升级阶梯。

以1991年初的海湾战争为例，尽管联军中的美、英、法都拥有核武器作为后盾，但对于伊拉克的威慑作用就很小，未能遏制住海湾战争的爆发。这充分说明不同层次上的威慑作用甚小。所以说，当今世界上一个国家不能只建成或利用单一的力量来对付不同层次的威慑，需要把上述三个层次的威慑力量综合起来形成一个国家的总体威慑力量。

3. 威慑与理性

威慑的成功是以双方的理性为基础的。何谓理性，一般认为威慑者或被威慑者都能正确地权衡利弊得失，当他确信得不偿失时就会决定不采取某种行动。一般说来，人类是有理性的动物，但必须看到人类的理性有其局限性，受许多因素的制约，诸如：①决策者的理解、评估和分析能力；②问题太紧迫或太复杂，没有充足的时间或条件做周密的思考；③决策可能受到感情冲动和心理压力的影响，特别在危机中更是如此；④有些决策者故意蛮不讲理，认为不讲理反而有理。

由于威慑理论是建立在威慑双方的理性基础上的，而理性又受许多因素的制约，因此威慑理论具有内在的缺陷。特别是在当今核时代，核威慑使人类生活在恐怖之中，一旦出现非理性的决策者或战争狂人，人类就会遭到核战争的浩劫。

4. 威慑与认知

威慑以认知为基础。不论是威慑者还是被威慑者都涉及两种认知。一种是自己对客观现实的认知，一种是对于对方认知的认知。一般说来，后者比前者更为重要，而且更为复杂，容易产生错误的认知。

例如，价值观念的不同有可能导致错误的认知。若要威慑产生作用，则一定要针对对方所最重视的目标，即以对方最害怕的东西相威胁，这就是孙子在《九变篇》中所说的"是故屈诸侯者以害"。但是，对方所重视的东西不一定是我方所重视的东西，价值观念不一定相同，因为不同的国家或政府有其不同的历史、政治、文化和经济背景。美国在卡特政府期间曾提出，苏联对领导权力机构的重视超过对一般生命财产的重视，所以美国把苏联领导权力机构列为优先目标。如果只以己方的价值观念去推测对方，就有可能产生错误的认知，降低威慑的效力，甚至导致威慑失败。

其次，对一个国家或领导人往往容易根据以往的观察产生固定的看法，这可能导致错误的认知。据心理学家研究，一切印象都改变得很慢，即使出现很可能发生变化的迹象，原来的印象仍能维持相当长久的时间。比如说，某个国家素有优柔寡断的名声，则在国家社会中要改变这种形象就非常困难。即使它做出具有坚定决心的威慑也不会被对方认真视之，有可能导致威慑失败。反之，长期享有果敢坚定名声的国家，其威慑必然会受到对方的重视，即使它对威慑偶尔不兑现，也不至于损害其原有的形象。鉴于上述情况，一些国家在冲突中往往拒绝妥协，其理由有时并不是由于直接的损失，而是害怕这样做会给对方造成一种软弱的形象，从而导致对其未来的威慑行动的可信度产生错误的认知。美国曾提出所谓的"多米诺骨牌"理论，认为尽管一个目标的价值不大，但如果进行妥协，从而放弃它，那么对方就会得寸进尺，在一系列连锁反应中相继夺取其他目标，就好像倒下一连串的多米诺骨牌。为此，美国认为应当竭力捍卫每一个目标，多米诺骨牌理论成为美国维护其全球势力范围的一种指导思想。

5. 威慑与实战

威慑与实战是辩证的统一。威慑的立足点是制止战争，通过"不战而屈人之兵"来实现其战略目的。实战则是通过作战实现战略目标，立足于打赢战争或以战争制止战争。实战能力本身就是威慑力量。一般说来，实战能力越强，威慑越能奏效。但在当今核时代，核威慑出现了一种奇特的现象。一方面，核武器由于具有巨大的破坏效应而产生强大的威慑力；另一方面，核武器由于破坏效应过大而不好使用，降低了威慑的可信度，从而又减小了威慑力。显然，核威慑与实战之间存在着矛盾。自核武器问世以来，只在第二次世界大战中使用过两枚原子弹。那是对付日本侵略者，是正义的战争；但是由于大规模杀伤的都是平民百姓，至今对美国对原子弹轰炸日本仍是毁誉参半。所以在今天，核威慑对无核国家来说其作用极小，因为一般说来，谁也不敢冒天下之大不韪而对无核国家动用核武器。有核国家之间也同样不能使用核武器，因为核战争也会使双方同归于尽，甚至使世界遭受灭顶之灾。核武器只有用于遏制核战争才具有可信度高的威慑力。

六、核威慑战略被提到空前高度

美国研究原子弹始于1939年，1942年8月开始执行"曼哈顿工程"计划，到1945年第二次世界大战结束前夕制成了3颗原子弹。1945年7月16日5点30分，人类历史上第一枚原子弹在美国阿拉默果尔多核试验场试爆成功。7月26日波茨坦公告向日本发出最后通牒，也就是发出直接威慑。鉴于美国用原子弹轰炸日本的计划已基本准备就绪，最后通牒的口气比较强硬。不过，由于美国的第一次核试验是高度保密的，采取了"藏形"的做法，而且当时世界上尚未发展核爆炸侦察技术，所以日本战时内阁对原子弹一无所知，最后仍以坚持战争的声明作为答复。这为美国进行原子弹袭击提供了口实。1945年8月6日8点15分，美国在日本广岛投下了第一枚原子弹，爆炸威力为1.4万吨梯恩梯当量，广岛80%的建筑物被摧毁。据日本当局1945年12月的估计，约有14万人死亡。轰炸的当天上午11点，美国白宫发表总统的新闻公报，接着各主要通讯社和电台广播了这一震撼世界的消息。

在日本尚未完全弄清这到底是什么炸弹之际，美国总统杜鲁门于8月7日发表声明说："7月26日在波茨坦发出的最后通牒旨在拯救日本人民免遭彻底的毁灭。他们的领袖迅速地拒绝了这最后通牒。如果他们现在还不接受我们的条件，他们的毁灭将从天而降……"又一次提出警告。8月8日晚11时，苏联宣布从8月9日起对日宣战。8月9日上午美国在长崎投下了第二枚原子弹，爆炸当量两万吨梯思梯，造成7万人死亡。8月10日，日本慑于原子弹的巨大威力，害怕美国继续进行原子弹轰炸（其实美国当时已没有库存），以及慑于苏联的宣战和中国人民长期抗战的强大压力，终于宣布无条件投降。

核武器在作战中显示的巨大威力，使"威慑"一词充分地表达出它原本的含义。虽然在核武器出现以前，中外不乏"不战而胜"的实例，但与实战战略相比，威慑理论始终只是一股支流，实战战略一直占据统治地位。这是因为在过去，特别是在冷兵器时代，由于生产不发达，战争空间狭窄，武器威力小，推进速度慢，通信手段落后，不可能像核武器时代那样能在瞬间造成对手难以忍受的损伤，真正实现孙子所说的"毁人之国而非久也"还相距很远。所以威慑作为一种心理作用机制，在过去功能十分有限，遏制战争的成功率极小，战争连绵不断。核武器的首次出现和使用，其冲击波效应远远地超出了广岛和长崎的范围，强烈地冲击了传统的"实战战略"，大大促进了威慑战略理论的发展。西方的"核威慑"战略理论家从中国古老的《孙子兵法》中找到了理论根据，使孙子的威慑理论登上了核大国的军事理论和战略决策"殿堂"。如前所述，日本军事理论家三好修还明确提出了"孙子核战略的命题"。

美国防务问题专家约翰·柯林斯在《大战略》一书中说："自有战争以来就有威慑这个概念，但它成为现代国家的大战略的一个突出的组成部分，却是在全面核战争的含义深入人心之后。"的确，随着核武器、运载手段和指挥、控制、通信、情报系统的巨大发展，核威慑战略被提到空前的高度，并发展成为一些核国家军事战略的重要组成部分。

七、核威慑的发展与战略演变

（一）美国的核战略

美国是世界上第一个拥有核武器的国家，从20世纪50年代起，核威慑战略逐步成为美国军事战略思想的主流。在军事战略的总前提下，美国核威慑战略的发展经历了六个时期。

1. 遏制战略——核讹诈（1945—1952年）

这一时期杜鲁门任总统。军事战略为"遏制战略"，核战略为"核讹诈"。其基本要点是：凭借核垄断地位和庞大的常规力量对社会主义阵营采取"包围遏制"，镇压人民革命运动。尽管美国的核力量发展很快，但这一时期的核力量只作为常规力量的补充。这一时期由于美国本土不存在受苏联核威胁的问题，因而未能产生复杂的核战略思想。

2. 大规模报复——全面核大战战略（1953—1960年）

这一时期艾森豪威尔任总统。侵朝战争失败使美国感到同人数众多的共产党国家不能打常规战争，应当依靠核优势打核战争。于是，军事战略发生了重大变化，"遏制战略"转变为"大规模报复"战略。核战略也从以往的"核讹诈"转变为"全面核大战"战略。其主要内容是：依靠强大的核力量和空军，对敌人实施短促而剧烈的战争，避免在地面上进行消耗性的流血战争；把大规模毁灭性的新式武器作为遏制任何进攻与提供报复性打击力量的基础；削减海外常规部队，在本土建立一支集中的战略后备力量；缩小陆军的规模，以免再度去进行像朝鲜战争那样的常规战争。

3. 灵活反应军事战略——相互确保摧毁核战略（1961—1968年）

贯穿于肯尼迪至约翰逊时期。肯尼迪上台之前就批评"大规模报复"军事战略使美国"一直处于一种困境"，即要么毁灭世界，要么投降。1961年肯尼迪出任总统，便立即摒弃

"大规模报复"战略,而代之以泰勒建议的"灵活反应"战略。

"灵活反应"战略要求具备能对一切可能的挑战(从全面战略到渗透)做出反应的能力,可以在任何地点和任何时间以适合于情况的武器和部队做出反应,包括进行全面核战争、有限战争和特种战争。全面核大战是一种"最后手段"。在常规战争方面,准备进行以苏、中和第三世界为作战对象的"两个半战争"。在战争步骤上采用"逐步升级"理论。

在灵活反应军事战略思想的指导下,美国的战略核力量、战术核力量和常规力量都有了很大的发展。

4. 现实威慑——抵消战略(1969—1980年)

越南战略使美国面临军事上力不从心、政治上反战运动蓬勃高涨的困境,因此在尼克松、福特和卡特三位总统期间以"现实威慑"军事战略取代了"灵活反应"军事战略。其特点是在战略上作必要的收缩,调整全球军事部署,重点加强欧洲地区、减少对次要地区的兵力消耗。这一时期美国把战争区分为四种模式,即战略核战争、战区核战争、战区常规战争和小于战区规模的局部战争。"现实威慑"战略要求在侧重准备打常规战争的同时,重视准备打战区核战争;并认为常规战争可能导致战区核战争。

5. 新灵活反应战略——多阶梯实战核战略(1981—1989年)

1981年里根就任总统,开始采取较强硬的对苏政策,推行"积极对抗"的"新灵活反应"军事战略,亦称多层次威慑战略。在这一战略思想的指导下,美国一方面大力与苏争夺核优势;另一方面大力发展常规军备,以核力量为后盾,主要依靠常规力量对付苏联的常规进攻,准备在世界上"任何一个地区进行任何战争",抛弃了"一个半战争"和"两个半战争"的理论。

里根政府对核战略也进行了较大调整,推行"多阶梯实战核战略"。其主要内容是:

一是注重实战准备,增强核威慑的有效性。要求"有能力对核战争作出反应,并打赢核战争",认为"有可能在某些条件下从事有限核战争而不致引起全面对抗","必须有能力对一次以上的核打击作出持久的反应"。也就是说,核战争应具有灵活性和多阶梯性,至少有四种反应的形式。

(1)警告性核打击。在判明苏联有可能发动核战争时,用一两件核武器对经过挑选的目标进行打击,目的是显示美国的决心和意志,遏制核战争。

(2)有限核战争。用一定规模的核力量对苏进行打击,把打击强度和目标控制在一定范围内,以动摇苏联打更大规模核战争的决心。

(3)战区核战争。在主要战场或主要战略方向(如欧洲)首先使用战术核武器来抵消对方常规进攻的优势。

(4)持久核战争。认为未来的核战争可能是逐步升级,分阶段进行的,不会是闪电战。

二是在核战争的打击目标上,继续推行侧重打击军事目标的方针。例如,打击苏联的战略核力量、军政首脑机构和指挥控制中心、部队集结地和军事工业等主要目标,削弱对手的第二次打击能力,在有利于美国的条件下结束战争。

6. 布什政府的军事战略和核战略(1990—1997)

20世纪80年代末和90年代初,世界形势发生了巨大的变化。华约解体,美苏"冷战"结束,苏联丧失超级大国的地位,分裂成许多独立的国家。世界格局由两极向多极过渡。地区矛盾相形突出，爆发了海湾战争与伊拉克战争，不少地区仍然处于尖锐复杂、紧张动荡的局面。面临此种形势，美国正在调整其军事战略和核战略，尚未有正式的名称。1991年9月27日布什总统在电视讲话中宣布美国的国防新战略不再将注意力集中于发生全球对抗的前景，而集中于地区冲突问题。为此要求"维持必要的军事力量"，"维持可靠的核威慑"，并"保持国力以便在必要时重建美国的军事力量"。美国的核战略仍是核威慑战略，但正在大量裁减核武器，调整核力量的结构，减少核打击的目标，向着较低强度的核威慑过渡。

（二）苏联的核战略

继美国1945年成为核武器拥有国之后，苏联于1949年8月进行了第一次核试验，成为世界上第二个拥有核武器的国家。1953年8月苏联又成功地进行了氢弹试验。从此核威慑逐步发展成为苏联军事威慑的主要力量。在苏联解体之前的40多年时间内，其军事战略和核战略大致分为四个时期。

1. 积极防御军事战略——常规抵消与反垄断战略（1945—1953年）

第二次世界大战后的整个斯大林时期，苏联采取的是"积极防御"的军事战略。面对美国咄咄逼人的核垄断和"核讹诈"战略，苏联采取的核战略是"常规抵消"战略。为了防止敌人入侵，确定以陆军为主，诸军兵种协同作战的原则；加强武装力量；空军成为独立军种。增加海军作战舰艇，其任务仅限于近海防御和破坏敌方交通线。成立国土防空军和空降军独立军种。以常规力量来抵消美国的核垄断优势；同时大力加强国防科研和国防工业，积极发展核武器，尽早打破美国的核垄断。

2. 积极进攻军事战略——火箭核战略（1954—1964年）

赫鲁晓夫上台后，改变了以往的"积极防御"的战略观念，推行"积极进攻"军事战略，强调战略进攻，主张先发制人，突然袭击，速战速决。这一时期苏军装备了可用于实战的核武器，推行"火箭核战略"，忽视局部战争和常规战争的可能性，强调未来战争必然是世界火箭核大战，确定以火箭核突击为基础的作战指导思想，降低了以陆军为主的诸兵种协同作战的作用。在这一战略思想指导下，大力发展战略和战术核武器，极力争夺核优势。

3. 积极进攻军事战略——核战争制胜战略（1965—1977年）

这一时期苏联军事战略仍以"积极进攻"为基本思想，但在对待战争样式上有显著变化，主要是逐步改变了前一时期把火箭大战作为唯一作战样式，否定常规和局部战争的观点。明确提出战争的样式既可能是核战争，也可能是常规战争；既可能是世界大战，也可能是局部战争；认为局部战争通常是常规战争，但也可能是使用战役战术核武器的战争。因而在军备发展上改变了前一时期竭力发展火箭核武器而贬低常规军备的做法。

在核战略观点上，苏联竭力抨击西方关于核战争不是政治的继续，而是政治的结束的观点。这种准备打一场核大战，并且认为可以在核战争中取胜的观点，是"核战争制胜"核战略的主要标记。

4. 积极进攻与防御军事战略——核后盾常规战略（1978—1989年）

自20世纪70年代末期以来，苏联国内发生了一系列重大变化，经济增长率下降，国内的改革思潮不断冲击着包括经济、政治和军事各个领域的原有模式。在国外扩张主义也受到挫折。苏联在不放弃与美国争霸的总的战略目标的前提下，开始对军事战略和核战略进行调整。调整后的军事战略，仍然强调积极的战略进攻，但同时也重新肯定战略防御的重要地位与作用。徐光裕所著《核战略纵横》一书将它称为"积极进攻与防御军事战略"。

1990年以后，也就是戈尔巴乔夫执政的后期，苏联国内政治动乱，经济困难，军事上大大收缩。1991年苏联"8·19"事件后，各加盟共和国纷纷宣布独立，出现了俄罗斯、乌克兰、白俄罗斯和哈萨克斯坦4个核国家。尽管它们许诺由独联体统一指挥控制核力量，但前景尚难预测。俄罗斯作为苏联核大国地位的继承者，由于仍处于政治不安定时期，尚未就军事战略及核战略发表官方的文件。

（三）中等核国家的核战略

中等核国家虽然基本上都奉行"有限核威慑战略"，但由于其国情不同，其战略具有各自的特点。

1. 法国

法国从1958年戴高乐执政起，开始推行一种独特的战略——"以弱制强"的威慑战略。其内容是：弱小的一方具备了一定的条件，即保持一支数量适当、生存能力和实防能力强的核打击能力，能使入侵的强者遭到得不偿失的后果，这样就能对强者构成有效的威慑。戴高乐对法国的核政策做了如下的说明："我们的投掷当量比美国和苏联的小，但是一旦拥有一定的核力量，并且关系到自身的直接防御，则各方的力量规模是否平衡这一点就不起决定作用。实际上，只要你可以置潜在的侵略者于死地，又有充分的决心去这么做，你就有了威慑，因为人的生命只有一次，国家的生存也只有一次。""即使敌人有杀死我们十次的力量，我们只需要杀死敌人一次就够了，我们的核威慑力量就是有效的了。"这种"以弱制强"的核战略，以打击敌国城市为主要目标，既强调威慑性，又重视实战性，必要时以可能首先使用核武器相威胁，把威慑和实战融为一体。同时强调常规力量是"以弱制强"威慑力量的重要组成部分，与战术核武器一道作为战略核力量的补充。戴高乐以后的几位继承人，无论属于哪个党派，都一直坚持奉行威慑战略，并加以发展，形成了一套比较完备的有限威慑理论。

2. 英国

英国在地理、国力和战略目的等方面的具体情况，决定了战后英国核战略的性质和特点。1952年英国研制成功原子弹以后，在美国的帮助下建立了一支规模有限的战略核力量。作为一个中等核国家，英国基本上一直奉行"有限核威慑战略"，其核心思想是以威慑求安全，危及国家的安全，英国将毫不犹豫地动用有限的核力量实施报复，借以威慑侵略，遏制战争。英国的核战略包括以下内容。

（1）建立一支小规模但有效的核力量。英国前国防大臣皮姆指出，英不打算和苏联一个导弹对一个导弹地比高低；重要的是，即使英只有一艘北极星潜艇核力量可供使用，也足以对苏联造成不能忍受的损伤。

（2）作为美国核保护伞的补充，以加强北约"灵活反应"战略的威慑作用。

（3）保持独立打击能力，遏制苏联对英国本土的大规模进攻。如果英国国家最高利益处于危急状态，英国对其核力量有独立支配权。

（4）以摧毁对方的少数大城市为基本目标。

八、物极必反——核威慑的衰落

从美苏核战略的演变过程可以看出，核武器的威慑作用正在逐步走向衰落。1945年8月核武器首次实战使用，其巨大的破坏效应强烈地震撼了以往的常规军事战略。在20世纪50年代和60年代约20年的时间里，美苏两大集团采取了以核战略为主的军事战略。双方均大力发展核武器，大量裁减常规力量，准备以核战争为主要作战方式来战胜对方。这一时期苏联的"火箭核战略"和美国的"全面核大战"核战略就是这种战略思想的代表。1960年前后是这种战略思想达到峰值的时期。进入20世纪70年代以后，军事家们发现，所谓核大战是唯一的未来的作战样式的观点是站不住脚的，而且局部地区的常规战争连绵不断，核威慑很难制止这类常规战争，于是常规战再度受到重视。特别是随着国防科学技术的发展，出现了一系列高科技的常规兵器和装备，常规战的威力已大大超过第二次世界大战前后的水平。许多军事家认为，有可能用常规兵器取代战术核武器。现代条件下的常规战略又成为各国军事家的研究重点。核战略为主的峰值期过去后，进入核战略与常规战略并重的时期。20世纪80年代以后，美苏双方都认识到"核战争打不得"，"核战争中无胜者"，相互核威慑形成了僵局。

核威慑的最大危险莫过于将人类的生存与人类的文明作为抵押品来取得和平，一旦威慑失败，后果将不堪设想。据报道，到80年代末，世界核弹头超过5万枚（其中美苏核弹头占97％以上），其威力约为150亿吨梯恩梯当量。也就是说，全球居民平均每人可以摊到3吨左右。毫无疑问，发生核大战将使交战双方同归于尽。

核威慑的倡导者认为，正是由于有了核武器和核威慑，世界才保持了40余年的和平。这是不确切的。首先，对和平起到稳定作用的不是核武器与核威慑，而是以往美苏双方的战略均势；而且起稳定和平作用的不单是战略均势，还有其他一些因素。其次，40多年来只是美苏两大集团之间未发生战争，其他地区战争连绵不断，而且两大集团的成员国也参与过近百次这类的战争。有的第三世界国家还进一步反驳说：既然核武器和核威慑能维护和平，那么它们也应当获取核武器。显然，如果目前的核威慑战略继续保持下去，新的地区性的核武器国家将会产生。

威慑之所以有效，是因为它能兑现。如果一旦发现不能兑现，则将失去威慑作用。当前的核威慑基本上处于这种状况。它在威慑对方的同时也威慑住了自己，这是核威慑的一种特殊现象。于是威慑的双方又都考虑如何防止爆发核战争。苏联总统戈尔巴乔夫曾把当今的核世界比作一条船，要求同舟共济。诚如孙子在《九地篇》中所描述的那样："夫吴人与越人相恶也，当其同舟而济，其相救也，如左右手。"的确，当今核世界要求和平共处。

由于推行核威慑战略，美苏在过去的几十年内展开了一场大规模的军备竞赛，使"大炮"与"黄油"的矛盾日益尖锐。苏联经济的崩溃，乃至苏联的解体，在相当程度上可以说是军备竞赛产生的恶果。同样，军备竞赛也对美国的经济造成了严重的困难。

正是由于上述种种原因，核威慑战略的地位已大大下降。核武器的军事意义变小了，主要体现着作为大国象征的政治意义。

九、核战争时刻威胁着人类

有些专家认为，世界当前的平衡十分脆弱，如果未来核武器得不到有效控制，那么21

世纪将是一个就军事技术无限度"发展"的世纪。基于这种看法，核扩散就成了未来的一场赌博。

（一）神秘的俄总统核公文包

俄罗斯总统普京手里掌握着一个象征权力的公文包——核武器按钮。当总统外出时，这个核公文包由总统身边的一名随行军官携带。这名军官身着一套醒目的黑色海军制服，以便总统很容易就能把他从人群中辨认出来。1999年12月31日，俄罗斯总统叶利钦宣布辞职，随后他向他指定的继承人交班时，其中很重要的一项内容就是交接这个神秘的装有发射核导弹密码的公文包。叶利钦是1991年圣诞节时从苏联领导人戈尔巴乔夫手中接过这一公文包的。叶利钦在任职期间，只离开过这个核公文包一次。那是1996年叶利钦在患病接受心脏手术时，曾把这个核公文包短暂地移交给了当时的总理切尔诺梅尔金。俄罗斯总统手里的核公文包代代相传，成了一种权力的象征。曾任叶利钦新闻秘书的亚斯特任布斯基在描述这一装置时说："核电钮是一种控制俄罗斯核部队的行之有效的机械装置，也是总统权力的象征。"

关于这个神秘的核按钮及其工作原理，俄罗斯前国家安全专家阿尔巴托夫说，核按钮是一连串指令的第一环，而最终环节是核导弹上的计算机。他说："核按钮把总统对使用核武器的许可指令传送给指挥中心，参谋部的军官24小时都在指挥中心值班。军官们一接到编码信号，马上会使用适当的密码来确认发出信号的是总统本人，而不是其他人。"当总统信号的真实性得到确认之后，值班军官将打开带有他们自己密码的保险箱，把总统的密码信号传送到导弹发射台以及核潜艇。阿尔巴托夫说："然后这些密码将被设置（到导弹的计算机上），发射键被打开，导弹发射升空。"

（二）世界上已有50多个国家有能力发展核武器

美国是世界头号核武器大国，1999年10月13日，美国参议院以51票反对、48票赞成的表决结果否决了《全面禁止核试验条约》，使全球核裁军和核不扩散机制受到沉重打击。为了全面制止核战争，从20世纪60年代国际社会就开始了防止核武器扩散的努力。1968年1月，联合国通过了《不扩散核武器条约》，并于1995年5月将条约无限期延长，已有187个国家在条约上签了字。1996年，联大又通过了《全面禁止核试验条约》。美国否决核禁试条约，带了一个坏头。

美国始终保持着庞大的核弹头后备队。1993年达成的《进一步削减和限制进攻性战略武器条约》，要求美俄各自部署的弹头减少到3000～3500枚，但没有限制储备弹头的数目。美国每年大约花费46亿美元来维持它的核武器库。针对条约的要求，"五角大楼自冷战以来一直没有修改确定目标的理论。它只是减少了对现役部队的需求量，把所需要的力量的一半暂时搁置起来。但是作战计划需要有6000枚弹头，这一要求从未发生过变化。"

海湾战争期间，美英两国为防止伊拉克使用化学武器，从陆、海多方向对伊拉克部署了800余枚战术核武器。如果萨达姆敢使用化学武器，美英将使用战术核武器予以打击。海湾战争结束后，以色列、叙利亚、伊朗、巴基斯坦、印度、朝鲜等国家都在加紧制造战术核武器。据统计，现在世界上20多个国家将拥有核武器，有能力、有潜力发展核武器的国家已达50多个，这标志着第二个核时代的开始。如果国际社会对核扩散势头制止不力，届时人类将面临比以往更为严峻的核战争威胁。

(三) 核战争时刻威胁着人类

目前，人类的头上仍然悬着大量的核武器，时刻威胁着人类的安全。尤其是一些国家继续秘密进行地下核武器试验，以及一些私人拥有核武器，使核战争随时可以爆发，严重地威胁着人类的安全。

据英国《星期日泰晤士报》2001年2月25日报道，伊拉克在海湾战争前就进行过一次核试验。这次核试验是1989年9月19日上午10点30分，在巴格达西南150公里的地下试验场进行的。为了不让外界了解到这次试验，他们根据美国卫星运转表所提供的卫星运转规律，将停在试验场附近的车辆每6个小时改变一次位置。由于是在地下深层试验，当试验开始时，既没有尘土飞扬的景象，也没有其他任何明显的异样，只是空气在颤动。震动的烈度大约是2.7级，伊拉克境外的地震监测站监测不到。联合国核查小组对他们无能为力，因为他们一个重要的核弹设计小组即"第五小组"，是在伊拉克北部摩苏尔附近的一家农机厂外开展活动的。"第五小组"的科学家们研制的是热核装置，而其组装工作是在巴格达东北140公里的赫姆林山脚下的一个秘密场所进行的。

苏联解体后，一些核武器流入国际社会，核材料也成为国际走私分子的抢手货，使本来严峻的禁核形势更加复杂化。从技术上看，由于技术流失现象严重，制造核武器已不是十分困难的事，也不是几个军事强国所能垄断得了的，甚至民间也可以生产。所以说私人拥有核武器并非天方夜谭。特别是核技术和核材料被恐怖分子所掌握，将更加危及世界的和平与稳定。技术失误和恐怖活动，都有可能引发核战争。

第三章 非接触性无核战争

进入20世纪后期,随着高新技术不断物化成为新型武器装备,武器装备形成的"代差"促使作战双方的非对称性优势格外突出,客观上推动了非接触战争的形成。非接触战的作战特点是,"既能有效地歼灭敌人,又能有效地保存自己。"非接触战争作为一种全新战争形式,带着强烈的时代气息,它的出现标志着战争形态已经发生质的蜕变。

一、非接触性战争是接触性战争的蜕变

(一)非接触战争使战争形态发生蜕变

非接触战争脱胎于接触战争,而高于接触战争。它的一个重要特征,就是作战一方能够在另一方的能力范围之外打击对方,决胜负的关键是一方不接触另一方的能力范围,打击是单方的。战争形态发生蜕变的标志有以下几个。

1. 非接触战争所达成的"零伤亡"效果

力争以最少的伤亡代价获取战争的胜利,是推动军事技术和军事理论发展的根本动力。传统战争制胜之道主要是在时间、空间、有生力量和物质等方面的比拼中消耗敌人,通过消耗达成战争目的。战争之所以无法摆脱消耗战的阴影,究其原因,主要是缺乏快速取得决定性胜利的能力。冷兵器时期,战争是通过人的体能对抗来实现的,战争的决定因素是兵力。热兵器时期,战争是通过火力对抗来实现的,战争胜负的决定因素是火力。而兵力与火力的对抗只能带来伤亡和毁灭。当信息技术与武器装备的结合使得信息在战争中起主导作用时,以精确制导弹药、巡航导弹、全球定位系统和隐身飞机等兵器打击对方,以较少伤亡特别是己方的"零伤亡"获得胜利成为可能。于是,充分利用自己远程精确打击能力压缩敌方的作战范围,并在敌方主战兵器毁伤范围之外打击敌人的非接触战争,以"零伤亡"的战争效果成为高科技兵器一方对付低技术一方的一种制胜之道。可见,非接触战争已改变传统战争的人员伤亡和物资消耗模式,标志着战争形态的目标和效果发生了蜕变。

2. 非接触战争打击手段的可选择性

在传统的战争中,作战对象往往是一个国家或多个国家组织的国家集团。但第二次世界大战后,随着许多殖民地国家走向独立,世界上已很少存在以掠夺土地为目的的战争;相反,为了意识形态和控制世界交通要道、重要石油资源而衍生的战争不断出现。这时的战争对象已开始变化,打击持不同意见者成为战争一个目的。发动战争打击这些对象,可以采取接触性的作战,如美国入侵巴拿马、出兵索马里。也可以以非接触袭击的方式,如美军空袭利比亚、伊拉克、南联盟;也可以采取非接触与接触相结合的方式打击对方,如美国发动的阿富汗、伊拉克战争。相对于接触战争,以非接触战争的方式打击这些对象,可选择巡航导弹攻击、远程轰炸机奔袭和隐形飞机偷袭等多种手段。更为重要的是,非接触战争对时机、发射阵地和打击目标的选择都具有极强的灵活性,可避免因为入侵一个国家将受到国际社会

的谴责和被侵略国家的强烈反抗；可避免因为对方有较强的军事实力或拥有大规模杀伤性武器给己方造成不必要的人员伤亡；可避免陷入持久战的泥潭而导致战争升级。非接触战争可用于国家间对抗及国家对少数人打击的灵活性，标志着战争形态的打击手段发生了蜕变。

3. 非接触战争中天候与地形的作用明显下降

长期以来，气候条件一直是影响战争行动的一个重要因素。但在非接触战争中，由于作战时机完全掌握在攻击一方，攻击者可根据气候条件灵活选择攻击的时间，从而避开可能影响远程打击兵器攻击效果的恶劣天气。另外，制导方式的复合化，使得影响一种制导方式的天候不再作用明显。目前，精确制导常采用红外、电视、地形匹配、卫星定位等多种方式，避免了雨、雪、雾和夜晚多重影响。地形在以往的战争中也居于非常重要的位置。地形之利在于，善于利用地形的战术性能，可以最有效地发挥火器和技术兵器的性能，实施机动隐蔽和给敌人以突然打击，进行伪装和保护部队免遭敌人火力的攻击。对于弱者，利用地形可改变战场态势，缩小与强者之间的力量对比；对于强者，利用地形则可使优势更加明显，否则就可能因为地形不利导致由强变弱。但在非接触战争中，地形对作战的影响非常小，几乎不起作用。这主要是因为非接触侦察监视和通信系统向空中和太空转移，克服了地面地形的影响；非接触战争采取的超视距远程精确打击，限制了对方利用地形进行隐蔽和机动的能力。非接触战争对天候与地形条件要求的降低，标志着战争形态的外部条件发生了蜕变。

4. 非接触战争的可控性

战争一经发起，就将不为人的意志所左右。这是对传统战争的历史性总结，表明了战争的不可控性。这种不可控性主要表现为战争规模不断扩大和战争时间无限期延长。究其原因，主要是由于发动战争者总想凭借自己的军事优势或突然袭击，力争占领他国领土和消灭敌方大量有生力量。这种战争目的往往引起战争另一方的顽强抗击，导致战争双方不断增加人员和武器数量，最终导致战争规模的不断扩大。而非接触战争则不同。首先是战争发起一方不再因为战争目的的一厢情愿而不断扩大战争规模，进而在宏观上掌握着主动权。拥有优势的战争一方战略目的非常明确，即集中高科技兵器，对敌方关键性军事战略目标进行毁灭性打击，使敌方慑于严重的战争后果被迫作出妥协与让步，从而实现有限战争的目的。其次，进行非接触战争一方在战争的具体组织实施上享有更多选择的主动权。非接触战争中，战争目标的选择、战争时机的确定、打击样式的使用、战争节奏的把握都控制在发起者手里，战争的方方面面便容易被控制。从非接触战争的另一方来说，因为没有打击对方的手段，在处处被动挨打的情况下，希望战争早点结束，这从另一个角度使战争更加可控。从美国实施的几场"非接触战争"的实践看，美国都是在很短的时间内摧毁预定目标，结束战争。而且，战争过程中，进攻一方大量使用精确制导武器，命中率高，附带损失少，始终将战火控制在一定的范围内。这与传统战争相比，无论在战争持续的时间、战争范围和战争伤亡等方面都表现出更强的可控制性，标志着战争形态的过程发生了蜕变。

（二）非接触战争的总体思想和作战方法

非接触作战的总体思想是，充分利用自己在军事方面的绝对优势，即利用己方在速度、潜隐、防空区外发射空对地弹药、高超的情报能力等方面的优势，采取集中精确制导火力的方法，在远距离不与作战对手直接接触的状态下，以远程间接火力来杀伤和打击敌人。

海湾战争，可以说是美军进行非接触战的一个试验场。在海湾战争中，美军尝到了非接触战的甜头。美军在海湾战争中使用的精确制导武器，不仅有精确制导武器，而且还使用了激光、红外和电视制导炸弹、制导炮弹和制导地雷等。美军使用的"战斧"式巡航导弹，采用的是复合制导高科技，命中精度高，战争中美军共发射"战斧"式巡航导弹280枚，大部分都命中预定目标。在1991年1月17日第一次突袭时，发射的52枚"战斧"式巡航导弹，就有51枚导弹直接命中目标，命中概率高达98%。战争中，以美国为首的多国部队使用的各种精确制导炸弹，命中精度也都达到90%以上。以美国为首的多国部队的导弹为什么如此精确呢？这主要是由于精确制导武器可以实行全程控制，命中精度不再完全受射程远近、目标大小的制约，从而大大提高了武器装备的作战效能。

在非接触战中，制导是武器装备的大脑，而高科技的应用则是达到精确打击的前提，是武器装备的灵魂。这些高科技包括战场数字化建设，即数字化战场。比如说，GPS（全球定位系统）就能使巡航导弹如虎添翼，提高命中精度。它可以在全球范围内高精度、全方位、方便灵活地获得空间定位数据。在"战斧"式巡航导弹中采用GPS作为惯性制导系统的辅助修正系统，随时可以修正惯性误差，从而使导弹命中精度大大提高。

但是，真正意义上的非接触战目前并没有出现。俄罗斯著名军事专家斯里普钦科认为，美军目前正处在向"非接触战"过渡的阶段。美军目前还不完全具备"非接触战"的能力，他们正在朝着这个方向努力发展。2001年3月24日，时任美国总统布什在美国海军学院说，"美国武装力量将在世界任何一个角落实施非接触战争"。为了实现这一战备目标，美军早已开始了一系列的准备工作。比如，2000年2月11日至23日，美国"奋进"号航天飞机完成了一项特殊的飞行任务——拍摄绝密数字化立体军事地图。"奋进"号从佛罗里达州卡维位尔角的肯尼迪太空发射中心升空，载有6名宇航员。"奋进"号这次神秘的太空之旅，对外声称是进行地貌测绘，其实是为了测绘军事价值极高的数字立体军事地图。"奋进"号利用先进的测绘雷达反馈信号绘制出的平面三维地形图，清晰度高，地貌地物逼真，正如美国太空专家所说："太空测绘的立体地图十分逼真，就像身临其境。""奋进"号测绘的立体地图，其精度是现有最详尽、最清晰地图的30倍，就像人们用两只眼睛看眼前的东西一样，有立体感，地面高低、山河地势、城市布局等，一目了然。有了这样的立体军事地图，五角大楼的军事专家们足不出户就可以"把地球看个清清楚楚"，对全球重要军事和经济目标一览无遗，一方面可以随时掌握最清晰、最详尽的地理信息，为战略决策奠定重要基础；另一方面，圈定了未来非接触作战控制战场。同时，美军还给退役军人发放了数千架特制的数码相机，出资让他们到世界各地旅游，其主要任务就是到世界各地拍摄地形地貌数字照片，并将这些数字照片提供给军方，将这些照片与卫星照片和航天飞机拍摄的照片相对比就可以形成全球数字化地图系统。据专家估计，这一系统完成后，美军可以对地球的任何一个角落进行实时监控，巡航导弹可以精确寻找到袭击目标，无人驾驶飞机可以自由地到世界各地执行作战任务。

为了尽快实现非接触战作战战略，美军一是以军事理论为牵引，以修改训练和作战条例为突破口。比如，美国空军为了适应非接触战需要，已经取消了空中格斗训练项目，而把训练的重点放在控制导弹的飞行上和提高导弹的精确度上。二是加紧研制新型武器装备，提高非接触战武器发射平台作战效能。美国空军正在研制新一代滞空时间更长的作战飞机，并采用如空中加弹、空中换飞行员等新技术，以使作战飞机寿命的90%在空中，10%在地面。

三是美军大量采购未来战争需要的新型装备，特别强调只采购经过战争检验、未来战争用得着的武器，而不采购在试验场上取得成功、不适应未来战争需求的武器。美国现在每年都花费数十亿美元采购精确制导武器，大力发展和装备精确制导武器。美军计划使用精确制导武器，就可以在世界范围内的任何一个地方和任何一个国家打一场持续30天的非接触战争。

（三）非接触战的打击目标

非接触战争与传统战争最大的区别是打击目标发生了深刻变化。上一代战争的作战目标是攻城略地，即战场设在地面，空中起配合或保障地面的作用，战争取胜的最高境界是最大限度地歼灭敌人的有生力量。而非接触战的战场主要在空间，地面只起保障或配合作用。非接触战打击的主要目标不是重要军事目标，而是地方重要经济目标。以科索沃战争为例，美国纠集13个北约国家对南联盟进行了历时78天的轰炸，令人感到与以往不同的是，轰炸的主要目标不是军事目标，而是民用目标，主要是重要经济目标。比如公路、桥梁、炼油厂、汽车厂、民用机场、化工厂、铁路线等民用设施。据专家统计，科索沃战争中，南联盟的50%以上的经济目标遭到破坏，直接经济损失达2000亿美元。主要包括：100%的炼油厂、50%的弹药厂、70%的机械厂、40%的储油罐、80%的桥梁和70%的公路及铁路。而直接与美军相对抗的南联盟军队伤亡人数则并不多，损失人数只有500余名，武器装备损失也只有1%。这并非美军侦察不力、情报不准确，也不是因为南联盟军队防卫隐蔽得好，而是美军根本就没有把南联盟军队作为主要打击目标。这一新的变化，发人深省，必须引起全世界军事专家的高度重视。

二、高精度武器是非接触战争决定性因素

（一）高精度武器的特征与威力

高精度武器是一种自动寻的和可控的常规武器，其首发命中率极高，甚至对于跨洲距离上的小型目标（点状目标），在任何条件下，即使是在敌人积极抵抗的条件下，毁伤概率也接近100%。

研制高精度武器是发展和完善武装斗争手段的一个客观过程。近30多年来发生的局部战争令人信服地证明，使用高精度武器对敌方军队及其经济潜力进行高效、远距离火力毁伤，能够大大地减少甚至完全排除使用地面部队的可能性。多次战争的经验表明，无论怎样进一步提高传统火炮、航空火力武器的密度和增加弹药消耗量，其火力毁伤效果都不能达到高精度武器那样的火力毁伤效果。那种粗放型以数量取胜的战争已经过时，高精度武器所带来的不仅仅是武器的根本性变化，而且是全面战争战略的根本性改变。

世界第一次知道有高精度武器是在1982年5月4日，即在马岛战争中使用高精度武器的那一天。当时，阿根廷空军的两架战机使用法国制造的高精度导弹突击了庞大的英国远洋舰队，击沉了英国舰队中最现代化的"谢菲尔德"号驱逐舰，舰上20多人丧生，多人受伤。阿根廷共发射了5枚高精度导弹，其中4枚击中目标，两艘英国驱逐舰被击沉，另外从岸上发射的一枚导弹击沉了一艘在阿根廷海岸附近巡逻的英国驱逐舰，还有一艘驱逐舰也被击沉。这次冲突过了大约15年之后，英国军事专家才直言不讳地承认，如果当时阿根廷拥有20枚这样的高精度导弹并且英国当时派去的"竞技神"号和"无敌"号两艘航母中有一

艘被击毁的话，那么在海上、空中和地面都拥有绝对优势并且还拥有核武器的英国在那次冲突中必败无疑。

世界上先进国家正在装备足够数量的最新式武器系统，其主要特征是实现"发射即摧毁"的原则，这类武器具有在昼夜任何时间、任何复杂气象和敌人顽强对抗的条件下，发射一枚导弹就可以摧毁目标的能力。现代高精度武器系统，主要表现为空基和海基巡航导弹，其主要特征如下：一是毁伤目标的作用距离急剧增大（从目视射程到洲际射程）；二是武器规范化并且不依赖部署地点；三是"侦察—目标指示—摧毁"过程中排除人的作用；四是通过提高导航系统的精度以及增加战斗部爆炸威力来提高毁伤效果。

高精度武器的战斗使用特点所带来的后果是，必须将武装斗争的各种手段都集中到高精度武器—侦察—突击综合作战的统一系统。该系统将集侦察手段、保障手段、指挥手段、运达手段和毁伤手段于一身。这种综合系统的复杂性不会成为战争条件下立即投入使用的障碍，它在电子对抗中将实现半自动化或自动化，并且技术可靠、性能稳定，不要求对操作人员进行特殊训练。

美国在仔细研究了1991年海湾战争中对伊拉克重要军事和经济设施实施高精度突击的效果后，通过了对制造21世纪新型"武器库"号军舰全面拨款的决定。这个系列中的第一艘战舰于2002年建成并投入使用。据说还将制造全新设计的计算机化舰艇，作为大量精确制导导弹的载体。在这艘舰艇上将部署500套导弹垂直发射装置，货舱内可容纳三个基数的弹药，将装载经过实战检验的"战斧"高精度巡航导弹，以后再用"法克斯霍克"型导弹进行替换。甚至有些难以相信，该战舰乘员将不超过20人。众所周知，在海湾战争中，这种高精度巡航导弹，尽管其发射距离达1200～1500千米，却成功地摧毁了伊拉克领土上80%的重要军事设施和民用设施。这对于研制比"战斧"式巡航导弹具有更高命中率的类似"法克斯霍克"的导弹，提供了巨大推动力，因此不能排除将这些导弹装备到舰艇上的可能性。

美国新型导弹于2005年列装，在此之前，各种舰艇将装备现役导弹。按新方案制造的首批3艘该型舰艇从2003年起在波斯湾、地中海以及西太平洋水域服役，并且它们能够对世界任何国家领土上的目标实施突击。

总之，届时美军将拥有1500枚一直处于发射前准备状态的高精度巡航导弹和4500枚处于后续发射准备状态的高精度巡航导弹。根据预测性分析可以预料，到2020年该型战舰数量至少将有70艘，而到2030年将有100艘，也就是说将有50000枚做好立即发射准备的高精度巡航导弹和150000枚做好后续发射准备的高精度巡航导弹。

不能排除美国正在实施研制高超声作战导弹的全新方案，目前已经为这种导弹研制出具有超声燃烧的高效推力发动机。显然，这种导弹不仅具有更快的速度，而且作战半径也扩大了。通常认为，对于"空—空"作战系统来说，这些指标至少将扩大2倍；而对于"空—地"作战系统来说，与最为完善的同类型导弹相比，这些指标也将扩大4倍。从2010年起，该类型导弹被美国武装力量空基和海基所有类型载体广泛使用。

高精度侦察—突击作战武器在目标毁伤效率方面现在已经接近战术核武器，而在某些情况下还优越于它。长期以来，将核武器与常规武器严格区分所带来的障碍已被消除。建立于现代科学技术成就基础上的常规高精度武器在毁伤能力方面不仅已接近于核武器，而且具有更加宝贵的优越性：在使用这种武器之后，不会有直接的生态后遗症。这就完全改变了即将发生的战争和军事冲突的性质。

可以预料，在最近几年内的国际武器博览会和市场上，最大的需求不是用于接触性陆地战争的武器，不是只能够在战场上空作战的飞机，也不是主动式雷达基础上的对空防御武器，而是空基和海基高精度巡航导弹及其投送工具，以及导航设备、高精度反巡航导弹防御武器和控制系统。显然，那些现在已经开始争夺高精度武器以及与之相对抗的武器市场的国家，不仅能够赚取高额利润，而且还可弥补创建自己新式武装力量及武器的所有支出。

毫无疑问，所有这一切都将导致包括武器、编制体制及武装力量构成的必然改变。但是，即使是在最发达的国家，其武装力量编制体制、使用样式和方法都不是立刻就可以改变，而是随着武器的列装和不断积累逐渐改变。在某一时期内，这些国家的武装力量会根据现代战争的新型技术工艺逐渐积累和提高作战能力。

在这个过渡期内，最有可能的是非核战略兵力兵器、海军、空军、陆军的兵力兵器以及高精度武器运载工具和新物理原理武器共同使用。

除高精度武器和其他类型武器装备外，将继续并优先研制能量定向传递武器、高精度武器自动化引导系统、新型高能爆炸弹药、超级数据处理器材以及电子战器材等，从而在很大程度上对上述过渡期起到促进作用。

不能排除，美国将实现提高其现有洲际弹道导弹精度的计划，并使之成为高精度武器。有充分理由认为，美国将大幅度提高其"民兵－3"型导弹精度。现在"民兵－3"型导弹在携带核装置时的极限误差为300米，投掷弹药量为1150千克。若将该级别导弹作为高精度导弹使用，必须在弹道末端安装引导系统，并使命中精度在洲际距离上降低到几米。在对2020年之后的导弹潜力进行规划时，美国已预想使用常规弹头装备部分弹道导弹。看来，在2002—2005年，他们将对这种导弹进行实弹试验。美国很容易找到为进行这种导弹试验所需要的重要纵深处的军用或民用突击目标，比如在伊拉克或者索马里，而导弹发射可能由位于卡维拉尔角的航天发射场现在三部发射装置中的某一部实施。

但是，从航天发射场发射洲际导弹需要预先通知俄罗斯，这样可使俄罗斯的导弹预警系统避免发出关于美方开始导弹袭击的警报。

实际上，许多国家为建立战略非核力量而开始进行理论和实践工作，因为它们认识到战略核力量在未来新的战争中将得到广泛使用，并且将具有遏制敌人的功能，现在这种职能由战略核力量承担着。

高精度武器使常规非接触性战争与从前的接触性战争相比，在很多方面具有了新的内容。在长时间内骤然密集使用高精度武器，将确保完成原本由核武器、有人驾驶飞行器或陆军所担负的任务。

至于敌人的有生力量——上一代接触战争的标志物，正如已经指出的那样，它可能根本不会遭受高精度武器的突击，并且也没有必要对陆军集团基础上的战略预备队实施高精度突击。因为在非接触战争中，它们不会对按照现代战争战法作战的一方构成威胁。取而代之的将是使用高精度密集火力对该国领土全部纵深内的经济目标及经济基础设施实施有针对性的突击。

因此，高精度武器可以通过非接触方式实现战略目的和政治目的，更何况装有常规爆炸物质的高精度武器弹药杀伤力或者立体爆破杀伤力将比以前使用的传统TNT炸药和其他炸药所产生的威力提高30～50倍。

在毁伤性能方面，常规高精度武器完全可能与核武器不相上下，然而在使用灵活性方面，常规高精度武器则优于核武器。在高精度巡航导弹以及未来的常规弹道导弹上将安装自动寻找任何雷达波、无线电波、高热辐射源的装置，无论是新弹头还是早已熟知的各种用途弹头，都将在这种武器中得到使用：碎片爆破弹、混凝土爆破弹、钻地弹、子母弹、立体爆破弹以及早已属于高精度毁伤武器的其他弹头。

现代战争新武器的性能极有可能将在以下领域最新技术工艺的基础上得以实现：信息电传系统、密码电报、移动通信系统、高速计算机系统、信息截获和判读系统、智能导弹弹头、自动化综合体以及新物理原理武器。高精度武器要求用严格的导航系统进行保障。可以预料，利用人造地球卫星建立起来的无线电导航系统将获得发展，因为人造地球卫星将准确地引导高精度导弹射向具体的目标。许多国家已经成功研究并使用了地球坐标系统，在该系统中，即使实际距离达几万公里的客体之间在确定相互距离时，误差也仅为 10~20 厘米。现在保障这些工作的卫星导航系统是：俄罗斯的"格洛纳斯"系统和美国的"纳夫斯塔尔"系统。应当指出，美国的导航系统作为对高精度毁伤武器的指挥系统已经在实战条件下受到了检验。最先进的空基和海基高精度巡航导弹上也安装了接收机。不能排除，在经过系列实弹检验之后，这类接收机将有可能安装在携带常规弹头的弹道导弹上，这将导致新级别的高精度洲际非核导弹的出现。此外，美国还取消了公民使用全球卫星定位系统的限制。目前，任何一个用户，只要购买了这种仪器，都可以获得自己在地球上准确位置的数据，误差在 10 米以内。

完全可能的是，为了使用高精度毁伤武器，将建立带有高速电子地图和快速搜索目标的全球信息技术系统。毫无疑问，将获得持续发展的还有太空仪器导航系统，根据太阳方位角、光照区和背光区、雷达扫描区将目标绘制在电子地图上的椭圆形轨道和其他轨道的计算系统。应当指出，率先进入太空（关于这一点将在"高精度武器试验"一节中进行详细阐述）并于 2000 年 2 月 22 日降落在佛罗里达州航天发射场的美国"奋进"号，使用三维电子地图对地球进行了全面拍摄。

尽管在非接触战争中武装斗争的空间在不断扩大，但是导航保障能够极大提高各种射程的常规导弹、非核导弹的射击精度。提高导弹武器的射击精度是提高导弹使用效率最经济的方法。如果将导弹常规弹药威力提高 1 倍，那么导弹杀伤力则增加 40%，而如果半导弹精度提高 1 倍，那么导弹杀伤力则提高 400%，即提高 10 倍。

经过统计表明，在第二次世界大战期间，为了摧毁一个大型目标，如铁路枢纽，需要出动飞机 4500 架次和投掷 9000 枚航空炸弹。在越南战争中，由于毁伤精度的提高，摧毁同样目标只需出动飞机 95 架和投掷 190 枚炸弹。在科索沃战争中，只需人位于地中海的潜艇上发射 1~3 枚高精度巡航导弹即可完成同样的作战任务。在第二次世界大战中，为了击落一架飞机，需要高射炮发射 18000 发子弹。1999 年北约只需一枚"空—空"高精度导弹以综合制导方式即可歼灭南斯拉夫的一架飞机。

可以预料，陆基近程、中程和远程常规弹头导弹，只要提高了威力，也可成为高精度武器。基本可以确信，到 2025—2030 年，射击精度将达到十分准确的程度。实现这一目标的主要途径是，对每一枚飞行导弹进行精确制导，利用安装在人造地球卫星和导弹弹头上的专用装置修正导弹飞行轨道以击中目标。

在马岛冲突、海湾战争、阿富汗战争以及包括美军在内的北约盟国空军和海军陆战队在南斯拉夫战争中对塞尔维亚军队阵地的高精度导弹突击都令人信服地展示了高精度武器的性能。这为高精度武器的发展提供了强大的推动力，它是现代战争的基础。

众所周知，在第一次世界大战和第二次世界大战之间的20年内，只是武装斗争手段发生了变化。尽管第二次世界大战在性质上还是属于接触性战争，但是与第一次世界大战相比，发生了根本性的变化。第二次世界大战已经过去了70多年，在这期间，仅导弹武器就更新了4~5代，其射程、精度、毁伤能力都提高了几个等级。在许多国家，现代化的高精度武器在自身的发展中也已经提高了水平，在长时间密集使用的情况下不仅可以在战争中夺取优势，而且能够取得全面胜利，从根本上改变战争的性质。

（二）精确战的高精确性取决于制导技术

精确制导武器包括制导导弹、制导炸弹、制导炮弹、制导鱼雷等。高精度武器先进的信息化技术，使其成为"外科手术"式的"点穴"精确打击利器。但是，高精度武器的高精确性取决于先进的制导技术。高精度武器如果没有以信息技术为核心的制导系统，那么，它只能是一枚普通的炸弹、炮弹、鱼雷，也就谈不上什么高精确度。正是因为给这些武器安装了先进的信息制导系统，才使得制导武器具有了10倍、百倍乃至于千倍于非制导武器的攻击效能。

在第二次世界大战和越南战争期间，由于制导技术还不发达，所以弹药投掷不精确，其圆概率误差分别为千米级和百米级。越南战争期间，平均发射86枚普通导弹才能击落1架敌机。随着科学技术的发展，一些军事大国竞相运用空间技术和人工智能技术来改造和发展高精确度武器装备，到海湾战争期间，激光制导炸弹的圆概率就达到了米级范围。到了车臣战争和科索沃战争期间，制导炸弹的误差仅为1米左右，而导弹的精度则可以达到0.5米以内，精确战把作战效果提高了数十倍乃至数百倍。

在高精度战中，不仅极大地提高了命中精确度，而且有的武器"发射后不用管"，能够自动寻的。所谓"发射后不用管"，是说飞机发射导弹后不必直接或间接为导弹提供制导信息，由导弹自行捕捉和跟踪目标。"发射后不用管"、自动寻的、自行导引的独特属性，使之能发现即发射，发射即命中，命中即摧毁。目前，一些近程导弹已经达到了"发射后不用管"的效能，随着信息技术的进一步发展，中程和远程导弹也将会成为"发射后不用管"的导弹。

在高精度制导武器的大家族中，防区外导弹是具备21世纪特征的进攻性武器之一。这种导弹具有精确、隐身、远程、通用和反应灵活、攻击快速等特点，攻击能力强。导弹的飞行中段制导采用全球定位系统辅助的惯性导航系统，导弹的末制导采用的是红外成像寻的器和景象匹配的自主目标识别综合系统，从而使导弹具有自主发现、锁定、跟踪、瞄准及攻击目标的能力。

随着武器装备打击精确度的提高，战场指挥员的思维方式也在随之改变，由过去的"攻击一个目标需要出动多少架次飞机"，转变为"出动一架次飞机可以攻击多少个目标"。

三、未来战争中新武器

实际上在第一代战争除外的所有前几代战争中，所使用的武器可能都是对目标有毁伤作用的武器，主要是动能武器、化学武器和热能武器。在未来的武装斗争和战争中，除了这些传统武器之外，还将出现新式武器。正如前面所强调的那样，与大量高精度武器共同被广泛使用的还有新物理原理武器。这种武器在自己的物理原理上与其他早就熟知的武装斗争武器相比有着根本性的区别。通常情况下，研制这种武器时要使用高科技工艺。

载入史册的20世纪有大量的基础性科学发明，它们已成为科学技术进步的基础。基础科学和应用科学领域最新的成就和发明首先被用来制造新式武器，新物理原理武器问世的可能性变成了现实，新物理原理武器将对战争样式和方法产生深刻的影响。新物理原理武器（尽管列举不全）包括地球物理武器（气象武器、臭氧武器、气候武器）、辐射武器、射频武器、激光武器、次声波武器、精神创伤武器、遗传基因武器、种族武器、集束武器、反物质武器、特异功能武器、声学武器、电磁武器、信息心理武器、热能武器。

作为判定新物理原理武器的主要标准应是武器的杀伤力，考虑到新物理原理武器的多样性、杀伤性质和作战使用的不同，可以根据其特征进行分类。目前，科学家和军事家们预测，未来战争将有十大尖端武器称雄战场。

（一）信息武器

高科技局部战争是整体力量的对抗。要打赢这样一场战争，不仅需要夺取制空权、制海权，而且还要争取到信息优势，将各军兵种的各类武器装备的软件硬件有机地结合起来，发挥整体优势。C4I（指挥、控制、通信、计算机、情报、监视、侦察）系统就是"融洽"作用的武器系统，它能将所有信息数据库和数据汇集起来，达到信息共享、共用、共调，大大提高指挥时效性和准确性。

（二）天灾武器

所谓的天灾武器就是通过人工影响天气和气候在军事上的应用，利用人工影响天气的方法，使敌对国家遭到水灾、飓风、雹灾、旱灾和地震，给对方造成极其严重的损失。在越战期间，美国曾在越南进行过数次人工降雨，造成局部地区洪水泛滥，以阻止越南部队的行动和武器装备的运输。

（三）激光武器

激光武器是当前所谓新概念武器中理论最成熟、发展最迅速、最具实战价值的前卫武器。它以无后座、无污染、直接命中等诸多优点成为发达国家研制中的未来重点武器。激光武器将用于对付高速小型目标；同时还将广泛用于破坏敌方光学系统和摧毁红外指导系统；另外利用卫星可以有选择地用激光束击中任何人和目标，如果使辐射的频率达到必要程度，可以致人于死地。目前美国正在研制几种能用激光使敌方士兵眼睛失明的武器，有一种称之为激光对抗系统，可将其安装在M-16步枪上，这种系统可以释放出一种激光束，在1公里内能把人的视网膜烧坏；还有一种被称之为佩刀-203，它实际上是一种激光手榴弹，在爆炸后可以使人暂时失明。

（四）微波炸弹

微波炸弹是利用强波束能量杀伤目标的一种新型武器。它由高功率发射机、大型发射天线和辅助设备组成。当超高功率微波聚集成一束很窄的电磁波时，它就像一把尖刀"刺"

向目标，达到毁伤目标之目的。

（五）纳米武器

作为21世纪一项关键技术，美国开发纳米技术的经费中有一半左右来自国防部系统；欧洲有关纳米技术的一项军事研究计划已在法国一个实验室开始起步。预计21世纪利用纳米技术开发的微型武器将充斥未来战场。未来，"纳米卫星"将布满天空。这种卫星比麻雀略大，各种部件全部用纳米材料制造，具有可重组性和再生性，成本低，质量好，可靠性强；"蚊子导弹"将具有神奇的战斗效能。利用纳米技术制造的形如蚊子的微型导弹，可以神不知、鬼不觉地潜入目标内部，其威力足以炸毁敌方火炮、坦克、飞机、指挥部和弹药库等；"袖珍飞机"将无所不在。这是一种如同苍蝇般大小的袖珍飞行器，可携带各种探测设备，具有信息处理、导航和通信能力。其主要功能是秘密部署到敌方信息系统和武器系统的内部或附近，监视敌方情况；"蚂蚁士兵"将大显神通。这是一种通过声波控制的微型机器人。这些机器人比蚂蚁还要小，但具有惊人的破坏力。它们可以通过各种途径钻进敌方武器装备中，长期潜伏下来。所有这些纳米武器组配起来，就建成了一支独具一格的"微型军团"。

（六）芯片武器

芯片是计算机系统的核心部件。芯片武器是在计算机中央处理器做手脚，使对手的指挥系统受制于人。其主要特点有：一是隐蔽性。芯片武器犹如人体心脏，要发现这些暗藏的"组件"非常困难。战时，发现何时这些部件被启动更加困难。二是信息性。通过与芯片武器的信息沟通，窃取情报，从"软杀伤"角度影响对手信息系统的安全和稳定，从而为实施"硬杀伤"奠定基础。三是广泛性。在未来战争中，芯片武器攻击将不只是战略系统，对战役、战术系统的攻击程度也会急剧增加。由于芯片武器可避免大规模的伤亡，为最后取得胜利创造有利条件，因而在未来战场中将得到更为广泛的应用。

（七）基因武器

军事领域的基因工程是一种种族灭绝的武器。用基因武器杀人，可以达到灭绝种族的目的。比如说，用基因武器可以只杀红褐色头发的人，也可以只杀矮个子或高个子，蓝眼睛或黑眼睛的人。据透露，一些西方国家正准备制造"种族变异病毒"，通过对具有群体遗传特点的人体细胞、组织器官和机体系统，施加目标明确的化学或生物影响，使基因密码出现差错，从而达到杀人的目的。

（八）粒子武器

所谓粒子束武器就是利用微观粒子构成的定向能量束来摧毁目标的武器。它具有快速、高能、灵活、干净和全天候的特点，可在极短时间内命中目标，适合于对付远距离调整飞行的洲际弹道导弹。但到目前为止，粒子武器的研制不论是技术成熟程度，还是研制规模都不如激光武器，但到下世纪这种武器很有可能研制成功，并成为理想的战略防御性武器。

（九）太阳武器

所谓的太阳武器就是利用太阳光来消灭敌方的武器。1994年俄罗斯卫星曾在轨道上安放了一面镜片,镜片的反射光在夜间擦过地球,这说明目前的技术已经能够在4万米高空集中镜面反射光。据计算,聚焦的热源中心温度可达数千度,可以毁灭地球上的一切,这种武器也很有可能出现在下一世纪的战争中。

(十) 隐形武器

隐形武器的出现是人们千百年来不懈追求的结果。正在秘密研制中的隐形武器有隐形飞机、隐形导弹、隐形舰船、隐形水雷、隐形坦克等。未来隐形武器将朝着多兵种、全方位、更隐蔽的方向发展。等离子体隐形技术是近年兴起的新技术,其优越性在于几乎不使武器装备作任何结构和性能上的改变。实验表明,等离子体涂料可使飞行器表现的空气形成等离子层,用它包围诸如飞机、坦克、舰船、卫星等武器装备的表面,可使反射回雷达接收机的雷达波下降到原来的1%。另外,这种等离子层不仅可以吸收无线电波,还能吸收红外线辐射。

四、美俄研制最新武器

(一) 美国研制新概念武器

美军研制的新概念武器装备主要有:激光、微波和粒子束等定向能武器,电能炮、动能拦截弹等动能武器,军用机器人、光弹、声弹、化学腐蚀剂、计算机病毒等非致命性武器。

战术激光武器技术发展较快,其中激光致盲武器"鲽鱼"已于1995年开始装备陆军部队。激光防空武器大都进入原型机研制和系统试验阶段,其中海军的高能激光武器系统即将进行舰载试验,陆军中等功率激光器将放在重型卡车上进行可靠性评估,这些防空激光武器系统已在20世纪末部署。战区激光反导武器是美军1992年提出发展的,在当前的两项计划中,大型宽体扒载激光武器计划于1995年开始进行为期5年的演示验证。无人机载或小型有人机载激光武器将以先进的小型固体激光器为基础。美军计划2005年部署这种激光武器系统。

战略激光武器已取得重要技术进展,美陆军2兆瓦级中红外先进氟化氖激光器已具有有限反卫星能力。反战略导弹的天基"阿尔发"化学激光器发展顺利,其输出功率已达到兆瓦级,光束质量也达到武器要求的水平。

美军正在积极研制高功率微波武器,阴极振荡器基本上达到武器要求的量级,1992年研制的等离子体辅助慢波振荡器已完成缩尺模型实验。美空军在研制一种尺寸适用于改装的空射巡航导弹的电磁脉冲发生器。在系统研制方面,美军已研制出舰载防空系统用的微波武器样机。

在动能拦截弹方面,到20世纪末,美军研制成功防御战术弹道导弹的动能拦截弹,主要有PAC-3型"爱国者"导弹、增程拦截弹、战区高空防御拦截弹以及舰载拦截弹。21世纪初,已部署用于战略防御的地基拦截弹。

在电炮类中,美国研制的电磁炮已试验发射了6.7公斤重的弹丸,初速达2公里/秒,电磁线圈炮已试验发射了5公斤重的弹丸,初速达0.335公里/秒。美军电炮研制已从一般武器化研究向实际应用系统研究过渡,预计下个世纪初可能装备部队。

美陆海空军都在研制机器人。目前研制的机器人大都是遥控式,包括侦察巡逻、警戒放哨、布雷排雷、装填弹药、核生化沾染地域的侦测、太空和深海探测、武器控制、危险维修等机器人，有些已具有半自动功能，还在研制全自主式即智能式军用机器人，如无人驾驶灵巧武器平台等。

非致命性武器的用途是多种多样的，包括破坏道路、机场、车辆的零部件、电源和各种有关设备，用泡沫材料堵塞进入建筑物的通道，破坏光学瞄准镜或通信器材、使人短时间失去作战能力等。非致命性武器技术有以下13类：低能激光武器、全向同性辐射弹、非原子核电磁脉冲、高能微波、次声波、液态金属致脆剂、反牵引技术、聚合物制剂、改变燃烧技术、镇静剂、致盲和迷幻及计算机病毒。美军目前研制的非致命性武器，除了前面谈到的电子战装备和激光致盲、微波束等定向能武器外，还有光弹、声束武器和声弹、大功率微波弹、等离子武器、化学腐蚀剂以及精神涣散剂等。它们作为常规武器和核武器的补充，用于各种武装冲突，以充分发挥软杀伤的作用。

(二) 俄国发展全新技术全新思路武器

1. 非传统武器

俄军事专家认为，尽管武器种类繁多，但其毁伤效能主要来自能量的三种基本形式——物理能、化学能、生物能。根据毁伤能量的形式就可以判断当前使用或将来可能研制的武器种类、防护手段及其相应的作战样式。运用辐射性毁伤能量原理的武器是一种基于全新的物理能原理的武器，因而称之为"非传统武器"。俄罗斯目前正在研制或未来将重点研究开发的"非传统武器"有激光武器、等离子武器、不相干光源、超高频武器、超声波武器和电子战、信息战手段等。

(1) 激光武器。苏联早在70年代末80年代初就集中力量大力研究与发展激光武器，其目的是对付美国的"星球大战"计划。1992年，莫斯科的一个科学产品联合会上展出了激光系统。至此，西方人开始承认俄国人在制造精巧的高能激光系统方面已有了令人注目的技术进步，特别是在诸如控制激光束质量和使激光波通过大气层传输等方面处于世界领先水平。

1993年2月，全俄动能物理科学研究院联邦研究中心的一位专家证实，该研究中心正在建造一种大有前途的激光装置用以防御反飞行器导弹的袭击。此外，俄国正在研究美国的军用激光技术，如用以瘫痪光电传动部件的高能机载、舰载和陆上激光装置，或者使人暂时致盲、丧失作战能力的武器等。

(2) 等离子武器。1993年4月，俄军方和科学界发言人开始将等离子武器的存在公开化。据说这种武器的作用原理是，电磁能束在目标飞行路线前方大气层中的一个区域实现聚焦，电离这个区域，从而使来袭的超音速或亚音速导弹或飞机的空气动力特性完全遭到破坏而被击毁。通常，在50公里高空会出现上述高游离子大气层云。任何物体，不管是导弹、飞机还是陨石，只要一碰上高游离子大气层云，都会偏离飞行轨道，并在由于飞行物体表面和内部巨大压力差而形成的巨大超载的作用下被摧毁。总之，等离子武器不是直接"烧毁"导弹，而是使其误入歧途。目前，俄罗斯宣称这种武器已经走出实验室并在实践中接受检验。俄认为，这种等离子武器将成为导弹的克星，将能够对莫斯科周围的反导弹防御提供百分之百的绝对保障。可以说，这是俄罗斯的科学家们加快了研制等离子武器步伐的一个根本原因。

此外，据等离子武器研制工作学术领导人阿夫拉缅科等介绍，等离子武器作为一种反导防御武器，具有不少优越性。它既可以保护全世界不受核威胁，也可以填补"臭氧洞"，清除太空垃圾，对天气起控制作用。它没有任何危险，而且研制过程和操纵过程也简单得多，费用比美国的星球大战系统便宜好几个数量级。此外，等离子武器的研制成功，有可能首次把单个的雷达观测站系统和将等离子粒团以光速投向目标的电子投送系统结合起来：雷达观测系统在100公里距离内跟踪一个或一群目标，而等离子粒团则根据具体任务在50公里高处将目标摧毁。

（3）次声、超高频、非相干光源武器。这类武器的主要目的不是如传统武器那样要消灭对方的人员和设施，而是通过使对方人员和装备丧失作战能力来瘫痪对方的军事机器，从而制服敌人。俄罗斯人对这类西方人称之为非致命性武器表示出极大的关注。他们认为，这些新原理武器能使人暂时致盲、能损坏人体内部器官、或扰乱人的大脑和中枢神经系统正常运转甚至在一定条件下使之致残；也可使电子装置陷于瘫痪、使动能武器装备失去机动力。这种武器将是适应未来战争性质的新手段。他们认为目前的难点是如何在可接受范围的单位成本内获得必需的产量以及如何延长其有效作用距离。

（4）信息战武器。俄军方有越来越多的人正在把研究的目光投向信息战和信息战武器。他们认为，信息战武器是21世纪的武器，它可以代替目前的大规模杀伤性武器，是比核武器更加危险的武器。信息战武器，从广义上讲有以下几种：一是科技书籍和政论作品。这类武器的目的就是传达信息，使敌人朝对方所需要的方向改变自己的战略或战术行动意图。二是目标广泛或针对某一方面的心理宣传。这种武器所造成的影响是引起群众的骚动、恐惧。三是获取或者反获取信息的手段，即无线电电子斗争手段——对侦察、监视、追踪、联络、指挥和控制有极大影响的无线电电子对抗和无线电侦听，以及对传统的和最新的高精度武器（使用各种射线）进行干扰和压制干扰。显然，这后一种是未来信息战武器的最重要组成部分。因此，研究信息战武器的实质就是要研究电子战武器。

2. 第三代武器

俄军事专家把第三代核武器看成新军事革命的重要组成部分。第三代核武器与今天的核武器大不相同。它的体积很小，但仍保持原来的当量或破坏威力不变。俄科学家正在研制的小型核装置，其体积只相当于原来的1%，但当量却增加了1倍。第三代核武器产生的沾染很小，它所产生的激光束、电磁波、X射线、微波辐射、冲击波都可集中在目标的方向上。

3. 天基系统

俄军方认为，海湾战争表明，支援性军事空间系统（通信、导航、侦察、导弹预警）的作用日趋突击，其重要性大大提高，战争的重点已经向外层空间转移。对于未来战争的这一特点绝不可以掉以轻心。因此，必须把外层空间看作军事行动的潜在战场，对外层空间的军事化采取相对应的措施。目前，世界上已有20多个国家在为本国利益积极开发外层空间，俄必须发展自己的天基系统，占据开发和利用太空的领先地位，以确保在未来的太空战争中掌握主动权。天基系统可以最有效地对全球备战情况进行不间断的监视，能及时发现敌发动的导弹和空间袭击，并能确保及时发出警报和对部队实施指挥。所有的地面基础设施只能配置在本国领土上，而滞留在轨道上的航天器则根据国际外层空间法享有超越国界的权利。从俄目前军用空间技术研究的状况来看，在研制天基系统方面具有一定的优势和实力。用美国人的话说,俄罗斯大约在50%的空间技术领域占据世界领先地位。例如,在不同燃料组元基础上的推进系统、电源系统、轨道站方面,在采用新材料(尤指复合材料)方面,在发射系统方面,在发射系统方面,在氢技术以及在氮喷注器方面等等。

4. 侦察与火力综合系统

苏联军事理论界在20世纪80年代就预言,效能巨大的精确制导武器将成为未来战争的主导武器,并据此提出,在军、师一级把侦察设备、毁伤武器、电子设备、侦察和控制设备组合在一起可以发挥关键作用。海湾战争中高精度武器、电子武器及先进侦察工具的使用效果,使俄军进一步肯定了他们过去的推测。他们认识到,高精度电子、火力毁伤兵器的射程、射速、弹药威力以及机动能力的显著增加,大大提高了为准备和实施火力毁伤而获取与提供侦察情况的及时性、准确性、充分性的意义。关于这一点,海湾战争中多国部队"IM-EWS"综合导弹预警系统的使用就是一个典型例子。起初,该系统的任务是为爱国者防空导弹控制站提供预报和为多国部队攻击机群指示导弹发射地点。但这尚不能保障对伊军移动导弹装置实施及时的突击,因为它们往往在遭到攻击之前就撤离或变换发射阵地。以后多国部队改变了该系统接收和处理所获情报的方法,才使其为攻击飞机指示目标的及时性和效率获得显著提高。由此可见,发现后立即打击,正在成为未来战争的一项基本要求。因此,实现以精确制导武器为基础的侦察与火力综合系统,才能保证在精确制导武器大会战的未来战争中,在最短的时间内对敌部署的全纵深实施有效的决定性打击。对于舒尔金上将、库兹明上将等的上述看法,许多俄军事专家都表示赞同。尤·尼古拉耶夫少将提出,俄罗斯应首先发展精确制导武器、侦察与攻击、侦察与火力综合系统。

总之,俄军在实现以精确制导武器为基础的侦察与火力综合系统上的认识是颇为统一的。他们中一些人预言,侦察与火力综合系统的最终形成很可能将标志着俄军进入高科技战争时代。

五、高精度武器的试验

当一些国家拥有足够的高精度武器和防御武器之后,现代非接触性战争才有可能爆发。经济发达国家目前正在忙于研制上述武器。高精度突击武器和防御武器都是根据许多国家的大批量订货而组织生产,并由国家提供长期的经费保障。现在,经济发达国家的军工企业正在为争夺这笔巨额订货进行暗中较量。

现在已经明显看出,许多国家当前所拥有的这些武器装备已过时。以前这些情况一直处于潜伏期,而现在逐渐走向公开。目前,经济发达国家正在加紧制造和储存最新式毁伤兵器,这些常规突击毁伤武器都是远射程、高精度并具有很大的破坏力。武器装备的竞争正在从数量—力量型向数量—智能型转变。将先进技术工艺运用于实战,日趋成为武器装备发展过程中的决定性因素。目前,许多国家的军队正在装备各种高精度巡航导弹,这些导弹可以从空中载体、水面或水下舰艇上发射,但是,它们的制导方式各不相同。这些武器基本上都在近30年内所发生的局部战争中经过了严格的检验,目前在武器市场上供不应求。

可以预料的是,首先对新的第六代战争开始进行认真准备的美国,在其国内军工企业的施压下,将会不断地在实战条件下进行高精度武器战斗使用的实弹试验。这是因为五角大楼对只经过试验场检验的武器还不是十分放心,他们只想采购那些在实际战争和军事冲突中经过检验的武器。目前,也许是在将来,利比亚、伊拉克、苏丹、阿富汗、塞尔维亚、科索沃和其他一些国家会成为这类武器大显身手的理想战区，更准确地说是实弹试验场，美国曾经对这些国家实施过试验性高精度突击。然而，在"9·11"事件之后，由于各种各样的原因，甚至在不需要经过联合国正式授权的情况下，这些国家以及其他一些国家随时都有可能成为这些武器的试验场，理由很简单，比如：某些国家不同意履行国际条约的某些条款，或者不接受强加给他们的和平，训练并隐藏恐怖分子，研制化学武器或核武器等。

例一：美国打着向科索沃阿尔巴尼亚族提供援助的幌子，将塞尔维亚和科索沃变成了试验场，在那里对自己的最新武器系统、侦察设备、指挥设备、保障设备进行实战试验。对其他民族的"关心"其实就是为了达到某种目的的一个借口。正是这些情况使人确信，近30年当中发生的大多数军事冲突和斗争，只要有美国参战，那么它的目的都是为了在实际军事行动的现实条件下试验和展示美国最新高精度武器、太空侦察及其他侦察系统、指挥系统、保障系统、电子对抗等，同时演练在军事行动中协同作战的能力，训练自己的飞行员、舰艇操作人员等等。

例二：美国继1991年在海湾战争中进行约300枚海基巡航导弹试验之后，于1995年在西欧进行了例行试验，全新方案是针对在山地丛林地形上使用海基巡航导弹作战，试验中对假想敌波黑塞族的防空兵器和炮兵兵器实施的突击相当有效。1996年10月，美国又一次进行了巡航导弹试验，试验过程中再次对伊拉克的军事设施和经济基础设施进行突击，共发射了27枚最新型高精度巡航导弹，其中空基巡航导弹13枚，海基巡航导弹14枚。

例三：1998年8月美国又进行了例行（可以说是"计划"中的）试验，使用高精度导弹对阿富汗和苏丹境内"伊斯兰恐怖分子"实施突击。这次试验的是最新研制的海基巡航导弹，这种海基巡航导弹既可由水面作战舰艇发射，也可由停泊在红海和波斯湾的多用途潜艇发射。这次试验共发射海基巡航导弹80枚。同年12月美国再次按照"计划"进行战役规模的巡航导弹实弹射击试验，试验过程中对伊拉克军用和民用设施进行突击。在这次突击当中，共发射了415枚海基和空基高精度巡航导弹，摧毁了伊拉克100多处军事设施和经济设施，而美国方面基本没有人员伤亡。

伊拉克对这次突击如同对1991年的突击一样，在战争观念上没有一点准备。可见，由于政治和经济长期处于封闭和自我封闭状态，伊拉克不仅在军事方面落后了，而且对于军事学领域所发生的变化也没有及时领悟到。在此可以看到两种不同的战争：一方面是美国和英国发动的新的现代战争；另一方面是伊拉克实施的旧时代战争，战争的结果显而易见。

这个已经被载入战争史册的例证应该引起国家军事领导人的高度警觉，因为国家的军事改革和武装力量的建设构想取决于他们作出的决定。毫无疑问，这是一次有预谋的导弹试验，在试验过程中使用了415枚高精度巡航导弹。高精度突击的组织和实施都证明了这一点。正如俄罗斯军报《红星报》所报道的那样，全部突击行动共分四个阶段进行，并且均在夜间实施。

第一阶段是在12月17日夜间，两次突击都使用了最新的试验型舰载"战斧"式巡航导弹，其中一次突击还使用了最新型的空基巡航导弹。两次突击共发射了180枚导弹。这些导弹都是为了摧毁带有无线电电子辐射元件的设施而专门研制的，突击目标是伊拉克战略、战役及战术用途的通信枢纽、指挥所和司令部、总统卫队指挥所，甚至营房。

第二阶段伊始，英国的17架"旋风"式战机实施突击，使用的是"哈姆"和"阿拉尔姆"反雷达导弹，其打击目标是装备有无线电电子设备的设施、第一次突击过程中新发现的目标以及第一次突击未被摧毁的目标或者是后来新增加的目标。

在实弹试验的第三阶段进行了三次规模最大、强度最高的空海联合高精度导弹突击。空基巡航导弹的载机出动360架次，发射巡航导弹95枚。这是第一次在实战条件下试验最新式的B-1型战略轰炸机，该机采用"隐型"技术工艺制造，隐蔽性能好，雷达不易发现。后来得知，在这次突击中伊拉克又有40处重要目标被摧毁。

在试验的第四阶段即结束阶段，实施了三次连续突击：参加突击的有数架英国"旋风"式战斗机、美国舰载F-18战斗机和B-52战略轰炸机，在这次突击中共发射空基和空—海基高精度巡航导弹40枚。应该特别指出，在这次试验中，B-52战略轰炸机首次使用装有约1吨重弹头的空基高精度巡航导弹，还有几艘潜艇也参加了突击行动，这些潜艇是从红海和地中海水域实施的突击。

后来，根据太空侦察情报得知，在这次实弹试验中，高精度导弹突击摧毁目标的总效率达到85%的水平。对于类似规模的作战行动来说，这次高精度导弹实弹试验突击可以视为创下了历史纪录。

各种高精度巡航导弹摧毁固定设施的作用范围相当大，主要包括以下不同类型的设施：萨迈拉市附近建有90栋楼房的总统官邸、设在巴格达的总统安全卫队司令部、设在首都的伊拉克空军国民卫队指挥部大楼、巴格达的一座化工厂、巴格达西北30公里处的一座工厂、巴格达西北70公里处的埃利法鲁扎市的化工企业。

上述所有这些设施主要被高精度巡航导弹所摧毁。据美国专家确认，伊拉克防空部队没有击毁他们的任何一枚高精度巡航导弹。这是完全有可能的，因为伊拉克所拥有的大量防空兵器都是依靠目视射击目标，夜间基本不能使用。一般认为，这种试验尤其是试验效果所针对的不仅仅是伊拉克，而且还针对美国的其他潜在敌国。更何况，对于正准备进行新一代大规模战争的国家来说，它的敌人在何处以及防空系统状况如何都没有任何现实意义。显然，他们坚信，在这个时代里他们没有真正的对手。

例四：1991年2—3月和1998年12月对伊拉克的突击，都是新一代战争雏形的演示，是在实战条件下对最新式高精度武器及军队指挥系统进行的例行检验。1999年3—6月对塞尔维亚和科索沃的突击，是新一代战争样式、武装斗争技术工艺、对遥远战区战争的指挥系统的一次谨慎演示。

在南斯拉夫进行的试验性战争，被美国和北约的军事领导层用来在真实作战行动过程中训练自己的武装力量。目前，在订购武器和军事技术装备时，五角大楼将选择那些最完善的武器，也就是在实际战争条件下验证合格的武器。从这里清楚地看到，在长达11周的战争中，美国打着"盟军"的旗号实地演练和试验了空中—太空—海上突击战役行动。其主要目的是：在巴尔干战区的实战条件下试验包括侦察、指挥、高精度武器投送这些诸元在内的侦察—突击战斗系统；破坏南斯拉夫的经济潜力基础；评估不同作战平台高精度武器的效能；证明某种武器的使用效果以及整个战役的结果。

整个战役在时间上可以划分为两个独立的阶段：第一阶段持续时间为6周，第二个阶段为5周。

在第一阶段，没有北约其他国家参加，美国独自进行了自己的对全塞族进行屠杀，无论联合国旗号下的北约维和力量（其中包括俄罗斯维和部队）怎样努力，都不能阻挡这一进程。违反国际维和部队的意愿，在科索沃建立起了独立于南斯拉夫之外的单一阿族居民组成的国家机构,所有这一切再次完全证明,美国和北约在这场战争中另有目的,并且其目的已经实现,而现在那里所发生的一切,再也无人过问。

例五:高精度武器和新物理原理武器在阿富汗战争中也得到了试验。

阿富汗同样成为实战条件下最新式武器和军事技术装备的试验场。在美国不是所有军工集团都能利用伊拉克和南斯拉夫战争检验自己生产的高精度武器,并获得质量证书。众多公司技术人员虽然参加了试验,但未能证实自己高精度武器系统的效能。因此,还需重新创造机会参加传统的空中—太空—海上突击实弹试验,那就是在阿富汗。近20年来的非接触战争已成为同阿富汗恐怖分子斗争的主要样式。

但是,阿富汗作为试验场明显有别于伊拉克和南斯拉夫,后两个国家是被用作实弹试验及新式武器的试验场。

第一,阿富汗基本上是一个山地国家,谷地纵横,中部、南部、西部干旱无水,无论对高精度武器运载工具,还是对武器本身以及对既定目标毁伤效率的检测来说,试验地区的条件都格外复杂。

第二,阿富汗是个非常落后的国家,国内实际上没有发达的经济设施和军事设施,因此也就没有必要使用非接触战争中的高精度武器来实施毁伤。

第三,由于各种原因在1991年、1996年、1998年伊拉克战争中和1999年的南斯拉夫战争中美国军工综合体没有获得质量证书的武器,在这场战争中被迫继续进行试验。

第四,美国在"9·11"事件之后的26天,开始对阿富汗塔利班采取回击行动。在这段时间里,美国扩充了太空电子侦察器材库,并改造了早就部署在南斯拉夫上空的太空侦察信息系统,使其适用于阿富汗。在阿富汗战区上空建立的太空系统包括"雪貂"无线电侦察卫星;截获通信信息的"沙烈""流纹岩"和"水技表演"卫星;"锁眼"光学电子侦察卫星;"曲棍球"雷达侦察卫星,以及引导高精度武器突击既定目标关节点的全球卫星定位系统GPS等。

总之,实际上美国使塔利班成了打击的目标。这段时间里,塔利班被迫隐藏在山上、峡谷和掩体内,在单一的山区地形条件下寻找目标非常困难,即使使用高精度武器,甚至使用特种炸弹毁伤这些目标也不是可靠的手段。显然,这场战争成了游击战,并且这种游击战在阿富汗可能将延续很长时间。

应该指出,在阿富汗的空中—太空—海上突击如同在南斯拉夫的类似行动一样,由美英共同实施,据说实现了零死亡的目标。但实际情况是,两架无人驾驶侦察机及3架直升机被击落。

很明显,为了与国际恐怖主义所掌握和使用的非对称方式相对抗,必须对非对称的对抗方式进行研究。只有将非对称方式与对称方式有机地结合起来,才可能有效地对抗国际恐怖主义。但是,非对称方式和措施需要从零开始认真研究,应该采取全新的非对称突击和防御措施。我们认为,在同国际恐怖主义的斗争中,俄罗斯起着至关重要的作用。

六、武器的"慈化"倾向

原子弹出现以前,战争一直处在杀伤力的"短缺时代"。改进武器的努力主要是为了增加杀伤力,由冷兵器和单发火器构成的"轻杀武器",再到由各种自动火器构成的"重杀武器",武器的发展几乎就是不断增加武器杀伤力的过程。漫长的短缺,造成了军人们对拥有更大杀伤力武器的难以满足的渴求。随着美国新墨西哥州荒原上腾起的一朵红云,军人们终于如愿以偿地获得了一种大规模杀伤性武器,它不仅能将敌人全部杀死,而且还够再杀死他们一百次、一千次。它使人类拥有了超过需要的杀伤力,战争的杀伤力第一次有了富余。

哲学原理告诉我们,一切事物达到极致都会转向它的反面。发明像核武器这样的、能够毁灭全人类的"超杀武器",使人类掉进了自己设置的生存陷阱。核武器成了悬在人类头顶的达摩克利斯剑,它迫使人们思索:我们真的需要"超杀武器"吗?把敌人杀死一百次和一次有什么不同?打败敌人却要毁灭地球的风险又有什么意义?怎样避免同归于尽的战争?

"确保互相摧毁"的"恐怖的平衡"是这些思索的直接产物,而它的副产品则是为不断增速的提高武器杀伤性能提供了刹车装置,使武器的发展不再是沿着轻杀武器—重杀武器—超杀武器的高速通道向前猛冲,人们试图寻求武器发展的新路径,既要有效,又能对武器的杀伤力实行控制。

任何重大的技术发明,都会有深刻的人文背景。1948年联合国大会通过的《世界人权宣言》及其后与此有关的50多个公约,为世界规定了一套人权国际准则,其中认定使用大规模杀伤武器特别是核武器严重侵犯了"生命权",是"对人类的犯罪"。在人权等新政治概念的影响下,再加上国际经济一体化趋势,各种社会政治力量的利益要求和政治主张犬牙交错,对生态环境特别是人的生命价值的"终极关怀"概念的提出,导致对杀伤和破坏的顾忌,形成了新的战争价值观和新的战争伦理。武器的"慈化"正是对人类文化背景的这种大变迁在武器生产和发展方面的反应。同时,技术的进步也具备了直接打击敌方中枢而不殃及其他的手段,为夺取胜利提供了许多新的选择,这一切使人们相信最好的取胜办法是控制而不是杀伤。战争观念、武器观念都发生了变化,那种通过无节制杀戮迫使敌人无条件投降的想法,已成为旧时代的陈迹。战争已经告别了凡尔登战役式的绞肉机时代。

精杀(精确)武器和非杀(非致命)武器的出现,是武器发展的转折点,它标志武器第一次不是向"强化"方向发展,而是呈现出"慈化"倾向。精杀武器可以精确地打击目标,减少附带杀伤,像能切除肿瘤却几乎不必流血的伽马刀,它导致了"外科手术式"打击等新战法的出现,使不起眼的战斗行动亦能收到十分显著的战略效果。如俄国人仅用一枚导弹追踪移动电话信号,就使令人头痛的杜达耶夫永远闭上了强硬的嘴巴,顺带着也就缓解了小小车臣惹出的巨大麻烦。非杀武器能够有效地使人员和装备失去战斗力,但不会致人死命。这些武器所体现的趋向标志着人类正在克服自己的极端思维,开始学习控制已经拥有却日显多余的杀伤力。在海湾战争长达一个多月的大轰炸中,伊拉克平民的死亡人数仅以千数计,远远低于第二次世界大战期间的德累斯敦大轰炸。慈化武器是人类在武器领域进行多种选择中最新的一种自觉的选择,它在给武器注入了新技术的因素之后,又加入了人性成分,从而破天荒地使战争涂上了温情色彩。但慈化的武器仍然是武器,并不会因慈化的需要便降低武器的战场效能。剥夺一辆坦克的作战能力,可以用炮弹、导弹去摧毁它,也可以用激光束去毁坏它的光学设备或是使乘员致盲。在战场上,一个伤员比一名阵亡者需要更多的照料,无人武器平台可以省去越来越昂贵的防护设施,发展慈化武器的人肯定已经对此经过了冷冰冰的费效比计算。杀伤人员可以剥夺敌人的战斗力,让敌人恐慌且丧失战斗意志,可谓非常上算的取胜之道。今天我们已经拥有足够的技术,可以创造许多更有效的造成恐惧的办法。像在天幕上用激光束投射一个受难圣徒的影像,就足以威慑那些虔信宗教的士兵。制造这样的武器在技术上已没有什么障碍,只是需要往技术成分中添加更多一些想象力。

慈化武器是武器新概念的派生物，而信息武器则是慈化武器的突出代表。不论是进行硬摧毁的电磁能武器，还是实行软打击的电脑逻辑炸弹、网络病毒、媒体武器，都是着眼于瘫痪和破坏而不是人员杀伤。慈化武器这种只可能诞生在技术综合时代的武器，极可能正是最有前途的武器发展趋势，同时也就会带来我们今天还无法想象和预知的战争状态或是军事革命，它是人类战争史迄今为止最具深刻内涵的改变，是新旧战争状态的分水岭。因为它的出现，已足以把冷热兵器时代的战争统统划分为"旧"的时代。尽管如此，我们仍不能沉湎于技术浪漫主义的幻想，以为战争从此就会成为电子游戏般的对抗，即便在计算机房内完成的虚拟战争也同样需要以国家的整体实力为前提，一个泥足巨人拿出十套虚拟战争的方案，也不足以威慑任何在实力上强于它的敌人。战争乃死生之地、存亡之道，容不得丝毫的天真。哪怕有一天所有的武器都被充分慈化了，一场或许可以避免流血的慈化战争却依旧是战争，它可以改变战争的残酷过程，却无法改变战争强制性的本质，因而也就无法改变残酷的结局。

七、零伤亡战

零伤亡战是美国提出来的一种新的作战观念，也是美国追求的最大作战目标。战争，本是一个敌对双方互相残杀的怪物。自从有了战争以来，人们都知道打仗是要流血的，更是要死人的；不仅要死作战部队的士兵，而且常常还会伤亡相关的平民百姓。然而，随着美国成为世界上唯一无可置疑的超级大国之后，它便逐步产生了这样一种新观念："美国能在不损失作战人员的情况下与敌军作战和保卫国家。"

在科索沃战争中，南联盟这支曾在欧洲小有名气的军队，在以美军为首的北约军队强大空中火力的打击下毫无招架之力。在这场79天的战争中，以美军为首的北约军队一共出动了3.75万架次飞机，投下和发射了2.3万枚炮弹和导弹，至少造成2500名南联盟居民死亡，但是北约的士兵却无一伤亡。美军果真创造了零死亡战争的历史纪录。

美国尝到零死亡战争的甜头后，这种新的战争观念、新的安全感在不断增长，军事策划者们对军队作战伤亡人数的严格限制，正在前所未有地体现在五角大楼的对外政策中，涉及对一些国家和地区进行武装干预、国家导弹防御系统的长期战争，涉及新的作战指导原则。

避免发生人员死亡，是美国不愿向塞拉利昂和非洲其他冲突地区出兵的原因之一。美国杜克大学军事研究员彼得·菲弗说：美国官员正越来越趋向于用损失的人数来衡量军事行动是否成功。菲弗说，普通群众也十分关注军队在战争中的伤亡人数，而且能够容忍的伤亡人数比高层军事官员所能容忍的还要高得多。所以说，像美国这样一个拥有各种高新技术，但受到希望无人死人战争的公众舆论约束的国家，不可能像俄罗斯在车臣战争中那样，进行一场双方损失都很惨重的战争。

美国在越南战争和朝鲜战争中伤亡惨重，这是它今天避免伤亡的重要原因之一。在20世纪90年代初期对索马里的军事干预是造成它今天这种态度的主要因素。在那次行动中，一名美国士兵的尸体被拖过摩加沙街道的景象深深地刻在所有美国人的心上，成为这个超级大国的奇耻大辱，美国决心在当今对国际事务的干预中洗刷这种耻辱，充分发挥其自身的高科技优势，创造零风险战争。在1994年美国对海地进行的军事干预就初见成效，几乎没有人员伤亡，因此白宫认为这是一次成功的军事行动。

美国在总结"零死亡"战争的经验时得出结论：高科技是实现零死亡战争的保护伞和护身符。从海湾战争到科索沃战争，再到伊拉克战争，美军依赖空袭首先夺取制空权，从而赢得绝对军事优势。空袭的主力军便是隐形战机、各种战斗轰炸机和导弹，一开战就能控制战场主动权，夺取战争胜利。为了使政界继续支持政府使用武力，同时，避免下一场战争的伤亡，继续保持零死亡战果，美国加紧制定新军事战略和研制开发一系列先进武器装备。

一是建立一支快速机动的隐形部队。美军认为，保存自己、避免伤亡的首选办法是采取隐形战术，使对方找无方向，打无目标。美国白宫要求美军朝着全方位隐蔽方向发展。美国在加速发展各种隐形侦察机、隐形轰炸机、隐形无人驾驶轰炸机的同时，大力发展隐形导弹、隐形战舰、隐形水雷、隐形坦克和隐形部队等。

目前，美军王牌隐形武器是B-2轰炸机、F-22和F-117战机。其隐形术主要靠飞机外形翅状设计、机身采用可以大量吸收雷达波的非金属复合材料和涂料，再加上防红外探测技术，所以常常能够遮人耳目，隐形出击成功。随着反隐形技术的发展，未来攻击型飞机的生存能力将取决于其飞行速度和高度，高超音速飞机能以5~10马赫的速度飞行，这种飞机能够在数小时内对世界任何地点的目标实施打击。未来的轰炸机将比B-2轰炸机具有更高的隐形特点、更大的载荷量和更远的作战半径，并且可能具备发射无人驾驶的小型"子"飞机的功能。

二是研制机器人"钢铁士兵"。关于机器人的未来，有关专家指出，日本人的梦想是"正义的铁臂阿童木"；美国人的梦想则是制造出全世界在瞬间丧失能力，而只有美国幸存下来的机器。为了避免伤亡，实现零死亡战争目标，美国防部长期以来一直在研究用机器人士兵来取代真人士兵，最大限制地排除人类打仗时必要的因素，最终只靠机器人进行战斗。因此，飞行机器人——无人驾驶飞机自然成了机器人中的佼佼者，成了美军的宠儿。

使用无人驾驶飞机作战，能够最直接地避免人员伤亡。美国军事技术人员打算用这种飞机来实现他们长期以来的梦想："能够在不危及己方士兵生命的情况下打败敌人。"近半个世纪以来，军事科学家一直在追求这一目标，孜孜不倦地研制无人驾驶飞机。最早研制出来的无人驾驶飞机是侦察机，主要用于作战侦察。美军目前最先进的无人侦察机是正在进行试飞阶段中的"全球鹰"无人驾驶侦察机。"全球鹰"无人驾驶飞机装有喷气式发动机，长13.4米，翼展35.4米。飞行高度为1.95万米，大大超过喷气式歼击机和陆基防空导弹的高度。它可以不间断地飞行40个小时，对离基地4828公里以内的地区进行24小时侦察。"全球鹰"装备的精密传感器被设计成可以在全天候昼夜不断进行监视，为地面部队和空军提供作战情报与其他支持。

按照美军的战略构想，无人驾驶飞机将会成为未来空战中的主力，将主宰未来天空。因为，它不仅能够保住飞行员的生命，还能进行人所不能进行的特技动作，完成人所无法完成的特殊任务。无人驾驶飞机有着美好的发展前景，新的无人驾驶飞机"隐藏着一种真正的变革潜力"。无人驾驶轰炸机、无人驾驶战斗机和无人驾驶直升机，可能决定性地改变未来军事行动的性质。

除此之外，还有许多形形色色的军用智能机器人。它们既可以执行侦察、观测、监视、运输、破障、维修、护理等支持保障任务，又可以执行操作火炮、驾驭坦克、攻击目标，以及布雷和排雷等战斗任务。在作战中，排雷往往是一项危险性很大的工作，常常会给部队造成较大伤亡。美军正在研制开发一种"罗伯特"机器人遥控扫雷车，有可能从根本上解决这个问题。在战斗中，这种扫雷机器人可以随装甲部队一起行动，当接近雷场时，它便自动发射火箭，引爆附近的地雷。每引爆一次，便可以开辟一条长约90米、宽约8米的通路。

三是发展远程精确制导武器,部署国家导弹防御系统。换言之,就是"只能打别人而不让别人打自己"。美国政府,当今世界的主要威胁来自"无赖国家",美国与其盟国必须找到维持和平的新方法,其中之一就是建立导弹防御系统的新架构。他强调,冷战时代的遏制力量已显得不够,要维持和平并且保护美国公民以及盟邦和友邦,"我们需要建立导弹防御系统对抗今日世界的不同威胁。这样,我们就必须超越已经30年的反弹道导弹条约的限制。"

另外,美国还将进行电脑网络战争等等,以摧毁对方的军事指挥控制系统,或切断其电力系统,同时却不造成自己作战部队的任何流血或死亡。

八、高科技战争中的精确指挥

在近期的高科技局部战争中,以高科技作战平台为牵引,以精确制导武器为主导的"精确战"作战模式已经出现。对战场目标进行精确侦察、定位、控制,对各种作战力量进行精确指挥,对作战目标实施全程、全域、全时空的高效打击,将为信息化战争的突出特征。因而,"精确指挥"将成为未来作战指挥的必然趋势。

(一) 新的战争形态催生"精确指挥"

随着信息化、数字化、网络化、自动化和智能化等技术在军事领域的广泛应用,战争形态将会发生根本性的变化。这种新的战争形态必然导致作战指挥的变革,使"精确指挥"日益显现。

一是"精确打击"需要"精确指挥"。精确打击是未来信息化战争的一个最突出特征。精确打击技术是各种高科技中最为成熟的技术之一。精确打击不仅能以最小的代价谋取最大的效益,而且还能以最小的附带杀伤破坏换取最大作战效果。因此,各国军队竞相发展精确制导武器。据统计,全世界包括导弹和精确制导弹药在内的精确制导武器已达700余种。仅美军所拥有的精确制导武器就占其所有打击武器的80%,从而为实现精确打击提供了有力的物质基础。从近几场高科技局部战争的实践来看,精确制导武器在战争中的使用呈直线上升趋势。据美方称,伊拉克战争所使用的精确打击武器为海湾战争的10倍左右,精确制导弹药占68%,而海湾战争为8%,科索沃战争为35%,阿富汗战争为60%。由此可见,精确打击武器在未来战争使用率将会越来越高,这必然需要"精确指挥"与之相匹配,否则就难以最大限度地发挥精确制导武器的效能。

二是"精确协同"需要"精确指挥"。未来信息化条件下的局部战争,呈现出许多与以往战争明显不同的特点:高科技武器的广泛运用,使作战行动在陆海空天电全维战场同时展开,作战协同的空间范围明显扩大;参战力量多元,协同对象明显增多,协同关系更加复杂;武器装备精度高、威力大,战场情况多变,协同随机性明显增多;各种作战样式相互交织,攻防瞬间转换,作战行动更加错综复杂,协同重心转换频繁等。在如此复杂的战场上,指挥员及其指挥机关要有效地掌握"制信息权",迅速抓住战机,取得作战胜利,就必须高效、精确地组织好协同,使作战指挥"精确化"。

三是"精确保障"需要"精确指挥"。保障包括作战保障、后勤保障和装备保障等。组织周密全面的保障,对于提高诸军兵种联合作战能力,顺利实施联合作战具有十分重要的作用。从某种程度上说,保障是战斗力的重要组成部分。随着信息技术在战争中的运用,战争节奏和进程明显加快，部队的作战潜力要达到最大限制地发挥，必然要有与之相适应的精确高效的保障。伊拉克战争初期，担任地面主攻任务的美军第3机步师长驱直入，一天就推进了170千米，这种情况下的保障，如果不是在"精确计算"下的"即时补给"，就会陷入疲于奔命。战争中，美军为了能够实现"精确保障"，运用GPS高科技，给每辆供给运输车辆安装了能随时发送信号、精确显示其所在位置的无线电传感器。当前，美、英、法、日、俄等许多国家都在积极调整军队保障发展战略，凭借先进的科学技术加速推进军队保障变革，按照"合理够用"的原则，构造未来军队保障的新模式。由此可预见，"精确保障"势必成为未来战场保障的主要发展方向。这种"精确保障"客观上必然需要与之相适应的"精确指挥"作支撑。

（二）"精确指挥"带来的变革

随着"精确指挥"理念在高科技局部战争中应运而生，它必将成为信息化条件下作战指挥强有力的支撑点。目前，我军正处在由机械化向信息化的过渡时期，应紧紧抓住世界新军事变革的机遇，迎接"精确指挥"给作战指挥领域带来的挑战，积极想办法、找对策，实现我军作战指挥的跨越式发展。

一是变革指挥体制。科学合理、精干高效的指挥体制是实施"精确指挥"的重要依托。我军现行的指挥体制是基于机械化战争建立起来的，面对未来信息化条件，必须尽快实现由工业时代向信息时代的跨时代跃升。即以信息这一构成战斗力的主导要素能在作战指挥内部和战场上快速、顺畅、有序地流动为标准，以适应打赢未来信息化战争为要求，变纵长形"树"状作战指挥体制为扁平形"网"状作战指挥体制。

二是大力发展与"精确指挥"相匹配的信息化装备。信息化是世界新军事变革的本质和核心，"精确指挥"也必须以信息化为核心发展装备。首先，跨越式研制具有我军特色的信息搜集、信息传输和信息处理等信息化装备。目前，世界许多发展中国家的军队均已不同程度地开始走上了装备信息化的道路。其次，引进一时难以研制的先进信息化装备。这不但可以快速提升我军信息化装备水平，而且也能够带动和促进信息化装备的研制和开发，在最短的时间内满足"精确指挥"的需求。最后，大力建设无缝链接的指挥信息系统。通过科学的顶层设计，集中整合作战指挥信息资源，彻底解决信息化建设中存在的问题，建立覆盖全军的一体化作战指挥信息系统，以实现对各参战力量的实时指挥和控制。

三是培养信息化指挥人才。信息化军队和信息战争呼唤信息化人才，"精确指挥"需要信息化指挥人才。因此，要加快信息化人才特别是信息指挥人才的培养步伐。首先，应培养指挥人才的信息素养，使他们具备信息意识、信息知识和信息能力。其次，调整院校课程设置内容，开办各种培训班，大力培养"指技合一"的信息化指挥人才。最后，转变军事教育思想，依托国民教育优势培养信息化指挥人才。

第四章 非对称战争

所谓非对称战，是指作战双方军事组织的构成及战术运用完全不同，军事实力相比差距悬殊，即蚂蚁对大象、高炮打蚊子的战争。这样的战争，已经成为各国军队及研究人员研究的对象。一些国家的军事专家还认为，21世纪是"非对称性战争"的时代。发生在美国的"9·11"恐怖袭击事件，是21世纪的第一场战争，也是一场典型的非对称性战争。

这一战争没有战线、没有军队、没有作战规则。这种新型战争进一步使军队处于战争外围，得到了保护，而普通平民百姓却成了战争的对象，受到了最大伤害。这一新型战争样式的出现，使沿用了几个世纪的作战规则被打破。

一、典型的非对称战争：恐怖战

在今天的世界上，人们对战争已经司空见惯。在即将过去的这个世纪，人类经历了两次世界大战的浩劫，经历了无数次的局部战争和国内战争。进入20世纪90年代以来，刚刚结束了长达数十年的"冷战"之后，被称为地下战争的恐怖活动，又开始频频降临到人类的头上。

（一）恐怖狂潮愈演愈烈

世界范围内的恐怖活动是20世纪60年代末期才开始大量出现的。有1968—1972年的4年时间里，恐怖活动剧增了400%，从每年大约50次增加到200多次。到了20世纪80年代末，国际恐怖主义活动已高达每年800多次，涉及80多个国家其中近一半与中东有关，20%与亚洲有关，28%与欧洲有关，13%与拉丁美洲有关。恐怖活动已成了一个十分严峻的问题，它不仅仅是对个人的重大威胁，而且已经越过国界，像瘟疫一样在世界各地肆虐，成千上万的人惨遭毒手，上百亿美元的财产被摧毁，数以亿计的人民的正常生活工作秩序受到破坏。有人把这种恐怖主义浪潮称为"20世纪的政治瘟疫"，更有人惊呼这是"一场永无休止的地下世界大战"。

进入90年代，国际恐怖主义不但没有收敛的迹象，反而呈现出愈演愈烈之势。从90年代中期看，各种暗杀、爆炸、绑架、劫持事件在世界各地接连不断，使世界不时陷入恐怖之中……据统计，仅90年代以来在世界范围内发生的暗杀、绑架、劫持等恐怖事件就成数百起，特别是随着技术的发展，电脑恐怖主义等新的恐怖事件的出现，更使反恐怖主义者面临更加严峻的考验。

（二）形式手法花样翻新

最早的恐怖活动可追溯到古希腊和罗马时代。但它真正形成并越出一国范围则是在第二次世界大战以后。20世纪70—80年代，恐怖主义猖獗一时。随着冷战结束，90年代的恐怖主义又呈现出新的特点，即类别新型化、手段科技化、组织小型化、成员学识化、范围扩大化、危险惨重化。

其一，原有的恐怖主义类型发生了此消彼长的重大变化，种族、宗教型恐怖活动异常活跃。

目前，世界上有案可查的恐怖组织有1000多个，一般可分为国家支持型恐怖组织、极左翼恐怖组织、极右翼恐怖组织和种族宗教型恐怖组织四种类型。由于近20年来，世界经济一体化方面的一些机构的计算机也同时遭到袭击，这些计算机里留下了一个自称"长枪党武装"的公报："我们回来了！我们已控制了一些信息系统。现在，我们有了网络，有了信息，因而也有了权利……这是一场你们未曾料到的新的革命。"这是"长枪党武装"在不到一年之内第二次作案。负责此案的官员指出："长枪党"不搞谋杀，不投放炸弹，是一种虚无缥缈又实实在在的新型恐怖活动，它最大的威胁在于窃取保密信息，并通过正式途径在信息网络上散布虚假信息，制造混乱。这种恐怖主义活动虽还不具有广泛性和国际性，但随着各国信息高速公路计划的实施，其危害将越来越明显。

此外，以日本大规模毒气案为代表的一连串的恐怖行动，似乎已证明了人们近年来的担忧：恐怖分子将使用比常规武器杀伤力大得多的化学、生物甚至核武器去制造更大更残酷的恐怖事件。这种超级恐怖活动正成为新型恐怖活动中最具威胁性的一种。

新型恐怖活动虽然时间不长，规模有限，但却具有一些共同的特征：如恐怖分子的文化层次较高（奥姆真理教就设立了专门从事毒气研究和开发的"化学班"，其成员大部分毕业于名牌高校）。他们多采取"打了就跑"的战术，并分散成若干小组，隐蔽性强。他们的作案动机除了原有的政治目的以外，现在更多的是出于宗教和种族仇视，有时常常只是为了引起政府和社会的关注，甚至有的仅想一举成名，因此往往把恐怖目标选定在能造成巨大影响的人多的闹市区或重要建筑物，不计后果、不择手段，危害性极大。特别是随着现代通信和运输工具的使用，使得恐怖分子的活动范围广泛而不确定。

（三）错综复杂的社会根源

恐怖活动在20世纪90年代祸及全球并不是偶然的，它有着深刻的国际背景和广泛的社会、政治、经济原因。

首先，冷战的结束并未铲除恐怖主义滋生的土壤，贫富悬殊、社会不公、政治腐败、局势动荡是恐怖主义盛行的主要根源。

当今世界到底有多少恐怖分子谁也说不清，但从近几年破获的大案中可以看出，案犯差不多都是30岁左右的年轻人，而且大多生活在经济贫困、动乱不止的中亚、非洲和拉美等国，为了摆脱苦难，与现实抗争，他们往往铤而走险。一些出身于经济发达、政局相对稳定的西方国家的青年，或是出于对社会不公、政治腐败等丑恶现象的不满，或是由于精神空虚，为了逃避现实、引起社会注意或发泄怨恨，也加入恐怖主义的行列之中。他们的一个共同特点是：对社会现实大都有极为强烈的绝望和不满情绪。在苏东剧变和西方"民主化"的浪潮的冲击下，一些第三世界国家政局剧烈动荡，甚至酿成战乱。与此同时，由于冷战结束敌手消失，西方国家的内部凝聚力大大减弱，各种社会矛盾变得突出起来，而经济的不景气、失业的增加使社会不满有增无减，特别是在年轻人中表现尤为强烈。所以，中东、北非、中亚、拉美一些国家恐怖活动的发展正好与其经济贫困、政局动乱、政治腐败相辅相成，而西方国家遭受恐怖袭击愈益频繁和右翼恐怖组织不断壮大恰恰与其社会危机深化、裂痕加大相伴相随。

其次，恐怖主义的泛滥，也是民族矛盾上升，种族、宗教冲突加剧的必然结果。

在各类恐怖主义活动当中，近几年发展最快、影响最大的要数伊斯兰原教旨主义。

90年代以来，伊斯兰原教旨主义在西亚北非地区再度崛起，并向中亚、东南亚、撒哈拉以南非洲国家以及欧美扩展，这种现象不仅反映出饱受贫困之苦的下层群众对社会现实的强烈不满，而且也说明，作为非同一般的宗教信仰和政治运动的伊斯兰原教旨主义，其反美、反西方、均贫富的主张具有极大的感召力。

除此以外，冷战结束后，民族分立、民族对抗之风骤起。最早由西方大国为演变前苏东国家而助长的这股风潮，现在却猛烈冲击着他们自己。美国黑白种族之间矛盾的加深，加拿大魁北克独立运动的再度兴起，西班牙、法国、英国潜伏的民族危机，无疑都为建立在种族对立基础上的极右翼恐怖组织的壮大提供了社会基础。

最后，新科技革命的发展、现代科技知识的普及以及苏联解体后核生化武器技术的扩散，是新型恐怖活动产生的重要原因。

近些年来，随着应用科学知识的普及、高科技成果的推广，恐怖分子的作案工具、手段和目标都在发生变化，一些高学历、高智商的知识分子加入恐怖集团中，他们不仅具有一般的技能，对高科技也了如指掌。特别是苏联解体后，获得核生化武器技术和原材料并不是十分困难的事情，这就给恐怖分子以可乘之机。

从根本上说，恐怖主义是一国之内社会经济发展不平衡和世界范围内南北发展不平衡这两者相互作用而生成的恶性肿瘤。在冷战结束后，世界和地区力量对比严重失衡和局部冲突的加剧所导致的无序状态与民族、种族、宗教矛盾上升，社会危机深化相辅相伴是恐怖主义在一些地区和国家肆虐的根源。

"魔高一尺，道高一丈"。目前，国际社会正在加大打击恐怖活动的力度。欧美以及第三世界的许多国家都相继出台了一些新举措，这些措施沉重打击了恐怖活动的嚣张气焰，有效地遏制了恐怖主义上升的势头。但是，由于恐怖主义产生和泛滥的社会根源不可能在短期内消除，加之新型恐怖活动又具有高科技、分散化、机动灵活等特点，因此，国际反恐怖主义的斗争任重而道远。

(四) 超级恐怖活动时代

近30年来恐怖活动呈上升趋势，预示着国际社会有可能面临着严峻的反恐怖形势。除了传统的恐怖主义威胁之外，因核武器和生化武器的走私与扩散而导致的恐怖主义活动具有重大的危险性。美国政府技术评价局认为，如用飞机把100公斤炭疽杆菌培养液洒在华盛顿的上空，就会造成100万人的死亡。这使人们有理由担心，一旦恐怖分子获得了核武器和生化武器，人类也许就真的进入所谓的"超级恐怖活动时代"。东京地铁沙林毒气事件说明恐怖分子已把生化战付诸行动了，这无疑给现代社会敲响了警钟。

面对国际恐怖主义的发展，最近西方七国和俄罗斯的外交部与负责安全的部长聚会巴黎，就加强跨国合作、严厉打击恐怖活动举行了一天的会晤和磋商，并通过了有关加强国际反恐怖斗争的25条措施。看来，国际社会已经把联合反恐怖活动列上议事日程。

(五) 恐怖战没有作战原则

恐怖战是一种新型的作战样式，这种战争没有作战原则，没有战线，也没有军队；没有装备高科技的武器，它的武器可以是任何民用飞机，作战目标可以是任何地方的任何建筑物；它使军队处于战争的外围，平民百姓却成了战争的对象。恐怖战作为一种新型的作战样式，符合战争创新性这一特性。

在恐怖战中，恐怖分子从最先的恐吓、打黑枪、纵火、暗杀、绑架人质、劫机、自杀性汽车炸弹爆炸、使馆爆炸等，发展到劫持民航大型客机，用特殊"飞行炸弹"袭击美国重要经济、军事和政治目标，这是一般人想象不到和所料不及的。这里在谴责恐怖分子暴行的基础上分析战争特点，作为一场战争，"9·11"恐怖袭击是一个全新的非常成功的战例。

"9·11"恐怖袭击有着周详缜密的作战方案，其袭击目标选定为美国引以自豪与荣耀或者是象征美国强盛与权威的建筑物。兴建于1966年的纽约世界贸易中心，是美国纽约最高楼层最多的摩天大楼。它是由5幢建筑物组成的综合体，全部采用钢架结构，使用钢材7.8万吨，楼的外围有密置的钢柱，墙面由铝板由玻璃窗组成，有"世界之窗"之称。作为美国最高军事指挥机关的五角大楼，修建于1941年8月，当时正是第二次世界大战战火向美国逼近的时候，这一年的12月17日，举世震惊的日本偷袭美国珍珠港事件爆发，战争的硝烟大大加速了这一号称世界占地面积最大建筑工程的进程，仅用了16个月时间就竣工投入使用。五角大楼在第二次世界大战后期发挥了重要的军事指挥功能，并成为美国国防部的代称。

俗话说，树大招风，楼高惹眼。其实在这之前，纽约世界贸易中心大楼已曾两次遭到恐怖分子袭击。1993年12月26日，恐怖分子在世贸中心大楼地下安放炸弹并爆炸，中心地下建筑层（包括3层停车场）有4层被炸穿，造成5人死亡，1042人受伤。一年后的1994年12月21日，纽约一辆满载圣诞节购物者的地铁列车在行驶到世贸中心附近地铁站时发生爆炸，造成45人受伤，其中4人重伤。这次，恐怖分子选择了劫持大型客机、使用"飞行炸弹"袭击这一空中巨人。其中一架美国航空公司的飞机，从起飞到撞上大楼只有30分钟，说明飞机刚起飞就被劫持。这样一来，飞机燃料基本没有消耗多少，当飞机穿墙而入把几十吨燃油倾泄在大楼内燃烧和发生大爆炸，就会创造巨大威力。据专家估算，一架携带60吨燃油的飞机相当于1000吨梯恩梯炸药的威力，是广岛原子弹的1/20。尤其是这幢高楼为钢架结构，经过燃烧和爆炸后造成钢筋软化，所以造成高楼犹如"定点爆破"般顷刻间坍塌。两幢摩天大楼的轰然倒下使整个曼哈顿下城变成了一个瓦砾场，造成了重大的人员伤亡和经济损失。

恐怖分子不用一枪一弹，只用了几把小刀，就把拥有世界上最精确武器、最大核武库、最精锐部队的超级大国搞了个鸡犬不宁。对于恐怖分子来说，以很小的代价投入取得了巨大的胜利。美国新政府一直以安全为理由要搞天罗地网式的国家导弹防御系统，对于恐怖分子这种"飞行炸弹"的袭击，美国的国家导弹防御系统却毫无用场。美国领导人时时处处讲安全，美国却成了世界上最不安全的地方！

（六）恐怖战具有极强的隐蔽性

事实表明，"9·11"恐怖事件有一个庞大的组织，是一个恐怖集团的统一行动。美国司法部长阿什克罗夫特2001年9月13日说，有证据显示，在4架飞机上，每架都有3~6名劫机分子使用小刀进行威胁，夺取了飞机的驾驶权。阿什克罗夫特说，劫持民航客机撞向世贸中心和五角大楼的恐怖分子拥有"重要的地面支持"。"目前我们还不知道这个地面力量有多大，他们是如何配合的。"

显而易见，在这次恐怖活动中，恐怖集团组织协调严密，保密工作做到十分到位，实现了其隐蔽性。可以想象，4架飞机从不同机场、不同时间起飞，必然需要通过通信系统进行不间断的协调和指挥。那么，他们到底采用了什么通信器材，使用了什么通信手段进行联络，居然能够躲开美国大批反恐人员和特工的搜索追查，成功地在美国庞大情报机构眼皮底下作案。而美国情报机关居然没有截获或破译任何有关信息，也没有掌握这些阴谋策划者和行动实施者的蛛丝马迹。

"9·11"恐怖事件爆发后，人们自然把它与珍珠港事件联系起来。其实，"9·11"恐怖事件要比珍珠港事件损失和影响大得多，复杂得多。珍珠港事件爆发后，美国马上就知道袭击来自哪里，敌人是谁。而"9·11"恐怖事件却不知道威胁来自哪里，敌人到底是谁。尽管推测主要嫌疑犯是本·拉登，但是本·拉登现在在哪里？怎么能够捉拿到他，并非易事。因为本·拉登本来就是一个不好斗的主。

（七）恐怖战具有极端的残酷性

通过"9·11"恐怖战，使人们进一步认识到了恐怖战的极端残酷性。

首先是为了实施报复。恐怖分子仿佛像着了魔般地疯狂地自杀，疯狂地惨杀他人，都是为了向美国实施报复。恐怖分子为复仇而战，为所谓的"真理"而战，不惧怕死亡。

其次是强烈的宗教信仰所惑。一些宗教组织长期对教徒进行家门生辉、光照四邻的思想灌输，使信仰变成了仇视的火焰，这是形成恐怖分子自杀的思想根源。为"圣战"而当"烈士"的家庭，可以得到可观的抚恤金，这是产生恐怖分子的经济基础。一般情况下，这些恐怖分子出自社会地位较低的贫苦人家。自杀爆炸者不但可以一次性得到上千美元的奖励，其死后家人还可以每月从其组织中获得数量不等的抚恤金，对于一些兄弟多的贫困家庭来说，是一件名利双收的事情。

最后是进行残酷的心理训练。恐怖分子在进行恐怖活动之前，都要接受其组织冷酷无情的心理训练，直到把人训练成冷血动物，变成杀人不眨眼的刽子手为止。对于部分执行特殊任务的恐怖分子，在最后阶段还要被带到"烈士"墓地，进行不归路强化训练，就是让受训者在一个墓穴中躺上一段时间，少则几小时，多则几天，以便适应死亡，克服对死亡的恐惧感，从而变得宾至如归。

二、一种新型战争：反恐战

反恐战是21世纪初逐步形成的一种新型战争，具有许多鲜明的特征。它包容了过去几乎所有的作战样式，但又突破了过去所有作战样式的作战法则，使战争更加复杂多变、扑朔迷离。以美国对阿富汗的反恐怖战争为例，其鲜明特点有以下几个。

（一）以一种全新的战争形态出现

战争是作战双方的一种军事对抗，著名军事谋略专家李炳彦称其为"活力对抗"。这种对抗，从古希腊时代起人类就开始了各种军事对抗，即人与人之间的对抗。有军事对抗自然就有前线，所以传统战争是有线的，既有前线，也有后方，同时作战双方基本上是呈对称性的。恐怖战争开始改变了这些战争规律。发生在美国的"9·11"恐怖战，被一些军事专家称为"灰色战争"，正是这种"灰色战争"在改变着以往战争的法则。恐怖战争以一种全新的形式出现，它没有战线，没有前线，甚至没有军队，没有作战规则，武器也不是以往战争的常规武器，可以是任何民用飞机，目标可以是任何地方的重要高层建筑物。没有改变的只是战争的本质。

美国在反恐怖战争中，以变应变，从作战理论、作战方式、武器装备等方面，都随之发生了很大变化。从阿富汗战争来看，首先是"前线"这个概念消失了。按照法国前空军参谋长拉努将军的话说，空军发展太快了，空军是现代战争的重要因素，它可以改变现代战争的形态。因为飞机可以在天上飞过，他们可以飞到很远的地方去，只要人们愿意，几乎到处都可以使用飞机。它可以飞到很远的地方去轰炸，然后再返回本土。所以，前线与后方已几乎没有了距离。其次是"直接对抗"的概念也基本消失了。由于作战双方军事实力相差悬殊，呈非对称状，就像大象与老鼠之间的战争；再说具有绝对优势的一方也想尽量避免伤亡，所以作战双方都想办法避免军队直接对抗，千方百计、想方设法谋划在很远的距离以外把敌人消灭。因为随着高新技术的发展，使各种作战飞机的作战性能极大提高，各种精确制导武器的命中精度越来越高，打击行动不仅可以在白天进行，而且可以自由地在黑夜及恶劣气候条件下进行，任何可以打击的目标几乎都在飞机和导弹的射程之内。这样一来，直接对抗就发生了变化，由直接的军事对抗，变为间接的军事对抗；由公开性的军事对抗，变成秘密性的军事对抗。

（二）武器组合奇特

在反恐怖战争中，美军所使用的武器主要有："小鹰"号航空母舰、"战斧"式巡航导弹、B-52轰炸机、AC-130/U武装直升机、B-2"精灵"轰炸机、"全球鹰"无人驾驶飞机、"食肉动物"无人驾驶飞机、"狱火"直升机载空地导弹、E-8C"联星"飞机、GBU-28炸弹、"滚地球"重磅炸弹等。这是一套奇特的武器组合，就其武器的部署使用时间来分，可以说过去的、现在的、未来的一起上阵。

首先是大量使用了过去了的武器，如"小鹰"号航空母舰、B-52轰炸机等。要论部署使用时间最早的是B-52轰炸机，它首次部署的时间是1955年，价格为7400万美元。它是空军的主力轰炸机，能够投掷或发射多种炸弹或导弹。在越南战争中，B-52轰炸机对伊拉克重要军事目标进行了准确轰炸，所投下的弹药占总投弹药量的40%。特别是这种轰炸机可以在空中加油，能够环球飞行，作战时间长、威力大。在海湾战争中，B-52轰炸机从路易安那州巴克斯代尔的空军基地起飞，向伊拉克发射导弹，完成轰炸任务返回美国，全程飞行35个小时。在对阿富汗反恐怖战争中，B-52轰炸机从印度洋的一个岛屿起飞，飞行数千千米向塔利班恐怖分子阵地投掷成吨炸弹。"小鹰"号航空母舰将它所载的海军攻击机留在了日本基地，而装上了陆军的特种行动直升机，其中一些飞机参加了对阿富汗的空袭，发挥了应有的作用。

其次是使用了大批近年来装备部队的新型作战武器。比如大量使用了B-2"精灵"轰炸机，这是一种多用途轰炸机，能够投掷常规炸弹和核弹，速度为高亚音速，航程为洲际，不需要中途加油，可以飞行40个小时左右。这种飞机的最大特点是隐形效果比较好，而且至今仍然是保密的。在反恐怖战争中，B-2"精灵"轰炸机从密苏里起飞，经过44个小时的飞行，将最新的炸弹投在塔利班的掩体。再比如AC-130/U武装直升机，是一种低空飞行的直升机，作战能力比较强。机上安装有先进的传感器、红外线搜寻的设备、暗光摄像机和激光目标指示器，具有较强的夜间作战能力。最新型号的 AC-130/U 武装直升机还安装有可发现远方目标的雷达和卫星导航系统，能够实现近距离空中支持、空中封锁和兵力保护。在寻找和袭击塔利班重要军事目标过程中发挥了重要作用。

最后，使用和实验了一批未来作战武器。"全球鹰"无人驾驶飞机，是一种能够进行高空远距离飞行的无人驾驶间谍飞机。它长13米，能在1.95万米的上空飞行，视力可穿透云层，能"几乎实时地"传回一个目标区的接近于实地的照片。这种飞机没有经过全面的测试，它能够连续飞行35个小时，对大面积重要地区的军事目标进行侦察。目前，美国空军的这种大型无人驾驶飞机还处在研制的最后阶段。"食肉动物"无人驾驶飞机，是一种可以在汽车里遥控的无人驾驶侦察机，它可以连续在空中飞行40个小时。在阿富汗战争中，这种飞机用得很多，主要是中央情报局使用。这种装有导弹的"食肉动物"无人驾驶飞机，还多次袭击了塔利班和"基地"组织的重要目标。GBU-28炸弹是一种智能超级炸弹，一枚GBU-28炸弹重达两吨。这种炸弹具备了穿甲、高爆和粉碎三种功能。它在海湾战争期间研制成功，改型后使用了GPS卫星制导技术，提高了命中精度，是摧毁敌坚固地下目标，如山洞或地下指挥部的理想武器。美军还使用了"滚地球"重磅炸弹。这种"滚地球"重磅炸弹，一枚重约6.8吨，威力巨大。美军投掷这种超级炸弹的目的有两个，一是为了摧毁构筑在悬崖峭壁上的复杂山洞掩体，二是为了达到强大的心理震撼效果。

（三）轰炸、施舍、贿赂，三箭齐发

在阿富汗战争中，美军轰炸、施舍、贿赂三箭齐发，用武力摧毁塔利班军事设施，投放救援物资以缓和与穆斯林的矛盾，贿赂塔利班军官使其叛变。美军认为，空军是现代战争的关键因素，空袭是反恐怖战争的主要手段。美军首先空袭了塔利班的地对空导弹和防空火炮，削弱了塔利班政权的防空能力，摧毁了塔利班的通信指挥系统。紧接着，大约在空袭后45分钟，美国实施了象征人道主义的物资投放工作。他们"一手扔炸弹，一手投食包"，这就是这场战争与以往不同的地方。不论是在越南战争还是在海湾战争，像这样的事情从来没有出现过。他们把食品、药物和其他物资，通过C-17喷气式运输机投放到阿富汗难民所在的地区。据报道，当时每天向阿富汗全国投放3.75万份救援物资。每份物资都是一个厚厚的黄色塑料包，上面用英文写着："美国人民送来的礼物。"每个塑料包里装着黄豆、土豆、饼干、草莓酱、花生酱、水果棒、糕点以及一本封面上印着美国图案的宣传手册。总共热量为2200卡，每个包食品价值4.25美元。同时，这些食包也在巴基斯坦、埃及、沙特阿拉伯和约旦投放。

美军开始在喀布尔市上空空投食品时，他们把食品装在降落伞的大口袋里，塔利班士兵误以为是美军伞兵，便朝空中射击。塔利班政权把美军空投的食品堆放起来，点火烧掉，表示"决不吃扔炸弹国家的食品"。但是有很多阿富汗人由于近几年干旱造成粮食歉收，觉得把这些食品烧掉太可惜。面对美军在人道主义援助旗帜下空投的带有心理战色彩的"食品炮弹"，阿富汗人出现了动摇。美国人达到了投入目的。

同时，美国正在实施战争中一个更为隐蔽的战术：行贿。美国以这种特殊的作战手段，以争取军阀脱离备受打击、不得人心的塔利班。许多军事观察家注意到，阿富汗首都喀布尔之所以轻易地落到了北方联盟的手中，天天接连不断的空袭和神出鬼没的特种部队的袭击是一个重要原因，但是采取行贿战术不愧为一个绝妙的招数，起到了至关重要的作用。据说，

塔利班内部两位指挥官收到了北方联盟的"贿赂",每人大约收受了200万美元,这些资金是美国中央情报局提供的。

(四) 派遣间谍,煽动内乱

在反恐怖战争中,美国通过北方联盟向塔利班派遣了大批间谍,这些间谍是西方国家用于打击塔利班政权的一件件特殊武器。他们打入塔利班内部,在塔利班控制区散布不满情绪,策动倒戈,煽动内乱,刺探情报,并在敌人内部策动兵变,是一股重要的作战力量。谍报员贾利勒就是精心设计打入敌人内部的一个间谍。在敌人内部,贾利勒花了100英镑买通了塔利班内部的一些人,帮助他开展间谍活动。贾利勒说:"我同塔利班的那位指挥官见了四五次面。我的任务是向他转达指示。"贾利勒的上司、北方联盟旅长阿卜杜勒·巴希尔将军说:"那位指挥官是我在喀布尔警备区任旅长时的一位部下,一直与我保持着联系。我帮助他打入了塔利班,我对他提供的情报付给报酬。"巴希尔说,他还派遣另一些间谍打入塔利班核心部门开展谍报工作。

北方联盟声称,自从美国开始轰炸以来,已有30多位指挥着上千人的塔利班军官倒戈。还有许多"潜伏"着的间谍仍然在塔利班阵营,却执行着反塔利班联盟的指令,并随时准备调转枪口打击塔利班。

三、其他类型的非对称战争

(一) 金融战

震惊世界的"9·11"袭击事件,不仅仅是一次报复性袭击、一场政治战,而且是一场真正意义上的金融战。因为,作战双方都把金融作为达到其目的的一种重要手段,而且恐怖组织可能因此赚了大钱。

在这之前,美国曾组织75位金融和政治专家模拟过一场未来金融大战。在这场金融大战中,参战者主要是各国中央银行的高级主管、财政部长和金融市场的交易员。在模拟美国金融系统的崩溃过程中,这些金融和政治专家惊奇地发现:金融和经济问题将来对国家安全构成的威胁不亚于炸弹和导弹构成的威胁。这场政策模拟游戏使道-琼斯工业股票平均指数在3个月内狂跌30%,所模拟的金融战争惊心动魄。

时隔不久,一场真正的金融战争便降临在美国人头上。从恐怖组织选择的袭击目标来看,第一个目标便选择了纽约市最高、楼层最多的世界贸易中心大楼。由此不难看出,恐怖组织是在精心策划一场金融战。因为,纽约是全球金融业的中心,而位于纽约曼哈顿岛上的世界贸易中心及其附近大楼则是许多跨国金融公司云集的办公之地。据统计,世贸中心的租户至少在300家,总计租用建筑面积达160多万平方米。租户中许多是银行、保险、证券、会计公司等。它是美国经济发达、国家强盛的标志。"9·11"袭击事件发生后,这些跨国金融公司受到了沉重打击,许多公司的业务几乎瘫痪。这次恐怖袭击事件给美国造成的经济损失高达上百亿美元。

如果把恐怖袭击事件与海湾战争做一比较,看看谁对美国经济、金融冲击更大,那么人们就会得出这样一个结论:恐怖袭击事件造成的冲击远比海湾战争要大,尤其是潜在的影响,很可能持续几年甚至十几年。

海湾战争时，因战争的前景不明，给投资者和消费者心理造成了影响，并导致股价下跌和个人消费萎缩。但是，远没有"9·11"恐怖袭击事件造成的冲击大，以股票市场为例，纽约市场的道－琼斯30种工业股票平均价格指数的下跌幅度在恢复交易后的5天中，下跌了14.3%，远远超过了海湾危机时的4.3%。

在美国的金融资产中，有20%都是股票，股价急剧下跌造成的逆资产效果对个人消费产生了影响，再加上心理作用，给金融业带来长期和难以估量的巨大损失。据国际货币组织测算，如果股价和美元比价分别下跌20%，那么美国经济的增长率就会下降1.4个百分点。

战争实践表明，战争既可以影响经济发展，也可以带动经济回升。事实上，海湾战争致使军事开支大增，从而拉动了经济增长。而恐怖袭击事件却不能，正如美国研究人员分析时所说："带动经济回升的可能性极小。"

更主要的是，恐怖组织利用股票期权操纵股市大赚金融战争之钱。所谓股票期权，是指可以在一定时期内以合同价格出售股票的权力。就是说在此期间，如果货股价低于合同价格，就可以从差价中获取一定利益，股票期权也会随之上涨。在发生恐怖袭击事件前一天，芝加哥期权交易所的美利坚航空公司股票期权交易额高达平日的5倍。在恐怖袭击事件后，客机被恐怖分子用于恐怖袭击的美利坚航空公司股价出现了暴跌。恐怖分子预测到事件后股价肯定会暴跌，能够赚取到巨额利润。在恐怖袭击事件后，德国也出现了类似的股票期权交易嫌疑，并且迅速通报美国政府说："与恐怖组织有关的人可能利用恐怖袭击事件，大肆嫌取了活动资金。"就是说，恐怖分子已经掌握了娴熟的投资技巧，通过制造恐怖事件来赚取大笔资金，为下一次的恐怖活动提供经济保障。美国前财政部长奥尼尔一针见血地指出："这是国际社会与恐怖组织的金融战争。"

在反恐怖战争中，美国同样使用了强硬的金融手腕，与恐怖组织展开了一场金融战。2001年9月24日，美国时任总统布什发布命令，冻结本·拉登在美国的全部资产，并通知海外各家银行也必须这样做，建立一个"国际包围圈"。为了使这场金融战取得胜利，布什总统颁布行政命令警告国外有关机构，如果它们不冻结包括本·拉登及其"基地"组织网络在内的27个个人和组织的账户，那么它们在美国的资产也许将被冻结。布什总统强调指出："要让全球金融界知道，如果你跟恐怖分子做生意，如果你支持和资助他们，那么你就别跟美利坚合众国做生意。"

美国财政部长奥尼尔也呼吁西方七国等国家的政府和市场监督当局进行合作，加强对恐怖组织洗钱和资金流动的监视。

英国、法国和瑞士等欧洲国家迅速做出响应，相继宣布冻结与恐怖组织有关的账户，加强搜集情报工作。日本也决定冻结与阿富汗塔利班政权有关的资产。

但是，人们普遍担心，这场金融战越来越可能演变成一场消耗各国经济力量、没完没了的神经战。

（二）黑客战

近30年来，全球黑客袭击事件频频发生，其行为从炫耀技能逐步向利用网络技术进行经济、政治犯罪和军事入侵演变，活动形式也由个人行为向有关组织方面发展，对国际经济秩序、社会稳定、国家安全构成严重威胁。

1. 黑客的破坏性

2000年2月7日至9日，黑客袭击了雅虎、电子港湾、亚马逊、微软网络等美国大型互联网站，发动了一场网络大战，造成了巨大损失。在这之前的1月下旬，美国国家安全局的计算机系统曾"瘫痪72小时"，导致其无法处理由卫星传递的情报信息。

美国安全局总部坐落在马里兰州的米德堡，其主要职责是保护美国的情报系统和处理国际情报，是通过卫星和电话侦听等手段收集电子情报。每天，遍布世界各地的情报站都会通过数枚美国卫星向它传递数百万条国外电话、电报和无线电的密码信息，再由总部的计算机系统将它们破译成可读的情报信息。然而，在25日至28日的4天里，国家安全局总部的计算机系统却意外地全部瘫痪，无法处理所接收的密码情报。

电脑黑客的危害无国界，其危害居然冲出地球到了太空，致使美国航天飞机差一点造成机毁人亡的悲剧。

1997年9月25日，"亚特兰蒂斯号"航天飞机从美国肯尼迪航天中心顺利起飞，直穿太空。当到达目的地与"和平号"空间站准备对接、肯尼迪航天中心的地面控制人员正要下达对接命令时，肯尼迪航天中心的地面控制人员惊讶地发现：有黑客侵入电脑系统，其破坏手法是施放垃圾邮件，立刻使系统瘫痪。这样一来，"亚特兰蒂斯号"航天飞机上宇航员与地面控制中心之间的通信联络系统以及宇航员身体状态监视系统的信号全部中断。航天飞机刹那间成了一只断了线的风筝，情况十分危急。因为担任地面指挥控制人员都清楚，如果航天飞机突然间失掉联络信号，它就极有可能像只没有眼的猛兽一头朝"和平号"空间站撞去，造成机毁人亡的严重后果。

在这种万分危急的情况下，地面控制人员立即启用紧急备用方案，这就是：肯尼迪航天中心地面控制人员直接向俄罗斯"和平号"空间站发送信号，然后让空间站把"亚特兰蒂斯号"航天飞机的声音和数据信息先传给莫斯科郊外的航天地面控制中心，再由莫斯科把信号传给休斯敦的美国航空航天局总部。就这样，肯尼迪航天中心的地面控制人员靠迂回传递信息指挥"亚特兰蒂斯号"航天飞机终于成功地与"和平号"空间站实现了对接，创造了人间奇迹。

美国航空航天局总检察长罗伯特·格罗斯在接受记者采访时说："当黑客突然侵入美国航空航天局中心时，我们的航天飞机正在跟俄罗斯的宇宙飞船进行对接。突然间，航天中心的所有电脑被垃圾邮件填满了。航天飞机与航天局之间的通信和我们监视宇航员身体状况的信号，甚至连与宇航员之间的通信信号全部中断。危急之际，我们不得不通过俄罗斯空间站上的通信系统与美国宇航员取得了联系，这才没有酿成重大事故。"

格罗斯还说："尽管美国航空航天局事先准备了诸多预防方式，并且最终也成功接通了通信线路，但这一事件确实说明黑客绝对有能力对美国航空航天局的行动造成破坏，并且直接威胁宇航员的生命安全，这是非常危险的。"

另据报道，美国航空航天局的网络确实一直备受黑客的"青睐"，黑客高手经济"光顾"。究其原因，主要是因为这里有许多著名科学家，这些科学家的电脑都上网，这就给黑客高手们提供了方便和主攻目标。这样一来，许多科学家就成了黑客袭击的重要目标，因为航空航天专家并不是网络安全专家。

世界各地的黑客高手都把攻击美国航空航天局的电脑网络作为"最高目标"，因为美国航空航天局的电脑网络，一般情况下都和美国国防部的保密网络相连接，一旦攻破了美国航空航天局的网络，也就极有可能了解美国国防部的核心机密。这对于那些好奇心很强的黑客来说，无疑是一件很刺激的大事情。

"我爱你"病毒狂吻全球电脑。这种病毒被伪装成一封电子邮件，邮件的主题词是"我爱你"（I love you）。当你打开邮件后，里面只有一句话："敬请打开附件中我写给你的情书！"如果不明真相的用户打开这个附件，那么病毒就会自动通过用户的地址疯狂发送成千上万封病毒邮件，从而使全世界的电子邮件服务器在极短的时间内过载，先是影响其传输速度，接着就会使服务器瘫痪。

据美国国防部官员透露说，从驻德美军基地到五角大楼办公室的非保密收发电子邮件系统，2000年5月5日清晨遭到了"我爱你"病毒的袭击。沿途遭袭击最严重的单位是国防部的陆军和海军部门。这位国防部官员说，国防部所有军种的电子邮件系统当天都不得不关闭，甚至连国防部长科恩的非保密电子邮件系统也有一段时间收不到任何电子邮件。

"杀手简历"病毒和传播方式与"我爱你"大同小异。携带病毒的文件内容如下：

"致销售部经理或市场营销部经理：附件中有我的简历和一系列相关证明文件。如果您想进一步了解我的经历，敬请致电或给我发送电子邮件。盼望您的消息。

您忠实的：珍妮特·西蒙斯"

这种病毒伪装成一份求职简历，因而被取名为"杀手简历"。

这种病毒同样隐藏在一个电子邮件附带的文档中，电子邮件的主题为"简历—珍妮特·西蒙斯"；附带的文档是微软公司的 Word 文件"EXPLORER·DOC"或"RESUME·DOC"。如果计算机用户打开这个附件，这种病毒就会向用户电子邮件通讯录上的每个地址发送一份病毒邮件，从而自选传播，而且传播速度非常之快。当用户关闭 Word 文档时，计算机上的重要文件都会被病毒清除而无法修复。

2. 黑客的攻击战术

研究和剖析黑客网络袭击战术，对于防范黑客再度袭击、有针对性地与黑客做斗争具有重要意义。2000年2月7日至9日，黑客袭击了雅虎、电子港湾、亚马逊、微软网络等美国大型互联网站。在35个小时之内，网站名列前茅的公司几乎全部罹难，一时间成为笼罩在网络世界上空的阴云。在这前后，日本、韩国、澳大利亚等国的一些大型公司也相继遭到黑客袭击。黑客发动了一场全新的"网络世界大战"，这场"黑客风暴"几乎席卷了全球的主要网站。黑客之"黑"，危害于天下。那么，黑客是采取什么战术发动袭击的呢？

黑客犯罪有其鲜明的特点：

一是具有很强的游击性和隐蔽性，被专家誉为"超级数字游击队"。黑客进行犯罪是在由程序和数据这些无形要素组成的虚拟空间里进行的，往往不受时间、地点限制，很难被监控、发现和追踪。因此，要找到黑客是很难的。美国科学家联合会安全问题分析员约翰·派克说："要找到黑客非常困难，根本无法知道他们躲藏在什么地方。"他说："与难以藏匿的氢弹不同，信息进攻能力不那么容易探察。"

二是具有很高的智能性，被专家誉为"网络高手"。他们具有相当高的计算机专业技术知识和娴熟的计算机操作技能，善于周密策划，能与反黑客力量斗智周旋。黑客轻而易举地使世界上最著名、最安全和最先进的网站瞬间陷于瘫痪，说明他们的确身手不凡。美国网络安全公司主管埃里亚斯说："这数起网站袭击事件跟雅虎网站遭袭事件相隔仅一天，所以能发动这种袭击的幕后使者绝非无名小辈。"

三是具有广泛的社会危害性。这次袭击网站是历史上空前的,尽管这种袭击不会使用户私人信息丢失,但是使电子商务等活动受阻。美国著名的研究和咨询公司扬基集团2月14日发表报告说,黑客对美国8家大型网站袭击所造成的经济损失在12亿美元以上。互联网当时的运转水平降低了26.8%。黑客入侵造成的影响波及整个互联网,不但使一些网站的服务一度中止,而且涉及那些没有成为黑客目标的网址。

黑客"超级数字游击队"神出鬼没,无踪无影,有的至今仍然没有露出他们的"数字足迹"。

黑客的能量大,可同时袭击多家网站。比如,世界著名网站雅虎同时遭到来自50个以上不同机器潮水般数据炸弹的"狂轰滥炸",数据传输速度达到了每秒1000兆字节,致使网站陷于瘫痪。黑客采取的战术就是"借尸还魂",即盗用一些大学或科研机构的计算机,然后秘密安装攻击性软件,并指挥这些计算机向既定目标展开袭击。

黑客用一种名为"分发系统入侵工具"软件,可以轻而易举地"遥控"致瘫一个网站。一种名为BO2K的黑客工具,能够使黑客在遥远的地方获得对一台计算机或者一个网络的控制权。而且由于这种工具在编写时采用了进攻性很强的对策,因此,对这种黑客程序所做的任何防范措施都可能是权宜之计。

一段时间以来,黑客们借助"分发嗅探器""扫描器""拒绝服务器"等软件频频对世界各地的网站发起攻击。他们把这些软件神不知、鬼不觉地通过互联网安装到一些大学或科研机构的计算机上,然后在计算机主人根本不知道的情况下,借助这些计算机作为平台对网站发起攻击,从而大大加强了袭击强度。

美国斯坦福大学计算机安全负责人斯蒂芬·汉森说,该校海洋研究所内的大约50台计算机曾被黑客用于攻击雅虎等大型网站。此前,加利福尼亚大学圣巴巴拉分校实验室的一台计算机也曾被黑客用于袭击CNN黑站。黑客之所以把这些大学校园做枪使,是因为大学校园里的计算机很多,而且这些计算机连接互联网速度也很快,保护措施又相对薄弱,既没有建筑"防火墙",也常常无人看管,好"借"得很。据专家分析,很多大学或科研机构的计算机都被黑客"借"去安装了进攻性软件利用过,而且,这些单位竟然蒙在鼓里。

黑客利用"借尸还魂"战术,借到了"千军万马",壮大了"队伍",然后"集中兵力",对目标实施猛烈袭击。

在生活中,我们知道要想提高高水位流向低水位水的冲击力,一个简单方法是"聚水",然后开闸放水。黑客袭击互联网站采取的战术其实并不复杂,正是一种网上"聚水—开闸放水"。

黑客在"借"到大量计算机后,将事先准备好的数据垃圾,分别寄存在各地不同的计算机代理服务器上,然后在特定的时间打开"闸门","网络洪水"就能造成强大的数据袭击力。这种袭击力之高、之强是难以想象的。在黑客袭击网站的最高峰,网站平均每秒钟要遭受1000兆字节数据量的猛烈袭击,这一数据量相当于1.04亿人同时拨打某公司的一部电话号码。用大量毫无意义的远远超出其带宽容量的数据垃圾,快速、反复地挤占路由器,从而导致数据通道堵塞,致使目标致瘫。

由此可见,采取"聚水—开闸放水"战术,其攻击力量非常强大的。如果把"借尸还魂"比喻为"集中兵力",那么,"聚水—开闸放水"便是"集中火力"了,黑客采用这一战术,达到了"集中火力"、亿炮齐鸣的效果。

第五章 未来战争几种全新的作战形态

根据军事家的预测和现代战争的实践，将来战争会有一些全新的作战样式出现，使战争武器命中率高，杀伤性小，趋向"慈化"。这些新的作战样式主要有信息战、网络战、电子战、天空战、瘫痪战、联合战、非战争军事行动、空地一体机动作战、全纵深打击、侦察—突击行动、电子火力战、精确制导武器战。

一、全新战争的四大特点

军事理论界人士认为，新一代战争已经显露出以下四个带明显趋势性的非传统标准的性质和特点。

（一）局部性、可控性战争将取代毁灭性全球大战

俄战略研究专家科科申和军事理论家洛博夫大将等都认为，过去苏联一直根据意识形态标准分析未来冲突，并规定战争的范围是在资本主义国家之间或是资本主义和社会主义国家之间，进而推导出来的决定性战争必然是全球范围内社会主义和共产主义意识形态国家与资本主义意识形态国家的生死决战。这从根本上说是以意识形态划线来规定战争类型，评估战争发生的可能性及战争爆发最可能的样式。第二次世界大战对大部分发达资本主义国家及社会主义国家的社会意识产生了深远的影响。俄科研机关的一些学者对列宁主义者关于帝国主义列强与被压迫殖民地国家间的殖民战争的观点提出质疑。他们认为，传统观念中殖民地和独立国家为了民族解放而进行武装斗争的阶段，现在在很大范围内已经结束了。越来越多的冲突发生在那些正处于形成民族国家和多民族国家阶段的发展中国家之间。这个地带使用力量的规模不是在缩减，而是在增加。战后几十年一些社会主义国家之间发生的武装冲突可能从这个方面就比较好解释。他们继而得出结论说，上述这些事实表明，过去按照意识形态设想的战争范围和对象并不符合实际情况，未来的战争也不会是两大对立意识形态之间所展开的毁灭性大战。更符合历史发展事实的却是，有限次数的大战现在可能被更频繁的较小战所取代。加列耶夫大将则在《红星报》上发表了《加强局部战争研究》的专题文章。他在文章中明确指出，"目前俄罗斯越来越清楚地意识到，最现实的威胁是发生局部战争和冲突"，"如今所发生的、看得见的正是局部军事冲突"，"发生针对俄罗斯的大规模战争的可能性虽仍存在，但却是潜在的，而局部军事冲突却是现实存在的、正在发生的事。"接着他针对俄罗斯对未来战争性质的研究状况提出批评说，俄罗斯尽管有在阿富汗10年作战的经验教训，又有其他局部战争和军事冲突的经验可资借鉴，我们军事学术界直到不久前仍完全把研究重点仅仅放在全球性大规模战争上，而把局部战争经验视为一种暂时的、偶发的、非典型的、非现代化武装斗争所特有的、无须军事学术界加以认真研究的经验。后来，加列耶夫又在未来战争趋于局部化、小型化看法的基础上，进一步提出了"非直接军事行动上升为第一位"的观点。他认为，必须以新的观点来看待所谓直接与非直接军事行动两者的关系。在总体战争期间，血战开始变成了目的本身，而将非军事行动置于次要地位，而在现时代，军事政治

和战略行动的灵活性及对更加多样化的直接与非直接军事行动方法的运用,正日益变得紧迫和有发展前景,间接军事行动所占的比重很可能会增大。促成这一情况的因素有三个:一是核遏制,二是人们将力求保存职业化军队,三是各大国避免给对抗双方以直接支持。非直接军事行动首先表现为通过政治努力来防止战争与军事冲突,预告采取各种行动可能会对防止战争起决定性作用。为此,近来广泛采用了经济制裁、对交通线进行陆海空封锁、显示武力、进行破坏行动、派维和人员隔离双方等预防方式。一旦实施军事行动在所难免,在将陆军投入交战之前,可能先以空军和海军实施密集的突击,以火力杀伤敌人并瓦解其抵抗意志。

(二) 精确制导武器成为战争的主要突击力量

海湾战争以后,军事进入了一个重大变革时期,这首先是由于军队装备了精确制导武器所引起的。这种武器集实时发挥作用的侦察、指挥和毁伤器材为一体,且通常与电子战器材结合使用。这类智能常规武器可摧毁精确定位的目标,重创敌人,摧毁最重要的军事与经济设施和进行反击,使敌人的政治体系自行瓦解。海湾战争的主要特点之一就是大量使用了精确制导武器,使战斗行动变成了一场精确制导技术的斗争。在海湾战争中,多国部队使用的"战斧"巡航导弹、"爱国者"导弹和以此为基础建立的战区反导弹系统、携带反坦克导弹的"阿帕奇"攻击直升机、F-117A隐形战斗轰炸机、多弹头战术导弹,及其结合使用的陆、海、空和天基侦察器材、电子战器材发挥了极其重要的作用。许多国家从电视上看到巡航导弹作战的片段,对其打击精度印象深刻。当时,各电视频道反复播放第一枚巡航导弹在伊拉克一座发电站的墙上炸开一个洞,第二枚导弹穿过这个洞在发电站内爆炸的画面。可以说,连非专家也可看出导弹的精确度在几十厘米以内。海湾战争和近期的其他几场局部战争的结果表明,精确制导武器可给敌人以歼灭性打击:敌方不仅会像过去那样遭到连续的杀伤,而且会遭到同时却又十分准确的杀伤,从而对敌方所有参战者,包括大后方所有人员造成强烈的心理影响。而且,精确制导武器虽然可像核战争那样迅速达成战略目标,却不致造成大规模毁伤甚至是地球毁灭的灾难性后果。因此,它是当代军事技术思想的最高体现,它使核武器的作用最终退居次要地位,使保持庞大军队的必要性大大降低,使庞大的陆军装甲部队无法决定战争的结局。在未来,有拥有现代技术的国家间进行的战争中,精确制导武器将成为主要的突击力量,其运载工具将是空、海、陆基作战平台。其中,空中作战平台将起主导作用。原因是它们具有高度的灵活性,可迅速调往所需地区。不过,在过去的战争中,空袭兵器是有人驾驶飞机。在未来战争中,空袭兵器将主要是无人驾驶飞行器,如以军事与经济目标为袭击对象的巡航导弹和其他精确制导武器。飞行员将成为"投弹员",其任务是为发射平台提供精确数据,他们能在超低空以各种速度飞行,具有多种机动能力,并能避开敌人的电子探测和防空武器。这些精确制导武器也能从军舰和潜艇上发射,并能在昼间或夜间的各种天候条件下,准确命中目标。几乎可以这样说,在未来战争中,作战将不需要飞机。在多数情况下,未来战争将主要依赖大量的短程、中程、远程和洲际精确制导武器。它将取代核武器在未来战争中唱主角,极有可能使未来战争最终走出核困境,成为一场"智能战""文明战""可控性战争"。

(三) 激烈的空中空间作战成为战争的主要内容

精确制导武器的使用,将使外层空间成为实施连续侦察、指挥、控制与通信、导弹攻击预警、天气预报，导航和电子战的基地。因此，空中特别是外层空间将成为新的主战场。军队的主力将用于太空和空中作战，电子战、信息战将是未来战争的重要特点，而以火力杀伤系统为主的大规模地面作战行动将逐渐失去其必要性，庞大的陆军装甲部队将不再能决定战争的结局。

（四）以火力系统为主的对抗将让位于以信息系统为主的较量

俄军认为，在过去的战争中，主要靠密集的人力突击。而今后，将主要依赖于高度计算机化的综合数据处理和指挥与控制系统。军方突出强调了海湾战争中计算机以及作战处理系统对于多国部队取得胜利所起的重要作用。海湾战争表明，在完成作战任务时，打击系统（坦克、炮兵、战斗机和直升机、导弹）与指挥控制和情报支援系统的相对份额正在发生变化。多国部队取得胜利不仅仅是由于他们占有武器的数质量优势，而且是因为他们作战指挥和情报支援上占着绝对的压倒优势。还是那位斯利普琴科将军，甚至提出未来战争将是计算机化的战争。在未来战争中，灵巧武器的使用将使参战人员有所减少，但要求对侦察、指挥与控制、高精度打击和电子战等进行综合数据处理。侦察活动将使用各种天基、空基、海基和陆基兵力兵器，在多种侦察任务中，最重要的将是在战区内不间断地测定敌方雷达和通信设备的参数，跟踪敌军的运动；而地面部队、海军和空军的指挥和控制将由机载或天基指挥所担负，指挥、控制和远程雷达探测飞机等装备的数量将有很大增加，将利用自动化设备（包括卫星）实现各级指挥部门之间的数据传输与交换；而且，空间不仅仅是支援地面作战的重要场所，也是利用非核武器打击敌方战区设施和目标的场所；未来作战也将广泛使用基于空间数据系统的定位攻击综合系统、地面或空中武器（导弹综合系统或精确巡航导弹）综合系统所需的陆基、空基或天基指挥与控制装备。此外，还要求为每一种精确制导武器提供导航，所以，未来作战将包括特有的"情报战"或"数据战"。

二、以信息优势为作战目的的信息战

传统的信息战是指运用精确打击方式，破坏敌人的指挥和通信系统，使敌人变成聋人、盲人，然后置敌人于完全被动挨打的地步。当今的信息战是一种全新的概念，它以高科技条件和高智能与技能的人员为物质基础，以远程侦察和精确打击武器为主要手段，以信息优势为作战目的。信息战除了在战争中摧毁敌人的信息系统外，在战前，还可通过信息战，破坏敌对国家的金融系统、政治系统、通信系统和军事指挥系统，达到"不战而屈人之兵"的目的。信息战将成为未来战争的主要形式之一。

（一）信息战的概念

信息战是一种全新的战争，也是一个全新的概念。关于信息战的内涵，美国陆军颁发的《信息作战条令》将其归纳为信息环境和信息优势两个方面。所谓信息环境是指：在空间上，从本土驻地到作战区域；在时间上，从预警到重新部署；在任务上，从作战任务到经济及社会各个方面；在人员上，从参战的官兵及其家属到当地的群众以至全球公众。所谓信息优势是指：不仅拥有比对方较多的信息量，而且拥有比对方较强的信息获取、利用和控制能力。

美国空军中将拉帕说："对不同的人，信息战的含义大相径庭。对一部分人来说，它完全指通信和军事通信有关的部门起的主要作用；对另一部分人来说，则视计算机和联网为核心；而又一些人认为，信息战是情报密集型的活动，情报是信息战的基础；可有些人对情报的作用提都不提；所有的人唯一达成的共识是信息战非常重要。"

美国海军认为：信息战是为支持国家安全战略而采取的一种行动，即通过利用、否认和影响等方法攻击敌人的信息基础设施，同时保持友军信息系统，从而很快掌握主动并保持决定性信息优势。信息战的定义是：由军事指挥官采取行动，以实现信息战对战场产生的效应。指挥控制战把对指挥控制系统等目标实施实质性摧毁、进行电子战、军事欺骗、心理战和保证作战安全综合在一起。

关于信息战的概念有几十种，到目前为止没有一个统一的定论。不过全世界研究信息战最早、最权威的专家出自中国，他的名字叫沈伟光。沈伟光对信息战的研究和概念的提出是最早的。1975年，他就对信息战理论进行系统研究，1978年《解放军报》首先报道了他对信息战研究的学术观点，引起广泛关注。1990年3月，他的《信息战》专著由浙江大学出版社出版，成为世界上第一本研究信息战的专著。他是世界上第一个提出信息战概念的人，也是第一个出版信息战专著的人。他的许多学术观点得到了全世界信息战专家的公认，正如美国学者所说："像许多有洞察力的天才思想家一样，沈伟光阐述的许多信息战概念的核心思想都是正确的。"就连美国著名的兰德公司在撰写《信息战战略报告》时也要派人专程来到中国溯根问源，必须找到沈伟光，否则他的报告就没有代表性和权威性。

沈伟光认为，"信息"这个名词，相对于时代来讲，是与农业时代、工业时代相呼应；就社会形态而言，又是与农业社会、工业社会相呼应；同时，它又是与物质、能量相提并论的人类必需的三大资源之一。考察信息战只有从这个层次上去认识，才能揭示真正意义上的信息战。他给信息战下的定义是：广义地对垒的军事（也包括政治、经济、文化、科技及社会一切领域）集团抢占信息空间和争夺信息资源的战争，主要是指利用信息达成国家大战略目标的行动；狭义地是指武力战中交战双方在信息领域的对抗，夺取制信息权。

（二）信息战的主平台——计算机

计算机、网络、通信技术一体化是信息的主要载体，所以美国人曾把信息战称为计算机战。计算机技术的快速发展，不仅改变着人们的工作、生活和学习方式，给人类和社会以更大的生存和发展自由，而且也在改变着军事理念和部队的作战方式，给军事带来新的革命。

普通的机器处理的是有形的物质，而计算机处理的却是信息。信息是一些没有重量的符号。一个比特的信息，即0或1，可以是铅笔在选择框中填上的一个符号，也可以是磁盘上的一个小点，也可以用最快的电脉冲或者闪烁的光线来表示。

1949年3月号的《大众机械》杂志发表过一篇题目为《咔嚓咔嚓的大脑》的文章，介绍了当时最先进的超级计算机ENIAC。文章预测说："这只是开始，现在的ENIAC计算器有1.8万个真空电子管，重量达30吨。未来的计算机、也许只需要1000个电子管，重量或许只有1.5吨。"这说明当时信息领域的未来学家，不是想象力太强，而是严重不足。计算机分成很多种类。

1. 光计算机

光计算机是利用光来作载体进行信息处理的计算机，又叫光子计算机和光脑。

今天，一场革命正在席卷整个光学研究领域。朗讯公司、英特尔网络公司、思科系统公司和IDS单相公司等大型通讯企业，它们正在花费数百亿美元的巨额资金开展自己的光学研究，努力开展自己的光学企业。它们的奋斗目标是冲破传统计算机设计的束缚，用光学技术制造出一种崭新的机器，这种机器不仅能够胜过当今的巨型计算机，提高其运算速度，而且最终能够挑战甚至超过人脑。

2. 量子计算机

科学家对光学研究的最新成果，能够使人们感到惊讶。如果说某一个人用瓶子"捉住了"一只飞舞的蜜蜂，人们相信；但是如果说有人用瓶子"捉住了"光束，人们肯定不会相信。然而，这却是千真万确的事情，科学家的确能使光束停滞。他们能使光束由每秒30万公英里突然减到零速，并能将光束截留一段时间，然后再使其全速前进。

科学家能够使光束停滞这种特殊的物理现象将催生一种全新的计算机——量子计算机。科学实践证明，个体光子通常不相互作用，但是当它们与光学谐振腔内的原子聚在一起的时候，它们就会相互之间产生强烈影响。光子的这种特性可用来发展利用量子力学效应的信息处理器——光学量子逻辑门，进而制造量子计算机，也有人把它称为"终极计算机"。

3. DNA计算机

科学家利用人工合成的DNA链状结构研制出了一台DNA计算机。这台计算机能够巧妙地解决一些相对复杂的运算问题。使用DNA进行计算是目前正在探索的最具有独创性的设计之一。

科学家研究发现，脱氧核糖核酸（DNA）有一种特性，能够携带生物体各种细胞拥有的大量基因物质。于是，数学家、生物学家、化学家以及计算机专家从中得到启迪，合作研制成了一台DNA计算机。麦迪逊威斯康星大学的科学家们说，这台化学计算机眼下还没有什么实际的用途，但是它正在从科学幻想世界中走出来，成为一种现实的初露端倪的DNA计算技术。

4. 超导计算机

所谓超导计算机，是使用超导体元器件的高速计算机。其工作设计是根据物质在接近绝对零度（相当于-273℃）时电流流动是无阻力的这一现象而设计制造的。

这种计算机的耗电量仅为用半导体器件制造的计算机所耗电的几千分之一，其运算速度非常快，它执行一个指令只需要10亿分之一秒。

以目前的技术制造出来的超导计算机，用集成电路芯片只有3~5立方毫米大小。

5. 生物计算机

生物计算机主要是以生物电子元件构建的计算机。这种计算机利用蛋白质分子做元件制成的生物芯片构成，其性能是由元件与元件之间电流启动和关闭的开关速度来决定的。生物计算机存储功能特别强大，用蛋白质制造的计算机芯片，它的一个存储点只有一个分子大小，但是，它所具有的存储量可以达到普通计算机的10亿倍。由蛋白质构成的集成电路，其大小只相当于硅片集成电路的10万分之一，而且运转速度更快，大大超过人脑的思维速度。生物计算机元件的密度比大脑神经元的密度高100万倍，传递信息的速度也比人脑思维的速度快100万倍。

生物芯片传递信息时阻抗小，能耗低，且具有生物的特点，具有自我组织功能，与人体及人脑结合起来听从人脑指挥，从人体中吸收营养。

6. 能识别语言的计算机

在未来，一种能够识别自然语言的计算机将会诞生。这种计算机将在模式识别、语音处理、句法分析和语法分析的综合处理能力上获得重大突破。迄今为止的计算机，即使是大型计算机，也只能听懂"是""不是"和0至9几个数字。能识别语言的计算机，它具有识别孤立单词、连续单词、连续语音和特定或非特定对象自然语言的功能。有了这样的计算机，人类将越来越多地同机器对话。对于军用计算机来说，作战指挥人员将向计算机"口授"作战命令，同火炮上的计算机"讨论"射击角度和射击精度，或者用语言"制服"安装在侦察飞机上的不听话的摄像机，并与之商量更换什么新的程序。到那时，键盘和鼠标对计算机来说已没有什么实际意义。

7. 脑控计算机

现在使用的计算机，一般都是通过计算机键盘或鼠标器输入指令来工作的，另外还有少数声控计算机。在不远的将来，计算机将能通过分析使用者思维时发出的生物信号来实现人脑控制。人的大脑是人体的"司令部"。大脑不仅能指挥人体的各个器官，随着高科技的发展，而且能遥控人体以外的电器设备。脑遥控技术在军事上的应用，将开辟未来军事新天地。

8. 神经元计算机

人类神经网络的强大与神奇是人所共知的。不远的将来，人们在研究人体神经系统结构和功能的神经生物学家及神经解剖学家的帮助下研制出能够完成类似人脑功能的计算机系统的人造神经元网络。至此，计算机将获得真正的人工智能。

神经元计算机的联想式信息存储、对学习的自然适应性、数据处理的平等重复现象等性能，异常有效和快捷，其最有前途的应用领域是国防。它可以识别物体和目标，处理复杂的雷达信号，决定需要摧毁的作战目标，延伸了未来军人的双手和大脑。

9. 磁计算机

在现代计算机中，电子存储和磁存储技术发挥着相辅相成的作用。电子存储芯片存储速度快，但是容易丢失数据，物品是当计算机断电时，存储的内容就会丢失；而磁存储技术不易丢失信息，存储速度却有些慢。于是，研究人员正在研制可以取代今天的电子存储芯片的磁存储芯片。这些磁存储器具有不易丢失的特点，经过对磁潜能的挖掘改造，存取速度会更快，消耗的功率也会更少，能够更容易经受各种恶劣环境的考验，从而生产出一种全新的磁计算机。这正是：磁石铺就未来计算之路。

（三）信息战的地位和作用

信息战是为争夺和介质信息权而进行的战争，其实质是信息对抗，以"信息流"控制"能量流"和"物质流"，剥夺敌方的信息优势，保持己方的信息优势。信息战专家将信息战中的信息分为三类：一是知识型信息，包括作战思想、战略战术、指挥理论、重要武器系统的运用原则和运用方法等。二是资料型信息，包括部队的编成、指挥关系、装备类型、数量及其战术技术性能、战区的有关地理、水文、气象、交通、社会等情况。三是消息型信息，包括部队当前部署与活动情况、作战企图、当前战区的地理、水文、气象、交通、社会等有关方面的数据资料等。

信息战的首要攻击目标是压制、削弱、破坏和摧毁敌方的指挥、控制、通信、计算机与情报系统。信息战的本质是以信息优势达成"不战而屈人之兵"的作战目标。信息战有七种作战形式，即指挥控制战、情报战、电子战、心理战、黑客战、经济信息战、网络战。

比如说黑客战，它是采用病毒、逻辑炸弹、特洛伊木马和嗅探器等，利用系统安全体系中的漏洞，控制、致瘫或破坏系统，监视、侦察和收集情报。1990年，海湾战争爆发前夕，美国情报部门获悉伊拉克从法国购买一种用于防空系统的新型电脑打印机，准备通过约旦首都安曼偷运到伊拉克首都巴格达。美国特使受领任务后，到达安曼机场首先买通机场守卫人员。当载有打印机的飞机从法国降落到安曼机场，一名美国特工溜进机舱，用一种带有计算机病毒的同类芯片换下伊拉克买的电脑打印机上的芯片。伊拉克人把打印机运到巴格达后，军队技术人员将打印机连接到防空系统上，工作正常。当海湾战争爆发后，美军用无线电将隐藏在电脑打印机中的计算机病毒激活，病毒马上通过打印机进入防空系统复制、传播，使整个防空系统陷入瘫痪。

信息战的作用随着科学技术的发展而发展，一旦世界网络化了，地球成了真正意义的地球村，那时它的威力将会更大，甚至可以使整个地球瞬间瘫痪。

（四）美国人尝到信息战的甜头

只要翻阅一下有关资料就不难发现，在各种谈论信息战的资料中，美国人的论述所占比例很大，而且研讨的广度和深度都更胜一筹。那么为什么美国人对信息战如此情有独钟、津津乐道呢？因为从目前世界战争形势来看，在新的理想战争模式被认识和运用以前，信息战仍是各国军事家首选的理想战争模式。讲求实用主义的美国人对什么东西感兴趣，十有八九是因为他实实在在地从其中得到了好处。

从90年代以来的两场战争中，美国的确尝到了信息战的种种甜头。如果说海湾战争、科索沃战争与伊拉克战争给世界各国的最深印象是战争中的高科技，那么这其中最打动美国人的则很可能不是这些，而是战争规模之大与部队伤亡之小两者之间与以前几场战争相去甚远的比例关系。

早在"沙漠风暴"行动之前，信息战就已经开始。美国中央情报局在伊拉克进口的法国电脑配件中安装了微型芯片，它们成功地干扰了伊拉克的防空系统，而伊拉克打算从约旦偷运入境的另一批样被安装了病毒。事实是，贯穿全部战争过程的信息优势使美国的伤亡人数比战前的预料小了几个数量级，这个结果使美国人既惊又喜，从而也使海湾战争与伊拉克成为全球关注信息战的真正开端。

科索沃战争之后，"电脑化战争"的概念逐渐热了起来。美国一些专家认为，科索沃战争的胜利应归功于信息时代发动地面战的新方式，通过先进的通信手段和编制程序将地面进攻与空中力量及其他力量结合起来，称之为"电脑化战争"。尽管这个词是1992年就出现了，但经过科索沃一战，透过成功的轰炸，美国人开始认识到，作为一种新出现的冲突模式，电脑化战争实质上是信息革命的产物，电脑化战争意味着，获得"信息优势"前所未有地重要，以致军队可以"以少胜多"。

对于两场战争带来的惊喜，美国人有着十分动人的描述和憧憬。美国军方认为，"信息优势"可使美国按照自己的意志赢得战争，而这一设想是以美军可以依靠联在一起的联网的计算机系统作为赢得战争的基本武器这一想法为依据的，其关键是数字化。在数字化的战场中，通信、图像和人工智能融入由卫星、导弹、机器人和地面部队组成的系统中，在电子技术方面的优势使美国可以破解敌人的密码及至发送错误信息，高度精确的导弹可以摧毁重要设施，并压制敌人火力，卫星可以提供方圆100英里内小至几英寸的一切物体的完整图像，每个步兵都可以借助微型装置不断获得当前面临的一切威胁的完整图像。压制敌对国电子设备可以暗中对敌人的军事和民用基础设施发动快速、毁灭性打击，从摧毁其通信设施到使其导弹偏离航向等均可轻松完成。信息袭击的首要目标是联网的、依赖数据的军事职能系统，但也包括人员和后勤系统。例如，通过更改数据可以将军队或补给引导到错误的方向，使敌人混乱。在极致的情况下，可以勾画出一个可以被敌方计算机及指挥人员信以为真的"仿造环境"，这样就可以"百分之百"地操纵敌人了。

信息战在理想的情况下将尽可能降低战争伤亡人数和破坏程度。"我们希望在没有或使用很少传统武力的情况下使敌人迷惑、瘫痪并丧失行动能力"，一位美国上校说。"我们可以用一枚炸弹或一个调制解调器摧毁一个指挥中心"，后者还可以使己方飞行员免遭敌方炮击。

"信息优势"的理想结果是，美国的部队能在自己被发觉之前发现敌军并消灭敌军。一位将军说，作为指挥官，他要求的不仅仅是选定敌方的目标，而且要采取欺诈手段迷惑敌人，以便使敌方看到某种与实际完全不同的情况，或者使敌方指挥官的通信往来受到严重歪曲，使他无法采取行动。

事实上，在这几次战争之前，美情报部门比军队已领先一步。早在1949年美国情报界就有了第一个派遣间谍给苏军用电脑传播病毒的建议，自20世纪70年代尤其是80年代以来，它们制订了瓦解敌对国家信息系统和技术的计划。合众国际社首席执行官詹姆斯·亚当斯在他的《下一次世界大战》一书中描写了美国和英国情报部门几年来如何有步骤地在出口到俄罗斯、伊朗和中国的电脑和技术仪器中预置特洛伊木马。1995年莫斯科出版的一本书披露，苏联官方称为民用目的但实际上是为国防部和克格勃订购的100台IBM和西门子大型电脑，被中央情报局安装了多种病毒，据说这些病毒能够向华盛顿传送信息，并能够按照信号使苏联全部联网的电脑陷入瘫痪。虽然苏联反间谍机关发现了病毒，但杰尼索夫少将1996年在《真理报》的一次采访中说："谁能保证这些装备是绝对安全的？"资料显示，1996年大多数俄罗斯电脑是从西方进口的，对此，俄罗斯安全专家维塔利·齐吉奇科说，"现在我们所有人都使用西方设备建设我们的基础设施，从电话到卫星，没人知道里面或许会藏有什么程序。"

几次战争美国人捞到的好处众所周知，但几乎没有外人能知道他们到底从隐蔽的信息战得到了多少好处。不过，仅从信息优势可以使俄罗斯这样的老对手也产生恐惧的结果看，美国人也足够有理由对信息战情有独钟了。

正是几次信息化战争和诸多先期的实践有力地推动了美国在信息战领域的思考，将信息战的地位推向了前所未有的高度。

美军的一系列试验表明：数字化部队的战斗力竟达非数字化部队战斗力的3倍。

美国空军大学的一项长期研究报告认为，未来"信息的威力将胜于炸弹"。

而参谋长联席会议估计，将来"信息优势"会成为军事行动的中心概念。

（五）信息战是将来理想战争模式之一

在信息化社会和信息化战争中，信息必将成为战场的主宰者，将成为整体作战系统的制约环节，成为增强军队整体功能的命脉。1992年，信息战的概念被正式纳入美军的作战理论中，各军种都发展自己的信息战学说，拥有约1000人的空军信息战中心是一对信息战的攻防可能性进行研究以及进行专门的信息战演习的机构；海军信息战中心早在1995年10月就已落成，还建立全球通信资源数据库，使合理选择信息战的首要目标成为可能。

作战方式是时代的产物，美军的"空地一体作战原则"形成于冷战时期，主要针对苏联的"大纵深作战理论"，但随着90年代几场战争带来的惊喜和由之带来的对信息战的深入思考，美军已经有人提出了一个信息时代的作战原则——"蜂群作战原则"。这个原则能否成立被接受另当别论，我们所关心的是，这个作战原则的提出，充分说明了美军对信息战的认识已达到了一个前所未有的高度。

这个新作战原则的提出主要是科索沃战争的结果。美军通过这场战争认识到：小规模和部署分散的部队通过互联网密切联系，协调合作，然后进行多次分批"蜂群式"进攻可以取得很好的效果，"也许它需要用我们所说的'蜂群作战原则'替代占支配地位的'空地一体作战原则'"。

根据美国人自己的描述，在"蜂群作战原则"的实施过程，"首先，轻型地面部队渗透并占领分散的阵地。随着障碍清理完毕，直升机主可以更频繁、安全地出入战区。此时，地面部队可充当侦察兵和向导，实现对目标的精确空袭、炮袭和导弹袭击。部队还可以根据自己选定的时间、地点，直接进入战斗。"

美国人对这套原则的结果有着十分乐观的预测。据测算，如果敌人遵循常规编制形式和作战理论，采用电脑化战争手段和"蜂群作战原则"，所需兵力大约只占敌人兵力的1/10，而取胜只需花大规模常规入侵的一部分时间，只要数周，而不是通常所估计的数月。同时，他们还认为，科索沃战争表明北约已具备电脑化战争作战能力。他们说，"多年来，部分美国军事力量一直在为类似电脑化战争的军事行动进行试验和准备，常常取得惊人成果。一些北约成员国也已具备电脑化战争作战能力。因此，发动电脑战争所需的训练有素的部队数量绰绰有余"。即使对于"蜂群作战原则"的不足，美军也表现出了乐观。按照这个原则，美军的命脉是通信，因此敌军有可能利用打乱部队间的通信联系而击破美军，但是这一点可以通过"加强或增加通信渠道，转移风险"，而其背后真正令美军不肯轻易舍弃这一原则的原因则是，尽管与大规模地面入侵相比，"蜂群作战原则"有置分散部署的部队于敌军前线之内的危险，但是采用这一原则可免去进攻密布雷区和严密防守的敌军前沿阵地严重伤亡，这一点是90年代的几次信息战争带给他们的切身体会。无论如何，信息战至少提供了一种取得决定胜利的新途径：人员伤亡和财产损失小，不必依赖会引起附带损失的轰炸等。

如果说"蜂群作战原则"的出现是信息时代对传统作战方式的挑战，那么将信息战与核武器相提并论则预示着信息时代的全面到来，并预示着人们开始在这一大背景下以全新的角度思考战争问题了。由此可以说明，信息战将取代残酷屠杀的传统战争样式而成为未来的理想战争形态之一。

欧洲在信息战问题上也在大踏步前进。

英国认为，"更加迅速地做出决策并予以执行，也就是'快速'，这是战场数字化的关键性预期优点"。为此，英国国防部准备引入一种建立在新的战场通信系统基础上的"战术互联网"来实现这些优点。英国陆军的数字化计划共分三个阶段实施：1998年至2002年为数字化第一阶段；2002年至2008年为第二阶段；数字化第三阶段将从2008年开始。第一阶段尽可能广地接入现役战术和商用电脑系统。第二阶段实施"弓箭手"战术无线系统计划。第三阶段进行一体化设计。

法国陆军正试图进行一场彻底的变革，以使自己成为一支能够面对现代化战争所带来的新挑战的信息密集型高科技军队。其目标是使信息和指挥系统成为战场上的"神经"，使一支人数更少的部队拥有更快的反应能力和更大的杀伤力，从而取得作战的优势。经过不断努力，法国陆、海、空三军都拥有了几套传统的指挥与信息系统和许多数字化设备，如单兵作战及联络综合装备、战地敌友识别系统、快速信息导航决策与报告系统、第四代数字无线电收发机和"地平线"地面侦察系统等，随着数字技术的应用，这些系统和设备将得到不断改善。在这些系统的帮助下，法国军队的信息化水平将有大幅度提高。

与此同时，瑞典在提高萨伯公司制造的 JAS-90 "鹰狮"多功能飞机在信息战方面的能力方面表现出了对信息战的高度认同。他们将这种飞机的改造重点放在了加强信息技术上。瑞典空军监察长扬·荣松少将说："我们本来可以争取更高的性能和提高推力，但我们认为，未来取决于信息。"负责改装训练的扬·安德松上校说，这种飞机接收、处理和展现这些多种来源信息的能力，是成倍地增强军队力量的关键。

苏联解体后，俄罗斯在国际场合很少有光彩的露脸。不过车臣战争倒可以让我们对俄罗斯的信息战能力管窥一二。

在说到俄军之前，必须首先提到的是车臣的匪徒，因为他们在信息化方面做得是如此出色，以至不逊于强大的俄军。

匪徒拥有先进的通信网络。格罗兹尼的 NMT-450 蜂窝式移动电话网与印古什共和国的通信系统实行了联网。位于印古什的 AMPS 蜂窝式移动电话网站可以确保在车臣拥有该系统终端的匪徒进行无线电话联系。所有这一切可以使战地指挥官在无线电网中与 20~60 个用户进行联系，而在短波侦察信息网中则可以与 60~80 名四处活动的情报员进行直接联系。为了增加联络的距离，在制高点和一些建筑物上建立了中继站，因而，无论是在平原地区还是山区，匪徒之间都能保持畅通的联络。

通过互联网，乌杜戈夫可以宣传其主张，散布虚假信息和诺言。车臣有影响的战地指挥官可以利用卫星通信站和终端设备与埃及、约旦、阿联酋、巴基斯坦、阿富汗及土耳其等国的庇护者进行谈判。有些广播电视设备有助于展开反俄宣传攻势，在有限范围内播放匪徒录制的假信息及宣传其反动主张。

因此，可以非常肯定地说，在策划非法武装在高加索地区开展大规模的军事行动和破坏行动的同时，匪徒头目精心而又内行地做好了打信息战的准备。

根据在塔吉克斯坦获得的经验，俄军在车臣的军事行动成立了电子战部队。电子战机动小组的行动方案纳入各常规部队和其他强力部门所属部队的统一计划，并严格遵循各部队的作战规定。它们对无线电网的工作情况进行昼夜监听，破译无线电密码，确定通信枢纽和指挥所及恐怖分子兵力和火力点所在的坐标。这些数据对于向恐怖分子实施火力攻击和对其通信系统进行电子干扰大有用处。正因为如此，许多常规部队的指挥官在目睹了电子作战部队的工作效率后，把电子专家称为军队的"耳目"。由于无所不见和无所不闻的电子侦察兵的配合，避免了许多官兵无谓的伤亡。俄军在格罗兹尼等地还设有无线电技术侦察中心和侦察站。这些站点均配备了国外现代化的侦察、定位和记录设备。侦察和电子战部队获取的情报有助于军区司令部更详细地计划和实施夺取格罗北尼的行动，同时把人员和装备的损失降到了最低限度。

此次反恐怖主义行动的进程表明，匪徒各指挥系统之间之所以陷入了混乱，在很大程度上是由于俄军对其电子设备和信息库进行的干扰所致。车臣战争的事实证明，谁掌握了信息，谁能有效地破坏敌方的通信和指挥系统，并能确保自己一方的军队自动化指挥系统正常运转，谁就能在现代战争中立于不败之地。这足以说明，俄罗斯在未来战争中也必然采用信息战的手段去战胜它的强大的敌人，信息战成为未来战争的主要形式也势在必然。

三、突破平台中心战的网络中心战

人类有史以来的战争，经历了冷兵器、热兵器、机械化和信息化四个阶段，现在正进入信息化战争阶段。美军从海湾战争以后，在新军事变革的引领下，将信息时代的信息化战争，发展到"网络中心战"的新阶段，在伊拉克战争中，美军表现出的精确打击、快速机动、直取核心、空地一体等特点，实际上无不依赖于它的信息优势，伊军的实力在海湾战争后却大大削弱，失去了全部制空权，从机械化装备退化到半机械化装备的时代，这一进一退，大大拉开了战争双方的时代差距。

（一）网络中心战是信息化战争的新阶段

战争总是体现时代的特征。网络中心战也是如此，它是信息时代的机遇和挑战在军事上的反映。网络中心战是关于人和组织的理念，它基于全新思维方式——以网络为中心的思想之上，并把这一理念用于军事行动中。网络中心战这一概念是由美国海军于1997年提出的，现在已被美军的其他军种所接受。2002年8月15日，美国国防部向国会和总统提交的2003财年《国防报告》，第一次在政府国防政策报告中提出了网络中心战的理念。报告指出，美国对阿富汗军事打击行动是网络中心战的雏形，而伊拉克战争进一步证实了这种作战模式的巨大威力。

网络中心战是针对传统的平台中心战而言的。传统的平台中心战，其作战行动主要是围绕机器平台来进行的，由各作战平台自身的探测器获得战场信息，然后提供给武器平台进行作战。不仅上下级之间的战场信息交流少而慢，而且平台之间的信息共享也非常有限，使得作战中的"观察、判断、决策、行动"（OODA回路）过程，需要指挥员自上而下地进行协调，整个作战过程无法真正连贯，造成了战斗力和时间的浪费，从而作战效能较低。网络中心战则充分运用了计算机网络技术，使整个战场、各种部队、各个武器平台形成有机的整体。与平台中心战相比，它实现了作战信息的实时共享，实现了完全意义上的联合作战，提高了整体作战效能。

1. 实施网络中心战，大大增强了部队的信息共享能力

网络中心战能使部队共享态势感知，对战场情况一目了然，并对指挥官的意图一清二楚。这样的部队能实施"自我协同行动"，自觉与其他部队配合，同步采取行动；能在留下活动痕迹很少的情况下，实施作战行动；能在上级指挥官总意图的指导下，有效地进行独立作战。

2. 实施网络中心战,使各作战平台用网络连为一体

分散配置的平台既能更有效地协调行动,也能为适应新的战场情况,很快地转换作战行动模式。实施网络中心战,将使分散配置的部队和平台能够发挥整体优势,实现整体大于部分之和。

3. 实施网络中心战能高效地配置资源

网络中心战将使配置在不同地点的兵力、兵器,在不运动的情况下,就可同时攻击多个不同目标,从而发挥更大作战效能,取得最大作战效果。例如在1991年海湾战争中的一项任务中,需要用10架飞机去攻击一个目标;但在阿富汗战场,由于初步实施了网络中心战,一架飞机除了自己通过雷达发现敌情外,还可接收别的飞机的雷达图像以及其他信息,从而在一项任务中,平均一架飞机可以攻击两个目标。

4. 实施网络中心战使部队突破地理条件的制约

由于传感器作用距离和武器射程的增加,快速传输信息能力的增强,部队作战效能将不再受地理条件的制约。战场上不必再集中部队就能达到集中战斗力的效果。由此带来的益处是显而易见的。由于集中战斗力的内涵由集中部队让位于集中火力与信息,从而减少作战风险,不会再有"高价值目标"出现在敌人面前。

5. 实施网络中心战,将减少后勤负担

部队不再频繁运动,不仅会减少伤亡,减少卫生勤务工作量,而且也会大大减少油料、弹药等物资的运输和补给量。

(二)取得太空优势是实现网络中心战的基础

太空是未来战争的制高点。在这次伊拉克战争中,美军动用了侦察、监视、预警、通信、导航和气象等各类军用卫星70多颗,并运用了许多商业卫星。在这次战争中,美军已不再孤立地应用这些卫星,而是通过有效的数据链路,将它们的功能有机地整合起来,在太空中形成对伊军的绝对优势。由此可见,取得太空优势是取得信息优势的重要保证,太空优势是实现网络中心战的重要基础。

在情报、侦察和监视(ISR)领域,由于卫星侦察和监视具有能实现全球覆盖、运行时间长等优点,已成为实施网络中心战的前提。在伊拉克战争中美军动用了6颗军用成像侦察卫星,包括3颗"锁眼"KH—12卫星和3颗"长曲棍球"雷达卫星,每颗卫星一天两次通过伊方上空。它为部队提供作战空间的态势和毁伤效果评估。它也为战斧巡航导弹和由全球定位系统制导的联合直接攻击炸弹等精确打击武器提供目标信息,为爱国者导弹提供预警和目标信息。在海湾战争时,美军一般需要两天的时间才能完成对目标的侦察评估和打击准备,但现在已经缩短到了几分钟。

卫星通信具有广域覆盖、独特的广播能力、快速灵活组网、支持不对称带宽要求等优势。因此,建设战场信息网络必须依靠卫星通信。在这次战争中,美军不仅利用了它的在轨军用通信卫星系统,并在战争期间,发射了一颗国防卫星通信系统卫星、一颗军事星通信卫星,并利用了大量商业卫星,从而大大提高了信息传输能力。卫星通信的带宽比海湾战争时宽了10倍。海湾战争中信息只能传到指挥所,现在可以传到每个士兵。在这次战争中,军用卫星承担的通信量实际上较少,商业卫星却承担了大部分通信量。

全球导航定位卫星是实现精确打击的关键。在战争中，依靠美军的 GPS 系统和新发射的一颗战术导航卫星（GPS Block 2R-9），为美军的精确打击武器提供了有效保障。GPS 网络由位于 6 个轨道平面的 24 颗主要卫星构成，每个平面 4 颗。一些平面上还布置了更多卫星以提高覆盖率，也作为备份星使用，目前共有 27 颗卫星在轨。

在这次战争的初期，伊拉克境内出现了严重的沙尘暴天气，对美军的行动产生不利的影响。此时美军在轨的 5 颗"国防气象卫星计划"卫星，为支持地面作战行动发挥了作用。

伊拉克战争期间，对卫星通信、GPS 等太空支援的需求，均包括在"每日空中任务分配序"中。另一个"太空任务分配序"，则详细确定了如何调试天基系统以支援特定的空中打击、侦察及其他任务。

（三）从伊拉克战争看网络中心战的巨大威力

在这次战争中，美军作战的速度远远超过了伊军的反应能力。作战的速度之快和程度之猛烈，使伊军多次陷于美军的集中打击之中。美军采取的打击方式是，集中摧毁伊军的一个战斗单元，然后迅速移动到下一个目标。伊军的指挥通信系统，也在美军对巴格达发动进攻前被美军彻底摧毁。由实行网络中心战而获得的信息优势，是美军实现快速作战的关键。美军能知道伊军的位置，而伊军不知道联军的位置，也不知道联军的下一个攻击目标。由此可见，实施网络中心战是美军赢得这次战争的重要条件。

1. 及时获得可靠的目标信息

这次战争中，先进的卫星系统、侦察飞机、地面站和地面侦察人员等，组成了一个天、地（海）、空一体化的情报、侦察和监视（ISR）系统。它为部队提供作战空间的情况，包括各部队的部署、兵力兵器、作战意图等，并提供毁伤效果评估。这些信息定向直接传送到指挥部或者指挥官的战区指挥控制车。实时的情报和图像有助于区分敌我，减少传感器到射击器的时间。美国国防部所拥有的所有情报、监视以及侦察（ISR）资源，在战争中都高速运行，以支持联军的军事行动，为联军地面指挥部（CFLCC）的陆军指挥官以及世界范围内的其他指挥官，提供一幅通用的作战图。美军已经在通信与数据网络中集成了 ISR 平台，并为它们的运行提供带宽。

由于伊军几乎完全没有防空能力，美军的有人侦察机和无人侦察机，在信息的收集和分析方面，也发挥了突出的作用。美军在 2.8 万米高空，部署了 U-2 侦察机，通过作用雷达、摄像机、信号和情报设备进行远程监视。美军机载预警和控制系统（AWACS）飞机（E-3）上的雷达，能覆盖伊拉克的整个空域，可以看到飞过空域的所有物体。飞机上的工作人员，利用信息控制并用无线电导引美军飞机，去执行任务。"联合铆钉"飞机（RC-135V/W），经过改进，采用了最新技术，可以截获并监控电磁频谱，提供信号情报，并可从任何伊拉克通信中截获信息。联合监视目标攻击雷达系统（JSTARS）飞机（E-8C），其相控阵合成孔径雷达，可提供地面活动物体的图像，它能够区分 250 千米开外的有轮车辆和有轨车辆。无人机方面，使用了在阿富汗战场已广泛使用的"捕食者"和"全球鹰"在战场上约 18200 米的高空，可以盘旋数小时，在战场上可捕捉到高清晰度的敌人地面移动情况。此外，美国陆军使用了"猎手""短毛猎狗"和"影子 200"等无人机。美国海军陆战队使用了"先锋"和"龙眼"无人机。此外，部分中央情报局的人员和美军小股特种部队，在战争前进入伊境内，为美军作战提供情报。

2. 提高了信息传输的速度、质量和安全性

保障军用信息传输系统的畅通,提高信息传输的速率和可靠性,加强信息管理能力,是实施网络中心战的重要保障。早在1999年9月29日,美军国防信息系统局向国防部递交了一份报告,提出建设"全球信息网络"(GIG)的建议。报告认为,GIG是未来战争能否从以武器平台为中心转向网络为中心的关键。这次战争中美军使用了作为GIG的一部分的国防文电系统(DMS),用以对其全球范围内的通信进行加密。它被设计用于向国防部用户、各业务局以及合同商传送秘密以及最高机密的信息。其传输速度更快、保密性更强且更易于使用。DMS的信息,是通过用于分发语音、视频以及数据信息的国防信息系统网(DISN)进行传输的。

自对伊战争爆发以来,联军的网络系统遭受了轻微的网络攻击,而且尝试发起攻击的行为异常频繁。因此,认为不安全的设备将迅速隔离,脱离网络并进行病毒扫描,以防止更大问题的发生。在战场上,如果部队身处危险境地,程序将受到保护,甚至销毁那些面临危险的设备和系统,以避免敏感的数据流落到敌人的手中。

3. 依靠有效的数据链实施精确打击

网络中心战的一个重要特点是通过信息网络系统,在武器平台之间实现横向组网,做到信息资源共享,从而最大限度地提高武器平台的作战效能,以实施精确打击。传统的以坦克、战车、火炮和导弹为代表的陆基作战平台,以舰艇、潜艇为代表的海上作战平台,以飞机、直升机为代表的空中作战平台等,都必须在火力优势的基础上兼有现代信息优势,才能成为真正的高科技信息化武器装备。因此,一种链接各作战平台、优化信息资源、有效调配和使用作战能量、整合军队各战斗单元的数据链,正日益受到重视。数据链将成为未来军队作战力量的"黏合剂"和"倍增器"。此次对伊战争中,美军基本上使用的都是飞机和坦克,但这些旧武器通过网络进行链接,从而把飞机的座舱、指挥所和坦克驾驶员联在一起,使其看到他们视野外很远的地方,从而大大提高了战斗力。在战斗过程中,伊拉克一度被沙尘暴搅得昏天黑地,但是,美军仍能清楚地看到战场上的情况,甚至在高空飞行的B-52轰炸机能通过使用其他侦察机传送过来的雷达图像,对伊拉克军队进行精确轰炸。

这次战争中美军广泛使用的"21世纪旅和旅以下部队战斗指挥系统",是一种基于互联网的通信系统。它综合了卫星、无人机和特种部队的信息源。它已成为美军数千装甲车、坦克和直升机上的标准装备。这个系统实现了坦克之间、直升机之间的共享数据。坦克可以发送文本信息,在激烈的战斗中文本信息的可靠性要高于语音通信,直升机也可以通过文本信息呼叫炮兵火力支援。每台车辆都有计算机地址用于识别,车辆的位置信息通过全球定位系统随时修正更新。加密的数据通过无线电在部队车辆之间传送。跳频技术使敌方无法对信号进行跟踪。坦克的所有功能都通过一台相当于"奔腾"3的计算机控制。如果主系统出现故障,将由备份系统继续操作。如果整个计算机系统全部失效,最后可手动控制。一旦坦克乘员被俘,他们可以在极短的时间内删除敏感的数据。

4. 实现了部队快速机动

在机械化战争时代,由于部队的通信、机动和兵力兵器投送能力有限,无法很快地集中兵力,实施攻击。地理位置上的限制,还使部队很难在保持高度协调一致和得到充分后勤保障的情况下,实施快速、远距离机动。但是,在实施网络中心战后,部队将不再受地理条件

的制约而实现快速机动。在伊拉克战争中，美军第三机械化步兵师创造了日行170公里的开进速度，这等于海湾战争时部队开进速度的3倍。令人关注的是，这种机动方式直奔要害领域，甚至可以不顾暴露后勤保障的危险。由于部队能够进行快速机动，就可大大减少参战人员的数量。这次战争，在伊拉克战场的美军总人数约12.5万，远远少于海湾战争时的50万。

四、其他战争形式

（一）电子战

电子战是"使用电磁能和定向能来控制电磁频谱或攻击敌军的任何军事行动"。美军认为，"未来战争的胜利取决于能否驾驭电磁频谱"，并认为，"18世纪是海战，20世纪是空战，21世纪将是电子战时代"。

1. 电子战的特点

（1）电子战是不流血的战争。电子战的"子弹"是电子。战场上真正的子弹或炮弹是会伤害人的生命的，而电子可以侵入敌人的计算机系统，对其无线电传输进行电子干扰，它的能量非常之大，可以破坏敌人甚至国家的运转能力，但其本身却不会伤害人的生命。就跟世界上许多特殊物体一样，如中子弹是世界上最可怕的武器之一，但它并不损坏财物，只是杀害高等生物。正因为电子战是一种不伤害人的战争，是一种不流血的战争，所以说它是一种"文明战争"。

（2）电子战进攻时是"矛"，防御时是"盾"。在电子战中，任何一种电子战装备的投入和使用，都伴随着探测与反探测、干扰与反干扰措施的出台和各种活动的开展。所以说电子战具有攻防兼备的特点，进攻时它是"矛"，防御时则是"盾"。

电子战进攻时，主要以干扰、欺骗、摧毁敌电子装备来达到作战目的。进攻一方依据电子侦察获得的情报信息，对敌方使用的电磁波进行干扰和欺骗，削弱和破坏敌方电子装备的效能，彻底摧毁敌方的电子装备。造成通信中断、雷达迷盲、指挥失灵、武器瘫痪等，达到敌电子装备不能正常工作的目的。直接摧毁即指用反辐射导弹直接摧毁敌方电子设备，这是一种最有效的、最彻底的电子对抗措施。

所谓电子防御，即为了保障己方电子设备不被破坏而采取的反侦察、反干扰和反摧毁等措施。其防御手段有以下几种：一是实施电子伪装，使敌找不到真正需要攻击的目标，同时通过大量假雷达、假电台、假坦克等，诱骗敌人采用错误的行动；二是采取"隐形"技术，最大限度地减小大型武器系统的雷达反射截面和光、声等信号特征，使敌方雷达等探测器的作用和探测效果下降；三是大力提高电子装备的反侦察、反探测、抗干扰和抗摧毁能力。从频域上、功率上、形式上等调整到最佳状态；四是从战术使用上合理配置，比如可将多种不同频率的雷达交错配置，使敌难以对整个雷达网进行干扰，从而达到"保护己方电子系统，攻击敌方电子系统"的目的。

2. 电子战已成为现代战争的重要作战手段

（1）电子战装备是军事力量的倍增器。电子设备可以使武器作战能力成倍增长，可以起到倍增器的作用。一是通过使用信息技术对原有武器装备进行现代化改造，使其提高作战能力。例如，给高射炮加装雷达火控系统，给坦克加装计算机和先进夜视器材等，给飞机和舰艇加装导弹、雷达和电子战设备等，可使其作战能力成十上百倍地提高。二是先进的武器系统也离不开电子设备，武器威力的发挥主要依靠电子设备与系统的功能。比如，一枚导弹在实战时能否打得准，能否发挥其最大威力，导弹的电子系统即制导与控制能力起着决定性的作用。

（2）电子战武器在实战中使用的频率越来越高。1986年4月15日深夜，美军在空袭利比亚的"黄金峡谷"行动中，共出动飞机200多架和舰艇20余艘，对利比亚5个地面目标发动了突然袭击。在空袭中，电子战发挥了重要作用。在F-111型轰炸机进入目标区之前，4架EF-111A型电子战飞机首先实施了6分钟的电子压制，使200公里内的利军雷达失灵；在A-6型轰炸机开始攻击之前，EA-6B型电子干扰机对利比亚的防空导弹和高炮火控雷达实施电子干扰，并引导战机对地面目标实施攻击。这次空袭行动中，美军共派出各种电子战飞机以及空中预警控制等保障飞机100余架，并且首次在实战中使用了AN/ALQ—99E远程干扰机，显示了巨大威力，有效地压制了利军的防空系统，达到了预期的效果。

在空袭中，美军实施电子战的主要方法：一是派出大批电子战飞机实施电子干扰，使200公里内敌方的雷达失灵；二是发射诱饵，诱敌启动电子战设备；三是飞机战斗队形发射强烈干扰，迷惑敌人；四是集中火力，直接摧毁敌电子设备；五是施放自卫干扰，保护己方电子设备不被打击。在1991年的海湾战争和1999的科索沃战争中，这些方法都得到了广泛的运用。在海湾战争中，以美国为首的多国部队对伊拉克实施空袭时，不仅在地面实施强大的电子干扰，而且对空中作战编队配备大量的电子干扰飞机，干扰、压制伊拉克C31系统、雷达和通信系统，保证了空中火力的打击效果，一举摧毁了伊拉克的防空体系。在科索沃战争中，北约成功地运用了电子战装备的反辐射武器，如在EA-6B电子战飞机上装载反辐射导弹，在F-15E、F-16D战机上装载"哈姆"反雷达导弹，首先击毁了南联盟的C31系统和防空系统，使其没有反击能力。纵观近期发生的几次高科技条件下的局部战争，在空袭中电子战飞机装备和出动的数量所占的比例越来越高。

（3）美军加紧研制和装备新的电子战飞机。美军在研制和装备电子战飞机时谋求精确干扰，为了扩展其电子战的威力，美军加紧研制和不断更新电子战飞机及装备。21世纪初，EA-6B将是美军的主要战术支援电子战飞机。将由EA-6B电子战飞机替代EF—111A电子战飞机和F-4G电子战飞机，并且进一步改进和更换老化的EA-6B电子战飞机，发展EA-6B后续机型。

同时，美军正在加紧扩展其他先进作战飞机的电子战功能。比如，JSF联合攻击战斗机和F-22战斗机是美国计划在21世纪装备的新一代隐形作战飞机。由于这种隐形作战飞机都具备了先进的传感设备，而且飞机舱内有足够的空间安装所需要的电子战设备，美国国防部决定将其作战功能从最初的空战和地面作战扩展到电子战的范畴。就是说，电子战飞机家族中又添新员。在未来战争中，电子战将会充斥每一个角落。

（二）网电战

网电战是指运用网络战和电子战手段，对敌网络化系统所进行的一体化作战。未来战场武器系统信息化和信息系统网络化成为信息作战发展趋势，"网络"和"电子"将成为未来作战的主要武器。

1. 网电技术走向融合

随着信息技术的发展，网电技术正走向融合，即军兵种网络走向融合，军网与民网走向融合，战略、战役、战术网络走向融合，逐步实现一体化。各要素之间相互包容，相辅相成，联系密切，构成一个统一的整体。一方面，计算机网络战的实施离不开电子战手段，因为网络的正常运作和使用依赖于对电磁频谱的控制；另一方面，电子战要发挥更大的威力同样也离不开网络战，网络战战术将是提高电子战效果的主要途径。在网电一体战中，电子战主要利用电磁能破坏敌人信息获取和传递，网络战主要通过病毒、黑客等方式破坏敌信息处理和利用。只有将网络战和电子战手段综合运用，互为对方提高作战效能创造条件，对敌网络化信息系统进行整体攻击，才能有效地破坏敌整个信息系统及信息流程，削弱敌电磁空间和网络空间的优势，才能取得最大的作战效益。

网电战作为未来战争中信息作战的重要组成部分，拓展了军事行动的空间，是对信息作战理论的丰富和发展。

2. 网电战的基础是"信息优势"

全球一体化 C4ISR 系统，即指挥、控制、通信、计算机、情报、监视和侦察系统，是一个起"融合"和"力量倍增器"作用的电子系统。美国华盛顿战略与国际研究中心的一份研究报告指出：数百年来，战争的根本问题，即其基本制约因素就是模糊不清，也就是所说的战争迷雾。指挥官们总是不能完全搞清敌我双方每时每刻所在的位置，而且即使他们获得了有关的信息，也会因为向部属下达命令的系统靠不住而蒙受损失。然而，部队使用信息技术之后，通过先进的监视与指挥系统，每个指挥官都可以观察到整个战场，从而也就可以运用自如地指挥作战了。

全球一体化 C4ISR 系统就是这样一个起连接作用的电子信息系统，它是"网络"中的"网络"，能把三军各类武器装备的软件、硬件有机地融合起来，从而发挥整体优势。正如美军《2020 年联合构想》中所写到的，这个"'全球信息网'将是全球互联的、信息系统端对端连接的、有相关程序和管理人员的网络。它能根据需要向士兵、决策者和支援人员提供信息。它将提高战斗力，并且有助于成功地实施非战斗性军事行动"。全球一体化 C4ISR 系统，是未来信息作战取胜的根本保证，同时也是取得信息优势的必备条件。

首先，全球指挥控制系统是一体化 C4ISR 系统的"神经中枢"。全球指挥控制系统（GCCS）是一种先进的联合指挥控制系统，它有三种体系结构，即作战体系结构、系统体系结构和技术体系结构，是一体化 C4ISR 系统的"神经中枢"。全球指挥控制系统的启用，使得美国战场信息系统处理能力有了新的提高，其核心功能可确保各军兵种与指挥部之间畅通无阻地交流各种作用信息，而且传递信息迅速、准确，使用方便，具有更大的灵活性、可靠性和通用性。一体化 C4ISR 系统能提供对宽广作战空间的感知能力、有效用兵能力和可靠的通信保障能力，从而极大地提高三军联合作战的协调效率，保持协调一致的作战节奏。据报道，美国空军正在研制开发一种"远程指挥控制"系统，这种信息系统采用宽带、高速度的通信网络，将分布在美国本土或海外基地的大型信息基础设施与部队携行的终端链接起来，使部队首脑机关远离战区之外，就可以实时指挥和控制战争。

其次，侦察探测系统是一体化 C4ISR 系统的"眼睛"。美国第五代侦察卫星是以 1976 年 12 月发射的"锁眼"卫星为代表，它采用数字图像传输技术，实现了信息传输数字化，其地面分辨率接近回收胶片型的水平。侦察探测系统，主要包括太空各种侦察卫星、监视卫星、预警卫星和气象卫星；天空各种有人驾驶侦察飞机、预警机和无人驾驶侦察飞行器；海洋各种侦察监视船、无人水下监视器和固定侦察探测设施；陆地各种侦察监视车辆、单兵侦察设备和固定侦察探测设施。比如，长曲棍球雷达成像卫星是美国国家侦查局于1983年开始研制的一种新型侦察卫星，其主要战斗作用是跟踪战场装甲部队行踪，具有夜间和全天候侦察监视功能。在海湾战争中，这种卫星在跟踪伊拉克装甲部队行踪方面发挥了很大作用。空中飞机侦察是一种最常用的侦察手段。随着各种有人驾驶侦察机和无人驾驶侦察飞行器的发展，综合运用电子、光学、雷达等侦察手段，收集电子情报或进行电子信号分析。据报载，仅2000年一年的时间里，美国等北约国家对俄罗斯进行的空中侦察就多达1000次以上。

再次，通信系统是一体化C4ISR系统的"脉络"。在现代和未来战争中，各种作战命令、各武器平台的火力控制和情报都要通过一体化C4ISR系统中的通信系统来传递。通信系统在战争中的作用十分突出，就如同人体的脉络一样，通过通信网络把各个系统连接成一个有机的整体。通信系统主要包括太空各种通信卫星、空中各种预警飞机和无人飞行器、海洋和陆地各种通信平台、单兵通信设备和固定通信设施。这些系统采用光学、电子和计算机技术，高速度、大容量地传递各种作战信息。

3. 网电战的作战样式

如果把"网络"比喻为象棋的纵横网络线的话，那么，装备了电子设备的飞机、坦克、舰艇、车辆，以及各种导弹、精确制导炸弹、炮弹、鱼雷等，就相当于棋盘上的车、马、卒、炮。各种信息化武器装备，只有运行在"网络"内才能纵横驰骋，发挥最大的作战效益。当然，这种信息化作战平台包括各种探测设备、通信设备、指挥设备、控制设备和导航设备等，离开了这些设备，网络就不可能畅通。

美国军事专家认为，美国威力最强大的新武器不是新式飞机和炸弹，而是网络和电子武器中心。因此，美军十分重视网络军事和电子战建设。到2000年，美国所有的海军舰艇，包括最小的作战舰艇都具有与广域战术网连接的能力。在全球各地部署的美国海军兵力之间可以保持不间断和无缝联系。美国海军空间、信息战和指挥控制负责人亚瑟·K.赛布朗斯基中将说："在以网络为中心的作战中，无论是这艘战舰上的火炮，还是那架飞机上的炸弹，所有的武器应被看作是一个整体，从而寻求最好的攻击方式。"他认为，部队有很强战斗力的要素是，能获得所有相关信息的高效信息网，能快速做出反应的高精度武器和高效指挥控制系统，以及同武器操作者和指挥控制系统紧密结合的传感器网。

美国空军一种最新的作战系统能够用最快的光速连接所有的监视源，部队指挥官通过各种光速连接起来的网络，在一个单独的计算机屏幕上看到战场上所有的武器装备。比如，空军指挥官能看到每一架作战飞机的作战活动情况，以便他们把警报或作战任务下达给一个飞行员。美国在1997年开始安装的一种海军新的作战系统，已将美军的许多舰只、飞机、地面上的坦克等武器装备织入网中，通过雷达扫描结合到大家都能看得到的一幅大图像中去。一个大的计算机网络已经把整个军队连接成了一个无缝的整体。一艘军舰不是只能看到地平线那么远，而能看到在其网络中所有其他军舰看到的一切。一辆坦克也不是仅看到战场视角之内的情况，而是能够看到所有坦克乘员可以看到的一切情况。

尽管如此，网电战作战的本质仍然是通过攻防战术来体现的。操作键盘无疑就是扣动扳机。千方百计攻击对方的信息系统、保护己方的信息和信息系统，从而达成对战场信息优势的控制并夺取和保持"制信息权"。因此说，网络攻击依然是网电战的利剑。

所谓网络攻击，是指利用敌方信息系统自身存在的安全漏洞和其电子设备的易损性，通过使用网络命令和专用软件进入敌方网络系统或使用强电磁脉冲武器摧毁其硬件设施的攻击。网电战攻击手段主要有：一是使用无线激活网络病毒，瘫痪敌C4I系统；二是使用电子生物武器，吞噬敌计算机系统或电子设备里的元器件；三是使用无线修改敌网络指令，使敌失去控制；四是使用无线注入网络炸弹，击毁敌飞行武器，等等。科索沃战争中，英国广播公司网站曾收到超过7000封来自世界各地的e‒mail炸弹，其中80%反对北约空袭南联盟；美国海军陆战队所有作战单元的E‒MAIL也曾被"梅莉莎"病毒阻塞，造成美国海军"尼米兹"号航空母舰上的计算机系统瘫痪长达3个小时之久。

网络防御，是网电战的盾牌。所谓网络防御，是指竭力阻止来自外界网络的入侵，保护己方计算机信息系统的信息安全，在计算机网络战中免遭敌方干扰和破坏。在未来网电战中，谁忽视了网络防御，谁将付出惨重的代价。

在网电战的防御战斗中，要防止敌人在物理空间的打击破坏，防止敌人"芯片捣鬼""芯片细菌"和"微波炸弹"等高科技武器的攻击：一是注重网电电磁屏蔽，防敌侦察监视；二是注意数据加密，防止存储数据失密；三是实施物理隔离，切断黑客从外界攻击渠道；四是实行网电电磁伴动，防敌精确打击；五是采取网电跳频方法，防敌电子干扰；等等。

（三）瘫痪战

消耗战和歼灭战是传统的作战样式。消耗战的制胜之道是在时间、空间、能源和补给方面消耗敌人。战争史上消耗战存在的时间最长。由于消耗战是通过消耗达成战争目的，而消耗又是相互的，所以发动战争的一方也常成为战争的牺牲品。在工业革命的推动下，消耗战造成了大屠杀，这在第一次世界大战时达到了顶峰。消耗战一般不能导致快速和决定性的胜利，军事家们不得不寻求新的出路。

两次世界大战期间，英国和德国的战略家们开始探索能促使部队快速推进的诸军兵种合成作战理论，这导致了闪击战的诞生。闪击战即歼灭战，它是在坦克、飞机和火炮密切协同的基础上，通过机械化部队的快速机动形成对敌优势，并瓦解敌人有组织地进行战斗的能力，从而彻底消灭敌人。闪击战使德军在第二次世界大战的最初几年处于优势地位。但是当战争双方都用飞机和坦克进行诸军兵种合成作战时，刚处于支配地位的歼灭战又变成了机械化部队大规模、高代价的消耗战。这一点以苏德的库尔斯克会战最为明显。消耗战又死灰复燃了。第二次世界大战后的几次战争，如朝鲜战争、越南战争等，也都是消耗战占据主要地位，奇怪的是，作为机械化时代标志的空中力量，也很快被用作进行消耗战，不论是第二次世界大战时美军对德国的轰炸，还是越战时美军对北越的战略轰炸，空中力量都成了消耗战的主要工具。

人类之所以无法摆脱消耗战，是因为缺乏获得快速和决定性胜利的军事能力，从而使战争不得不转入旷日持久，不得不通过拼消耗来决定胜负。这方面的例外是核武器。但由于核武器不加区别地发挥其效应，它超常的威力反而成为限制其用于实战的原因。

然而，精确制导弹药、巡航导弹、全球定位系统和隐身飞机等高科技武器装备的出现，使人类看到了摆脱消耗战的曙光。由于现代武器系统具有对战区范围内多个目标进行高强度、持续和同时攻击的能力，有可能使敌国的防御陷入瘫痪，从而导致一种新的作战样式——瘫痪战的产生，与消耗战和歼灭战不同，瘫痪战既不追求攻城略地，也不追求消灭敌人有生力量，它强调的是用优势的空中力量和现代技术成果打击敌关键目标，以最小的代价速决取胜。这种战法的原理是把对手看作一个完整的系统，如果关键环节出了问题，整个系统就会陷入瘫痪。瘫痪战就是要寻找并攻击对方作战系统的关键部位，破坏其内部结构的完整性和系统运行的连续性，或者不全歼对方主力就剥夺其抵抗能力，或者通过给敌人心理上以巨大的震撼，不剥夺其抵抗能力就摧毁其抵抗意志。

瘫痪战的核心是目标选择。美国有些理论家把一个国家的目标归结为七个主要要素，即领导、工业、武装部队、人口、运输、通信和联盟。这七个主要要素之所以重要，是因为它们体现了国家力量的源泉，国家要素间是相互依存和相互补充的，尽管在某一特定时间，某个要素比其他要素更为重要，但它依然受其他要素的影响，国家要素中任何一个要素被消灭都会对其它要素产生不利影响。对一个或一群目标的摧毁是否会瓦解敌国政府，取决于这些目标形成的国家要素的重要性，对其摧毁的速度和彻底性，该要素的恢复能力，以及与有关的其他国家要素对它的依赖性和弥补速度，在不同的国家和不同的时期，国家要素的重要性排序是不同的。随着它们的变化，其重要目标也会不断发生变化，战争初期的重要目标到后期不一定重要。因此，在战时要不断对其进行评估。

美国人认为，瘫痪战追求战争的速胜、廉价、低伤亡，它能最大限度地利用军事革命的技术成果和发挥美军的优势，因而最适合美军，将成为美军在未来战争中的主要战法。

（四）联合作战

联合作战是两个或两个以上军种——陆军、海军、空军、海军陆战队的统一军事活动，联合作战对于美军并不是新生事物。美军联合作战的历史可以追溯到1781年的约克敦围城战役。此后美军进行的韦拉克鲁斯、维克斯堡、圣地亚哥、所罗门、诺曼底、仁川等战役都是联合作战。然而，把联合作战规范化、制度化，正式和系统提出诸军种都能接受的联合作战理论，把联合作战作为美军未来的主要作战形式，却是20世纪90年代的事情，确切地说，是在美军于1991年11月颁发《美国武装部队联合作战》条令之后。美军认识到，在现代条件下——空中力量时代——没有任何一个军种能单独赢得一场战争，战争的胜利有赖于两个或两个以上军种的共同努力。

新的联合作战与过去的联合作战有很大的不同。首先，联合作战已由一个军种与另一个军种的协同作战发展为诸军种都参与的全面联合作战。过去，美军的联合作战主要是指陆军、空军、海军、特种作战和航天部队都参加的全面联合作战行动，也即"陆海空天一体战"。美陆军新版《作战纲要》指出："陆军的作战理论强调在整个战区统一实施空中、地面、海上和特种作战行动，这一切都会得到空间作战的支援。"美国人认为，在现代战争中，由于情报、监视和侦察、指挥与控制及精确制导弹药的巨大发展，作战将越来越不会完全依赖像坦克、军舰和飞机那样一些单个平台的战斗成功，而是要靠控制陆海空天的多系统组成的大系统发挥整体效能，尤其是对地面、海上和空中作战起到不可或缺的重要作用。因此，战争的这一崭新特点无疑会推动全面联合作战样式的进一步发展。

其次，联合作战正在从某一任务、某一时节的零散行为向作战行动的全过程发展，过去，美军的作战行动以单个军种作战为主，军种间的相互支援只是单个军种作战的补充。后来，诸军种联合作战样式逐步发展起来。美陆军1982年《作战纲要》指出，"陆军很少单独作战，美军的作战行动通常涉及一个以上军种，因此，联合作战将是普遍规律而不是例外情况，美陆军的空地一体作战理论就是诸军种联合作战的体现"。进入20世纪90年代后，美军的联合作战进一步发展。

1993年版《作战纲要》指出："陆军今后不会再单独作战，凡有陆军部队参加的作战行动都必然是联合作战。"美军认为，由于未来美军采取军事行动的基本方式是应急作战和力量投送，因此必须依靠诸军种的通力合作。应急作战的参战部队通常要有海军航母战斗群、空军混编联队、海军陆战队远征旅、陆军轻型和重型部队及特种部队等；兵力投送的手段一般为空运和海运，在战区还必须有陆上机动工具。上述诸作战力量的活动又都必须得到空间力量的支援。

再者，联合作战正从战时联合转向平战全程联合。美国一些专家指出，过去，美军各军种平时都各行其是，到战时才进行联合。这种做法一次又一次地被证明效率很低。特别是今后的战争，如果不在平时就建立稳定的联合关系，将很难保证危机时期和战时诸军种的共同行动会协调一致。平时联合的措施可包括以下几点：在军事教育方面，创办更多的联合作战指挥院校，重视培养新一代联合作战指挥人才。在训练、演习方面，突出联合作战筹划、联合兵力投送、联合使用C3I系统、联合实施作战保障和联合遂行非战争行动等方面的演练，以进一步完善联合作战理论，解决联合作战的组织指挥和协调配合上暴露出的问题，为实施更加有效的联合作战奠定较为坚实的基础。在后勤保障方面，建立一套较为完善的后勤保障体系，综合运用各军种独特的后勤保障能力，确保作战支援的轻重缓急顺序，对投入战区的联合部队实施快速、全面和持久的后勤保障，确保联合部队充分发挥其作战潜力。在武器装备的采办方面，逐步改革工业时代形成的采办体制，建立联合采办机构，统一规划，统一要求，统一标准，使各军种装备的、由不同公司在不同时间生产出来的武器装备在战场上充分一体化。

最后，联合作战将在指挥体制上和理论上得到进一步保障。美军一直注重建立高度联合的指挥机构，强调指挥机构具有诸军兵种的联合性，1986年《戈德华特—尼科尔斯国防部改组法》就给美军联合作战注入了新的活力。作为国家级指挥系统，参谋长联席会议由各军种最高军事首长组成，参联会的办事机构——联合参谋部，也是由陆、海、空三军各占约1/3的人员组成。在战区级，联合作战司令对联合部队中的各军种有直接的指挥权与控制权，可按照自己的作战意图全面规划各军种部队的运用。在战术级，通常也建立参战军兵种的联合指挥机构。例如，陆军的基本指挥所，就是由战术作战中心支援部门、火力支援部门、空域管理部门、战术空军控制小组、核生化作战部门、后方地域作战中心和地区协调中心等职能部门组成的。师一级的基本指挥所，也是由参战军兵种的指挥机构所组成。美军联合作战理论的起步虽较晚，但发展势头很猛。从1991年参联会颁发第一号联合出版物《美国武装部队联合作战》以来，美军陆续颁发了0~6系列联合出版物，已形成了一套比较完善的联合作战理论，用以指导各军种的联合作战行动和军种作战理论的制定工作。"沙漠风暴行动"是美军诸军兵种联合作战能力的一次实战检验，美军在"沙漠风暴行动"中的成功实践一方面是对美军联合作战能力的肯定，另一方面也更加统一了各军种对联合作战的认识，使其认识到联合作战是美军克敌制胜和减少伤亡的法宝。在未来，美军完善联合作战理论及其指挥的着眼点,将是统一而协调地运用各军种独特的作战能力,建立各种作战力量合理编组的结构优势,使各军种都能用自己的长处或优势去弥补兄弟军种的短处或劣势,谋求大于部分简单相加之和的整体作战效能。

(五) 空地一体机动作战

俄军认为,在过去的战争中,武器的射程和精度都有限,作战的主要力量是庞大的装甲步兵集团,更多地强调地面机动。随着部队地面机动能力的显著提高、武器射程的增大、空中投送能力的增强,尤其是大量精确制导武器及与之相配套的指挥、控制和情报支援系统的使用,现代化空中力量和装备精确制导武器的地面机动集团将取代得到炮兵和航空兵支援的坦克兵团和部队,部队的机动将不仅表现在装甲步兵、车载步兵、炮兵和防空兵的战术级的地面机动,更主要地表现在部队战役—战术和战役—战略级的空地一体机动,航空兵活动半径的不断增大,极大地提高了指挥员在更大范围内机动航空火力的能力。这不仅使集中兵力变得更加容易,而且也可更加分散地配置部队,提高部队的生存能力。随着运输机有效载荷和航程的增大,空降兵的战斗力也得到了提高。它们可威胁敌纵深内的各种目标,如敌战略纵深内防护严密的机场。空降部队着陆后,将乘坐伞兵战斗车,在自行火炮伴随下实施机动。

陆军航空兵也得到了突飞猛进的发展,直升机可使指挥员不受不利地形和障碍物的影响,甚至在一定程度可以不顾有无敌情远距离的快速机动兵力和火力。在这种情况下,出现了将大纵深火力毁伤同突然的空中—地面突击、强大的电子压制和迅猛的军队机动融为一体的条件。过去那种以大量坦克机械化部队从正面突击敌人的单维线式作战样式将被多维立体作战样式,即地空一体机动作战所取代。空地一体机动作战的实质是不仅在地面,而且在空中(空间)达成决定性的对敌优势,通过从陆地、空中、海上,从正面,翼侧和后方同时实施的协调一致的立体突击,逐个歼灭当面敌军及其由纵深前出的预备队。空地一体机动作战的主要战法是:以高效率的航空兵、火箭和炮兵突击同时摧毁当面敌军战役布势全纵深内最重要的目标,同时以电子战器材破坏敌军指挥系统和武器控制系统;在敌人纵深空降各种编成和使用的空降兵,它们在直升机、装甲支队和奔袭支队、特种侦察群和空降强击群的协同下实施积极的机动作战;以坦克部队为主组成快速兵团深入敌后实施深远的战役奔袭,在脱离集团军(方面军)主力的情况下展开坚决的行动,摧毁敌指挥所、核袭击兵器、高精度武器系统、夺占敌机场、重要地域、补给基地等目标,完成对敌某些集团的合围;以强大的机动集团从正面实施大纵深的分割突击和其他突击。空地一体机动作战在所有军事行动样式中是最主要的作战样式。海湾战争已证明,在未来战争中,空间力量和电子战手段将成为制胜的重要因素。现在将空间部队用于空地一体作战的趋势日益明显,将来随着空间作战系统的发展,空间作战的重要性也必然日益提高。

(六) 全纵深打击

在过去的常规战争中,主要打击对象只能是战场上的敌军集团,火力打击的主要目标是位于前线和浅近纵深的敌支撑点、炮兵阵地等战术目标。地面作战通常的战法是,先以近战突破敌预有准备的防御,随后以大规模部队在狭窄地段进入突破口,向敌纵深发展胜利。这一粉碎敌人的主要战法,正在被当前军事革命中产生的新战法所取代。新一代武器系统—侦察突击综合系统、侦察火力综合系统、无人驾驶飞行器、巡航导弹、多用途战斗直升机、多管火箭炮、电子战器材等的大量使用,不仅可以打击前线附近的敌军集团,而且可以打击战役纵深甚至战略纵深内的敌各种重要目标,这就使得同时对敌前方和后方实施攻击这一当年苏联红军提出的大纵深战役进攻理论的核心原则能够真正付诸实施。这将导致新的作战样式——全纵深打击的出现。在未来战争中交战双方将利用各种精确制导武器,从尽可能远的距离上打击对方,这种全纵深打击的作战样式与近战有很大区别,它通常按以下阶段组织:第一阶段,利用空中和空间侦察手段发现向集结地域开进的敌重兵集团,确定目标的准确坐标,同时采取抗击侦察、破坏敌电子人力突击的措施;第二阶段,在远距离上展开突击——火力集团,"电子"集团,消灭敌战术空降兵、空中机动群和侦察破坏群,并采取措施达成行动的隐蔽性和突然性;第三阶段,对敌实施连续而同时的电子——火力突击,为空中突击梯队在敌后空降和采取作战行动创造条件;第四阶段,双方主力接触,坦克和机械化部队的火器依次投入使用,必要时将远战武器转为近战,打击敌人的空中——地面机动。

(七) 侦察——突击行动

侦察——突击行动是机动部队使用的特殊的战役战术作战样式,无论是局部战争、地区冲突,还是大规模战争的交战,都很有可能从侦察——突击行动开始。侦察——突击行动的实施方法是:在宽大正面和深远纵深实施侦察(主要是空中侦察),以确定敌人的行动地点、性质和企图。一发现重要目标,立即以飞机、直升机混合编队予以打击。由于侦察——突击行动是按"发现即消灭"的原则进行的,所以机动部队应装备最新式的侦察和打击兵器,其中包括精确制导武器。实施侦察——突击行动时,可以将战场从概念上划分为五个地幅:纵深侦察及以远战火器打击敌人的地幅;敌军战术纵深和近、中程火器依次投入使用的地幅;近战地幅(封锁反封锁行动);后方(预备队和后勤配置)地幅;交通线地幅。当与强大的装备精良的敌军作战时,不排除在所有地幅不是依次而是同时实施积极战斗行动。在实施侦察——突击行动时,机动部队的战斗编成可能包括以下几个特别组成部分:若干侦察——搜索支队(群)、1个突击——火力集团、若干奔袭——强击支队、若干封锁行动支队、1个空地预备队。当同拥有主动权和火力优势的强大敌人作战时,侦察——突击行动的基本内容包括:实施消耗敌人的行动,对敌要害目标实施有选择的火力突击,以瘫痪敌军指挥与控制系统;在若干独立方向上实施空——地强攻,同时在敌前进道路上设置地雷爆炸性障碍物;广泛实施空——地机动,以建立有利的兵力兵器部署或将部队从敌打击下撤出。

(八) "电子——火力战"

俄军认为,在信息时代,无论是实施进攻还是防御行动,要想达成作战目的,必须首先压制和摧毁敌人的各种电子装置。随着部队大量装备各种电子器材,出现了一种将大规模电子压制与强大的火力突击相结合的崭新的作战样式,即电子——火力战。电子——火力战的萌芽在1967年的阿以战争中就已明显表现出来,当时以军为了在军事行动开始前就使埃军的武器控制和军队指挥系统陷入瘫痪,首次对其实施了电子压制,从而保障了航空兵突击以及随后的地面军队突击的突然性。但是,那时战役的电子——火力阶段较为短暂,参加行动的电子战器材还不多。在海湾战争中,情况就大不相同了。第一,电子——火力战阶段的持续时间相当长(38昼夜),超过地面行动阶段(4昼夜)8倍;第二,大量新式的电子战器材、远程雷达预警与控制飞机,以及"联合监视与目标攻击雷达系统"用于作战。由于使用了敌方不了解的电子战手段,保障了其使用的突然性;第三,对敌战役布势全纵深的所有重要目标实施了不间断的电子—火力协同打击,破坏了敌从战术到战略的各级指挥与通信系统;第四,按目标、地点和时间具体地协调电子突击和火力突击,通过二者的结合,做到了相互补充和相互加强;第五,空军在火力打击中发挥了特别重要的作用,空军所实施的突击的强度超过了以往的任何一场战争(在某些阶段达到了每昼夜2000~3000架次)。所有这一切使电子—火力打击取得了极高的效果,保障了夺得火力主动权的制空权。在海湾战争中形成了这样的局面,即在地面作战行动阶段开始之前,在多国部队当面的伊军集团已完全失去了战斗力,人员已从心理上被摧垮。于是,进攻的机械化和坦克兵团在未遇到有组织的抵抗的情况下就歼灭了对方。由此可见,电子—火力战在未来战争中将扮演至关重要的角色,它将构成战役的主要内容并将预先决定战役的结局。

实施电子—火力突击的基本原则是:必须协调一致地使用无线电电子器材和各种精确制导武器,按时间、地点、目标组织电子突击和火力突击的协同动作,对敌战役布势全纵深的所有重要目标实施突然、猛烈、持续的电子—火力突击,在有效剥夺对方反抗能力的同时,最大限度地发挥已方精确制导武器的效能。实施电子—火力突击时,电子战手段应对敌实施积极的压制,其方法有三:集中密集压制、选择压制和综合压制。其中第一种是主要战法,它要求集中密集使用各类电子战器材,在进行火力打击的同时,以施放积极和消极干扰、毁伤敌电子设施、实施电子欺骗等手段压制和摧毁敌无线电通信系统、指挥与控制系统、雷达网及无线电导航系统。在战术一级,无线电电子战任务纵深为30~40公里,主要由陆军侦察部队和电子战部队的地面综合系统实施。在战役一级,电子战的任务纵深为40~200公里,主要由前线航空兵和陆军航空兵以及电子战部队实施。

(九)精确制导武器战

由于高精度武器已成为现代战争的主要手段,因此,与其做有效斗争,以保持军队在敌大量使用高精度武器情况下的生存力和战斗力已成为高科技条件下作战的基本样式。俄军认为,高精度武器的最主要优点是能进行精确打击,而最突出的弱点则是:一般是若干系统组成的多环节复杂联合体,其中任何一个环节出现问题都必将导致部分系统或整个系统瘫痪。所以,只要采取一整套主动的和被动的措施,积极与其做斗争,就可以阻止其使用并最大限度地降低其使用效果。俄军认为,与高科技武器做斗争的战法通常有三。

1. 先敌摧毁对方的高精度武器系统

俄军强调,防护敌高精度武器毁伤的首要措施,是以主动的进攻行动先敌摧毁或压制对方的高精度武器系统。在双方均大量使用高精度武器的对抗中,谁先打掉对方的突击兵器,谁就将夺得作战主动权。目前,俄军正努力将无线电压制、火力打击、兵力突击三种手段结合运用,形成三位一体的打击样式,摧毁或压制敌高精度武器系统。

2. 建立完善的战区防空体系

在陆、海、空基高精度武器中,空袭兵器由于速度快、机动灵活而最具威胁力。军队防空应从传统的单一防敌航空兵突击变成战区综合防空体系。战区综合防空体系摧毁的主要目标包括敌指挥与电子战飞机、位于弹道降弧上的战役战术导弹、在中高空高速飞行的目标、低空飞行的飞机、直升机和巡航导弹等。

3. 采取地面防护措施

首先应疏开配置，这样既可给敌选择目标造成困难，同时又可分散敌火力，减少损失；其次应广泛利用伪装器材、模拟技术器材、烟幕施放器材和红外器材等掩护地面目标，同时应大量设置假配置地域、假指挥所、假阵地、假目标、假渡口、假行军路线，使敌真假难分，以假乱真。最后，针对某些高精度武器的引导系统是利用地形匹配技术的情况，充分利用地形，造成光学和雷达盲区，使敌高精度武器系统产生失误。

（十）非战争军事行动

美国过去按照武装斗争的强度和战争的规模对战争进行分类，现在又进一步把军队所采取的军事行动按目的和性质细分为两种类型、三种环境。两种类型是战争和非战争行动。战争行动是国家与国家、军队与军队间的较量，是有一定规模的诸军兵种联合进行的战争。非战争行动指规模和强度均未达到战争水平的军事行动。它包括将美国公民从外国东道国的危险地区撤出、进行军备控制、对国内民政当局的支援、人道主义援助、对盟国进行全面援助、协助实施禁毒缉毒行动、反恐怖行动、维和行动、显示武力、强制实现和平、支援起义或镇压暴动等军事行动。非战争行动中，有些要采取战斗行动，有些则不需要，因此和平与战争的界限在这里比较模糊。三种环境是指战争环境、冲突环境和和平环境。战争环境中军事行动的目的是消灭敌人，保存自己；冲突环境中军事行动要有利有节，以达成既定的军事政治目的为原则；和平环境中，美国试图通过采取军事行动去影响事态的发展。有时候这三种环境也可能同时存在于同一个战区，因此要采取各种军事行动对要求作出反应。如同一些非战争行动可能要求实施战斗一样，在战争期间也可能发生不实施战斗的行动。

值得指出的是，美国首次制定了专门的维和条令（FM100-23），详细地阐述了有关维和行动的各种规定。美国认为，在当前的国际形势下，美国派军队进行维和行动的可能性增大。与以往不同的是，美国准备将其军事干涉行动与联合国等国际组织（主要是北约、欧安会）的军事行动协调一致。美国将以多国联合为基础参加这类行动。美国认为，军事行动的九大军事原则有些也适用于维和行动，如目的原则、保密原则等，但与此同时，维和行动有其特殊原则，包括以下几个方面。

1. 合法性

投入的部队必须保持该行动和东道国政府的合法性，如投入的部队在某国或某地区内解决当前的某个问题，但却因此损害政府的合法性，它们的行动可能有损于长远的战略目的。

2. 坚持性

维和行动可能是短期的也可能是长期的，在采取军事行动以前，必须进行周密的有根有据的分析，以选择采取此类行动的适当时间和地点。指挥官要将其迅速达到目的的愿望同对长远战略目的和对行动制约条件的认识进行对比。

3. 克制

要遵守有约束地使用武力的规定，其中包括具体的交战规则。这些交战规则在维和行动中具有限制性，更加详细，对政治因素更敏感，而且可能经常改变。

4. 安全

不论执行何种任务，都必须首先保证部队的安全，要警惕不友好势力对部队的伤害或妨害其执行任务。为履行职责，需要具备在必要时迅速从和平姿态转为战斗姿态的能力。

美军的维和行动基本上是以联合国所采取的分类法为基础进行的，分为维持和平、建立和平、恢复和平和强制实现和平。美国有条件地将前三项行动列为非战斗行动，因为就其实质而言，这类行动属于相对消极的行动，其目的是对停战进行观察和监督，以及恢复军事行动前的状态。第四种行动顾名思义，本身就包含某种进攻性成分，美军要求部队从以下两方面做好维和准备：一是做好非战斗行动的准备，包括学会建立缓冲地带的技能、对停火和停战实施监督、建立警戒边界线、进行谈判、排雷、恢复被破坏的基础设施、实施巡逻、提供人道主义援助等等；二是做好战斗行动的准备，具体包括用武力进行制裁、解除敌对双方武装、驱散好战的游行示威和集会、恢复领土完整、保护少数民族、开辟安全路线等等。在实施非战斗行动时可使用轻武器进行自卫，而在战斗行动中将不禁止使用重武器。美国还要求部队在维和行动中要善于处理非战斗行动和战斗行动相互转化的情况。

据美国国防部颁发的《21世纪军队全面分析报告》称，为执行维和任务，可能要用相当多的兵力，即1个空降师、1个轻步兵师、1个海军陆战远征旅、1～2个航母战斗群、1～2个空军混编联队、若干特种作战部队和后勤支援部队，总数约达5万人。当然这些部队也可被用于遂行别的军事行动。

高科技的成果对非战争行动的影响虽然不像对正规战争那么明显，但无疑也将会使这类行动更加有效，主要表现在以下三个方面：一是探测设备。美国侦察系统在正规战争战场上寻找的目标特征：装甲车辆散发的热能、来自高射炮或导弹陆地的雷达辐射、无线电通信等，与在非战争军事行动中是相同的，只是在程度上有差别。更为敏感的热能和运动探测器可使过往的飞机探测到地面上像班那样小的士兵群，并可穿过云层和丛林进行观察。从收音机上投放下去或安装在固定位置上的运动探测器可以发出小股部队移动的信息警报。经过改进的火炮定位雷达，使强制实现和平的部队能够发现并迅速对小型迫击炮或其他间瞄武器进行还击。用来探测和跟踪移动的机械化部队的联合目标监视和雷达攻击系统飞机，在探测器经过改进后，可以探测和跟踪轻装步兵小组。二是非致命性武器和精确制导武器。非致命性武器将主要用于维持和平和强制实现和平行动，不但可减少美军的伤亡，而且可减少敌军的伤亡，还能保护平民百姓的安全。非致命性武器的潜力远未发挥出来，利用这些武器美军有可能做到在敌方人员未到达战场之前就瓦解其士气，预先解除敌士兵的武装或使其失去战斗力，把敌人的据点从居民区连根拔除而不造成大的附带破坏等等。精确制导武器也可广泛用于非战争军事行动中。可用来打击步兵人员、卡车、露天仓库等点目标，也可用来打击防空设施，保护空中走廊以便提供救援物资和军事补给，还可用于惩罚性袭击，对敌方的关键目标进行精确打击。三是特种部队。特种部队在非战争军事行动中有广泛的前景，由于它具有装备轻、行动快、隐蔽性好、机动灵活和任务范围广泛等特点，因而是执行维持和平和强制实现和平任务的理想工具。特种作战部队可执行空袭游击队所在地、解救人质、指示打击目标等任务，也可在美军或联合国维和部队部署前悄悄进入任务区，采取一些预防性措施，以保证维和部队顺利完成任务。

（十一）军事谋略的"全胜策"

军事谋略研究的虽然是战争，但它追求的则是和平；是为了保全，而不是为了破坏。

《孙子兵法》把实现利益目标的谋略思考分为四个层次："故上兵伐谋，其次伐交，其次伐兵，其下攻城。"计策方略的选择是自上而下，逐次下移。首先分析双方利益矛盾的大小，找出影响双方利益矛盾的关联因素，对关联因素分类排队，看是否可以通过影响或破坏对方的认知系统、改变对方的决策，实现自己的利益目标。如不然，再看是否可以从战略交合上找到出路。如拆敌联盟，扩大自己的联盟，造成强大的外交攻势，形成有利的战略格局等，使对手屈服于我的意志。如果必须使用武力，应尽力创造机动战，避免攻坚战、消耗战。如果不得已而必须攻坚，则应充分准备，尽可能减少牺牲，减少代价。

军事谋略最完美的境界，在于追求一个决定性的结果，而不需要经过惨烈的战斗。相比较，"代谋"和"伐交"，是代价最小或不付代价的方略集。而"伐兵"和"攻城"，对抗双方都是要付出代价的。在今天的高科技战争中，处于绝对优势的一方在追求自己的"零伤亡"时，却要造成对方的大伤亡。

不能简单地把胜利看成是敌人的损失度，重要的是看自己的政治目标和军事目标的实现程度。有人研究中华五千年文明史，"分久必合，合久必分"。大凡每次由分到合，都是靠武力统一的，"不战而屈人之兵"只是在战术层面可以找到一些先例。这一现象主要是由战争的军事目的和政治目的决定的，同时也与实现战争目的之手段有关。20世纪的冷战时期，核武器的发展大大增强了国家的威慑威力，以往的殖民战争进入一个以争霸为主体的战争阶段。于是，美国的战略家们，开始从崇尚克劳塞维次的《战争论》，逐步转向崇尚中国的《孙子兵法》，"不战而屈人之兵"成了他们"争霸"的理论基石之一。尼克松写的《1999不战而胜》一书，代表了当时美国与苏联争夺霸权的谋略调整。10年后，东欧剧变，苏联解体，一霸消失，一霸全赢，各国兵学家随之大谈孙子的"全胜"思想。

人类进入信息时代，信息战将逐步演化为主要战争样式；战争的军事目的也由"消灭敌人，保存自己"，转为"控制敌人，保存自己"。从而，孙子的"谋攻""全胜"思想，有了得以实现的充分条件。

东方文化反映在兵法战策上，就是孙子提出的"谋攻全胜"。"夫全国为上，破国次之；全军为上，破军次之……百战百胜非善之善也，不战而屈人之兵善之善也。"

孙子讲的"全"，是指被攻击一方的保全，是"全"对方。在对方保全的情况下，实现自己的利益目标。

战争只是手段不是目的，目的只有一个，手段则有多种；战争的逻辑起点不是战争，而是利益目标的实现，目标只有一个，通往目标的道路并非一条。信息时代，人们沟通的渠道多了，实现利益目标的方法、手段、道路也多了。人们在多种选择中，不一定要选择战争。

求"全胜"，不仅自己付出的现实代价小，而且可以避免负效益。历史证明，用破坏、惨杀对方建立的和平是不稳定的，而只能播下仇恨的种子，孕育新的战争。己方使用的手段愈野蛮残酷，对方的复仇之心就愈烈愈坚。保全对方，也是保全自己的未来。

"无智名、无勇功"，是上智上勇。高处不胜寒，物极必反。无名无功，永久长存；无止境地去追求霸权，终会走向衰落。

"全胜"的关键在于促使交战双方，特别是进攻一方，未战而已知后果。若预先已知战争的结果对双方都不利，就有可能使双方相互让步，停止战争。

战争史上有过两次完全相似的以"虚拟战争"的方式，制止了实际的交战。一次是中国的春秋时期，墨子与公输班模拟对阵，"九攻九拒"皆胜，制止了楚国攻宋的战争。另一次是20世纪90年代，在结束波黑战争的国际干预中，美国进行的波黑虚拟战。当时，在波黑三方中，塞族的势力最强。多种解决波黑问题的方案，都因塞族的拒绝而流产。北约在对塞部队指挥系统实施打击后，迫使塞族领导走向谈判桌。在代顿谈判中，美国运用计算机虚拟现实，让参加谈判的穆、克、塞三方领导人坐在计算机大屏幕前，分别把各方讨价还价的"价码"由计算机模拟计算后，在大屏幕上显示出来。其得失程度和版图划分的精细程度，令三方领导人叹为观止，最终达成和解协议。

法国《解放报》曾发表题为"无死亡的战争"。文章说，未来可以接受的战争，将是以极低的人员代价，达到战争的目的。交战双方将不会滥用暴力，而是控制使用暴力，目的是制服敌人而非消灭敌人。因而，追求双方零伤亡的理论，将成为今后高度文明国家武器发展的重要指导思想。按照这种理论，军人和政治领导人也将拥有更大的活动自由。传统认为，"没有死亡就没有光荣"，而今后，完美的战争乃是敌我双方都没有死亡的战争。为此，慈杀伤武器的发展受到重视。

五、在外层空间进行军事对抗的太空战

太空战，亦称天战，是指敌对双方在外层空间所进行的军事对抗活动。包括外层空间的相互攻防行动以及外层空间同空中或地面之间的相互攻防行动。

（一）外层空间的军备竞赛悄然兴起

大凡关注太空领域的人，都不会忘记世纪之交的一个灰色的日子：1997年10月17日，在美国新墨西哥州南部沙漠深处的白沙导弹靶场高能激光系统试验中心，美国陆军的一台高功率"中红外先进化学激光器"发出的一束高能激光直刺太空，顷刻间美国空军的一颗老化了的试验卫星被击毁。这是美军公开进行的一次激光武器打卫星的试验。美国以此向全世界显示，美军已具备了用地基激光武器攻击敌方低地球轨道卫星的能力。同时，美军也向全世界发出了一颗"21世纪太空战争将不可避免"的信号弹。

美军的这次激光打卫星试验，果然是一石激起千层浪，立即在全世界引起了轩然大波。俄罗斯前总统叶利钦立即亲自致函美国总统克林顿，对此事表示严重关注。其他许多国家也表示了极大的关注和担心。于是，一场外层空间的军事竞赛又在悄然兴起。

自从1957年10月第一颗人造地球卫星上天以来，至今世界各国发射的各类航天器总数有5000多个，其中，军用航天装备数约占航天器总数的65%，这些军用航天器在军事上发挥着越来越大的作用。

历史证明，一个国家要在世界上取得或维持它的主宰和霸权地位，必须具备两点：一是强大的军事优势，它是实现政治战略目标的必要手段；二是强大的经济实力，它是发展军事力量的基础，取得优势不可缺少的条件。

19世纪，大国角逐的目标是"争夺海上优势，夺取制海权"。英国靠着工业革命造就的经济实力和强大的海军称霸全球，建立了"日不落帝国"。

20世纪的前半期，一批工业国崛起，以他们的经济实力为后盾，建立了以海、空军为

支柱的强大的军事力量,各大国为了确保海上优势,展开了争夺空中优势的角逐。"争夺海、空优势,夺取制海权、制空权"成为斗争的焦点。他们争夺和瓜分世界的殖民地,导致了两次世界大战的爆发。

20世纪的后半期,美国因地理优势,在两次世界大战中不仅本土未受到战争创伤,还大发了战争的横财,战争带动了经济的腾飞,也刺激了军事工业的飞速发展,成为世界头号经济、军事强国。在第二次世界大战中取得胜利的苏联,为了与美国争夺世界霸权,将财政收入的很大部分投入到军事工业,与美国展开了激烈的军备竞赛,冷战的局面正式形成。

这一时期的军事竞赛虽是多方面的,但最能体现其军事威慑作用的是核力量。两国竞争的重点是"争夺核优势,夺取核霸权",双双建立了庞大的核武库。其他大国也是依靠所建立的一点核力量来维持其大国地位,"核力量"成为大国的支柱和灵魂。

靠核优势成为世界两霸的美国和苏联,它们之间的核战略是"确保相互摧毁",而对其他国家的核战略则是依靠其核优势进行"核威胁"。预计,近期内美国依靠核威慑力量称霸的战略还不会改变。但是,也要看到:①核武器的使用受到一定的限制,各方都不便于越过核门槛,既怕受到舆论谴责,也怕遭到核报复(为此,美国还准备研制低当量的所谓"可用核武器");同时,由于核武器正在不断地扩散(虽然比较缓慢),还有可能落到恐怖分子手中,这些都已逐渐威胁到美国的安全,也带来了战略转变的需要。②苏联解体,尽管其还保留有庞大的核武库,但是政治、经济和军事出现了全面的衰退,以两极为主要特征的"冷战时期"由此而中止。然而,与此同时,美国的经济却出现了少有的、持续近10年的高速增长,军事力量也得到空前加强。近20年来,美国通过大力发展信息技术、精确制导技术和航天技术,使信息武器取得了长足的进展,并使远程精确打击武器取得了极大的优势。在航天系统的支持下其效能已发展到近乎可以代替核武器的程度,这种优势就构成了战略转变的条件。因而,美国一些人开始主张逐步放弃冷战时"核威慑"的军事战略,转向比较灵活的、能对"新威胁"做出迅速反应的战略。

种种迹象表明,美国为了实现它在新时期的政治战略目标:"最大限度地保护美国国家利益,维护单极世界和他在世界上的霸主地位",在2020年前,其军事战略重点可能会根据新的形势而发生变化。由"争夺核优势,夺取核霸权"转变为"争夺外空优势,夺取制天权和制信息权"。

1968—1971年苏联主要进行了接近、识别和摧毁目标的反卫星武器试验,1976—1982年又进行了旨在提高反卫星武器作战能力的快速发射、拦截和新型制导技术的试验,他们已经具备了较强的反卫星作战能力。俄罗斯继承了苏联军事航天的衣钵。研制反卫星武器的能力有了进一步发展。俄罗斯从1993年开始实施一项代号为"鹰"的宇宙飞船研制计划,目前已进入研制的实质阶段,进而研制空天飞机。

同时,日本、印度、英国、法国、德国等国也一直未中断反卫星武器的研制和试验工作。目前,世界上约有30个国家拥有导弹或掌握反卫星方面的技术。在这些国家看来,太空是全人类共同的财产,不是哪一个国家的私有财产。为了争夺空间优势,确保本国安全,许多国家都会步美国的后尘,因此,反卫星武器的军备竞赛将会愈演愈烈。所以,完全可以预言,随着各种反卫星武器、地(天)基激光武器和军用空天飞机等空间作战武器的研制和部署,21世纪的太空战争将不可避免。

（二）到外星球打仗，使地球人类免遭覆灭的命运

到外星球去打仗，这听起来有点不可思议。但是现实告诉我们，将来人类把战争引到外星球去进行是很可能的一件事。果能如此，地球上的人类将免遭战争的屠杀，过着和平安静的生活，这才是人类最大的幸福。

太空是非常神秘的，同时也非常令人向往，从远古时代起，人类就有了征服太空的愿望。古往今来，人类为了实现太空飞行的理想，让太空中丰富的资源为人类造福，不知有多少人为之奋斗甚至付出了鲜血和生命。用"太空万里长征史"这个词来比喻人类征服太空的历史再恰当也不过了。

从1957年10月4日苏联发射世界上第一颗人造地球卫星起，人类就拉开了征服宇宙空间的序幕。从此，人类历史也进入了太空新时代。60多年来，航天技术以惊人的速度发展，到目前为止，已经有成千上万颗人造地球卫星在地球上空旋转，它们包括通信、广播、侦察、导航、气象、测地、救护等卫星，其中多数可以用于军事。而且，美国完成的阿波罗登月计划，实现了人类登月的梦想；其航天飞机飞行开创了人类载人航天的新纪元。苏联则建立了一系列载人空间站系统，其航天飞机"暴风雪"号也已经完成了第一次飞行。自1961年4月12日苏联宇航员加加林第一次进入外层空间至1997年底，全世界已进行了120多次载人航天飞行，参加飞行的有10多个国家200多名宇航员。绕地球飞行共10亿多圈。第四次中东战争、英阿马岛之战以及海湾战争以来的局部战争，部署在太空中的军用卫星发挥了重要作用。

人类在短短的几十年时间里，已经实现了现代航天火箭理论的奠基人齐奥尔科夫斯基的预言："地球是人类的摇篮。人类决不会永远躺在这个摇篮里，而会不断探索新的天体和空间。人类首先将小心翼翼地穿过大气层，然后再去征服太阳系空间。"

但是，如果我们放眼整个宇宙，让思维插上想象的翅膀去太空飞行，就会惊奇地发现，人类现在所取得的这一点点成就对于整个宇宙来说是多么微不足道。对于整个宇宙来说，地球仅仅是沧海之一粟。

人们普遍认为，一旦实现了向外星移民以后，外星的居民会不断增加，各种工矿企业和服务事业也将相继在外星上建立，出现外星城、镇是必要的。因此，科学家们在设想外星家庭时，也开始进行太空城、外星城的设计，首先是月球城的设计。到21世纪50年代，不同规模的"月球城"相继建立，月球最终将成立独立的太空国，成为"第二个人类社会"。关于太空国的设想，未来学家认为，未来太空国的建立，可能同美国的形成有些相似。未来的太空国有一个逐步形成的过程。以"月球国"形成为例，开始时，是地球上各国在月球上建立"月球城"。

的确，如果仅仅站在一个国家的立场上，你会发现，太空有无比丰富的资源和特殊的环境，使其在政治、经济、军事和科学技术等方面都占有极其重要的战略地位。如果谁想在地球上称雄称霸，就必须在太空有自己的一席之地，甚至必须在太空有领先地位。美国前总统肯尼迪早在1961年就声称："谁能控制宇宙，谁就能控制地球。"

世界各国都逐渐认识到，随着人类对太空的开发和利用，国际政治斗争越来越离不开太空。一个国家开发利用太空的能力，决定着它在国际政治中的政治地位以及国际事务中的发言权。因此，世界各国都把控制和利用太空作为自己政治战略的重要组成部分，作为提高国

际地位的战略措施。太空成为国际政治斗争的巨大舞台。

不仅如此，太空还具有无比丰富的资源，对发展一个国家的经济有着至关重要的作用。利用太空的能源资源建立太空太阳能电站和核电站，解决地面能源不足的困难；利用太空信息资源，发展卫星通信、广播、导航、文化教育、测地、资源普查、天气预报等多种事业，促使人类对地球本身的认识和改造；利用太空高真空、高清洁、超低温的条件，开办空间工厂，生产地球上难以生产的药品和特殊的材料；开采太空中的矿产，为工厂提供原料等等。

除了在政治、经济和科学技术的发展上具有无比重要的价值以外，太空在军事上有极其重要的战略地位。各国军事家都把太空看作军事战略制高点，谁要是控制了太空这个制高点，就能夺取制天权、制信息权、制空权和制海权，就能控制整个地球。地球同步轨道上的通信卫星可以实现全球军事指挥和通信，在太阳同步轨道上的气象卫星，可以用准确及时的气象卫星资料保障军队在全球任何地方作战。借助全球定位系统可为飞行中的导弹进行精确制导，为火炮确定射击目标等。另外，武器试验也说明，在太空中部署激光、电磁炮等武器，能在很短的时间内拦截并摧毁大量从地面发射的导弹以及在轨道上飞行的航天器；使用太空武器向地面目标发动攻击，居高临下，势不可挡，会让地面防不胜防。

正是由于认识到了这一点，世界各国都加快了向太空进军的步伐。一方面发展航天技术，一方面对天军建设问题进行研究和思考。相信在不久的将来，天军就像海军、空军和陆军一样，成为各国军队中的一个独立的正式军种。这正如马克思指出的那样，随着新作战工具即射击火器的发明，军队的整个内部组织就必然改变了，各个人借以组成军队并能作为军队行动的那些关系就改变了，各个军队相互间的关系也发生了变化。为了适应太空作战的需要，天军将以它特殊的编制、特殊的武器装备，运用独具风格的战略战术在广袤的宇宙空间来进行战争。当人类感觉在地球上进行战争都无法施展其全部力量的时候，天战就成为历史发展的必然。届时，到外星球打仗就不再是什么新鲜事了。

大国为了使自己在未来的战争中处于有利地位，夺取太空战的胜利，纷纷对未来的太空作战进行筹划，描绘了一幅又一幅太空作战的"蓝图"。较著名的有美国的"星球大战"计划，这是美国前总统里根为美军描绘的未来空间作战的"蓝图"，也是目前世界上最宏伟、最先进的太空作战计划。另外还有苏联的战略防御计划、西欧的"小星球大战"计划和日本的"星球大战"战略等。

为了探索太空作战的战法，美国和苏联互为假设敌进行了一系列的太空作战试验的演习。1982年6月18日，苏联把空间战作为一场核战争演习的一个关键部分，进行了第一次反卫星作战演习。在拦截卫星宇宙-1379卫星攻击早于它12天发射的宇宙-1375靶星时，由于导弹保险丝失灵，宇宙-1379卫星未能击中靶星。在拦截卫星进攻的6小时内，苏联还进行了两次洲际弹道导弹试验、两次反弹道导弹试验、一次潜艇发射弹道层次试验以及一次SS-20中程弹道导弹试验。在拦截卫星追击靶星的过程中，先后发射了宇宙-1380导航卫星和宇宙-1381照相侦察卫星，模拟战争爆发时，补充发射被西方盟国击毁后的苏联卫星。

20世纪80年代初，美国先后成立了空军航天司令部和海军航天司令部。1985年9月，美军为了加强对军事航天系统、战略预警系统和太空监视、卫星导航、通信系统的统一指挥和控制，成立了归国防部、参谋长联席会议直接领导的联合航天司令部，编有军事和文职人员12000余名。进入21世纪，美军的天军已初具规模，已成为与陆、海、空军并列的第四军种。美军已建立了一个由300多名宇航员组成的航天师。美国已经建成了空间作战实验室，专门从事未来空间军事行动的探索工作。并在空间作战中心建立了"空间战术学院"，系统阐述空间军事理论。苏联也早就在秘密地进行天军建设，早年就曾成立空间防御司令部。目前，俄罗斯的天军已具有较大的规模。西欧其他各国正在积极创造建设天军的条件，法、德、英等国也都在大力发展本国的军事航天力量。太空战船又叫宇宙战船。它是太空舰队的主要武器装备，包括航天母舰、太空护卫舰、宇宙运输舰等。巨型的武装航天器，长数百米到上千米，重数百吨至数千吨，装备100门激光炮，载有数十架航天战斗机，具有第三宇宙速度以上的飞行速度，能在地球轨道、月球轨道、太阳轨道上飞行，能靠自身的动力从地面或海上飞向太空，也有从太空返回地面，可以攻击数万公里以外的敌方太空飞行器，拦截敌方从地面或太空中发射的导弹，还可以攻击地面和海上的敌军事目标，是天军太空作战的主要武器装备。通常为太空舰队或太空分舰队的旗舰。军事科学家们普遍认为，未来的航天母舰应该成为既能在太空中翱翔，又能在海底潜游的新型兵器。粒子束武器是一种定向能武器，是通过高能加速器将电子、质子、中子一类的亚原子粒子和中性原子加速到接近光的速度，将其聚焦成束流后射向目标的新型武器系统。由于粒子束武器具有许多优点和多种杀伤破坏效应，许多军事专家认为，它是一种可用于反卫星、卫星防御和反导弹的理想武器。目前，美国已建成了粒子能量为5000亿电子伏特的质子同步加速器。在不久的将来，粒子束武器将用于实际部署。

20世纪初，随着航空技术的发展，战争空间扩大到空中。今天，航天技术的发展，大量军用航天器进入了太空，战争空间扩大到太空中，是未来发展的必然趋势。俄罗斯外，美、英、法、德、日等发达国家，也都在为争夺制天权积极备准备。因此，国事未来学家预测，未来的战争，首先是争夺制天权，有了制天权才能取得制空、制海、制信息权，才能赢得战争的胜利。

我们不难想象，在未来几十年的战争中，各国将首先在外层空间展开争夺，运用激光武器、太阳能武器、大功率微波武器、电磁脉冲武器等摧毁对方的卫星和干扰对方的卫星通信、导航、定位信号，摧毁对方在太空或外星球上的有人或无人的空间站和外星工作设备。

另外一种太空形式是太空信息战，即争夺太空制信息权的作战。主要表现为军事情报信息的获取与防御。一方面，通过部署在太空中的各种飞行器（太空港、战斗卫星、航天飞机、太空舰船）或月球基地中的光电设备，获取对方雷达参数、天军部署，截获敌方的通信，了解敌人作战行动和企图等；另一方面是采取各种伪装欺骗措施，不使己方军事情报被敌方窃取。

科索沃战争以后，美军航天司令部司令理查德·迈尔斯将军曾说："采用新的太空技术对美国执行军事任务的重要性越来越大，并且成为美国的经济重心。"迈尔斯称，美国在科索沃的军事行动"确实是一场从太空发动的战争，在那个地方，太空技术起了非常重要的作用"。"科索沃……我们为我们在那里的部队提供了前所未有的支持。我们第一次在战斗中把实时信息提供给飞行员。我们在B-52轰炸机和B-1飞机上安装了一些外挂式系统，使飞行员能够获得最新的情报，最新的技术形势又用许多数字产品、地图和图像加以说明。"这充分说明了一个问题，那就是，美国正在一步步地把太空战运用到实际作战中来，太空战在现代和未来战争中的作用将越来越突出。

俄目前正在采取各种措施，包括利用民用宇航系统解决军事问题，增加资金来源，注重军事航天领域各主要方面的平衡发展等。目前在轨道上运行的俄罗斯卫星有120多颗。它们的使命是：及时发现有关准备和开始实施军事行动的迹象；预先发出有关导弹核攻击的警告；保障国家领导人的各级通信联络和对武装力量的战斗指挥；给军队提供水文、地形测绘。

　　天军是一种特殊的军队，在特殊的空间战场环境执行特殊的作战任务，需要有特殊的武器装备。天军的武器装备各种类繁多，主要有太空战舰、太空港、激光武器、粒子束武器、微波武器、反卫星武器、太空运输工具、太空机器人、军用卫星等。

　　在这些天军的武器系统中，激光武器、粒子束武器、微波武器格外引人注目。

　　激光武器是利用激光的能量直接杀伤或破坏目标的一种定向能武器，也是未来天军实施太空作战最理想的武器。激光武器是一种崭新的武器，它具有许多与飞机、大炮、坦克、导弹等向常规武器不同的特点：一是速度快，二是精度高，三是变向快，四是无限次发射，五是抗干扰能力强。

　　粒子束武器也是一种定向能武器，是通过高能加速器将电子、质子、中子一类的亚原子粒子和中性原子加速到接近光的速度，将其聚焦成束流后射向目标的新型武器系统。由于粒子束武器具有许多优点和多种杀伤破坏效应，许多军事专家认为，它是一种可用于反卫星、卫星防御和反导弹的理想武器。目前，美国已建成了粒子能量为5000亿电子伏特的质子同步加速器。在不久的将来，粒子束武器将用于实际部署。

　　微波武器又称射频武器，是用超高频微波发射机和高增益定向天线发射高强度的、汇聚的微波发射束杀伤人员和破坏武器装备的装置。

　　俄罗斯也在研制反卫星武器，包括从陆基"死光"直到能够把卫星拖入地球大气层而使其烧毁的太空船。

　　印度正试图从俄罗斯购买反卫星激光器。伊朗和朝鲜正在开发的新型弹道导弹也可对卫星构成威胁。使用这些武器将一些大号铅弹之类的东西散射在地球上空高达1500英里范围内，卫星运行的地球轨道上，就可能产生一系列的连环相撞，因为在以每小时1.7万英里的轨道速度运动时，即使是小物体也会造成灾难性的碰撞。把核设施捆绑在火箭上，把它发射到太空中引爆也会对卫星构成致命的伤害。这类爆炸可能对地面上的人无害，但是如果爆炸发生在适当的高度，辐射可能会灼伤地球轨道上的所有卫星。

　　可以说，太空武器的革命将改变我们的生活甚至引发星球大战。

　　人类的潜能是无限的，而这种潜能的开发仰仗调动人类赋予想象的大脑的激情。欧洲航空航天局请了一大批读者，从科幻小说中寻找有价值的设想，然后交给科学家评估，研究这些设想能否用于未来的空间探索任务。美国航空航天局也经常向科幻小说作者咨询，征求创新设想。人类潜能的无限开发，有望延续我们改造自然、改造宇宙的步伐。终有一天，人类会突破传统航天技术的束缚，把自己引入更为深远的太空。在这些艰难的壮举中，人类的合作精神是必需的，但是竞争和争夺也是无法避免的。人类的本能、战争的属性已经决定了，战争这个恶魔必定是追随着人类的足迹栖息的。哪里有人，哪里就有人类战争。我们有理由说，在不远的将来，人类的触角一旦伸向太空，就会在广阔的外层空间展开激烈的争夺，人类战争发展到外星球是完全可能的。人类就是这样一种好斗的奇怪动物。不过按照我的想法，在月球上引爆核炸弹比在地球上打核战争要文明得多，至少不会对地球上的一切造成破坏，在核武器足以把整个地球毁灭的今天，也许把战争引到外星球去进行，并不是一件坏事，或许还可以使更多的地球人免遭覆灭的命运，可以作为理想战争来研究。

第六章 高科技战争中的心理战

今天，人类已步入信息社会，信息战时代已经降临。战争及国际斗争的理论，往往孕育于科学技术的发展之中，适应现代科学技术发展及未来国际斗争的发展趋势和特点，心理战必须注入新的内容。高科技影响了现代战争，也必然影响心理战。战争是以军人为主体进行的社会实践活动。高科技战争所具有的独特作战样式和特殊战场环境，必将给参战军人的心理带来更加复杂而深刻的影响。事实证明，高科技影响了现代战争，高科技也必然影响心理战。

一、高科技战争对军人心理的影响

高科技的发展在世界范围内引起了一场军事革命，使现代战争改变着传统的武器装备，改变着作战样式。高科技战争比以往任何战争都来得更加突然、残酷和复杂，打击力度也更大。那么，高科技战争对军人心理会产生哪些影响呢？

（一）高科技战争的作战样式对军人心理的影响

1. 非线性作战加剧了军人的心理应激反应

高科技兵器远战威力的不断提高，以及隐形、电子干扰和电子压制、夜间等空防兵器性能的日益完善，非线式作战，即采取多维的空防力量，形成从敌防御后方、翼侧和正面密切协调的积极作战，即打即离，短促突击，非连续性的进攻，已是当代高科技局部战争的主要作战样式。

非线式作战样式很大的一个特点，就是在作战中出现了一些新的突防方法。例如：①隐形飞机突防。海湾战争中，F-117A隐形飞机依仗其不易被雷达发现的隐形特性，在多国部队空袭中扮演了打头阵的角色。②电子干扰突防。它不仅能降低敌方防空雷达的发现概率，还能影响防空指挥系统的正常工作，增大防空武器系统发射、跟踪的困难，降低其击毁率。③电子压制突防。它是利用反雷达攻击飞机的机载导弹直接摧毁敌方防空雷达，以提高攻击的突防成功率。④夜间突防。近20年来，机载夜视设备得到迅速发展，许多作战飞机都装载各种夜视设备，从而具备夜暗条件下突破敌方防空区和攻击地面目标的能力。

这种非线式作战样式突破了传统线性作战的时空限制，因而使得战争的突然性较之过去大大增强。军人在突如其来的危险条件下、出乎意料的变化中需要立即做出选择和采取行动时，就会出现应激心理状态。

心理学认为，应激是人在面临紧张危险或出乎意料的变化时本能地产生的紧张情绪状态。应激状态使肌体有特殊防御、排除危险机能，可使人心理、生理潜能充分发挥。应激状态下，一方面使人的全身处于高度的紧张状态，心跳加剧、血压升高、出汗、肌肉紧张、机体处于充分动员状态、代谢水平加快，活动量增加，以适应紧急情况。心理素质好的人产生的是正效应：表现为精力旺盛，创新意识强，思维清晰、准确，反应动作机敏。另一方面容易使人做出不适当的反应，对心理素质欠佳的人来说，应激往往产生负效应：紧张而控制不住自己，知觉、记忆、思维、言语和行为均受到影响，大脑产生抑制。出汗多、失眠、记忆减退、动作失调，影响到正常水平的发挥，完成任务受到影响。

从军人产生心理应激原因分析看，主要是由于高科技战争突然性增大，交战双方的心理压力都增大了。你担心我搞突然袭击，我也担心你搞突然袭击，都需要精神上、心理上的高度警惕性。这样，官兵的神经始终处于极度紧张的状态之中，没有调整、松弛的时间。这无疑对军人的生理机能会造成种种损害，从而使其产生各种各样的心理疾病，如注意力失调、视听功能紊乱、失去自制力等。

2. 连续作战加重了军人的心理负荷

在高科技战争中，由于大量夜视器材投入战场，夜战成为昼战的自然延续，不间断连续作战的情形已经相当普遍。在43天的海湾战争中，多国部队曾对伊军实施了38天不分昼夜地连续轰炸。多国部队共出动作战飞机116000架次，最高日出动量达3000多架次，平均日出动量高达2600多架次，比第二次世界大战空中作战最激烈的1944年，整个欧洲战场的日平均出动量1795架次还高。据说，参加过海湾战争的美国军人纷纷去"登记所"登记所患的疾病，每周高达100人，并向军方的态度提出挑战。有5万多名参加过海湾战争的退伍官兵称他们患有一连串疾病，其中主要是疲劳、失眠、神经衰弱、肌肉和关节疼痛、心脏病和胃肠不适、记忆力衰退等。数以百计的参加过海湾战争的退伍军人向参议院调查员谈到，他们曾经遭受大炮和飞毛腿的攻击，身心受到了损害。这种所谓"怪病"就是"海湾战争综合征"，心理学上叫"疲劳综合征""军事精神病"，是一种心理致伤。

3. 远距离精确火力战强化了军人的恐惧心理

火力是战争中导致军人伤亡的主要因素，它不仅可以杀伤军人肉体，而且可以震撼军人的心理。高科技武器装备的威力大，这使常规武器的威力正在走向"非常化"。目前，一架带集束炸弹的战斗轰炸机，其杀伤破坏效果可与当量1000吨的战术核弹的威力相比拟。海湾战争中大显身手的"战斧"巡航导弹和"爱国者"防空导弹等，单发命中率均高达90%以上。作战兵器的杀伤威力、杀伤距离和杀伤精度空前增强，将会极大地强化军人的恐惧心理，并引发出怯战避战趋向、自我保全心态、集体心理恐慌等一系列心理问题。恐惧心理作为军人生命受到威胁或预感到威胁而引起的担惊受怕心理，具有极大的危害性，轻则使人失去正常的思维、表达和自我控制能力，重则将导致军人精神崩溃、行为失常。海湾战争中，美军部分官兵中就出现过因患战斗恐惧症，错把流星当炮弹，乱拉警报等。

4. 全方位信息战增加了军人认知和判断的难度

随着科学技术的发展，战争领域开辟了新的天地——信息战场。各种信息技术装备把军队的通信、指挥、火控、制导以至单兵的行动紧密地联系在一起，构成了复杂的信息网络。这样就赋予了士兵作战、通信、火力控制、战场情报收集和防护、信息收集、传递、处理等多种能力。心理学研究表明，在大量信息同时涌入军人大脑时，很容易造成注意力分散、判断力下降，进而产生错觉和失误。信息传播的过程越复杂，对事物本来面目的分析和确定就会变得越困难。在信息战条件下，一方面，信息内容空前丰富，各种真假混杂的信息同时蜂拥而至，使军人的正常心理状态受到极大干扰，正确认知的难度明显加大；另一方面，信息载体的日益现代化，也使军人获取和掌握信息的智力要求更高、程序更加复杂。

5. 高强度心理战影响了军人心理防线的稳固

在高科技条件下的局部战争中，心理战具有特殊的地位和作用。心理战是作战双方为摧毁对方作战意志而进行的特殊作战样式，是与武力战有着明显区别的对军人的一种"软杀伤"。作为无形的打击力量，能从心理上摧毁军人的思想、情感和意志，使其丧失战斗力。古往今来，任何一场战争几乎都有心理战的运用。如海湾战争，美军采用多种心战手段，瓦解伊军士气。事实证明，在高强度心理战的作用下，军人极易产生紧张、恐惧、惊慌、厌战、疏忽大意、犹豫不决等不良心态，产生对战争性质的怀疑及投降意愿，直至引发心理彻底瓦解，成为敌方的精神和心理上的俘虏。

（二）高科技战争的战场环境对军人心理的影响

高科技战争与其他战争形式相比，其战场环境更具紧张性、危险性、残酷性的特点，对军人心理所造成的强烈刺激，是其他战争所不具备，也是不可比拟的。

1. 恶劣作战条件对军人作战意志的严重考验

高科技战争通常要比一般条件下的战争更为恶劣和严酷，对官兵作战意志所造成的影响也更为突出。劳师远征、恶劣的作战环境、复杂陌生的地形会给参战人员带来超常的生理负担和心理负担。在高科技战争中，面对恶劣的作战条件，有的军人会产生反应迟钝、思维和记忆力下降、情绪波动、意志消沉等不良心理现象。导致战斗意志下降，出现怯战、避战、怠战等现象。

2. 战场恐怖气氛对军人情感的强烈刺激

战争是力量的抗衡。在敌弱我强的情况下，参战人员容易树立必胜信念。然而，当两军对垒处于敌强我弱的态势时，就容易出现畏难心理，特别是在首当其用、执行进攻任务的作战人员中，更容易产生怯战和恐惧心理。

军事心理学研究表明：恐惧的情感是导致心理病变的最主要原因。在恐惧状态中，军人的智能、情感和情绪、意志等心理过程都可能遭到破坏，进而降低遂行战斗任务的能力和水平，甚至完全丧失战斗力。

3. 复杂战场状况对军人认知和行为的重大冲击

高科技战争的战场境况较之以往战争要复杂得多，不仅战区无前方后方、白天黑夜、远近高低之分，而且往往信息难以把握，战机难以捕捉，态势难以料定。

1999年3月24日，北约13个国家发动代号为"联盟力量"的作战行动，到6月11日，北约不分昼夜地轰炸，让南联盟黑暗了78天，虽然在战前和战中，作战双方都有周密的计划和组织，都有夺取战争胜利的决心和愿望，但战争的实际进程和结局如何，往往是一个很大的未知数，使得军人在战场上进行识别、判断、决策等认知和思维的难度增大。这必然会引起军人的担心和思虑，使其正常的心理认知能力受到影响。当战争中出现了战场变化，会使军人产生忐忑不安的心理，甚至产生绝望和孤独情绪；任务急剧转换在作战准备空前复杂的情况下，会使官兵因心理准备不足而难以适应；失败容易使部队情绪沮丧、士气低落，造成上下之间相互埋怨、离心离德；而胜利则容易使部队产生骄傲自满情绪，造成麻痹大意、草率轻敌等。

二、高科技战争中的心理战

(一) 高科技战争中的心理战地位和作用

心理战是以信息为载体的，没有信息传播就没有心理战。随着信息技术的发展，心理战的性质、内涵及作用正发生着巨大变化。高科技战争心理战的基本含义是：以综合国力为基础，充分运用以信息技术为核心的各种高科技手段，显示己方力量和决心，给对方造成心理威慑，使其不敢贸然行事，或行动有所收敛，或因其同盟阵线被分化，民心士气被瓦解而被迫停止行动。同时，使己方受到心理鼓舞，民心士气、凝聚力、战斗力得以提高。科学技术的迅速发展和武器装备的不断更新，未来战争将以崭新的面貌展现在人们的面前。建立在强大的军事、经济实力基础上的心理战，将比任何时候都更具强大的威慑力和凝聚力。从某种意义上讲，它将超越物质力量之上，制约战争的命运和结局。

第一，心理战是高科技战争中不可缺少的作战形式。心理战作为对敌斗争的一种作战方式，其战法和运用范围也随着战争的发展而不断发展。在现代战争中，心理战已成为"一体化战场上的多种作战方式之一"，成为"区别于陆战、空战、海战的第四种作战方式"。心理战在高科技战争中地位和作用的增强，主要有两方面的原因：一是在和平与发展成为世界主题的历史时期，人民希望和平，反对战争，心理战成为遏制战争、维护和平的重要手段。因为现代战争的高破坏、高消耗性，霸权主义者也力图用心理威慑来达到其政治、经济目的。二是在高科技战争中，一方面高科技为心理战提供了新的方法和手段，对军人施加心理影响的渠道越来越多；另一方面，高科技战争使军人心理承受更大的压力，发生不良心理反应的人数概率增大、程度加深。高科技战争的特点，决定了心理战的作用必然增大，客观要求把心理战放到更加重要的地位。

随着心理战理论和实践的发展，不少国家将心理战纳入国策，融入作战指导思想，作为总体战略的一部分。不仅为军事斗争服务，而且作为国际政治斗争的重要手段，不仅重视在战时使用，而且成为平时军事对抗的重要手段。为了保证心理战在高科技战争中能够发挥应有的作用，很多国家都建立了比较充实完善的组织机构。美军有专门的"联合心理战委员会"，有专门的心理战部队。德军还设有专门的心理战学校。从战争的实践看，心理战已经由附属其他作战形式发展成为一体化战场上的一种重要的作战形式。此外，各国还十分重视高科技战争中心理战理论的研究，并取得了一系列成果。现在的心理战已经从指挥员个人的自发行为，发展到建立在心理学理论基础上的科学行为。专家、学者已参与心理战计划的制订，参加重要心理战的组织实施。海湾战争时，美国总统布什曾亲自签署三道密令，授权全国舆论工具、情报机构、科研机构、著名心理战专家和东方学家拟订心理战计划。

第二，心理战是取得高科技条件下反侵略战争胜利的重要保证。高科技战争对人的心理素质提出了更高的要求，因此，心理战对战争胜败的影响越来越大，交战双方把心理攻击和心理防御放到更加重要的位置。现在世界上发生的军事冲突，不论是强者或弱者，都将心理战作为夺取战争胜利的重要手段。在海湾战争期间，美军利用多种形式对伊军进行心理恐吓。如有意展示高、新、尖武器，大肆鼓吹其杀伤威力，散发反映美军不可战胜的录音和录像带等，对伊拉克军队进行心理威慑。导致伊军心理崩溃，出现大量投降叛逃现象，加快了战争进程。有人评价，美国取得的不仅是军事胜利，同时也是心理战的胜利。伊拉克军队在地面战斗中几乎丧失抵抗能力，重要原因是其心理素质不能适应高科技战争的环境，在美军军事和心理的双重打击下，必然丧失战斗力。

在未来反侵略战争中，我军要取得高科技条件下反侵略战争的胜利，同样离不开心理战。我军进行的是正义战争，战争所维护的利益和广大官兵的根本利益是一致的，我军将士能为保卫祖国而奋勇杀敌。这是我们的政治优势，是开展心理战并取得成效的政治基础。但在武器装备上，我军仍然处于劣势。敌人可能夸大武器装备的杀伤效果，制造恐怖气氛，也可能利用我一时挫折，对我发动心理攻势，并可能利用其庞大的宣传机器，制造谣言造成舆论混乱。不可否认，在现代战争中，巨大的杀伤因素可能使我军一些人产生恐惧等不良心理反应，战争破坏造成的艰苦生活，会使一些人焦躁不安，时间长了也会使一些人产生厌战怀疑情绪，面对生死、个人利益和国家利益的矛盾，也会使一些人信念动摇。这些情况都使敌人的心理攻击有机可乘，都可能造成战斗力量的涣散。要使军民在战争中保持良好的心境，仅靠一般的正常的宣传教育是难以得到的，要做到心理防线的巩固，还必须通过超乎寻常的、富有战斗性的、广泛深入的心理宣传，在全国全军形成一个强大的主导舆论优势，才能汇合人心，增强斗志，使战斗力量高度凝聚，取得战斗的胜利。

第三，心理战是维护和平、遏制战争的重要手段。维护和平、反对战争是我们的一贯立场。但是和平环境的维护要靠斗争去争取，心理战就是维护和平、遏制战争的重要手段之一。从战略上看，相对和平时期的心理战可以塑造和树立国家的良好形象，增强友好国家和中立国家的信赖和支持，孤立和分化敌对势力。和平时期表面上没有敌对国，但却存在潜在敌国。心理战的一个重要作用是密切注视政治军事形势的变化，为国民微妙而缓慢地设计一个敌国形象，这是国家战略准备的重要内容。当与敌国对抗不可避免时，心理战可以揭露敌方的阴谋、野心和弱点，将其孤立，从心理上对敌进行威慑，遏制敌人的扩张野心。与武力战相比，心理战没有休战期。

（二）高科技战争中的心理战的基本特点

从高科技战争心理战的特点来看，它既有对以往心理战传统的继承，又具有高科技条件下的特征。

1. 心理战地位上升

以信息技术为核心的高科技的发展，使心理战在现代战争中的地位和作用日益凸显。一方面，高科技武器装备的飞速发展和广泛应用，使现代战争产生了高消耗的特点。为避免高科技武器装备在战争中带来的巨大破坏，各国在力求通过战争达到其政治目的的同时，也在努力减少因战争造成的物质损耗和人员伤亡。因此，能够达到"不战而胜"的心理战自然成为各国在战争中的重要选择。另一方面，高科技武器装备广泛应用于作战，在一定意义上，使现代战争的作战空间贬值，作战时间增值。单位时间内的作战效能，成为衡量军队战斗力的重要标准。为增强短时间内的作战效果，在强调武力打击的同时，交战各国在战争中更加重视对敌人心理的打击，以求通过摧毁敌人的意志来使己方在最短的时间内达到战争目的。

高科技条件下的心理战已经成为各国军队谋划战争的重要内容，成为国家军事战略的一个重要组成部分。许多国家在制订军事战略时，都把心理战作为优先考虑的因素。发展经济不仅在于改善国民的生活条件，还在于提高综合国力，加强本国在国际事务中的影响力，以此来提高国民的自信心，增强凝聚力。发展高科技不仅在于追求科学技术上的进步，还包含通过改变技术上的劣势来改变国民心理上的劣势，并通过技术上的优势达成国民心理上的优势的意图。

2. 心理战领域扩大

一是心理作战的时空拓展。从几场高科技局部战争中可以看出，心理战范围趋向全方位、大纵深、多层次。从空间上看，心理战突破了前方后方的界限，天空、地面、水下都已成为心理战的战场。从时间上看，心理战已经逾越了战时与平时的界限，不仅广泛用于战时，而且渗透于平时。伊拉克战争中，美军在战争开始之前，就在国际上大造舆论声势，利用联合国武器核查对伊拉克政府和军民进行心理威慑；在战争中，其心理战手段更是层出不穷，充斥着战场的每一个角落；战争结束后，为了收买民心，巩固胜利成果，美国的心理战宣传也从未停止过。

二是作战领域扩大。现代心理战已突破军事领域，扩大到政治、经济、外交、文化、宗教等领域。在几场高科技局部战争中，交战国除了更加重视战场心理战的运用外，也非常注重在政治、经济、外交、文化等领域通过各种手段对敌国军民在心理上进行分化瓦解。美国在海湾战争、科索沃战争以及伊拉克战争中，为达到自己的政治目的，积极通过外交手段拉拢一些西方国家结成战争同盟，对其敌国形成强大的军事力量威慑；在世界范围内大肆宣传发动战争的正义性，最大限度地孤立作战对手。美国的这些措施对敌国产生了明显的心理震慑，造成了敌对国军民的心理恐慌，削弱了同美国进行对抗的信心和决心。

三是作战对象多元化。高科技条件下，交战各方为了提高心理战效果，加强了对敌方的全面心理打击，其心理作战对象已不仅是前方作战的敌方士兵与军官，而且包括敌方的后方居民和全体人员，特别是把攻击和影响对方决策层，诱使其立场动摇、决策失误作为主要目标。同时，为了争取世界人民的支持和同情，巩固同盟国的关系，创造有利于己的战争形势，心理战的对象也不再局限于敌对方面，还包括中立国家和整个国际社会。

3. 心理战手段先进

在近几场高科技局部战争中，各种信息媒介的大量使用，改变了传统的心理作战方式，心理战更加电子化、信息化。

一方面，现代科技的发展使心理战手段逐步高科技化。现代科技尤其是信息技术的发展，使心理战不再单纯局限于语言文字的宣传，可以用影视图像、虚拟现实、幻听幻觉、实施信息剥夺、制造信息混乱等智能化、多样化的手段实施。尤其是电视和互联网，已成为几场高科技局部战争中进行心理战的重要工具。伊拉克战争首次实现直播，电视作为心理战宣传工具发挥了突出的作用，各种假信息画面给伊拉克政权和民众造成了很大的心理影响。此外，现代高科技武器装备已不再单纯是一种高能量的武器，其强烈的声、光效应和巨大的毁伤力也对敌方产生了强大的心理震慑作用。

另一方面，传统心战手段与现代心战手段并存，使高科技条件下心理战手段变得多样化。高科技条件下，传统的心理战手段和方式仍然存在，并发挥着重要作用。传单、图片仍是心理战宣传的重要形式，空飘、水漂、大炮发射、飞机空中播撒传单等传统的心理战方式，甚至原始的散发传单的方式仍在继续使用。同时，现代科学技术赋予了传统心理战手段新的内容。在海湾战争中，美军向敌国境内投放了许多收音机，这些收音机只能接到美国发送的固定波段内容，使敌国民众在收听节目时只能接收美国播出的节目，大大增强了心理战宣传效果。

4. 心理战组织复杂

高科技条件下，心理战涉及的范围越来越广，包含的内容也越来越多，使心理战的组织实施变得更加复杂。

一是心理战的战前准备要求高。高科技战争条件下，战场上情况瞬息万变，对心理战准备提出了更高的要求。各国在进行心理战准备时，都是立足于战略的高度，结合不同领域进行心战的特点，以及高科技战争条件下可能遇到的种种复杂情况，制订详细而又周密的心理战计划，并根据计划进行人员、器材等诸多方面的准备。在伊拉克战争中，美军为增强心理战效果，在战争开始之前，加强训练心理战部队，组织专家全面研究伊拉克的历史文化传统和民众心理状况，制订了详细的心理战计划，充分的战前准备为其在战争中实施心理战创造了良好的条件。

二是战争中心理战对抗激烈。高科技战争条件下，武器装备的效能空前提高，交战双方心理战对抗显得尤为激烈。在战争实施过程中，现代新闻媒体的强大功能，使心理战信息传播更快、迷惑性更大，产生更强烈的心理效果，也使交战双方争夺信息权的斗争显得更加复杂，而且也给指挥员带来了巨大的心理压力。

三是心理战的作战实施专业化。随着现代战争的发展，世界上许多国家都建立了完善的心理战机构和专业的心理战部队。在战争中，派出大量的心理战分队渗入敌境内实施各种心理作战行动。心理战部队的官兵不仅装备了先进的心理战武器和器材，而且都经过严格的心理战训练，具有很强的战场适应能力和心理作战能力。心理战的组织实施逐步变得专业化，作战效能也空前提高。如美军在入侵格林纳达之前，就派出一支心理战小分队，先于主力部队上岛，破坏了格林纳达电台、电视台等对外宣传的主要喉舌，在格林纳达军队的心理上造成了极大混乱，对取得战争的胜利起到重要作用。

三、高科技战争中心理战的战法

心理战作为一种特种作战，包括心理进攻和心理防御两个不可分割的方面。而在攻防之间，攻又是心理制胜的决定性因素。与其他作战样式一样，高科技战争中的心理战也有着复杂的实施程序，需要依据一定的组织形式，采取行之有效的心理战战法，以完成预定的心理战任务。根据心理战作用机制，重点可采取以下基本战法。

（一）宣传心理战

自从心理战在战争中扮演重要角色以来，宣传始终是心理战的重要武器。难怪在中外众多有关心理战的定义中，绝大多数都把宣传列在其中，并视为心理战的主要手段。如英国《简明大不列颠百科全书》对心理战的定义中就说："心理战是在必要的军事、经济和政治手段支持下，利用宣传来反对敌人，这种宣传一般是为了瓦解敌人，使其丧失斗志。"可以说几乎所有的政治家和战略家都很重视宣传在心理战的作用。在战争中，宣传心理战是一种综合艺术，它是有计划地运用思想、语言、文字、声色、利害事物、行动现象、环境形势等项艺术作媒介，用以刺激他人视听感官，激起其心理反应，以影响其态度及行为的一种方法。随着心理战的理论与实践的不断发展，人们已深刻认识到宣传心理战在现代战争中的重要地位和作用，它不仅可以作为一种心理战形式独立使用，也可以广泛地与其他形式的心理战组合使用；它不仅在和平时期有着强大的攻势，在战时更是一把锋利无比的剑。

（二）音频心理战

音频心理战是以广播为媒介进行的心理战，广播媒介直到目前，仍然是世界上传播范围最广的工具，其受众范围和运用的方便都远远超过其他媒体。可以说，在所有的传播媒体中，广播是最容易接受的形式之一。运用广播语言所进行的心理影响方式，历来是心理战宣传的有效手段，具有不可替代的作用。在第二次世界大战中，英国广播公司是最早从事心理战宣传的广播公司，在战争中充当了举世瞩目的角色。通过广播，丘吉尔的许多演讲，对提高英国人民的民心士气起到了重大的作用，而法国人正是通过BBC的广播熟悉了他们的领袖戴高乐。

目前，各种无线电波遍及全球。美国之音的声音传遍了全球的每一个角落，英国广播公司、自由欧洲广播电台等，都是在世界各地进行心理战的重要媒体。海湾战争中，美国向伊拉克空投了大量设有固定短波段、只能收听美国广播的收音机，在战场上起到了显著的心理战效果。在科索沃战争中，北约就专门成立了"飞行广播站"，配备6架AC-130特种作战飞机和100多名心理战专家，每天使用1万瓦的强大功率电台向南斯拉夫境内播放专门制作的广播电视节目，以影响南军民的思想和心理。

（三）视频心理战

视频心理战即以电视、录像、光碟等声像媒介为手段从心理上影响对手的心理战。在大众传媒中，电视、录像、光碟已成为现代文明、现代家庭不可缺少的生活电器，人们对外部世界的了解和各种信息的取得大多从此获得。这样，在现代战争中，要进行心理战，电视、录像、光碟就理所当然地成为心理战的主要工具之一。电视、录像、光碟的特点明显：一是它们将视、听、动三者结合在一起，能够产生理想的心理影响效果。二是迅速及时。特别是电视以电波传递，故其速度快，在时间上播放与接收具有同时性，在空间上具有播放与收视的同位性。现代社会电视已深入人们的日常生活中，因此收看广泛，能掀起巨大的社会舆论，易使人们受到感染，产生共鸣。三是艺术性强。电视、录像、光碟把各种艺术手法融为一体，博采众长，综合运用各种艺术技巧和特技手段，使各种信息得以直观形象地展现给观众，并借助各种艺术手法使人们在欣赏和无意中受到感染。四是可以"虚构"世界。由于模拟和数字技术的运用，电视、录像、光碟信息完全可以进行"虚构"。可以创造出一种完全虚构的世界，使人们极容易地认为是"真实"的世界。

（四）印刷品心理战

印刷品心理战是以各种印刷品为作战武器的心理战。即运用传单、书籍、报纸、杂志、广告、招贴画以及印有宣传内容的小饰物、小礼品等进行的心理战。在战场上，传单是最常用的印刷品。在战场上使用传单是从第一次世界大战开始的，并在以后的战争中被广泛使用，成为现代心理战宣传的几种有效心理战武器之一。第二次世界大战中，盟军散发的传单和其他印刷品多达15亿份。科索沃战争开始时，北约每天向塞尔维亚境内投放大约300万份传单，最多时达到1000多万份。南军民有60%~70%的人都看过传单，受到极大的影响。可见，传单在高科技战争条件下仍发挥着其他心理战武器所不能替代的作用。这是因为传单作为一种心理战的武器具有不少优点。主要是传单便于传播，可以利用各种工具和方式发散，且有"一传十，十传百"的几何扩散效应；同时传单也具有便于制作、便于保存和宣传效果好的特点。在高科技战争中，传单的制作和散发都发生了很大的变化，更为便捷和多样，在技术和器材方面打上了高科技的印记。比如，传单的散发可以采用飞行遥控器、高速训练靶机等高科技手段，传单制作更为精美和吸引人等。

（五）网络心理战

网络心理战是以计算机互联网为媒介进行的心理战。它是高科技条件下信息战与心理战结合的新生儿。与普通媒介不同的是，网络媒介具有高新技术含量，利用网络，可以对心理战对象进行信息威慑、信息控制与垄断和信息欺骗等方式的斗争。运用网络进行心理战与运用传统媒体相比，有着明显的优势。网络容量大，印刷品会受篇幅所限而难以容纳和传播大量信息，而网络的信息容量几近无限量。网络成本低，网络媒体的成本仅为一台电脑，而电脑的成本在不断地降低，拥有电脑和熟练地使用电脑，是现代人类的基本的生活方式和基本技能，不懂得电脑就是功能性文盲。所以，社会电脑的普及率会越来越高，为心理战准备了物质条件。网络限制少，其他媒体都会受到时间的限制，而网络可以随时上网，容易阅览，且难以控制和检查，对个人而言，网络是一个自由的天地。因此，敌对国的公众最容易从电脑上获得信息。网络的虚拟比其他的媒体更容易，各种假的信息都可以在网络上制造出来，这对于进行心理欺诈提供了极大的方便。

网络心理战是心理战发展的新阶段，在如何与传统心理战结合，如何更有效地利用网络信息，如何与信息战互相配合等方面，有许多新课题有待探讨和研究，但充分重视并付诸实践，却是刻不容缓的事情。要求我们必须十分重视加强网络建设，建立自己的"网络空间"，积极做好进行网络心理战的军事斗争准备，打赢网络心理战。

四、高科技战争中的心理进攻和防御

（一）心理进攻

心理进攻战是以攻击敌方的心理为主要作战目标的心理作战样式。通过心理攻击，使敌方改变态度、产生错觉、摧毁意志、动摇信心，达到瓦解敌方军心、民心和士气，削弱战斗力的目的。心理进攻战又分为强制性心理进攻战和非强制性心理进攻战两种。

强制性心理进攻战即通过军事打击等超强度的刺激手段，破坏敌正常的心理状态的心理攻击的方法。强制性心理进攻主要依靠军事手段实施，在实施过程中应做到：第一，掌握作战主动权，将己方的意志强加于对方，使敌在被动应战中产生严重的压抑感，甚至惊慌失措。第二，力求达成作战突然性，促使敌人产生异常心理反应（如思维判断能力下降，意识和行为失控），影响其正常的军事活动。第三，猛烈攻击敌要害部位和重要目标，如敌首脑机关、通信枢纽等，给敌人造成沉重的心理压力。第四，采取欺骗性军事行动迷惑和骚扰敌人，造成敌心理错觉及决策、行为上的失误。第五，对敌作战所依赖的物质基础施以重创，造成强大的心理威慑，迫敌就范。威慑心理战、非选择性宣传等方法均属于强制性心理战范畴。

非强制性心理进攻战即以诡诈、欺骗、诱导等方法对敌实施的心理进攻战，目的是使敌在非强制性条件下注意和接受欺骗信息，进而产生错觉和错误并将错误的决定付诸行动，以达成心理战实施者预期的目标。非强制性心理进攻战，主要有三种作战样式：第一，欺骗。即施计用诈、隐真示假、欺骗敌人的心理战样式。欺骗的基本手段是：佯攻、佯动、诡诈。佯攻即用虚张声势的进攻造成敌人的错觉，隐蔽自己的真实意图。佯动即用虚假的象征性机动，迷惑、调动和分散敌人，创造有利战机。佯动与佯攻的不同之处在于佯动不与敌接触，一般在不准备决战的地域示形，诱敌做出反应。诡诈即以各种骗术对敌进行心理战，造成敌人的错觉和不意，使敌在理智上犯错误。诡诈欺敌是一种有效的心理战法，主要手段有：乔装冒充敌人，混入其内部进行袭击或扰乱，散布假情报欺骗敌人；假死诈降；离间敌人，等等。第二，诱导。即根据敌人心理特点，迎合敌人心理需要，将其行动引向我预期作战目标的心理战样式。与欺骗战术的区别在于，欺骗战术多用佯攻、佯动方法，而诱导战术采用利诱方法。有时一份精心设计的假计划、假文件、假命令就能引诱敌人做出于其不利的决策和行动。实施诱导战术的关键是掌握敌心理需要，并巧妙地运用利诱手段。第三，胁迫。即通过创设一定的情境，使敌处于窘境或绝望之中以至屈服的心理攻势。胁迫战术应对敌明析利害，晓之以理，动之以情，施之以威，指出其脱险求生、弃暗投明的出路和顽抗到底、死路一条的必然下场。要达到使敌人屈服的目的，必须把军事打击与宣传攻心有机地结合起来，软硬兼施，恩威并举。谋略心理战、传播心理战、文化心理战等都带有非强制性心理战的特点。

（二）心理防御

心理防御战是以巩固己方的心理防线，预防和化解消极心理现象，坚定胜利信念，保持高昂的战斗士气，抵御敌方心理进攻为主要目的的心理作战样式。心理防御战分为巩固型心理防御战和反击型心理防御战两种类型。

巩固型心理防御战即为巩固己方心理防线，而对敌实施的抵制、防御样式的心理作战。这种作战样式，建立在对敌心理战有效识别的基础上，只有判别准确，才能有所准备。只有对敌人实施的心理战做出有效的识别，才能使参战人员，特别是指挥员避免失误，或将计就计，置敌人于被动地位。心理战识别的基本方法主要包括以有效的侦察手段识破敌真实意图，避免错觉、错误的发生。以多方位、多角度地考察和分析敌人制造的假象，透过现象把握本质。以反推法对敌进行心理分析，对敌人的行动做出预测。在分析和反推的基础上，提出多种假设，对各种可能性做出充分、详尽的估计。此外，联想思维法、求异思维法，都是识破敌心理战诈术的有效方法。

巩固型心理防御战的主要方式是，加强思想教育，提高己方民众及军队的心理免疫力，使敌人的心理战阴谋无法得逞。如进行爱国主义教育，加强战争目的的教育，认清战争的性质等。加强对敌人可能采取的心理战术进行预测，增强己方人员的识别能力，并采取有效的抵制措施。加强对官兵进行心理训练，提高战场适应能力，增强部队的必胜信心。及时控制和辟清谣言，粉碎敌人的心理战阴谋。如加强组织纪律性、严格控制谣言蔓延、及时向官兵说明事情真相、揭露敌人的欺骗宣传、提供充分的信息来源、活跃部队的战斗生活等。

反击型心理防御战即针对敌人实施的心理战做出的反攻击的作战样式。心理战反击的关键是对敌情了解必须准确，反应必须迅速。为此，必须做到及时准确了解敌情及其心理战特点、心理战手段，在此基础上进行科学预见，有计划地粉碎敌人心理战阴谋。指挥员要注意保持头脑冷静，识破敌人心理欺骗，使敌诡诈阴谋失败，或佯顺敌意，因势利导，将计就计，乘机战而胜之。特别是在判明敌人心理战企图之后，要果断定下反击决心，并坚决贯彻到底，粉碎敌心理战企图。

（三）美军心理战

1. 美军心理战信息系统

美国人对中国孙子"不战而屈人之兵"情有独钟。艾森豪威尔曾经说："在宣传上花1美元就等于在国防上花5美元。"海湾战争结束不久，美军第一次将心理战写进《作战纲要》。

促使美国研制心理战信息系统的直接动因，是来自"9·11"事件的深刻教训和启示。此前美军曾对恐怖分子进行过一系列的心理战，但效果始终不尽如人意，心理作战情报信息频频失误，对恐怖集团未构成有效威慑，更谈不上遏制。分析其原因是多方面的，但主要是面对每天来自各方面数以万计的真假难辨的信息，美国虽有10万特工却难以准确筛选出对恐怖分子进行心理战有价值的信息。

美军决定研制一套支撑心理战的信息系统，以解决心理作战情报、计划和决策方面存在的不足。于是，在美国国防部主持下，美军网罗众多心理战专家和技术人员，历时两年，耗资数亿美元终于将该系统打造出炉。

2. 打造心理战平台

美军认为："现代心理战并不是一种非专业人员进行的游戏活动。"心理战信息系统是一个面向计算机的联合系统，可为多国用户提供心理作战计算机分析支援，专供那些为作战司令部、军种参谋机构使用。主要任务是提供心理作战的计划，实施和评估心理作战项目所需的各种信息，自动存储，分析和处理收集到的数据信息，并评估心理战效果。

三大系统是：外国媒体分析系统、心理战外国地区数据系统和心理作战效果分析系统。如今，媒体多为官方的"喉舌"，反映的是官方意见和主流民意，这些来自源头的信息，成为美军心理战收集利用的"天然素材"。外国媒体分析系统的任务就是收集敏感和焦点地区官方和民间媒体流露的信息，并能针对某一国家的重要事件、公共媒体前的人物，提出清晰的理论分析。

面对数以千计的外国地区各种信息，美军曾幻想对各方信息了如指掌，随用随取。心理作战外国地区数据系统，就是可满足这一特殊要求的"百宝箱"，它可提供超过1600个地区的相关数据信息，并能根据需要不断迅速更新。这套系统是专门为国防部心理作战组织和用户提供相关信息，并为参谋长联席会议主席和各级心理作战指挥机构提供辅助决策，从而实现完全自动化。

显然，在信息化战争时代，必须建立一套更加方便快捷、精准科学的信息评估反馈系统。于是，传统的测试评估方法逐渐被另一种高科技手段——心理作战效果分析系统所代替。它由美军中的联合经验与教训中心负责管理，通过收集、存储和处理在信息接收者中进行抽样调查的数据，对战略、战役和战术心理战的效能进行测量，为下一步开展心理战提供指导并分配工作量。

3. 新系统登上战争舞台

该系统一经投入战场使用，就出手不凡，使美军的心理战情报获取和效果评估能力都有了很大提高。

伊拉克战争中，美军从一开始就把心理战与"斩首行动"结合起来。他们利用遍布天空、地面、国内、国外的传媒和该系统超强的信息制作能力，日夜不停地发送信息，为美军实现心理战的诸多目的创造了良好条件。美军心战专家利用心理作战外国地区数据系统研究分析得知：阿拉伯年轻人在听到辱骂他们没有男子汉气概时，会做出激烈反应。针对这一心理特点，在攻打巴格达时，美军的广播电台不停地播放辱骂伊拉克士兵是胆小鬼的阿拉伯语录音。"萨达姆敢死队"的官兵听到挑衅广播就被激怒，许多人从隐蔽点冲出来，成为美军的射击目标。

战后伊反美武装活动频繁，自杀性爆炸事件此起彼伏。美军通过该系统进行辅助决策，聘请地方因特网公司制作了大量心理战宣传网页。比如，在网页上闪动着这样的动画：一辆浓烟滚滚的汽车旁，横七竖八地躺着数名伊拉克平民的尸体，其中有老人、妇女和儿童。画面下端用阿拉伯语写着"自杀性爆炸同样会伤及无辜平民"。有力地谴责伊拉克的恐怖行动。

五、孙子心理战思想在现代战争中的应用

《孙子兵法·军争篇》中提出的"三军可夺气，将军可夺心"的论断，肯定了实施心理作战的重要性和可行性。纵观人类战争史，只要有战争之剑挥舞的地方，就有心理战的身影。心理战伴随着武力战，在战争史上闪烁着耀眼的光芒。现代战争中，尽管军事高科技得到广泛使用，交战双方丝毫也未轻视和放弃从心理上攻击敌人。相反，随着战争信息化的深入发展，人们更加重视、丰富和发展心理战。

（一）心理战是战争之外的战争

孙子的思想精髓是"攻心为上，攻城为下"，通过"示形于敌"，达到"必以全争于天下"的目的。由此可见，心理战在孙子军事思想中享有崇高地位。当前，心理战在战争中的地位和作用进一步提高。

孙子所说的"上兵伐谋"，历来是军事指挥员梦寐以求的理想境界。心理战是交战双方为赢得战争胜利而进行的心理搏斗，旨在依托强大的军事优势，通过战场宣传及其他手段鼓舞己方、瓦解敌军，达到不战而屈人之兵的目的。随着军事高科技的广泛应用，心理战的地位和作用越来越显现，它不仅贯穿于战略、战役和战术层面，也比以往更能促成以较小的代价取得大的战果，直至实现不战而屈人之兵的最高战争目标，因而，被认为是现代战争中的一种经济而人道的作战方式。不仅如此，其适用范围不再局限于军事斗争领域，而是广泛地渗透到政治、经济、外交、文化等诸多领域，直接服务于国家大战略。可以说心理战已成为"战争之外的战争，战争之上的战争"。在国际斗争中，心理战是一种符合时代潮流的斗争方式，也是世界各国首选的战略手段。一些世界强国，特别是少数霸权主义国家，不遗余力地发展、扩大并谋求垄断高科技优势，并把这种科学上的优势转化为政治、心理上的优势，图谋以强大的经济、军事实力为后盾，在政治、经济、思想、文化等各个领域展开全面竞争，攫取与维护其自身的全球利益。当其追求的全球利益遇到障碍时，就可能选择战争手

段，并紧密配合以现代心理战。超级大国选择和运用现代高科技局部战争，本身就是一种心理作战。近年来的几场局部战争表明，战争追求的已不再是攻城略地式的军事征服，也不再是大量消灭敌有生武装力量，甚至不再追求将对手逼入绝境而迫使对方投降。现代战争目标主要是孤立、限制、削弱和瘫痪对手，震撼其心理，动摇其战略领导层、军队和民众的战争信念和抵抗意志。在冷战结束以来所发生的多场局部战争中，作战双方都高强度、大范围地实施心理战，谋求在心智上影响控制对方，实现以较小代价达成国家利益的战略目的。

此外，现代心理战直接关系到战争的进程与成败，是以较小代价换取较大胜利或不战而胜的重要法宝。实施心理战能使对手产生紧张、犹豫、大意、厌战等不良心理反应，迫使对手或铤而走险，或指挥失误，或消极怠战，加速对手的失败。海湾战争结束后，美国国防部在总结报告中指出："心理战在这次战争中的运用是极为成功的，心理战对促进伊军失败发挥了重要作用。"两次车臣战争的实践表明，忽视或放弃心理战，将对战争的结局产生巨大的负面影响。第一次车臣战争，俄罗斯国内媒体立场纷纭，忽视国外的舆论和干预，从而对俄罗斯国内的民心、士气和部队的作战行动都造成了极大的影响。第二次车臣战争，俄罗斯一改以往的做法，一方面大力宣传战争的正义性，积极揭露西方国家干涉其内政的险恶用心，及时有效地振奋了民心，鼓舞了士气；另一方面，对车臣非法武装展开全方位、高强度的心理攻击，瓦解了非法武装的士气，为取得战争的胜利创造了条件。

（二）现代战争中的心理战是对孙子心理战思想的扩展和延伸

孙子认为："是故百战百胜，非善之善者也；不战而屈人之兵，善之善者也。"认为通过交战的方式来达成战争的目的并不是最理想的，最好的办法是"以全争天下"，以高超的谋略，不通过直接交战或以小战，用最小的代价换取最大的利益，实现"兵不顿而利可全"的目的。随着军事技术和武器装备的不断更新以及军队信息化程度的提高，心理战显示出信息时代的特点。

1. 心理战层次提升

在现代心理战的形态更多地表现为战略心理战的运用。心理战通常由统帅部乃至国家首脑做出决策，并直接指挥控制。在以往的战争中，心理战大多是作为武力作战的辅助手段。战争形态信息化的发展，迅速把心理战推向了战略高度。现代心理战已不再局限于单纯的战场范围，而是将经济、政治、科技、文化、军事、宗教等融为一体，成为覆盖全球范围的"大心理战"，包括动用军事全部力量，向对手国家的民众、军队甚至其友好国家及国际社会施加强大的心理压力，不但要影响对手的思想、心理，还直接服务于政治和外交斗争，达成战争的速胜。

2. 心理战日趋信息化

随着战争形态的信息化，心理战也日益信息化。信息传播工具和技术的发展，为心理战插上了新的翅膀。现代战争中的心理战的高科技含量显著增大，除了空投心理战物品、广播宣传、阵地喊话等传统技术手段外，多种高科技手段，如仿形技术、隐形技术、迷彩技术、现代信声技术、激光技术、电子技术等都在心理战中占据越来越大的比例。此外，进行信息垄断，以精确打击和持续的空袭行动所构成的"硬打击"成为实施心理战的"助推器"。在科索沃和伊拉克战争中，美军及其盟军都广泛使用卫星定位测向和电视转播技术、计算机信息处理技术、网络技术等高科技手段展开心理战，一方面严格控制信息源，力图实现"新闻封锁"；另一方面实施信息轰炸，大量向对方发送有利于己、不利于对手的信息，阻塞对方的信息通道，使对方完全处于己方的信息笼罩之中。

3. 心理战攻击性增大

随着实施心理战的技术支撑日趋增多和成熟，现代战争打击的重心更多地倾向对方的心理，心理战正成为现代战争中交战双方斗智斗勇的主要样式，其方法手段也向更高层次发展，攻击的力度增强。例如通信技术手段使心理战的快速性和可信性逐步提高；心理战和武力战一体化趋势加强，高精度现代化兵器大量投入战场，使心理战的威慑性不断增强；先进电子技术的使用，使心理战的突然性和欺骗性更易达成；心理战人员专业化程度越来越高，作用越来越大，信息化士兵成为战场心理战的基本攻击对象。

4. 心理战内涵外延扩展

现代心理战的内涵，已不再限于军事斗争领域，而延伸到政治、经济、外交、文化、宗教等诸多领域，形成全方位、大纵深、多层次的作战效应，既攻城夺城，也攻心夺心。战前就频繁展开外交，联合盟国力量，争取中立国支持；运用经济手段，对敌国进行制裁封锁；发动舆论攻势，美化自身，诋毁对手；展开军事行动，调兵遣将，造成大兵压境之势；通过新闻媒介等各种信息传播途径，渲染其自身武器装备的威力，形成强大的心理威慑。战时主要采取硬打击手段，在实施电子打击的基础上，利用精确制导武器摧毁残存的心理战信息源，空袭其重要战略目标，给对手以极大的心理震撼，造成巨大的心理恐慌，使惧战、厌战的情绪在对手军中蔓延；在获得绝对的制信息权后，利用网络、飞机空投等先进的投送方式将心理战宣传内容及时发送到作战对象的作战地域；揭露对手的战争阴谋，动摇军心，鼓动对手民众反战，扩大其内部矛盾，削弱其战争潜力；利用各种心理迷惑手段，配合部队作战，使对手判断失误。

（三）在现代条件下，运用科学发展观发展孙子心理战思想

心理战既能削弱敌军的战斗力，也能维护和提高己军士气，是军队战斗力的"倍增器"。在科学技术飞速发展的今天，以科学发展观充分运用和发展孙子的心理战思想，对赢得现代战争胜利具有十分重要的意义。

随着现代战争主客观条件的变化与发展，心理战在未来的竞争对抗中将更加丰富多彩。

1. 武力威慑

孙子曰："威加于敌，可以拔其城。"强调了武力威慑的作用。以强大的武力为后盾，向对手及其民众明确发出一旦跨越己方设定的界限，己方即动用武力的坚强决心，从而给对手施加强大的心理压力，让对方民众意识到跨越界限带来的巨大危险，使他们不愿支持甚至反对其政府做出的战争政策。拥有强大的武力是达到上述目标的基础，也是慑止对手铤而走险发动战争的前提条件。

2. 法律限控

国际和国内法是进行斗争的重要依据。当前，国际法虽然一再被一些强权国家所践踏，但是这并不能证明就可以无视国际法。美国在进行伊拉克战争前也试图获得联合国的授权，战争进行过程中和结束后，也一直没有停止谋求获得联合国认可，使战争合法化。准确、合理、巧妙、及时地动用法律手段，不仅使己方的行为有法可依，占据道义上的优势，即孙子所谓的"道"，也可极大地影响对方政府及民众的心理。

3. 外交封锁

"伐交"是孙子的重要战略思想，他认为"威加于敌，则其交不得合"。结合中国古代外交思想中的远交近攻、纵横捭阖等，以综合实力为后盾，利用各种国际场合，展开外交工作，争取大多数国家的理解和支持，最大限度地孤立对手，是现代心理战的重要方式与内容。同时，要了解对方民众普遍关切的问题，争取他们的理解和支持。

4. 政治分化

孙子认为，"上下同欲者胜"，相反，如果政府和民众不齐心，则很难取得战争的最终胜利。现代战争中，充分利用对方不同政治力量和派别、朝野及政府与民众间的矛盾，是削弱对手力量的重要方式之一。

5. 经济诱压

经济的好坏将极大地影响一国民众的心理态势，甚至影响一国的政局走向。孙子曰"先夺其所爱，则听矣"。从古至今，经济都是一个国家或地区的"所爱"，影响、动摇及控制对手的经济命脉，也就影响、动摇及控制了它的"所爱"。

6. 文化吸引

人心向背是影响战争胜负的重要因素，孙子在"军争篇"中强调了"治心、治气"的重要性。文化是联系人心的纽带，它无所不在，渗入社会生活的方方面面。充分发挥文化的凝聚力和吸引力，使对手及其民众对己方产生文化上的亲和力，从而影响动摇对手的战争信念，瓦解其进行战争的基础。

7. 舆论攻心

作为"治心、治气"的另一个重要内容，对外宣传方式与宣传力度直接影响心理战的实施效果。结合现代科学技术的发展，充分利用各种现代技术手段，不断地更新对外宣传的方式与力度，将文化魅力、爱国情愫、民族情怀以现代流行的电影、电视、歌曲等形式表现出来，使对手及其民众简洁方便地收听、收看到己方的广播电视节目，提高己方在对方观众中的影响力和融合力，潜移默化地影响和改造对手。

在对方进行心理进攻的同时，应注重增强己方的心理防御，"先为不可胜，以待敌之可胜"。采取防范措施，缩小对手心理渗透范围，是取得战争胜利的重要保障之一。加强平时引导，弘扬民族气节，培养敢打敢拼和不畏牺牲的精神，维护内部的高度团结统一；严格控制广播电视、印刷品、邮件、网络等媒体，建立畅通的信息反馈系统，及时清除对手的不良影响；等等。建立起一道强大的心理防线。

总之，当前的军事领域正在发生深刻变革，信息时代的战争既是兵力、兵器的对抗、力战，更是心理谋略的角逐、智战，作为现代战争的重要组成部分，心理战已经成为一种相对独立的作战样式和可以直接达成战略目的的手段。随着现代战争的发展，其战略地位和作用将更加突出，内涵将更加丰富多彩，外延将更加拓展，借鉴、运用孙子思想，遏制战争，维护和平，努力实现不战而屈人之兵，实现战争效益的最大化。

第七章　现代战争的后勤保障

20世纪90年代初叶爆发的第二次海湾战争，标志着现代战争进入一个以高新技术为主要特征、起主导作用的新阶段。高科技的迅猛发展及其在军事、国防领域所产生的冲击波，深刻影响着作战后勤保障的理论和实践，强烈震撼着后勤指挥的各个层面。

通过后勤保障使战争得以顺利进行的战争叫后勤战。美国原海军部长小约翰·莱曼曾指出"现代战争主要是打后勤，拼后勤，后勤的保障能力是决定战争命运的幕后之神"。可见，高科技条件下后勤保障与现代战争之间存在着严重的依赖关系。

一、后勤保障关系到战争的胜败

（一）后勤保障是现代战争幕后之神

在现代战争中，后勤保障好与差，直接关系到战争的胜败。1941年9月30日至1942年4月20日，德军在莫斯科大会战中遭到了失败，标志着德军闪击战的破产。这是德军在第二次世界大战中的首次失败，损失官兵50余万人、坦克1300余辆、火炮2500门。德国陆军总司令布劳希奇元帅和其他一些高级军官先后被撤职，因创建"闪击战"理论被称为"闪击英雄"的古德里安，也被解除了司令的职务。莫斯科会战中，德军的失败和苏军的胜利，标志着苏德战争进程中的重大战略转折。正如斯大林在庆祝十月革命24周年时的讲话中指出的，德军"闪击战"这个疯狂的计划是彻底破产了。

分析和研究德军在莫斯科会战中失败的原因，除了其侵略战争是非正义战争和俄国原本就是一个军事大国之外，在很大程度上败在了后勤战上。首先，希特勒把赌注押在了闪击战的成功上，从战略思想上忽视了后勤作战计划，对后勤保障重视程度不够。当时，德军预备军总司令曾提出过对苏作战所需作战物质严重不足的问题，强调德军必须拥有装备并维持200个基本携运量所需的全部物储备。但是，这个建议并没有引起德军总参谋部的高度重视，没有被采纳。德军进入苏联领土时，仅带了2~3个基本携运量的弹药储备和20个师消耗的储备作战物质。正如西方史学家所说："在这一点上，德军总参谋部好像失去了理智。"其次，没有考虑到苏联战场恶劣的气候条件和复杂的地形及道路状况。苏联的气候条件极差，特别是在多雨的秋季，沙路极易形成泥淖，车辆行驶十分困难；到了冬季，天寒地冻，大雪封路，车辆更难行驶。由于缺乏防寒器材，直接影响到武器装备的作战性能，坦克和车辆的水箱在严寒中冻裂，汽油因在加油时没有保温措施而凝结，机枪冻得不能射击，炮弹减去效力，地雷变成哑雷。在这种条件下行军作战，耗油量大大超过计划，车辆损坏严重，其车辆损坏程度在战争开始后的19天内即达到25%。1941年6月22日入侵苏联后，德军北方、中央、南方3个集团军群多次因补给中断而推迟进攻时间，极大地影响了进攻效果。最后，德军冬季作战物质准备和前送不足，官兵冬装被服不到位，不仅直接影响到德军士气，而且造成了部队的最大减员。在德军损失的50多万官兵中，冻死冻伤的就达10万人之多。德军战将隆美尔深有体会地说："充足的武器、油料和弹药储备，是军队能坚持紧张战斗的首要条件。事实上,在战斗打响之前,双方的军需官就已经在打仗,并决定着战争的结局。"日本战史专家福岛克之也总结说:"以辽阔的苏联领土为战场的前苏德之战,同时也是一场补给战。"而苏军的后勤保障与德军的恰恰相反,在战争开始后,斯大林亲自抓苏军的后勤体制改革,做到在总部一级,由国防副人民委员兼任苏军后勤部长,在方面军和集团军,分别由副司令兼任后勤部长,形成了一个自上而下的新型后勤保障系统,保证了战争最终胜利。

(二)高科技在现代后勤中的作用

高科技是一把双刃剑,即使后勤保障易遭到敌人的破坏,又为后勤保障提供了更先进的防御手段;既增加了后勤保障的难度,又创造了有力保障的便利条件。

随着先进侦察手段的广泛运用,后方战场的透明度明显提高,后勤保障系统和运输线极易遭到破坏。例如,在海湾战争中,美国动用各种侦察卫星30多颗,再加上有人和无人侦察机及特种部队潜入伊拉克境内等多种手段实施侦察,使伊拉克的后勤保障设施和运输线几乎暴露无遗。38天的空袭中,伊拉克的后勤基地、后勤设施和交通运输线,都是以美国为首的多国部队攻击的主要目标。其化学工厂、核工厂、军火工厂、炼油工厂等工业设施基本被摧毁,200多个弹药库、油料库、给养库被炸毁。特别是在未来后勤战中,高科技的电子战有可能使后勤指挥系统陷于瘫痪。电子战技术优势一方通过强烈的电子干扰,会使劣势一方的后勤指挥系统变成"聋子""瞎子"和"哑巴";计算机病毒会使后勤保障背道而驰。比如,能指挥敌方运输作战物资的车队将战场物资运往相反的方向;再比如,战场上急需的是导弹、炮弹等弹药,经过黑客干扰破坏后,运往战场的却是萝卜、白菜;等等。但是,高科技也可能为后勤保障特别是战略后方提供更先进的防御手段。因为,有些高科技武器,既是进攻性武器,也是防御性盾牌。例如,激光武器、微波武器等,既可以直接杀伤敌方后勤目标,也可以拦截敌方的导弹,起到防御的作用。

随着科学技术的发展和在军事领域的运用,后勤保障的难度增加。首先,由于大批高科技武器用于战场,而且这些高科技武器装备结构复杂,零部件多,精密仪器多,使用前需要做大量的检验和保养维护工作,增加了保障工作的难度。在使用过程中,对技术保障要求高,只有加强技术保障,才能使战损的武器装备及时得到修复,重新投入战场。在第四次中东战争中,叙利亚军队后勤技术保障能力薄弱,在戈兰高地损坏的800多辆坦克无法修复,严重地削弱了战斗力。而以军则非常重视技术保障,他们把大批技术专家直接派往战场,使80%的损坏坦克能够及时修复,不仅提高了武器装备的再生能力,更重要的是没有因此而削弱部队的战斗力。

其次,战争中所需的弹药、油料等作战物资保障难度增大。以油料用量为例,现代战争中各种先进坦克、装甲车、飞机、舰船等都是油老虎,其油料消耗量是相当惊人的,离开了油料,这些高科技武器装备就成了一堆废铁。在海湾战争中,以美国为首的多国部队在空袭行动中,仅喷气燃料日消耗量最多就达40万桶。在弹药方面,如果将几次主要局部战争投弹数量稍做比较的话,就会发现随着高科技的发展,战争中所投入弹药的数量会随之剧增。历时3年的朝鲜战争,美军共投弹68万吨,如果按月计算的话,月平均1.8万吨;而历时42天的海湾战争,仅战略空袭的第一天,投弹量就高达1.8万吨,就是说,海湾战争中这一天的投弹量,正好是朝鲜战争中一个月的投弹量,两次局部战争相比,其投弹量提高了30倍。由于战争的强度加大，弹药的消耗量剧增，战争中的保障难度也随之加大。

但是，随着高科技的发展，后勤保障能力也随之提高。首先，空运能力有了很大的提高。目前，一些发达国家研究和发展的战略运输机航程远，单机运输量非常大。比如，美国的C-117A运输机，最大运载量为78吨，C-5A银河运输机，运输量达120~140吨，美军拥有一次可运20万人和4万吨物资的空运能力。高科技的发展，为后勤物资保障提供了先进装备。在海湾战争中，美军为使各种轰炸机、战斗机不间断飞行，实施加油机空中加油，进行立体保障。在海湾危机期间，无论是部署军队还是进行作战，空中加油机都是绝对重要的。有些飞机从美国调到海湾地区途中需要进行17次空中加油。如果没有大量空中加油机的空中支援，将会改变战争的特征。海湾战争中，美国和英国为了使各种轰炸机、战斗机、预警机等不间断地飞行，分别使用了技术性能良好的KC-135、KC-1080"维克多"空中加油机，各国共派出12种不同类型的空中加油机进行空中加油，实施伴随保障。在所有空袭架次中，大约有60%需要空中加油。仅战略空军司令部的加油机平均每天就要为1433架飞机加油。在"沙漠风暴"行动中，按飞机种类统计的总飞机架次中空中加油机架次仅排在轰炸机、运输机之后，名列第三。随着空中加油技术的进步和完善，美国"全球到达、全球作战"战略得以实现。在海运方面，美国拥有战略海运船只2000多艘，总运载量约5000万吨。在海湾战争中，90%的参战部队和作战物资是由海上运输完成的。在弹药保障方面，随着高科技的发展，飞机本身携带量成倍提高。例如，为了提高携带载荷量，美军B-轰炸机专门设计了9米长的弹药仓，随机携弹量达27.2吨，比第二次世界大战中的B-29重型轰炸机最大载弹量9吨提高了3倍多，其他战斗机如F-111、F-15E、F-117A等，最大起飞重量都达到15吨以上。

（三）高科技引发后勤保障改革

现代战争特别是未来战争，战争爆发突然，时间短，但是消耗作战物资多，对后勤保障工作提出了更高的要求。为了适应这种要求，首先要研究后勤保障理论，使保障方式更加适合于现代和未来战争。要加强后勤理论的研究工作，研究爆发的几场主要局部战争后勤保障工作的特点、规律和发展趋势，特别是要研究海湾战争、科索沃战争、阿富汗战争和伊拉克战争中的后勤保障工作，从中找到可以借鉴的东西。海湾战争后，美国提出了聚焦式后勤保障理论，其主要思想是结合运用信息、后勤运输技术装备，迅速对危机做出反应，提出及时的、不间断的直接保障。要实现这一目标，必须组建模块式的和特编的战斗勤务支援部队，建立实时的网络化信息系统，进行跨兵种、跨部门和跨国家的联合保障。其次，要优先发展先进的后勤装备，除了研制和开发空运与海运先进装备外，更要研制开发战斗员实用的轻武器装备、通信装备以及能够防弹或增强战斗力的军服装备。美国正在研究一种称为"登陆勇士"系统，这种系统包括一种新型头盔、防护服装、一支先进步枪、一台电脑和一套无线电系统，显著改善了单兵的通信、夜视、武器系统和盔甲防护等方面的性能。这一系统中的通信联络系统，具有革命性的改革，每一单兵都与网络相连接，利用全球定位系统，头盔上的弹出式显示器可提供标有单兵自身所在位置、同伴所在位置以及敌人所在位置的地形图，极大地提高了战斗员在战场的生存能力和作战能力。美军将为陆军士兵、医护人员、前沿侦察人员装备这种系统。美军针对在"沙漠风暴"等军事行动中暴露出来的后勤补给不足方面的问题，及时开展了"补给站"等项目的研究工作，一座"补给站"，就是一座集装箱式的、可快速装配的移动城市，可供550名士兵住宿，并且生活设施保障项目齐全，如有先进的洗衣店、淋浴间、厕所、厨房等和文化娱乐设施。美军计划将这种后勤"补给站"陆续装备部队。据报载，美军正斥资5000万美元研制开发一款用肌肉制成的"肌肉军服"。这种先进的军服由一台小型发电机驱动，可24小时提供能量。当士兵穿上这种肌肉军服时，就会全身充满活力，无论在体力、耐力还是速度方面都会增强很多，力量将大大提升，仿佛有用不完的劲，不仅越障攀登如履平地，甚至能够穿越高楼大厦，飞檐走壁。最后，要造就大批后勤人才。无论是研制、开发后勤武器装备，还是使用和战时保障，都需要有高素质的后勤人才。只有有了大批高素质的后勤人才，才能根据未来战争的需要进行后勤保障方面的改革。

二、高科技局部战争战役后勤指挥问题

（一）战役后勤指挥面临的挑战

恩格斯指出，技术决定战术。高科技与局部战争的结合，不但改变了战役指导理论、战役样式、战役战法，也改变了战役后勤保障理论、保障内容和保障方法。受高科技作战手段、战役战法和后勤自身条件等多种因素的影响和制约，战役后勤保障呈现出高强度、高难度、高消耗等特点，对传统的战役后勤指挥提出了全面挑战，尤其是指挥环境、指挥效率、指挥模式等，均面临新难题和新考验。

1. 战役发起突然，保障的应急突出

未来的局部战争，战役发起突然，双方将协调运用战斗力所有要素，在决定性的地点和时间，集中精锐展开较量，力求速战速决，战役后勤保障节奏加快，强度增大，可供指挥利用的时间极为有限，工作量大与时间紧的矛盾突出，后勤活动滞后与作战需求急迫的矛盾加剧。在时间高度浓缩的情况下，战役后勤由于受现行指挥体制的影响，受单一通信手段和以手工作业为主的指挥方式的制约，极可能陷入被动局面。提高指挥效率，已成为高科技局部战争战役后勤保障的关键。

2. 战场环境恶劣，后勤力量生存能力脆弱

在敌人侦察网全时空覆盖下，战役后勤重要目标极易被敌发现和攻击，"藏不胜藏"的被动局面日益加剧。敌人多种毁伤手段综合运用，战役后勤将受到全方位威胁，不仅可能遭到超视距精确制导武器的硬杀伤，而且会遭到电子战武器、新概念武器的软杀伤；反空袭、反空击、抗遮断、抗摧毁的斗争将贯穿战役后勤保障的全过程，可以说，高科技战场没有一块安全的绿洲。被发现就有可能被摧毁。战役后勤力量，特别是后勤指挥机构的生存难度增大。

3. 部队机动作战频繁，保障活动在动中进行

高科技局部战争战役，已由"平面对抗"转向"立体厮杀"，战役行动将在"海陆空天电"五维空间展开。军队将在广阔战场频繁机动作战。与此相适应，保障空间也日趋向高空、远海、水（地）下和电磁领域扩展，向战略后方和战术后方双向延伸。战役后勤力量分散在战场全纵深、全方位执行任务，不仅机动范围广、距离远，而且机动速度快，转移次数多；战役后勤能否在机动中高效指挥已成为关注的焦点。

4. 保障关系复杂，战役后勤指挥体制遇到新考验

高科技局部战争战役，军队在一个战区或一个战役方向，可能同时或交替组织实施山地、城市、登陆、空降作战，后勤必须同时或交替组织保障；高科技局部战争战役也必将是诸军（兵）种联合作战，兵力兵器超常编成，除辖区内的所属部（分）队外，还有跨区执行机动作战任务的部队和海、空军部队等。呈现出保障对象"多元"、协同单位"多头"的趋势。面对极为复杂的后勤保障关系和指挥关系，如何准确把握作战方式转换和衔接，把各种后勤力量迅速凝聚成一个有机整体，协调一致地运转，将有很多现实问题需要解决。

（二）战役后勤指挥的重点

从战争的整体角度考察战役后勤指挥，不难得出这样一个结论：一般战争战役后勤指挥所包含的诸要素，如指挥员、指挥机构、指挥体制、指挥装备、指挥方式、指挥手段等，在高科技局部战争条件下仍在起作用，不可或缺。但要求却不能同日而语，所有要素必须具备"高科技特性"。

1. 立足"应急"保障，以指挥的高时效赢得保障的高效率

高科技局部战争具有较强的应急机动作战特性。应急作战的战役后勤保障，关系着战局的先机和主动，影响着整个战争形势的趋向和战略目标的实现，战役后勤指挥必须在优质战备基础上，突出"应急"主旋律，以快运筹、快决策、快调度来赢得应急保障的高效率。

2. 立足"一体"防卫，依托整体优势求生存

高科技局部战争战役，反空袭作战不仅可能成为独立的作战阶段，而且将贯穿战役作战的全过程。这对防卫能力脆弱的战役后勤来说，生存问题似乎更加重要，也更加突出，战役后勤在指挥上必须更新观念，善于借助整体力量，采取灵活多样的措施，以"战"求"存"，以"防"保"存"。

3. 立足"机动"作战，在动态条件下全程控制保障活动

在高科技局部战争条件下，机动作战日益成为主要的作战方式。军队在机动中积聚战力、捕捉战机、转换战法，在机动中击敌要害。紧随机动集群纵横实施后勤保障成为战役后勤指挥的重点和难点。战役后勤指挥必须改变固定的、平面的指挥和保障模式，增强指挥和保障的机动能力，全程控制分散、动态的保障力量，适应机动作战需要。

4. 立足"整体"协调，以灵活的指挥维系保障的连续性

高科技局部战争战役作战，着眼于破坏对方整体结构，通过摧毁对方整个作战体系和程序的结合点，使其整体功能紊乱，乃至全局瘫痪。组织对各种作战行动转换、交替的保障，把握后勤保障在空间和时间上的结合点，保障作战重心顺利转移是后勤指挥艺术的集中体现。

（三）战役后勤指挥建设的思路

高科技局部战争战役后勤指挥能力的提高，取决于战役后勤指挥体制的改革，来源于战役后勤指挥理论的指导，根植于战役后勤指挥人才的培养。着眼特点，着眼发展，以提高战役后勤指挥能力为核心，既要加强"硬件"建设，又要加强"软件"配套；既要解决技术

问题,又要提高谋略水平,这是规划战役后勤指挥建设的基本思路。

1. 建设反应快速、应变灵活的战役后勤指挥体制

高科技条件下的局部战争,战役节奏加快,战役力量分散聚合频繁,后勤信息量骤增,情况变化急剧。战役后勤必须以此为基点,调整和改革战役后勤指挥体制。要按照大后勤观构建三军后勤联合指挥,后勤、技术、支前一体协调的指挥机构,实现战役后方的统一指挥。要按照快速反应的要求转换指挥机制,使之更加适应平战转换快捷的要求;适应三军联合作战,联合保障的要求;适应与战略后勤的快速对接,与友邻后勤的横向协同的要求。要按照灵活应变、快速指挥的标准变革指挥方式,把系统指挥、网络指挥、反馈控制指挥、信息代码指挥等方法与自动化指挥融会贯通,灵活运用。这种指挥体制,决策权按职责集中,执行权按任务自主。对事关战役保障的重大问题集中决策,统一计划协调,一步直达到位;执行单位则依据确定的任务,有权选择和确定具体的保障策略、手段和途径,充分发挥上、下两个积极性主动性,提高指挥的时效性和灵敏度。

2. 研制灵敏、高效的战役后勤指挥自动化系统

海湾战争证明,高科技局部战争是海、陆、空、光、电一体化的战争,敌我双方的较量,不仅表现在险象环生的战场,也表现在神秘莫测的高科技"试验室"。其中,集控制、指挥、通信、情报于一体的 C3I 系统即是一个争夺的"制高点"。科学家们预言,"没有这个系统,就不能打赢"。因此,加强我军战役后勤指挥自动化建设不可或缓。要明确指挥自动化建设方向。按照整体配套、功能先进、长远规划、分步实施的原则,把后勤指挥自动化建设的整体规划瞄向当今 C3I 发展的前沿,以高起点统筹战役后勤指挥自动化建设。做到既要保证战役后勤本级作战、技术部门联网,又要实施后勤内部联通;既要注重硬件购置,更要加强软件开发。形成具有我军特色、分散式、多节点、多通道的 C3I 指挥系统,以免重蹈伊拉克因"高度集中"而被一举摧毁的覆辙,从一开始就使其具有较强的生存能力。同时,要加快后勤指挥自动化队伍的建设。尽快改变后勤指挥人员不懂计算机和计算机技术人员不懂军事、后勤的状况,使指挥谋略与自动化技术高度结合,做到扬长避短,优势互补。

3. 培养通晓军事后勤理论的战役后勤指挥人才

在高科技条件下,驾驭战役后勤,实现保障有力,更加仰仗高质量的后勤指挥人才。只有具有战略头脑和战役意识,谙熟军事、后勤理论,又有广博的科技知识和科学的决策能力,才能统筹全局,熟练地实施战役后勤指挥,为此要加强战役后勤指挥人才的培养。培养战役意识,即培养战役后勤指挥员和机关善于从战役层次的高度,思考、分析和处理与战役有关问题的宏观意识。如此,才能跳出狭隘的业务圈子,高瞻远瞩,正确领会和贯彻战略意图,从战役的全局上权衡利弊,提高统筹谋划、整体协调、重点保障的指挥艺术,提高军事素质。战役后勤指挥员是战役军团首长的后勤参谋,战役后勤指挥是战役作战指挥在后方的延伸和重要组成部分,具有明显的军事特征。战役后勤指挥人员如不懂军事或军事素质低下,即使有再强的战役意识,也很难有真知灼见,很难下定与战役作战相吻合的保障决心,很难成功地组织后勤防卫作战。为此,要在学习高科技后勤理论的同时,认真学习高科技军事理论。研究熟悉新的战役战法和保障方法,掌握和灵活运用合同作战、整体打击及组织联合保障的原则和方法,不断提高军事素质,做一个通晓军事、谙熟后勤、文武兼备的合格后勤指挥员。

4. 发展先进实用的战役后勤指挥理论

在战争史上，因墨守成规，主观指导不力而招致战争失败的不乏其例。第二次世界大战中骑兵冲击坦克的"壮烈"，海湾战争中萨达姆防线的崩溃等战争悲剧，无一不是陈旧理论的产物。正视高科技战争对传统战役后勤指挥理论的冲击，调整视角，抢占理论的制高点，具有特殊意义。发展战役后勤指挥理论，一要研究高科技战争战役后勤指挥的特殊规律，二要研究战役后勤指挥应用理论，三要研究高科技战场环境及对后勤指挥的影响。

传统的战役后勤指挥正面临前所未有的挑战，但也充满着希望。随着我国改革开放的深入和军队革命化、现代化、正规化建设步伐的加快，市场与战场相互沟通将为战役后勤指挥提供强大的物质基础；军民一体、三军协同的保障体系将为后勤指挥提供便利条件；高科技因子的注入将使后勤指挥手段发生质的突变；经过严格不懈的训练和高科技知识的学习，后勤人员的素质将得到全面提高；保障打赢一场高科技局部战争的基础越来越雄厚，我们应对此充满信心。

三、战役后勤保障的特点与影响

同研究任何战争问题一样，要认识高科技条件下局部战争战役后勤保障的规律，就必须着眼其特点，着眼其发展，抓住了特点，在一定意义上也就把握了基本规律。我们以20世纪80年代以来的几场局部战争，特别是海湾战争、伊拉克战争为参照，通过有针对性的预测分析，可以发现，战区未来可能发生的高科技局部战争，将给战役后勤保障带来如下新的特点与影响。

（一）战争爆发突然，保障准备紧张急迫

出其不意，先机制敌，已成为指导现代战争的首要原则，尤其进入高科技战争阶段后，各种尖端武器和技术装备不断涌现，更增强了战争准备的隐蔽性和爆发力。预警时间极为短暂，后勤保障工作与作战行动几乎同步展开，后勤临战准备的时间大大缩短。

（二）战场情况多变，后勤部署调整频繁

一是作战部队由机动转入进攻或防御，转换机动方式，改变机动路线和部署等，后勤保障对象、保障重点、保障方式、保障时空等都必须随之变化。二是后勤力量是敌重点打击的目标之一，后勤摊子大，目标易暴露，随时可能遭敌打击破坏，必须适时调整部署。三是战区后勤保障网点仍有空白，机动保障力量又较弱，战时必然采取支援、接替和伴随保障等措施，迫使战役后勤部署经常处于变动之中。

（三）战法不断更新，保障方式复杂多样

海湾战争与伊拉克战争的实践表明，高科技武器装备的使用，必然引起作战方式的变革，作战行动由原来的先前沿后纵深，逐个要点逐个争夺，发展为非线式、全纵深立体攻击，前后方同时展开，先摧毁敌纵深要害目标，瘫痪作战体系，切断补给线，而后以大规模、高速度和反常规的地面决战，一举击败对方。这就要求战役后勤在不同的战役时节、作战方向和作战地区，对不同保障对象，采取不同的保障方法，通过周密的计划，灵活运用各种保障手段，实施有效的支援。

（四）保障任务繁重，后方指挥日趋复杂

高科技条件下局部战争后勤保障的内容增多，难度增大，任务加重，后勤组织指挥面临更加复杂的局面。一是战役后勤保障范围大，指挥控制面广。即使在战区的一个方向作战，后勤指挥也要覆盖全区。二是战役后勤力量来源广，组织协调头绪多。高科技局部战争是综合国力的较量，战时军内各军兵种专业，军外各部门行业，将实施整体保障，后勤组织指挥工作量倍增。三是敌占据高科技优势，必然通过各种手段干扰，破坏我指挥系统，隔断信息，使本来就处于劣势的我军后勤指挥手段更加难以发挥作用，造成指挥"盲区"。

（五）受敌威胁增大，后方防卫任务艰巨

打击后勤与保护后勤历来是敌我双方斗争的一个焦点，从总体上看，战役后勤在高科技条件下生存，主要面临以下新的情况。一是在先进的侦察报知系统作用下，战役后勤隐蔽伪装日趋困难。二是高科技精确制导武器对后方长时间、大规模的综合打击，将使后勤遭到空前严重的破坏。三是机动作战能力的提高，后勤遭敌袭击的危险性增大。四是高科技地球物理战，能够改变战场局部自然环境，战役后勤将面临人为灾害的严重威胁。五是高科技兵器可以对交通线实施全过程、多层次的封锁破坏，后勤以运输为中心环节的各项保障将遇到严重困难。

四、改变传统模式，实施超常保障

如何组织好高科技条件下局部战争战役后勤保障，从战区特殊的地理环境、战场后勤建设和主要作战对象等实际问题看，建立战区战役后勤保障协调指挥中心和具有一支融"两化"（保障与指挥现代化、防卫与生存战斗化）为一体的、与应急机动作战部队相匹配的后勤快速保障部队，不断改进传统保障模式，采取多种手段并用，实施超常保障，是高科技条件下局部战争突然性、速决性和高耗性等特点对战役后勤保障的客观要求。

（一）转变基地区域保障方式，实施跨区机动全程保障

高科技局部战争，具有方向不固定、目标不明确，战场范围广，转换频率高等特点，这就决定了军队作战已由原来的小区域、预定区转化为跨区、多方向、无固定战场。为了控制战局和事态发展，迫切要求应急机动作战部队快速反应，实施远程奔袭，在广阔战场上，采取铁路、摩托化、空运等各种机动方式，进行快速机动和边境反击作战。

快速机动和反击作战是一种攻势行动，不论是战前集结，还是战中的反击，机动都贯穿于作战的全过程。这对相对稳定的战役后勤保障来说，各种因素都处于多变动态之中，尤其是战中机动，扩大了战场空间，使过去依托纵深战役后勤基地"划片定点就近"保障的可能性减少。为此，在未来高科技条件下局部战争中，战役后勤保障成功的关键在于改变传统的保障模式，在基地保障的基础上，发展机动保障能力，以"跨区机动全程"超常保障为主要手段，形成源源不断的后勤"保障流"，不断扩大战役后勤保障辐射能力。

（二）转变支援补缺保障方式，实施主战方向直接保障

在高科技条件下的局部战争中，使用应急机动作战部队在主要作战方向和主要战场作战

虽属战术行动，但带有很大的战役、战略性，所以后勤保障将可能超越从战略、战役后勤在主要作战方向上由战区给予直接保障。

为满足战役主要作战方向人员伤亡和武器、装备及各种物资的巨大损耗，需要战区战役后勤转变在一般情况下以支援补缺为主的保障方式，对主要作战方向实施直接保障，可采取"模块组合、小群多路、星点网络"等保障措施，使战役后勤保障在主战方向"灵活、快速、简便"直接奏效。一是"模块组合"，就是在保障力量编组形式上，以战区应急保障部队所属仓库、医院、运输、修理、通信、警勤等保障分队为基本单元，充分利用"车载化"装备，把每个单元"组合"成保障实体，届时根据任务，需要哪块用哪块，宜分则分，宜合则合，使每个单元既可单独完成保障任务，组合后又能执行综合保障任务；二是"小群多路"，就是把战役后勤保障力量化整为零，分别实施多路线、多批次的"向心"快速机动保障，把直接保障力量融于作战部队的保护之中，以减轻或避免我战役后勤保障力量遭敌空中和地面火力打击所造成的损失；三是"星点网络"，就是把战役后勤保障力量进行分散配置，集中使用，在实施主战方向直接保障过程中，做到作战部队在什么地方，距哪一个保障点近，就启用哪一个保障点，形成各"星点"相互衔接、网络交叉、军地联合式的后勤保障配系，增强主要作战方向直接保障的锐势和后劲，以提高整体保障效益。

（三）转变军种条块保障方式，实施合成联勤统供保障

高科技条件下局部战争是诸兵种协调作战，各类高科技兵器并用的高度现代化的战争，战役行动将呈现多维性。由于各军兵种和各类武器装备对后勤保障的要求各不相同，这就迫切需求战役后勤实施联勤保障。为此，必须改变目前分军种，按建制、划系统"分散独立""条块封闭"的保障模式，强化战区战役后勤整体协调和综合保障功能。只有具备了适应各军兵种、各武器装备，各种条件下的综合保障能力，才能满足高科技局部战争对战役后勤保障的需求。

在高科技局部战争中，打破军种界限和按建制"条块封闭"的保障模式，构成上下衔接、纵横相连、多层次、多方向、多渠道、多手段的战役后勤保障整体，便于有效地进行战役全地幅和多方向保障，既能纵向保障，又能横向保障；便于广泛机动后勤力量，部队无论在哪个方向、哪个地区作战，均可得到保障；便于后勤力量的统一调整使用，迅速形成新的保障重点，有利于战胜敌人的封锁破坏。

（四）转变平面线状保障方式，实施全方位立体化保障

高科技渗透到军事领域后，使大纵深、高速度"空地一体"的作战理论运用于战场，冲破了"线式"攻防作战的模式，战场上出现了"敌中有我，我中有敌"的态势。战役后勤既要保障内线作战，又要保障外线作战；既要保障地面作战，又要保障空中作战。在这种情况下，后勤以超越、接替、强行保障为主的方式也应运而生，纵深地幅内作战的后勤保障将与一阵地作战的后勤保障同时或先期展开。因此，以往呈平面、线状的、以保障陆军地面作战为主的平面保障方式，已不适应高科技局部战争"立体化""非线式"作战的需要。以往采取的"平面、线状"保障方式，在一般技术条件下进行常规武器作战，以坚固阵地防御和野战阵地进攻战斗为主要作战样式是相适应的。随着高科技兵器和"空地一体"作战理论运用于战场，使攻防战斗从作战程度到具体战法，从兵力配置到人力运用，二者的差别

日益缩小。由于攻防一体化,使"分散配置,集中战斗"成为作战的基本模式,而大兵团掘壕固守阵地将成为历史。高科技局部战争的战法客观需要"全方位立体化"的保障。

五、沙漠地区机动作战的后勤保障

随着高科技武器装备的飞速发展和广泛应用,"空地一体""大纵深立体作战"理论的提出和发展,机动作战将成为未来主要作战形式。机动作战既不同于一般的进攻作战,也不同于传统意义上的运动战,它既包括进攻中的机动作战,也包括防御中的机动作战,是一种边机动、边调整部署力量、边作战的作战形式,具有发起突然、机动性强、方向多变、作战区域位移不定、作战样式转换快等特点。这对后勤保障提出了一系列新的问题和要求。沙漠地区由于自身固有的属性和特点,使机动作战后勤保障面临的问题更加尖锐、矛盾更突出。

沙漠地区地广人稀,物产贫乏,交通、通信、经济非常落后,保障基础十分薄弱,机动作战准备时间短和准备工作量大的矛盾十分突出。因此沙漠地区机动作战后勤保障必须在超前准备上求主动。这种准备不是同时全方位全面准备,而是通过有重点分步骤、有针对性地准备,达到一旦有事就能快速反应,并圆满完成机动作战后勤保障任务的目的。

沙漠地区交通不便,路少质差,且分布不均,除沿主要交通干线附近有少许土质公路或便道外,大多数地区是一望无际的戈壁沙漠,没有公路。现有后勤摊点少,且机动综合保障能力不高。解决后勤保障要求高和能力低的矛盾,一是要提高后勤机动能力,改善机动条件。尽快给担负沙漠地区应急机动作战部队配发各种适应沙漠地区机动要求的履带式装甲保障车辆。对可能发生局部战争的沙漠地区,构筑一些便于我军机动的工事和道路,以弥补我军机动能力的不足。二要建立适当规模的应急机动保障力量。要充分考虑沙漠地区特殊环境,从编制、装备、物资、训练等方面体现沙漠保障特点,提高机动综合保障能力。三要充分发挥现有后勤摊点作用。未来机动作战,在我军后勤装备、机动保障能力处于劣势的情况下,我们要发挥本土作战的优势,通过对重点地区现有后勤摊点的改造、建设和合理布局,使每一个摊点都具有一定的综合保障能力和一定范围内的机动保障能力。

沙漠地区物产贫乏,经济落后,机动作战物资消耗大,对后勤依赖性强,后勤保障要着力解决就地筹措困难和需要量大的矛盾,在提高后方持续支援保障能力上找出路。为此一要提高战略运输力量,以战略后方的快速支援形成沙漠地区机动作战后勤保障的相对优势。二要预先购置作战物资,要在沙漠边缘的绿洲或纵深构筑一些仓库设施,临战前预先将一些机动作战物资前置,以减少战略空运量。三要搞好后方动员,依靠人民支援。发动群众参战,动员地方力量支前是我军的光荣传统,在未来沙漠作战中仍必须贯彻人民战争思想,依靠和发动群众完成保障任务。

沙漠地区地形开阔,植被稀少,自然景色单一,隐蔽条件极差,沙区地表土层松软,戈壁区异常坚硬,加之取材不便,短时间内很难构筑比较坚固的工事,防护能力大大降低。另外,由于沙漠地区地势平坦开阔,便于敌空降兵着陆和大规模机动部队穿插渗透,因此,沙漠地区机动作战后勤防卫任务将十分艰巨。一要着眼于"打",积极防卫。要针对沙漠地区便于敌空袭空降的特点,给后勤加强一定的地对空战术导弹,以保证后勤有一定的防护能力。二要隐真示假,综合运用。针对沙漠特点,发挥主观能动性,积极做好藏的工作。在近几年沙漠地区演练中集团军部队积累了一些好的做法。如用篷布将物资遮盖铺上骆驼刺;采取密封包装,将物资埋在沙中等。高科技条件下,在隐真的同时更应突出示假。要预先准备示假器材，设一些假仓库、假汽车等，以分散敌人火力。

如前所述，沙漠地区物产贫乏，物资筹措困难；道路量少质差，前运后送难；风沙大，装备器材损坏多，修理任务繁重；特别是水源奇缺，气候异常，紫外线强烈，夏季酷热，冬季寒冷，昼夜温差大，卫生保障工作也十分困难。加之机动作战物资消耗大，机动要求高，后勤保障任务将十分繁重复杂。沙漠地区险恶的环境和艰巨的保障任务使后勤人员的体能与心理面临着严峻的考验。解决这一矛盾，首先要加强沙漠条件下后勤适应性训练，沙漠地区特殊的自然环境，对人的体能心理要求很高，需要一个适应的过程。其次要研制配发一些适应沙漠气候特点、方便、实用、先进的被装、食品、供水器材和卫生保健器材等，以最大的限度克服沙漠地区特殊气候对人身和装备的损害，创造一个适应生存的小环境，减轻保障难度，提高快速机动保障能力。

六、登陆战役的后勤保障

渡海登陆战役，后勤组织指挥十分复杂，保障任务异常繁重。

战役后勤没有高度统一协调的指挥，是很难驾驭战役后勤保障全局的。登陆战役后勤力量的部署，应做到"三个适应"：适应三军联合越海攻坚的战役布势、适应统分结合的联勤保障要求、适应战场环境条件。为此，必须建立两岸紧密衔接的"跨海部署"体系，即登陆前在我岸展开一部分保障力量，同时向海上延伸机动保障力量，夺占登陆场之后再在对岸部署一部分保障力量，以海运和空运为纽带衔接起来，形成陆、海、空军战役军团及第二炮兵部队后勤力量高度联合的跨海保障体系。"跨海部署"体系主要由三部分构成：我岸的保障力量、上岛的保障力量、海上机动保障力量。

我岸的保障力量由若干个后勤分部、若干个技术保障群及海空军和导弹部队的主要保障力量编成。上岛的保障力量根据登陆方向进行区分，通常每个登陆方向部署一个后勤分部、一个技术保障群。在我岸，后勤分部和技术保障群，作为登岛战役的通用保障力量实施划区网状部署，每一个保障区部署一个后勤分部、一个技术保障群。后勤分部依托后勤基地展开野战兵站，形成兵站网。技术保障群，以后勤分部野战兵站网为基础、依托技术保障基地展开各技术保障分队，形成技术保障网；技术保障群机关，通常与后勤分部开设联合指挥机构，统一组织计划整个保障区内的各项勤务保障，也可以开设独立的技术指挥机构；技术保障基地，通常与后勤保障基地统一配置，组成综合保障基地，以便统一组织后方防卫和其他后勤保障；技术保障分队，通常与野战兵站的各种保障力量统一配置，由技术保障分队统一组织技术保障工作，根据需要有时会抽组综合技术保障组或指定某一个技术保障分队，前出到重点部队、主要作战方向实施伴随保障或机动巡回保障。

七、山地进攻战役后勤保障

在高科技条件下的局部战争中，山地进攻战役及其后勤保障将会出现许多新的问题。

（一）战役行动隐蔽困难，要求后勤保障更加周密和具有适应性

高科技条件下，无论进攻或防御作战，一个显著特征就是战场透明度增大，战役行动隐蔽困难。我军在山地实施进攻作战，虽然具有一定的可供利用的隐蔽条件，但仍将处于敌人的严密监视之下，战役行动难以像以往那样达到出其不意的效果。因此，我军除采取佯动、

欺骗和迷惑敌人外，一是将根据战场实际情况，灵活运用战法，创机破敌，超常用兵，把敌人意想不到的地点作为主要进攻方向。二是建立疏散隐蔽、富有机动性的进攻作战部署；必要时可在进攻开始后，通过临时机动，改变原定的主攻方向。这一点，就山地进攻作战来讲，虽然更困难，但往往能达到出其不意的效果。三是在攻击发起的时间和方式、方法上，实施先机综合火力打击，要实现上述战役行动，后勤必须根据战场情况，精心计划，周密组织，充分准备，使后勤保障具有较强的适应性。

（二）后勤保障点多线长面广，要求后勤加强指挥、控制和协调

高科技条件下，敌人在山地组织防御，其目的是消耗和消灭对方有生力量，阻止对方进攻，为其转入反攻创造条件。其基本指导思想是控制制高点和交通线，以线制面，制止对方的运动；依托山地有利地形，自上而下反击，使用各种手段达成防御企图。我军在这种情况下实施进攻战役，通常在统一计划下，沿道路实施进攻，有时可能在数个方向上进行。由于受地形阻隔，相互难以支援，各方向的作战具有一定的独立性；小群袭击战法将在山地作战中广泛应用，作战的区域性强，使后勤保障点多、线长、面广；再加之山地作战，电子斗争、通信联络易遭干扰破坏，战场信息难以掌握，上下级后勤之间、后勤与部队之间易脱节，这些就增加了后勤组织指挥的复杂性。为此，必须加强后勤指挥、控制和协调能力，保证各方向、各区域顺利实施后勤保障。

（三）后勤保障任务加重，要求后勤增强持续保障能力

高科技条件下，随着敌远战火器和航空兵器以及直升机在战场上的大量使用，战场范围不断向空中扩大，十分强调战场防御的整体性，要求在时间、空间和力量"三要素"上达成一体化。在高科技条件下，机动防御的地位越来越突出。由于敌兵力投送的手段多，快速支援能力强，并在战场侦察监视、电子对抗、指挥控制等方面占有明显的优势，具备了空地一体、软硬一体、远近一体、动静一体的强大的综合对抗能力和立体防御能力，因此，突破敌人地面－空中立体防御，将成为进攻战役的关键。以往消灭敌人有生力量，就等于摧毁了敌人的战斗力，达到了战役目的。但在高科技条件下，还必须摧毁敌人的高科技兵器系统，破坏敌人作战的整体结构，这样才能从根本上摧毁敌人的战斗力，达成战役目的。为了实现进攻战役企图，不仅要在预先选定的地面突破口上集中优势兵力兵器实施重点突破，还要采取有效的手段进行压制，并在局部地区集中空中力量实施垂直攻击，以兵力与火力、地面与空中相结合的立体攻击手段，强行突破敌人的防御，对抗将异常激烈，速决全歼敌人难度增大，后勤保障任务十分艰巨。因此，战役后勤必须具有持续保障能力，诸如物资储备要充分适当增强保障力量，采取多种手段，搞好运输保障。

（四）后勤保障处在不稳定的状态，要求后勤提高机动保障能力

山地作战中，后勤保障受战场环境的影响较大，再加之后勤装备与作战装备有较大的差距，保障与作战容易脱节。这就要求战役后勤必须提高机动保障能力。

第一，要配备机动性能强的后勤装备。其基本条件是要有机动性能强的后勤装备，主要是运输工具和与此有关的设施、设备。

第二，要建立伴随保障队。在后勤基地少、保障条件差的地区，或者部队进行机动时，

战役后勤要派出伴随保障队，实施跟进保障。

第三，适量增大部队运行主要物资的能力。一是要加强较多的运输工具，主要是给主攻方向的部队给予较多的加强；二是要突出重点，减少一般物资的运行量；三是在不影响部队机动的前提下，适当增加部队主要物资的携带量，以保障一定时间内作战行动的需要。

第四，要加强道路保障。在山地作战中，除了有相应的运输工具外，必须加强道路保障和对交通运输实施有效的控制。应建议司令部门根据战场情况抢修道路，建立有权威的交通指挥机构，以保障道路的畅通和人员、物资的迅速机动。

（五）交战双方火力对抗激烈，要求后勤强化生存能力

高科技条件下，在战役战术范围内，已形成了一个由各型导弹、战术空军、地面炮兵等组成的强大火力系统，打击手段多、精度高、强度大。在防御作战中，特别强调早期、远程、密集火力打击，注重在对方进攻或攻击之前予以重大杀伤。这就使我军在进攻作战中的各项准备、集中兵力、开进与展开以及迂回包围等作战行动和后勤保障，都将在敌火力打击的威胁下进行。要保障强大的突击能力和持续的进攻作战能力，就必须与敌远程打击火力所构成的严重威胁做斗争，实施远距离作战，这种威胁也直接影响到后勤安全。因此，必须强化后勤生存能力。

第一，充分利用地形配置后勤力量。配置后勤力量时，应综合考虑到敌人袭击破坏的因素和山地的地形特点，在条件允许的情况下相对疏散，这样既能减弱敌袭击的效果，又利于提高保障效率。

第二，将战役后勤防卫纳入战役整体作战计划。以便得到部队有力的掩护和支援，发挥部队和后勤整体防卫力量优势，增强后方抵御敌人袭击、破坏的能力。

第三，严密进行伪装。在山地进攻作战中，除利用自然条件如地形、植被进行伪装外，还要运用新型伪装材料、伪装网、伪装衣隐蔽后勤人员、物资和装备，采取消除热源、隔热以及列装的各种反侦察器材对付敌可见光、红外和雷达的侦察。同时，还要设置一些假目标，隐真示假，欺骗敌人，降低对重要目标的破坏程度。在山地作战中，只要有力措施，就能收到较好的效果。

第四，强化打击能力。海湾战争证明，只防不打，必然被动挨打。只有积极组织火力打击来袭之敌，才能减少损失，提高生存能力。应建立以防空袭作战力量为主体的防卫部（分）队，编配与防卫作战任务相适应的装备。在重要的战役后勤配置地域，特别是交通运输线的重要地段，应部署适量的航空兵、地空导弹部队和高炮部队，使战役后方不仅具备反装甲目标的能力，还具备打击空中目标的能力，把后勤自身的打与战役整体的打紧密结合起来，通过积极主动的作战行动，抵御敌人的袭击和破坏。

八、海上局部战争的后勤保障

加强海军后勤建设，是当前要认真研究的重要课题。这个问题涉及面很广，现仅就组织指挥、力量建设、装备发展等几个主要方面，做初步探讨。

（一）完善体制、理顺关系、改进手段，提高后勤指挥效能

高科技海上局部战争，战场远离陆岸，岸基保障单位分散在18000公里的漫长海岸和数

百公里的纵深地区，保障对象类型众多，保障内容十分复杂，组织指挥难度更大，更需要加强后勤指挥建设。从高科技海上局部战争后勤指挥的需要和海军后勤指挥的现状出发，加强后勤指挥规范化建设的基本思路是：完善体制，理顺关系；改善设施，改进手段；优化预案，加强训练。

（二）坚持平战结合、建管一致，提高后勤应急机动保障能力

从海军兵力布局的实际情况出发，海军应急机动保障力量建设的基本思路是：加强已列入应急机动作战部队序列的保障部（分）队建设，以提高战术层次应急保障能力；加强支援保障力量建设，以提高战役方向应急支援保障能力；加强预备保障力量建设，以提高战时后续支援保障能力，从而形成战役后勤既设力量和应急机动支援保障力量，平时和战进相结合的保障布势。

（三）以岸基为基础、海上为重点、岸海一体、系统配套，提高后勤快速保障能力

由于高科技武器装备在海上局部战争中的大量使用，使后勤保障内容更加复杂，时效性更强。同时，由于战场的不确定性和海军兵力的机动使用，后勤保障的方式更加灵活，不仅需要依托军港、机场实施固定保障，而且需要充分运用陆上、海上和空中的机动保障方式，实行全程服务式的动态保障。要做到这一点，除了需要进一步发展快速灵便的岸基保障手段，还必须发展以舰船、飞机、车辆为载体的机动后勤保障装备。一是加快后勤保障船只建造，使后勤保障船只与战斗舰艇协调、均衡发展；二是加快码头、机场急需补给装备配套，使干货补给机械化、液货计量自动化；三是加快补给装置和检测设备的改进、配套，使海上补给和检测水平有较大提高；四是重视直升机在后勤保障中的运用，提高海上快速机动补给能力。

九、城市进攻战役的后勤保障

城市进攻战役，是现代高科技条件下局部战争的主要作战样式之一。参战军兵种多，作战范围广；攻坚任务重，突破难度大；多方向立体攻击，战法多样化；巷战街垒战激烈，独立分散作战多；战斗队形易被建筑物割裂，指挥协同困难。后勤必须针对其特点，分析研究城市进攻作战对后勤保障的影响和要求，采取相应的对策和措施。

（一）城市进攻战役对后勤保障的影响

现代军队对城市防御之敌实施进攻，通常采取四面合围、前后夹击或围三缺一的战役布势。而要采取上述战役布势，就必须在城市四周的广大地区上进行兵力部署和纵深多路的攻击行动。

由于现代城市进攻战役的作战范围广，进攻纵深大；参战军兵种多，立体性强；街道楼房限制大和作战方法多样化，后勤不仅要保障大范围内的四面合围的需要，还要保障大纵深立体进攻的需要；不仅要保障陆军部队的需要，还要保障海军、空军部队的需要；不仅要保障联合协同作战的需要，还要保障独立、分散作战的需要等。这就使后勤保障的组织与实施变得更加复杂。

（二）城市进攻战役后勤保障的基本原则

1. 充分准备原则

城市进攻战役后勤保障的基本原则如下：就是要根据合成军首长的战役意图、上级后勤指示和城市进攻的特点与需要，从最困难、最复杂的情况出发，制订多种保障方案，健全各级后勤指挥和保障机构，建立充分的物资储备，检修武器装备，组织临战训练，为取得战役胜利打下坚实的基础。

2. 整体保障原则

就是要建立三军联勤、军民一体的后勤保障体制，组成由战区后勤首长、军兵种后勤指挥员和地方政府领导参加的联合后勤指挥机构，建立上下贯通、左右相连的网络型向心式后勤部署，统一使用三军后勤力量和地方支前力量，充分发挥各种后勤力量的效能，保障合成作战的需要。

3. 快速高效原则

就是要建立先进的后勤指挥与通信自动化系统，快速收集、处理各种保障信息；建立后勤快速保障群、队，使用高科技后勤装备；采取立体、越级、随队等保障方式与手段，做到随时供得上、救得下、修得好，保障部队进攻行动的顺利实施。

4. 加强防卫原则

就是要采取各种隐蔽手段和警防措施，提高自身防卫能力，并加入合成军的统一防卫体系，尽量减少人员伤亡和装备、物资损失，保持遂行保障任务的能力。

（三）城市进攻战役后勤保障对策

高科技条件下城市进攻作战的后勤保障，与其他作战样式相比，有其不同的特点。因此，必须针对其特点，采取不同的对策。

1. 建立适应城市进攻作战需要的物资储备

充足的物资储备，是完成后勤保障任务的前提条件。城市进攻作战，敌凭借外围要点和市区各支撑点坚守防御。我军攻击强度大，物资消耗多，后勤部门必须建立充足的物资储备，才能减缓战中供求矛盾，保障部队的连续作战能力。

在物资储备中，凡是专用性强、技术含量高、战时不易筹措，且易于保存的装备和物资，都应作为各级储备的重点。特别是海、空军、二炮、陆航部队等技术军兵种的专用物资，更应重点加大储备。此外，储备的物资品种，要做到陆、海、空配套；油、弹、粮配套；运、救、修配套，以提高后勤保障的综合保障能力。

战役后勤物资的储备布局，应综合考虑战役任务、战役布势、战役后方地形道路、储存条件、地方资源分布等因素，本着便于调运、供应与管理，减少中转环节，利于安全等原则，使战区、集团军等各个保障环节和保障层次，构成纵深梯次、点面结合、上下沟通、左右相联的战役物资储备网。使之具有保障全方位、大纵深，多军兵种立体作战的能力。

2. 建立符合城市进攻战役布势和作战行动的后勤保障体系

现代城市进攻战役，参战军兵种多，作战范围广，保障难度大。因此，需要建立更有效的联勤保障和与战役布势相适应的后勤部署。

城市进攻战役,后勤力量部署相对分散,且距攻击目标城市有一定距离。我军可能采用突然袭击的方式发起攻击,并采取纵深直插、越点突袭等作战方法,使用快速突击集群和垂直突击集群与敌纵深交战。因此,后勤保障要适应部队作战行动,确保部队的作战需要,就必须建立一支快速、综合的保障群。

3. 采取灵活多样的后勤保障方式和方法

外围作战是城市进攻的主要作战阶段。通常情况下,敌为了阻挠我攻城作战,必将在城市外围采取各种措施,甚至实行移民政策和"坚壁清野",转移和控制外围资源。因此,在城市进攻外围作战阶段,所需物资必须以后方供应为主。

城区既是敌固守的核心,也是守敌赖以生存的经济中心,可供利用的资源丰富。部队进入城区后,其后方补给线明显延长,后方补给的速度和可靠性大为降低。因此,充分利用城区资源进行保障,对保证部队连续作战有着十分重要的意义。

采用"五种"保障方法,实施全方位快速立体保障。一是逐级保障与越级保障相结合。在通常情况下,按照保障层次逐级进行保障,而在重要时节和对主要方向、纵深作战,夺占要点的部队,则多采用越级保障。例如城区战斗中,军、师后勤用直升机直接将急需物资前送到一线分队,保证城区要点的夺控。二是定点保障与机动伴随保障相结合。战役后勤的保障,主要采取定点保障的方法,建立相对稳定、梯次配备、弹性较强的保障基地,对部队实施定点保障。必要时动用快速保障旅进行保障。军以下部队对快速直插、纵深空降和小群多路的分散作战部、分队,则采取机动伴随保障,以车代库,动中实施。三是独立保障与支援保障相结合。在战斗中,对主要方向、主攻部队和重要时节,则集中力量,予以加强和支援,使保障形成拳头;对其他部队,则调足本级力量,独立完成保障任务。四是平面保障与立体保障相结合。要注重发挥三军后勤的整体力量,特别是利用装甲车、直升机、气垫船等防护能力强、机动性能好的运输工具,实施陆上、海上、空中多维一体的立体保障。五是军队保障与地方保障相结合。依靠人民群众的支援是我军后勤保障的光荣传统,高科技条件下的城市进攻作战,仍然需要发扬这种传统。战役后勤部门要与地方有关部队共同制定保障方案,落实地方物资储备和技术储备,并明确分工,严密组织,搞好物资的加工、筹措和前送,确保部队作战的需要。

十、空中进攻战役的后勤保障

在现代高科技条件下,空中进攻战役在战争中的地位和作用越来越突出,它对改变敌我双方力量对比、加速战争进程和确保战争胜利,具有越来越重大的影响,在某种特定情况下,仅通过一定规模的空中进攻作战即可达成战争目的。例如,美军空袭利比亚,以军偷袭伊拉克核反应堆等。

(一)战役主动权在我方手中,后勤准备必须力求周密

空中进攻战役行动通常具有较大的主动权,准备时间相对较为充分,这就为后勤的周密准备创造了客观条件。战役后勤应充分利用这一有利条件,周密地组织各项后勤准备,力求使保障预案的修订、后勤部署的调整、保障力量的扩编、作战物资的调拨、技术装备的补充、战场工程的抢建、后备力量的动员、后勤协同的组织以及指挥机构的建立等尽可能细

致、充分、完善。

(二) 突然性是首次突击成功的关键，后勤准备必须高度隐蔽地进行

突然性是实施空中进攻战役的首要原则，也是确保首次突击成功的关键。即便失去战略上的突然性，如果能达成战术上的突然性，首次突击也仍然可能奏效。达成突然性的基本前提是战役各项准备工作的高度隐蔽性。特别是后勤准备活动，不仅目标明显，而且后勤与地方接触广泛、联系紧密，从而易导致泄密渠道和机会的增多。因此，后勤准备的高度隐蔽性，对确保战役的出敌不意、出奇制胜至关重要。

(三) 首次突击是战役成败的关键，后勤保障必须重点围绕首次突击展开

空中进攻战役的成败，通常取决于首次突击。实践证明，出敌不意地对预定目标实施强大的首次突击，往往容易以较小的代价换取较大的战果。特别是随着防空兵器的发展，预警系统的完善，以及地面（海上）目标防护能力的增强，如果不能在首次突击中先声夺人，给敌以毁灭性打击，尔后的突击行动就难以奏效。因此，首次突击是战役成败的关键，甚至有可能通过首次突击即基本达成战役目的。

(四) 多机种群体远程奔袭，后勤支援着力点必须向多机种保障和野战保障倾斜

现代空中进攻战役力量编成，主要包括以轰炸机、歼击轰炸机及强击机为主体的突击兵力集群，以歼击机为主体的掩护兵力集群，以预警指挥机、电子干扰机、空中加油机和侦察机为主体的保障兵力集群，以及由上述部队兵力构成、用于扩大战果和应付意外情况的战役预备队。多机种群体远程奔袭、合同作战，构成了空中进攻战役的基本形式。战役的结局，将在很大程度上取决于各兵力集群和各武器系统整体效能的发挥。为形成有利的作战布势和增大飞机活动半径，通常在战役实施时，部署在纵深机场的轰炸航空兵，以及部署在二线机场的歼轰、强击航空兵和部分歼击航空兵，要前出到主要配置歼击航空兵的一线机场加油、挂弹，或从原基地直接出击，完成突击任务后，经一线机场加油、挂弹再返回基地。

(五) 战役主要战场在敌区上空，抢救遇险空勤工作必须紧密依靠多方支援

空中进攻战役主要是深入敌后作战，必然遭敌空中和地面防空力量的顽强抗击，飞机战损率将明显高于防空战役和合同战役中的空中支援作战。战役后勤应建立野战救援组织，配备精干的救护人员、野战医疗器材以及直升机等快速输送工具，紧密依靠其他军兵种部队、地方政府和人民群众的大力支援与通力合作，才有可能确保救援任务的顺利完成。为此，战役后勤应提请战区前指统一组织遇险空勤救援工作，并将遇险空勤的呼救信号、识别标志和联络方法等有关事项通报各有关方面，只要有可能，就应当在战区特遣分队及敌后军民的配合下，积极组织敌后机降救援。

(六) 战役强度高、消耗大，保障力量必须高度集中使用和高效率、高强度运转

随着现代空袭兵器战术技术性能的大幅度提高，空中进攻战役物资消耗量空前增大。越南战争中，美空军航空油料和航空弹药的消耗量，已占美军全部耗油量和耗弹量的 60% 和 50%。随着现代空袭作战强度的提高和节奏的加快，空中进攻战役物资消耗更呈现集中和急

剧的趋势。海湾战争中，多国部队空军航空油料和航空弹药的日平均消耗量，已分别达到近3万吨和近2万吨，均创历史之最。如果战中没有强有力和高时效的物资补给，要保障战役持续进行下去几乎是不可能的。战役后勤必须采取有效措施，千方百计确保战中物资补给按时、按量到位。

（七）空中进攻战役往往与其他战役样式交织在一起，后勤保障必须既全方位，又轻重有序地实施

现代空中进攻战役，特别是联合战役中的空中进攻战役，往往不是孤立进行的。为了使敌后突击行动达到更理想的效果，很可能在空中进攻战役的一定阶段穿插空降战役；当敌遭受空中打击后，又不可避免地要对我实施空中报复，从而又使我不能不在空中进攻战役的进程中交织展开防空战役。而随着空降战役和防空战役的伴随展开，不仅战役军团的作战任务骤然加重，而且后勤保障所承受的压力也势必相应加大。这就要求战役后勤，既要充分发挥后勤保障的整体效能，全方位展开后勤保障，在组织空中进攻战役后勤保障的同时，充分关照好防空战役后勤保障和后方防卫，以及对空降兵部队的空中后续补给，又要正确处理掌握关键与照顾全局的关系，自始至终根据战役军团指挥员的意图，把握住保障重点以及重点转换的时机，有序地组织后勤保障。

（八）参战军兵种和涉及方面众多，后勤协同必须周密计划、严密组织

高科技条件下的空中进攻战役，既是空军的多兵种、多机种合同作战，又是诸军兵种的协同作战。因此，空军战役后勤必须积极搞好与参战各方面的后勤协同。应主动与战区后勤、参战各军兵种后勤及地方支前机构加强联系，协调行动，并积极参加后勤组织的后方协同；应根据战区整体保障原则和战场实际情况，周密制订与参战各军兵种后勤及地方支前机构的协同计划，明确规定相互协同的任务、内容、方法及要求，并严密组织协同动作。

（九）空军战役后勤保障的发展趋向

1. 必须加强高科技和谋略训练，培养高素质的后勤人才

高科技竞争的实质是人才的竞争。近几年发生的高科技局部战争表明，决定战争胜负的是人与先进武器的有机融合。因此，必须把培养适应高科技战争的后勤人才放到战略位置。

2. 组建后勤快速保障部队，适应机动保障需要

必须把机动保障力量建设摆到应有的位置。空军战役后勤保障的组织，以基地保障为主，机动保障为辅，这是符合空军作战特点的。但是，随着现代局部战争突发性、损毁率的增强和提高，对后勤机动和实施机动保障提出了更高要求。我空军战役后勤也必须在加强基地保障力量建设的同时，着手组建和发展适量的机动保障部队。

3. 贯彻"积极防卫"方针，努力保存战役活力

现代高科技兵器具有全纵深打击和高度突防能力，战争侧重打"后"，并首先从后方打起成为现实。在这种恶劣的战场环境下，战役后勤既要保障好部队的作战行动，同时还必须十分重视和做好自身的安全防护。

4. 建设独立高效的后勤指挥系统，确保战役后勤保障及时、准确、不间断

未来高科技局部战争将呈现明显的多样性和超常性，战机稍纵即逝，战场情况变化急剧。这就要求战役后勤必须建立独立高效、集中统一的指挥系统，从而确保对部队能实施及时、有效、准确、不间断的保障。

十一、导弹战后勤保障趋势及对策

世界军事形势的发展，促进了各国军事战略思想及其军事后勤理论的变化。面对新的情况，如何揭示导弹战后勤保障的规律，充分认识后勤保障发展趋势及其影响，提出后勤保障的现实工作对策，探讨适应导弹战的后勤保障理论，是摆在我们面前的一项重要的任务。

（一）立体、纵深性保障趋势，要求制定全方位保障对策

高科技局部战争中的导弹战强调的大纵深、强火力杀伤的主导思想，不仅描述了未来空间战场的激烈场面，也展示了后勤保障的复杂情景。现代战场由于战役空中力量能够进行侦察、警戒、通信、指挥、控制及空中布雷、穿插迂回、转移等手段，可以利用空中力量完成补给救护等任务，为导弹战全方位保障提供了可能。但是，这既预示了后勤保障工作的广阔前景，也带来了一系列新的问题。因此，我们在制定导弹战后勤保障对策时必须面对这一现实，高度重视各保障层次之间的指挥协调。

首先，应建立与导弹部队作战编成相适应的战役后勤指挥体系。具体设想的这个体系，就是建立导弹部队后勤指挥所或战区联合指挥所，这个指挥所上联总部和导弹部队作战指挥所，下联部队后勤。对导弹战后勤实施统一指挥。一是按导弹部队建制系统组织完成导弹部队独立作战后勤保障任务的指挥，二是完成导弹部队配合其他军兵种作战时后勤保障任务的联合指挥。

其次，要采用先进的指挥手段。导弹部队既有固定发射，又有机动发射，指挥协调层次繁多，头绪复杂。应根据导弹部队特点和高科技战争的要求，建立与完善后勤自动化系统，充分利用高科技部队优势，使用计算机网络与无线、有线相结合的现代通信手段，进一步增强指挥与控制的有效性。

（二）整体协同性保障趋势，要求全力促使保障力向战斗力的转换

战役后勤保障的发展趋势告诉我们，保障有力的关键是整体保障效益的提高，使各种保障力量、保障形式和方法形成有机整体，适时适地、灵活多变、步调一致地实施保障，是高科技局部战争后勤保障理论研究的核心问题。因此，整体协同性保障已成为导弹战后勤保障的核心内容，只有综合运用各种保障力量，使突击保障分队与经常性保障力量形成一个统一严密的后方保障系统，才能发挥整体保障效益，保证导弹部队作战的胜利。

导弹战对整体保障的要求是多种多样的，如战役目标保障与战略目标保障形成整体，导弹战保障力量同战略保障力量形成整体，导弹部队各保障层次之间形成整体，导弹部队后勤保障力量与其他军兵种保障力量的整体协同，战区内与友邻部队后勤力量、与地方支前力量的协同，等等。因此，导弹部队要十分注重提高后勤保障的技术含量，抓好整体协同性保障。

一是要抓好导弹部队内部协同。由于导弹部队作战样式采用场坪、机动和地下等多种发

射样式，加之技术密集，保障人员多，涉及面广，在后勤保障的协同上要建立相应的约束机制，制定建制内各级后勤力量协同的标准和规范，使后勤系统内部各业务部门之间，后勤部与司令部、政治部和装备技术部门之间的协调工作有序进行。

二是要抓好联合作战情况下，导弹部队后勤同其他军兵种集团后勤的协同。现代高科技局部战争中的合同战役，协调关系复杂，保障点多线长、涉及单位多，保障任务重，导弹部队后勤单纯依靠自身的力量将难以完成繁重的保障任务。尤其在远离发射基地实施机动作战的情况下，更需要战区内各友邻部队的支援。

三是与地方支前力量的协同。导弹战后勤保障与其他部队作战保障一样，离不开驻地人民群众的支援，离不开驻区经济潜力的支持。军民一体、寓军于民历来是我军夺取战争胜利的保证，也是具有中国特色的导弹部队后勤保障的优势所在。

（三）机动、防卫性保障趋势，要求实施快速、及时、高效持续的保障

导弹战后勤面对的是高真空、无重量（失重）、强辐射环境的战场，各种器材物资要从地球上的基地实施供应，因此支援保障复杂，物资运输难度大，技术要求高，机动范围广。无论对后勤人员的知识水平、业务素质，还是对物资器材的技术含量都有特殊的要求。又因导弹射程、精度、杀伤破坏力空前增强，使战役全纵深置于交战双方火力范围之内，前后方差距明显缩小。战役后方基地既是己方物资器材供应的大本营，又是敌人火力打击的重点目标。战斗一旦打响，随着前后方的渗透换位，后勤所在地也将是充满硝烟的战场。这就对后勤保障部队的生存提出了严峻的挑战。可以预见，高科技局部战争中的导弹战，后勤防卫任务重，作战的时空观将明显增大。在较短时间内，对保障工作的组织与指挥、协调与控制、计划与预测做出快速准确的反应，使大量装备物资顺利涌向战场，就要求导弹部队后勤针对部队灵活多变的作战样式，确立与之相适应的保障模式。在保障行动上迅速及时，在保障作战中搞好后勤防卫，在支援保障导弹部队完成作战任务中充分发挥后勤保障的效能。

第八章 军事高科技

军事与科学技术密切相关,在很大程度上,20世纪40年代兴起的高科技革命是由军事需要推动的。科技革命引发了军事革命,高科技促进了武器装备威力和效能的提高。技术决定战术,战术影响战略。高科技武器的应用不仅产生了新的作战样式和作战方法,也引起了军队组织、军事战略和战争理论的变革。人类已经进入21世纪,回顾纪之交的几场高科技局部战争,特别是海湾战争、科索沃战争、阿富汗战争以及伊拉克战争,人们不难得出结论:科学技术是最重要的军事战斗力。

一、军事高科技的定义、分类、特点与发展趋势

(一)军事高科技的定义

1. 高科技的定义

一般认为,高科技是指建立在综合科学技术研究的基础上,处于当代科学技术前沿,对发展生产力、促进社会文明、增强国防实力起先导作用的知识、技术和投资密集的技术群。从总体上讲,当代高科技包括相互支撑、相互联系的六大高科技群,即信息技术群、新材料技术群、新能源技术群、生物技术群、海洋技术群和航天技术群。主要包括九大技术的产生,即生物工程、生物医药、光电子信息、智能机械、计算机软件、超导体、太阳能、空间、海洋产业等。每个高科技群又包括许许多多的高科技,而且相互交叉、渗透,还不断涌现新的高科技学科。高科技具有战略性、风险性、增值性、渗透性和带动性等基本特征。

2. 军事高科技的定义

军事高科技是高科技的重要组成部分,军事高科技建立在现代科学技术成就的基础上,处于当代科学技术前沿,是诸多高科技中为了满足国防现代化需要,能够产生新武器系统、作战指挥系统与作战方法而发展起来的那部分新技术群。军事高科技的内容十分广泛,主要有军事微电子技术、军事电子计算机、军事光电子技术、军事定向能技术、军事隐形技术、军事航天技术、军事新材料技术、军事纳米技术、军事生物技术等。

(二)军事高科技的分类

军事高科技门类很多,但主要有以下九项。

一是军事微电子技术,军事微电子技术是使军用电子元器件和由其组成的电子装置微型化的技术,其基础是新材料和精细、超精细加工工艺技术。利用建立在新概念、新结构、新工艺基础上的微电子技术,既可控制固体内部的电子运动,也可制造一种或多种功能完整的集成电路、微电子部件或电子系统。军事微电子技术是所有现代化军事装备和系统的核心技术,是提升武器装备性能的"魔术师",是使武器装备信息化的"万灵丹"。军事通信器材采用微电子技术后,不仅能缩小体积,减轻重量,大大提高战术技术性能,还能使作战指挥

控制实现自动化,为取得作战的胜利提供迅速、准确、保密、不间断的通信保障。精确制导武器是军事微电子技术的"化身"。制导武器本身除能源和装药外,剩下的都是微电子设备,即测量系统、程序装置和解算装备等。制导武器的保障系统,特别是其地面、机载、舰载或星载制导系统,内装数千万甚至上亿个电子元器件,完全是一个微电子装置集合体。现代军事技术的迅猛发展,武器装备的巨大变革,在一定意义上就是微电子技术发展和广泛应用的结果。"微电子技术对当今防务的重要性,无异于第二次世界大战的原子弹"。

二是军事电子计算机技术。电子计算机,也就是人们常说的"电脑",是一种按程序自动进行运算的机器。计算机技术水平的高低是军事技术发展、武器装备现代化程度、国防与军队管理水平的重要标志,其主要用途有四:第一,用于科学计算,如计算核爆炸数据、人造卫星与弹道导弹运动轨迹等。第二,用于军事信息处理。平时和战时,都要用计算机处理大量信息。平时进行信息处理的领域主要包括国防科研、武器生产、部队管理和教育训练。战时,更离不开用计算机处理信息,如对高速飞行目标的各种信息进行分析综合,对战场预警、雷达搜索与跟踪、遥感探测的各种数据进行处理,对大型武器系统的位置、射速、目标分配进行调整,对战场上的兵力部署、战斗编成、火力使用及敌军机动情况进行处理与显示等。第三,用于自动控制和过程控制,即制导武器系统的自动控制,飞机、舰艇、地面战斗车辆的自动驾驶,以及军工部门的生产自动化管理。第四,用于发展智能武器,亦即能有"意识"地寻找、辨别、跟踪、打击敌方目标的武器。

三是军事光电子技术。光电子技术是光波段的电子技术。军事光电子技术是电子技术的发展和补充,它大大扩展了军事电子装备的功能和应用范围。军事光电子技术主要包括激光、红外光、可见光三个技术领域。激光是一种"受激辐射光",其特点是亮度高、方向性强、单色性纯、相干性好,在军事上用途广泛。其用于激光制导,制导精度高、抗干扰能力强、操作简便;用于激光通信,信息容量大、通信距离远、传输损耗低、保密性强;用于激光测距,测距快速、准确、无盲区;用于激光侦察,可识别伪装目标。另外,还可以制成各种激光武器。红外光是一种看不见的光线,实际上是一种电磁辐射或红外辐射。军事红外技术主要用于:精确打击兵器的红外制导;靶场测量与武器火控系统的红外搜索和跟踪,制造红外热成像仪与进行红外对抗。可见光包括微光,利用微光夜视技术,可制成微光夜视仪和微光电视,用于观察战场。

四是军事定向能技术。定向能技术群包括高能粒子束、强微波和强激光等技术。将定向能技术用于军事,就能开发出各种定向能武器。所谓定向能武器,就是利用激光束、粒子束、微波束、等离子束、声波束的能量,产生高温、电离、辐射、声波等综合效应,向一定方向发射,以高能量的强射束来破坏、摧毁或杀伤目标的武器系统。这种武器系统的突出特点是,射束速度快,可达到或接近光速,能在瞬间击毁远距离目标。利用粒子束能技术,可研制粒子束武器。这种仍在试验中的武器射出的粒子束流具有巨大的能量,能使任何材质的目标表面顷刻破碎或气化。军事微波技术已普遍用于雷达、通信、电子对抗等领域,但最引人注目的是正在研制的微波武器。微波武器所辐射的微波能量比普通雷达高数百倍至数万倍,依靠热效应和非热效应两种方式毁伤目标,既能对人员的心理和生理造成损害,也能用于攻击导弹、卫星、各种作战平台、各种隐形武器、通信系统等目标,使其失去作战效能。

五是军事隐形技术。军事隐形技术是一种为了提高武器装备的生存能力,减少其雷达、红外线、光电、声响和目视等"可见"性特征,而在总体设计中采用的综合技术。在这种技术中，通常采用隐形材料，以及光、电、声对抗和多种战术控制措施，以对付敌方的探测系统。实现隐形的主要途径是：采用特种材料和阻抗加载技术，改进整体设计，减小雷达反射截面；降低红外辐射特征，减少红外探测能力；采用多种伪装技术，缩小目视探测距离；减弱声响，降低噪声。自20世纪80年代以来，隐形技术逐渐成熟并达到了实用化水平，并且其发展势头相当迅猛。当前，发达国家军队正在探索新的隐形技术或机理，开发新型隐形材料。这些新的隐形技术是等离子体隐形技术、仿生学隐形技术、微波传播指示技术、有源和新一代红外隐形技术、智能隐形技术、航天隐形技术等。正在开发的新型隐形材料主要有纳米隐形材料、导电高聚物材料、多晶体纤维吸收剂、智能型隐身材料。

在军事隐形技术研究与应用领域，美国居于领先地位，西欧、日本、俄罗斯次之。它们的隐形武器装备主要有五种：一是隐形飞机，如各种隐形战斗机、轰炸机、侦察机，以及具有隐形性能的无人机、直升机等；二是隐形导弹，美、俄都在研制隐形导弹，其中美国已研制出隐形巡航导弹和隐形战术导弹；三是隐形舰船，美、俄、英、法、德、瑞（典）都在设计或研制采用各种隐形技术的护卫舰、驱逐舰、水雷艇、导弹艇、潜艇等；四是隐形坦克，研制这种坦克的国家有美国、英国和瑞典；五是其他隐形装备，如美国开发的红外隐形照明弹、隐形通信系统、人体隐形器等。

六是军事航天技术。航天技术是由运载火箭技术、航天器技术和地面控制技术组成的综合性高科技，应用于军事领域可进一步提高军事侦察、监视、通信、导航和作战指挥控制能力，军事航天技术的发展，已使战场从陆地、海上和空中延伸到太空。太空已成为军事争夺最激烈的场所，军事航天系统在局部战争中得到了逐步应用，并显示了极大的潜力。被称为第一次"空间战争"的海湾战争，以美国为首的多国部队广泛运用了现已装备的各种军事航天系统，在侦察影视、通信指挥、导航定位等诸方面发挥了决定性作用。到目前为止，各种军事活动对空间系统的依赖性越来越大，外层空间即将成为继陆地、海洋和空中之后的第四战场。军事航天技术的产生与发展，标志着人类的军事斗争领域已从陆地、海洋和空中扩展到外层空间。当前，军事航天技术的发展趋势是，改进现有军事卫星系统，提高它们的侦察监视、预警、导航和打击移动目标的作战支援能力；研制新型军事卫星，特别是价格低廉的微小型卫星；开发反卫星武器，准备实施空间战。随着军事航天技术的快速发展，不仅已使太空严重军事化，还将导致出现一个新军种——天军，使太空成为继陆、海、空战场后的第四维战场。

七是军事新材料技术。材料是人类社会划时代的里程碑。19世纪末至20世纪上半叶，合成化学工业迅速发展，人们用人工的方法合成了塑料、橡胶和纤维等高分子材料，改变了单纯依赖自然恩赐的状况。20世纪中叶以来，在传统的陶瓷、玻璃、水泥等硅酸盐材料和传统的钢铁材料的基础上，又出现新一代的无机非金属材料和特种功能材料，如精细陶瓷材料，光导纤维材料，碳、硼纤维材料，金晶态金属材料，记忆合金材料等。这些新材料的出现，大大促进了集成电路、军事新材料具有更新换代快、知识密集、技术要求高、投资大、竞争激烈等特点，今后将向高功能化、超高性能化、复合化与智能化方向发展。电子计算机、宇航工业和原子能工业的发展，使人类跨进了以微电子技术为中心的信息时代。

八是军事纳米技术。纳米技术是指研究电子、原子、分子在0.1~100纳米尺度空间内内在运动规律、内在运动特性，并利用这些特性制造具有特定功能设备的高科技。这种技术要求在单个原子、分子的层次上，对物质存在的种类、数量和结构形态及其精确的观察、识别和控制。它是在现代物理学和高新工程技术相融合的基础上产生的一项综合性高科技,主要包括纳米生物学、纳米电子学、纳米材料学、纳米机械学、纳米显微学等多种学科。

迄今为止的现代战争,都是飞机、军舰、坦克、火炮等大型武器装备主宰战场。然而,进入纳米信息时代后,传统的作战样式将会发生根本的变革,未来战场极可能将由数不清的各种纳米微型兵器担纲主演。可以想象,从太空到空中、地面,面对层层严密高效的纳米级侦察监视网,使人难以察觉,防不胜防。这使得技术相对落后的国家军队将有密难保,战场对强敌将彻底"透明",未曾与敌交手,胜败几成定局。纳米超微颗粒的几何尺寸远小于红外及雷达波波长,从而为兵器的隐身技术开辟了广阔的前景,美国研制的超黑粉就是一例。可以说,透明的战场加上高超的隐身术,必将使战争更具突然性。未来战争将不再昂贵。现代战争消耗巨大,让人望而生畏。从第二次世界大战到现在,武器弹药价格少则上涨几十倍,多则可达上千倍。进入纳米时代后,由于纳米武器装备所用资源少,成本极其低廉,未来造价昂贵的庞然大物型舰艇、飞机、坦克、火炮等将可能呈锐减之势,而纳米级战争将成为十足的低消耗战争。

九是军事生物技术。生物技术包括遗传工程、细胞工程、酶工程和发酵工程等技术领域。生物技术在军事领域的应用非常广泛,除了人们熟知的生物武器、基因武器之外,生物技术可用于细胞工程和发酵工程。现代化生物武器是重要的威慑力量,在未来战场上将产生比原子弹更可怕的威力。生物电子装备利用生物技术设计生产的大分子系统是更高级的电子材料,能够确保电子装备在各种复杂条件下稳定工作。把生物活性物质,如受体、酶、细胞等与信号转换电子装置结合成生物传感器,不但能准确识别各种生化战剂,而且探测速度快,判断准确,与计算机配合可及时提出最佳防护和治疗方案。美国国防部于 1990 年将生物传感器列入国防关键技术,目的是制造出机器人生物传感器。生物传感器还可通过测定炸药、火箭推进剂的降解情况来发现敌人库存的地雷、炮弹、炸弹、导弹等的数量和位置,它将成为实施战场侦察的有效手段。

仿生导航系统自然界中许多动物具有导航能力。经研究发现,鸟类身体内的导航系统只有几毫克,但精确度极高,探测误差小于 0.03 微瓦/平方米。军用生物传感器把生物活性物质,如受体、酶、细胞等与信号转换电子装置结合成生物传感器,不但能准确识别各种生化剂,而且探测速度快,判断准确,与计算机配合可及时提出最佳防护和治疗方案。目前已有一些国家在利用生物技术手段模拟动物的导航系统来简化军事导航系统,以提高精度,缩小体积,减轻重量,降低成本,增强在复杂条件下的导航定位能力。

目前主战兵器的机动装备大都以汽油、柴油为燃料,后勤补给任务重、要求高。军用生物能源生物技术可利用红极毛杆菌和淀粉制成氢,每消耗 1 克淀粉就可生产出 1 毫升氢。氢和少量燃料混合即可替代汽油、柴油。这样,机动装备只需要带少量的淀粉,就能进行长时间、远距离的机动作战。

军用仿生动力人和动物的肌肉具有惊人的力量,人体全身的 600 余块肌肉朝一个方向收缩,其力量可达 25 吨。目前,军事仿生专家已用聚丙烯酸等聚合物制成了"人工肌肉",把它放入碱或酸介质中,便能产生强烈的收缩或松弛,直接把化学能转变成机械能。为尽快制造出实用的肌肉发动机,专家们设想用胶原蛋白做材料。胶原蛋白分子呈螺旋状结构,类似弹簧,将其浸入溴化锂溶液后即迅速收缩,从而做功;用纯水洗去溴化锂,胶原蛋白就恢复到原来长度。这种"肌肉发动机",没有齿轮、活塞和杠杆,故体积小、重量轻、无噪声、操作简便，还省去了体大笨重易燃易爆的油箱，用来制造兵器，可大大提高机动力和生存力。

（三）军事高科技的特点

军事高科技是高科技的重要组成部分。它具有高科技的共同特征，又具有其自身特点。一般认为，军事高科技是指建立在现代科学技术成就基础上，处于当代技术前沿，以信息为核心，在军事领域发展和应用的，对国防科技和武器装备发展起巨大推动作用的那部分高科技的总称。高科技与一般技术相比，有七大特点。

1. 高智力

高科技是知识密集型技术，它的发展必须依靠创造性的智力劳动，依靠富有创新意识、创新能力的高素质人才，体现高智力的特性。比如半导体集成电路，从成本上讲，原料及能源仅占其总成本的2%，而其余98%都是其智力含量。

2. 高投资

高科技的研究开发，需要昂贵的设备和较长的研制周期，因而研制过程需要耗费巨额资金。据统计，一般高科技企业用于研究开发的经费占其产品销售额的比例高达10%~30%，而科研成果产业化的投资又比研究开发投资高出5~20倍，形成高科技产业后的设备更新投资还会越来越大。比如制造集成电路的设备，10年之中关键设备就更新了三代，每更新一代，设备投资就要增加一个数量级。

3. 高竞争

高科技的时效性决定了谁先掌握高科技、谁先开发出产品并抢先投放市场或用于战场，谁就能获得优势，占据主动。为此，世界军事强国和大国都制定了高科技发展计划，试图在世界高科技发展的竞争中占有一席之地。

4. 高风险

高科技研究本身蕴含着巨大的风险，甚至要以生命作为代价。而高科技竞争失败，对企业而言，就意味着投资的失败；对国家而言，意味着国家利益将要受到损害。以航天技术的发展为例，二次战后航天技术取得了神话般的巨大成就，但其风险也高得惊人。1961年3月23日，苏联的邦达连科就成为航天事业献身的第一人。英国《新科学家》杂志分析：目前正在组装的国际空间站，在组装过程中，发生至少一次重大失误的可能性为73.6%。

5. 高效益

高科技产品是高附加值产品，其形态是知识的物化形式，所以其价值远远超过所消耗的原材料和能源的价值。实践证明，高科技成果一旦转化为市场化的产品，就能获得巨大的经济效益，一旦得到实际应用，就能产生广泛的社会影响。比如航天技术，其投资效益比高达1：14，充分体现了高效益的特点。

6. 高渗透

高科技本身具有极强的综合性和技术辐射性，隐含着巨大的技术潜力，不仅可以用于新兴产业的创立，而且可以用于传统产业的改造，成为经济、国防、科学、技术、政治、外交和社会生活等各个领域发展变化的驱动力。

7. 高速度

高科技产业是目前发达国家经济中最活跃也是增长最快的经济部门。美国经济在"9·11"事件前已连续十多年呈现高增长、低通胀趋势，而且美国 GNP 占世界总值的比例也由 20 世纪 90 年代初的 24.2% 增加到 2000 年的 30%。这些都是以信息技术为龙头的高科技产业带来的结果。高科技产业的成功，不仅表现在产值、产量的发展高速度上，而且还突出表现在产品性能的更新换代的高速度，比如计算机芯片的处理速度，从其诞生至现在，几乎每隔 18 个月就翻一番。目前已研制出的高性能计算机，其运算速度已可达每秒 40 万亿次，微型机的处理速度已可达每秒 10 亿次。

（四）军事高科技的发展趋势

1. 军事高科技的发展趋势

军事高科技化是以美国为代表的发达国家率先起步并极力推动的。20 世纪 70 年代，随着世界范围新技术革命的兴起，以信息技术、生物技术、新材料技术、新能源技术、海洋技术等为内容的高科技引起世人广泛关注并不断取得新的突破，美军的高科技化进程也随之全面展开，其标志是提出并大力发展以"看""打""走""隐"为内容的新一代军事能力。到 20 世纪 80 年代末，美军初步实现主战武器的高科技化，其成果在海湾战争中得到显示。海湾战争之后，美军进一步采取措施推进高科技化的全面发展，并酝酿整个军事领域的革命。

军事高科技化的实质，是高科技在军事领域里应用的全面化。全面化的实现包括三个发展阶段：其一是军用高科技的突破及其一代新武器装备的发展；其二是应用高科技对现有武器装备进行改造；其三是应用高科技对整个军事系统进行改造 20 世纪 90 年代以来，在信息技术迅猛发展的推动下，军事高科技化呈现出加速发展的趋势，以强劲的势头进入 21 世纪。

值得我们重视的趋势，是由武器平台的高科技化向传感器等信息技术的各个领域发展。军事高科技的发展首先导致了新一代武器平台的诞生。具有高机动性和隐身性的武器平台，从海湾战争起就已成为美军空中、海上和陆上的主战武器装备。从今后的趋势看，虽然发达国家武器平台的高科技化仍将继续，但进一步发展的余地已经不大。美军认为，迄至目前，飞机、坦克、军舰等作战平台本身性能的提高已几乎接近极限，而武器平台上所载电子信息装备和精确制导武器的发展却方兴未艾。大量新型电子信息装备和精确制导武器的发展与投入使用，正在不断赋予现有平台新的活力，实现作战能力的更新。

2. 高科技信息装备呈现集成化特点

当今世界，新军事变革的浪潮蓬勃兴起，军事科技以多学科、边缘性、尖端性、多样性和复杂性为特点迅猛向前推进，一大批信息化武器装备如雨后春笋般不断涌现，且升级换代速度陡升，并呈现出相互融合、相互渗透和高度集成的发展新趋势，使战争机器的整体结构和作战效能产生了质的飞跃。

（1）发展模式通用化、模块化。微电子技术和计算机辅助设计技术等空前发展，使得武器装备设计水平日趋成熟，从而大大推动了武器装备的通用化、模块化和集成化建设水平。而今，充分运用"一机多能""一机多型""一弹多用"等通用化、模块化发展思路，已成为世界各国提高武器装备效能的重要战略选择。这种发展模式不仅在经济上、技术上和战术上具有长远意义，而且有助于国防工业提高产品精密性和降低武器装备的成本，避免生产规模小、成本高、科研与生产重复浪费等现象，使武器装备生产和应用的效费比大增。

（2）军事应变实战化、全民化。在漫长的战争历史上，"有什么武器打什么仗"，一直是兵家的金科玉律。而未来的信息化战争，战场情况更加复杂多变，在很多时候将会转变为"打什么仗、造什么武器"，战争准备和兵员及武器装备生产与保障将呈现出"实战化"和"全民化"的趋势。

（3）作战新式远程化、隐形化。现代战场上，当精确打击系统与传统的打击系统在作战中相遇而展开对抗时，会出现一方"看不见""打不着"，而另一方却可以随心所欲地实现超视距、远距离和隐形化作战打击的情况，形成不对称的对抗局面，这种"非接触作战"样式的出现，是远程作战武器和隐形技术发展结合的必然成果。

（4）装备发展组合化、一体化。如今，信息化战争已经不是单一武器和装备之间的对抗，而是体系与体系的对抗、武器装备群组与群组的对抗，其对抗能力和要素的强弱，将直接影响系统要素组合状态的优劣。当前，武器装备"一体化"已摆到各国战略层次，并给予最优先的发展。在几场高科技局部战争中，美军正是依赖高度一体化的信息系统，达成了各作战指挥要素、作战单元和保障系统的横向一体化。

（5）火力打击智能化、精确化。现代信息化战场环境异常复杂，精确制导武器与智能系统相融合，已成为各国发展信息化武器装备所普遍关注的重点课题。目前全球现有的导弹多达数百种，这些精确武器的制导方式主要包括惯性制导、地形匹配制导、GPS 制导、波束制导、雷达制导等，可谓种类繁多，用途各异，其发展几乎融入了当今信息时代所有最新的科学技术。特别是以信息技术和智能技术为代表，使武器装备发展越来越具有高度智能化的特征。

（6）对抗手段微型化、无人化。进入 21 世纪以来，一场静悄悄的武器装备"微型化革命"已经开始，有关专家评论认为，这些异军突起的"小人国"，必将对未来军事革命和战场作战产生深远影响。装备微型化。从 1990 年至今世界已发射微型卫星（10～100 千克）130 多颗，纳米型卫星（1～10 千克）8 颗；而正在研制的不到 400 毫克的微型直升机，可以平稳地落在一颗花生米上；在实验室，种类微型机器人、"人造昆虫"、微型电子耳、电子眼等微型武器装备正在戏剧般地演绎未来战争。战场无人化。目前，无人作战系统从微型无人机到无人作战飞机、无人作战坦克、无人潜艇、无人作战"单兵"等，可谓种类齐全，备受世界兵家青睐。

（7）系统优势集成化、实时化。未来信息化战争节奏明显加快，战场情况更加纷繁复杂，战斗的不可预测性更强，战机稍纵即逝。在这样的作战环境中，任何单一的武器装备都不可能主宰战场，而要谋取作战体系上的最大优势、实施"快速决定性作战"，就必须强化综合集成。系统集成的目的，就在于使所有传统的"烟筒式"系统无缝隙地连接成一个有机的整体，将分散配置的各种信息化武器装备形成合力，从而消除各类武器装备运用时的距离差和时间差，大大提高"快速决定性作战"和火力打击的灵活性、准确性与快捷性，以实现真正意义上的"发现即摧毁"。

（五）军事高科技对现代战争的影响

1. 作战方式与方法发生了变化

"第二次世界大战"以后70余年，在新技术革命的推动下，发达国家军队竞相发展高新技术兵器、并在局部战争这个"试验场"上不断进行实战检验，引起作战方式、方法的重大变化。其中最为明显地表现在以下几个方面。

第一，空中力量的发展促进了战争的空中化，空中及空间力量正在成为未来战场的主力，空天战场正在确立自己新的主导地位。

第二，以巡航导弹等防区外发射武器和带卫星导航系统的航空兵器为主导的精确制导武器成为高科技局部战争的基本打击手段和主攻武器，使得防区外远程精确打击成为主要作战方式。

第三，指挥手段的不断完善大大提高了作战效能，加快了作战节奏。如美军在海湾战争中从发现一个机动目标到发动袭击需要1天的时间，在科索沃战争中这个时间差已经缩小到1个小时。在阿富汗战争中，由于信息系统与作战系统的高度一体化，从发现一个机动目标到发动袭击仅需要10分钟的时间。军队日推进速度，第二次世界大战时，最快每天也只有十几千米。在海湾战争中，美国及其联军地面部队平均每天的推进速度达到30千米。而这次伊拉克战争中，美军地面部队的机动速度是以往战争中从未出现过后。其中，美军第3机械化步兵师创造了日行170千米的开进速度，仅用4天时间就向巴格达推进400千米。这种快速作战行动能力的提高，必然使得作战节奏加快，推动战争速战速决。

2. 信息化程度越来越高，战争形态向信息化方向发展

现代高科技战争将围绕信息的收集、处理、分发、防护而展开，信息化战争成为高科技战争的基本形态，夺取和保持制信息权成为作战的中心和焦点。在海湾战争开战前24小时，美军实施宽带强功率压制式干扰，即"白雪"行动，造成伊军大部分通信中断，达成了空袭的突然性。在科索沃战争中，北约充分发挥卫星的制天权功能和优势，自始至终掌握着空天制信息权，使南联盟的军队处于被动挨打、无力还手的境地。在阿富汗战争中，美军实现了信息系统与作战系统的高度一体化。为实现在信息获取系统和空中打击系统的信息实时传输，美军专门在沙特的苏丹王子空军基地建立了一个新型联合空战中心。在阿富汗战场上，"捕食者"无人机曾多次对所发现的机动目标进行即时攻击。

3. 非对称作战日益成为高科技条件下局部战争的主要方式

随着战争技术含量特别是高科技含量日益提高，各国经济技术发展水平的不平衡使各国军事技术发展差距日益拉大，甚至出现技术上的"代差"。强的一方更加重视发展自己的技术优势，弱的一方也力争从技术外寻找出路。因而，非对称作战日益成为作战双方的选择。如科索沃战争中，战争的一方是以美国为首的北约，其总体经济实力是南联盟的700倍，总体军事实力是对手的400倍。南联盟只不过是一个人口刚过千万的国家，军队10余万人，武器装备总体质量至少落后对方一至两代，数量上也极为悬殊。这场战争是强大的军事集团对弱小的主权国家、高科技对中低技术、主要使用航空兵和导弹的空袭战对主要使用一般武器防空作战的非对称作战。美国对阿富汗实施的军事打击也是一场典型的非对称作战。美军事实力为当今民办之最，拥有人员和军事技术、武器装备的全面优势，阿富汗塔利班和

"基地"组织只是由一些伊斯兰激进分子在简单的单兵武器系统的基础上组织起来的群体，其实力根本无法与拥有绝对优势的美军对抗。

4. 战争的直接交战空间向战争的相关空间不断扩展

高科技条件下局部战争与以往战争相比，战争的直接交战空间逐步缩小，而战争的相关空间在不断扩大；战争的战役空间在缩小，而战略空间在扩大。在3场战争中，美军的打击目标都集中于特定范围的一个国家或地区。交战空间大大缩小，甚至在科索沃战争和阿富汗战争中基本实现了"非接触作战"。与此同时，高科技条件下局部战争的相关空间又在不断扩大。在战场上的综合运用，陆、海、空、天、电磁等各种复杂的战场空间相互联结、照应、重叠，形成了全方位、高立体、全领域、多层次的战场空间，军事行动扩展到整个地面、海洋战场乃至外层空间。

5. 战争胜负取决于作战系统的综合对抗能力

海湾战争、科索沃战争、阿富汗战争与伊拉克战争的经验教训证明，只有多种力量综合使用、各军兵种密切协同、各种武器系统优势互补，才能发挥整体威力、取得"1+1＞2"的系统效应。海湾战争中，多国部队对伊拉克实施的空袭作战除出动大量战斗机、攻击机、轰炸机外，还动用了大量陆军攻击直升机和大量预警机、运输机、加油机、救护机等，海军的"战斧"巡航导弹以及由各种卫星组成的空间精确定位系统等多种宇航武器，组成一个严密的作战体系对目标实施联合打击。美军在阿富汗战争中，将由多种侦察、预警手段构成的立体感知系统和由各军兵种、各作战单位的各种作战平台组成的火力打击系统，经信息处理网络和数据链系统相连接，高度融合、相辅相成，形成了全程近实时感知与远程精确打击有机结合的战场系统，基本做到三军作战联合化、武器装备系统化、信息处理网络化、战场察打一体化。

6. 战争更加依赖雄厚的经济基础和有力的后勤保障

在高科技条件下，战争消耗成几何级数大幅度增加，达到了惊人的地步。单从物资消耗来看，海湾战争分别比第二次世界大战、朝鲜战争、越南战争、第四次中东战争和马岛战争提高了20倍、10倍、7.5倍、4.2倍和3.5倍。据统计，海湾战争期间，美军地面部队的人均物资消耗为200多千克，航母编队的人均物资消耗为1.1~1.38吨，美军共消耗各类物资1.7万余种3000多万吨，几乎等于上千万人的苏联军队在4年卫国战争中物资消耗总量6600万吨的一半，多国部队在战争中总共花掉600多亿美元，这个数字超过了世界上绝大多数国家一年的国民生产总值，就连美国也无力独自支付这笔费用。在科索沃战争中，北约为了尽早达成战争目的，共使用了1200架飞机，出动3.8万架次，发射巡航导弹1500多枚，投掷各种弹药1.3万余吨，战争花费高达1000亿美元。而南联盟在北约的空袭下，许多军事设施被摧毁，武器装备被损坏，军用物资特别是战略物资储备地被袭击，指挥中心和通信枢纽被破坏，交通线被中断，大量民用设施和厂矿企业遭到狂轰滥炸，造成的经济损失为数千亿美元。"9·11"事件后，美国一次性划拨400亿美元紧急资金用于反恐；美在阿每月作战费用10亿多美元；美军一枚"战斧"式巡航导弹造价为120多万美元，3个月共投掷各类精确制导导弹、炸弹1.2万余枚。如此巨大的战争消耗没有雄厚的经济基础是绝对不行的。

7. 高科技的产生对指挥决策发生重大变化

随着信息技术的迅猛发展及其在军事领域的广泛运用，人类战争形态正经历着一场由机械化向信息化发展的深刻转变。同时，这场变革也使军队的指挥决策受到广泛的深刻影响，其决策主体、决策方向、决策重心等都出现了一系列新的、重大变化。

(1) 决策主体由个体、群体向"网络体"转变。指挥体系趋向扁平化，是工业时代的机械化军队向信息时代的信息化军队转变的重要特征之一。当前，发达国家军队为适应未来信息化战争信息流动快、时效性高的特点，正努力克服传统指挥体系信息流程长、横向沟通差、抗毁能力弱的缺点，加快发展以网络为基础的指挥自动化系统，以求减少指挥层次，简化指挥关节，提高军兵种联合指挥水平，把树状纵长结构的传统指挥体系，转变为"更有利于信息流动和使用"的网状扁平结构。

(2) 决策方向从"能力型"向"需求型"转变。以往战争中，由于社会生产力和科学技术水平有限，部队作战能力和指挥员的指挥控制能力较弱，指挥员只能依据自身的实际情况进行决策。这就决定了指挥员要"基于能力"来决策，其逻辑结构为"能力—任务"，其内容为"我们能够干什么—就指挥部队去干什么"，其要点在于使任务适应能力。未来战争中，信息技术广泛运用于军事领域，使遍布在陆、海、空、天、电等领域中的情报信息系统、指挥控制系统和联合打击系统有机结合，形成了统一高效的一体化作战体系。这就极大地提高了作战体系的整体作战效能和指挥员的指挥控制能力。伴随着这一变化，战争的制胜因素也悄然改变。部队作战能力将能满足各种各样的需求，这给指挥员决策有了更多的选择，决策的自由度增大，决策思维方式开始转变为"基于需求"决策。其逻辑结构为"需求—任务"，其内容为"我们想干什么—就指挥部队去干什么"，其要点在于使能力适应需求。

(3) 决策重心由争夺空间转变成争夺信息。机械化战争中，由于军事技术水平的限制，战斗力的发挥主要依靠火力和机动力。因此，战场上无论是进攻还是防御，决策重心主要是围绕选择（打开）突破口，选择主攻（主要防御）方向，选择、夺占（坚守）要点等空间和相关力量展开。信息化条件下，信息成为战场制胜的核心要素，获得"信息权"的一方将获得制胜的主动权。因此，在信息化战场上，部队战斗力的形成和发挥主要取决于获取、处理、传递、控制和使用信息数量的多少、质量的好坏和速度的快慢，大多数参战人员（特别是指挥官）在多数情况下处理的不是物质，而是信息。由此，决策重心开始转变到争夺"制信息权"作为争夺的重心，正是由于保持着信息优势，才确保最终赢得了战争的胜利。

二、高科技在军事上的应用

各种现代高科技在军事领域中的应用十分广泛，以下分八个应用方向介绍现代高科技在军事领域中的应用。关于这方面的内容，已在以前有关章节曾经提到过。

（一）侦察监视技术

侦察监视技术是信息技术的重要组成部分。它是将目标与背景加以区分，从而发现目标、识别目标、监视目标、跟踪目标以及对目标进行定位的技术。其应用范围主要包括预警与监视、战场情报侦察等技术。它所采用的侦察设备器材或系统，主要有雷达、电子探测器、红外探测器、激光控制器、可见光探测器、水声探测器等。

(二) 伪装与隐身技术

侦察监视技术引人注目的发展，必然导致与之相对抗的伪装与隐身技术的发展。伪装的技术措施主要包括天然伪装、植物伪装、人工遮障伪装、烟幕伪装、假目标伪装、灯火与音响伪装等。隐身技术是降低目标的可探测特征，使目标难以被发现的技术。它主要包括对付雷达、红外、电子、可见光及声波等探测系统的雷达隐身技术、红外隐身技术、电子隐身技术、可见光隐身技术、声隐身技术等。

(三) 精确制导技术

精确制导技术是军事高科技的最重要领域之一，是使制导武器对目标的命中概率很高的先进制导技术，其发展导致大量精确制导武器问世。精确制导技术主要有遥控制导、寻的制导、惯性制导、匹配制导、卫星制导、复合制导等。已研制出的精确制导武器主要有导弹、制导炸弹、制导炮弹、制导地雷和末敏弹药等。

(四) 信息战技术

信息战是在信息领域进行的作战或采取的对抗行动。信息战可定义为：通过利用、改变和瘫痪敌方的信息、信息系统和以计算机为基础的网络，同时保护自己的信息、信息系统和以计算机为基础的网络不被敌方利用、改变和瘫痪，以获取信息优势所采取的行动。信息战技术主要由两部分组成：一是利用计算机"病毒"和"黑客"等对计算机网络的攻击技术和相应的防御技术。二是电子战技术。美国、俄罗斯等国认为，信息战的破坏力仅次于核战争，它将是未来信息化战争的新型作战样式。

(五) 指挥自动化系统技术

指挥自动化系统是以计算机为核心的，用于军事指挥的人—机系统。指挥自动化系统技术被认为是又一最重要的军事高科技领域。随着技术的发展，指挥自动化系统现已被称为C4I系统，即指挥、控制、通信、计算机和情报系统，并正在进一步发展为包括监视与侦察在内的C4ISR系统。在现代战争中，没有指挥自动化系统就难以进行有效的作战指挥。海湾战争、科索沃战争证明，在高科技战争中，指挥自动化系统往往是被攻击的首选目标。在战场上，干扰或者摧毁敌人的指挥自动化系统，敌军将陷入瘫痪，甚至完全丧失战斗力。因此，指挥自动化系统对抗便成为电子战或战场信息战的关键。

(六) 军事航天技术

军事航天技术是为军事目的而研究和应用的航天技术。它包括航天运载器技术、军事航天器技术、航天测控技术以及相应的对抗技术。军事航天技术主要借助于部署在太空的卫星、宇宙飞船、空间站等平台上的各种遥感器或观测设备、通信设备以及武器系统等，执行侦察与监视、弹道导弹预警、军事通信与导航、目标定位、气象观测、大地测量、反卫星与反弹道导弹等军事任务。

(七) 核、生、化武器技术

核武器、生物武器、化学武器都是大规模杀伤武器，在未来的高科技战争中都必须考虑这些大规模杀伤武器的影响。前面有关章节已经谈过，这里不再介绍。

(八) 新概念武器技术

新概念武器是指在原理、结构、功能和杀伤破坏机理上与传统武器不同的新型武器，如激光武器、高功率微波武器、粒子束武器、计算机"病毒"和计算机"黑客"等。其中高能激光武器技术的发展尤其引人注目。作为一种极为先进的武器系统，它们将被用于拦截弹道导弹、巡航导弹、各种不同类型的战术导弹和飞机等，也可被用于摧毁太空中的卫星，因而将给未来的高科技战争带来崭新的变化。

第九章 几场高科技局部战争

第二次世界大战以来，一方面，制约世界大战发生的因素不断增加，而局部战争又连绵不断；另一方面，日新月异的科学技术既造福于人类，又把战争推向高科技对抗的阶段，使战争形态和作战方式、方法发生了深刻的变革。

高科技局部战争，是指至少一方以高科技武器为主要手段，并运用与之相适应的作战方法，在一定地区内所进行的战争。只要参战的各方中，有一方以高科技兵器为主要手段，无论另一方是否具有同等条件，那么这场战争就已经具备了高科技局部战争的特点。只有广泛地使用高科技兵器，并采取相适应的作战方法的局部战争才能称为高科技局部战争。

一、高科技局部战争概说

（一）高科技局部战争的产生及其发展

局部战争，指在一定的地区内，使用一定的武装力量而进行的战争。它在作战目的、武器和兵力使用等方面都有所限制，只在一定范围内对国际形势产生影响，因而，有的国家把它称为"有限战争"。就世界大战而言，局部战争是在世界某一有限范围内进行的战争，如朝鲜战争、越南战争、苏联侵略阿富汗的战争、越南侵略柬埔寨的战争、两伊战争、中东战争和马岛战争等。海湾战争则是较大规模的世界地区性局部战争。就一个国家而言，局部战争不同于国家的全面战争，它是指在国家的某一地区或某一方向上发生的战争，而国家在总体上还是处于相对和平状态。

20世纪80年代，以英阿马岛战争为标志的局部战争，由于运用了较先进的指挥手段和使用了较多的高科技武器装备于战场，使战争形态发生了较大变化。其主要表现：高科技武器在战争中占主导地位；电子对抗部队的任务由保障型转为直接参战型，并成为作战中的一支重要力量，电子战贯穿战争始终；指挥自动化的C3I（指挥、控制、通信和情况系统的英文简称）指挥自动化系统逐步运用于战争。这一时期的战争已初步形成为高科技局部战争。

20世纪90年代初爆发的海湾战争，高科技武器装备使用的数量、范围和综合程度都是空前的。如大量使用"战斧"式巡航导弹、"爱国者"地空导弹等一系列精确制导武器，实施精确的火力打击；运用了高性能的侦察器材，实施全方位、全时辰的立体情报侦察；电子战装备和手段多样，实施战争全过程的电磁对抗；各型作战飞机、作战舰艇、装甲车辆作战平台装备了新技术设备，其机动能力和火力打击能力大大提高；广泛运用了先进的C3I指挥自动化系统；使用新型的夜视器材，缩小了夜间与昼间作战的差别，提高了作战时间的利用率。海湾战争表明，现代战争的形态已经发生了根本性的变化，进入高科技局部战争的崭新阶段。

（二）高科技局部战争的主要样式

战争，通常是由一系列作战行动构成的，根据不同作战行动的特点，可区分为不同的作战样式。高科技局部战争有其特有的优缺点样式。其作战样式的本质属性主要是：具有鲜明的决战性质，每一种作战样式通常就是直接达成战略目的的基本行动方式，但有时互有包含；火力、机动力与信息并用，硬摧毁与软杀伤紧密结合；综合运用多种作战方式和作战方法，作战行动一体化程度提高；从近战为主向远战为主转变，由逐次消耗摧毁到同时打击瘫痪方向发展。其作战样式的具体表现形式主要有以下几种。

1. 空袭与反空袭作战

空袭，主要是指使用航空兵器，从空中对地面、水面目标进行的袭击。其目的是摧毁、破坏对方的重要目标，削弱其战争力量。反空袭就是针对敌人空袭采取的抗击、反击和保护的行动。其目的是打击、削弱敌空袭力量，挫败敌空袭企图。高科技局部战争中，由于侦察预警卫星、预警飞机、战略轰炸机、隐形飞机、空中加油机、各种导弹等先进的空袭兵器运用于战场，使空袭与反空袭斗争更加激烈，不仅战争序幕由空袭与反空袭拉开，而且空袭与反空袭已经构成了一个独立的作战阶段，并贯穿于战争的全过程。几场高科技局部战争表明，与过去的空袭相比，尽管空袭的突然性、破坏力等大大提高，但只要采取有效的反空袭措施，就能避免伤害或减轻损失。

2. 精确打击的导弹战

导弹战是指以导弹为主要攻防手段的作战。导弹是计算机、侦察、遥感、通信、控制等一系列技术的综合体，具有命中精度高、射程远、威力大、突防能力强，受地形和气候等自然条件的影响小等特点，是高科技局部战争中的主战兵器之一，拥有导弹优势的一方，对掌握战场主动权、达成作战目的具有重要作用。

3. 快速反应的机动战

机动战指军队在战场上借助现代快速运载工具，快速灵活地变换作战地点，攻击方向和战法的作战样式。机动战讲究动中寻机作战，强调进攻性、主动性、连续性和兵力、兵器的流动性；在战法上，作战目的坚决，速战速决，快打快撤。高科技局部战争中，由于战场上的侦察、打击和机动能力大大增强，作战双方只有通过实施广泛的机动，才能创造和捕捉战机，或避免被动挨打。机动战的出现，使战线具有很大的不确定性，前后方变得模糊，战法转换频繁，改变了过去那种节节防御、层次进攻的线式作战样式。

4. 贯穿全局的信息战

信息战，就是指敌对双方利用各种手段，围绕信息的获取、传递和运用等方面的较量。随着科学技术的发展，高科技局部战争中，军队作战对信息的需求也不断增加，信息在战争中应用的范围越来越广泛，没有"制信息权"就没有战场的主动权，就会变成战争中的"聋子""瞎子"和"哑巴"，"制信息权"已经成为夺取战争胜利的第一要素。在这种情况下，过去军队简单的信息收集活动，已发展为一种特殊的军事对抗行为，即信息战。它是现代战争中一种新的作战样式。

5. 灵活多变的特种战

特种作战是使用特种部队或临时特殊编组的军事力量进行的非正规作战行动，是特种战这一作战形式在战场上的具体运用。世界上发生的高科技局部战争表明，特种作战是补充和辅助正规战的一种特殊作战样式，是诸军种联合作战中不可缺少的重要组成部分。其主要任务是：实施特种侦察，主要是查明其他侦察监视手段难以掌握的敌重要目标情况；实施纵深破袭战，即对敌纵深或后方要害目标进行短促突击；开展心理战，通过有选择的信息传递与欺骗，引导敌方军队与民众的意念、态度和行为；进行战斗搜索与救援；为远程精确制导武器指示目标等。

（三）高科技局部战争的特点

高科技局部战争区别于一般条件下局部战争的特点，概括起来主要有以下几个方面。

1. 有限的战争目的

以往的战争，一般以消灭敌人多少和占领地盘大小来衡量战争成果，消灭的敌人越多，占领的土地越多，取得的胜利也越大。在这种胜负观支配下，战争在空间上越打越大，时间越拖越久。而当今，和平与发展成为时代的主题，和平是世界人民的共同愿望，追求更快更高的经济发展速度已成为各国的首要目标。因此，武力不再是解决国际争端的唯一手段，只是在必要时有限度地使用武力，其目的在于促使争端更快解决或推动对方做出必要的妥协。这样，战争一旦达成了某种政治目的，就立即结束，并不追求彻底消灭敌国军队或占领敌国领土。这充分反映了当代高科技局部战争目的的有限性。

2. 短促的战争进程

过去一般条件下的战争，通常需要很长的时间。例如，朝鲜战争打了3年，越南战争打了14年，两伊战争进行了8年。而高科技条件下的局部战争，由于大量使用高科技武器装备，为交战双方的速战速决创造了条件，促使战争进程明显缩短。例如：以色列偷袭伊拉克核反应堆，实际作战时间只有2分钟；美军第二次空袭利比亚的"黄金峡谷"行动，只用了18分钟；海湾战争只用了42天。战争所用时间大大缩短。

3. 整体化的系统对抗

高科技局部战争是作战双方系统与系统的整体对抗，敌对双方作战威力取决于对各种力量的综合协调运用。具体表现在：一是以政治、经济、军事、科技等为基础的综合国力的整体较量，不仅需要有强有力的能力、物力、财力动员支持战争，而且要十分重视破坏对方和保存己方的战争潜力。二是陆、海、空战场以及太空和电磁领域相结合。交战双方不仅仅是地面一线兵力的交锋和各个战场的独立作战，而是在前沿交战的同时，又重视纵深打击；在地面攻击的同时，更强调空中突击；在技术兵器"硬"打击的同时，又十分重视运用电磁技术的"软"杀伤，形成了全方位、大空间、多战场的整体对抗作战。三是统一使用各种作战力量，形成整体合力。在海湾战争中，以美国为首的多国部队特别注重对C4ISR系统的运用。从而大大增强了整体作战的效能。

4. 多维化的战场空间

高科技在军事上的应用，使陆、海、空战武器装备的性能提高，促使战场空间由以前的平面向立体发展，由陆、海、空"三维空间"向陆、海、空、天、电磁的"五维空间"拓展，呈现出"五维一体"联合作战的特征。海湾战争，其地面有坦克、步战车、火炮和各种导弹等；水面和水下有航空母舰、战列舰、巡洋舰、驱逐舰、潜艇等；太空有各种侦察、监视、预警、通信、导航和气象卫星；空中有战斗机、轰炸机、加油机、预警机、侦察机、武装直升机等；多种类、全频道的电子战兵器应有尽有。

5. 昂贵的战争费用

高科技局部战争中大量使用了高科技武器装备，而高科技武器装备造价昂贵，作战中的弹药、油料等物资器材消耗量巨大，是一种高投入、高消耗的战争。高科技武器装备较一般武器装备的价格要高出十几倍甚至上百倍。如"战斧"式巡航导弹，每枚在100万美元以上；F-117A隐形飞机，每架为1.35亿美元；E-8A预警机，每架为4.25亿美元；M1A1型坦克发射的120毫米炮弹，每枚为1813美元。而在海湾战争中，美军发射了300余枚"战斧"式巡航导弹，出动了44架F-117A隐形飞机和2000辆坦克。美军在海湾战争中，一个月的运输量超过朝鲜战争一年的运输量；飞机平均日出动2700架次，最高达3000架次，是朝鲜战争的25倍、越南战争的6~7倍，日均投量为2600吨，是越南战争的4~5倍。仅就美军一家，空投弹药总量达52万吨，相当于整个朝鲜战争期间空投水平。美军一个装甲师日耗油量为60万加仑，是第二次世界大战中巴顿将军第3集团军日耗油量的2倍。多国部队共耗费军费600亿美元，平均每天达11.8亿美元。美军出兵海湾，几十万大军及轻重武器装备的运输量和运输距离相当于把美国的一个中等城市从本土搬到沙特。第四次中东战争，双方在18天的交战中损失飞机640架，坦克3100辆，直接战争费用高达100亿元，平均每天6亿美元。这样巨大的战争费用，是战争史上前所未有的。

（三）高科技局部战争的发展趋势

从世界军事发展趋势及战后高科技局部发展现状来看，未来高科技局部战争的发展有如下趋势。

1. 高科技局部战争将在不发达地区频频发生

从第二世界大战后局部战争的发展看，在国际政治格局基本定型的时期，世界局势相对稳定，而在格局动荡的时期，局部战争爆发较频。新型生产方式的发展加剧了国际战略力量的分化和消长，世界格局向多极化演变，但在短期内多极化格局尚不能形成，在多极格局尚不能定型的格局过渡期，国际力量对影响较大的局部战争干预控制能力加强，但在某些战略力量失衡的地区和不发达的国家、地区，小规模局部战争仍将频频发生。

美国学者理查德·罗斯克兰斯把两极格局与多极格局条件下爆发战争的可能性和战争引起的结局进行了比较。他认为，在两极格局下，冲突的可能性较小，但冲突的结局或后果严重；在多极格局条件下，冲突的可能性和频率较大，但冲突的强度较低，后果较小。第二次世界大战后不同时期局部战争的变化已证实了这一论断。在今后国际社会向多极化发展的过程中，世界将呈现全局缓和与局部紧张交织、和平与小战争并存的局面。

2. 高科技局部战争的结局对政治解决的依赖性更强

由于国际上制约战争的力量在增强，现代高科技局部战争或武装冲突很少以全胜和全负为结局，以全胜和全负为结局的海湾战争是一个特例，是力量对比非常悬殊的情况下造成的。多数高科技局部战争是在大体上势均力敌的情况下进行的，加上国际社会的支持和干预，交战双方都难以完全制服对方，最后都将在国际社会的干预下，通过谈判、协商来解决它们之间的矛盾。联合国在协调冲突各方进行和平谈判方面发挥着越来越明显的作战，像萨尔瓦多、危地马拉、尼加拉瓜、安哥拉、埃塞俄比亚、纳米比亚、西撒哈拉、柬埔寨等都是在联合国的干预下走向和平进程的。

3. 高科技局部战争的可控性在不断增强

传统的理论或看法认为，战争一旦爆发就不以人的意志为转移，一定要打出个你死我活的结局。而第二次世界大战结束以来发展起来的制约战争的因素将进一步得到强化：发达国家主要依靠经济、技术方式谋取利益；发展中国家需要和平环境以谋求自身的发展；国际政治日益多元化，国际经济日益全球一体化，不同的战略力量的依存和制衡加深。在这种情况下，限制战争的因素将大于发动和扩大战争的因素，和平与发展的世界政治主题将更加鲜明，世界大战爆发的危险不大，甚至可以基本排除。

国际竞争的重点转向综合国力的竞争，解决矛盾的方式转向以政治手段为主。面对变化了的国际战略环境，包括美国在内的世界大国都相继调整战略，把发展经济和科技作为国家战略的核心，力争夺取科技制高点，扩充经济实力，提高综合国力，使自己在21世纪的国际竞争中处于有利地位。在这样一种大环境下，国际竞争和角逐的方式已从过去以军事对抗为主转变为以综合国力的"和平竞赛"为主。世界各国政府和人民反对诉诸武力，主张通过政治谈判解决冲突和危机的愿望越来越强烈，战争升级的危险性进一步降低。

全球经济一体化进一步发展，更加开放的国际经济结构将构成抵制世界性战争的强大力量。随着高科技及其产业的普及和发展，世界经济的一体化、依存性进一步深化。不同社会制度、不同经济模式、不同意识形态的国家之间利益相互交叉、相互依存、相互渗透，你中有我，我中有你。一旦战争爆发，一损俱损，几败俱伤。这种开放型国际经济结构的相互依存、相互渗透关系是制约战争特别是制约世界性战争的有利因素。

4. 新军事变革推动战争形态的演进，高科技战争将呈现新的发展

随着工业时代向信息时代的转型，以电子、信息技术为核心的新军事革命将更加深入广泛地影响到军事领域的方方面面。同时，空间技术、激光技术、生物技术、超导技术、新材料技术等也在迅猛地发展，不过在未来15~20年内，仍将是以信息技术为主导的时代，战争形态将全面地表现为以信息技术为主导的高科技战争（或称信息化战争），火力型战争将与高科技战争并存，与高科技战争相结合、相补充，并日益向高科技战争转变。与此同时，高科技战争也将出现新的突破。

（1）信息化战争将是未来高科技局部战争的主要形态

最能反映信息化战争特点的当属伊拉克战争，但这场战争也并非完整意义上的信息化战争。作战一方伊拉克的武器装备还主要是工业化水平，其信息化作战力量单薄落后，在美军打击下根本就没有发挥作用。具有一定信息化水平的美军及多国部队，其信息化兵器也有很多局限性：如有的作战技术性能不稳定，有的不同作战功能相互干扰，有的在沙漠地、不良气候下作战效能下降等。因此，这场战争只带有信息化战争的雏形，不是一场真正的信息化的较量。今后随着信息化生产力的发展，信息军事技术进一步普及和发展，交战双方将都以更加成熟的信息化斗争手段进行较量。现有的导弹战、电子战、指挥控制战将随着制信息权斗争的发展出现新的突破，如导弹攻防作战的深化，可能推动制导与反制导斗争的深化发展；信息化攻防作战的发展，可能推出新一代的"网络战"等一系列新作战方式，从而出现更高层次上的信息化作战方式、更成熟的信息化战争。

（2）高科技的发展使得战争的概念呈现新的变化

围绕着制信息权斗争的信息化战争刺激着空间技术、激光技术、纳米技术、生物技术、

超导技术等一系列高科技的加速发展。同时，其他军用技术，如非致命武器技术、定向能武器技术、反物质武器技术、地球物理战武器技术、气象武器技术等也正在加紧研究中。在信息化战争深化发展的同时，一系列新概念武器战争正酝酿着重大突破，已在21世纪初显露锋芒。

纳米武器将异军突起。纳米武器技术出现于20世纪80年代末，现已取得令人注目的突破成果。当前世界各主要军事大国相继制定了项目繁多的军用纳米技术开发应用计划，如新型导航和制导系统、纳米隐身材料、微型武器开发等。

非致命性武器前景广阔。当代军事斗争对附带破坏、人员伤亡越来越敏感，发达军队在注意提高武器精度的同时，正大力加紧非致命性武器系统的研制，积极研究基于非致命武器的新战略。研制中的非致命武器有非致命化学战剂、非致命弹药、电子病毒武器等。这些武器可用于军事危机阶段的封锁、威慑行动，从而兵不血刃，不战而胜。非致命武器技术并不复杂，成本不高。下一场高科技战争很可能是非致命武器的试验场。

生物武器战争呼之欲出。生物技术是21世纪极具发展前途的高科技，已成为发达国家争夺的战略制高点，仅美国就有1/3的科学家在从事生命科学研究工作。当前的信息化军事革命已推动着军用生物技术的发展。正在加速发展中的军用生物技术武器有生物电子武器装备、仿生军事导航系统、军用生物传感器、仿生军用动力、生物军用能源、基因武器等。

另外，军用超级技术也在紧锣密鼓的研制中，超导技术的突破可能提前到来。超导信息装备、超导动力装置，也将使现有战争面目一新。上述军用生物技术、军用纳米技术、非致命武器技术、军用超导技术等很可能结合作用，并肩突破，创造更高级的新概念战争。

除此之外，超高速动能武器（电磁炮、超高速化学发射器等）、新概念原子能武器（中子弹、反物质武器等）、地球物理战武器、气象武器也在加紧研制之中，但有的受制于经济可承受力和技术困难，有的具有超强的毁伤破坏力可能与政治要求不适应，因此这些武器和技术同前述武器技术相比，其普及和发展可能需要一个更长的时间。

（3）小型化、威慑化、空天战是未来高科技局部战争的基本趋势

高科技、高能量推动军队高效、集成，向小型化发展。军事信息技术革命带来的远程精确战、网络空间战等已开始使庞大的工业化军队被信息一体化的新型作战力量逐步取代，而正在加速发展中的纳米技术、生物技术、超导技术还将使现在的信息化作战力量进一步小型化。力量的小型化将使指挥层次进一步减少，指挥体制的"扁平化"更加突出。

军事高科技带来作战效能的剧增，打击手段高精度、高威力使威慑具有可靠性，具有了技术可能；非致命武器技术使战争与非战争界限模糊，军事危机阶段的非致命进攻可能兵不血刃地达成威慑性战争的目的。这一切将使21世纪初的战争更加突出地表现出威慑化特征。

高科技战争的深化发展将使战场进一步高移，空天战更加突出。在机械化战争中，空中火力具有高精度、高强度、高覆盖的特点，高中机动速度快，能克服地理条件限制，具有远程、高强度投送能力，因此，空中力量在高科技局部战争中发挥了重要作用。在未来战争中，天基作战平台中在战争主动权争夺日益重要，空中和太空的优势更是战争制胜的重要保证。

二、马岛之战

马岛海战是第二次世界大战后最著名的一场海战。虽然其规模远远不及"一战""二

战"中那些场面宏大的海战,但是,由于导弹、核潜艇等新技术装备投入战场,使这场海战明显区别于传统海战,它实际上揭开了新时代的序幕——高科技战争时代来临了。

(一) 英阿马岛争端的由来

打开世界地图,在南大西洋,靠近阿根廷东南沿海海区,人们可以找到阿根廷称之为马尔维纳斯群岛、英国称之为福兰克群岛的一群岛屿。这群岛屿人们习惯简称为马岛。马岛除东部的索莱达岛和西部的大马尔维纳斯岛有大约2000人居住外,绝大部分地区荒无人烟,且地靠南极,气候严寒。但马岛的战略地位却毋庸置疑。西去400千米,是举世闻名的麦哲伦海峡,是由大西洋进入太平洋的海上交通要道,是通往南极的大门和前进基地。此外,马岛的大陆架还蕴藏有可观的石油资源。据称,其蕴藏量可能达20亿桶,有可能成为一个新的"科威特"。

英阿对马岛的主权之争由来已久。据历史记载,马岛被发现于16世纪,但何人何时发现,说法不一。阿认为,1520年,麦哲伦探险队的一名葡萄牙人戈梅斯最早发现了马岛。英国则认为是由英国航海家戴维斯于1592年8月14日驾驶"希望"号船首先发现的。1690年英国人约翰·斯特朗来到该岛时,发现了东西两个大岛之间的海峡,将其取名为"福克兰海峡"。此后,英国称该岛为"福克兰群岛"。1764年,法国人在东岛上建立了居民点,将其命名为"马洛于内群岛"。

1770年,西班牙占领了该岛,将其称为"马尔维纳斯群岛"。1816年阿根廷摆脱西班牙的统治宣告独立,并宣布继承对马岛的主权,将马岛定为阿的第24个省。4年后,阿海军又将国旗插上了索莱达岛要塞顶峰,宣布对该岛拥有全部主权。

英国则以该岛为英国人最早发现为由,于1832年和1833年先后出兵占领西岛和东岛。为显示主权,英国人在岛上设置了总督府及其他行政机构,向该岛移民,并挤走了岛上土著居民。此后,马岛便沦为英国殖民地。但阿从未放弃对马岛的主权要求。

1958年,英阿两国关于马岛的争端被诉诸之于合国,联合国先后4次通过决议,要求英阿两国以谈判的方式解决争端。由于双方均不愿从本国的立场上后退,这种谈判只能是谈谈停停,吵吵争争,成为马拉松式的谈判,英国也因此控制该岛100多年。

1982年2月26日,英阿关于马岛的谈判又重新开始,但是这一次,阿根廷人显然已对谈判失去了耐心和信心,他们已不指望能从谈判桌上得到什么,他们之所以愿意谈判只不过是故意放出来的烟幕。此时阿军方正在悄悄准备一项代号为"罗萨里奥"的行动计划,他们决心要以牙还牙,用武力来收回对马的主权,于是爆发了震惊世界的英阿马岛之战。

(二) 马岛海战揭示高科技战争时代的序幕

马岛战争期间双方在战斗中大量使用导弹,在战场上取得惊人的效果,因此全世界军界人士称这次战争为"导弹时代的首次战斗"。

马岛战争中使用的先进武器,有各类战术导弹、制导鱼雷和激光制导炸弹,现统称为精确制导武器。英军使用了空对空、空对舰、舰对空、地对空、潜对舰、反坦克等制导武器;阿军也使用了空对舰、岸对舰、地对空等战术导弹。双方共使用精确制导武器有17种之多,这比1973年10月第四次中东战争使用的战术导弹型号更多,品质更为先进,战果也更为突出。从马岛战争的过程可以明显地看出精确制导武器在战斗中的实际效果。

自阿军4月2日占领马岛开始，4月5日英国组成有44艘军舰、22艘辅助船和45艘商船的特遣部队，航行13000公里，24日到达马岛海域。英国并宣布对马岛实行200海里海空封锁。5月1日英军派出1架"火神式"轰炸机从阿森松岛起飞，经空中加油远距离飞行到马岛上空，实施第一次空袭，摧毁阿机场设施。接着由从航空母舰起飞的12架"海鹞式"战斗机继续空袭，并由"海鹞式"飞机携带的AIM-9L"响尾蛇式"空对空导弹击落阿根廷第一架飞机。从此，以制导武器对制导武器的战斗开始了。

5月4日，英海军"谢菲尔德号"导弹驱逐舰，在马岛以北海域执行警戒任务时，被阿根廷发现，阿方即派"超军旗式"战斗轰炸机发射1枚AM-39型"飞鱼式"空对舰导弹（弹长4.7米，弹径0.3米，发射重量650公斤，射程38公里，惯性和雷达制导），击中"谢菲尔德号"中部水线以上1.8米要害部位。这种导弹是短延期引信战斗部，在破开一个大洞穿透舰体后进入舱内爆炸。立即使舰内动力、照明、消防系统全部破坏，引起中央燃料舱大火，军舰中部充满毒烟，4小时后，舰长下令弃舰。

一枚仅仅价值30万元美元的"飞鱼式"空对舰导弹，一举击沉1艘价值1亿美元，号称英国最现代化的驱逐舰，让全世界震惊。

5月中旬，英特混舰的海军陆战队和陆军部队陆续到达马岛周围，准备登陆，并在特遣部队周围建立对空防御。第一层防御，由"海鹞式"战斗机携带AIM-9L"响尾蛇式"空对空导弹（弹长2.9米，弹径0.12米，发射重量84公斤，射程18公里，红外制导），担负空中巡逻。

第二层防御，由两型军舰装备的舰对空导弹，一艘为42型驱逐舰装备"海标枪式"舰对空导弹（弹长4.36米，弹径0.42米，发射重量550公斤，射程80公里，雷达指令和末制导）；一种为22型护卫舰装备"海狼式"舰对空反导弹导弹（弹长2米，发射重量82公斤），这种导弹设计任务是攻击高空目标，但在战斗中迅速调整导弹火控系统后，也能拦截超低空飞行的敌机。

这两型军舰的舰对空导弹，组成了"导弹空中陷阱"。第三层防御，由三四艘水面舰只的火炮和舰对空导弹，组成"火炮空中防线"，负责驱走来袭的阿根廷飞机。第四层防御，由突击舰运兵船上的小口径火炮和"海猫式"舰对空导弹（弹长1.48米，弹径0.16米，发射重量65公斤，射程3.5公里，无线电指令制导），及英军在马岛登陆后滩头阵地上部署的"轻剑式"地对空导弹（弹长2.24米，弹径0.13米，发射重量56公斤，射程19公里，无线电指令制导），"吹管式"单兵携带地对空导弹（弹长1.35米，弹径76毫米，发射重量18公斤，射高1800米，射程4800米，无线电指令制导），"毒刺式"单兵携带地对空导弹（弹长1.2米，弹径70毫米，发射重量9.5公斤，射程4800米，红外制导），由这些地对空导弹拦截从低空进入的敌机。这四层防御，构成了大纵深、多层次、密集的防空火力网，实行空中封锁，取得局部海域的制空权。

在本次战争中英军损失各型飞机36架，其中"海鹞式"战斗机6架，"鹞"GR3型战斗机4架，各种直升机24架。阿空军损失各型飞机117架，其中在空中被击落86架，在地面被毁31架。在被击落的86架飞机中：被"鹞式"飞机装备的AIM-9L，空对空导弹击落17架，被"鹞式"飞机机炮击落6架，被"海狼"舰对空导弹击落5架，被"海标枪"舰对空导弹击落8架，被"海猫"舰对空导弹击落10架，被"轻剑"地对空导弹击落20架，被"吹管"地对空导弹击落11架，被"毒刺"地对空导弹击落1架，被舰炮和地面火炮击落8架。

以上合计被英军防空导弹击落的阿机共72架，占阿军被击落飞机总数的84%，被火炮击落的阿机14架，占被击落飞机总数的16%。防空导弹击落飞机的比例如此之大，在导弹时代已有许多战例：1972年美军在越南战场上，被越南北方击落B-52战略轰炸机32架，其中28架、占90%是被地对空导弹击落的；1973年10月，第四次中东战争中双方损失飞机449架，其中62%是被空对空导弹击落的。由此可见战术导弹在战场上获得的显赫战果，给人以深刻的印象。

阿军在战斗中，也将自己所拥有的战术导弹用于各种战斗。除5月4日发射1枚"飞鱼式"导弹击沉英"谢菲尔德号"导弹逐驱舰外，部署在阿根廷港的"罗兰式"地对空导弹（弹长2.4米，弹径0.16米，发射重量63公斤，射高3000米，射程6500米，无线电指令制导），曾击落来袭的英"鹞式"战斗机1架。

5月25日，阿"超级军旗式"战斗机发射2枚"飞鱼式"空对舰导弹，击沉英万吨级"大西洋运输者号"运货船。6月11日阿部署在阿根廷港岸的"飞鱼式"岸对舰导弹（弹长4.12米，弹径0.3米，发射垂量720公斤，最大射程37公里，惯性和雷达末制导），曾重创英"格拉摩根号"驱逐舰。还有装备在"5月25日号"航空母舰上的"海猫式"舰空导弹，因海军舰只后期没有参加战斗，"海猫式"导弹也没有使用。但终究因为阿根廷拥有的战术导弹型号不多，数量更少，本国不能制造，完全依赖进口或受制于外国，外国实行禁售，导弹没有来源，使阿军不论在空中或在地面各种战斗中，不能普遍使用战术导弹，不得不使用常规火炮和炸弹去打击敌人。例如战斗中击落英机24架；除由"罗兰式"地对空导弹击落英机1架外，其余均由阿军地面高炮和小口径火炮击落。

英军在战斗中，除使用AIM-9L空对空导弹，"海标枪""海狼""海猫"舰空导弹，"轻剑""吹管""毒刺"防空导弹外，还在"大山猫式"直升机上装备了"海上大鸥式"空对舰导弹（弹长2.8米，弹径0.2米，发射重量210公斤，射程15公里，无线电指令和雷达末制导），曾击沉阿根廷的"圣菲"号潜艇。击沉一艘巡逻艇，重创两艘。英还给"猎迷式"海上巡逻机装备了"鱼叉式"空对舰导弹（弹长3.84米，弹径0.34米，发射重量500公斤，惯性和雷达末制导），作为反舰的主要武器。英军还在"火神式"轰炸机上装备了"百舌鸟式"空对地反雷达导弹（弹长3米，弹径0.2米，发射重量177公斤，射程20公里，被电动雷达制导），曾袭击阿根廷搭阿地面雷达站成功。英军登陆后，立即在滩头阵地部署"米兰式"反坦克导弹（弹长0.75米，弹径110毫米，发射重量6.3公斤，红外跟踪有线制导），既可反装甲，也可对付坚固防御阵地，十分有效。

（三）英军获胜的原因

英军获胜的原因有以下几个。

其一，战略决策上，阿方在初期掌握了主动权，但错误判断英国不会劳师远征，同时又高估了自己的民族感情和军事实力。其决策建立在一厢情愿的基础上。英国虽在初期仓促应战，但是反应快、决策准，客观清醒估计了形势，采取果断积极的战略方针，以军事斗争为主，兼以政治、外交、经济多管齐下，充分调动了国际、国内一切有利条件，发挥总体优势，最终走向胜利。

其二，在兵力部署上，阿军对国际局势、英军企图、战略方向都做了错误判断。在英国出兵后，认为英国会进攻阿根廷本土，将大批部队用于防御大陆；对存在领土争议的邻国智利深怀戒心，在边境部署大量精锐装甲部队；在马岛战区，对靠近本土的西岛没有充分利用，仅部署占参战兵力3%的部队；在东岛将主力集中于斯坦利港附近，其他地区分散把守，没有掌握足够的机动兵力，给英军可乘之机。

其三，在战术指导上，阿军思想消极，战术呆板，而且没有用最具战斗力的航空兵攻击英军防卫能力最弱但又是最重要的后勤船只，这是最大失误。战争史上防守一方不去攻击进攻方漫长而脆弱的补给线，是极为少见的。英军战略指导思想正确，战术灵活多样，善于抓住关键环节，争取主动。如首先夺取南岛，既振奋士气，又取得了立足点和前进基地，一举两得。又如一举击沉阿军巡洋舰，极大震撼阿军，迫使其海军怯战不出。

其四，在指挥体制上，阿根廷的联合司令部有名无实，无法担负战略指挥和协调作用，上层领导集团包括总统加尔铁里在内的高级将领没有实战经验，缺乏指挥素养。战区指挥官奥斯瓦尔多·加西亚中将、胡安·隆巴多少将、梅嫩德斯准将等平庸无为，既未认真组织抗登陆的准备，作战指挥也不顽强，很多地方未经战斗就轻易放弃。英国成立战时内阁作为最高统帅机构，集中指挥调度军队各军种和政府各部门，使之协调一致。并采取委托式指挥法，即将战区指挥重任全权授予前线指挥官，有关战区以外及事关战争进程的重要行动由战时内阁决定。这种既高度集中又极其灵活的指挥体制，使英军充分发挥了诸兵种联合作战的整体威力。而英军的指挥官伍德沃德少将和摩尔准将都是具有相当高军事素质和丰富经验的佼佼者。

其五，在战争准备上，阿方虽有夺占马岛的决心却无长期坚守的精神准备和物质准备，在马岛投入兵力不足，形不成优势，加上阿根廷没有自己的国防工业，平时对重要的战略物资又没储备，当美国和欧共体实行武器禁运后就使得飞机、导弹的消耗无法补充，陷入弹尽援绝的困境，直接导致阿空军在后期攻击力明显减弱。此外，阿军平时战备较差，影响了己方战斗力的发挥，特别是阿军由于炸弹引信失灵或过期，使投下的炸弹有40%没有爆炸。英军认为如果阿军投下的炸弹都爆炸的话，英军的损失将达到无法坚持的程度。而英军平时战备程度高，有60%的军舰能随时投入作战，并拥有充足的物资储备。而其军队是一支训练有素的常备军，经常进行在各种气候、地形下的演练，能很快投入战争。特别是英军的后勤船只有80%从民船中征用，所以对民用船只有专门的征用计划和改装方案，在两三天里就完成了征用改装，表现出的高效令人惊叹。

其六，在后勤保障上，阿方在占领马岛后没有认真组织后勤，首先没在马岛修建必要规模的机场，使得阿军的飞机只能从远离战区的本土起飞，因受作战半径的限制大大影响作战效果。其次在马岛没有储备足够的物资，加上开战后的消耗和英军的封锁，使阿军的补给成为致命问题。部队缺衣少食，弹药匮乏，根本无力作战。相反远离本土的英军后勤保障十分出色，先后在阿森松岛建立中途补给基地，在南乔治亚岛建立前进补给基地，在圣卡洛斯建立滩头补给基地，运用现代化的海空运输工具，通过周密科学的计划组织，对部队进行源源不断的补给，保证了英军每个士兵每天能有两餐热食，有新发的御寒衣物，弹药充足，还有4艘医疗船提供医疗卫生保障。在通信保障上，除利用美国的通信卫星外，还在直布罗陀、阿森松岛、加拿大、新西兰等地开设26个无线电发射台。加上特混舰队本身电子设备齐全，干扰和抗干扰能力强。使舰队与本土通信顺畅。

这些情况表明，阿根廷在严重不足的准备下，轻率发动了战争，岂有不败之理。

（四）英阿马岛战争的反思

英阿马岛之战是20世纪80年代新军事革命兴起后的第一场重大局部战争，是第二次世界大战后战争形态发生重大改变的转折点。纵观1982年4月2日—6月13日这场百日海空大战给我们最深刻的启迪是：将在谋不在勇，兵贵精不贵多。

从劳师远征到快速反应，从以逸待劳到无所作为，角色的易位说明军事斗争准备绝不能仅停留在纸上谈兵。众所周知，劳师远征历来是兵家大忌，但英军凭借现代化的运输手段，不顾8000海里的遥远航程，特混舰队在英内阁做出出兵决定的48小时内就出航了，堪称现代战争快速反应之最。但英军特混舰队并不盲目地依仗现代化的舰艇和飞机巨大的远航能力，而是边开进、边收编、边补给、边训练，始终保持远征部队旺盛的战斗力。特混舰队在途经直布罗陀海峡时，收编了两艘导弹护卫舰和紧急应召的民船。抵达大西洋中部的阿森松岛时，舰队进行了武器、燃油、给养的全面补充。编队中两栖登陆舰上的海军陆战队进行了登陆演习。一路上，舰载机持续不断地进行空战和反潜战演习。这样远征就变成了最好的战前演练，劣势也就转化为优势，未接战，就已先声夺人。

反观阿军，4月2日以突然袭击的方式夺取马岛之后，就陶醉于初战的胜利，认为英国的出兵之举不过是恐吓而已，并没有认真地策划群岛的防御及战时的支援作战。而在英国宣布在马岛建立200海里封锁区后，阿军又过于胆怯，既不敢派船闯关补给岛上守军，又不敢派出潜艇和航母编队去袭扰远道而来的英军，更没有组织岛上守军进行针对性的抗登陆作战演习，这样阿军白白损失了英军特混舰队抵达前宝贵的20多天时间。以逸待劳变成了无所作为，将兵家推崇的上策变成了平庸之举。

兵不厌诈、虚实相应永远是战争制胜的灵魂。英国在建立200海里封锁区的同时，还宣称核动力攻击型潜艇"征服者"号等已抵达马岛附近海域。而根据战后解密的材料来看，"征服者"号实际上是3天后才驶抵战区的。英军这种虚张声势、瞒天过海之举确实达到了阻吓阿军、争取主动的事半功倍之效。相比之下，阿海军对海战场上的斗智斗谋似乎稍逊风骚，竟然轻信英军关于200海里封锁区外是安全的宣传，完全违背了兵不厌诈的军事谋略的基本原则。5月2日，阿海军"贝尔格拉诺将军"号巡洋舰率两艘导弹护卫舰在封锁区外驶向阿根廷本土。明知英海军核潜艇就在附近出没，却轻信在封锁区外英军不会发动攻击，因而未采取任何防范措施，这就注定了"贝尔格拉诺将军"号的悲惨命运。

武器的优劣短长只是战争成败的外部因素，决定战争胜负的最终力量还是人的主观能动性。不论是现代化的武器还是相对落后的装备，都有适用的长处，也有难以回避的缺陷。这就要看使用者是否具有娴熟的技术，将手中的武器用活、用神。1982年5月4日上午10时，英国海军的"谢菲尔德"号和"格拉斯哥"号、"科芬特里"号3艘导弹驱逐舰远离航母，担任特混舰队第一线的雷达哨舰。下午1点56分，"格拉斯哥"号的警戒雷达侦测到不明飞机以超低空从38海里外袭来，"格"舰立即判定是"超级军旗"战斗轰炸机来袭，并立即发射干扰弹，同时迅速通报友舰。阿战斗轰炸机发射的2枚"飞鱼"空舰导弹原本锁定"格"舰，但在"格拉斯哥"号强烈的电子干扰下，一枚受欺骗坠入大海，另一枚则自动转向攻击"谢菲尔德"号，而关键时刻，"谢"舰舰长萨尔特上校竟然毫无危机意识地在舰长室午休，收到"格"舰的敌情报告后，反倒认为"格"舰神经过敏。"格""谢"两舰同属一个型号，武器装备性能相同，但"格"舰能够充分发扬舰载预警雷达、电子干扰机的优良性能，提前发现并成功地干扰了来袭的"飞鱼"导弹。而"谢"舰轻敌、疏忽、迟钝，不仅没有发挥长处，反而将该舰的航速慢、体积大、装甲薄的缺陷暴露得一览无余，因而"谢"舰成为反舰导弹的牺牲品一点也不冤枉。

阿根廷虽然输掉了马岛战争，但阿空军的英勇精神给世人留下了深刻印象，他们以近70架飞机的损失，一共击沉了英海军7艘战舰，重创了5艘。打掉了英特混舰队45%的战斗力，使其差一点溃不成军。

但阿攻击机击中英舰的多枚千磅航弹并未爆炸，这正是阿空军军械师技术不熟练所致，原来这些航弹的引信设置是为穿透"第二次世界大战"时战舰的重装甲而装定的，而英海军的现代化战舰的甲板很薄，航弹一下子就穿透了，阻力太小而无法引起引信动作，从而功亏一篑。如果将引信重新装定一下，这些炸弹都能正常爆炸，至少会再炸沉5艘主力英舰。这样的话，英特混舰队将因掩护兵力和支援火力不足，而无法进行登陆作战。

再就是阿空军飞行员没有摸透"飞鱼"空舰导弹的使用要领，阿军只有5枚"飞鱼"，这5枚宝贵的导弹应是攻击英航母专用的。但阿飞行员总是在机载雷达发现第一个目标后，不予舰型判别，按下发射键掉头就走。让英两艘航母每每躲过了攻击，没有发挥出"飞鱼"空舰导弹应有的"杀手锏"效用。

三、海湾战争

海湾战争是第二次世界大战后参战国最多、一次性投入兵力最大、投入兵器最多、最先进、空袭规模最大、战况空前激烈的一场现代高科技局部战争。作战虽然只持续了42天，但它却提供了现代局部战争的许多新鲜经验和教训。特别是由于大量高科技武器装备的使用而展示的世界新军事变革的"成果"，更为世界各国军事理论家所关注。

（一）战争起因

20世纪80年代以来，伊拉克在地区霸权主义野心的驱使下，走地区军事大国的道路，继对伊朗进行了8年战争之后，又于1990年6月入侵和吞并科威特。伊拉克的霸权主义遭到了世界各国人民的反对，同时也触动了以美国为首西方国家在海湾地区的战略利益。因为西方主要国家进口的石油主要来自海湾地区，所以，海湾地区的石油供应与西方经济的发展息息相关。为此，美、英、法等国应沙特政府要求，自1990年8月8日起陆续派兵进驻沙特和海湾地区。在各国多次企图和平解决海湾危机的努力失败之后，多国部队实施进攻伊拉克的"沙漠风暴"行动，海湾战争爆发。

（二）战争经过

海湾战争分为三个阶段，即双方战争准备阶段，空袭与反空袭阶段和地面作战阶段。

1. 双方战争准备阶段

自1990年8月2日至1991年1月17日，战争双方都加强战场建设，向战区增调兵力，形成战略对峙态势。伊侵科后，在科加紧进行战场建设，调集大量工程力量，沿科沙边境一线构筑了由野战工事、沙堤、雷场、坦克掩体等组成等坚固防御阵地，西方称为"萨达姆防线"。同时，伊在国内进行战争动员，17岁以上的人全部在动员服兵役之列，一个月增编了24个师，向科威特战区大量增兵。至1990年12月，伊在科威特境内和伊拉克南部部署了 50 多万兵力，并将 36 个苏制"飞毛腿"导弹发射架运进科威特。

美军从 1990 年 8 月 8 日起开始实施"沙漠盾牌"计划，向海湾地区增兵。第一批部署的部队是第 101 空中突击师、第 82 空降师、第 24 机械化师和第 3 装甲骑兵师等地面部队约 10 万人，包括 5 艘航母编队的各型舰只 100 余艘以及最新型 F-117A 隐形战斗轰炸机在内的各种作战飞机 1000 余架。美军部队部署在阿拉伯部队的后方，呈防御态势。不久，布什又宣布从世界各地抽调部队增加海湾地区军事力量，使以美国为首的多国部队总兵力达 70 多万人，坦克 4300 辆，火炮 2300 门，飞机 2000 架，舰艇 400 艘；伊拉克军队共 120 万人，坦克 5600 辆，飞机 774 架，火炮 6000 门，舰艇 60 艘。

美国为首的多国部队与伊军作战部队兵力对比是 1：2，多国部队坦克，火炮数量也比伊军少，但多国部队海空力量远远超过伊军。

2. 空袭与反空袭阶段

自 1991 年 1 月 17 日至 2 月 24 日，战争双方进行了空袭与反空袭的战争。

1 月 15 日，最后通牒的期限已到，海湾地区也开始了无月夜。巴格达时间 1 月 17 日凌晨 3 时，美国、英国、沙特阿拉伯和科威特的飞机对伊拉克与科威特境内的目标展开了大规模的空袭。空袭的目标主要是通信中心、防空系统、机场和其他军事目标。在空袭之前，美国的舰船对巴格达、巴士拉和伊拉克的其他城市进行了导弹攻击。美国人第一次使用了"夜鹰"F-117A 隐身战斗轰炸机。这种猛烈的轰炸持续了 3 昼夜，巴格达附近的伊拉克核中心、许多军工厂和政府大楼被摧毁或失去作用。

伊拉克战斗机根本不能与技术更加先进的盟军飞机作战。在战斗的第一天，伊拉克人对盟军的 2000 次轰炸只能反击 1%。在第一周的行动中，盟军飞行员共击落了 17 架伊拉克飞机，而自己无一损失。自此以后，伊拉克飞机几乎没有升空作战的。而盟军空军开始对伊拉克的飞机库进行轰炸，伊拉克飞行员不得不将飞机转移到伊朗，而伊朗将这些飞机编入了他们的空军之中。伊拉克只好将大部分希望寄托于"飞毛腿"导弹上。从 1991 年 1 月 18 日到 2 月 25 日，伊拉克对以色列和沙特阿拉伯发射 130 枚导弹。侯赛因希望能挑动以色列人进行军事还击，企图破坏反伊联盟，迫使阿拉伯国家退出。然而美国成功说服了以色列政府不受这种挑战。伊拉克的导弹打击也没有什么效果。以色列和沙特阿拉伯境内部署了"爱国者"反导弹系统并击落了许多"飞毛腿"导弹，伊拉克的这种导弹都经过了改进，增加了射程和重量，而弹药重量却在减少。只有 1991 年 2 月 25 日发射的一枚导弹造成了严重的损失，由于"爱国者"导弹搜索系统电脑的错误，一枚导弹没有被拦截住，击中了美军在达哈拉尼亚的一处营房，炸死 29 人，炸伤约 100 人。

3. 地面作战阶段

1 月 15 日，伊拉克宣布将撤出科威特，但没有指出撤军的时间框架，盟军也没有重视这个声明，并于 2 月 24 日发起了地面行动。进攻分为三个方向：在沿海一线部署了美军的陆战第 1、2 师和沙特阿拉伯、也门、科威特及叙利亚的陆战师和坦克师；在前线的中段美第 7 军装甲 1 师和英军装甲 1 师担负主要攻击任务。在西线支援方向上主要是法军航空 4 师和装甲 6 师。美第 18 空降军作为后备队，其任务是在西线发动攻击，向幼发拉底河一线机动，以配合中、东路部队。

2 月 24 日夜里 1 时，"密苏里"号战列舰开始从科威特海岸发起攻击，制造从这里登陆的假象，以吸引敌人的注意力。炮火准备后于凌晨4时开始了对科威特城、巴士拉和纳西里耶的主要攻击。为了占领科威特城和法拉卡岛以及布比延岛，美军还出动了空降部队。2月25日，盟军解放了科威特首都。伊拉克第3和第7军从二线一侧发动反击的企图也被盟军的空中打击粉碎了。伊拉克士兵在持续的空袭下士气低落，只进行了微弱的抵抗。美国、英国和法国的军队沿伊科边界以东进入伊拉克共和国卫队的后方。科威特、巴士拉和纳西里耶的伊军陷入包围之中。2月27日科威特全部解放，第二天伊拉克南部的伊军宣布投降。

3月3日，施瓦茨科普夫将军、沙特国王哈立德以及其他盟军指挥官与伊拉克将军在伊科边境的塞夫万举行会谈。伊拉克不得不接受盟军提出的所有条件，销毁其所拥有的所有大规模杀伤性武器的生产计划以及所有这种武器的生产设备，其中包括"飞毛腿"导弹。盟军空军获得了伊拉克北部和南部领空的控制权，而联合国监察员可以对伊境内的任何军事和民用设施进行检查。伊拉克要归还所有从科威特运出的物资，释放战俘，放弃对科威特领土要求，并对科威特的损失进行赔偿。在伊拉克完成这些条件之前，继续对其进行石油禁运。因为联合国监察员至今仍在怀疑伊拉克在其领土内隐藏了大规模杀伤性武器。但伊拉克没有放弃对科威特的领土要求，没有对其损失进行赔偿，也没有释放所有俘虏，因此对伊拉克的石油禁运一直持续至今。

在战争中伊拉克的军事和经济潜力，其中包括大规模杀伤性武器的生产能力在很大程度上遭到了破坏。根据西方军事专家的估计，伊拉克方面总共有8000～15000人死亡，25000～50000人受伤，损失了360架飞机、2700辆坦克（其中1850辆被盟军在科威特境内俘获）、5艘军舰、25艘舰艇以及40部"飞毛腿"导弹发射架，85000名伊拉克军人被俘。盟军方面795人死亡，损失了69架飞机、28架直升机与几百辆坦克和装甲车。装甲车的损失主要是由于使用故障引起的。西方国家的许多坦克不适合沙漠条件，很快就出现故障，不能使用了，而叙利亚军队装备的苏联T-22坦克却表现出了非常好的性能。

（三）海湾战争中高科技兵器的运用

在这场战争中，美军几乎集中了当时世界上最先进的高科技装备，并凭借这些先进的武器系统对伊拉克发起强大的军事攻势。

1. 使用各种高科技侦察设备和手段

为了弄清伊拉克的军事和政治动向，美国情报机构在海湾危机发生后，几乎动用了各种高科技侦察设备和间谍手段。

在赤道上空36000千米处，美国国家安全局的两颗地球同步轨道卫星24小时运转，专门来捕捉空中和地面的无线电信号，可随时截获伊拉克军队的轻便无线电报话机、电话及无线电通信的内容，另外还发射了两颗遥感卫星，用来侦察伊军小分队电话交谈内容和活动区域的情况。除此之外，美军至少还有4～6颗照相卫星，其中的2～3颗KH-11间谍卫星，可以通过电视摄像机或超长焦距摄影机拍摄伊军活动的照片。KH-12间谍卫星能通过测试雷达探测地面目标，并能穿过云层或在黑夜里识破伊拉克军队的各种伪装和欺骗，把书桌大小的目标侦察得一清二楚。如果需要的话，这些卫星可每隔3秒钟发回一张地面目标的照片，而且地面分辨率高达0.3～0.1米。据有关资料透露，这种监测卫星可以把一个伊拉克士兵在炮台吃柑橘的情景拍摄下来，拍摄的照片把这只柑橘从不同角度显示得清清楚楚。除了卫星侦察外，美国还采用了各种空中侦察手段，如预警机等。

2. 空军动用了最先进的飞机

"沙漠盾牌"行动开始前,美军在海湾地区的各种飞机达到了600架。这些飞机不仅飞行性能好,而且武器系统完备,大都具有20世纪80年代先进水平,是当今世界上最先进的飞机。

在海湾地区,美空军部队部署的最引人注目的飞机是F-117A隐形战斗轰炸机。该机从外形、动力装置、材料、涂层到燃料等方面,采用了一系列综合性的高科技措施,敌方的雷达及红外,激光探测很难发现和捕获。它是美国"神秘的蓝色"隐形技术系列计划中的一项。机身外表使用了吸波涂料,更增强了隐形效果,故有"夜鹰"之称。美国派往海湾地区的飞机还有C-130型运输机、AC-130型武装运输机、KC-135型空中加油机、B-52型轰炸机和多种型号的直升机等。美军在海湾地区集结了大量高科技空中武器,不仅在沙特领土上形成了对空防御能力,而且对伊拉克形成了强大的攻击能力。海湾战争爆发后,以美国为首的多国部队仰仗着强大的空中优势对伊拉克进行了大规模空袭,开展仅12天,多国部队飞机就出动了2.5万架次,以平均每天2000架次对伊拉克轮番轰炸,使伊方造成很大损失。

3. 派出高度机械化的陆军

按照"沙漠盾牌"计划,美国最终在沙特部署的地面部队达到12.5万人。这些地面部队包括空降师、重装甲师、步兵师、机械化师和空中突击师,还包括美陆军中战斗力最强的两支装甲部队,这就是第三装甲突击团和第一骑兵师,他们装备有最先进的M-1A1坦克和其他先进的武器装备系统。

美军首批M-1坦克于20世纪80年代出开始装备部队,先期产品有105毫米线膛坦克炮,M-1的改进型M-1A1坦克采用了120毫米滑膛坦克炮,动力装置采用新型燃气轮机,功率达1500马力,最大速度为每小时70千米,越野速度为每小时45~50千米,从起步至加速到32千米/小时,只需6秒钟。坦克上装有先进的电子仪器设备和地面导航设备,机动性能极好。

美陆军第一骑兵师和第82空降师,拥有造价最昂贵的全天候AH-64型"阿帕奇"攻击直升机。这种直升机最大时速达378千米,实用升限250米,最大航程为611千米,最大起飞重量为8000公斤;武器系统为30毫米机炮1门,可外挂16枚重型反坦克导弹。AH-64型"阿帕奇"式攻击直升机在海湾危机中的主要作用是对付伊拉克的坦克集群。这些性能优良、对地攻击能力强的战斗直升机,在海湾危机中成为伊拉克坦克的"克星"。

在美陆军中,初次登场的美国陆军"爱国者"地对空导弹,在对付伊军"飞毛腿"导弹的袭击中出尽了风头。该型导弹1982年装备部队。导弹全长6米,重约950公斤,最大射程为80千米,采用雷达制导,具有一定的抗干扰能力。每一个发射机架装载4枚导弹,既可以攻击敌机,又能截击来袭导弹。

4. 世界各地的美国海军派出多艘战舰,对伊拉克实施海上封锁并从海上支援地面作战

在伊拉克入侵科威特的当天,美国防部就宣布,为对伊拉克入侵科威特做出反应,美国"福莱斯特"级"独立"号航空母舰迅速驶向波斯湾,以便加强这一地区美军军事力量。除"独立"号外,"萨拉托加"号航空母舰极其护航舰队也驶入沙特阿拉伯西海岸附近。

"尼米兹"级"艾森豪威尔"号是海湾危机以来驶入这一地区的第三艘美国航空母舰。该舰是目前世界上最大的核动力航空母舰。在海湾地区除"中途岛"号（接替"独立"号），"萨拉加"号，"艾森豪威尔"号之外，"突击队员"号，"罗斯福"号航空母舰及它们的护航舰队也将陆续开赴海湾地区。

在美军的一些巡洋舰上装有"宙斯盾"系统。这种以古希腊神话中主神护盾命名的世界上最先进的导弹系统由导弹，导弹发射架，武器控制系统，多功能相控阵雷达系统，指挥决策系统，应急系统等部分组成，能在400千米范围内跟踪200个以上目标，并能同时袭击15~20个目标。该系统电脑内储存数百种飞机的轮廓图，具有目标搜索、探测、识别、跟踪和攻击等多种功能。

海湾战争一开始就引起了世人的极大关注，而其中的电子战、信息战、导弹战及高科技战更引起了各国军事理论家的浓厚兴趣。这场战争最终以其独有的高科技特征载入战争史册，并给各国军事界在如何发展武器装备方面提出了许多发人深思的问题。

（四）海湾战争的启示

1. 对海湾战争结局的一点思索

海湾战争前后共进行了42天，其中多国部队的空袭持续了38天，地面战仅进行了100个小时就出现了美胜伊败的结局。美军战斗死亡人数仅为63人（非战斗死亡52人）。战争以这样一种状况告终，武器决定论的观点便流行起来，引起人们深深的思索。

战前人们已经看到多国部队在军力上拥有多方面的优势，伊拉克无法在军事意义上取得海湾战争的胜利早已明朗。但是，地面战中多国部队战斗损失如此之小，结束战争的时间如此之快，却是人们始料未及的，甚至也大大出乎美军自己的计划和预期。地面战开始前，美军野战医院设定的床位规模以及伤亡人员输送计划都表明，美军曾预期并准备应付比实际伤亡数字多得多的人员损失。多国部队发动地面进攻前在各后勤补给基地储备了可供60天地面作战使用的油料、弹药和给养。多国部队做出这样的地面战战前准备不是没有根据的，恰恰是基于双方武器性能和作战部队规模估算了可能造成的战时状况。还有一个情况不容忽视。在战争第一阶段的空中战役中，多国部队的空袭持续时间之长出乎人们的战前意料。这一方面固然是以美国为首的多国部队力图通过更强大的连续轰炸摧毁伊军的战争潜力，尽量减少地面战中可能出现的人员伤亡。另一方面也可以看出伊拉克的战争能力和承受进攻的能力是不可低估的。在空中战役中，伊拉克的防御工程发挥了相当大的作用，直至地面战开始，伊军仍保存有很大数量的飞机、坦克、火炮等重型装备，飞毛腿导弹的发射能力依然存在。这样看来，在地面战开始前，多国部队以空中战役规模之大、持续时间之长、所用武器之先进与其所取得的战果相比并不是很相称的。人们甚至还可以记起，在似乎可以体现地面战的双方最初地面接触的海夫吉战斗中，数百伊军曾坚持了36小时之久。

以这样一些不完全的分析可以看出，地面战没有出现严酷的局面，伊拉克如此迅速败退是另有原因的。战前无法预计的是伊拉克方面的指挥失策、军队意志和抵抗决心等，正是这些难以把握的软因素对战争进程产生了极大的影响，造成了与预期相差悬殊的战果。

从根本上说来，伊拉克入侵和吞并科威特遭到全世界的反对，这对伊拉克军队的士气影响极大，而伊拉克以悬殊的兵力要打一场消耗战，必须具备顽强作战、不怕牺牲的意志。伊军士气低落，还由于战前就有妥协撤军的可能，以及战时关于撤军的广泛谣传，这使伊军士兵在强大的进攻面前无心恋战。

地面战于2月27日开始刚一天多，萨达姆就于28日发布了撤军命令，伊方还在26日公开宣布了单方面撤军决定，这对伊军的抵抗和反击能力无疑是一种瓦解。尽管伊军在经历了38天空袭后仍然保存了很多重型装备，但在4天地面战的大多数时间里，伊军不是积极利用这些装备反击多国部队，而是慌不择路地撤退，根本未进行有组织的抵抗。许多坦克不进攻而被用作撤退车辆，结果反而成了敌方炮火的活靶子。

从军事角度的战略决策上看，伊拉克面对拥有全面技术优势装备的74万多国部队，仍不量力地将部队在科威特和沙科、科伊边界全面铺开，事实上伊拉克不仅在政治上应该撤出科威特，而且在战略上也需要适时撤出科威特。在经历了5个多月的国际禁运和制裁，又经历了一个多月大规模轰炸之后，伊军付出了惨重的代价仍不作战略收缩，没有抓紧地面战开始前的撤军机会，把驻科伊军撤至能依托补给的巴士拉－纳西里耶一带，这不能不说是战略失误。这样，伊拉克不仅在政治上（仍侵占科威特）站不住脚，在军事上也陷于被动。此外，由于伊军在陆上和海上多线设防，战线拖得过长，给了多国部队实现战略迂回、发动钳形攻势的机会。就在地面战迫在眉睫的情况下，伊拉克仍存有多国部队害怕伤亡而不敢发动地面战的幻想；在地面战打响前夕刚刚拒绝撤军，却又在多国部队地面进攻才开始一天多就宣布无条件单方面撤退。这种在对方全面进攻下的大规模快速撤军不啻是一种典型的败兵之举，也是地面战迅速结束的关键战场原因。

其他方面，如伊军的装备技术与多国部队差距明显，拥有的少量先进武器也规模太小，缺乏发挥效用的配套条件；伊军行动没有空中掩护；作战理论消极防御，指挥权过于集中，战区缺乏灵活主动性；侦察能力瘫痪、通信联络困难、后勤补给中断等也都是伊军在地面战中迅速失败的重要原因。

总之，海湾战争固然显示了美国的军事实力和装备优势，但是如果没有国际上财政支持和其他条件，如果也如预期的那样遇上伊军的顽强抵抗，那么美国要想迅速取胜未必容易。海湾战争再一次表明，武器装备的劣势固然是伊拉克迅速失败的重要原因，但从根本上说，造成这场战争的如此进程和结局的关键因素还是人，是伊拉克政治上的失道寡助以及军事上的指挥失当和士气低落。

2. 海湾战争影响今后世界军事

海湾战争是东西方冷战结束后爆发的第一场严重冲击全球形势和安全格局的大规模局部战争，它对当前和未来的世界军事走向将产生一系列深远影响。

海湾战争表明，总体形势和不能遏制局部战争，军事力量的作用不容忽视。现在，东西方关系虽然改善，但南北矛盾上升，而且一些地区的国家之间和国家内部的政治、经济、民族和历史纠纷所导致的冲突有增无减，这些矛盾和冲突很可能演变成武装冲突与局部战争。在世纪90年代，强权政治、实力外交和军事手段的作用仍然是当今世界的现实，因此，军事力量作为综合国力的重要组成部分将继续受到各国重视。

海湾战争将对世界裁军形势产生不利影响，以美国为首的大国裁军速度可能放慢，某些领域的军备竞赛，特别是地区性的军备竞赛可能加剧。与超级大国和某些地区强国武装过度相反，一些中、小国家可能因这场战争而感到防卫不足，因此，今后军火可能在第三世界市场走俏，高科技武器的扩散在所难免，核、生、化武器也有继续扩散的危险。

海湾战争将促进国际安全和控制机制的改组，它一方面可能推动某些地区的中小国家联合自强；另一方面，又可能助长某些弱小国家寻求大国军事庇护，形成大国参与的地区性合作安全结构。这次，联合国的国际协调作用虽然没有能够避免战争的爆发，但却能多次形成决议，显示了联合国在今后处理地区冲突中不容忽视的仲裁和制约功能。

海湾战争表明了美国作为军事超级大国的实力和充当世界宪兵的意图。今后，美苏等大国关系仍将相对稳定，它们之间的军事能力将继续侧重相互威慑，而第三世界小强国对超级大国构成的军事挑战将成为更加迫切的危险。今后美国将注重对付第三世界局部冲突的实战能力。

海湾战争的经验对今后军队建设的方式和方向将产生影响。海湾战争已成为当代高新技术武器的实战试验场，同时各种战略战术及其作用和有效性也将在这场战争中经受检验。在这场战争中，双方各有优长，各用各的打法，其较量结果和经验教训将对军队建设和战略战术研究产生重要影响。

海湾战争从军事意义上讲是一场高强度的有限局部战争，但这场战争具有很强的政治战特点，维持和分化联盟始终是影响战争进程与结局的重要斗争。伊拉克尽管在战争损失率方面无法与美国相比，但在承受牺牲和损失的能力方面则远远超过美国。

海湾战争表明，虽然多国部队运用高新技术武器给伊方造成了重大损失，但伊军的中、低技术武器和土办法并非无所作为，隐蔽、分散、后发制人，以静制动等弱者的传统打法，在科学技术迅猛发展的当代仍不失其效力。人的决心、士气和承受牺牲的能力仍然是现代战争的决定因素，因此，即使强如美国这样的军事超级大国，对付一个没有国际支持背景的伊拉克也有力不从心的感觉。

四、波黑战争

从1992年到1995年，波黑内战打了4年多。在这场旷日持久的民族厮杀中，有20多万人丧生，数十万人流离失所，成为无家可归的难民，美丽的萨拉热窝变得满目疮痍。战争一共造成损失达千亿美元以上。到1995年7月，交战各方达成过40多次停战协议，联合国也通过了30多个停火的决定与决议等文件，可是交战各方还是交火不断，巴尔干半岛依然笼罩在战火硝烟中。

（一）波黑内战的过程

波黑内战到1995年底，大体上经过了三个阶段。

第一阶段：1992年4月至1994年1月。交火的一方是得到南斯拉夫联盟共和国支持的塞族军队，另一方则是由克罗地亚支持的穆、克两族武装。两军对峙，双方共投入兵力达到40余万，动用了飞机、坦克、大炮在内的几乎所有重武器。交战各方均投入大规模的兵力进行战斗，战火烧遍了波黑全境，异常激烈。为制止波黑战争，联合国安理会自1992年5月起先后通过对波黑塞族和南联盟实施全面制裁、向波黑派驻维和部队、在波黑建立"禁飞区"、为穆族设立"安全区"等一系列决议。北约对波黑实施全面封锁并对"安全区"提供空中保护。

第二阶段：1994年2月至1995年7月。从1993年初开始，联合反塞的穆族和克族武装之间反目为仇，为了争夺波黑南部的地区，发生了激烈的战斗，从而形成了塞、穆、克三族混战的局面。为了夺得更多的领土，交战各方都在相互混居的地区进行惨无人道的种族清洗，造成了一大批难民逃离家园。与此同时，北约对波黑的干预从对塞族进行军事威胁升级到实施有限空中打击，3月在美国敦促下，穆、克两族签署建立联邦和联邦军队的协议，使波黑战场再度形成穆、克族联合对付塞族的新态势。从1994年4月至1995年7月，交战各方发动了一系列的进攻，互有得失。但是北约对塞族武装的空中禁飞与打击为穆族与克族的联盟在军事上取得了一些优势，并且此优势在此后的激战中也显现出来。同时，南联盟为了摆脱国际社会对它的制裁，也与塞族武装断绝了一切联系，这使得塞族武装陷入了孤立无援的境地。

第三阶段：1995年8月至1995年12月。8月上旬，克罗地亚出动10万军队攻占克拉伊纳地区后，美国提出和平解决波黑冲突的新建议。8月30日—9月14日，北约以萨拉热窝遭炮击为由，出动3400余架次飞机对波黑塞族阵地实施空中突击，并发射13枚"战斧"式巡航导弹，使波黑塞族的指挥、控制、通信系统完全陷入瘫痪。穆、克族军队在克罗地亚军队配合下，乘机在波黑西部向塞族发动进攻。到9月下旬，穆克联邦和塞族实际控制的领土已接近五国联络小组为双方确定的比例。塞族丧失军事优势，被迫同意由南联盟代表其参加由美国主持的波黑和谈。11月21日，南联盟塞尔维亚、波黑、克罗地亚三国总统在美国俄亥俄州代顿市达成《波黑和平框架协议》，并于12月14日在法国巴黎正式签署。协议规定，波黑继续作为统一的主权国家存在，由穆克联邦和塞族共和国两个实体组成，穆克联邦控制波黑领土51%，其余由塞族控制。

在波黑战场上，实力最强的是塞族的武装，一共有7万多人，其主体是原南人民军中的波黑籍塞族士兵。他们训练有素，战斗技术过硬，装备精良。克族武装共有5万余人，装备虽然没有塞族武装那样精良，但其控制区背靠克罗地亚，有着充足的后勤保障，另外还有5万~6万人来自克罗地亚的部队直接参加了波黑的战斗，实力也不次于塞族武装。穆斯林武装共有2万人，但战斗力较弱，重武器大大落后于塞克两族。不过据有关情报分析，约有3500名来自阿富汗、巴基斯坦、苏丹、沙特阿拉伯和土耳其的圣战者在帮助波黑的穆斯林作战。波黑战争自始至终伴随着外部势力的军事介入和武装干预，特别是美国以北约为工具所进行的军事干预对战争结局产生了重大影响。塞族从内战爆发起优势明显到最后受到了北约与穆族和克族的联合打击，完全丧失了军事优势与战场的主动权，随即在国际社会的压力下妥协，承认了塞族、穆族、克族分治的格局。

从战场形势上看，三方战线已经大体上划定了彼此的控制区。塞族控制着70%左右的波黑领土，克族控制着19%左右的波黑领土，穆族则控制着10%左右的波墨领土，由于波黑战场跌宕起伏、诡异多变，这种格局基本是每天都在发生变化。

战争爆发两年多，除了使20多万人丧生、数十万人流离失所外，波黑境内的80%以上的经济设施和一半以上的房屋毁于战火，直接经济损失达1500多亿美元，仅在1992年，波黑的通货膨胀率高达20000%，是10年前的180000倍，生活费用比1991年上涨了20096%。

（三）外界对波黑内战的插手和干预

波黑内战并不是孤立的，战争爆发以来，联合国已经通过了30多个关于波黑内战的决议和决定等文件。从1993年6月开始，联合国的维和部队进驻波黑，负责人道主义援助、保护少数民族和维持和平。与此同时，联合国秘书长还不断派遣特使到波黑斡旋调停，所有这些虽然在一定时期、一定范围起了缓冲作用，但从整体看来，所起的作用有限，甚至有将国际社会卷入波黑战争的危险。

波黑冲突各方也都不是孤立的。就前南斯拉夫而言，塞尔维亚共和国为了使"所有塞尔维亚人生活在一个国家里"，便不遗余力地支持波黑塞族武装，前后已有8万多人的前南斯拉夫人民军改编为塞族地方武装。克罗地亚共和国为了建立大克罗地亚也在人力、物力和财力上支持了波黑克族武装，并派遣了5万多人直接参战。

就国际社会而言，南斯拉夫分裂后，历史上曾经占领过南斯拉夫的奥地利、土耳其、德国、意大利等国，都将波黑视为一块肥肉，竭力染指，一方面对塞族进行武器禁运、经济制裁；另一方面又暗渡陈仓，向穆斯林和克族武装提供各种援助。除此之外，美国与俄罗斯两大超级大国介入波黑内战，更使波黑形式扑朔迷离。

波黑内战伊始，美国采取了消极观望的态度。当时的美国总统认为，巴尔干半岛各民族之间的矛盾积累非止一日，互相残杀了几百年，情况十分棘手，美国难以担负起干预的责任，搞不好还要把自己陷进去。另外，巴尔干地区在战后属于苏联的势力范围，不是美国的战略重点。鉴于这些考虑，美国希望欧共体出面解决波黑危机。可是另一方面，美国同西欧又有利益冲突，它尤其不愿意看到一个经济上和政治上前大的欧洲的出现，害怕巴尔干地区完全被纳入欧共体的影响范围。因此，在欧共体和联合国的调停活动屡屡陷入僵局的情况下，新上台的克林顿总统开始积极介入波黑交战各方的和谈中，力图给波黑危机的解决上打上美国的印记，借此显示其超级大国的地位。美国的介入也完全改变了交战各方的现有态势，使得北约完全成了美国手中挥舞的大棒。

一个国家发生内乱，其中必然有着内部和外部的因素的存在，各方势力粉墨登场。南斯拉夫之所以落得如此凄惨，与其国内各民族之间长久矛盾有关，与国内民众缺乏民族凝聚力有关，也与国际趋势、国际势力插手颠覆有关。波黑战争只是南斯拉夫衰落的开始，它的噩梦并没有结束，民族问题依然尖锐，美国再次以民族问题全面介入南联盟的内部事务，从而使得刚刚平息不久的战火再次在美丽的巴尔干半岛燃烧起来，这次燃烧比上一次更加猛烈，更加残忍，更加毁灭。

（四）北约军事干预波黑

海湾战争的硝烟还没有完全从人们的心头消散，1995年夏秋之交，西方大国又在位于巴尔干半岛上的一块弹丸之地——波黑发动了一场大规模的高科技战争。

这场命名为"精选力量行动"的军事行动从当地时间1995年8月30日凌晨2时开始，北约60余架飞机从意大利的阿维亚诺、伊斯特拉纳等空军基地和在亚得里亚海上游弋的美国"罗斯福"号和法国"福熙"号航空母舰上起飞，对波黑塞族的重要军事目标开始进行猛烈的空袭。

此后北约飞机一连十数日频繁出动，轮番轰炸波黑塞族的重要军事目标。一枚枚精确制导航空炸弹和导弹准确地飞向目标。波黑战场浓烟滚滚，火光熊熊，爆炸声此起彼伏。与此同时，北约还从远离战场的亚得里亚海上发射"战斧"式巡航导弹和多枚"斯拉姆"导弹……到9月14日停止轰炸时止，北约共出动多种先进作战和支援飞机3400余架次，投弹1万多吨，严重削弱了波黑塞族的军事力量。

有人说，这次空袭与海湾战争相比，无论是在规模还是在强度上都是小巫见大巫，不可同日而语。不过，这次空袭在高科技的使用上却一点也不亚于海湾战争。海湾战争中使用过的高科技武器这次空袭使用了，海湾战争中没有使用的、近年新开发和研制的高科技武器也在这次空袭中"露"了面。可以毫不夸张地说，这次空袭行动的高科技味道更浓，已具有信息时代高科技战争的某些特点。譬如，这次空袭利用地、空、天多层次的高科技侦察手段获取准确的目标信息情报；利用高科技指挥通信手段协调作战行动；利用电子干扰和反辐射等高科技武器装备最大限度地保护自己，同时毁伤敌人的耳目；利用最先进的航空导航、定位系统和精确制导弹药准确轰炸目标，等等。这些技术手段的使用对我们正确认识现代战争的特点，把握未来战争的规律、脉搏又有许多新的启迪。

未来战争将是以经济实力为基础的综合国力的较量。古今中外的军事家都十分重视物质因素在战争中的作用。战国时期的商鞅有曰："兵不强不可以摧敌，国不富不可以养兵。"墨子亦云："库无备兵，虽有义不能征无义。"恩格斯更是直截了当："军队的全部组织和作战方式以及与之有关的胜负，取决于物质的即经济的条件。"无论是过去还是将来，科学技术发达、经济实力雄厚、武器装备占绝对优势，也就具备了进行战争并最终取得战争胜利的客观基础。以弱胜强固然不乏其例，但"弱肉强食"无疑更具普遍性。

同时，未来战争又将是一场高科技战争，是一场比精确攻击技术的较量。未来的武器威力更多的是建立在准确而不是火力的基础上。世界各国将利用最新科学技术成果促使武器装备朝高精度、高速度、大威力、无人化、自动化和灵活机动的方向发展，并将最新式的高科技武器广泛应用在战争实践中。近年来西方各国一方面加紧研制各种新式精确制导武器，一方面为原有的普通航空弹药加装精确制导装置，同时大力发展各种侦察装备和定位仪器，目的就是使打击兵器更为精确、进攻更加有效。可见军事技术在现代和未来战争中的作用将比以往更加突出，已成为构成军队战斗力的决定因素之一，也是决定战争胜负的重要因素之一。

现代空中力量具有反应速度快、机动能力强、打击威力大、作战范围广等其他军种所难以比拟的特点，因此在未来战争中，以空中打击为主同时辅以海、陆袭击将成为使用最频繁、效果最明显的种种作战方式。北约空袭波黑、海湾战争，以及美国入侵格林纳达和巴拿马等80年代以来发生的几场局部战争均充分证明了这一趋势。

掌握电磁空间的控制权，对取得战争胜利具有重要意义。以往，电磁力量总是处于支援保障地位。但在未来战役中，由于高科技手段的广泛运用，这一传统的作战方式必将发生深刻的变化。北约此次对塞族实施空袭的战斗机安装了自卫电子干扰设备，而且每次出动，都有电子战飞机伴随配合行动，有时两种飞机出动的比例高达1∶1。未来战役作战将首先以电子战拉开帷幕，采取大范围、长时间、高强度的电子干扰，一举瘫痪对方C3I（指挥、控制、通信、情报）系统，为己方行动创造条件。电磁斗争将成为交战双方争夺战场主动权的关键，将贯穿于整个战役的始终。

当今世界已经进入信息时代，未来战争无疑将是一场信息大战。北约在波黑的行动中，为获得准确的信息情报，动用了包括间谍卫星、战略、战术侦察机和潜伏在地面的激光探测仪等多层次的高科技侦察装备；为适时地传递指挥信息和情报信息，北约使用以军事卫星为中心的通用卫星为中心的通用信息和情报互联网络；为瘫痪塞军的信息系统，特别是指挥通信系统，破坏其信息源，北约在行动中使用电子战飞机和反辐射武器首先打击塞军的雷达和防空导弹；为准确实施轰炸，作战飞机都加装了全球定位仪和激光制导仪。北约执行维和部队进驻波黑后，为监视冲突各方执行和平协议情况，美军还使用最先进的"全方位监控和局部追踪性"高科技装备。未来战场上信息主导型兵器将成为主宰,武器的效率、战争的胜负在很大程度上依赖于信息源,掌握了制信息权就意味着控制了未来高科技战争的第一制高点。近几年来,美国等西方国家军队加强了对信息战的研究,更广泛地将电子信息技术应用于军事领域,加紧建设和完善由通信情报网络、电子计算机、战场数据库以及各种用户终端等组成的能实时向用户提供与作战有关信息的战场信息高速公路。俄军对电子战的认识也有质的飞跃,认为未来战争的胜利取决于信息武器的优势,因此已经把信息战训练作为各级军事人员的必修课,并准备建立信息战部队,研究对付敌方电子、信息指挥控制系统的综合性措施。

未来战争是尽可能廉价的战争。某些传统的武器如航空炸弹,经过加装激光等精确制导装置,一时还不会被淘汰,在敌方总体实力和防空力量较弱的情况下,仍将被大量使用。以这次北约空袭塞族为例,所使用弹药的主力是价格相对低廉的激光制导炸弹和导弹,北约是想花小钱办大事。但交战双方在势均力敌的情况下,则将不惜血本,大量使用高毁伤力和远射程的精确制导武器,即所谓"战场外打击"武器,以达到我可以打你,你打不着我,最大限度地杀伤敌人和保护自己的目的。因此,战争的代价又可能非常昂贵。

综上所述,"未来战争"将是一个我们必须拓展思路,认真分析和研究才能做到有备无患的艰深课题。

五、科索沃战争

科索沃战争是20世纪末继海湾战争之后发生的又一场大规模局部战争,是一场典型的高科技条件下的"非对称战争",是美国"新干涉主义"的危险尝试。

科索沃战争的外部原因是以美国为首的西方大国寻求各自战略利益的必然。

20世纪90年代,冷战结束,高新技术产业革命蓬勃兴起,世界各种力量加速重组,多极化得到新的发展,但美国的"一超"地位尚未受到动摇。发达国家与发展中国家之间战略失衡加大,干涉与反干涉的矛盾更加突出。世界军事领域发生着深刻变革,发达国家从中获取的军事优势已成为其推行强权政治的重要手段。

在这一背景下,以美国为首的西方国家在欧洲推行政治、经济、外交、军事和意识形态的全面扩张战略,与坚持独立自主,维护国家统一的巴尔干国家南斯拉夫联盟共和国形成了尖锐的战略冲突。随着南联盟内部科索沃独立问题的出现,西方国家借机大举介入,导致双方矛盾全面激化。南联盟坚持反对多国部队进驻科索沃,同时反对北约支持该地区阿族分裂势力独立和干涉南联盟内政,但遭到北约的拒绝。

3月23日,北约秘书长索拉纳下达了对南联盟大规模空袭的命令,科索沃战争爆发。战争的本质是一场北约集团以新干涉主义发动的侵略战争,是北约成立50年来首次未经联合国授权而对一个主权国家采取的大规模军事行动。北约由此开了一个危险的先河。

(一) 战争过程

这场战争大致分为四个阶段。即首轮空袭与全国总动员阶段,增大空袭强度与支持持久作战阶段,扩大空袭规模与继续顽强抗击阶段,继续猛烈空袭与接受停火条件阶段。

1. 战争第一阶段(1999年3月24日至3月27日,历时4天)

北约:对南联盟发动首轮空袭,基本夺取制空权。

南联盟：实施全国总动员，奋力抗击敌人。

1999年3月24日19时55分，北约发动了首轮空袭，对南联盟军队的防空导弹阵地、雷达站、机场、指挥控制中心和通信系统等军事目标实施了重点打击，企图迅速瘫痪南军的防空体系，全面夺取作战地域的制空权，以确保北约飞机在南联盟上空活动的安全，为后续阶段的大规模空袭创造条件。

在这一阶段，北约对南联盟共进行了四轮空袭，主要目标是摧毁南联盟各地的雷达和发电站。南军民在米洛舍维奇政府的领导下，立即进行全民战争动员，奋勇进行反侵略战争，使用萨姆－3型防空导弹击落一架F－117A飞机。这是该型号飞机自问世以来首次被击落，极大地鼓舞了南军民的士气。同时，南军飞机也升空作战。但由于双方力量相差悬殊，南战机无力与敌机抗衡，损失严重，先后有5架先进的米格－29型战斗机被击落。

北约共出动飞机1300多架次，发射巡航导弹400余枚，使用的精确制导武器比例高达98%，基本采取了战场制空权，但并未完全达到作战目的。南军防空设施虽受到严重破坏，但指挥系统仍在运转，南军通过机动防空等方式保存着有生力量和战争潜力。

2. 战争第二阶段（1999年3月28日至4月4日，历时8天）

北约：重点打击南联盟防空系统，并不断增大空袭强度。

南联盟：适度调整作战方针，坚持持久作战。

3月28日下午，部署在亚得里亚海的美国战舰首先向南联盟黑山共和国的波德戈里察地区的军用机场发射了2枚巡航导弹，进而开始了北约第二阶段的作战行动。随着南联盟天气状况的好转，北约扩大了空袭规模，由过去的间歇式空袭改为24小时不间断打击。

在这一阶段，北约空袭的决心与强度远远超出了南联盟方面的预料。南军调整了作战方针，采取保存自己，持久作战的方法，将飞机、坦克、火炮等重型武器装备隐藏在各战略要地的战备工程和防空设施里，并巧妙设置大量假目标、假阵地，使敌人难辨真伪；进一步加强要地防空；继续进行地面作战准备，在科索沃边境地区重要通道埋设大量地雷，加强南马，南保边境的防御力量；继续执行"马蹄铁计划"，向"科索沃解放军"发起猛攻；加强情报工作，防奸反特。在作战中，南军继续取得新战果。3月29日，俘获3名美军特种部队士兵。与此同时，南联盟积极开展政治外交活动，争取外援和世界舆论的同情和支持。由于南联盟的军民的抗敌意志十分坚强，北约原计划数日内用军事手段解决科索沃危机的企图彻底破产，被迫向战区增派兵力，其中包括一个航母编队和B－1B战略轰炸机在内的130多架作战飞机。

3. 战争第三阶段（1999年4月5日至5月27日，历时53天）

北约：扩大空袭规模。

南联盟：继续顽强抗击。

北约为了加强对南联盟打击的力度，尽快实现其战争目的，继续向战区增派兵力，到本阶段作战行动结束前，北约部署在亚德里亚海海域的作战舰艇已达40余艘，参战飞机达到1100余架。北约重点打击的目标，一是南军的指挥控制系统和雷达站、导弹阵地、机场等防空体系；二是南军的军事基地，有生力量和坦克、火炮、装甲车辆等重武器及运输设备等；三是南联盟的通信系统，重要的交通运输干线和枢纽，重要的工业基地等基础设施和生产设备；但是南联盟的内务部、国防部、空军防空司令部甚至总统官邸等重要机构。

北约在这一阶段还加紧实施对南联盟的海上石油禁运等经济制裁措施，并广泛采取了心理战、电子战、情报战和特种作战等多种作战样式。

南联盟在整体防空系统遭到严重破坏的情况下，仍能依靠小规模的防空游击群打击空中之敌。在顽强抗击的同时，南联盟继续加强外交斗争，采取国际社会支援与援助。尽管南联盟竭尽全力抗战，却难以扭转战争态势，面临的形式越来越严峻。一是损失巨大。到5月22日，北约出动的25万架次的空袭行动，已造成南联盟6000余人伤亡，财产损失达1000多亿美元，大量桥梁、道路、电厂、油库等基础设施，严重影响民众的生活。二是外援无望。俄罗斯等国对南联盟的支持仅限于道义上的声援和人道主义救援。三是周边安全环境恶化。自战争爆发以来，与南接壤的所有国家都站在北约一边。四是国内悲观失望情绪。有的部队士气低落，发生了数起兵变或叛逃事件，反对党也乘机发难，要求政府尽快同北约就科索沃问题达成协议，早日结束战争。南联盟不得不正视面对的严峻形势，在继续抗战的同时，积极寻求其他途径结束战争。

4. 战争第四阶段（1999年5月28日至6月10日，历时14天）

北约：继续保持猛烈的空袭势头，削弱南作战势力和战争潜力。

南联盟：难以继续抵抗，决定有条件接受北约的和谈条件。

1999年5月28日，北约实施了自战争爆发以来最猛烈的一次空袭，共出动飞机792架次，击毁或摧毁南军几十处军事目标及桥梁，电厂等基础设施，致使几个大城市断电停水。6月1日起，北约主要集中打击科索沃境内的南军地面部队、警察部队、重型武器装备、防空阵地、机场等军事目标。同时，北约扬言，如果南联盟在未来3周内仍不接受北约提出的条件，将考虑实施地面作战的可能性。

北约两个多月的狂轰滥炸，给南联盟造成极大的战争灾难，使其蒙受了巨大的物质损失和人员伤亡。面对这场以空袭为主的战争，南军采取疏散、隐蔽、机动等战术，有效地保存了相当程度的作战实力。但由于国力弱小，缺少反击武器，南军御敌乏策，退敌无力，关系到国计民生的经济基础设施遭到毁灭性打击。在这种局势下，南联盟政府举行高级军政会议，决定接受八国集团就解决科索沃问题提出的协议，与北约举行停战谈判。6月10日，南军按照撤军协议开始大规模撤离科索沃。当晚，北约欧洲盟军最高司令克拉克下令暂停对南联盟的军事打击，78天的科索沃到此结束。

（三）科索沃战争的主要特点

1. 精心策划，战法灵活

早在1998年8月科索沃危机期间，北约就拟订了军事打击南联盟的作战计划，10月便完成了对南近百个军事目标的侦察与选定，并初步作了兵力部署。

在此次空袭中，以美国为首的北约十分注重利用威慑，力争以打迫和。为实现作战目标，北约战前即为空袭行动大造舆论，甚至将空袭时间，强度和可能的后果公之于众。这与1998年12月美英军队对伊拉克实施"沙漠之狐"行动前不发任何警告形成鲜明对比。

在空袭开始阶段，北约行动的重点是夺取制空权。由于南联盟拥有包括"米格-29""萨姆"导弹在内的较先进的作战飞机和地空导弹，具备一定的防空能力，对北约的空中力量构成威胁。因此，北约将首先打击南军空中力量作为主要任务。

在空袭过程中，以美国为首的北约在空袭时间出动兵力、空袭目标、打击范围等方面逐步升级，如空袭时间从最初的夜间扩大到昼夜不间断；日出动战机从最初 156 架次增加到最多时 700 多架次；空袭目标从主要打击军事目标逐步扩大到经济基础设施，甚至包括较有价值的民用目标和主要的政治目标；打击范围从北纬 44 度线以南逐步扩大到南全境。

2. 以美为主，联合作战

美国一手策划和导演了"联合部队"行动，承担了主要的指挥、控制、情报侦察和后勤保障任务，派出占参战总数 85% 的飞机和 60% 以上的舰艇，执行 90% 的空袭任务。这次由北约 13 个国家诸军兵种参与的作战行动，美、英、法、德是核心，北约其他中小国家象征性地参与，新入盟的波、捷、匈提供了空中走廊或基地。空袭作战由北约海、空、陆三军协同实施，北约秘书长索拉纳和欧洲盟军最高司令克拉克分别担任政治和军事总指挥。

在此次行动中，北约进行了包括空中打击、地面配合、海上发射、卫星保障、电子干扰、诸军兵种、各种武器装备和各个作战区域形成了一个较为协调一致的整体，在陆、海、空、天、电多维战场，多个领域联合行动，基本形成了全方位、全时空的立体化作战。

3. 远程精确，突出"高新"

大量使用高新技术武器装备，全面夺取战略主动权和战场优势，是现代高科技局部战争的一个显著特点。北约在空袭行动中大量使用了新近研制或改进的高科技武器，如远程精确制导武器、先进作战指挥系统、情报侦察系统、电子干扰系统和发射平台等。又如，美军将 B-2 隐形轰炸机首次投入实战。

B-2 轰炸机具有如下特点：隐形性能好，飞机的雷达发射截面只有 0.01 平方米；携载武器先进，可携带 16 枚最新型的"联合直接攻击弹药"；突防和远程奔袭能力强，可直接从美国本土起飞，经空中加油，往返飞行 30 小时对南实施轰炸。

美军在此次行动中使用了包括巡航导弹、战术空对地导弹、反辐射导弹、集束导弹、制导炸弹和石墨炸弹等精确制导武器。其中，"战斧-3"型巡航导弹、空射巡航导弹以及首次使用的"联合直接攻击弹药""联合防区外武器""感应引信武器"等，是新一代远程精确制导武器的部分代表，其特点是射程远、精度高、威力大、功能齐全，可在各种天候条件下使用。

为顺利实施联合作战，北约首次使用了"初期联合空中心能力系统""北约综合数据传输系统"和"海上指挥控制信息系统"三个新的 C4ISR 系统。通过以计算机为核心的信息系统，依靠卫星、地面和空中通信、情报设施，在北约参战各国间建立一体化的信息联络，对空、地、海、天、电（磁）各作战单位实施网络化的指挥控制和管理。

南军的武器装备处于明显的劣势，尽管采取了机动、疏散、隐藏等防护措施，较有效地保存了自己的实力，但由于缺乏有效的指挥控制和反击手段，所以，始终难以摆脱被动挨打的局面。

4. 多种机型，轮番空袭

由于空中力量具有高速机动、远程作战、纵深打击和猛烈突击的能力，因此，首先甚至全程使用空中力量已经成为赢得高科技局部战争主动权的重要途径。这次空袭作战再一次表明，凭借空中优势，实施大规模和高强度空袭作战，已经成为美对外进行武装干涉的最主要手段和作战样式。在空袭中，北约空、海、陆三军空中力量相配合，多种战斗机，轰炸机型混合编组、多种支持机型予以保障,创出了不同以往的全新空中作战样式。北约参加空袭的飞机包括远程轰炸机(B-1、B-2、B-52)、空中战斗机(F-117、F-15、F-16、幻影2000等)、海军舰载机(F-14等)、电子战飞机(E1-6B、EC-130H等)、预警雷达飞机(E-8等)、指挥控制飞机(E-3等)、侦察机(U-2等)、广播宣传飞机(EC-130RR)等。参战飞机不仅数量多,而且型号和功能齐全。

5. 控制信息,强化干扰

信息战贯穿于战局的全过程,是北约此次对南军事行动的又一特点。美军在此次行动之前,积极获取和利用信息,制订军事行动计划,确定打击目标;在行动过程中,利用全球定位卫星进行准确导航和精确制导;在每一波次空袭行动结束后,利用各种信息手段对空袭效果进行分析和评估。在确保己方不受干扰地进行实时收集、处理和分发信息的同时,美军还不间断地对南军的指挥控制,防空系统进行干扰、打击和压制,以破坏和剥夺南军获取信息的能力。由此可见,信息战已成为影响高科技局部战争全局的关键因素。作为进攻性信息战的重要组成部分,美军在此次军事行动中还十分重视电子战,以"致盲""致聋"为主要目的的电子进攻站贯穿空袭的全过程。

但是也应看到,尽管以美国为首的北约在对南联盟军事行动中占有绝对军事优势,却仍然存在着战略判断失误、对南联盟的抵抗能力估计不足以及高新武器首先等许多缺陷。

六、阿富汗战争

2001年10月8日零点30分,美国对阿富汗发动了代号为"持久自由"的军事打击行动。这次行动是21世纪第一场反恐怖战争,也是一场力量对比极为悬殊的不对称局部战争。

这场阿富汗战争是美国以"反恐怖"名义进行的首场战争,此次战争也是以空袭为主要作战样式。美对阿军事打击于2001年10月7日开始。美及其盟国在阿周边部署了近8万人的兵力,其中美军约5万余人,先后动用了5个航母编队、4个两栖装备大队。除美国外,英国、澳大利亚、加拿大、捷克共和国、法国、德国、意大利、日本、新西兰、波兰、俄罗斯和土耳其等其他国家都提供了军事支援。这次战争摧毁了塔利班武装的指挥控制系统、防空设施等战略目标及部分战役战术目标,沉重地打击了塔利班武装和拉登"基地"组织,推翻了塔利班政权,对推动战争进程起到了重要作用。

(一)战争起因

2001年9月11日,恐怖分子在美国领空劫持了4架美国民航客机。其中,两架飞机撞入纽约世界贸易中心大楼,一架飞机撞塌美国防部五角大楼的一角,一架飞机在美国的宾夕法尼亚地区坠毁。与此同时,美国的白宫、国会山附近发生了汽车炸弹爆炸事件。当天,数千人在恐怖袭击中死亡。在随后的调查中,美国认定"9·11"事件的元凶是阿富汗塔利班政权支持下的"基地"组织首领——沙特富商本·拉登,并要求塔利班政权交出本·拉登。由于塔利班政权拒绝交出本·拉登,美国便准备在阿富汗地区实施打击塔利班政权,捕捉本·拉登的军事行动。

(二) 战争经过

1. 准备阶段

"9·11"事件发生后,美国在外交上进行了大量的准备工作,在国际上孤立阿富汗塔利班政权。布什还批准动员5万名预备役军人参加打击恐怖分子的军事行动。

通过外交斡旋,中东地区、非洲、欧洲以及亚洲的40余个国家同意向美国"反恐"行动开放领空或提供起降飞机的机场。尤其是俄罗斯同意为美军提供空中走廊,乌兹别克斯坦等国向美军提供了军事基地。

军事上,美国大量地向印度洋及阿富汗周边地区集结兵力,美军航空母舰开赴印度洋待命。10月5日,美国向阿富汗派遣了第一支地面部队。空袭前,7000~10000名美军在乌兹别克斯坦与阿富汗边界地区集结完毕。同时,美国还支持阿富汗北方联盟武装进攻塔利班军队,不断地蚕食塔利班控制的地区。

2. 空袭阶段

当地时间2001年10月7日20时57分,美国开始实施代号为"持久自由"的军事行动。从印度洋美国航母上起飞的飞机首先对阿富汗喀布尔机场附近地区进行了轰炸,阿富汗南部城市坎大哈和东部城市贾拉拉巴德也遭到美国及其盟友英国实施导弹袭击。空袭的主要目标是阿富汗内的机场、空防措施以及恐怖分子的基地。塔利班武装用防空武器进行了还击。

10月10日起,美军开始对阿富汗全境进行空袭。当天,美军用"GBU-28"巨型炸弹对塔利班政权领导人的地下指挥和控制中心以及其他掩体进行了打击。美军有关人员说,阿富汗境内85%的目标已被集中或被摧毁,除首都喀布尔的机场外机场全部被摧毁。10月21日起,美军开始轰炸塔利班政权和"基地"组织在阿富汗北部的前线部队,加强与阿富汗反塔联盟组织的合作和协调行动。

北方联盟及反塔联盟,在美军的协助下,不断扩大控制地区的范围。在美军的支持下,从10月22日起,北方联盟开始向塔利班部队发起攻击。在北方联盟和美军的不断打击下,塔利班在阿富汗北部的所有据点都已失守。12月7日,曾为塔利班总部的坎大哈塔利班守军投降,北方联盟部队顺利进入该市,塔利班最高领导人奥马尔不知去向。12月19日,阿富汗临时政府主席卡尔扎伊说,阿富汗反塔利班的全面战争已经结束,现在的主要任务是逐个搜查和清剿残存的少数塔利班武装人员。

2002年1月29日,美国认为,尽管美军仍在阿富汗对塔利班残余势力进行清剿,但塔利班在阿富汗境内已经彻底瓦解,再也没有能力来有效控制阿富汗的任何一片领土。美军宣布,阿富汗塔利班政权被彻底打败。美军在阿富汗地区的大规模空袭行动结束。

3. 清剿阶段

塔利班政权垮台之后,美军开始在阿境内展开了对塔利班和"基地"组织残兵的清剿工作。在山区,美军开始逐个山洞进行搜查。

此后,美军不断地发动清剿攻势,目标主要针对阿富汗的东部山区。3月13日,约500名加拿大士兵和美军的一个小分队士兵抵达阿富汗加德兹南部地区,展开代号为"鱼叉"的大搜索行动,打击"蟒蛇行动"的漏网之鱼。

但是，由于塔利班及"基地"组织在一定程度上是有组织地撤出大城市，并且进行有计划的"化整为零"，美军及其他国家的部队进行的清剿工作取得的效果不是十分明显。塔利班武装并没有被消灭，只是被打败了。看来，对阿富汗境内的塔利班和"基地"组织的清剿将是一项"任重而道远"的工作。

（三）战争特点

1. 精心策划，慎重选择打击目标

美军认为，高科技条件下空袭作战，无论规模大小、强度高低，都要有明确的战略意图和政治目的，必须谨慎地选择打击目标。美军《联合作战纲要》也强调，"空中打击要重点突击目标系统中的关节点，攻击敌人最重要和最脆弱的地方，最大限度地削弱敌方的战争潜力，掌握战争主动权。"美对阿军事打击的政治目的是摧毁本·拉登恐怖组织，打垮塔利班政权，协同阿各派力量组建亲美的联合政府。为能最大限度地打击对手，同时避免引起伊斯兰国家的过度反应，美军精心策划了整个军事行动，慎重选择了打击目标。

2. 以高制低，非对称性打击明显

在空袭作战中，美军重视使用高精尖打击兵器，依仗其强大的实力优势，倾其高科技兵器之所能，实施"非对称，非接触"作战，兵力兵器机动速度快，突防手段多，打击精度高，毁伤力大。阿富汗国力衰微，军力极弱，对于美军的空中打击基本无还手之力。即使如此，美军仍全面动员，部署重点，使用先进的精确制导武器对阿实施远程空中突击，作战行动的非对称性非常明显。

3. 多法并举，综合运用打击手段

一是采取"瞬间窒息法"，一举摧毁战争敌潜力。美军这次空袭行动的一个非常突出的特点就是"瞬间窒息"，通过突然猛烈的火力打击，一举瘫痪其指挥控制和防空等系统，摧毁对方的战争潜力，从而为而后空袭创造有利条件。

二是直接火力突击，以空袭行动支援地面作战，把空袭和特种作战、北方联盟的地面进攻紧密配合起来，以提高空袭效能。

三是实施火力围剿。以空袭行动达成搜剿的火力围剿，是此次美军对阿火力打击中一种新的空袭行动。美军在地面部队投入较少的情况下，每当发现敌残余分子藏匿在山区，即迅速调集数架战机，以猛烈密集的空中轰炸，从外向里，逐步缩小包围圈，将残敌压缩在一个较小的范围内，为特种作战部队和反塔联盟地面清剿创造有利条件。

四是实施指挥控制与"自主式打击"相结合，随时摧毁新发现的目标。一方面加强对战场的实时指挥控制。将在战场执行任务的侦察飞机、无人侦察机、战斗机、攻击直升机与战场指挥中心、本土指挥中心建立直接联系，战场指挥中心和本土指挥中心可以随时接受获取的战场情报，并及时发送指令，控制无人侦察机上的导弹对目标实施攻击。另一方面强调自主式打击。空袭开始不久美军就明确规定：飞行员除了打击预先确定的目标外，可以在敌区域内自主地选择袭击目标。为了保证准确地实施自主式打击，美军大量使用了具有侦察与火力双重作用的特种作战飞机。

4. 充分利用北方联盟优势，有效地进行围剿

美对阿军事打击行动的一个突出特点，是有效地利用了北方联盟。此次行动中，美军认真吸取了苏军入侵阿富汗的历史经验，充分认识到：阿富汗75%以上的国土为高山峻岭，交通条件极差，严重制约美军机械化部队作战；阿富汗的气候寒冷，大雪纷飞，美军地面部队（包括特种部队）的战场适应性将受到极限挑战；北方联盟长期与塔利班作战，经验丰富，便于开展地面进攻；北方联盟与塔利班之间存在不可调和的宗教矛盾，便于利用。为了实现总体性战争目的，又避免冒巨大的政治与外交风险，美军创造性地利用反塔北方联盟，展开了积极的"地面进攻"。

5. 开展信息战

指挥与控制战成为战区信息战的主要形式。美国这次出动特种部队打这场"非常规战"，有专家认为是由局部战争以来真正的"信息战"。

美军认为："指挥与控制战是信息战在军事行动中的实际应用。"由此，指挥与控制战是这次战区信息战的主要形式。在指挥与控制作战上，美国除了通常使用的各级CZISR系统外，参战的特种部队还配备有全球最先进的通信设施，包括装在头盔上的摄录机，基本上做到了"士兵能够在战场上看到的情况，美军司令部也能同步看到"。

由此可以看出，双方对于信息作战个中手段的综合应用，使新世纪反恐怖战场目标及反恐怖战争体现出明显的"信息化战争"特征。

6. 集中使用高科技兵器

阿富汗战争，是自海湾战争和科索沃战争以来投入高科技装备最多、技术水平最高、力量最强的一次高科技战争。参加这次空袭作战的战机有B-IB远程轰炸机、B-52H远程轰炸机、B-ZA轰炸机、F-15E、F-16战斗机、F-117战斗机，曾取得过骄人战绩的"雷电"2型攻击机、AC-130运输攻击机，以及空中坦克"阿帕奇"、战斗机F-16D，还有舰载机高手"超级大黄蜂""海鹞"垂直起降战斗机。另外，C-17、C-130、C-141、KC-135、KC-10空中加油机，也充当了对塔行动的幕后英雄。如在"持久自由"行动中，B-52H远程轰炸机出现架次只占3%左右，但却完成了整个行动投弹量35%的任务。

新的高科技武器运用于战场。主要有：RAH-66"科曼奇""捕食者-B"。RAH-66"科曼奇"是从未闻过硝烟味的隐身武装侦察机和攻击机。具有隐形技术的"科曼奇"主要用来执行武装侦察、攻击和特别行动等任务。其狭长机身内装有散热系统、消声器和武器储存舱、密封座舱，能无声无息地突然出现在目标上空而不被发现。当敌人施以生化武器袭击时，它还可以保护飞行员免受伤害。

"捕食者-B"是在RQ-IA基础上改进的RQ-IB，具有世界上任何无人驾驶机所不具有的"本事"，它装备有武器系统，能携带8枚导弹，在侦察的同时可以对地面点状目标实施攻击。该机在此次作战行动中，携带AGM-114空地导弹，摧毁了"塔利班"的许多重要军事设施。

使用了最先进的常规炸弹。如"战斧"式巡航导弹、AGM-130空地导弹、"白星眼"AGM-62A空地导弹、AGM-123A空地导弹、JDAM制导炸弹、GUB系列钻地炸弹、"炸弹王"BLU-82等。

7. 适度实施特种作战

阿富汗是一个长期陷于战乱的落后的伊斯兰国家，社情复杂，排外情绪严重；又是一个山地国家，地形复杂，不利于美军高科技发挥；加之拉登"基地"组织行动异常诡秘。由于战争双方实力对比过于悬殊，塔利班面对美军空中打击毫无反击能力，只能利用山地洞穴和掩体躲藏，战争的真正对手间未形成典型意义的攻防对抗和冲突。这些特殊性决定了这是一场非正规局部战争，"不能用诺曼底登陆式的大规模攻击来解决，行动面临许多微妙、困难和隐藏的问题"（美国防部长拉姆斯菲尔德语）。为此，美军采取了军事打击与攻心并重的方针，并投入近3000人的特种部队深入阿富汗领土纵深实施特种作战，收效甚大。

8. 巧用心理战

心理战是20世纪以来美军惯用的作战手段，在海湾战争和科索沃战争中发挥了举足轻重的作用。在这场反恐怖战争中，针对恐怖分子疯狂的宗教信仰和民族习惯，美国对其展开了强大的心理攻势。美国通过各种新闻媒体大肆报道阿富汗人民极其恶劣的生活环境，说这些都是由于塔利班的独裁统治造成的，以此拉拢阿平民，让他们起来反对塔利班。在军事打击行动开始前，美国利用一切可能的手段，向塔利班士兵宣传美军调兵遣将、在阿富汗周边部署兵力的情况，造成大兵压境、兵临城下、黑云压顶之势，使塔利班士兵产生心理畏惧，感到绝望，进而弃城投降。在军事打击过程中，美军飞机不断向阿富汗难民空投食物、传单，以及自带电源的小型收音机。此外，美政府还投巨资开设了自由阿富汗电台，向阿人民播散"希望的种子"，解释整个事件的情况，帮助难民渡过难关。在美军向阿富汗难民投放的每一袋食物里面，几乎都有一些宣传画，上面有美军士兵帮助阿难民的情景，也有阿难民濒临种族存亡的，阿富汗的灾难是由拉登和塔利班造成的，美国人是来帮助阿平民的，美国打击的对象并不是阿平民等等。同时，美国特种部队也以不同的方式潜入阿境内，采取各种心理战手段，瓦解塔利班士气，拉拢收买塔利班士兵，游说阿各派势力和民众，最大限度地孤立了恐怖分子和塔利班政权。

七、伊拉克战争

2003年3月20日，北京时间10点36分（巴格达当地时间3月20日凌晨），美军部署在红海的"邦克山"号巡洋舰上一声巨响，首枚战斧巡航导弹呼啸着刺入夜空，杀向伊拉克。紧接着，部署在波斯湾和红海上的美国军舰相继发射了约36枚战斧巡航导弹。几乎与此同时，两架从科威特起飞的F-117隐形战斗机也到达了巴格达上空，每架投掷了两枚重1880千克的精确制导炸弹。一时间，巴格达城区爆炸声四起，空袭警报纷响。随后，美军驻科威特第3机步师向伊拉克境内目标发动了猛烈炮击，从而开始了一场进入新世纪后，影响世界政治、军事、经济格局的又一重大局部战争——伊拉克战争。

伊拉克战争是美英联军在未经联合国授权情况下发动的一场大国对小国、强国对弱国的双方力量对比悬殊的局部战争，是新时期核威慑情况下不对称高科技局部战争的典型代表。在这次战争中，美英联军依靠先进的C4ISR保障系统、空间信息系统、强大的航母平台、绝对优势的制空权以及大量的精确制导导弹和炸药，在较短时间内取得了这场战争的胜利。

伊拉克战争是美国在"9·11"事件后发动的第二场局部战争，是美国以武力推行全球霸权，构建世界新秩序的又一重大战略步骤。战争的起因和背景是多重的、复杂的。从2003年3月20日开始，美英联军仅用20余天时间，实现了推翻了萨达姆政权的目的，是一场现代信息化战争的雏形。

（一）战争经过

1. 第一阶段，"斩首行动"开始，地面多路突进（2003年3月20—25日）

当地时间3月20日5时35分，北京时间2003年3月20日上午10时36分，美英联军对伊拉克的战争全面打响。美国从位于红海的战舰上首次发射了6枚"战斧"巡航导弹，对巴格达的萨达姆等人的住处进行了打击，准备一举消灭萨达姆等伊政府官员。随后，美军F-117隐形轰炸机和40枚巡航导弹根据"可靠情报"袭击了萨达姆及其高级助手的可疑藏身地点，造成了大约10人死亡。白宫发言人弗莱舍证实美国对伊战争已经开始。伊拉克方面立即做出反应，巴格达市内的防空部队对来袭的飞机和导弹进行射击。

北京时间3月21日1时（巴格达时间21时20分），联军以地面机械化突击力量和空中武装直升机协同作战，向伊拉克发起了多路进攻。其中，伊拉克南部为主要战场，联军分为东、西两路攻击前进，西线为主要进攻方向。

北京时间22日1时（巴格达时间21日20时），美英空军发起代号"震慑行动"的空袭行动。"震慑行动"空袭的最初主要目标，还是集中于萨达姆总统位于巴格达市中心的官邸及可能的藏身地，同时，伊外交部、情报部门、复兴党总部等多个目标也遭空袭。轰炸中，坐落在巴格达市底格里斯西岸的25幢政府大楼几乎被夷为平地，多出民用建筑被毁，伊拉克平民200多人死伤。空袭还造成巴格达市区的停电和大火。此次空袭的主要目的，是动摇、摧毁伊拉克民抵抗的信心。之后，空袭又扩展到伊拉克北部的摩苏尔，基尔库克，提克里特等城市。

2. 第二阶段，伊军多路反击，双方战役相持（2003年3月26—31日）

从26日起，美军鉴于战场情况，放慢了地面进攻的节奏，抽调部分兵力保护补给线，空、海军继续保持空袭力度，同时对兵力进行调整，并开辟北部和西部战场。与此同时，伊军利用沙尘天气和美军补给出现的困难，实施了一些战术反击行动。这些反击行动对迟滞美英军的攻势起到一定作用，造成美英军的一定伤亡。但由于伊军对战场情况不甚明了，缺少必要的空中掩护和火力支援，这些反击没有起到扭转战局的作用，反而消耗了自身的有生力量，对以后的依托城镇的抗击造成了一定的影响。

从3月28日起，美英联军空袭的重点转向了对地面作战的支援，同时对既定目标或新目标进行补充轰炸。3月25日，一支由美第82师、陆军第75别动团和特种部队组成的先遣分队秘密降落在北部的机场，这些机场位于北部禁飞区内，在当地库尔德武装人员配合下，先遣分队迅速控制了机场。北部战线开辟后，美军在北部地区有1个先遣和1个重装旅及几万人的库尔德武装，成为伊拉克战场北部的一支新锐力量，对伊军构成重大威胁。

3. 第三阶段，美军攻克主要城市，战局发生突变（2003年4月1—9日）

3月29日，美军以马里兰州的戴维营为主会场召开一次电视电话作战会议，主要研究伊拉克战场局势和下步对策。戴维营会议成为整个战争的一个重要转折点，会议统一了作战思想。战争仍以巴格达为核心，地面部队应该尽快向巴格达推进，而不是先顾及后勤补给线和巩固南方的占领区。战至4月6日晚，美军已经控制了95%的机场设施，从而在巴格达的核心地区建立起前进基地。至此，美军的钳形夹击巴格达之势基本形成。

4月7日，美军第3机步师第2旅的一个坦克营突入巴格达市中心，与伊军小股兵力发生交战，而后迅速撤出。4月9日晚8时30分左右，攻城美军进入巴格达市区中心广场，并到达底格里斯河东岸，途中只遇到零星抵抗。美军在没有遇到太多抵抗的情况下进入巴格达东北部的萨达姆城。在巴格达市区，美英联军虽然遇到一些伊拉克军队的抵抗，但多为小规模交火，未造成明显伤亡。

4. 第四阶段，联军占领北部数城，转入搜剿作战（2003年4月10日—5月2日）

巴格达陷落后，伊军的抵抗失去了统一指挥，美英联军和库尔德武装在几乎没有任何抵抗情况下，占领了北部地区的几座城镇，同时在伊拉克全境展开对伊军政高官的搜捕和战后处理。4月14日，五角大楼宣布，伊拉克的主要战斗"已经结束"。5月2日，美国总统布什发表讲话，称伊拉克战争的"主要战斗行动"已经结束，但战争并没有结束。

（二）美英联军主要作战特点

伊拉克战争，是一场具有信息化特点的高科技战争。战争中，美英联军在作战指导、力量运用、作战样式和战法等方面都呈现出许多新特点。

1. 坚持先发制人，直捣要害，速战速决的作战指导

此次伊拉克战争，美军的作战企图非常明显，即"推翻萨达姆政权，建立亲美政权，进而控制中东"。依据这一战略企图，美军采取的作战指导可以概括为"先发制人，直指要害，速战速决"，伊拉克战争是美国实行"先发制人"战略后打响的第一枪；速战速决是其追求的目标。为此，美军在作战指导上将重心指向伊两个要害，一是空中打击和远程打击直指萨达姆及首脑机构，以期先声夺人，造成群龙无首之势；二是地面进攻直指伊首都巴格达这个要害，不与沿途的抵抗过多纠缠，快速突进巴格达，以期尽早占领首都，赢得主动，瓦解伊军民的抵抗意志。

2. 在力量使用上，集中三军精锐，实施蒙军大联合

美英联军战前集中了46万兵力，各型战舰120艘，作战飞机上千架，战斧式巡航导弹1200多枚，是继海湾战争后最大一次海外军事行动。除英军的4万多人外，美军兵力就多达42万人，对伊形成了兵力优势。

美军各军种的精锐部队基本上都参与了军事行动。同时，美军还秘密训练了伊境内外的反对势力，如训练境外的流亡人员组成"自由伊拉克军"，加强与伊北部的库尔德人、南部的什叶派穆斯林联系，以期最大限度地构成反伊联合统一战线。这些力量在战争不同阶段发挥了关键作用。

3. 在作战样式上，全面尝试军事变革成果

美军在此次伊拉克战争中继续尝试和创新非接触作战，以及非接触作战以及接触作战相结合的理论与实践，进行非接触战场兵力投送、非接触瘫痪性打击、非接触战场机动及有利条件下地面接触作战和与特种作战的多种作战样式的综合运用。

海军主要采取了网络中心战。此次美海军在6个航母战斗群和5个两栖作战群，地面作战群及英军1个航母战斗群，一个两栖作战群之间实现了网络化指挥控制，取得了较好的效果。

空军主要实现了"实时性精确打击战"。就是把战场监测系统的监控能力和大量精确制

导武器的打击力相结合，对敏感性目标实施精确的及时攻击，反应时间由海湾战争时的打击力相结合，对敏感性目标实施精确的及时攻击，反应时间由海湾战争时的数小时缩短为10分钟左右，极大地限制了对手通过调整部署和战术机动提高战场生存能力的可能性。

陆军主要实施了"精确闪击战"，通过突然，迅速的作战行动检验地面装甲部队快速推进能力，轻装部队空中机动能力。

4. 采取了有形与无形打击并重，非接触与接触作战并举的作战方法

空海军的"斩首"和"震慑"战法与陆军地面部队和特种部队作战部队的快速闪击和秘密渗透相结合，形成了"非接触"的远程实时打击和"接触性"的攻坚战、破袭战相结合的战法体系。

所谓"斩首"，即把作战的矛头直指对方的首脑。所谓"震慑"，即集中力量针对敌方抵抗意志进行心理测试。一方面美军轰炸力争避免伤及平民；另一方面对重要目标毫不手软，甚至使用集束炸弹和准备使用重达9吨的炸弹之母等大杀伤力弹药，这十分符合美军推翻萨达姆政权的战争目的。实践证明，美军针对萨达姆及其高层军政领导人的数次实时性打击，对巴格达、巴士拉的快速占领及提前拉倒萨达姆塑像等手段，对战事走向结局及削弱伊拉克军民抵抗一直起到了关键性作用。

5. 在指挥协同上，构建和发挥信息化战场体系的作用

美军在与伊拉克战争中的战场是按照信息化战场的标准打造的。它在作战指挥协同上，重指挥，将计划的生成、组织协同、指令传输、作战实施等各个作战环节和要素都利用信息化战场系统来完成，收到了很好的效果。

利用信息化战场系统网络进行指挥协同，极大地减少了中间环节，缩短了从发现情况到执行的反应周期，而且在各军种间甚至联军间实施了"无间隙"沟通。第一天的"斩首"行动，从做出战略决策到第49联队的F-117A战机和"小鹰"号航母编队中的"考佩斯"号等6艘发起攻击，前后总共不足4小时，以往这一过程则需要几天。4月7日，美军对萨达姆及两个儿子可能藏身之处进行的第二次"斩首"行动，只用了10分钟。

伊拉克战争是一场信息时代的信息战争，美军采取的是"整体作战，精确打击"的作战计划，在战略上强调以信息和震慑制胜，采取的方式主要是信息威慑、信息恐吓、信息欺骗、信息透明和决定性打击敌首脑机关和领导人。虽然地面作战仍有机械化战争的烙印，但那主要是为了占领，也为了"表演"。

美英联军是一支基本信息化的军队，通过数据链把空天地海，本土统帅部，前方司令部和战场上每一个士兵连为一体，反应灵敏，随心所欲。相比较而言，伊军则是一支机械化、半机械化的军队，它与美军的战斗，就像一个侏儒打一个重量级的拳王，结局可想而知。如果说1991年的海湾战争中，这个侏儒是被对方一个回合击倒在地，那么这一次，这个侏儒则是被吓倒的。

（三）伊拉克战争的启示

1. 科技与战争密切相连，相互促进

战争和科技犹如一对孪生兄弟，无论将战争看作天使还是恶魔，科技都会给它们装备上最为先进的武器和盔甲。近代以来，情况更是如此。坦克和飞机成为第一次世界大战的新式武器,更在"第二次世界大战"中成为主角。最能够体现科技用于战争,战争催生科技的例子,莫过于第二次世界大战时美国的"曼哈顿计划"。

战争已成为科技的一个试验地。科技也为战争提供更为犀利的武器。在伊拉克战争中,我们也可以看到,战场已经成为美国展示高科技武器的博览会。美国的航空母舰、高性能的战斗机、信息情报系统、精确制导炸弹等,几乎任何武器都是高科技的集成。以美国的无人驾驶飞机为例,可以管窥到高科技所达到的程度以及在战争中产生的威力。美国在战斗中使用了两种型号的无人驾驶飞机,一种是"全球鹰",另一种是"银狐"。据《科技日报》报道,"全球鹰"长10米、翼展宽17米,一次任务可以80节的速度巡航24小时,配备有一个合成孔径雷达,还可安装一个摄像头,主要任务是战场观察,将实时战场信息传输到移动指挥中心。"银狐"机长2米、翼展宽2.4米、飞行高度为150米至300米,重量仅为10公斤,一个士兵就可以携带它,主要任务则是入侵敌方通信系统,注入欺骗性信息或者毁坏信息。因此,科技与战争是密不可分的。

2. 高科技改变战争的模式

科技不仅仅使武器更具有杀伤力,而且在于科技的应用不断改变战争的模式。当现代通信设备和运输工具用于战争,电报、铁路出现在战场,近代的战争模式发生了前所未有的改变。军队能够迅速调集并投入大规模的战斗。而在"第二次世界大战"中,科技使战争走向更加机械化和机动化。坦克的普遍采用,后勤保障的革新等等,使得德国能够发动"闪电战"。

在伊拉克战争中,高科技的应用也昭示着新的作战模式的雏形,即军队通过快速的信息收集,经计算机的快速处理,使打击更加精确有效,军队也可根据战争情况进行迅速调整和转移。这种以数字化信息技术为核心的战争模式,使信息资源在整个作战范围内实现最佳配置。美国的C4I系统,即指挥、控制、通信、计算机与情报系统,体现了21世纪新的作战模式。正是依靠这一系统,美国能够通过卫星接收由无人驾驶飞机、间谍卫星等向指挥部发送实时的战场态势图像和情报,通过计算机的分析,再通过全球定位系统定位,由飞机和导弹进行精确打击。

3. 科技是决定战争胜负的一个重要因素

我们无意夸大武器在战争中的作用而忽略人的因素。但是,在未来的战争中,如果没有高科技的支持,就很难赢得战争的主动权。未来数字化战争的胜负很大程度上在于对己方军队的控制和指挥,对敌方的即时情报收集。如果被敌方切断这样的作战系统,军队就会陷入欲战而不能的地步。而这种控制和反控制实际上已经变成双方高科技的较量。英美对伊拉克的战争是"非对称"的战争,伊拉克根本没有高科技的展示。而一旦交战双方实力不至于过分悬殊,那么科技高低所带来的影响对战争胜负可能是致命的。

(四) 高科技战争对社会及国际格局的影响

无论如何,我们都需要从科技角度来评估高科技战争对于社会、国际格局以及人类自身的影响。

以下是高科技战争所带来的一些重要影响:

1. 高科技战争直接影响是缩短了战争的时间,减少了战争带来的人员伤亡

我们通过电视画面,可以了解到伊拉克人在轰炸中丧生、受伤,看到许多伊拉克人因失

去亲人而痛不欲生。这提示着人们，只要有战争就意味着流血和死亡。这一点不会改变。虽然战争不会祛除自身的血腥，但这几次小范围的高科技战争对于减少战争的损失起到一定的作用。只有484～856名平民死亡，4411～6606名平民受伤。与此相比，在"第二次世界大战"时的1944年，盟军对法国勒阿弗尔港1小时的轰炸就造成了大约5000名法国平民丧生。因此，美军宣扬高科技是在这场战争中平民伤亡相对较小的重要原因之一。

需要指出，在这里"高科技"战争特指以上三次战争中体现的数字化、信息化战争模式，而不是从广义上来理解的。比如，核战争从广义上也是高科技的战争，而它带给人类可能是毁灭。另外，高科技战争的这个直接影响虽然从数字上能够体现出来，但需要考虑到这几次高科技战争的交战双方在实力上相距悬殊。而实力相近的高科技战争是否会产生这样的结果还无法确定。

2. 各国竞相开展武器的升级，军备竞赛扩展，同时也促进了科技的进一步发展

高科技对于战争的重要作用不言而喻，各国也越来越重视科技在战争中的应用。同时，美国在战争中所体现出来的高科技实力，成为各国评价和估计自身科技实力的一个标准。很多国家，包括许多发达国家都会感到在高科技武器方面与美国存在很大差距，更不用说其他发展中国家。

在这种情况下，各国都会因高科技上的差距出现强烈的焦虑感。出于自身的安全考虑，许多有能力进行高科技研发的国家，都可能加大军事科研的投入；也有许多缺乏独立进行高科技研究的国家，会竞相购买所谓的高科技武器。这样，有可能会形成新一轮的军备竞赛，从而改变目前的军事和国际社会的格局。最终将会形成多极趋势，还是其他格局，现在还很难断定。这取决于各国自身的发展以及各种国际因素的影响。

军事科研投入的另外一个结果就是，促进了科技的发展。因为军事科技也可以转为民用科技，为人们的日常生活服务。军事技术的民用化，会极大地改变人们的生活状况。核能的和平利用，以及互联网从军事走向民用，都体现了这一点。战争中的高科技也一定会逐渐运用到非军事领域。

3. 高科技战争造成的环境灾难

高科技战争带来的一个严重后果就是造成环境的污染，进而影响到人类的健康及动植物的正常生存。战争引发的生态灾难是多方面的。有些武器所造成的环境污染还没有得到重视和深入研究。人们目前甚至还不清楚一些武器带来的潜在危险后果。海湾战争就曾造成美国士兵出现类似的疾病，被称为"海湾战争综合征"。

据《人民日报》报道，美军使用的贫铀弹、高能微波炸弹、集束炸弹等现代武器，是损害人类健康和生态环境的祸首。以贫铀弹为例，研究资料显示，贫铀弹爆炸后产生的细微颗粒将长期破坏生态环境，导致受污染地区肿瘤、心血管和神经系统的疾病患者明显增加，还可能导致白内障、造血系统障碍、生育能力下降甚至死亡等。

4. 人类对于战争手段的追逐，最终将整个人类都置于战争阴影之下

自人类诞生以来，战争就成为人类头上挥之不去的阴影，或者说，人类总选择战争来实现自己的欲望。这恰恰说明了人类在解决问题能力上的虚弱和无力，暴露了想象力的贫乏。将人类作为一个整体来责备似乎有欠公道。有些人和国家对和平解决问题努力过，也在继续他们的努力。然而，总有国家和很多人对武力与战争充满了痴迷。伊拉克是如此，美国也是

如此。前者将枪炮对准国内的库尔德人，对准政治上的异见者；后者也试图用战争来攫取在中东乃至世界的利益，实现"美国梦"。只要有国家不愿放弃武力来解决问题，要其他的国家放弃军备都是不现实的。

人类为了战争的胜利，不断追求更加先进的武器，也就是追求更有效的杀人工具。著名社会学家韦伯曾深刻地指出，人类对于工具理性的追求，必将走向实质理性的反面。战争也是如此，对于先进武器的追求，不但会消灭敌人，也会消灭自己，最终使整个人类都置于毁灭的阴影之下。核武器的发明就恰恰说明这个荒谬的逻辑。

（五）高科技战争的启示

从科技角度看，我国为了维护自身的安全，必须认识到以下几点。

1. 必须发展民族的高科技

未来战争胜败很大程度依赖于高科技的武器和基于数字技术的信息指挥控制系统。而这些尖端的技术，发达国家是不会给我们的。我国只能够立志于发展民族的高科技。没有民族的高科技，就没有民族的安全感。起码到目前是如此。

2. 必须对网络战、信息战有所准备，强化信息安全意识

互联网已经逐渐使整个社会被编织在一张无所不至的数字化网络中，一旦网络被剪断，各种重要的联系就会陷入瘫痪。因此，未来的战争有可能成为网络战和信息战。传统战争形态正在改变，国际信息战可能发生，国家信息安全管制日益重要。

为应对未来的战争模式，我国必须一方面对于网络战、信息战有所准备，追求强大的信息实力，以信息化与科技化为基础，进行军事体系的革新，发展新型武器装备；另一方面又必须强化信息安全意识，防范其他国家、机构甚至个人所发动的信息战。

3. 高科技背后是国家实力

高科技的发展需要国家财力的支持和政策上的扶持，也需要有科技创新的制度环境。从根本上说，高科技背靠的是国家实力。美国的军事实力就是以雄厚的财力作为支撑。据统计，美2000财政年度国防预算总额高达3044亿美元，2001年增至3156亿美元，2002年增到3180亿美元。2003年美国的军费预算增到4298亿美元，超过了俄、英、法、德、日、印和中国七国军费的总和。因此，我国要坚定不移地坚持以经济建设为中心，扎扎实实地逐步提升我国的综合实力。

八、人类正进入高科技战争的新时代

纵观战后局部战争的发展轨迹，可以说军事技术的发展已经实现了质的突破，人类正在进入高科技战争的新时代。

（一）军事技术的时代区分

军事技术的重大突破往往会改变战争形式，从而影响整个战争的影响，往往导致军事观念的陈旧，以致军队建设跟不上形势，一旦爆发战事将被动挨打。"第二次世界大战"中，法军一味墨守"一战""克敌制胜"的经验，把宝押在马其诺防线上，结果这个当时"欧洲最大的陆军强国"在短短6个星期便亡于德国"闪击战"的战车下。鉴史而知今，历史的

经验值得记取。

如果从整个人类的战争史来分析，技术兵器的演变大致经历了以下四个时代。

战争的军事技术	能量释放形态	持续时间
Ⅰ 冷兵器时代	体能	从奴隶社会至封建社会中期
Ⅱ 热兵器时代	火药、石油	14 世纪以来
Ⅲ 核兵器时代	核能	1945 年以来
Ⅳ 高科技兵器时代	高科技能	21 世纪 60 年代以来

从上面我们可以看出技术兵器的演变有这么几个规律：①间隔时间越来越短。从第一个到第二个时代的演变经历了 2000 多年；从第二个到第三个时代的演变经历了 600 年左右；从第三个到第四个时代的发展只间隔 20 年左右。②后者的产生并不排斥前者的存在，如带刺刀的步枪是冷、热兵器的结合，原子弹的产生也不排除手榴弹的使用。同样的道理，今天的高科技不要充分发掘核能和炸药的潜力。③技术兵器的每一次时代变化都必然促使战争面貌和军事理论的根本变革。

那么，高科技战争的定义是什么呢？笔者以为，将一系列高科技兵器用于战争（如精确制导武器、电子战武器、航天武器、人工智能武器、隐形武器以及定向能武器等等），使战争面貌极大改观，并对其进程产生决定性的影响的战争就可以算是高科技战争。高科技兵器群的出现是当代科技革命迅猛发展的必然结果，它的突出特点是知识密集、整体结构。

（二）高科技战争的形成过程

高科技战争也像任何其他事物一样，有一个孕育、生长和成熟的过程，大致可分为以下四个阶段。

20 世纪 60 年代的实验定型阶段。典型的战例是美军在侵越战争中轰炸清河大铁桥。开始美军以常规办法出动飞机 600 多架次，投掷常规炸弹数千吨，损失飞机 18 架，而大桥却安然无恙；后来美军改用激光制导炸弹，只出动 12 架飞机就彻底炸毁了铁桥。

20 世纪 70 年代的实战考验阶段。典型的战例是 1973 年的中东战争。阿以双方在战争中损失飞机 570 架，其中被空空、地空导弹击落的占 88%；双方所损失的 3100 多辆坦克中大部分也是被反坦克导弹击毁的。

20 世纪 80 年代的普遍作用阶段。在 1982 年 5 月的马岛战争中，阿根廷空军用法国制造的"飞鱼"空对地导弹击沉了英国驱逐舰"谢菲尔德"号。"飞鱼"导弹造价是 25 万美元，两者的比值是 1：232。战例之二是 1982 年 6 月 9、10 两日的黎巴嫩贝卡谷地之战。当时以军倚仗技术优势，在空中部署了预警机、电子战机及无人驾驶机，在取得"制电权"的情况下一举摧毁了 26 个萨姆－6 导弹连，击落苏制米格－21、23 型飞机 54 架，使经营了 10 余年、耗资 20 亿美元的贝卡谷地防空体系毁于一旦，而以军仅损失飞机 10 架（含无人驾驶机和直升机 6 架）。

在海湾危机中，美军云集了多种高科技兵器。F－117 隐形飞机已调去 40 余架，士兵配发了被动式微光夜视镜，能在核生化条件下作战的最新式 M－IAI 型坦克等。专门为海湾美军发射的导航卫星定位误差率仅十几米,定时误差率为几分之一秒。

20世纪90年代的完善发展阶段。定向能武器电磁炮将首先安装在舰艇上,射程达几百公里,加上炮弹的自动寻的将具有很高的精度;美国桑迪亚国家实验室计划在10年之内实现以电磁炮发射卫星;美国甚至在设想未来在同步轨道上部署核动力航天母舰,使之成为"天战"的核心武器。美陆军提出的"未来空地一体作战理论"预测,不久的将来"部队将普遍使用高科技兵器实施战斗"。

(三) 高科技战争的主要特点

今日的高科技战争既非核战争,也不是以往旧概念中的常规战争。它对于未来的战略战术有着广泛而深刻的影响。

(1) 从战争总体上说,决策选择余地增大,舆论影响日益突出,政治、外交和军事斗争更加紧密配合。战争或一口吞并(如美军入侵巴拿马),或打了就撤(如美军空袭利比亚),或打打停停(如阿以对抗),都紧紧围绕达成各自的政治目的,在实力基础上优选策略。

(2) 从经济基础上说,战争激烈程度高,物资消耗与军费开支庞大,需要有强大的综合国力作支柱。1973年中东战争爆发前,以军以每天弹药消耗13000吨计,共储备了7万~10万吨弹药,估计够战时20~30天之需。但是战事爆发后的实际日消耗量达7000吨,打了18天后美国就不得不进行应急战略空运,以补充以军的消耗。战争费用直线上升。据初步统计,以每消灭对方一个士兵所耗费的资财来计算,第一次世界大战是2万美元,第二次世界大战是20万,美国侵朝战争是50万,第四次中东战争是100万,80年代的局部战争是150万,海湾战争是200多万美元。

(3) 从战场变化上说,作战样式繁多,空间扩大,战线犬牙交错,情况变化急剧,前后方界线模糊,整个战场充满着机动和精确打击。新的作战样式包括洲际战略奔袭、外科手术式打击、星球大战、高能战、天地战,特别是电子频谱上的斗争将更加激烈。战争要求在掌握制海权、制空权的基础上进一步争夺制天权、制电权。

(4) 从军队建设上说,要求着重质量建军,突出技术优势,编组更加灵活,指挥与控制更加严密、适时和可靠。目前美、俄军队的发展趋势都是在削减数量提高质量;军队编组将出现天军、深海舰队、机器人分队、飞行器分队;军队成员素质要求高,知识层次高,科技人员比例增大。

第十章　主要国家的战略决策

决策是整个指挥过程的关键，战略决策则是战略领导过程的关键。战略决策正确与否将直接影响到战争的进程、结局及国家和军队高级领导人的命运，并最终影响到整个国家和民族的命运。

战略决策通常是在以下几种情况下作出的：军事政治形势相对平静的和平时期；国际局势紧张时，发生严重危机时；临战阶段；最后一种情况便是战争状态。

最高政治层的战略决策总是起着举足轻重的作用。这一层面的战略决策包括：确定国家安全面临的基本军事威胁；这些威胁与其他威胁的相互关系；判断可能的敌人及盟友或伙伴；确定联盟关系或伙伴关系的程度。

一、战略领导的决策

（一）决策是战略领导过程的关键

军事领域的决策特别是战略领导决策，与其他领域决策的不同之处就在于，它决定着数十万乃至上百万人的生死存亡。现代核条件下，它甚至决定着数亿甚至数十亿人的生命。有些决策是不可逆转的，整个机制一旦因这些决策而运转起来便很难停止。因此，国防和国家安全问题决策人负有特殊的责任，对他们的要求也就更高。这涉及对干部的选拔、培养以及对其素质的经常性考核。在决策过程中，经常性的脑力思考和理性思维是必不可少的。多数情况下，军事决策大多是在情报残缺不全的情况下做出的。领导人和机关的经验、直觉及对问题的深入了解和想象力则可以弥补情报方面的不足。

决策首先是进行选择，即选择行动或不行动，之后在两种或多种行动方案中进行筛选。在战争中，决策是一个十分复杂的思维过程，伴随着各种情感、各种意外情况和违反逻辑等荒谬现象的强烈干扰。正如克劳塞维茨所言："在战争中，统帅的决策经常受到各种情况的干扰，如真假情报、恐惧和急躁引起的判断失误、正确或错误的观点、责任感和疲劳导致的抗拒行为，以及一些想象不到的偶然因素等。"

克劳塞维茨精辟地指出："与战术决策相比，战略决策尤其复杂和困难。在战略上做出重要的决定需要有更坚强的意志力。"在战术上，情况变化迅速，时机稍纵即逝，指挥员觉得自己好像被卷在旋涡里一样，不冒生命危险就无法摆脱困境，他只有抛开种种疑虑，才能大胆地做出决定。在战略上，一切都进行得很缓慢，自己和别人的怀疑、异议和意见以及犹豫不决等都可能干扰决策。在战术上，至少有一半的情况是人们可以观察到的；但战略上就不同，一切都必须依靠自己的推测，因而对决策的信心不足。用克劳塞维茨的话说就是，"在这种情况下，大多数将领在本该行动时却仍然顾虑重重"。

战略决策这一过程所产生的直接"产品"还包括：军队战略集结与部署的决定、开战决定和进行大规模军事行动的决定等。除了上述种种旨在影响战争结局的决策之外，还需要进行有关经济和军事技术领域的决策。

通过详细分析近现代史上的主要军事改革，我们认为，以下几点可以被视为军事改革的主要方面：①改变兵源补充体制；②改变军事教育体制；③调整战略领导体制；④改革战略、战役和战术级别的组织编制体制；⑤制定并实施新的战斗条令、战略行动教令、战役准备与实施教令。

任何战略决策都有一定的前期准备，准备期通常会持续数年。从保障国防能力这一"最大合理性"的角度看，这样做既是有根据的，也是没有根据的。

筹划并做出决策的人通常会受到各种各样因素的影响，其中包括从表面上看与具体的军事政治形势和战略战役形势没有直接联系的因素。比如，在伟大卫国战争前夕，决定工农红军和工农红海军的绝大多数高层指挥人员思想和行动的诸多重要因素中，有一个因素就是害怕因出现极小的错误而受到惩罚。1937年到1938年斯大林对苏联武装力量指挥人员进行的残酷清洗及此后几年的余波使这种恐惧心理普遍存在。不是所有的人都能置个人仕途和生命威胁于不顾，从而克服这个巨大障碍，为国家、人民和军队的利益而工作。

在出现国内或国际危机的情况下，政治领袖们进行决策时通常都处于紧张的压力之中，这就会大大限制可供研究的决策方案数量。正如社会心理学家的许多研究成果表明的那样，在紧张压力之下，绝大多数人的思维能力会下降，考虑的因素会减少，并以简单化的方法看待这些因素。思维过程受时间段的影响，该时段也因人而异（难怪有"头脑迟钝的人"这一说法）。在我国有关战略决策问题的相关文献、回忆录和政论文章中，对这些因素的研究和涉猎明显不足。

知己和知彼是对决策起决定性作用的两个基本因素或主要环节。正确评估自己，了解自己的武装力量、国防工业和科学的实际状况这一任务并不比获取对手的信息简单。不能把这项任务简单归结为评估部队的人数、现有和可用武器的数量以及战备兵团和部队等。应该熟悉己方各级指挥人员的强弱点及其遂行战术、战役和战略任务的能力、使用复杂军事技术装备的能力。国家的最高领导层应该十分清醒地认识到自己的武装力量能够做到什么和不能够做到什么。在为战争提出切实可行的政治目标时，清醒地认识自己的能力应该成为一个十分重要的条件。

在平时和战时有意识、有目的地对敌我双方的兵力兵器进行对比涉及许多可以量化和不可量化的方面。这类对比的复杂性缘于军事部门和武装力量自身内部存在着极其强大的集团利益，这些势力妨碍了进行客观的评估。因此，在每个战略领导体系内部都必须设置专门机构，尽可能超越各军兵种和工业企业的利益，以便能够提供超脱的、无偏袒的评估。国内外的经验表明，组建这样的机构绝非是一项简单易行的任务。

（二）决策的时机

说到决策的时机，久拖不决和仓促做决定都是很危险的。决策应该深思熟虑，对"支持"与"反对"的意见应认真听取并仔细权衡。进行战略决策时，任何独断专行、轻举妄动和刚愎自用的做法都是有害的，也是很危险的。谁这样做，谁就会祸国败军。

A. A. 斯韦钦曾经说过：指挥员应该对自己的决定深思熟虑，应该像孕育婴儿一样做决定。许多杰出的指挥员和统帅都是这么做的，如拿破仑、老毛奇、A. A. 布鲁西洛夫、T. K. 朱可夫、K. K. 罗科索夫斯基等。斯韦钦还指出：如果指挥员在最后关头发现自己做出的决定有误，那么他不应该害怕撤销自己的决定，也不应担心在部下和上级面前失去威信。

斯韦钦以一战前和战争初期任德军大本营参谋长的小毛奇为例，指出拒绝修正错误的决定会贻害无穷。1914年，小毛奇做出把大批德军从西线调往东线的决定。如果小毛奇不调走大批德军并按照小毛奇的前任冯·施里芬的决定行事的话，那么在比利时和法国前线已成功展开攻势的德军集团也就不会受到极大削弱。但小毛奇并不具备其叔叔伟大的老毛奇那样的威望和性格力量，他担心被人看成是优柔寡断的指挥官，因而没有及时更改自己的命令。结果，他丧失了重要的机遇，德国人本可以有望在西线取得可与1870－1871年间普法战争中的胜利相媲美的成功。因1914年德军在马恩河交战中的失败，小毛奇被免掉了总参谋长和大本营参谋长的职务。

直到危机出现在眼前时才迟迟做决策也是很危险的，正如前面所指出的那样，因为决策往往是在紧张的压力下做出的。但许多决策在危机出现之前不可能做出。绝大多数情况下，使用军事力量的决策正是在危机形势和紧张压力下做出的。"大本营"的级别越高、潜在战争的规模越大，这种压力也就越大。

（三）战略决策的准备

战略决策的准备工作需要成百上千人的思维。这些人要谙熟军事实力的基本特点，特别是要懂得从经济和财政的角度对军事实力进行衡量评估。减少参与决策人员的范围，在国防和战略领导问题上难以充分发挥集体智慧，也会削弱国防政策的政治基础，使国家军事组织的整个财政保障体系在部门竞争面前变得十分脆弱，因为他们也在争夺同一块有限的"财政蛋糕"。

当然，从保密的角度出发，需要在最后阶段大大减少参与决策和拟制相应文书的人数。

关于这一点，美国和其他发达国家早就得出了结论：详细讨论国防预算所得到的效益要大于对预算的秘而不宣。美国的国防预算是其战略领导的基石之一，是集体智慧的产物，是多种利益碰撞的结果，但常常也是妥协的产物，而且从短期或中期军事政治任务上看，这些妥协也不是最理想的。但充分利用数千名专家、众议员、参议员乃至各种院外人士的集体智慧，可使国防预算产生最大的战略效益。

（四）科学的作用

进行政治决策和军事战略决策时，训练有素的领导人都会直接或间接地依靠科学，运用自己所积累的社会学、历史政治学、经济学、军事科学和自然科学的众多知识。积极运用科学知识并不能绝对保证政治家和军事战略家在决策时不犯错误，但确能明显降低犯错误的概率。A. A. 斯韦钦在他的《战略》一书中指出，"谁都无法得出雄辩的准确无误的军事理论结论"。但他同时又援引康德的话称，"任何包含特殊知识领域的系统化理论，只要建立在公认的原理和原则基础之上，都可称作科学"。斯韦钦给这类理论起了一个非常有趣的名字叫"二级科学"。他把军事战略理论也归入这类科学。斯韦钦还写道，"许多杰出的战略家都特别重视确定永恒的、不可动摇的战略原则。"

（五）决策的贯彻实施

在做出战略领导决策后，下一步就是如何贯彻执行的问题。这通常要比准备和做出战略决策困难得多。贯彻决策的基础首先是对决策的实施情况进行控制。不得不指出的是，在我国的战略文化中这是最薄弱的环节之一。控制体制应该经常性地保障在领导人（指挥人员）和指挥对象之间的反馈，而且要保持进一步的指挥能力，以便在最初和基本战略决策所选定方向上维持并在必要时加大"战略推力"。"反馈"几乎是控制论的核心概念，不论是对机械系统、生物系统还是对社会系统而言都是如此。毋庸置疑，国家的任何军事机器都属于社会系统，作为一个极其复杂的系统，它又是国家和社会总系统的子系统。

对决策的贯彻实施进行控制极为重要，特别是在"核因素"所导致的国际危机情况下尤为如此。历史经验告诉我们，在这种危机情况下，军事机器中总会有一些因素不符合军事政治危机出现时的严峻形势要求，也不符合国家最高领导人的心愿。1962年的古巴导弹危机就是这方面的一个很好例证。当时，正如我们所知道的那样，对方的许多官兵并没有处于国家和军队最高领导人的必要控制之下，他们无意识的举动都有可能造成无法挽回的后果。

控制作为军事指挥中的一个极其重要的范畴（不仅在战略层次上，而且也在战役战术层次上），由于"战争摩擦"的经常存在而不可或缺。在任何情况下，特别是在战争期间，对战略决策的贯彻实施情况进行控制涉及敌我双方的行动。在战斗过程中经常会出现这样的情形：指挥机关知彼胜过知己。

（六）核导弹时代决策的特点

随着核武器及远程弹道导弹在一些国家的出现，使用核武器的军事政治决策问题发生了根本性的变化。其中，出现了这样一个问题：在敌人发动或准备发动侵略，即在敌人可以破坏或摧毁己方指挥体系之前的极短时间内，是否应该决定使用核武器。

可以认为，到目前为止还没有找到一个解决这个问题的办法，尽管现在这个问题已经不像在20世纪60年代或80年代初那样尖锐了。当时，美苏两个超级大国进行着激烈对抗，两国的最高政治决策层（更不用说军事指挥机构了）都在研究大规模使用核武器的可能性。

历史经验表明，在这种情况下，是否动用核武器的决策权实际上就掌握在极少数几个人手中，每一方有5~6人。而决策权一般来说有时就掌握在双方的最高领导一人之手。1962年10月的古巴导弹危机就是如此。当时所有的一切最终都归总到肯尼迪和赫鲁晓夫手中。

因此，即使是在发达的民主国家，一个人可以在短短几分钟内做出可能导致数千万乃至数亿美国人民和世界其他各国人民死亡的决定。试图改变这种局面的种种努力到目前为止仍毫无成效。

"核按钮"（"黑色手提箱"）如今仍是最高权力的象征之一。核俱乐部的成员国恰恰都是联合国安理会常任理事国，那些反对只有这些国家才拥有这种政治和军事实力象征的国家正在极力寻求拥有核武器。例如，印度和巴基斯坦在1998年也正式成为核大国。

在核前时代，战略领导并不仅仅归结为确立战争的政治目标，然后通过贯彻具体的军事战略路线，进行一系列的战役、交战和战斗来达到这些目标。战略领导的任务通常还在于通过炫耀武力（当然要结合高超的外交艺术）以尽可能地避免战争。

核武器出现后，在相互核威慑的情况下，防止战争几乎成了战略领导和最高战略最重要的任务。它通常依赖三个基本手段：外交、军事战略与侦察。

不管听起来多么离奇，如今的军事学说几乎成了防止发生使用核武器和其他大规模杀伤性武器实施相互毁灭战争的首要工具。

（七）战略决策的种类

总体上战略决策可分为以下几种基本类型。

第一种战略决策是，从军事角度确定国家安全所面临的威胁的主次和性质。与此密切相关的问题是确定军事威胁的具体载体，即最可能的敌人及可能性较小的敌人，然后确定潜在伙伴或盟友，以应对这些威胁或通过实施遏制战略使可能之敌保持起码的中立，或者为对敌实施一定规模的军事毁伤创造条件。

第二种战略决策是，确定在可预见的时期内进行武装斗争和实施遏制的主要行动样式与方法。其中包括最高领导层关于战略和战役规模的防御行动与进攻（反攻）行动相互关系的决策，同时也涉及战役与军事战略之间的直接关系与反馈关系。

第三种战略决策是，建立最高指挥体系和战略战役级指挥体系，其中包括：决定在发生全面战争和有限战争时由谁来担任最高统帅；如何建立最高统帅部大本营工作机关和总参谋部在其中所处的位置；什么情况下建立和什么情况下不建立最高统帅部大本营等。

第四种战略决策是，确定平时和发生各种规模战争时武装力量的数量及战斗编成。

第五种战略决策是，制订工业、交通、农业和整个国民经济动员计划，这对大规模战争是必不可少的。

第六种战略决策是，确定国防工业具体的生产发展方向：装甲技术装备、战斗航空技术装备、战斗舰艇、弹药、侦察器材、通信器材、雷达器材、基地场站等。这一领域需要广泛运用规划和程序设计方法。

第七种战略决策是，划分基本战略方向和战区。

第八种战略决策是，根据战略、战役任务和作战思想，确定武装力量新的组织编制结构。

可以归入此类战略决策的还有20世纪30年代中期德国国家领导层和最高军事指挥机关关于成立坦克集群的决定。20世纪70——80年代，美国过渡到按模块化原则组建陆军旅和海军陆战队军，也属于这类决策。

第九种战略决策是，国家领导批准涉及各军（兵）种、基本战略行动类型、战役准备与实施的基本战斗条令和教令。此项任务责任重大，不能只赋予总参谋部和军种参谋部，因为它直接关系到最高战略决策和军事战略决策能否得到贯彻执行的问题。条令应该反映军事学说的基本内容和关于对未来战争性质判断的基本思想，并阐明战役战术层次的直接执行者应该如何理解最高领导层的命令和指示。

二、美国战略领导

（一）总统、国家安全委员会与国会

根据已生效200多年的美国宪法，美国总统是美国武装力量最高统帅。他既是执行权力部门的首脑，同时又是内阁领导。

但是美国总统的权力受到国会两院的很大制约：在财政（预算、税务等）方面众议院（下院）的权力较大，而在战争与和平、批准国际条约、任命新政府高级官员等问题上，参议院（上院）的权力则更大一些。

美国会两院的军事委员会在战略领导方面起着尤为重要的作用。在这些委员会的主席由强硬人物担任时，特别是在他们相互配合的情况下，这些委员会有时能发挥与国防部（五角大楼）相同的作用。两院的预算委员会和拨款委员会的下属委员会也占有相当重要的地位。

在很多军政问题上，参议院的对外关系委员会也能发挥重要作用，特别在缔结国际条约方面，1972年的反导条约和1992年的第二阶段削减进攻性战略武器条约，美国参议院至今也未批准。

在许多情况下，美国民主党和共和党在国会中力量对比稍有变化就会对重大军政问题的决策产生非常大的影响。

例如，2001年4—5月，美国曾发生过这样一件事，一名参议院议员离开了共和党阵营，结果民主党自动成了多数。很多专家认为这种变化会从根本上影响小布什共和党政府重要军政计划的命运，特别是会影响当前美国建立战略反导防御系统的计划。

美国的国家安全委员会同俄罗斯的安全会议一样，在法律上只是总统的咨询机构，而不是指令性机构。国家安全委员会只有4个成员：总统、副总统、国务卿（外交部部长）和国防部长。国家安全委员会有自己的办公机构，其人数一般可达到50～170人之多。这个机构由美国总统国家安全事务助理（顾问）领导。在美国历史上多次出现过国家安全事务助理的影响力超过国务卿和国防部长的情况。这突出地表现在哈佛大学教授基辛格身上。基辛格在1969—1973年担任尼克松总统的国家安全事务助理，是美国外交政策的主要制定者，他对美国的军事政策产生过重大影响。正是基辛格和他的亲密战友使美国在外交政策的重要方向上获得了"突破"。与俄罗斯国家安全会议所不同的是美国国家安全委员会只从事国际和军事方面的安全工作。

如上所述，美国国会在美国战略领导体系中的影响力首先在于它能决定国防、情报和外交活动经费，还在于国防部、中情局和其他部门的最高职务任命必须经过国会批准。现行程序还要求某个职位的候选人要到某委员会做详细听证（接受某种形式的交叉提问），通常有新闻媒体参加听证会。在绝大多数情况下这一程度是公开的，并向媒体和公众开放。这种程序有时候也会给总统及其政府带来很多麻烦，对谋求某个职位，比如国防部长或副部长职位的具体的候选人那就更不用说了。

这样的程序对于选拔战略领导体系最高级职务的候选人是极其重要的。这样就能够在他们走上如此重要的岗位和参与控制包括核系统在内的庞大军事机器之前，把他们的优缺点都暴露出来。通常，早在所谓的"起步阶段"该机制就开始发挥作用，即在新总统政府的人事部门酝酿某些职务人选的阶段，因为他们应当提前预计向国会提出某候选人的方案可能产生的政治效应。

但这并不意味着由于某种原因白宫推荐或"硬塞"的庸才和不称职的人无法进入美国的战略领导体系，只不过在这种机制下，不称职的人进入战略领导体系的概率会大大降低。

（二）《戈德华特－尼科尔斯法》

美国国会于1986年通过了所谓的《戈德华特－尼科尔斯法》。这一法律对美国国防部所有高级官员的地位做出了严格规定。关于国防部长与副部长之间的关系，该法规定：国防部常务副部长在国防部长不在位时行使部长职权，是国防部长的"替身"，是该军事部门的总负责人。

再低一级别是负责政治问题的国防部第一副部长。国防部还有几位负责其他具体问题的副部长，其分管方向的划分可能随着国防部领导的变化而改变。他们是负责国际安全的副部长和负责特种战役及小型军事冲突的副部长，负责人事的副部长，负责医疗服务的副部长，负责采购和科研工作的副部长。后者在职务等级上与负责政治问题的国防部第一副部长地位相同，但低于国防部常务副部长。他们都是文职人员，然而在他们下属的办事机构里"安插"的都是些不同级别的军人。例如，国防部长助理通常是来自各军种的军人，这些人都是两星、三星将军和海军将领。国防部副部长那里也有这样的军人助理，而其他副部长助理的军衔相应要低一些。

上面已经提到，美国国防部长是国家安全委员会成员。

参谋长联席会议主席和中央情报局局长都不是国家安全委员会成员。但参谋长联席会议主义是国家安全委员会的顾问，一般情况下他都积极参加该委员会的例会。

美军参谋长联席会议不是总参谋部，这在1986年的《戈德华特－尼科尔斯法》中有专门条款做出规定。因此，参谋长联席会议不是一个指挥和执行机构，不向部队下达命令。同时，参谋长联席会议拥有一个庞大的机构，负责制定战略战役计划和诸军兵种的条令、教令，制定这些文件的首要目的在于使美国武装力量各级行动统一，防止成为各军兵种拼凑而成的大杂烩。培养这种协作精神，克服军种之间的分离主义被赋予最重要的意义。

此类文件中最好的一份是1996年出台的《2010年联合展望》。文件详尽分析了战略形势现状及未来的发展趋势，其中包括已取得的科技成果及其在美军中的应用对战略趋势发展的影响等。该文件提出了四种新作战思想，即"优势机动""精确打击""全维防护"和"定向后勤"。显然，共同使用这些概念可保证美国能够在任何战役中对敌人占有优势。人们普遍认为，这种"全谱优势"将成为美军赢得21世纪战争的主要因素。

美军参谋长联席会议由各军种的参谋长（也可以说是陆军、海军和空军总司令）组成。海军陆战队在参谋长联席会议中也有代表，但其司令的级别要低一些，因为它与美国海军领导有一定的隶属关系。

（三）跨军种战区司令部的作用

跨军种战区司令部在美国武装力量战略领导中发挥着越来越重要的作用，各军兵种的密切协同在这里得到切实保证。2002年4月，美通过了再建一个跨军种战区司令部的决议，以承担北美洲的防御任务，主要是针对恐怖主义。美国国防部长拉姆斯菲尔德称它为"第二次世界大战后最大的一次军事体制改革"。与此同时，美宣布将以前归五角大楼直接负责的俄罗斯转归欧洲战区司令部负责。无疑这类联合（以及特种职能）司令部在一定程度上使军种参谋长（总司令）本来就不太大的权力遭到削弱。参谋长们考虑得越来越多的是本军种长期的技术装备问题和战术层面上兵力兵器的使用问题，而对战役指挥问题则较少考虑。按照法律，联合司令部和特种司令部在军事部门内只听命于国防部长或副部长。

在美国国防部长为解释《戈德华特—尼科尔斯法》而专门下达的指示中，对"作战指挥链"做了明确规定：总统—国防部长—联合司令部或者特种司令部。同时有可能根据总统或国防部长的决定让参谋长联席会议主义也加入"指挥链"。他受总统或国防部长委托可以转达他们的命令或指示。这是向将参谋长联席会议变为苏联式甚至是普鲁士式总参谋部的主张作出的某种让步。

为了加强参谋长联席会议主席对军种参谋长的领导，1986年，美设立参谋长联席会议第一副主席职务，该职务高于军种参谋长（总司令）。

战后，美首次赋予参谋长联席会议主席一项权力：在参谋长联席会议成员达不成共识的情况下，参谋长联席会议主席有权（以个人名义）单独向国防部长和总统报告。因此，由于《戈德华特－尼科尔斯法》的实施，参谋长联席会议主席在美国战略领导体系中的作用得到一定的提升。

参谋长联席会议主席和国防部长一样，都是作为最高统帅（总司令）的美国总统的主要军事顾问。但参谋长联席会议主席同时又是美国国防部长的主要军事顾问。所以他的地位具有双重性，这是《戈德华特－尼科尔斯法》的不足之处。

美国国防部长最初就是文职人员，在这之前的几十年期间，在美国、英国、法国及许多其他国家中，陆军部长和海军部长均为文职人员。

在美国成立国防部（1947年）后，仍保留了军种部长职务：陆军、海军和空军部长，尽管很多专家和立法界人士有充分理由认为这是"返祖"现象。

（四）动用核武器的决定权属于总统

在美国的战略领导体系中，动用核武器的决定权属于总统——最高统帅。而其执行权掌握在国防部长和设在五角大楼的联合战略司令部（参谋长联席会议不参加该指挥链）以及该司令部设在奥马哈的指挥部手中。

还有一种美国特有的现象：在总统不能履行总统——最高统帅职责时，法律按照严格的等级制度对内阁成员和国会领导人接替总统的顺序做了明确规定。从现有资料来看，在其他核大国的法律中还没有做出这种严格的（并且是公开的）规定。美国规定的顺序是：总统之后是副总统，然后是众院院长、参院院长，最后是国防部长。

从一些比较可信的资料来看，美国至少有一例总统被"剥夺"核力量指挥权的情况。那是在1974年，尼克松总统处在被弹劾的边缘，政府的最上层开始担心他的心理健康问题（特别是在尼克松与同属共和党的国会议员团的一次会见后）。尼克松声称，尽管他失去了许多权力，但由于他掌握着"核按钮"，他仍然是美国总统。当时美国国防部长施莱辛格担心尼克松可能做出贸然行动，遂将指挥电路切换到他本人那里。

当然，尽管动机和愿望是好的，但这种做法是违宪行为。这种先例无论在过去还是现在，都使人们对美国战略领导体系中最关键的部分——核武器环节的可靠性产生合乎逻辑的疑问。

三、西欧主要国家的战略领导体系

（一）法国的战略领导体系

法国在西方国家中以其在几百年间形成的悠久军事传统见长，在西方国家中长期占有特殊地位，就军事方面而言，法国是西方国家中"最有主权的"。其战略领导体系是独立的，不属于北约战略领导体系的一部分。

在现代法国，根据宪法，武装力量最高统帅是总统。法国总统是通过其司令部，以及高级国防会议、国防委员会、总理和国防部对国防系统包括军队进行领导。总统有权决定外交政策和国防问题，他可以越过总理直接与部长们联系。

高级国防会议是法国总统的咨询机构，负责防务问题的研究工作。高级国防会议主席是总统，会议成员包括政府总理、主要部门领导人、三军参谋长、各军种参谋长和总监察长、国防部主要局的领导人。国防委员会是总统最高军事政治机构，负责国防问题的决策和在军事方面协调各部的工作。决议由总理负责贯彻实施。总理领导领导政府的工作，尤其是对国防负责。在必要情况下，他可以代替总统作为国防会议主席和国防委员会主席。

法国总理有自己的军事问题工作机构——国防总秘书局，配备有武装力量各军种的将军和军官以及文职官员。国防总秘书局有特殊的职能和任务，即在以下领导协调国家政策，是法国战略领导体系中最重要的机构之一。

最近几年，在解决最重要的防务与安全问题时，法国议会（国民会议）的作用大大增强。首先，这类问题要通过预算来解决。议会在讨论预算过程中，对法国武装力量的建设方案和对某项行动的拨款审查更加详细。在制定法国武装力量发展的长期规划和五年计划中，法国议会发挥了积极的作用。要求这些计划更加具体化，以公开形式公布，并附以大量详细的说明。

在武装力量的建设和备战方面，国防委员会的决议和总理的指示由国防部长具体执行。他对武装力量的状况和战备负责，负责军队建设、新式武器和技术装备计划的实施。

国防部长通过武装力量参谋部和各军种的参谋部来实现对武装力量的领导，而通过军种总监察机关对参谋部和军种参谋部的工作进行监督。国防部内下属有咨询机构——参谋长委员会、三军参谋部和行政总秘书厅。

参谋长委员会研究审议一般的武装力量的组织问题、武装力量的使用和建设方案、技术装备与部队编制等。值得注意的是，参谋长委员会主席就是国防部长本人，由文职官员担任，副主席是武装力量参谋长。

国防部通过的决议由武装力量参谋长和国防部的其他机关负责贯彻执行。战时，武装力量参谋部变为总参谋部，根据政府的决定，总参谋长由武装力量参谋长担任。

武装力量各军种参谋部领导本军种的建设和战斗使用训练。在和平时期，武装力量军种参谋长在行政上直接隶属于国防部长，在业务上隶属于武装力量参谋长。在战时，他们被任命为武装力量副总参谋长。战时，参谋部变为总参谋部。

军区司令（法国领土划分为6个军区、22个军分区）负责动员措施的准备，征召新兵，部队的部署和供给，以及组织驻本区内陆军部队和分队的战斗训练。

陆军参谋长实施对陆军部队的直接领导，负责战斗训练、组织、补充、武器装备和其他物资器材的保障，制定陆军动员、扩充和使用计划。

兵种监察部、各勤务部门和军事院校，以及各大军区司令隶属于陆军参谋长。兵种监察部由陆军总监察长领导，他对各监察部的工作进行总体领导和监督。

空军的业务由空军参谋长（实际上是司令）领导。他隶属于国防部长，依靠空军参谋部机关开展工作。他通过3位副参谋长（分管计划、作战、后勤问题）来实现对该机关的领导。

法国海军由海军参谋长（司令）实施全面领导，他负责制定海军日常和长期的建设与使用计划，海军业务训练和作战训练、海军的装备和后勤保障。海军参谋长通过参谋部实施对海军的领导。

为保证包括军事部门在内的执行权力机构的职能严格统一和准确,法国设有特殊的超部门的监督机构,如国务会议。国务会议又是最高级行政司法机构,以解决国家机关和公民之间、各部门和各机构之间的纠纷。

法国的这些"行政部门型参谋部"的共同特点是,即使在总统或者议会大选导致政治领导人更迭的情况下,这些机构结构上仍然保持继承性和连续性。随着新领导人入主爱丽舍宫或者马提翁宫,"行政部门型参谋部"领导班子的大部分成员仍保持不变,不会进行重大机构改革和人事变动。法国国防部和战略领导部门下属机构领导层的稳定程度大大高于美国。

(二)德国的战略领导体系

在现代德国,和平时期国防部长(文职)是联邦德国武装力量总司令,战时联邦德国武装力量总司令是联邦总理。直接和完全隶属于国防部长的有作为德国最高军职人员的联邦国防军总监察长、武装力量各军种司令及其参谋部和德国武装力量各战区司令部。联邦国防军总监察长有专门主管军事的参谋部,主要负责作战计划问题。

部长有4个文职副手,其中两位是议会国务秘书,他们大部分时间都待在联邦议会里,在议会相关的委员会里为武装力量谋取利益。

德国武装力量分为3个传统军种:陆军、空军、海军。另有中央医疗卫生机构和中央军事机构。联邦德国和美国一样,武装部队的医疗保障机构从后勤部中分离出来,级别提得很高。

国防部长有自己的规模不大的军事参谋部,它在解决许多重大军政问题中发挥的作用比联邦国防军(总监察长的)参谋部或者国防部有关的副部长的作用还要大。

根据法律,国防部长和国防部是武装力量所有机构的指挥机关。联邦国防军总监察长的参谋部并非是直接的作战指挥机构。

在评价联邦德国战略领导体系时应当注意到,德国武装力量已经完全融入北约体系,融入美国主导的战略领导体系。德国在军政领域从事某种独立行动的能力极为有限。德国几乎完全依靠北约(其实是美国)的卫星战略侦察,依靠北约的共同基础设施(仓库、机场、军港等)、战略和作战环节的通信系统。

在关于联邦国防军的所有法规性文件中都强调说,联邦国防军组建于战后,它首先是用于国防(防御)目的。其次,它不是独立完成任务,而是作为盟军参加与盟国武装力量的协作行动。

联邦德国武装力量成为独立军事力量的可能性在21世纪上半叶还是极其有限的。其军事力量大大落后于经济实力,其原因之一就是德国的军费开支比较小。

(三)英国的战略领导体系

英国的最高指挥环节是首相领导的内阁。战争期间设立特别战略领导机构"军事内阁"。国防部的领导是国防大臣,他有两位文职副职——武装力量国务大臣和国防采购次官,再下一级是政务次官。这4人与联合王国议会之间保持经常性工作关系,因为主要是议会决定武装力量的财力保障水平。武装力量国务大臣分管所有政治和军事行动的实施,政务次官负责军事部门的干部政策，以及管理英国武装力量所有不动产。

再往下是常务次官（他在内阁更迭时也不会被撤换）和国防参谋长。后者是政府的主要军事顾问和职业的武装力量首脑。这两位官员，一位是文职，一位是军职，他们共同主持国防参谋部的日常工作。

英国武装力量的每个军种都有自己的参谋部和参谋长（相当于军种总司令）。在日常工作中武装力量各军种参谋长应通过国防参谋长向国防大臣报告工作，但也有向国防大臣和首相直接报告的权利。

英国国防参谋部是国防部的主要机构，由常务副参谋长和第二常务次官（文职人员）共同领导。该机构内有武装力量3个军种参谋长。在英国战略领导体系中，这种文职与军职双重管理体制还在进一步深化。例如，在国防参谋部设有专门负责制定军事政策的小组，由一名文职人员（负责政治和军事问题的英国防务政策总局局长）和一名军人（国防副参谋长）领导。

第十一章 主要国家的军事战略

一、美国的军事战略

美国新世纪的军事战略经克林顿和布什两位总统之手已初步形成。克林顿的"塑造—反应—准备"战略和布什"先发制人"的反恐战略都是为了确保美国的安全和在新世纪的世界领导地位。该战略从传统的"同时打两场战争"转变为进行全球范围的反恐战争；侧重于"质量建军"保持美军的高科技优势。对此进行研究，具有重要的现实意义。

（一）美国的统帅体制

美军的统帅体制由总统、国家安全委员会、国防部及其所属的参谋长联席会议和陆、海、空三军种部构成。

美国实行文官治军制度。国防部长和陆、海、空三军军种部长等由文职人员担任。美国宪法规定，总统兼任武装部队总司令，为三军最高统帅。总统通过陆、海、空三军种部对全军实施行政领导；通过参谋长联席会议对全军实施作战指挥。

国家安全委员会直属总统领导，是美国国家安全问题的最高决策机构，为总统提供决策咨询。它由总统（任委员会主席）、副总统、国务卿、国防部长、财政部部长等人组成。参谋长联席会议主席和中央情报局长列席会议。会议讨论的问题由总统作最后决定。

国防部是美国武装部队的最高领导机关。国防部长由总统提名，经参议院批准后任命，他是总统在防务方面的首席助手。国防部的主要职责是，制定三军统一的国防政策并通过参谋长联席会议负责三军的作战指挥；制定国防预算和三军兵力计划；统一领导三军国防科学技术的研究和后勤保障工作；对外负责军事谈判、派遣军事顾问团、培训军队和监督军事援助的使用等。国防部由武装部队政策委员会、国防部长办公厅、参谋长联席会议和陆、海、空三军种组成。

（二）美国的军事战略

自20世纪90年代初以来，世界局势发生了剧变。与之相适应，美国军事战略也有了重大变化。美国军事战略的变化深刻地影响到当今国际局势的发展和国际关系的走向。因此研究这一期间美国的军事战略，具有极其重要的现实意义。

1. 美国新世纪军事战略的形成

进入90年代，世界形势发生了剧变。苏联宣告解体，分成了15个独立的国家；南斯拉夫一分为六国；波兰、捷克斯洛伐克、匈牙利、罗马尼亚和保加利亚的共产党下台，东德被西德吞并……与以美国为首的北约集团相对峙的华沙条约集团突然在一夜间烟消云散了。支配战后世界长达半个世纪的雅尔塔体制彻底崩溃了。此后，世界进入了"冷战后时期"，全球一体化步伐大大加快。这时，美国成了世界上最强大的超级大国。美国认为它拥有前所未有的安全，因此美国的战略也进行了调整。1992年2月，美国国防部就提出了"地区防御战略",改变了冷战时期将防御重点放在对付苏联威胁上的做法,而将重点放在对付一些地区大国上,但是战略重点仍是欧洲和中东地区。美国军方领导人认为,在今后10年左右的时间内,美国在世界上都不会有竞争对手。但冷战后的国际安全环境仍是"动态的、不确定的",充满了威胁和挑战。而这些威胁和挑战有可能变得更加致命。美国认为其面临的威胁主要是:①在世界各地发生的宗教的、民族的和边界的各种冲突以及出现的新的地区霸权主义。②核武器、生物武器和化学武器的扩散,一些国家可能设法获得大规模毁灭性武器,从而使地区冲突变得更加复杂和危险。③其他方面的威胁,包括恐怖主义、毒品走私和低强度冲突。总之,美国认为其面临的威胁已变得多样化,威胁的程度已从"危及美国的生存"变成"危及美国的利益";威胁从"明确"变为"模糊";从"公开"变成"隐蔽"。

为了应付上述威胁,美国制定了被称为"参与和扩展"的新战略。战略目标首先是确保美国在世界上的领导地位,也就是霸权,建立由美国领导的国际新秩序,防止出现向美国领导地位提出挑战的任何国家或国家集团。其军事战略则细分为三个内容。

一是塑造。"塑造"有利于美国的国际安全环境,防止可能发生的威胁。塑造的手段主要有控制军备和裁军进程,竭力防止核、生物、化学武器的扩散。

二是反应,就是当塑造失败后,美国应对各种各样危及美国利益的危机在武力上做出迅速的反应,以保护美国的利益并显示美国的决心。他们认为:"我们的参与必须是有选择的,集中于与我们的利益关系最大的挑战。"

三是准备。为了对变幻莫测的未来进行及时反应,美国认为在军事上做了充分准备。准备就是加强军备建设,以强大的军力作为战略基础。"美国的军事战略靠的是它的技术上,特别是信息和航空航天技术上的领先地位。"克林顿认为一支规模较小的高质量军队是当今美国军事建设的重点。为此,美军大大裁减人数。重点建设快速反应部队。加大对研制尖端武器的资金投入,使美军继续保持武器装备的高科技优势。大力发展战略武器,进一步巩固核优势。增强信息战、精确打击、导弹防御、战略机动等的能力。

美国的战略特点是从传统的威慑战略改变为"有限的常规战略",从"遏制"转到了以"预防"为主。在作战思想上,提出了三个理论:一是"空、地、海、天、电磁一体战"理论,这是原来的"空地一体战"理论的深化。在战争中,要全力夺取制空权、制海权、制太空权和制电磁权,从宇宙、太空、天空、海洋、陆地和信息,立体的、全方位地同时作战。二是"非接触作战"理论,即在战斗中,美军一般不与敌军接触,他们认为充分利用美军现代化的武器优势,在远距离用各种导弹和巡航导弹、激光炸弹、陆基火箭、大口径火炮,在卫星和计算机的引导下,给敌军目标以持续不断的精确打击,摧毁敌军的装备和有生力量,并最大限度地减少美军的伤亡。三是"非战争行动"理论。即除打仗以外的军事干预行动。美军使用的原则是:目的性、统一性、合法性、相互性和安全性。正如美国军事战略报告所指出的:"为了对付美国安全所面临的威胁,美国军事战略从本质上就要具有建设性、预防性和主动性,要注重减少冲突发生的根源,并且要能够阻止潜在的对手有效地使用武装力量。"

2. 21世纪的军事战略

经过几年的酝酿,美国政府于2005年3月正式公布了一份军事战略文件。该战略从战略目标、战略指导、战备指标、军队建设以及军事部署等方面均进行了新的调整。作为当今世界上军事实力最强的国家,美国自20世纪90年代以来连续发动了几场局部战争,并不断在战争中检验其作战理论。此次军事战略中出现的一些新内容,引起了世界各国的广泛关注。

(1) 加强一体化防范体系。"9·11"事件后,美国对其所面临的国际安全环境重新做了分析,指出了美国所面临的重要威胁,把恐怖主义和大规模杀伤性武器的扩散作为美国主要的安全关切。美国尤其担心恐怖组织和恐怖分子获得大规模杀伤性武器。可以说,阿富汗战争和伊拉克战争就是在这种背景下发动的。

基于这种判断,美国政府在新的军事战略中提出了三大战略目标,其中第一个目标就是"保卫美国免遭外部袭击和侵略"。尤其需要指出的是,美国政府新的军事战略提出的"保卫美国"的战略目标,绝不是单纯地以收缩美国的海外力量来加强美国本土的防御,而是武装力量"在海外和国内实行综合的和联合的行动来保卫美国",加强美国国内与国外的一体化防范体系,强调采取"先发制人"的手段,从源头上反击威胁,行动的重点在海外。美军要在威胁到达美国之前就发现威胁,并能够迅速对威胁以及威胁的源头进行打击,包括国家、组织和个人,从而彻底消除威胁。

(2) 建设联合部队。美国政府继续坚持"基于能力型"的军队建设理论,为了实现"保卫美国、防范冲突及突然袭击和战胜敌人"的三大战略目标,美国政府新的军事战略提出要加快建设制胜的联合部队,提出联合部队要具备以下特性:一是部队的职能和能力根据联合任务能够实行高度合成;二是具备在全球迅速部署、使用和补给的远征能力;三是利用信息技术先敌进行决策的优势;四是在各种条件下摧毁敌人及其系统的能力。为适应未来战争需要,美国政府在新的军事战略中提出要通过实施部队转型,来实现美军各军兵种之间的联合,使美军的"现役、后备部队以及文职队伍充分融合建成一支'无缝'总体部队",随时可将"分散部署的部队迅速形成强大的战斗力,打击敌人的力量重心以达成目标",使美军在21世纪形成对所有对手的"压倒性军事优势"。

(3) 确保具备打多场战争的能力。战备指标是美国军事战略的一项重要内容。布什政府在新的军事战略中不仅继续维持了打两场战争的战备指标,而且还提出要能够打多场战争,要求美国的"武装力量必须具备在同时发生的多场作战行动中迅速击败敌人,并能够在其中一场战争中扩大作战行动的范围以达到更广泛目标的能力"。可以看出,布什政府军事战略的战备指标更加扩大了。

这里需要指出的是,美国政府提出的继续打两场甚至多场战争的战备指标,重点指的是美军在军队建设中所应当具备的能力,也是规划美军规模的主要依据。但是,美军在实际作战行动中,仍然是力求避免同时在两个战场作战。美军的做法是,一旦发生两场冲突,美军首先迅速在一个战场投入力量,确保在其中的一场取得"决定性胜利",这种胜利指的是"在危机地区造成对美有利的基本变化,并持久保持胜利"。美军然后再快速向另一个战场部署力量,赢得另一场战争。

(4) 利用军事手段解决安全问题。美国是一个霸权主义国家,利用军事手段干涉他国内政是美国历届政府的一贯做法。

在新的军事战略中,美国政府提出了三大战略目标,在实现三大战略目标的方式上均强调主动出击,重点体现在"军事打击"上,而不是"被动防御"。与此同时,美国政府新的军事战略提出了要对美军部队结构进行调整,建立模块化部队;加快研制新一代武器系统,发展信息技术;重新调整美军在全球的部署,尤其是加强在关键地区的前沿部署,其目的就是使美国在未来能够迅速地对危机做出反应，实施有效的干预。

二、北约军事战略的演变

北大西洋公约组织，是战后帝国主义与社会主义阵营相对抗的产物。随着冷战的加剧，北约的组织机构越来越庞大，名曰军事组织，其实它的机构设置并不局限于军事范围。它的军事战略，也远远超出军事内涵，与北约国家的政治战略、国家战略密不可分。还应该看到，北约的成立及其军事战略的形成，都是在美国的操纵下逐渐形成的，美国是北约的龙头老大。北约成立初期的军事战略奉行地区性遏制战略，其后，不断地调整，先后经历了"大规模报复战略""灵活反应战略"，从"危机反应战略"到"新战略构想"等演变。

第二次世界大战结束后，以欧洲列强为中心的多国争雄的国际格局不复存在，出现美国和苏联两大强国并立于世界的新格局，美苏矛盾上升为世界政治的主要矛盾。美国利用它在战争中膨胀起来的经济和军事实力，奉行争夺世界霸权的政策，视苏联为主要对手。而战后初期的西欧诸国，军事虚弱，经济上困难，政治上面临国内革命的形势，对苏联的强大感到恐惧，不得不全面依赖美国。于是，美国以战略遏制为主导，乘机促成北大西洋公约组织（简称北约）的建立，形成跨越大西洋的军事同盟，把西欧、北美纳入它的战略轨道，企图达到一石二鸟的目的，既控制西欧，又遏制苏联及其影响下的社会主义阵营。

美国是北约的盟主。北约军费巨大，而且增长很快，1949年为188亿美元，1953年就达到655亿美元。北约成立初期，其军费主要由美国提供，仅1949年，美国就提供了135.03亿美元。美国为了把北约作为其控制欧洲和推行世界霸权的工具，一方面加紧催促西欧各国迅速建立北约集体防务力量，另一方面增派地面部队去欧洲，并建立由艾森豪威尔任总司令的欧洲盟军最高司令部。同时，北约的其他司令部相继成立，北约成员国也增加了供北约统一防务使用的军事力量。到1951年底，北约的军事力量已增加到35个师、3000架飞机、700艘舰艇。至此，北约开始建立统一的军事指挥体系和庞大的一体化部队，成为世界上最为强大的军事集团，同时也标志着美国以欧洲为重点的全球战略部署已基本完成。

（一）北约成立初期的军事战略

北约的军事战略是其大战略的主要组成部分，是通过成员国间的协议而确立的。它反映各缔约国、特别是在联盟中起重要作用的成员国的战略利益。北约军事战略的职能是规划可能从事的战争的目标、任务和性质，确定准备和进行战争所必须遵循的原则，组织联盟的一体化军事力量，协调各盟国军事力量的发展以及平时和战时的分工协作。随着国际局势的变化，北约的军事战略也不断地进行了调整。北约成立初期，1949年12月—1954年12月，奉行的军事战略是地区性遏制战略。

1949年12月1日，北约防务委员会在巴黎召开会议，通过《北大西洋地区防务战略》报告，正式提出了北约的军事战略。该报告分"序言""北约防务原则""北约防务概念的目标""贯彻防务战略的军事措施"四个部分。北约军事战略的核心是：第一，尽可能地运用一切手段确保拥有能及时进行战略轰炸的各种类型（没有例外）的武器的能力。这一责任主要由美国承担，其他国家按实际可予以协助。第二，一旦发现敌方进攻北约国家，运用一切可采用的手段，包括空、海、陆和心理战等手段，及早尽一切可能组织抵御和反击。地面部队的核心部分，在初期应由欧洲国家提供，其他国家则不应耽误时间，尽快按全面计划予以支持。第三，及早尽一切可能挫败敌方对北约国家的空袭。根据此项保证，欧洲国家应立即提供战术空中支持和空防的强大后盾，其他国家则不应耽误时间，尽快按全面计划予以支持。第四，确保和控制对执行共同防务计划有重大意义的海空航道及港口海湾。护卫和控制海空补给线按各国的能力及同意承担的责任，通过共同行动实施之。美国和英国在组织与控制海洋交通线方面应承担主要责任，其他国家护卫各该国的海港防务和海岸补给线，并按整体计划规定参加组织和控制与其领土有重大意义的补给线。第五，确保、维护和保卫对成功实现这些基本保证有重大意义的主要支援地区、空军基地、海军基地和其他设施。对这些重要基地、地区和设施拥有主权的国家，此项保证乃是一种责任，必须按照集体防务计划规定的范围援助之。第六，为维护北约地区的安全，对以后的进攻行动需作出所承诺的贡献，缔约国家应动员和扩大整个军事力量。1950年1月6日，北大西洋理事会第三次会议在华盛顿召开，批准了《北大西洋地区防务战略》报告。从此，北约军事战略正式确定。

北约根据地区性遏制的军事战略的要求，在欧洲地区建立起遏制苏联的军事体系，设想以美国的战略空军（包括原子弹）为主要攻击力量，配以占优势的美、英海空力量和西欧大陆国家的地面部队，以遏制苏联；一旦爆发战争，可以把战争局限在欧洲地区。按这一战略所设想的战争将是以欧洲为主战场，海、陆、空（包括战略空军，其中部分携带原子弹）三种力量并用的战争。这就是所谓的"剑和盾"方针，即美国战略空军司令部被认为是北约组织的"剑"；西欧的地面部队则构成北约组织的"盾"，用它来抵御任何侵略者的最初攻击，后备力量则将被迅速地动员、调动起来支持这面"盾"。这种方针的根据是，北约一方面拥有一支原子打击力量，在共产党入侵西欧时可以使苏联遭受巨大损失；另一方面在欧洲拥有足够的军队，可以防止共产党发动的政变，阻止苏联或其卫星国军队的试探性推进。基于上述思想，北约制定了以下作战计划：在北翼，固守日德兰半岛和卡特加特海峡地区，封锁波罗的出海口，并以挪威北部纳尔维克、博德附近的机场网形成对苏联北部重要港口的威胁；在南翼，北约一体化部队依托阿尔卑斯山，固守意大利北部亚得里亚海沿岸地区；在正面，北约盟军主力在西部沿莱茵河一线建立防御地带，并集结大量预备队形成包围圈，待敌军进入易北河至莱茵河之间的平原，受阻于主要防御地域，并形成高度集中时，再配合运用核武器大量杀伤敌人。随后，盟军主力和强大预备队实施战略反攻，歼灭入侵之敌，乘胜向东追击，夺取德国与捷克斯洛伐克交界处的波希米亚地带，转入对沿易北河或奥得河之线的进攻。

北约刚刚成立时，它的空军和海军力量都占有较大的优势，北约的主要薄弱环节是在欧洲的地面部队不如苏联。根据遏制战略的要求，北约提出第一期建军目标为96个师和9000架飞机，并拟定了在20年内组建几百个师的庞大计划。由于西欧经济困难和北约内部的矛盾，开始的建军速度缓慢。至1950年5月，北约建立已有一年，在欧洲大陆只有10个不满员师、不到1000架飞机，而苏联则有140～170个满员师，其中仅在中欧地区（德意志民主共和国和捷克斯洛伐克）就部署了25个满员师，有60000架飞机。1950年6月15日，英国的蒙哥马利元帅在一份报告中指出："在现在这种情况下和在可以预见到的将来，如果俄国人发动进攻，西欧将充斥骇人听闻和难以描绘的混乱景象。"朝鲜战争爆发后，美国乘机加紧催促西欧各国迅速建立北约集体防务力量，实施北约战略概念，使北约的建军速度有较大的提升。根据美国的提议，北约重新武装德国，让西德参加西欧防务；建立了一支统一的北约组织部队和增加了美国在欧洲的驻军；成立了由美国人艾森豪威尔担任司令的欧洲盟军最高司令部。此外，在1951—1952年初，北约组织的其他司令部也相继成立。因此，杜鲁门总统说：在他下台之前，"西欧防务的架子已经建立起来了。"

地区性遏制战略基本上沿用20世纪30年代和第二次世界大战期间西方国家的传统战略概念。北约成立时，美国垄断着原子弹。它宣扬原子弹是"绝对武器"，可以运用这种武器来"维持世界秩序"。美国在第二次世界大战中向日本投掷过原子弹，战后曾经出现鼓吹原子弹制胜论的狂热，也提出过种种原子战略的设想，但是这种理论和政策主张在自己国内并没有被接受为战略的基础，更没有被北约所接受。其主要原因：一是美国军界对原子制胜论有怀疑，特别是陆军和海军反对这种理论。二是北约成员国，特别是地处前沿的西欧盟国原子战略的推行削弱它们的地位和作用，一旦爆发战争它们将首先受害。三是军事技术上还不具备运用原子弹打击苏联的充分条件。40年代末期美国执行原子弹轰炸任务的重型、中型轰炸机—B–29、B–36等，都是老一代螺旋桨式飞机，速度慢，容易成为苏联新一代喷气式战斗机的捕杀对象。1948年，美国战略空军尽管已经拥有约50个受过训练的机组和装备精良的飞机，但是没有一个机组能在近似实战的条件下把核武器命中目标。因此，地区性遏制战略仍是传统的常规战略，或者可以称之为侧重依靠常规力量的地区性遏制战略。这种战略实际上是集中和协调美、英、法等国的战略考虑，要求美国的战略空军、美国和英国的海军，以及西欧国家的地面部队和战术空军等多种力量相结合，在欧洲地区遏制苏联。这种战略的推行使北约盟军各司令部的机构不断改善和扩大，使北约在欧洲的军事一体化力量得到较快的发展。

（二）北约军事战略的演变

随着东西方力量对比的变化、军事科学技术的发展、国际政治军事格局的演变，北约成立后其军事战略也在不断发展变化。自1949年12月确定侧重依靠常规力量的地区性遏制战略后，北约的军事战略有三次发展变化：1954年12月，确定主要依靠核力量的大规模报复战略；1967年12月，确定核力量与常规力量并重的灵活反应战略；1991年11月以后，针对冷战结束后的局面，经历了"危机反应战略"到"新战略构想"的调整。

1. 大规模报复战略（1954年12月—1967年12月）

1953年1月，艾森豪威尔就任美国第34届总统。他上台后立即着手改变美国和北约的军事战略。1953年5月，他提出防务政策"新面貌"的构想，改组美国参谋长联席会议的领导班子，更换了陆海空三军参谋长。10月30日，他批准了由美国国家安全委员会按"新面貌"构想拟制的《国家安全委员会162/2号文件》。该文件规定，美国的军事战略为大规模报复战略。1953年12月，北约理事会正式采纳大规模报复战略，但是原来的地区性遏制战略中的许多原则，如前沿防御等方针，并没有被废弃，而作为大规模报复战略的补充因素继续被奉行。

大规模报复战略的主要内容是：①要求发展具有巨大打击能力的武器。该战略认为，原子弹和热核武器"现在是决定性因素"，可以成为"超乎一切的阻遏力量"。②要求具备在战争中"按美国选择的地点进行反击的力量"。该战略强调要选择打击敌人的极其重要的地区，即军事工业基地和战略基地等要害地点。③要求具备"立即报复"的力量。这意味着美国的打击力量必须机动灵活，保持着高度的戒备状态。④要求先把战略的宗旨告诉潜在的敌人，从而获得阻遏进攻的能力。

大规模报复战略同过去的传统战略有很大的区别，在战略发展史上也是一个重要的转变，即从常规战略转变为核战略。该战略依靠原子武器和热核武器为主要的战争手段，强调威慑作用。在和平时期以核战争威胁对手，企图迫使对手屈服，以讹诈来实现战略目标；在战时要求用原子弹和热核武器，对对方的城市和工业中心进行狂轰滥炸，以迫使对方投降。这种不分青红皂白，扬言对任何重要的"侵略"都报以一场全面核战争，把战略原则简单化，战争手段单一化。其核心是遏制苏联、东欧军事集团对美国和西欧盟国的进攻，带有明显的进攻性质。因此，它是一种先发制人的积极进攻战略。

根据北大西洋地区防务的需要，特别是欧洲战争的特点，北约仍然把"剑和盾"奉为重要的方针，并且以热核武器为中心赋予其新的内容：①以核力量为"剑"，作为克敌制胜的主要手段，在战争中破坏敌国的工业设施、经济资源、城市人口，摧毁军事目标，支援地面部队作战。②以常规力量为"盾"，在战争中阻滞敌人的进攻，摸清敌人进攻的规模和方向，以争取时间和掌握情况让北约的有关当局作出核打击的决定。"剑和盾"方针，重点突出的是"剑"。1954年，北约在西欧举行首次核战争演习。经过5天的"战斗"，最后由美军投掷9颗"原子弹"，"消灭了苏军"。1955年6月，北约举行规模更大的核战争演习，有11个北约成员国参加。战略空军对"敌人"的行政中心、工业基地和军事设施进行原子轰炸，假定投下了335颗原子弹。北约从演习中得出结论：突然的原子弹袭击是正确的，是取胜的决定性因素。1956年，北约理事会通过关于进行核战争的指导方针，即欧洲一旦发生紧急情况或东西方两军冲突时，北约可以首先使用核武器。1957年12月，在巴黎召开的北约国家首脑会议决定，在欧洲储存核弹头，美国把部署在欧洲的中程和短程核发射工具交由欧洲盟军最高司令支配，核弹头仍归美国保管，部署和使用由美国与有关盟国协商决定。核力量成为北约战略的主要手段之后，常规力量在战略中的地位明显降低，预想的欧洲战争已失去过去构想的性质，而变为一场短暂的、猛烈的核战争。

但是，北约奉行大规模报复战略只是一厢情愿，并没有使它在欧洲的防务得到加强，反而随着苏联核力量的发展，这一战略的威慑作用大为削弱，最后迫使美国率先改弦易辙。①大规模报复战略使北约在欧洲的常规力量进一步削弱，拉大了同苏联常规力量的差距。由于常规力量在战略中的地位下降，北约各国不愿意拿出更多的钱来扩充常规军备。②由于战略上突出核力量的地位，促使英、法这两个有能力发展核武器的国家为保持自身的独立性，把国防经费集中到发展独立核力量上，减少了对美国的依赖。③依靠核武器的大规模报复战略加剧核军备竞赛，促使苏联集中力量发展核武器，结果出现美、苏双方相互威慑的局面。面对美国核讹诈的严重局面，苏联将大量的人力、物力投入核武器及其运载工具的研制工作上，"以便有充分准备来对付侵略者"。在这种形势下，西欧国家普遍认为，当欧洲发生军事冲突时美国不会冒着遭受苏联核打击的危险施救。因此，无论在思想认识还是实践活动上，大规模报复战略都逐渐从根本上发生了动摇。

2. 灵活反应战略（1967年12月—1991年11月）

1961年1月，肯尼迪就任美国第35届总统。1962年，他决定改变美国及北约的军事战略，以灵活反应战略取代大规模报复战略。但是，该战略遭到西欧一些盟国的抵制，在北约内部引起长达5年的激烈辩论。1967年5月，北约防务计划委员会在巴黎举行会议。此时，持反对意见最激烈的法国已经退出北约军事机构，不再参加防务计划委员会的会议，所以该次会议比较顺利地通过决议，正式采纳了灵活反应战略。

1967年1月，北约防务计划委员会在布鲁塞尔举行会议，按灵活反应战略的原则制定了新的防务计划——MC14/3号文件。该计划把设想的战争分为三个阶段进行：第一阶段，北约使用常规力量，以"直接防御"手段抗击敌人的有限进攻。特别是在联邦德国的东部边境实行前沿防御，盟国部队在这一带划区分工驻守。一旦遭到进攻，北约盟军在防线内测100公里地域前沿作战，坚持到后续部队和美国战略预备队等援军到达后实施反击，收复失地。第二阶段，如果常规力量顶不住敌人的进攻时，北约就"审慎升级"，使用战术核武器，"有选择地打击"敌人战线后方的部队和目标。作为最初的一级是发射零星或少量经过精确计算的核弹，起到警告敌人的作用，发射核警告弹，可能是无目标的单纯核示威，也可能是选择摧毁一个或几个有限的军事目标。如果核警告无效，就升级到在欧洲进行有限核战争。第三阶段，如果有限核战争仍无法控制局势，就在美国与苏联之间进行相互核打击，越出欧洲战区，全面反应。这一阶段也可根据形势分级进行：最初只是用战略武器摧毁苏联本土的若干军事目标或战略设施；如果战争继续扩大，北约使用战略核武器打击苏联战略目标的范围和规模也随之扩大，直至摧毁苏联和东欧国家的城市、工业中心为"最后的手段"。与大规模报复战略比较，灵活反应战略重视常规战争的运用，但核心仍是核威慑。该战略具有灵活性和战略主动性，既是一种积极防御战略，也是一种带有咄咄逼人气势的具有进攻意识的战略。

尽管灵活反应战略最终被北约确定下来，但是在实践中依然矛盾重重，实际效果并不佳。①威慑效能大大下降。按北约的战略，一旦常规力量顶不住敌人的进攻，就使战争升级，动用核武器进行反击。但是，美国与苏联的战略核力量处于大体均衡的态势，北约的中程核力量和短程核力量已不拥有对苏联的优势，北约战略中有关使用核武器的规定变得更加不可信，北约战略的基础——战争逐步升级的威慑作战开始失效。核武器不敢用，常规力量又严重不足，这又使灵活反应战略的灵魂——进行各种类型战争的选择余地十分狭小。②由于美欧盟国的互不信任和分歧，以及西欧国家的消极态度，使灵活反应战略不能协调一致地得到实施。同时北约的战略并没有随着形势的变化而进行修改，战略安排仍以美国为主。西欧国家在自己力量屡弱、需要美国保护时尚能忍受，而当羽翼渐丰、足以抗衡美国时，就要力争按自己的意志行动了。

3. 从"危机反应战略"到"新战略构想"（1991年11月至今）

1991年4月华沙条约组织解散，12月苏联解体，冷战从此结束。北约作为冷战的产物本应寿终正寝，然而美国成为世界上无人与之抗衡的唯一超级大国，突兀的战略地位使它认为这是借助北约的大旗独霸世界的绝好机会。在美国的主导下，北约非但没有退出历史舞台，反而抓住时机继续发展。1990年7月5日，在伦敦举行的北约首脑会议上，讨论的中心议题是北约的未来和新作用。会议最后发表的《伦敦宣言》宣告：北约将由军事政治组织转变为政治军事组织，要采取一系列"化敌为友"的行动，并要对1967年以来一直奉行的军事战略——灵活反应战略进行修订。会后，北约成立战略回顾小组，召开北约首脑会议、外长会议，在《伦敦宣言》的基础上，对北约未来战略问题进行了反复协商讨论。1991年11月，在罗马尼亚召开的北约首脑会议上，讨论通过《联盟新战略概念》《关于和平与合作的罗马尼亚宣言》等四个文件，正式确定了北约新战略的基本框架。北约此次战略调整的力度之大，据它自称是1949年成立以来最大的一次。而从讨论的问题和发表的文件来看，范围之宽，涉及北约的联盟性质、组织指挥体制、武装力量结构、军事战略、核战略等方面。其中,在军事战略方面最引人注目的变化是:①在战略目的和使命上,除了传统的保卫其成员国安全和领土完整、遏制侵略外,还增添了保持欧洲的稳定和均势、执行联合国赋予的维持和平任务、处理危机及防止战争等。②在战略指导思想和战略方针上,由依赖"核威慑"遏制世界大战,转为主要依靠一支精干、机动、反应迅速的常规力量,来预防、阻止处理地区危机和冲突;由"集体防御"转为"集体防御"+"对话、合作"+"预防冲突和处理危机"。③在战略方向及战略重点上,由防御东方"单向"之敌转为"全方位"监视和消除各种安全威胁;由重点应对华约进攻转为重点防止和控制地区性危机或冲突。④在作战方针上和原则上,由"前沿防御""逐步升级""打赢战争",转为"前沿存在""快速反应""危机控制"。⑤在战争手段上及样式上,由依靠单一军事手段打各种规模常规战争乃至核战争,转为综合运用政治、经济、军事多种手段重点对付突发的危机、冲突,以及中小规模以下的常规局部战争。因此,这一军事战略被冠以"危机反应战略""危机控制战略""全方位危机反应战略""快速反应战略"等各种名称,但更多的称其为"危机反应战略"。

北约战略从来都是以美国战略为依据和支柱的。然而,相对于美国在冷战结束后的全球战略,北约在1991年11月出台的战略,只能算是一次很不到位的战略调整,未能充分反映美国要使北约"全球化"的战略意图。因此,美国一直在理论上、政策上和行动上为重新定义战略概念做准备。1992年2月,美国第41届总统布什正式把地区防务战略确定为美国的新军事战略。该战略的主要内容是:①战略指导思想由着重准备与苏联打全面战略转为对付地区性冲突,战略对手由苏联转向地区强国。②构想在20世纪末期可能发生冲突的7个地区和7种战争,提出同时打赢两场局部战争的目标。③以战略核威慑与战略防御、前沿存在、危机反应、部队重建作为新战略的"四大支柱"。④维持联盟关系,扩大安全体系。1993年1月,克林顿就任美国第42届总统。他上台后,在继承地区防务战略的基础上,于1994年7月将美国的军事战略调整为"参与和扩展战略";1995年调整为"灵活与选择参与战略";1997年8月又调整为"塑造、反应和准备战略"。至此,美国在冷战结束后对自己的军事战略进行了4次调整。美国在自认为做好充分准备之后,从1998年起,加快了调整北约军事战略的步伐。

1999年3月24日,以美国为首的北约对南斯拉夫联盟共和国发动了大规模空袭。这是北约第一次未经联合国授权而对一个主权国家实施的军事打击。美国国务卿奥尔布赖特毫不掩饰地声称,这次行动即是对北约21世纪新战略概念的试验。4月24日,伴随着空袭南联盟的隆隆爆炸声,北约19个成员国及23个伙伴关系国在美国华盛顿举行首脑会议,通过《联盟战略概念》,使酝酿了8年之久的北约"新战略构想"正式出台。

《联盟战略概念》共65条,包括联盟的目的和任务,战略透视,通往21世纪安全之路,北约联盟力量方针等四个方面。其要点如下:①北约面临的形势。该战略首先分析当前及今后世界政治和安全形势,指出冷战结束后世界政治和安全形势发生了极大变化。欧洲——大西洋的和平与稳定面临着错综复杂的新危机,包括民族压迫、种族冲突、经济贫困、政治秩序的崩溃以及大规模杀伤性武器的扩散。②北约的任务。该战略以政治和军事手段维护北约广泛"共同安全利益"的总体设想为出发点,要求北约在欧洲——大西洋的和平与稳定中扮演主要角色;创造欧洲——大西洋稳定的安全环境;磋商所有影响成员国根本利益的问题;制止和防止对任何成员国的侵略危险;制止冲突,解决危机;在欧洲——大西洋地区开展更大范围的伙伴关系、合作与对话等。由于它所界定的"共同安全利益"包括诸如经济、社会和政治危机,武装冲突,人道主义灾难等"广泛的"安全利益,就意味着北约获得了采取军事行动的无限广泛的权力。③北约活动的范围。该战略规定,北约可以不经联合国授权,而根据需要将其军事行动范围扩展到成员国领土之外。它不仅宣称北约要对欧洲特别是中东欧地区的安全环境施加影响,以保卫其所有成员国的自由与安全,而且明确把行动范围扩展到欧洲防区以外,从而突破了传统的军事行动范围界限。④北约活动的方式。《北大西洋公约》规定,北约行动要遵守联合国宪章规定,"避免采用不合联合国宗旨之武力威胁或使用武力"。北约只有受到武装攻击时,才可行使自卫权力,并且"应立即呈报联合国安全理事会"。

北约新战略构想的出台,对联合国和国际法准则提出严峻挑战,其侵略性质对国际安全和世界和平造成了一系列重大影响。同时,该战略使北约的行动得到联合国授权的可能性也越来越小,美国为了在全世界推行霸权主义,严重打击世界多极化的发展势头。2003年,美国、英国置联合国的决议和世界绝大多数国家的反对于不顾,甚至在北约内部的意见也不一致的情况下,悍然发动伊拉克战争,就是最新的例证。该战略出台后,已经引起世界多数国家,尤其是巴尔干、中东、北非、东欧国家的警觉和忧虑,就连远在东南亚的一些国家,对北约干涉主义的未来发展也表示担忧。俄罗斯认为:若以美国为首的北约完全主宰欧洲和世界,俄罗斯将在欧洲甚至整个国际事务中失去发言权;若北约东扩,俄罗斯将处在不怀好意的包围之中;若俄罗斯加大军事发展,与北约的矛盾将逐渐加剧,会导致欧洲在地缘政治和民众心理两方面出现新的分界线。法国的一位国际问题专家悲观地预言:在今后相当长的时间内,欧洲"可能持续地处于混乱、多变和不稳定的局势之中"。他指出,北约新军事战略是对未来国家主权的挑战,是对联合国权威的蔑视,是对21世纪世界和平与稳定的威胁。

可以预见,在霸权主义的控制下,北约暂时不会解散。随着世界各种形势的变化,北约的军事战略也还会有调整。

三、俄罗斯的军事战略

进入21世纪,为实现国家振兴与长远发展,俄已做出新的规划。21世纪初的俄罗斯军事战略正在以对付面临的军事威胁为基本目标,贯彻以核武器为基本手段的战略遏制方针,建设一支均衡发展的现代化军队,加强对各种战略行动样式的研究和准备,推进以军事合作为基础的联盟防御,做好应付中小战争和武装冲突的准备。

(一) 国防体制

根据《俄罗斯联邦宪法》和《国防法》规定,俄罗斯总统为联邦武装力量最高统帅,对联邦武装力量、其他部队、军事单位和机关实施全面领导,确保俄联邦军事安全。俄罗斯军事与安全的最高决策机构是联邦安全会议,是为总统起草安全保障方面决定的宪法机关,负责审议俄罗斯联邦安全保障方面的内外政策问题,解决经济、国防、信息、生态安全、预测和防止紧急情况并消除其后果,维护稳定与法律秩序等战略问题。安全会议主席由总统担任,但事务性工作由安全会议秘书负责,并根据总统的指示和要求管理所有强力部门,在国家军事与安全事务方面协调政府各部门的工作。国防部是武装力量的"中央军事指挥机关"主要履行政治、军事政策的职能,负责协调武装力量间的关系,以及联邦执行权力机构与联邦主体执行权力机构的国防活动，同时负责军事装备和武器的采购，行使对武装力量的宏观管理。国防部设部长1人（文职）、第一副部长和副部长若干人。国防部还下设以国防部长为首的部务委员会，成员包括国防部长第一副部长、副部长和各军种总司令。总参谋部是武装力量的"中央指挥机关和基本的战役指挥机关"。在俄新一轮军事改革过程中，总参谋部在保障国家安全方面的作用进一步扩大，它负责制定武装力量作战指挥、战备训练和建设规划，使部队随时处于应有的战略状态。总参谋部下设作战总局、情报总局、组织动员总局、国际军事合作总局等单位，对军队实施统一指挥。俄联邦武装力量军（兵）种总司令（司令）部负责制定和实施联邦武装力量军（兵）种的建设计划、作战动员、技术装备、干部培训，保障军队（舰队兵力）指挥及驻地和基础设施的发展。军区司令部（战役－战略指挥部）对跨军种的军事（舰队兵力）集团实施指挥，制定和组织实施与其他军队、军队单位和机构的联合措施，并在规定的边界责任区和军事－行政区划内根据各自的任务确保军事安全。武装力量军区是联邦军事行政单位的基础和武装力量的战役－战略地区军团。

（二）国家安全战略

俄罗斯国家安全战略的目标是实现大国复兴并成为未来多极世界中具有重要国际地位和突出影响力的一极，其核心内容为：

1. 确保俄罗斯的国际地位

俄罗斯仍是具有强大军事实力的核大国，在国际政治舞台上是联合国安理会常任理事国和具有重要影响力的力量中心之一。为保证有效参与国际事务，俄应发展与世界主导国家间平等互利的双边合作关系，在解决世界热点问题，如武器扩散、地区冲突、恐怖主义、毒品贸易和环境保护等方面应加强国际合作，促进国际社会的和平与发展。

2. 维护俄罗斯的国家利益

国内方面，主要是维护宪法秩序，深化民主进程，确保俄罗斯的领土与主权完整，根除极端主义，为国家发展创造良好的内部条件。对外方面，主要是推动多极化进程，保持俄作为世界战略平衡中举足轻重的一极；推进独联体的一体化进程，维护传统势力范围，确保俄与北约的战略"缓冲区"；阻止伊斯兰极端势力的扩张，营造对国内发展有利的外部安全环境。

3. 消除对俄联邦国家安全的威胁

新的《俄联邦国家安全构想》和《军事学说》明确指出："俄罗斯仍面临许多内部和外部威胁，其中包括大规模战争威胁，在许多方面这种威胁还在不断增大。"其中，内部威胁主要集中在政治、经济、社会、生态等领域，具体包括：地方分离主义和民族主义势力抬头；社会贫富差异拉大，腐败和犯罪现象泛滥；军事改革缓慢，武装力量战斗力下降等。外部威胁主要表现在美国等西方国家企图进一步削弱俄罗斯的政治、经济和军事地位，进一步挤压俄罗斯的战略空间。其中，北约东扩对俄罗斯国家安全构成最严重、最直接的威胁。

4. 保证俄联邦的国家安全

主要任务是在第一时间内发现威胁，维护俄罗斯的领土和主权完整，确保经济不受影响，减少对外国技术的依赖，并最大限度地防止外国的间谍活动。在军事方面，主要是增强和保持俄罗斯的军事潜力，建立足够的装备以应付21世纪可能出现的任何威胁。

（三）军事战略

新的《俄联邦国家安全构想》和《军事学说》强调，作为国家安全战略的重要组成部分，21世纪初俄奉行"现实遏制"军事战略，其实质就是"核遏制"战略或"加强核遏制"战略，其主要内容如下：

（1）在战略理论上，将现代战争按军事—政治目的分为正义战争和非正义战争；强调未来无论核战争还是常规战争，斗争各方都将追求激进的军事政治目的，它要求参战国全面动员所有的人力和物力资源，突显未来高科技战争的政治特性。

（2）加强军事联盟建设。俄军认为，现代战争具有联盟性质，独联体是俄稳定周边、抗衡北约东扩、重新树立世界大国形象的重要依托。因此，对俄而言，加强军事联盟的首要任务就是巩固独联体集体安全体系，强化独联体集体安全条约组织的联盟作用，加快军事一体化进程，特别是加强俄白联盟国家的防御能力，与白俄罗斯推行联合防御政策，协调两国的军事建设和武装力量建设。

（3）确保传统势力范围和维护国家安全与稳定，遏制北约东扩。俄认为，尽管俄美关系在不断改善中，但美国仍是俄罗斯的主要对手，不排除其参与针对俄罗斯军事冲突的可能性；以美为首的北约对俄构成主要军事威胁。因此，以美国和北约为主要战略对手加强军事斗争准备，将是俄现实遏制军事战略的一项长期任务。

（4）将核武器作为维护大国地位、遏制侵略、保障俄及其盟国军事安全、维护国际稳定与和平的有效因素，同时也是维持与美国的低水平战略平衡、遏制北约东扩的主要盾牌。俄奉行核威慑政策，实施"先发制人"的核打击原则，以"核还击—迎击"为主要作战模式，而不仅仅限于以前的"核还击"，以提高核战略的主动性和适应范围。

（5）强调质量建军和均衡发展的原则。其目标是"建立一支精干高效、军兵种结构合理、装备精良、高度职业化、机动能力快速灵活、符合国家防御和安全需要，并与国家经济实力相适应的武装力量"，形成三军种和兵种的结构，即陆军、海军、空军以及战略火箭兵、空降兵和航天兵。

（6）重视未来战争中高科技因素的制胜作用，力争夺取21世纪高科技战争的主动权。俄新《军事学说》强调，未来武装斗争的发展趋势之一是建立和保持太空优势，在高科技条件下，制天权将成为夺取制空权和制海权的主要条件之一。因此，未来大规模战争将首先从宇宙空间而不是从陆地开始，与此同时，信息化战争将取代机械化战争。发动战争的一方将对敌国实施"斩首式"突击，通过大规模空袭摧毁其国家和军事指挥系统；在高科技条件下的大规模地区战争中，战争初期就将决定战争结局。

（7）战略部署突击重点，确保安全可靠。俄认为，俄罗斯拥有世界上最长的边界，不可能也没有必要在整个边界都部署同样强大的军事力量。在国内，应在潜在的不稳定地区和战略上重要的地区优先部署军队；在国外，俄有必要在世界重要战略地区部署有限的军队（军事基地），保持俄军事力量的存在。俄将按地区原则在军区编成内组建机动力量，使之能够独立行动，并在最短时间内控制和消除来自任何方向的威胁，俄军快速反应部队部署在莫斯科、北高加索和伏尔加—乌拉尔军区。

四、日本的军事战略

回顾冷战后日本军事战略的调整,综其所为,日本的发展构想可用一句话来概括:成为政治大国的方式是军事力量的突飞猛进,而军事力量的标准是"海外干预"的能力。

(一) 军事战略

冷战结束后,日本将制定和修改法律和调整军事战略交织在一起,将日本军事力量不断推向发展。

1992年,这一年日本政府通过采取强行措施,在国会通过了"海外派兵法",使日本自卫队在第二次世界大战后首次跨出国门,发挥军事作用,为后来的类似行动打开了突破口,具有划时代的作用。此后,日本通过对"自卫队法"进行修改,放宽了自卫队在海外执行任务时使用武器等方面的限制。1999年,日本通过了日美防卫合作指针相关法案。("周边事态法案""自卫队法修正案"及"日美相互提供劳务和物资协定修正案")2001年,日本通过了"反恐怖特别措施法"等三项法案,实现了战时向海外派兵的企图,使日本向海外派兵发生了质的飞跃。2002年通过了"有事法制"三法案,即"武力攻击事态法案""自卫队法修正案"和"安全保障会议设置法修正案",其核心内容是在认定发生"武力攻击事态"的情况下,日本首相在认为必要时可自行决定派兵赴海外对付所谓"周边事态"。"有事法制"三法案在国会通过后,日本为了进一步拓宽向海外派兵的道路,又迅速通过了"支援伊拉克重建特别措施法案"。再次引起世界的广泛关注和亚洲人民的警惕。人们不无理由相信日本正朝着军事大国急速迈进,其军事战略的积极性、主动性和进攻性越来越明显,因此我们有必要对日本现行军事战略的特征进行认真解读。

1. "专守防卫"攻势化

日本的军事战略方针在表述上仍使用1976年提出的"专守防卫",但其内涵却越来越明显地具有进攻性。

军费开支数额庞大。从1983年开始,日本军费就超过英、法、德,成为仅次于美国的世界第二军费开支大国。1987年日本政府突破了军费不超过国民生产总值1%的禁忌,达250亿美元。冷战后日本军费更是一路攀升。进入21世纪,日本对军事建设的投入猛增。据有关资料显示,目前日本每年军费约为500亿美元,人均防务费超过美国,高居世界第一位。

实力超过自卫需要。从数量对比看,日本与英国同属岛国,但日本自卫队拥有3倍于英军的坦克,2倍于英军的战舰,1倍于英军的战机。其陆上自卫队人数超过英国陆军和海上陆战队总和。从国土面积看,日本面积只有澳大利亚的1/20,其陆军兵力却是澳大利亚的6倍。从质量分析看,日本自卫队装备精良,技术先进,军事实力足以雄视亚洲。日本拥有太平洋地区最强大的海上自卫队,其实力仅次于美国。特别是在扫雷技术、反潜作战、电子技术等方面,连美国都自愧不如,因此日本自卫队不再是"自卫",而完全是一支进攻型的军队。

2. 军事结盟主动化

坚持日美军事同盟是日本军事战略的重要支柱,也是其军事战略的特色。日美军事同盟是冷战的产物,最初它的建立主要是保护日本的免受苏联侵犯。苏联解体使日美军事联盟失去存在的基础,而且冷战后双方经济领域的矛盾凸显,贸易摩擦增多。但是,日本政府出于自身利益考虑,一直不脱离与美国的结盟,相反在结盟的道路上表现越来越主动。

3. 防卫对象明确化

冷战后,日本对安全形势进行了重新评估,认为其周边有诸多"不稳定因素"和"多种多样的威胁",并按威胁程度由重到轻把防卫对象依次列为朝鲜、中国和俄罗斯。之所以把朝鲜列为第一威胁,主要是因为1996年朝鲜试射的导弹曾经飞越日本上空。日本以台海的紧张局势为由将中国视为次要威胁。俄日南千岛群岛争端尚未解决,日本便将俄罗斯视为潜在威胁。

进入新世纪后,日本防卫对象次序出现了调整,把中国视为主要威胁,朝鲜降到次要威胁。在近两年的白皮书中,日本进一步夸大了中国军事实力的发展,声称中国拥有大约100枚射程覆盖包括日本在内的整个亚洲的中程弹道导弹,其政界领导人多次表示要以中国为战略对手加以防范。针对这一判断,日本防卫重点随之变化。由过去针对苏联的"重视北方"转变为针对中国和朝鲜的"重视西方和西南方"。

4. 防卫力量外向化

战后几十年来,日本政府在自卫队问题上一再放宽限制,不断扩大自卫队的活动范围。自卫队成立之初,防卫区域是以本土为中心200海里范围以内及宗谷、津轻和对马海峡。1978年《日美防卫合作指导方针》出台将自卫队执行任务范围扩大到远东地区。20世纪80年代美国进行全球战略收缩后,日本表示自卫队须承担起以日本为中心的"1000海里航线"防卫圈。1997年日美在修订防卫合作指针是使用了"周边事态"的概念,将中国大陆、中国南海和台湾纳入"周边事态"范围。2001年出台的《反恐怖特别措施法》则将自卫的活动范围扩大到印度洋甚至是"他国领域",完全超出亚太地区。

随着自卫队活动范围的扩大,其相关法案也逐步完善。2000年日本修改PKO法,允许自卫队在联合国的旗号下出兵海外"维和",并有行使武力的权利。"9·11"事件发生后,日本乘机出台《反恐怖特别措施法》,打破了向海外派遣作战部队的禁区。而此次"有事法制"三法案的通过,标志着自卫队行使武力的范围延伸到世界各地,彻底实现从"本土防御型"向"海外干预型"的根本性转变。如小泉首相所言,这是"日本政治史上划时代的事件"。

(二) 核弹技术及其他研究项目

日本表面上承诺"无核三原则",暗中则积极加强核技术研究和核材料积累,日本目前钚库存为54吨,还在继续囤积。除用于发电的钚外,多余的钚可制造2000枚核弹头。日本拥有世界一流的核技术,可"随时制造核武器"。此外,其增殖反应堆技术、核聚变技术和超强的计算机核爆炸模拟能力及其可将核弹头投送到世界任何地方的H-2火箭的运载能力,都是众所周知的。

1999年,日本有关人士曾多次披露,日本军方早就有发展核武器的计划,日本核电厂采取高价钚作燃料即是证明。据绿色和平组织透露,从80年代中后期开始,美国即向日本提供核技术,建成了钚加工厂,生产钚239,一个月内日本即可制造出核武器。尽管日本官方很快辟谣，但军事观察家认为，日本发展核武器的说法绝非空穴来风。

另据透露，日本于2000年成立"生化武器对策会议本部"，下设总管研究工作的特殊武器研究官及部队医务实验团和化学教导队，并投入50亿日元用于生化武器防御研究，其中24亿日元用于反生化武器的研制。臭名昭著的日本731部队曾在"第二次世界大战"期间用活人进行恐怖细菌战实验，此次以防范生化袭击为由重开细菌武器研究，不能不引起世人的警惕和担忧。

五、印度的军事战略

印度军事力量的发展在发展中国家中非常突出。提高军队的整体素质，实现国防现代化，建设世界军事强国一直是印度实施大国战略的重要一环。早在20世纪80年代，印度前总理拉吉夫·甘地就为印度确立了"立足南亚、面向印度洋、面向未来、争取在21世纪成为世界军事强国"的国防发展战略目标。多年来，印度历届政府一直不断细化和完善这一目标。印度目前的目标是成为一个能与中国、法国和英国的力量相抗衡的地区军事强国。现任政治和军事领导人认为，从长远看，印度必须与中国、美国和俄罗斯相抗衡。虽然从技术上说，如今的印度军队可能比不上这三国中的任何一个，但印度的目标是在10～15年内扭转局面。印度不仅在总体目标上雄心勃勃，而且在实际操作中也确实狠下功夫。

（一）军事战略

1. 军事建设的目标与定位

（1）谋求三个层次的"势力范围"。从地域角度讲，印度军事建设的目标有三：雄霸南亚、控制印度洋、渗透进南中国海和太平洋地区。

南亚地区唯一有能力敢公开与印度叫板的国家只有巴基斯坦，而印度已经通过三次印巴战争严重削弱了巴基斯坦的实力。现在，撇开核能力不谈，在常规武器和作战能力方面，印度对巴基斯坦拥有绝对优势。而且，就自身地理等条件而言，印度的可作为空间也比巴基斯坦广阔得多。所以从某种意义上说，印度已经是南亚地区的"超级大国"，印度需要做的只是不断巩固这一地位。

印度洋地区是印度心目中的一块传统"势力范围"。在很大程度上，印度将印度洋视为印度之"洋"。印度将自己的战略边疆划在"西起波斯湾，东至马六甲海峡，北起中亚各共和国，南至赤道附近"。近20年来，印大力推行印度洋控制战略，加速建设"蓝水海军"，以期实现"执牛耳于印度洋地区"的目标。

南中国海和太平洋地区则是印度新近提出的一个地区目标，也是其印度洋控制战略的一个"扩展战略"。2000年4月，时任印度国防部长费尔南德斯宣称："印度将调整与她有利害关系的海域范围，从阿拉伯海扩大到南中国海。"2001年2月，在孟买国际舰队检阅活动中，费尔南德斯又说，现在世人已认识到印度海军必须在远至俄国的航线上扮演更重要的角色。为此，印度推行"东向战略"，加强与菲律宾、越南和缅甸等东南亚国家的交流，并密切与中国、日本等东亚大国的联系，目的之一就是谋求印度海军在太平洋地区的存在，并积极参与南海及太平洋地区事务。此举充分表明，走出南亚、融入亚太已经成为印度一个比较迫切的目标。

（2）定位世界军事强国——两条腿走路。印度为自己的军事建设找了两个强有力的支撑：一是筹建强大海军，二是排除万难、挤进核俱乐部。

在印度的军事规划中，海洋和海军力量占据着极其重要的位置。海军的建设不像陆军或空军那样具有对某些特定国家的针对性，它的建设更反映了印度国家的总体战略选择，而做这样一个战略选择的基础性、本源性的因素是地缘因素。

从地缘角度讲，印度是一个典型的陆海复合型国家。它有辽阔的陆地，既在北边陆上与别国相邻，又在南边拥有漫长的海岸线。因而从理论上讲，它会面临来自陆上邻国和海上强国的双重安全威胁。由于防务资源有限，陆海复合型国家常常面临以陆地为主还是以海洋为主的两难选择。近代以来，印度的国家安全战略就一直徘徊在这种选择之中。印度的战略家苏库拉马尼亚姆提出了印度的综合安全战略。其中，保卫西北边界是最重要的，因为强大的敌军可能通过这一地区入侵印度的领土，其次是扼控印度洋及其邻近区域。

不过，印度在确立海军在三军中的优先发展地位时志向之远大、投入之慷慨又清楚地表明，它此举并不仅仅为了保卫国家不再受到侵犯。地缘政治大师马汉之著名的"海权论"指出，一个国家要取得世界强国的地位，就必须控制海洋。印度洋是连接太平洋和大西洋，贯通亚洲、非洲和大洋洲的交通和石油输送纽带。"9·11"之后，横跨西亚到东南亚的印度洋更成了全球战略要冲。任何能在印度洋上获得战略优势的国家，不仅可以确保自己的海上石油命脉不受制于人，还可以在战时卡住对手的咽喉，有效地影响西亚、中东等"世界的中心"。

核武器和核大国地位则是印度建设军事强国的另一个核心手段。在印度人心目中，这二者是世界大国资格的象征和实现印度国家政治、经济、外交目标不可替代的重要支柱。印度一位军备问题专家曾说，"印度看到的事实就是：一国是否拥有核武器决定了该国的实力，包括它在世界上的发言权和影响力，甚至受尊敬的程度。"以这一认识为基础，印度长期不遗余力地发展自己的核能力，并通过多种渠道积极谋求世界其他国家的承认。

2. 实施军事战略的具体举措

（1）增加军事投入，积极扩军升级。与野心勃勃的军事目标相适应，印度长期大幅度增加在军事领域的投入。从1995年到1999年，印度的军费开支连续五年以14%的速度递增，2000、2001和2002财政年度军费的增幅又分别高达28%、13%和14%。增长幅度之大，在世界范围内都数上乘。2005财政年度，印度的防务预算已达约171亿美元。

更重要的是，印度还在大力推行一系列军事改革、进行扩军升级。

一是提出了新的军事理论。2002年1月，印度提出了"惩戒威慑"战略，替代了先前的"拒止威慑"战略。新的战略以"先发制人"、主动进攻为指导思想，提出在核威慑的前提下，通过有限规模的常规军事行动给敌人以惩罚性的打击，迫使其回到谈判桌上来，最终通过政治手段解决问题。这标志着印度的军事思想发生了从传统的消极防御向极具进攻性的积极防御的根本性转变。

二是印度加快了军队结构的调整和升级转型。印度计划调整陆海空三军的发展重点。相当长一段时间，印度侧重于建设自己的陆军，而现在印度则将建设重点放在了海军和空军上。

三是实现军队常规武器的现代化，加快武器装备的更新换代是印度军队升级转型的一项重要内容。迄今为止，由于印度本国的研发、制造能力有限，它70%的武器装备都要靠进口来完成。俄罗斯、美国、以色列、英国和法国等是印度的主要卖主。

四是开拓军备研发和生产的新途径,争取实现自行研制为主,国外引进为辅。印度的目标是使国产装备的比例提高到70%。为此,它利用自己在信息技术领域的优势,积极同军事发达的国家建立研制新型武器系统的合作关系,以期尽快将科技力量转变为现实的军事力量。

五是大力展开军事外交,编织战略制衡的关系网络。印度一边继续巩固同传统"盟友"俄罗斯的军事合作和军贸往来,一边以"天然盟友"的身份加强同美国的联系,"希望将自身地缘上的'位能'和美国强权的'势能'结合起来……打造于己有利的战略态势"。印度还努力形成与日本"共同平衡亚洲力量格局"的战略呼应。此外,印度还通过安全对话、联合军事演习等方式加强与东南亚国家以及中国的交流,建立安全合作新机制,创造友好气氛。

(2)着重发展海军和核力量。印度希望建立一支强大的有远洋进攻作战能力的海军,这支海军至少需要3艘,最好能有5艘航空母舰。这样,印度就会成为全球仅次于美、英两国的海军强国。为此,印度曾在1957年和1986年先后从英国手中购买了两艘二手航空母舰,并给它们分别更名为"维克兰特"和"维拉特"号。1997年,"维克兰特"号退役,而日渐老朽的"维拉特"号的服役期也即将结束。2004年1月,印度和俄罗斯就购买4.4万吨的俄罗斯"戈尔什科夫海军上将"号航空母舰和28架米格-29K战斗机等武器装备达成协议,这艘航母在2008年替代"维拉特"号担纲印度海军的主力。2005年4月,印度宣布开始实施有史以来最雄心勃勃的一项计划——自己动手建造航空母舰。另外,自行建造或购买核动力潜艇也是印度扩建海军的重头戏。早在2003年,印度就与俄罗斯就租赁俄两艘核潜艇达成了协议。

就实力而言,印度海军目前已跻身世界第七。印度的海军在确保本国领土和领海安全的基础上,开始对远洋实施"软控制",以求对霍尔木兹海峡、曼德海峡、马六甲海峡等要塞实施不间断控制。

印度对核力量的重视则可以追溯到更早。1948年,印度开始制定和实施核计划。1974年,印度爆炸了第一颗核装置,这被视为一个里程碑式的事件。一直以来,印度国内对是否生产核武器有过一些争论,在国际上也一再对其核能力的运用方向含糊其词。直到1998年印度人民党上台捅破了这层窗户纸。当年5月11日和13日,印度成功地进行了两轮共5次地下核试验,震惊了全世界。与此同时,印度拒绝在《全面禁止核试验条约》上签字,且严厉谴责该条约的歧视性条款,从另一个层面为自己的核政策辩护。8年过去了,国际社会对印度核试验的怒火已经慢慢转化为事实上的承认,而印度也在更加放心大胆、一步一步地推进自己的核战略。

为了表明自己作为大国的政治责任感,印度在核试验后不久就宣布不首先使用核武器。然而2003年1月,印度政府发表了一项声明,首次公布了自己的核政策,对"不首先使用核武器"的立场进行了补充说明,称"一旦印核设施遭到常规进攻的破坏、或在敌国领土上的印军受到核攻击,都将迫使印度使用核武器,印度将保留选择核打击的权利"。这显然意味着印度降低了使用核武器的门槛。

3. 有利条件与制约因素

苏联的解体,既给印度带来了很大的困难,又给印度的战略调整带来了机遇;美国的国防战略的转型同样也对印度战略调整产生一定的影响。苏联的解体以及苏联势力退出南亚地区，给印度的安全环境带来了有利的影响，而且，美国也失去了在南亚地区争夺势力范围的对象，不再把巴基斯坦作为其在该地区的战略重点。在处理印度与巴基斯坦问题上，美国则过多地采取"平衡"战略，并停止了对巴基斯坦的大规模军事援助，从而使印度在与巴基斯坦的关系上日益处于优势地位。巴基斯坦面临"战略边缘化"的危险。冷战结束后，美国特别希望能填补在印度洋地区的战略真空，以在中亚、中东和南亚之间建立一个三角战略带，以完善美国的全球战略，维护美国在全球的战略利益。因此，美国积极调整了对南亚的战略，将印度作为美国在亚洲潜在的合作盟友。从宏观战略上来看，印度与美国之间没有根本的利益冲突，印美有建立战略伙伴关系的基础，印度与美国建立战略合作关系，有助于印度在国际舞台上积极发挥"大国"的角色。"9·11"事件后，美国极力谋求与印度加强双边战略关系，提升了印度在美国全球战略中的地位。而印度方面也积极应对美国对南亚战略的调整。积极发展与美国的关系，在军事、外交、经贸等方面加强了与美国的合作，而且，印美还加强了导弹防御系统的合作等。印、美之间这种"准联盟"关系和美国南亚政策的调整，为印度战略嬗变提供了非常有利的条件。同时，印度政府积极参与亚太地区的安全对话和合作机制活动，以期在亚洲事务中获得更多的发言权，真正使印度实现"有声有色的大国"的战略目标。

冷战结束后，世界各国都把发展经济作为本国发展的重点，为印度战略调整带来了非常有利的机遇，印度成为美国、日本、德国等西方国家关注的新兴市场；南亚地区经济一体化的趋势也给印度提供了称雄南亚的契机。

冷战的结束，使得巴基斯坦失去了遏制苏联"南扩"战略的作用，由于巴基斯坦的穆沙拉夫政权的不稳定性，世界上许多国家至今仍将其视为军人独裁政权而加以制裁，南亚的战略态势日益对印度有利，也使得美国倾向于在南亚建立以印度为伙伴的南亚次大陆安全模式。

冷战后，印度军事战略的调整虽然有了一定的进展，但在调整中也存在一些不利的因素。

印美关系虽有了一定的发展，但仍存在不确定的变数。美国全球战略的核心是遏制世界上任何一个敢于向美国挑战的国家。如果印度的发展与美国的全球战略发生冲突的话，对印度的这种发展，美国是不会容忍或坐视不管的。

巴基斯坦与印度的关系仍存在冷战思维，而且，近年来印度与巴基斯坦两国核军备竞赛不断升级，增加了核失控的危险性。南亚地区成为世界上核冲突最易爆发的地区，对世界的安全环境造成了非常不利的影响。但随着国际裁军和军控机制的日益完善，印度的核战略承受了巨大的压力，从而使印度面临严重的信用危机。

克什米尔问题到目前为止，仍未有缓解的迹象，边境局势依然处于十分紧张的状态。在战略上，印度将巴基斯坦看成是主要的、现实的威胁。由于印巴彼此在宗教、意识形态等方面长期存在隔阂，印巴和解的难度依旧，如何处理好与巴基斯坦的关系也对印度战略目标的实现带来不确定的影响。

印度与南亚其他国家的关系虽有不同程度的改善，但也存在诸多不稳定的因素。美国对印、巴实行的"平衡"战略也在一定程度上限制了印度对南亚其他国家的影响。另外，南亚区域合作的基础不牢，各国对重大的国际问题和南亚地区安全问题的看法也不尽相同，分歧依然存在，都对印度的战略嬗变带来一定的负面影响。

20世纪90年代以来,虽然中印关系有了明显的改善,但双方仍然存在一些矛盾。中印之间的边界问题仍未得到解决,不利于中印双边关系的正常发展,而且,印度对"中国威胁论"也有所响应。中印关系的不正常,也给印度战略调整造成一定的负面影响。

(二)弹道导弹概况

印度是亚洲地区的导弹大国,装备的导弹种类和数量较多,先期的导弹武器主要来源于英法,后主要来源于苏联及俄罗斯。它在20世纪60和70年代苏联引进了气象火箭、火箭发射装置、雷达站、遥测站及其发射火箭的配套设备,1992年又同俄罗斯签订了购买火箭发动机合同。1980年7月和1983年4月,先后两次发射SLV-3火箭取得成功。目前,印度不但具备了发射低轨地球卫星的能力,而且能把1000公斤重的卫星送入太阳同步轨道。在已有的技术基础上印度于1983年推出一项预算达8亿美元的导弹发展一体化计划,并且公开了它拥有一个包括"烈火"弹道导弹的强大武器库,以此向世界及其潜在对手示威。

印度战略导弹主要以地对地弹道导弹为主,是80年代以后由印度自行研制的导弹系统,现已研制成功的导弹主要有以下几种。

"大地"又称"普里特维"导弹(PRITHVI),最初是为陆军开发的一种地对地"复合力量"武器,它的射程为150公里,是印度自行研制的一种战术支援地对地近程弹道导弹系统,主要用于打击敌方纵深目标的一种战场武器。

"烈火Ⅰ"导弹(FIRE)是一种二级弹道导弹,印度很可能对该系统进行改进以提高它的射程,使其达到2500公里。该系统可以携带常规和核弹头。该导弹原为印度1983年开始研制的中程弹道导弹,是印度10年导弹发展计划的主要项目之一。

"拉克什亚"式陆射巡航导弹,是印度在苏联协助下研制的第一个巡航导弹,以PTA无人驾驶飞机作为基础。该弹弹长6米,射程500公里,巡航高度15~100米,速度0.82马赫。它有两种型号:车载型和机载型。战斗部有核和常规两类,常规弹头主要用于从敌有效防区攻击指挥中心、跑道、水面舰艇等陆地和海上目标,兼有对陆、对海双重作战能力;在常规型基础上发展的战略型核弹头,用作印度抗衡大国干预的一种核威慑力量。

(三)核能力透视

核计划:1998年5月11日和13日,印度共进行了5次核爆试验。根据印度官方材料,5月11日的试验包括一个当量为1.2万吨级的裂变装置,一个当量大约为4.3万吨的热核装置。第三次试验的当量只有大约200吨。印度发言人称,首先进行的这一系列试验旨在"证明印度在武器化的核计划方面拥有经过证实的能力"。

印度声称5月13日的试验当量为0.5和0.2千吨,试验目的是为计算机模拟核试验提供额外数据。据印度原子能委员会主席称,这些试验使印度建立了"可用以设计满足可信核威慑的装置的足够科学数据"。试验招致国际社会的普遍谴责,美国对印度进行了广泛制裁。

这一系列试验是印度自1974年核试验以来的首次核试验,并且一反以前模糊的核姿态、否认拥有核武器的做法,公开宣布印度是核国家。印度官方一直将印度安全环境的恶化作为其核试验理由,其中包括不断增强的巴基斯坦核与导弹能力以及中国的威胁。印度拥有一批有能力的技术人员和核基础设施,包括许多研究发展中心,11个核反应堆,铀矿和浓缩工厂，以及从用过的燃料中提炼钚的设施。由于拥有这么多核基础设施，印度有能力制造以钚为燃料的核武器的完整零部件，从国外与核相关的设备中获取技术也有助于其发展和生产更加精密的核武器。印度可能储藏了小批量的核武器零部件，并且可以在几天到一个星期的时间内完成组装和部署。最可能的运载平台是战斗轰炸机。印度也正在发展弹道导弹用以在将来运载核武器。

核发展趋势：在1998年进行系列核试验之后，不管现有的核俱乐部是否接受印度，它已成为事实上的核国家。核试验决不是印度核武器计划的中止，印度会努力将现有的核能力武器化，进而拥有一支核威慑力量，去实现印度军事和政治大国的愿望。

印度下一步会在三个方面继续其核武器计划工作：一是装置的小型化，二是作为核武器最主要的运载工具——导弹的性能提高，三是提高武器的安全性和可靠性。

首先，在成功地进行核试验的基础上，将核装置变成核武器，是印度下一步的首要工作。而要实现一支真正的核威慑力量，将核弹头装备到导弹上是优先选择，根据印度现有的导弹能力，必须将大当量的裂变装置和两级热核装置进一步小型化，因为印度还希望导弹具有更大的射程。

其次，继续发展中远程弹道导弹。第一，增加导弹的有效载荷，以便装备裂变和聚变武器，并进一步发展分导式多弹头系统。第二，增大导弹的射程，以增加其核威慑力量。据报道，印度的"烈火"导弹改进型现正处于预研阶段，射程4000公里。另外，印度也可能采用极地卫星运载火箭技术以及"烈火"导弹的经验，发展"苏里亚"洲际弹道导弹，射程约8000公里。据美国五角大楼消息，印度已制造出可把运载火箭改造成弹道导弹所需的制导组件、弹头以及关键部件。

最后，提高武器的安全性和可靠性。据印度官方称，印度亚千吨核试验的目的是为业已改进的计算机模拟设计和获得在必要时进行次临界试验的能力积累更多的数据。在无核试验条件下，美国的核武库管理计划已为各国进一步保持和改进武器安全性和可靠性提供了一个样板，相信印度会利用其基础科学和计算机科学技术的优势进一步发展其核武器计划。

六、大国军事战略纵横比较

军事战略思想是军事思想的重要组成部分，是关于军事战略问题的理性认识，是军事领域中涉及平时战时战争准备与实施的基本看法和观点。深入研究一些有代表性国家占主导地位的、权威的、官方的军事战略思想，并加以比较和分析，可以从中了解到其军事战略思想的发展脉络、基本特征、主要差异，掌握军事战略思想乃至军事战略和军事政策的发展变化规律，进而把握军事战略思想的发展趋势。这对于发展我国的军事战略思想具有重要意义。

（一）大国军事战略思想的共同特征

美、俄、英、法、德、日等国军事战略思想主要有以下几个共同的特征。

1. 全球性

战略思想上的"全球性"，是指在世界范围内谋求较为广泛的利益，争夺战略优势地位。"全球性"已成为战后大国军事战略思想中的一条主线，因此可以说，是大国军事战略思想中的一个最基本的共同特征。

"全球主义"是战后美国特有的一种全球战略思想。正如基辛格在那本被称为"改变了美国战略思想"的《核武器与对外政策》一书中所指出,"第二次世界大战标志着美国对外政策的新时期"。美国的战略思想也随着其对外政策的转变而进入了全球战略的时代。

一般认为,美国从建国初期到第一次世界大战之前,虽然不断存在着孤立主义与干涉主义(又称"国际主义")之争,但基本上是孤立主义占据支配地位。19世纪末20世纪初,美国从自由资本主义发展到了帝国主义,国家实力发展到了足以同英、法等老牌殖民帝国在全球范围争夺势力范围的程度。这时,孤立主义和门罗主义的战略思想已不能满足统治阶级和垄断资本主义向全球扩张的需求,于是,出现了以马汉的"海权论"为代表的全球主义扩张战略思想。这种战略主张被当时的西奥多·罗斯福政府和后来的威尔逊政府全盘接受,从而标志着美国战略思想从西半球主义向全球主义转变的开始,马汉关于对外扩张的全球战略思想开始成为美国传统战略思想的核心。第二次世界大战的结束,为美国推行全球主义的对外政策和战略提供了客观条件。基辛格曾将美国全球主义对外政策和全球战略思想产生的背景因素概括为三个"时代特征",即国际社会的行动者显著增加;由于核武器的发展,其摧毁力和影响力增强;外交目标的范围扩大了。布热津斯基则评论战后这一变化为"全球美国化","美国成为一个全球社会……在全球范围内负有历史赋予的义务。"由此战后美国对外政策和战略"从孤立主义转变为全球主义"。这些全球战略思想得到战后美国历届政府的认同,被纳入官方的军事战略和对外政策之中,并在战略实践中得到贯彻落实。

冷战结束后,美国成为世界上唯一的超级大国,更加肆无忌惮地推行其全球战略。美国战略思想界有许多人士认为,随着现代科学技术的进步,地理空间距离的大大缩短,世界已变成一个"狭小的地球村",美国的国家安全利益同全球各地之间的关系空前地紧密。美国的经济利益分布到哪里,美国的战略边疆就应划到哪里;美国应在世界各地保持军事存在和必要的前沿部署,以保护美国的全球利益;世界上任何国家和地区只要发生了被认为是损害了美国在该地区的利益,美国就应进行干预,包括进行军事干涉。由此可见,全球主义在美国战略思想中已根深蒂固。

战前和战后初期,在当时的国际环境条件下,苏联基本上实行的是自卫性的积极防御战略。后来,随着其经济、军事实力的不断增长,苏联开始打着"国际主义"的幌子,在世界范围内谋求本国的利益,逐步走上了霸权主义的道路,全面推行其全球性的战略方针。苏联全球性战略目标主要是:一是与美国争夺世界霸权;二是在苏联周围建立"安全网",保卫自身的安全和利益;三是向第三世界国家扩大势力范围,完成全球战略部署。

苏联解体后,俄罗斯继承了其大部分战略遗产。尽管俄罗斯军事战略思想与苏联军事战略思想分属于不同的历史范畴,但却同出于俄罗斯民族的战略文化传统。俄罗斯军事战略思想依然继承了苏联军事战略思想的某些特征,反映了俄罗斯特有的战略意识和战略传统。在这种战略思想的推动下,俄罗斯战略目标仍然是:在全球范围内努力营造一个对俄有利的安全环境,形成一个不由某个国家垄断国际事务的世界格局,粉碎任何孤立和削弱俄实力,或建立针对俄的军事政治联盟的企图,以保证俄作为一个世界性大国在国际事务中发挥作用。在地区范围内努力创造对俄有利的地缘政治和经济空间,维护俄在本地区的战略地位和利益,维护境外2500万俄语居民的利益。在前南斯拉夫地区冲突中,尤其是在1999年科索沃战争中,俄罗斯不惜与北约断绝伙伴关系,也要极力维护其在该地区的战略利益,就是其全球战略思想的明显体现。

法国,是一个前殖民大国,目前在海外仍有150万人口,12万平方公里领地,2.2万人的驻军，与大部分前法国殖民地国家有着防务合作关系。在冷战时期，由于两大军事集团的对抗和两个超级大国在世界范围的争夺，法国奉行保卫国土的战略思想，其战略活动空间相对较小，全球性战略思想受到抑制。冷战结束后，世界各地尤其是非洲、中东等地区，出现了许多新的战略空白地带；法国自身的安全环境也发生了很大变化。因此，法国全球性战略思想又有了新的发展。希拉克总统强调：法国的防务战略"必须更好地保障国家的安全，更好地担负起在欧洲和欧洲以外地方的责任，建立必要时能迅速派往国外以捍卫法国根本安全利益的机动部队"。由此可见，法国战略思想中的全球性特征是相当明显的。

英国，是一个在过去较长的历史时期曾对国际事务具有重要影响的国家。战后，英国曾一度希望保持世界大国的地位，但由于国力衰落，不得不实行战略收缩，集中力量关注欧洲大陆的防务。然而，英国的海外利益犹存，重当世界大国的梦想未泯，始终未放弃在北约地区以外独立行动的能力。其权威界人士认为，英国是与美国有着特殊关系的欧洲大国，是联系欧美的地理桥梁；英国是联合国安理会常任理事国，是英联邦的领导者；英国至今还在全球范围内保留着一些海外领地，在海外驻扎着数万人的军队等等，这些因素决定了英国不仅是一个地区大国，而且是一个有着全球利益和全球观念的大国。在这种思想的指导下，英国战略思想中仍保持着较多的全球性成分。近年来英国防务白皮书始终将"保持英国及其属地的自由和领土完整，保持英国在本土和海外追求广泛利益和从事各种活动的能力"，列为其国家安全政策和军事战略的基本目标。

2. 威慑性

战略威慑是指以实力为后盾，以武力相威胁，使对方产生心理障碍，感受到无法承受的后果而不敢贸然采取行动的一种战略手段和艺术。

威慑性，是战后大国军事战略的基本特征之一，也是战后大国战略实践中普遍存在的现象。战后初期，美国战略理论界开始重视对威慑战略的研究，官方和民间战略问题专家在比较广泛的范围对此进行了深入讨论。杜鲁门政府开始接受了凯南的理论，并据此制定了国家安全委员会第68号文件（NSC-68），决定大力扩充美国核力量，用以有效抵消苏联核技术的发展及其常规力量的优势。艾森豪威尔政府更加热衷于威慑理念，提出了充分发挥核武器威慑作用的"大规模报复"战略，产生了美国第一个完全意义上的威慑战略。接着，美国战略思想的发展又经历了肯尼迪、约翰逊政府时期（1961-1968年），尼克松、福特、卡特政府时期（1969-1980年）和里根、布什、克林顿政府时期，尽管在各个时期美国战略都有所变化，但无论是"灵活反应战略""现实威慑战略"，还是"新灵活反应战略"和"超越遏制战略"，其实行威慑的战略指导思想却贯穿始终，一脉相承。

长期以来，苏联战略思想界一直回避威慑概念，直到20世纪80年代后期，在戈尔巴乔夫"新思维"的倡导下，才逐步承认和接受威慑理论。尽管如此，并不能排除苏联军事战略理论和实践中也包含着某些战略威慑思想。

在斯大林时期，苏联根本上不承认战略威慑概念，把美国的威慑战略当作帝国主义的"核讹诈"。在赫鲁晓夫时期，苏联展开了对核武器和核战争问题的大讨论，提出了"核战争中没有胜利者"，"战争不是注定不可避免的"，以及"核突袭在现代战争中的极端重要性"等威慑战略观点。

在勃列日涅夫时期，苏联仍未公开承认威慑概念，但在战略理论和实践中已开始接受和运用威慑战略。20世纪80年代以来，特别是戈尔巴乔夫上台以来，苏联开始重视对威慑战略理论的研究，明确赞同西方提出的核战争中没有胜利者，双方必须接受这种相互威慑局面的观点。90年代以来，俄罗斯军事战略思想较之苏联军事战略思想发生了根本性的变化，放弃了苏联战略思想中的许多观点，而有关战略威慑思想非但没有放弃，反而更加强化。其军事战略思想就已经历了"纯防御战略""积极防御战略"和"现实遏制战略"三个发展阶段。重新强调战略威慑的作用。由此可见，威慑已成为俄罗斯军事战略思想的主要内容。

英国军事理论界很早就开始了对战略威慑问题的研究。战前，利德尔、哈特、富勒等军事理论家就有过这方面的著述。但当时威慑战略只能让位于实战战略。战后，威慑思想开始活跃起来。"军队在核时代主要是一支威慑力量"。冷战结束后，英国军事战略发生了较大的变化，随之其战略威慑思想也发生了相应的变化。英国开始对其长期奉行的"最低限度核威慑"战略进行调整。其威慑思想的变化主要包括：开始由单纯核报复向核报复与核防御相结合的方向转变，以更有效地慑止对手使用核武器，使威慑手段除具有核打击能力外，还具有防止有限核打击的能力；扩大核威慑的范围，由原来遏制苏联的单向防御改为在继续防范俄罗斯的潜在威慑的同时，强调对中东、地中海等地区第三世界国家的威慑，推行"多方位防御战略"，即通过独立的、最低限度的、有效的核威慑力量来防范多方面的威胁；不再强调以核武器为主要威慑手段，由过去强调以核武器为主要威慑手段来弥补常规力量的不足，转变为核武器作为国家安全的最后保证，力求减少军事上对核武器的依赖，同时采用以高科技常规武器作为威慑力量，来补充和加强战略威慑力量。由此可见，英国军事战略思想中充满了许多有限威慑思想的观点。

法国战略威慑思想在战前和战后曾一度陷于停滞。直到20世纪50年代后期，戴高乐再次执政后，法国的战略思想才出现了重大转折，并形成了独特的威慑战略，即"以弱制强"的威慑战略，也称之为"穷人的威慑战略"。这种威慑战略思想的实质是，弱小的一方具备了一定条件，即保持一支数量适当、生存力和突防能力可靠的核打击能力，可使企图入侵的强者遭到得不偿失的后果，这样就能对强者构成有效的威慑。这种威慑理论被后来法国历届政府所接受，并形成了一套比较完备而独特的有限威慑理论和战略体系。

德国在战后奉行着一种间接的威慑战略。德国人认为，由于战后不利的战略环境和历史条件，德国不可能依靠自身的力量构成对敌国的威慑，必须采取以美国的战略威慑为后盾，依赖北约联合军事力量的间接威慑战略。作为德国战略核心的"前沿防御"战略，就包含了间接威慑战略思想的主要内容。

日本战后以来经济发展较快，已成为世界经济大国，正在企图向政治大国和军事大国方向发展。20世纪70年代后期以来，日本军事战略逐渐发生变化，提出了"综合安全保障"战略，主张"以经济、政治、外交、文化和军事的综合力量，来遏制军事和非军事的威胁，建立和保持一支具有威慑力量的防卫力量。"近年来，日本又提出建立全方位的防卫体系，加强日美安保体制，逐步突破"专守防卫"的战略原则，开始奉行"主动性、多边性和国防性"战略方针。这些战略思想在很大程度上包含了战略威慑的概念。

综上所述，战后以来，一些国家都确立了自己的威慑战略，并在战略实践中积极运用威慑手段，从而使威慑思想得以较快发展，形成比较成熟的威慑理论。威慑理论已成为各主要国家战略理论和战略思想的重要组成部分。

3. 联盟性

美国政府要奉行全球战略，就必须采用联盟战略，推行集体安全政策。美国推行联盟战略和集体安全政策的目的在于：①联合西方国家的力量共同对付苏联及华约集团；②维护美国在西方世界的"盟主地位"，控制盟国；③完成全球战略部署，使美军处于有利战略态势；④弥补美军兵力不足、战线过长的弱点，使美军便于全球机动，等等。

苏联军事理论界同样也很重视联盟战略问题。长期以来，苏联一直把东欧国家纳入其全球战略之中，认为东欧国家不仅是苏联防御西方进攻的一个天然屏障，而且也是苏联进攻西欧的前进基地。为了同北约抗衡，苏联于1955年5月14日同阿尔巴尼亚（1968年退出）、匈牙利、保加利亚、民主德国、波兰、罗马尼亚、捷克斯洛伐克等7个国家在波兰首都华沙签署了《友好合作互助条约》，即《华沙条约》。随后，苏联又先后同蒙古、朝鲜、越南、印度、叙利亚、埃及（1973年解除）、利比亚、埃塞俄比亚、古巴等国家建立了不同程度的军事合作关系。此外，苏联还通过"经援""军援"和派驻技术人员、军事顾问等形成对南也门、尼加拉瓜、扎伊尔、安哥拉等国施加影响。

俄罗斯在新中国成立之初并没有确立自己的联盟战略。随着时间的推移，逐步认识到美国和北约不仅是威胁俄罗斯国家安全的最强大的军事力量，而且是遏制俄罗斯民族复兴与发展的最大军事集团。为此，俄战略思想界明确提出了联盟战略思想，要求强化独联体集体安全机制，建立独联体军事政治联盟，加快独联体国家政治、经济，特别是军事一体化进程，确保俄对独联体的控制，以增大俄与北约之间的战略纵深和缓冲地带，对抗美国和北约的东扩企图。在这种联盟战略思想指导下，俄罗斯制定了《俄罗斯与独联体国家的战略方针》，与9个独联体国家签署了《集体安全条约》，与白俄罗斯签订了联盟条约并缔结了军事同盟。

英国一直把通过联盟维护本国的安全作为其对外政策和战略的传统。认为，联盟不仅可弥补英国军事力量的不足，而且可为其提供提高国际地位的机会。因此，英国战后积极推动成立北约，依靠北约和美国来维护自身的安全和保持对欧洲及全球事务的影响。冷战后，英国仍把维系北约和欧洲集体安全机制作为其战略的重要基础。德国是北约成员国，其战略实践一直是以北约联盟战略和美国联盟战略为指导的。

法国虽然在20世纪60年代后期退出了北约军事一体化进程，企图利用西欧联盟来替代北约，但其国家安全在很大程度上仍要依赖于北约，实际上一直在参与北约的军事行动，尤其是近年来一直准备重返北约军事一体化进程。

日本与美国签订有《日美安全保障条约》，其战略思想一贯依赖于美国的联盟战略，长期以来其国家安全一直依靠美国联盟战略和核战略的保护。

总之，这些国家的军事战略中有很多的联盟性成分。

4. 均衡性

美国战略理论一向重视均势理论。并且认为，均势战略是以实力为基础的，所以均势又被称为"实力均势"。冷战结束后，特别是从科索沃战争可以看出，国际战略格局中的均势已被打破，美国作为唯一超级大国，更加肆无忌惮地破坏世界和平和地区稳定。美国一方面极力阻挠世界多极化趋势，极力保持其战略优势；另一方面仍企图保持其他大国之间的战略均衡，并推行其大国均势战略。美国人认为，大国均势战略格局对美国有许多好处：首先，可以减少国防开支，节省兵力，让各大国主导该地区的事务，美国则可将其防务计划重点放在阻止出现支配性大国上，把军事力量主要用来处理大国间的对抗问题。其次，美国可以更自由地追求其经济利益，不必过多考虑政治盟友的关系。总之，美国近年来的"地区防务战略"和"灵活与选择参与战略"在很大程度上接受了均势战略思想的观点。

苏联军事战略也在追求一种战略均势。认为社会主义和资本主义之间应该处于一种军事均衡状态，这种军事均衡是阻止帝国主义侵略企图的一个因素，同时也符合世界各国人民的根本利益。并认为，20世纪70年代，苏联和美国之间出现的军事战略均衡是苏联人民的一次历史性成就。这一军事均势的实现是世界力量对比向着有利于社会主义的方向发展一个明显的、有力的表现，它成为缓和的基础。均衡的存在，在客观上有助于维护世界和平，均衡使美国无法以核威胁来讹诈苏联及其他社会主义国家，均衡增强了双方政府对解决战争与和平问题的责任感，提高了在预防世界核大战事业中主观因素的作用。

俄罗斯军事战略也很重视战略均衡思想。认为，军事战略均衡主要是指"力量的均衡"，力量均衡对比的标准包括核力量的对比，空中太空力量的对比、高精度武器的对比、信息武器的对比、防空武器的对比和侦察预警系统的对比等等。军事战略思想应从全球的前途命运、各种力量及各国利益均衡的角度来探讨战略稳定。由于国家之间全面的相互依存和一体化，离开了世界共同体和全球战略均衡，任何一个国家都不可能获得安全。战略稳定就意味着力量和利益的均衡，俄罗斯不应放弃这种战略上的均衡。正是在这种战略均衡思想的指导下，俄罗斯制定了"现实遏制战略"。

德国军事战略思想界很早就认识到战略均势的重要性。当时认为，德国处于两大对抗集团的最前沿，一旦大国力量对比失去平衡，就可能爆发大规模战争，而首先遭殃的就是德国。因此，保持不战不和的均势状态，最符合德国的根本利益。德国前总理施密特早在20世纪60年代就出版了《均势战略》一书，他认为，保持对欧洲有影响的各种力量之间的政治、经济、军事和心理的均势，是德国对外政策和战略的指导原则。在德国统一冷战结束之后，德国的战略环境和地位得到较大的改观，德国在争夺欧洲事务主导权的同时，仍然小心翼翼地把握着战略均势，因为德国一旦打破这种均衡，显露出控制欧洲的意图时，就不可避免地遭到欧洲其他大国乃至美国的反对甚至打击。

综上所述，战略均势既是大国军事战略思想的主要内容，也是他们为避免世界大战所追求的一种战略目标和战略实践。战略均势思想是冷战时期的产物，在冷战结束后世界向多极化方向发展的新的历史时期仍将具有重要的现实意义。

以上是大国军事战略思想的基本特征。尽管这些基本特征是这些国家军事战略思想的共同点，但在这些共同点中仍存在着不同程度上的差异。

(二) 大国军事战略思想的主要差异

各国军事战略思想及军事战略理论有着不同的基础，渊源于不同的理论、不同的战争实践、不同的传统文化和不同的地缘政治区域，以及不同的社会政治制度和背景，在战略思想的结构、层次、要素，以及基本内容等方面都有很大的差异。

1. 战略概念不同

西方军事思想界对战略概念的理解比较混乱，众说不一，争论不休。约翰·柯林斯指出，战略定义众说纷纭，概念五花八门，层出不穷，交叉混乱，这是美国战略理论研究的一个特点。美国军事思想界的权威人士、海军少将怀利在其《军事战略》一书中给战略下的定义是："战略是为了达到这个目的而采取的一系列措施的总和。"罗述·斯波德在《八十年代的战略威慑》一书中指出，"军事战略是通过使用威胁或威胁使用军事力量确保国家的安全和政策目标的实现的科学和艺术"。柯林斯在《大战略》一书中说，战略包括两个既有区别又有内在联系的方面，即抽象方面和具体方面。前者是战略哲学家和理论家的活动领域；后者则是实际制订计划的工作范围。毛里逊《战略与妥协》一书中认为，"战略乃是在最经济和最迅速情况下击败敌人的艺术"。凡此种种，说法不一。

英国有人认为，战略是调动和配置军队迫使敌人在有利于我方的地点、时间和条件下作战的艺术。还有人认为，战略是在战争中利用军事手段达到战争目的的科学和艺术。英国著名军事理论家利德尔·哈特在其《战略论》中认为，"战略是一种分配和运用军事工具以达到政治目的的艺术"。

法国人认为，战略是一个使用力量以求达到政治目的的艺术。这种力量并非专指军事力量，也包括一切政治、外交、经济手段。

德国人认为，战略是统帅为了达成预定的目的而对自己手中掌握的工具所进行的实际运用。前联邦德国国防军总监韦勒斯霍夫认为，"战略是实现政治目的的方案和指导思想"。

日本人认为，战略是为了实现特定目标而运用力量的科学与策略。通常把战争的综合准备、综合计划、综合运用的方法称之为战略。日本防卫研究所认为，军事战略是有关军事力量的运用和计划。日本战略理论家小山内宏指出，战略是为了达成战争和军事作战的目的，高瞻远瞩地执行战争计划，大规模地运用军事力量的方针和策略。他还认为，战略就是通过动用军事力量，或以武力为后盾，来推行国家对外政策而运用军事力量的方针和策略。

苏联军事思想界对战略概念的认识一直比较统一，但也有一个发展过程。战后初期，苏联军事战略的定义比较简单。当时出版的《苏联百科辞典》，相当笼统地指出："军事战略是军事艺术的组成部分，它决定在整个战争、战局和战役中为战胜敌人而组织、准备和使用武装力量的方法。"20世纪50年代后期，苏联军事战略的定义有所发展，当时出版的《简明战役战术军语和合成军语辞典》明确指出，"军事战略对所有军种是共同的、统一的"，即认定不存在单纯的海军战略，只存在海军的战略使用。60年代，苏联军事战略的定义有了新的发展。苏联元帅索科洛夫斯基主编的《军事战略》对军事战略下的定义是："军事战略是关于为一定阶级的利益服务的战争即武装斗争规律的科学知识体系。它在研究以往战争经验、军事政治形势、国家的经济和精神力量、新式武器和预想敌人的观点和力量的基础上，探讨未来战争的条件和性质、准备和进行未来战争的方法、各军种及其战略使用原则、物质技术保障原则、战争指导原则和军队领导原则。"

俄罗斯关于军事战略的定义大体上与苏联的定义相同。

上述这些国家在战略概念上存在着很大的差异，有的国家如美国等在其本国内部就有很大的分歧。概括地讲，各国战略概念的主要区别是：①美国等西方国家侧重从实践（运用武装力量达到既定目标）方面，苏联和俄罗斯则从理论和实践两个方面阐述这一定义。美国等西方国家的主要观点认为，战略是一种实践，是行动计划和措施，过于具体化，缺乏抽象性和艺术性，将理论和实践割裂开来。苏联和俄罗斯则认为，战略是理论与实践的结合和统一。他们把军事战略作为一个科学知识体系，主要是研究战争的规律和特点以及进行战争的方法；把军事战略作为一个实践活动的领域，主要解决如何具体规定武装力量的战略任务和完成战略任务的手段，制订并实行有关国家做好战争准备的措施，组织武装力量的开展和指挥，以及研究预想敌人战争能力和潜力。②美国和西方国家将战略分成国家战略（大战略）、国防战争和军事战略，以及军种战略和战区战略等多个层次。军事战略只包括武装力量的使用，不包括建设与发展，而苏联和俄罗斯的军事战略则是统一的，既包括了国家对政治、经济、外交、心理和军事手段的综合运用，也包括了对武装力量使用与建设的统筹安排。③美国和西方国家战略概念较为含糊，不够明确，而苏联和俄罗斯的战略概念比较清楚，一目了然。

2. 战略结构不同

美国等西方国家的战略理论可分为5个层次，即国家战略、国防战略、军事战略、作战战略和军种战略。军事战略在整个战略结构中处于中间层次，在它之上有国家战略和国防战略，在其之下有作战战略和军种战略。

国家战略的目标和手段更为广泛，它是战略体系中的最高层次，是确定国防战略和军事战略的依据，对二者起指导和制约作用。国家战略通常由美国总统主持下的国家安全委员会制定和颁布。国防战略在接受国家战略指导的前提下有自己的独立性，可根据情况向国家战略提出要求，做出反馈。同时对军事战略的制定起指导和制约作用。国防战略通常由美国国防部制定，并以年度国防报告的形式发布。军事战略侧重于军事和战争领域的活动，比国家战略和国防战略层次低，它产生于并服从于国家战略。军事战略通常由美军参谋长联席会议制定，并以年度军事态势报告的形式发布。

苏联则没有区分战略层次。俄罗斯根本上沿用了苏联的做法，尽管近年来提出国家安全战略问题，但并未最终形成明确的战略概念。苏联和俄罗斯军事思想界认为，战略就是军事战略，不存在其他任何层次的战略。军事战略是共同的，统一的，适合于有关战争与国防的一切领域，尽管如此，在最高战略决策领域中，客观上仍存在几个相关的概念，它们之间的相互关系反映出战略决策的层次性。例如，军事战略概念层次之上还有军事政策和军事学说，军事战略之下还包括诸如政治因素、经济因素、精神因素、军事建设、战争准备和实施，以及战略领导等概念。

通过比较可以看出，各国战略理论在层次划分及其相互关系上具有几个不同特点：①美国和西方国家战略层次比较多样，相互关系比较复杂，各级战略决策机构之间协调比较困难，因而造成战略理论比较混乱；苏联和俄罗斯战略层次比较单一，对上对下关系比较清晰，全军乃至全国战略思想比较统一，因而其战略理论比较明确，便于贯彻到底。②美国和西方国家战略层次比较灵活，能够根据客观情况的发展变化不断充实和完善其战略理论；苏联和俄罗斯战略结构比较死板，缺乏一定的应变性和灵活性。③美国和西方国家战略层次比较具体，每个层次都有相应的战略决策机构的支持，各司其职；苏联和俄罗斯战略层次比较抽象和原则，战略决策集中在最高统帅部和中央核心领导人手中，自下而上地研究战略和提出战略建议的渠道也很不畅通。

3. 战略目标不同

美国军事理论界认为，战略目标，即国家安全目标，可以是短期的、中期的或长期的，持续时间可以从几周、几个月直至10年或10年以上。国家安全目标与国家安全利益一样，可细分为政治、军事、经济和其他类型的目标。军事战略的最终目标就是国家安全的目标。美国军事战略是全球性的，其军事战略思想是直接服务于其全球战略目标的。战后，美国依仗其经济实力和军事实力，取代了老牌帝国主义国家，一跃成为资本主义世界的霸主，开始推行其争霸全球的战略目标。当时美国的战略目标主要有：①与苏联争夺军事优势，遏制华约集团；②形成以美国为首的西方军事集团，实施对盟国的控制；③阻止第三世界的民族解放运动，打代理人战争，扩大其在第三世界的势力范围。其实质是实现称霸世界的这一基本战略目标。冷战结束后，美国几届政府虽然相继对其军事战略进行了重大调整，但有一点始终没有改变，即称霸世界的基本战略目标没有改变。具体目标是：①通过预防性外交缓解紧张局势，消除危机，在非传统盟友国家扩大美国的影响，树立美国的领导形象；②促进经济发展，保持经济大国地位；③加强军事力量，保持军事大国地位；④加强与盟国的关系，加强海外驻军，共同对付美全球利益所受到的任何威胁。

苏联军事战略是与美国针锋相对，其战略目标也是全球性的，是直接指向美国及其北约盟国的。所不同的是，苏联军事战略从总体上讲更具进攻性，而美国则是为了保守其战后所取得的最大利益，处于以守为攻的态势。苏联人认为，苏联军事战略是坚决的、积极的、进攻的战略。其战略目标就是要积极发展军事实力，同美国争夺军事优势，争夺势力范围，争夺对世界主导权的控制；力求在军事技术上、质量上赶超美国，取得全面的军事优势，以增强同美国争霸的实力地位。即使在其国力逐渐衰落的后期，苏联军事思想界仍认为，必须以军事实力为后盾，继续同美国进行争夺，以保持超级大国地位，谋求世界霸权的战略目标。

俄罗斯同苏联相比，其综合国力和地缘环境发生了很大变化，完全恢复苏联拥有的全球政治地位面临很大困难。因此，俄罗斯在其新军事学说中明确表示放弃与美国争夺全球霸权的战略目标，但仍将创造有利于本国的国际环境作为其战略目标，将战略重心转向确保其传统势力范围和维护国家的安全和稳定，在世界范围内企图继续作为一个世界性大国发挥积极作用，在地区范围内最低限度要建立对独联体的主导权，以此创造对俄有利的地缘政治和经济环境。为此，俄应把确保其传统的势力范围，维护国家的安全和稳定，重振其大国地位，作为俄罗斯军事战略的基本目标，把"用武力对抗北约东扩作为一项紧迫的任务"。

日本作为经济大国，随着其经济实力的增长和领土威胁的消失，抛弃"一国和平主义"的旗号，极力扩大其军事战略的范围，图谋不断提高其国际政治地位，走军事大国的道路，最终实现由日本、美国和西欧共同主导整个世界的战略目标。

英国现阶段主要的战略目标是：继续参与和加强北约集体安全机制，通过对北约做出特殊贡献来扩大其在欧洲及世界的影响力，谋求冷战后在欧洲发挥主导作用，更有效地维护其国家安全和大国地位，同时保持独立的海外干涉能力，维护和扩大英国的全球利益。

法国始终奉行其独立的安全政策，冷战后其战略目标有所调整，主要是：寻求全球影响和欧洲领导地位，扩大欧洲对美国的独立地位；建立欧洲防务体制，排斥美国的影响；发展军事力量与核力量，谋求世界大国地位；扩大海外影响，保持和发展法语国家防务合作，维护其海外利益。

由此可见，大国之间的战略目标有很大的差异：首先，美国是力求保持超级大国地位，阻挠世界多极化趋向，防止出现对其构成威胁的世界性大国；其他国家则是谋求世界大国的地位，争取对国际事务的更大影响力。其次，美国是寻求地区稳定和力量平衡，防止出现与其争霸的对手；其他国家主要是争夺地区事务的主导权。最后，大国间在海外利益上存在着尖锐矛盾，相互争夺地区势力范围，等等。

4. 威胁判断不同

冷战时期，美国虽曾多次修改其军事战略，但以苏联为主要威胁和主要作战对象这一战略判断始终没有改变。认为，美国安全所面临的主要威胁是来自苏联的扩张及由此可能引起的世界大战。直到苏联解体前夕，布什政府仍认为，"尽管苏联和东欧开始发生的变化是可喜的，但苏联武装部队依然是对美国及其盟国的最严重的军事威胁"。冷战结束后，美国认为，以往苏联及其盟国可能发动的世界大战变得日益遥远，美国不再面临过去那种单一的、直接危及生存的威胁，但美国仍然面临危及或影响其全球利益的多种威胁。克林顿政府的新国家军事战略明确提出，美国面临的主要威胁是地区性不稳定、大规模杀伤性武器的扩散、国际犯罪和恐怖活动等跨国危险、苏联东欧及其他国家改革失败的危险。这四种威胁既有现实的威胁，也有潜在的威胁。在当今国际新形势下，美国要对付的威胁是多元的和不确定性的，任何一个影响美国全球利益的国家都可能成为美国的作战对象。

苏联军事战略在威胁判断上一直是把美国及其北约盟国作为主要的作战对手。认为，帝国主义是现代战争的策源地。"以美国为首的帝国主义侵略势力可能发动的战争，首先是反对苏联和其他社会主义国家的世界大战。"苏联领导人也多次指出，"在现代条件下，帝国主义主要是正在准备进行反对社会主义而且首先是反对其中最强大的苏联的战争。"可见，苏联人在战略判断上一直认为主要战争危险来自美国及其盟国发动的世界大战。

俄罗斯建国后曾一度明确宣布"俄罗斯没有敌人"，不再将其冷战时期的主要敌人美国和北约视为主要威胁，并积极与美国建立"友好伙伴"关系。同时认为，构成对俄安全的主要威胁来自独联体内部及其附近国家，是发生在俄边界附近地区的局部战争和武装冲突。然而，随着北约东扩步伐的加快和西方排斥俄参与欧洲事务的企图日益明显，俄在立国之初所做出的战略判断发生了很大变化。俄战略研究机构认为，"美国和西方国家对俄政策的主要目标是不让俄成为经济、政治、军事方面有影响的力量，把苏联原空间变成其经济政治附庸及原料产地。因此，北约是俄安全的主要外部威胁和潜在敌人。"俄最近重新修订的新军事学说已正式明确将北约作为潜在的主要威胁，并指出"对俄军事安全有现实的和潜在危险的，首先是美国"。同时，俄仍把独联体内部及其与俄邻近地区的局部战争和武装冲突视为现实的威胁。

英国在冷战结束后对主要威胁的判断也有许多新的认识。认为，战后以来，欧洲国家包括英国"首次没有直接的、紧迫的、大规模的安全威胁"。但"世界迅速变化所带来的威胁依然存在。"冷战后北约国家所面临的安全威胁主要来自三个方面：一是地区不稳定因素，包括由民族和边界问题引发的局部战争和武装冲突；二是前华约地区及世界范围内核生化等大规模杀伤武器和先进常规武器扩散或失控；三是俄罗斯以及其他东欧国家极权主义复活并重新推行扩张战略等。此外，英国还面临着国内的威胁，北爱尔兰问题是严重影响英国安全稳定的隐患。

法国在冷战之后也认为，苏联和华约集团的军事威胁不存在了，法国已没有外部潜在的敌人。今后法国所面临的外部威胁在欧洲和欧洲以外的地方，内部威胁主要是恐怖主义、黑手党、金融犯罪、计算机犯罪等，这些对国家安全的威胁已不属于严格的军事范围。

日本在冷战后周边安全环境得到了很大改善，但仍以这一地区"尚未确定稳定的安全保障环境"为借口，提出"多重威胁"的观点。首先，要保持对远东俄军的戒备，认为其规模虽在缩小，但质量正在稳步提高，仍是一支拥有包括核武器在内的现代化军事力量，而且俄罗斯政治动荡，经济衰退，也使远东俄军动向扑朔迷离，应继续予以关注。其次要重视朝鲜半岛地区。最后把中国作为其谋取亚太地区主导地位的障碍，表示要警惕中国加强军队现代化建设，把台湾地区作为其关注的地区等。

总之，大国在威胁判断上已由冷战时期确定单一的作战对象转变为关注多元的和多方面的对手，由确定现实的、直接的、紧迫的作战对象和战争危险转变为认清潜在的、间接的、非军事的危险对手。在威胁判断上，各国均经历了不同历史阶段，有过各种不同的认识。

5. 战略准备不同

战略准备思想是各国军事战略思想的基本内容，主要包括战争性质、战争样式、战略方向、战略重点、战区划分、战场准备等。

美国在战争准备方向的指导思想主要表现在：①关于战争性质和战争样式，从战后以来美国军事战略的发展变化来看，美国既准备打全面战争，也准备打有限战争；既准备打常规战争，也准备打核战争；既准备打正规战争，也准备打低强度的非正规战争；以及进行非战争军事行动等。②关于战略重心和战略重点。战后50多年来，美国始终把欧洲作为其战略重点地区，把东北亚和中东地区作为战略次重点地区。③关于战区划分和战场建设。美国根据其全球战略和全球部署的需要，将全球划分为五大战区，即欧洲战区、太平洋战区、大西洋战区、中央战区和南方战区等。冷战结束后，美国又将全球区分为六大安全区域，即苏联地区、东欧、西欧、亚太、中东和拉美地区。④关于灵活反应和应急反应。60年代以后，美国一直力求避免同苏联打全面核战争，准备在世界各地打有限战争，控制战争发展到美苏的直接军事较量。因此，在战争准备上，美国采取灵活反应战略，以逐步控制战争的升级。⑤关于威慑性战争准备。冷战后，美国战略思想界更加强调战争准备的威慑性。认为，随着威慑理论被越来越多的国家所接受，威慑性战争准备正式成为未来战争的一个重要组成部分。

苏联战略界十分重视对战争准备问题的研究。①关于战争性质和战争样式。认为，未来战争将是两大对立的社会体系之间的全面战争，这场战争可能以常规战争开始，但逐步将发展成为全面的核大战。后来又认为，未来战争的样式"既可能是核战争，也可能是常规战争；既可能是世界大战，也可能是局部战争"。但仍然认为，"任何'有限的'核战争都是不可能的"。"局部战争也有可能发展成为全面战争，甚至全面核战争。"②关于战略重点和战略重心。苏联的战略重点始终放在欧洲。认为，欧洲是以美苏为首两大社会体系和军事集团激烈争夺的焦点地区。在战略部署上，苏联也将其战略重心指向欧洲。③关于战区和战场建设。认为，现代战争，特别是世界大战，将波及广大地区。20世纪60年代，苏军根据政治、经济、地理、军事诸因素，把世界划分为西北、西部、西南、近东、中东、远东、东北及北美8个战区。70年代后期之后，苏军又根据其战区战略作战理论和对未来战争的设想，建立了4个战区，即西方、西南、南方和远东战区，并在战区内进行了充分的战场准备，包括交通网、通信网、物资储备网、海空军基地、导弹基地、防空体系等。与美国在本土之外划分战区的做法不同，这些战区的主要部分仍在国内，而外沿则向国外延伸数百、数千公里。

俄罗斯战争准备的侧重点则是："俄内部及其周边国家和地区发生的局部战争和武装冲突。"显然，俄与美国目前准备在全球范围对付局部战争和冲突的战争准备思想完全不同。首先，俄战争准备的范围有很大局限性，且相对固定和明确。其次，在本地区作战，俄必须顾忌许多政治、经济、民众心理等因素，其作战样式也与美有所不同。由于俄要对付的局部战争和武装冲突基本是在内陆范围内发生的，其基本作战样式也不是像美国的远距离兵力投送式应急作战，而是重点设防的机动作战。然而，尽管俄当前侧重应付的是中小强度的局部战争和武装冲突，但俄罗斯战略界始终认为，在一定条件下，局部战争和武装冲突有可能会发展成大规模常规战争，甚至可能升级为核战争。因此，防止大规模常规战争和核战争仍应是俄罗斯战争准备的根本出发点。

英国的战争准备是以北约军事战略为基本依据，其主要任务是：为北约提供战略核力量和战术核力量，保卫美军增援欧洲大陆的前进基地，保卫欧洲大陆，防守东大西洋和英吉利海峡等。冷战后，英国准备应付多种不确定的威胁，变"前沿防御"为"机动防御"，保持在欧洲和全球范围内进行军事干涉的能力。

法国认为，冷战结束后，威胁法国领土的战争危险已不存在了，法国面临军事上的挑战主要来自欧洲和欧洲以外地区。因此，法国的战争准备主要转向干预地区冲突，实施维和行动和提供人道主义援助等。

总之，在战争准备问题上，各国存在较大的差异。美国强调做好各种战争的准备，但侧重准备打赢局部战争和地区武装冲突。苏联也强调做好打各种类型战争的准备，但实质上是准备打全面核战争，认为有了全面战争的准备，就可以应付其他战争。俄罗斯则准备应付内部和周边地区的武装冲突。英法等国实际上无战争威胁，主要准备干预其他地区的武装冲突。

6. 力量运用不同

战略力量的运用，是各国军事战略的一个重要内容。它主要包括战略核力量、战区核力量、常规部队和高科技武器装备的使用等。在力量运用上，各国军事战略强调的重点有较大的差异。

美国军事战略在力量使用上的主要观点有以下几点：①战略核心力量的使用。美军拥有庞大核武库，也有发动全面核战争的能力，但对这种战争的承受能力较弱。美军事战略思想界认为，战略核战争有导致"人类毁灭的可能性"，与这场战争可能获得的最大利益相比，所冒的风险太大，此类战争爆发的可能性不大。因此，尽管美国有能力也有计划，但与苏联相比，使用战略核力量的决心却不够坚决。②战区核力量的使用。美军战略思想界认为，战区核战争激烈程度高，代价大，且没有胜利的把握，而且战术核武器一旦使用，就可能冒核升级的风险，因此这种战争发生的可能性也不很大，但不能完全排除。美军事当局主张把战区核战争列为战备的重点，认为使用战术核武器的可能性是，在敌实施核突击时作为报复行动，或在抗击敌人大规模常规进攻失败时作为还击手段。③常规力量的使用。认为，常规力量的使用比之核力量的使用可能性大，易于控制，且代价低，风险小，在美国军事战略中地位日益上升。④高科技武器装备的使用。认为，装备高科技武器的小部队甚至小分队可达到战争的战略目的。

苏联关于战略力量运用的观点主要有：①核力量的使用。尽管苏联人同美国人一样，认识到爆发核战争的可能性减少了，但苏军仍做好了核大战准备。认为，"在未来核战争中，依靠战略火箭突击和远程航空兵核突击，可迅速达成战争的战略目的"，"实施火箭核突击，将是基本的、决定性的作战方法"。可见，在使用核力量方面，苏联的决心要比美国大得多。②战区核力量的使用。尽管苏联反复强调："任何有限核战争都是不可能的，都不可避免地会具有全球的性质。"认为，战区核突击是战略性进攻战役的火力基础，是夺取战略性战役胜利的决定性手段。③常规力量的使用。与美国主要依靠海空军常规力量相比，苏联则更加重视地面常规力量的使用。认为，在使用常规武器的条件下，苏军将以大陆战区战略性战役为主,一旦发现敌人进攻时,将立即予以回击,突破敌人防御,高速向敌人纵深发展进攻。④高科技武器装备的使用。认为,随着常规武器的不断改进和完善,常规武器的杀伤破坏力显著提高,"使用常规武器,首先是高精度武器打一场持久战"。一些新型常规武器威力之大,基本"接近"于战术核武器,能够迅速达成战役目的。

法国当前军事战略仍十分重视战略力量的使用和发展。首先,改变战略核力量的结构。将由陆、海、空"三位一体"转变为海、空"二位一体",砍掉了陆基战略导弹,只保留海、空基战略导弹,推动在欧洲范围实现"协调核威胁",以确保欧洲安全机制的稳定。其次,建立一支约6万人的"外派部队",随时派往国外,以保卫"法国第一安全线"。其三,不断提高部队机动和快速反应能力,保证在任何情况下把5万~6万人的部队投送到任何地区执行任务。

英国当前军事战略在力量运用上主要体现在三个方面:一是为北约提供三位一体的打击力量(常规力量、地区核武器、战略核武器);二是支持建立北约快速反应部队,为其提供2个师、1个旅的兵力;三是提高英军处理各种危机和应付突发事件的快速反应能力,以适应在欧洲和欧洲以外地区的力量使用需要。

总之,各国军事战略思想在力量运用方面有较大的差异:在战略核力量和战区核力量上,美国实力大,但受各方面因素干扰较大,因而使用决心受到的影响也较大;苏联实力较强,在实战中使用的决心和意志也较强;其他国家则实力弱决心不大,威慑成分大于使用决心。在常规力量上,美国侧重使用海、空军力量,苏联和俄罗斯则侧重使用地面突击力量,英法等国则主要使用快速部队和海外干涉部队。在高科技武器的装备上,美国重视运用高科技武器达到战略目的;苏联和俄罗斯只考虑到达成战略性战役的目的。

(三) 军事战略思想的发展趋势

21世纪之初,一些国家的军事战略思想进入一个相当活跃的发展时期。新的国际战略格局正在形成之中,各国都在根据本国的利益调整各自的战略。各国军事战略思想的发展趋势包括其最本质的、稳定的特性和因素,如全球性、威慑性、联盟性、均衡性和实战性等,这些都是大国军事思想中最一般的、长期起作用的内容,今后仍将继续发挥作用。

各国军事战略思想的发展趋势主要是:

1. 战略目标的转变

各国战略界普遍认为,当前和今后一个相当长的时期,国际社会进入一个相对和平稳定但又动乱纷繁的发展阶段,也就是说,爆发新的世界大战的可能性几乎等于零,而地区局部战争和突发事件仍将此起彼伏。随着冷战的结束和战略目标与重心的转变,今后一个时期,对安全的威胁和战略判断将呈现出多元化趋势。

其一,战争威胁依然存在。各国战略将面临不同形态的战争和非战争行动的挑战,既要应付大规模地区战争、局部战争和突发事件,又要应付小规模的战乱、恐怖活动、贩毒走私,以及危及国家安全的个人计算机犯罪活动等。

其二,敌对意识形态构成重大威胁。与冷战时期相比,未来世界范围意识形态的对抗显然已不占主导地位,但西方大国出于对自身的利益的考虑,仍将共产主义和社会主义视为其推行全球霸权主义、夺取世界主导权的重大威胁。

其三,文明冲突构成一定的威胁。一些大国认为,不同的文明具有对抗性,冷战后这种对抗更加突出。并认为,文明在很大程度上已成为聚集同类国家的旗帜,这对于企图将主导权扩展到其他文明圈的大国来说,无疑是一种巨大的障碍。

其四,经济安全成为重要的战略选择。大国之间在国际贸易、投资、金融和科技等领域的争夺将会引起新的战略摩擦;大国与发展中国家之间在国际分工、资金流向、贸易环境等方面也会产生重要的摩擦,这将对大国战略提出新的挑战。

其五,军备发展失控对世界安全构成严重的威胁。大国认为,核生化武器和其他高科技武器的扩散,将可能使敌对国家,甚至是一些武装组织获得大规模毁伤性武器,这是一种危险性更不易控制的威胁。

其六,内部威胁不容忽视。大国的安全有赖于自身的经济实力和综合国力。经济增长缓慢、科技优势丧失、政局动荡、民族分裂等,都将是对大国安全构成的威胁。

2. 战略主导权斗争激化

随着国际战略格局多极化和安全概念的发展变化,各国开始把战略争夺的重点从地缘地理范围的争夺扩展到国际事务和地区事务主导权的争夺。认为,现代意义上的国际环境同以往那种地缘地理界限分明的势力范围有着本质的区别,它已不能靠单纯的军事手段以画地为牢的方式来夺取和维持,对某一地区的控制不是靠军事占领,而是表现为一个国家对国际事务或地区事务的影响力,即本国对国际或地区政治、经济、安全秩序与发展进程的支配权,在这一地区或全球自由实现本国的意志。在未来十几年内,各国对国际事务和地区事务的争夺将愈演愈烈。

美国作为今后一个时期世界上唯一超级大国,自认为"世界上没有任何国家能与其匹敌",美国将成为"全球管家",成为世界新秩序的领导者,将不惜运用各种手段,以增进美国的安全,强化美国的"全球领导地位"。俄罗斯虽然综合国力和地缘环境发生了很大变化,但仍把战略目标放在争夺世界和地区,尤其是独联体地区、苏联势力范围的主导权上。在这方面受到来自美国和西欧大国的挤压,俄罗斯尽管有时力不从心,但仍在尽力而为之。

西欧国家和日本在许多国际事务和地区冲突上也越来越多地表现出主动性,企图削弱和摆脱美国的主导地位,发挥自己的大国作用。由于美国实力相对下降且愿意让盟国在联盟中承担更多的义务,各国之间将在一定程度上逐渐形成一种战略伙伴关系。

3. 战略手段综合化

随着国际社会和平与发展的力量不断壮大,随着国际形势趋向缓和的历史潮流不可逆转,西方大国战略界人士也认识到,实行全面遏制力不从心,单纯的遏制已不能达到预期的战略目的,只能使对手越来越难以对付,遏制的代价也越来越大。因此,以美国为首的西方大国不得不在实行遏制的同时采取接触战略,在军事手段施压的同时综合运用政治、经济、科技、外交等各种手段,既保持对抗,又保持接触,以对话、合作和交流等方式来推行其价值观和意志,以逐步从敌对国家内部进行分化瓦解与和平演变。具体措施可能是:通过输出本国价值观念,促使敌对国家发生演变;利用或制造矛盾来破坏敌对国家内部稳定并阻止其发展;以军控和增加军备透明度为幌子,限制敌对国家发展军备;通过核查等手段,防止大规模杀伤武器的扩散;利用军事打击或联合国维和行动来消除或控制该地区危机和紧张局势,使之按西方国家的意志实现和平;运用经济制裁、贸易保护、技术封锁、出口限制等经济手段,破坏或阻止敌对国家发展经济和军事实力等等,以此来达到遏制和削弱对手、分化和瓦解敌国的战略目的。

由此可见，在今后相当长的时期内，美国等西方国家将采用遏制与接触的两种手法，来对付它们认为是"对其构成主要威胁"的潜在敌国。遏制与接触不过是西方大国的两种战略手段，战胜对手，保持其大国优势地位，推行西方价值观，维护其全球经济利益，才是西方大国的根本战略目的。总之，推行遏制与接触战略，以"预防性"为主，综合运用各种战略手段，将成为未来西方战略思想的主要发展趋势之一。

4. 军事干涉频繁化

冷战结束后，由于失去了苏联的战略制衡因素，美国等西方大国更加肆无忌惮地进行海外干涉，参与和发动对一些中小国家的战争和非战争行动。其战略思想界不断提出，并将继续研究和提出许多新的军事干涉理论。这已成为西方大国战略思想的重要趋势之一。

美国战略界认为，美国的参与和干涉是全球性的，美军的行动要从全球参与态势出发，在和平时期就应有相当一部分兵力驻扎在海外，或随时准备向存在关乎美国利益的海外地区展开部署，这将有助于促进稳定，推动以和平方式解决争端，慑止侵略，防止冲突，从而按美国的意志塑造有利于美国的国际新秩序。在武装冲突发生时，美军将根据其国家利益所受到的威胁和风险程度，使用必要的手段，投入决定性的兵力，以确保达成战略目的，促使敌对行动在对美国有利的情况下结束。

英、法、德、日等国战略界均十分重视未来海外干涉问题的研究。英法将为谋求本国的海外利益而更经常地动用军队和其他手段，更多地与美国一同或独自进行海外干涉行动。德国和日本虽然受到法律上的舆论上的种种限制，不敢冒单独出兵的风险，但为了扩展和维护其海外利益，将可能更多地派遣军事人员参与多国部队或联合国维和部队的行动，也可能更多地采取其他各种手段进行海外干涉行动，以谋取更多的政治利益和经济利益。在科索沃战争中，德国首次向国外派出作战兵力，就充分说明这一点。

在未来十几年内，西方大国在频繁进行海外军事干涉的同时，都将更加审慎地确定其军事战略目标，控制和限制军事行动的规模、时间和激烈程度，避免这些军事行动的扩大和升级危及其自身的根本利益。这将是未来西方战略思想的趋势之一。

第四篇 冷战时期的美苏争霸战略

第一章 战略上的分割包围

一、美苏争霸的战略演变

美苏争霸是当代世界政治的中心，它涉及战争与和平，世界政治力量的组合和演变，各国的国际战略和策略等一系列重大问题。1980年以阿富汗事件为转折，美苏争霸的战略形势已呈现出新的格局，并深刻地影响着国际关系的进程。

列宁把帝国主义称作资本主义的特殊阶段，而超级大国则是特殊阶段的特殊现象。超级大国的出现是第二次世界大战加剧了资本主义不平衡发展的结果。战后初期，在资本主义世界中，只有美国成了军事上和经济上的超级大国。在美国成为超级大国10余年之后，社会主义国家中蜕化出一个苏联。它也成了一个军事上和经济上的超级大国，并和美国在世界范围内激烈地争夺霸权。美苏两个超级大国争夺世界霸权已成为当今世界政治的中心。美苏争斗的历史可以划分为两个前后连贯的阶段。前一阶段大体上是从20世纪50年代末到70年代中期，这一时期上基本上是美攻苏守时期；后一阶段大体上是从70年代下半期起，转入苏攻美守时期。如果要划分详细一些，在70年代初期的几年也可算是双方短暂的战略相持阶段。

实力决定着战略地位的各阶段不同的战略方针标志着不同的战略阶段，由美攻苏守阶段到美守苏攻阶段，有一个演变的过程。

战后初期，美国仗着军事优势的实力和西方世界的霸主地位，以军事上遏制、政治上对抗、经济上封锁、组织上包围等手段，对苏联发动全面冷战。杜鲁门主义的出现正是适应了一个正在扩张的美国的需要。回顾第二次世界大战后美苏争霸的历史过程，美国的根本弱点就在于缺乏一项前后连贯的、全面的对苏战略。50年代末60年代初，艾森豪威尔政府提出军事上以"大规模"战略为后盾，政治上采取"和平取胜"战略，出现了鼓噪一时的"戴维营精神"。此后，随着美国实力地位的不断下降，美国对苏战略步步退缩，60年代末70年代初，尼克松在军事上提出"现实威慑战略"，改"两个半战争"为"一个半战争"，政治上提出"从竞争走向合作"的"缓合"战略，标志着美国战略进攻阶段的结束。尼克松在1971年2月15给国会的报告《七十年代美国的对外政策》中说："本届政府必须引导国家在外交政策方面经历一次根本的转变……我们正处在一个时代的结束阶段……在美国军事力量压倒一切的时代里，我们和我们盟国可以依仗大规模报复的原则。在新时代里，日益增长的苏联实力改变了军事均衡。如果不去适应这种变化，那会导致种种对抗……"很明显，尼克松是把他自己所处的时代和艾森豪威尔时代做了一个对比。他认为60年代初是"美国军事力量压倒一切的时代"，而到70年代初，"日益增长的苏联实力改变了军事均衡"，因此在对苏战略方面也必须作相适的修改。

布热津斯基则把艾森豪威尔时期的"和平取胜"战略和尼克松时期的"缓和"战略又做了一个对比。他在美《对外政策》1974年春季号上写道："六十年代初期，美国政府是在美国占据优势这一背景下巧妙地追求美苏缓和，与那时相反，后来是在力量不稳定、美国的道义权威大大衰落的背景下，显然是为了建立一种特殊的双边关系、维持现有的分割和势力范围而谋求这种缓和的。"

罗伯特·希尔又把尼克松主义和杜鲁门主义做了一个对比。他在《尼克松以后的美国》一书中写道："杜鲁门主义的发展适应了一个正在扩张的美帝国的需要，尼克松主义则相反，它是为适应一个逐渐崩溃的帝国的需要而产生的。"

上述这三个对比，都说明了一个客观事实，那就是美国对苏战略是随着实力地位的变化而更改的。实际上，从美苏争霸一开始，双方都采取软硬两手相结合的战略。尼克松的对苏"缓和"不同于艾森豪威尔的"缓和"，更多的是美国实力地位虚弱的表现。而此后的福特政府和卡特政府对苏战略，基本上还是尼克松战略的延伸。

从尼克松到卡特的10年，是美苏争霸史中十分关键的10年。这是苏联从美国战略的失误中实现由战略防御转入战略进攻的关键时期。尼克松是企图用对苏"缓和"，争取时间，调整部署；苏联却把"缓和"作为在有限的时间内加强政治和军事力量的良机，美国对苏战略反为苏联所乘。美国民主党参议员亨利·杰克逊在美《战略研究》1980年春季号《美国在缓和以后的时代应实行的战略》一文中说："我们的伤痕大半是自己造成的，是十年的异想天开和缺乏行动的产物。"布热津斯基则做了更具体的总结。

（1）在限制战略武器问题上：1972年的莫斯科协议是美国为了保留技术优势而把数量优势让给了苏联，这就很难消除这种不对称，尤其一旦俄国人消除了他们技术上的劣势，则更是如此。

（2）在欧洲问题上：以西德进入柏林的通道及全德接触等问题上的某些让步作为交换条件，苏联在东欧的势力范围不仅获得象征性的而且是法律上的合法化。

（3）贸易的信贷：由于这种事实上的美援，苏联经济就会开始现代化和合理化，从而减轻苏联国内要求实行必要改革的压力，因此我们不仅帮助了苏联的经济而且也加强了苏联的政治制度。

（4）空间和科学：进行合作对苏联有着双重的利益，即在空间方面造成了一种表面上重要的均势的幻觉，同时又以必要的技术帮助了苏联的空间计划。

尼克松以来的美国对苏战略，作为总体来说是失败的。但不能否认其局部的成就，特别是尼克松承认了国际关系格局多极化的现实，提出了"五大力量中心论"，力图用美、欧、日、中四极的联合力量和苏对抗，做出了发展美中关系的战略决策。这无疑有重大的战略意义。

二、苏联在实力基础上形成全球战略

和美国不同，苏联有一项比较连贯的全球战略。除了赫鲁晓夫时期有一段波折以外，基本上是前后衔接的。赫鲁晓夫时期的古巴导弹事件，说明赫鲁晓夫对美战略撇开实力地位搞恫吓，带有相当大的冒险性。最后使苏联霸权主义不得不在美国核优势和海上优势下领受屈辱而告结束。

西方战略家有这种估计：认为古巴导弹危机事件是促使苏联加速发展核武器和海上力量的转折点。当时美国明显地占据着对苏的核优势，而苏联海军更是吨位低，活动范围仅限于沿海。古巴导弹危机以后，苏联的国防开支直线上升，并以超过经济增长率的速度逐年增递。战后头20年，苏联经济每年增长约5%，而军事开支上升幅度很大，60年代约占国民生产总值7%~8%，70年代上半期增至13%左右，其中核武器的发展处于优先地位，1965—1972年，平均每年新部署洲际导弹150余枚，潜艇弹道导弹50余枚，仅以五六年时间，就使它在战略导弹的数量上超过美国，实现了以量补质，从劣势转为均势的目标，接着又改善了战略武器的质量，到70年代末期，除了个别项目不如美国以外，无论在战略武器还是在常规武器方面均取得了对美的优势。

在核力量迅猛发展的同时，苏联海上力量扩展的迅速也是令人注目的，特别在核潜艇方面，美国海军部长J.威廉·半登多夫第二曾说："苏联海军力量的扩张趋势，我个人认为是原子弹出现以来最重要的战略发展之一。"尼克松在《真正的战争》中说："苏联的海军能力使苏联可以迅速地和灵活地把它的军事实力投送到世界上最遥远的地区。过去十年，我们把海军舰只的数目削减过半，由1968年的976艘减到1978年的453艘，而苏联海军已晋升到世界第二位，而且还在迅速朝第一位迈进。"

苏联的全球战略正是在实力地位的基础上建立的，以迅速扩展起来的强大军事实力作为威慑力量，苏联在东西两线的战略地位有很大改善。黑格认为，"第二次世界大战以后的年代的主要战略现象是：苏联军事力量从一支局限于欧洲大陆并且在很大程度上是一支防御性的地面部队转变为一半全球性的进攻力量"，"武装力量的这种巨大已经产生了可能是一个相对的和平时期从未出现过的全球力量关系的最全面的改变"。

三、美国对苏联战略的调整

以阿富汗事件为转折，美国调整了对苏战略，改变了过去对"区域性冲突"避免军事卷入的态度，加强了中东波斯湾一线的争夺，提出了用武力保卫波斯湾遏阻苏联南下扩张的"卡特主义"。卡特正式宣布："外部力量企图控制波斯湾地区的任何尝试都将被视为是对美国切身利益的进攻。美国将使用一切必要的手段——包括军事力量在内攻退这种进攻。"还宣布，西欧、远东和中东波斯湾为三个相互紧密联系的"主要战略区"，对于其中任何一个区域的威胁，将影响其他两个地区的利益。但是美国的快速反应部队目前还只有象征性的意义，就各方把有效兵力派往这一战略地区的机动能力而言，美苏之间是1∶10之比，苏联已近距霍尔木兹海峡300英里，威胁着伊朗、巴基斯坦，而美国尚在8000英里之外。在美国把一个师的兵力调到波斯湾的时间内，苏联可以调动10个师。

美苏争霸的战略形势正处在转折性的关键时刻，特别是20世纪80年代的前5年。如果美国正确估计形势，采取联合抗苏的方针，就可以弥补实力不足这个弱点；同时奋起直追，5年内在军事实力上和苏联追成均势。并不是不可能的，不然，正如西方不少人估计，如果美苏军事力量对比继续按目前趋势发展下去，到80年代中期"将会发生苏联对西方占决定性优势的逆转"。里根就是在这个关键时刻上台的。

苏联在美国切身利害有关地区进行肆无忌惮的扩张以及美苏实力对比发生不利于美国的趋势，促成了美国对苏强硬派的意见占了上风。里根班子基本上属于这一派。归纳里根上台以来的情况，美国对苏战略带有以下几个不同于以往几届政府的新特点：里根本人的对外政策思想，与尼克松有许多接近之处。据说他拟定就职演说时，尼克松新著《真正的战争》便是案头的主要参考书。若与卡特政府相比，里根政府制定对外政策的考虑角度则有相当大的差异。黑格一再强调说，指导新政府外交的三大原则是：行动"前后一致"的"连贯性"，对义务"信守不渝"的"可靠性"，处理个别问题与总政策之间的"平衡性"。此中便深含有纠正卡特政府失误之意。新政府对外政策之不同于其前任，看来大致有以下几点。

第一，表明以抗御苏联扩张为对外政策的中心环节。这与卡特政府不同。卡特政府初期低估了苏联的侵略扩张势头，认为西方工业国同第三世界的矛盾，即南北方矛盾，超过东西方矛盾，鼓吹建立一个以美、欧、日为核心的"新的世界秩序"，即先三边、次南北关系、再次东西方关系的外交布局，从而在战略上把苏联的威胁放在比较次要的地位。后期由于伊朗和阿富汗事件相继爆发，转而强调对付苏联的威胁，对苏联实行新的遏制政策。卡特这个变化虽不少，但并没有另提出一整套新的战略思想。现在里根、黑格、艾伦等则强调苏联是"发生一切动乱的根源"，"如今进入了西方文明最危险的十年"，东西方矛盾是主要的矛盾。又说，苏联确有一个"战略目标"和"庞大计划"，要"实现统治世界的目的"；美国是"唯一能够担任领导的国家"。应该针对苏联，带头挑起"重担"。为此要进一步增加军事开支，发展新式武器，大力加强国防；同时保持和加强美国在西欧、波斯湾以及东南亚的军事存在。里根已向国会建议，军费在全部预算中的比例，由1981年度的24.1%提高到1984年度的32.4%。

第二，强调以实力为外交后盾，在外交运用上采用"连环套"的策略。这也与卡特政府有很大的区别。卡特政府后期虽提倡加强军事实力，并对苏联实行经济"制裁"，但仍多次申明绝不放弃"缓和"，明确表示批准限制战略武器条约可以与阿富汗问题分别处理。里根则强调"以实力求和平"，美国应"保持足以在必要时去取胜的力量"。黑格也指出，必须以"对等和实力"来代替过去"缓和"加"安全"的原则。至于限制战略武器条约，里根政府曾强调不急于重开谈判。与此同时，它反复声明实行"连环套"（又作"联系"）的手段，即无论与苏联谈判核条约或讨论贸易、信贷、技术转让问题，都应把苏联在全世界的行为如何考虑在内，然后做出决定。

第三，希望更多联合盟国的力量，黑格认为，美国要贯彻它的外交三大原则，必须依靠自己的力量，但所有这一切又都"必须建立在（与盟国）相互依赖的原则基础上"。他还鼓吹"加强大西洋共同体，并使之一体化"，而且扩大北约的行动地区。里根与卡特提倡的美欧日"三边对话"有所不同的是，对于北约范围以外的问题，主张多采双边磋商的方式，而不经常举行西方首脑会议。美国希望以更细致的协商及对苏联坚定不渝的态度，更好地起"领导"作用。

第四，重视保住中东、波斯湾地区，注意巩固美国在拉丁美洲的地位。美国的战略重点仍在欧洲，与苏联争夺的焦点是中东波斯湾地区，这与卡特政府相同。但里根政府更强调要在波斯湾几个地点驻扎部队，迫使克里姆林宫望而止步。新政府比以往更加注意拉丁美洲。里根及其智囊主张美国、加拿大、墨西哥达成"北美协定"。联合中美南美使之成为后方堡垒。为此，里根就职前即与墨西哥总统举行会谈，就职后，调整卡特对萨尔瓦多的政策。加强支持现政府镇压反政府武装力量。

第五，强调对外政策中反共和反对革命运动的意识形态因素。新政府的极端保守分子，强烈反对卡特、热津斯基的政策，即对第三世界推行某种程度的怀柔政策来保护美国的利益。他们不认为第三世界的民族民主运动是不可阻挡的潮流，鼓吹美国资本主义应是不发达国家的样板，认为一些推翻独裁统治而成立的政权比原有政权还要坏，美国应支持的是后者。在这种意识形态支配下，有的人把巴勒斯坦组织说成是"恐怖组织"。在对中国的关系上，有些人固然不能无视中国在反对苏联霸权主义中的作用，却又叫嚣"防范"中国，甚至在台湾问题上公然干涉中国内政，不仅扬言"不抛弃老朋友"，还要求提高美国同台湾的来往规格，更多地向台湾地区出售军火。这种思想，在政府内虽非主流，其影响却不容忽视。里根政府一面表示要按中美建交公报原则发展中美关系，一面又扬言要坚持违反中美建交公报原则的《与台湾关系法》。这是里根政府对外政策自相矛盾的突出表现。

不过美国的战略也有其根本的弱点。里根班子主观上是想执行对苏强硬路线的，但强硬程度及其成败关键，取决于三个因素：首先是经济能力。里根政府面临严重的国内经济问题。在经济继续恶化的情况下，美国放慢重整军备的速度，谋求和苏联达成某些妥协的可能性是存在的。其次是西欧盟国的情况。1979年北约虽做出了既部署导弹又和苏联谈判的"双重决定"，这是妥协的产物，西欧盟国原先的主张是先谈判，后部署。在这个问题上，西欧最怕的是在美苏争霸中，在未来的核大战中，甚至在欧洲的有限核战争中，美国以牺牲欧洲保住自己。这样美国实现欧洲导弹现代化计划，仍面临种种困难。最后，是里根能不能放弃偏袒以色列、南非的错误政策以及对"台湾"的不现实立场。很明显，美国光靠自己是不可能和苏联的全球战略对抗的，而美国这些战略决策上的错误立场已经有着十分不利的影响。对于这些弱点，苏联正拭目以待，抓紧利用。

四、美苏的战略重点的欧洲

（一）苏联的欧洲战略

自20世纪70年代中期开始，苏联霸权主义在欧洲以外的地区。如非洲、中东、波斯湾、西南亚、东南亚，以及印度洋至太平洋地区，连续发动扩张攻势，同美国展开了十分激烈的争夺，使这些地区出现了一系列举世瞩目的热点。这种把超级大国争夺的热点等同于它们争霸的战略重点的看法，是不正确的。

1. 重点在欧洲未变

美苏两国争霸的战略重点和争夺热点是两码事。所谓苏联的战略重点，是指它同美国争夺世界霸权中具有最重要战略价值的地区，是它实现全球战略非争夺不可的中心目标。所谓热点，则一般指双方在一定时间里、一定条件下争夺比较激烈的地方。战略重点在相当长的时期内是固定不变的，但争夺的热点则随着形势发展而变化。

要回答美苏争夺战略重点是否东移，首先要弄清苏联有没有一项称霸世界的全球战略。

西方某些战略家认为，苏联对外政策是"机会主义的"，"只是临时应付"，没有什么全球战略。我们不同意这种看法。诚然，要想拿到克里姆林宫的一张何时进攻何地的时间表，并且一定要这样来说明苏联全球战略，那是难以办到的，但是，苏联早已用它的言行表明，它确有一项妄图称霸世界的全球战略。苏联在世界动乱地区确是有机会就利用，有空子就钻,乍看似乎是"临时应付",但这些"临时行动"多是为其总战略目标服务的。

苏联这项称霸全球的总战略的基本点是:以美国为主要对手,以欧洲为战略重点,从中东、非洲侧翼包抄欧洲,置欧洲于欲战不能的境地;以亚太地区为重要战略地区,东西两线相策应,加紧向第三世界的其他关键地区和薄弱地区扩张;以武力做后盾,搞核讹诈,以"缓和"做幌子,玩弄政治谋略,并不断扩大经济实力,辅之以"经济诱饵";力求"通过全面战争以外的一切手段在全世界取胜"。必要时准备战而胜之,最后"使美国在客观形势上欲战不能"。从而主霸全球。

大量事实表明,苏联正在紧锣密鼓地推行上述总战略。无视这一严酷事实,就谈不上制订抗击苏霸的全球战略,就难以有效推动联合抗苏以打乱它的全球战略部署,战争危险就会增大,问题的要害盖在于此。西方十四国的40名专职战略家共同得出结论:"苏联有全球性的意识形态和全球战略。"这在对苏联的认识上是一大进步。

作为战略重点的欧洲地区,近年来似处于僵持状态,而非战略重点地区反成为美苏当前争夺的热点,这是怎么回事呢?

大家知道,现在欧洲形成了以苏联为首的华约和以美国为首的北约两大军事集团相互对峙的局面。苏联虽然处心积虑地企图以东欧为前进基地,吞并西欧,进而称霸世界,但鉴于这一对峙局面一时难打破,未敢用兵西进。所以,近20多年来,欧洲没有发生兵戎相见的重大事件,局势显得相对平静。在地处南线的亚非广大地区,情况则迥然不同。60年代末英国从苏伊士运河以东撤出最后一批军事力量,70年代初美国也在这个地区实行"战略收缩"而大量裁减驻军,加上这里存在种种错综复杂的矛盾,便被苏联认为出现了"力量真空"。于是,苏联乘虚而入,大打出手。特别是在西起地中海,经东北非、中东、波斯湾、印度洋,到西南亚、南亚次大陆、东南亚直达西太平洋的弧形地带。发动了一系列扩张攻势。面对这一严重的事态发展,美国不得不再次调整战略,重新加强弧形区的战略防线,并积极筹组新的抗苏联盟。苏联加紧扩大势力范围和美国力图保住既得利益,使双方在这一广大地区的矛盾日益尖锐,争夺白热化,使这里不断出现激烈争夺的新的热点。然而,这种情况并没有减轻欧洲在战略全局中的决定性的重要意义,所以也就不能表明苏联争霸的战略重点已经转移。

2. 外围战

苏联在南线地区同美国激烈争夺是为争夺欧洲这一战略重点的目标服务的。

人所共知,上述从地中海到西太平洋的弧形地区,既是西方国家石油等战略资源的供应基地,又是海上战略交通的枢纽的地域。苏联企图在西端通过控制南也门制红海口,在东端通过控制越南进逼马六甲海峡,同时侵占阿富汗,打开从陆地直下印度洋的通道,对整个弧形区构成三角形包围封锁的态势。这就对西方赖以生存的石油供应线和战略交通线构成了严重的威胁。

特别是这个弧形区的西端,即北非、中东、中近东、波斯湾,在地理上经地中海与欧洲相连接,是欧洲大陆的延伸,从战略角度广义看,所谓欧洲,实际上可把这个地区包围在内。它是欧洲的重要战略侧翼,苏联在这个热点的扩张,是它争夺欧洲的重大步骤。如果这个地区全落入苏联手里,欧洲形势将会发生根本性交代,西欧国家只能被迫屈服或背水一战。正因如此,美、欧、日等西方盟国近年来才频繁磋商,寻求对策,应付苏联的攻势,避免在欧洲陷于不利的战略地位。

可见，苏联霸权主义在这个热点上的扩张，绝不是孤立的、局部的事情。而是牵涉战略全局的大问题。苏联这样做，固然是为了策应它在东线的战略部署。但根本目的仍在于从侧翼迂回，谋求对战略重点欧洲的控制权。所以，苏联在弧形地带不断发动的扩张攻势，实际上是争夺欧洲的外围战。

我们确应正视近年来苏随着日益加强东线，向亚洲、太平洋地区大肆扩张的事实。

苏联在西线经过长期经营，已使西欧面临日益增长的战争威胁。但它目前要正面进攻西欧，毕竟还"啃不动"，而且要冒很大风险，所以从中东、非洲侧翼进行包抄，并选定"软肚皮"突破，积极实施南下战略。

苏联战略攻势的另一明显的动向是，使其西方战线和东方战线相连接，大力加强亚太地区的扩张活动。它在这一地区大大加强了军事力量；海军舰只已达785艘；飞机总数达2000多架；远东军区兵力已达其总兵力的四分之一，约110万人；部署了一批88-20机动导弹，它在库页岛、堪察加半岛、千岛群岛以及日本南千岛群岛扩建军事设施，并利用越南和柬埔寨的金兰湾、岘港、磅逊港等基地，构成庞大的亚太地区的军事基地网。这样，苏联就把它的西方战经阿富汗、越南、柬埔寨一线与东方战线相联系，它妄图以此建立一条从太平洋经印度洋到大西洋的海上弧形线。以对美、中、日、欧形成大包围，既可控制东亚，又可策应西欧。

苏联还在亚太地区大耍政治谋略。一是继续兜售"亚安体系"，搞"缔约"战略，继与非洲、西亚一些国家签订"友好合作条约"之后，又同越南、阿富汗等国缔结具有明显军事性质的同盟条约，再通过缔约国与别国签订类似条约，如越柬条约、越老条约。西方舆论界有人认为，"亚安体系"，以及"撒在欧亚非广阔地区的友好条约网"，是华约的"延伸"。二是玩弄离间计，不遗余力地挑拨中美关系、中日关系、中国与东盟国家的关系以及日美关系等，阻遏东亚地区联合抗苏霸趋势的发展。三是利用东亚地区国家间某些政治、经济、社会问题和内部矛盾进行煽动，制造动乱，培植亲苏势力，以便乱中取利。

美国在亚太地区有重大的政治、经济、军事利益。这一地区也是美国势在必争之地，这从越南撤退之后，现在又大力恢复在这一地区的力量和影响。它在日本、韩国至菲律宾一线的军事力量不断加强，美国1980年同亚太地区的贸易额达900亿美元，超过它与西欧的贸易额。美国对受苏联威胁较大的某些亚太国家，正在提供军事和经济援助。美国参谋长联席会议主席琼斯最近说："美国力量的存在及投放力量的能力，对于维护东亚—太平洋地区安全的联盟战略是极其重要的。"

至于日本，则是亚太地区举足轻重的国家。它由于能源、资源和市场仰赖海外，对于维护印度洋和太平洋的海上通道特别关切，因此对苏联的警觉性不断提高，它正在加强自身防务，对外奉行联美抗苏政策，坚持收复南千岛群岛，日中友好合作关系也在不断改善。

可见，苏联如果不从太平洋把美国挤走，并使美国的重要盟国日本屈服或"中立"，就不可能把它的东方战线同西方战线联系起来，改变它东西两线腹背受敌的不利态势，也就不能掌握全球战略总的优势，西方有人认为，苏联在东线加紧扩张主要不是对付美国，这种看法不符合实际。

苏联大力加强东线，美国也采取对应措施，我们必须正视这一变化，但不能因此认为美苏争夺的战略重点已经东移。

我们历来讲，苏联的战略重点在欧洲，是由于欧洲较之其他地方占据着最突出的地位，它有着强大的经济力量、政治力量和相当强大的军事力量。苏联要称霸全球,即使控制了整个亚非拉,不控制欧洲还是不行。正由于这样,苏联的军事部署和外交活动的重点,一直放在欧洲,至今依旧不变。

(二) 联合抗苏的欧美关系

欧美关系,在当今国际斗争的总格局中,是联合抗苏力量内部的关系,里根上台以后,欧美关系的这一基本性质没有改变,但是,由于里根政府的对外政策基调与其前任有所不同等原因,欧美之间需要在新的条件下取得协调。

里根上台以后,对苏联推行较为强硬的路线。他表示要优先考虑加强西方军事力量,同时提出要修改美苏第二个限制战略武器协议,并"联系"苏联在各地的表现来确定是否同苏联继续谈判,压苏联收敛其侵略扩张活动。对盟国,里根表示要加强磋商,以重振大西洋联盟,加强美国的领导地位。对美国政策的这种发展,西欧的反应是一则以喜,一则以忧。美国对苏联表现坚定,决心承担在西方带头抗苏的责任,并愿意更多地听取盟国意见,对这些,西欧是高兴的。但是西欧多数国家又担心美国对苏联强硬过分,使东西方"冷战"再起,"缓和"死灭。它们害怕这会使它们增加军费开支,从而在内政上引起新的困难。欧美关系中的不少问题便是由此而来的。

欧美之间的矛盾与分歧,其根源在于它们不同的战略地位、军事实力和政治经济利益,而这些分歧又可以归纳为在对外政策指导思想方面的三个基本矛盾。

(1) 多极思想和两极思想的对立。西欧国家由于本身军事实力有限,为了增强自己在世界上的地位,竭力谋求一个多种力量均衡而又相互制约的多极世界。它们推行"均势战略",力图使自己在多极世界中成为日益强大的一极,以其经济技术之长施展影响,它们向美国要平等伙伴地位,反对美国搞牺牲西欧利益的"越顶外交",更不接受所谓新的雅尔塔体系。至于美国,则在里根的言论中隐含着美苏划分势力范围、共同主宰世界的两极思想。他尽管保证要加强同盟国磋商,但其根本目的还是想把西欧纳入其轨道,增强美国同苏联争夺的资本,这同西欧的想法是不一致的。因此,西欧对美国总是不大放心,并且力图对美国的政策施加影响,使之更符合西欧的利益。

(2) 抗苏策略上的分歧。里根侧重使用硬的一手,较多考虑加强军事实力和使用军事手段来遏制苏联的全球扩张。西欧则强调"对话",稳住东西方的"均势",更多主张采取"缓和"手段,促使苏联东欧内部发生演变,西欧的算计是:只有保持"缓和",西欧才:一可以在美苏之间取得更多的回旋余地,甚至搞点平衡;二可以扩大同东方的贸易,捞取经济实惠和扩大对东欧的政治影响;三可以减少军事冲突的危险,避免使自己成为首当其冲的前沿战场。有的西方报刊认为,从一定意义上说,欧美分歧的实质也是要不要继续推行迄今的"缓和"政策问题。

(3) 对第三世界政策的考虑不同。里根对第三世界国家的态度更多以反苏程度划线,强调要服从反苏战略的需要,他要削减对发展中国家的援助金额,以及他对以色列、南非和萨尔瓦多现政权的支持,都是这种思想的表现。与此不同,西欧侧重政治经济手段,主张帮助第三世界国家实行民主改革,解决经济社会问题,通过稳定局势和支持它们独立来剥夺苏联插手的可能,并更好地确保西方的政治影响、原料来源和商品市场。西欧还主张推动第三世界国家的地区联合,加强它们本身的力量,来防御苏联的扩张。

欧美之间虽然存在不少矛盾和分歧，但是这在欧美关系中仍然只居第二位的意义。面对苏联咄咄逼人的威胁，联合抗苏仍是欧美关系的基本面和主要特征。因此，里根一上台就重申美国信守保卫欧洲和加强同盟国家磋商的诺言，英、法、西德、意等西欧国家也再次声明忠于大西洋联盟。欧美关系中的这个基本方面，是一系列客观因素决定的。欧美在经济上相互渗透，有相同的政治制度和意识形态，军事上又互相依存。西欧需要美国的核保护，美国离开了西欧也难以有效地抗衡苏联，还将失去其超级大国的地位。这种格局，在相当长的时间内是不会改变的。

欧美之间的分歧大部分属于联合抗苏大前提下的策略性分歧。美国虽然强调军事实力，但目前也并不想立即同苏联全面军事对抗，更不用说摊牌。西欧虽然强调"缓和"手段，但也以西方特别是西欧的安全不受重大威胁为限度。因此，美欧间的策略分歧，有些经过反复磋商是可能取得妥协或一致的。究竟是西欧更多地适应美国政策的变化，还是美国较多地接受西欧的意见，这将取决于各种因素的制约，如美苏争夺的发展，西欧同苏联关系的变化，以及西欧内部各派力量的消长，等等，现在还难预料。

欧美关系的发展变化将是复杂曲折的。在要求对苏联强硬的政治气氛中上台的里根政府，同希望保持"缓和"势头的西欧已经发生不少摩擦。在一定时期、一定问题上，也不排除出现较大龃龉的可能性。但是，另一方面，苏联的全球扩张，特别是它军事入侵波兰的现实威胁，又在促使西方加强团结。如果苏联真的对波兰动手，欧美间的许多分歧自然将会消失或退居更为次要的地位，这是可以预言的。

五、美苏的亚洲战略

（一）亚洲新均势

20世纪60年代占统治地位的美苏"双极"体制，到70年代变成了"多极"世界。但是，并不完全如此。美苏仍旧是世界政治的两个中心，这一点没有变。就拿常说的美、中、苏、日和西欧的"五级"结构来说，日本和西欧自不必说，就是中国，也不能说处于和美苏完全同等的地位，这些国家恐怕将来也不会完全处于那样的地位。但是可以说，随着美苏的发言权相对减弱，这些国家在地区的影响也大大增加了。

在这种意义上，如果考虑一下亚洲的均势，那么，从大的方面说，有必要注意以下三个关系，即①美、中、苏三国关系；②美、中、苏、日四国关系；③美、日、西欧关系。在这三个关系中，尽管第一个关系在目前来说是最为重要的，但是后面两个新的关系，特别是第三个关系，在亚洲的问题逐步扩展到与其有关的领域这一意义上来说，已经出现更加复杂的征兆，因而更为重要。

例如，就像"越南以后"和"赫尔辛基以后""铁托以后"都互有联系一样，这些亚洲问题，不能仅仅看作亚洲舞台上的事情。"中苏关系"目前也不仅仅是中国同苏联之间的问题，它同亚洲其他国家自不必说，就是同美洲大陆和欧洲其他各国的政策也有很大关系。

而且，除了全球的力量对比外，在亚洲还有局部地区的均势问题，这使亚洲的问题更加复杂。例如，谈到印度洋，就不能忽视印度的存在；而且，作为亚洲太平洋地区的先进国家，澳大利亚也不容许忘记。另外，围绕着朝鲜半岛的分裂，和作为被逐步排挤出世界社会的台湾，对于处理亚洲的问题也具有一定的影响。

在考虑这种力量对比时，重要的是，世界一级的均势的稳定同地区一级的均势的稳定之间，并不是没有多大关系的。在亚洲，这一倾向尤其强烈，一般地说，忽视这一点的人是很多的，就是说，无论美、中、苏还是美、中、日、苏，或者是美、日、西欧这种全球关系怎样稳定，也决不会直接导致亚洲地区的稳定。

亚洲同世界其他地区不同，它富有"多样性"，复杂而且不统一从民族来说，"以我为中心"的向心性也很强烈，不是按照固定的一种方式和体系来进行的。东南亚条约组织和东南亚国家联盟，结局不理想，尽管想建立新的统一的体系，但也很不顺利，之所以如此，都是这种特殊性所造成的。

因此，亚洲各种问题的解决，必须更细致，必须具体问题具体对待，必须充分考虑到各个地区的、国家的、民族的、历史的、文化的、政治的、经济的、心理的背景和因素，必须"多边地"和"多层地"处理。

从长期而言，苏联在亚洲进一步扩张的前景尚不明确。目前在亚洲——太平洋地区正在出现新的力量对比，不久这个地区很有可能成为世界力量的一个中心，这个中心即使不比欧洲更重要，也与之不相上下。

总之，苏联人在亚洲-太平洋地区面临着与之相抗衡的军事力量，区域性的团结合作和一种使其野心受到挫折的社会经济的活动，苏联人在这里所对付的力量远较第三世界其他地区为大。

（二）苏联的南下战略

在苏联的全球战略中，争夺的重点固然在欧洲，但是那里两军相持，一时很难晴动。因此，苏联一方面大力推行缓和战略，麻痹美国、西欧和日本，乘机增强实力，扩充军备；另一方面则在它认为属于薄弱环节的亚非地区展开进攻，加紧南下，在从中东到东南亚这一扇形地带抢占资源和战略要地，扩大势力范围，确立在西太平洋和印度洋的海上优势，压倒和排除美国在这一地区的力量，进而在西方迂回包抄欧洲，在东方包围中国和日本。所以，南下政策是苏联全球战略的重要组成部分。

东南亚在苏联南下政策中占有极为重要的地位。这不仅是因为它有丰富的自然资源和两亿人口，更重要的是它控制着印度洋和太平洋的海上通道，是连接苏联东西两翼的枢纽，具有战略上的巨大重要性。苏联在东南亚得手，就可以跟它在中东和南亚的扩张互为犄角，改变远东到印度洋一线对美的战略态势，掐住马六甲海峡这个哑铃颈部，于必要时切断日本海上生命线，进而威胁澳大利亚、新西兰等太平洋国家。

苏联在东南亚的扩张，是出于它全球战略的需要。而东南亚形势的变化，特别是越南投靠苏联，又为它提供了进行扩张的重要条件。

以越南战争结束为转折点，东南亚形势发生了根本性的变化。美国实行了从东南亚撤退，影响急剧下降了，更重要的是越南从争取独立、统一，蜕变为搞地区霸权主义，这就使苏联得到机会把越南变为南下的前哨基地，利用越南进行扩张。从此，苏越的扩张和东南亚国家及其他有关国家反对扩张，就成这一地区的主要矛盾。

苏联在东南亚的扩张，是通过越南和相互配合一起进行的。因此，对东南亚的威胁不仅是来自越南，实际上主要还是苏联。

苏联在东南亚的一个首要目标，就是排除美国的势力和影响。为此，它一方面加强在远东和太平洋的军事力量，一方面积极做东盟国家的工作，企图用各种形式把它们纳入"亚安体系"轨道，使它们在苏越的强大力量面前逐步依附。

苏越紧密配合，对东盟国家采取了软硬两手交相使用的作法。以前，它们一直以高压手段进行恐吓，大骂东盟组织是"美帝工具""排他性的军事集团"，威胁其成员国不得同美国"保持特殊关系"，不得允许美国设立军事基地。可是从1978年起，为了给侵柬做准备，麻痹与软化东盟国家和国际舆论，使之不致有强烈反应，苏越又改变做法，转而大捧东盟，说它"在东南亚起了十分积极的作用"，还要求东盟扩大范围，吸入越南参加，组成所谓"和平、真正独立、中立区"。苏联还大搞"笑脸外交"。越南的范文同总理、阮维桢副总理和潘贤副总处长等，接连到东盟各国游说，空谈"睦邻""友好"，表白越南决不威胁别国，还向泰、菲等国兜售"互不侵犯条约"和"友好条约"。苏联副外长费留宾也一年内两访东盟国家，积极进行配合。苏联还邀请一些东盟国家领导人访苏，并用发展经济合作和提供经济援助进行拉拢。但是紧接着的武装侵柬和大规模驱赶难民，就完全揭穿了上述活动的伪善。

（三）美国的亚洲战略

美国的新政策中不可忽视的是，作为缓和紧张局势政策的背后工作，企图使东方世界中发生"逆芬兰化"现象，就是说要增加东方国家中的"倾向西方"的气氛。可以说，这已经开始呈现出部分分取得成功的迹象，日本几乎从未报道过。

但是，在赫尔辛基会议的动向、结果及其以后的进展中，这种逆芬兰化的现象已经日趋明显。

换一种说法是，就是执行了逆"间接侵略"的战略。即极端地说，采取了共产主义的战术。明确地说，这种战术就是让东方爆发"革命"，过去，仅仅西方是东方的革命战略的对象。而基辛格则想把东方作为这种战略的对象。缓和紧张局势政策的最终目的，在于使东方爆发"革命"，似乎可以说，东方人民目前正处于进行这种革命所必需的"启蒙"和"学习"的过程中。

1. 亚洲的不稳定因素和美国的对策

不稳定的第一个因素，就像上面所说的，是缺乏统一性。换句话说就是"多样性"。在亚洲，与其说多极化，倒不如说是近乎"无极"。因此，与其说美国根据对越南战后的反省依赖一个总括的、综合的体系，莫如说美国是多边地谋求"两国间"的接触。整个看来，这是要采取使其相互联系，并全部朝着同一方向发展的做法。

而且，美国为了能够成功地建立和维持这种关系，正在利用其他的不稳定因素——"中苏对立"和"日本的不明确性"。即利用中苏对立和日本不明显的不稳定的国内外形势，让中国和日本以无形的方式对于建立美国的这种巧妙的亚洲体系实行合作。

中苏对立正在很少可能发展为大的战争的状态中慢慢继续着。而在这一状态中，最受益的不用说是美国。在美军从越南撤退后，之所以越南总算稳定下来和美苏间的战略谈判比较顺利，全是由于中苏对立的存在。因此，不用说，美国今后仍将努力使这种中苏对立不至于转向和解的方向。过去基辛格和福特访华的最大目的也就在于这一点。

美国不欢迎中国成为一个同美苏并列的超级大国，美国的目的是永远使中国只作为一个"地区极"存在。只要中国的强大只停留在能够牵制苏联的程度上，就可允许，美国不希望超过这一程度。

美国对日本的态度也类似于对中国的态度。美国巧妙地利用日本国内缺乏统一意见的政情和亚洲其他各国不准许日本强大的态度，设法使日本赞同美国的政策。为了使日本停留在不拥有强大的发言权和统治力量的地步，日本国内混乱，亚洲各国进行反日和抗日活动，是符合美国的利益的。

另一方面，向日本说明，为了确保这些国家对于日本的信赖感，日美关系的密切化是必不可少的。这样才能提高美国对日本的发言权。

此外，在亚洲对于美国来说是不稳定的因素中，还有苏联向印度洋的扩张、印巴的对立、中印边界争端、大国之间围绕着第三世界的对立以及围绕着资源分配的不稳定性。

另外，美国本身政治领导力量的衰退、苏联的勃列日涅夫以后的动向也是在展望亚洲未来时值得注意的因素。

可以认为，美国今后也将充分利用中国来为它的对苏战略、对日战略、对亚洲战略和对第三世界战略（还有对欧洲战略）服务。

2. 美国的第三世界政策

关于美国对第三世界政策的重点，第一是要对美国的"经济的"国家利益有所贡献；第二是防止苏联向第三世界扩张。只要中国、日本和其他各自由国家对第三世界的工作符合美国的这一目的，就予以容忍，不加过问。它们必须意识到，在违反这一目的时，会受到美国的严厉干涉或者立即报复。

美国在今天已经不具有靠本国一家维持世界和平和稳定的力量了。没有其他国家的合作就一事无成。尽管在"经济"上富有，但在"政治"上团结涣散，这无论如何是不行的。因此，美国必须在充分考虑到最近的均衡的同时，调整政策。

日本本来就是处于非常"脆弱"的经济基础上。日本处于今后必须积极地同以美国为中心的国际资本合作，设法向海外扩张的境地。在日本的经济扩张方面，美国是一个竞争对手，但另一方面也是伙伴。迄今为止，说起来，日本基本上是以"民间方式"进行的。今后恐怕不得不谋求实现"以政府为主导"形态的海外扩张。越是进行政府一级的谈判，就越是要谋求保持上述那种"政治"同"经济"之间的平衡。日美之间合作的形式和做法，就是在这种保持平衡中决定的。

最后一个问题是，第三世界究竟具有什么样的"政治形象"？以及打算欢迎什么样的"政体"。可以说这最终掌握着美国对第三世界政策成功与否的关键。

3. 中美关系

自从1972年美国与中国签了上海公报以来，由于美国在台湾问题方面所采取的投机性行为，使美国在关于中美关系的外交政策上无论是战略或战术以及对客观事物的理解和判断方面，都充满着矛盾和摇摇摆摆举棋不定的表现。

尼克松1972年的中国之行，在美国外交政策上是一个重大的战略决定，从尼克松的政治背景和思想来看，他不会对中国有什么特别感情，他之所以决定打开中美关系之门，完全基于严酷的客观事实的需要。在美苏争霸和中苏不和以及中国逐渐强大的局面下，尼克松希望结束过去中美两国的敌视状态，并想靠中国在所谓"三角关系"中为美国做出平衡的力量，他为此愿会出代价，就是签订上海公报。在公报里他代表美国正式承认只有一个中国，而台湾是中国的一部分，并答应退出台湾。这一切建立中美正常关系的基础和程序已经是表明得清清楚楚的。尼克松这个谋略是符合中美两国及全世界大多数人民的利益的，所以引起了中美两国及全世界人民的欢呼和鼓舞。

但紧接着美国国内政局的转变，以及各种强有力的保守势力的压力，反对美国放弃台湾这块"肥肉"，尼克松的计划受到破坏。在尼克松自身难保的局面下，美国对中美关系逐渐地采取了投机性的手法。从水门事件开始一直到福特政权终了的期间，美国在以台湾问题为中心的中美关系方面，所采取的行为是逃避和躲闪它对上海公报所做的诺言，继续控制台湾。美国这种违反上海公报的做法，使美国逐渐陷于不能自拔的状态。如果美国想避重就轻，老是在问题核心的外围团团打转，那么，不管美国官方派多少人到中国去访问，或者做出其他方面友善的姿态，不但对于中美关系基本的僵局于事无补，而且更暴露美国缺乏诚意、违反诺言的两面手法。

美国用自己的国际道德观念作借口，企图保护既得利益。美国迟迟不肯放弃台湾，明明是不肯放弃美国在台湾的各项既得利益，但响亮的理由是怕台湾受到"惩罚和攻击"，这种说法有些像美国在越南的借口，说是美国如撤出越南，越南人民会受到屠杀，这与事实根本不符。

至于说到台湾会被"攻击"，这是颠倒逻辑的说法，只要美国退出台湾，这个中国内政问题才会有和平解决的希望。因为就是由于现在台湾当局有美国的撑腰，才仍能装成气势汹汹的样子，一旦美国撤退，他们不是要跑就是要和。台湾人民和大陆人民会共同努力找出一个合理解决的办法。中国在这种情形下，相信是用不着用武力的。只有在美国继续控制台湾的情况下，日子越久，也越增加中国会用武力解决台湾的可能性。

里根上台之后，强调对外政策的反共意识形态因素，在对中国关系上，固然承认中国反对苏联霸权主义的积极作用，却又叫嚣要"防范"中国。甚至在台湾问题上公开干涉中国内政，扬言不抛台湾，要求提高美国同台湾的来往规格，更多地向台湾地区出售军火，恶化中美关系，而且里根政府为表示要按中美建交公报原则发展中美关系，一面又扬言要坚持违反中美建交公报原则的《与台湾的关系法》。这是里根政府对外政策自相矛盾的突出表现。从上述中美关系的现状看来，中美关系在一个相当长的时期是无法得到根本改善的。

4. 日美关系的发展和动向

（1）美日的战略合作。人们知道，日美关系在迄今以前相当长的时期中，虽然不能不受重大国际问题的影响，但主要是被当作两国之间的双边关系来看待的。根据日美安全条约，日本承担其本国防卫，同时在"共同防御"下接受美国的"军事保护"。这个关系的实质，随着美国经济的停滞不振和日本经济实力的相对增长而逐渐有所变化。它经过一个日本对美国"依附"，"协调"、"经济竞争"以至"战略合作"的发展过程。

进入 80 年代的今天，国际力量对比和斗争格局处于深刻变动之中：美国不论在军事上还是在经济上都呈现衰退倾向；苏联霸权主义的军事威胁和扩张势头日益凶猛；日本已成为资本主义世界第二"经济大国"，并力求走向"政治大国"；在太平洋两岸，日本，美国同中国关系的发展影响深远。

苏联正从地中海向东延伸，经过中东、波斯湾、南亚，东南亚以至东北亚这条大弧形地带上不断加强军事压力和扩张攻势。这对于美日两国来说，正如美国国防部长温伯格所指出的，形势已发展到"极其危险的地步"。如果海湾地区被纳入苏联势力范围或者马六甲海上通道被苏联控制，美国受到严重打击固不待言，日本这个"经济大国"就势必遭殃。日本所需要的75%来自中东，一旦油源被苏联卡断，几个月内，日本的工业以至整个国民经济将陷于困境。同时，苏联长期霸占日本南千岛群岛并在远东不断加强军事力量，更使日本安全直接受到威胁。

严峻的形势使日本不能不从世界战略全局来考虑问题。美国也深感它"不能单独对付"苏联"广泛挑战"（温伯格语）。在与日俱增的苏联威胁面前，这两个国家由于"互有所求"而加紧了它们的"战略合作"。

对于苏联霸权主义说来，国际联合反霸格局有如眼中钉，因而它力图分化、瓦解和破坏。它希望在亚洲太平洋地区面对的是一个陷于孤立而可以被它压倒的美国；一个作为美国的盟友但有名无实、没有多大军事力量而又"中立化"的日本；另外是一个与日美不和的中国。这种力量分散甚至互相抵消的态势，最有利于它实行各个击破，向一切防御薄弱的地带放手进行渗透、扩张和侵略，加速实现共争夺世界霸权的全球战略。但是，当代国际社会的安全利益是如此紧密地联系在一起，反对霸权主义、维护世界和平已成为当前各国人民共同的迫切任务。

（2）日美的矛盾。当然美日的战略合作还存在不少矛盾，在经济关系方面，两国经常发生严重的摩擦。1978年日本对美顺差高达115亿美元，1979年由于日本的"克制"曾经降低一些，1980年顺差又高达122亿美元。总的说来，这些年美国外贸逆差有35%～40%属于日本的顺差。美国的一些主要工业产品在市场上处处受到日本货的排挤。美国作为"自由世界最大钢铁国"的宝座也让位于日本了。它的大规模集成电路的权威地位也摇摇欲坠。这些问题，如日本前外相大来佐武郎所说，是因为美国通货膨胀，投资不足，劳动生产率已低于日本，短期内难以扭转颓势。

在战略合作方面，各自的要求也不一致。美国希望日本"分担"的防御责任，扩大到"关岛以西，菲律宾以北的海域"，在美国调动第七舰队支援印度洋，波斯湾防务的时候，日本能够起一些"填补空虚"的作用。美国海军部长莱曼说，现在美国所保护的这条从东南亚到东北亚的航线上，有75%的油船是驶往日本的，美国为此而维持的两支机动舰队，每天要花费50万美元。而美国为了守护包括西南亚在内的整条石油通道，每年要支付约50亿美元，这笔钱约等于日本国防预算的一半。据温伯格说：美国为"保持远东防务足够强大"所支出的经费6倍于日本。美国人均军费负担年达520美元，日本仅为80美元。

日本这次在联合声明中表示，将根据宪法规定的基本防卫政策，为加强自主防卫做出进一步努力，并将同美国"适当地分担"防御责任，而其重点放在用"经济、技术力量"对和平与安全做出贡献，配合美国军事力量以实现所谓"国际综合安全保障"设想。它将"自卫"范围定为"日本周围海域几百海里，海上运输线一千海里"，主要是进行海空巡逻。

由于日本在军备方面花钱不多，"分担"防御责任很少，因此它在对美经济关系上不得不做出让步，如同意：①将今年输美小汽车数量主动限制为168万辆，较去年压缩7.7%。②决定今后5年把对发展中国家的政府援助比过去5年援助额（1976—1980年共107亿美元）增大一倍，并采取"重点主义"的方针，对重要地区进行"政治性""战略性"援助。除继续给泰国、巴基斯坦、土耳其等国援助外，对中东、中南美等特定地区还要增加援助额。从这些情况看，日本"分担"的"责任"是有所增大，然而其性质侧重于经济"贡献"，所做的军事承诺看来还不能使美国满意。③美日战略合作的前景和趋势。随着苏联霸权主义全球战略的推进，日美两国越来越需要相互依靠，加强它们的同盟关系，这个趋势会继续发展下去。同时，两国将一面在经济上竞争和摩擦；一面逐步缩小它们的"分担"防卫责任问题上的距离。这中间将有一番复杂而曲折的关系调整过程。

在政治、外交方面，日本的走向很清楚。这一时期在外交政策上提出了"西方一员"的概念，这同70年代所谓"等距离外交""全方位外交"相比，是一个重大发展。

"西方一员"的概念包含两层意思：第一指日本站在与"东方"即苏联相对立的一边；第二指日本要加强同美国和西欧合作，发展"日美欧体制"。鉴于苏联扩张势头与日俱增，眼下日本国内纷纷议论国家安全，政界、财界掀起一股浪潮，主张不能像过去那样全靠办"经济外交"抓商业利益，而要从根本上突出外交政策的"政治性"，扮演"政治大国"角色，维护日本利益。

日本作为"西方一员"，加强日美同盟，向"政治大国"迈进，这已成为它的国家发展路线。日本外务省亚洲局长木内昭曾经对日本的"外交态势"做了这样的说明："日美关系起基轴的作用，日中关系是一根大柱子，加上同东盟保持良好关系是第三根柱子"。"总之作为一个模式，日美中处于相当紧密的关系，同苏联对峙，这是怎么也不能否定的"。"日美中加上东盟，再加上欧洲共同体，这就是日本外交的态势"。

当然日本也和美国一样，现在还是考虑保留同苏联"对话渠道"。同时，为了谋求经济利益，继续要向苏联发展贸易以至提供贷款。鉴于西欧国家正同苏联进行天然气输送管道计划，日本也已同意，在各国准备提供的150亿美元对苏贷款总额中，承担30亿美元的份额，用于输出钢管等材料。

"大棒加胡萝卜"，搞"缓和攻势"加"经济诱饵"，借以取得"战略优势"，是苏联多年来对西方采用的一项重大谋略。种种迹象表明：苏联正在加紧施展这一谋略，并直接对准日美同盟和美日同中国之间的战略协调。根据勃列日涅夫在苏共二十六大提出的所谓"加强相互信任措施"，克里姆林宫正向欧、亚分别展开"地区"的"缓和"攻势。它针对远东国家的"特点"，一面使用政治、外交、宣传手段集中攻击日美同盟和它所谓的"华盛顿、东京、北京"轴心；一面鼓吹加强地区性"相互信任"措施，也就是搞分化瓦解，阻止有关国家在战略上联合起来，以便各个击破。

目前，在西方，包括日本在内，对克里姆林宫的"缓和催眠曲"倾听入迷者尚不乏其人；苏联也正在施展缓和攻势，寻求可乘之隙。但是，日本的基本走向同苏联霸权主义的全球战略之间的矛盾，在亚洲和世界范围都是不可调和的。只要苏联的威胁不解除，日美加强同盟关系对付苏联扩张的战略大方向，看来也不会根本改变。

六、美苏的中东战略

1. 苏联的中东战略

中东位居欧、亚、非三大洲的接合部，是苏联南下地中海和印度洋的必经之地，控制着非常重要的国际海上运输线。中东又有"世界油库"之称。中东在地理上和经济上的重要性，使它成为世界霸权主义者必争之地。

苏联加紧在波斯湾、中东地区推行南下战略，并不意味着其战略重点已从欧洲移到亚洲。

苏联的南下战略既继承了老沙皇的衣钵，也沿袭了希特勒在第二次世界大战中力图打通从柏林经巴格达到新德里一线的做法，企图以此确保拿下欧洲，并进而把南部非洲在内的印度洋非洲沿岸纳入其南下战略目标之内。勃列日涅夫曾向索马里总统西亚德透露苏联在中东非洲地区的战略意图说："我们的目标是要控制西方赖以生存的两座宝库：波斯湾的能源宝库和中部以及南部非洲的矿藏宝库"（见尼克松著《真正的战争》一书）。这就是西方战略家多次揭露的苏联对西方所从事的资源战。苏联入侵阿富汗，是它在非洲扩张和加紧经营非洲之角的继续，其着眼点仍在欧洲。

中东波斯湾在地理上属于亚洲。但是中东、非洲对西欧的重要性大大超过其对亚洲的重要性。西欧经济正常运转所需石油的90％、矿物原料的75％主要来自中东和非洲，单是波斯湾就供应西欧所需石油的57％以上。世界三大战略航道中位于这里的有两条（海湾—苏伊士运河、好望角航道，另一条为马六甲海峡），都是西欧的大动脉。非洲之角又是欧、亚、非战略交叉地带，是控制欧洲南翼和地中海的必争之地。

可见，苏联加紧推行南下战略，固然有把它的东西两线联结在一起的企图。但是主要还是服务于同美国争夺欧洲的目标，也就是从侧翼包抄欧洲。同时由中东经南亚到东南亚。并与苏联从日本海向太平洋延伸的海上力量衔接，包围中国和日本。这当然不是战略重点东移亚洲，相反，正是强调地表明它的战略重点仍在欧洲，美国前国务卿黑格也指出："苏联在非洲之角、波斯湾和南非以及南亚推行冒险主义的目标，是打击那些位于或者接近于西方主要资源供应线的国家。"

2. 苏联卷入中东的原因

苏联对中东的关注，最初考虑的因素是想获得土耳其海峡、多德凯斯群岛、的利波里坦尼亚和伊朗北部。他们强烈地希望在中东建立苏联的军事和政治存在，以便有助于破坏西方在该地区的存在。

20世纪50年代初，苏联在中东的行动，引起西方严重注视。在中东宣布杜鲁门之后，接着美国第六舰队就永久地驻扎到地中海，空军也继海军而来，携带核炸弹的远程轰炸机摩洛哥、利比亚、沙特阿拉伯和土耳其的基地上驻扎。总之，苏联最初的行动激起西方的巨大反应。

第二次世界大战后，在赫鲁晓夫和勃列日涅夫当权的20多年间，苏联对中东的卷入在程度上越来越深，在目的上前后有很大变化。从主要关心本国安全转到日益着眼于争夺世界霸权，因而在态势上也明显地转守为攻。1955年，苏联决定向埃及提供军火，这是它战后在中东打开局面的开始。当时这一行动在很大程度上还是对美国建立"巴格达条约组织"的反应，出于某种反包围的考虑。但随着苏联军事和经济实力的增长及其扩张野心的膨胀，它在中东地区竭力攫取军事基地，拼凑带军事性质的条约网，大搞内部颠覆活动，力图控制油道并进而包围波斯湾产油区。情况表明，苏联在中东所追求的战略目标，已经越来越超出了地区性的范围。

赫鲁晓夫对中东的兴趣，出于军事、政治和意识形态的原因，但在中东广阔的国际舞台上，他碰到了西方决心采取军事和政治集团的办法，如北大西洋公约组织、东南亚条约组织，在中东如巴格达条约组织，来遏制苏联。西方这一决心，又得到美国在发展和部署战略（和战术）核武器方面的巨大优势的支持。赫鲁晓夫下定决心来纠正这种局面，其办法是加紧建立苏联的核武库，改建苏联的海军，并进行旨在削弱"资本主义体系"的长距离的政治攻击，企图把它的"殖民地和附属的后院"的一部分拆开来，从中东这一具体事例来说，赫鲁晓夫要进入这一地区的总决心,由于他要中和靠近苏联腹地的美国的巨大力量而得到加强。因此,苏联建立了在地中海的潜艇存在,并一直保持到50年代末它们从阿尔巴尼亚的基地佛罗纳被逐出来为止;苏联海军永久驻留在地中海是从1964年开始的。

对美苏争夺这个总的问题,以及对美国在中东的军事存在这个具体问题,勃列日涅夫采取了类似的做法。为中和美国总统的核优势所做的种种努力,为排除美国在中东的支配地位所做的种种尝试,都在继续着,但是勃列日涅夫同赫鲁晓夫,在行事方式上和实质上的重大差别还是可以看出来的,赫鲁晓夫向愿同苏联合作的任何人都提供莫斯科的服务,而他的接班人则在选择苏联的依附者时更为挑剔些。另外,勃列日涅夫领导集团同美国打交道则更加谨慎些——它未提出过任何像古巴导弹危机那样的正面挑战——而且它对资本主义垮台和第三世界转向马克思列宁主义的期望也不那么高。由于苏联的军事与后勤能力大有改进,勃列日涅夫在遥远的地区(包括非洲之角和安哥拉)的事务中还扮演重要角色。总之,克里姆林宫在1945年后推行政策的结果,苏联成了中东事务的积极参与者。

3. 苏联在中东局势中的可乘之隙

一段时期以来,由于内外各种矛盾的发展,中东陷于剧烈动荡之中,形势中的某些变色,为苏联南下中东提供了新机会。

在中东、波斯湾的地区的"北层",伊朗、土耳其和巴基斯坦国内都不稳定,伊朗局势的发展以及两伊的战争对阿拉伯半岛的一些产油国不能不发生很大的影响。科威特和巴林也经常有人闹事,这些情况就便于苏联运用其浑水摸鱼的惯伎,向中东进一步渗透。

伊朗孔雀王朝的覆灭折断了美国在中东的支柱之一。而美国在这一事件中的表现,又增加了邻近的某些"温和派"国家对美国的不信任,这些国家面对来自苏联的威胁,又感到美国这个朋友不可靠,它们想同美国拉开距离,同苏联缓和或改善点关系的倾向,有所滋长。美国原企图用以遏制苏联南下的"中央条约组织"已经彻底崩溃。被称为美国在中东另一支柱的沙特阿拉伯,也避免给人以同美国结盟的印象,甚至声称它在处理波斯湾问题时,既不愿和苏联也不愿同美国站在一起。这些情况就便于苏联在中东一带继续玩弄又压又拉的手法进一步挖美国的墙脚。

在阿以争端方面,埃及和以色列虽然签订了合约,但由于以色列的顽固态度,由于美国并没有对以色列施加足够的压力,中东和谈又逡巡不前。一些阿拉伯国家不得不谋求从苏联获得更大的政治支持和更多的军火供应。不少阿拉伯"温和派"国家对待阿以争端的态度,同"激进派"国家有所接近,美国想把约旦和沙特阿拉伯卷入中东和谈的打算落空了。反之,这两个国家现在都不反对让苏联参与阿以争端的解决,连苏丹也转而对埃以和约有所保留。伊朗新政府同埃以断交,绝大多数阿拉伯国家赞同第二次巴格达会议的决定,使埃及的处境更加困难,这些情况就便于苏联在阿拉伯世界勾引"激进派",着重打击埃及,并挑拨美国同许多阿拉伯和伊斯兰国家的关系。

因此,苏联目前在中东一带并不是如同国际上有些人所说的那样"无可作为",而是大有空子可钻。

4. 苏联近期在中东的打算

苏联出于它全球战略的需要,又面对中东的那些可乘之隙,正在这一带大力推行其南下政策。但中东毕竟是十分敏感的地区。苏联在没有准备好挑起世界大战以前,对中东,特别是对波斯湾产油区,不能不采取比较慎重的策略。从各方面情况看,苏联近期在中东的打算,主要有下述几个方面。

第一,保持并进一步改善其包围波斯湾油田的战略态势。过去苏联利用欧加登战争以及阿富汗和南也门的政变,加强了对埃塞俄比亚、阿富汗和南也门的控制,初步形成了对波斯湾的钳形包围。为了巩固和扩大这一包围,苏联现在亟须保住阿富汗,平定厄立特里亚,加紧控制和利用南也门。它正大力支持阿富汗政府镇压国内抗苏和反政府的武装斗争,并更深地插手门格斯图政府在厄立特里亚的军事行动,要变厄立特里亚为从西面威胁沙特阿拉伯的基地。苏联还在南也门扩建军事基地,赶运先进武器,增驻苏联、古巴和东德的军事人员,并以南也门为前哨,向阿曼和北也门伸手。如果苏联能在阿富汗稳住阵脚,势必按照其原定计划通过阿富汗在普什图问题和俾路支问题上大做文章,试图再一次肢解巴基斯坦,实现其南出印度洋的目的。如果苏联搞阿曼和北也门得手,更可以完成对波斯湾产油区的包围,从而大大增加对中东产油国和依赖波斯湾石油的西方国家进行恫吓讹诈的资本,并便于它在波斯湾产油区利用从外面团团包围住的形势,在内部搞颠覆活动。一段时期来,不少来自苏联的人员和武器陆续渗入伊朗,这是值得严重注意的一个迹象。

第二,助长中东一些"温和派"国家的疏美倾向。苏联利用这些国家同美国矛盾的发展,用软硬廉施的办法对它们做工作。目前特别致力于拉土耳和沙特阿拉伯。苏联一面派重兵驻扎在苏土边境,一面又把土耳其作为它近年来对外提供所谓援助的重点对象,它1980年6月初同土耳其签订了数额巨大的经济技术合作协定,包括建造它过去从未答应帮助土耳其建造的核电站。它甚至表示可以向土耳其这个"北大西洋公约组织"的成员国出售军火,苏联策动也门战争。实际上是对沙特阿拉伯的一个警告。但勃列日涅夫亲自出面,写信给沙特阿拉伯国王,说南也门不会打沙特阿拉伯,并建议沙苏复交。苏联的宣传机器也明显地对沙特阿拉伯改而采取比较缓和的腔调,还公开主张两国发展贸易关系。苏联同约旦就提供武器问题进行了接触。苏联想使这些国家在美苏之间尽可能扩大同美国的距离,缩小同苏联的距离,从而使中东地区的力量对比,朝着有利于苏联的方向变化。

第三,稳住阿拉伯,打乱美国的中东和谈计划。苏联大造反对埃以和约和反对美埃以有关西岸和加沙自治问题的三边谈判的舆论。它还企图以提供某些过去不肯提供的"先进武器"的办法,稳住叙利亚和巴勒斯坦解放组织。苏联期望美国继续奉行偏袒以色列的方针,把美国独家主持的中东和谈带进死胡同,从而使美国同许多阿拉伯国家的关系更加紧张,使美国同西欧和日本任何解决阿以争端的问题上已经出现的分歧更加尖锐化,使埃及更加孤立,使国际上要求苏联回到中东和谈中去的呼声更高涨。在苏联看来,出现这样一种局面,就便于它狠狠打击美国在阿拉伯世界的地位,反而代之。

(二) 美国的中东战略

1. 出发点

美国历届政府在制定中东政策的过程中遇到的难题,是在中东地区谋求建立抗苏"战略一致"同解决阿、以冲突两者之间的关系如何处理。里根政府上台初期,强调在中东地区建立抗苏的"战略一致"是它"最优先考虑的战略问题",把阿、以问题置于从属的地位,但这套设想却遭到阿拉伯国家的抵制。此后论调开始变化,宣称建立抗苏的"战略一致"和解决阿、以问题是相辅相成的。但从美国政府这段时间的整个言行看,其侧重点依然放在优先建立抗苏"战略一致"上。这是基于美国当前同苏联争霸的需要和对中东形势的基本估量而来的。

（1）美国政府认为，同美国切身利益攸关的三个战略区（西欧、中东和东北亚）中，中东地区受苏联"威胁最大"，而防御也最为薄弱，因而面临的危机"最为严重"。美国在全球战略的"轻重缓急次序"中，应把中东列为"首位"，作为美国"最优先考虑的战略问题"。

（2）美国想在抗苏"战略一致"的大前提下，缓和中东地区性矛盾，使整个中东形势朝着有利于美国的方向发展。里根政府主张在解决中东问题的过程中，应优先安排好防务，使亲西方的阿拉伯温和国家和以色列和睦相处，共同处于美国军事保护之下，逐步为阿以问题的全面解决创造较好的气氛和条件。同时，美国要抓住抗苏这一中心环节，缓和阿以矛盾，争取时间全面解决阿以问题，以恢复美国在阿拉伯温和国家中的"信用"。

2. 基本轮廓

美国政府中东战略不断调整，其基本轮廓已比较清楚。这就是继承特政府后期对苏强硬政策，加强美国的军事存在，倚重以色列和拉拢阿拉伯温和国家，遏制苏联的进一步扩张，其主要点是：

（1）在战略思想上把中东和欧洲战区更紧密地联系起来。20 世纪 70 年代以来，美苏实力对比开始出现对美不利的变化。美自越南战争失败后，军事上逐步实行收缩政策，提出所谓"一个半战争"的战略构想，即准备在欧洲打一个战争，在其他地区打规模较小的区域性战争。里根上台后，一些高级官员则提出了美准备在欧洲和中东同时"打两个战争"的战略设想，强调在保卫西欧的同时必须保卫西方赖以生存的中东石油和石油运输通道的安全。因此在中东地区建立一个以美国军事力量为中心的"地区安全结构"是美国的"当务之急"。

（2）军事部署上更加强调美在中东的"国事存在"。苏联入侵阿富汗后，前卡特政府宣布要用"包括军事手段在内的一切手段保卫波斯湾"，被称为是"卡特主义"。但当时卡特的考虑是一旦中东有事，就从美国本土上和欧洲等地抽调部队奔赴出事地点，这在很大程度上带有临时应急的性质，弱点很多。里根上台后，采取了一系列措施加强美国在中东的"军事存在"。如改组指挥系统，筹建独立的司令部；加速快速部署部队的组建和训练工作，使之成为一支总兵员 20 万人的、包括各兵种和能独立作战的部队；大力扩建海军，酝酿建立常驻的印度洋舰队；谋求在中东建立基地网，形成一条完整的"支持基地锁链"。供驻军和预存物资之需。

（3）大幅度增加"安全"援助，通过双边和多边关系，把当地力量组织起来纳入美国的"战略合作"体系。美国希望通过这种"合作"体系，促成沙特、埃及之间和解，并设法诱导阿拉伯温和国家走埃及同以色列和谈的道路，最后能形成一个北起土耳其，南到索马里、西起埃及、东至巴基斯坦的新的抗苏战略体系，而以以色列、埃及、沙特作为三个主要支柱，为此先同以色列加强"战略合作"关系。1981 年 9 月，贝京访美，双方宣布达成"战略合作"协议，其后两国又签署了"战略合作"备忘录，使两国原已十分密切的关系具有了正式结盟的性质。对沙特阿拉伯的作用更加重视。里根政府强调沙特是美国中东战略的"关键"因素，公开宣布美绝不允许沙特变成"第二个伊朗"。里根最近不顾以色列和美国犹太势力的反对，促成参院通过向沙特出售 85 亿美元的一揽子武器交易，是美、沙战略关系的重大发展。自1973年迄今，美对沙特武器交易总额已达425亿美元。美国正帮助沙特修建数百亿美元的军事设施，包括4个大型空军基地、2个海军基地、3个陆军基地等。美报透露，美这样做不仅旨在巩固同沙特的关系，提高沙特防御苏联的能力，而且要"加深"同沙特的战略关系，把大宗武器预存在防御苏联的能力，而且要"加深"同沙特的战略关系，把大宗武器预存在沙特，一旦需要，可供美军，"接管和使用"。对埃及则大力保持其稳定，萨达特遇刺之死，美担心失去它在中东这个非常重要的支柱，采取了一系列措施，支持穆巴拉克，制订协助埃及完成军队现代化的5年计划，准备向埃及提供55亿美元的武器。

此外，美国大幅度增加了对苏丹和突尼斯的军援，对土耳军援也从1981年度的4.5亿美元增到1982年度70350万美元，对巴基斯坦则5年内准备提供总额25亿美元的军援和经援，并允许巴基斯坦以现金购买价值11亿美元的40架F-16战斗机。

（4）协调北约盟国对中东的政策，以共同遏制苏联的扩张。美国强调西方国家应在"政治、经济和军事方面协调一致"。为此，美曾多方活动：谋求扩大北约的防卫地区，使之包括"海湾地区"；要西欧盟国向中东派遣部队，组成一支多国部队；在美国从欧洲抽调兵力用于中东时，由西欧负责填补欧洲防务的空缺，要求西欧和土耳其、希腊等国允许美国快速部署部队过境和使用某些基地等。

3. 面临国难

美国政府在推行其中东战略的过程中，遇到了各种困难和矛盾。

（1）阿拉伯民族主义和美国的中东战略存在着尖锐对立。美国政府的抗苏战略，虽在一定程度上符合某些受苏威胁的中东国家的愿望，但其基本目标是要保持美国垄断资本在中东的既得利益和全球争霸的需要，这同日益高涨的阿拉伯民族主义处于尖锐对立中。当前它们同美国的主要分歧有二。其一，不满美国偏袒以色列，不同意美国将阿以问题置于抗苏"战略一致"的从属地位，因为收复失地，恢复巴勒斯坦人的民族权利，消除以色列的战争威胁，不仅是阿拉伯民族的强烈愿望，而且也是一些阿拉伯国家政局能否保持稳定的大问题。其二，许多阿拉伯国家主张独立自主、自强、地区联防，不愿卷入两霸争逐。它们一怕两霸争夺，小国遭殃；二怕中东地区两极化现象加剧，危及自身统治；三怕美国背信弃义，重蹈伊朗国王的覆辙。因此，它们虽愿接受美国的军援以加强自身防务能力，却不愿同美国结正式的军事联盟，不让美国建立军事基地。

（2）西欧盟国独树一帜，不愿唯美国马首是瞻。西欧国家在阻止苏联南下、保证石油资源和保障欧洲侧翼的安全这个总战略目标上和美国基本一致，但在争夺中东军火交易、商品市场方面同美国有矛盾，在对苏策略上也不完全一致，因而影响美国中东战略的贯彻。西欧国家认为，美国先防务后阿以加谈的主张在中东根本行不通。他们认为必须首先解决阿以问题，主张让巴勒斯坦解放组织参加和谈，反对美国在中东过分倚重军事力量，来解决当地国家内部的动乱。消除动乱的因素必须帮助这些国家发展经济、缓和社会矛盾；如动用快速部署部队去干预内乱，不仅无济于事，反而会把事情搞糟。它们还担心美国从欧洲抽调军队，将削弱欧洲的防务，加重欧洲的防务负担，因而它们既拒绝参加美国的快速部署部队，也不同意将北约的防卫圈扩大到北约以外地区。

（3）受到以色列和美国国内犹太势力的掣肘。以色列是美国中东战略的支柱，但贝京集团推行的"大以色列计划"阻碍美国与阿拉伯国家改善关系，从而与美国的中东战略发生矛盾。美国同以色列建立"战略合作"关系，一方面固然是看重以色列在抗苏战略中的突出地位，但也想以此安抚以色列，换取以对美国发展同阿拉伯国家关系的谅解，并希望它在巴勒斯坦问题上作出较大妥协，保持和谈的势头。里根政府这种做法只能起到怂恿以色列的作用，激起阿拉伯国家的更大疑虑和不满。以色列兼并戈兰高地就是一个明显的例证。

总之，里根政府的中东战略，由于它并未改变偏袒以色列的政策，忽视阿以问题的解决，因而矛盾重重，越趄难行。苏联必将利用美国弱点和中东复杂的局势，加紧插手，从而使中东更加动荡。

七、美苏的非洲战略

（一）风云多变的大陆

非洲是仅次于亚洲的世界第二大洲，从15世纪起，逐步沦为西方老牌殖民帝国的殖民地达500余年之久。非洲人民所遭受的屈辱和苦难，罄竹难书。直至第二次世界大战前，非洲大陆只有利比里亚，埃塞俄比亚和埃及3个独立国家，但它们也受到西方帝国主义的侵略、压迫和控制。多年来非洲一直被称为"黑暗大陆"。

第二次世界大战后，非洲开始觉醒了。国家要独立，民族要解放，人民要革命，成为非洲不可阻挡的历史潮流以。战后30多年来，非洲的政治面貌发生了根本的变化。在50年代，有6个新独立国家诞生；60年代非洲民族解放斗争进入高潮，宣布独立的国家多达32个；70年代又有8个国家升起了独立的旗帜；80年代的第一个春天，津巴布韦人民取得胜利，宣布共和国成立。除了尚在进行民族解放斗争的纳米比亚和反对白人种族主义统治的南非以外，非洲大陆已经基本上完成了民族独立斗争的伟大任务。这是非洲发展史上具有计划时代意义的历史事件，而且对当今国际形势的发展，产生着越来越大的影响。

但是，非洲今天仍面临着种种问题和挑战。

首先是军事政变成风，政局动荡不稳。据不完全统计，从50年代初到1980年，有36个非洲国家发生了约60次政变和100多次未遂政变，这在世界上是罕见的。有10次政变是在刚果、加纳、赤道几内亚、中非、毛里塔尼亚、利比里亚、乌干达、几内亚比绍和上沃尔特九国发生的。目前还有不少国家潜伏着政变危机。政变后被推翻的前国家元首和政府首脑，不是被关杀，就是被流放。在这样不安定的局势下，军人政权应时而起，目前非洲有19个国家处于军人统治之下。

其次是大小武装冲突不断，战火连绵。据统计，从20世纪50年代中期起，非洲经历了20场各类型的大小武装冲突和战争（民族解放战争不计在内），卷入这些战争的国家有28个之多。战争规模较大，持续时间较长，损失较重的有：扎伊尔1960—1964年为平息加丹加（现在的沙巴省）分裂主义者企图"独立"的活动，打了两次内战，1977年和1978年又发生两次抗击苏联和古巴雇佣军入侵沙巴省的战争；尼日利亚为解决东部伊博族闹"独立"的问题（当时已成立"比夫拉"国，1967年7月至1970年1月也进行了两年半内战；苏丹的南北战争延续了17年，直到1972年尼迈里总统答应南方六省实行自治，战火才告停息；1978年10月坦桑尼亚反对乌干达前总统阿明武装侵占其西北部大片领土的战争，打了约半年，直到阿明垮台。目前，乌干达还孕育着内战危机。

最后，许多国家社会动荡。在一些国家中，工人罢工，学生罢课，士兵闹事等事件不断发生，其中有些事件还影响到政局的变化。例如，1963年8月13–15日，刚果首都布拉柴维尔发生工会组织领的群众起义，在军队支持下，推翻了前总统尤卢政权。1972年5月13日，马达加斯加首都塔那那利佛发生大规模的群众运动，迫使前总统齐腊纳纳政府下台。

（二）苏联的非洲战略

1. 苏联夺取非洲是全球战略的重要布局

非洲地处欧洲南翼，与中东相邻，又濒临大西洋、印度洋、地中海和红海，其战略地位的重要不言而喻；非洲自然资源非常丰富，有世界上最重要的50多种矿产资源。因此，非洲多年来一直是帝国主义、新老主义激烈角逐的场所。苏联向非洲加紧扩张是它推行南下战略、争夺世界霸权的重要一环，它对非洲的政治渗透和在许多国家的军事存在，严重地威胁着非洲国家的独立和安全，也威胁着西方国家的既得利益。目前，派驻安哥拉和埃塞俄比亚的37000多名古巴雇佣军，就是安哥拉和非洲之角战火不息的祸根之一。美、英、法等西方国家，一向把非洲看作它们的原料基地，商品市场和投资场所。它们为了保持在非洲的经济和战略利益，自然竭力反对和遏制苏联在非洲的扩张。西方国家，特别是美国与苏联这两个超级大国的激烈争夺，势必加剧它们同非洲国家之间的矛盾，阻挠着非洲国家的发展和局势的稳定。

苏联向非洲渗透，始于20世纪50年代中期。当时，非洲民族独立运动蓬勃兴起，英、法等西方老殖民主义势力日衰，美国又遭到全世界人民的反对，苏联就乘机抬出所谓"支持"民族独立和解放的旗帜，打开了进入非洲的大门。到了60年代，非洲许多国家宣布独立，苏联又通过经济、军事"援助"进一步闯进非洲。它名为鼓励新独立国家走"非资本主义道路"，实为诱使它们依附于己。

20世纪60年代中期勃列日涅夫上台后，随着苏联军事实力的膨胀，它利用美国陷入印支战争泥潭 西方国家1973—1975年处于严重经济危机的时机，对非洲加紧实行军事扩张。70年代后期，苏联更是大打出手，派遣古巴雇佣军在安哥拉和非洲之角打代理人战争，策动雇佣军两次入侵扎伊尔。苏联在非洲接连发动的扩张攻势，来势汹汹，胃口很大。苏联正在非洲"不动声色地""扎扎实实地"巩固其势力范围和加强其扩张部署，伺机而动，继续推进。

苏联与非洲相距遥远，先前又无势力范围，为什么多年来它处心积虑地向非洲渗透扩张？究其原因，这是苏联称霸世界的棋局中所必需的一着，苏联争霸世界的战略重点在欧洲。但是，夺取非洲，特别是抢占北非、非洲之角、南部非洲和"凸出"于大西洋的西部非洲的一些战略要地，对于它夺取欧洲、争霸世界的战略布局具有重要意义。

一个现实情况是，目苏联在欧洲难以突破军事对峙状态，而非洲同中东、波斯湾、印度洋其他地区一样，正处于所谓"危机的弧形地带"，是西方防御体系的薄弱环节，撒哈拉沙漠以南的非洲又位于北回归线以南，在北约防务范围之外。因此，向非洲加紧扩张，逐步扩展阵地，以便从南翼包围欧洲，就成了当苏联的一个战略目标。

另一现实情况是，非洲具有西方的"天然后方"的作用。非洲为西方提供了极其丰富的工农业原料以及制造尖端武器所必需的战略资源。欧美在这方面对非洲的依赖越来越大，西方报刊把南部非洲的矿产资源和中东的石油形象地比喻为西方赖以呼吸的"两大肺叶"；并把绕道好望角向西方运送这些矿产的海上通道，比喻为连接两肺叶的输送血液的"大动脉"。如果苏联控制了这些地方，便可断绝西方资源的供应及其同战略"后方"的联系，这对整个西方是"致命打击"。

再一方面，非洲大陆濒临大西洋、印度洋、地中海和红海，苏联如果控制了非洲沿海的军事要地并与其海上力量相呼应，便可腰斩两洋通道，夺得制海权。制海权的重要性是不言而喻的。老沙皇彼得大帝就曾梦寐以求称霸海洋，他说："当我们能够进入印度洋的时候，俄罗斯就能在全世界建立军事和政治统治。"现在苏联正力图在非洲沿海的战略地带和岛屿建立海军基地网或取得使用港口、机场设施的便利，从而可以驰骋红海和地中海，控制印度洋和进入南大西洋。

从以上各种因素来看，在苏联的全球战略中，非洲所占的地位已明显上升。

几年来苏联在非洲的扩张有得有失。就其所得而言，最突出的是它在非洲确立了军事存在。目前，苏联在非洲的军事力量已相当可观。它不仅在安哥拉和埃塞俄比亚驻有37000多的古巴雇佣军，还向约1/3的非洲国家派遣了他自己的和东德等国的近4000名军事顾问与专家。它在非洲沿海七国取得了20余处港口和机场的使用便利，并与埃塞俄比亚、安哥拉、莫桑比克三国签订了带有军事性质的"友好合作条约"，从而在非洲之角和南部非洲获得了立足点。

与此同时，苏联在非洲的政治渗透也不可低估。据苏联科学院非洲研究所所长小葛罗米柯去年发表的文章宣称：非洲目前有10个以上国家在政治上不同程度地受到苏联的影响，它们约占非洲土地的30%和人口的25%。苏联把这些国家看作它在非洲反对西方的"同盟军"，并且同其中一些国家的执政党发展了"兄弟党"的关系，力图施加直接的影响。

2. 苏联向非洲扩张的手法

苏联在非洲的推进，采取见空就钻、伺机而动的进攻态势，其手法狡猾多样。

军事"援助"是苏联打入非洲的主要手段。非洲新独立国家的一些人士，有的要巩固自己的政权或夺取政权，有的希图以实力解决边界纠纷，都需要加强其军事力量；那些尚未独立的地区，特别是南部非洲的解放组织要进行反对白人种族主义政权的武装斗争，更需要军事援助。多年来，苏联别有用心地利用这种情况，在非洲招摇撞骗，大搞军事"援助"。在苏联对非援助中，军援占60%以上。随苏联军火而来的是一批批军事顾问和专家。他们渗入受援国或解放组织的军事机构；训练官兵，施加影响，苏联利用军援这一招，对受授一方影响大、收效快。目前，在北非、非洲之角和南部非洲，都有这一类受援国和解放组织。

苏联向非洲扩张较有欺骗性的手法是搞意识形态的渗透。非洲国家独立后，纷纷寻求彻底的政治和经济独立的道路，苏联趁机兜售它的"非资本主义道路"和"社会主义发展模式"，极力宣传非部国家只有与苏联"友好合作"才能解决问题。它一套蛊惑宣传，在非洲某些阶层人士中有一定的市场。

苏联更猖狂的一手是使用雇佣军进行扩张。它派遣古巴雇佣军在安哥拉和非洲之角进行军事干预，激起了许多非洲国家的反对和警惕，但也曾迷惑了一些不明真相的人。今后苏联也不会放弃这一手，而且它将花样翻新，更加隐蔽，利用和鼓动某些非洲人，替它火中取栗。

利用非洲历史上遗留下来的边界纠纷，部族矛盾，拉一派打一派，挑拨离间，制造争端，以便乱中取利，是苏联在非洲的惯技。苏联按照自己霸权主义的政治需要，把非洲国家分成"进步"和"反动"的两类，从而在非洲制造分裂、破坏团结。

网罗培植亲苏势力，从非洲国家内部搞政治颠覆，这是苏联为了向非洲渗透扩张而做长期打算的一种阴险手段。它在非洲国家办学校提供"助学金",培训它需要的"非洲民族干部",并拉拢工、青、妇等民间团体的一些人到苏联学习、访问。此外,它还直接进行颠覆和间谍活动。据报道,在非洲国家的苏联外交人员中,竟有1/3是臭名昭著的克格勃成员。

(三) 非洲国家的抗霸斗争

1975年安哥拉事件以来,随着苏联霸权主义真面目的日益暴露。非洲国家防苏抗苏斗争逐步展开,并已成为当前非洲人民反帝、反殖、反霸斗争的一个重要任务和组成部分。

1976年1月,在非洲统一组织的特别会议上,首次出现了同苏联针锋相对的斗争场面,以塞内加尔为首的22个非洲国家一致谴责苏古武装干涉安哥拉,主张从安哥拉撤出一切外国军队。在非洲统一组织的会议上,这是第一次有这么多的非洲国家公开点名谴责苏联干涉非洲事务。在1977年召开的第14届非统首脑会议上,针对苏联策动雇佣军入侵扎伊尔,又一致通过了"反对外来势力干涉非洲内部事务"的决议。许多非洲国家领导人列举大量事实,指责苏联是打着"社会主义招牌的帝国主义国家","苏联是更狡诈的帝国主义","跟沙皇毫无差别"。苏联入侵阿富汗,在非洲也激起了强烈的反对和声讨1981年1月和11月联大两次投票通过要求苏联军队撤出阿富汗的决议时,先后有22个和35个非洲国家投了赞成票。去年初召开的伊斯兰国家外长特别会议之所以能够一致通过谴责苏联入侵阿富汗的决议和关于外国对非洲之角的干涉问题的决议,与会的非洲国家也起了重要作用。

苏联在非洲的军事扩张和干涉,日益严重威胁非洲国家的独立和安全,从而加深了它同非洲国家之间的矛盾。埃及、苏丹、索马里已走上公开抗苏的道路。在两次沙巴事件中,塞内加尔、象牙海岸、加蓬和多哥等,都曾派遣部队同扎伊尔军队并肩战斗,共同打退了入侵的苏联雇佣军。后来这些国家一直在酝酿成立地区安全组织,以便加强军事合作,防御外来侵略。近几年来,另外一些非洲国家与苏联的关系也在变化。几内亚已禁止苏联战略侦察机在科纳克里停降,要求苏联军事顾问撤离。阿尔及利亚总统沙德利在1981年6月的一次讲话中,强调阿尔及利亚"无须模仿东方和西方","不做任何人的卫星"。即使同苏联比较亲近,签订了"友好合作条约"的一些非洲国家,也不愿完全听从苏联的摆布,它们和苏联之间控制与反控制的斗争一直不断。1981年4月新独立的津巴布韦,由于对苏联不放心,至今还没有与苏联建交。在挣脱西方殖民统治之后,不愿重新套上苏霸的"枷锁",这已是非洲国家的普遍心情。

(四) 西方反对和遏制苏联的扩张

苏联在非洲的扩张,不仅威胁了非洲国家的独立和生存,而且损害了西方在非洲的利益,危及西方的安全。西方为了维护自身的利益,竭力反对和遏制苏联在非洲的扩张,并加以采取了一系列对策。

美国在安哥拉事件中吃了亏以后,逐步调整了它在非洲的对苏政策。美国在第二次沙巴事件时(1978年),为法国的军事行动提供了后勤支援;后来为遏制苏联插足南部非洲,美国支持英国通过谈判和平解决津巴布韦独立问题。美国目前的具体做法,首先是加强它在非洲的军事地位。美国对埃及、苏丹、摩洛哥等国增加了军援,加紧扩建迪戈加西亚岛的海空军基地,增加印度洋海军舰只;与肯尼亚、阿曼、索马里三国先后达成使用港口和机场设施的协定;为保证好望角航路的畅通,准备使用南非西蒙斯敦的海军基地。其次,针对苏联对非洲经援较少的弱点。发挥美国在经济和技术上的优势,增加对非洲的经援增加了一倍,现在每年达10亿美元以上。第三,推动某些同美国关系密切而政局不稳的国家进行政治、经济改革,借以减少和消除被苏联利用的机会;对一些亲近苏联的国家则保持"对话",尽可能提供经济技术援助,促使它们离苏倾向的发展。第四,加强同西欧盟国磋商,协调行动,争取在非洲对苏联实行"共同战略"。

越来越多的西欧国家也主张认真对付苏联在非洲的扩张。由于法国在非洲的利益最大,它的态度也就是最坚决。西方评论认为,"法国为稳定非洲局面,阻止苏联的扩张,起了西方先锋队的作用"。德斯坦总统一再强调法国在非洲的"历史责任",并且认为"在非洲担些风险是值得的","不然就会丢掉非洲,使其处于苏联影响之下,给西方造成无法估计的不良后果"。法国通过经济、政治、外交和军事的各种纽带,同很多非洲国家紧密联系,严防苏联的渗透。它同23个非洲国家签订了军事合作协定,其中有6个防务协定;同22个非洲国家签订的各种经济协定有140项之多。

英国保守党政府1979年上台以来,也积极采取措施对付苏联在非洲"日益增长的威胁"。在和平谈判解决津巴布韦独立问题的过程中,英国起了积极作用,打击了苏联在南部非洲的扩张图谋。苏联入侵阿富汗后,英国协同美国加强印度洋的海军力量,并举行联合演习,防范苏联掐断经印度洋绕好望角的石油航道。

通过上述苏非关系的发展变化,可以看到非洲形势的一个动向。20多年来,苏联把非洲作为南下扩张的一个重要目标,不断加紧向非洲渗透推进。与此同时,这也促使非洲国家和人民日益认清社会帝国主义的本质,逐步走上团结反霸的斗争道路。的确,非洲的现实情况是复杂的,非洲大陆内部还有不少可供苏联利用的动乱因素,而且许多国家与西方帝国主义、殖民主义和白人种族主义者的矛盾至今仍然居于突出地位。但是,苏联霸权主义日益深入的侵略扩张是非洲国家共同面临的一个新的严重威胁。只要苏联不放弃它的霸权主义政策,不停止它对非洲国家的侵略、干涉、控制和颠覆,就只能促使非洲各国人民团结起来把防霸抗霸斗争进行到底。

八、美苏的拉丁美洲战略

(一) 苏联由全面渗透转为重点进攻

苏联对拉丁美洲地区的战略,正如巴西《圣保罗州报》所指出的,是要把美苏全球争夺扩张到邻近美国的地区,在中美建立自己的卫星国体系,从而威胁到美国的后院。为了实现这一战略目标,苏联采取了如下的策略手法利用该地区各国同美国之间的种种矛盾,企图在那里建立亲苏反美阵线;利用各国人民要求变革的愿望,插手这些国家的内政,一面扶植亲苏古势力,一面拉拢中间力量,借以扩大"同盟军",进一步打入民族民主统一战线;利用武器援助,支持和操纵反政府武装力量,推翻执政的亲美势力而代之以苏古势力。在萨尔瓦多,苏联和古巴正是这样干的。

苏联在加勒比的渗透扩张,一向是利用古巴打头阵,这不是偶然的。除了中美洲的动乱局势使古巴易于浑水摸鱼外,古巴在这里还有进行渗透的许多便利条件:中美国家的地理位置与古巴接近;语言和文化相同;古巴同中美国家的一些政党组织早有联系;不少国家的武装人员在古巴接受军事训练,从而培植了一批亲苏古的势力。1979年,古巴在尼加拉瓜和格林纳达得手之后，一度在加勒比到处张牙舞爪，进行全面渗透。它一方面，在中美洲打着"支持民族解放"的旗号，趁火打劫，乱中取利；另一方面，它以"支持民族独立"为招牌，利用东加勒比岛国刚刚摆脱殖民统治而政局动荡不定的情况，采取打进去和拉出来的办法，妄图把这些岛国变成它的势力范围，纳入苏联霸权主义的战略轨道。

然而，古巴野心虽大，力量有限。它在尼加拉瓜的露骨渗透，已使拉美各国对它的警惕和疑虑日增，特别是苏联武装入侵阿富汗，更在全世界人民和拉美各国人民面前暴露了苏联的狰狞面目。因此，加勒比各岛国开始出现摆脱苏古影响的趋势。在此情况下，1980年苏古在这一地区采取了新的策略，由全面渗透转为重点进攻中美洲，力图在萨尔瓦多打开缺口。

哈瓦那电台曾公开说："由于尼拉加瓜的胜利，革命不可避免地要扩展开来，萨尔瓦多和危地马拉已生活在革命气氛之中。"卡斯特罗也宣称：古巴决心用自己的"力量和鲜血"为此"作出贡献"。据报道，早在1979年11月曾举行一次有古巴重要官员出席的秘密会议，"讨论在加勒比地区和中美洲的颠覆计划"，决定给萨尔瓦多反政府游击队以重点支持。1980年下半年以来，由古巴统筹安排，把大量武器运进了萨尔瓦多。莫斯科派高级官员到哈瓦那召开秘密会议，密谋乘美国新旧总统交替之际，一举推翻萨尔瓦多现政权。为此，萨尔瓦多游击队在全国发动了大规模的总攻。

（二）美国"以攻为守"

加勒比原属美国的"势力范围"，中美洲更是美国的后院重地。苏古在加勒比中美洲积极插手，这不能不使美国戒惧。但近年来，美国由于霸权地位的衰落，又缺乏明确有效的对策，面临苏古进逼。往往陷于被动招架，以致它在尼加拉瓜的阵地落入苏古之手。

卡特政府在执政后期，调整了它对加勒比、中美洲的一些政策做法，为避免重蹈尼加拉瓜之覆辙，美国开始压中美洲的军人政权变换统治手法，以缓和国内阶级矛盾。对萨尔瓦多，美国继支持"温和派"军人集团发动政变，建立军人—文人执政委员会之后，又恢复了军援，力促现政府改善形象，实行改革，以稳定政局。洪都拉斯进行了议和选举，准备向宪法政府过渡。危地马拉也在美国的影响下答应大选。对牙买加，美国加强援助，支持工党竞选获胜。对尼加拉瓜和格林纳达则力图保持联系，施加影响，争取失而复得。但是，在萨尔瓦多问题上，卡特政府决策摇摆不定，未能改变局面，反而给苏古加强渗透，提供了可乘之机。

里根政府上台后，继承了卡特政府后期对加勒比、中美洲政策趋于强硬的一面，但在具体对策上进一步做了调整。它采取"以攻为守"的策略，从实力地位出发，对付苏古的挑战。里根就任总统后第一接见的外国首脑就是牙买加新总理西加，并表示愿提供6000万美元援助牙买加"恢复经济"。同时，里根进入白宫两天后，就停止了卡特执政时同意给尼加拉瓜的7500万美元的经援。

综合里根政府上台以来的情况，美国在萨尔瓦多问题上采取了如下的"应急措施"：

展开外交和宣传攻势，表示决心采取强硬政策，从萨尔瓦多问题开始反击，遏制美联的扩张。为此，美国接连派出特使向西欧和拉美各国游说，指出苏古向萨尔瓦多游击队运送武器的事实。里根还针对勃列日涅夫建议举行美苏首脑会谈的"和平攻势"，提出苏联必须停止干涉萨尔瓦多，作为表现诚意的实际行动。

在萨尔瓦多"划线",不许苏古越过雷池,从而遏制"卡斯特罗主义"在拉美的蔓延。为此,美国一面在加勒比海上举行大规模军事演习并派出舰艇飞机进行巡航,一面向古巴发出警告:如果它不停止向萨尔瓦多游击队运送武器,美国可能对它实行军事封锁。

加强支持萨尔瓦多政府,把萨尔瓦多作为制止苏联进一步扩张的"第一个试验场"。为此,美国决定对萨尔瓦多增加援助,并将增派军事顾问人员。

里根政府上台后在萨尔瓦的问题上迅速回击苏古,这是美苏争夺战在美洲的一个重要的发展。但是,里根政府对萨政策,受到国内外的种种牵制。甚至政府内部在多大程度上卷入萨尔瓦多局势的问题上也出了矛盾。在这种情况下,最近美国态度转趋缓和,并且一再向国内外进行解释,要人们不必担心在萨尔瓦多会出现"越南式"的战争。而在美国的压力下,苏古方面也不得不减缓向萨尔瓦多游击队运送武器,当然,它们不会就此罢手。看来,尽管萨尔瓦多局势可能一张一弛,美苏在加勒比地区的争夺战是不会止患的。

第二章　苏联在外交上的和平攻势

苏联美国在当前斗争的局势中，都是打着"缓和"这面旗子，发动外交攻势，进行扩军备军，达到称霸世界的目的。

在研究苏联的"缓和政策"时，必须了解苏联的永恒的意识形态——和平共处。西方的战略家因为不了解苏联的和平共处政策的实质，所以对建立在"和平共处"基础上的"缓和政策"缺乏足够的认识，所以当苏联稍为提高缓和调门时，他们总是认为苏联真的追求和平，而产生一种绥靖思想。

一、苏联缓和攻势的价值

苏联巧妙地运用"和平攻势"或关于裁军的建议，这就容易使西方更加认为和平"本身就是目的"。然而苏联领导人从来没有接受过这条假想。列宁甚至把这种态度说成"可悲的资产阶级和平主义"。这种对和平共处与和平主义的划分，使苏联人能够一方面实行军事干涉，另一方面又声称自己在促进和平事业。因为在他们看来，和平就是社会主义的最终胜利。所以当苏联人于1956年入侵匈牙利时，苏联人竟声称：联合国讨论这一干涉事件倒是蓄意威胁和平。同样，在克里姆林宫看来，1939年国联谴责苏联对芬兰的干涉，这也是对和平的一次严重威胁。从历史发展的远景来看，苏联的任何行动，即使是好战行动，都只能促进和平事业；而任何行动非共产党国家的政策，都只能有利于战争勾当。既然如此，对苏联或其傀儡组织提出的"和平"建议，看来只能慎之又慎。不妨略举数例为证。

1921年7月19日，苏联外交人民委员齐切林通知非共产党世界：关于裁军的思想当然得到苏联政府完全赞同。在以后数年中，齐切林和李维诺夫甚至起草了若干非常大胆的普遍裁军方案。这些建议使国际共产主义运动的某些人士产生了错觉，不明白它们只有纯粹的策略价值。因此，到1928年，共产国际便出面加以澄清："苏联关于裁军问题的建议旨在……宣传马克思主义的一条基本原理，即裁军和消灭战争只有随着资本主义的崩溃才能实现。"该文件进一步说：这并不是否认列宁"武装无产阶级"的口号，绝不是要代之以"解除无产阶级武装"，如果那样做，岂不意味着放弃"内战和争取社会主义的战斗了吗"？因此，共产党人应当"坚决反对由苏联关于裁军的决定得出的错误结论"。

共产国际甚至确认克里姆林宫通过这些建议追求目标是：发展同情分子，这些人因苏联为争取和平斗争而对之产生好感；引来西方的答复（当然是否定性的答复），于是便向群众宣传；实现真正裁军的唯一办法是"武装无产阶级，推翻资产阶级，建立无产阶级专政"。

一言以蔽之，在苏联人心目中，"争取和平的斗争"恰恰是对资本主义进行战斗的一种武器。这种理论立场迄未遭到否定，而列宁对所谓"可悲的和平主义"的批判一直影响着苏联对东西方关系的估价。

1952年，斯大林在提到"和平拥护者"时，曾指出：在不同条件下，他们的斗争有可能转化为争取社会主义的斗争。斯大林表明：到那时，就不再是一种貌似和平主义的运动了，而会成为公开致力于"推翻资本主义"的运动。

两年之后，斯大林之死丝毫没有改变这方面的态势，《真理报》肯定了这种分析，暗示：如果发生新的大战，那么"在帝国主义侵略者的后方"立即就会兴起强大的和平运动；这番评论还说：运动的宗旨，到那时就不再是制止战争，而是"消灭产生战争的社会制度"。

到1958年，"世界马克思主义周刊"（"和平与社会主义问题"英文版——译注）用一句警句概括了上述全部论据："历史充分肯定了马克思主义的基本原理，根据这些原理，工人阶级必须把争取和平的斗争，继续看成反资本主义解放运动总体的组成部分，而为此在必要时采取一切手段。"

苏联人借助于虚假的和平攻势，在西方阵营里制造混乱。他们目的显然是削弱、分化西方阵营。在这方面，不能不注意到列宁主义理论同克里姆林宫政策的高度一致，苏联力图利用资本主义国家间的分歧，来贯彻列宁主义关于帝国主义及其"不可避免矛盾"的理论。

但这套理论不仅促使苏联领导人加强了分化西方集团的政策，还使他们对于资本主义阵营内力量对比的变化十分敏感。因此，克里姆林宫从原则上反对一切看来有助于加强非共产主义世界团结的因素。

我们已经了解苏联的"和平共处"以及和平攻势的价值之后，就可以转过头来再谈谈苏联当前所宣传的"缓和政策"。我们前面说过，苏联的"缓和政策"是以"和平共处"的思想为基础的，是麻痹西方掩盖斗争规模的一种温和的斗争手段。它即非和平，也非爱好和平的政策，是克里姆林宫强加于各国的全球性雅尔塔。根据苏联奥热戈夫大词典的解释，"缓和"的释意是：①安抚；②削弱。如果我们从语言学的角度直接译成苏联对"缓和"政策的概念，我们便会发现，苏联维埃国家对这个术语的理解过去和现在都是：安抚敌人，使之削弱。苏联领导对于"缓和"所做的这种主要解释，是骗不了人的。他们在文章和讲话中多次说明，"缓和"是意识形态战的继续，共产主义只有通过这种战争才能真正达到统治世界的目的，因为只有"缓和"才能在西方共产党和"第三世界"民族共产主义势力的配合下为实现克里姆林宫的目的创造有利条件。

把"缓和"纲领应用到目前条件，是在第24次代表大会上第一次提出来的，当时称为"和平纲领"，其实这是个含义不清的纲领。"和平"（MTP）这个词在俄语里有九种解释，与本文直接有关的就有三个：①世界；②没有战争；③交战双方就停战问题达成协议。英美国家在表达这些不同概念时用的是不同的词，对世界时用的是world，指各国人民之间的和平时用peace。那么二十四大所宣布这个纲领到底是个什么含义呢？"冷战"还在继续。任何一个有政治头脑的人都知道，对于共产党人说，"冷战"便是意识形态战。既然布尔什维克断言，在意识形态方面无和平可言，那么二十四大宣布的所谓"和平纲领"便可能是世界纲领、全球纲领，要西方停止对苏联进行"冷战"而苏联却继续对全世界进行意识形态战的纲领。

但是，最使人吃惊的是勃列日涅夫在一次代表会上谈到缓和的价值时，西方仍然莫名其妙！他在那次代表大会上说："今天，我们要再一次向我们的战友——全世界的共产党人保证，我们今后也将永远同你们战斗在一起……社会主义事业必将在全世界取得彻底胜利。我们将不遗余力地为争取这种胜利而战斗。"（见1971年出版的二十四大材料）这一战斗已见分晓：越南、老挝、柬寨、安哥拉、苏德条约、波德条约、捷德条约、两个德国的条约、赫尔辛基会议、尚未得手的葡萄牙和大有可为的意大利，法国、西班牙、罗得西亚、西南非洲、南部非洲和拉丁美洲，勃列日涅夫在二十五大上对于"缓和"所取得的成果表示满意，他侃侃有词地说："缓和为广泛传播社会主义思想创造了有利的机会。"（见1976年2月25日《真理报》）

由此可见，"缓和"的结果对西方是极为不利的。西方政治家已开始意识到，法国总统在访问莫斯科期间提出把"缓和"扩大到意识形态领域时，勃列日涅夫斩钉截铁地回答，"不行"。他说得对：第一怎么能签订意识形态上的和约，又不放弃莫斯拉从物质上援助其他国家革命与内战的信条呢；第二，怎么能不放弃自己在西方后院宣传共产主义思想的"传统"权利而又能保护自己反对自由世界向自己后方传播消息的"传统"权利呢。众所周知，由于西方把"冷战"中的"和平"理解为意识形态战的结束，因此取消了相当一部分对付共产主义的意识形态机构；苏联却反其道而行之，它扩大了反对西方的意识形态机关（一个明显的例证是：美国关闭了已有20年历史的以其研究成果而得到世界公认的慕尼黑"苏联问题研究所"。而莫斯科却立即建立了由二十五大选出的苏共中央委员领导的"美国问题研究所"。）勃列日涅夫不止一次地向二十五大说明，应当如何理解"和平纲领"。"它的主要目的是……争取国际关系发生根本变化。……我们要加倍努力，继续继续推行这一政策，争取……保障各国人民争取自由、独立和社会进步的权利。目前，我们党在国际舞台上的活动异常广泛而多种多样，以致现在制定我们的对外政策时，地球上没有哪一个角落的事态，不在我们的考虑之内。……任何一个客观的人都不能否认，社会主义国家对世界事态的影响日益有力，日益深入……"（见1976年2月25日《真理报》总书记供认、莫斯科利用"缓和"的形势，从物质上帮助亚洲的越南、老挝、柬埔寨、非洲的几内亚比绍、佛得角群岛、莫桑比克、安哥拉等国建立了新的"进步"制度。勃列日涅夫补充说："苏联对于斗争中的爱国者一向给予全面的支持。"

勃列日涅夫明确规定了苏维埃国家和苏共在"缓和"问题上的"分工"：苏联政府机关的任务是与别国建立"和平共处"关系，而苏共的任务则是支持这些国家的人民争取"自由和进步"的斗争（苏联所谓的"进步"就是朝共产主义方向发展）。请看有关言论："一些资产阶级活动家对苏联共产党人声援别国人民争取自由和进步问题大叫大嚷。这种做法要么是出于幼稚，要么是故意装糊涂。因为缓和涉及国与国之间的关系，这是清楚明白的事情。然而，国与国之间的争执与冲突不应通过战争来解决……缓和绝对不能代替阶级斗争的规律。谁也不能指望共产党人在缓和的条件下会向资本主义剥削制度妥协……"勃列日涅夫夸奖苏共在帮助世界上一些共产党彻底消灭西方资本主义制度方面的战略战术。勃列日涅夫提到，"共产党人不能等待资本主义自动灭亡"，而要下决心通过革命来加速这种灭亡。他最后总结说："今天，我们可以同别国的共产党人一起声明，斗争的途径与基本方向已经选定，联合行动会产生有益的结果……"

苏联一位著名思想家在评论勃列日涅夫在二十五大报告中所谈的"缓和"问题时写道，"在分析各种力量争取国际缓和的斗争结果时不考虑世界社会进步的总趋势是不对的……在缓和的形势下，许多新兴国家公开同帝国主义（即同西方国家——原作者注）进行对抗……国际缓和也影响到发达资本主义地区的社会政治过程。它促进了这个地区的革命运动……在当前资本主义总危机尖锐化的条件下，缓和加强了左派力量的团结创造了新的可能性……众所周知，这些可能性已经在许多西欧国家里胜利地变为现实……意大利、法国、西班牙、日本、美国、加拿大、英国等国的罢工人数大大增加。斗争有时发展到反对统治集团经济政策和社会政策的基础……前面就是新的胜利。"

二、苏联缓和攻势的新调

缓和攻势早已被苏联定为"长期战略线",但经过20世纪70年代的曲折起伏,其调门有所改变。苏共二十六大宣布了所谓"加深缓和"的八项建议,较之二十五大显得"温和"和"克制"。

在二十五大上,勃列日涅夫趾高气扬,历数其"缓和"战略的战就,认为苏联已经牢牢掌握了"历史主动权",其对手已"被迫大大退却"。他提出,"地球上没有哪一个地区的情况"不在苏联"考虑"之列。当时苏联报刊公然宣称,苏联的对外政策具有"全球进攻性",它要在一系列地区实行"进攻性战略"。其气焰之盛,仿佛可以一口吞下全世界。

这一次,勃列日涅夫改变了腔调。虽然他也照例讲了几句缓和的成就,但是当年的豪言壮语消失了。相反,他强调"国际地平线上空乌云翻滚",东西方"斗争激烈",形势"复杂而充满风暴"。当年咄咄逼人的架势,一变而为积极要求"对话",通篇报告反复表白希望"缓和""裁军""合作",甚至为此有意回避了一些刺激性的敏感问题,如柬埔寨问题、萨尔瓦多问题。

腔调的改变,反映了处境的恶化,二十五大于1976年2月召开时,缓和正处于最高潮。从1970年苏联同西德签订条约,经过1972年美苏首脑签订第一阶级限制战略武器协议,到1975年欧安会召开,苏联争得了西方承认战后欧洲边界和领土现状,实即承认苏联在东欧的霸权地位。同时在缓和的烟幕中大大加强了自己的经济、军事实力。于是,从二十五大前后起,苏联有恃无恐,加紧了它的全球扩张。它先从安哥拉开刀,然后沿非洲之角、红海口、南亚至东南亚,展开扇形推进,直到公然出兵阿富汗,直逼西方禁区。这样一来,"缓和"的真相开始暴露,促使世界人民觉悟,人们日益认识到所谓和乃是骗人的把戏,苏联的处境也就日益困难了。

当前,有几件事使苏联在对外关系方面十分被动。一是阿富汗事件。苏联无法镇压阿富汗人民的反抗,它又拒不撤军,这就使它摆脱不了孤立处境。二是"波兰危机"。苏联担心波兰的冲击波动摇它对东欧的控制,然而它准备军事干预的架势又引起了西方和世界舆论的强烈反应。三是美苏关系紧张。以往这种紧张往往只限于某些方面,如今则几乎涉及所有领域。苏联苦心经营的"缓和体制"是以美苏关系为基轴的;美苏关系的紧张,使这一体制发生了动摇。

在国内,苏联也面临重重困难,经济增长率持续下降。劳动力严重不足,农业多年歉收,食品和日用消费品供应紧张,社会政治问题堆积如山。对于苏联当局对外侵略扩张带来的沉重负担,苏联人民是不满的,这种不满在积累着,谁也难说有朝一日它不会爆发。

然而,处境的困难,是否真的已使苏联头脑清醒?腔调的变化,是否真的意味着它改变了争霸世界的战略呢?

要回答这个问题,需要分析一下勃列日涅夫在二十六大上兜售的八项建议,苏联正是企图用这八项建议来装扮它是多么真心诚意想"拯救"缓和,"维护世界和平"的。

第一项,把"根据欧安会决议采取的增进军事方面信任的措施","扩大到苏联的整个欧洲部分"。所谓"信任措施",是指华约和北约相互预先通报军事演习和军事调动。过去,信任区域只包括苏联西部边界以东250公里内的地区。现在扩大到苏联的整个欧洲部分。似乎接受了西方国家的主张,作了妥协让步。实际上苏联的这项新建议是以西方也必须相应扩大军事信任措施地区为先决条件的。也就是说,它把美国的"前沿基地"系统地包括在内。同时,今天卫星侦察手段的发展水平已使这种预告通报的实际价值大为降低。而苏联之所以做出这一新的姿态,只不过是为了扫除障碍,促成欧洲军事缓和与裁军会议的早日召开,以此巩固苏联在欧洲的军事优势。

第二项,首次建议苏联、中国、日本、美国等有关国家就远东地区为"军事信任措施"问题举行具体谈判。这项建议的目的是将其矛头直接对准美日军事同盟和中、美、日之间的战略协调。苏联早就企图把所谓"赫尔辛基精神"扩展到远东,但一直未能实现;其"亚安体系"设想也多次碰壁,现在乔装打扮,又用这个建议的形式端出来了,而且,正当苏联自己加紧在远东的军事部署时,它提出这项建议,显然是极其虚伪的。

第三项,表示愿意立即就第二阶段限制战略核武器条约问题继续举行谈判,企图打破长期以来停滞不前的美苏关系僵局,"重建以美苏为主导的国际关系格局",并以此为突破口,带动全局,使缓和花招重获生机,因为它一向认为,美苏关系是"缓和"体制的基石。但是,勃列日涅夫明白表示,苏联决不做任何实质性的让步,它"不允许"美国谋求军事优势。

第四项,再次建议"延缓部署"欧洲中程核导弹,使之在数量上和质量上加以冻结,并表示愿"再前进一步",签订减少这种核武器的条约,这项建议表面上是为了缓和当前局势,而实质是为垄断核优势。因为,苏联通过部署 SS-20 中程导弹等新式武器,已经在欧洲战区核力量方面取得了优势。它建议"延缓部署",只是想打掉今后北约在欧洲部署美国新式核导弹的计划,至于它自己在欧洲的中程导弹,则作为既成事实,要予以确保。

第五项,表示愿意把阿富汗问题"同波斯湾安全问题结合起来进行讨论"。勃列日涅夫 1981 年 12 月抛出关于波斯湾安全的五点建议,核心在于将美国军事力量赶出波斯湾地区,而不涉及对阿富汗的军事占领。西方人士说,波斯湾的安全无法同阿富汗问题相分割。苏联这次建议,好像是接受了这种主张,其实不然。勃列日涅夫强调,讨论"只能涉及"阿富汗问题的所谓"国际方面",而苏联在阿富汗的驻军问题,按照苏联的逻辑,则是所谓阿富汗的"内政"。这就表明苏联在撤军问题上寸步不让,所谓"讨论"的目的,依然是为它自己深入波斯湾地区铺平道路而已。

第六项,限制美苏部署新的潜艇,禁止更新已部署的潜艇导弹和研制新导弹。现在苏联拥有的潜艇导弹发射管已经多于美国,远程导弹的射程也大于美国。苏联这项冻结建议,目的在于阻止美国发展新式导弹,防止力量对比发生不利于苏联的变化,这是一目了然的。

此外,苏联还建议召开有最高级领导人参加的安理会特别会议,以及成立一个"权威的国际委员会"以讨论所谓"防止核灾难"问题。显然,这些建议只不过是蹩脚的宣传伎俩,没有任何实际意义。

难怪西方舆论异口同声地指出,苏联的"新建议"不过是一场新的"和平攻势"而已。

苏联的缓和战略,是 60 年代和 70 年代之交正式出笼的。1971 年的苏共二十四大,提出了六点"和平纲领",把缓和提到战略高度。这一战略的根本目的,勃列日涅夫曾有极其坦率的自供。据美国《世事周刊》报道,他在 1973 年的一次讲话中说,推行缓和战略,为的是"赢得时间来加强我们的军事和经济实力,以便在 1985 年前使力量对比发生决定性变化,从而使我们能够在任何需要实现我们意愿的地方实现我们的意愿"。70 年代前 5 年,苏联利用这一战略颇为得手，西方把这一时期称为缓和的"黄金时代"。以后，由于苏联全球侵略扩张的自我揭穿，缓和逐渐走下坡路，而且每况愈下，一蹶不振。用苏联自己的话说，缓和现在已处于"低潮"，甚至有"化为乌有的危险"了。

在这种情况下，缓和战略还要坚持吗？苏联认为，要坚持。因为称霸全球的经济、军事实力还不够强大，全球战略部署还没有全部完成，它还用得着"缓和"这块招牌。这就是二十六大"拯救缓和""加深缓和"建议的由来。

勃列日涅夫在二十六大宣布的新的"和平纲领"，反映了今后苏联相当长时期内的战略意向。其核心是趁里根政府上台伊始，政策尚未付诸实施之机，以美苏首脑会谈等建议给西方，特别是美国来个措手不及，打乱西方内部的阵脚，以便变被动为主动，迫使美国退居守势。它企图加深美欧间的裂痕，借助西欧来对美国现行的对强硬政策施加压力，把这几年来遭到严重挫折的东西方关系重新拉回到"赫尔辛基时代"的轨道上来，使局势朝着有利于苏联的方向发展。苏联企图再度掀起一个缓和高潮，把自己打扮成"和平旗手"，以洗刷其国际形象，摆脱孤立处境。它想争取时间，腾出手来处理棘手的波兰危机和国内经济难题。并且在缓和的烟幕下继续扩充实力，限制对方，壮大自己，选择有利时机，对准西方薄弱环节，进一步扩大侵略地盘，加速完成其全球战略部署。

现在苏联发动的"和平攻势"，并没有什么新的东西。还是它70年代"缓和战略"的继续。但当前的国际情况和重要条件不同了，苏联的扩张行为给它自己造成了一系列的困难。首先一个困难是，东西方大国关系不像70年代那样了。尤其是美苏关系。美国看到了苏联的"缓和政策"是要排挤美国，从美国手中抢夺地盘，取美国霸主地位而代之。美国和西欧都强调"缓和"不是单行道，而是双行道。苏联的"缓和"老把戏不行了，对抗加剧了，军备竞赛升级了。另一个困难是苏联在第三世界也搞得关系紧张，是要控制它们。现实的情况和问题是，第三世界许多国家从苏联那儿得到主要是政治和军事上的控制，它们在经济上不仅得不到什么"援助"之利，反而蒙受剥削掠夺之害，因此越来越多的第三世界国家开始疏远和离开苏联。

第三方面的困难是，在苏联的"大家庭"中出了乱子。东欧的不稳，尤其是波兰的动荡，对苏联来说是非常头痛的问题。它的主观意图是想通过波兰当局把团结工会镇压下去，到了波兰的局势不能控制的时候，苏联是不惜动武的。但它又想尽力避免这个结果，因为波兰是比阿富汗更难吞咽的苦果，对波兰动武，"缓和战略"也势必断送了。当然，东欧各国对苏联的能源，原料和市场等依赖是很深的而要求独立的倾向是共同的，对苏联控制日益不满也是可以肯定的。

总之，美苏关系今后尽管还可能出现起伏与曲折，苏联同第三世界的关系不管如何改善，苏共二十六大的缓和新调或老调新唱，都难以恢复70年代的缓和"蜜月"了。苏联利用缓和战略推行全球扩张，绝不能像当年那样顺利了。

三、绥靖与缓和

苏联的缓和攻势以及限制核武器的建议，在西方世界产生了一种麻痹和绥靖思想，这种绥靖思想为缓和攻势开辟道路。

美国最初的缓和理论主要是亨利·基辛格1972年逐步发展起来的，这个理论背后的主要概念是军事、经济和政治之间形成"连环关系"。在这三方面，对第一阶段限制战略武器会谈协定所代表的军事连环关系，最初宣传得最起劲。在莫斯科形成连环关系以后，基辛格博士兴高采烈，他把第一阶段限制战略武器会谈协定吹捧为一个"在与之有关涉的全部近代史上前所未有的协定"。他做报告说，最高级会议是这样成功，以致美国方面达到了所有它计划和希望达到的目标。"妥协互让占百分之十"，这真是外交会议的一个极不寻常的纪录，然而实践证明第一阶段限制战略武器会谈协定只不过是一张期票。1974年国务卿基辛格认为，如果不能"及早在1977年以前"紧接着再达成一项范围更广的核协定，"那么，我相信，人们将看到技术和数量的突破"达到可怕的程度。战略家乔治·基斯佳科夫斯基教授说："第一阶段限制战略武器会谈协定并不禁止或限制战略武器竞赛，那些协定只不过是促使每方采取它认为军事上对自己最有利的方向进行这种竞赛。"没有迹象表明进一步的协定能在国务卿基辛格提出的1977年期限前签订。

在美国方面，它一贯认为，苏联之所以对缓和感兴趣，主要是由于经济方面的原因，驱使苏联这样做的基本因素来自生产增长率的不断下降。根据苏联的官方材料，1950—1958年的生产增长率是10.9%，1958—1967年下降到7.2%，1967—1973年则下降到6.4%。西方重新计算的苏联数字是，1950—1958年为6.4%，1958—1967年为5.3%，1967－1973年则为3.7%，苏联出现这个问题的关键原因是，它跟不上西方的先进技术。

苏联的缓和和攻势，不仅在西方政治中产生影响，而且西方社会各阶层人士当中也产生巨大的反响，所以西欧的和平主义运动一浪接一浪，它已影响到某些国家的政局。

参加这一运动的成员颇为广泛，成分相当复杂。从"左"翼到右翼分子，从议员到家庭主妇，从军人到教士，几乎包含了社会各阶层人士，当然，其中绝大多数是真心诚意谋求和平者，但也有不少利用和平旗帜来达到政治目的者。

许多和平组织和团体的活动，或集会游行，或征集签名，或印小册子，发传单，集会，少则几千人，多则20万~30万人。各大中城市有时互相响应，但是具体见解杂乱纷纭，迄未形成统一的组织。过去，这种运动的参加者多属民间人士，而这次不少工会、政党的领导人，甚至执政党的议员也都卷了进去。

各国和平运动的口号，突出的是反对核竞赛，反对核扩军，但各有侧重面。例如，原定于1983年部署美国中程导弹的五国（西德、英、意、荷、比）致力于反对部署导弹，而且闹得很凶，尤以西德为烈。北欧各国热衷于建立"北欧无核区"，在南欧，希腊叫嚷要退出北约，撤销美国军事基地，西班牙则反对加入北约，意大利的口号是既"打倒北约"，也"打倒华约"。然而，和运的总的趋势是反对北约的"双重决议"，即反对在西欧部署中程导弹，要求与苏联进行核裁军谈判。

四、美苏新的核谈判

美苏关于欧洲战区核武器的谈判，起因于1979年12月北约通过的"双重决议"（决定一面的欧洲部署中程导弹，一面同苏联谈判），根子则在于苏联SS－20导弹对西欧的严重威胁。众所周知，以苏联为主的华约，在常规力量方面早就对北约占有很大优势。至于核武器，60年代苏联在洲际导弹方面处于劣势，但当时苏联已拥有约600枚虽打不倒美国却可以打倒西欧的中程导弹（SS－4和SS－5），而西方则没有相应的中程核武器。到70年代初，苏联在战略核武器方面赶上了美国。1975年欧安会以后，苏联一面加紧同美国就限制战略武器进行谈判，同时又从1976年起开始部署SS－20中程导弹和逆火式飞机。这样，随着美苏第二轮限制战略武器谈判行将达成协议时，苏联在中程核武器方面的优势却越来越突出，引起了西欧国家的注意和不安。在这种情况下，根据西德的提议，北约遂于是年12月正式通过了"双重决议"，即自1983年底起在西德、英国、意大利、荷兰和比利时部署总共572枚中程导弹，同时向苏联建议进行谈判。

西德倡议"双重决议"具有以下三个目的：第一，为了增加西方对苏联的威慑力量，平衡苏联在中程导弹方面的优势，以免西欧遭受讹诈。第二，期望以追补军备的决议为手段，促使苏联坐下来谈判，以延缓苏联的扩军势头，进而争取东西方在低水平上达到均势，避免无止境的军备竞赛，加剧战争危险。第三，针对苏联力图使西欧的安全与美国脱钩的计谋，想通过部署美制新型中程导弹把美国拴住，防止美国在危急时刻从欧洲开溜。

应当指出，在"追补军备"和"谈判"两者的关系上，就西德政府的立场而言，其基点还是立于足于部署，因为正如施密特总理和根舍外长一再指出的，如果西方没有准备部署的决心，苏联决不会同意谈判。同时，西德政府也积极敦促美国同苏联谈判，期望达成双方都放弃部署中程核武器的协议，或至少把双方的中程导弹控制在一个低水平上。

美国的态度如何呢？里根政府上台后，对苏联摆出了一系列强硬态势，在欧洲战区核武器问题上，主张"先部署、后谈判"，而谈判也要联系苏联在各地的表现，即以苏联从阿富汗撤军、对波兰问题加以克制以及停止对萨尔瓦多的干涉等为先决条件。为了扩充实力和增强谈判地位，里根政府还宣布生产中子弹。美国的这种强硬立场，得到英、法的支持，但在多数西欧国家，特别是西德，却引起了较大的疑虑和抵制。它们不同意美国强调军事优势，认为这会使军备竞赛无法控制，增加它们的军费负担。在西欧特别是西德的敦促和压力下，美国国务卿黑格在北约罗马会议上宣布，将与苏联开始谈判。但是，美国之同意谈判，形式多于实质，其主要意图是：安抚盟国，减少来自西欧和平主义运动的阻力，为北约部署中程导弹开路，打掉苏联攻势的借口，并通过谈判争取时间，以继续加强实力；利用苏联的困境，在谈判中使苏联在地区冲突中收敛其扩张侵略行动。

苏联的态度也有一个变化的过程。正如英国《经济学家》指出，对北约的"双重决议"，勃列日涅夫的第一个反应是流露出被刺痛的惊讶心情。他竭力表白苏联的SS-20导弹对西方是不危险的，力图劝说西方放弃追补军备。但当甜言蜜语无法奏效时，苏联就恼羞成怒地转而采取恫吓手段，扬言如北约不撤销决议，苏联就不与西方谈判，东西方将面临一场灾难性的核军备竞赛。它企图利用西欧国家的经济困难和恐战心理，使西方自动退却。当这一手也失灵，而西欧内部和平主义反核运动泛起时，苏联感到有机可乘，便转而着重采取"和平攻势"，以便从内部破坏北约追补军备计划的实施。一方面，它提出了种种蛊惑人心、似是而非的"和平倡议"。例如，它接过法国的建议，诡称同意东西方军事信任措施可以扩大到苏联乌拉尔以西地区；又接过北欧某些政党的建议，含糊其辞地表示北欧无核区可以考虑包括苏联某些部分；在欧洲战区核武器问题上，也可放弃要北约修改决议的先决条件，甚至同意北约为追补军备而作的准备工作可以继续进行，只要在谈判期间不部署就行，等等。另一方面，苏联通过公开号召、暗中策动和秘密资助，对西欧国家的和平主义运动大肆推波助澜，从而挑拨离间欧美关系，把西欧反核运动的矛头引向美国。例如，它制造、渲染战争恐怖，扬言如西方部署中程导弹，将增加欧洲核战争危险，而西德在一场核冲突中将首先被"毁灭"；它宣传美国把中程导弹部署在欧洲是为了"转移核风险"，把欧洲变成核战场，以保全美国本土免遭核打击。苏联的种种手法，万变不离其宗，就是：阻挠北约追补军备，以保持自己的军事优势。

美苏虽然就谈判的时间达到了协议，但双方各有打算，僵局难以突破。首先，双方的基本出发点是针锋相对的，美国认为，北约追补军备是因为苏联通过部署SS-20导弹取得了明显优势；苏联则声称，其SS-20导弹是针对美国在西欧的前沿核武器体系的，苏联在数量上并不占优势。里根政府坚持，卡特时期达成的美苏限制战略武器第二个协议对苏联单方面有利，必须推翻重来，或者加以修改；苏联则提出，它的SS-20导弹打不到美国，而美国将要部署的潘兴导弹和巡航导弹可以在几分钟内击中苏联核心地区，因而必须把西方的中程导弹列入战略核武器，属于限制战略武器谈判的范围。

第二，有关各方对于勃兰特提出的所谓"零点解决方案"态度迥异。苏联提出：如美国取消北约"双重决议"，苏联愿意"减少部分针对西欧的、部署在苏联西部地区的导弹"。美国则认为，只在苏联"全部销毁"SS-20导弹并在"可以进行共同核查"的"理想条件下"，才可以考虑这个方案。在西德，执政党内部对这个方案也有两种态度，勃兰特、巴尔等人主张，只要苏联撤除或减少斜对西欧的SS-20导弹，北约就可以不部署中程导弹；而以施密特·根舍为首的西德政府则认为，如果苏联不是销毁而只是把SS-20导弹移至乌拉尔以东地区，它们仍可以打到西欧，因而不能接受。由此可见，正如西方报刊普遍指出的，谈判将是困难的、旷日持久的，达成协议的可能性很小，缓和的前景十分渺茫。

第三章 间谍组织的渗透颠覆

当前世界各国的间谍战十分激烈,这些间谍网像蜘蛛网一样,遍布全球。美国的中央情报局和美国联邦调查局、苏联的克格勃("国家安全委员会"的简称)、英国军事情报部第五处、法国的反间谍局、西德联邦宪法保卫局……都是世界上臭名昭著的间谍与反间谍专门机构,它们潜入各国,搞情报,进行颠覆活动。其中要以美国和苏联的间谍战尤为惨烈。苏联的国家安全委会和美国的中央情报局都是机构十分庞大的特务组织,它们对内镇压人民群众,对外搞渗透颠覆、侵略扩张,这些反动的特务组织的成员享有各种特殊的权利,不受任何控制和监督,利用"国家安全"做挡箭牌,以保持其行动自由和逃避责任,实际上成了一个可以为所欲为的独立王国。

一、美国的中央情报局与情报界

(一)中央情报局

中央情报局的组织结构分为五个不同的部分:1个相对小的局长办公室与4个行政处,其中以"行动处"(情报局内部称之为"秘密行动机构")为规模最大。行政大楼里只有两个政治领导人,中央情报局局长与副局长,及其贴身班子。局长办公室还包括两个部门——情报来源咨询委员会与国家情报官员,帮助局长发挥美国情报界领袖的作用。局长办公室的其他部门包括传统的政府官员:新闻发布官、国会联络官、法律顾问等。只有两个部门值得特别注意:电报秘书处和历史处。电报秘书处(或称电讯中心)归局长直接管辖,它负责控制总部同各个隐蔽行动现场情报站与基地之间的联络,并根据敌情随时改变之关系。历史处是专请即将退休的情报官员撰写自己在职期间的回忆录,他们的作品亦是高度机密、防范森严的。

情报局分为四个处:情报处、科技处、行政管理与后勤处、行动处(秘密行动机构)。

行动处规模最大,约有6000名专职人员与办事人员,分为15个各级别的部门,其大部分人员(约有4800名)在总部和海外的所谓"地区分部"工作。最大地区分部是远东分部(约有1500名),其次是欧洲(只有西欧)分部,西半球(拉丁美欧洲加上加拿大),近东分部,苏联集团(东欧)分部和非洲分部(只有300名人员)。秘密行动机构的国内行动分部也是个地区分部,但它在美国而不在海外从事秘密行动,它的头目是在华盛顿闹市区一个办公室工作的。秘密行动机构还有三个科:外国情报(间谍)科,反情报(反间谍)科与隐蔽行动科,三个科都在各自的专业中监督行动政策并给地区分部与实地工作人员提供帮助。特别行动部是介于地区分部与行动科之间的混合机构,其主要职能是为准军事行动提供"资产"。秘密行动机构的其他三个部门为各个行动部门提供技术援助。这三个部门是:任务与方案科,它承揽秘密行动机构的大部分官方规划与预算工作;行动后勤,为秘密行动人员安排掩盖事项;技术后勤科,在实验室专门制造间谍行业中的鬼把戏——伪装物,微型照相机、磁带录音机、秘密书写工具等。

行政管理与后勤处（前称"支援处"）是中央情报局的行政与后勤部门。它们大部分预算与人员，都用来支援秘密行动机构实施隐蔽行动。（这个处在情报局有时称为秘密行动机构的"仆从"处。）并向情报处和科技处提供各种类型的支援。行政管理与后勤处下设财务科、安全科、医务服务科、后勤科。财务科负责和国际金融市场接触，储存一批国际货币，以备进一步开展秘密行动的需要。安全科为国内外的秘密设施提供物质上的保护，并用测谎器对雇员合同人员以及大多数外国特务进行测验。医疗服务科提供"审查过的"精神病与内科医生为中央情报局官员治病（精神上和身体上的疾病；对未来的和早已吸收的特务进行精神分析；并给外国领导人绘制"心理图像"）。后勤科管理情报局武器、仓库，为驻外分站与基地提供比较机密的隐蔽行动装备、办公设备与房间家具，并负责其他后勤工作。

情报处约有3500名雇员，从事两种基本活动：第一，通过分析情报（不论机密与否）来起草"情报成品"的报告。第二，为整个情报界提供共同关心的服务。情报局的各种参考服务部门（例如一家拥有关于外国名人传记资料或外国工厂资料的大型自动化图书馆），外国广播新闻处（一个世界范围的无线电与电视监听系统）以及全国摄影译释中心（一个同五角大楼共同管理的组织，专门分析从人造卫星与间谍飞机上拍摄下来的照片）。这三个部门也在上述第二个范畴内。情报处每年7000万美元的预算约有2/3用于为政府的整个国家安全系统的利益而提供的这类服务，这就为国务院与国防部省下了维持重叠机构的费用，它们只要从中央情报局获取它们所关心的问题的"情报成品"。

情报处的其他部门与人员大部分集中于政治、经济与战略军事研究。情报局的专家们不但提供动态情报——对世界各地每天发生的事件的报道与解释，而且对于各种倾向与潜伏危机的地区以及其他为政府决策者关心的事情作长远的分析。动态情报报告的编写同办报很相似，实际上情报处每天、每周发行刊物，除了它们的高度保密性之外，这同美国新闻界做的工作很相像。

中央情报局第四个处，亦即新成立的处，科技处，雇用的人员也最少，约1300名，其职能是在高级科技领域从事基本研究与发展控制间谍卫星，进行情报分析。此外，它还负责情报局的大部分电子数据（电脑）工作。虽然科技处在各种科技领域保持先进水平并且从事研究工作，但它最重要的成就则在于发展技术间谍系统。科技处的前身曾在U－2型与SR－71间谍飞机的研制工作中起过作用。科技处的专家们在间谍卫星领域里也做出过许多突破。

正常的程序是，先由科技处用中央情报局与五角大楼的资金从事研究，使一种收集系统经过研究与发展阶段。一旦这种系统完善的时候就移交给国防部。至于几种特别机密的系统，中央情报局就自己控制其行动，但情报局科技处每年约有1.2亿美元的预算太少，殊不足以维持许多独立的技术收集系统。

（二）情报界

在联邦政府里，从事外国情报的收集与分析的共有10个不同的部门。这10个机构都各有几百个从属指挥部、办公室和小组，通常称为"情报界"。情报界在联邦政府的阴影里悄悄地活动着，既避免抛头露面，实际上又不受国会的监督。它每年花费60亿余美元，其正式人员超过15万，其大部分资金与人力都用于通过技术办法来收集情报以及加工与分析那些情报。情报界收集世界各国的情报资料，但基本目标是共产党国家，特别是苏联与中国，而最热门的情报乃是关于它们的军事能力与意图。

尽管中央情报局的规模较小,中央情报局局长不但是自己局内的第一号人物,而且按照1947年国家安全法案的规定,还是整个情报界的挂名首领。但是名义上受中央情报局局长监督的情报界实际上是由各个独立性很强的官僚部门所组成的,无意接受外界的监督。除了中央情报局之外,所有的情报界成员组织都是上一级政府机构的一部分,并且都向其上级机构、而不是向中央情报局局长请示。虽然所有的成员组织具有共同的行业以及保卫国家安全这一共同的总的目标,但情报界已发展成一个由许多互相重叠的联锁部门组成的错综复杂的组织网,各个组织又都有自己的目标。

中央情报局管辖好几个旨在帮助他管理与控制情报界的各机构际的小组。局长用以管理情报界的两个主要工具是:情报来源咨询委员会和美国情报局。情报来源咨询委员会包括国务院、国防部、行政管理和预算局以及中央情报局本身的代表(既然中央情报局局长领导这个小组并且是情报界的领袖,中央情报局也在该委员会得到一个席位)。情报来源咨询委员会成立于1971年,旨在为情报界制定统一的预算并保证情报来源得到最有效的利用。

美国情报局的主要任务是发布国家情报估计并制定情报收集方面的需要与优先考虑的事项,它管辖15个各个机构际的常设委员会以及负责处理特殊问题的特别小组。美国情报局通过这些委员会与小组发挥作用,除了其他任务之处,它还为美国情报界确定目标以及每个目标的优先权,在情报界内部协调对未来事态与敌方力量的种种估计,为大部分美国政府部门控制保密与安全系统,在科技情报的各个不同的领域领导研究工作,并且决定哪些机密情报将传给外国盟友。

美国情报局及其15个委员会仅限于讨论和提供国家决策者所需要的"国家情报"和一个特定的机构或军事部门需要的情报。海、陆、空三军收集大量的部门情报以支援其战术任务。不过情报界存在着严重的宗派作风,三军的情报人员大部分只效忠于自己的上级机关,而不能相互合作与支持。每个部门都收集自己的情报,而往往不愿意互通情报,结果造成大量的重复,每个部门对敌军能力的分析方法也受到极为严重的局限。

由于各个军事部门在情报方面的自顾自的态度,导致了1961年国防情报局的成立。该局的职责是协调并综合三军情报部的观点与功能。虽然国防情报局最初成立的目的是接管三军情报部的许多职责,但从它成立以来,三军情报部门却仍在发展壮大。实际上,三军的每个情报部都大于国防情报局,空军情报部拥有56000名雇员和大约27亿美元的年度预算,是整个情报界里最大的一个间谍组织。这笔预算大部分用于极端昂贵的侦察卫星以及把卫星送上轨道的火箭。海军情报部拥有大约15000名雇员和6亿美元的年度预算,也许是情报界里发展最快的成员组织了。而潜艇导弹("北极星"与"海神")计划近年来的预算也越来越大,同样迎合了军事计划者的想象。海军情报部实施充斥着最现代的传感器、雷达、照相机以及其他监听装置。陆军情报部是三军情报部中机械化程度最小的一个,其主要任务是收集战术情报以支援其地面部队。但是由于陆军规模庞大,G2型部队的激增,陆军仍能花费7亿美元的年度预算并雇用35000名人员从事情报工作。

剩下的一个巨大的军事情报部门是国家安全局。国家安全局是情报界最热衷于保密的成员组织。它为美国政府识破外国密码电报与发展安全通信系统,从纳税者每年支付12亿左右的美元。国家安全局奉总统的密令成立于1952年,其雇员人数约为24000名。其总部设在马里兰州米德堡,其几百个监听哨分布在世界各地,监听世界上大部分国家的通信——不论是敌国还是友邦。国家安全局的大多数窃听站都是由军队的、从属于国家安全局局长的专门的密码部队来操纵的。

联邦调查局、原子能委员会与财政部，是美国情报局的次要的成员组织，虽然这三个组织的主要职能同外国情报的收集无关，但却是情报界里很活跃的成员组织。尽管如此，联邦调查局的国内安全任务却包括保护国家不受外国间谍活动的损害。原子能委员会有一个分部专门收集关于外国核武器发展的情报并在世界各地设立技术监听站（有时由中央情报局人员操纵）监听外国原子弹爆炸。财政部同情报界的最基本的联系则在于其禁止毒品进入美国的运动。

在中央情报局以外的所有部门里，间谍行业都从一个规模不大的以特务为主的行业转变成一种规模几乎无限庞大的以机器为主的情报收集事业。从前，技术收集实际上只是一些绅士邮件的规模较小的活动而已，现在则发展成规模很大的行动，其中包括通信情报、信号情报、摄影情报、电子情报以及雷达情报。情报资料是通过高度精密的仪器获得的，这类仪器就装于飞机、船只、潜艇、轨道卫星与卫星空间站、无线电与电子窃听站及雷达——其中有些跟三个连成一片的足球场一样大。用于收集情报的感应器或装置有：高分辨率照相机、红外线照相机、侦听微波通信与遥测信号的接收器、侧视与超地平线雷达以及其他更为神秘的的装置。

技术收集系统的激增对于情报界人员方面的阵容也有重大的影响。收集到的浩瀚的情报资料带来了各种技术高超的资料加工人员、密码分析员、电讯分析员、摄影译释员以及遥测信号、雷达与信号分析员。他们把仪器截得的无法索解的卫星电讯号与噪声变为变通情报分析员能用的形式。由于资料浩瀚，还产生了一批新的专家与管理人员。他们所构思、研制与监督的各种系统是如此的机密，以致只有几千（有时只有二三百）持有高级安全许可证的人才能看到情报成品。

由这些技术系统收集到的资料构成美国情报界所能得到的最珍贵的资料。否则的话，美国政府便没有经常的与可靠的方法来足有根据地确定外国——特别是苏联与中国——的战略军事能力。否则的话，也就不可能在1972年同苏联签订限制战略武器的协定，因为该协定的执行完全有赖于双方都能确信，通过自己的卫星以及其他侦察设备定能发觉对方新的军事上的发展。

二、苏联的克格勃（KGB）

苏联的特务机关克格勃所起的作用是集联邦调查局、中央情报局秘密特工以及各种军种情报机构之大成。"克格勃"对内镇压人民群众，对外搞渗透颠覆、侵略扩张，为了达到这个目的，它需要在国外组织间谍网，在国内组织特务网。

"苏联部长会议国家安全委员会"，一般只称"国家安全委员会"，英文简称KGB。

安德罗波夫担托KGB主席之后，这个特务组织越发膨胀扩展了。虽然其组织机构有了一定的变动，但相对来说，基本上较过去稳定。根据已掌握的资料，在主席安德波夫之下，设有6个副主席，组成KGB中央书记处。在这个班子领导下，设有4个主要的管理局、7个独立局和6个独立部，在总部里工作的行政人员即达8000人。

第一管理局，是KGB机构中专门负责对外进行颠覆、破坏和间谍活动的部门，亦称"对外谍报局"（INU）。"对外谍报局"几乎主理全部国外谍报活动的工作，包括刺探世界各国政治、经济、科学、运输、无线电通信、社会学、军事、海军和空军的情报，煽动破坏，搞颠覆阴谋活动，以及控制掌握外国共产党，监视及必要时排除其不听指挥的领导人，总之它是 KGB 间谍活动的策划指挥部门。

"对外谍报局"没有书记处和党委会，领导 3 个局、两个处、两个特别部和 16 个部门。

3 个局是"非法活动局""科学技术局"和"设计分析局"。

"非法活动局"，简称"S 局"，专门挑选特务间谍，潜入外国，以伪造的证件掩护，进行非法的秘密活动，这个局管辖的间谍是在国外独立活动的，不同驻各国的苏联使馆发生关系，而另由间谍网联络人员单线联系。

"科学技术局"，简称"T 局"，是从 1963 年以前的"第十管理局"改组并进第一管理局成为一个部门的，专门主理刺探偷窃外国有关核研究所、导弹火箭、太空科研、战略性科学、电子控制和工业生产方面的资料。"科学技术局"不只自己派遣特务进行活动，而且协调 KGB 各部门和科学技术和工业情报活动，它在苏联国家科技委员会（GNTK）中具有特殊权威，对于苏联科学家参加国际性科学会议的人选有决定权，而且往往安插其成员参加科技代表团到国外活动。

"设计分析局"，简称"I 局"，成立于 1969 年，专职对过去进行的间谍情报活动，进行周密的分析，提供技术的设计，确定 KGB 未来活动运用的原则。

两个处是"情报机关"和"反间谍机关"。

"情报机关"叫"第一特别处"或简称"一处"，专门收集除科学技术局进行的谍报以外其他各个方面的情报，每周定期出版一份简报给党的最高层领导阅看，当中央委员会提出要求时，对某些特别项目进行深入研究，供给中央委员会详细情报材料。

"反间谍机关"叫"第二特别处"，简称"二处"，这个机关主要不是在国内从事防物防特反特的工作，而是设法派遣自己的特务，混入国外的特务机关，所以不是防卫型的而是进攻型的，渗入外国特务机关长期潜伏，设法取得信任，担任机关工作，以便取得外国特务活动的计划或名单，同时当自己特务间谍受监视注意时及时警告，以避免自己人员受到损失。

"二处"同时负责控制所有派往国外生活的苏联人，各驻外苏联使馆中都有"二处"派去的保安官员，他们在使馆内无疑是最令人害怕的人物，负责监视所有人员，从大使一直到最低层的工作人员，看看有无"不健康的迹象"。

"对外谍报局"还设有两个特别部门，它们的地位相当重要，是直接由局直线领导的，它们是"假情报部"和"行动执行部"。

"假情报部"过去简称"D 部"，安德罗波夫上台后改为"A 部"。这个部门专门制造虚假情报，扰乱外国视听，以影响外国政府的决策，他们负责做出周密的谋划，用似是而非的"假情报"实行心理战，或散布谣言，蛊惑外国民心，甚至设法提供假情报给对方的组织或政要，使对方做出错误的判断。

"行动执行部"是 KGB 最怕人知道的一个部门，简称"V 部"，专门干"湿活"（wokrie dela），因为它们的活动充满血腥，往往是鲜血横飞的。它们负责政治谋杀、绑架和破坏，过去这个部被称为"F 排第十三部"，后来在 1969 年改了名称，并加以扩展，它的成员大都是受过特殊训练的军官，官阶都相当高，部长是将军，副部长也是少将一级，其他部门的领导都是少校一级。国外的重要破坏活动，搞军事阴谋政变或重要的政治谋杀，就由这个部门直接指挥和执行，这部门还负责训练外国的游击队，"V 部"在"对外谍报局"中占有非常特殊的地位，它同其他部门没有任何横的联系，是由局直接领导的一个独特的秘密部门。

除了这两个特别部外，还有 16 个部，从第一部到第十部是国外活动部，按地区性划分，它们的目标是针对特定国家地区的。

第一部——美国和加拿大

第二部——拉丁美洲

第三部——联合王国、澳大利亚、新西兰、北欧诸国

第四部——西德、奥地利

第五部——法国、意大利、西班牙、荷兰、比利时、卢森堡、爱尔兰

第六部——中国、越南、朝鲜

第七部——日本、印度、印尼、菲律宾以及亚洲其他国家

第八部——阿拉伯国家、南斯拉夫、希腊、土耳其、伊朗、阿尔巴尼亚和阿富汗

第九部——非洲英语国家

第十部——非洲法语国家

这 10 个部是"对外谍报局"的主力，拥有最多的人员，他们包括在驻外使馆中披上"合法"外衣的 KGB 特务、商务代表，还包括"非法"活动，假情报人员和在国外设法收买的叛徒，刺探情报，设法打进外国政府机关，影响其决策……总之目标极广泛。

第十一部名为"顾问部"，负责 KGB 同古巴和东欧卫星国的秘密警察的联系，指导他们的活动。它有 100 多个官员派驻在哈瓦那东柏林、华沙、布拉格、布达佩斯、布加勒斯特和索菲亚的秘密警察总部，俄国人在这些国家，以"老大哥"身份进行活动，监视这些国家各方面的动态，并且在它们的秘密警察中发展 KGB 的特务，收买外国秘密警察的人员为苏联 KGB 服务。

第十二部是"伪装部"，此部专门负责制造假身份证供在国外活动，将特务人员安插在各种驻外机构，以假身份活动，同时它还将 KGB 军官伪装为游客、外交人员、记者、商务代表、甚至国际会议的代表团成员，并应军队及政府部门要求，组织特别的特务活动。

第十三部是"联络通讯部"，负责对国外的间谍的通信联系，制定密码和解读密码，使在国外的特务能保持联络，递送情报。

第十四部是"假护照部"，专门供应假护照、假文件、隐形墨水以及要求的各种特殊设备，在技术上装备出国的间谍。

第十五部是"档案部"，将收集之情报编入档案，是"对外谍报局"的资料库。

第十六部是"人事部"，也即是"对外谍报局"的组织部，负责处理局内人事调查、收罗人员的工作。

这个"对外谍报局"可以说是 KGB 的两个最重要部分之一，专门是搞对外颠覆，另一个重要部分，则是对苏联国内进行镇压，那是"第二管理局"和"第五管理局"以及"边防局"。

第二管理局，又称为"国内防谍局"，专门负责管理控制在苏联的外国人。这个局除了监视和"保护"外国使馆人员外，还负有对外国使馆进行侦察的任务，对外国游客进行特务活动及收买外国人员充当苏谍。

"国内防谍局"的任务不只是防谍和反特，而是向在苏联的外国人进攻。

局内设有12个部，其中有6个部是负责对付外国驻苏的外交人员的，它们按地区或特定国家来划分。

第一部——美国及拉丁美洲诸国。

第二部——英联邦诸国，包括加拿大、澳洲。

第三部——西德、奥地利及北欧诸国。

第四部——西欧诸国。

第五部——欧洲以外的"发达国家"。

第六部——欧洲以外的"不发达国家"。

以上6个部，各设部长1人，副部长两人，50个参谋官员，特务管理员以及后备行动队，专职监视人员就有300人，每一个部里又分设5个处："一处"是专门对使馆进行特务活动，包括侦察、偷听和监视；"二处"是尽力抵消使馆的宣传工作，破坏其情报活动；"三处"是对任何同外国使馆或外交人员发生过接触的苏联公民进行甄别、调查、侦察、监视和审讯；"四处"为防止外国外交人员在莫斯科以外旅行时接触苏联人民，专门在事前做好安排，用特务包围这些外国人，诱使其上当；"五处"专门做外国外交人员的策反工作、诱拐或收买使馆人员当苏联间谍。

第七部是"国内防谍局"中人员最多的一个部门，负责对付到苏联旅行的游客。第七部下设6个处。"一处"集中力量对付英国、美国和加拿大的游客；"二处"对付其他国籍的游客；"三处"监视管理游客订住的旅馆及进食的餐食；"四处"管理内地旅行事宜；"五处"负责为游客组织同苏联人的接触，对未经计划而发生接触的苏联人进行调查；"六处"的人员安排在各小旅店、露营地、汽油站……专门监视外国游客的一切活动。

第八部是"电脑部"，用电脑记录收录收集第二管理局的情报资料，这一部门在KGB中正在发展，日益重要。

第九部是专门监视和收买外国留学生，分散到有留学生的各个大学进行工作。

第十部专门对付外国通讯社驻莫斯科的新闻记者，设法影响或收买他们。

第十一部负责审查核准所有出国的苏联人，保证他们的背景和情况都"可靠"，不会叛国投敌，特别是在意识形态方面。

第十二部是对政府企业中的贪污腐化、浪费和贿赂的重大案件进行调查的部门。

原来KGB的政治保安机关，专门控制苏联人民的日常生活。特务网遍布全国，原先设有12个处，自1969年，这个机关将其中的"五处""六处""七处""八处""九处"，拨入第五管理局，仍保留在第二管理局的各处中，"一处""二处""三处"和"四处"都是担任国内特务网的管理工作，配合各地的保安机关进行调查工作，职权相当于美国的FBL联邦调查局。

"十处"专门对付"经济罪犯"，监视经济部门的活动，捕捉黑市商人，兼调查全国工厂、集体农庄和商业部门的生产与经营。

"十一处"制定秘密手册，出版月刊，供秘密警察学习阅读，报道关于离心不满分子的问题，提供给领导人员参考。

"十二处"的设置是专门为了对付中国驻莫斯科大使馆的，设立于1963年，对付各国大使馆已由一至六部负担，但KGB却将中国使馆作为一个专门对付的单位，另设专门部门在秘密警察机构之内。

"技术供应组"是第二管理局一个专门供应制造一切特殊工具的组织单位，其中有20多个专家，是受过特殊技术训练的，专开保险箱、开锁、偷拍照片、私拆函件……其任务就是协助各部门打入外国大使馆内做手脚，当然也以同样的特务活动来对付国内的老百姓。

第五管理局，这个局与第二管理局处于同样重要的单位，1969年由政治局决定设置，将第二管理局一些单位抽调出来组成，专门对付国内人民的反抗，是"秘密警察管理局"（SPU）。

第五管理局的很多部门不久前原属于第二管理局，包括第二管理局的第九部和第十部，第九部是管制学生的，第十部是对付知识分子的。

第五管理局还设有一个"反犹部"，专门对付苏联的犹太人，这个部设立于1971年，用来镇压苏联犹太人的抗议示威。它在犹太人当中大量进行收买活动，孤立"离心分子"，凡是犹太人居住地区，就派KGB打进去。

"秘密警察管理局"内设"五处""六处""七处""八处"和"九处"。

"五处"秘密控制苏联国内的宗教信仰，设法打探出信教的人，加以迫害。

"七处"是专门监视有亲戚在海外的人，或从海外到苏联探亲的人。

"八处"专门审查进口书刊，以防在国外流亡的俄国人寄发文学或书刊进苏联。

"九处"是对苏联文化界全面控制的部门，它迫害有"异端"思想的作家，压迫一切非官方批准出版的文学，侦察地下文学的作者，同时负责搜查地下印刷的报刊，甚至追查打印地下传单、刊物的打字机。

第五局还负责管理莫斯科的KGB监狱，卢比扬卡监狱就在KGB总部大楼的地牢，这个地牢有很多监房，可以关押两百个囚犯，卢比扬卡监狱还有一个特别的医药研究室，专门研究毒药和麻醉剂对人体的反应，有时就用囚犯做毒药试验，事后，尸体就拖出抛进附近的一个由KGB主管的火葬场焚化。至于莫斯科另外两个监狱，星福尔多诺监狱和布特利斯卡雅监狱，则由"警备管理局"主理。

边防局是KGB中的另一个主要管理局，但它并没有编号。它拥有一支30万人的陆军和海军，归KGB管辖，是安德罗波夫直接指挥的军事力量，装备有最新式的武器，有炮兵团和装甲车团，它的航只不只巡逻苏联海岸，有时还远离苏联海岸进行活动，其中很多苏联特务船是属于KGB的，它的军官往往被派往外国做"顾问"人员，安哥拉战争中的苏联顾问军官，就是KGB边防军的军官。

第三管理局，"军队管理局"（GUKR）是"第三管理局"，内设12个处，监视全苏联的军队，包括监视国防部，总参谋部和GRU"红军情报局"的活动，KGB的人员介入陆军、海军、空军、边防军（属KGB直属）连内政部的军事和内务部队，都有KGB的人担任要职，甚至导弹部队，武器部队和莫斯科军区，都有KGB人员介入。

"技术管理局"是另一个没有编号的管理局，它专门制造和供应特务活动用的各种工具与仪器，它拥有一批科学家，在秘密的实验室中研究制造各种化学药物，毒品和毒药，杀人的工具。它的毒药可能杀人不见血，受害者死后呈现不是中毒，而是自然死亡的表象。它既是特务间谍武器的研究所，也是一座生产工厂。

第七管理局，又称"监视调查管理局"，它训练所有的KGB官员和特务如何进行监视活动，它设有约3500个男女特务，专职进行跟踪监视的工作，另外还设有案件处理官员、评论员、技术员和监督员。

第八管理局，又称"通讯管理局"，专门处理密码及解读密码，就其性质而言，它已远远超出一般通信的范围，而是一个对外进行间谍活动的机关。近年再加上人造间谍卫星的太空侦察活动，使这个部门活动更显得重要，苏联除了在天上有特务间谍卫星外，在海上更有配备电子仪器的间谍船，伪装成"拖网渔船"四处活动，"通讯管理局"还负责发展有关通信及侦察的仪器。

第九管理局又称"警察管理局"，是专门负责保卫苏共中央委员会政要的卫队部门。在苏联，只有经过这个局严格挑选、认为可靠的人，才能携带武器接近苏共党领导人物，他们是党领导人的近身保镖。

"工业机关保安管理局"是负责研究中心及特殊生产机关机机要部门的安全，内设六部，头四部管理重工业、军火工业、核研究和科研中心；"五部"管对外贸易，监视外国商人，兼管经互会的活动；"六部"专门对付外国海员。

"人事管理局"，没有编号，是KGB组织的神经中枢部门，直接受党中央委员会组织部控制，负责局内人事调动及吸收新的KGB成员。每一个成员参加KGB时，都经人事管理局严格审查，送往特务训练学校经过专门训练。

除了4个主要管理局及7个独立管理局外，还另外设有6个独立部，这是KGB的构成部分。

（1）"特别调查部"——专门调查内部人员的情况，对KGB及GRU的成员会不会是外国情报机关打入的人员进行调查，成立专案；另外对政府或党的领导一级人员的罪恶活动，在必要时进行调查，实行对内的恐怖统治。

（2）"国家通讯部"——KGB派出部队，控制全国电台、电视台、电话的整个系统。

（3）"保密检查部"——负责保卫KGB总部，日夜都有警卫人员负责巡逻，警卫检查每一个进出KGB大楼的人员，不论他的官阶有多高，他每次进出大楼，都得向警卫人员呈示其证件，即使警卫人员十分熟悉他，也得详细核对。每日工作完毕，下班之后，这部门的人就巡视大楼每一间房间，检查窗门有无关稳，保险箱、文件柜有无锁好。KGB的保安工作由这部门负责。

（4）"经验核对部"——负责对在苏联国内或国外所进行的特务间谍活动的经验，加以总结研究，综合评述，对有用的经验，加以核对无误，写成书面报告，将发现写在一份绝密的文件中，呈送极端狭小范围的领导层人员作参考之用。

（5）"财政经费部"——负责KGB人员的发薪工作，至于KGB的经济预算，无法得知，但它得到政府和军队在经济上大量的供应，可以说没有人能知道KGB每年花费苏联多少金钱。

（6）"档案登记部"——又称"档案中心"，KGB各个管理局及部门都有自己的档案部门，但"档案登记部"负责将全部KGB的档案加以综合整理，编进索引保管。

KGB从1953年建立起，经20多年，数次更换领导人，很多部门亦同时起了组织变化，这是完全可以想得到的。不过，KGB的任务，即对外进行颠覆，对内进行镇压，是不会改变的，它目前的组织形式正说明了它的性质。

电子情报系统档案中心，KGB总部的"档案登记部"，是一个重要的部门，还有一个更习惯的叫法，就是"档案中心"，一般KGB人员都不叫它"档案登记部"而只叫它"档案中心"。

全世界各国的情报及后间谍机关等要害部门，都设有档案，登记着各式人等的个人档案等，可是没有一个国家能有KGB"档案中心"那样的规模庞大。

目前，KGB"档案中心"拥有数百万外国人的档案，每一个人的档案都相当详细，凡是这个人曾在外国的政府机关工作过，有可能知道一些秘密情况的，即使是知道得很少，KGB都要将这个人列入调查之列，至于在某个时期同苏联打过交道，或苏联间谍听到讲过对苏联有好感的话，KGB也入档案。

KGB"档案中心"从世界各地大量地收集这种情报，如叛变KGB而投向澳大利亚的苏联驻澳大利亚使馆的机要秘书符拉季米彼得罗夫，曾供认他受莫斯科夫指令，收集所有与澳大利亚政府有关及可能获得情报的人员的资料，包括他们的弱点、宗教信仰、婚姻外的关系、变态情况、酒后的行为。KGB"档案中心"不只记录有外国数百万人的资料，同样也对国内的苏联人民进行广泛的调查，搞成秘密档案。

苏联人口约为2.53亿人，KGB在每一个人出生那天开始，就为这人开设一个户口，开始逐年将他的经历记录进档案中去，他读书到毕业，每一阶段在哪一间学校读书，连每年的班主任是谁都有记录，至于政治表现的记录，要求更加详细，如参加少先队、共青团以至共产党的日期，有无犯过政治错误，受过什么奖励或处分，都有详尽的记载，在毕业后工作的单位，除了有《劳动手册》外，还要求每个单位在吸收人员时呈报，使"资料中心"及时知道每个人工作调动的状况，这些一般的档案叫作"红档"。

还有一种叫"黑档"的秘密档案，就是凡犯过刑事案或政治案的人，资料另外抽出归入"黑档"，其中又将属于政治思想可疑的人物作为重点调查的对象，亦归入"黑档"之列。KGB还将民族主义者归入"黑档"，因为苏联大力推行大俄罗斯主义的民族政策，要将其他民族强行"俄罗斯化"，凡敢于反抗这种政策的人，就扣上"反动的民族主义分子"的帽子，进行压迫。

凡是名列"黑档"的人，都经常受KGB特务的监视，取消他们的"出国护照"，不让他们有机会到国外去。对于这些"问题人物"，KGB千方百计不让他们居住在莫斯科，如果谁失业，即使没有工作超过一个月，KGB的警探就可以根据法律将他当作"寄生虫"，赶出莫斯科，甚至关进劳动营去。KGB更可以设法使那个人被原单位开除或辞退，经过30日无法找到工作，就可以将他当作"寄生虫"赶出莫斯科。

KGB对犹太人亦是歧视迫害的，苏联人民有不同的民族之别，但如果是犹太人，不论他是在哪儿出生，档案及身份证上都注明是"犹太人"。自从1969年由于国际舆论的压力，苏联政府答应让犹太人回以色列去，但坚持要收一笔钱作为离境费，名义是"教育税"，一般大学毕业的要每人收13200美元，博士级的每人要收26400美元。后来美国参议院威胁如果不取消这种"教育税"，就断绝同苏联的贸易，1973年春天苏联政府才宣布取消"教育税"，但KGB仍然继续对要求离开苏联的犹太人进行迫害。不过，也有不需要交"教育税"而迅速获准到以色列去的，那是苏联用"人力"支援以色列，以达到在中东同美国争霸的目的。

总之，苏联KGB的"档案中心"是苏联领导集团对内镇压和控制苏联人民对外侵略颠覆的一种可怕的工具。

三、间谍活动与反间谍活动

（一）美国的间谍活动与反间谍活动

1. 间谍活动

（1）标准间谍的活动。在常人看来，情报机关是由老练而富有魅力的间谍所组成的，似乎情报是由他们供应的，但是实际上，中央情报局通过间谍获得情报方面成功较小。这种标准间谍活动多年来所受到的重视，一直比不上卫星、密码破译以及对美国政府提供重要国外情报的其他形式的技术收集系统，即使是公开来源（报刊和其他通信系统）以及官方渠道（外交官、武官等），它们提供的珍贵情报也超过中央情报局的秘密行动机构。对付它的两个主要目标——苏联和中国，中央情报局间谍的作用实际上等于零。他们认为，对于具有"封闭"的社会及强大有力的国内安全组织的共产党国家，中央情报局是无法渗透的，当然苏联人也有投奔西方而充当间谍的，但多数都是克格勃分子。

从技术上讲，凡是背弃自己政府的人都是叛国者，一个被吸收的间谍或自动投诚充当间谍的人就称为"内奸"，他形式上没有摒弃自己的国家，但实际上已在政治上秘密叛国了。难民和流亡者也是叛国者，当他们经过劝说，愿意冒险返回本国时，中央情报局往往把他们当间谍使用。通常所谓叛国者是指新近逃亡国外，仅仅为了在另一个国家取得政治避难才提供关于自己原来政府的活动情报的人，有些叛国行为之所以得到大肆宣传，通常是因为中央情报局希望它的工作得到公众的赞许。

苏联和东欧流亡者由设在西德法兰克福附近金营的中央情报叛立者接待中心处理，他们在那里受到情报局官员广泛的盘问，这些官员善于从他们口中掏出最充分的情报，有的叛国者受到长达数月的讯问，少数人受到一年或一年以上的盘问。

一旦中央情报局相信一位投诚者已把情报和盘托出，安置小组就把他接收过去。安置小组的任务是为投诚者寻找住处，使他既无报复之忧，又享受到足够的乐趣，甘愿隐瞒自己同情报局之间的关系，更重要的是使他断了返回本国的念头。这个小组通常替投诚者伪造一段历史，向他提供一个新的身份，并发给足够的经费（往往是一笔终身退养金），使他习惯新的生活方式。最重要的投诚者（在盘问之前或之后）被送往美国，但大部分人则定居在西欧、加拿大或拉丁美洲。

在某些情况下，专案人员将对投诚者进行终生照管。情报局最关心的是不要让任何投诚者因为不满而想返回本国。当然，投诚者的背叛通常导致敌方宣传上的胜利；但更严重的是，返回本国的投诚者为了减轻自己的叛国罪行，会揭露他对中央情报局所透露的一切。而且如果真有一个投诚者返回本国，情报局就得忧心忡忡，觉得以前一直在和一个双重间谍打交道，而他所泄露的一切情报又都是欺骗中央情报局的阴谋的一部分。用投诚者玩弄欺骗花招的可能性是无穷的，而苏联共产党的情报机构未尝不加以利用。

（2）窃听器及其他装置。严格地说，标准间谍活动用人来收集情报；技术间谍活动则用仪器，如摄影卫星、远距离电子传感器以及通信截取站。第二次世界大战之前，技术收集系统实际上尚未发明，近30年来，几乎影响到现代生活各个方面的科技上的同样迅速发展，已大大改变情报行业的面貌。第二次世界大战后，美国投资几百亿美元来研制最先进的仪器，监视其他国家，特别是共产党国家的动态。以前间谍几乎全靠计谋来收集情报，而现在却有种类繁多的窃听装置、微型照相机以及其他神奇的工具。

在中央情报局秘密行动机构中,技术后勤科负责研制大部分用于现代间谍活动的仪器,有些随身用具异乎寻常:冒充一只假牙的信号发射机;外表与功能同普通铅笔一样,但却可以在特殊的显影纸上书写的铅笔;驾驶员不能用来观察后面交通而只能用来观察后座上乘客的奇特的汽车后观镜。除了窃听装置,特殊摄影装置以及秘密通信系统之外,其实,在实际秘密行动中,即使是最神奇的工具也很少有应用价值。

过去,秘密情报机构只对吸收那些能直接接触重要的国外情报的间谍感兴趣。今天,中央情报局以及其他机构也物色能够在机密场所安装一个窃听器或电话窃听器的卫兵或门卫,甚至其他国家的电话和电报公司也已成为情报局的目标。除了外交部和国防部外,中央情报局行动人员通常还试图渗透目标国的通信系统,这项工作偶尔得到美国各家公司的帮助,特别是美国国际电话电报公司。邮政部门也受到间谍工作的干扰。

情报局的大部分行动人员都受到安装及维修窃听器和窃听线方面的训练,但监听设备的实际安置,一般都是由从总部或地区的行动计划支援站派来的技术后勤科的专家完成。任务越复杂,请来总部的专家们执行的可能性也就越大。然而在某些行动中,间谍们将从技术后勤科的专家甚至主要的专案官员那里受到这种安装技术的特别训练。

情报局通常只能在非共产党国家才能成功地使用窃听器及窃听线,因为那里国内安全制度比较松懈,中央情报局享有安装窃听器所必需的行动自由。在不少拉丁美洲国家,中央情报局经常窃听重要官员的电话,并且已在包括内阁大臣在内的很多重要人物的住宅和办公室内安装窃听器。在某些同盟国内,情报局和东道国分享使用东道国情报机关通过窃听装置获得的情报,因为东道国情报机关经常从中央情报局得到技术上的援助以从事窃听,也许在技术援助过程中已被中央情报局渗透。

窃听装置殊不可恃,它们在安装后往往失灵,或正常工作几天之后陷于沉默,有时它们很快就被当地的保安机关发现,或者由于敌方怀疑某房间被窃听而采用有关的措施加以制止。因此,中央情报局技术人员不断研究新的窃听装置,以便提高窃听能力。普通的窃听设备以及其他的隐蔽行动装置都由技术后勤科研制。除了间谍活动工具外,技术后勤科还发明其他小仪器以供准军事行动之类的隐蔽行动使用。可塑炸药,造成残疾或致命的毒品,以及无声武器(如强弩)等,都是为特别行动研制的。然而中央情报局秘密行动人员使用的更复杂、更精密的仪器,则由情报局的科技处制造。科技处还帮助中央情报局内其他小组进行秘密的研究和发展,科技处还帮助通讯科设计与改进通讯截取方法和安全措施。

在以后几年里,科技处的专家们以丰富的想象力又研制出许多旨在解开中国战略导弹方案之谜的奇特的收集方法,结果大部分行不通,其中至少有一个方法要担极大的风险。但最愚蠢的一个则要求制造一架可以拆装在两只大手提箱中的小型单人飞机。根据设想,一名间谍将设法携带手提箱混入禁区,完成间谍任务后,就把飞机装配好,而后飞到附近友邦的境内溜之大吉,就连秘密行动机构的头目都拒绝考虑这个方案。该方案就留在制图板上了事。

(3)技术收集系统的剧增。虽然技术上的发展使传统的间谍活动日趋机械化,但其对情报行业最重要的影响却在于大规模的收集系统:卫星、远距离传感器和通信截取装置,这些技术谍报系统无疑已成为有关美国主要对手的情报的最重要来源。高空侦察计划提供了许多有关苏联和中国导弹计划、部队调动及其他军事动态的详细情报,它们还提供了有关北越渗透南越以及北朝鲜对韩国进行备战的珍贵的情报。这些情报的收集往往有助于美国政府了解中东局势。

跟美国情报界其他许多机构一样，国家安全局在对付第三世界国家乃至我们的一些盟国时要成功得多。据称国家安全局拥有的电子计算机的数量居世界第一，还拥有几千名密码分析家，因而它不难对付这些国家的密码与密电。这个绝密情报局有两名年轻官员威廉·马丁和贝尔农·米切尔于1960年逃亡苏联。他俩提到国家安全局已破译其密码系统的三四十个国家名称。密码分析是所谓"突破"，并不是指由于破译密码技巧的高明而获胜，而是指由于另一国家通信人员犯了错误，或者是由于密码仪器偶然失灵而取得的成功。

另一种"突破"是来自对另一个国家的通信系统的物质上而不是智力上的一次袭击。这种袭击可能是偷窃一本密码或密码装置的一次秘密行动，或贿赂一名通信人员，或在一个大使馆的发报室内安装窃听器。中央情报局的秘密行动机构有一个"外国情报（谍报）科"专门从事这些袭击。事成之后，就把所得到的情报送给国家安全局去协助该局的通信情报工作。

（4）卫星及其他系统。摄影和电子侦察卫星是美国收集技术情报的最主要来源。大多数卫星被送到以苏联和中国为目标的南北轨道，使它在绕地球环行时能经常地出现在目标上空，其他的卫星则送入与地球的自转同步的轨道上，造成它们是静止不变的幻觉。所有的卫星计划都归国家侦察办公室控制，它是空军秘密处的一个部门。

多年来，摄影卫星使用高分辨率和广角照相机，提供大量有关苏联及中国的军事发展和其他具有战略意义的详细情报；相反，除了像阿拉伯－以色列的局势之类的特殊情况外，用卫星侦察来对付其他小国的必要向来很少。

为了特殊任务，有些摄影卫星为特殊任务配备彩色照相机，有些甚至携带可以测量地面目标发射的热量的红外线传感装置，用以确定某一场地是否在使用，或某些场所的活动已达到什么水平，等等。有些卫星则携带电视摄影机，用以加速向照相译释人员传递情报；译释人员分析或译释一盒盒的空中侦察卫星的胶卷，但是摄影卫星虽然出色，也有内在的局限性，它们无法透过云层进行观察，也不能看到建筑物或物体的内部。

除了摄影卫星外，美国的情报界还有其他各种执行许多电子传感任务的侦察卫星。这些卫星收集关于导弹试验、雷达和其他高能量电子仪器发射的讯息以及通信的情报。电子卫星有时由复杂的地面站控制，地面站设在友好国家和美国国内，它们向传感器提供目标的方向，又从卫星上接收情报，再把经过加工的数据发回华盛顿各个情报机构。

直到20世纪60年代初期卫星投入使用的时候为止，间谍飞机和间谍船一直是珍贵的情报来源，这些情报补充着当时国家安全局得到的情报。后者是当时美国情报界所能搞到的好情报。空军和中央情报局的飞机经常沿着共产党国家的边境飞行，甚至飞越它们的领土寻求亟须的电子和摄影情报。海军操纵的间谍船，如"普韦布洛"号，沿着海岸监听通信及其他电子讯号。

2. 反间谍活动

反间谍活动，即各个敌对情报机构之间的秘密战争，在间谍行业中，通常雅称为"反情报"，其主要目的在于防止敌方渗透我方特工机关，同时设法渗透敌方特工机关，以搞清敌方对我方怀有的意图。根据中央情报局和苏联的克格勃的做法，反间谍活动是一项高度复杂而卑劣的行动，它依靠狡诈的圈套、特务、间谍和反间谍、双重和三重间谍，具有无限的欺骗性和曲折性，是间谍小说的素材。

虽然历史较长的外国情报组织一贯重视反间谍活动，美国情报界却并不急于发展这种能力。对美国人来说，第二次世界大战期间及战后初期，反间谍活动仅仅意味着篱墙电网、警狗及密码之类防御性安全措施。反间谍活动中的阴谋诡计似乎与美国人的气质格格不入，而更适合于欧洲的偏僻小巷和东方的特快列车。但冷战的需要和克格勃渗透西方情报机关的成功，逐渐把中央情报局深深地卷入反间谍活动的把戏中去。

在中央情报局内部，日常的安全工作（如建筑物的保护、人员的背景调查、测谎等）都交给安全科，它属于情报局的行政管理与后勤处。反间谍活动的政策和一些实际行动的计划由秘密行动机构的反情报科提出。然而大部分间谍活动都由地区分部（远东分部、西半球分部等）执行。地区分部往往检查反间谍行动计划中的间谍活动价值或情报收集价值，这些在中央情报局档案中被称为外国情报联合计划。所谓"外国情报"乃是秘密行动机构对间谍活动的雅称。

几乎每一个在海外的中央情报局分站或基地都有一个或几个官员从事反间谍活动。这些反间谍专家的首要任务是监视情报局的间谍行动和隐蔽行动，确保这些行动免受敌方渗透或用其他方式所破坏。中央情报局专案官员和他们的外国特务送来的报告都受到仔细研究，以排除敌人插手的任何迹象。反情报人员非常清楚，特务能有意或无意地被克格勃用来向中央情报局提供假情报，或扰乱经过周密思考的行动计划。外国特务还可能成为渗透者或双重间谍，其任务是刺探中央情报局的秘密活动的情报。当一名双重间谍在一项行动计划中暴露时，就考虑做"转化"工作，使他成为三重特务，否则可使他无意之中被用来欺骗或刺激敌方。

除了维护中央情报局自己的秘密行动计划外，反间谍官员还竭力渗透敌方特工机关。他们设法在共产党和其他情报机关里吸收特务，以便了解敌方将对中央情报局采取什么秘密行动，然后挫败或破坏这些行动。

反间谍活动同隐蔽行动一样，在中央情报局里已成为一种专业；有的秘密行动人员在情报局任职期间不搞其他工作，这些专家在秘密行动机构里已发展了他们自己的小宗派团体，连中央情报局的其他行动人员也常发现这些人行动极端诡秘。反间谍官员的职责就是怀疑和审查中央情报局行动计划的各个方面；他们不相信任何事物的表面现象，认为到处都是欺诈，在一个充满极端多疑的人的机构里，他们是职业上的妄想狂病人。

秘密行动机构的苏联集团分部，显然是所有地区分部中最注重于反间谍工作的，为这种现象而提出的理论通常是：即使在苏联吸收最低级的间谍也近乎是不可能的事，因为这个国家厉行着极端森严的内部安全控制措施。然而，克格勃与其他情报官员却在少数不受这类限制而自由行动的苏联人之列。不但如此，他们还属于经常和西方人（往往在物色充当他们的间谍的对象）接触的少数苏联人，并且他们还属于最有可能出国旅行的那些苏联官员；而在国外，中央情报局行动人员比较容易安排有关征募的接触活动（或称为"引诱叛国"）。由于克格勃官员是所有苏联公民中最易接近而最少监视的人，因此是最好的吸收对象。

根据苏联集团分部的理论，在苏联国外征募非克格勃成员的特务同在苏联国内一样困难。大部分其他的苏联人，包括最高级官员，通常都处在克格勃的监视下，他们集体旅行和集体生活，或者因为其他原因使情报局的行动人员无法和他们接近，这又说明只有能够自由行动的敌方情报官员才有可能和外国人秘密接触。因此，分部的精力都扑在可充当间谍的克格勃成员上面。

苏联分布在这个行动问题上的观点很有道理，但是几十年来情报局的行动人员并未征募到高级苏联间谍，并且也未导致苏联方面重大的投诚事件；这一事实，对作为一个秘密情报组织的中央情报局的能力提出了严重的问题。事实上，自20世纪60年代初期以来，中央情报局几乎没有试图吸收一个苏联特务，而引诱投诚事件也寥寥无几。

中央情报局无法对它的主要目标国——苏联进行传统意义上的刺探已成事实，中央情报局似乎也无力以进攻的方式对苏联人开展有效的间谍活动，它甚至难以应付那些白白送上门来的投诚者所提供的机会。显然，其中大部分原因是在一个像苏联那样的封闭社会里进行活动，反对像克格勃那样强有力的无情的对手，必然遭到种种内在的困难。但有些失败也可归咎于中央情报局的能力不足，但在对付苏联目标的失败上，除了无能和无法克服的安全问题之外，还有其他因素，中央情报局的秘密行动机构惧怕苏联克格勃，甚至已被它吓倒，因为他们经常被它挫败。

苏联对主要西方强国的大部分刺探的成功，都是渗透它们的情报机构的结果。在职工观察家看来，由于克格勃秉承了擅长阴谋的沙皇秘密警察的衣钵，渗透外国情报组织，往往比吸收普通间谍更为内行。

克格勃渗透西方情报机构的人员中最臭名昭著的一个（至少在业已败露的人里）就是哈罗德·金·菲尔比，此人在担任英报军事情报六处的一个高级官员职务期间，替莫斯科充当了20多年间谍。此外，克格勃还曾多次渗透英国、法国和德国的情报机关以及北约组织其他许多小国家的情报机构，造成极大的破坏。在美国的情报机关（其中包括国家安全局、几个军事安全机关以及参谋长联席会议的情报部门）内就曾多次揭露克格勃特务。

（二）苏联的间谍活动

在现代科学的时代里，精密的技术仪器在谍报特务活动中起着实质性的作用。KGB设有特别的"技术管理局"，就是专门制造各种特务工具的工厂。在东欧几个卫星国中，特别是东德、捷克和波兰都设有相应的特别工厂。

最普通的特别技术特务工具就是照相机。自从照相摄影机发明以来，各国特务都用它偷拍文件，它已成为最典型的特务工具了。

近代科学技术的发展，使摄影机有很大的改进了，固然现在仍有使用一般相机来干谍报工作的，但这毕竟容易被人发觉。爱看特务电影的人，一定熟悉"占士·邦"那些特务工具，在特务活动中，所使用的工具是无奇不有的。不过，在一般的照相机中，特务最喜欢使用的是Minox（美乐事），它的重量不超过3.5安士，有些只有香烟盒那样大小，这是市场上可以买得到的，它的性能极好。KGB总部曾用这种相机作为对特务的奖赏。

但是还有比Minox更细小精密的摄影机，那是市场上买不到的，它是特务工厂的产品。这种摄影机比世界上任何工厂生产的商品摄影机要准确可靠得多，它们使用的菲林也是特制的微型菲林。特务摄影机同所有名厂名牌的相机都不同。

"FD3"摄影机，是苏联KGB技术管理局特务工厂的产品，是专供间谍特务用的，它的体积极小，隐藏在手表里，拍摄时连"的的"的声响都没有。"FD3"是伪装得十分好的，即使是受过训练的海关关员，也看不出这只手表跟别的手表有什么不同，指针一样是走动的，而且发出匀称的"的的"声，如果不是拆开来看内部的机件，是不可能发觉这是特务摄影机的。就是一般的保安人员，亦很难检查出这种手表照相机。

"FD3"的性能极佳，KGB特务可以使用微型菲林在通常摄影有困难的光线条件下拍摄任何种类的东西。

另一种KGB特务工厂制造，同样性能极高的摄影机是"F1"型。它隐装在一个"朗臣"牌的设计普通的打火机里，但这个打火机只有一个很细小的容器装石油气，足够一天之用，其他部分则用来收藏摄影机。当特务要拍摄时，只需将入气的螺丝一拧，就变成拍摄的按掣了。

东德特务机关在柏林的荷根斯钟华辛特务工厂，亦制造过同"F1"和"DF3"一样精致的摄影机，但他们却将摄影机隐藏在耳聋助听器或袋装的半导体收音机里，捷克特务机关的布拉格的兹巴拉斯拉夫特务工厂所制造的特别摄影机，则隐藏在刷衣的衣刷里、男人用的眼镜盒里和女人的连镜粉盒中。

所有这些相机在西方情报机关都已不是什么秘密，但要侦知所有KGB使用的特务摄影机仍然是有困难的，因为他们不断改装，将摄影机隐藏在各种各样的人们日常使用和携带的日用品中，你是不可能将它们全部发现的。特务带着这种特务摄影机，可以在保安警察眼皮下，拍摄政府和军事的设施、科学研究机构，甚至在某种情况下拍摄秘密文件，而不用担心被捉住。

除了这种细小而伪装的摄影机外，KGB还有一种能在黑暗中拍摄的红外线摄影机。有一个苏联特务，设法混进西德一间军事工厂，他乘人们不注意，躲在厂里，等工人下了班后，所有电灯都熄灭了，就用红外线摄影机拍下秘密图纸。

除了摄影机外，偷听器是另一种典型的特务工具，这是现代科学的"顺风耳"。

在偷听器中，有一种名叫"喊"的微型米高风，是KGB在20世纪50年代中期就已开始广泛使用的偷听工具。

"喊"米高风可以在远处用汽枪发射，黏附在建筑物的外壁，这种具有高度收听力的精密电子仪器，不易为人发觉，而且像"喊"一样黏附在墙上，却能听到屋内每一种声音，而且非常清楚。

在苏联国内，KGB使用各种偷听器来对付、监视外国大使馆，这是众所周知的事。

美国在莫斯科的大使馆，到1960年止，已查获130个非法安装的偷听器。

美国大使哈里曼在1945年曾接到莫斯科送给他的一份礼物，这是一个雕刻的美国国徽。哈里曼将它挂在大使馆的书房内，可是这是个窃听器，俄国人就通过它听到了美国大使书房中所讲的一切话。美国国务院保安官员直到1952年才发现这一事实。

苏联特务不断改进偷听的工具，如利用玻璃窗的玻璃的震荡来窃听室内的谈话。谈话的声音使玻璃发生轻微得肉眼看不见的震动。特务用一种超声波能源集中射在这玻璃上，再用一种声呐似的仪器侦察到玻璃上最轻微的震动，然后将谈话"译"出来。

另一种用玻璃上的震动"翻译"出语言的方法，是设法用一块电导体玻璃———一种特别铅玻璃上面蒙上一层肉眼看不出的很薄的氧化锡的透明薄膜，用一块高度敏感的持续雷达波就可以侦察到玻璃的震动，窃听到谈话。

根据官方记录，"喊"米高风这种窃听器不断被KGB所使用。1954年首先在莫斯科伊朗大使馆发现，隐藏在窗台下面，大使在办公室同一些高级参谋人员商定的计划，都被"喊"偷听去了。

在1956年到1960年，俄国"喊"米高风在西柏林的盟军重要建筑物中亦有发现，以后在法国、西德等很多国家都发现了。英国和美国莫斯科大使馆甚至其他东欧国家都陆续有所发现。

1964年春天，KGB在驻莫斯科美国大使馆的第八、九、十三层楼的内墙里，隐藏着一个电线网络，一共找到了40个隐藏在墙壁里的米高风。这个偷听网每一个米高风都有一只木脚，插入墙内，而仅仅是隐藏在灰水后面，就这样美国大使馆的情报免费供应了KGB10年。

"戚"这种偷听器仍然被KGB广泛使用，但西方国家已找出查获它的办法，甚至能用电子仪器查出接收地点。莫斯科KGB总部下令，"只有在其他方面不可能获得情报时，才使用这一工具"，但并不是说KGB放弃使用偷听器，相反，他们另外制造更新的偷听仪器。

苏联KGB秘密工厂又出产了一种更新的、性能更强的电子偷听器"K9"，并大器模生产以取代"喊"。

"K9"事实上是用东德特务偷听器加以改进而成的。东德最初在1957年发明，但KGB却将它改进为一种"电子微型偷听器"，直径不到半寸，虽然体积极细，却具有高度性能，可以清楚偷听一间房间内的每一种声音，甚至将它藏在一只挖空的枱脚星中，或放在家私里，都能照样拾音。到20世纪60年代初，KGB已将它再缩小至不到1/3寸，而拾音作用却增加1倍。

KGB认为"K9"还不够理想，目前已将它发展成比大头针大不了多少。另外由于超短波辐射波的限度只能发射在1/4英里内收听，于是KGB又制成了一个新的小装置"K9R"，体积只有"喊"的大小，这是一个微型接收器，收取针型拾音器的传播后，能立即自动增强发射，使收听者可以在较远的地方收听录音。

东德的特务工厂更发明了一种叫"F2"的电耳，只要把它安置在电话线一个适合的位置，就可以偷听到电话里的交谈，所以在西方国家政府机要部门，很多电话都贴有一个标志："此电话不安全，不得谈论机密。"只有特别装置有反偷听设备的个别专线，才保证通话的安全。

20世纪70年代初，苏联更使用人造间谍卫星，收录美国和加拿大上空的无线电话电波，全部记录，用电脑分析，选取有用的资料，所以美加政府已提出警告，无线电话已不安全，不能谈国家机密。

1965年4月西德反间谍机关破获了一宗KGB间谍案，缴获了一种情报通信仪器，随后又发现更多改进了的同类工具。那是利用红外线发射情报，它利用将声波转变成光波的原理，将声音变成光线，用红外线发射出去。红外线即使是在夜间发射，也看不出来，除非使用特别的仪器侦察。KGB特务在离美军司令部只有几码的一间西柏林的大厦上，向东柏林的KGB机关发射红外线情报。当然这一仪器唯一的缺点是发射者与接收者之间必须没有障碍物阻拦，才能互相"看得见"。对于在柏林活动来说，这是一件很理想的工具，这个被切成两个半圆形的城市，有几百间建筑物的窗户，可以直接看到另一边的柏林。

红外线通信仪器伪装成一个摄影机的样子，这一特务工具同时还有一个特殊设置，可以将各种波逆化，从声波到红外线光波，从红外线光波又变成电波，再从电波变为声波，这样就把声变光，把光变声，利用这种方法交谈了，再加上红外线是肉眼看不出来的，所以极难发现。这种巧妙的方法，使他们长期避免了密码被解译的危险。

KGB在发展特务工具上是相当高强的。烟包手枪，手表型的半导体收音机、毒药手枪，稀奇古怪，不一而足。

KGB另一种叫"黑盒"的设备，是供间谍使用，连接在电话上的，可以使对方特务无法查出打电话的地址。

随着科技的发达，间谍卫星已取代了U2型飞机，进行高空侦察，目前已是公开的秘密。U2飞机在苏联被击落，曾是当时的大新闻，但苏联同类的间谍飞机，亦在西欧上空进行广泛侦察。苏联现在使用的这类间谍飞机，和1965年在中东战场上及1971年在西奈前线出现过的"米格25"机相似，时速达3400公里，可以在77000尺至93000尺高空飞行，现在苏联正利用这种飞机不断在欧洲、非洲和亚洲上空侦察飞行。据说北约最新式的地对空导弹还达不到它的高度，欧洲式的战斗机也达不到这个高度和时速。苏联利用人造间谍卫星本来就拍摄得到以公里为单位的准确照片，但利用这种间谍飞机拍摄所得，比人造卫星无疑是更清晰、更精确，用于绘制地图，为的是侵略战争。"米格二十五"最近不只在欧洲集结，而且也调动部署，把一部分这类飞机调到远东基地，对中国、日本进行间谍飞行。

间谍卫星有很多种，美国的卫星火箭观察系统（SAMOS），可以从288里外的高空拍摄到地面的一切，放大可以看到汽车和火车，并用信号发射回来。这种拍摄不限日夜，就是在月亮的光线下亦能拍摄，传达方法和传送拍摄月球、火星表面的照片是同样的一套系统。1973年是苏联空间活动最多的一年，发射了88个空间运载工具，美国官员研究后得出的结论是其中至少有75个具有某种军事使命。苏联的间谍卫星能够由无线电指挥系统操纵，用卫星上的雷达和其他敏感的装置扫视海面，然后把情报送回苏联的地面接收站。在所有的苏联间谍卫星中，最重要的是34颗照相机侦察卫星，还有数量较少的偷听通信卫星。

1973年10月阿拉伯—以色列战争期间，苏联发射了7颗这种间谍卫星，每天通过苏伊士运河前线和以色列上空。每一个卫星的飞行时期，从正常的13天减少到6天，这样使飞行在时间上有一部分重叠起来，就可以不间断地了解这一地区的情况了。美国在1973年发射的卫星共26颗，比苏联发射的总数少了2/3，间谍卫星比不上苏联。苏联亦使用同样的间谍卫星对全球进行侦察。人造间谍卫星最近又有被取代的趋势，苏联已使用电气望远镜，能从这一个大陆拍摄另一个大陆的照片，莫斯科可以拍摄阿拉斯加的大油管建设，从海参崴可以拍摄纽约的摩天大厦，通过同温层，将形象折射回来。

KGB的特务工具，正是日新月异，实在不可能完全知道。但这些科学发明，都是为侵略战争服务的。

四、美苏间谍战中的世界战略

（一）美国的秘密行动

美国的秘密行动，就是试图通过隐蔽手段，渗透到各国，进行颠覆活动的一种间谍战。它是美国全球战略的一个组成部分。

1. 秘密行动理论

秘密行动机关头目比斯尔说："隐蔽行动，就是试图通过隐蔽手段去影响——有时称之为干涉——别国内政。"

假如中央情报局想资助一个政党，左右一家报纸的编辑方针，或者发动军事政变，那它就得在其内部安置自己的特务，也就是所谓"渗透者"。中央情报局派往国外的秘密行动人员名为"专案人员",负责招募与监督"渗透者"。他们的驻外任期通常为两至三年,大多数人都顶着虚假的头衔在美国驻外使馆工作,其中有些人则生活在所谓"深深的掩盖"之下,在国外冒充商人、学生、记者、传教士或者其他表面上无害的美国客人。

不论专案人员使用什么掩盖,其职能都是为中央情报局物色愿意合作的特务,其目的在于渗透那个东道国政府,了解其内幕,控制它以便迎合中央情报局的需要。

为了充分发挥隐蔽行动的效力,远在预定的实际行动之前就该进行招募与渗透工作。当美国政府秘密决定在一个特定国家发动政变时,中央情报局专案人员着手物色当地的同盟者便会为时已晚。相反,假如专案人员工作做得出色的话,他们在那个国家的政府、军队、新闻界、工会以及其他重要组织内部早已建起一个特务网。因此,实际上在数十个国家里早已有一个常备的力量,一旦需要,随时可为中央情报局效劳。在这期间,许多特务还可通过自己的官职获得情报并递交给中央情报局,以此为它效劳。这类情报在中央情报局确定当地政权结构或推测隐蔽行动从何下手最为有效时具有战术上的价值。

这一过程,用情报术语来说,就是"建立资产",亦即发展地下行动组织,这是中央情报局在海外的一切秘密情报站与基地的标准职能。而当一名专案人员在任职多年之后调动工作时,他便将他的特务网与联络员移交给继任者,后者便同他们保持联系,并且物色新的"资产"。

根据各个特定国家的大小与重要性的不同,中央情报局派遣一个到几十个专案人员在那里工作,他们的共同"资产"的总数可能达到几百个。任何行动的计划者都会设法调度这些"资产",以期取得最大的效果。

比斯尔列举了八种隐蔽行动,即中央情报局干涉别国内政的八种不同的方式:政治指导与劝告;对个人的津贴;对政党的经济援助与"技术援助";对私人组织的支持,其中包括工会、商行、公司等;秘密宣传;对个人的"秘密"训练与人员交换;经济上的行动,旨在推翻或支持一个政权的准军事或政治行动,这些行动可根据它们的合法性所需要的保密程度与保密类型,或根据它们性质的善恶进行分类。

2. 特别行动计划

隐蔽行动,即对别国内政的干涉,乃是中央情报局秘密作用中最有争议的一种。它用固定不变的手段达到千变万化的目的,它是秘密行动心理的基础。而隐蔽行动的最粗暴、最直截了当的形式便称为"特别行动"。

大部分这类行动具有准军事或好战的性质,而很少有政治行动(渗透与操纵)或宣传与假情报的复杂性和微妙性。虽然这类行动计划都由中央情报局行动人员所制订,但在很大程度上却由情报局合同人员和雇佣军(既有美国人,也有外国人)来执行。在中央情报局的秘密行动机构内,"特别行动"始终引起错综复杂的感情。大部分专职行动人员,都蔑视这类行动,甚至在偶或提议使用这类行动时也是如此。然而情报局内大部分人承认,比较间接的隐蔽行动具有自己的局限性,特别是在有必要采取及时、果断的行动来镇压一场民族运动或推翻一个民主政府的时候。遇到这类情况,中央情报局通常命令自己的"军队"——特别行动分部——来执行任务。

中央情报局在美国和海外建立训练基地。为准军事行动训练其自己的职业行动人员和短期合同人员,在费吉亚州南部的贝利营,即"农场",传授基础课程,高级技术,如爆破与重型武器的使用则在北卡罗来纳一个中央情报局的秘密基地传授。跳伞训练与空中行动则由上述两处以及亚利桑那州的图森附近的山中航空公司总部提供条件。巴拿马运河区有一个秘密基地专门进行丛林战与逃生训练，这里，情报局的习训人员开展准军事行动演习，同美国陆军特种部队的精锐人员进行较量。

要进行大规模的准军事行动，还必须为雇佣军建立专门的训练基地。为了1954年侵略危地马拉，中央情报局在尼加拉瓜与洪都拉斯两地建立了军事设施。为了1961年入侵猪湾，又一次在尼加拉瓜建立基地，甚至还在危地马拉建立基地，这是中央情报局7年前在危地马拉取得成功的结果。在印度东北地区建立了规模很大的支援设施，在东南亚进行许多次冒险行动，特别行动分部以海军为掩盖在太平洋塞班岛建立了一个"家外之家"。

中央情报局在其特别行动中着重依赖准军事行动方法，这是第二次世界大战中战略情报局所采取的秘密游击方案的直接产物。战略情报局同它的英国伙伴"特别行动执行处"一样，他们在被占领区内广泛地利用当地的地下抵抗运动来破坏德国和日本的军事活动，并在这些地区激起全国性的动乱。在执行这些行动计划时，战略情报局的官员们担任参谋，并作为渠道来同各个盟国联系和取得它们的支持。战略情报局执行隐蔽行动的各个国家当时正处在被当地抵抗运动所鄙视的外国军队的控制之下，这乃是战略情报局行动计划得以成功的基本原因。尽管如此，直到盟国正规部队取得足够的胜利，迫使轴心国转入防御战去保卫自己的国家为止，大部分被占领国家的抵抗运动所取得的胜利都是有限的。

在第二次世界大战后初期，中央情报局对冷战的最初反应是采取战略情报局的战时策略，企图再次在阿尔巴尼亚、乌克兰以及东欧其他国家组织并促进准军事抵抗运动。所有的这些行动几乎都一败涂地。（情报局对中国和朝鲜进行的准军事行动也遭到类似的挫败）

然而，在世界上非共产党控制的地区，中央情报局的准军事行动情况略微好些，至少在20世纪50年代初期是如此。但中央情报局和曾经支持游击队打击法西斯控制的政府的战略情报局不同，它往往支持那些受到当地左派游击队威胁的政权而镇压暴乱运动。由于中央情报局被自己对苏联的恐惧和怀疑所蒙蔽，它逐渐沦于用准军事行动来维持"现状"的境地，中央情报局的准军事行动有时虽取得成功，但许多胜利都付出了极大的代价。它们总在反对合法的社会与政治变革，为此美国政府后来总受到这些国家的人民的谴责。

在中央情报局成立的初期，特别是在1950年朝鲜战争爆发之后，它为特别行动征募并训练了大批军官。当然，其中许多人是为朝鲜战争做准备的，但是那里的美军司令道格拉斯·麦克阿瑟将军却并不特别欣赏秘密的准军事行动，因此他竭力阻止中央情报局的特别行动专家进入他的战区，但是中央情报局仍旧得以进行大量的秘密行动，从而丧失许多名朝鲜特务。

中央情报局的特别行动分别扩充了自己的人员，因此把注意力转向亚洲的其他国家。它企图在中国组织抵抗运动，但这些企图除了导致情报局官员约翰·唐尼和理查德·费克多的被捕之外，实际上一无所得；对于在他们的帮助下潜入中国境内的国民党特务则带来了死亡。中国和东欧一样，对中央情报局行动来说并非沃土。

它在其他地区取得过一些成功。菲律宾的赫克暴动是在中央情报局的帮助下镇压的。那些在缅甸受情报局支持的中国国民党部队（在不从事贩卖鸦片的主要消遣时）有时被诱去袭击中国的内地。在南越，中央情报局为巩固吴庭艳政权起过很大作用，对情报局来说，这是一个重大胜利。

这些在东南亚的胜利被一些颇为显著的失败所抵消，特别是情报局未能在1958年推翻印度尼西亚的苏加诺总统。尽管这个由中央情报局支持的叛乱运动仍在进行，美国政府却矢口否认它向反苏加诺的军队提供过任何援助。

1959年，当西藏少数叛国分子进行叛乱时，中央情报局找到一个采取特别行动的机会。

达赖喇嘛的叛国军队对西藏的游击式袭击，是由中央情报局策划的，偶尔则由情报局雇佣军带领。他们得到民用航空联合企业"私人"飞机的支持与掩护。这是中央情报局拥有的一个控股公司，也是秘密提供武器的工具。这些袭击除了给西藏叛国部队以暂时的满足，并激起他们有朝一日真正进军故乡的复辟希望外，作用几近于零，他们剪断电线，进行一些破坏，有时伏击少量的中国部队。

西藏行动很快就黯淡下去，接下来的是中央情报局卷入刚果事件。美国政府利用刚果独立的机会，企图建立一个能保护外国投资的稳定的亲西方的政权。

主要依靠中央情报局和美国其他政府机关的大量援助，蒙博托总统领导下的刚果中央政府终于在全国实现一定程度的稳定。

在西藏与刚果计划全面展开的年代里，中央情报局及其特别行动分部已经日益关注东南亚地区。在老挝，中央情报局的行动人员正在组织一支拥有3万余人的秘密军队（"秘密军"），并在全国范围内建立数量可观的基地，其中有几个基地被用作向北越和中国派遣游击队的跳板。

与此同时，中央情报局在越南支持一个约有45000人的非正规军"民团"，这是在美国陆军特种部队的行动指挥下作战的当地的一支游击队。特别行动分部的行动人员和情报局合同人员组成"反恐怖小分队"，以同样的方法反对越共的绑架、拷打与谋杀的恐怖战术。情报局还组织游击队袭击北越，特别注重组织突击队乘坐特别设计的、载着重武器的高速鱼雷快艇"登陆"袭击。中央情报局的这类袭击激得北越采取行动对付驱逐舰，那就导致美国国会在1964年通过东京湾事件决议，从而为美国军队大规模卷入印度支那创造条件。

1954年，中央情报局在拉丁美洲取得最大的准军事行动胜利的场所，因为情报局所组织的叛乱部队成功地入侵危地马拉。但也正是在拉丁美洲，7年前中央情报局遭到了最显著的失败，即在猪湾入侵古巴未遂。

尽管如此，中央情报局继续寻找新的更好的办法来打击卡斯特罗政府。康涅狄格州罗顿的综合动力公司的电船部门和情报局订有承包合同，它研制了一种灵敏度极高的快艇专供游击队袭击使用。据说此船行速比古巴海军中任何舰只都更高，因而能任意把武器与人员运入古巴。然而此船的投产日期屡次推迟，直到1967年尚未交货。到那时，美国已深深地卷入东南亚，无法认真考虑对古巴再进行一场新的入侵，所以中央情报局悄悄地放弃了这项造船计划，把研制好的模型移交给美国海军部。

虽然在20世纪60年代大部分时间里，中央情报局在拉丁美洲的特别行动计划的重点在古巴，担拉丁美洲的其余地区也绝没有被忽视。情报局的目的主要不是在推翻某些拉丁美政权，而在于保护它们免受叛乱运动的损害。中央情报局通常避免大规模地卷入，而是利用少量的秘密行动经费、武器和顾问来打击左派团体。这种战术上的转变，一方面反映了肯尼迪和约瀚逊政府中流行的反暴动理论，另一方面也是由于很大一部分国家军事资源（公开地或秘密地）转移到东南亚的结果。

中央情报局担任了美国在拉丁美洲的所有反暴动活动的协调者角色，而其他情报机构——特别是国际开发署（用它的警察训练计划）及国防部（用它的军事援助和公开行动计划）为中央情报局提供了掩盖和额外的资源。中央情报局在拉丁美洲从事特别行动的大部分人力是由美国陆军特种部队提供的，经常有"绿色贝雷帽"的小支队调拨归中央情报局管辖。

中央情报局出钱在游击队活动频繁的秘鲁丛林地区建立了一座被一位有经验的观察家描述为"微型布雷格堡"的基地，它拥有食堂、教室、管房、行政大楼、跳伞塔、水陆两用登陆设备以及其他进行准军事行动所需要的装备。直升机是在公开的军事援助计划的名义下提供的，中央情报局把武器和其他军事装备空运进来。训练由情报局特别行动分部的人员以及从陆军部借来的绿色贝雷帽教员负责。

随着训练的进展和反游击部队的熟悉程度日益提高，秘鲁政府开始感到不安。

几个月以后，当秘鲁庆祝它的主要的全国性节日时，政府当局拒绝让中央情报局训练的部队进入首都参加年度军事检阅游行。他们只好在一个灰蒙蒙的城镇的街上游行，仆从似的庆祝这个节日。由于秘鲁的领袖们认识到曾有许多拉丁美洲政权被一个精锐部队推翻，因此他们甚至不愿让中央情报局部队上利马去，同时，秘鲁政府很快就采取行动，解散了这支部队。

（二）苏联间谍战的世界战略

1. 指向西方的矛头

苏联既定的战略目标是建立听命于莫斯科的一统天下。它的间谍活动和这个目标紧密地联系在一起。因此，苏联的间谍活动不仅有防御性，而且有进攻性，其影响不容忽视。

苏联间谍活动的进攻姿态表现在，它在国外有25万多名间谍，其猎取对象既有明显的重点，又不放过世界任何一个国家；对不同国家的不同政府，它或者玩弄种种手段，操纵控制，或者施展种种阴谋，破坏颠覆。苏联的间谍活动对每一个国家——不管它属于什么意识形态——无不形成一种威胁。

苏联间谍的进攻姿态表现在，随着电子技术的发展，西方国家已较多采用诸如间谍卫星之类的东西，较少使用人作为间谍，而苏联则仍然两者并用，并以依靠人进行间谍活动为主。应该说，间谍卫星的活动是防御性的，因为它至多只能侦察敌国的军队调动和导弹的部署情况，而依靠人的间谍活动，通过讹诈和贿赂等手段，不仅可以获取他国机密，而且可以推翻他国政府。

苏联进行间谍活动的这种不同于西方国家的做法，反映了它侵略扩张的目的。

KGB的世界战略，一方面是同美国争夺世界霸权，一方面是针对中国，后者尤以近10年上升到重要的地位。KGB加强了对东南亚的间谍活动，至于同美国的争夺，在20世纪50年代初期就已全面开展。所谓"冷战"，除了军备竞赛，很大一部分是属于无声的战斗——间谍谋略战。

在欧洲，北大西洋公约组织是KGB的重要目标。第二次世界大战结束后奥地利还是在英美法苏军管时期，谍报战就已使维也纳成为布满间谍的城市了。这期间俄国人采取极端手段来对付美国中央情报局CIA的特务。他们采用种种形式进行刺探活动。偷听电话，光天化日绑架乃是他们的"正常形象"。双方间谍的斗争是极为激烈的。

他们利用东欧国家的特务进行活动，自己则躲在背后指挥策划。很多个所谓"世界联合会"的组织在维也纳建立起它们的总部。由于这些"联合会"的职员进行了间谍活动，奥地利内务部长奥斯卡·海尔纳终于一个接一个地宣布它们为非法组织，迫使它们将总部搬到东欧去。但它们却利用匈牙利和捷克的特务，在奥地利建立起间谍网，并且从奥地利伸展到意大利和西德去，维也纳成为一个 KGB 特务的发射跳板。

维也纳是俄国人原子间谍的活动中心，通过这儿他们集中力量偷取西方国家和平原子弹研究的情报。由 KGB 控制的三个东欧间谍网近年集中于工业情报上。这三个间谍网虽然由俄国人领导，但成员主要是捷克人，当俄国坦克开进布拉格后，这三个间谍网都受到很大的打击。

维也纳主要被用作俄国对西欧及南欧进行组织谍报活动的中心。1969 年西德发现俄国取得了北大西洋公约组织的无线电密码，火箭发射的无线电操纵系统和型战斗机的导航系统的详细资料。经过追查，发现间谍在法兰克福巴特尔研究院，其是西德非常著名的实验研究中心。问题人物是奥地利籍的电子专家约瑟夫·艾特辛保加。

苏联在维也纳的间谍网亦同它在意大利的间谍网有紧密联系，但在意大利这联系主要是收集经济情报，而不是搞政治情报。意大利共产党是欧洲最大的党，因而意大利是 KGB 活动收获甚丰的国度，更由于意大利是北大西洋公约组织成员国。美国第六舰队以那不勒斯为基地，故此 KGB 在罗马的苏联大使馆设立一个控制中心，而最活跃的地区却在米兰，这里共产党人数也较集中。

苏联特务甚至渗进梵蒂冈的领域。梵蒂冈佐治亚学院的神学教授阿利格希里·东狄神父被发现是苏联特务，是有意打进这个反共天主教中心的。他被揭露后，摇身一变，成为意共的报纸工作人员，并同一个女党员结婚，一时就"四罪"齐发了；他"谴责了他曾信奉的宗教"；"背弃了神父的职责"；"在教会外同人结婚"；"积极宣传共产主义"，但梵蒂冈却拿他没有办法。

当然目前 KGB 在西欧主要的活动中心已不再是维也纳，东柏林始终是他们最重要的特务发射跳板，从第二次世界大战后至今，其地位的重要性始终没有改变。KGB 在东柏林设立了一个总部，连东德间谍组织亦是归这个 KGB 总部管辖的。他们称柏林为世界间谍战的"黄金门"，意思是各国间谍在这儿斗争得最为激烈，东西柏林是两个世界交锋之所。KGB 在柏林利用贿赂或恐吓，是很容易招募特务的。西德人有家属在东德，KGB 就将家属扣留作人质。威胁西德人充当特务，如果不合作就以杀害其家属相威胁，这样往往使西德人无法不合作。俄国人对东德的控制，一方面是为了保障俄国的安全，使德国永远不能再成为对他们的一种威胁；另一方面亦是为了对付西方国家，特别是针对北大西洋公约组织进行间谍活动。

在北大西洋公约组织成立后，KGB 很快渗透到法国，法国军事情报失密事件不断发生，很多军事秘密被送至俄国。

戴高乐将军执政后，结束了混乱的局面。他开始加强法国反间谍组织，KGB 被迫改变在法国的整个政策。KGB 对戴高乐的真正动向最初还摸不清，因而对在法国的 KGB 人员下达命令停止活动，这使戴高乐无后顾之忧，打击右翼并推行其阿尔及利亚政策。俄国人认为戴高乐作为民族英雄，在法国人民当中享有很高威望，不能不将他视为较长时期的法国政府领导人对待，而且事实上戴高乐派的政府比第四共和国任何一届政府都强大坚固，戴高乐执行给予阿尔及利亚独立的政策，大大出乎苏联意料之外。因为他们始终并没有热烈支持过阿尔及利亚的独立斗争，另外戴高乐的法国自主政策，脱离北约，将对俄国有利，但是戴高乐是一个伟大的爱国者，他首先考虑的总是把法国的利益摆在第一位，他亲自抓法国的反间谍机构，因而KGB最后决定，在法国进行间谍工作的政策就是小心地进行渗透。

1967年至1970年KGB对北约国家的间谍活动加强并重新组织起来，安德罗波夫根据勃列日涅夫的世界战略，把矛头对准了北约国家。

1967年苏联航空公司在荷兰的经理符拉季米尔·亚历克塞耶维奇·格鲁乌柯夫，被控"企图非法获得荷兰国家机密不遂"，被驱逐出境。与此同时，挪威政府宣布在奥斯陆破获苏联间谍组织，逮捕法办了其中三人。

1969年比利时保安机关调查一个在比利时活动的苏谍组织，不久后塔斯社布鲁塞尔记者阿符纳杜利·奥哥洛特尼科夫被捕，加控的罪名是"危害比利时国家安全"，将他驱逐出境。第二天苏联代办被比利时外交部召见，指出大使馆的职员中有人参与一件严重的间谍活动。

北大西洋公约组织总部迁至布鲁塞尔后，KGB立即在布鲁塞尔建立起一个新的间谍网，他们的任务就是偷窃北约的秘密文件，"X夫人"案就是其中的一件。"X夫人"是一个比利时女人，她原在一个北约国家使馆中工作，是这一件谍案的关键人物。她提供大使馆官员私生活的资料给KGB，每年得到500英镑的报酬。KGB特务训练她使用微型摄影机去拍摄文件，然后由她申请进北约盟军最高指挥部工作，但这些活动引起了保安的注意，将她逮捕了。

1970年奥地利一个政府职员麦西米兰·科瓦克施突然被捕。他是内务部杂志《公共安全与保安》的主编，保安机关发现他受雇于捷克特务机关偷拍文件，他经常利用旅行到布拉格递送情报，而接收这些文件的并非捷克人，而是KGB的特务，这证明了KGB利用东欧卫星国进行谍报活动，是扰乱视线的一种办法。

KGB企图偷窃北约文件的事层出不穷。1970年比利时将俄国工程师波里斯·沙维奇驱逐出境，因为他企图在北约总部内组织一个间谍小组，他在偷取比利时购买的法国蜃楼式战斗机图则时被发现逮捕。KGB专门在瑞士设立了一个情报组来进行这一工作，同年2月一个瑞士女子被捕，她是在政府登记部门工作的，是这一情报组的头子。俄国特务通过她搞到瑞士身份证，设法混进比利时活动。

1974年英国政府又抓住了为苏修收买的间谍，其企图向苏联领事馆传递英国火神式战略轰炸机的情报。1974年《纽约先驱论坛报》透露，苏联特务机构KGB制订了一项秘密计划，准备在将来"战争一开始就摧毁西欧各国的种种关键设施"。其中包括英国约克郡菲林代尔斯的早期警报雷达系统和萨福克奥尔福德奈斯的远距离通信设施，并且破坏伦敦的地下铁道和供水系统。

在西欧国家活动的苏联间谍披着各色各样的外衣，采取各种卑劣手段，渗入这些国家的政治、军事、经济等领域，进行颠覆破坏和窃取机密情报。

苏联一些间谍以外交官员和其他身份为掩护，在西欧国家搞颠覆活动，粗暴干涉他国内政。据希腊报纸揭露，苏联驻希腊大使馆乌达利佐夫，就是一个KGB的军官。他披着"大使"的外衣，鬼鬼祟祟地同希腊一些政党接触，干着干涉希腊内部事务的勾当，"指挥一些要推翻希腊政权的人们的活动"。

为了加紧扩军备战，同另一个超级大国争夺洲霸权，苏联加紧了对西欧的军事侦察活动。据西德军事记者霍斯特·冈特·托尔迈因在他写的一本书中揭露，苏联在西德三个军事使团的军官进行了系统的战略侦察。他指出，此举目的在于准备对北大西洋公约组织国家进行军事进攻。此外，苏联每周还从西德开出民用远程卡车五六十辆前往荷兰，这些卡车司机是苏军总参谋部情报部的军官，他们沿途测量河流的深度，察看周围的地形，目的在于为坦克部队确定理想的前进路线。苏联还使用间谍船在西欧国家沿海和港口进行频繁活动。在南欧，苏联装有灵敏雷达设备的间谍船，在西班牙和希腊的港口观察这两国和北大西洋公约组织的军队与军舰的活动，以及大西洋的主要通道的海运等情况。在波罗的海，苏联间谍船经常出没于丹麦附近的海域，侦察丹麦的军事秘密。苏联间谍船和潜水艇还一再开到英国和法国军港周围进行侦察活动。苏联商船队打着商业运输的招牌，进行间谍活动，担负着苏联海军舰艇不便承担的特殊任务。苏联还加强了对一些对西欧国家的空中侦察活动。例如对丹麦海峡上空的侦察飞行就不断增加，1975 年苏联飞机紧靠丹麦领空的飞行达 100 多次，近几年这类飞行更加频繁，正如瑞士《十月》指出的，"间谍活动是战争准备的一个组成部分"。苏联在西欧加紧间谍活动的情况表明，它正在加紧准备对西欧发动侵略战争。

2. 伸向亚洲的魔爪

由于苏修灭亡中国之心不死，所以苏联 KGB 在亚洲和东南亚的活动，长期以来是把矛头对准中国的。

KGB 的部署和谍报活动，从 20 世纪 60 年代末、70 年代初，一切都围绕着灭亡中国这一战略目标。

苏联要在中国国内进行大规模的谍报活动，虽然成功的可能性甚微，但却一直没有停止过。中苏交恶之后，中国军民的警惕性相当高，经常破获苏修特务活动，突出的例子是 1974 年 1 月 15 日苏联驻北京大使馆以马尔瑟柯为首的 4 个外交官和两个外交官太太在同苏联派遣特务李洪枢接头时，被中国军民人赃并获，并将这群 KGB 特务当场活擒，李洪枢亦被捕。此后，苏联在中国国内的间谍活动并未停止过。苏联驻北京大使馆，尽管中苏外交陷于半停顿状态，却仍是外国驻北京人数最多的外交使节团，保持这个偌大的使馆用意何在，不问可知。

苏联为了对付中国，在东南亚建立了一个意在包围中国的间谍网。其谍报中心设在日本东京、泰国曼谷，在缅甸的仰光及新加坡也都有活跃的间谍组织。苏联还曾千方百计想把谍报活动转移到当时英国统治下的中国香港，因为他们希望利用香港作为桥头堡，刺探中国内地的政治形势，但由于香港同苏联没有外交关系，香港当局的态度也相当坚决，严格限制苏联人在香港进行活动，所以想打入香港的阴谋至今未能得逞。

马来西亚和新加坡过去一直是亲美派的国家。苏联乘美国急于从越战的泥潭中拔出腿来，而中国则忙于整理"文化大革命"造成的混乱的空当，赶紧在 1967 年同马来西亚建交，1968 年又同新加坡建交，这是他们"接近亚洲"的一个具体步骤。

苏联在马来西亚的外交活动，极力避免带有任何干涉意味，致力于发展经济合作：首先接受了进口马来西亚主要出口项目天然橡胶的 1/3，作为交换条件。苏联向马来西亚提供技术援助，特别是 1973 年动工修建彭亨水电站，想以这种合作形态，搞成一个促进同东南亚各国关系的"雏形"。

苏联同新加坡建交后，同年成立了一间两国合营的轮船公司。1969 年苏联民航局立即开设了一条来往莫斯科和新加坡的新航线，每周三班航机。1971 年更在新加坡成立苏联"人民银行"的分行。在新加坡的苏联大使馆的最大特点，就是聚集有许多中国问题专家。

新加坡是东南亚位居要害的战略地点，苏联在新加坡设立船务公司的真正目的，乃是想利用新加坡港口的船只修理设施。这几年来苏联船队经新加坡向印度洋扩张的情况是惊人的，苏联每年至少有近500艘船只在新加坡停泊和维修，促使新加坡成立其船员休养的停泊基地。

印度尼西亚自1965年苏哈托上台后，苏联对印尼共产党的被大屠杀，并没有做出什么激烈的反应，很大的原因是印尼共产党的书记艾地曾在布加勒斯特会议上将苏联对中国突然袭击的消息通知中共代表团，所以苏共对印尼共产党恨之入骨。1974年马利克访苏，打开了同苏联合作的关系。苏联对印尼实行经援，帮助印尼修建水电站，目的很明确，是阻止中国同印尼恢复外交关系。

东南亚地处太平洋和印度洋的连接地带，扼亚、非、欧三大洲的交通要道，战略地位十分重要。这个地区资源丰富，盛产橡胶、锡、石油、大米和各种热带作物，苏联觊觎这个地区由来已久。美国在东南亚地区的势力和影响已经迅速衰落，苏联这个挂着"社会主义"招牌的超级大国则野心勃勃，同美国加紧争夺。

苏联对于泰国的重视，始于第二次世界大战后不久。在近十几年间，苏联对泰国越来越重视，是因为泰国曾一度是美国越战后方基地，同时也是刺探中国情报的一个重要据点。曼谷很自然就成了KGB在东南亚的谍报活动中心了。

1958年以来，泰国当局曾多次拘捕和赶走打着"贸易代表团团长"、使馆"新闻官"和塔斯社"记者"等各种招牌的苏联特务。泰国《巴差察报》指出，自从美国撤出越南之后，苏联派进泰国的KGB间谍人数已增加了两倍。泰国情报人士说，在泰国活动的KGB特务已由20人增至72人，中泰建交后数目更有增加。这些特务大多是熟悉海军的情报的，他们从泰国沿海可以清楚追踪中国海军的动向。泰国《沙炎呐日报》指出，苏联KGB的谍报人员如同美国的CIA人员一样，散布在泰国各地。KGB特务不只在泰国进行反对中国的活动，也对泰国进行颠覆。他们还企图在进行地下活动的泰国共产党内建立亲苏的势力，他们密切调查泰国政府的活动，不只收集泰国军事情报，而且收集泰国外交部的事务的情报，所以难怪泰国《亚洲新闻评论》一针见血地指出："来自莫斯科的特务的灾祸，其险毒并不亚于美国中央情报局。"

苏联对菲律宾也进行了重新部署，从1972年春，《真理报》的记者就窜到马尼拉，同年秋天就设置了塔斯社的分社。到了1973年，苏联同菲律宾缔结旅游协定，从旅游人员发展到国会议员访问莫斯科。苏联的目标是要在菲律宾的港口停泊船员，目的是牵制美国第七舰队，并对中国进行包围。自中菲建交后，苏联对菲律宾就更加重视了。

在次大陆的印度，实际已成了苏联的附属国，苏联支持印度扩张领土的野心，鼓励印度发动侵华战争，在1971年的印度巴基斯坦战争中，积极袒护支持印度，肢解巴基斯坦，建立了孟加拉国，并且派了几千名技术人员和工人立即赶到孟加拉国，参加恢复由于战争而遭破坏的吉大港，还出动直升机秘密协助镇压孟加拉国亲北京的游击队，欲把孟加拉国置于苏联影响之下。

苏联间谍往往如蚁附膻般地拥到局势动荡的地方，今天的孟加拉国成为苏联的争取对象。苏联尽量利用它对孟加拉国的"援助"，秘密地协助孟加拉国政府镇压一些地下组织。1972年五六月间，印度派兵进入孟加拉国吉大港山区追捕反印分子时，苏联驻在孟加拉国的直升机，曾运载物资供给印度军队。

苏联选择了老挝作为一个重要的据点，同中国进行斗争。驻老挝的塔斯社记者在老挝新闻部兼职，因此官方"老挝新闻社"越来越多地转载塔斯社的文章。

印度实际已成为苏联的殖民地，KGB在印度横行无忌，甘地夫人政府投靠苏联，KGB成了印度国会议员的顾问，左右印度的政策。KGB在印度以外交人员的身份公开活动，支持印度并吞锡金，满足印度向外扩张的野心，其矛头一直也是对准中国的。

印度对西藏的侵略，西藏叛匪的活动，都是KGB特务一手支持的。KGB不只提供武器，而且还利用设在北印度的电台广播，进行煽动和鼓励。1970年在西藏拉萨地区的几次武装冲突，其中有些就是由俄国特务积极支持的。

苏联一直对内蒙古和新疆虎视眈眈，特别是新疆。由于那儿有中国的核试场罗布泊，苏联不止一次在新疆挑动边疆冲突，KGB的特务在边境不断用哈萨克语和维吾尔语广播，煽动当地人民叛变中国，1971年就煽动4000个维吾尔人同中国部队在离中苏边境只有35里的地方冲突。

中印冲突后，KGB就在印度北部的小国家不丹、尼泊尔、锡金收买人当特务。苏联的一个"王牌"特务就是一个锡金人，他受过西方教育，潜入中国活动，为苏联偷取罗布泊核试场的秘密。一直有这样的讲法，苏联在积极组织一个分队形式的秘密特务突击队，准备突袭中国主要的核试中心罗布泊，苏联这种意图的透露，西方国家认为是警告中国的一种威胁。

克里姆林宫的亚洲政策，一方面是遏制中国，一方面是扩大自己的政治影响力。在这种双管齐下的政策中，日本是一个具有战略意义的国家。苏联利用占领日本四岛来同日本讨价还价，向日本施加压力。苏联在日本进行谍报活动的最大目标与其说是日本本身的情报，不如说是：①有关美军的情报；②有关中国的情报。另外，在国际城市东京收集东南亚及其他的国际情报，监视美国及其他国家设在东京的谍报组织的动向并且设法搞垮它们，也成了重要目标。

大概可以说，这是因为日本没有反间谍法、机密保护法，也没有像美国联邦调查局、英国军事情报部第五处、法国国内反间谍局和西德联邦宪法保卫局之类强大的反间谍专门机关，放任不管地许可了苏联间谍在暗中大肆活动。

此外，据说东欧各国、蒙古、古巴等苏联集团国家的驻外使领馆都协助苏联谍报机关，这些国家的机关都是小规模的，可是全部合到一起也会在数量上超过苏联的谍报机关，要是得到苏联的丰富资金而进行活动，它们就是强大的队伍。

中国香港也是苏联谍报活动的一个重要地点，他们千方百计插足香港，企图在香港建立据点，进行反对中国的间谍活动。香港政府对这种企图是比较敏感的。苏联曾多次向有关当局要求在香港设立领事、文化、通信、商务、航空等永久性机构，以作为其不可告人的勾当的掩护。香港英文《南华早报》曾指出苏联"曾顽固地多次试图对本港进行渗透，设立间谍网以搜集中国情报"。

尽管他们要在中国香港设立永久机构的企图没有得逞，但他们仍通过航运、贸易、文化方面设法渗入中国香港，以达到对中国进行颠覆的罪恶目的，这是不容忽视的。

从上述的情况，明眼人还不难看出，苏联在20世纪70年代加强对亚洲及东南亚各国的间谍活动，完全是为了一个目标服务的，那就是包围并遏制中国。

KGB的战略转移，目的是要在亚洲确立苏联作为亚洲大国的地位，与中国进行斗争。

它以美国从东南亚，特别以从印支半岛撤出这一历史事实，想取代美国，形成对中国的包围圈。事实上苏联重兵包围中国北方边境，在中东与中国接壤的国家进行渗透，已形成了半个包围圈，他们希望在印度洋和在太平洋驻扎大规模的海军舰只，从印度到新加坡、印尼，再北向至中国台湾、日本，以半月形同苏联远东军区合围。间谍战实际是军事侵略的先声，也是军事谋略的一个重要环节。KGB 向亚洲的扩张都说明了苏联是把矛头指向中国的。

3. 中东、非洲的谍影

KGB 在非洲的任务之一，就是千方百计破坏中国和非洲国家的友好关系。可以说，这是苏联近年来卷入的最大的一场声誉战争。

在非洲部分国家中，苏联已失去了威信，在中国的革命外交面前败下阵来。例如在坦桑尼亚、肯尼亚和苏丹，甚至埃及，苏联已失去了它的阵地。

苏联曾一度把埃及当作他们的"阿拉伯苏维埃国家"，建筑阿斯旺水坝，供给埃及军火，签订友好条约。他们在阿联成了太上皇，根本不把中国看在眼内。埃及因为接受了苏联军火，只得把塞得港和亚历山大港开放给苏联，作为苏联的海军基地。中国从一开始就指出苏联对埃及的侵略，在很多会议上指出阿斯旺水坝技术上的错误，结果证明这些指责是对的，阿斯旺水坝造成了埃及尼罗河灌溉平衡失调，害多益少。

苏联在埃及驻军最多时达两万人，半数是技术人员和军事顾问，而 KGB 人员在埃及横行无忌。埃及几乎成了苏联的殖民地，苏联人甚至在埃及设有"特区"，不许埃及人进入。

KGB 间谍渗透进埃及政府，进行隐蔽的特务活动，奇怪的是，这些活动在某方面却是对埃及的敌人以色列有利的。曾有消息透露，如果以色列肯撤出 1967 年 6 月以阿战争以前的疆界，苏联就"保证以色列的安全"。难怪阿拉伯的一个高级情报官员，把 KGB 叫作"以色列的秘密盟友"了。

苏联两个代表曾在 KGB 秘密安排下，偷偷溜到耶路撒冷，同以色列总理拉宾、国务部长裴瑞斯及外交部部长阿隆，分别举行秘密会谈。在这些会谈中，他们曾就中东各项问题交换了意见，KGB 代表还向以色列人透露了葛罗米柯的政策，包括恢复日内瓦会议，并对以色列提出了安全的保证。

苏以两国官方的这一系列会谈，连美国国务卿基辛格也为之愕然，因为基辛格的穿梭外交失败而苏联却突然采取这样的一步棋。另一轮苏以会谈，是在美国华盛顿特区内举行的，是苏以两国驻美大使会谈。莫斯科表面上是以阿拉伯盟友的姿态出现，实际上 KGB 的特务一直在干着颠覆阿拉伯国家政府的活动，勒索政府要员，甚至设法渗透进国防和情报机关内部进行破坏和反情报的活动。

目前阿拉伯国家已经知道，KGB 特务曾事先知道 1967 年 6 月以色列想先发制人发动攻击的计划，而且这些特务曾及时地将这种重要情报向莫斯科的总部汇报。安德罗波夫、葛罗米柯以及其他苏联政府要员，都知道了以色列要进攻埃及的消息。勃列日涅夫和安德罗波夫、葛罗米柯研究后，决定不将这项重要的先发制人计划通知埃及，埃及被突然袭击。六日战争的结果，以色列获得惊人的胜利。

KGB 不只将以色列进攻埃及的计划和意向加以保密，而且还将有关阿拉伯国家意向的情报，定期传达给以色列。1973 年 10 月 6 日埃及计划进攻以色列，KGB 就曾将这计划向两个以色列官员告密，出卖了埃及，这个情报却未能及时传达到阵地上的以色列部队，但已使埃及进攻的计划受到一定的破坏。

勃列日涅夫大力推行大国沙文主义，他对阿拉伯人是看不起的，而且怀着种族歧视。KGB的特务在中东北非都自视甚高，白人优越感十分严重，对外谍报局的人员居留在回教国家，却不尊重阿拉伯人的风俗习惯，认为阿拉伯人的肮脏习惯"不文明"，因而他们同当地人民的关系搞得非常不愉快，时有摩擦。相反KGB特务和其他俄国人一样，特别仇恨那些具有民族意识和反对苏联入侵的人士。

葛罗米柯的中东政策，就是趁英、法退出中东地区之后，采用两面手法的外交，将苏联势力渗入中东，填补英法退出后的空缺，与美国争夺地盘。这一政策得到现任KGB头子安德罗波夫的支持，并得到勃列日涅夫的赞同。当时的国防部长格列奇科参与其事，他们密切注意中东形势的发展，以增加苏联在中东的影响力。安德罗波夫支持以色列，同时又支持阿拉伯的激进组织，挑拨它们火拼。现在阿拉伯很多领导人已开始了解，苏联这种做法目的只不过是想加强它的全球地位，与美国争霸。

KGB对于中东国家内不合苏联意的领导人，甚至国家元首，就设法唆使这些国家内部的不稳分子进行政变，甚至搞暗杀活动。沙特阿拉伯国王费沙就是被他的侄儿刺杀的，这个凶手曾到过东德，与KGB有过密切的联系。

在埃及，萨达特就曾是KGB暗杀的对象，至少已行刺过一次。又例如KGB曾想在埃及发动一次推翻萨达特的阴谋政变，想由苏联支持埃及新的统治阶级将埃及变为一个"苏维埃及共和国"。不过，萨达特知悉了这一阴谋，以迅雷不及掩耳之势，将这一阴谋集团一举逮捕，其中包括阿里、沙里夫和90多个同谋者。埃及人民对这次KGB策划的政变阴谋十分愤怒，举行大示威，苏联大使馆慌了手脚，赶紧在大使馆外加筑围墙，在屋顶架起机关枪。

苏联的KGB特务，在中东各国搞颠覆活动。南也门和阿曼境内的"武装斗争"就是同KGB有关，苏联也在土耳其、约旦、沙特阿拉伯、科威特等地搞渗透颠覆，继续从事恐怖暗杀行动，包括武装干预在内，目的是取得进入红海和印度洋的控制权。

1966年尼日利亚国内发生内战，俄国人供应军火给尼日利亚政府，使政府能在国内站住脚跟，厘平叛乱。接着是大批俄国技术人员拥入这个新的发展中国家，再随之而来的是一支KGB的第五纵队，驻在尼日利亚的大使馆，是第三大的大使馆，仅次于美国和英国。而苏联大使馆在不到三年内，人数增加了一倍，成为此间最大的一间大使馆。尼日利亚首都拉各斯成了KGB在非洲组织谍报活动的关键中心，间谍网从这儿一直伸展到西非其他国家，远至南方的几内亚。苏联驻尼日利亚大使馆隐蔽地进行着大规模的间谍活动，当然他们不直接反对尼日利亚，而是充分利用间谍中心，收集苏丹、加纳、塞内加尔和塞拉利昂的情报。

KGB在非洲十分注意中国外交影响力的发展，因为中国在非洲越来越得到尊敬，这使苏联领导人感到恐惧。苏联自从在坦桑尼亚和赞比亚失去地盘之后，就设法影响乌干达，以求造成一种反对中国的力量平衡。苏联同以色列竞相比赛地供应和训练乌干达的空军，在奥博托未被阿明夺权之前，苏联就以红十字会的伪装，大量将坦克和军火运入乌干达，甚至瞒过乌干达的边防军。阿明同苏联的关系极为微妙，有矛盾也有勾结。以色列奇袭乌干达恩特比机场成功，是因为以色列对这个机场了如指掌，他们同苏联都训练过乌干达空军，在乌干达、南部苏丹以及其他非洲国家，KGB都在大搞颠覆活动，苏丹多次未遂的政变和武装暴乱，都是KGB在利比亚训练的破坏者和阴谋分子搞的。

为了削减中国的影响，KGB不惜同以色列勾结，同罗马天主教会联合，以对抗中国在伊斯兰教阿拉伯国家的影响。苏联曾对非洲的"巫术"十分感兴趣，KGB曾千方百计找寻非洲巫术的秘密,以作为恐怖谋杀的手段,有一些非洲的巫医被"请"到莫斯科去,接受特殊的训练,英国人对这种巫术多年来都加以漠视,认为莫斯科同巫术有关是一种神话传说,直到茅茅运动蓬勃发起,才知道上了大当。除了巫术之外,KGB 与非洲的天主教会结成联盟,以对抗中国革命外交的影响力,他们虽然不可能把天主教会收买成苏联的罗网中物,但可以利用教会搞叛乱活动。KGB 在拉丁美洲曾在教会领域进行过成功的活动,现在在非洲这种活动已越来越显出它的危险性来了。

KGB 在非洲从 20 世纪 60 年代末期,就大量进行"假情报"活动。他们把真情报和假情报混杂起来,以迷惑非洲人的视线,由 KGB 的来源提供大量污蔑中国的假的"秘密文件"。中国和美国都是攻击的对象,而主要以中国为目标,典型的例子是 1969 年 7 月非洲的报纸影印出一份有中国邮票的信件,是寄给非洲诸如奥廷格等革命领导人的,大部分信件选择的对象,不是被关在狱中,就是当时站在反对政府的派别一方,这封信自然引起了非洲各国政府的愤慨,认为中国致这些人的信,是煽动反对现政府的不友好活动,这封信使中国的利益受到部分的破坏。但中国人最后向各国政府证明了这封信连同邮票,都是苏联伪造的。各国政府才恍然大悟,这是 KGB 挑拨中国和非洲各国友好关系的阴谋诡计。

1975 年 11 月 11 日,葡萄牙结束了对安哥拉 500 年的殖民统治,撤离这个殖民地。这个刚独立的国家,立即在苏联的挑拨下爆发了残酷的内战,三派力量的斗争达到白热化的程度,这三个原本是同一目标、为安哥拉独立解放而斗争的组织,被苏联划分成"革命"的和"反革命"的,于是兄弟相煎,演成了流血的战争。

苏联片面地支持"安哥拉人民解放运动"(MPLA)这一组织,而将站在同一战线上反对殖民主义的其他两个组织打成"反革命",苏联这种做法是有其政治阴谋的,目的是通过军事干涉打入非洲,在安哥拉建立他们侵略南部非洲各国的军事桥头堡。MPLA 的领导人是内图,通过苏联女特务加以控制。

KGB 对非洲政府的领导人加以控制,并非始于内图。早在 1966 年 2 月 26 日,当加纳的总统克鲁玛到北京去访问时,国内发生了政变,起义者进攻恩克鲁玛的总统府,经过 10 小时激战,将总统府的卫兵消灭。当起义军冲进总统府后,在总统府发现了 11 个 KGB 军官,这些俄国人被赶进花园就地处决掉。

后来加纳的秘密档案揭露出 KGB 在非洲很多国家进行渗透和搞恐怖活动的计划,这些国家包括有喀麦隆、象牙海岸、上伏尔达、尼日尔、多哥、刚果(金)、乍得、尼日利亚、塞拉利昂、苏丹、利比里亚、冈比亚、布隆迪、卢旺达、刚果(布)、罗德西亚、斯威士兰、坦桑尼亚、赞比亚、马拉威、马里、几内亚、安哥拉、莫桑比克和葡属几内亚等。

KGB 在非洲的活动,因安哥拉的得势而告加强,派到非洲 11 个国家的俄国军事顾问共达 3000 余人。加纳的保安部队曾经虏获了一架苏联间谍飞机,上面装置有空中摄影设备,这架间谍飞机是经常在乍得、喀麦隆、加纳和加彭领空上进行间谍侦察的。

KGB 在非洲所进行的活动以安哥拉为基地,向非洲各国进行政治讹诈和军事威胁。例如苏联通过各种方法向非洲国家大搞意识形态渗透,培植亲苏势力,加紧对南部非洲的解放运动实行幕后接触,给予武器援助,表示"支持"民族解放斗争。

苏联在这场外交攻势中分发大量金钱"收买"个别黑人领导人的"支持",以降低西方在非洲的影响,使南部非洲局势更加复杂化。

苏联驻乌干达代办曾向阿明总统递交苏联政府的特别信件时说,苏联政府认为,"南部非洲的非洲人只有通过武装斗争才能得救"。苏联《消息报》发表文章说，进行民族解放战争是非洲民族解放运动当前"刻不容缓的任务"。苏联还声称他们"大力支持"南部非洲人民的解放斗争。从这些动态来看，苏联正在用"援助""支持武装斗争"达到直接控制非洲解放组织的目的，一如它在埃及安哥拉所做的一样。

在非洲其他地方也是一样，据埃及《共和国报》报道说，"苏联政府最近供应利比亚一中队12架侦察机，75架战斗——轰炸机，一批远程重型轰炸机，不同型号重型轰炸机，不同型号的地对空萨姆式导弹，一些侦察和截击用的海军快艇，先进的坦克、电子监听器和干扰设备"。

苏联还向索马里和乌干达提供了大批武器，其中包括装甲运兵车，米格机、水陆两用坦克、地对空导弹。

苏联以武力向非洲扩张的图谋已引起了非洲国家的警惕和不安。肯尼亚《民族日报》发表社论说，"俄国人想依靠武器来统治非洲"。社论又说，"永远保持警惕是换取自由的代价。非洲国家无论在和平和战争的时期，还是在不战不和情况下，都要提防苏联帝国主义"。

今天，已蜕质变化的社会帝国主义的苏联，在非洲国家，特别是南部非洲大喊所谓"支持民族解放斗争"，其着眼点是南部非洲具有重要的战略地位和丰富的自然资源，这是当前美苏两国激烈争夺的地区之一。一方面，它想利用这一地区的民族解放运动浑水摸鱼，扩大自己的势力范围。另一方面它在南部非洲的民族解放运动中制造分裂，破坏非洲国家的团结，企图挑起一场非洲人打非洲人的战争。

4. 颠覆拉美的阴谋

苏联的"西半球"的间谍活动，20多年来一直有增无减。KGB把拉丁美洲当作一个活动的重点，起着牵制和扰乱美国的战略作用，他们对于处在美国邻近的中、南美洲国家，使用各种各样的方式，进行渗透、颠覆、干涉和侵略。

中、南美洲位于美国的后院，是对美国一个直接的威胁。这个地带长期以来就是革命的火山地带，这是一个正处于动乱中的大陆，它拥有巨大的资源，但在2亿人口中却有1.4亿人过着极悲惨的生活，干着农奴一样的劳动，7000万人处于货币经济以外，1亿人不识字，1亿人患着风土病，1.4亿万人饥寒交迫，营养不足，处于饿死的边缘。几个世纪来，中、南美洲被葡萄牙、西班牙等老殖民主义统治着，现在控制在美国之手。

1959年古巴发生了革命，卡斯特罗夺取了政权，推翻了同美国狼狈为奸的独裁者巴蒂斯塔。这次革命从性质来看是社会主义的，但它在主观意识上并不明确，也未采用这一名称。古巴社会主义革命统一党于1961年12月1日成立，它是由"七月二十六日运动"、"革命指导委员会"、古巴共产党（人民社会党）合并而成的，成员一开始就相当复杂。卡斯特罗在反美这方面是坚决的，因为古巴就在美国的后院，随时都受到侵略的威胁，但是他只看到这个明显的敌人，却不知道还有一个隐蔽的敌人，那就是苏联。

赫鲁晓夫是个典型的机会主义者，在阿尔及利亚和古巴武装斗争时，他非但不支持，连道义上的支持也没有过。但当武装斗争取得胜利后，他就立即把这些国家设法拉拢过来。1961年把卡斯特罗、本·贝拉和纳塞尔封为"苏联英雄"，俨然他是这些国家的太上皇一样，大量的军事专家和KGB特务也就跟着源源不绝地派进这些国家了。

随着古巴社会主义革命统一党的成立，那些长期留在莫斯科的古巴共产党人就纷纷返回古巴了，他们受命于赫鲁晓夫回古巴来夺权。赫鲁晓夫不信任卡斯特罗，因为他当时正在倡导"和平"，对于"武装斗争"是认为危险的，怕一点星火会触发世界大战。卡斯特罗认为自己夺取政权不是依靠莫斯科的支援，因而亦不愿完全听命于莫斯科的。赫鲁晓夫指示KGB要设法将卡斯特罗弄下台，用可靠的古巴共产党人取而代之，并将古巴变成一个像东欧国家一样的苏联卫星国。在派回古巴的共产党人中有一个叫布拉斯·洛卡的，他负责组织反卡斯特罗的秘密派别活动，一群受苏联训练的古巴共产党人开始了迅速的夺权运动。而这个洛卡却是由苏联驻哈瓦那大使谢尔盖·库特尼亚伏切夫指挥的，这个大使就是一个KGB的特务头子，曾在奥地利、土耳其、加拿大、西德、法国等国从事间谍活动，1960年才到古巴上任当大使，他着力于组织倒卡斯特罗台的谍报活动，公开丑化卡斯特罗，对他进行政治和人身攻击。

卡斯特罗对洛卡的阴谋活动是有警惕的，他也作好了应变的准备。首先他仿照苏联KGB的方式建立起古巴的特务组织"革命保卫委员会"（Comites de Defenaaade La Revolucion，DOI）。这是一个控制整个古巴岛国的情报网，深入到每一条街，每一间工厂，遍布农村和机关单位，由卡斯特罗和他的弟弟罗尔·卡斯特罗亲自掌管。

当亲苏派的宗派活动达到最猖獗的时候，卡斯特罗给予反击了。1962年2月27日他在全国电视发表了一次长达三小时的演说，公开谴责这些叛国的串谋分子，他指责他们"组织着一个枷锁，一件紧身的拘束衣……一支驯化和驱役革命者的军队"，换句话说就是要搞政变。卡斯特罗兄弟迅雷不及掩耳地将这个叛国派别及其组织加以瓦解，并进行了大规模的镇压运动，将那些亲苏的共产党员放逐出国。卡斯特罗逮捕了洛卡，并在莫斯还愕然不知所措时，通知苏联大使库特尼亚伏切夫"执包袱"，同时被驱逐的还有窃踞了党的组织书记地位的阿尼瓦耳·埃斯卡兰特。

苏联在大使被驱之后，不知所措，但他们不甘放弃古巴作为威胁美国的战略桥头堡，还需要卡斯特罗合作，因为他人正急于将核导弹运进古马，在古巴建立导弹基地。于是俄国人改派了卡斯特罗的私人朋友亚历山大·伊·萨托夫（又名亚历山大·阿历克谢夫）任驻古巴大使，这个萨托夫曾在法国、荷兰、阿根廷活动，是个相当能干的KGB特务官员。他向卡斯特罗提出为了保护古巴，必须将苏联核导弹运入古巴以对抗美国的侵略，同时要帮助古巴去协助训练，还请捷克的特务机关STB也派出一些人员，对古巴谍报人员传授技艺，就在这时，出了"古巴危机"事件。美国总统肯尼迪警告苏联不得在古巴设立核导弹基地对准美国，赫鲁晓夫错误估计了肯尼迪，便在古巴危机上孤注一掷，威胁要使用洲际导弹，谁知肯尼迪早已掌握情报，知道当时苏联的洲际导弹并未研制成功，而且还没有相当的舰队，于是一龇牙，来了个硬碰硬，准备打一场核大战，这一来赫鲁晓夫的讹诈落了个满盘皆输，吓得屁滚尿流，竟然不同卡斯特罗商量，出卖古马的利益。同肯尼迪在1962年10月中达成协议，苏联不只撤走导弹，还让美国以联合国的身份进行监视，开了个国际视察的先例，把卡斯特罗气坏了。赫鲁晓夫起先将导弹运进古巴，是最冒险主义的行动，但后来将它们撤出来，又犯了投降主义的错误。

克里姆林宫在古巴危机中丢尽了脸，这也是赫鲁晓夫下台的原因之一。

勃列日涅夫上台后，苏联领导集团对古巴的局势开始重新估计。首先是格瓦拉的问题。切·格瓦拉原是卡斯特罗的战友，但是在古巴危机后，他同卡斯特罗在对待国内外的一些问题上产生了分歧，经常发生争吵，结果切·格瓦拉突然不辞而别，留下一封信给卡斯特罗，就离开了古巴，连妻子也没带走，跑到玻利维亚去搞军事冒险主义的游击活动。

格瓦拉同卡斯特罗开始有矛盾的时候，KGB 就注意到某种迹象，在对付古巴共产党的叛国活动上，格瓦拉和卡斯特罗是一致的，甚至比卡斯特罗更坚决，主张镇压这些叛国分子，但在对待苏联这方面，卡斯特罗比较温和，而格瓦拉则更激烈。某种迹象还表明，格瓦拉曾一度到中国，在中苏矛盾中倾向于中国。苏联认为格瓦拉不除掉，势必难使卡斯特罗就范，于是派出女特务达尼亚到哈瓦那去，她的任务首先是要搞清古巴领导层中激进派为什么这么明显地反苏，关键人物是否是格瓦拉，然后设法接近他，鼓励他向极端发展，挑拨他同卡斯特罗的关系。达尼亚接受任务后，化名为罗拉·库达雷兹，前往南美，再由南美进入古巴，来到哈瓦那。

她过去曾同格瓦拉有一段情缘，两人一见如故。格瓦拉经不起她的引诱，同她发生了肉体的关系，达尼亚就成了他的情妇。达尼亚向莫斯科报告，认为格瓦拉比卡斯特罗兄弟更激烈地反对苏联的和平过渡政策，主张武装斗争。莫斯科指示达尼亚集中力量专门对付格瓦拉，不要表现出一点反对他的主张，相反要同情他和鼓励他，使他对卡斯特罗不满，离间他们的合作关系，进而用托洛茨基主义来影响他，使他走向极端，这样就能达到一箭双雕的目的。既使格瓦拉走向毁灭，脱离古巴，又使卡斯特罗失去左右手，更形孤立，有利于将卡斯特罗推下台。

格瓦拉上了 KGB 的当，还以为自己走极端的盲目冒险主义活动是最革命的，他在达尼亚的鼓励下，离开了古巴，潜入玻利维亚去搞"世界革命"，要把古巴武装斗争的革命经验向外"输出"。他还提出了所谓的"格瓦拉主义"。实际上这种主义是托洛茨基主义在特定环境下的新版本。当初，格瓦拉带领一批人马潜入玻利维亚，他的情妇达尼亚跟随他，与他同甘共苦。当玻利维亚军队对这支冒险主义的游击队进行围剿时，格瓦拉采取了流寇式的战术。他们没有发动群众斗争，而群众亦不同情他们，把他们当作土匪，不供给他们粮食，使他们陷入极端困苦的地步。格瓦拉脱离群众的游击路线，招致他们自己的毁灭，1967 年 10 月格瓦拉被擒处决。

格瓦拉的死亡对卡斯特罗无疑是有很大打击的。克里姆林宫对于卡斯特罗的桀骜不驯很不放心，特别是古巴危机中他表现出相当强硬的态度。他在 1963 年古巴革命四周年的演说中把美国和苏联都痛骂一顿。赫鲁晓夫不会听不出这番话里的话的，他担心卡斯特罗采取某些"不可预测的行动"，破坏苏联所需要的"和平"，他不想同美国直接对抗，再陷入危机之中。因此，苏联领导人又一次把推翻卡斯特罗的计划提到议事日程上去，而且这次决心更大，计划更周密，规模也更大。

这次反卡斯特罗的阴谋活动的主角并不是别人，仍是埃斯卡兰特以及他的一伙古巴共产党员。埃斯卡兰特被放逐后，躲在苏联，口口声声表示悔改，再次获准返回古巴，却再次进行阴谋活动。这个 1932 年入党的古巴共产党员埃斯卡兰特，被判处 15 年徒刑，其他 34 个同谋犯，分别被判两年至 12 年徒刑。在破获了这次叛国阴谋之后，古巴进行了一次队伍清理，DGI 这个 KGB 培育出来的特务机关，又一次反噬 KGB，使 KGB 又一次失败。这一时期古巴和苏联的关系已降低到卡斯特罗掌权后的最低潮。

1968 年春，苏联突然切断了对古巴的石油供应，使古巴的蔗糖厂、工厂以及交通都陷于瘫痪状态。罗尔把军用汽油储存拿出 1/3 来，供应国民经济的需要，仍然无济于事。俄国同时还停止了其他的供应，迫使古巴的经济崩溃。俄国人就是用这种政治讹诈和经济勒索的方法来炮制古巴，等卡斯特罗没有办法时，克里姆林宫提出条件来了。

俄国人讲明开放供应，改进输入古巴的原料的质量，增加供给农业机器，购买古巴产品，配置一个核能工厂给古巴，条件就是要卡斯特罗停止所有对苏联的批评，准许至少5000名苏联专家驻在古巴，监视经济设施的正常运行。最重要的一条，就是DOI必须完全服从KGB的领导，这些条件是极其苛刻的，但卡斯特罗经济受制，只得屈服。从此，卡斯特罗民族英雄的形象渐渐褪色，变成了苏联的应声虫，被KGB俘虏过去了。最明显的例子是苏联在1968年8月入侵捷克，世界各国包括从中国到智利的共产党，都对这一侵略事件进行谴责，而自称"帝国主义的敌人"的卡斯特罗却为苏联辩护，自此以后他就随着克里姆林宫的指挥棒转了。

KGB除了控制古巴外，在拉丁美洲各国也同样进行颠覆破坏活动。古巴是KGB的一个基地，箭头射向拉丁美洲各国，他们以"支援革命"的幌子，在中南美各国进行阴谋颠覆活动，很多恐怖主义的游击队都是在古巴受训的。KGB在西半球的战略，就是挑动内战，制造混乱，同时达到牵制美国的战略目的。

最突出的例子是1971年KGB在墨西哥企图发动一场大规模的游击战事，这是由驻墨西哥的苏联大使馆这个特务基地发动的。他们想在墨西哥制造"另一个越南"，墨西哥反间谍机关采取行动，粉碎了这次阴谋，查出了大使馆内的KGB官员的身份，将他们赶出墨西哥。5个苏联的外交官被赶走，还逮捕了那批由KGB训练的"游击队"员，缴获大批武器，还有受训情况和恐怖行动计划的日记本，这些文件都证明了大使馆内的KGB军官参与了这次颠覆暴动的阴谋。

1972年玻利维亚政府赶走120名苏联外交官又是一个例子，苏联在玻利维亚的使馆是1970年3月开始的，当时仅来了一个大使和四个外交官，但人员不断增加，后来竟增加达500人，成为驻在玻利维亚最大规模的外国使馆。他们中间有很多KGB特务，也跟在墨西哥一样进行颠覆活动。1971年8月，班扎尔上校推翻了玻利维亚原来的政府，不到半年，就宣布破获了一个阴谋政变的计划，证实是同"某大使馆"有关，于是将苏联大使馆119个KGB特务和另外一个非外交官员驱逐出境，这是比英国赶走105名苏联外交人员规模更大的行动。

1971年7月，3名KGB特务在厄瓜多尔利用共产党控制的工会，发动全国性大罢工，结果当场被捕，并被驱逐出境，这3个KGB特务全是苏联驻厄瓜多尔大使馆的外交官员。

KGB还在军火和金钱上供应那些国家的"游击队"，如1968年4月，哥伦比亚警方获理墨西哥当局的情报，在保哥大机场扣捕了两个共产党员，在他们身上搜出10万美元，是KGB的一个特务在墨西哥交给他们运至哥伦比亚，交送最凶残的恐怖组织的。1972年哥伦比亚政府指责苏联大使馆8名外交官干涉该国内政，将他们驱逐走。驱逐苏联外交官在中南美洲各国都是常发生的事，1970年阿根廷就要两名苏联外交官在48小时内离境。

苏联颠覆第三世界各国的卑劣手法，越来越使第三世界各国的政府和人民认清这个自称是"民族独立斗争支持者"的真面目，这个自以为是第三世界"天然的同盟者"的帝国主义恶霸，已经日益显露出穷凶极恶的真面目了。

5. 克格勃间谍在美国

苏联间谍渗入美国人数之多是前所未有的。在超级大国无休止的斗争中，他们很可能是莫斯科的最重要的武器。主管情报组工作的联邦调查局助理局长爱德华·奥马利说："克格勃今天对美国的威胁要比九年或十年前严重得多。"奥马利说，联邦调查局的反间谍工作比往日好多了。然而另外一些美国情报官员承认，对于苏联在美国的间谍提出的日益复杂的挑战，华盛顿的认识是极为缓慢的。

克格勃在美国拥有的最大财产当然是美国的开放社会。据联邦调查局估计，苏联情报的90%是从公开来源取得的，从非保密的文件和教育讨论会到工业展览会和科技刊物等，无一不是苏联取得情报的来源。在美国的每个苏联机构都设有精密的电子设备，监听无数的私人电话和电台发报，从机密的政治谈话到绝密的武器系统的蓝图，无一不是他们注意的对象。例如，本刊获悉：苏联曾经截获美国国防部一家主要承造商两地办事处发的无线电图片传真，从而获得美国新式三叉戟潜艇的一部分设计图。

尼克松时期，由于实行缓和政策，外交、文化和商务交流计划大量增加，因此克格勃在美国的活动迅速增加。

联邦调查局估计，苏联在美国的官方代表，包括诸如民航总局和塔斯社这些机构的雇员在内，35%是KGB或350GRU（苏联总参情报部）的官员。据此推算，目前苏联驻在美国的1041名官员中，约有350人是间谍，这是空前高的数字，这个数字并不包括为克格勃效劳的非间谍人员，还不包括隐藏在其他可疑组织中的代理人，如其他苏联集团国家的外交代表团和驻联合国代表团，东欧在美国学习的数以百计的留学生，在美国到处游览的5000名铁幕游客以及最近几年从东欧逃亡到美国的13万移民。

克格勃在美国活动的主要地区有华盛顿、纽约和旧金山，苏联设施选择的每一处都是为了最大限度地进行电子侦察。在华盛顿，坐落在第十六街的苏联大使馆，房顶上有两套巨型高频天线，其中一套指向国务院五角大楼，另一套则指向在弗吉尼亚州的中央情报局的通信设施。

苏联设在切萨皮克湾的"娱乐部"，紧靠着安纳波利斯的一个重要的微波转播站和一个大型军通信设施。苏联在纽约里费达尔的住宅区也有电子仪器，由于它坐落在市区的一个最高点上，因此它的电子设备就有可能窃听整个东北部的电话。苏联在旧金山的领事馆也坐落在该市最高的一座小山上，侦察的目标是硅谷和雷马岛海军基地，美国核潜艇时常在这个基地出出进进。联邦调查局负责华盛顿分局工作的特工西奥多·加德纳说，克格勃在这些岗位上工作的人员，都是"出类拔萃的人物"。

苏联驻华盛顿大使馆暗杀不少特务在美国进行活动，使馆中有一个总行动室，处理招募特务事宜。由它的兄弟部门格卢的官员在该地区军事要地附近的酒吧间中物色对象。克格勃特务还同政府工作人员进行接触，收集政治情报，在灯红酒绿的气氛中，政府工作人员忘乎所以，毫不担心有进行破坏活动的企图，这种情报就会自然而然地透露出来。联邦调查局负责人奥马利说，他们参加豪华的俱乐部，"在单身酒吧中闲溜达，和人拉关系交朋友"。而最近，美国情报负责人注意到，在他们周围有一些苏联唇读间谍，他们看别人嘴唇的蠕动，就知道在说些什么。苏联使馆中的科技室包括苏联贸易机构的人员。叛逃美国的苏联间谍弗拉吉米尔·萨哈罗夫说："他们花大量的时间在国会图书馆中，阅读关于美国工业的财政报告和关于科研的报告。"

苏联大使馆有一个反间谍室，其任务是对从中央情报局、联邦调查局或当地警察中可能招募的人员发指示，不过大概要花更多的时间做防范工作，防止这些组织打入苏联使馆人员中去。苏联使馆还有一个部门，负责收集和抄录有用的文件，其中包括要到苏联去的美国公民的护照和出生证，这些对将来秘密特务造假或进行讹诈活动都有用。最后，使馆还有一些窃听、密写和秘密拍照专家；还有根据密令和报告进行工作的密码人员；甚至还有特别的司机，他们就是监视和摆脱跟踪的专家。

苏联驻华盛顿大使馆还有一个"湿"室，说得更通俗一点，就是"流血勾当"，它向负责暗杀的臭名昭著的第十三处报告。苏联大使馆的暗杀室在策划战时破坏重要的工业目标的活动，如燃料库、通信网和供水系统。

克格勃对于上层进行接触是毫不犹疑的。1968年尼克松当选总统后，克格勃的一名叫鲍利斯·谢道夫的特务，伪装成使馆的一名参赞同成为国家安全委员会顾问的基辛格拉上关系，而基辛格则假装不知。在同莫斯科谈判时期，利用谢道夫传递尼克松早期关心的问题。在卡特执政时期，苏联大使馆曾同国家安全委员会的几名成员接触。

克格勃需要招募美国人做间谍，在20世纪30年代、40年代和50年代有心甘情愿帮助苏联特务的共产党理想主义分子，这样的日子已经一去不复返了。海军中的一位情报专家开玩笑说，现在克格勃看中的大多数是"唯利是图的家伙和手脚不干净的人"。对于那些手头拮据的军事人员和高级科技人员来说，金钱既是诱饵也是钩子，一旦接受了第一笔钱，那就成了讹诈的大棒。

普通的美国人"清醒地把金钱看作是保障个人自由和独立……唯一手段"。对金钱的这种态度就使得只求发财，不择手段。联邦调查局的奥马利说，"经济情况越糟，就越有人愿意出卖情报"。

苏联和苏联集团的特工人员每年同100多美国军事人员接触，拉关系。

KGB还在那些在要害部门工作的、对工作不满或对上司有怨气的人身上打主意。前联邦调查局的一名特工人员指出："尽管这种不满情绪是短暂的，但是克格勃也会把这唯一的一点小过失记录下来，使美国人上钩。"即使是忠贞的美国人也可能坠入陷阱，常常是在男女关系上落下把柄。苏联庞大的电子窃听活动，其中针对的一个目标就是收听身居要害部门的男子和他们的情妇的谈话。在美国五角大楼出版的电话簿的帮助下，苏联人可以运用其电子计算机收听一定号码的来往电话。塔斯社中的克格勃分子定期从五角大楼取得这种电话簿，苏联人并不直接对五角大楼自动电话系统的电话线进行窃听，而是截听用微波传递的数量越来越多的军事电话。自从1974年以来，在哈瓦那苏联天线网中，设置了一个"空间的谍形天线"，收听通信卫星反射下来的电话信号。克格勃在西海岸的总部——苏联驻旧金山领事馆的人员也是些高手。例如，亚历山大·契克瓦伊泽总领事，根本不是什么一般的外交官，而是一位训练有素的工程师，他以前担任过苏联科技委员会主席。叛逃美国的萨哈罗夫说，"旧金山领馆的人员继续以强手来充实，甚至比驻华盛顿大使馆的人员还要高强"。他估计，"在同领馆有关的100人中，有五六十人是克格勃，另外20~25人在总参情报部工作"。

第四章　对战略物资石油的封锁控制

石油是一种重要的战略物资，在国际政治经济关系中起着重要的作用。近一个世纪以来，资本主义社会财富的一个巨大部分集中于石油工业，成为国际垄断资本的一大支柱，随着资本主义经济的畸形膨胀和盲目扩展，石油消耗量不断增长，美苏两个超级大国扩军备战、对外侵略也需要大量石油，因此，美苏之间争夺石油的斗争一直非常尖锐，而且愈演愈烈。

一、美国战略中的石油

和所有其他资本主义国家不同，美国本国拥有各种丰富的动力资源，包括石油资源，过去和现在都是美国资本向世界石油市场扩张的支柱。20世纪上半期资本主义世界石油开采总量和消费总量为76亿吨，其中美国的开采量和消费量约为50亿吨，从这一点就可以看出美国石油工业的生产能力和美国国内市场对石油的容量，美国的石油开采量（到1954年止）和石油消费量（到1963年止）都大于所有其他资本主义国家的总和。

此外，美国还积极参加石油的对外贸易。在20世纪上半期，美国是最大的石油输出国。而在最近几十年，美国成了石油和石油产品最大的进口国。只是到1969年，日本才在购买石油和石油产品的资本主义国家中占据首位。

美国资本在控制石油的地质储量、石油开采和资本主义世界市场的石油供应方面居于稳固的首位。除了美国国内市场——世界上最大的石油市场以外，美国的石油公司还控制着国外大部分资本主义市场。1970年美国以外资本主义世界石油开采量和市场供应量超过14亿吨，其中由美国公司开采和供应的石油约有7.8亿吨，加上美国国内的开采量和销售量，1970年美国资本控制了近350亿吨的石油储量，并开采了12.8亿吨石油，在整个资本主义世界的石油储量和开采量中，分别占50%和66%。

美国通过几十家属于美国资本的石油公司，向资本主义石油市场实行扩张。而起决定作用的是加入国际石油卡特尔的五大垄断组织：洛克菲勒财团势力占优势的新泽西美孚石油公司，莫比尔石油公司和加利福尼亚美孚石油公司，梅隆财团控制的海湾石油公司，以及芝加哥和纽约的几家银行控制的得克萨斯石油公司。

美国资本还在20世纪初就争夺国外的石油资源，而且一直同西欧资本，首先是同英国资本激烈竞争，在近东，这种争夺尤其厉害，直到第二次世界大战前，美国垄断组织还没有能够在近东巩固下来。第二次世界大战削弱了西欧石油垄断组织的地位，使美国石油垄断组织的地位迅速加强，美国资本在战期间开始向其主要竞争者——西欧资本发动了广泛的进攻，第二次世界大战后经过5年就取得了优势，又经过大约5年，在控制美国以外的资本主义世界石油开采方面，占据了绝对优势。

美国力图支配尽可能多的国外石油资源，在很大程度上是因为开采国外石油比在美国国内便宜得多。例如，根据大通曼哈顿银行的资料，1955—1965年开采一吨石油的费用，在远东为1.2美元，在委内瑞拉为3.6美元，而在美国则达12~13美元。与之相适应，美国国内的石油价格比国外资本主义市场上的价格也要高得多，平均每吨贵7美元，差不多贵30%，国外大多数油田，油层厚度大，距地表近，而且开采油田的劳动力主要来自发展中国家，比本国劳动力便宜得多。这一切构成了国外石油资源提供高额利润的基础。

美国石油垄断组织所支配的廉价的国外石油的数量越来越多，它们首先以此来加强自己在国外的销售市场，包括西欧市场上的地位。美国资本是在《马歇尔计划》《保障相互安全计划》以及保证美国资本渗透到第二次世界大后外国经济中去的其他计划的掩盖下，夺取向西欧供应石油的关键阵地，美国资本对石油工业也特别注意。

同时，美国垄断组织在国内市场上以最高价格出售外国石油的数量也在增长，出售外国石油所得的利润，用来作为五大公司的活动（包括与西欧垄断组织进行竞争）经费的补充来源。

直到20世纪40年代末，美国还纯粹是一个石油和石油产品的输出国。可是，到40年代末，美国的石油输出实际上已经停止，而石油产品的输出也降低到1000万~1200万吨，使进口1948年第一次超过了出口。1950年，美国进口了4100多万吨石油和石油产品，即差不多相当于西欧各国进口量的总和，进口量占美国液体燃料消费量的13%左右。

美国5家最大的石油垄断组织，加速了石油进口步伐和石油进口量，触犯了那些只在美国本国范围内活动的石油公司的利益，也触犯了美国煤炭工业的利益。以石油垄断组织为一方，以只在美国国内活动的石油工业家和煤炭工业家为另一方，围绕美国进口液体燃料的问题而进行的斗争，不仅对资本主义世界石油市场，而且对美国国内政治生活的若干方面，过去起过，而且现在还在继续起着明显的影响。

在石油工业史上美国占有特殊的地位，这是因为：①它是世界上实现石油开采系统化和工业化的第一个国家；②它是世界上地下资源所有权属于地面所有者的唯一的国家；③资本主义制度和整个经济的发展极大地促进了大规模的石油工业的发展，使得石油工业迅速地越出了本国界线。

鉴于这些因素，不难理解美国在1972年每人消费的能源为什么是世界平均消费量的6倍。在这些能源中石油占42%，天然气占32%，煤占17%，水力发电占4%，核发电占1%，石油以及天然气所占绝对优势的比重使得美国经济严重依赖于碳化氢资源。将来，预计核电的比重会有很大的增长，甚至会占能源需求的30%。

20世纪50年代中期，美国的生产和消费量占世界生产的石油总量的一半。到1972年，它的生产量占世界石油的1/4，而消费量占1/3。生产与消费之间的差额迅速扩大，美国将要进口所需石油的一半，这将是对美国的习惯的一次革命。

长期以来，美国人随心所欲、毫无控制地消耗和浪费石油。浪费是美国经济的特点。当时，美国在得克萨斯州、路易斯安那州、俄克拉荷马州、加利福尼亚州以及其他一些州的油矿加上从不远的委内瑞拉和邻国加拿大进口石油的填补，还能满足得了国内的消费。甚至直到1971年美国还拥有备用生产能力（后备能力），需要时随时可用来任意地增加国家生产。正是靠了这种备用生产能力，美国才能于1956年和1967年支持缺乏石油的欧洲盟国，并因此而确立了自己的领导地位。

从1970年起，为防止汽车和工厂造成污染而颁布了严厉苛刻的条例，使得石油消费的增加大大地超出了人们的种种预计。给车辆装配的防污染系统竟使石油消费翻了一番，禁止工厂和发电站使用污染性的煤，这又使这些企业转而使用含硫量低的燃料，由于定价太低而造成天然气缺货，这就必然引导人们去使用液体燃料。

过不多久，美国从石油剩余户变成石油短缺户。不过事先是有人发出警告的，但是消费者和他们的代表对石油工业的怀疑使得这些警告没有得到认真地对待。因此，到了1973年中，危机已经爆发，但石油工业的支持者同其反对者还在激烈地争论。前者主张采取扶植石油工业的政策，指出石油对美国的安全是必不可少的，后者指责石油工业人为地造成了石油缺货，以便使油价上涨。

美国的联邦体制是造成这些对抗的根源，生产石油的只是仅有的几个州，而消费石油的却是所有各州，每个州自己都拥有范围相当大的制定法令权，在西南部的大生产者同东部的大消费者之间，存在着难以消除的对立，这种对立在参议院看得特别明显。政府和联邦当局只是在有权制定和执行能够解决美国问题的总政策方面，政府和联邦当局仅仅是诸因素中的两个因素。因此，必须首先调和石油工业的支持者和反对者的观点，但是随着时间的推移，各自的立场变得越来越激烈，因而就越不可能实现和解。

美国的危机如果不在世界上引起反响的话就其本身来说是并不那么严重的。这场危机的第一个后果就是它引起了所有外国石油供应市场油价上涨。美国人比其他所有工业国家都需要含硫量低的原油，但这种原油极为稀少，因此，美国人就同欧洲和日本争夺这种原油。美国国内炼油能力不足，造成了产品缺乏，这使美国人试图从欧洲和其他国家寻求供应，美国经济在世界上所占的举足轻重的地位以及在许多国家经营的广大的美国石油公司网使得美国几乎可以如愿地取得想要的一切东西，结果使得世界市场上的原油及其产品大幅度涨价。然而，鉴于原油及其产品的关税不断提高，这种世界性涨价现象到了一定高度以后将会逐步平息下来。另外，由于美国大量增加进口给美国国际贸易支付带来显著的影响。因此可以预料，美国将发动全面的贸易攻势，以便通过出口来补偿石油进口的需要。

这种攻势的对象首当其冲的是日本和加拿大，因为就是它们两家造成了1972年美国结算的逆差。

但这种攻势也不会放过欧洲，而且欧洲应当预料到在今后一些年里进行的贸易谈判中，美国会提出越来越多的苛求。因此，欧洲和日本很有可能会直接受到美国相对缺油所带来的危害，这些危害表现在：①世界油价全面上涨；②油价上涨引起更加严重的通货膨胀；③美国加紧进行贸易竞争，以便补偿进口石油的支出。如同在其他领域里那样，美国总是输出自己的问题，企图在损人利己的情况下解决这些问题。

问题不仅仅牵涉到经济和贸易方面的看法，在今后几年里，美国大量增加的进口石油很可能主要来自波斯湾，特别是来自海湾沿岸的阿拉伯国家，其中最重要的又是沙特拉伯，这个国家的大臣们甚至国王自己已经表示对美国的近东政策和战略持保留态度，费萨尔国王指责华盛顿徒劳无益地支持以色列，而华盛顿的利益恰恰在于执行一条亲阿拉伯的政策，令人担心的是，如果美国继续违背阿拉伯人民心愿，奉行一条支持以色列的政策的话，所有阿拉伯国家就会拒绝向美国提供它所需要的一切石油，这个威胁一旦成为现实，美国在近东的外交就会大大受到限制。人们已经看到在美国有一种思想流派认为，有必要对调皮倔强的国家采取军事行动，要是发生这种情况，只要占领沙特阿拉伯和波斯湾各国的东部沿海地区，就能够迫使这些国家继续并增加石油供应。美国的另一些人甚至还说，同以往一样，政变可以立竿见影，倘使必要的话，可以搞掉不太通情达理的国王，代之以一个得心应手的人。然而，值得怀疑的是这些看法是否真是契合实际，美国的近东政策和战略会不会由于美国需要石油而必然发生明显的变化。政府里，特别是国务院里一部分人是这样担心的，也是这么认为的——而大部分美国策略家和国会目前似乎认为，一个强大的以列国的可靠友谊对美国安全和它在东地中海的永久存在来说那是更为必要的了。

在很大程度上，美国在近东走的是第二次世界大战后日薄西山的英国人的老路。无可否认，世界这块地方所以引起美国人的兴趣，首先是因为它有石油，同时也正是由于美国各石油公司坚持要求参加近东的开发，才促使了华盛顿扩大它在这个地区的影响，但一开始华盛顿还是举棋不定的。在第一次世界大战结束后，法国人同英国人激烈争夺奥斯曼帝国这个战利品时，这种"石油外交"是很明显的。美国人要求对石油租让权实行所谓"门户开放"政策，并且在1928年从伊拉克圈定的红线协定中得到了一定的满足，此后不久，美国驻伦敦大使，海湾石油公司的主要股东安德鲁·梅伦于1933年取得了国务院的充分支持，他的公司在科威特得到了50%的租让地，英国外交部无奈做了让步，余下的50%的租让地归英国石油公司所有。

与此同时，美国各公司通过应酬周旋从英国人那里挖到了在沙特阿拉伯的一大块租让地（将近100万平方公里）。经过了多年的辛劳和经受了种种忧伤失望，第一口井才在1938年喷出了阿拉伯的第一批石油。

在第二次世界大战初期，美国公司在波斯湾的阿拉伯地区真是无所不在，它们在伊拉克和卡塔尔拥有伊拉克石油公司23.75%的股份，它们百分之百地控制了沙特阿拉伯和巴林的全部股份，在科威特则拥有50%的股份。1943年，阿拉伯美国石油公司（简称"阿美石油公司"）成功地做出了一个壮举，它是沙特阿拉伯的承租户，它促成了罗斯福总统同阿卜杜勒·阿齐兹·本，沙特国王的会晤，并获得了租借法案的好处。这个法案之所以通过，是因为它的目的在于支持美国的盟友进行战争，沙特阿拉伯甚至根本没有对轴心国宣战，租借法案的扩大就等于是要美国纳税人为阿美石油公司打入沙特阿拉伯提供经费。这个事件后来在国会被揭发了，它清楚地表明了美国负责人对近东的无知，同时也反映了美国石油公司拥有至高无上的威力，左右着华盛顿当时在这个地区的外交。

第二次世界大战后，从1946年起石油生产开始突飞猛进地发展。阿拉伯的，特别是科威特和沙特阿伯的地下宝藏也开始崭露头角了。那时，美国的石油外交进入一个同步步为营的英国外交展开积极竞争的阶段。这是一场潜在的战争，参加者是两个国家的特务和石油公司，同时在划分不明的租界线上引起了此起彼伏的事端，就这样终于爆发了布赖米绿洲（波斯湾）事件。在阿美石油公司和美国的支持下沙特阿拉伯要求收回阿曼和阿布扎比占领的绿洲，这时阿曼和阿布扎比以英国为后盾，其租让地由英国国际石油财团控制。另外，同样是由于租让地界线划分不明，在（英国的）保护地亚丁和沙特阿拉伯之间发生了控制鲁本哈利沙漠的冲突，结果鲁本哈利沙漠归沙特阿拉伯所有。最后还有在防备不严的卡塔尔边境，在巴林沿海地区始终存在着争执，这些无关紧要的冲突一直持续到它的解决有利于以美国为靠山的沙特阿拉伯为止。战争结束之后，华盛顿甚至在沙特阿拉伯东部沿海地区（产油区）的达兰建立了一个重要的空军基地。

这项有关空军基地的五年协定只续订过一次，因为在洲际导弹和核潜艇时代，轰炸机基地对美国战备已没有必要了。

美国石油外交的影响在伊朗最为明显，美国人利用1951年英伊石油公司（百分之百的英国股份）国有化，并借着1954年参加最后解决该公司国有化问题的机会，取得了一家新国际财团的 40% 的股份，这是美国的近东政策中最漂亮之举。所担风险不大，而又使英国盟友大吃其亏，无怪乎从 20 世纪 50 年代末起，美国公司的生产占了近东石油生产很大的比重（57%）。

进入 20 世纪 60 年代后，美英竞争缓和了下来，可以说美国人已全线告捷，同样，在委内瑞拉、印度尼西亚、利比亚，不久又在尼日利亚，以后又在北海等其他地方，他们的公司生气勃勃，他们好冒风险，又掌握着技术知识，这些都使他们赢得了显赫的地位。地球上哪里飘散着石油气味，哪里就不断出现新的石油公司。美国对石油公司实行在国内利润扣除国外投资的税收政策，美国公司得到这种优待，就纷纷投入国际勘探中去，美国各公司看到国内资源日趋减少，又坚信进口石油迟早是势在必行之事，所以它们动用了全部资金和技术在世界范围内展开了一场新的石油角逐。近乎霸权的美国优势就这样逐渐确立起来了。

美国大概是在 20 世纪 70 年代开始走下坡路的，首先是发生了若干起互不相关的国有化（秘鲁、玻利维亚、阿尔及利亚、伊拉克、利比亚），然后在波斯湾和尼日利亚签订了合股契约，接着伊朗控制了自己的石油工业，在委内瑞拉的租让权也可能要结束。在一个很短的时期内，人们看到外国的专利租让权不断缩小，同时，美国国内资源也已无法满足需要了。

后来的情况又怎样呢？首先在世界范围内大规模地开展了多样化的探矿活动。1973 年，从北极到火地岛，从陆地到海底，800 多家以美国为主的石油公司在世界各洲进行勘探工作，然后是接受几年前还不堪设想的新条件，其中有接受合股契约，并普遍接受资本主义公司同当地国家公司的任何可能的合伙形式，如同印度尼西亚签订了分摊生产协定，同埃及和伊朗达成 50 对 50 的合伙协议，甚至同阿尔及利亚和利比亚签署了有利于这些国家的 49 对 51 的合伙协定。美国公司在世界各地强大的地位不仅表现在石油勘探和生产方面，它们在提炼和分配领域里也占有优势。不过，这种优势的地位也有萎缩之势，甚至有人认为美国公司可能会自动把它们的分配网和炼油厂卖给一些国家，因为这些活动在那些国家里已无厚利可图了。这样，美国原来的地位将出现大动乱，到那时美国石油工业家们将为优先确保国内市场的供应而拿出全部资金到世界各地去生产石油。

中东是世界的油库，美苏两霸在这个地区的争夺十分激烈。苏联利用中东一些国家同美国的矛盾，采用各种方式进行渗透，以便排挤美国在中东的势力，而美国积极巩固自己的实力与苏联对抗，但美国在中东的政策是矛盾的，它一方面希望和阿拉伯国家改善关系，缓和阿以矛盾，力谋与阿拉伯国家建立"战略一致"共同对付苏联的威胁；而另一方面，美国却又在阿以问题上，不尊重阿拉伯民族利益和感情，继续偏袒以色列，并和以色列建立"战备合作"的新关系，阿拉伯国家群情愤怒，从而破坏与阿拉伯国家的"战略一致"，并为苏联的扩张提供了新的机会，这不是自相矛盾、自贻伊戚吗？美国对以色列的政策主要取决于它自身利害的考虑。这就是说，美国如何对待以色列，要看以色列在美国全球战备和中东战略中具有什么价值。虽然美国有些人絮絮叨叨，说什么美以关系完全是"基于历史的、感情的和政治的因素"，但更多的人并不讳言美以形成特殊关系主要是因为以色列对实现美国的中东战略起着"特殊作用"，"以色列是美国在中东可以长期依靠的'战略王牌'"，是美国的一宗"战略资产"。甚至贝京对此也是心中有数的，他曾经说，"道义也好，政治也好，都不能和石油竞争；以色列必须显示它的战略价值"。

现在，我们可以进而来看以色列对于美国具有什么"战略价值"了。

第一，以色列的战略地位重要。以色列地处亚、非、欧三大洲接合部，西濒地中海，陆接埃及西奈半岛，距苏伊士运河不远，南临亚客巴湾通红海，可以沟通两海，四周皆阿拉伯国家，这一地带是中东冲突的核心地区。以色列的地理位置使它成了美国在中东扩张的基本立足点。历史表明，以色列确实在美国中东战略中发挥了"特殊作用"。它多次挑起阿以冲突，打击和牵制了争取独立自主的阿拉伯民族力量，在美苏争霸中，美国还利用以色列制约着亲苏势力。

在地缘政治上，苏联邻近中东，美国处于不利地位，美国有了以色列作为据点，在一定程度上改善了自己的地位。苏联在入侵阿富汗后，逼近了波斯湾，又在苏土（耳其）、苏伊（朗）边界部署重兵，加上它与叙利亚、南也门、埃塞俄比亚等国订立了具有明显军事性质的"友好"条约，对海湾产海区已成包围之势，美国虽能使用一些亲西方的阿拉伯国家提供军事设施，但认为其质量及可靠程序均不及以色列，在这种情况下，以色列作为美国战略据点的作用就显得更为重要了。

第二，以色列的军事力量，是美国认为它在中东的最可信赖的力量。据伦敦战略研究所材料，以军共有16.5万现役军人，并有能力在24小时内动员到40万人，以色列有600多架作战机、3500辆坦克、7000辆装甲车，以军的装备、训练和文化技术水平都较高，这是美国在紧急时刻可以借用的力量。以色列的海、空军基地可供美国军集结、储存军用物资，以色列也是美军后勤补给的通道。以色列的情报机构与美国情报机构联系紧密，以色列军火工业近年来有很大发展，它向拉美和非洲一些国家每年出售十多亿美元的武器，这样规模的军火工业也是美国在紧急时候可以利用的，以上这些由美国一手扶植、多年积累起来的力量，都是美国在阿拉伯国家中寻求不到的。

第三，以色列是美国在中东坚定的"盟友"，确切地说，它是美国在中东忠实的"看家狗"。在基本政策上，它一贯执行维护美国和西方利益的政策，它的政局较为稳定，内外政策有延续性，这是美国在中东的其他盟友所比不上的，一些中东国家常患政局不稳，国家领导人一更换，随之而来的往往是对外政策的大变化，昔日的朋友可能反目成仇。伊朗的变化就是一例，30多年来，以色列内阁也几经更迭，但基本政策未受影响。

二、苏联战略中的石油

（一）苏联的石油生产和对世界石油资源的争夺

苏联是世界石油蕴藏量丰富的国家之一，根据1974年末美国《石油和天然气杂志》报道，苏联已探明的石油储量为114亿吨，占世界总储量的11.6%，仅次于沙特阿拉伯，居世界第二位。但是，苏联石油资源的分布很不均匀，据说目前已投产的油田约有1500个，其中45个最大油田约占总储量的80%。据估计，1973年苏联开采的油井有6万多口，其中77%的原油靠保持层压注水方法开采出来，这种采油方法可以显著增加采油系数和油井现有资源的生产力，缩小钻井的工作量，从而可节约资金，但是由于苏联石油工业技术装配质量差，钻井深度受到限制，所以，已知的石油储量，实际上有很大一部分是无法开采出来的。

1940年以前，苏联主要的石油探明储量和绝大部分原油产量都集中在南高加索和北高加索，特别是在阿塞拜疆地区。例如，1940年高加索地区的石油已探明储量和原油产量均占全苏80%左右，其中阿塞疆石油已探明储量占全苏61%，原油产量占全苏71.4%，而伏尔加—乌拉尔地区已探明储量仅占全苏16%，原油产量占全苏5.9%。从1940年开始，苏联加强了对伏尔加—乌拉尔油区的地质勘探和开发工作,到1955年,苏联石油已探明储量和原油产量的地理分布完全倒转过来,伏尔加—乌拉尔的石油探明储量占了全苏81%,原油产量占全苏57.2%,而高加索地区石油探明储量占全苏比重下降到15%(其中阿塞拜疆的比重只占11%),原油产量占全苏比重下降到30.8%(其中阿塞拜疆的比重占11%),原油产量占全苏比重下降到30.8%(其中阿塞拜疆的比重大约只占15%),从1964年起苏联把主要勘探力量转移到开发新发现的西西伯利亚秋明油田,同时,老油区阿塞拜疆的储量日渐枯竭,伏尔加-乌拉尔油区也已进入开发后期。到1971年,西西伯利亚的石油探明储量已超过伏尔加—乌拉尔占了全苏38.9%左右,产量占全苏比重1974年上升到25.8%,伏尔加—乌拉尔石油探明储量占全苏比重1971年下降到33.5%,原油产量占全苏比重1974年下降到47%。据现有材料表明,到1980年,苏联的石油开采中心又将转移到西西伯利亚地区,其原油产量将占据全苏首位。

(二)石油是苏联对外扩张的重要手段

从20世纪60年代开始,在世界原油生产方面,苏联已逐步接近美国的领先地位,苏联原油年平均绝对增长量在20世纪60年代前5年为1900万吨,60年代后5年上升到2194万吨,而在这同一时期内,美国年平均绝对增长量,前5年只有738万吨,后5年为1808万吨。1970年,苏联年量原油3.53亿吨,美国4.75亿吨,20世纪70年代以来,美国石油产量不但没有增加,反而逐年减少了,苏联石油产量则以每年增长2600多万吨的速度继续上升。到1974年,苏联原油(包括凝析油)产量达到了4.58亿吨,美国原油产量下降到4.38亿吨。苏联超过了美国的原油产量,成为世界最大的石油生产国。

列宁指出:"'世界霸权'是帝国主义政策的内容。"今天苏联如此重视发展石油生产,其政治目的就是同美帝争夺世界霸权,据苏联官方统计,20世纪60年代以来,苏联在石油工业方面的投资急剧增加,1960为14.77亿美元,1965年为23亿美元,到1970年增加到28.08亿美元,平均每年石油投资额占整个工业部门总投资额的9%~10%,到1971—1975年第9个五年计划,石油工业的投资又比第八个五年计划(1966—1970年)增加了60%,在各工业部门投资排列中仅次于机械工业和电力工业而居第三位。

苏联大力发展石油生产,其主要目的不仅是解脱国内日益严重的经济困难、石油供需的紧张,更重要的是进一步增强其与美帝争霸的实力,确保苏联霸权主义对外扩张所需要的能源。近年来,苏联每年原油的消费量大约为3亿吨,其中绝大部分用于欧洲地区和乌拉尔的经济中心和军事需要,在亚洲地区,据日本估计,在贝加尔湖以东的陆海空军每年需油490万吨,民用为735万吨,合计为1225万吨,如果发生战争,用量就将倍增,目前苏联远东地区所需石油约250万吨由库页岛的奥哈油田供给,其余的要由苏联欧洲地区运来。因此苏联把秋明油田的开发列为石油开采的重点,其用心显然不是为了向日本和美国提供石油,而是为了增强苏联东部地区的军事、经济实力,以进一步加强它同美帝争霸世界、控制亚洲的力量。

苏联在阿拉伯国家实行石油禁运期间,不但从本国石油出口贸易中发了横财,而且还从中大做投买卖,向西欧市场倒卖从中东低价购进的石油中获得几倍的暴利。无怪乎外国报刊送给它一个新的绰号——"资本主义俄国的石油大王"。

苏联向国外出口石油大致可以分为三个方面。

1. 东欧国家

东欧各国除罗马尼亚外都是不产石油国或者石油出产很少的国家，匈牙利的石油产量只相当于它的需要 1/3 左右，东德和捷克斯洛伐克的原油量只能满足国内需要的百分之一二。过去它们依靠多方面的进口解决石油燃料问题。几十年来，苏联在"国际分工""兄弟合作"的名义下，逐步垄断了对这些国家石油燃料的供应。

苏联领导集团为了转嫁经济困难，还一再压"经互会"东欧成员国同意提高从苏联进口的石油价格，甚至擅自撕毁过去的协议，改变合同规定的价格，这样又给东欧国家的经济造成了新的困难。

苏联对东欧各国石油供应的垄断和控制，严重地破坏了这些国家的经济结构，使它们在经济上不能独立自主，而不能不日益依附于苏联。据估计，波兰领土的83%，匈牙利国土的79.7%是潜在富油区，而东德领土的58.2%、保加利亚领土的46.9%、捷克领土的27.9%都可能是潜在的油气区。但是多年来，苏联却以"经济一体化""协调计划"和"国际分工"为名，长期剥夺了这些国家独立自主地制定本国石油勘探与开发计划的权利，从而使这些国家只能依赖苏联的石油供应。苏联对"经互会"国家的石油垄断与控制，还可以从蒙古的石油生产惊人下降得到证实，蒙古的石油生产本来可以部分满足国内需要，20世纪60年代以来，由于苏联大量供应石油，生产逐年下降，到1965年，产量已不到1960年的一半，1969年的产量只等于1960年的15.7%；到1970年蒙古已完全停止生产石油。与此同时，苏联供应给蒙古的石油和石油产品不断增加，到1966年时，苏联供应的石油数量已相当于蒙古国内生产量的16.4倍，1969年上升到59倍，1970年全部由苏联供应。

由于苏联对东欧国家的垄断与控制，在20世纪60年代，匈牙利为了提供巨额资本去建设苏联的输油管，不得不放弃在国内寻找油田和天然气，致使匈牙利90%的原油、98%的汽油、92%的机油都得从苏联进口。

虽然苏联国内的石油生产正面临重重困难，但出于上述政治经济需要，估计今后苏联对东欧国家的石油出口仍会保持较大的比例，以此进一步巩固其对这些国家的殖民地控制。

2. 西欧和日本

20世纪70年代以来，苏联每年向西方资本主义国家出口的4000多万吨石油中，有4/5左右是卖给西欧和日本的，几乎所有主要欧洲国家和日本都大量进口苏联原油，如芬兰、意大利、西德、瑞典、法国、比利时、荷兰、南斯拉夫和奥地利等都是西欧长期的最大买主，它们购买的苏联石油合占苏联向西欧输出石油总量的80%～90%。据1968年统计，芬兰消费石油的82%、冰岛消费石油的65%、南斯拉夫消费石油的44%、奥地利消费石油的16%、瑞典消费石油的12%和意大利消费石油的11%都靠苏联供应。

目前，在美苏争夺欧洲愈演愈烈的形势下，苏联趁西欧国家对石油的大量需求，力图用石油供应向西欧进行渗透和控制，它打着"全欧经济合作"的招牌，扩大同西欧的石油贸易，以实现向西欧的扩张。近年来，苏联乘资本主义世界发生石油危机，向西欧高价出售石油，大发横财，西德、芬兰都是苏联石油的老主顾，但近年来，苏联卖给它们的石油价格提高了好几倍，使这些国家每年遭受巨大的损失。同时，苏联还以出卖石油、天然气资源为诱饵，使缺少能源的西欧和日本提供长期贷款与技术，来换取生产出来的石油供应，使这些国家加深对苏联的依赖，以便伺机进行渗透与控制。

苏联为什么要向西欧出口石油呢？首先是要换取外汇。苏联每年要从经济发达的西方国家进口大量机器、设备以至粮食、原料（约占苏联进口总额的60%），苏联能够出口的工业品又因技术陈旧落后而很有限，石油就成了重要的出口项目。石油在除黄金外的苏联商品出口总额中的比例从1978年的28%增加到1979年的34%，在换取硬通货的出口商品中的比例更高，从1978年的48%上升到1979年的56%，至于石油、天然气及石油化工产品在苏联向西欧一些国家的出口总额中所占比重，就更大大高于上述数字，1978年分别达到：意大利81.3%、瑞典76.1%、奥地利74.6%、芬兰72%、西德70.5%、荷兰65.9%、法国62.1%。1979年苏联向西欧出售石油的收入为134亿美元，它承认，出口石油所得，抵消了它全部粮食和工业消费品进口所需的外汇。

苏联向西欧供应石油，还力图加深西欧国家在能源方面对它的依赖。现在，几乎所有西欧国家都进口苏联石油，许多国家还是苏联石油的长期买主。

3. 第三世界国家

苏联向第三世界国家石油出口虽然每年只有三四百万吨，但是近年来，它为了同另一个超级大国在亚、非、拉地区争夺霸权，也正在利用世界石油价值猛涨的机会，扩大其对第三世界缺油国的石油输出，加紧向亚、非、拉地区扩张。其中印度就是一个例子，多年来，苏联一直以"援助"为名给印度每年提供原油，20世纪60年代初最高曾达到240多万吨（约占印度原油进口总量的50%），其价格低于印度向西欧石油公司购买的油价，从60年代末转入70年代时，苏联为了有更多的石油到国际市场上做投机买卖，大幅度地削减了对印度的石油供应，到1972年只提供了378500吨，而印度每年消费石油2000万吨左右，绝大部分（约1600万吨）依赖从别国进口。1973年以来，由于西方资本主义世界出现能源危机，石油价格猛涨，苏联又借机增加对印度的石油出口，1973年苏联向印度出口石油增加到48万吨，在勃列日涅夫访问印度以后又宣布1974年向印度出口300万吨原油和150万吨煤油，借"援助"之名，乘人之危，牟取暴利，对印度大搞经济讹诈。

苏联的所谓"援助"，名曰促使印度"加强经济独立"，实为控制印度的经济命脉，使之处于依附地位，它们假"援助"之名，乘机把印度的石油勘探和开采控制在自己手中，如在勘探孟买沿海石油的问题上，苏联一方面承认自己技术力量不足，另一方面又不让其他国家来干这项工作，压印度政府放慢步伐。苏联这种蛮横无理的阻挠和破坏，引起了印度人民日益强烈的不满和反对。印度《组织家》周刊说，"俄国在阻挠印度的石油勘探和发展核动力的计划，显然是别有企图，而不是帮助印度"。

三、美苏两霸对世界石油资源的争夺

多年来，苏联在官方的对外贸易从未把原油列为主要进口项目。但一般都知道，苏联正在从中东国家购买少量的但日益增长的原油，据美国《石油和天然气杂志》报道，1969年苏联从埃及购买原油943800吨，从阿尔及利亚购买原油495400吨，从沙特阿拉伯购买原油19700吨，1970年又从埃及购进原油2022000吨，从阿尔及利亚购进原油494200吨，进口的精炼油品1969年为1127600吨，1970年为1053700吨，到1972年，苏联从国外进口的原油从1971年的510万吨增至1972年的780万吨，其中由伊拉克进口406万吨，利比亚进口186万吨，埃及进口97万吨，阿尔及利亚进口57万吨。1973年的原油进口量达到1320万吨，油品进口150万吨。

近年来，苏联石油进口猛增，其原因主要有二：一是苏联正面临着国内石油产量赶不上石油消费量和出口量增加的需要。二是苏联既然要同另一个超级大国争霸世界，而石油又是世界重要的战略物资，因而石油就不能不成为美苏争夺的重要目标。苏联乘美国地位日益衰落的时机，挤进美国的势力范围，掠夺第三世界更多的石油资源，这正是苏联霸权主义对外扩张政策的一个重要组成部分。

美苏两个超级大国对第三世界的石油争夺，主要集中在中东地区。中东是世界上最大的石油产地，1973年石油产量达12亿吨，占世界石油产量的42%，石油储量约占世界的2/3，不仅蕴藏量大，而且油层浅，钻井成功率高，加上廉价劳动力，开采成本极低。例如，在沙特阿拉伯钻探石油的费用，仅及美国国内花费的1/35，石油开采成本一般只相当于美国本土开采成本的1/20。美苏两个超级大国把这些看作掠夺资源和榨取高额利润的有利条件。

正是由于中东拥有丰富的石油宝藏，在政治上、地理上又处于重要的战略地位，所以中东一直成为帝国主义各国长期争夺的焦点。第二次世界大战后，美国取代英国成为中东石油资源的最大掠夺者，有一半以上的中东石油生产被控制在美国垄断资本手中。到1972年，美国在中东的石油投资为18亿美元，而当年所获利润就达24亿美元，利润率高达130%，是其海外全部投资平均利润率的10倍。近年来美国国内的石油资源渐趋枯竭，而石油的消耗量却逐年增加，供求差距迅速扩大。到1973年，美国石油的进口量已占消耗量的1/3，油源主要来自中东，而且这个比例估计今后还将逐年增加，所以争夺中东的"石油控制权"已成为美国当前"非常关注"的问题。

苏联企图控制中东的石油，一方面是出于其侵略扩张的长远战略需要；另一方面也是为了削弱美国的争霸实力，控制西欧的日本。

谁都知道，美国和西欧国家，战略资源严重依赖海外，特别是南部非洲国家，倘若得不到南部非洲国家的战略资源和中东的石油，那么，这些先进工业国家的经济就将遭受沉重打击，甚至不能维持现在的军备水平。因此，如果苏联能够不让美国和西欧国家获得这些资源，那么，苏联就可以不战而胜，就能打败资本主义国家，而且，也可以因此确保苏联将来必须依赖的海外资源。

这种确保资源的战争，在1975年10月苏联把古巴兵空运到非洲的安哥拉，积极介入安哥拉的内乱时就已经开始了。后来，这种战争还表现在以下方面：古巴兵在安哥拉训练的扎伊尔沙巴省的流亡分子侵入沙巴省，通过给莫桑比克大量军事援助，来支援罗得西亚游击队，企图给罗得西亚内乱火上浇油等，就这样，战争一直继续到现在。

正如以上所述，非洲大陆传统上处于西欧国家的影响下。安哥拉在苏、古介入的10天之前还是葡萄牙的领地，并且，南部非洲的战略资源对西欧和美国来说是必不可少的，苏联完全了解这一点，所以苏联在向安哥拉扩张时，曾密切注意美国和西欧的态度。但由于北大西洋公约组织军队没有处于能够对抗华沙条约组织军队的状态，所以，西欧国家毫无即使同苏联交战也要阻止它向南部非洲扩张的胆量，只是寄希望于美国。但是，美国由于在越南战争中的失败，不敢贸然行动，也无意对付苏联的挑战，美国参议院通过决议，甚至禁止美国政府秘密援助安哥拉亲西方的组织。

当美国参议院一通过上述决议，苏联就像受到了鼓舞似的，越来越明目张胆、越来越大规模地向安哥拉和非洲大陆扩张。所以，不能不认为，苏联在非洲的活动总有一天会超出美国所能忍受的限度。

如果苏联能够不让西欧国家以及美国获得南部非洲的资源，能够随时切断中东通向这些国家的石油运输线，那么，苏联就将处于绝对优越于西方的地位，但采取这种做法，是会导致战争的。

相反，如果苏联不能切断非洲资源运往西欧的路线，而又力图千方百计推翻资本主义，那么，克里姆林宫的领导人将会面临严重的事态，苏联军事领导人将会向克里姆林宫的政治领导人施加压力说"苏联的军事力量不仅将在1983年至1985年达到高峰，而且，恰巧在那个时期与西方资本主义国家相比绝对占优势。而此后西方的军事力量将超过苏联，所以，苏联可以推翻资本主义的时期，只有1983年至1985年，再往后，苏军不能承担责任"。在这种情况下，克里姆林宫的政治领导人将会做出什么样的历史性的重大决定呢？假如回避做出这种决定，那么，他们就可能因贻误共产主义战胜资本主义的良机而在苏联历史上留下污名。因此，在近几年内，是最为严重的时刻。

由此看来，苏联企图利用世界各国，特别是亚洲、中近东和非洲国家的革命建立亲苏政权，扩大苏联的影响，利用南部非洲的政治和社会混乱展开攻势，以便使这些国家停止生产美国和西欧国家所必需的稀少战略资源，以及能够控制中近东的石油运输线，争取使西欧国家芬兰化。尽管如此，但假如西欧国家不屈服，那么，苏联就会在北大西洋公约组织军队的南北两翼频繁采取军事行动，包围北大西洋公约组织军队，然后在中欧爆发正式的战争。

1977年在阿富汗等中近东国家以及其他地区国家发生的武装政变是怎样搞起来的呢？它在地缘政治学上具有什么意义呢？下面试探讨一下它同苏联的世界战略有什么联系。

四、油田地带的夹击战

（一）苏联援助阿富汗

1977年4月28日，阿富汗发动了武装政变。武装政变后，人民民主党领导人穆罕默德·塔拉基成为总理，掌握了实权，就这样，贵族的统治制度崩溃了，诞生了亲苏的共产主义政权。

阿富汗位于亚洲中部，在历史上一向是联结中东和亚洲的要冲，面积比日本大将近一倍，但人口相当于日本的1/6，没有通向海洋的通道，北面是苏联，有1600公里的共同边界。阿苏边界处于两国都几乎没有设防的状态，南面与巴基斯坦毗邻，西面与伊朗接壤，大部分国土是丘陵地带，在经济上并无重要性，但由于与主要石油生产国伊朗毗连，所以，对于东西双方来说，其战略价值是不容忽视的。

从19世纪到20世纪初，当时占有印度（包括现在的巴基斯坦和孟加拉国）的英国与沙俄，为了不使阿富汗处于对方国家的影响下，都曾多次向阿富汗首都喀布尔派遣秘密使节，并提供黄金和武器等，互相进行牵制，并且，英国同阿富汗还进行过两次战争。

后来，东西方竞相在这里扩大自己的影响。苏联向10万阿富汗军队提供武器，帮助其进行训练，并给予了高达15亿美元的经济缓助和军事援助。而美国只给了5亿美元的经济援助，相当于苏联的1/3。

前总统达乌德也对苏联作出了友好的姿态，同北欧的芬兰一样，对于处在像苏联这样采取极权主义政策的强大军事大国的影子下的小国来说，不能采取对苏不友好的政策。所以，达乌德采取对苏友好政策也并不是不可思议的。但是，他同时没忘记巧妙地在东西方之间搞平衡。

然而，在苏联方面看来，虽说达乌德政权采取了友好的政策，但也还不是像东欧式的共产党政权，而且，核政权已经接受了美国的巨额经济援助，同存在这样一个政权的邻国有着1600公里的共同边界，这一点使苏联感到不安。并且，在英迪拉·甘地担任印度总理和穆吉布·拉赫曼担任孟加拉国总理时，苏联像同盟国一样信赖印度和孟加拉国，但随着这两个国家政权的更迭，同苏联的关系疏远了，因此，苏联痛切地感到需要在这一地区拥有另一个牢固的同盟国。

武装政变之后，苏联最高苏维埃主席勃列日涅夫和总理柯西金，立即给塔拉基发了贺电，苏联驻喀布尔大使马上通告苏联政府正式承认塔拉基政权的决定。与此相反，美国大使由于一直没有得到华盛顿的指示，所以只是一味地担心，竟在一周时间内不与新政权接触，塔拉基在上台不久举行的记者招待会上说，"我们希望包括美国在内的所有国家同我们友好，并提供援助"。他顺便谈到了美国对阿富汗的援助计划问题，说："阿富汗同各国的亲密关系，将取决于该国给予我们政府的政治的和经济的援助的数量。"这暗示了对苏联满意，对美国不满。

在后来的一个多月的时间里，塔拉基政府同苏联缔结了建设高速公路、研究并提供矿业技术、消灭害虫等20多项协定，总额达数百万美元。另外，苏联情报局决定赠给阿富汗2500册书籍，还同塔斯社签署了交换新闻和其他情报，接受技术协助的协定，从此阿富汗完全倒向苏联，而与美国脱离关系，它把苏联及其盟国称为"真正和平的倡导者"，把美国为首的西方国家称为"反动的帝国主义国家、主战派"。

由此可以清楚地看出：一方面，苏联政府首脑对这一武装政策极其满意；另一方面，美国不得不承认对阿富汗政策的失败和对苏联的失败。

后来，塔拉基政权越来越对苏一边倒，不仅同苏联缔结了友好互助条约，甚至连国旗也改得与苏联国旗相类似。就这样，美国的影响几乎全部被消除了。1978年11月，不喜欢塔拉基政府对苏一边倒的政治家预谋发动武装政变，但由于事前被发觉而未取得成功。

阿富汗同边界毗连的巴基斯坦和伊朗，存在着部族问题和水利权问题的争端。因此，今后利用这一争端，使这一地区发生动乱的可能性越来越大，这是因为，这两个国家不仅是亲美的国家，而且，从这个地区的战略重要性（它是自由世界的石油供应源）来说，美国当然也会予以强烈关注。

巴基斯坦认为，自己是美国在南亚的最强有力的友好国家，但对美国平素不重视巴基斯坦感到不满。因此，巴基斯坦以阿富汗建立亲苏政权、苏联扩张政策的影响已达巴基斯坦北部边界为理由，想让美国进一步关心巴基斯坦，对巴基斯坦进一步向美国政府施加压力，要求美国把很早就可要求的110架轻型轰炸机卖给巴基斯坦。

与此相反，同巴基斯坦关系不好的印度却认为，如美国向巴基斯坦出售战斗机，那就会破坏南亚的军事平衡，因而，表示强烈反对。这样一来，这个问题就会给印度同巴基斯坦的不和火上浇油，但这些是苏联所希望的。

（二）伊朗陷入混乱

苏联更大的企图是在于伊朗和伊朗那边的沙特阿拉伯。伊朗是中东仅次于沙特阿拉伯的第二大产油国。在地缘政治学的意义上，伊朗是世界真正的中心地区，它对于北大西洋公约组织军队的南翼的防御具有直接重要的意义。正因为最近希腊和土耳其出现了脱离北大西洋公约组织军队的迹象，所以，伊朗的地位对于西方来说变得更加重要。

由于伊朗处于能够控制位于波斯湾入口的霍尔木兹海峡的地位，所以，倘若这里苏联化，那么，运输西欧国家、日本和美国所依赖的中东石油的油轮就出不了波斯湾。因此，对于苏联所敌视的资本主义国家的经济来说，这里是极其重要的，可以说是生命线。

伊朗的石油对于美国来说并不那么重要，这是因为，从伊朗进口的石油，在美国石油总进口量中占6%。但是，同阿拉伯国家关系不好的以色列和南非共和国，由于不能从阿拉伯产油国得到石油，所以，以色列石油消费量的80%、南非共和国石油消费量的大部分都要依赖伊朗供应，对于这两国来说，苏联的手伸到伊朗就等于卡住了它们的咽喉。

伊朗对于资本主义国家、自由国家，无论是在战略上，还是作为其经济的生命线，都是重要的。现在不仅它的东邻阿富汗已经变成亲苏的共产党政权，而且伊朗本身由于同苏联陆路相连，隔里海同苏联相对峙，所以，在阿富汗发生革命后，伊朗进一步加强了防御工作。

但是，在伊朗国内存在着各种各样的问题，苏联企图利用伊朗这一弱点，使其陷入混乱。例如，伊朗政府担心的是，苏联利用阿富汗人援助伊朗的反政府、反国王分子加剧内乱，并破坏伊朗的石油输运管道和石油设施。

果然，在阿富汗革命成功4个月后，伊朗发生了暴动，国王采取镇压手段，发布戒严令，把煽动暴动的新闻记者和左翼学生等投入监狱，结果，暴动一度偃旗息鼓。但是，潜在的内乱因素很大，后来一举爆发出来，一筹莫展的国王终于组成了军事内阁，巴列维国王建议建立也包括国王反对派在内的联合政权，但国王反对派一时不肯接受这一建议。

当时美国总统卡特公然表明支持巴列维国王，并把这个意思通知了苏联，苏联政府对卡特进行了反击，说美国若为支持国王进行军事干预，那么苏联不能默认，势必引起严重的事态。

从1978年底到1979年，美国也开始认为，巴列维国王保持王位的可能性不大。于是，美国改变方针，暗中想支持反对派以换取巴列维国王之后的政权继续采取亲西方的政策，但是，反对派根本不相信美国的话，反而说，他们若掌握政权，将不向与阿拉伯国家为敌的以色列供应石油，而且，如果美国不立即停止支持巴列维国王，那么，也不供给美国石油。并且，反国王示威和反美示威交织在一起。因此，在1979年初，巴列维国王组织了以过去的反对派首领巴赫蒂亚尔为首的内阁，并托付后事，以"暂时休假"为理由，流亡摩洛哥之后，反对国王达15年之久的穆斯林领袖霍梅尼从流亡地巴黎返回国内，受到了数百万市民的狂热欢迎。他指责巴赫蒂亚尔内阁是非法政权，呼吁推翻它，因而，伊朗出现了支持国王和巴赫蒂亚尔内阁的军队同霍梅尼支持派的全面冲突和内战的危机。

其后，如果不能建立亲美政权，那么，美国就必须把过去卖给伊朗的最新式战斗机和其他属于军事机密的武器立即运往沙特阿拉伯，或者完全销毁，以便不使机密落到苏联手里。但是，比这更重要的问题是西方国家如何确保中东的石油，倘若苏联强硬行使军事力量，那么，美国也必须在军事上采取对抗措施，因而，在这里潜藏着美苏军事冲突的可能性。

另外，巴勒斯坦解放组织的人员也在这里插手，干预伊朗内乱，在霍尔木兹海峡制造事端，这样一来，美国和西欧国家的处境就更加难堪，中东和平的前景更加黯淡。

另一方面，由于苏联在20世纪80年代中期之前不需要中东石油，所以，中东发生这样的混乱不但丝毫不影响苏联，而且还是苏联扩大影响的良机。因而，苏联对此衷心欢迎，并鼓励和援助转入地下制造混乱的分子，扩大政治和社会的混乱。

伊朗局势的动荡，必将殃及沙特阿拉伯。据说在沙特阿拉伯也有相当多的人反对君主制。巴列维国王的流亡，势必招致中东实行君主制的产油国家发生大混乱，即使事态恶化不到那种程度，伊朗的动向对沙特阿拉伯外交政策的影响也是重大的。伊朗一旦疏远美国，沙特阿拉伯就会重新考虑同美国建成的密切关系，就会痛感需要同阿拉伯国家和更激进的国家与团体接近。

当苏联介入安哥拉，把手伸到非洲之角，并在阿富汗发动革命时，沙特阿拉伯的首脑就曾多次警告美国政府：苏联正在对以沙特阿拉伯的伊朗为首的波斯湾产油地带展开夹击战。但是，当时的卡特对此只是口头上对苏联指责一番，而没有采取任何具体措施阻止苏联的这种作战，卡特政府为了恢复美国的威望，1978年9月6日至17日，把埃及总统萨达特和以色列总理贝京请到戴维营，举行了三方首脑会议，初步达成了协议，许诺在三个月之内签订埃及——以色列和平条约。但是，埃以矛盾由来已久，难以调和，其他阿拉伯国家也进行工作，阻挠以色列同埃及单独谈和，美国依赖的沙特阿拉伯和约旦都不肯合作。而且，贝京和萨达特两人回到本国首都，听到各种人的意见后，也改变了被关在戴维营时的想法，并且，由于伊朗内乱激化，巴列维国王流亡后，以色列再得不到伊朗的石油，于是便被迫重新考虑把西奈半岛的油田交给埃及的许诺，计划增加从墨西哥、挪威进口石油的数量，为将来战争作好准备。

卡特为了促使戴维营会谈获得成功，达成协议，在向以色列施加各种压力的同时，做出了很多许诺。但是，以色列不相信美国人的许诺，决心从现在开始独立作战，以色列如果在中东战争中失败，就意味着国家消亡。因此，对以色列来说，中东战争的的确确是生死攸关的问题。为此，当时对通过和埃及单独和谈，把面积广阔的西奈半岛还给埃及的问题犹豫不决。以色列强烈反对美国把最新式的战斗机卖给沙特阿拉伯，原因就在这里。

就这样，在原来从事核潜艇研究的卡特想努力给中东部分地区带来和平时，其后门伊朗崩溃了，资本主义国家的石油供应地濒临严重的危机。本来，技术人员出身的官吏往往缺乏广阔的视野，只注意一个方面，全力以赴，而忽视整个活动，因此导致了这样的局面。

由此看来，阿富汗革命直接和间接地给资本主义世界的生死存亡带来的影响巨大。继这一革命之后，在同沙特阿拉伯相邻的南北也门也发生了革命，这两个国家进一步倒向了苏联。所以，这给沙特阿拉伯带来的影响是更大的。

（三）南北也门的革命

阿拉伯也门共和国（北也门）和也门民主人民共和国（南也门）人口都很少（前者为670万人，后者为163万人），位于阿拉伯半岛的一角。尽管同沙特阿拉伯接壤，却不产石油，是贫困的国家。然而，它们是联结亚丁湾和红曼德海峡东侧的战略要冲，这是由于，从波斯湾运往北大西洋和西欧国家的石油，40%经由这个海峡进入苏伊士运河。因此，倘若苏联在这里确立了制海权和制控权，那么，就会处于战胜资本主义国家的极其有利的地位。正在这个时候，1978年6月26日，北也门总统艾哈迈德·侯赛因·加什米被炸身亡。

北也门总统被暗杀的消息一传开，南也门主席鲁巴伊就立即因为伊斯梅尔搞的这一事件而受到国内外的指责。同时，他通过这个事件直观地感到伊斯梅尔想推翻自己，于是，打算逮捕伊斯梅尔。但是，伊斯梅尔方面抢先一步，动员古巴兵训练的民兵和警察，并让空军和海军轰炸总统府，消灭了守卫总统府的卫戍部队。据说，鲁巴伊主席被伊斯梅尔的亲信逮捕后，立即提交法庭，遭枪杀毙命。阿里·纳赛尔·穆罕默德。哈萨尼总理升格为主席，但实权操在36岁的伊斯梅尔手里。

这样一来，北也门变得比以前更靠近苏联了，南也门也变得向苏联一边倒了，仿佛苏联已经基本上达到了目标。但是，因此激怒了阿拉伯联盟国家，它们对苏联更加警惕了。后来，在阿拉伯国家中有人认为，应该把这个事件看成南也门马克思主义政权对北也门的颠覆计划，也有人担心，倘若这一计划得以实施，那么，就可能在对西方来说战略地位极其重要的地方，继续发生比黎巴嫩的流血惨案更惨的事件。

美国政府当局人士比这更为担心的是，由于南也门的实权转到伊斯梅尔手里，苏联可能获得在过去英国建设的港口亚丁，或者位于红海南面的丕林岛抑或索哥德拉岛上建立海军基地的权利。向印度洋扩张的苏联海军过去曾多次在南也门的亚丁港停泊，南也门一直给它们提供各种方便，并且，也让苏联利用亚丁作为联结苏联和埃塞俄比亚等国的海军和空军的中转站。

由此看来，处于苏联影响下的波斯湾沿岸的石油地带的准备工作，正在稳步而顺利地进行。但是，在伊拉克的武装政变计划却完全失败了。

（四）伊拉克革命失败

伊拉克位于底格里斯河和幼发拉底河的美索不达米亚地区，1958年，那里建立了激进的左翼政权，并在1972年同苏联缔结了友好合作条约，因而，密切了同苏联的关系，加强了反西方的色彩。

伊拉克在1955年同英国、伊朗、巴基斯坦和土耳其等一起签署了巴格达条约，成了反共的共同防御条约的一员，但在1958年诞生左翼政权的第二年，退出了这一条约，而且，共产党也可以公开活动，但仍然是阿拉伯复兴社会党一党执政。

1978年伊拉克共产党企图颠覆阿拉伯复兴社会党政府，但由于事前被发觉未遂，政府把苏联支持的21名共产党员判处死刑。

从此以后，伊拉克和苏联之间出现了裂痕，而且，这种裂痕不断加深。因此1972年签订的伊拉克——苏联友好合作条约不发生效用了。在过去的20年里，伊拉克95%的武器从苏联和捷克购入。

伊拉克政府在共产党武装政变失败的第二个月，向在伊拉克首都巴格拉访问的法国国防部长布尔热表示，想从法国购买地面防御系统和地对空导弹等，终于开始同西方搭上关系。

不仅如此，伊拉克政府当局人士对苏联驱使伊拉克共产党发动武装政变非常愤怒，他们严厉地讽刺苏联说："我们想引进大概用金钱能够买到的最高科技，我们有钱，每年石油收入有130亿美元，所以，不需要像1972年以前那样依赖苏联的借款和无偿援助。我们随时都可以用现款买到我们想买的东西。"这样伊拉克脱离苏联的倾向越来越明显了，苏联在伊拉克的颠覆计划破产了。

第五章　以核武器建立军事上的绝对优势

一、美苏战略家的核战略思想

（一）美国的核战略思想

在基辛格主宰美国对外政策的很长一段时间里，同苏联搞缓和是美国对外政策的核心。据认为，美国军事实力之所以成为必要，是为了使缓和能够推行下去，而不是为了在受到苏联的军事压力时能够实际保卫它们自己或它们盟国。

这种看法所依据的论点，就是认为美苏之间爆发任何战争，都一定会是核战争，因而不可避免地会使双方遭受几亿人的伤亡。这句话的言下之意是说，只要我们把用于报复的战略进攻力量，在数量和威力方面大致保持在我们现在拥有和已计划将来拥有的水平上，那么，在符拉迪沃斯托克协议所设想的那种限制范围内，不管苏联方面是否会拥有更多或更大的进攻性弹头，不管它们的武器在技术上改进到什么程度，不管苏联拥有比美国好得多的防御手段——积极防御和消极防御两方面——达到什么程度，也不管是哪一方首先发动进攻，其结果都不会有什么不同。

基辛格写道，新的战争武器使得胜利者与失败者同样受到"社会崩溃"的威胁。……这样一场战争对于交战的各国将是致命，对那些保持中立的国家可能也是如此，在一场全面原子战争交火之后，将不会有什么胜利者。基辛格把他的战略建议概括为以下五点。

（1）"除非作为一种最后的手段，热核战争必须避免"。

（2）"一个拥有热核武器的国家，在未使用热核武器以前，不可能接受无条件投降，任何国家，除非到了相信它的生存将受到直接威胁的地步，不可能甘冒热核破坏的危险。"

（3）"我们的外交的任务是表明我们的目标并不是无条件投降，并且要制定一个格局之内并不是每一个争端都会牵涉到国家生存的问题。但是同样地，我们必须毫不含糊地表示我们达到一些过渡性的目的以及用武力抵抗苏联的任何军事行动的决心"。

（4）"因为不和理直气壮地使用武力相结合的外交是无效的，所以我们的军事政策的任务必须是发展一种逐步使用武力的原则和能力"。

（5）"因为有限战争的政策除非是以全面战争的能力做后盾才能付诸实施，所以我们必须维持一支足够强大和保护周密的报复力量，使侵略者无论如何估计都无法看出发动全面战争会得到任何利益"。

基辛格认为，军事战略与外交手段之间有着一种必然的和必要的联系。第二次世界大战前，军事计划靠的是保密；一方想做什么，是一定不让敌方知道的。而在原子时代，安全却在于使敌人知道和理解一切重要的军事行动的含义。基辛格坚持这一点："除非我们的外交手段能把我们的意图暗示给对方，否则，有限核战争是不可能的。外交手段甚至不得不把我们所了解的核战争的性质和范围告知苏联领导人，以此来弥补他们的想象力的不足。当然，这样一种作法不会遏制那决心最后摊牌的对方。任何外交方案都不能够代替充分的报复力量,但是,就其可能防止一场由于对我们意图的错误估计或对核战争性质的误解而成为全面战争而言,我们的外交就应设法使人家对于核时代的战略选择的范围有一种更好的理解。"(《一个智慧的形象——基辛格》)

基辛格认识到,有三种情况可能使两大国和平相处的那种脆弱的僵持受到损害,一种情况是,苏联出于这种或那种理由可能会得出这样的结论:它有足够的力量进攻美国而不会受到惩罚。另一种情况是:苏联集团认为美国不会对一场局部侵略做出反应,而结果却可能会遇到美国非常强烈的反应,这主要是由于美国担心苏联的这种入侵预示了一种更加严重的侵略。最后一种情况是:苏联可能会误会美国的意图,如假定说,美国在一场局部性的战争中动用了核武器,可能被误解为这是全面战争的序幕,而实际上这根本不是美国的意图。要防止发生第一种意外情况,美国只能依靠一支有效的、不可摧毁的威慑力量,要防止其他两种意外情况,外交就是唯一可用的手段。如果在双方的利害关系非常密切的一些方面,外交活动也失败了,没有能避免全面战争的恐怖。那么,就没有希望外交能够应付更复杂和困难的问题,诸如那些与意识形态冲突和革命的骚扰有关的事情了。

据基辛格看来,苏联特别急于否认有限核战争的可能性,苏联的宣传总是坚持,一旦动用了核武器,就会引起全面的原子战争。基辛格说,这种宣传的目的是想麻痹潜在的对手,但是这种宣传从未使苏联人自己停止发出威胁。因此,基辛格认为,俄国人自知在这一特殊的军事领域里还处于劣势,并决心阻止美国发展一种可能使他们感到窘迫的能力。基辛格认为美国没有理由去赞同苏联的这种战略计划,他以为有限战争的战略之所以特别适用于美国,恰恰是因为这样美国可以利用它的经济心理和道义上的力量,他驳斥了苏联所有关于这种战略的最后结果将是引起一场全面原子战争的说法。基辛格写道:"正像在我们的原子垄断时期,克里姆林宫以虚张声势的表现来掩饰其软弱一样,现在它可能正在设法把我们最有效的战略说成是不可能实现的,从而阻碍我们这一战略的实施。"(同前书)

(二) 苏联的核战略思想

苏联的军事家认为,拥有现代化装备和采用现代化指挥手段的武装部队能够在任何条件下很快地从和平状态转入战争状态,能够进行使用和不使用核武器的军事行动,它具有"一种使进攻能力和防御能力高度统一的新特点"。(安·安·格列奇科:《为和平与建立共产主义而站岗》,军事出版社1972年版)。

苏联的军事思想认为,就是在核时代仍然可能爆发战争,而且也会导致——即使不会必然导致——包括使用所有武器系统在内的核战争;在核战争中,整个国家将成为辽阔的战场,因此它必须使武装部队、经济和人民对此作好准备;最后,战争的任务和目的必须与作战的力量、手段和方法相适应。

军事战略是根据战争而定的,它重要的、一直受陆战思想所支配的原则可归纳为以下几个:

(1) 如果发生战争,就必须紧密配合政治,坚持地、毫不迟疑地采取一切手段进行战争。

(2) 即使打核战争也有可能取胜,必须为胜利而战。

(3) 胜利是由军事优势来保证的,而军事优势是通过最强的实力,各军种的共同努力和配合才能获得的。

(4）即使是核战争也需要大量的部队，核武器的关键作用和战略火箭军的主导作用并不能代替其他军种的作用。

（5）战争爆发阶段是决定性的，核武器在这个阶段中能够起主宰的作用，它能在极短时间内奏效。但是，战争也可能是用常规武器打起来的，而当危及作战计划的完成时，就会使用核武器。

（6）进攻是最好的防御，特别是有了核武器，进攻就成了决定性的行动方式。因此，全力以赴地展开进攻和采取主动是极其必要的，做到这两点的前提是：武装部队要做到常备不懈，即武装部队在紧张时期内不必运兵集结，不必打乱正常的战略部署就能展开最先的作战行动，以及拥有增援力量和整装待发的后备力量。

（7）在战场上，"突击"是胜利的保证，要突击就必须具备："机动性"，就是通过集中兵力，在合适的地点和合适的时间形成压倒的优势；在陆军的关键性攻击力量和导弹力量上占"优势"；沿着在纵深目标区域上有好几个作战目标的"力量主攻方向"进行战略进攻和"快速"行动；在"极短的时间内和在敌人充分使用自己武器之前，就消灭敌人的力量"（格列奇科语，1974年）。

（8）牺牲其他战场和作战目标，集中主要力量。因此，在次要方向上也可能采取战略防御，在划分战场时，要区别主要战场和其他战场。

（9）通过战斗行动的保密、伪装和突然性来达到出敌不意，这是战略、作战和战术的关键性因素，出敌不意并不具有绝对的作用。

（10）务必歼灭败兵。

美国的目的是要消除战略竞争，下面的基本假设构成了美国立场的基础：核武装的超级大国之间的一场战争将是相互毁灭，招致文明生活的告终。在那种毁灭的水平上，双方都将是失败者。从超级大国的观点来看，具备战胜的能力是不可能的，人们关切的至高无上的事应该是避免战争，核战略力量必须相互抵消，使之不起作用，今后的外交必须同它分开。

苏联的态度是：超级大国之间的一场战争可能对一方而不一定对双方都是毁灭性的，也不会标志着文明生活的完结，一定还有胜利者和失败者，具备战胜的能力仍然是无可否认的可能，苏联政策所关切的事应该是取胜，而不是削弱到相持不下，外交的解决不可能同战略实力的对比和战争的观念分开，因此，所需要的是取得优势地位，并有实现的决心。这样看来，苏联的观点就它本身来说，也是要结束战略竞争——不是靠建立一种永久的平衡，而是靠获得一种不可逆转的不平衡。

苏联的军事努力是同它的信念和言论一致的，除了大力增强地面部队和一支要在战时同美国争夺海洋控制权的海军之外，苏联正在大量部署短程核运载系统以配备一支可以打到苏联周围两千英里内的无可匹敌的打击力量，在双方对洲际打击力量协议的限制范围内，苏联的意图是在摧毁力方面获得明显的优势，足以使对方不能进行迅速的核还击，从而使美国的核威慑力量无效。

美国在听任自己丧失核优势时所抱的希望始终是毫无根据的，苏联并无安于战略相持状态之意，它所追求的是战略上的最高优势。苏联的目的是不用战争就可为所欲为，达到这一目的必须有恐吓力量，装成要发动战争便是这种力量的一个必要组成部分，由此而产生的合乎逻辑的做法便是，苏联竭力要造成并扩大一种威胁的不平衡，以便运用它来推进苏联的目的。

克里姆林宫的结论是：苏联政治战略必须从苏联武装力量对美国占优势这一原则为依据，所以勃列日涅夫的军事战略思想之一，就是"苏联武装力量占优势的原则"，他说："不论从哪个方面企图保障其对苏联的军事优势，我们必将从增加军事威力给予回答。"（《真理报》1971年2月23日）他写道："当今具有决定性意的不是一个国家在战争过程中能够动用的经济潜力，而是双方在军事行动开始之前就拥有的能够投入斗争的那些力量和手段的对比。"（斯基尔多第97页）"主要的，起决定作用的是哪方能够使自己的力量压倒对方的力量"。（斯基尔多第99页）作者补充说，政治领导必须"考虑到自己和对方的力量对比，并使其向有利于自己方面变化"。（斯基尔多第126页）

格列奇科元帅在二十五大已经正式宣布了"苏联的实力优势论"，他说："苏联能够以优势的力量回击实力。"（《真理报》1971年4月3日）

假如这是苏联的军事理论，那么，它的结论就是：苏联军事战略是以优势原则为基础的。美国有些战略家（包括基辛格）关于同潜在敌人建立"力量平衡"的构想（在北大西洋公约组织与华沙条约组织之间建立"战略平衡"）忽略了一个"细节"：克里姆林宫的领导同"力量均势"的保守哲学是格格不入的，而他们的军事领导人则对明智的"战略均衡"的学说格格不入，他们只知道一个学说：力量优势。"力量优势"原则是苏联军事战略的核心，这一思想贯穿于克里姆林宫的整个政治战略。这一政治战略具体说来，就是：第一，在战略武器上取得对美国的明显核优势，在中欧在战术核武器上取得对北大西洋公约组织的明显优势。

第二，保持一种能经受得住美国的大规模报复性袭击，或者能经受得住中国可能发动的破坏性最大的袭击的民防体系。

第三，在西方各地助长一种认为核战确实是不可想象的和不能接受的态度，办法是热心地促进政治缓和以及千百万人签名的要求裁军的"和平"请愿书等。

几年来，苏联几乎没有几个军事目标——如果说不是根本没有的话——比扩大核力量这个目标更占优先的地位，甚至连控制很严的苏联报刊也披露，苏联在研制精确度更高的新式导弹，以加强一支已比美国更强大的力量。

二、核战略武器的竞赛

谈到美苏两霸的核武器竞赛，必须从1962年的古巴危机开始谈起。自1958年起，苏联本来只拥有把欧洲的目标毁成瓦砾的手段（最初是中程弹道导弹），古巴危机时，它开始配备了用核武器对美国进行报复的有限能力。苏联每一个装有较少几个洲际弹道导弹的发射场，曾经是容易被美国的洲际弹道导弹摧毁的，而这时，苏联已摆脱了这个阶段，它第一次配备了几个"不易摧毁的"洲际弹道导弹，这些导弹甚至在美国对苏联进行第一次打击之后，还能继续发挥作用。莫斯科也是第一次拥有对美国境内的目标进行第二次打击，并使之遭受灾难的能力。

苏联的第二次打击力量是比较小的，美国取得这种能力略微早一些，而到1963年，它已在数量上占了相当大的优势。尽管如此，莫斯科这时第一次有了华盛顿所无法阻止的、杀死几百万美国人的能力。不过，华盛顿则有莫斯科所无法阻止的杀死千百万俄国人的能力。所以美国的威胁仍然比俄国的威胁强有力很多，但是，西方再也不能单靠核威慑了，华盛顿也非常不情愿再依靠它了，两个超级大国都意识到这一事实，即它们任何一方都再也不可能采用先发制人的打击来消灭对方的第二次打击武器。

第二次打击武器系统之所以不易消灭，有赖于各种因素。在起初，主要是不可能准确地查明对方发射场的所有场地，以充分准确地达到直接命中。今天发射器加固了，攻击的武器准确地直接命中也不足以使加固的洲际弹道导弹发射器为之失灵。核动力潜水艇（美国"北极星"潜水艇）能长时间潜伏在水下，因此对方要找到它的位置和消灭它几乎是不可能的，这种潜水艇可以在浮出水面时发射导弹。

自这以后，苏联已挽回它在数量上的劣势。1969年英国发表的研究报告假定，到1969年年底时，双方战略核武器的数量，美国占优势，在过去几年内，美国没有增加其地面和海上发射的弹道导弹的数量，而苏联弹道导弹的数量，特别是海上发射的，则仍在不断增加，关键在于考虑双方总的数量，苏联大量垄断中程弹道导弹，主要是针对欧洲方面的目标，但在一定程度上或许也针对中国或日本的目标，这同在潜水艇发射的弹道导弹方面占很大优势的美国大大不同。

两个超级大国的战略军备竞赛现在从数量方面转入新的质量方面，改进对对方武器的侦察，特别是用卫星进行侦察；提高（就弹道导弹而言）其准确性、射程和一般的可靠程度（特别是提高由潜水艇发射的弹道导弹方面射程和可靠程度）；这些，在双方发展的领域内都是紧迫的努力目标。许多陈旧的武器系统逐渐停止使用，并被作战效能更好的系统所取代，最重要的是双方正在进行着一场竞赛：一方面是以反弹导弹为基础的弹道导弹的防御，另一方面则是攻击型导弹的突破技术的发展，这场竞争涉及科学、技术和财力等资源的大量支出。

1964年年底，苏联采用了它的第一个反弹道导弹（北大西洋公约组织管它叫"橡皮套鞋"，这就成了它在西方的通称），从那时起，已经把它配备在莫斯科附近，用以保卫苏联首都，对付美国洲际弹道导弹"民兵"和"北极星"潜水艇发射的弹道导弹的袭击。后来苏联在波罗的海沿岸，向西北方向建造了一条反弹道导弹的防御线（所谓"塔林线"）。不过，以后已证明这是一条对导弹的防空线，虽然它的雷达系统大概也供莫斯科的反弹道导弹防御之用。

莫斯科有了反弹道导弹系统和指向美国的苏联洲际弹道导弹数量的大量增加，这些事实，使得美国最优先地发展曾被麦克纳马拉压下来的美国反弹道导弹。1963年制造出来的一种名为"奈克－大力士"的武器系统，是根据远在1957年所发展的系统提高的，1966年，它第一次成功地截击了打过来的大力神式洲际弹道导弹，但是同它联结在一起的雷达系统至今还不能把过来的导弹同导弹所发出来的用以迷惑空防的诱饵导弹加以区分。"奈克－大力士"的发展导致"哨兵"系统的发展。1969年年初，尼克松下令成套生产和配备这个系统，并把它取名为"卫兵"。原则上，"卫兵"包括一个大大改进了的雷达系统，再配上一个名为"斯巴达"的远程反弹道导弹和一个名为"短跑"的短程截击导弹（苏联人也掌握一种短程截击导弹，在西方名之为"式"导弹）。其原来的意图是整个体系应当不仅能保卫一个点，而且能保卫整片地区，而"短跑"，由于它射程的限制，只限于保卫一个点。

对反弹道导弹做出的直接反应所采取的形式，是使洲际弹道导弹在它们飞行到某一点时分成几个，每一个独立地被导向一个不同的目标。这种导弹名为多弹头分导重返大气层运载工具，这项技术使人们大大超过了过去制造诱饵导弹时所掌握的技术。诱饵导弹是用来突破敌人的防线并使之事实上陷于瘫痪，以帮助洲际弹道导弹的弹头得以穿过。另外，多弹头分导重返在大气层运载工具不仅能这样突破敌人的防线，而且还能——这是它的主要目的——袭击一些不同的个别目标或一整片地区。在美国，多弹头分导重返大气层运载工具将在1971年开始使用，地面发射的"民兵"洲际弹道导弹力量的一部分将用多弹头分导重返大气层运载工具来装备，新的"海神"式潜水艇发射的弹道导弹也将用它来装备，以代替"北极星"。这样，一只潜水艇就能向160个不同的目标发射160个弹头（每个导弹发出10个弹头）。很清楚，这是一种进攻性武器，有袭击对方的导弹（无论是加固了的还是流动的）的特殊能力，因此也就有潜在的反击能力。

同反弹道导弹不一样，多弹头分导重返大气层运载工具是可以在实际使用的条件下进行检验的，因为它不再是一个检验弹头的核装置的有效性问题，而是检验弹头的控制装置和制导系统的有效性及其不受干扰的能力。好几个因素启示我们，有朝一日反弹道导弹和多弹头分导重返大气层运载工具进行交锋时，将证明多弹头分导重返大气层运载工具比较优越。

在发展反弹道导弹和多弹头分导重返大气层运载工具的同时，两个超级大国都在从事计划和发展轨道武器系统。1965年末，莫斯科宣称已拥有一个"轨道武器"。两年之后，华盛顿宣布，苏联试验了一项武器，它能在大约160公里的高度，围绕地球，在轨道上运行，为了打击目标，就放慢速度，使炸弹从轨道上落下来，然后继续沿着弹道飞行，像一个弹药燃尽以后的洲际弹道导弹一样，直到击中目标为止。苏联人所试制的这种武器（"部分轨道轰炸系统"）只完成了轨道上运行的一部分，它的优点是：由于它飞行的路线比洲际弹道导弹低，因此要到一个洲际弹道导弹会被截获的时刻以后很久，才会被防御者的雷达所发觉，在它的制动机被点燃前，也就是说在离开它的目标不到8公里之前，一个轨道武器飞向目标的确实路线是无从测定的，因此部分轨道轰炸系统能够对大量聚集在地面上的飞机构成相当大的威胁，有可能，以后这种系统宜于截击卫星。

反弹道导弹问题将来可能通过两种进一步的发展而变得复杂得多。可以设想，不仅能在纵向上使部分轨道轰炸系统改变它的路线，而且也可以在横向上使它改变路线（"流动的轨道轰炸系统"），也可能把导弹发射场设在月球上——可能设在它的阴暗面，从月球发射的导弹需要的推动力，只有目前洲际弹道导弹所需推动力的一小部分，并能取得空前未有的速度（因此飞行时间就短了）。从防御武器的角度来讲，可以设想，反弹道导弹的基地可以改为潜在水底的潜水艇的形式（"以海洋为基地的反弹道导弹截击系统"）。

整个导弹技术，包括以潜水艇为基地的"海神"式导弹，需要卫星给予各种形式的帮助，卫星上配备有大量各式各样的探测设备：有用以侦察导弹发射（包括从潜水艇发射导弹）的红外线；有雷达和摄影装置，摄影装置解析能力之强，足以分清单个的坦克和车辆；还有X光和紫外线，可以在太空十万公里的范围内侦察到核爆炸，有气象卫星、通信卫星、窃听通信的卫星、勘测卫星和导航卫星——导航卫星对于备有北极星式和海神式导弹的潜水艇舰队是必不可少的。卫星、雷达、导弹合在一起又需要一种其功率难以置信的电子计算机，军事技术在这个领域内的进步，甚至比可以从导弹和卫星的数量中推算出的还要大。电子计算机的速度每4年或4年左右增加10倍，而它们需要的投资在同一时期则下降约1/10，它们的重要和体积在过去10年里也减少了约1/10，将来还可能减少到目前的1%或1/‰，尤其是，这将导致在各种各样目的的卫星使用方面的梦想不到的进步。

两个超级大国的军事技术今天大致处于同等水平，至于人们能不能说，在未来的岁月里它们之间将保持稳定的均势，那是很成问题的，每一方都被恐惧的心理驱使着要干下去，担心另一方也许取得技术上的突破。例如，假使一方装备了一种反导弹的可靠的防卫系统，双方在进攻性导弹数量上的比例就没有重大意义了，对方的进攻性导弹就丧失了它的第一次打击的威慑效能和第二次打击能力。反之，假使一个超级大国取得足以突破对方反弹道导弹防线的能力，后者在反弹道导弹防御上所投下的大量金钱就都白费了，它只好回过头来，保全其第二次打击武器的完整，以此来保持自己威慑力量的可靠性。

这样，两种在理论上可以设想的"技术突破"都会打破目前的核均势。因此，只要对方有一点机会，或是改善它的进攻性导弹的突破能力，或是改善它的弹道导弹的防御工作，两个超级大国就谁都不能宽舒地休息，这就是它们之间技术上军备竞赛的原因，它引起核战略均势的不稳定，以及伴随而来的和平本身不稳定。

三、美苏核武器的优劣

美国国防部对超级大国在32种主要的核武器和常规武器以及在指挥和控制系统方面的力量进行了调查，调查报告表明，有15种是美国领先，有12种是苏联领先，另外5种谁领先还不肯定。

报告说，美国在洲际弹道导弹的准确性方面依然保持其领先地位，但是苏联正在迅速发展，因而两国洲际弹力量的差距也正在缩小。

根据这个调查报告，俄国人在投掷重量（一枚导弹在规定的射程按照规定的轨道能够投掷的重量）方面居于领先地位，尽管美国在固体燃料的技术方面比较先进。

在洲际弹道导弹发射井的牢固性，即发射井经受导弹直接攻击的能力这个重要的方面，据说俄国人取得的成就比美国人更多。

据认为，美国在潜艇发射的导弹的准确性方面，和在使这种武器具有多弹头的技术方面居于领先地位，美国人还在这些导弹使用的固体燃料的技术方面领先，但是这个报告说，苏联在使用液体燃料增加航程方面已获得成功。

权威性的《航空和空间技术》周刊报道说，俄国人拥有64艘弹道导弹潜艇，违反了美苏关于进攻性武器的临时协议，这项协议在日内瓦目前谈判的限制战略武器条约完成之前对这两国政府有约束力。

这个杂志根据与五角大楼官员的谈话断言，俄国人还准备再部署3艘潜艇，这3艘潜艇装有SS-N-8导弹，这种导弹的射程为4800英里。

这个报告说，美国在重轰炸机方面（无论在其净载重量和航程方面）都领先，但是苏联最近改装它的轰炸机以增加净载重量，这样可以减少美国在这方面的优势。

关于防御系统，俄国人在机动地对空导弹和这些武器的多样性方面领先，这份研究报告说，他们也正在先进的反弹道导弹技术方面进行大量努力。据这一报告说，美国保持着它在截击机技术方面的领先地位。

这份调查报告发现，关于常规武器（苏联资本投资的一个主要受益者），俄国人在主要的类别方面处于领先地位。

与美国和它的盟国部署的坦克相比，苏联的坦克（主要是T-72和T-62坦克）不那么容易被摧毁，并且能够更快地发射杀伤力更大的炮弹。当陆军在20世纪80年代的欧洲部署XM-1主战坦克时，这种状况可能会改变。

调查报告说，西方大国的大炮在准确性和停用检修时间方面比苏联领先，但是苏联的大炮射程更远，这份报告说，俄国还在步兵作战火力和防化学战方面，以及在战场防空系统的多样化、机动化、齐射能力和地勤人员的保护方面处于领先地位。

调查报告说，美国在机载空对地导弹的精确性方面仍然领先，但是在这方面该报告也指出苏联正在做出巨大努力来改进其能力。

报告说，尽管米格25是世界上可供实战的飞行速度最快的战斗机，但是空军和海军在作战飞机方面仍然保持领先地位。据报道，俄国人正在做出巨大努力来改进它的战术飞机的有效载荷和航程，虽然在这方面，像在监视和侦察方面一样，看来美国人仍然领先。

从海军力量的对比中可以看出苏联10年来在研究和生产方面进行大量投资的结果，报告说，苏联在反舰艇巡航导弹方面领先，虽然美国新的鱼叉式导弹加强了海军的能力，在水面舰艇方面，俄国人在速度、军备和留在海上的能力等方面领先，而美国人则在航程方面和以航空母舰为基地的战术空军力量方面保持其领先地位。

这个报告说，在海军作战的最重要的防御领域，即反潜艇技术方面，总的来说是美国领先，虽然报告指出苏联正在谋求大大增强其能力，据说苏联在水雷战方面领先。

四、最新的致命武器

勃列日涅夫1975年6月在克里姆林宫说："现代科学水平已达到这种程度，以致产生了这样一种严重的危险，即可能会研制出一种比核武器更可怕的武器。"

20世纪70年代，美苏双方都正式地或试验性地制造出一系列新武器，创造这些新奇打仗办法的灵感来自各种科学研究。物理、气象学、化学、生物学、电子学以及声学，都被用来为世界武器库提供致命的武器，我们从这些武器库中可能会找到苏联领导人谈到的那种"更为可怕的"武器。

环境和天气武器，本着这种精神，苏联叫得最响的是要求禁止使用所谓的"环境和天气武器"。在1967年到1972年，美国空军曾花费了很多钱，用碘化银在胡志明小道上空"播种"雨云，目的是使降暴雨，从而阻止北越运输物资。苏联刊物，包括红军《红星报》和《国际生活》杂志，自那以来一直不断地注意利用或影响气候的各种自然现象来达到军事目的的方法，并一直极力要求禁止使用这些办法。

次声、声响、振动武器，苏联驻联合国代表谴责的恐怖武器还有"巨型次声发生器"，次声一般就是在20周/秒到115000周/秒之间的频率，这个频率除了在高强度以外，人的耳朵是听不见的。20世纪60年代期间，在已故的加夫罗的指导下，在马赛实验室对低频率声和次声进行了一长串的试验。另外，还在撒哈拉进行了试验。

英国的生物学家沃森博士曾发表了一份令人不安的报告。沃森说，加夫罗在法国的警哨中发现了某些声响特性，他制造了由压缩空气发动的六尺长的同样警哨，"对这个巨型警哨进行第一次试验的那位专家当场死去，验尸后发现他的整个内脏由于振动而成为肉浆"。

一直在搞声响试验的意大利研究人员曾报告，进行试验的动物在高频率声响的影响下死亡，每一种动物只对适合自己的频率具有敏感性，言外之意是，在适当频率下的声响波也会杀死人。英国的声响学专家、利文撒尔博士在国际反噪音协会最近在巴塞尔举行的第八届大会上谴责了沃森的报告，他亲自向马赛实验室的同事们询问了关于压缩空气哨子和那位专家被振成肉浆的内脏，"他们哄堂大笑"，无论如何，这个哨子不是次声的。

激光，能产生巨大的力量，在它的许多形式中的一种中，激光能使虚构的"死光"成为一种可怖的现实。美国军火工业的发言人预言，1980年将可得到能够"毁灭整个森林"的激光。

在研究条件下，高能射线能烧穿厚钢板。美国生产激光仪器的制造商若干时候以前承认，从地面发射的激光曾把一架高空飞行的战斗机的座舱罩搞掉，使这架飞机坠毁。

试验费用是巨大的，但是美国和苏联的科学家正在竞争，以获得一次突破。由于激光的冲击力以每秒钟186000里的速度传送，未来的激光武器也许能够即刻拦截导弹，摧毁它的弹头。

吸氧武器，在越南战争行将结束的阶段，南越空军部署了美国一种代号为CBU-55的秘密武器，美国军事记者也只被告知，它是后来"在森林地区立即为直升机开辟降落地点的"。

西贡军事司令部拒绝回答关于CBU-55的问题，但是当战区向西贡郊区时，北越外交部说，南越在春禄地区投掷了一种致命的窒息性炸弹。南越人士向美国通讯社承认，他们的空军在北越部队集中地投掷了"窒息性吸氧炸弹"，CBU-55是强度很高的热辐射炸弹——是使人窒息而死而不是把人烧死的超级燃烧弹。

遥控武器，就像耗资巨大的激光研究一样，苏联和美国有个研制遥控运载工具——为在陆地、空中和同温层作战而设计的电子控制武器——的计划，关于未来的遥控飞机和坦克的能力，已经提出了一些惊人的说法。

据美国专门研究先进武器数据的一个机构的负责人拉特利夫说，"今后的大战将是用遥控武器在无居民的战场如南极洲或月球上进行"。斯佩里飞行系统的一位技术发言人巴伦伯杰最近说，"你可以使人不坐在战术飞机里，而这架飞机仍能进行飞行阻截、监视、侦察、作为假目标、压制防空力量和保持空中优势等任务"。对于遥控坦克的潜力，也提出了同样影响深远的说法，美国的遥控运载工具计划是从1965年开始的，暂定的预算是3500美元，但是在这个试验性计划完成之前已经用去2亿多美元，现在正在执行一个全新的计划，苏联对遥控运载工具的兴趣同样强烈。

毫无疑问，遥控飞机将注定要使空战的技术革命化。

细菌武器和化学武器，各种国际公约都禁止细菌战、生物战和化学战，但是，人们知道苏联正在积极生产化学武器，苏联并且特别专注于神经毒气。

一些西方国家为了发现可能的解毒药，生产了供实验用的数量不多的神经毒气，在英国，在康沃尔群的楠西丘克的一个机构大概在生产这种毒气，西德在下萨克森州的蒙斯特有一些研究防原子武器、防生物武器和防化学武器的研究所。但就目前所知，西方任何国家都还没有苏联现在正在制成和储存的那种非法的致命性神经毒气。

苏联部队还配备了"新装备"，包括为在化学战情况下作战而设计的新式坦克，苏联非常重视对部队进行相应的心理上的训练。

因此，勃列日涅夫和葛罗米柯很有资格评价他们警告世界注意的那种"具有大规模毁灭力的新武器"的可怕性。苏联的领导人声称，很难说这些武器是否确定"比核武器更危险"。美国和苏联都已拥有足够的核武器，能够把对方的领土摧毁多次。

苏联几乎在任何情况下都将谋求避免同美国进行核"摊牌"，但是，西方的战略家们数年来一直在告诫人们，苏联有可能在欧洲进行"常规的"突然突破，这种突破能够如此迅速地加以利用，"以致使防御者在一开头就来不及使用核武器"。

克里姆林宫将谋求利用其在部队、坦克和其他常规武器方面的巨大优势以便在对方可能进行核介入之前达到它的目标。以上所述的新式武器都是"常规武器",华沙条约组织在发动突然袭击的时候可能使用上述武器中的任何一种,而不会"越过核门槛"而引起美国进行核报复的风险。

五、按照核战略所作的打算

随着20世纪50年代将近结束和两个超级大国之间均势时期(20世纪60年代这10年)的开始到来,形成了三个典型的战略观念。

(1) 突然袭击(第一次打击),这是以突破对方的防御工事和摧毁其导弹基地的能力为基础的。这在今天一方面要靠突破技术(如诱饵导弹,多弹头分导重返大气层运载工具,部分轨道轰炸系统,或其他轨道火箭和月球火箭);另一方面要靠反弹道导弹防御弹道导弹,再加上对方导弹基地易受袭击的情况,后者要看导弹基地加固的程度和分布的广度,或者是它们的流动性(如在潜水艇上),因此也就是它们可以不被侦察出来的能力。在今天,对美国或苏联进行一次成功的第一次打击是不大可能的,这是由于它们的进攻性导弹中有很大一部分已具有不易受到袭击的高度能力,这样一次打击,最多只能指向拥有其他"有价值"目标的城市("对价值"的打击,而不是"对力量"的打击,这种战略,在可以预见的将来,唯一可能是对付核力量较小的国家)。这样做对发动打击的国家的后果是不堪设想的,因为被打击的超级大国的洲际弹道导弹和潜水艇发射的弹道导弹依然完整无损。因此,在今天,考虑周密地决定对一个超级大国发动第一次打击是非常不可能的,不过,在联系到两个次要的核国家的相互关系方面,这种战略不是不可想象的(如将来某一天在中东地区)。

(2) 先发制人的打击,一般地讲,这种设想,需要有同发动突然袭击一样的能力,它是企图抢先下手以制止对方突然袭击,这要靠自己有及时获知对方即将进攻的能力。在目前,这种设想,只有在对付工艺技术落后的次要核国家时才是可以想象的。

(3) 报复性打击,这种设想的依据是本国的进攻性武器(洲际弹道导弹,潜水艇发射的弹道导弹,或部分轨道轰炸系统)中有相当部分是不易受到袭击的。这些武器有在对方第一次打击以后保存下来的能力——这个因素对方是知道的——而且随后还能给对方国家(特别是对它的城市)造成无可估量的危害,从而威慑对方,使之不敢发动第一次打击,在可以预见的范围内,美国和苏联将具有给人深刻印象的第二次打击能力上,而且只有这两个国家将是能做到这一点的,英国和法国的确也在潜水艇上安装了少数潜水艇发射的弹道导弹,不过它们的能力极为有限。

直到20世纪60年代中期,两个超级大国的核战略都集中在第二次打击能力,至于它们之间的相互关系,只要每一方都能给对方造成"足够"的危害——也就是说能用报复性打击使之造成难以承受的损害来威胁对方——就能保持一种均势。这仍是核战略的核心问题,这同20世纪50年代初期简单的报复性战略形成对比。当时甚至考虑在受到常规袭击时也进行核报复,每一方拥有对对方进行后者所不能避开的核报复打击的能力,是为了对对方实行威慑,使后者不敢使用它的核武器。

对假想敌进行威慑出现在战略考虑之中,并不是从核武器和导弹出世以来才开始的。例如,在第二次世界大战期间,瑞士曾成功地阻止了希特勒的入侵,像这个事例所表明的,要达到有效的威慑,可以通过造成足够严重的风险,使对方觉得所冒风险同它所要取得的成功相比是得不偿失的,去冒在几分钟的时间里使本国千百万公民遭到覆灭的危险,自然是个需要考虑的非常严重的问题,也是个史无前例的问题。这就是为什么核报复的威胁成为当代战略的中心问题,威慑战略的主要特征是,由于充分考虑到核武器存在的缘故,而对使用核武器实行克制。

威慑虽然不是战争行动,但也不是政策或外交策略,"它是可供政策使用的一个强大的武器,它是一种新战略"。(博弗尔语)

威慑的原则在以下几种情况下可能失效:假使侵略者错误地或有理由地认为威慑着它的风险是可以承受的,假使侵略者不相信实行威慑的一方确实具有实行它的威慑的意志或能力,假使侵略者别无选择其他途径的余地,或假使它决定进行侵略不是出于理智地估计形势的结果。威慑原则也可能在下列情况下被破坏,即防御的一方对侵略者难以承受的威胁危险做了错误的估计。然而,欧洲盟国只有制造某种风险,遏制一个潜在的侵略者,使它感到这种风险远远超过了它希望能从袭击中所得到的利益,才能防止战争的爆发。

以这样的军事后果来威胁,只有在这样一个前提下才能继续起威慑作用,即双方都不怀疑,一旦战争爆发,这些军事后果必定发生,因此,在平时为了通过做出威胁的姿态以达到威胁的目的而采取的军事战略,必须同一旦发生战争所要实行的战略相一致,如果在仅向侵略者表示要采取的强暴行动和实际上要加之于它身上的强暴行动之间,有任何不一致的地方,就会诱使它进行袭击。

要使核威慑有效,双方都需要理智。可是,如果实现一种威胁的能力或意志有令人怀疑之处,就可能有理由导致对方承担风险,决定进行袭击。因此,核威慑必须有一定的可信性,一种威胁能否使人相信,在很大程度上取决于当时的形势。攻击的一方,必须就防卫者的武器的有效性及其使用这些武器的意志做出判断,而在这里面还要加上攻击一方对以下各项问题的推测:防卫者如何估价攻击者所掌握的手段,如何判断这些手段的效力,以及对攻击者的意志如何估价等问题。因此,人们不但要负担起判断复杂的现代武器系统的效力这一困难任务,现在还面对那一项估计对方的心理特征以及影响其心理特征的各种因素的甚至更困难的任务,而且,在核武器的使用已接近于不可想象的同时,威胁要使用核武器也是同样地接近于不可避免,这就使问题变得更加复杂化了。

六、美苏的民防:防御核辐射

苏联多年来一直强调为民防计划的实施而进行规划、组织和训练干部。这项计划要求大规模地疏散苏联的城市和工厂,为必须留下来的人建造掩蔽体,并要求那些被疏散而不能从其他方式得到保护的人迅速建造防散落物的临时掩蔽体。苏联在其民防手册中估计,如果能有效地实施这项计划,当能使伤亡的人数降低到占人口的3%~4%,这将是很大的一个伤亡数字,但不是数以亿计的,这个伤亡数字也没有大到使他们的社会无法以相当快的速度恢复的地步,这个目标可能达不到,因为存在许多难以捉摸的情况,但是却可以对苏联民防工作可能有的效果做出某些大致接近实际情况的估计。

疏散后的居民最难防御的核作用是放射性散落物,散落物的多少与在地面爆炸的武器的爆炸力的大小和裂变百分比的多少成正比。10多年来,美国已大大地缩小了它的武器的爆炸力,而转向制造数量更多、爆炸力较小和精确度更高的弹头。美国的生存能力最强的军事力量是部署在海洋中的"海神"潜艇部队，这支部队所拥有的约2000枚处在正常戒备情况下的可靠的弹头的总爆炸力约为8000万吨，由于每个这种弹头的爆炸力相对来说比较小，所以最好用这种弹头来袭击点状目标，即使在打击城市的进攻中也是如此，这种弹头在能取得最大冲击破坏效果的高度引爆时，威力最大，然而，这种弹头在这种高度引爆下，所产生的散落物却微不足道。对付这种袭击，苏联民防计划所预定达到的目的很可能达到，苏联目前的民防工作，完全可以经得起一场核战争。

苏联领导人历来认为，一场核战争将不会毁灭人类，而且，如果他们精心制订的民防计划得以执行的话，美国的整个打击力量只能毁灭苏联人口的一小部分，比死于第二次世界大战中的苏联人的数目少得多。

美国的工程技术人员和他们的苏联同行一样已经研究了核武器的效果，但是苏联人在制订有效的反措施方面已经超过了美国。苏联的计划包括设计和建设掩蔽部，有些是防御核武器的所有影响的掩蔽部，有些是防御放射性散落物的掩蔽部。

更为重要的是，计划还包括城市和其他很可能的目标的大规模撤退，根据这些计划，在潜在的战争爆发以前的大概是不可避免的危机时期，被疏散的人员将奉命撤往预先指定的农村地区，如果永久型的掩蔽物还没有建成的话，将会很快地建设起防止放射性散落物的掩蔽部。大多数俄国人住得非常分散，不会受到任何直接的武器攻击，因此他们完全不受最初的核辐射、核爆炸、热辐射和随之而来的大火的影响。此外，由于他们中的许多人隐蔽在两三米深的地下，就可以攻击的辐射比美国大多数人在正常的一生时间中受到的辐射要少。

由于有这些计划，看来，2.4亿以上的苏联人将会在美国和它的盟国的一次全面的核攻击的短期影响后生存下来，而且，为了保证这些人继续生存下去，苏联正忙于在农村地区建设能储存25亿蒲式耳谷物的设施，这些谷物足以使它的2.5亿人的全部人口吃300天，这段时间之长足以度过经受一次核进攻之后发生的事件的周期，首先是散落物的辐射自然地下降到适合于生活的水平，然后是播种作物，最后是收获。

苏联军事力量——最强大的核打击力量和一种现实的民防——的整个情况表明，苏联人已经对"不可想象的事"想了很多，他们正在进行准备。如果"必要的话"，打一场核战争并且赢得这场战争，俄国领导人从未采纳过美国的制定政策的人主观地称之为"有把握的相互毁灭"的战略，除非使美国人民意识到这种局面，否则的话，苏联人非常有可能搞一次严重的对抗，在这场对抗中，他们准备成为胜利者。

美国也正在进行民防工作，他们认为，在面临核子导弹袭击威胁时，数以百万计的美国人可从美国城市迁至比较安全的郊区和小城镇。

但是，这些仍在进行调查，仍未能找到解决潜在的大难题——例如如何供应这群失去家园的城市人食物、住宿之地、医药照顾及其他方面的照顾——的方法。此种研究6年前已开始，对象为美国400处有"高度危险地区"，包括军事基地和城市工业人口稠密区，专家估计有1.37亿人住在此等地区。

"在危机中重新安置"的概念是基于相信在可能发生核子袭击前，至少有数天时间是会增加紧张气氛的，而在这期间内，可有秩序地把人口迁出高度危险地区，居住在美国城市的人，将由火车和汽车疏散至人口较少的"主区"——官员们认为不会是苏联导弹的目标，有的美国人更可能被送至离开家园100多里的地区。

民事防卫局的特别调查是特别针对从波士顿伸展至华盛顿的人口众多的东北郊区走廊，

以及包括纽约、费城、巴尔的摩及其他城市。

该局根据1970年人口调查估计，在核子战争迫近的局势中，可能有多达4700万人从城市转移至别的地区和小集镇。

众议院武装部小组委员会曾报告说："迁移人口的能力，对于一旦阻击力量失败时，在阻击攻击及减少伤亡上是重要的。"

另外，武装部小组委员会说，它收到足够证据，显示苏联"维持严格民事防卫的努力是比美国大得多"，而苏联的计划是强调疏散人口和工业的。

第六章 苏联与东欧的巨变

20世纪80年代末和90年代初，先是东欧国家，后是苏联，相继发生了社会制度的剧变。在这些国家，共产党被迫下台，反共势力夺取了政权，社会主义制度被彻底摧毁，转而走上资本主义发展道路。苏联、东欧的剧变，使国际共运和世界社会主义遭到重大挫折，使本来处于低潮的社会主义跌入谷底，同时也根本改变了整个世界格局，极大地影响了国际形势的发展。

一、第二次世界大战后的国际形势

（一）经济增长速度的加快

"第二次世界大战战"后，各资本主义国家的经济大都经历了恢复、快速增长以及调整和转变这样一个发展过程。起初，大多数资本主义国家面临的首要任务是恢复经济。第二次世界大战不仅使人类遭受空前的劫难，而且使资本主义遭到沉重的打击。在战争中，只有美国远离战场，非但没有受到战争的破坏，反而依靠战争发了横财。英法等战胜国和德意日等战败国则损失惨重。战争结束时，德国和日本的工业生产不足战前的20%，英国和法国的工业生产也只有战前的40%左右。当时，欧洲各国和日本普遍呈现一片萧条和灾难的景象：工厂停工，失业严重，原料紧缺，能源断档，食品匮乏，住房被毁，交通破坏，物价飞涨，外汇和资金奇缺。再加上国内资产阶级在政治上遭到破产，威信扫地，工人运动此伏彼起，社会动荡不断发生，因此，这些国家陷入十分困难的境地。但是，由于这些国家原有的经济基础和技术力量比较雄厚，也由于美国大力进行援助（美国通过"马歇尔计划"向欧洲提供131.5亿美元援助，此外还向欧洲提供157亿美元优惠贷款）。（吴于廑、齐民荣：《世界史·现代史编》下册，高等教育出版社1998年版，第165页。）所以，这些国家迅速走上恢复和重建的轨道。到1950年前后，这些国家的经济已经摆脱危机，恢复到战前水平。许多学者认为，战后资本主义之所以发生如此重大的变化，主要有两方面的原因。一是它们参照社会主义国家苏联实行计划经济体制的优点，加强国家政权和社会等各个领域的干预与调节；二是它们利用和推广新科技革命提供的最新成果，迅速调整经济结构，发展新兴产业部门，推进国际经济一体化，从而促进了生产力的快速增长。

（二）国家调节作用的加强

两次世界大战和20世纪30年代的经济危机，使世界资本主义濒临绝境，走到彻底崩溃的边缘。第二次世界大战后，各资本主义国家总结了30年代"罗斯福新政"的经验，特别是从苏联实行的计划经济体制得到启发，开始大力加强国家对市场经济的干预和调节作用。资本主义的发展，从"一般垄断"逐步变成"国家垄断"。资本主义国家形成的所谓"国家垄断资本主义"，其主要特点就是垄断资本同国家政权相结合。这种结合，对世界资本主义的生存和发展起了重大的作用。在国家垄断资本主义的条件下，国家政权作为资本家阶级的集中代表，对整个国家的政治、经济、社会、文化各个领域进行干预和调节，发挥了有效的作用。例如，这些国家的政权扩大了经济管理的职能，通过制订和执行社会经济发展计划、协调地区发展平衡、调整经济结构等，即通过国家政权的干预和调节，使市场经济变得不再是完全无计划、无政府的自发活动。这就在一定程度上缓解了生产社会化与资本私人占有之间的基本矛盾，延缓或减轻了资本主义周期和危机的爆发及其破坏程度。

（三）新科技革命浪潮的掀起

从20世纪50年代开始，世界上掀起一场人类历史上空前深刻和广泛的新科技革命。这场新科技革命的第一次高潮，出现在20世纪50—20世纪60年代。这场新科技革命高潮的主要内容，包括核能、半导体、合成化学、航空航天等科技领域。这些新科技在生产领域的普遍运用，导致核电站的纷纷建设，各种卫星的广泛发射和运用，塑料、合成纤维、合成橡胶、半导体收音机、电视机、各种家电以及喷气客机等的大量投入生产。于是，发达资本主义国家的产业结构发生重大变化，第三产业迅速扩大起来。20世纪70—20世纪80年代，新科技革命的第二次高潮又逐步掀起。这次高潮所包括的主要内容，涉及微电子技术、信息技术、生物工程、宇航技术、激光技术、新材料技术、新能源技术等一大批被人称为"高科技"的领域。在这次新科技革命的高潮中，美国依然走在世界的前列。世界上第一台微处理机，就是美国英特尔公司在1971年发明的。此后，运算速度最快的计算机始终首先出现在美国。计算机的广泛应用，引起一场信息技术的革命。这些高科技在生产中的运用，又促进一系列高新产业部门的形成和发展，高新技术的产品更是层出不穷，日新月异，令人眼花缭乱。

总之，借助国家干预和调节作用的加强，尤其是借助新科技革命浪潮的推动，发达资本主义国家的经济发展走在世界的前列，从而把苏联、东欧等社会主义国家远远抛在后面。

（四）勃列日涅夫错过改革开放最后良机

勃列日涅夫时期的国际形势，虽然存在"冷战"和对抗，但总的来说保持了和平的局面。由于美苏在核武器方面已经形成均势，发生新的世界大战的可能变得更小了，和平与发展越来越成为时代的主题。现代资本主义经过不断地调整，处于相对稳定的和平发展时期，它们渐渐倾向于主要依靠科技和经济手段来争夺市场，而尽可能避免使用战争手段。同各主要国家生产现代化的要求相适应，世界经济出现高度国际化和市场一体化的趋势，对外贸易、对外投资、国际协作和技术转让等有了重大发展。特别是20世纪60—70年代开始掀起新的科技革命浪潮，电子信息、生长方式发生了重大变化。在这种情况下，世界社会主义运动也进入新的发展阶段，许多社会主义国家根据新的时代精神，力求突破旧的传统体制的束缚，探索改革开放、发展本国经济的新路。

苏联原有体制的弊病，也暴露得更加明显、严重，迫切需要进行改革。总之，新的时代精神和新的形势对苏联产生了巨大的压力，同时也为苏联的改革开放提供了空前有利的时机。但是，勃列日涅夫时期的苏联背离了新的时代精神，并没有利用当时实行改革开放的有利时机，而且根本看不到实行改革开放的必要性和紧迫性。第一，在政治方面，高度集权、缺乏民主的传统政治体制没有得到任何改革。相反，个人迷信、个人专断、党政融合、以党代政、干部特权、领导职务终身制等弊病更加固定起来，并有所发展。第二，在经济方面，高度集中的计划经济体制没有多少改变。1965年虽然实行过柯西金领导的"新经济体制"改革,但只是在减少计划的指令性指标、扩大企业的自主权等方面做做文章,改革的办法不多,步子不大,并没有突破原有的计划经济体制的束缚。即使这样的改革,不久以后也停止和夭折了。到1971年苏共二十四大前后,柯西金领导的改革不再进行,而后后退了。从此,苏联对原有体制只讲"完善"和"发展",讳言"改革",而所谓的"完善"和"发展",实际上倾向于加强集中管理,在许多方面比赫鲁晓夫时期还不如。特别是,面对世界科技革命的新浪潮,勃列日涅夫只是空谈科技革命和集约化,不采取实际的有效措施,仍然死守传统的经济结构,偏重发展传统的产业部门,使苏联的科学技术(除军事技术外)和经济水平越来越落后于西方。第三,在对外政策方面,一方面闭关锁国,只同"经互会"国家发展"经济一体化",自我孤立于国际经济体系;另一方面又进一步推行扩张主义,到处伸手,扩大势力范围,加紧军备竞赛,同美国争夺世界霸权,从而极大地耗费了宝贵的资金。

总之,勃列日涅夫时期的苏联又一次错过了改革开放的时机。客观地说,这次错过的是苏联历史上最好的改革时机。这是因为,在勃列日涅夫执政时期,苏联的政局和社会比较稳定,其综合国力大大提高,人民的生活也有了较大的改善。因此,实行改革的可能条件已相当成熟。同时,这次错过改革时机,比前两次的危害更大,更不可原谅。如果说,在斯大林晚年和赫鲁晓夫时期,原有的体制还在发挥一定的积极作用,经济发展的速度还比较高,改革的主客观条件也有某些成熟的情况下再次错过改革时机,而且是错过了改革开放的最后一次良机,这就无论如何是不可原谅的了。这样,便使苏联社会积累了大量的矛盾和问题,形成严重的潜伏危机,从而为苏联的解体提供了条件。所以,从苏联剧变的历史原因来说,勃列日涅夫要负主要责任。

二、戈尔巴乔夫执政和苏联、东欧的剧变

(一)戈尔巴乔夫前期的改革

谈到苏联、东欧的剧变,首先要从戈尔巴乔夫在苏联的改革说起。这是因为,无论苏联的剧变还是东欧的剧变,都是在戈尔巴乔夫的改革过程中发生的,都同戈尔巴乔夫的改革密切联系在一起。然而,对戈尔巴乔夫的改革也必须做具体分析,要区分前期的改革和后期的方向性错误,不能把两者混为一谈。

其实,苏联当时进行改革,已是势在必行,它并不取决于戈尔巴乔夫的个人意志。但如何进行改革,采用什么样的方式,选择什么样的目标模式,走什么样的道路,却和戈尔巴乔夫个人有很大关系。当然,这也不是戈尔巴乔夫一个人的问题,因为戈尔巴乔夫是特定历史条件下的产物,他代表了一种思潮。

1. 改革势在必行,迫在眉睫

勃列日涅夫后期的苏联,在取得重大成就的同时,也存在大量矛盾和问题,孕育着严重危机。这种危机,主要表现为经济上停滞不前、政治上保守僵化、领导干部年龄老化、对外扩张争霸、民族关系紧张等。传统的政治经济体制,在勃列日涅夫后期变得越来越僵化,弊病越来越严重,使整个国家死气沉沉,缺乏活力,因此迫切需要改革。但是,勃列日涅夫错过了改革的良机。他后面的两位继承人,也没有抓紧进行改革。

勃列日涅夫是1982年11月10日去世的,继任苏共中央总书记的是尤·弗·安德罗波

夫。他上台后，看到国内形势的严重性，因此主张进行改革。他用发达社会主义的"起点论"，取代了勃列日涅夫的"建成论"，并大力加强意识形态工作，强调发扬民主；他开始调整领导班子，试图解决干部老化问题；他大力整顿社会秩序，加强劳动纪律，反对贪污腐败，并查处了几个大案要案，为此甚至不惜触动勃列日涅夫的亲信和亲属。经过他的努力，国内形势出现某些积极变化。但是，老天给他的时间太少。他"接班"时已经68岁，年老体衰，三个月后，肾功能丧失，于1984年2月9日，不幸去世。

而后，山康·乌·契尔年科出任苏共中央总书记。此人上台时，已经73岁，处于风烛残年。他执政的时间更短，只有13个月。他实行的方针是维持现状，力求稳定，避免变化。在他执政时期，中央领导班子没有发生任何变动，"既未出，也未进"，"既无升，也无降"，从而使领导集团年龄老化的问题更加突出；他虽然继承了安德罗波夫的某些改革措施，但推行的劲头不足，仅仅是敷衍应付。唯一的变化，是个人迷信现象有所抬头。他的所作所为，使人们感到又回到了勃列日涅夫的后期。于是，人们期待着改革，盼望着改革，感到改革已延误得太久了。

1985年3月，戈尔巴乔夫出任苏共中央总书记。此人当时只有54岁，年富力强，受过高等教育，毕业于莫斯科大学（法律系），而且能说会道，作风新颖。他上台后，立即在"完善社会主义"的旗号下进行改革，提出"加速战略"，强调"公开性"和"民主化"，在苏联掀起改革的大浪潮。应该说，戈尔巴乔夫发动改革，正好符合苏联的现实需要，符合人民的希望和要求。这一点，无疑是客观的事实。苏联当时进行改革，那是势在必行的。

苏联的剧变是一个逐步发展的过程，戈尔巴乔夫的改革也有一个逐步变化的过程，有前期和后期之分。前期的改革，从1985年3月开始，到1988年6月苏共第十九次代表会议为止。这一时期，苏联十分强调改革，但仍坚持共产党的领导和社会主义的方向。当时的改革，基本上属于社会主义的范围之内，并未脱离社会主义的轨道。

2. 出现错误倾向

戈尔巴乔夫前期的改革，尽管基本上属于社会主义的范围之内，但他的一些理论观点和实际措施，已经背离马克思列宁主义的基本原则，犯有严重错误。大体上说，错误是从1987年的苏共中央一月全会开始的，它主要表现在以下几个问题上。第一，片面倡导"公开性"。针对过去政治生活过分保密和封闭的弊病，提出扩大公开性的要求，这本来是正确的。但戈尔巴乔夫宣扬的"公开性"，具有很大的片面性，它主要有两个错误。一是他鼓吹"彻底的公开性"（在1986年苏共中央六月全会上的讲话），主张"毫无保留、毫无限制的公开性"（1988年1月8日的讲话）。其实，世界上并没有"彻底的公开性"，只有适度的公开性。即使在西方发达国家，很多事情也是保密的，过了几十年才能公开。戈尔巴乔夫不从实际出发，不顾一切后果，在苏联这样一个原本比较封闭的国家，推行所谓"彻底的公开性"，这显然是错误的。二是"公开性"的导向有问题，把公开性变成"单行道"，允许利用"公开性"来反共反社会主义。这种"公开性"，专门揭露历史上和现实生活中的阴暗面与消极现象，进而全面否定革命历史，丑化共产党和社会主义制度。

第二，推行无条件的"民主化"。针对过去缺乏民主的弊病，提出发扬民主的任务，这本来是正确的。但民主具有鲜明的阶级性，社会主义民主必须坚持社会主义的基本原则，不能允许利用民主的口号来反共反社会主义。然而，戈尔巴乔夫强调民主是"改革的实质"，是"改革的基础"，是"改革的灵魂"。他甚至在苏共第十九次代表会议上说，苏联要有

"无条件的民主"。这种"民主化",显然具有很大的片面性,它主要有两个错误。一是不分阶级,不要专政,对反共反社会主义分子讲民主。二是不要集中,不讲法制和纪律,搞无政府主义的"大民主"。结果,导致群众性的集会和游行示威此伏彼起,络绎不绝。据苏联内务部人员说,在1988年,170个城市和居民点共发生2600次大规模行动,参加人数达1600万。

第三,鼓吹"多元论"。针对过去片面强调社会主义社会"政治上、道义上一致"的传统观念,以及党内外不允许存在不同意见的实际做法,提出并承认社会主义社会存在"意见多元",这本来是无可非议的,但是,承认"意见多元"不能否定马克思列宁主义的指导地位,去搞指导思想上的多元化。

戈尔巴乔夫鼓吹的"多元论",实际上是后来提出的"人道的、民主的社会主义"的理论基础。因为,把"多元论"引进意识形态领域,必然导致"意识形态多元化",取消马克思列宁主义的指导地位,并允许资产阶级思想自由泛滥;把"多元论"引进政治领域,必然导致"政治多元化"和"多党制",放弃共产党的领导地位。

第四,把"激进民主派"人物提升到中央,委以重任。例如,把雅科夫列夫提升到中央,主管意识形态工作,成为改革的"设计师"。此人早就反对马克思列宁主义,他不仅利用个人关系对戈尔巴乔夫施加巨大影响,而且利用职权,选拔任命一大批与自己思想吻合的干部,去掌握重要的宣传舆论工具,对革命历史和现实社会进行猛烈的揭发批判。又如,把谢瓦尔德纳泽提升到中央,并担任苏联外长的重要职务。此人早在1984年就同戈尔巴乔夫进行过一次长谈,两人都认为苏联"这个社会已经烂透了"。后来,他成为戈尔巴乔夫推行"新思维"改革的急先锋。此人,实际上是戈尔巴乔夫的左膀右臂,他们串通一气,推动了苏联的剧变。

(二) 东欧的剧变

东欧地区原本属于苏联的势力范围,受苏联的控制。"莫斯科下雨,布拉格打伞",就是苏联与东欧国家关系的真实写照。因此,戈尔巴乔夫在苏联进行的改革,特别是他鼓吹的"公开性""民主化"和"新思维"那一套,很快就推广到东欧国家。结果,导致1989年的东欧剧变,许多东欧国家先于苏联抛弃社会主义,走上资本主义道路。

东欧八国的剧变,先后掀起三波恶浪。

1. 第一波恶浪:波兰和匈牙利

波兰本来由统一工人党掌握政权。1980年,"团结工会"在罢工浪潮中建立,它反对波党的领导,反对政府,企图夺取政权。1989年2—4月,波党召开有团结工会参加的圆桌会议,决定实行西方式的"三权分立"和议会民主制,允许团结工会参政。4月,团结工会获得合法地位。6月,举行议会选举,结果团结工会获得胜利。与波党结盟45年的统一农民党和民主党突然倒戈,投靠团结工会,使波党在议会中沦为少数派。8月,议会批准团结工会的马佐维耶茨基为政府总理。9月,团结工会领导的联合政府成立,波党由执政党变成参政党。1990年1月,波党举行十一大,宣布停止活动,随即召开新党成立大会,大多数代表赞成建立波兰社会民主党,少数代表则决定成立社会民主联盟。

匈牙利与波兰不同,强大的反对派主要在党内。1988年5月,卡达尔被解除总书记职务,波日高伊等人进入波党政治局,他们主张尽快实行西方式的多党制、三权分立和议会民主制。9月，反对派的联合组织"民主论坛"成立。1989年1月，国会通过"结社法"，规定"个人和法律实体有权建立垄断执政权利"。6-9月，匈党召开圆桌会议，对反对派步步退让，最后同意修改宪法，改变国家性质，匈党组织从工作单位撤出。10月，匈党召开十四大，决定改名为社会党，提出要建立"民主社会主义"，从而导致匈党的分裂。1990年3-4月，匈牙利举行国会选举，反对派"民主论坛"取得优势，获得386个议席中的164个，并取得组阁权。改了名的社会党失去执政地位，沦为在野党。社会主义工人党则未能进入国会。

2. 第二波恶浪：民主德国、保加利亚、捷克斯洛伐克和罗马尼亚

民主德国是社会主义国家中经济水平较高的国家，但也存在不少问题和矛盾，同联邦德国的经济差距很大。从1989年8月开始，民主德国出现"移民浪潮"，大批居民逃往联邦德国。10月7日国庆四十周年前后，各地接连爆发大规模示威游行。"新论坛"等反对派加紧活动，要求进行"民主改革"。10月18日，德党召开中央全会，昂纳克辞去总书记职务，由克伦茨接任，随后他宣布承认"新论坛"的合法地位，答应举行自由选举。此后几个月，德党领导机构多次更迭，政府也多次改组。11月9日，隔离东西柏林28年之久的"柏林墙"被推倒，两德边界全部开放。12月，德党举行特别代表大会，克伦茨下台，居西当选为德党主席，大会决定将该党改名为"德国统一社会党"，不久又改名为"民主社会主义党"。根据当局与反对派在圆桌会议上达成的协议，1990年3月，举行人民议院的选举。结果，由反对派组成的"德国联盟"取得胜利，成立以梅齐埃为总理的政府，民主社会主义党沦为在野党。与此同时，两德达成一系列协议，双方合并的步伐加快。1990年10月3日，德国实现统一，民主德国并入联邦德国，结束了独立41年的历史。

保共执政已经几十年。1989年4—5月，穆斯林聚居区发生示威游行，并出现土耳其居民向国外的移民潮。同时，反对派开始公开活动。10月下旬，"生态公开性"组织借保加利亚举行国际环保会议之机，组织签名活动，并与警察发生冲突。11月10日，保共举行中央全会，解除日夫科夫的党政领导职务，选举姆拉德诺夫为总书记。随后，保共把与日夫科夫立场一致的领导人全部排挤出领导机关，并将日夫科夫开除出党。反对派势力联合组成"民主联盟"，发动大规模游行示威。12月，保共中央全会同意放弃共产党的领导地位，许诺进行自由选举。于是，与保共合作多年的农民党也成了独立的反对党。1990年1月16日，保共开始同反对派举行圆桌会议。1月30日，保共召开十四大，通过《民主社会主义宣言》，宣布实行多党制和议会民主制。不久，该党改名为"社会党"。6月，社会党在议会选举中获胜，组成以卢卡诺夫为首的社会党政府。7月，姆拉德诺夫被迫辞去总统职务，由民主力量协调委员会主席热列夫取而代之。11月，卢卡诺夫政府也被迫辞职，由无党派人士波波夫组成"和平过渡政府"。

捷克斯洛伐克，这个联邦制国家，受到东欧其他国家政治浪潮的猛烈冲击。全国各地掀起政治风暴。"七七宪章"等12个反对派组织，联合组成"公司论坛"，向当局发起进攻，捷共则步步退让。以雅克什总书记为首的捷共中央领导了集体辞职，乌尔班内克出任总书记。随后，雅克什等人被开除出党。11月29日，联邦议会批准修改宪法，取消捷共领导地位等宪法条款。12月3日，政府宣布改组，吸收5名非党人士入阁。政府总理阿达麦茨被迫辞职。随后，胡萨克也辞去总统职务。在新组成的联邦政府中，捷共本来已变成少数，而新任总理恰尔法和两名副总理随后不久又退出了捷共。12月中旬，联邦议会选举杜布切克

为主席,并选举"公民论坛"领导人哈韦尔为总统。同月,捷共召开非常代表大会,通过"实现民主社会主义"的纲领,根本改变了共产党的性质。1990年6月,反对派在议会中获胜,哈韦尔任命政府,捷共被完全排除在外。不久斯洛伐克共产党改名为民主左派党。1993年1月1日,捷克和斯洛伐克分别成为两个独立的国家。

罗马尼亚的剧变,带有突发和暴力性质。多年来,罗国内对齐奥塞斯库拒绝改革、高压统治的做法深感不满,社会充满怒火。1989年12月16日,西部城市蒂米什瓦拉发生抗议活动,后发展为反政府示威,并与警察发生冲突。随后,反政府示威波及全国。21日,齐奥塞斯库总统从伊朗回国,在首都万人大会上发表讲话。会后,部分群众举行示威游行,同军警发生冲突,造成流血事件。22日,示威群众占领党中央大会厦,国防部长自杀,国防军倒戈,宣布支持示威群众,同支持总统的保安部队发生激烈战斗。示威者包围了总统府,齐奥塞斯库夫妇慌忙出逃,在出逃途中被捕。25日,齐奥塞斯库被处决。1990年1月,伊利埃斯库宣布罗共为非法,5月,举行大选,伊利埃斯当选为总统,救国阵线在议会两院均取得多数,保持了执政党地位。伊利埃斯库说,他将仿效瑞典模式,把罗建设成"社会民主国家",从高度集中的经济向市场经济过渡。

3. 第三波恶浪:阿尔巴尼亚和南斯拉夫

阿尔巴尼亚的执政党是劳动党,1990年12月11日,劳动党中央全会做出决定,实行"政治思想多元化"和"多党制"。以知识分子和青年学生为主的民主党宣告成立。1991年3月底到4月初,阿举行人民议院的选举,劳动党获得2/3以上议席,但总书记阿利雅却落选了。4月10日,阿公布新宪法草案,取消有关劳动党领导和马列主义指导的条款。4月30日,阿利雅当选为首任总统。5月3日,劳动党成员纳诺受命组阁,但仅22天,就在全国总罢工和反对派的压力下宣布辞职。6月中旬,劳动党召开十大,决定改名为社会党。1992年3月,民主党在人民议院的选举中获胜,取得执政地位。4月,民主党领导人萨利·贝里沙当选为总统。

南斯拉夫脱离苏联的影响最早,它独树一帜,搞"自治社会主义"。该国是个多民族国家,执政党原来是南共联盟。1989年10月,"南共联盟"中央决定实行多党制。1990年初,"南共联盟"因内部矛盾爆发而解体,各共和国的"共盟"先后改名并进行独立活动。7月,南斯拉夫联盟通过《政治结社法》,导致各种政党纷纷出现。7月17日,塞尔维亚的"共盟"和"社盟"正式合并,组成社会党。这一年,各共和国先后举行议会选举。结果,除塞尔维亚和黑山两个共和国仍是"南共联盟"(也已改名)占优势外,其他4个共和国的议会均被反对派控制。反对派掌权后,各共和国加紧进行独立活动,最后导致南联盟的解体。经过公民投票,斯洛文尼亚和克罗地亚于1991年6月宣布独立。接着,马其顿于同年11月、波黑于1992年3月也宣布独立。于是,塞尔维亚和黑山两个共和国于1992年4月组成了新的南斯拉夫联盟。

东欧八国的剧变各有各的特点,具体情况不尽相同。从时间上说,6个国家是在1989年发生剧变的,变得较早,两个国家是在1990年以后发生剧变的,变得稍晚一些。从方式上看,有的国家是执政的共产党本身改变了性质,变成了社会党,从而导致社会发展方向的改变;有的国家则是共产党主动向反对派让权,从而使国家政权的性质发生了变化;多数国家的剧变是"和平演变",个别国家则以暴力推翻了原有政权。

但是,东欧各国剧变的性质是相同的。第一,共产党的性质发生了根本变化。原来执政的共产党蜕变成了社会党,它们不仅改变了党的名称,而且改变了党的性质、指导思想、组织原则、政治地位和奋斗目标。第二,政权的性质发生了根本变化。掌握政权的,不是反共反社会主义的政党,就是由共产党蜕变而来的社会党。第三,社会制度发生了根本变化。原来的社会主义制度被彻底摧毁,各国搬用西方式的多党制、三权分立、自由选举和议会民主制,实行大规模的私有化和西方式的市场经济,走上了资本主义道路。

(三) 苏联的剧变

苏联的剧变,主要发生在戈尔巴乔夫改革的后期,从1988年苏共第十九次代表会议开始。苏联的剧变,同戈尔巴乔夫"人道的、民主的社会主义"路线的提出和推行密切相关,它们基本上是同一个过程。这一过程,大体上分为三个阶段。

1. 提出和推行"人道的、民主的社会主义"路线

这一阶段的时间,从1988年6月到1990年7月。在此阶段,苏联把政治体制改革"放在首位",提出并推行"人道的、民主的社会主义"路线,改革的方向发生重大改变。结果,社会动乱和民族冲突大规模爆发,反共势力迅速壮大,苏共地位急剧下降,并在许多重要地区丧失政权。经济发展则开始出现负增长,1990年的国内生产总值比上年下降4%。

这一阶段发生的四件大事,成为剧变过程中的重要里程碑。

第一,苏共召开第十九次代表会议。苏共在1988年6月28日-7月1日召开的代表会议,有三个重要内容。一是强调现行政治体制已成为改革的"障碍",必须加以"根本改革",并要把政治体制改革放到"首要地位"。结果,使上层领导和广大群众把精力集中到政治领域,导致社会动乱和民族冲突此伏彼起,遍及全国。二是削弱共产党的领导,推行西方式的议会民主制,建立"人民代表大会",并强调"自由选举"。随后,在1989年初进行苏联人民代表的选举运动。此后,苏共中央不再成为国家大事的决策中心。三是提出"人道的、民主的社会主义"口号。这标志着改革的指导思想发生重大变化。此后,这个口号成了苏共的奋斗目标。总之,苏共第十九次代表会议标志着苏联的改革开始走上邪路。奥地利《信使报》1988年7月3日发表评论说:这次会议力求"对苏联共产主义大厦""从根本上进行翻修"。

第二,发表《社会主义思想与革命性改革》一文。戈尔巴乔夫在1989年11月26日发表的这篇文章,提出许多新的论点。一是提出要"根本改造整个社会大厦:从经济基础到上层建筑"。这说明,他对改革的看法完全变了,他认为改革已不是对社会主义的完善。二是主张"三权分立",强调应保证行政权和立法权的分开、司法权的独立。这是他第一次肯定"三权分立"原则。三是论证社会主义就是人道主义,说什么社会主义就是实实在在的人道主义,社会主义概念中的主要东西是"把人看作目的,而不是手段"。同时宣布:苏联正在建设的"不仅是人道的社会主义,而且是民主的社会主义"。

第三,苏共中央举行二月全会。1990年2月5日-7日召开的这次全会,做出几项关系到党和国家命运的重大决定。一是提出修改宪法,取消苏共的法定领导地位。随后正式修改的宪法,取消了关于苏共是"社会领导力量"和"政治体制核心"的规定。二是准备实行多党制。他说:"我认为实行多党制并不是悲剧","我们不应当像魔鬼怕烧香那样害怕多党制"。这次全会则正式决定实行多党制。随后修改的宪法规定:"公民有权结成政党。"三是建议实行总统制。这种总统制,显然是从西方引进的,其实质是剥夺苏共对国家政权的领导

权，使总统取代苏共中央成为国家大事的决策中心。随后，苏联人民代表大会选举戈尔巴乔夫为苏联总统。这次全会，还提出要改变联盟的国家体制，建立各种形式的联邦关系。总之，二月全会勾画了"人道的、民主的社会主义"政治体制的基本面貌。

第四，苏共召开二十八大。1990年7月2日-13日举行的苏共二十八大，通过了纲领性声明（题为《走向人道的民主的社会主义》）、党章以及其他一系列决议，从而使"人道的、民主的社会主义"形成比较完整的体系。这次大会的内容，集中表现为改变共产党的性质。这主要表现在以下五个变化上。一是指导思想变了，不再讲苏共"遵循马克思列宁主义的学说"。二是奋斗目标变了，不再讲苏共的最终目标是建立共产主义。三是阶级性质变了，不再讲苏共"仍然是工人阶级的党"。四是地位作用变了。不再讲苏共是"政治体制的核心"和"社会的领导力量"，却宣布苏共同其他政党、社会政治团体将是平等竞争、合作的伙伴关系。五是组织原则变了。不再讲民主集中制是党的组织原则，强调允许少数人利用党的舆论工具捍卫自己的不同观点，允许党内横向组织活动，允许党员"按纲领进行联合"。

总之，苏共二十八大确定了一种"民主社会主义"党的基本面貌。后来的事实证明，由于改变了共产党的性质，否定了民主集中制原则，便破坏了苏共的团结和统一，搞乱了党员的思想，瓦解了党的组织，使苏共在反共势力的进攻面前丧失了战斗力。

2. 两种政治力量激烈斗争

这一阶段的时间从1990年8月到1991年8月。在此期间，主张维护联盟、维护苏共领导和社会主义选择的"传统派"与反共反社会主义的"激进派"进行激烈斗争。这一阶段分为两个时期，前期为"传统派"占优势，后期为"激进派"占上风。打着"中派主义"旗号的戈尔巴乔夫，前期倾向"传统派"，后期又转向"激进派"。

第一，"传统派"展开反攻。苏共二十八大后，国内形势更加危急。大规模的集会和示威连续不断，此伏彼起；民族分裂主义越闹越凶，联盟国家出现解体危机；反军活动十分猖獗，有些共和国开始组织自己的军队，非法武装组织越来越多，它们袭击军警和军事设施，危害社会秩序和公民的生命财产；苏共党员大批退党，广大党员对党的前途失去信心。

面对严重危机，"传统派"对戈尔巴乔夫施加强大压力，要求他采取措施稳定局势。苏共中央十月全会、俄共中央十一月全会、11月13日的军人人民代表会议、11月30日的莫斯科党组织代表会议、12月1日的各级人民代表全苏联合组织会议，都对戈尔巴乔夫提出严厉批评。戈尔巴乔夫本人则在莫斯科党代会上承认"在工人阶级面前有罪"，多数群众的政治态度也很鲜明。1991年2月23日，莫斯科30万人举行集会，声明支持国家统一，反对叶利钦。3月17日，全苏举行公民投票，76.4%的投票公民赞成保留联盟，保留苏联国名，反对分裂国家。

与此同时，"激进派"也发动攻势，公开向联盟中央"宣战"，要戈尔巴乔夫立即下台，要中央政府辞职。3月10日，"激进派"在莫斯科组织30万人举行集会，表示支持叶利钦，还发动持续两个月（3-4月）的百万矿工罢工，使国家遭受重大损失。

在这个时期，两种政治势力的斗争异常激烈，而"传统派"略占优势。但戈尔巴乔夫当时向"传统派"的靠拢只是策略性的转变，仅仅是权宜之计，一到关键时刻，他就实行后退让步。结果，叶利钦不仅没有下台，反而在会上取得重大胜利，获得类似于总统的授权。

第二,"激进派"后来居上。1991年4月下旬,戈尔巴乔夫的态度发生急剧变化,从倾向"传统派"一变而为倾向"激进派",从批评叶利钦一变而为同叶利钦联手合作。这种变化的标志是4月23日的"9+1"联合声明。

"9+1"联合声明的发表,是苏联剧变过程中的一大转折。这里有三点特别值得注意。一是"9+1"会议本身违背宪法。它撇开合法产生的国家最高权力机关,由戈尔巴乔夫同9个加盟共和国的领导人坐在一起,来决定整个国家的命运。这实际上是"激进派"所一贯主张的"圆桌会议"。二是"9+1"联合声明规定,在签订新联盟条约后半年内,要通过新宪法,重新选举苏联人民代表、最高苏维埃和国家总统,建立新的中央政府。这实际上是要推翻合法产生的、任期尚不到一半的国家最高权力机关。三是"9+1"联合声明规定要签订的新联盟条约,把国名改为"主权共和国联盟",突出了各共和国的"主权",删去了反映联盟性质的"社会主义"。这意味着苏联将改变国家的性质、破坏统一的联盟和抛弃社会主义的选择。

1991年6月12日,叶利钦以57.3%的多数票当选为俄联邦总统。这说明"激进派"的势力大大增强,"传统派"的力量一落千丈。7月20日,叶利钦签署"非党化"的总统令,宣布禁止政党在俄联邦政府机关和国营企业进行活动,其矛头主要针对共产党。

3. 苏共垮台,苏联解体

这一阶段的时间,从1991年8月到12月。当时,"国家紧急状态委员会"发动了"八一九"事件,目的是维护统一的联盟国家、共产党的地位和社会主义的选择,但由于力量对比已经发生重大变化,所以遭到了失败。这一事件失败后,形势急转直下,反共势力夺取了联盟政权,分裂了联盟国家,苏联出现"亡党亡国"的局面。

第一,"亡党"——苏共垮台。"八一九"事件后,苏共丧失了全部政权。苏联内阁的全体成员均被撤换,从联盟中央到各地方的政权均为"激进派"控制。其他共和国的政权也发生了重大的变化。同时,全国掀起大规模的反共浪潮。叶利钦发布命令,"停止俄共活动",没收俄共财产。戈尔巴乔夫则宣布辞去苏共中央总书记的职务,并要苏共中央"自行解散"。随后,《真理报》等苏共报刊被停止出版,苏共中央大楼被查封,苏共档案被接收。各共和国的共产党也被禁止活动,某些领导人甚至被追捕。

第二,"亡国"——苏联解体。"八一九"事件后,联盟迅速走向解体。促使苏联解体的重要原因是俄联邦领导人表现出露骨的大俄罗斯主义。他们不但夺取了全联盟的政权,而且提出要同其他共和国"重划边界"。其他共和国担心出现新的"沙皇帝国",于是纷纷宣布独立,力求摆脱俄罗斯的控制。促进苏联解体的致命一击来自乌克兰。8月24日,乌克兰宣布独立。12月1日,乌克兰举行公民投票,批准了乌克兰的独立,选举克拉夫丘克为乌克兰首任总统。乌克兰是苏联仅次于俄罗斯联邦的第二大共和国,它的独立说明苏联已经难以维持。

导致苏联解体的最后事变,是"独联体"的成立。12月8日,俄罗斯、乌克兰、白俄罗斯三国领导人在明斯克签署协议,决定成立"独立国家联合体",宣布"苏联作为国际法主体和地理政治现实已不存在"。12月21日,11个共和国领导人在阿拉木图签订议定书,决定共同创建"独立国家联合体",正式宣布"苏维埃社会主义共和国联盟停止存在"。新成立的"独联体",既不是国家,也不是国家之上的结构,它只起协调作用。12月25日,戈尔巴乔夫无可奈何地宣布辞去苏联总统职务。至此,克里姆林宫上空的红旗终于落地,已存在大半个世纪的苏联，走完了历史的最后一步。

三、苏联、东欧剧变的四层原因

马克思主义认为，重大的历史事变都是一种"合力"的结果。恩格斯说："有无数互相交叉的力量，有无数个力的平行四边形，由此就产生出一个合力，即历史结果。"（《马克思恩苏联、东欧的剧变就是如此。苏联、东欧剧变的原因，是错综复杂的，既有外因，也有内因；既有客观原因，也有主观原因；既有现实原因，也有历史原因；既有经济因素，也有政治因素，以及理论、思想、外交、民族、社会等各方面的因素。所以，要进行综合的、全面的分析，同时又要抓住关键，分清主次。现在看来，苏联、东欧的剧变，主要有四方面的原因。

它们是：制度性因素，领导人因素，民族问题因素，西方干预因素。

（一）制度性因素：苏联解体的根本原因

制度性因素是苏联解体的根本原因。它指的是，以斯大林体制为特征的苏联社会制度在它的演变过程中已经失去了活力和凝聚力，到20世纪80年代初期，它已陷入全面危机，从而使整个社会进入了停顿和停滞时期。这种制度使得不管什么样的修补都无济于事，而对它进行根本性改革便使它丧命，也就是说，转变成了一场更替制度的革命。

在苏联成立到解体的69年历史上（如果从十月革命后的苏俄算起则为74年），除了短暂的列宁时期外，基本上是斯大林体制社会主义制度的统一天下。尽管斯大林体制在苏联工业化、都市化和文化教育方面取得了较大的成就，但是，由于它压制社会和压抑人性的本质，它无法完成把俄国建设为现代化民主国家的历史性任务。历史已经证明，斯大林体制不能与时俱进地顺应历史发展的潮流，它无法解决苏联社会所面临的问题和困难，并且随着时间的推移，它耗尽了所有的潜力而走到了尽头。

斯大林体制是20世纪20年代末至30年代中期由斯大林建立的苏联经济、政治和文化等方面的制度。它是在急风暴雨般的阶级斗争中产生和发育的，又是在连绵不断的政治清洗和思想批判运动中得到强化与巩固的。20世纪20年代后期至30年代的国家工业化、农业集体化和"大清洗"运动是斯大林体制形成的推动力和催化剂。

1926年开始的工业化运动是在外部资本主义包围的条件下进行的，其目的是通过把落后的农业国变成先进的工业国来建立和维持强大的军事体系。这也是为何重工业和军工产业构成工业化以及工业化后国民经济重心的原因。差不多只用了两个五年计划多一点的时间就走完了资本主义国家需要上百年时间的工业化道路。但这一令人骄傲的成就并不能掩盖工业化过程中违背经济规律的主观行为和消极现象，即工业化并没有使国民经济有计划、按比例地发展，而是片面强调重工业，牺牲农业和排挤轻工业，无视人民的物质利益和消费需要。工业化的结果是造就了排斥市场的高度集中的指令性计划体制和与统一的世界市场相脱离的狭窄的孤岛经济。暂时的高速发展是以后来的缓慢低速为代价的。

1929年展开的全盘农业集体化是以激烈的阶级斗争形式进行的。运动中，普遍采用行政命令甚至暴力手段强迫农民加入集体农庄。在此过程中，富农被视为苏维埃政权的死敌，被无情地悉数消灭。集体化运动以极端的方式人为地激化了阶级矛盾和阶级斗争，造成了农村社会的大动荡和生产力的大破坏，以此完成了斯大林对农村个体经济的社会主义改造。

与此同时，联共（布）党内就农业发展和工业化速度等问题的争论，又演变成反右倾运动，结果揪出了"布哈林集团"。而在这之前，斯大林已经先后打倒了托洛茨基反对派、季诺维也夫、加米涅夫反对派和托洛茨基、季诺维也夫反对派。但是斯大林似乎兴犹未尽，他的著名的论断是："随着我们的进展，资本主义的反抗将加强起来，阶级斗争将更加尖锐……"到20世纪30年代中后期，以审讯前反对派首领为先导，又掀起了大规模的镇压"人民敌人"的"大清洗"运动。"大清洗"给苏联社会各方面造成了难以治愈的创伤。

国家工业化、农业集体化和"大清洗"的三大运动中，通过强力手段建立起来的斯大林体制，成了苏联人民不容置疑的必须接受的唯一选择。斯大林体制有三个鲜明的特征，即经济方面，实行高度集权的中央管理体系，否定商品经济和价值规律的作用，用行政手段管理经济。它与世界经济是无法相通和相容的，因而它必然孤立于统一的世界经济市场之外。政治方面，把阶级斗争作为社会发展的唯一动力，使阶级斗争扩大化和常态化，不断地在国内掀起各种政治运动和清洗运动，因而始终无法在国内给人民营造出真正安居乐业的和平稳定的环境。思想文化方面，实行书报检查和舆论统制，基本否定和排斥一切外来文化，将其视作资产阶级的东西加以批判，使民族文化不断地萎缩和衰弱。具有这些特征的斯大林体制是一种脱离整个人类文明发展进程的封闭式的半军事化体制，它与外部世界本能上是对立的。

建立在斯大林体制基础上的苏联社会，从物到人的所有东西都成了国家的管辖和治理对象：不仅生产资料和劳动者本身被国有化，而且连人的思想也被国有化了。从经济基础到上层建筑，社会的所有领域都被国家所控制。

1953年，赫鲁晓夫担任苏共中央第一书记后，对斯大林时期的政治经济体制进行了大刀阔斧的改革。但在斯大林时代成长起来的赫鲁晓夫，最终未能摆脱斯大林体制的束缚。他的改革具有很大的应急性、随意性、矛盾性和局限性。最后，党内高层集团因不能容忍赫鲁晓夫改革而将其废黜。

斯大林模式的社会主义在勃列日涅夫18年执政期间除了个人独裁和专制演变为上层官僚集团统治外并未发生本质的变化。到20世纪80年代中期苏联社会已经陷入困境：政治上保守趋势增强，党、国家和军队部门的所谓精英集团成了新的权贵集团，它们完全脱离了普通的工人和农民，控制着苏联社会的各个领域；经济增长下降；玩世不恭和离心倾向增长；腐败和贿赂成风；民族运动难以控制；持不同政见现象无法根除。总之，在勃列日涅夫时期稳定已经变成了停滞，整个社会处于僵化状态，与西方的经济鸿沟和技术差距愈益加深和扩大。

戈尔巴乔夫在1985年担任苏共中央总书记后，在面临困难和危机的条件下，决意对斯大林体制进行改革。开始时他深信由斯大林体制所产生的苏联社会的一切畸形状态和不正常现象，经过治理是能够得到纠正和克服的。

他先是提出加速战略，并进行经济改革。在经济改革没有取得成效后，又发起了迅猛的政治改革。而正是政治改革给这个重病缠身的制度带来了致命的危险，使开始时对制度的改善到最后变成了对制度本身的否定和改变。

政治改革的结果是：废除了长期实行的书报检查制和舆论统制，瓦解了传统的意识形态，促进了非官方组织的产生，结束了苏共对权力的垄断，从而动摇和摧毁了制度本身，造成了联盟无法生存的条件。

（二）领导人因素：苏联解体的关键原因

苏联、东欧剧变的关键原因，是这些国家执政的共产党推行错误路线，尤其是戈尔巴乔夫提出并推行"人道的、民主的社会主义"路线，从内部配合西方的"和平演变"，从而搞垮了这些国家。

首先，从东欧国家的剧变来说，戈尔巴乔夫提出的"新思维"起了至关重要的作用。当时，他倡导的"公开性""民主化""多元论"等，极大地促进了民主社会主义思潮的兴起。这种思潮在东欧国家共产党内本来就根深蒂固地存在，经过戈尔巴乔夫的挑动，便迅速泛滥起来，而且占了上风。结果，使这些党改变了性质，放弃了马克思列宁主义，放弃了社会主义。东欧国家的反共势力，也利用"新思维"来煽起社会动乱，夺取政权。当时，反对派的示威经常高呼戈尔巴乔夫的名字，甚至喊出"戈尔比，戈尔比，救救我们！"的口号。

戈尔巴乔夫还直接插手干预东欧国家的剧变。在匈牙利，正当匈党内部波日高伊等人要求实行多党制，而总书记格罗斯尚犹豫不决的时候，苏联公开宣布，东欧各国可以自行决定是否实行多党制，匈牙利实行多党制"对苏联没有威胁"。结果，导致匈牙利首开先河，宣布实行多党制。在波兰，他表示支持搞"政治多元化"和"议会民主"的实验，并建议波党向团结工会让步，让团结工会组阁。事后，波党一些党员责骂戈尔巴乔夫"出卖了统一工人党"。在保加利亚，他支持姆拉德诺夫把不赞成"新思维"改革的日夫科夫搞下台。在民主德国，他支持党内外的反对派把抵制"新思维"改革的昂纳克搞下台。在罗马尼亚，他通过"克格勃"支持军队中的反对派，直接参与搞垮齐奥塞斯库的暴力事件。

其次，从苏联的剧变来说，戈尔巴乔夫推行的"人道的、民主的社会主义"路线起了决定性的作用。这条路线的矛头始终针对共产党，针对社会主义，结果导致苏共变质，丧失政权，社会主义制度被摧毁。具体说来，这主要表现在五个方面。

第一，倡导"公开性"和"民主化"，否定现实社会主义。戈尔巴乔夫鼓吹的"公开性"，其实就是自我否定，专门用来揭发共产党的错误，挖掘社会主义的消极现象。正是在"公开性"的旗号下，苏共领导起先批判勃列日涅夫时期的"停滞"，进而批判斯大林的"罪行"，把过去的革命历史描绘得一团漆黑，把共产党和社会主义说得一无是处。戈尔巴乔夫鼓吹的"民主化"，其实就是无政府主义的"大民主"，它煽起社会动乱和民族骚乱，人为培植政治反对派，促进"非正式组织"的大批建立，容许并鼓励反共势力发展壮大起来。然后，反共反社会主义势力又利用"公开性"和"民主化"旗号，向执政的共产党展开斗争，最后夺取了政权。

第二，宣扬"多元论"，否定马克思列宁主义的指导。戈尔巴乔夫鼓吹"意见多元化"，"摒弃精神垄断"，并宣布"新闻自由"。这实际上是否定马克思列宁主义的指导作用，实行意识形态的多元化，力图搞乱党内外的思想。事实证明，否定马克思列宁主义的结果，一是摧毁共产党和社会主义制度的理论基础，助长反共反社会主义势力的发展壮大；二是破坏多民族联盟国家的意识形态保证，导致民族分裂主义的恶性膨胀。这正是促使苏联演变和解体的重要原因之一。

第三，鼓吹"根本改革"政治体制，引进西方政治制度。戈尔巴乔夫主张，按照西方模式，实行"三权分立""自由选举"，"议会民主""多党政治"和"总统制"等。这一切的矛头所向，都对着共产党和社会主义制度。所谓"议会民主"和"自由选举"，实际上是允许反共势力合法地进入国家权力机关。所谓"总统制"，实际上是把共产党的领导权交给戈尔巴乔夫个人，使苏共中央丧失政治权力。

第四，改变共产党的性质，分裂共产党的队伍。戈尔巴乔夫起初虽然说过"苏共是改革的倡导者"，但他后来并没有依靠苏共来推行改革。相反，他把矛头始终指向共产党，极力改变党的性质，分裂党的组织，一步一步搞垮了苏联共产党。当时，苏共内部形成激进派、中间派和传统派三大派别。激进派虽然活跃，但传统派占有优势。戈尔巴乔夫表面上装作"中间派"，打起"中派主义"的旗号，实际上却利用总书记的职权，奉行打击传统派、扶植激进派的干部路线。最后，使苏共中央乃至国家政权的领导层发生有利于激进派的变化。

总之，戈尔巴乔夫推行错误的改革路线，把"改革"变成"改向"，是导致苏联剧变的关键原因。苏联的剧变不是说明科学社会主义的失败，而是说明"人道的、民主的社会主义"的失败。历史唯物主义认为，不能过分突出个人的作用，得出"英雄创造历史"的错误结论，但也承认，个别领导人在历史发展的关键时刻能够起重要作用。因此，戈尔巴乔夫可以说是导致苏联垮台的历史罪人。这一点，人们还可以从西方资产阶级这个"反面教员"那里得到证实。西方世界从敌对的立场出发，对戈尔巴乔夫搞垮苏联这件事是感激不尽的，曾多次表露出掩盖不住的内心喜悦。据1991年12月25日外电报道，美国总统布什发表电视讲话说，近来发生的苏联解体事件"显而易见是符合我们的国家利益的"。美国前任总统里根说："戈尔巴乔夫将永垂史册。"法国的苏联问题专家弗朗索瓦兹·汤姆认为，苏联的自我毁灭是直接由戈尔巴乔夫导演的。他说，所谓"戈尔巴乔夫时代"，就是这样一个时代：这个制度先是耗掉了国家的财力，然后就开始了自身的内耗，这个时代的主要特点就是打消耗战。

（三）民族问题因素：毁灭联盟的火药桶

俄国的居民有半数是非俄罗斯的其他民族。布尔什维克在夺取政权后，充分认识到民族问题对于苏维埃政权的生存和巩固的重要性。他们在武装起义的同时就明确宣布承认民族自决权原则。

根据民族自决权原则，苏俄承认了波兰、芬兰和乌克兰的独立。但是，正是这些原沙俄境内的非俄罗斯民族的独立和自决，使布尔什维克党内一些具有浓厚的大俄罗斯国家意识和传统的领导人感到惶恐不安。他们开始以阶级立场来审视民族问题，修改和背离了原先承认的民族自决原则。

1918年1月的全俄苏维埃第三次代表大会上，民族事务人民委员斯大林所作的关于民族问题的报告可以被视为修改民族自决权原则的预兆。斯大林在报告中把苏维埃中央同前沙俄境内民族边疆地区政府的矛盾归结为政权问题的冲突，似乎当地的资产阶级把这个问题涂上"民族色彩"只是为了有利于他们同劳动群众政权的斗争。由此，斯大林认为，"必须把自决原则解释为不是该民族资产阶级的而是劳动群众的自决权"。他说，"自决原则应当是为社会主义而斗争的工具，应当服从社会主义原则"。这里，斯大林实际上否定了民族问题的独立意义。

斯大林的观点并不是孤立的，它反映了俄共（布）党内的一些重要人物在苏维埃政权建立后在民族自决权问题上立场的变化。在1919年3月的俄共（布）第八次代表大会上，布哈林对斯大林的观点表示了坚决的支持。他说，在奉行无产阶级专政的条件下，"我们不应当提出民族自决权原则的口号"，因为这可能会导致承认包括资产阶级的虚假的"民族意愿"。他提出实行"每个民族的劳动者的自决"。

列宁批评了斯大林和布哈林的立场，他认为，用"劳动者自决"的措辞代替"民族自决"的概念为时过早，这是一种"革命急躁症"的表现。

俄共（布）八大通过的党纲虽然在某种程度上反映了列宁的观点，但也明显地向斯大林和布哈林的观点做了让步。党纲提出了各民族无产阶级和半无产阶级接近"以便进行共同推翻地主和资产阶级的革命斗争"的阶级任务，党纲没有提自决权。民族自决权不仅消失了，而且还被斯大林说成是"模糊的""空洞的""便于帝国主义利用"的口号，甚至成了"驯服民族"的"反动的"工具和"使各民族服从于帝国主义的工具"。

鲍里索夫等人认为，"在苏联政权期间，列宁在20年代提出的解决民族问题纲领的许多原则实际上没有实现。各共和国没有实际的主权，它们的权力和全权掌握在中央部门手里。""民族自治的纲领没有实行……没有能够保障民族文化和语言发展的正常条件，一些民族处于丧失民族特性的境地。"

但是，苏联官方却一直拒不承认苏联存在所谓的民族问题。到了戈尔巴乔夫改革时，这个长期不予承认和得不到解决的顽症终于以激烈的形式爆发出来。公开性和民主化所创造的宽松的条件和环境，揭露和激化了积压已久的民族纠纷和民族矛盾，复活了民族分离主义的势力，他们对联盟的统一形成了强大的挑战。在一些民族共和国开始出现了民族骚乱。立陶宛、拉脱维亚和爱沙尼亚三国举行了抗议游行，要求恢复历史的真相。而正是这一步以后又引出了三国要求恢复吞并前现状（也就是独立）的要求。

除了波罗的海三国外，其他的民族地区也发生了民族骚乱。从1987年10月起，阿塞拜疆境内的纳戈尔诺·卡拉巴赫爆发了要求同亚美尼亚合并的运动。阿塞拜疆和亚美尼亚由此产生了流血的种族和宗教争端。

新的形势迫使戈尔巴乔夫不得不更加关注民族问题的严重性。

如何解决尖锐的民族问题呢？戈尔巴乔夫的设想是："一方面要尊重各共和国人民和各民族的权力并最大限度地满足它们；另一方面，要通过对联盟的深刻改革、通过把联盟转变为真正的联邦来加强联盟。"同年9月，苏共中央全会通过了《党在当前条件下的民族政策》的纲领。纲领提出了改革联盟的基本任务：改革苏联联邦，使其具有实际的政治和经济内容；扩大所有形式和种类的民族自治的权力与条件；保障每个人的平等权利；为民族文化和语言的自由发展创造条件；加强保障，以确保消除对各民族公民权利的妨碍。

戈尔巴乔大说，"这样我们就制定了有关民族问题的原则性政治纲领，虽然迟延了。这个纲领为解决已经积累的问题提供了可能性"。

但是，实际上已经不存在实现戈尔巴乔夫所说的可能性的形势和条件。因为改革的深入发展使苏联出现了一种完全不同于以前的新形势。由于实行了差额选举和废除了保障苏共领导地位的宪法第六条，作为苏联社会中坚力量的苏共受到了极大的打击，这实际上使原来控制社会的政治力量中心消失了。与此相反，另外两支重要的政治力量却正在崛起和发展。一支是以叶利钦为首的拥有几百名人大代表的跨地区集团，它成为苏联历史上第一支正式的反对派。另一支则是波罗的海三国和其他民族共和国的人民阵线。这两支力量都对戈尔巴乔夫改革联盟的计划和努力构成了严重的威胁。

在社会政治力量对比发生变化和联盟中央权力遭到削弱的情况下，民族分离主义势力得到迅速发展。各民族共和国相继提出了自己的经济和政治要求。事态的发展完全脱离了联盟中央的控制。

1990年3月立陶宛宣布独立和同年6月俄罗斯联邦最高苏维埃发表俄罗斯主权宣言，实际上已经开始了联盟瓦解的过程。

立陶宛宣布独立后不久，5月，相邻的拉脱维亚和爱沙尼亚也步其后尘，宣布成为独立国家。俄罗斯发表主权宣言后，不仅乌克兰、白俄罗斯等民族共和国而且还有一些自治共和国也起而效尤，宣布它们拥有主权。作为苏联最大的加盟共和国和苏联脊梁的俄罗斯宣布拥有主权，使联盟中央不仅难以弹压其他民族共和国，而且还面临着联盟空壳化的危险。

在苏联第三次人代会上，戈尔巴乔夫要求，"立即制定一个与当今现实相符，与我们联邦及各民族的发展需要相符的新的联盟条约"。

戈尔巴乔夫虽然同意放弃联盟中央对各加盟共和国的诸多权力，但一些加盟共和国显然不愿放弃趁联盟中央政权衰弱时谋求独立的机会。戈尔巴乔夫的两难境地是：一方面，各民族共和国已经执意要脱离联盟而独立。而另一方面，他已经明确排除了使用武力阻止这种进程发展的可能。

这样，尽管1991年3月的全民公决对保留联盟投了赞成票，但是各加盟共和国走向独立的趋势已经不可逆转。1991年的"八一九"事件使戈尔巴乔夫通过签署新联盟条约从而保留联盟的意愿彻底破产。"八一九"事件后，包括乌克兰和白俄罗斯在内的其他民族共和国相继宣布独立。12月7-8日，俄罗斯总统叶利钦同乌克兰和白俄罗斯领导人一起在白俄罗斯首都明斯克的别洛韦日举行会晤。他们签署了成立独联体的协议并且宣布："苏联作为国际法主体和地缘政治现实停止自己的存在。"

戈尔巴乔夫所采取的挽救联盟的所有政治方法，都成了他的一厢情愿。当旧体制的瓦解已经使联盟中央变成空壳时，联盟国家的解体便是"无可奈何花落去"了。

（四）西方的和平演变：苏联解体的外部原因

20世纪80年代，以美国为首的西方国家大力推行"和平演变"战略，力图颠覆社会主义国家。

西方国家以贷款、贸易、科技等各种手段诱压东欧国家，促使它们向西方靠拢，向资本主义"和平演变"。按照尼克松的解释，"和平演变"战略的一个基本思路是"寻找一种办法越过、潜入和绕过铁幕"，在两制度之间进行一场"和平竞赛"，"这种竞赛将会促进他们的制度发生和平演变"，以使"共产主义从内部解体"。从以往的实践来看，和平演变大致有以下几个途径。

第一个途径是进行以资产阶级意识形态为核心的思想渗透。美国在西欧设立两个专门对东欧和苏联社会主义国家进行政治和文化渗透的大型广播电台——"自由欧洲电台"和"自由电台"。这两个电台公开承认，其主要任务和目的是从美国利益出发，通过向苏联、东欧国家的人民特别是青年"传播国际以及苏联、东欧国家内发生的重大信息"，介绍西方社会的成就、生活及价值观念，促进苏联、东欧的演变。

第二个途径是利用"人权外交"和经济援助来施加压力。1988年5月，美国总统里根访问苏联,大谈人权问题,并提出一个 14 人的名单,指责苏联侵犯人权。随后,里根会见 50 名苏联"持不同政见者",鼓励他们坚持斗争。他说:"我到这里来是为了给你们加把劲。"美国多年来始终拒绝向苏联提供"最惠国待遇",理由是苏联公民出国不自由,违反"人权"。1991 年 5 月 20 日,苏联通过"公民出入境法",规定公民可自由迁徙。随后,美国总统布什在 7 月底访苏时答应,美国将给予苏联以"最惠国待遇"。

"哈佛计划"是西方利用经济援助来促进苏联演变的一个例子。这个计划虽然没有兑现,但它暴露了西方援助的真正目的。这个计划是亚夫林斯基受戈尔巴乔夫和叶利钦的委托,在 1991 年 5 月到美国同哈佛大学的学者联合制定的,其内容是把苏联的改革同西方的援助密切联系起来。计划规定,西方每年提供 300 亿~500 亿美元援助,五年共提供 1500 亿~2500 亿美元援助,为此苏联要实行"私有化","市场化",彻底的"民主化",并允许民族自决、削减军事力量,等等。还规定要定期检查,苏联实现多少,西方便援助多少。外电说,其原则是:"大改革多援助,小改革少援助,不改革不援助。"1991 年 6 月 2 日,美国前总统尼克松发表文章,一针见血地说:"美国的关键战略利益,不在于从经济上挽救莫斯科,而是要摧毁苏联的共产主义制度。美国的政策应该是促进建立民主政府、市场经济和俄罗斯及非俄罗斯民族实行自决。"

西方对"八一九"事件的态度也是一个明显的例子。当时,它们公开谴责"国家紧急状态委员会",并宣布停止对苏援助,施加强大压力。美国总统布什还给 13 个国家的元首打电话,统一口径,对苏联实行制裁。这个事件失败后,西方各国又宣布恢复对苏援助。10 月 8 日,日本外务省负责人指出,日本准备提供 25 亿美元援助,这是对苏联八月事变后发生的急剧变化"表示欢迎并给予肯定"。

第三个途径是分化瓦解,诱压兼施,煽动民族情绪,支持社会主义国家内部的反对派,并且运用经济手段来诱压社会主义国家接受西方条件,动辄以"经济制裁"相威胁。美国等西方国家随时密切注视着东欧、苏联等国的内部动向,当 1980 年波兰团结工会成立以后,"美联社""路透社""自由欧洲电台"等都大加吹捧。1982 年,波兰宣布取缔团结工会之后,美国立即宣布对波兰进行经济制裁,1983 年 7 月 12 日,美国合众社对 1981–1982 年美国对波兰实行的经济制裁做了如下报道。

中止一切美国官方信贷和有保证的信贷。

中止进口银行的出口信贷保险业务。

同其他贷方政府商定不谈判关于 1982 年到期的官方债务延期偿还的问题。

中止波兰官方航空公司在美国的民航特权。

中止波兰在美国水域捕鱼的特许权。

停止颁发向波兰出口高级技术项目的特许证。

中止波兰的贸易最惠国待遇。

1987 年 7 月,美国总统批准了国会关于为波兰前团结工会的基层组织提供 100 万美元津贴的决定,使资助团结工会的行为从暗地里变为完全公开化。在波兰发生剧变的过程中,美、英、法等西方国家都对波兰社会主义政府施加了巨大压力,而对团结工会都给予巨大支持。

又如在苏联,西方国家给反对苏共的叶利钦提供了特别多的支持。1989 年 7 月,苏联人民代表大会中出现一个以叶利钦等人为首的"跨地区议员团"。据安德烈耶夫 1991 年 3 月

9日致叶利钦的公开信揭发，该议员团曾从美国中央情报局得到活动经费。1989年9月，美国邀请叶利钦以苏联人民代表的身份访美，并给予热烈欢迎。叶利钦一到美国就表明，共产主义只是"一种脱离现实的幻想"，苏联要向美国学习"民主"。1991年4月，美国"胡佛研究所"做出决定，派专家定期赴苏，为叶利钦提供免费咨询。在叶利钦竞选总统时，有5位美国专家充当顾问，由美国人支付报酬。同年6月，叶利钦刚刚当选为俄罗斯总统，美国又邀请他访美，布什当场赞扬叶利钦对"民主价值"和"自由市场原则"所做的承诺。

在"八一九"事件时，西方做出一切努力来支持叶利钦。美国总统布什同叶利钦通了三次电话，表示支持。据英国《独立报》1994年5月17日报道，美国情报机构当时破译了苏联"克格勃"主席克留奇科夫与国防部长亚佐夫的加密电话，尔后把情报告诉了叶利钦，使他确切了解到各地军事指挥官谁支持"政变"，谁反对"政变"。同时，美国驻苏使馆还派专家去议会大厦，帮助确保叶利钦的通信联系安全可靠。

西方还直接支持苏联国内的动乱和民族分裂主义。1991年3－4月，苏联近百万矿工举行罢工，美国驻苏使馆的两位工作人员，竟参加顿巴斯煤矿罢工工人的代表大会，表示支持。美国的"劳联－产联"，也公开表示支持苏联矿工罢工，并提供物质援助。据"克格勃"副主席季托夫在1991年3月30日揭露，美国曾派15名教官去立陶宛帮助搞军事训练。

总之，西方的干预，对苏联剧变起了重要作用。亚·季诺维耶夫（苏联的"持不同政见者"，后移居西方）在1991年9月说："没有西方的支持，戈尔巴乔夫分子和激进分子恐怕连一个月也坚持不下去。他们之所以能坚持下去，只是因为他们按西方的意志行事。"但西方的"和平演变"毕竟是外因。外因只是条件，内因才是根本，外因只有通过内因才能起作用，堡垒主要是从内部被攻破的。

"和平演变"，是西方颠覆社会主义国家的一项长期的战略。第二次世界大战结束以后，随着社会主义阵营的出现、美国核垄断地位的被打破、北约和华约两大军事集团的产生，规模空前的冷战时期开始了。西方国家的政治家意识到，通过一场真枪实弹的"热战"不但难以击溃社会主义国家，而且这种战争的代价是西方国家自己也难以承受的，于是，以杜勒斯、凯南为代表的一批西方政治家、外交家，提出了"和平演变"社会主义国家的战略。他们企图通过与社会主义国家的接触，用西方的价值观、意识形态和生活方式，影响和改造社会主义国家人民，特别是第二代、第三代青年人的思想，使社会主义国家逐步变得对资本主义无害，逐步演变成和西方一样的"自由世界"。

有人说，苏联的解体，是以美国为首的西方国家实施"和平演变"战略的结果。如果我们认真地、客观地回忆一下战后苏联的历史，我们会发现，苏联共产党和苏联政府对西方的"和平演变"战略是抱有高度的警惕的。例如，赫鲁晓夫上台以后，美苏关系一度出现了"缓和"，美国总统肯尼迪乘机提出，美苏两国的未来是属于年轻人的，他向赫鲁晓夫建议，美、苏两国每年交换2万名大学生；他建议，苏联大学生，可以住在美国普通百姓的家中，以便提高使用英语的能力，了解美国人的生活方式、思维方式，同时在大学学习各自的课程；美国派往苏联的学生，也是同样的待遇。这个建议提出后，马上被苏联一口回绝。苏联认为，肯尼迪的建议，是和平演变苏联青年，在苏联青年中培养美国代理人的一条毒计，而且美国的特工还可以利用美苏学生交流计划，合法地潜入苏联，所以，回绝得非常干脆，肯尼迪碰了一鼻子灰。此后，美国多次提出类似的学生交流计划，都被历届苏联政府拒绝了。直到20世纪80年代末苏联解体前不久，苏联在美国的留学生一共只有经过严格挑选的几百人。而同一时刻，中国在美国的公费、自费留学生，多达4万左右。

苏联对西方的文化渗透，又是如何对付的呢？除了少量经过严格筛选和控制的文化交流（如书籍、影片、音乐）和体育交流以外，在苏联，基本上买不到西方的报纸杂志，对"美国之音"和"自由欧洲电台"对苏广播，数十年来苏联一直施放强大的无线电干扰，使苏联居民无法收听。苏联没有私人和民间传媒机构，一切报纸、出版物、电台、电视台都是国家掌握的，整天向老百姓宣传官方的政策、社会主义的优越性和苏联取得的各种成就，宣传社会主义的爱国主义，对西方的批评，从来没有中断过。

苏联政府对"不同政见者"的监视、流放，把他们关进劳改营、疯人院，甚至剥夺他们的国籍重要的原因之一，是要把这些西方"和平演变"苏联的"代理人"与苏联普通老百姓相隔离，防止西方意识形态的"细菌"在苏联扩散。苏联政府还严格管理苏联公民的出国旅行，对宗教的控制也很严格。由于苏联政府采取了上述种种措施，多年来，苏联社会基本上对美国和西方是处于一种关闭的、隔离的状态的。西方人把这称为"铁幕"。苏联领导人以为这样一来，就能有效地抵挡西方的"和平演变"战略了。

然而，在科技昌明、经济全球化的今天，各国的关系是隔不断的。给苏联带来"资本主义细菌"的第一批人，是苏联特权阶层自己。苏联特权阶层的特权之一，是可以自由访问西方国家。他们从西方带来了时髦服装、高级香水、精致的家用电器、奢靡的生活方式。仅勃列日涅夫一人，就收藏了十几辆西方的高级轿车。大批的外国旅游者和外国专家，又使苏联人民得到了一个窥视西方生活水平的窗口。国内外生活水平的巨大差距，加重了苏联人民对日用消费品供应不足的不满。由于苏联政府的政治高压政策，人民的不满没有正常的表达途径，于是就采取了一种不合作的态度：漠视国家大事。

应该说西方的"和平演变"战略，对苏联的解体是起了推波助澜的作用的，但是，波澜的动力源在苏联国内。如果苏联共产党的路线方针不出现重大的失误，西方的"和平演变"是不会得逞的。

四、苏联、东欧剧变的严重后果与影响

苏联、东欧的剧变，是20世纪发生的震惊世界的重大事件。这一事件的发生，立即改变了整个世界的面貌，其后果之严重，影响之广泛，足以同一次新的世界大战相比拟。由于苏联、东欧的剧变，世界格局发生了根本变化，苏联、东欧地区陷入混乱和动荡，世界社会主义则遭到重大的打击，从低潮跌入谷底。

（一）世界格局发生根本变化

苏联、东欧的剧变，导致两极格局的彻底瓦解，促进世界多极化趋势的发展。

第一，两极格局彻底瓦解。"第二次世界大战"以后，世界进入美国和苏联两极对峙的格局。几十年来，美、苏两国在欧洲分别建立"北大西洋公约"集团和"华沙条约"集团，进行冷战对峙，争夺世界霸权。这种两极对抗，时而紧张，时而缓和，时而美国进攻，苏联防守，时而苏联进攻，美国防守。最后，由于东欧的剧变和苏联的解体，两极格局彻底瓦解，美国成为世界上唯一的超级大国。

第二，多极化趋势的加强。虽然美国成了世界上唯一的超级大国，而且力求实现以美国为中心的单极化，但多极化的趋势却越来越加强起来。日本和欧洲共同体的经济实力迅速增

长,其政治影响不断扩大。通过改革开放,中国的综合国力日益提高。此外,印度的发展潜力以及德国统一后的动向也不可忽视。苏联、东欧的剧变,没有挡住世界多极化的发展趋势,而是加强了这种发展趋势。

第三,大三角关系有了调整。原来形成的美、苏、中战略三角关系,是两强一弱,中国力量最弱,但中国在特定条件下可以起"四两拨千斤"的作用。苏联的垮台,使原有的战略三角关系不复存在,但大国之间相互影响、相互牵制的态势依然存在。新出现的美、俄、中三角关系,是一强两弱,美国处于最强地位。美国不愿意俄罗斯重新崛起,更不愿意中国强大起来,因此,中俄发展友好关系有助于牵制美国,但是,中俄不会结成同盟,也不愿同美国发生对抗。

(二) 苏联、东欧地区陷入混乱和动荡

剧变之后的苏联、东欧国家,处于内外交困的艰难境地。

第一,政治上,多数国家的政局动荡不安。反共势力在这些国家掌权之后,内部矛盾爆发,权力斗争加剧,不仅总统、政府、议会之间以及执政党与在野党之间充满尖锐斗争,而且执政党内部各派之间也存在明争暗斗。同时,又导致民族矛盾尖锐,犯罪活动猖獗,社会问题成堆。在俄罗斯,总统在1993年10月用武力镇压议会,后来议会同总统又多次发生对抗,政府的更迭也异常频繁。直到普京上台,才出现稳定的趋势。在南斯拉夫,不仅原本统一的联盟国家发生分裂,出现五个独立国家,而且为此发生四场战争,造成巨大破坏和损失。在东欧和独联体其他国家,权力斗争也十分尖锐,左派政党和右派政党轮流执政、在朝派和在野派相互换位、政府不断更迭的情况比比皆是。直到最近两年,政局才出现稳定的趋势。

第二,在经济上,多数国家由于推行"休克疗法"和私有化,或由于联盟解体而中断经济联系,出现严重而持久的经济危机。剧变后,东欧国家的经济急剧下降。例如,波兰经济下降两年,累计下降20%;捷克经济下降4年,累计下降22.7%;匈牙利经济下降4年,累计下降22%;罗马尼亚经济下降4年,累计下降33%;保加利亚经济下降5年,累计下降49%。俄罗斯的经济危机严重,从1992年到1996年,俄国内生产总值累计下降56%,工业总产值累计下降61%,农业总产值累计下降38%,其下降幅度大大超过苏联卫国战争时期的25%和美国1929-1933年大危机时期的30%,使俄罗斯经济实际上倒退了20年。与此同时,人民生活也急剧下降。即使某些国家的经济形势后来有所改善,但要恢复到历史最高水平,还需走很长一段路。

第三,对外关系紧张,国际地位下降。剧变后,由于综合国力大大降低,苏联、东欧国家的对外关系受到很大束缚,受到西方大国的欺压。于是,多数东欧国家不得不投靠西方,并寻求以美国为首的北约的庇护。

(三) 世界社会主义遭受重大打击

苏联、东欧的剧变,使世界社会主义遭到重大打击,使国际共运出现新的分化和分裂,从低潮跌入谷底。原来执政的15个共产党,有10个丧失了政权。除中国以外,世界各国原

来有4400万共产党员，后来减少到1000多万。①

第一，苏联、东欧地区的共产党人遭到沉重的打击和迫害。这些国家的右派掌权后，不但宣布解散共产党的组织，禁止共产党的活动，没收共产党的财产，而且采取种种手段迫害共产党人。在苏联地区，俄罗斯总统叶利钦两次发布禁共令，其他各共和国也随即仿效，相继宣布"中止"或"禁止"共产党的活动，从而出现大规模的反共浪潮。在东欧一些国家，右派政权对共产党人的迫害更为严重。在阿尔巴尼亚，右派总统贝里沙不仅把共产党视为死敌予以取缔，而且把劳动党的全部领导人逮捕审判，处以长期徒刑。在波兰，团结工会组阁的头一年，就把统一工人党的干部从中央和地方政府中完全排挤出去。在捷克斯洛伐克，右派政权把在机关、学校、厂矿担任领导的捷共党员解除职务，甚至通过法律，对所有过去担任领导职务的捷共党员进行审查，民主德国的昂纳克、保加利亚的日夫科夫、捷克斯洛伐克的胡萨克等，都受到右派政权的逮捕和审讯。

第二，西欧各国共产党受到强烈的冲击和影响。欧洲共产党的力量原来相当强大，在政治舞台上发挥重大作用。苏联、东欧剧变后，许多党改名，大批党员退党，共产党的力量大大削弱。意大利共产党原是一个大党，党员人数有150万，议会选举中的得票率达26.6%，拥有177个议席。该党在1991年初改名为左翼民主党，脱离了国际共运。后来，一批党员成立"重建共产党"，拥有党员12.7万。法国共产党原有60万党员，后来党内出现三个派别，党员人数减少到27万。葡萄牙共产党原有20万党员，后来减少到14万。西班牙共产党原有70万党员，后来减少到4万人。圣马力诺共产党原来与天民党共同执政，后来改名为民主进步党，放弃了马列主义原则。由民主德国统一社会党改名而来的德国民主社会主义党，宣称自己既不是共产党，也不是社会民主党，而是欧洲新左翼党。英国共产党也改名为民主左翼党。奥地利共产党则分裂为三个派别。荷兰共产党干脆宣布解散。结果，欧洲共产党由35个减少到21个，党员总数由260多万减少到不足100万，其在议会中的议席也由288席减少到89席。

第三，南北美洲、大洋洲的共产党受到重大的冲击和影响。在北美洲和大洋洲，国际共运的基础比较薄弱，共产党原来有10个以上，党员人数达两万多。苏联、东欧剧变后，新西兰共产党销声匿迹，澳大利亚共产党停止活动，共产党的数量减少到10个以下，党员总数也减少到不足一万。

拉丁美洲的共产党一度陷入混乱。巴西的共产党决定放弃马列主义，并解散共产党，成立"民主左派党"，不久又改名为"社会主义人民党"。乌拉圭共产党原有党员5万人，后来减少到7000人。巴西、智利、秘鲁、哥伦比亚的共产党都发生了分化，但经过一个时期的动荡之后，又渐趋稳定。

第四，社会主义国家以及亚洲和非洲的共产党受到的冲击虽然很大，但它们多数仍然坚持社会主义。古巴、朝鲜、越南等国受到的打击很大，不仅失去原有的政治依托和经济依靠，而且面临能源供应中断和西方制裁的严重威胁。但它们坚持马列主义，进行调整和改革，依靠自力更生，克服困难，继续沿着社会主义道路前进。亚洲和非洲的许多共产党则顶住压力，基本上保持稳定，有的甚至有所发展。尼泊尔共产党（联合马列）近年来几度执掌政权。印度共产党已成为参政党。印度共产党（马克思主义）在西孟加拉省连续21年领

---

① 参见肖枫：《两个主义一百年》，当代世界出版社2000年版，第112页。

导着邦政府。南非共产党由 2000 多人增加到 75 万人。

苏联、东欧剧变对中国的冲击也很大，但中国共产党认真总结教训，坚持马列主义基本原则，坚持改革开放，加强党的建设，在建设中国特色社会主义的道路上取得重大成绩，成为世界社会主义和国际共运的一个坚强堡垒。

第五篇　一超多强的全球战略

第一章　"一超多强"多极化格局

冷战结束后，旧格局的终结打破了"紧张的稳定"。目前世界处于多极化的初级阶段，呈现"一超数强，相互依存，相互斗争"的大结构。在这个结构下，世界形势出现"动荡的缓和"。美国在冷战后奉行的政策是单极世界的政策，美国是阻挠多极化世界的最主要力量。美国仍然保持其超级大国的地位，并极力构筑一个以美国为领导的单极世界。但在美国作为"一超"的同时，多强的崛起是必然的趋势。

一、苏东欧剧变后的国际形势

东欧剧变到苏联巨变，是一个大的转折，标志着第二次世界大战后以美苏两极体制为核心的旧格局已经终结，世界进入了一个新的时期。形势的发展呈现出一些与以往不同的特点，很值得注意。

（一）力量对比的倾斜

苏联的变化和解体，既打破了原有的国际力量结构，也使社会主义受到严重挫折。美国和西方在苏联东欧得手后，加紧在全球范围内鼓吹和推行多党制和市场经济，其势咄咄逼人。但是，由于东欧仍在动荡，苏联的解体又孕育着极大危险，加上世界局势战乱增多以及南北矛盾加深，西方国家对形势的发展也忧心忡忡。特别是西方内部也有一大堆矛盾，它们之间争夺对国际事务主导权的斗争在发展。因此国际力量对比虽然有利于西方，但即使对西方来说，世界也并不平安无事。

（二）总体上稳定

在一个相当长的时期，国际环境总体上将保持和平与相对稳定。首先，世界大战打不起来了。因为一则现代资本主义已发生重大变化。冷战后大国关系出现的一个新的重要特点，就是互相不再构成直接的军事威胁，它们之间的矛盾和冲突已主要表现为以经济实力为基础的综合国力的竞赛以及主导权的争夺。局部战争和地区冲突虽在所难免，但呈现数量减少和规模缩小的趋势，且多属内战性质。二则裁军和军控保持一定势头，安全合作的趋势在加强。虽然许多国家特别是西方大国转而强调质量建军，但不会恢复冷战时期那样大规模的扩军备战和军备竞赛，国际形势的总趋势将是在不断反复中继续走向缓和。

（三）多极化加速

当前国际形势的另一突出特点是多极化在加速发展，基本上形成一个多极化的世界格局。所谓多极化，主要包括两个内容：一是大国实力的均衡化，世界大事不再由一两个超级大国说了算；二是发展中国家地位和作用的提高。当然这种均衡是相对的，是指大国实力差距明显缩小，都成为发挥独立作用的力量，相互制约的作用大为加强。具体说来，就是美国实力相对衰落和内部问题日趋严重，干预国际事务的能力不断下降；欧洲（主要是德国）地位的上升和自主倾向加强；中国的快速发展；俄罗斯大国地位的保持和恢复。特别是美国的相对衰落是不可扭转的，在多极格局形成后它仍将是大国中实力最强的，但不再是作为历史现象的超级大国了。多极化第二个因素，即发展中国家地位和作用的提高，更是有目共睹的。发展中国家作为整体，正在不断缩小与北方的差距。不少研究机构预计，再过20年，发展中国家在世界经济中所占比重将超过发达国家，从而结束少数西方大国统治世界经济的历史。南北关系的另一个重大变化是，南方对北方的依赖相对减弱，北方对南方的依赖在相对加强。在国际事务中，发展中国家的作用也已显著加强，特别是一些地区性大国和国家集团。

所谓多极化中的极也是分层次的，除了人们公认的美、日、欧、中、俄五大极外，还有属于二三层次的中小极。例如，东盟就是亚太地区的重要一极。这都意味着国际关系的民主化。当然，发展中国家也在加速分化，许多国家将赶上或接近发达国家，但同时属于特别穷的国家又在增多，贫困化和边际化还在发展。因此，南北差距在缩小，贫富差距却在扩大。正如冷战的结束使原来意义上的东方和西方的分界不复存在，经济政治的不平衡发展，也将使现在的南北区别趋于模糊或另行分类划界，现在的第三世界那时可能会消失。

（四）战略关系的调整

欧洲总的形势是"一分一合一靠"：西欧要合，苏联要分，东欧各国则在西靠。海湾战争后，中东各种力量重新分化组合的情况也十分明显。从大的战略关系上来看，原来的中美苏"大三角"，以及美欧关系、美日关系、英法德关系等，都在变化和调整。世界各主要国家的政策调整，往往赶不上形势的变化，各国的外交战略都带有一定的过渡性质。

（五）世界经济新高潮

世界经济的发展正在酝酿着一个新高潮的到来，主要条件已经或正在成熟，这就是席卷全球的以市场为导向的改革与调整，国际化和全球化的空前发展，方兴未艾的科技革命。这预示着类似20世纪五六十年代那样的经济大发展将在20世纪末和21世纪初出现。当然，即将到来的这场世界经济发展的新高潮必然有其新的特点，主要的可能有以下几点。

一是角色和结局的变化。上次高潮的主角都是西方发达国家，发展中国家除少数赶上了末班车外，绝大多数国家特别是其中的一些大国如中、印、印尼等，都丧失了机遇。但在这次高潮中，发展中国家作为整体（或其中许多国家）发展速度都将超过发达国家。单论经济规模，绝大多数经济大国将由发展中国家取代，只是经济水平还同发达国家有不小差距。二是发展的内涵和层次不同。发达国家比较重视质量、提高效益，注意全面发展，加速实现信息化。发展中国家还只能把工业化作为重点，重视增长速度，同时在科技上利用后发优势，适当解决信息化等问题。这种情况说明，发展中国家的增长虽将大大快于发达国家，但提高科技和经济水平还面临很大困难，因而不可盲目乐观。三是经济在国际关系中的地位上升。上次高潮处于冷战时期，军备竞赛占了重要地位。这次高潮则出现在冷战后，国际斗争的主要内容和表现形式已转到了经济领域，各国都更加重视经济安全和经济发展，而把意识形态的差异放到了次要地位。四是经济的全球化、集团化有了很大发展，在一定意义上出现了质的区别。冷战后还出现了两个相反相成的趋势，即一方面，世界上的相互依存越来越紧密，全球作为一个完整和统一的市场日益走向一体化；另一方面，民族主义情绪高涨，贸易保护主义抬头，出现经济关系政治化趋向，大国特别是美国动辄使用经济制裁手段。

（六）基本矛盾在发展

值得关注的是，苏联东欧剧变后，西方失去了共同的敌手，西方的联盟关系因此受到其他利益矛盾的冲击，西西矛盾（西方国家之间的矛盾）正在进一步暴露和发展。西西矛盾的涉及面很广，包括经济上的摩擦，政治上的控制和反控制，以及防务问题上的分歧。现在，西方七国占世界国民生产总值的65%，其中欧、日所占的份额正在赶超美国。美欧日实力差距的缩小，将加剧它们的经济摩擦和政治分歧。现在防务问题仍是美国控制欧日的一张王牌，但欧日的防务独立趋向也在发展。法德已提出建立"欧洲军团"，日本正在突破向海外派兵的"禁区"。这些动向表明，西方的防务联盟关系也正在发生变化。总之，美欧日之间要协调好各方面的关系并不容易，"富国俱乐部"不是铁板一块。当前，苏联的演变还没有走到底，牵扯了西方很大的精力，西方内部的协调也还能防止矛盾的激化，但从长远看，西西矛盾有可能成为影响世界全局的矛盾。

除西西矛盾外，南北矛盾也更加尖锐。南北问题的核心是经济关系不平等，经济差距越拉越大。由于西方援助的重点转向苏联东欧，南方得到的资金更少。南方债务负担越来越重。要指出的是，南北矛盾不仅仅是个经济问题，也是个政治问题。西方国家推行"人权中心论""主权过时论"和"干涉必要论"，从政治上对广大中小国家施加压力。此外，南南矛盾也在发展。第三世界国家之间的贫富差距在拉大。在发展中国家的国民生产总值中，少数新兴工业国和石油输出国占了将近80%，而南亚、非洲的许多低收入国和重债务国则正面临饥荒、贫困的严重威胁。第三世界国家在政治上也在分化，因民族、宗教、领土、资源问题造成的矛盾和冲突增多。总之，当前世界"东西南北"各种矛盾相互交织，斗争变得更加复杂，这将对世界的和平与发展产生深刻影响。

（七）"一超数强"的大结构

当前，世界战略格局的核心问题，是在两极体制瓦解后世界向何处去。美国要搞"一极独霸"，但它已没有这个经济实力。现在既不是美国一极，也不是美欧日三极，既不是"七国俱乐部"联合称霸主宰世界，也不能说已经是一个多极的格局。另外，虽然过渡期格局未定，但并不等于说就没有一种大的国际关系结构，用"一超数强、相互依存、相互竞争"也许可以概括当前国际关系中的大结构。"一超数强"也许是未来世界多极化的"初级阶段"。

世界正在向多极化发展，新格局的形成仍需要相当长的时间，今后世界到底是一个什么样子的多极化，还要看发展。

(八）强权政治是最大危险

虽然当今和平与发展成为时代的主题，但由于仍然存在许多不确定、不稳定的因素，所以国际上还会出现一定的动荡、紧张，以至危机，出现激烈的摩擦斗争；冷战时期被掩盖的一些矛盾突然爆发出来，就使曾经相对稳定的欧洲一时变成世界上最不稳定的地区；日积月累的阶段矛盾趋于尖锐，许多国家特别是大国，内部问题突出，社会治安随之恶化。由于经济在国际关系中的地位上升，使竞争更加激烈，进一步加强了经济关系政治化和政治关系经济化，经常发生制裁和反制裁、干涉和反干涉的斗争，也助长了领土的争端和资源的争夺。由于国际关系中的主要矛盾转移到了经济领域，经济竞争和摩擦以及主导权的争夺，成为主要矛盾的主要表现形式。此外，还有许多的共同性问题，如国际犯罪、恐怖主义、毒品贩运、环境破坏等。但是，最大的不稳定因素还是强权政治和霸权主义。个别大国一直自封世界领导，以国际警察和国际法官自居。一切都得听它的，若有违抗，就要施加压力、进行制裁，甚至以军事相威胁，直到使用武力。不过时代终究变了，霸权行径不仅常遭到其他大国的抵制，而且即使中小国家也不再俯首听命了。强权政治引起的各种摩擦和斗争，危及世界和平与稳定。

二、多极化中的"极"与力量中心

人们大多认为，所谓"极"即力量中心，是一个综合国力的概念，它包括：①经济上在世界中占有一定位置，且具有较重大影响；②政治和外交上有较大的国际影响和号召力；③军事上有较强实力（包括核力），并在关键时候能使用；④有较大的国土面积，较丰富的自然资源和一定数量的人口或科技力量；⑤有独特的文化感召力，国民的文化素质高。但因学者们各自强调的重点不同，因此具体的"多极"内容不同，主要有下面几种说法。

（1）美日欧俄中五极论。这是相当多的人所坚持的一种观点。

（2）美日德俄中五极论。这种观点认为，极是一个国家概念，应以大国而不以地区作为多极化中的极，因此美日俄中欧的"欧"极与其他国家不协调，应以欧洲国家中力量最大的德国替代欧洲作为一个极。

不少人不同意这种观点，认为任何一个欧洲大国，即使是经济金融实力最强的德国，一旦脱离一体化欧洲，就不可能形成世界力量，充其量只是地区强国，德国前总理施密特也指出，同美俄中日比，英法德只不过是中等强国，所以是欧盟而不是德国成为世界新格局中的五大力量之一。

（3）地区中心多极——极数目不定论。有些人认为，多极不能完全从一个国家的角度来理解，必须从一个大地区正在发生的经济与安全关系的地区整合起来理解这个"极"的意义，它是形成多极化格局的基本途径。还有的指出，极和力量中心可以是全球性的，也可以是地区性的。从地区中心论看，许多人又把印度、巴西、南非、埃及、阿根廷、尼日利亚和墨西哥等地区性大国也可能成为"极"的代表，或成为世界级的"极"，看作多极格局中的组成部分。在布热津斯基眼中，乌克兰、阿塞拜疆、韩国、土耳其、伊朗也是重要的地区权力中心。

对于较多人认同的所谓五极力量中心，不少学者提出不同看法，认为多极化并不仅仅是指五极，从冷战后的变化来看，多极化不仅仅指这五种力量，还有更多的极，究竟有几个极，现在还看不清楚。因为现在这几个极中还不能完全包括发展中国家近年来出现的情况，而随着发展中国家在世界经济中比重的持续增加和国际地位的不断提高，它们将成为多极化世界的重要组成部分。如像印度、印尼、巴西这些国土辽阔、人口众多、资源丰富的大国，一旦经济腾飞，也自然会在国际和地区事务中发挥举足轻重的作用。东盟已经迅速成为东亚和亚太地区一股重要力量，必将在地区政治、经济、安全等方面发挥更大的作用。

(4) 在国外还有所谓多极——无极论。如日本庆应大学教授神谷不二认为，无极，非常缺乏稳定性的时代，谁也无力控制。日本静岗县立大学中西辉武教授认为，在以国家利益为中心之下，不可能有真正意义上的秩序。

(5) 美日欧三极论。有的人认为，多极就是三个经济中心，就是美国、德国、日本。这种看法在西方国家较为流行。如日本长谷川庆太郎认为，多极是美、德、日三极，其他大国应退出，英国前国防大臣希利也认为，多极就是美、欧、日三极。

这里有一个可以讨论的问题是，是否能把所有的力量中心和地区中心都叫作"极"？

尼克松在 20 世纪 70 年代初就提出了五大力量中心的观点。他在当时就曾提出："当我们展望今后 5 年、10 年或 15 年的时候，我们会看到五个强大的超级经济力量，它们是美国、西欧、苏联、大陆中国，当然还有日本。而且由于经济力量将成为其他力量的关键因素，这五大力量将决定世界 20 世纪最后 1/3 时间的在其他方面的前途。"后来，人们公认这是关于所谓多极化思想的开端。但实际上，当时提出的五大力量中心还不是多极化中的五极，不仅是由于其中的日本、中国和西欧在当时还完全没有能力打破美苏两个超级大国控制世界的局面，而且还由于这些力量中心不具备世界格局中的一极的特征。

任何一极当然都是一个力量中心，多极起源于多种力量中心的存在，但并不是任何一个力量中心都是一个极。两者的区别在于以下方面。

第一，只有具有全球性影响的力量中心，或对本国所在的地区具有重大影响，对其他至少一个地区较有影响的中心才是一极。从这个意义上说，只有美国和过去的苏联具有这种影响，现在的欧洲也具备一定的全球性影响，中日甚至俄在这一方面则较弱，只是具有成为一极的潜力的力量中心，它们还处于从力量中心向极成长的道路的不同阶段上，现在还不能说它们已经是四个极。

第二，极具有相对独立的性质。它独立于其他力量中心，或者对其他力量中心产生较大的影响，甚至支配其他的力量中心，但它不从属于其他力量中心，不受其他力量中心的控制和支配。也就是说，受到别的力量中心影响和支配的力量中心不具有真正一极的意义，从这个意义上说，现在的美国、中国和俄罗斯，具有一极的意义，而日本和西欧还没有完全摆脱美国的影响，它们在政治、安全、军事上对美国这一极还有某种从属性，它们在与美国结成的军事安全联盟中，受到美国政策的很大影响。

第三，作为一极，应该具有较均衡的综合国力，在政治、经济、军事、文化、信息、科技、社会发展等方面都有较高的水平。美国和欧洲较为全面，其他的几个力量中心都有一些不均衡。中国政治影响较大，也有核军备，经济发展较快，文化也很有特色，但在经济、科技和社会发展上有缺陷。日本经济力量较强，但政治、军事力量和文化影响力较弱。俄拥有强大的核打击力量，又是安理会五个常任理事国之一，但国内政治和经济发展较弱，作为一极也有问题。虽然不能说极与极的力量要完全相当，但至少悬殊不要太大。

所以，从这些方面讲，现在形成了多强，多个力量中心，它们具有极的一些特征，但还不是极,还没有形成多极。

三、美国与多极化格局

美国的国际政治家们热衷于宣扬美国是第一个真正的全球性大国,美国具有独一无二的力量,美国控制着世界上所有的洋和海,它的经济活力无可比拟,在科技和信息方面领先,美国文化也有至高无上的地位,他们甚至不忌讳美国的霸权,同时宣扬美国维护美国的这种霸权是世界和平的一个先决条件。因为这是新型的好的霸权国家,还是一个好的帝国主义国家,正如布热津斯基在其新著《大棋局》中所说,"美国是否阻止一个占主导地位和敌对的欧亚大陆大国出现,对美国在全球发挥首要作用的能力依然是极其重要的"。

但这只是美国战略的一个方面,或者说只是美国意图中的一部分,是美国冷战思维的惯性作用的表现。

在分析美国对待多极化态度时还要看到另一面。正如布热津斯基所指出的,美国国内在如何对待多极化格局上至少有三种态度和立场。一种是前面所说的维护美国作为一个世界领导国的地位,使美国成为一个全球警察。第二种立场,认为"冷战的结束使美国有理由大幅度减少国际参与,不管这会给美国的国际地位带来什么后果";还有第三种立场,这就是"现在实行真正的国际多边主义的时候了,美国甚至应交出部分主权",而且"这两派意见都有自己的忠实信徒"。这里的国际多边主义与多极世界有相同之处,在对中国和俄罗斯的评估上,也有不一致,有些主张使中俄两国只在地区一级发挥重要作用,否认它们将来在世界中起积极作用;而有些认为,中俄两国不可阻挡地会作为全球大国崛起。因而主张美国与中俄两国在世界事务上进行合作。当然,现在在美国对外政策中占主导的还是第一种意见,但这不等于不产生变化,也还存在着美国实行美国式的多极化战略的可能性。

首先,从美国方面来说,美国的单极世界的意图正在遭到越来越多的大国的反对,压力会越来越大,美国有可能重新思考其世界战略。第二,单极世界并不符合美国的长远国家利益,因为它固然能压制潜在对手的出现,保持美国的领导地位,但这也意味着美国要承担更多的义务,付出更多的力量,而这种事情使美国即使再强大,也是无法独力承担的。第三,美国对一些强国的世界性的能力和责任也是承认的。例如,美国一再希望日本承担更多的国际义务,布热津斯基在其著作中虽然认为中国只是一个地区性强国,但至少认为日本并非是地区性而是一个世界性强国。

美国很可能会从现在追求维护美国一国领导的战略,变为承认多极化,但使多极化格局向美国的多极化格局模式转变。美国式的多极化格局也有两种可能性:一是在美国不能建立和形成或维持美国单极世界的情况下,转变战略,从美国单极世界战略变为美国主导的一超多强式的多极世界,在这一格局中,美国承认在部分世界事务中与其他极合作,但美国利用其一超的地位,在多强格局中占据主导地位。二是扶日欧,压俄中,让日本和欧洲在国际事务中发挥更大的作用,或与日欧结成实际上的联盟,形成美—欧—日三极轴心世界,而使中俄两国局限在地区大国强国的地位上。所以,美国可能实行扶植日本和欧洲成为世界事务的主要参与国家的政策,对中国和俄罗斯则使之局限于地区范围内,一个以美日欧为主的多极化格局对美国没有什么危险。

四、多极化与区域集团化

多极化和区域集团化是当今世界并行发展的两大趋势,两者相互依赖、并行发展,对世界局势的发展变化起到了决定性的影响,但国内对两者展开的研究并不多见。正是在多极化和区域集团化之间的相互依赖以及两者的共同作用下,国际关系发生了新的变化,所以,多极化和区域集团化是可供选择的观察国际关系的新视角。这个视角为我们分析国际关系提供了一个合理的、符合现实的研究方式。

(一) 多极化和区域集团化的并行发展

多极化、经济全球化和区域集团化是当今世界的三大特征,从这三个特征出发分析国际关系的重要性不言自明。

从现实世界来看,多极化是有潜质成为世界一极的大国(国家集团)加强对世界各区域的影响力并加以巩固的过程,显著特征之一是"分散化";区域集团化是主观上依据地缘关系和经济交往成立国家集团,客观上将世界经济划分为有所分离但又彼此联系的几部分,同样具有"分散化"的特征。这两大趋势之所以能在当今世界并行发展,有其必然的原因,即互相提供了利于对方发展的条件。

首先,多极化进程刺激了区域集团化的发展。冷战结束,两极格局被打破,引发了众多世界强国重新组建世界格局的行动,原因在于:冷战时期国际关系中追求集体军事安全的必要性转化为发展国家经济实力、增强各自国际影响力的紧迫性。冷战期间,欧洲和日本需要在美国的核保护伞躲避苏联的直接冲击,因此把扩展自己在国际社会中的影响力的目标和愿望压到较低的层次,在国际事务中唯美国马首是瞻。同样,两极格局给中国带来的局限也是很明显的,美苏两极虽然对立,但在对待中国的问题上,也依然存在联手共扼中国的可能性,中国只能在美苏主导国际事务的形势下利用有限的资源和空间,对内韬光养晦,对外维护独立自主。而中国要改善和发展中欧、中日关系,在很大程度上取决于中美关系的亲疏远近。苏联解体后,美、日、欧军事合作的必要性大大降低,三者之间的向心力减弱,离心力增强。苏联的垮台和美国实力的相对下降,对于中、日、欧来说是发展自我的历史机遇。俄罗斯要从苏联的废墟上站立起来,就必须忍住国内的阵痛,紧跟国际局势的变化。由于提升经济实力是各极加强各自国际影响力的首要任务,所以,它们在冷战后加强国际经济交往的行为最为突出。

当然,与什么样的国家集结成区域集团,既取决于"极"的意愿,也取决于以下几个限制性的条件:①地域上接近或相邻,而不能简单地跨洲越洋盲目地联通;②经济领域存在较强的互补性,或者在可预见的未来能形成较强的互补,而不能不顾实力悬殊就进行联通;③国家间无重大的交恶或纠纷,基本上保持和平共处的外交关系。依据以上限制,中、美、日、欧、俄这五极在全球范围内展开了以地域为限制的区域集团化进程。在现实中,除俄罗斯外,其余四极在不同程度上较成功地加入了当今世界最为显著的区域集团:北美自由贸易区、欧洲联盟、亚太经合组织。

其次,区域集团化为"极"增强国力、巩固其世界一极的地位提供了条件。人们普遍认为,一个国家或国家集团要成为世界一极,本身必须具备强大的实力,即必须在政治、经济、军事和外交诸方面具备较强的实力和影响力,同时还要具备较丰富的自然资源和一定数量的人口与科技力量,并具备独特的文化感召力和较高素质的公民。但是,在国际交往日益频繁的今天,国力强弱与否直接受到该国国际化程度高低的影响。例如经济上缺乏国际交往的国家,必然形成相对的经济劣势,因为在自给自足的本体经济循环中难以保证对科技、教育等领域的重点投资，导致国家创新能力的降低，在国际竞争中必然落伍。

从外向的角度来说，要成为世界一极，还必须具有能够促进世界变化的国际影响能力，也就是说，作为世界一极应该具有以下特征：①是一个实力极，它的经济运行能影响和关系到所在区域的整体经济态势，在保持自身实力增长的同时推进本区域的经济增长；②是一个增长极，能长久保持本身经济运行的良好态势并实现经济实力的持续增长；③是一个凝聚极，能成为本区域经济资源的吸附和聚合中心，在重大的整体性的经济转折过程中，能得到周边国家的支持或瞩目，是本区域经济界的"发号施令"者；④是一个辐射极，是本区域内资金、人力、技术、信息等经济资源的运转枢纽和疏散中心。区域集团化以国家集团的形式，为一个"极"发挥上述能力提供了用武之地和检验场所。从现实世界来看，没有一个区域集团是自然而然地形成的，最初成立区域集团的倡议大多是来自那些想成为而且也有潜质成为世界一极的国家，这说明未来世界中的"极"对于区域集团化能提供的有利条件有很清醒的认识。同时，在大多数情况下，一个区域集团的形成，必然促成众多的经济领域甚至综合性的国际制度的产生，而制定和实施这些国际制度的权力也大多掌握在"极"的手中。通过这个环节，一个"极"对国际事务施以影响的目标在区域集团内首先得到了实现，而这是世界一极对整个世界事务施加影响的初步阶段和必经阶段。

(二) 多极化和区域集团化之间的国际关系

以全球化为视角，可以分析出当今世界为何出现了以经济联合为表征的国家间联合，但是难以解释在联合的趋势之下，国家之间为何又矛盾重重、斗争激烈的现象。我们认为，全球化是一个长期过程，而区域集团化是这一过程的初级阶段，或者说是过渡阶段，而这个过渡阶段是分析现时国际关系的关键所在。从区域集团化来看，世界仍然分成几大部分，而且各部分之间的对垒力度增强，相互之间有一系列尚未解决的问题，这些问题就是引起国家之间不和谐关系的原因所在。在这些问题的影响下，国际关系的主题出现了新的变化。

1. 南北矛盾：中心与边缘地位确定过程中的国家间磨合

在每一个区域集团内，国家都有发达与欠发达、富裕和贫弱之差别。国家以"契约"的形式集结成国家集团时，经过国力对比这个"分水岭"，自然而然地形成了中心和边缘的地位差别。占据中心地位的国家只能是具有充当世界一极的潜质的国家，一般是贫弱的欠发达国家。依存理论认为，穷国与富国之间的合作将带来双方受益的结果，"对于穷国来说这些报偿可能主要是物质上的，而对富国来说更重要的是政治气候的改善"。但组成区域集团后带来的经济收益并不能完全掩盖国家间的矛盾冲突，因为穷国仍不可避免地要在与富国的交往中受到损害：中心国家（富国）既不依赖于任何一种商品的销售与供应，也不依赖于它与任何一国的贸易，它不可能轻易地被迫接受不利的条件。贸易中心国家在产业结构和资金、技术、人力和科技等方面的优势，也是推动工业和经济发展的条件。然而，处于国际政治经济体系边缘的穷国，既在对外贸易中存在严重的依赖性，又缺少产业结构、资金、技术、人力等方面的优势，所以，国际经济交往的结果是中心国家越来越富，边缘国家则依然贫困。如果广大发展中国家，尤其是目前仍处于经济困境中的国家，无法在组建区域集团时过程中获得足以使其摆脱经济困境、提升国际地位的成果，那么它们与中心国家的经济合作过程必然是饱含痛苦和挣扎的磨合过程。

加入区域集团化对于发展中国家来说在一定程度上存在利益损耗，而不加入这个世界发展进程则必然导致在未来世界中的衰落。如何使自己的利益损耗降到最低程度，取决于中心国家和边缘国家的磨合。需要指出的是，这种磨合的国际关系是南北矛盾在区域集团化进程中的新的表现形式，是南北矛盾这一世界性矛盾在世界具体区域内的加剧演化。相对而言，以前的南北矛盾是泛化的、全球性的，而现在这一矛盾又加上了具体的、区域性的特征，或许，发达国家和发展中国家的关系还不只是"磨合"一词能够表述清楚的。从这个意义上讲，在国际关系舞台上，发达国家与发展中国家借助多极化与区域集团化，分别以中心国家和边缘国家的角色在世界各区域展开了既协作又竞争、既团结又抗衡的新型国际关系历程。

2. 民族主义：经济联合中类型的多样化

在多极化和区域集团化的过程中，众多的民族国家面临区域内有国家要明显地超越自己成为中心国家和世界一极时，民族主义对于国际关系的影响更为突出。现阶段的民族主义可以分为三种类型。

（1）经验型的民族主义。历史上受到强国欺凌而产生的对他国的恐惧或警惕，可能成为民族主义中最为沉重的一部分。在亚太地区，日本曾经举兵入侵众多的国家，这段沉重的历史造成的伤痛一直提醒亚洲各国人民警惕日本任何的不良举动。就亚太经合组织所包含的大多数国家来说，日本的民族主义很大程度上就是阴魂不散的帝国主义。与日本共同推进区域集团是历史必然，但是，绝对不能让日本的军国主义随着它参与区域集团带来的经济影响的增强而死灰复燃。

（2）失落型的民族。某些强国仍难以彻底放弃历史上曾经拥有的世界文明中心的地位，它们仍寄希望于国家辉煌历史的再现，从而在联合组建区域集团时瞻前顾后，啧有烦言。欧盟内各民族国家之间争强求胜就是明显的例证，英、法、德、意等国家在联合的过程中普遍产生了"带有失落感的民族主义"。伴随着欧盟的扩大，各国公民的怨言会越来越多，基于此，欧盟究竟是先对外扩大还是内部深化，已经成为令西欧各国都头痛的痼疾。

3. 追求公正型的民族主义

区域集团化本身要靠各国制定"契约"来规范国家间的经济行为，促成新的国际制度的诞生。考虑到谁对制定和实施国际制度具有决定性影响的问题，民族主义的警觉性也会得到提高。区域集团内各国不分大小强弱，都要受到制度的制约。但是，由于各国在集团内的实力不同，地位有别，各国所能够从制度中获得的收益和为履行制度而付出的代价也有区别。而且能够充当世界一极的中心国家，在绝大多数情况下对制度的制定和实施有近乎决定性的影响。涉及国际制度的实施，"在强者（大国）看来是为公共利益维持治安的行为，在弱者看来则是帝国主义的恃强凌弱"。当然，发展中国家认识到，国际制度对强国也有约束的一面，通过对制度制定与实施行为的参与，发展中国家也能够拥有某些途径和机遇去获得国际权力和地位。可见，由于区域集团化和多极化的相互作用，民族主义在国际关系中能发挥影响的空间有所扩大。

4. 大国国际战略："极"在不同的区域集团间交叉延伸

对于大国来讲，参与各自的区域集团化并非最终目的。在自身所在的区域内组建区域集团，进而促进其作为世界一极实力增长的初步阶段；能将势力延伸到其他的经济区域，则是检验是否取得初步成果的一种方式和向世界施加影响的新起点。所以，世界各"极"不甘心囿于原有的区域，必然在立足于原有区域集团的同时，向其他的区域集团加以扩张。从各

"极"在不同区域内的交叉和延伸,可以窥见它们的国际战略。

(1)美国:横跨两大区域集团,维护霸主地位。在多极化趋势日益增强的今天,美国的全球霸主地位受到了空前的挑战。为了保持这一地位,美国在区域集团化进程当中,广泛扩充其影响,既巩固并扩大它在北美自由贸易区中取得的成果,同时又积极参与亚太地区经济区域集团的组建和深化。通过对两大区域集团的广泛参与,美国希望能够增进与日本的同盟关系,有效遏制日本的叛离倾向;通过上述成果的取得,为更加有效地抗衡西欧与俄罗斯奠定基础。此外,可以抢占中国的巨大市场,为其日后的经济持续增长寻找促发因素。所以,美国在对亚太各国的经济影响方面与日本之间存在着激烈的你进我退、彼此竞争的现象。

(2)中日之间:区域之内竞争,增进各自实力。中日两国是当今世界仅有的在一个已成型的区域集团必然形成竞争的两个世界之"极"。相对于美国而言,中日两国都属于第二层次的世界"极"。日本的经济实力虽然使它在亚太地区,尤其是东亚、东南亚地区具有不可撼动的经济优势,但面对中国日益强大的经济实力和如日中天的政治威望,中日两国都面临着怎样竞争、怎样协调的问题。

(3)欧俄之间:区域内外联手,试探组建联盟。俄罗斯在冷战后的外交战略出现过重大的转折,加之国运衰微、积重难返,至今未能成功地加入主要的区域集团当中来。但是,俄罗斯也很清醒地认识到区域集团化对俄罗斯恢复成为世界一极能够起到的积极作用,在独联体国家范围内组建了一个区域集团,在有限的空间和领域内推进经济一体化。对于美国屡次加压(如北约东扩)情况下自身的窘境,俄罗斯认识到,联合欧盟是行之有效的途径之一,所以,"融入欧洲"已成为俄罗斯外交的重要目标。从欧盟方面来讲,它充当世界一个强极的愿望总是受到美国不顾其盟友利益而妄自作为的损害,所以,联合俄罗斯将使美国重新认识到欧盟的实力和价值。由此,欧盟一直致力于扩大对俄的经贸往来,同时通过频繁的高层互访、强调共同文明的价值,努力拉近与俄罗斯的距离。欧俄有可能建立起名副其实的伙伴关系。但是由于美国的阻挠性影响和组建区域集团的限制条件,欧俄关系究竟怎样,还要经受时间的考验!

以上的分析表明,从对多极化和区域集团化的共生共存以及在它们双重作用下的国际社会来考察国际关系,能够了解世界局势的大致主题和变化趋势。

第二章 经济全球化

在贸易自由化、金融国际化和经济全球化的发展进程中，几乎所有国家都需要同其他国家开展各种经济交往。

经济全球化在本质上是各国经济联系的加强，是经济国际化的进一步深化和扩大，它使世界经济形成一个相互依存、相互渗透的有机整体。在这一进程中，全球各国经济"一荣俱荣、一损俱损""你中有我、我中有你"的相互依存性将越来越鲜明。

一、经济全球化的趋势

在21世纪人们关心经济全球化在新的千年将有什么样的新发展？我国应如何应对经济全球化的新发展？经济全球化意味着在不断发展的科技革命和生产国际化的推动下，各国经济相互依赖、相互渗透日益加深，阻碍生产要素在全球自由流通的各种壁垒正在不断削减这样一个历史进程。可以预料，这一历史进程在21世纪将进一步加快。理由是：第一，科技革命正迅速发展，许多科技领域，如信息技术、生物和生命工程、新能源技术正在取得不断的突破，并应用于生产。由于各国的优势领域不同，客观上要求加强全球经济技术合作。第二，冷战结束后，妨碍各国进行经济合作的政治樊篱不再不可逾越。第三，由于中国、苏联、东欧国家和许多发展中国家都在推动市场经济改革，妨碍全球经济合作的经济体制性障碍也大大削弱。第四，全球经济可持续发展面临的大量问题，要求开展广泛的国际合作，而现代科技技术的发展，又为进行这种合作提供了越来越完备的手段。

可以说，从20世纪80年代末90年代初开始加速发展的经济全球化历史进程，还仅仅走了头几步。在21世纪，经济全球化的以下六个趋势必将对世界各国的经济发展和社会生活产生深远的影响。

（一）金融业的作用举足轻重

首先，证券市场对全球资源配置所起的支配作用将得到进一步的加强。以股票市场的规模为例，1994年全球股票市场的资本总额为151240亿美元，到1998年跃升至274621亿美元，增加了81.6%；同期，中国股票市场的资本总额从435亿美元急升至2313亿美元，增加了431.7%。目前，证券市场对发达国家的资源配置所起的作用远大于国际私人直接投资。随着发展中国家证券市场的逐渐成熟和有步骤地对个人开放，证券市场吸收的外资，迟早要超过引用的海外私人直接投资。

其次，金融业的全球化正在导致财富在全球的重新分配。今后，金融业对全球财富的再分配，将起到越来越重要的作用。证券给投资人带来的收入，主要不是股息和红利，而是证券本身的升值，20世纪90年代以来美国股票指数不断攀升的财富效应吸引了全球游资，使美国经济维持了"第二次世界大战"后最长的繁荣时期。在历次金融危机期间，各国的避险资金纷纷涌向美国已是不争的事实，财富在全球重新分配的另一大杠杆是国际短期资本的流动量正在迅猛增加。

最后，国际货币体系将走向多极化。20世纪末，美元在国际储备资产中所占的比重为60%，在国际支付手段中所占的比重为50%，拥有一种霸权地位。这种情况，将首先随着欧盟和日本经济的复兴而发生变化。欧元启动后，已开始冲击美元的霸权地位。经过10～20年的努力，欧元在国际货币体系中有可能取得和美元相似的地位。估计到21世纪20年代，国际储备资产中，美元、欧元、日元的比重分别将调整到大约40%、35%和20%。随着人民币成为可自由兑换货币和中国经济实力的加强，东盟、印度、拉丁美洲南方共同市场和南部非洲经济实力的增强，国际货币体系将出现另外四五种重要货币，到21世纪中叶，国际货币体系将形成没有霸主货币的多极货币结构。

（二）国际贸易推动经济全球化

首先，近50年来，世界贸易的年均增长速度比世界GDP年均增长速度高1倍以上的趋势，在21世纪将继续延续下去。这一趋势的长期的量的积累，已使国际经济关系乃至国际政治关系发生了某种质的变化。

其次，贸易和投资相互促进，共同推动国际分工和各国产业结构的调整、升级。这一趋势，将随着金融全球化而不断得到新的推动。美国与中国合作在中国组装飞机，德、法、日、美与中国合作在中国生产汽车，并不是因为这些发达国家缺少工人，而是这些国家要利用中国的廉价劳动力和开拓中国的市场。中国之所以愿意以让出一部分国内市场来换取这种合作，是为了加快自己现代化的进程，加快产业结构的调整和升级。类似的国际分工已成为发达国家企业的惯例，目的是充分利用各地的资源优势。这种合作是贸易与投资相互促进的结果，增加了合作国家之间的共同利益。

最后，国际贸易在21世纪将推动地区经济一体化组织的发展。国际贸易的发展，必然推动贸易联系密切的国家在投资、金融货币领域加强合作，这就是20世纪下半叶各种地区经济一体化组织方兴未艾的原因。但是到目前为止，各种经济一体化组织除欧盟以外，大多限于商品贸易的自由化合作。可以预计，随着世界贸易组织全球贸易自由化合作的继续向前推进，21世纪各大洲的地区经济一体化合作将再上一个台阶，向各种类型的区域共同市场的方向发展，即实现各地区的商品、资本、人员和劳务自由流通。有关国家可以在自愿的基础上分批参加。

（三）跨国公司推动企业的跨国兼并

首先，企业的跨国兼并是优化资源配置、产业结构调整的需要，是规模经济的需要。生产在全球组织，竞争也在全球展开，经济全球化创造了企业跨国兼并的条件。

其次，企业的跨国兼并打破了民族国家的壁垒，模糊民族国家的经济界线。各民族国家在经济上的相互依赖，越来越呈现你中有我、我中有你的局面。从好的方面来说，这有利于世界各国的共同发展，加快发展中国家现代化的进程。例如，德、法、日、美汽车工业进军中国轿车工业，加快了中国轿车工业现代化的步伐。从坏的方面来说，被兼并国家的经济主权在有些情况下会受到侵害，如当一个国家国民经济的关键部门：电信、铁路、电力、银行、保险等行业的控股权被外国公司掌握以后，这个国家在非常时期就难以确保自己的政治独立。

（四）互联网络的普及

首先，互联网络的普及提供了加强各国经济联系的新纽带。信息的快速收集、加工、储存和传递，使各国政府、公司企业和个人能便捷地获取信息。信息的这种透明性（公开性）和流动性，有利于各国政府和人民间的相互了解，有利于文化科学知识的传播，有利于政府和企业的科学决策，从而必然有利于各国间的经济合作。

其次，互联网络将不断提高金融、贸易、企业全球经营的效率和质量。计算机技术的不断发展，使互联网络可以及时处理几乎无限的信息，这就为全球居民提供了参加国际经济合作的手段：银行可以每天处理1.5万亿美元的货币交易，证券市场每年可以处理几十万亿美元的证券交易，海陆空运输可以从容地把数亿个集装箱送往世界各地，跨国公司可以了如指掌地指挥全球的分厂在流水线上按顾客的需要生产出同一牌号、不同个性的产品（如汽车）。互联网的发展将在21世纪大大促进全球实务经济和服务业的发展，极大地改变人类的生产、生活方式。

（五）知识将成为生产要素中的一个独立成分

首先，哪个国家能在技术创新和制度创新方面走在世界的前列，这个国家就能在21世纪的国际竞争中立于不败之地。20世纪的历史表明，单靠不断增加资本、人力和原材料的投入不能实现经济的可持续发展，也不可能在国际竞争中处于有利地位。只有善于技术创新的制度创新的国家，才能充分利用各种资源，实现经济的可持续发展，并在国际竞争中立于不败之地。

其次，技术创新和制度创新需要受过良好教育的高素质的公民和让每一个公民的才能得以充分发挥的社会环境。显然，技术创新和制度创新需要知识，而全体国民知识水平的提高需要发展教育。然而，一个国家国民教育的高水平，并不等于这个国家就善于进行技术创新和制度创新，就一定能够赢得国际竞争的胜利。苏联就是一个国民教育水平很高但没有赢得国际竞争的国家。更重要的是要创造让全体公民充分发挥自己才智的社会条件。在21世纪，哪些国家认识到了这一点并做到了这一点，就会在国际竞争中成为强者。

（六）经济风险的全球化

经济全球化固然可以促进生产、资金、贸易和技术在全球的扩散和发展，然而经济全球化也使世界各国在经济上日益相互依赖、相互渗透。这就使一个国家或地区的经济震荡可以迅速波及全球。国际互联网络的发展，加快了这种经济风险的传播速度。这就要求世界各国加强国际合作，共同防范各种可能的风险，缩小其对全球经济的破坏程度。金融风险的防范，将是21世纪国际合作的一大主题。

经济霸权主义和经济利己主义有可能使一部分经济落后的发展中国家在经济全球化进程中被"边缘化"，这是经济全球化在21世纪面临的另一个主要风险。防止这种风险的唯一正确途径是实现国际经济交往的民主化和国际经济结构的多极化。实现这一目标，需要国际经济合作的新准则，即平等互利、互谅互让。世界各国只有遵循这一国际经济合作的新准则，经济霸权主义和经济利己主义才会有所收敛，现存国际经济秩序中的不公正、不合理因素才会被逐步抛弃，更加公正、合理的新的国际经济秩序才能逐渐形成。

二、经济全球化中的安全问题

（一）经济全球化是当今世界四大趋势之一

进入21世纪，人类社会出现了四大发展趋势：世界多极化、经济全球化、安全机制化、社会信息化。"四化"是一种"互联、互动、互促、互制"的关系。

首先，经济全球化趋势本身就蕴含着多极化性质。开放式的地缘经济板块不仅在内固，而且在外扩。例如：北美自由贸易区正走向美洲自由贸易区，欧洲联盟一体化和全欧化双进程不断深化，东亚经济模式正在挫折中寻机复兴，独联体经济在探索中谋求发展，非洲经济集团作用越来越凸显。这五大地缘经济体尽管实力基础不同、发展进程各异，但代表着区域经济的主体，这本身就是一种多极态势。此外，最大的发达国家美国、总体经济实力最强的欧盟、经济高速成长的中国，以及美元、欧元、日元和看好的人民币，都使经济全球化趋势具有多极色彩。同时，恰是经济全球化进程又使各大地缘经济体联系更加紧密，竞争更加有序，合作更趋广泛。

其次，经济全球化进程需要得到机制化的安全保障。经济全球化是世界经济发展的大趋势，其发展进程必将受到多种因素的干扰或冲击，因此需要有效和安全机制保证其顺利演进。即使将来经济全球化成为现实，也要靠有效的安全机制确保其顺利运作。这次亚洲金融危机的爆发和蔓延，不仅发展中国家难以应对、深受其害，就连发达国家也一筹莫展、无能为力，经济全球化进程因此而受到阻碍和困扰。世界各国特别是发展中国家开始充分认识到维护经济安全的必要性和紧迫性。建立新的金融体制已势在必行。

最后，经济全球化趋势得益于社会信息化进程的推动。社会信息化不仅将经济活动的空间扩大了，而且使经济信达距离缩短了、经济关系的纽带束紧了，也正是在社会信息化进程的推动下，经济全球化才有可能成为当今世界的大趋势。现在的经济活动不只是在汇市、股市、债市上"尔虞我诈"，而且开始在"网市"上斗智斗勇；现在的经济信息已无孔不入、无所不在、无时不有，人们几乎感觉不到"时间差"，远在万里之遥不仅可"听其言"，而且能"观其行"。这一切都得益于信息时代的到来。

（二）经济全球化必须以三大秩序为依托

人类社会"四化"的实现，离不开三大秩序的支撑，即政治新秩序、经济新秩序和安全新秩序。经济全球化的最终实现，必须建立在这三大秩序基础之上。

1. 经济全球化需要政治新秩序来辅佐

我们所倡导的政治新秩序，是以和平共处五项原则为基础的。主张各国有权根据本国国情独立自主地选择自己的发展道路，别国无权干涉；主张各国不分大小、强弱、贫富都是国际社会的平等成员，任何国家都不应该谋求霸权，推行强权政治。只有在这种政治新秩序中，经济全球化才能冲破传统意识形态的禁锢，打破霸权主义和强权政治的干扰，排除经济发展中的"冷战思维"，得以顺利发展和运行。

2. 经济全球化需要经济新秩序来奠基

经济全球化是世界经济运行的一种形态，必须建立在坚实的基础之上，而构成这种基础的则是经济新秩序,也就是在"平等互利、良性竞争、广泛合作、共同发展"的方针原则下,各国共同遵守各项规章、规范、规则,按照统一、有效的运行机制,进行互惠互利的全球性经济运作。以此为基础的经济全球化,完全排斥了经济贸易交往中的不平等现象和各种歧视性政策与做法,更不允许动辄对别国进行所谓经济制裁。

3. 经济全球化需要安全新秩序来保障

经济安全是经济全球化进程中必须解决的首要问题,而安全新秩序则是确保经济安全的唯一可取的模式。在安全新秩序中,各种安全机制不仅是推动安全新秩序建立和发展的主要因素,也是确保安全新秩序服务于经济全球化的联系纽带。在经济全球化趋势的发展中,安全机制可以抵御各种干扰因素,确保这一进程的顺利演进;在经济全球化未来的运行中,更需要安全机制来维系各种良性的经济活动。

(三) 经济全球化亟待解决的安全问题

目前,经济全球化仅仅是一种趋势,经济全球化的最终实现,需要经过漫长的演进过程,这一过程也需要伴随着世界多极化、安全机制化和社会信息化的最终实现而完成。在经济全球化的发展进程中,将可能遇到诸多安全问题。

1. 经济霸权和经济殖民主义的干扰

在现阶段乃至今后较长时期里,世界经济由西方发达国家特别是美国主导的局面难以改观。在传统观念和冷战思维的作用下,以美国为首的西方发达国家将会继续根据自己的利益、按照自己的意愿来设定并维系世界经济的运行规则,而置广大发展中国家的利益和意愿于不顾。例如:西方发达国家仍会借贸易自由化手段要求发展中国家开放市场,而自身贸易保护评论有增无减。特别是西方国家以贸易、投资等经济活动为载体,进行所谓"合法的"经济渗透,推行"经济殖民化"将成为广大发展中国家维护经济安全的最大威胁。这种干扰因素不消除,必将引导经济全球化进程走进误区。

2. 传统经济模式和体制的积弊

经济全球化进程实际上是一个"破旧立新"的过程。随着经济全球化趋势的发展,一套全新的经济体制和机制将会推出,而诸多现行经济体制和模式行将落伍,有的甚至将阻碍全球化进程。例如,现有的世界经济三大支柱(国际货币基金组织、世界银行和世界贸易组织)将不断进行应时的调整和改良,以适应经济全球化进程的需求;一些新的世界经济组织(如"经济安全理事会"等)将不断建立;各国经济和各区域经济将被纳入"融合"进程,势将超越自身的模式和体制,而传统势力则可能设置种种障碍。这种新与旧、先进与落后的斗争有时可能会很激烈。

3. 全球化经济活动的风险

经济全球化进程的发展,将会促使国际资本流量增大、流速加快,金融领域的风险亦将随之增大,如无健全的金融体制和体系予以协调、监管和保护,势将引发金融危机。随着经济全球化趋势的发展,国际经济移民将越来越广、越来越快,由此而带来的跨国问题将会提上日程,需要相应的制度进行管理和约束。

4. 网络上的经济犯罪

信息技术和网络技术的发展与应用加快了经济全球化进程,同时也使经济信息安全问题日渐突出。为确保经济信息安全地服务于经济全球化,需要对网络经济活动采取必要的防范措施,如架设"防火墙"等。

5. 激烈复杂的经济情报战

经济全球化进程增加了经济活动的"透明度",同时也使经济情报战更加复杂和隐蔽。现阶段乃至今后相当长时期,经贸领域和高新技术领域仍将是各国情报机构最易发生碰撞和冲突的场所。

三、技术演进与全球化

(一) 技术是经济区域化和全球化的基础

技术是人类改造自然的能力与手段,也是人类扩大自身活动范围和控制范围的能力与手段,技术还是经济区域化、全球化的基础。它为具有区域和全球能力的经济实体在区域和全球的扩展创造了条件;为人类社会在区域内和全球范围的广泛交往创造了条件,提供了低成本、具有经济可行性的工具;为区域性、全球性的经济体系运作提供了技术标准,为解决区域性、全球性问题提供了手段。

应当提出的是,在全球化进展日益加速的今天,技术的全球化要大快于政治、经济、军事、文化等方面的全球化。这是因为科学技术比较"中立",较少意识形态色彩;科学技术具有"强制性"和"唯一性",任何想要工业化、现代化的国家都只能予以利用。

按人类技术影响的空间范围和历史演进划分,可以把人类技术大致划分为家庭性的、部落性的、国家性的、区域性的和全球性的。区域性、全球性技术是在19世纪陆续产生的。

19世纪初产生的铁路,是区域性的技术。铁路的产生,大大改进了欧洲的交通运输状况,对欧洲的经济发展和政治军事格局都产生了很大的影响。同样出现于19世纪初的蒸汽船技术,则是一项全球性技术。它使人类的航海能力大大加强,大海不再成为人类贸易和交往的畏途。世界贸易的发展大大加快了。

19世纪出现的这些技术进步,总体上对全球化的影响仍是较为"间接"的。20世纪的全球性技术则可以直接涉及每一个国家和每个人,对国家的经济、政治、军事、文化产生直接的、可以强烈感觉到的影响。1901年12月,英国与加拿大之间实现了横贯大西洋的无线电通信,无线电通信技术对全球化的影响是全面的。1920年后机械扫描的电视机开始问世,1929年开始公共电视播放。电视与广播一起,使人们即使在天涯海角也可以在精神上与这个世界连接在一起。人类的文化生活一体化进程开始了。1903年12月,第一架飞机试飞成功,一种能迅速地把人类连接在一起的全球性技术诞生了。1941年,远程无线电导航系统由美国开发成功,从此飞机可以正确地确定自己的位置,提高了飞机作为全球性技术的作用。

1945年7月,第一颗原子弹试验成功。一种由一个国家甚至少数人掌握就可以给全球造成巨大危害的全球性武器出现了,从此"暴力冗余"(武器的摧毁能力大大超出人类实际发生冲突时的需要)成为现实。美国和苏联在核竞赛中,积累了可以互相毁灭多次、却终于未敢一用的核武器。人类终于看到了自己暴力的极限。

1942年10月,德国成功地发射了惯性制导的V-2火箭。第二次世界大战后,弹道导弹发展迅速。1957年10月,苏联发射了第一颗人造地球卫星。洲际导弹和人造地球卫星开启了太空时代。从太空俯视地球，人类真正具有了全球的视角。

1945年底，第一台计算机在美国诞生，由此人类开始向"网络世界"前进。

（二）对发展中国家更严峻的挑战

这些全球性技术的出现是20世纪最重要的事件。人类全球化的技术基础已经基本具备。在这种技术基础上的全球化，将给世界各个方面带来巨大冲击，对传统和文明造成震撼与改造，甚至改变人类社会存在的基本形态。

这类全球性技术产生的经济力量正呈蓬勃发展之势，但这些力量基本上集中于发达国家。这就可能会导致下一世纪世界权力结构的更加不平衡。对于发展中国家来说，将面临更加严峻的国际挑战。技术及其带来的变化必然要求落后国家遵从某些共同的规则和规律，"强制性"地要求体制变化，这样又势必引起一些国家的政治动荡。发展中国家在追赶发达国家时往往容易产生"不同步"现象，即为了实现赶超目标，不得不超前地、"楔入"式地引进一些先进的东西，这又与原体制发生摩擦乃至动乱。亚洲金融危机在一些国家引起了严重的政治危机，实际上也是这种体制不匹配的结果。全球性技术的发展速度给发展中国家留出来的应付冲击的政策空间越来越有限，进行相应的体制调整的时间越来越短，发生动荡的可能性也相应增大。

（三）处在大国主导之下

凭借全球性技术而形成的经济、军事力量，无疑会为掌握这些力量的国家带来巨大的利益。准确地说，全球化将处在掌握全球性技术力量的国家主导之下。历史上没有哪一个帝国像今天掌握全球性技术的国家和地区那样，真正具有对世界进行直接管理、统治或施加影响的能力。它们可以凭借全球性技术的威力，不出国门就对其他国家产生影响，通过卫星、无线电广播向其他国家人民进行意识形态的宣传；通过网络深入一个国家内部，进行广泛的经济、政治、文化、情报等活动；通过洲际导弹对遥远的国家进行威慑；通过航空和航海把自己的力量输送到世界任何一个地方。总之，现在的大国和强盛的地区性联盟（如欧盟），可以实实在在地用可靠的全球性技术手段，以较低的成本（海湾战争中，美军一共死了100余人），对全球重大事件及时进行直接干预；通过全球性技术手段直接影响到其他国家人民具体的生产、生活甚至思维方式。全球性技术带来的优越感已在相当大程度上影响着某些国家政府的决策方式。

由于发展中国家与发达国家在技术、经济方面的差距如此巨大，发展中国家在国际舞台上按照自己意志进行选择的空间将会大大缩小。

四、经济全球化条件下的趋同文化和多元文化

（一）叹为观止的多样性

文化是什么？文化是人类的创造。需要从人的社交和社会活动中、从人所创造的各种关系中去理解人。这些关系的表现形式一是交流方式，二是已经被创造出来的社会形态，三是思维方式和精神成果，可能还有更多可以称为文化的东西。经济全球化的趋势对它们分别产生了不同的影响。

文化还有一个特点，这就是它的令人叹为观止的多样性。这种多样性的载体是语言、习俗、价值观念等。它们形成的条件是源远流长的历史。过去那种相对独立的、封闭的人类历史和社会生活既是多种语言产生的条件，也是文化多样性的决定因素。例如，在中国和欧洲这两种历史条件与社会生活中产生的文化就有着很大的差异。

在欧洲内部又何尝不是如此？虽然欧洲内部早就产生过欧洲统一的观念，后来又有多次席卷全欧的各种运动，第二次世界大战以来更是出现了欧洲一体化的进程，但是从长期的历史中沉积下来的多样性文化却保留至今，并且会长久地存在。这就是所谓的由不同的历史路向决定的各种文化之间不同的"思想底格"（张东荪语）。欧洲的"思想底格"源发于希腊的理性主义和自然哲学，中国的"思想底格"则是"天人合一"、人情主义和道德哲学（陈东民语）。各个民族和种群之间的文化是不同的。

（二）不同的交流方式

但是，经济全球化的趋势改变了文化多样性的现实条件，对其未来的发展提出了挑战，也提供了机会。如果我们从挑战与机会的角度来观察，就需要分析文化的不同层次和不同交流方式。

一般来说，文化交流有两种。

一种是具体的、含有较多技术性内容的，如音乐、绘画、体育、舞蹈等。在这些方面的交流随着经济全球化提供的便利而日益频繁，同时，这类文化的技术性标准为交流和相互学习提供了便利。这些文化的内容既属于一个国家或一个民族，也属于整个人类。要强调的是，这种文化交流，无论从标准化程度还是从鉴赏力水平来看，都有随着全球化发展而更加趋同的趋势，出现了全球性的文化机构（如国际奥林匹克委员会），是所谓文化交流过程中共同性或趋同性的内容。

另一种则是语言的、文学的、精神的、形而上学的。学术的交流和价值观念的碰撞就属于这个范畴。由于这种文化中集中了大量的历史沉积，当经济全球化的进程将人们带到一起时，这些历史的沉积、"思想底格"还继续影响着人们的思维方式、理解能力乃至生活方式和习俗，造成跨文化的人与人之间的理解缺乏和沟通不畅。关于人权概念的争论只是其中的一例。由于历史的不可截断性和不可替代性，从不同的人文、历史和自然地理条件下产生的文化差异是在经济全球化条件下进行文化交流时必须注意到的特殊性的问题。所以，经济全球化条件下就产生了一个多种文化相互尊重和相互理解的共存问题。

（三）共殊同存、殊途同归

从过去到现代，文化交流的载体都是人的生活和活动：从早期的移民、留学、商业活动到现代的传媒，都为不同文化之间的交流创造了条件。在经济全球化的条件下，这种交流比以往任何时候都频繁，规模也比以往任何时候都大得多。经济全球化可以将人类带到世界各地，使不同民族的人们共同生活或者合作劳动。由于各自的文化内涵的不同，这些交流既造成了更多的文化趋同，也带来了不少的文化撞击。

提出"文明冲突论"的亨廷顿就是通过文化的特殊性来解释文化的撞击。可惜，他对特殊性的分析不够彻底。例如，没有分析欧洲文化内部的差异和欧美文化之间的差异，而是统而言之地谈西方文明，因而否定文明的普遍性和可融合性，否定世界历史文化的归一性。

我们讲殊途同归，就是要理解上面讲的殊途，这是因为，全球化的发展使文化的沟通不可避免，而理解是沟通的必要条件；同时，了解他人的文化特殊性也是了解自身的必要条件。特殊性之中包含有共同性，共同性并不抹杀差异性。共同性体现在差异性之中，受着差异性的影响。特殊性使得共同文化丰富而有生命力，是共同文化取之不尽的源泉。对于特殊性的彻底分析更有利于寻找共同的基点。共殊同存才是整体文化。

文化是民族的、独特的，也是多元的。它在经济全球化时代的发展趋势只能是兼包并蓄、百花齐放。只有深入地了解其他民族文化产生的背景，才可能有积极意义上的文化交流。

五、全球化与南北关系

（一）南北关系的概念和由来

南北关系泛指发展中国家与发达资本主义国家之间的关系。由于绝大多数发展中国家处于南半球，所以称为"南方国家"，而大多数发达国家处于北半球，所以称为"北方国家"。南方国家又被称为欠发达国家、不发达国家、非工业化国家、贫穷国家、落后国家、第三世界国家，北方国家则又被称为发达国家、较发达国家、工业化国家、富裕国家、市场经济国家。

南北关系首先是一个历史概念，南北关系是从历史上帝国主义国家和殖民主义国家与殖民地、半殖民地国家和附属国之间的关系演变而来的。南北关系又是一个政治经济概念，是指第三世界发展中国家同西方发达资本主义国家之间的政治和经济关系，其核心是国际政治经济秩序。

第二次世界大战后南北关系问题，主要是发展中国家维护政治和经济独立、争取建立国际政治经济新秩序的问题。南北关系作为全球性的经济问题，已成为国际关系的核心问题。南北关系的根本特征是不平衡、不公平、不合理、不平等，包括国际生产和贸易中的不合理分工与不等价交换；国际资本流动和技术转让中的剥削与被剥削关系；国际经济和货币组织中的从属地位。南方国家主张通过南北对话来改变不平等的国际经济关系，加强南北双方的经济合作，并为此进行了长期不懈的努力和斗争。

20世纪80年代末到90年代，南方国家出现政治民主化浪潮。经济上摒弃了计划经济体制，实行市场经济体制或混合经济政策，经济增长较快；政治上结束一党制和强人统治，普遍采取议会民主和多党政治，确立法治体制。但南北关系并未出现松动，南方国家在南北关系中的处境依然艰难。

（二）全球化与南北关系中的主权问题

随着全球化的发展，"国家主权不可避免地受到削弱"。这种削弱主要表现在全球化从两个方向向主权民族国家提出挑战：一是通过全球主义和地区主义从外部发起的挑战，二是通过部落主义和分离主义从内部发起的挑战。这种寻根本土意识的地方主义并非要取代国家，而是对抗国家至高无上的地位，破坏其基础，削弱民族国家的整合力，使国家失去凝聚力。这样，主权国家正失去其作为唯一权力机构的地位，"在国内，发达国家正迅速成为多元的组织社会。在国外，有些政府功能正在变成跨国的，有些变成地区的，还有些正在部落化"。

全球化使国家主权的两个方面,即对内最高权和对外独立权面临两种不同方向的转移:国家权力的向上转移,使国家对外独立权受到侵蚀;国家权力的向下转移,使国家对内最高权受到侵蚀。这种转移在北方国家和南方国家具有不同的表现:发达国家在国际上利用它们的整体优势,通过国际组织(联合国安理会、八国集团、北约、世界贸易组织、国际货币基金组织等),在"人权高于主权"的名义下进行国际干预,从而强化了北方国家的整体"主权";在国内则通过"非政府组织"进一步协调国家与社会的关系。发展中国家不仅由于国内种族的、民族的、宗教的地方分离主义使国家对社会的控制能力下降,而且对外独立权在全球化过程中慢慢磨损;不仅单个国家的对外独立权由于缺少经济保证而逐渐软化,而且因为南方国家的国际组织如不结盟运动、七十七国集团、石油输出国组织的作用下降,在国际社会的发言权减少,使南方国家的整体"主权"减弱。

因此,面对全球化趋势,北方国家倾向于超越国家主权,南方国家则倾向于加强国家主权。冷战结束,世界上最大的经济和军事大国美国成为唯一的霸权。到目前为止,冷战后世界秩序的运转建立在北方国家在处理南方事务时的高度合作。对发展中国家来说,全球化的一个信号和迹象是霸权国家在世界范围的强有力的扩张,其结果是发展中国家经济和政治主权的被侵蚀。

北方国家和南方国家在主权问题上的不同处境和态度集中表现在人权和主权的关系上。人权问题有国际性的一面,但从根本上讲是一国主权范围内的事,随着全球化的发展,人权问题国际化,人权问题被纳入国际关系并上升到外交政策的高度,成为南北关系中的主要问题之一。北方国家认为"人权高于主权",因此要弱化主权,强化人权。南方则认为"主权先于人权",因此首先要维护主权,然后实现人权,主权是人权的前提。

南北双方对人权的认识和理解由于存在差异,人权实现的程度肯定不一样。不能以任何一国的人权模式强加给别国,也不能以一国的人权标准去判断别国的人权。在全球化形势下,应承认人权的国际化和普遍性,保护人权既是主权国家政府的义务,也是国际社会的责任。各国在进行人权对话的基础上,可尝试建立人权的"预警机制",对侵犯人权的事件应由国际社会通过和平方式来解决。

(三) 全球化与南北关系中的安全问题

全球化表现之一是产生了一个互联网,将某个角落的角色所采取的决策的影响以惊人的速度传递到地球上的另一个角落,不仅在经济方面,而且在安全方面也产生了决定性的影响。"全球化趋势大大增加了国家关系的复杂性"。南北关系中的安全问题不同于东西关系中的安全问题,表现在:第一,安全的范围扩大了。除了传统的领土安全、政治安全和军事安全外,经济安全、环境安全、社会安全、文化安全、科技安全等成为国家安全的新内容。第二,维护安全的手段多样化。政治手段、经济手段、文化手段、军事手段等都是维护国家安全的有效手段。第三,安全的性质发生了变化。自17世纪以来国际安全的重点集中于国家安全,安全就是意味着国家的边界、居民、制度、意识形态的价值标准不受侵犯。现在,世界上大多数国家越来越安全,但国家内部的人民和国际社会却受到越来越多的威胁。第四,安全的概念多元化。国内层面的民主安全、自由安全,全球层面的共同安全、合作安全,著名的全球治理委员会在一份报告中提出了"人民安全"和"全球安全"的新观念,并提出了新时代的安全原则。安全的含义从国家层面向内（人民）和向外（全球）两方面扩大了。

冷战结束后，东西方对抗全面让位于南北冲突。冷战结束后的冲突和战争基本上是在北方国家和南方国家之间进行的——20世纪90年代初的海湾战争、90年代中期的波黑冲突和索马里冲突、90年代末的南斯拉夫科索沃战争。分析其原因，从北方国家来说，它们认为随着冷战的结束，来自东方的威胁大大减弱，而来自南方的威胁则在上升。美国认为，核武器、生化武器等大规模杀伤性武器在南方国家的扩散对它的安全利益构成了严重威胁。从南方国家来说，冷战结束使原来被东西矛盾所掩盖的各种矛盾暴露无遗，边界争端、领土纠纷、宗教矛盾、民族和种族冲突不断激化。

南北关系是一种典型的弱国与强国、穷国与富国的关系。罗伯特·基欧权和约瑟夫·奈认为，世界各国在互相依赖的关系中不是彼此分离的台球，而是连成一片的蜘蛛网。他们从相互依赖的角度分析，看到大国也要依赖小国，强国也要依赖弱国，在非常需要时，弱小国家就会对大国施加影响。美国前总统尼克松也注意到第三世界的重要性，1988年他在《展望21世纪-和平竞争的胜利》中提出，第三世界拥有大量的自然资源和人力资源，第三世界是世界范围内战争与革命的集中点，西方国家就像贫穷的汪洋大海中的富饶孤岛。为了保证21世纪是和平的世纪，一定要保障第三世界的安全，发挥其经济潜力，并满足其政治抱负。

全球化和多极化是世界发展的两大特征。南北关系中两种趋势同时加速发展：一种是体现南方实力增长和独立自主倾向加强的多极化，另一种是促进南北经济加深相互依存的全球化。南北之间既有矛盾和冲突，也有共同利益和要求。因此，南北合作不仅表现在全球范围的合作，而且共同参加各种国际组织和区域组织或集团。南方国家为了本身经济社会的发展进步，就不但要加强南南合作，还必须参加南北合作，把南北合作的组织和规则视为旧秩序而加以反对，是要吃亏的。扩大对外开放，加快同国际接轨，既是全球化的表现，也是对全球化发展的推动，更是全球化的要求。

（四）全球化与南北关系中的发展问题

经济发展是发展中国家关心的首要问题，但对发展最有发言权的往往是北方国家。冷战时期，东西方国家的经济依两条互不相交的轨迹发展，冷战结束后，南北之间经济上的相互依赖总体上有所加深，但在发展问题上南北之间的分歧也在加深，南方国家的处境更为艰难。

第一，冷战结束后，南方国家实际上面临现代化和全球化的双重挑战。现代化是南方国家的基本目标，全球化是南方国家的总体环境。总的来说，现代化与全球化是同方向的，但全球化给现代化注入了新的因素。市场经济本身有其弱点，全球市场经济会使这些弱点无限膨胀，加之南方国家经济实力、产业结构和竞争力的差距，全球化对南方国家的挑战大于机遇，贫富差距继续扩大，不合理的经济秩序使发展中国家在经济赛跑中始终处于劣势。

现代化是推动全球化发展的重要力量，但不是唯一力量。现代化为全球化提供了制度力量和保证，如工业主义、资本主义以及民族国家等，同时，这些现代化制度也实现了本身的全球化。应该承认，现代化在相当长的时期里是西方的现代化，并且在一段时期内西方模式也是一种全球模式。

第二,南北相互依赖关系的不平衡加深。全球化趋势下的国际体系更加复杂、相互依存的程度大大提高。越来越多的全球性问题和地区性问题如环境、能源、资金、贸易等,只有通过国际才能获得解决。并且,一个国家能否取得经济增长,日益取决于其他国家的经济状况。这种相互依存关系不仅存在于发达国家之间,也存在于北方国家和南方国家之间,正如《勃兰特报告》所指出的:没有北方,南方就不能得到充分的发展,如果南方不能取得较大的进展,北方就不能繁荣,也不能改善自己的处境。但是,这种相互依赖是不平衡的。南北关系中,北方占有全面优势,南北处于不同的发展阶段。如北方强调发展的质量,南方重视发展速度。北方已进入信息化,南方的主要任务是工业化。南方国家不同程度地存在如体制不顺、结构失衡、技术落后、基础脆弱、债务沉重、资金短缺、两极分化、腐败成风、人口膨胀、环境恶化等挑战和压力,有些国家更是长期处于动乱状态。

第三,经济不平等加剧。在全球化发展中,有关贸易、服务、投资和资金流动的内部与外部经济环境充分自由化,并导致产品的国际流动和生产联合。但在对发展中国家至关重要的劳工方面却存在不正常的情况。作为主要生产要素的劳工的跨国界流动(主要是从南方流到北方),受到严格的管制和高度的限制,以保护这些国家的工资水平和劳工供应。

商品、资本、企业的跨国界流动是很不平衡的。不管是来源或目的,发达资本主义国家在国际流动中所占比例与它们在全球收入中所占的比例是不成比例的;即使关税障碍消除了,各种贸易非关税障碍的旧形式会持续,同时产生新的形式;贸易和投资的正式或非正式地区集团的建立可以被视为对集团间的一体化力量的一个威胁,并且将孤立大量南方国家和地区,因为它们没有与日本、美国和欧盟紧密的经济联系;在发达资本主义国家和新兴工业国以及最不发达国家之间,在出口数额与品种方面存在极大的不对称。

全球化过程中,南方国家处于不利的经济地位,国际资本从穷国流向富国,发达国家排斥发展中国家产品,南方国家在世界经济中的比重持续下降。根本原因在于南方国家的结构、体制、战略不适应全球化要求,致使南北相互依存关系严重失衡。直接后果是南北差距进一步扩大。

第四,南北差距进一步扩大。全球化带来的冲突之一是贫富差距的扩大。"全球化加大了国与国之间以及一个国家内部的贫富差距","不论全球化给北半球带来如何有益的影响,它对南半球大部分地区的作用却微乎其微"。联合国开发计划署发表的1999年《人类发展报告》也显示,经济全球化趋势使穷者更穷、富者更富,呼吁人们重新认识经济全球化。全世界最富有的1/5人口与最贫穷的1/5人口之间的收入差距从1960年的30:1扩大到1997年的74:1,互联网使用者1998年达到1.43亿人,其中88%在工业化国家,而撒哈拉以南非洲地区使用者不到1%。《人类发展报告》中所列举的当今世界上10个最不发达国家,全部在非洲,它们是:塞拉利昂、尼日尔、埃塞俄比亚、布基纳法索、布隆迪、莫桑比克、几内亚比绍、厄立特里亚、马里和中非共和国。

第五,环境问题更加严峻。保护环境是跨越国界的全球性问题,它将南北双方紧密地联系起来,成为南北关系发展的一个新领域,南方国家在加速发展的同时,又面临可持续发展的问题。对南方国家来说,环境问题产生的根源是贫困。一方面,它们面临发展经济和保护环境的双重任务,要消除贫困,改变落后,需要消耗大量自然资源,使生态环境受到严重破坏。另一方面,北方国家在产业结构上的调整和升级,对南方国家资源的掠夺性开采,以及向南方国家转移高污染企业和产品,进一步加剧了这一问题的严重性。南方国家已成为北方国家发展政策和发展模式对环境造成危害的受害者。

六、全球化与建立国际政治经济新秩序

全球化的积极作用是主要的，全球化和多极化构成当今世界两大潮流，是维护和平与促进发展、推动人类进步的重要因素。但是，由于全球化的基础是市场化，所以具有很大的盲目性和一定的破坏性。国际体制和国际规则又不适应全球化的发展，因而造成冲击。尤其是金融全球化发展更快、风险更大。

北方国家和南方国家在主权、安全、发展三大问题上的不同处境，使南北关系呈现出新的特点：第一，南北关系参与者的多样化。北方国家、北方国家的国际组织、北方国家的跨国公司与南方国家、南方国家的国际组织、南方国家的国内组织之间形成错综复杂的关系。第二，南北关系内容的复杂化。除了传统的发展问题外，业已解决的主权问题重新突出，安全问题也提上议事日程，此外还有人权、环保、毒品等问题。第三，南北关系的不对称性加剧。这种不对称不仅表现在发展水平、安全保障、主权利益上，而且是一种结构、体制、战略上的全面不平衡。不仅是"起点"上的不同，更是"跑道"上的不同。南北竞争好比一辆在高速公路上奔驰的豪华汽车与一辆在泥泞小道上行驶的马车在进行比赛。全球化形势下，南北双方在主权、安全、发展三个问题上具有不同的利益，采取不同的对策。北方国家在全球化过程中也有薄弱环节，如安全、主权、发展的脆弱性，北方国家内部的矛盾，全球命运的相关性等，南方国家在全球化过程中也存在一些机遇，一体化在总体上有利于南方国家的发展加速，安全、主权利益上有"搭便车"之利，后发优势等。问题是南方国家在面临现代化挑战的同时，现在又面对全球化的挑战。南方国家一方面要利用全球化克服现代化中的难题，另一方面要通过现代化对付全球化的挑战。

经济全球化已经暴露出现行国际经济秩序的不适应性，北方国家和南方国家应当共同推动国际经济秩序的调整和改革。1999年3月，江泽民在访问瑞士时提出中国关于建立国际经济新秩序的五点主张，这就是"第一，应坚持互相尊重主权和领土完整、互不侵犯、互不干涉内政的原则；第二，应坚持用和平方式处理国际争端的原则；第三，应坚持世界各国主权平等的原则；第四，应尊重各国国情、求同存异的原则；第五，应坚持互利合作、共同发展的原则。"国际政治经济新秩序应包括三个方面：一是主权，二是安全，三是发展。

在主权问题上，要实现南北关系民主化。所谓国际关系民主化，就是大中小国家都要在权利平等的基础上参与研究和解决共同关心的国际问题，它意味着"参与研究问题""参与做出决定""参与检查决定的执行"。

在安全问题上，要实现南北双方的和平共处，承认多样性、多极化。全球化隐含着市场与国家的矛盾。全球化和多极化是世界市场和民族国家这一对古老矛盾的发展。经济上的控制与反控制、政治上的霸权与反霸权斗争将会长期持续下去。北方国家不但要维护旧秩序，还要制定新的不平等规则，强迫全面开放市场、实行完全自由化。发展中国家由于一般都处于不利地位，所以要发挥国家的作用，但不是消极回避，而是在积极参与全球化的过程中坚持独立自主，维护经济安全。

在发展问题上，要实现南北之间平等的发展机会。建立国际政治经济新秩序的根本目标是争取平等的机会，而不是平等的收入。国家经济秩序的改革与国际经济秩序的改革有着密切的关系。中国国际战略研究基金会高级顾问汪道涵在评价"东亚模式"时认为，它存在

四大结构问题:政府干预与市场机制的矛盾,国际竞争力不足与国内市场开放过快的矛盾,经济高速增长与结构调整滞后的矛盾,劳动力成本上升与科技投入不足的矛盾,等等。因此,不仅东亚地区,甚至所有南方国家都面临经济结构的全面调整。

七、美国与世界经济全球化

(一) 经济全球化对美国的挑战

全球化是一种客观趋势,它不仅对发展中国家产生了冲击,对美国等西方国家的影响也十分严重。20世纪90年代新孤立主义的回潮表明,"经济全球化在美国引起了强烈反弹","尽管美国拥有巨大的国内市场,与其他工业国家比较起来有较少的国际依赖性",但美国的经济仍然和其他国家的经济发展紧紧相连。因此,全球化的发展必然对美国提出巨大的挑战。

1. 经济全球化对美国模式的冲击

随着经济全球化的深入,美国的自由市场经济模式面临一系列的挑战。冷战后,经济全球化对国家的干预提出了更高的要求,即国家已不能简单地运用传统的干预手段,而必须使用适应全球化要求的方法来调节市场经济。全球化对美国自由市场经济体制提出的挑战要求美国政府要改变传统的不干预方式,因为"这种模式是不谈怎样保持竞争力的战略的"。这就需要美国政府既要增强效率,又要加强对内部事务的干预能力。经济全球化使美国的联邦和地方之间的关系发生改变,各州处理国际经济关系的决策作用日益增长,甚至一些地方政府也在国际经济中扮演着重要的角色。全球化的发展需要"一个效率更高而浪费更少的政府;一个把权力从联邦层次尽可能下发到州和地方层次的政府"。这使得美国政府很难实施积极干预的政策。在新的国际国内政治经济形势下,美国政府必须致力于用新的方式代替简单地增加政府开支、刺激需求的办法,使美国能适应全球性竞争的挑战等。在这样的情形之下,美国开始反思自由市场经济模式的成败,不断地调整本国的经济政策,如通过支持公司兼并等手段调整其经济模式,以适应经济全球化进程。

2. 经济全球化对美国国际地位的挑战

经济全球化使国际实力分散化,美国的国际地位因而受到前所未有的挑战。资本主义世界经济由原先美国单极称雄的格局变为美、欧、日三足鼎立的局面,经济多极化的形成表明美、欧、日之间的经济实力对比发生了重大的变化,美国的国际地位受到严峻挑战。在世界经济全球化和地区一体化的进程中,欧洲是率先推动经济一体化的地区。欧盟的对外贸易额比美、加、墨三国外贸总额要多。欧盟实行单一货币,欧元自然会取代美元成为欧盟成员国中央银行的主要储备货币,并成为其他各国中央银行的一种储备货币,这直接威胁到美元的地位。欧盟的发展和扩大进一步削弱了美国的超级大国地位。

3. 经济全球化对美国国内的孤立主义和保护主义的挑战

经济全球化使美国的某些劣势产业(如劳动密集型产业)受到影响,美国国内因此而出现了强烈的孤立主义和保护主义。在历史上,美国有孤立主义和保护主义的传统。美国政府能否较为顺利地参与经济全球化进程,如按期实现建立美洲自由贸易区的目标等,关键是能否克服国内孤立主义和保护主义势力的阻挠。这一势力的代表人物指责克林顿签署北美自由贸易协定和其他贸易协定是出卖美国劳动者利益，指责政府与墨西哥签订的贸易协定使数以万计的美国人失业。世界贸易组织最新一轮谈判夭折，和美国国内在会议期间举行反对世界贸易组织的游行示威密切相关。美国国内孤立主义和保护主义的势力反对克林顿政府加速推进经济全球化和区域集团化进程的努力，表明了美国国内出现的积极参与经济全球化进程和反对参与这一进程的两种势力，而反对者则成为美国主导世界经济全球化进程的障碍。

（二）美国为主导经济全球化进程所作的战略调整

在经济全球化日益发展的今天，没有哪一个国家能够回避全球化进程，即使美国也是如此。只是美国"拥有资源优势，又有资本和技术的优势，所以完全可以在更大的范围上根据绝对利益和比较利益进行最有利于自己的选择"。

1. 提出经济安全战略，使美国在经济全球化进程中取得有利的战略优势

长期以来，美国联邦政府的行政机构重外交而轻内政的政策已不能适应全球化的需要。同时，经济全球化的不断深入已使原来的安全概念发生巨大的变化，安全概念的内涵已从纯粹政治性的转化为经济性的。"在新的形势下，安全观必须加以扩展，转换和充实……要有对全球化时代新现实、新问题关注与探讨，如经济安全"，因为"经济安全在冷战后成为国家利益的重点"。也正因为如此，美国政府提出了经济安全战略。

2. 倡导和支持公司合并，增强美国企业的国际竞争力

经济全球化发展的一个重要现象就是企业的兼并。从19世纪末至今已进行了4次大的企业兼并浪潮，每次都带来了大企业的资产重组、产业结构和产品结构的调整。20世纪80年代开始的第四次兼并风潮席卷美国。1985年美国有商业银行14500家。20世纪90年代，由于美国政府放宽了法律规定，允许银行跨州经营，到1995年，商业银行立刻兼并整合为1万家。随后，法律进一步放宽，允许成立全国性银行，这直接引发了1997—1998年的银行大兼并。1996年12月15日，世界最大的航空制造公司—美国波音公司宣布兼并世界第三大航空制造公司—美国麦道公司，成为世界最大的民用和军用飞机制造企业。1997年7月4日，美国第一大军工企业诺思罗普·格如门，洛克希德-马丁成为世界最大的军工企业。这次兼并，也是20世纪90年代以来美国军工企业的最后一次大型企业兼并。

3. 建立和完善科技创新体制，掌握经济全球化进程的主动权

科学技术进步是加强全球经济联系、促进世界各国相互依赖的根本原因。"第二次世界大战"以后，自然科学技术获得了突飞猛进的发展。20世纪50年代以来，全世界的各种发明创造超过了前2000年的总和，人类社会进入全新的信息时代。

20世纪90年代，由于经济全球化使科技因素在对外贸易中的地位进一步上升，科技成为经济全球化进程中各国都很注重的关键因素。而这时美国的技术主导地位已不十分明显，美国政府不得不采取各种措施保持和加强科技方面的传统优势。"90年代以来，从美国开始日益风靡其他发达国家与发展中国家的以现代计算机网络通信技术为基础、以光导纤维缆为骨干的联系全世界的双向高速与大容量的电子数据系统即所谓信息高速公路的建设，将全球化推向前所未有的高度"。世界经济因此也正面临着一场"无纸化"的技术革命。由于美国注重科技创新，美国科技力量的比较优势更加明显起来，其国际竞争力在20世纪90年代又重新回到了世界第一位。

4. 积极组织、参与和主导地区经济一体化

20世纪80年代末以来，美国积极促进签订地区贸易协议。美国先是与加拿大签署双边的自由贸易协定，后来又把墨西哥拉进了北美自由贸易区，继而又想促成美洲自由贸易区，美国还倡导和主持了亚太经合组织领导人第一次非正式会议。美国为何积极参与经济一体化？因为美国有一个重要的意图："如果出现有歧视性的区域集团跃居上风，西半球挟其广大的市场，也可以有效地与其他区域贸易集团竞争……如果发生竞争，也可以在竞争中获胜。"美国推动建立北美自由贸易区的目标还不仅在于贸易区本身，而且要在北美自由贸易协定的基础上将自由贸易区扩大至中、南美洲，建立一个包括北美、中美和南美34个国家在内的美洲自由贸易区。美国还积极参与并推动亚太经济合作组织的活动。亚太地区是全球经济最有活力的地区之一。它的产出占世界产出的一半，贸易占世界贸易的40%以上。美国设想，美国如果能主导亚太经济一体化进程，将是美国主导世界经济全球化进程的关键。

5. 积极组织、参与和主导全球经济一体化

"在经济政策、贸易政策、社会政策、金融政策和货币政策方面，最终是华盛顿的政治家及其顾问们在为全球一体化制定规则"。美国是世界贸易组织的主要倡导者，成立"世界贸易组织"的设想在关贸总协定内部酝酿已久。1986年美国倡导新一轮关贸总协定谈判（乌拉圭回合）就把成立这一组织作为优先考虑目标。在谈判出现困难的时候，美国还通过推动区域集团的发展来促使世界贸易组织的成立。美国通过积极参加区域贸易集团的方式向区域以外的国家发出信号，向欧盟、日本施加压力，如果由关贸总协定主持的"乌拉圭回合"多边贸易谈判失败，实现世界贸易自由化的任务就将在区域组织内进行。这对促使"乌拉圭回合"谈判达成协议起了很大的推动作用。

经济全球化对美国产生了巨大的冲击，美国对这一进程做出了回应性反应，促进了美国经济的增长。这又为美国主导世界经济全球化进程奠定了坚实的经济基础和政治基础，因为经济增长会提高美国国内的国际主义情绪。因此，今后美国还会继续参与和谋求主导世界经济全球化的进程。

八、经济全球化与发展中国家的对策

随着经济全球化趋势的不断发展，各国经济的相互依存、相互影响将进一步加深，各国政府对全球经济发展的责任也越来越大，都应本着责任与风险共担的精神，进行广泛而切实有效的国际协调与合作。与此同时，发展中国家要采取正确有效的对策，在参与经济全球化的进程中，做到趋利避害或最大限度地减少损失。

（一）立足内资与合理有效利用外资相结合

经济全球化进程加快的标志之一，是资金流动加快和规模越来越大。资金大规模加速流动已成为世界经济中最活跃和风险最大的一个领域。迄今每天全球外汇交易额1.5万亿美元，如果按250天计算，一年全球外汇交易额达375万亿美元，其中98%主要用于从事各种形式的投机性炒作。虚拟经济与实体经济严重背离是导致全球汇市、股市剧烈波动和一再爆发金融危机的重要原因之一。

东亚经济崛起的重要经验是立足内资与合理有效利用外资相结合。日本、新加坡、韩

国、中国台湾和中国香港特区，它们的固定资本投资主要靠内部积累。东亚国家和地区引进外资主要是中长期贷款。东亚国家和地区通过引进外资成功地取得了经济奇迹般的发展。

中国实行改革开放政策后，在很长时期内，利用外资的主要形式是借债，20世纪80年代后利用外商直接投资逐步增加，20世纪90年代中期以后利用外商直接投资逐渐取代对外借债，成为中国利用外资的主要形式。对照国际上通用的债务安全指标，中国对外债务规模合理，清偿能力充足，扩大借用外债还有较大余地，特别是利用外商直接投资的潜力巨大、前景广阔。

总结中国和其他发展中国家吸引外资的经验教训，发展中国家今后利用外资应掌握的主要原则和政策如下。

第一，控制外债规模，防止形成债务灾难和危机。很多国家的沉痛教训表明，发展中国家必须控制借债规模，充分考虑还债能力，严防形成债务灾难和发生债务危机。

第二，利用外资应主要引进外商直接投资，而且要引导投资流向。跨国公司扩大投资、进行跨越国家和地区界限的生产要素组合，已成为经济全球化进程加快的主要动力。跨国公司内部和相互之间贸易已占世界贸易的60%、跨国公司的投资已占全球直接投资的90%。而且，发达国家对外直接投资主要是相互投资，经济合作与发展组织29个成员国对外直接投资的82%是相互之间的投资。

第三，要控制短期资本大进大出，加强金融监管，防止对冲基金进行投机炒作的冲击。这是拉美债务危机和东亚金融危机的重要教训之一。

（二）引进技术与自主创新相结合

根据很多国家的经验，发展中国家在引进技术与立足创新相结合方面要注意三点。

第一，在引进基础上，重视消化、提高和国产化。日本在引进技术、利用"后发优势"方面提供了宝贵经验。"第二次世界大战"结束后，日本的工业技术比美欧起码落后20年。为赶超美欧国家，从20世纪50年代起日本大量引进技术，并在引进技术的基础上进行研究开发。特别是20世纪60年代中期以后，日本购买技术专利的开支大大高于西方其他大国。日本引进技术的典型模式是：通过引进设备来引进技术→消化吸收→改进提高→国产（超过外国）→出口，并采取保护措施。

经过20世纪50年代的引进技术、60年代的消化吸收、70年代的自主开发，到80年代初，在43种主要工业产品的186项主要技术指标中，日本超过美国的占29%，赶上美国的占32%，不及美国的占39%；在165项主要技术指标中，日本超过西欧的占38%，赶上西欧的占44%，不如西欧的占18%。引进技术对日本调整产业结构和提高竞争力起过重要作用。

第二，在特定的时间内，高新技术是引不进、买不到的。发达国家人口占世界人口的比重不到20%，而这些国家的研究与开发投资却占世界研究与开发投资的85%。不过，发达国家的高新技术发展也是不平衡的，是相互保密的。第二次世界大战后初期，日本一个代表团参观美国汽车制造厂时只能看，不准记录。代表团回到住处后相互回忆、追忆。

经济全球化的主要载体——跨国公司也严加控制技术转移。跨国公司进行跨越国界、地区界限的投资和生产要素优化组合，带动了技术、管理经验、信息和人才的流动，但跨国公司90%以上的研究与开发是在母国进行的，跨国公司依靠高新技术和名优产品的优势谋取垄断地位和高额利润的属性没有改变。

第三，要立足创新。世界各国都在大力推进技术创新。据权威人士介绍，国家创新系统应当是一个网络，这个网络能推动整个民族和国家的创新。该网络主要由五个部分组成——企业、大学、科研机构、中介机构和政府。它们的关系是：企业是创新的主体；科研院所和大学是创新的源头与知识库，同时也提供和培养创新的人才；中介机构是沟通知识流动的环节，各国都把中介机构的建设看作政府推动知识和技术扩散的重要途径；政府在国家创新系统中的重要作用是不言而喻的。

日本不仅善于引进技术，而且勇于创新。20世纪90年代以来，日本经济一直不景气，但是日本仍在增加创新投资，奋力赶超美国。

第三章 北约新战略

北大西洋公约组织现有29个成员国，是第二次世界大战后美国为了在欧洲维护霸权地位、遏制苏联而联合西方国家建立的一个军事政治组织。在冷战年代，以美国为首的北约和以苏联为首的华约（1954年建立）在欧洲集结了大量军事力量，一直处于严重对峙局面。

进入20世纪90年代，随着苏联东欧剧变、华约解散，欧洲的政治与安全形势发生了根本变化。在新形势下，北约为了存在下去，并继续在欧洲安全方面发挥支柱作用，对联盟的性质、职能和军事战略作了一系列重大调整。

一、北约与华约对峙数十年

北约成立于1949年4月4日，对这个第二次世界大战后寿命最长、组织系统最庞大的军事政治组织究竟该怎样看，不同的人从不同的角度出发自然会得出不同的结论。

（一）谁保卫了欧洲和平

一谈到第二次世界大战后欧洲能维持数十年的和平，英美等西方国家领导人都说这是北约的"功劳"，并为之沾沾自喜。事情果真是这样吗？笔者认为，这种说法至少是片面的和不公正的。

西方人做出以上结论的前提是华约是"侵略者"，因此，没有北约的存在，西欧必遭侵略－按他们的逻辑，北约是防御性组织，华约是进攻性组织。但我们从这两个组织成立的时间看，北约在先，华约在后，没有北约就不可能出现对立面华约，是北约"引"出了华约，也就是说，是防御性组织"引"出了"进攻性组织"，这在逻辑上是讲不通的。当然，每一个组织的性质是会变化的，最终的判断还应看其行动。现在从行动看，双方不仅没有把"冷战"主动演变为"热战"，而且还设法避免演变为"热战"。当然，这里面的原因是多方面的，其中最主要的是双方都害怕打"核大战"。所以，是"核恐怖平衡"维持了"欧洲的和平"。因此，这和平的"功劳"应归于两个组织的并存，是北约和华约共同"创造"了欧洲数十年的和平，虽然是"冷和平"，但毕竟没有爆发热战。

（二）北约"赢"在哪里

如果说北约是冷战的最后"赢家"的话，那么，北约的"赢"不是"赢"在军事上，而是"赢"在隐藏在军事背后的经济上。在军事上，正如上面所说的，是"恐怖平衡"使双方打了个"平手"。但这个"平手"的获得对北约和华约两者来说所付出的代价是不"均等"的。华约在军备竞赛中付出的"代价"远远高于北约。当时的苏联，其国民经济中的很大部分是用在这上面的，而在美国，其在国民经济中所占的份额远低于苏联。从这一角度看，由军事对抗需要而产生的军备竞赛，只是一种"表面"现象，更"实质"的东西是隐藏在其后的经济竞赛。但当苏联领导人醒悟和认识到这一"实质"时，已晚矣！北约正是"赢"在用它的军事压力，悄悄地、不放一枪一炮地压垮了苏联的经济，这才是北约"取胜"的根本途径和原因。附带说一句,当时华约之所以同北约进行"无限"的军备竞赛,是它同北约、或者说是双方彼此缺乏了解分不开的。这说明大国之间"老死不相往来"是多么的危险。

(三) 为何转向对立组织

华约解体后,它的成员国不但不恨过去的"敌人",反而还"亲"它们。这些国家很快就提出了加入北约的要求。乍看起来,这确实让人费解。但若研究一下这些国家的历史,就会找出答案。

如果说,华约的最终解体根子在于经济原因,那么,原华约成员国要求加入北约的根子则是在于政治原因,至少更多的是出于政治原因。

这可拿北约东扩的由来作说明。北约的东扩思想最初是"发源"于原华约国的要求而不是北约自己首先"想"出来的。当时北约想的是怎样"制造"理由使自己在丧失敌手的情况下能"合理"地生存下来。而原华约国脱离了苏联之后,担心自己国家新获得的自主和独立会受到苏联(俄罗斯)的压力和损害,产生了要求北约庇护的念头,这正中美国下怀,于是才有了以后美国牵头的北约东扩行动。

可以说,原华约国要求"庇护"的思想是根深蒂固的,植根于它们国家的历史之中。这可以溯源到18世纪,直到1919年至1939年,即第一次世界大战结束到第二次世界大战爆发前,这个地区的国家一直被视为介于俄罗斯和德国之间的"安全真空"的"中间欧洲",结果被希特勒轻而易举地拿了去。因此历史的经验使东欧国家对"安全真空"怀有强烈的恐惧感,总想找个"靠山"。在华约中它们受控于苏联,心中有许多不满,华约一倒台它们便立即倒向了北约,希望在北约翼护下不但是独立的国家,而且是自主的国家。以上的历史还说明,一个国家想控制别国最终是要落空的。

(四) 在北约"成功"的后面

冷战结束后,北约自认为最傲人的两大"功绩"是东扩和参与维和行动。但如果从长期的观点看,在这两者的背后都潜伏着"败绩"的可能性。

先说北约东扩。随着波、捷、匈三国入盟,东扩的第一批成果已到手。但北约的东扩并不就此止步,这已是既定政策,只是时间间隔的长短罢了。看来,东扩虽"壮大"了北约,但同时也"松散"了北约的组织。其主要原因是国家多、利益差异大,政策难以统一和协调,行动就会显得迟缓。特别是有关军事性的行动,内部矛盾将会更加尖锐,步调将更难一致。另外,美国的利益是全球性的,欧洲的利益主要是地区性的。美国坚持"扩大"北约是想利用其来"扩大"自己的利益。但不排除这样一种可能性,即美国是在给自己背包袱,为欧洲的联合排美制造和开辟新的阵地。正如上面所说的,要控制别的国家最终是要落空的。

至于维和行动,对北约同样存在着两种前景。一是北约在维和行动中能较好地执行联合国交给的任务,提高自己在安全领域中的地位和作用;二是任务执行得不顺利,甚至卷进去成了有关冲突方面的对立面。特别是若被某一大国所利用,成了该国政策的代理执行人,甚至演变成与整个联合国对着干。那就是"失败"了。因此,北约参与维和行动,也包含着某种"冒险"。

总之，北约是因"雄心"而打开了新天地，还是因"野心"太大而毁了自己，还要看世界整个形势的发展变化及北约对外界的适应能力和北约内部矛盾斗争的转化情况以及其他许多因素，现在尚难以做出结论。

二、北约战略调整

（一）转变性质和职能

扩大政治职能，由军事政治组织变为政治军事组织。以往北约主要依靠军事力量"确保欧洲的安全与稳定"，今后则主要通过与前华约集团国家建立伙伴合作关系，对它们施加影响和改造，以实现安全与稳定的目标。为此北约采取了两个重要步骤。

（1）成立有北约国家、东欧国家、独联体国家和波罗的海三国参加的北大西洋合作委员会，通过这个组织同前华约国家建立了正式磋商制度。

（2）参与欧安会主持的欧洲地区的维持和平行动，首次将其防区范围扩大到欧安会的52个成员国。

（二）调整军事战略

由主要对付苏联的"灵活反应"战略，变为全方位"应付危机"战略，即由过去主要依靠军事实力对付苏联和华约，转向综合运用政治、军事、经济等手段，应付以民族纠纷、领土争端和宗教矛盾为特征的地区动乱与局部武装冲突。这是北约自成立以来军事战略上的一次根本转变。

为适应新战略的需要，北约在军事上也进行了一系列重大调整。

（1）削减军事力量。在最低水平上保持一支足够的常规和核威慑力量。其中北约一体化部队将从180多万人减为90万人（美国驻欧洲的兵力将从18万人减到7.5~10万人）。

（2）建立新军事力量结构。新结构由三类部队组成，即"快速反应部队""主要防御部队"和"增援部队"。"快速反应部队"司令部已于1998年10月正式成立，设在德国，由英国麦肯齐中将任司令。该部队为军级建制，由16个国家派兵组成，总兵力7~10万人，以英军为主。这支部队装备精良，机动性强，平时保持高度戒备状态，将是今后北约应付危机的主要作战力量。"主要防御部队"将由7个军组成，以德军为主力。"增援部队"人数未定，主要来自美国和加拿大。

（3）精简指挥机构。将3个盟军最高司令部合并成1个，撤销海峡盟军最高司令部，将其与隶属欧洲盟军最高司令部的北欧盟军司令部合并，组成西北欧盟军司令部。

（4）加强质量建军。实现武器装备的现代化作战训练方法和后勤管理，提高部队的机动性和灵活性，增强应付突发性危机的能力。

（5）调整核战略。将"先期使用"的"核绊索"调整为将核武器作为威慑的"最后手段"，减少对核武器的依赖。美国已将其部署在欧洲的战区核武器从以前的2600~3000件减为700~1000件。

三、北约三颗棋子的运行轨迹

当前，在欧洲的政治棋盘上，活跃着三颗棋子。第一颗是美国利用北约加速东扩；第二颗是俄罗斯通过同西欧发展关系以平衡与美国的关系，进行西渗；第三颗是德国凭借欧洲联盟乘机南下。这三颗棋子的运行轨迹纵横交错，从而构成了目前欧洲错综复杂的政治图景。

(一) 不同的棋路和目标

在这三颗棋子中，美国是主棋子，其他两颗主要是围绕着美国的走法或利用美国的失误而走自己的棋。

美国走出加速北约向东方扩张（提出迟早接纳东欧国家加入北约的建议）这步棋。美国的考虑是：乘当前俄罗斯对外政策处于尚未明显转为强硬的"可塑期"和欧洲联盟尚未真正崛起之机，通过同俄罗斯达成某些谅解以及拉西欧一起加速北约东扩，为在欧洲实施美国的"扩展战略"打开突破口和铺平道路。美国想通过这步棋达到几个目的：一是把美国的影响扩大至欧洲东部地区。二是构筑防止东欧局势"逆转"的堤坝。三是防范俄罗斯将来可能回到"极权政治"而造成的"威胁"。四是遏制德国在欧洲坐大。最终目的是想由美国来主导未来欧洲安全机制。就北约是否迅速东扩的问题，美国国内尚有争议。前总统克林顿曾表示，扩大北约组织虽"不可避免"，但其进程将是"逐步的"和"公开的"。这主要是避免过分刺激俄罗斯。

俄罗斯采取"向西方渗透"的棋路，包含对美国东扩做出的反应。据有的西方专家分析，俄罗斯对美东扩的反应可以说是外表强硬，内心动摇。前总统叶利钦曾在欧安会首脑会议上，强调北约东扩将使整个欧洲面临"冷和平"的危险。显然，俄罗斯是把北约东扩提高到影响俄美全局关系的高度来看待的。但后来俄美外长在日内瓦会谈后，俄罗斯外长声称，俄美关系"仍然牢固"，"不会出现冷和平"。这虽与美国对俄罗斯作了某些松动有关，但主要还是俄罗斯权衡利弊后，尚不敢同美国搞僵关系。另外，俄罗斯更加重视利用欧美在北约东扩问题上的深层矛盾和它自身"欧洲个性"的增强，进一步同西欧拉近关系，如提出同西欧联盟发展关系的倡议等。其目的，一是利用西欧来平衡它与美国的关系，二是为将来插手西欧事务创造条件，三是从西欧获取更多的经济利益。

德国在北约东扩问题上同美国既有一致的一面，又有矛盾的一面。从近、中期看，一致面大于矛盾面。美国东扩计划对巩固东欧"西化"成果和稳定欧洲有利，这与德国所谋求的创造相对稳定的外部环境来振兴德国这一战略目标一致。但从长远看，美德的矛盾面将大于一致面，因为美国最终要建立的未来欧洲安全机制是以扩大了的北约为核心，而德国属意的却是以欧盟为核心。美国还想借北约拴住德国。在这种情况下，德国目前的选择是双管齐下。一方面，德国借北约东扩实现自己的"东进战略"；另一方面，德国又利用欧洲联盟，乘机南下，为实现其"政治大国"目标服务。德国南下的矛头首先是指向巴尔干半岛和地中海地区，然后向非洲扩展。德国鉴于过去因抢先承认斯洛文尼亚和克罗地亚独立而陷于孤立处境的教训，改变策略，主要是打着欧洲联盟的名义，用小步开路，逐渐实现其大目标。德国推动欧盟委员会关于建立"欧洲—地中海伙伴关系"和"欧洲—地中海安全与政治稳定区"的建议和设想，不仅是由于欧盟与地中海地区有重大的利益关系（欧盟24%的能源和32……的天然气来自该地区），而且更重要的是德国欲借法国、西班牙、葡萄牙等南欧国家来加强同地中海地区的关系，为自己的南下战略服务。从这个意义上讲，德国的南下必将进一步加剧它同法国等其他南欧国家的矛盾。

（二）不同的背景和难题

美、俄、德之所以选择各自的进取方向，既有其历史原因，更是由当前的现实条件所决定的。"第二次世界大战"后的冷战局面决定了美国在西欧的主宰地位；冷战结束后，美国成了唯一的超级大国，西欧因没有强大到独立担当起维护整个欧洲稳定的任务而仍然需要美国。美国便再次成了欧洲不可缺少的"保护人"。可以说，如果没有美国在欧洲的存在，特别是没有以美国为首的北约的存在，西欧将既难以遏制俄罗斯可能出现的扩张，更不易牵制德国的走向，甚至可能因为失去美国的稳定力量而再度发生分裂。美国正是看中了这一点，以北约为工具推行美国的"融合欧洲战略"，把东欧划入北约范畴，以期从根本上防止俄罗斯重新染指东欧，并把德国置于北约的"禁锢"之中。由此可见，美国对欧洲的野心比以前更大了。但美国的实力已不如从前，加上美国在欧洲既不占地利，更缺乏人和，这又决定美国在东扩问题上既要同西欧盟国协调步伐，又要看俄罗斯的反应。美国东扩的总的步子必将是迂回和缓慢的。

俄罗斯目前在外交上同西方拉开了一定距离，重点是放在改善与独联体等近邻国家的关系上。俄罗斯已认识到，如果近邻不稳或没有以近邻为其后盾，它的西方政策也将是软弱的。从俄罗斯目前的外交全局看，俄美关系仍优先于俄（西）欧关系。这是出于俄罗斯力图维持和恢复其世界大国地位的需要。俄罗斯同美国相比，虽在与欧洲关系上占有"地利"之便，但由于它目前内困外忧以及西欧对俄罗斯的扩张怀有根深蒂固的戒心，因此，俄罗斯同西欧难以在政治上建立起紧密的合作关系。

在一个不太短的时期内，俄罗斯仍将有求于西欧和美国。同时，俄罗斯同西方的矛盾也将进一步发展。但俄罗斯不大可能会主动制造冷战式的危机，这是因为衰落的俄罗斯不愿也无力这样做，这也是当前俄罗斯同过去沙皇帝国和苏联的根本区别之处。

随着美、英、法、俄撤出了在德国的驻军，德国虽然最终摆脱了第二次世界大战失败的负荷，但德国无法驱除希特勒在欧洲人思想深处投下的阴影。欧洲国家既担心北约"萎缩"而不能驾驭德国，又担心北约扩大而增强德国的影响。它们恐怕"欧洲的德国"将是走向"德国的欧洲"的前奏。因此，欧洲总是以猜疑的目光注视着德国的一举一动。德国前总理施密特撰文认为，由于德国的日益强大，已有人在拼凑英法协约，甚至有人要拉拢俄罗斯来共同制德。看来，这是德国走向世界大国的一个重大障碍，它决定了德国无论在东扩或南下的问题上，都不得不小心翼翼，瞻前顾后。由此看来，德国通向政治大国的道路是崎岖的，它的步伐将是缓慢的。

综上所述，美、俄、德三国在各自的"棋路"上各有其有利条件和不利条件，并互有所求又相互制约，既要在总体上共同维持欧洲的力量平衡以利于各自稳定的需求，又要在局部上打破某种平衡以利于自己的发展。其结果是推动欧洲进一步向多极化方向发展。

四、北约从大西洋化到全球化

北约正面临战略宗旨上的重大转折。北约的变与不变，对 21 世纪的人类世界将产生重大影响。

（一）由初衷到转折

北约在成立时声称，它的目的是建立集体防御。北约认为，任何一个成员国受到武装进攻或威胁，即被看作所有成员国受到武装进攻或威胁，各成员国有义务"采取必要行动"。作为一个地区性的国家军事集团，北约的防御范围是北大西洋盟国领域之内，而且重点是"前沿防御"。因此，北约的"大西洋化"特性应该是非常明显的。

在冷战年代，北约曾根据形势和力量对比的发展变化几次调整军事战略。1949年底，北约讨论了"防御北大西洋区域的战略概念"报告，于次年9月正式采纳了"前沿防御战略"；20世纪50年代，北约采纳了艾森豪威尔提出的"大规模报复战略"，声称"对北约领土完整的任何侵犯都将报以一场严重的大规模核回击"。20世纪60年代，北约又提出了"灵活反应战略"，试图通过加强常规力量、战术核力量和战略核力量，来应付对盟国的多种形式、多种规模的战争；到20世纪80年代，北约又提出了"纵深打击战略"，强调在华约发动进攻后，要迅速有效地利用先进武器打击敌后纵深地区。所有这些调整，都属于在大西洋盟国范围内"集体防御战略"的调整。北约的"大西洋化"特性并没有根本变化。

北约成立后，尽管军备竞赛不断升级，但由于它与华约的实力基本均衡，欧洲并没有爆发人们担心的战争。虽然欧洲的和平是一种"刺刀下的和平"，但北约还是基本实现了它维护大西洋地区盟国安全的价值。

冷战结束，北约作为华约对立一方的存在价值自然受到质疑。西方国家经历了一段忘形的欢乐和自我陶醉之后，似乎又清醒过来；尽管华约不存在了，但是它们不能失去北约。其原因有三：

一是北约对立面的军事集团的消失并不意味着代表这个集团利益的那股势力彻底进入了"历史的终结"，它可能变成了潜在的对手。二是可以利用北约来推行并实现西方民主制度，这是一个现实而有用的工具。三是美欧之间的战略结盟关系需要继续下去，北约是目前维系这种关系唯一的组织形式。

原东欧国家以及新分立出来的国家，纷纷提出"回归"欧洲，参加北约，这充实了北约继续存在下去的"价值"。但是，北约继续存在的理由，不能单单建立在针对俄罗斯的基础上，于是，就有了关于北约新战略概念近十年的酝酿、争论、调整与修订。

1991年11月的北约罗马首脑会议，通过了"北约新战略概念"文件，其中最重要的是两点：一是北约的主要职能从防御华约武装进攻变为"预防冲突和处理危机"；二是北约沿袭多年的"前沿防御战略"变为"全方位防御战略"。如果说，这时候北约的新战略概念还只是局限在欧洲地区的话，随着北约出兵海湾、出兵波黑，以及实施北约东扩，进一步扩大北约职能和实施范围——"北约全球化"的主张逐渐占了上风。

1997年7月，北约马德里首脑会议决定，重新设计1991年的新战略。1998年5月以来，北约多次对面向21世纪的新战略草案进行了讨论和修订，准备提交纪念北约50周年的华盛顿首脑会议通过。为了证明这一新战略的可行性和必要性，北约又急不可耐地借口科索沃发动了对南斯拉夫的战争。

至此，北约进入了从大西洋化到全球化的根本转折。

(二) 扩大北约

国际舆论注意到，在世纪之交的关键时期，美国提出要使北约这个冷战时期的产物进一步走向全球化，推动北约成为世界宪兵，此举反映了美国多方面的战略考虑。

1. 借助北约，推行"参与和扩展"战略

冷战结束后，美国自恃成了世界唯一超级大国，提出了野心勃勃的"参与和扩展"战略，企图建立"一极世界"，实现其独霸世界的梦想。基于这种野心，美国提出要使北约这个跨大西洋的区域性组织走向"全球化"，目的就是要利用北约，将其变成实施美国"参与和扩展"战略的一个重要工具。因为一旦美国有关北约新战略的构想得以通过，美国作为北约的"盟主"，就可以名正言顺地对北约发号施令，一方面推行美国的"参与和扩展"战略，扩展美国的利益；另一方面则可以此来扩展西方的利益，并实现美国称霸世界的野心，可说是一箭双雕。

2. 发展北约，扩大北约势力范围

进一步扩大北约，这是北约新战略构想中的一项重要的内容。美国也一直是北约扩大的积极鼓吹者。舆论认为，美国强调继续推进北约扩大进程，在很大程度上是为了巩固和发展冷战后西方在苏联和东欧地区取得的成果，以便进一步推进北约的影响和拓展北约的势力范围。

长期以来，北约作为一个西方军事政治集团，其成员主要局限于西方国家。冷战结束后，美国利用苏联解体、俄罗斯失去超级大国地位等有利态势，积极主张与华约国家发展"和平伙伴关系"，把北约的势力范围推进到了苏东地区。北约正式接纳匈牙利、波兰和捷克三国为新成员国，实现冷战后的第一次扩大。与此同时，美国等北约国家还宣称，北约的大门将继续向其他国家敞开。在美国的推动下，今后北约还会有选择地继续吸收其他中、东欧甚至苏联国家入盟。

3. 强化北约，逐步取代联合国

冷战结束以来国际形势的一个突出变化是，联合国在国际安全事务中发挥越来越重要的作用。目前以联合国为主的国际维和机制正在形成，并且得到越来越多国家的认同。然而，美国等国却极力想撇开联合国，力图以自身的强大实力地位，取代联合国在国际维和中的作用。前美国国务卿奥尔布赖特就力主北约成为一个能对世界上各种危机"作出反应"，并"不受联合国否决危险的独立自主的联盟"，声称北约对外干涉"不一定非要联合国授权"，并反对"将北约变成联合国的一个简单的分支机构"。这种主张从根本上讲，就是强化北约这一军事联盟，力图把北约搞成一个以西方价值观为基础的国家联盟，并最终建立以西方为主导的国际安全秩序。如果扩大北约的防区范围，北约就可以作为国际宪兵，插手世界各地的安全事务，从而形成以美国为"领导"、西方为主导、凌驾于联合国之上的国际安全秩序。若照此发展，北约无疑将变成为所欲为的"世界宪兵"，现存的国际政治安全格局和国际关系准则也必将遭到践踏。

(三) 北约新战略对"世界多极化"的冲击

北约新战略既然是"全球化"，那么它的影响当然就是全球性的。这种影响最明显地表现在对21世纪"世界多极化"趋势的冲击。

北约新战略将"多极世界"与"单极世界"的矛盾推向了国际政治斗争的前沿。"多极世界"的提出，与过去相比，是针对"两极"而言；与现在相比，是针对"单极"而言。也就是说，世界上许多国家既不赞成过去的两极，也不愿意有可能出现的单极管理。美国念念不忘"单极世界"，总是以"离不开美国的领导"为由，鼓动一些仍有依赖性的国家为它推行单极世界效力。北约新战略"全球化"的构想将使北约成为美国推行单极世界的工具。

北约新战略确认的"共同价值观"和"共同利益"，动摇了"多极世界"理念存在的思想基础。"多极世界"的提出，是基于我们对所处的世界是一个"多元"世界的认识，也就是承认不同国家、不同民族在历史文化、传统习俗、社会制度、发展模式等方面的多样性。北约新战略以西方"共同的民主、人权和法治的价值观"为标准，视其他国家为对这种"共同利益"的威胁，要"用政治和军事手段维护北约全体成员国的自由和安全"，实质上是要以武力强制推行西方式的民主制度，这与"多极世界"的理念格格不入。

北约新战略不利于建立与多极世界相适应的国际政治经济新秩序。多极世界的形成，有赖于与它相适应的国际政治经济新秩序来维护。各国观念不同，利害不同，解决问题的方式也可能不同，这就要求在相互尊重主权和领土完整、互不干涉内政的前提下，通过对话和合作来解决。联合国应该是实现这一切的最合适的国际组织机构。但是，北约通过的新战略概念只在口头上承认联合国的"关键性作用"，实际上是蔑视联合国授权。

北约新战略破坏了有助于多极世界的大国"伙伴关系"，带来了极大的不稳定性。大国之间遵循相互受益、不以武力对抗、通过对话合作解决彼此之间问题以及共同问题的原则，纷纷建立"伙伴关系"。无疑，这一现象有益于世界的稳定与和平。北约新战略在南斯拉夫的实验，首先破坏了刚刚建立的俄罗斯与北约的"稳定关系"；其次，随着战争的进一步升级，欧美的"结盟关系"也将处于潜在的危机之中，而且还极有可能影响到中国与美国及欧洲等国的"伙伴关系"，其危险性极大。

当全世界都在期待21世纪的和平与发展的时候，北约却选择了极具危险性的全球化军事扩张战略，不能不引起人们的忧虑和警惕。

五、北约东扩与反北约东扩斗争

北约东扩与反北约东扩的斗争，深刻地牵动着国际政治力量关系、特别是牵动着欧洲各种政治力量的重新分化组合。这场斗争，可以说是战后雅尔塔体制解体以来欧洲重新划分势力范围的"前奏"，它将在很大程度上决定未来欧洲政治版图的轮廓。这场斗争直接涉及的"当事人"有四方：美、俄、西欧和原东欧国家。它们各有所求，但又互有牵制，关系错综复杂。

（一）总的态势

如果说，第二次世界大战后的欧洲势力范围主要是通过军事占领的方式，即由当时反法西斯同盟的西方国家为一方，苏联为另一方，根据各自军队在欧洲战场上所占领的大致地盘而确定下来的话，那么，这次的欧洲"势力范围"则主要是以各自的经济实力为后盾、通过政治斗争和谈判来重新"安排"的。上次建立的是美苏"两极体制"，主要是因当时欧洲的战胜国已被战争拖得元气大伤，整个欧洲处于既弱又散的境地。而这次不仅西欧国家已组成了欧洲联盟,其经济和政治地位大大增强,而且东欧国家自脱离苏联的控制后,要求国家自立图强的愿望日益高涨。因而欧洲国家的发言权也随之大为增强。由于欧洲仍处于由"两极体制"向"多极体制"转换的"过渡"阶段,因而这场东扩与反东扩的斗争只是争夺势力范围的"前奏",而不是"定位"。各种政治力量都想尽可能地抢占有利地位,为"完成"将来自己在多极体制中的重要"位置"创造条件。这就是这场斗争的总态势。各种政治力量就是在这个总的"框架"中展开斗争的。

(二)俄罗斯要"平等关系"

俄罗斯在这场斗争中,从全局看,是处于"三对一"的不利状态。因为这四家中,只有俄罗斯扛"反对"的旗帜,其他三家虽各有所图,但在主张北约东扩这一大方向上总的是一致的,因而给俄罗斯造成极大的压力。

但俄罗斯毕竟是大国,并不是"只有招架之功",它至少有"三手"可还:一是利用俄罗斯日益高涨的民族主义情绪,在反对北约东扩这一点上可以说是"空前团结"的,特别是俄罗斯舆论反对情绪十分激烈。西方如果对俄民族主义势力不能做出有说服力的"安抚","东扩"将难以被俄罗斯接受。二是以军方为代表的强硬派不甘心被美国捆住手足。他们扬言,如北约一意孤行,俄将在军事上做出强烈反应,其中包括把洲际导弹瞄准北约成员国的战略设施、主张保留动用核武器的权利以及不批准第二阶段限制战略武器条约和大幅度修改欧洲常规武器条约等"反措施"。三是借用北约内部西欧盟国同美国在如何满足俄要求方面存在的分歧,尽量延迟东扩时间。

俄罗斯已利用这"三手"向美国提出"苛刻条件",对美施加"反压力",并作为讨价还价的资本。俄想借此达到两大目的:一是迫使北约在性质和结构上做彻底改造,并要北约对俄承担明确、具体、有法律制约性的义务和承诺,以确保俄的未来安全。二是要使俄罗斯和北约在未来欧洲安全格局中成为"平等关系"的"两个支柱",共同承担欧洲的安全义务。也就是说,俄要在未来欧洲安全格局中"占据"高于欧洲其他国家的位置,至少能在解决欧洲重大事务中达到同美平起平坐的地位。这是俄当前在北约东扩问题上的基本立场。

(三)美国要确立领导权

冷战时期,美国主要是通过建立北约组织确立其在西欧的主宰地位。冷战结束后,美国则乘俄罗斯严重削弱,一时难以恢复的"天赐良机",企图借北约东扩来夺取对全欧的领导地位。为达到此目的,美国做了两手准备:一是力争在得到俄的同意下实行北约东扩。二是万一同俄谈崩,仍坚持按计划宣布强行东扩。美国认为,制约北约东扩的三大因素,即同俄罗斯的矛盾、同西欧盟国的裂痕以及美国国内怀疑思潮的滋长,将会增加北约东扩的难度。夜长梦多,早点造成东扩事实所受的阻力和付出的代价可能要小些。看来,这是美国一再强调东扩时间表不可改变的主要原因所在。如果"强扩",则不利于美国对俄罗斯"西化"进程的继续推进和欧洲全局的稳定,不利于美国最终打入和"领导"全欧洲。在这种情况下,美国当前的立场表面上看虽非常强硬,但这并非完全反映其政策的内在实质。为了在预定的时间表内启动东扩计划,美国将不得不在相当程度上照顾到各方的利益,特别要照顾到俄罗斯的内外处境。正由于此,西方一些舆论认为,美国宁愿采取"赎买政策"——在经济上提供新的援助和在安全上进一步满足俄的"合理需要"——也不愿错过这个历史性机会。

当然，美国的回旋余地也是有限的，它决不会让俄罗斯动摇其对欧洲的政治领导权，或让俄"平等"分享欧洲的领导权。这又恰恰涉及俄罗斯的长远根本利益，是俄难以吞下的一枚苦果。因此政治争夺成了美俄在北约东扩与反东扩问题上的主要争夺。

（四）西欧要"多极制衡"

西欧同美国在北约东扩的大方向上虽然一致，但它们的最终目标却不一样。西欧通过北约东扩，把影响扩大至东欧，其最终目的是要建立一个多极制衡的欧洲，反对并打掉美国的"一极领导"。从长远看，这是西欧同美国在北约东扩问题上难以调和的内在矛盾。

正因为是西欧怀有这一长远的战略目标，西欧"天生地"要在某种程度上亲近俄罗斯，这也是西欧比美国更多地主张"安抚"俄罗斯的根本原因所在。西欧需要在欧洲创造一个同俄合作的环境，所以，西欧一再表示要"先签约、再东扩"，反对美国的强行东扩。法德最近还建议举行包括美、俄、英在内的"五国首脑会议"，这显然有安抚并突出俄罗斯地位的用意。但克林顿对此建议并未予以积极响应，俄罗斯原则上表示支持。以上说明西欧和俄罗斯在反对美国主宰欧洲方面有汇合点。实际上，西欧的"多极制衡"，有利用俄罗斯来平衡美国的一面，以便在欧洲造成以美俄西欧"三极"为主体的相互制约的局面，在这种局面下，西欧更好地发挥作用。从这一角度看，俄罗斯在北约东扩问题上又不是完全处于三对一的被动局面。这可能也是俄罗斯态度强硬的另一个原因。这也是西欧"赐"予俄罗斯的。它预示着美国"领导"未来新欧洲的艰难性。

（五）东欧要在"庇护"下发展

东欧国家积极要求加入北约，主要是它们在安全上尚有威胁感，想找个"庇护神"。当然，它们也想在西方的经济和技术的帮助下，加速壮大和发展自己，从而在未来欧洲格局中占据一定的地位。

东欧加入北约，是冷战结束后欧洲政治版图最深刻的变化之一。对美国来说，它不仅成为从军事上，而且更重要的是从政治上登上了向俄深入"进军"的新征途。对俄罗斯来说，是为其实现欧洲一体化的目标创造了必要的条件。这种变化构成欧洲格局的一种新情势，也为东欧国家提供了新的发展机会。

总的看来，北约要实行东扩，必须照顾到有关各方的利益，特别是俄罗斯的"合理需要"，否则，不能排除东扩暂时搁浅的可能性（因俄领导人无法向国内交代）。北约已开始较前更加重视各方利益的协调，总的是围绕使俄罗斯放心而展开的一系列外交活动和政治斗争。北约将力争打开僵局，使东扩成为既成事实。

六、北约东扩与美俄中的地缘政治

北约东扩对世界地缘政治格局将产生重大影响。它是"冷和平"的一个重要标志，是美国对俄罗斯发动的地缘政治中的"冷攻势"，是美国保持其唯一超级大国地位的全球战略的一个重要组成部分。俄罗斯无力阻止北约东扩，它将对俄罗斯的地缘政治产生消极影响，俄将推行新的地缘战略来减轻其后果。北约东扩除了推动俄中进一步接近之外，对中国在东亚的地缘政治走势也会产生较大的影响。

（一）北约东扩是美国地缘战略的重要组成部分

推动北约东扩的最主要的力量来自美国。从冷战后的实际情况来看，俄罗斯即使在冷战时期也难以长期与美国进行对抗，冷战后的俄罗斯就更难对美国构成威胁了。既然如此，美国为什么还要大力推动北约东扩？这正好反映了美国在冷战后的一个基本的世界战略，那就是尽力保持美国的唯一的超级大国的地位。这一战略在地缘政治上反映出来，就是要全力维持美国在世界各主要地区的军事存在。在冷战后的一个时期，美国一度在国内的政治压力下，试图减少其在海外的军事力量，全力推动国内的经济建设。但美国很快改变了这势头。现在美国虽然表面上承认俄中欧日在世界事务中发挥重要作用，也很难说美国就是要建立一个美国的单极世界，但其内心却并不把俄中欧日视为平等的伙伴。如果说今后的世界是一个多极世界的话，那么美国想要建立的是一个以美国为中心的多极世界，或者说，这多极中的"极"并不平等。

北约东扩的地缘政治战略的意义在于：

第一，对俄罗斯进行军事遏制。冷战后美国对俄罗斯外交战略的目标是：①大力支持俄罗斯的政治民主化进程，对其亲西方的势力进行支持，对叶利钦政权推行的政治改革方针表示认同；②有限度地支持俄罗斯的经济改革；③在军事上推动其削减核力量，削减常规力量。

第二，对西欧成为多极世界中独立的一极进行制约。北约东扩会使欧洲继续在军事上依赖美国。其一，东扩使北约成员增加，在形成统一的决策上更加困难，而且会使法、德、英等国更难发挥其核心的作用，影响力会下降。其二，东扩后的欧洲有可能与俄罗斯更加敌对，而联合起来的欧洲也难以单独与俄罗斯对抗。因此，北约东扩与其说有利于欧洲成为独立的一极，还不如说使欧洲在军事上更加依赖美国，更离不开美国。

美国在欧洲推行其北约东扩的同时，其在东亚的军事上也存在向"西扩"，这主要是指美国1996年4月与日本签署了新的美日安保条约，它的最重要的内容就是把其适用范围实际上扩展至东亚甚至东南亚。美日安保条约"西扩"也具有双重含义：一是包含针对中国和俄罗斯之意，二是使被捆在美国军事战车上的日本难以成为一个真正的政治大国，一个在军事上严重依赖他国的国家，又怎能成为一个多极世界中的独立的一极？

北约东扩和美日安保条约西扩，这一东一西，两个方向同时进行对外扩展，不正反映了冷战后美国的世界地缘战略吗？北约东扩是冷战后"冷和平"的一个重要标志，是美国对它的潜在对手俄罗斯发动的一场"冷攻势"，美国和西方不费一枪一弹，就和平地"攻占"了俄罗斯地缘军事政治中的一个至关重要的地区。

（二）北约东扩对俄罗斯地缘军事政治战略的影响

俄罗斯在美国的地缘军事政治攻势面前，陷于无可奈何的境地。俄罗斯对北约东扩有三种选择。

第一种是强硬立场，即如果北约东扩，俄罗斯将对此持否定态度，并将采取行动阻止中东欧国家加入北约。

第二种是有限支持，即将北约东扩限制在一定的程度和范围内。

第三种是推动美国和西方解散北约，用全欧安全体系取代北约。

第一种选择是俄罗斯官方长期的立场。俄总统、总理、外长、国防部长等要员都曾发表态度强硬的讲话，表达这一立场。

但是，俄罗斯并无实现阻止北约东扩的实际手段。综合国力大大削弱的俄罗斯没有能力为此与美国和西方国家进行军事对抗，没有能力对参加北约的中东欧国家采取军事行动。俄罗斯不大可能为北约东扩与美国和西方的关系完全断裂。因此，第一种选择实际上不是现实和可能的选择，而只是一种姿态。

第三种选择实际上也不大可能得到实现。因为欧安会是冷战时期的产物，它是以两个条件为基础的：第一，苏联与美国的实力大体相当，西欧处于夹缝之中，担心自己成为两个超级大国争霸的牺牲品，因而对苏联实行缓和政策；第二，东欧国家处于苏联控制之下。这也正是全欧安全体系得以为欧洲接受的两个重要的因素。现在这两个因素都不存在，没有什么欧洲国家对俄罗斯提出的以欧安会取代北约的建议有兴趣。因此这一倡议必定要失败。

所以，对俄罗斯来说，唯一可能的现实选择就是有条件地支持北约东扩。这种条件可能是按法国模式或东德模式的例子，一方面同意中东欧国家参加北约，另一方面反对北约在中东欧国家部署军事装备，尤其是反对在这些国家的领土上部署核武器，同时，俄罗斯与北约之间也签署一项条约，使北约与俄罗斯保持特殊关系。这是以俄罗斯做出重大让步和妥协为前提的，因而对俄来说，也是一种无可奈何的选择。这种选择可能就是俄罗斯的底线了。

这一基本格局也在很大程度上决定了俄今后的地缘军事政治战略的走势，就是尽一切可能来弥补俄地缘政治的重大损失。俄罗斯可能实行的地缘政治的战略态势是：

（1）中东欧地区今后将仍是俄地缘政治战略的一个中心。俄不会完全放弃这一地区，俄在欧洲安全方面不会接受一般的小伙伴的地位，在中东欧地区的军事装备部署上，它将持不妥协的立场。

（2）加强独联体地区的军事政治一体化进程。似乎没有条件成立独联体内部的军事政治联盟，也就是实际上的"小华约"，但俄不会放弃这一目标，甚至有可能对独联体的一些国家做出较大让步以推动这一进程。

（3）进一步与中国在地缘政治基础上进行合作，使俄在与美国和西方的地缘政治的斗争中有一块和平与稳定的基础。

（4）在地缘政治战略上推行"面向南方"的政策。狂热的大俄罗斯主义者日里诺夫斯基早就宣扬俄应向南进军，并把南方的土耳其作为俄的地缘政治的敌人。面向南方的地缘政治战略不一定意味着俄对南方进行扩张，而是可以作为一种可行的扩大俄对南方的主要国家政治经济影响的策略。美国对塞尔维亚发展特殊关系，维护自己在巴尔干半岛上的传统利益；俄将与伊拉克恢复过去的紧密关系，将顶住美国的压力与伊朗发展关系；同时，俄将会推动与印度关系的进一步发展，并谋求改进与巴基斯坦的关系，用俄罗斯学者的话来说，就是不要由于与伊斯兰发展关系而在西方世界面前感到难为情。

总之，在北约东扩已成定局而俄无力阻止的情况下，俄将在以上几个方面同时推进，以力图减少北约东扩对自己的不利影响。当然，俄在地缘军事政治战略方面的根本好转，要取决于俄政治经济危机的克服和实力的恢复。在俄的综合实力没有得到全面提高之前，俄将不得不取守势，在中东欧地区的地缘政治的影响也无法恢复；而一旦俄国的政治经济得以步入正轨，俄将会重新提出在中东欧的地缘战略均势问题。

(三) 北约东扩与中国的地缘政治

从表面上看，北约东扩与中国没有什么关系，北约东扩对中国的地缘政治不会产生直接的影响。但在这一点上也不能绝对化。深入分析北约东扩对世界地缘政治格局的影响就可以看出，中国的地区性的地缘政治战略与此是有很大关系的。

首先，北约东扩必然推动俄与中国的进一步接近。俄面对美国在地缘政治上的压力，为寻求平衡，将把地缘相互接近，在政治经济和军事上将具有许多共同利益的中国视为其可靠的地缘政治的战略伙伴。其次，美国在北约东扩后，虽然还需要费时间来巩固其成果，但在很长时间内，只要中东欧国家身处北约的军事结构之中，这一地缘战略的态势不变，那么美国在欧洲的地缘战略利益就不存在具体的威胁，这很可能使美国放手来巩固其已经初见轮廓的东亚的地缘战略，即以美日安保条约为核心来扩展美国在东亚地区的军事存在，而其重点显然是针对中国的。在这种地缘政治的格局之下，中国应怎样来制定自己的地缘政治的战略呢？有几个重大的地缘政治的战略问题是必须进行仔细分析和研究的。

第一，在中国地缘政治的三个方向上，应根据北约东扩形成的地缘态势确定其主次。根据中国的地缘态势，大体可以把中国的地缘政治分为三个方向。一是北线地缘，指中国与以俄罗斯为中心的4个独联体国家相互为边界的广大地区；二是西线地缘，指中国与印度、巴基斯坦等国相邻的地区；三是东南线海缘，指中国与日本、韩国、朝鲜以及东南亚国家相邻的广大海区。北约东扩促成的俄中的相互接近，使中俄两国存在的边界问题大体解决，并连带使中国与中亚地区三国的边界成为较为安宁的地区。中俄两个大国建立在共同利益基础上的战略协作伙伴关系使中国的北线地缘成为中国地缘政治中最为可靠和安全的区域。西线地缘状况在近几年来有很大改善，尤其是1996年11月29日江泽民对印度的访问达成了两国边境地区削减驻军的协议，使西线地缘有进一步好转，而且两国在这一地区的领土争端的解决并不带有紧迫性，可以使这一历史形成的争议保持和平现状。东南线海缘是中国地缘政治中最为复杂的区域，尤其是美国在这一地区的军事存在和军事参与，使这一区域中的地缘政治军事态势较为严峻。美国在日本和韩国驻有7万多军队，美军曾派军舰出入台湾海峡，对我国的地缘安全和领土完整构成了重大的不确定因素。同时，中国在南海的领土领海主权也受到了严重的挑战。

根据这一态势，中国的地缘政治战略应把东南海缘确定为地缘政治战略的重点的战略方向，推行"靠北安西保东南"的地缘政治战略。

第二，正确处理与北约东扩相关的中国与俄罗斯和美国的关系。北约东扩造成的中俄的地缘战略的接近，不能影响到中国与美国的全面关系。应从不同层面上把握好中俄美三角关系。在地缘政治关系上，中俄两国关系应优于中美两国关系，因为中俄两国的地缘关系将是永久的，不因时代变化而改变，两国好则互利，坏则两败，可以成为最好的朋友，也可以成为最大的敌人。在政治关系上，两国在反对美国的"单极世界"，谋求世界唯一领导权的政策上有共同利益，两国应当联合起来，为争取与美国的平等关系而努力。在军事上，俄国先进的军事技术对中国的国际现代化有重要的促进作用。在经济上，两国有重大的互补因素。

而中美关系则不同，在地缘政治上，中国与美国本不接近，没有根本的地缘政治战略上的冲突，是美国的世界地缘战略和强烈的意识形态导致中美两国在东亚地区形成了许多潜在的冲突点。美国推行的扩大美日安保条约的做法应视为对中国在地缘政治进行遏制的政策，而且和美国的北约东扩的政策一样,也是从世界范围内阻止中国和俄罗斯以及欧洲成为多极世界中重要的一极的世界战略的一个组成部分。为了打破这种对中国的压制,中国应当与俄实行进一步接近的政策。

但美国又是中国政治经济关系中的重要伙伴。从现实的立场看,美国与中国的经济关系比俄中经济关系具有更突出的地位。美国和日本的技术、资金和先进的管理经验,对推动中国的经济现代化是至关重要的。这在相当长时期内都是决定中美关系的一个基本出发点。

第三,与北约东扩相联系,也有一个如何处理中国与俄罗斯和东欧国家、西欧国家的关系问题。中国与俄罗斯的关系是近地缘关系,而与东欧国家、西欧国家的关系是远地缘关系。从地缘政治上说,中国应当支持俄罗斯反对北约东扩的立场。对一个国家来说,任何一种近地缘关系都比远地缘关系重要。但这是否意味着中国应当十分明确地表示对俄罗斯的支持呢?也不一定。首先是因为俄罗斯自己也在坚决反对和有条件支持北约东扩之间摆动不定,其次是因为中国即使坚定地支持俄罗斯也不能阻挡北约东扩的事态。中国在这一问题上起的作用有限。同时,中国也需要处理好与东、西欧国家的关系。这其中较突出的是中国与东欧国家的关系。因为东欧国家大多希望加入北约,中国如完全支持俄罗斯会伤害东欧国家的感情。

在东欧国家与中国关系上,这些国家加入北约后也可能引起一些问题。一是中东欧国家加入北约后,在意识形态上会更加西方化,而为了表明自己的西方立场,它们有可能在意识形态上有意突出自己的西方化,从而使这些国家在如人权问题、西藏问题上与中国产生冲突。二是在台湾问题上,在过去,有一些中东欧国家已经或明或暗地与"台湾"发生官方关系,如中国在北约东扩上明确表示支持俄罗斯,那么这些国家在加入北约后,可能会进一步发展与台湾的关系。所以,中国在对俄罗斯反对北约东扩的立场表示"理解"时,也要"理解"东欧国家要求加入北约的心情,不使其认为中国重视俄罗斯而看轻东欧国家。

七、联合国受北约组织与八国集团左右夹击

冷战结束后,因大国关系的缓和,联合国的地位和作用空前提高,为促进国际社会的和平与发展做出了巨大贡献。但是,随着各种国际力量的变化与重组,国际形势发生了重大变化,联合国面临着一系列巨大的挑战。其中,北约组织这个全球最大的区域性军事、政治组织与西方主要工业发达国家最高级经济会议-八国集团,正从军事、经济、政治及全球化等方面全面夹击联合国,对联合国的权威性构成巨大的威胁与挑战。面对挑战,在21世纪,联合国如何处理与北约组织、八国集团及其他区域性、专业性国际组织的关系,不仅直接关系到联合国自身的前途与命运,而且直接关系到国际新秩序的建立。

(一)北约对联合国的威胁

北约对联合国的明显威胁经历了一个历史过程。在冷战年代,美苏两个大国分别控制北约与华约两大军事集团,在欧洲对峙,在全世界展开争夺,严重威胁着世界和地区的和平与稳定。联合国不仅不能履行其维持国际和平、制止侵略行为的最高宗旨,而且成了美苏争霸、控制世界的舞台和工具。其功能被遮盖而不能显现。欧洲地区因北约与华约的长期对峙而保持了40多年冷战下的和平,在众多"中间地带"却是热战不断。

冷战结束后,随着华约的解体,北约本该相应解散,但北约及时调整了其组织功能,从

军事政治组织转化为政治军事组织，从过去以军事对抗为主转化为更为关注地区稳定与和平。北约除执行传统的"集体防御"任务外，将把战略重点逐步转向"预防冲突和处理危机"，从而为北约的继续存在找到了新的根据。为此，北约在美国的领导下，在世界各地担当起维持和平的角色。

由于联合国没有自己独立常设的军队，缺乏充足的经费保证，所以其维和行动在实际操作中不可避免地受到诸多限制，其权威性、公正性大打折扣。相反，拥有自己独立的常设军队且有充足经费保障的北约组织，常常挟联合国之名行干涉别国内政之实，攫取了巨大的集团利益，使联合国的维和行动蒙受不白之冤，遭受了重大挫折。联合国在索马里维和行动的失败是最明显的例子。事实上，冷战后联合国的维和行动大都是在以美国为首的国家或国际组织的支持下得以实施的，如海湾战争与波黑战争后维持和平的行动。

固然，缺少了美国支持的维和行动，其维和行动的启动、运转及最终解决都难获实效。然而，正如联合国不能没有美国的支持一样，美国及其北约组织也需要联合国的密切配合，也需要联合国这件合法外衣。但联合国毕竟不是美国的联合国，不是北约的联合国，它难以时时处处顺其意志。这样，以美国为首的北约与联合国的摩擦越来越多，与联合国越走越远，在采取行动时就绕开联合国，乃至最终完全抛弃联合国。北约轰炸南联盟是第一次在不经联合国授权的情况下，对其成员国之外的国家使用武力。这在国际关系史上开了一个极为危险的先例，严重破坏了由185个主权国家组成的当今最具权威性的国际组织－联合国的权威，严重破坏了第二次世界大战结束时建立起来的由五大国为核心的联合国主导和维护国际和平与安全事务的格局。

（二）八国集团对联合国的威胁

1975年，在法国总统德斯坦的倡议下，法、美、德、英、日、意六国举行了第一次资本主义主要工业发达国家最高级经济会议。1976年加拿大开始参加会议，自此一年一度的西方七国头脑会议作为一种制度固定下来了。

冷战结束后，西方七国首脑会议的成员及功能发生了重大变化。曾经是西方国家头号敌人和最大威胁的苏联开始参加七国首脑会议。从1991年苏联总统戈尔巴乔夫开始参加会议后特别安排的"7＋1"会议起，到1997年俄罗斯总统叶利钦作为正式成员参加会议，到1998年"俄罗斯终于成为工业国家俱乐部的正式成员"，七国集团变成了八国集团。由于俄罗斯的正式加入，八国会议的政治性质更趋明显、更趋重要。

八国集团已成为能对全球重大经济、政治、外交、军事及全球化问题做出权威性建议或强制性措施的国际组织，已成为联合国组织之外的处理全球经济问题和政治问题的一种强有力的协调机制。其作用和影响已对联合国的权威地位构成了新的挑战。1998年6月，当印巴相继进行核试验，南联盟对科索沃阿尔巴尼亚发动军事进攻之后，八国集团一致同意，除满足基本人道主义需求的那部分贷款以外，将推迟向印度和巴基斯坦提供其他所有的贷款。八国集团还一致要求南联盟总统米洛舍维奇立即停止对科索沃阿族的军事行动，允许国际社会实行有效监督，为遣返难民提供方便，并迅速推进阿族领导人举行谈判。由于在禁止印巴核试验问题上八国集团与联合国五常任理事国的立场与利益一致，所以，八国集团就印巴核试验发表的公报与五常任理事国外长会议发表的联合公报的精神和要求相辅相成。八国集团的声音虽然让联合国感到有些不入耳，但毕竟于和平的维护是有益的，二者共同奏出了一曲和平交响乐。

(三) 北约组织与八国集团对国际事务的干预

如果说北约组织对联合国的威胁重点表现在军事职能方面的话，那么八国集团则主要表现在经济与政治职能方面。以西方八国为核心成员的两大区域性组织正从军事、政治、经济、外交等领域全方位地对国际事务进行强有力的介入与干涉，这无疑是对联合国最明显、最直接的挑战。在这两大区域性与专业性国际组织的左右夹击下，联合国时常处于一种被轻视、被蔑视的尴尬境况之中。究其原因，这里有众多深刻与复杂的因素。

第一，美国的单极企图与联合国的羁绊作用。随着东欧剧变、苏联解体、俄罗斯急剧持续的衰落，美国经济突破历史纪录的持续增长，美国开始谋求单一的世界霸权。对于美国的这种企图，在联合国安理会享有否决权的中、俄、法等国是极力反对的。这样，联合国不仅难以成为美国谋求一己私利的工具，反而成为其通往霸权道路上的巨大绊脚石。

美国对联合国的难以驾驭，使美国开始逐步远离联合国，寻找追求霸权可资利用的新工具。北大西洋公约组织显然就成为美国的首选对象。美国对北约进行战略调整，确立了北约战略新概念。一方面，北约组织不仅可以对其传统防御领域内的地区冲突给予干预，控制其冲突范围，而且对其传统防御领域以外的地区冲突也开始给予强有力的干预。另一方面，北约组织企图不经联合国安理会授权，就可以对任何国家和地区以人道主义救援为名，进行军事干预。可见，北约战略新概念是极具进攻性和危险性的，是美国全球战略的重要组成部分。

相对于北约明目张胆的恣意挑衅，八国集团则如和风细雨般在不知不觉中逐渐侵蚀与取代联合国的某些功能和作用。八国集团已由成立之初的纯经济性质的、专业性的国际组织演变为今日的关注经济、政治、外交、环境、全球性问题的国际组织。一方面，这固然反映了当今世界政治经济不可分的事实与趋势，但同时也是以美国为首的西方发达国家图谋以此为工具，影响、干预以至控制国际事务的一种表现。这是美国及西方富国拥有超经济操纵力与不可代替的政治影响力的反映。西方八国集团每年一次的聚会将直接具体地影响着全球的经济增长、贸易往来、外交协调及全球化问题的处理。如果任由这种趋势继续发展下去，将进一步对现有的以联合国安理会为运行式样的和平安全保障体系造成严重的损害。

第二，联合国的内困。联合国之所以深陷目前这种内外交困的泥潭，许多区域性与专业性国际组织的挑战与威胁固然是十分重要的原因。但从根本上看，这是由联合国自身体制的不完善、不健全所决定的。事实上，当初联合国产生与形成的动因与机制本身就蕴藏着它日后所要经历的各种遭遇。众所周知，联合国是由美国推动的，是大国竞争与合作、对抗与妥协的产物。大国及其大国关系是联合国的成败所在、存亡所系。当大国间的根本利益趋于一致，能相互协调时，即合作性、同一性大于竞争性、对抗性时，联合国则表现得积极主动，其作用就会十分显现；而当大国间的根本利益难以协调时，也即竞争性、对抗性大于合作性、同一性时，联合国则显得消极被动，其作用难以发挥。历史上，联合国所经历的成功与失败无疑都证明了这一点。

第三，西方大国之间的矛盾。无论在北约还是在八国集团内部，各成员国的根本利益并非完全一致，而是同样存在各种各样的差异与矛盾。美国谋求霸权的企图与行径不仅被广大发展中国家所反对，而且也引起许多西方大国的不满。在如何对待联合国的问题上，俄、法、德等国与美国的立场有着明显的差异。由于俄罗斯国力的衰落，维护联合国安理会常任理事国的政治特权是其继续保持和发挥其世界政治大国地位与作用的最后的政治资本，所以，任何轻视乃至无视联合国及其安理会存在的想法和行动都是俄罗斯所坚决反对的。反对美国干涉或包揽欧洲乃至全球事务的企图与行为是具有浓厚民族独立意识的法国一贯的外交风格与历史传统。尊重和维护联合国的权威性同样是法国制约美国、平衡美国经常利用的主要武器之一。与俄、法不同，德国并不享有联合国安理会否决权的特权，但是从地缘政治的现实出发，它不愿看到因美俄的严重对峙而引发的地区动荡与不安，它不愿因交好美国而使俄德关系交恶，让德国首当其冲，给德国带来灭顶之灾。

由于俄、德、法和美在尊重联合国的权威性与合法性、反对美国的单极企图与行径的问题上观点不同、利益不同，所以在它们之间存在着很多矛盾与斗争，但由于俄、德、法、美具有相同的社会制度、意识形态、文化传统，在维护地区和世界的和平与稳定，维护现存的国际机制与国际秩序等方面存在着诸多共同理念、共同利益，所以在它们之间又可以进行广泛的妥协与合作，这种客观存在决定了美国与西方大国对联合国既忽视、轻视，又借助、利用，相互间既斗争又妥协、既对立又合作的实际情况。

（四）区域组织与全球组织的关系问题

北约组织与八国集团对联合国构成的威胁和挑战，一方面属于正常的区域性国际组织与全球性国际组织的关系，也即区域性国际组织自身的存在与发展既是对全球性国际组织的补充和辅助，也是对全球性国际组织的威胁与挑战。因为，区域组织在维持地区和平、促进国家间合作、稳定经济增长等方面的作用越来越重要，为世界的和平与发展创造了良好的前提条件，这样的区域性国际组织与全球性国际组织的利益是相互一致、相辅相成的，二者是相互兼容的。当然，区域性国际组织的发展在一定程度上提高了区域组织在国际政治中的声音，减少了对大国的依赖，促进了国际社会多极化和民主化发展的积极态势，客观上可能对全球性国际组织的权威与影响形成一定的威胁，但这是一种有利的、合理的现象，客观上可以规范全球性国际组织的发展。另一方面，属于不正常的区域性国际组织与全球性组织的关系，也即区域性国际组织的发展在范围上正逐渐超越其区域地理概念或专业概念，不仅关注区域内的国际事务，而且对区域外属于一国内政之事务横加干涉，侵犯别国主权；在功能上，正逐渐扩大其组织功能，向政治化、综合化方向发展，膨胀其区域利益，威胁世界共同利益；在法律上，公然蔑视联合国宪章及其相关国际法原则，无视区域组织和联合国组织之间的法律与职责区分，企图凌驾于联合国组织之上，这无论在理论上还是在实践上都是十分有害的。

区域组织与全球组织的关系问题，并非仅仅是如何处理、如何发展二者相互关系的问题，更重要的是它关系到区域性国际秩序与全球性国际秩序的建立及其领导权问题。在一种区域性国际新秩序与全球性国际新秩序的建立过程中，区域组织与国际组织在其中各自扮演什么样的角色，起何种作用以及如何处理二者的关系，不仅关系到国际组织在其中的地位，也即，谁在其中占据主导地位，而且将直接影响和决定每一个国家在21世纪国际格局中的地位与作用，前途与命运。当然，这些问题无论在理论上还是在实践上都是相当复杂的，需要我们在理论上做进一步的探讨。

第四章 美国世界新战略

美国的全球战略,简言之,就是防止潜在对手挑战,重点应付地区威胁,注重不使盟国坐大是其主要思想。其核心仍是建立以美国为主导的世界新秩序。

20世纪90年代,美国国防部在不同的场合,多次使用了一个崭新的概念－"预防性防务战略",并将此概念正式写入《国防报告》。这是美国对冷战后国际安全环境进行深入分析之后,大幅度调整其军事战略的结果。它标志着美国开始将其军事战略从冷战时期的以威慑为主转化为和平时期的以预防为主,逐渐完成了对军事战略的重新定位。

一、全球和地区战略

(一) 美国防务战略的两大目标

美国防务战略目标主要集中在以下两个方面。

(1) 防止潜在的战略对手和新的超级大国控制西欧、东亚、西南亚和苏联地区。为实现这一目标,美国必须继续发挥其建立和维护国际新秩序的领导作用,防止潜在战略对手坐大;美国必须考虑其西方盟国的政治、经济利益,以使它们向美国的领导地位挑战或推翻现有的政治、经济秩序;美国还必须制定和完善防止新的战略对手出现的机制。

(2) 消除地区冲突和不稳定局势的根源,以促进对国际法的尊重、限制国际暴力活动并鼓励各国实行民主化和开放型经济体制。

美国将全球分为6个地区,并提出了美国的地区战略和政策。对苏联地区,美国最为担心的是出现新的敌对大国,为此,美国将促使俄罗斯、乌克兰等国成为"实行市场经济的和平的民主国家",防止"极权主义政权"再度上台。对西欧,美国必须防止出现单一欧洲国家组成的安全体系,因此将坚持把北约作为处理欧洲防务和安全事务的主要渠道,继续保持美国在欧洲的军事存在。对东欧,美国为防止东欧国家之间和东欧与苏联地区各国发生冲突,将鼓励和支持该地区国家参加西方政治和经济联盟,以稳定地区形势。对亚太地区,美国将保持其亚太地区一等军事大国的地位,以保护美国在该地区的政治、经济利益,并起到平衡和防止出现战略真空的作用。对中东和西南亚,美国的目标是成为在地区占支配地位的外来力量,保障西方石油供应,并且要遏制地区大国,防止核扩散。

(二) 美国防务战略的四层意图

美国认为,在华约消亡、苏联解体后,美国面临的现实威胁在减少,但潜在的威胁却在增多,因此美国对苏联地区和东欧一些国家仍抱有疑心,对德国、日本等西方盟国的崛起存有戒心,对第三世界中一些地区性军事大国也颇为担心。而这种心态,在失去了传统战略对手的条件下,成了美国制定今后国家安全和防务战略的基本出发点。

1. 确保美国在全球的领导地位

进入20世纪90年代以来,美国根据国际形势的发展变化,为其全球战略确定了两个基点，一是按照美国设计的框架建立国际新秩序，二是确立并维系美国在国际新秩序中的领导地位。近年来，美国对国家安全威胁做出了新的判断，认为东欧剧变和苏联解体后，美国在"冷战"期间面临的全球性威胁已基本消除，今后对美国国家安全造成最严重威胁的是地区性危机和冲突，这既是影响美国建立国际新秩序的最大障碍，也是对美国全球领导地位最严重的挑战。为此，美国国家安全战略的重心应向促进地区和平进程、消除地区不稳定因素转移，其核心思想是继续从美国实力地位出发，维护美国在各地区的既得利益，构筑以美国为中心的全球和地区安全体系。

2. 应付德、日等新兴西方大国的挑战

对于德国统一和日本的崛起，美国始终是喜忧参半：一方面认为这有利于扩大西方势力，增强西方实力；另一方面又担心这些国家会成为新的超级大国，形成与美国相抗衡的"极化力量"。美国越来越感到，德国明显地趋于确立其欧洲"核心国"地位，企图以"欧洲人的欧洲"之名，行"德国的欧洲"之实，最终把美国排挤出欧洲，建立以德国为主导的、单一欧洲国家组成的安全体系。日本在经济上与美国抗衡的格局已经形成，美国虽然尚未失败，但美衰日盛的势头还在发展。对此，美国担心有朝一日日本会凭借其经济实力，不仅成为美国在经济上的竞争对手，而且成为政治上甚至军事上的战略敌手。为此，美国已将经济安全问题纳入其国家安全考虑之中，重点应付日本的挑战。虽然美国曾多次要求日本发挥全球作用，但只是要日本为处理国际问题掏更多的钱，而不是让日本借机扩充其政治影响，在国际政治舞台上占有一席之地。《纽约时报》称，该计划就是要"使美国保持唯一超级大国的地位，并劝阻日本、欧洲及其他强国不要为争夺国际统治地位展开竞争"。五角大楼的一位军事分析家指出，计划虽没有说"他们担心的就是日本和德国，但他们也没有说不是"。

3. 防止苏联和东欧各国政局出现不利于美国的变化

东欧剧变和苏联解体后，美国曾宣称这是其20世纪50年代制定的"遏制"战略和20世纪80年代制定的"超越遏制"战略取得的重大成就。但令美国始料不及的是，该地区却成为目前世界上最不稳定的地区之一。东欧和苏联地区局势的发展变化现在已成为美国的一块心病。美国不仅担心这一地区的政局逆转、核武器扩散、民族冲突升级和蔓延等问题，而且也担心该地区的一些国家会因经济无出路而投靠"德国的欧洲"阵营。为此，美国一方面促使这些国家加快向"市场经济"和"民主政治"过渡，以图稳定该地区目前基本对美有利的局面；另一方面则做好这些国家再度成为美国战略敌手的准备，随时准备处理可能出现的突发事件。

4. 解决地区危机和冲突

旧的国际格局被打破后，一些原先被美苏全球争霸所掩盖的地区矛盾充分暴露了出来，加之新的矛盾又在不断出现，形成了引发地区危机和冲突的主要因素，美国认为这是其面临的最现实和最危险的安全威胁。为此，美国将应付地区威胁作为其安全战略的首要目标，运用政治、经济、军事等各种手段予以应对处理。

(三) 美国防务的三大困难

美国国防部从某种角度反映出了当前国际事务、特别是大国关系中一些引人注目的发展趋势。

首先，美国再次强调美国的全球领导地位，表明了其战略意图正从全球"争霸"过渡到世界"称霸"，但力不从心的矛盾将会在很大程度上制约美国的这一企图。"冷战"格局的终结助长了美国从西方盟主地位升级到全球领导地位的欲望。法新社就毫不客气地指出，"美国对作为世界唯一超级大国的地位要比对集体安全感兴趣"。美国正试图凭借其超级军事实力地位，在处理国际事务中发挥越来越大的领导作用。但是，在综合国力相对衰退之下，力不从心的矛盾将继续困扰美国。

其次，美国将潜在威胁的矛头直接指向德国、日本等国，将会使西方国家之间的矛盾更加表面化、尖锐化。德国、日本等西方国家早已对美国存有离心倾向，现在更欲极力摆脱美国的控制和限制，发展自己的实力地位，扩展自己的势力范围。而美国则采用"威慑"的手段，向德、日示警、施压，以图遏制德、日成为新的超级大国，这无疑将"在盟国中埋下不信任的种子"。德国已指责美国暗示德国是一个不可靠的盟国，并称"联邦政府用不着理睬这种假设的说法"；日本虽尚未公开反对，但也已婉言表示"日本认为今后国际社会应建立一种日美协商并以联合国为核心的体制"。北约秘书长韦尔纳更是"直言相劝"："美国不要以冷战后唯一的超级大国自居，一个大国企图支配全世界是不受欢迎的，也是不现实的。美国应该与欧洲、其他国家和联合国一起致力于建立国际新秩序。"外界甚至评论说，美苏之间的"冷战"虽然已经结束，但另一种多元化形式的"冷战"正在逐步形成。

最后，美国要求加大对一些地区性大国的战略威慑和军事压力，预示美国在处理地区问题上的军事冒险性将会有所增加。美国有可能更加放手按照海湾战争的模式处理地区危机和冲突。而这样做势必加重美国的负担，并使美国在国际上陷于孤立。

二、军事战略

(一) 主要内容：四个核心

美国认为，冷战后对美国国家安全构成威胁的危险主要来自四个方面：核、生物、化学等大规模毁灭性武器的扩散；变幻莫测、纷繁复杂的地区冲突；"新兴民主国家"形势的逆转；恐怖主义、毒品走私和环境恶化。鉴于此，在新的国际安全环境中，保卫美国国家安全的任务要比冷战时期更为复杂。面对新环境、新问题，美国不得不对控制冲突的战略进行重大变革。

"预防性防务战略"具有具体的内容和明确的目标。佩里指出，除了维持美国与北约和亚太地区传统盟国的牢固联盟之外，这一战略主要包括四个方面的核心内容。

——合作削减威胁计划。即与俄罗斯、乌克兰、哈萨克斯坦和白俄罗斯合作，使乌、哈、白三国成为无核国，削减苏联遗留下来的核武器及其投送工具，提高俄罗斯核武器的安全性，防止核材料与核技术的流失。美国已成功地使乌、哈、白变成无核国家，在促进俄罗斯落实《第一阶段削减战略武器条约》方面也取得了重大进展。

——制订反扩散计划，阻遏大规模杀伤性武器的扩散。防止朝鲜及伊朗发展和获得核武器是这一计划的重要内容。

——推动"新兴民主国家"的"民主化"进程。促使这些国家重新调整其防务机构，实行文官管理军队，提高军队的透明度以及增强与邻国建立信任的措施，防止出现形势逆转。

——与非敌非友但对美国安全具有重要影响的国家建立防务部门之间的合作性关系。如美国提出加强中美两国军队间的交往。

"预防性防务战略"的四个核心内容也就是该战略的推行重点。它指向四种不同类型的国家：第一类是俄罗斯等苏联国家，第二类是朝鲜、伊拉克和伊朗等美国称之的所谓"无赖国家"，第三类是中东欧"新兴民主国家"，第四类是中国。这说明在美国的国家安全观念中仍笼罩着一道深刻的"铁幕"，依照冷战思维严格地将其他国家区分为敌、我、友，分别施以不同的战略。

"预防性防务战略"的提出并不是孤立的，它只是冷战后美国防务政策三原则中的第一条，按照逐渐升级的排列，还有威慑和战胜两条原则。

美国认为，目前它所面临的危险与冷战时期不同，过去以威慑为重点的防务政策已不适用于国际安全环境的现实，新的防务原则的重点应是在威胁出现之前进行预防，而不再是威慑，这是第一步。但由于"无法保证总是能成功地防止出现新的威胁"，因此还需要保留大量"整装待命的部署在前沿的常规部队"和"少量但非常有效的核力量"以备预防不成后用于威慑。

一旦威慑失败，美国就要升级到第三步，动用武力。运用武力的主要标准是看对方对美国利益的威胁程度。当三类国家利益即生死攸关的利益、重要利益和人道主义利益受到威胁时，美国将不惜一战，并战而胜之。

（二）欧洲地区：三个关键

欧洲和亚太地区是美国施行"预防性防务战略"的两个重点地区，其中欧洲是重中之重。美国仍把能否控制和主导欧洲局势，看成其能否实现"领导世界"的战略目标的决定因素。

在欧洲，"预防性防务战略"的目标是"设法使一个更加广泛的欧洲同一个由军事合作、繁荣的市场经济和至关重要的民主制度编织起来的牢固结构结合起来"，为此必须解决三个关键问题。

其一，建立"和平伙伴关系"，"通过促进北约国家之间的军事合作，把一个稳定的地区向东扩展，使之包括整个欧洲和中亚"，把中东欧国家与欧洲安全结构融为一体，亦即实现北约东扩。

其二，北约同俄罗斯建立一种"特殊的合作关系"，使俄罗斯在欧洲安全问题上进行必不可少的参与，以便在未来几十年使俄罗斯不至于在欧洲安全方面起"不良作用"。同俄罗斯建立"特殊合作关系"与北约东扩其实是一个问题的两个方面，如何处理这一问题，将深刻地影响欧洲安全格局与美俄关系的状态。

其三，重建大西洋两岸的联盟关系。北约是美国欧洲安全战略的支柱，但冷战的结束销蚀了大西洋两岸结盟的基础。欧洲独立倾向加大，使美国对欧洲的控制能力受到严重削弱。

美国在欧洲推行"预防性防务战略"，是为了稳固美欧同盟关系，扩展对中东欧国家的影响，压缩俄罗斯的战略空间，实现对欧洲局势的主导权。

（三）亚太地区：四个支柱

美国在亚太地区具有重要的经济和安全利益。佩里认为，在此地区推行"预防性防务战略",必须解决四个支柱性问题。

第一,维护和加强"强大的联盟"。佩里认为,与日本、韩国、泰国和菲律宾等国的坚强同盟关系,是美国"地区性安全战略的关键和促使亚洲太平洋地区稳定的主要力量"。今年4月中旬,美日互相借重,通过发表《美日联合宣言》,对两国安全关系进行了重大调整。在朝鲜半岛,美国的政策是一方面推动朝鲜"软着陆",另一方面推进以韩国为主的统一进程,保持稳固的美韩同盟关系,确保朝鲜半岛的稳定。同时,继续加强与泰国、菲律宾和澳大利亚等国的军事合作,将它们纳入美国的战略轨道。

第二,推动亚太国家建立多边安全机制。在无法建立起由美国主导的亚太安全机制的情况下,只能通过支持东盟地区论坛在亚太地区安全对话方面发挥积极作用,借助东盟地区论坛实现其控制亚太安全事务的图谋。

第三,同中国进行全面接触。美国认为,同中国接触是美国20多年来的一贯政策,这符合美国的安全利益。"接触意味着使用美国掌握的最佳手段——既鼓励也惩罚——来促进美国的核心利益"(克林顿语)。

第四,防止大规模杀伤性武器的扩散。在亚太地区,美国认为朝鲜和南亚是防扩散的两个重点地区。为消除这两个隐患,一方面通过与朝鲜签订日内瓦协议基本解决了朝鲜核问题;另一方面,坚决反对俄罗斯向印度出售导弹和核材料,督促印度签署《全面禁止核试验条约》。

(四)推行前景:三个制约

"预防性防务战略"是美国基于自身利益,在其"灵活与选择参与"国家军事战略的框架内进行的一次有侧重点的调整,目标在于增强美国的大国地位和在全球安全事务上的主导权。这个战略的提出和推行,对世界新格局的形成产生重要影响。但该战略的推行将受到诸多因素的制约。

首先,以美、日、欧、俄和中国为主要角色的国际战略格局已初具雏形,这将对美国以独霸世界为目标的"预防性防务战略"形成重大掣肘。

其次,随着国际竞争的加剧,美国的国际竞争力受到越来越多的挑战,"预防性防务战略"也无法摆脱自身国力与战略目标脱节这一矛盾的限制。

最后,冷战后,美国推行全面"参与"的对外政策,对他国动辄以经济制裁和军事打击相威胁,不但激起了许多发展中国家的愤怒,还遭到其盟国的强烈反对。一些国家在无力与美公开对抗的情况下,采取了一些激进手段向美国挑战,这就使美国面临的威胁变得更加具有潜伏性和不可预测性。

三、亚洲的军事部署

美国在亚洲的军事介入将是一个长期的现象。美国在有步骤地推进其亚洲安全战略目标。而且,与冷战结束初期相比,美国的行动更坚决、目标更明确。

(一)三个重点地区

美国认为亚洲有三个地区最可能爆发冲突:朝鲜半岛、南中国海和台湾海峡。苏联解体后,美国的军备结构调整始终是围绕着"同时赢得两场区域性冲突"这一基本目标进行的,通常这两个地区是指海湾和朝鲜半岛。由于美国在这两个曾直接进行过战争，至今仍与有关国家保持着军事安全协议并有驻军，若再次爆发军事冲突，美国还会积极介入。美国政府和军方在此问题上几乎没有分歧。

在南中国海问题上，美国以"维护航行自由"为名力图插手。美众议院1995年6月通过的美国海外利益法案称，南中国的航行自由对美国及其盟国的国家安全至关重要，任何用武力夺取该区域岛屿的行为都将引起美国的严重关注。助理国防部长约瑟夫·奈表示，如果在该区域爆发冲突，美国将派军舰护航以确保航行自由。

在台湾问题上，美国采取售台武器逐步升级的战略，加强台湾的军事防御能力，以阻挠其同大陆的和平统一。美参议院已通过法案，要求把《与台湾关系法》军售条款优于中美"八·一七公报"，为今后美国向台出售武器提供更充分的法律依据。台"海军司令"顾崇廉也秘密赴美活动，试探从美购买潜艇的可能性。

（二）调整的五个方面

为实现上述战略目标，美国在继续保持其在亚洲军事存在的同时，在军事部署上做了较大的调整，其基本态势表现在以下五个方面。

（1）逐步建立集体安全体制。在以经济竞争为主要特征的冷战后时期，美国不再愿意单独负担为其盟友提供安全保护的庞大军事开支，希望在军事费用、行动代价、政治风险等方面与盟国"分担利害"，在美国继续起领导作用的前提下，更大地发挥其盟国的作用。

（2）缩小驻军规模。这一方面主要是从韩国撤出部分地面部队，在印度洋或太平洋增加海空军力量，将在亚太的驻军总人数保持在8万左右。

（3）加强机动打击能力。这实际上是一种"区域战略"，即平时在前沿部署少量部队以减少军费支出，战时则以本土部队实施快速机动支援，实行"少兵在前，多兵机动"，以决定性兵力重创对手。另外，以航空母舰战斗群为主体，加强海上纵深打击力量，达到摧毁对手的海空力量，使其无法完成作战任务的目的。

（4）力争控制两洋（太平洋、印度洋）。美军从菲律宾军事基地撤出后，对西太平洋的控制能力受到了很大影响。西太平洋是中东原油运往东北亚航线的必经之地，美国视之为战略要地，因此正极力争取泰国同意其在暹逻湾设立军事基地。美军方正在研制能部署小型部队的巨型浮岛，它不仅比航空母舰节省大量费用，而且由于停靠在国际水域，可避免主权纠纷。美海军陆战队司令卢莱克最近向国防部和海军部提交了报告，强调需在亚洲以舰载的方式保持军事存在并从大西洋向印度洋和太平洋增派海军力量。

（5）保持技术优势。经海湾战争实战检验后，美国对高科技武器信心大增，除正改进F-117、B-1等隐形战斗机外，还在提高巡航导弹和战区防御导弹的性能，并着手开发新型激光武器和太空武器，进一步做到"量少质精"和"以寡敌众"。

可见，美国是在亚洲进行军事部署调整而非全面撤出，是军队搬家而非撤退。

四、美国亚太战略

美国为维护其领导地位，配合全球战略，制定了新的亚太战略，并大力加以实施。美国以确保亚太地区领导地位为目标的亚太战略，使其与日本在经济领域、与东盟在安全领域争夺主导权的斗争日趋激烈；美国为实现亚太地区贸易自由化的政策，从客观上推动了亚太经合组织的发展；由于社会制度等的不同，美对华政策的核心仍是从意识形态上进行渗透；由于当今世界政治经济相互影响，美国亚太战略的实施使亚太各国间的关系也变得更加复杂。但是，由于亚太地区多极化的日益发展，美国维持一极格局的亚太战略目标难以实现。

冷战后，美国根据变化了的国际形势，对其亚太战略作出了新的调整。由于美国是亚太地区的一个大国，其亚太战略的实施无疑会对整个亚太形势产生重大影响，主要有以下几个方面。

（一）加剧争夺主导权的斗争

冷战后，由于亚太地区经济的高速增长，各国纷纷调整战略，出现政策向亚太倾斜的现象，而美国的亚太战略充分表明了其对外政策向亚太倾斜，而且美国要成为亚太地区的领导者，这就必然加剧亚太国家间争夺地区领导权的斗争。

1. 加剧了美日争夺经济主导权的斗争

为确立在21世纪的全球领导地位，美国加强了同亚太的经济联系，强化该地区和美国相互依赖的程度，以共同的经济利益来保障美国在亚太地区的战略安全利益。美国新的亚太战略已表明，美国的企图是"主宰太平洋"。而且随着亚太经济的蓬勃发展及日本与亚太经济相互依赖的加深，日本越来越重视与亚太国家的关系，战略重心开始向亚太转移。日本深刻地认识到，欧洲有欧洲联盟，美洲有北美自由贸易区，日本要想与欧美竞争，必须建立以自己为主导的东亚圈。在世界经济区域化、一体化进程中，亚太是日本生死攸关的重要地区。因此，日本极力经营亚太，以亚太为阵地与欧美抗衡。

由此可见，美日对外战略重心在冷战后都出现向亚太转移的变化，两国的亚太战略目标的抵触势必造成两国在亚太地区的争夺。美国亚太战略的重要内容之一，就是防止日本成为亚洲经济上的主导力量。而日本已把亚洲地区作为自己的海外生产基地和进出口市场，把自身的经济发展紧紧地同该地区的经济发展联系起来，并通过产业转移，推进亚洲"四小"和东盟等国产业与贸易结构升级，构筑与这些国家（地区）新的分工关系。一个由日本生产高科技产品、亚洲四小生产一般技术产品和耐久消费品、东盟等国生产劳动密集型产品的国际分工格局正在逐步形成。所以，日本绝不会轻易放弃亚太地区。

面对日本的经济攻势，美国于1993年提出建立以美国为主导的"亚太经济共同体"，企图进一步向亚太地区进行经济渗透。为消除美日贸易摩擦，美国对日本采取高压政策，多次威胁要起用"超级301"条款，结果促使日本进一步加速向亚洲转移，而这回过头来，又加剧了美日之间的矛盾。

2. 使得美国与东盟在安全领域出现矛盾

冷战结束后，东盟认为大国关系不明朗，将使东盟面临威胁。同时，转换中的亚太形势为东盟发挥更大作用提供了机遇。因此，东盟在加快自身力量发展的同时，迫切要求建立新的安全机制，使之既能阻挡大国的威胁，又能发挥自身的主导作用。基于对冷战后地区安全形势的认识，东盟把建立稳定的地区安全机制视为当务之急，希望由东盟在未来的东亚乃至亚太安全保障体系中充当核心，使"东盟地区论坛"按照东盟的安排发展成整个亚太地区的"安全论坛"，利用大国矛盾，使其相互牵制，从而在大国中搞平衡，最大限度地维护东盟的安全利益。

在美国的亚太战略中，美国力求推动亚太地区多边安全对话的发展，但美国的安全目标也是显而易见的，如果亚太安全机制按照美国的设想发展，建立以美国为中心的亚太安全框架。美国支持并参加东盟地区论坛，当然不会满足于仅做个一般的参加者，也不会容忍东盟危及亚太的安全。基于主导亚太安全事务的战略目标，美国急于把安全问题纳入亚太经合组织的议程之内。美国视"东盟地区论坛"为维护东盟安全利益及发挥美国领导作用的阵地，绝不会拱手将主角的位置让给美国的对手，当然差异必然导致双方在这一问题上进行长期的争夺。

（二）使亚太各力量中心间的关系更加错综复杂

由于美国推行的是一体化的亚太战略，追求整体利益，因此，在实施过程中，不同领域往往是相互配合，相互推动，使得亚太各力量中心间的关系更加复杂，既有合作，也有斗争。

1. 中、美、日三方的合作与斗争

中、美、日三方是目前亚太地区三个举足轻重的力量中心，美国亚太战略自然也十分重视中国和日本在亚太地区的作用。由于美国视中国为未来的主要对手，美国的亚太战略中明确表示要"防范"和"制约"中国的发展。日本在冷战后也认为亚太地区依然存在"不透明、不确定因素"，而中国的军事发展被看作"不确定因素"之一。1996年的日本防卫白皮书将中国视为"警戒对象国"之一，实际上是把中国作为假想敌国。基于这种认识，日本也有防范中国的企图，希望与美保持战略同盟关系，以借助美国制约中国。安全认识的趋同导致日美在安全领域的合作。新的"日美联合保障宣言"重新界定了日美同盟关系，其中突出强调了双方在安全领域的合作。因此，就安全领域而言，中国实际面对日美两个对手。

日美在安全领域进行合作，但在经济领域却又是激烈的竞争者。美国亚太战略的目标之一是全力解决贸易不平衡问题，打开亚洲市场，恢复美国经济的霸主地位，而美国对外贸易不平衡的主要对象及争夺经济主导权的主要对手就是日本。随着亚太地区多极化趋势的发展，各国的对外战略更加突出本国的国家利益。日美的经济摩擦已严重影响到双方在其他领域的关系。美国国会一些议员曾扬言，要不惜冒使日美联盟关系破裂的危险，来解决双方的贸易问题。

面对日本的经济挑战，美国重视发展中美经济关系，不愿把中国这个大市场让给其他竞争对手。因此，中美在经济上的合作关系不断加深，且前景广阔。虽然日美在政治和安全领域的关系良好，中美关系中矛盾冲突不断，但中美之间也存在战略需求，"美国对日本和俄罗斯的未来心中无数，需要利用中国进行平衡"。这也是美国未使中美关系全面恶化的根本原因。

2. 中、美、东盟之间的合作与斗争

冷战后，美国加紧调整与东盟各国的关系，在经济合作不断深入的同时，安全合作也不断增强。美国为保持在亚洲的军事存在，需要拉拢东盟。而东盟认为冷战后亚太地区依然存在着潜在的矛盾和冲突，对中国的发展也存有戒心。因此，美国与东盟在安全领域互有需求。中国是发展中国家，面临着发展经济的艰巨任务，因此中国希望亚太地区局势保持稳定，反对任何势力在该地区谋求霸权。在美国在亚洲驻军问题上，中国与东盟之间存在

分歧。

在安全领域,东盟与美国相互需求较多,与中国存在分歧,但在政治领域,东盟与美国则明显有矛盾和斗争。美国把在亚太地区推行"民主"和"人权"作为亚太战略的一大支柱,并以领导者自居,企图将亚太纳入美国的价值观念。由于东西方文化背景、历史传统等存在很大差异,双方对人权的认识大不相同。近年来,中国与东盟在人权问题上立场一致,共同抵制美国的人权攻势,使美国的人权外交在亚洲连连受挫。

亚太各力量中心在不同领域的合作与斗争无疑使各国关系变得更加复杂。中国作为一个发展中国家,在这种复杂的斗争中应该大力扩展自己的外交回旋余地,趋利避害,求同存异,以实现自己的国家利益为目标,为我国的现代化建设创造一个良好的外部环境。

(三) 中国在亚太面临的斗争环境更加严峻

冷战后,战略环境的变化、国家利益的不同使中美两个国家在亚太地区不可避免地出现合作与竞争。应当说,当今的中国在美国眼中的分量更重了,美国亚太战略中所包含的中国内容是比较多的。美国亚太战略的实施究竟会给中国带来什么影响,笔者认为主要是挑战。

1. 中国受到美国以遏制为目的的全面牵制

冷战后,美国的亚太战略有一个中心思想,那就是美国是亚太地区的领导者,绝不允许任何国家成为美国的竞争对手。中国由于经济发展迅速,意识形态与美不同,自然被其视为未来的主要对手。美国国家安全战略提出战略重点由过去针对现实威胁转向针对未来的不确定因素,中国的经济发展和军事力量现代化被看作"不确定因素"之一。美国军事战略提出,美国的安全就是世界各地区的安全和稳定,地区性不稳定是美国面临的主要威胁,而美国政要在近年来的谈话中,不断声称中国的走向不明朗,担心中国成为地区霸权势力。

中国是亚太地区最大的发展中国家,与美国的综合国力还有很大差距。冷战后,中国虽然面临全面战争的危险,但在国家安全上仍存在许多需重视的问题,如领土、领海与海洋权益问题和祖国统一等。

南沙群岛历来属于中国领土,自越南、菲律宾等国占领一些岛屿后,南沙群岛争端更趋复杂化。我国政府本着友好协商的精神,提出了"搁置争议,共同开发"的主张。美国为阻止中国收复南沙群岛的被占岛屿,插手南沙问题,企图使该问题国际化,造成对中国的攻势。

台湾是中华人民共和国不可分割的一部分。美国从自身战略利益出发,不顾国际法基本准则,在承认中华人民共和国的同时,又提出要依据《与台湾关系法》加强台湾防御。1996年3月,中国在台湾海峡举行军事演习。美国立即向这个区域派遣了两个航空母舰作战,并威胁说:"任何对台湾使用武力的行动都会造成恶劣后果。"美国在中国台湾问题上的所作所为是阻挠中国实现祖国统一的因素之一。

2. 中国面临的真正威胁是美国"软力量"的进攻

在美国的亚太战略中,美国已明确将中国视为潜在对手,双方将围绕各自的国家利益进行长期的斗争,这种斗争中,美国究竟对华采取什么战略?笔者认为是遏制加接触。冷战后,美国对华战略中遏制成分的力度加大,但遏制并不是主导方面。那么,什么是美国对华战略的主要内容呢?美国新的亚太战略必将推进"民主化"进程,中国是主要对象。1997

年10月，克林顿发表对华政策演说，提出将对华继续采取"接触"政策，认为采取接触政策是为了利用美国掌握的"最新手段"，并以此来"推进美国的重要利益"。克林顿政府的"接触"政策，就是利用所谓"软力量"，"制约""防范"中国向美国不愿看到的方向发展，使中国进入美国、西方国家的国际政治、经济和安全体系。

中国是一个发展中国家，随着中国改革开放的深入，中国经济正在逐步融入世界经济体系。中国要发展经济，要与国际社会进行交流，自然要与美国打交道。美国的"软力量"进攻，使中国面临这样一个严峻课题：既要在经济上保持与西方交往，政治上又不被融入西方的意识形态中去。

目前，中美已互为重要的贸易伙伴。从中国实现经济现代化的目标来看，美国既是中国重要的出口市场，也是获取资金和技术的主要来源之一。随着中国改革开放的深入，更需要同包括美国在内的西方国家发展互利互惠的经济贸易关系。美国也十分看好中国这个大市场，认为中国是极具潜力的发展中国家，对美扩大出口、创造新的就业机会起着重要作用。美国政府在进行经济交往的同时，十分重视向中国传输美国的生活方式，认为："随着中国的对外开放，中国会寻求从外部得到更多的资金、技术和市场，而随着更倾向于专家治国、受过良好教育及对世界更加了解的年轻人掌权，旧的政治体制就不可能继续下去。"美国亚太战略的实施已充分说明，美国支持中国的改革，但这种支持"含有以美国的价值标准来衡量其得失利弊的成分"。美国绝不愿看到一个繁荣、强大的中国出现在亚太。认清了这一点，我们就可以充分认识到，只有坚持走具有中国特色的社会主义道路，才是中国走向繁荣、富强的唯一道路。

美国的亚太战略在几年的实施过程中，确实取得了某些进展，并且在今后相当一段时期内仍然是影响亚太战略格局变化的主要因素之一。展望21世纪，亚太地区将继续保持旺盛发展势头。占据有利地位，是该地区每一个谋求强盛或霸权的国家的发展主战略，各力量中心都在积聚力量，以在21世纪亚太大舞台上进行较量。可以肯定地说，21世纪的亚太绝不是一极世界，美国亚太战略还将处于不断调整之中。

五、"融合欧洲"战略

美国对欧洲地位的认识发生了变化，随之开始调整对欧政策。这种调整主要是为美国今年1月推出的以民主、经济和安全为三大目标的"融合欧洲战略"服务的，其主要内涵是抓住德国和俄国"两个重点"，争取对欧洲格局有重大影响的中、东欧国家这一"中间地带"，重新确立冷战后美国在欧洲的主导权。

（一）变化之一：借重德国

美国一贯重视美欧关系。没有美欧关系的稳定，就没有美国全球战略的成功。由于相同的语言、文化传统以及价值观念，特别是经过两次世界大战，美国与英国形成了长期的"特殊关系"。在冷战时期，无论是抗苏还是协调北约盟国关系方面，英国一直是美国在欧洲的倚重对象。物换星移，冷战结束后，美国在欧洲的战略任务由以军事为主的"抗苏"转向振兴国内经济。克林顿公开宣称，"贸易正在成为连接21世纪各国的纽带"。任务重心转移了，美国自然面临在联盟内重新排队寻找主要依靠对象的新问题。

选谁好呢？法国历来不大听"招呼"，英国实力江河日下，只有统一后的德国实力强劲，是个可倚重的伙伴。美国的如意算盘是借重德国的人力物力，确立自己在欧洲的主导权。克林顿访问德国一再强调，美德有"独一无二的伙伴关系"，他公开要求德国在国际事务中同美国一起发挥"领导作用"。

美国之所以选中德国，是因为德国在以下几方面更符合美国的"条件"：①政治上，德国的国家战略目标是谋求世界政治大国地位。在这个"头号问题"上德国必须依赖美国的支持，这为美国"拴住"德国提供了政治基础。②经济上，德国居欧盟首位，将来必要时可为东欧和俄罗斯的经济转轨多掏腰包（德国对俄罗斯的经援已占西方国家的2/3），不仅减轻美国的负担，而且有助于美国融合战略的推行。另外，在全球性的经济问题上，德国要考虑维系大西洋两岸的关系，不像法国那样同美国针锋相对，相对来说较易妥协。③在外交上，德同东欧和俄罗斯有地缘和传统的关系，美国可利用德国发挥其"通往东方的桥梁"作用。另外西欧、北约若东进，德国是最理想的前进基地。以上这些条件是英法不能替代的。特别是德国在欧洲是一个上升的力量，它将通过控制欧盟而成为欧洲的领导者。只要抓住德国，就能抓住欧洲，这正是克林顿选择德国的主要考虑。美国著名的卡内基基金会在一份研究报告中向克林顿献策：把美德关系升级并使德国成为美国欧洲政策的推动力。随着时间的推移，德美独特伙伴将逐步取代英美特殊关系。

另外，美国同德国建立独特伙伴关系将进一步助长德国的扩张欲望。美国不会愿意看到德国在欧洲形成对美国领导地位的挑战。因此，随着美德关系的发展，双方的矛盾也会进一步发展，同时还会受到英法等国的牵制。特别是双方在争夺未来欧洲格局主导权方面的矛盾和斗争将进一步深化。

（二）稳住并拉拢俄罗斯

美国认为，俄罗斯的稳定不仅是全欧稳定的决定性因素，而且也是未来东西方关系稳定的关键因素。因此，稳住俄罗斯是克林顿对欧政策的核心环节。这里所说的"稳住"俄罗斯有两层意思，一是防止俄罗斯局势的"逆转"；二是防止俄罗斯东山再起。在上述基础上尽可能比较"平稳地"把俄罗斯拉入西方的政治、经济轨道。

美国认为，目前俄罗斯形势的发展表明俄国内的政治力量的较量并未成定局。不仅俄罗斯议会中的极端民族主义势力在上升，同时前共产主义力量的影响也在回升。因此俄罗斯的政治走向尚未最终定格。正因为此，克林顿说"欧洲前途谁都说不清楚"。如果俄罗斯重新走上同西方对抗的道路，美国必将在军事上重新作巨大的投入，从而影响美国振兴国内经济的战略。因此美国首先着重防止俄罗斯局势"逆转"。同时美国也认识到，俄罗斯终究是大国，它不能长期容忍"降格"同西方相处，更不会听任西方摆布，目前俄罗斯的对外政策已逐渐趋向强硬，美国需要重新考虑俄罗斯在世界和欧洲事务中的位置。

美国稳住的拉拢俄罗斯的政策主要是"演变、制约和利用"三者并重。其内容主要包括三个方面：一是继续支持和压俄罗斯推行西式的民主和经济改革，使其从政治体制和经济制度上向西方深入演变。二是通过支持叶利钦在国内的地位以遏制俄罗斯议会中反西方势力的增长，制约俄罗斯的外交路线和国内政策中不利于西方的倾向。三是在一定程度上照顾俄罗斯的大国地位，在有利于美国的长远战略利益或美国能控制的范围内适当满足叶利钦发挥大国影响的欲望和要求，以加速其西靠。如吸收俄罗斯加入北约"和平伙伴关系计划"和参加西方七国首脑会议的政治讨论以及利用俄罗斯在波黑问题上发挥其作用，等等。

从调整后的美国对俄政策看，总的说是比较现实的。在对俄又拉又压的两手策略方面，拉的一手似有所加强。估计美俄的关系将会进一步发展。但美俄各自的战略意图大相径庭，其根本矛盾无法协调，在"合作"过程中将是充满斗争的，斗争仍然是主导面。

（三）变化之三：加快"进取"东欧

东欧地区对美国来说是它势在必得的"势力范围"。因为只有"夺取"了东欧，才能打开美国实施"融合欧洲"战略的大门，并奠定实现融合战略的基础。

美国正利用东欧国家加紧西靠的时机，加快把它们纳入西方势力范围的步伐。除了支持这些国家与欧洲联盟签署自由贸易协定及加入欧盟的申请外，重点利用美国控制的"和平伙伴关系计划"和北约等机构把它们拢在美国的影响之下。

六、美国霸权主义的制约因素

美国倚仗其唯一超强的地位，力图建立以它为领导的"世界新秩序"。美国独霸全球的战略给世界和平与安全带来威胁。然而，国际社会和美国国内各种制约霸权主义的力量、因素的滋长与组合使美国独霸世界的战略难以奏效。世界向多极化发展的趋势不可阻挡。和平与发展依然是21世纪的主题。

（一）发展中国家反对美国霸权主义

冷战结束后，美国称霸全球的野心确实在膨胀。但是，美国当局在推行新霸权的过程中，时而得逞，时而碰壁，有时甚至不得不向对手妥协让步。这说明，世界上存在着制约美国霸权主义的力量和因素。虽然这些制衡力量目前还不足以"势均力敌"的"极"的形式表现出来，但是，它们的滋长与组合也可以构成对美国霸权的有力制约。因此，美国想建立独霸天下的"单极格局"、阻止世界多极化趋势是行不通的。

国际社会有没有"公理"？国际社会还是有公理的。何为公理也？公理就是由时间反复证实，其真实性已经得到公认的命题或"理"。公理是客观世界联系的反映，是人类思维历史发展的产物。公理存在的基础是生产方式，它随着生产方式和社会形态的变化而改变。当代世界，就全球范围来看，人类社会有超越国家、地区和世族界限的共同利益和公理，如反对核战争、维护和平、保护地球的生态环境和野生动物、经济与社会的可持续发展等。就国与国之间的关系来看，也有各国公认和遵从的"公理"。如国家不论大小一律平等、互相尊重主权和领土完整、互不侵犯、互不干涉内政、平等互利、国际合作、民族自决以及和平解决国际争端等。这些都被列入了《国际法》。为维护这些"公理"，《国际法》还规定了许多制裁破坏这些"公理"准则的条文。国际社会的这些"公理"对破坏人类共同利益和违反国际法的行为具有制约作用。谁破坏它，谁就会遭到各国进步力量和国际舆论的遣责。有人总以"弱国无外交"的观点否认第三世界国家反对霸权主义的作用，甚至对它们不屑一顾。然而，应当看到，第三世界国家同样具有发展的潜力，它们在反对西方发达国家压制和剥削不发达国家方面具有一致的利益，它们联合起来也会形成一股强大的力量。20世纪60—80年代，不结盟国家在联合国及国际社会反霸斗争中就发挥了积极的作用。20世纪90年代中国在联合国人权委员会连续8次挫败美国及西方国家提出的反华提案，不正是靠了这些第三世界国家的支持吗？

20世纪90年代以来，美国在全球各地插手别国内部事务，发动了多次干涉别国和地区事务的战争，这些行为不仅遭到当事国的反抗，也引起许多国家的关注或不安。尤其是一些第三世界国家对美国打着"人权""民主"的旗号在全球竭力推行西方价值观的做法更是不满。20世纪90年代以来，一些发展中国家对美国霸主地位表现出来的恐惧、愤恨、不满、不顺从以至拒绝与美国合作甚至结成反霸联盟就反映了这种情绪。这种反霸情绪不像"核武器"那样，其潜移默化的力量体现在联合国和各种国际组织的讲坛及投票场上。因此，联合第三世界国家，运用《国际法》，通过国际组织对霸权主义加以制约是一种必要的途径。

（二）大国制衡原则制约美国霸权主义

苏联解体后，俄罗斯为争取西方国家的援助，缓和国内的严重经济危机，积极改善与美国和西欧的关系。叶利钦辞职后，俄代总统、总理普京发表文章说："俄罗斯需要并应该拥有强有力的国家权力。"他提出，只有建立在爱国主义、大国主义、国家主义上的政治才能使俄罗斯避免成为二流或三流国家，这是建立"强大的俄罗斯"的基础。普京当选总统后，很快打出"爱国主义"和"民族主义"的旗帜以加强国家的凝聚力，唤起俄罗斯民族的爱国热情，抵制美国和西欧对俄的挤压。另外，俄罗斯从其国家利益出发，也主张建立多极世界，因为只有在多极原则基础上才能保持俄罗斯的大国地位。所以，在抵制美国霸权这一点上，中俄具有一致的利益。而一个军事大国和一个正在崛起的综合实力大国互利合作，共同反霸，将对美国霸权产生有力的约束作用。

西欧国家对美国独霸全球战略有没有牵制力量？这是很值得研究的一个问题。"第二次世界大战"以后，欧美联合共同对抗以苏联为首的社会主义国家，形成苏、美两大阵营对峙的冷战格局。苏联解体后，美国要构筑以它为首的"世界新秩序"，就必然要拉住欧洲盟国和日本，利用北约这个跨大西洋军事组织作为工具。20世纪90年代初的海湾战争中，西欧、日本与美国配合，打了一场"石油战"。1999年的科索沃战争中，欧洲盟国又一次与美国密切合作，共击南联盟。所以，"第二次世界大战"以来欧美之间的合作大于它们之间的斗争。

但是，不能由此断定西欧国家会心甘情愿地做美国独霸天下的走卒。实际上，美欧之间并非没有芥蒂。两极格局瓦解后，法、德、意等国对美国"独霸全球"的战略一直忐忑不安。在国际舞台上，西欧国家更多的是以自己的国家利益为出发点做出外交决策，而不是无条件地跟着美国的指挥棒转。例如，1998年12月，美国对伊拉克发动"沙漠之狐"大规模空袭时，只有英国参与了这次行动，法、德、意等北约盟国则对美英对伊拉克的军事打击表示"不安"或"遗憾"。

从经济利益上看，欧美之间既有合作又有冲突。其经贸摩擦和"大战"时常发生。1999年，欧元的出现意味着欧盟向美元的世界金融统治地位的挑战。一位学者分析了欧美之间的矛盾后说道："欧元启动后，欧盟将作为一个独立的经济整体而拥有雄厚的经济、贸易和金融实力，成为与美国并驾齐驱的金融市场，甚至逐步超过美国。欧元流通后，全球投资资金组合将会重新分配，从而改变欧盟和美国的实力对比，提高欧洲在国际舞台上的整体地位，给美国造成强大的政治压力。美国操纵北约军事打击南联盟，当然不只是为了消除俄罗斯在这一地区的影响，而最本质的，是克林顿政府想通过这场战争，削弱欧盟的团结，消除欧元和欧洲经济对美国形成的潜在的巨大的威胁。轰炸欧元是驱使美国空袭南联盟最为重要的经济因素。"这种分析是否正确有待于实践检验。但是，一个不争的事实是，科索沃战争的确使欧元一再贬值，而美国股市冲破万点，多次创下历史最高。科索沃战争对欧洲经济和环境造成的负面影响短时间内也难以消除。

从国际格局的角度看，法、德、意等西欧国家也希望世界向"多极化"发展。只有"多极格局"才能确立它们在欧洲的主导地位。德国有些人就认为"莱茵模式"优于"美国模式"，它更能实现人的整体发展。法国也自称它是真正的"自由与和平"的卫士，要在欧洲扮演大国角色。只有国力相对衰落的英国力图依靠美国维护其在欧洲的地位。所以，法、德、意企图把北约作为其推行"全球战略"工具也许只是一厢情愿。

"第二次世界大战"后，日本在很大程度上借助美国的扶持发展起来。它在国际舞台上一直跟随美国。但随着经济实力的增长，日本与美国在经济利益上的摩擦和冲突也不断发生。日本是一个资源极其匮乏的岛国，其主要经济支柱是加工工业，严重依赖国外资源，所以它不愿轻易得罪别国。冷战结束后，当美国与一些国家发生矛盾冲突时，日本考虑更多的是如何使自己趁机获取最大利益，而并非积极充当美国的打手。所以，很难说日本会心甘情愿地做美国独霸全球的马前卒。

基于以上分析，可以看出，美、欧、日既有合作的一面，又有矛盾和斗争的一面。如果只看到它们之间的合作，看不到它们之间的矛盾，甚至把欧、日、美完全视为一体，这等于把欧、日推向美国一方。这样，既不利于集中力量反对美国霸权，也不利于发展我国与欧、日的经贸关系。实践证明，我们一扩大与欧盟和日本的经贸文化关系，就引起美国的不安和反响。所以，我们应当把美、欧、日加以区别，利用矛盾牵制美国。

（三）美国"独霸全球"的战略受到国内诸多因素的制约

首先，从政治制度看，美国政府的外交决策在议会民主和两党政治制度的框架内受到很多约束。在这种制度下，垄断资产阶级对美国政府的决策影响很大。但是，中产阶级、下层人民的呼声也不容忽视。美国人的传统理念十分尊重个人的生命价值，把个体的生命价值看得很重。当他们认为美国人没有必要奉献自己的生命的时候，他们是反对做无谓的牺牲的。旷日持久的越南战争给美国人民留下了最阴暗的记忆。美国社会的这种个人主义价值观对政府对外参战有很大的掣肘作用。

另外，美国政府智囊人士的意见，对政府的外交战略和决策也有较大影响。冷战结束后，美国国内确实有一批好斗的"鹰派"人士，大肆炒作"中国威胁论"，这些人就主张对华实行"遏制"政策，甚至不惜使用强力手段。但美国国内也有主张对华接触的另一种声音，如布热津斯基、基辛格、亨廷顿等人就呼吁美国政府放弃独霸全球的"单极格局"战略，冷静和理智地考虑问题。美国国内的外交讨论是多元性的，而智囊人士和学者专家的意见对美国外交决策具有不可忽视的影响。美国总统的任期制和两党轮流执政体制也决定了其外交战略和政策和不稳定性与一定程度的可变性。

其次，从经济方面来看，美国的全球战略受到其经济利益的牵制。当今时代，全球经济一体化和世界贸易的飞速发展使美国一天也离不开国外市场。一些美国资本家对中国这个巨大的潜在市场就很看好。1999年美国《财富》杂志社在上海举办"中国未来五十年"的讨论会，吸引了不少美国大老板的注意。中美两国都把对方视为重要的贸易伙伴。若两国关系变冷，双方的经贸往来受到影响，直接受损的是从事对华贸易的垄断资本集团，它们会向政府施加压力，以求采取符合其经济利益的对华政策。

最后，美国要想"独霸世界"，就必然维持庞大的军费开支，使自己保持全球第一军事强国的地位。这样做付出的代价是巨大的。冷战时期，美苏大搞军备竞赛，一方面拖垮了苏联，另一方面也影响了美国的经济发展，使其在20世纪70—80年代陷入经济停滞状态。如果美国把沉重的军备包袱一直背下去的话，等待它的并非好运。历史上大搞军备竞赛，企图用武力和强力控制世界的国家，无一能够摆脱可悲的下场。

第五章 21世纪发展中国家经济增长与战略任务

世界已进入新的世纪和新的千年。此时，人们看到，在全球范围内，大转变浪潮汹涌澎湃，标志着一个崭新时代的来临。从经济上说，新的世纪是经济全球化的世纪、经济信息化的世纪、知识经济大发展的世纪。当前，这一大转变浪潮正以不可抗拒的力量冲击着全世界，占世界人口4/5的第三世界首当其冲。第三世界经历了两次世界大战后半个多世纪的发展历程，如今，面临着新的世界形势和新的世界变革，如何加快前进步伐，争取美好的前途，不仅关系到第三世界本身，而且也关系到整个世界。

一、21世纪发展中国家经济力量的增长

（一）半个世纪的曲折路程

半个世纪以来，第三世界国家在国内外错综复杂的条件下谋求发展，走过了艰难而曲折的道路。各国具体情况颇不相同，步调不一，至今经济水平大有差异。大体说来，它们作为一类国家，经历了以下四个阶段。

1．"第二次世界大战"结束后至20世纪70年代初

第二次世界大战后初期，除拉美早已获得独立的国家外，殖民地、半殖民地国家开始挣脱殖民统治，先后获得独立；20世纪50年代和60年代，是殖民体系瓦解、发展中国家纷纷涌现的高潮时期。这些新独立的发展中国家，在致力于巩固独立的同时，着手谋求发展。

这20多年的国际环境，对发展中国家有利。由于它们获得了独立解放，不必再向原宗主国缴纳贡赋，手中有了独立自主的发展权，这对它们当然是有利的；"第二次世界大战"后，西方国家除对走社会主义道路的发展中国家进行封锁、禁运，甚至发动战争（朝鲜战争和越南战争）之外，世界保持和平环境，这对发展中国家的发展也是有利的。自20世纪50年代初，发达资本主义国家掀起了新的科技革命，生产力迅速提高。这些国家为了防止大危机的再度发生，实现充分就业，奉行凯恩斯主义，对经济实行宏观调控，获得一定成效，经济不断增长。20世纪60年代，年均增长率达5%，这在历史上是绝无仅有的。与此同时，它们的对外贸易迅速扩大，对外投资大幅度增长，这也对第三世界国家的发展提供了有利的条件。第二次世界大战后不久，美苏两个超级大国为争霸世界而进行冷战对峙，它们都竭力拉拢和争取第三世界，以扩大自己的势力范围。为此，它们对发展中国家提供了援助，这在某种意义上说，对发展中国家的发展也是有利的。

发展中国家为了充分利用这些有利条件，就必须采取适当的战略和政策，除了个别国家和地区（主要是东亚的韩国、新加坡、我国台湾地区）适时地实行外向战略外，其他多数国家不同程度地实行内向政策，有的甚至是自我封闭。这也是可以理解的。因为这些新独立的国家有巩固独立的任务，它们对西方国家及其跨国公司抱有很大的戒心和疑虑，害怕与它

们加强联系会吃亏受害；此外，发展中国家的民族工业尚很幼小，需要着意保护，唯恐在对外开放中受到冲击。还有相当一部分发展中国家，看到资本主义制度的种种弊病，又受到社会主义国家经济和科技发展的鼓舞，倾向于实行社会主义，走所谓"非资本主义道路"。但它们仿效的，只是当时苏联的社会主义模式，即对内实行高度集中的计划体制，对外实行自我封闭。在这大约20年期间，独立的发展中国家在谋求发展的道路上艰难起步，但除了个别国家实现了经济起飞外，其他国家虽有进展，却因没有完全抓住有利时机，因而步子迈得不大。

2. 以1973年的石油危机为标志，世界经济进入了一个新的阶段，第三世界国家的发展也进入了一个新阶段

这个阶段，西方发达国家经济陷入了"滞胀"困境，经济增长率下降，一系列产业部门生产过剩，失业大幅度增加，物价急剧上涨。1973年冬发生的石油危机，对此产生了很强的催化作用。

在这之前，盛产石油的海湾地区，石油的开采权和石油价格的决定权，操在西方大垄断集团手中，它们大大压低石油价格，产油国遭受巨大损失。早在1960年，一些产油国就建立了石油输出国组织，为维护自己的合法权益而斗争。石油输出国的石油斗争，大大鼓舞了第三世界，使它们进一步团结起来，为建立国际政治经济新秩序而斗争。1974年，联合国第六次特别代表大会通过了《关于建立新的国际经济秩序的宣言》和《行动纲领》，把这一斗争推向高潮。

然而，次年，主要发达资本主义国家召开领导人会议，协调立场，为摆脱滞胀和对付石油危机的冲击，对世界经济联合进行干预。此后，它们每年召开一次会议，形成所谓"七国集团"。而发展中国家为争取建立国际新秩序的斗争，未能乘胜前进，陷入僵持状态。到20世纪80年代初，发展中国家发生严重债务危机，形势急转直下，这场斗争走向低潮。

这说明，发展中国家的发展，固然可以依靠或发挥自己某种优势，特别是像石油这样重要的战略资源的优势，取得一定的胜利，但这只能是局部的、一时的，并不能持久，而如果这些国家不实行内部改革，创造有利发展的内部条件，所获得的胜利也不能充分转化为发展的实绩。这一时期，只有东亚国家和地区继续进行体制改革、结构调整和发展外向型经济，经济持续高速增长，经济水平不断提高，韩国、新加坡、我国台湾地区终于脱颖而出，成为新兴工业化经济体。东盟国家的经济也走上了快速发展的轨道，在它们的经济和出口商品的构成中，制造业产品比重不断增长，它们与发达国家的分工格局也随之发生变化，它们的国际经济地位也有所改善。

3. 20世纪80年代

进入20世纪80年代，大多数发展中国家发生了严重的债务危机。这是由于20世纪70年代国际资本过剩，利率低下，许多发展中国家向西方商业银行大举借贷，但此后，以美国为首的西方国家提高利率，而发展中国家出口的初级产品，包括石油在内，价格大跌，在高利率和低价格的双重挤压下，许多发展中国家收入大减。又由于它们所借资金使用不尽适当，效率低下，增加了按期偿债的困难。1982年，墨西哥宣布无力按期还债，发生债务危机，接着拉美、非洲和亚洲的不少国家，也不同程度地陷入债务危机。这些国家不仅不能得到更多的援助和新的贷款，而且国内资金大量外逃，财政状况急剧恶化，通货膨胀恶性发

展，经济停滞，失业增长。不少国家人均国内生产总值连年负增长，人民贫困加深。对它们来说，20世纪80年代是"失去的10年"。

但这10年期间，在一些国家停滞和倒退时，东亚新兴工业国家和地区，东盟国家和中国却继续快速增长，基本上没有受债务危机的影响，与那些陷入危机的国家形成鲜明的反差，为全世界所称道。广大发展中国家为了缓解危机，克服困难，在对过去的经验教训进行总结的基础上，着手进行经济体制和政治体制的改革与经济结构的调整。

4. 20世纪90年代

随着以信息技术为核心的高科技的迅猛发展，经济发生了两方面重大转变。进入90年代，一方面，经济全球化趋势不断加强，国际贸易、金融、投资、生产、科研、信息等各经济领域迅速扩大和全球化；另一方面，知识经济兴起。知识经济已不是以物质资料为基础，而是以知识的生产、传播与运用为基础的新型经济形态。到20世纪90年代中期，发达国家的知识经济在整个国民经济中所占比重已高达50%。

20世纪90年代，世界经济的新变化为发展中国家提供了新的机遇，同时也提出了新的挑战。由于发展中国家继续实行改革开放和结构调整，它们的债务危机有所缓和，在20世纪90年代上半期，它们经济增长较快，超过发达国家近1倍，出口和引进外资额连年增加。但到1995年，墨西哥突发金融危机，1997年，一向形势大好的东亚又爆发了猛烈的金融危机，经济遭到惨重破坏，并波及俄罗斯、巴西以及其他许多国家和地区。到1999年，才逐渐复苏。

纵观发展中国家近半个世纪发展的实践，可以得出以下几点认识：①发展中国家的发展，离不开世界经济整体的变化和发展，而世界经济又是由少数发达资本主义国家占主导地位，发展中国家的发展受发达国家多方面的制约。特别是发达国家坚持不公正、不合理的国际经济秩序，对发展中国家十分不利。②发展中国家作为独立的主权国家，并不是注定居于被动地位。世界经济的发展往往又给发展中国家提供一定机遇，只要发展中国家采取适当战略和政策，抓住机遇，利用有利的国际条件，就有可能得到发展。③发展中国家的具体条件不同、所实行的政策不同，世界经济的发展和变化对它们的影响也各不相同，各国、各地区发展的成就也大不一样，经过半个世纪的历程，第三世界内部各国差距扩大。

（二）发展中国家经济力量的增长

发展中国家政治上获得独立后，经济上得到了迅速发展，特别是20世纪80年代前的30年。南方委员会1990发表的《对南方的挑战》报告指出，"30年的快速发展，导致许多发展中国家取得重大经济变革和社会成果"。"50年代后的人均增长水平，与工业国家过去的发展状况以及南方内部此前的经历相比，均属有过之而无不及"。在这30年中，南方经济的平均增长率一直高于北方，使南北经济对比发生了有利于南方的变化。例如，根据国际货币基金组织的统计，发展中国家与发达国家国内生产总值的比重，1960年为20：80，到1980年已变成25.4：74.6。即使按人均产值，发展中国家在多数年份的增长也略高于发达国家。据世界银行统计，南北人均增长率，1965-1973年分别为3.9%和3.6%，1973-1980年为3.1%和2.1%。再从双方在世界贸易中的比重看，1960-1980年，南方从29.7%升为34%，北方则从70.3%降为66%。这就是说，在20世纪80年代的前30年，特别是60年代和70年代，南北差距并未拉大，国内生产总值和世界贸易所占份额的差距还有所缩小。正是在这种背景下，70年代才出现建立经济新秩序问题上的南攻北守局面。因此，说南北经济差距一直在拉大，是不完全合乎事实的。

但是到了20世纪80年代，形势发生逆转，南北在国内生产总值、人均产值和世界贸易中的差距出现迅速扩大趋势。南北国内生产总值的比重到1985年就又退回到20：80的水平。出口贸易双方所占比重到1987年已变成25.5：74.5。人均产值的差距更是明显扩大。例如，1980-1984年，南北年均增长已分别为0.7%和1.3%。而整个20世纪80年代，拉美和非洲都是负增长，拉美倒退了10年，非洲倒退了20年还多。

然而，与此同时也必须指出，第一，20世纪80年代除少数年份外，发展中国家作为整体的增长率仍然高于发达国家（据世界银行统计，1980-1989年，发展中国家国内生产总值年均增长率为4.3%，发达国家则为3%）；第二，80年代亚洲国家特别是东亚发展中国家和地区保持了较快的发展，中国实现了起飞，因此谈到"发展的危机"和"失去的十年"，不能把发展中国家这一重要组成部分包括在内；第三，20世纪80年代也是发展中国家进行重大结构调整和改革的10年，这就为20世纪90年代的发展创造了一些有利条件。

冷战后世界经济形势发生了重大变化，国际经济格局和经济关系也在进行规模空前的调整。西方发达国家由于长期积累的结构问题和冷战结束带来的冲击，经济陷入严重衰退。与此同时，发展中国家经济却或者继续保持快速增长势头，如亚洲，或者摆脱"发展的危机"而有所好转，如拉美和部分西亚非洲国家。虽然多数非洲国家还在进一步恶化，但其所占比重并不大。因此发展中国家作为整体已是形势看好，并成为世界经济的重要推动力量。国际货币基金组织认为，世界经济增长在很大程度上是发展中国家推动的。1993年世界经济增长2.2%，其中发展中国家为6.1%，发达国家1.1%。对世界经济增长的贡献度，前者超过60%，后者不足40%。

南北经济关系的变化还可指出以下几点。

1. 南方发展受北方的影响在减弱

南方国家改变了以前那种北方特别是美国打喷嚏南方就感冒的局面。新加坡陈光炎博士说，20世纪90年代以前东亚是美国车头后的车厢，经济所受影响达85%，20世纪90年代已逐渐不以美欧日为车头，而拥有能独立发展的内部经济动力。这是因为，发展中国家不但发展速度超过发达国家（特别是亚洲，拉美也在跟上来），而且相互贸易和投资的增长速度更快，加上各种形式的区域合作，就形成了一种新的经济格局，减弱了对发达国家的依赖。

2. 发达国家已增加了对发展中国家的依赖

由于西方经济疲软、市场相对饱和，它们就把目光转向了发展中国家，特别是向亚洲倾斜。国际货币基金组织说，1993年发展中国家进口增长率相当于发达国家的2倍，为后者提供了增长最快的市场。日前美国商务部确定今后重点出口对象的10个国家（被称为"正在形成的巨大市场"），就都是发展中国家。事实上，从1988年到1992年，美国对亚洲的出口增长了1倍，对美国减轻和走出衰退起了重要作用。

3. 流入发展中国家的资金迅速增长，扭转了20世纪80年代一个时期的资金倒流的现象

1993年流入发展中国家的外来资金创纪录，其中直接投资净额占世界比重已由1987年的21.4%增加到32%。一些亚洲国家和地区由于经济实力和金融地位的加强，也在向发达

国家投资。《日本经济新闻》说这是业已开始的"资金回流",使"迄今为止由欧美向亚洲单向资金流动为之一变"。

4. 制造业从北向南转移

英国经济学家布朗和朱利叶在一篇获奖论文中说,全球经济形势的变化,正在促使制造业从富国向第三世界转移,美欧日主宰世界生产的格局即将发生变化,其后果将是"全球消费和生产的重心从富国转移到发展中国家"。

所有这些,都显示了冷战后世界经济形势发生的积极变化。这一趋势今后还会持续下去并得到加强。因为20世纪90年代,西方国家经济因需进行深刻调整会长期处于低潮,在摆脱这次严重衰退后也只能保持低速增长;而发展中国家经济却进一步看好。亚洲将继续处于领先地位。拉美已公认为全球第二个发展较快的地区。随着南非问题的解决(也不排除发生重大反复甚至陷于内乱和分裂的危险,但从长远看不会改变当前的发展趋势),还可能出现包括南非、纳米比亚、博茨瓦纳、津巴布韦等在内的又一个发展较快的地区。在中东和平进程取得重大进展后,人们已在谈论和谋求建立"中东地区市场"。处于严重困难的发展中国家数量还不少,但它们在发展中国家经济中占的比重和影响并不大,不能代表整个发展中国家。当然,也必须估计到影响南北差距的各种因素。

(三) 发展中国家面临的严峻挑战和发展前景

发展中国家经济还存在巨大困难,面临着严峻挑战。这主要来自两个方面,国际环境和内部问题。就国际环境而言,今后相当时期,发达国家在世界经济中还占绝对优势。世界经济基本上是在它们的控制之下,经济秩序的确立和运行规则的制定基本上取决于它们。这种格局自然对发展中国家不利。发展中国家遇到的许多困难都与此有关,如沉重的债务,国际贸易中的剪刀差和保护主义,经济制裁和超经济压力及干涉等,总之是一种不平等的关系。其次,南方许多国家不同程度地存在一些严重的内部问题,如人口膨胀,严重的贫困化,两极分化和腐败引起的社会危机,政局不稳和战乱频仍,政治格局和经济结构的不适应等。应特别指出的是,还有南北在科技方面的差距,正是在这点上显示着南北还处于不同的发展阶段,其影响也是深远的。

因此,对发展中国家的经济形势,对南北间的国际比较,都必须同时看到两个方面,既要看到有利条件和机遇,又要看到不利因素和挑战。同时,还要注意形势的随时变化,又不忘记发展的基本趋势。不能因为西方用购买力平价法大大高估发展中国家和中国的实力,就忽略发达国家在相当时期都居世界经济中的统治地位这一客观事实。但也不能因为发展中国家面临诸多困难,就不承认它们在世界经济中起着日益重要作用这一基本趋势。

由于发展不平衡是绝对规律,后来居上是正常现象,所以处于相对落后地位的某些发展中国家,不但有可能,而且必然会赶上现在的一些发达国家。亚洲的崛起已露出端倪。英国《金融时报》认为,世界各经济实力曾经历过三次大变化,一次是英国的崛起,一次是美国和随后德国的崛起,一次是日本的崛起,现在世界正处在第四次大变化的开端。这次则是中国和东南亚的崛起造成的。

20世纪90年代是世界经济进行大调整的时期,西方国家经济处于低潮,发展中国家可以利用机会取得较快发展。进入21世纪,由于经过调整和新技术革命的带动,世界将会迎来一个经济发展的新高潮,按照长周期理论,时间可能持续20年以上。在这次高潮中,世界经济会得到快速发展，但将更加不平衡，像上次高潮中日本、德国的崛起一样，这次也一定会出现几个新的经济大国，而且都在南方。北方各国，多数仍将保持发达国家地位，也有些可能相对落后，被后起者超过。这是一场优胜劣汰的激烈竞争，要重新排定经济和科技实力的座次。20世纪90年代是重要的准备阶段，许多国家进行调整和改革，就是着眼于迎接21世纪新的发展高潮。

发展中国家在世界经济中的地位正在发生积极变化。应该继续揭露南北经济关系的不平等性质，但强调南北差距继续拉大已不尽合乎事实，也无助于发展中国家增强赶超发达国家的信心。

二、21世纪发展中国家的战略任务

在21世纪，世界广大发展中国家总的来说面临五项基本战略任务：超越民族主义，追求其作为新生现代国家的巩固和成熟；顺应历史潮流和人民需要，通过民主化进程建设符合本国国情的政治民主体制；贯彻国际协调的原则，争取本国国内和发展中国家互相间的持久和平；着重审视并克服发展的内部障碍和战略缺陷，实现经济、社会大发展；维护本国主权、自由和法理平等，反对滥施国际干涉。此外，对于个别拥有亿万人口和巨量自然资源并迅速进行现代化建设的发展中大国来说，还需要争取在21世纪逐渐成为能够同现有世界强国协调共处的新型世界强国。

（一）超越民族主义，追求国家巩固和成熟

20世纪70年代是世界非西方民族主义发展的高峰时期，然而同时也越来越清楚地看到，广大发展中国家在取得政治独立后面临非常严峻和复杂的内部任务，而其中特别重要的任务可统称为超越民族主义，追求国家的巩固和成熟。西方的历史早已证明：民族主义是一股既能服务于人、又能毁灭于人的巨潮，民族国家则远未可以认为是世界政治的经久稳定的基础。非西方民族主义运动时代固然有极其伟大的历史成就，但也有其三大负面图景。第一，在不少摆脱了外来民族压迫的发展中国家里，多数民族一经自由便压迫起少数民族。第二，在一些发展中国家之间，彼此冲突的民族主义要求或抱负导致了敌对甚至战争。第三，在许多场合，"当民族主义扩展到……传统异于西方而且往往与现代西方方式敌对的地方，民族主义倾向于造成封闭的社会，在其中个人不如民族整体的力量和权威那么算数"。所有上述三个问题都包含着引起国内大规模暴力冲突和相邻国家间战争的危险，其中"族性分裂"问题尤其如此。

在广大发展中国家作为新生的现代民族国家的巩固和成熟问题上，抑制或消弭"族性分裂"这一任务特别重要，也特别难办。然而，历史提供了可以鼓舞或慰藉人心的例证：拉丁美洲各国大体上也出于殖民国家的人为划分，但这并未阻绝它们中的绝大多数逐渐成为统一、有足够内在凝聚力的民族国家；群岛之间印度尼西亚1949年独立时，单一的印尼民族这个观念还形成不久，100多个宗族和多种宗教以及不同海岛互相间的矛盾相当严重，但"民族缔造"的进程是如此迅速和成功，以致1954年外岛叛乱被平息后无论政治、经济有怎样的大动荡，几乎从未出现过任何有严重影响的分离主义运动，差不多只有情况很特殊的一小块地区—东帝汶除外。在世界欠发达地区，现代民族国家广泛巩固和成熟在新世纪里是可以实现的，但所需不仅是时间，而且是所有有关发展中国家政府和人民的自觉、明智和坚

持不懈的努力。

（二）依据本国国情，推进国内政治民主

在许多发展中国家，一定时期里要谋求或加强内部统一、建立相对有力和高效的政治—社会体制及行政管理机器，可以依靠专制甚或集权办法，但无论是就功效还是就道义而言，它们都至多是过渡性的权宜之计。随着现代化进程的展开和民众自主意识的增长，专制或极权一般来说业已过时，民主化在大多数地方已成为政府取得新的国内合法性的唯一途径，成为满足民众的正义感、加强民族凝聚力和改善国家机器素质的可靠办法。不仅如此，民主化还有助于改变发展中国家互相间战争的相对多发倾向，因为它至少会使政府的战争决定有赖于民众的支持，并使政府不能不顾虑战争的失败将意味着自己的倒台，这在多数情况下将大大增加选择和平而非战争的可能性。民主并非只有单独一种放之四海而皆准的模式，民主化进程也并非在各个国家一概雷同或可以一蹴而就。目前仍未真正确立民主制度和形成民主习惯的大多数发展中国家必须依据本国国情，实事求是地选择、试验和采纳自己实际需要并且能够成功的、具体的民主形式和民主化道路，不可迷信西方（甚至仅仅美国）的自由民主制模式，或一味屈从其意识形态输出压力。但它们也必须认识到民主本身是克服它们面前诸种基本困难的必要（虽非充足）条件，是当代世界的一大历史潮流和它们国内人民已经或不久将要提出的一大政治和伦理要求，顽固地坚持正在或已经过时的不民主制度，至少是不合理的、不明智的。

在同一个时间或时段里，世界那么多社会共同体之间总是在历史发展程度、文化传统、宗教或意识形态信仰、地缘条件和社会需要等方面存在明显差异，有些差异则具有基本形态区分的意义。要求社会政治体制、基本价值和政策观念的雷同在理论上是荒谬的，在实践中代表着一种"确信（意识形态）福音之绝对真理性和救世主即将来临"的"理想主义的国际主义"，它难免导向某个国家或国家集团的、暴力和非暴力的世界霸权征伐。应当从三项原则出发来看待和对待异己的社会政治体制和基本价值观念，除非它们完全不能见容于世界和平和基本人权：第一，遵循"凡存在的便是合理的"格言，理解其存在理由和合理功能；第二，与之和平共处，并且尽可能超越或协调歧异以求国际合作；第三，其变更应以本国大多数人民经自由公正表达的意愿及其自身的变更努力为前提，不可以外来干涉取代自主选择。社会政治、文化和价值观的多样性是人类的一大可贵资产，它意味着各国人民在国际层次上的自由、尊严和道义平等，意味着国际社会"从（各国）独立和自主的发展中将产生真正的和谐"。

（三）贯彻协调原则，争取内外持久和平

这里所说的内外持久和平，是指发展中国家国内和相邻的发展中国家互相间的持久和平。要确立和维持这样的和平，不仅需缓解和消除一系列导致内外暴力冲突的较直接的原因，包括"族性分裂"和其他社会对立、政治—社会控制体系之虚弱、低效和缺乏民主、极端民族主义和黩武主义之持续存在及其泛滥等，还须缓解和消除加剧不稳定与暴力冲突倾向的经济、人口和生态因素。经济严重落后难免导致广泛贫困，人口爆炸则势必造成资源匮乏和环境恶化，后三者结合起来加剧贫困，而贫困几乎总是孕育社会紧张乃至暴力冲突，包括骚乱、内战以及政府为转移国内民众不满或争夺资源而进行的对外战争。很明显，发展中

国家内外暴力冲突多发倾向的原因是多方面的，缓解和消除这种倾向的办法也必须是综合性的，包括本文阐述的大部分基本任务，尤其是促进国家的巩固、成熟和实现经济、社会大发展。

专就争取发展中国家互相间的持久和平来说，非常重要的是它们在互相关系和有关的对外政策中，遵循21世纪整个世界政治领域内国家行为和国际安排所应遵循的根本原则。这样的根本原则有两项：一是国家个体利益与国际社会总体利益、国家自主与国际治理之间彼此协调和兼容；二是国家间以互相尊重、互相容忍和互相妥协来缓解或尽可能防止冲突，以求经久的和平共处。第一项根本原则规定了国际社会具有几乎起码的秩序和正义的条件。第二项根本原则，即各国互相尊重、容忍和妥协，以缓解或防止国际冲突。发展中国家互相间若要有这么一种关系，就需要把对方的种种原因故作激烈姿态同蓄意挑衅区分开来，需要认识到国家间的歧异或摩擦并不排除寻求共同利益，需要将自身的安全和利益追求局限在不致引起对方严重的不安全感和被剥夺感的范围内，还需要在维护自身的合理利益的同时，尊重对方的合理利益，能够设身处地地为对方设想，即对其有"感情移入"式的理解。

（四）审视内部障碍，加速经济和社会发展

如前所述，和平的需要，连同国家巩固和人民幸福的需要，决定了欠发达国家经济和社会大发展的极端重要性。经过20世纪60年代的酝酿，广大发展中国家于70年代中期以联合国大会决议的方式，空前系统、空前坚决，也空前团结地提出了建立国际经济新秩序的正义要求，并由此将第三世界运动推上最高潮。这些要求的基本前提是：第三世界一般国家贫困落后的主要原因在于发达国家主宰的世界经济基本结构，在于这个结构中使它们处于依附和被盘剥地位并难以摆脱的国际分工体系和"不对称的互相依赖"。这些要求的基本性质，则是要依靠它们在其中占多数的种种国际组织及其框架内的政府间协定，来对相当大部分世界资源和财富作"权威性"分配，使之符合国际分配正义，而不是照旧听凭只有资本才算数的国际市场来"市场式地"分配。然而，不多几年，轰轰烈烈的第三世界运动便迅速落潮，由此引起了关于发展中国家发展障碍和应有战略的可贵反思。

世界上许多发展中国家修改了自己的发展战略，或者说作了发展道路的再选择，其共同特征是进行以市场化和私有化为基本内容的经济体制改革和以法制化、民主化为主要方向的政治体制改革。可以认为，这样的再选择为它们在21世纪里（至少在其初期）经济和社会的大发展创造了重要条件。在发展中国家中间，已基本完成资本主义工业化的"新工业国家"和若干经济成长迅速的发展中大国，成就尤其引人注目。它们同依靠改革开放使生产力和综合国力突飞猛进的社会主义中国一起，显示了某种将逐渐削弱西方发达国家经济主导地位的"后发优势"。由此来看，虽然如近年亚洲金融危机提示的那样任重道远，但21世纪对多数发展中国家来说远非前景黯淡，而其中的领先者更可望获得光辉的未来。

（五）实现历史创新，成为新型世界强国

在21世纪里，个别拥有亿万人口和巨量自然资源并迅速进行现代化的发展中大国，应当争取崛起为新型的世界强国。这一"个别任务"，实际上是对应于20世纪几个基本动态所决定的一种差不多可谓必然的趋势，其中最主要的动态在于先进的生产方式和社会、政治组织方式的全球性加速扩散，连同世界政治一流角色之规模条件的急剧提高。个别非西方发

展中大国崛起为世界强国，将给世界政治经济结构、国际关系规范和规则乃至某些世界普遍价值取向带来深刻的变迁性影响。特别值得指出，鉴于这样的强国在现代史上饱受外辱的痛苦经历，此类影响将造成的伟大结果之一，很可能是国际秩序朝平等、公正的方向取得长足进展。所谓新型世界强国之新，很大程度上就在这里。另外，这样的世界强国要能够崛起和形成，由其作为力量中心之一的全球国际体系要能够避免大动乱、大冲突，都取决于它（或它们）同现有世界强国及其为首的西方国际共同体能否互相协调。换句话说，这里的问题在于，长久以来西方强国占支配地位的国际社会能否实现一项世界历史性创新，即转变为（并且是较少冲突地转变为）西方同非西方两类强国互相协调、和睦共处的国际社会？这对于有希望崛起为世界强国的发展中大国，如同对于现有世界强国及其主要盟友，是个从未遭遇过的真正新颖的大问题，其成功的解决至少需要一两代人时间的全民族学习过程。毋庸讳言，主要归因中国作为洲级大国的规模条件和邓小平发动的改革开放，中国是21世纪非西方的世界强国的头号候选者，至少现在和可明确预见的未来时期里是如此。取得新型世界性强国地位对21世纪的中国非常重要：不仅关系到中华民族的自信和自尊，也关系到中国国内持久的政策—社会团结和经济健康，而且大有助于减轻或消除来自外部的实在或潜在的威胁，也大有助于中国在国际事务中获得其他国家（包括其他强国）的尊重与合作，从而更有效地追求和维护中国应有的国际利益。

三、非洲联合自强的战略

非洲国家经历了"多党民主运动"的震荡后，20世纪90年代以来正在积极和认真地探索适合于本国国情的政治发展制度和模式。联合自强、振兴非洲，建设一个和平稳定和发展的非洲已成为所有非洲国家的共识。可以说，非洲最困难的时期已开始过去，它正在步入一个以谋求稳定和发展为主要特征的新时期。

（一）稳定中的动荡

非洲总体形势趋于稳定和缓和，长期困扰非洲的"热点"地区争端普遍降温。南部非洲的形势相对来说最好，已从动乱走向了和平，出现了前所未有的和平稳定、共同发展的新局面。

1994年4月，民主新南非的诞生不仅结束了长达几个世纪之久的白人种族主义统治、制止了国内的暴力流血冲突，同时，也消除了造成南部非洲地区长期动荡的根源，对促进整个南部非洲地区乃至全非的和平与稳定发挥了重大作用。新南非成立后，在巩固国内和平、重建国家的同时，还参与处理了非洲国家的一些政治冲突问题，如促成安哥拉的和解、帮助莱索托民选政府重新执政，等等。莫桑比克绵延近20年的内战结束，1994年10月举行大选后民族和解进程较为顺利，200多万难民已陆续重返家园。安哥拉战火基本停息，交战双方自1994年11月签署和平协议后，和平进程在1996年虽然出现了某种停顿和拖延，但尚未发生大的逆转。西非利比里亚的战事打打停停，终于又在1996年8月达成了新的停火和大选时间表，从8月20日开始停火，1997年5月30日举行全国大选。目前，利比里亚解除各派武装的工作正在顺利进行。

另外，虽然53个非洲国家中绝大多数国家和地区政局稳定、局势相对平稳，但部族冲突、党派争斗、边界纠纷、宗教矛盾等不利于非洲经济发展和社会稳定的因素并没有消失，非洲部分地区、国家仍时有冲突发生,造成局部政局动荡。震惊世界的卢旺达部族大仇杀,导致50多万人丧生,200多万人沦为难民。由1995年6月埃及总统穆巴拉克遇刺事件而引发的埃及与苏丹、埃及与埃塞俄比亚的紧张关系尚没有得到进一步和缓。1996年年初以来,西非的科摩罗、尼日尔和中非的刚果、布隆迪等国相继发生政变和未遂兵变。1996年10月中下旬以来,扎伊尔东部局势持续恶化,卢旺达和扎伊尔军队在边界地区数度交火,扎伊尔断绝了与卢旺达、布隆迪和乌干达3个邻国的外交关系,滞留在扎伊尔东部的160多万难民四处逃散,中非大湖地区的紧张局势引起了国际社会的广泛关注。除以上这些新生动荡"点"之外,一些原有的地区冲突问题也还未得到根本解决。如索马里各派冲突仍在继续,苏丹、塞拉利昂的内战还未止息,西撒哈拉问题的僵持局面仍未打破,等等。这表明,非洲大陆在走向和平、稳定的过程中,隐患犹存,局部地区的动乱、冲突以及和平进程的曲折、反复是不能完全排除的。

(二)民主特色

20世纪90年代以来,非洲政治发生重大变革,其主要特点是由一党制改为多党制,由军人统治变为多党竞选产生的文官政府。虽然直接"触发"这场"多党民主"浪潮的是苏联东欧剧变的影响和西方施压的结果,但也有非洲大陆长期存在的严重经济危机和政治体制上的弊端及由此导致的部族、社会矛盾加剧、人民争取民主权利斗争的发展等深刻内部原因。当前,绝大多数非洲国家已基本完成向多党制的过渡,正在探索非洲特色的政治民主化。在探索适合非洲国情的政治体制的过程中,许多非洲国家没有照抄照搬西方民主,而是结合本国国情采取了带有非洲特色的"一党为主执政,多党参与议政"的模式,如博茨瓦纳、塞内加尔、突尼斯、坦桑尼亚、纳米比亚和毛里求斯等国。这些国家的执政党一般来说势力较强,有深厚的社会基础,组织也较严密,影响较大,在政策上能经常自我调整,以适应形势的发展。因此,其执政党地位近年来普遍有所加强,能有效地控制国内局势,并在多党体制中发挥主导作用。新南非采取的"以一党为主导的多党联合执政"模式也发生了一些变化。南非制宪议会通过新宪法后,南非国民党宣布退出民族团结政府成为反对党,这标志着南非"多党参政体制"的终结,但国内外舆论仍认为,南非的政治民主进程不会因此发生逆转。

总之,非洲探索具有非洲特点的政治民主化已成为一股不可逆转的历史潮流。

(三)联合自强

冷战结束后,非洲面临如何解决内部冲突的重大挑战。结合历史的教训和形势的重大变化,越来越多的非洲国家领悟到:单纯依赖联合国或其他外部力量并不能真正解决非洲的问题。在许多情况下,外部干预反而使非洲的内部冲突国际化、复杂化、长期化。因此,非洲国家必须通力合作,联合自强,依靠集体力量,由非洲人自己来解决非洲的问题。

作为非洲最大的地区和非洲团结与统一的象征,非统在完成非殖民化和废除种族隔离制度的历史任务后,开始把战略重点放到解决非洲内部冲突和发展非洲经济方面。在1993年第29届非统首脑会议上决定建立的"预防、处理和解决非洲国家内部冲突的安全机制"已开始内部运转,它先后调解了索马里、卢旺达、布隆迪、利比里亚和苏丹等国的冲突,促进了科摩罗和平解决因雇佣军入侵而酿成的政治危机,为非洲地区和平作出了贡献。1996年6

月，非统首次召开了成员国军队参谋长会议，讨论建立一支非洲快速反应部队，预防和干预地区突发性冲突的问题。7月，参加第32届非统首脑会议的各国首脑还一致强调要把该安全机制建成常设机构，使之在实现非洲和平进程中发挥更大作用。会议期间，饱受战乱之苦的中部非洲地区的11个国家还签署了互不侵犯条约，为缔造和巩固和平又探索了一条新途径。

在非统的支持和协助下，一些非洲次地区性组织也通过小型首脑会议、协商会议和对话谈判等方式来帮助当事国寻求和平解决争端的办法，积极发挥调解、制止冲突的作用。如南非、津巴布韦、博茨瓦纳等南部非洲发展共同体成员国，曾联合帮助莱索托摆脱因王权更迭引起的危机；西非国家经济共同体9国帮助促成利比里亚的全国和解；中、东非六国在布隆迪发生军事政变后，很快就解决布隆迪危机召开地区首脑会议并达成了对布实行全面经济制裁的决议。

为确保非洲国家的集体安全，实现无核武器世界的理想，非洲国家自20世纪60年代展开无核化运动以来，历经36个春秋，终于在1996年4月11日在埃及首都开罗召开了《非洲无核武器区条约》签约大会。49个非洲代表签署了条约，中法英美4国作为核国家也在有关条约议定书上签字，承诺不对非洲无核区使用或威胁使用核爆炸装置，不在非洲无核区试验核爆炸装置。可以说，这一成果的取得为非洲大陆的整体安全和稳定创造了基本前提。

从今后的发展趋势看，非洲国家将根据后冷战时期世界格局的变化，不断加快团结合作、联合自强、依靠集体力量自主解决冲突的步伐，力争把一个和平稳定和发展的非洲带入21世纪。

（四）国际地位上升

冷战结束后初期，由于两极格局消失，非洲国家的战略地位有所下降，非洲在国际政治经济舞台上一度陷入"边缘化"的危机。以美国为首的西方国家冷漠非洲、淡忘非洲的情绪相当严重。然而，近年来，随着国际格局多极化趋势的加强和美欧矛盾的加深以及非洲形势的趋于好转，西方各大国从长期战略利益考虑，以及着眼于开拓新市场和原料基地，纷纷重新关注非洲，重新认识和评估非洲的作用和地位。

首先，非洲在政治上的作用依然重要。非洲在不结盟运动中约占半数，在联合国成员国中占了近1/3。因此，非洲始终是国际舞台上的一支重要力量，是反对强权政治和霸权主义、维护世界和平与稳定的一个重要因素。非洲国家还一直强烈要求改变不合理的国际政治经济旧秩序，反对西方将自己的价值观和意识形态强加于人，反对西方用所谓的"人权""民主自由"等干涉非洲国家的内政。非洲国家通过开展与亚太国家和地区组织间的多元和经济外交，不断扩大自己在国际事务中的活动空间，在国际政治舞台上发挥日益重要的作用。

其次，非洲是巨大的潜在投资与商品市场。西方坦言道，现在"是改变对非洲的看法的时候了"。美国明显调整其对非政策。1996年2月，克林顿向国会提交了《美对非贸易和发展援助政策》报告，随后不久，美国商业部长15年来首次出访科特迪瓦、加纳、肯尼亚、乌干达和博茨瓦纳非洲五国，这显示出美国在国会削减援助的情况下，仍要大力发展对非经贸关系。法国历来重视非洲，加强了法国与法语非洲国家的"传统关系"。日德英等国也纷纷调整各自的对非政策，积极发展同非洲国家的经贸合作，以便在非洲市场上占据更大的份额。

　　20世纪作为非洲赢得独立的世纪已载入史册，21世纪将是非洲发展的世纪。掌握了自己命运、取得民族独立的非洲人民，只要有一个稳定的环境并找到一条符合自己国情的发展道路，制定出一套适当的政策，非洲完全有可能成为"21世纪的繁荣地区"。

第六章　亚太地区的安全形势与矛盾斗争

亚太地区是冷战后世界上相对和平稳定的地区，这种相对和平与稳定与该地区战略关系的稳定性、多边安全合作的发展及质量建军思想的普遍性有较大的关系。

亚太地区已经形成了以美、日、中、俄、东盟为五大力量中心的多极结构。大国间的均势是亚太安全的基石，而多边磋商机制只是为促进大国之间就维护力量平衡达成共识服务，实际上，均势外交已在这些国家的外交战略中占有重要位置。

亚太是大国力量较集中的地区，正因存在多种力量，其影响均势的因素也多，使得均势变得更为不确定，结构的稳定性减弱，这种多极均势结构需要不断地频繁地调整，引发地区动荡的可能性也就大为增加。

一、亚太地区政治、经济形势

"东亚"和"亚太"这两个概念频繁地见诸传媒，但它们的确切含义却常常引起争论和疑问。其实，问题的关键是这两个概念在自然地理和经济地理中具有不同的含义。

从自然地理的概念来看，"东亚"和"亚太"的含义十分明确，即"东亚"包括中国、日本、朝鲜半岛和蒙古；"亚太"则包括整个亚洲、濒临太平洋的美洲国家、澳洲和南太平洋诸岛国。

但就经济地理概念而言，由于亚洲经济起飞区集中在东临太平洋的国家和地区，"东亚"的范围随之扩大到东南亚，用以泛指自然地理概念中的"东亚"和"东南亚"。例如马来西亚前总理马哈蒂尔倡导的"东亚经济会议"，其范围就相当于经济地理概念中的"东亚"地区。因此，经济地理中的"东亚"概念要比自然地理中的涵盖面大。相反，"亚太"的经济地理概念要比自然地理概念的涵盖面小，目前只包括亚洲东部沿太平洋的国家和地区、濒临太平洋的美洲国家、澳洲和南太平洋诸岛国。这一区域云集了太平洋沿岸的经济起飞区、发达或中等发达国家，它们之间的经济联系和合作不断加强，形成了经济地理上的"亚太"概念。"东亚"和"亚太"的自然地理概念不会发生变化，但其经济地理概念上的范围将会随着亚洲和太平洋其他沿岸国家生产力的发展和经济一体化进程的加快而扩大。亚太经济合作组织成员的不断增多就反映出这一趋势。

（一）板块型地缘安全态势

冷战结束后，美国成为唯一的超级大国，俄罗斯国力的衰落和中国国力的迅速增长，形成了美、中、日、俄、欧一超多强的世界力量格局。与此同时，一些地区国际组织和同盟也不断发展，成为牵制这五大国的力量，如亚太地区的东盟等。到了1996年，中俄签署《中俄联合声明》确立了战略协作伙伴关系，美日签署了《日美安全保障联合宣言》，扩大了其军事同盟的范畴，美欧在北约东扩问题上变得更加坚定，从而形成了美日、中俄、美欧三大战略伙伴关系，这种战略关系在可预见的未来发生重大变化的可能性较小。

大国战略关系的明确，促使亚太地区出现了中俄、美日、东盟为主的板块型地缘安全战略态势。美国分别与日本、韩国、澳大利亚、菲律宾、泰国加强或保持了双边军事同盟关系，形成了以美国为轴心的放射性的安全同盟（其他成员相互之间并没有军事同盟关系）。中国坚持不结盟政策，通过双边合作与俄、朝、泰、缅发展了军事交流的关系。东盟不断扩大和加强东南亚国家的政治联盟，在安全问题上争取一个声音讲话。由于中美之间严重缺乏相互信任，在中美矛盾成为亚太安全的长期主要矛盾的情况下，东盟便成了这一地区战略安全平衡的关键力量。

中国对维护亚太地区安全的作用日益增长，这一点也是形成中俄、美日、东盟地缘板块战略格局的重要因素之一。东盟国家经济发展不平衡，但多数国家的国民生产总值在这期间保持了5%左右的增长速度。中国实力的迅速增长以及国际舆论对中国实力的夸大，一方面增强了中国在亚太安全事务中的作用，另一方面也使有些国家对中国产生了猜疑。重视中国实力和担心中国强大的现象同步增长。重视中国实力的国家加强了与中国在安全上的合作，而担心中国强大的国家则加强了针对中国的安全合作。

虽然亚太地区的安全格局出现了中俄、美日、东盟的地缘板块战略关系，但这种战略关系不是亚太唯一的战略关系，并且与冷战时期的中美俄战略三角关系在性质上也有不同。如美中日、美中俄、中日东盟也是亚太地区的重要战略关系，只是它们对亚太安全的影响力和影响面略小于中俄、美日、东盟这组战略关系。需要特别指出的是，这些战略关系与中俄、美日、东盟这组地缘板块战略关系还有不同程度的重叠。各国的安全利益是多重的，任何两个国家的安全利益都只是部分的重叠，形成部分共同利益，其他部分的安全利益则很可能与另外一些国家相同。因此，亚太国家之间的共同安全利益只能依具体问题而定。它充分反映出亚太国家安全合作关系的复杂性，人们已不可能用单一的标准来划分对手和伙伴。

冷战时期，亚太地区成立了许多军事同盟，既有双边的（美韩、美日、美菲等），又有多边的（美澳新等），但以双边的为主。冷战后，亚太地区又发展出一种新的合作安全模式，也是既有双边的也有多边的。如中国与俄罗斯的战略协作伙伴关系以及中国与印度达成的边境实际控制线地区军事领域信任措施就是双边的；东盟地区论坛、亚太安全合作理事会和东北亚合作对话会议则属多边的。

这里需要特别说明的是，合作安全与军事同盟有很大区别。首先，军事同盟以共同的敌国或敌对的军事集团为基础，没有了明确的共同军事敌人，军事同盟则无法存在；合作安全则不针对第三方，合作的基础是共同面临的潜在危险，这种危险可能来自外部，但也可能是合作者之间的问题，根本不涉及第三方。其次，军事同盟的主要战略目标是威慑敌人，或者赢得军事冲突；而合作安全则避免军事冲突的发生。再次，军事同盟主要依靠加强军事机器来实现战略目标；合作安全则靠政治对话，增强军备透明度，建立相互信任措施，预防性外交等非军事手段达到目的。最后，军事同盟靠约束性的条约保证成员国之间的合作；合作安全则主要靠成员国的协商一致来进行合作。

中俄是亚太地区推动合作安全和发展新型安全观的主要国家。1996年的《中俄联合声明》宣布两国发展战略协作伙伴关系时以明确的语言表示，"中俄发展军事关系和进行军事技术合作不针对任何第三国或国家"。中国在东盟地区论坛也提出："在新的国际形势下，应当有新的安全观。安全不能依靠增加军备，也不能依靠军事同盟。安全依靠相互之间的信任和共同利益的关系。"

（二）亚太经济的特殊性

亚太经济蓬勃发展，参与世界经济一体化的程度也越来越深，然而亚太地区经济合作却没有实现集团化。要解释清楚这一现象，就得从更深层次寻找原因。首先，亚太的主体是发展中国家，而且是目前世界上最具赶超先进国家劲头的国家。与西欧和北美经济发展的历史水平相比，该地区的发展中国家赶超发达国家的速度更快，其他地区的发展中国家更无法与之比拟，但经济赶超毕竟是一个渐进的过程，因而该地区的经济趋同化刚刚崭露头角。直到20世纪90年代，地区内各国（和地区）的经济增长速度才出现全面趋同倾向。原来比较落后的国家正在追上和超过日本和亚洲"四小龙"的经济增长速度。其次，亚太发展中国家的经济赶超比较充分地利用了各国（和地区）工业化的不同阶段，产业结构形成不同的层次，即工业较发达的国家（和地区）向工业较不发达的国家转移产业，其结果是产品出口面向全球市场。因而，该地区的产业内部贸易和公司内部贸易落后于西欧和北美。例如，世界产业内部贸易最发达的运输设备在亚太地区内部贸易的比重是最低的。最后，除了日本，亚太地区的市场经济是自20世纪70年代才发育起来的。近50年来，该地区基本上是每10年出现一次市场化热潮。目前，除了朝鲜之外，都转向了市场机制，从而出现经济体制趋同的倾向。但是，市场机制尚在发育的过程中，除贸易制度的开放程度还需加大外，市场机制还受到生产要素市场，特别是资本市场不发达等因素的制约。另外，财政政策和货币政策对市场活动的调节也还不够充分，这些都限制着亚太各国和地区宏观经济政策的协调。

亚太经济的特点决定了它的地区经济合作具有三个鲜明特点。第一，处于发展的起步阶段。经济合作主要由企业在市场的活动带动起来，通过签订地区经济合作协定，建立体制性地区经济集团的条件，经济趋同化已初露端倪。因此，亚太经济合作部长级会议作为地区经济合作论坛，使政府的推动大有用武之地。第二，政府推动合作的主要方向是促进世界多边贸易体制的进一步发展。亚太地区的产业结构的互补性和经济的开放性使该地区面向全球市场。为谋求经济持续增长，亚太地区比世界上其他地区更需要保持和发展多边自由贸易制度。因而，地区经济合作必然是向全球开放的。第三，企业市场的活动更具有活力。从地区经济合作的角度看，企业首先带动了次地区经济关系的发展。在体制性合作方面，由政府主导的东盟自由贸易区的实施步骤已经落实。在非体制性合作中，中国华南地区与香港和台湾地区的投资与贸易往来相互促进，形成了关系紧密的地区经济。此外，拟议中的新加坡，马来西亚、印度尼西亚增长三角区，新加坡、马来西亚、泰国经济三角区，泰国、印度支那和中国云南的湄公河合作计划，以及东北亚经济合作计划，都是大有希望的次地区经济合作。总之，亚太地区将出现开放的地区经济合作与蓬勃发展的次地区经济合作相结合的局面。

（三）推动全球格局变化

在过去几年的世界经济周期性衰退中，其他地区都不同程度地面临着增长下降乃至负增长、失业问题严峻的困境，唯独亚洲地区发展中国家一枝独秀，保持着较高的增长率。在全球经济复苏进程中，亚洲发展中国家的经济增长又一马当先。这种持续的高速增长，极大地改变了世界经济格局。20世纪80年代中期，人们普遍认为美、日、西德是世界经济增长的火车头，现在谁也无法否认亚洲发展中国家对世界经济增长的推动作用。亚太发展中国家再加上美、日两个世界主要发达国家，亚太地区已被认为是20世纪90年代推动世界经济增长的主要力量。

再从贸易特别是标志着购买力水平的进口数量看,亚洲国家现已达到年8000亿美元,已超过美国的年进口额。根据目前的贸易增长速度,亚太地区不久就会成为世界最大的市场。现在,亚洲地区内贸易额已占该地区贸易总额的50%,2000年达到70%。区内贸易的发展和需求的日益扩大,使亚太地区特别是该地区的发展中国家逐渐摆脱了依赖欧美市场发展经济的窠臼。

二、均势在亚太地区安全中的地位和作用

亚太地区现正处于一个各种力量重组的过渡时期,亚太诸国指望通过形成新的大国均势来维护地区安全,那么大国均势能否维持亚太地区持久的稳定与和平呢?这里我们不妨首先从理论和历史的角度来考察一下均势的作用。

(一)均势在历史上维持国际政治秩序方面的作用

均势是指国际政治力量的对比、分配趋于平衡的一种状态。世界近代史上曾出现过4次大的欧洲均势格局,即威斯特伐利亚格局、维也纳格局、凡尔赛格局和雅尔塔格局,每一次都在一定时期内维持了世界的相对稳定。如威斯特伐利亚格局,使欧洲国家间得以维持100多年的长时间的协调和平。而对维也纳格局,西方学者曾给予了肯定的评价,认为"维也纳会议不管如何保守或反动,它给欧洲至少有一代人的和平"。均势维持和平的作用又是相对的和有限的,表现在如下三方面。第一,战争是实现均势的最终手段。上述世界近代史中欧洲均势格局的四次大变动,无一不是通过战争实现的。而被称为运用均势策略的行家里手的英国也是以付诸战争来维持欧洲大陆均势的。为了打击法国,英法进行了西班牙王位继承战、奥地利王位继承战及七年战争。英国参与了北方战争及之后的克里米亚战争,以抑制俄国在东北欧的崛起。英为维护欧洲的均势,又参与了德国的行动,继而爆发了1914年的战争。第二,均势状态并不能完全有效地杜绝战争,对立集团间的竞争更易造成国际关系的紧张与对立。虽然第二次世界大战后40多年中,美苏间没有发生迎头相撞的战争,但是,两个超级大国都卷入了发生在欧洲之外的许多战争——美国卷入了朝鲜战争和越南战争,苏联在埃塞俄比亚和阿富汗动用了武力。另外,当时的相对和平依赖的是两霸的核均势。这种武装的和平仿佛建立在火山口上,战争随时有可能爆发。1960年的柏林危机和1962年的古巴危机使得对立双方剑拔弩张,战争一触即发。可见当时国际关系之僵持、紧张与对立。再者,核均势的威慑作用,会促使各方都维持大量的核武器,而这种威慑的不稳定性和由此产生的要求不断调整的压力会引发双方一轮又一轮的军备竞赛。第三,均势的基础是权力关系,均势原则作为一种外交指导原则原是为大国服务的,而小国、弱国往往成为均势的牺牲品。如波兰在18世纪90年代被瓜分,第二次世界大战期间捷克成为与之有同盟关系的大国搞均衡游戏的牺牲品,以及美苏为解决加勒比海危机而损害古巴的主权,等等。

总之,均势的实质是民族利己主义,利用国际矛盾削弱主要竞争对手,追求本国利益,因而均势最终不能避免战争,战争的根源不消除,均势维护国际和平与稳定的作用就是暂时的、相对的和有限的。

(二)亚太地区安全

首先要说明的是,美国本意并非要在亚太建立均势格局,作为世界上唯一的超级大国,

它的目的是在亚太乃至全球发挥其领导作用。但今天的亚太多极化趋势日益明显，美国的实力也今不如昔，任何单一国家都不可能独宰亚太事务，所以美国只好退居平衡者的地位，这是它迫于形势退而求其次的做法。美前助理国务卿查德·所罗门认为："事实上，除了美国之外没有任何一个国家现在能够或乐意接受扮演地区平衡力量的角色。"美国认为，"要使这种均势永久化，美国就必须维持与日本的军事联盟"。1996年4月17日，美日两国首脑签署的《日美安保联合宣言》就是最明显的美国在亚太打"均势牌"的做法。这一宣言成功地将昔日的"安保防卫对象，从苏联转移到中国和朝鲜身上"。

经济大国日本正向着政治大国的目标迈进，它一方面要保持经济优势，与美国争夺亚太的主导权，在经贸战中击败对手；另一方面对近邻东方巨狮中国的觉醒，更感到不安和恐慌，所以它一方面要紧紧拉住美国，强化针对中、朝的日美安保同盟，并试图建立以日美同盟为基础，以东盟论坛为框架的亚太多边安全机制。同时，继续保持与中国的接触，必要时不放弃向美国"打中国牌"。

在亚太诸小国看来，它们需要美国的军事保障以制约中、日及其他地区大国的发展，但又对美以经贸相要挟推行以"民主"为核心的政治安全政策十分反感；它们既需要日本的资金和技术供给，但又怕日本借其雄厚的经济实力称霸亚太，尤其对日本国内军国主义复活的势头更深感不安；它们既需要一个繁荣、稳定的中国，需要中国广阔的市场和丰富的资源，但一些国家与中国有领土争议，且受"中国威胁论"的影响，对崛起后的中国存在着疑惧。因此它们希望维系大国间的平衡，尤其作为"第三者"，发挥中间人"公正"的调节作用。

不可否认，大国关系的平衡和稳定确有助于地区安全，但如上述亚太诸国对大国均势抱有过高热望，一味地追求均势，则是十分危险的。因为通过前面对均势从理论和历史角度的考察可以看出，均势在维护国际秩序方面的作用是有限的、暂时的和平，将均势作为国家战略的中、短期目标，或许并非完全没有意义，但如作为长期目标，其维护地区安全的作用就十分值得怀疑。

需要看到均势所带来的负面影响。日、美在亚太玩弄均势游戏，将中国视为假想敌，将中国和俄罗斯建立"战略协作伙伴关系"看作对日美同盟的挑战。日本《读卖新闻》称，中俄关系明显地加强了"联合对付美国"的色彩。德国《世界报》称，"中俄及日美构成的亚太双重态势已取代了中美俄三角关系"。这种冷战思维的沿袭将导致亚太重新陷入潜在的对抗态势，还谈何均势有利于地区安全与稳定呢？此外由于亚太地区多极均势的不确定性，增加了各国之间的不信任感，导致军备竞赛。东盟国家军事开支的年增长率平均以两位数增长，1993年平均增长了13.5%。东南亚地区正在成为世界最大的武器市场。这种小型的军备竞赛反过来更加剧了有关国家的相互疑惧，不仅会造成军备竞赛和升级，也阻滞了经济的发展和合作。

亚太地区也不能仿照欧安会建立自己的集体安全合作机制，这是由于亚太地区情况极为复杂，各国之间发展极不平衡，又存在着历史的、经济的、地缘政治上的隔阂，这些都很难通过一个统一的协调机构加以解决。

现在有人建议在亚太地区建立"安全共同体"，实际上这是集体安全机制与单一依靠均势的作用折中的方案。"安全共同体"的约束力将弱于欧洲的集体安全体系，它既承认均势的重要性，又不单纯依靠均势维护地区和平。但究竟怎样的安全机制既适合亚太实际又切实可行，还有待进一步探索。

三、21世纪东亚国际新秩序

东亚面临着严重的政治、经济、军事、文化危机。为了挽救危机，维护东亚文明的存续和发展，必须致力于建立东亚地区国际新秩序。这是21世纪东亚国家所面临的一项不容忽视的紧迫课题。东亚拥有创建本地区国际新秩序的条件：主观条件是东亚国家希望有更为合理的地区国际新秩序；客观条件是东亚各成员现有的经济发展与联系，以及曾经被各成员广泛接受的东亚古老优秀的文化传统，如儒家文化等。构筑东亚国际新秩序的主要思路是：首先，进行"联合"，走联合发展的道路。其次，东亚要从对立的泥潭中解放出来，实现和解。最后，发掘东亚古代文化精华，以儒家思想为核心，以东亚的现实条件为依据，共同制定一个东亚国际新秩序的指导理念和行为准则，作为指导东亚社会走向富裕、和谐之路的精神纲领。

（一）东亚面临的政治、经济、军事危机

首先是政治上的对立。20世纪90年代初，随着两德的统一和苏联的解体，"第二次世界大战"后维系了几十年的雅尔塔体制在欧洲土崩瓦解。然而，冷战后亚太地区的对峙和冷战并未真正完结。朝鲜与韩国的对立依然存在。日俄两国关系因为北方领土纠纷发展缓慢，中日两国尽管在1972年实现了邦交正常化，1978年签订了"中日友好和平条约"，但因历史和现实的一些问题，冷战以后，中日间的怨隙和戒备有所增加，经常出现政治摩擦。日朝第二次世界大战后已经历了9次邦交正常化谈判，但由于双方分歧一直较大，未能取得突破性成果。

其次是经济上的割据与困厄。朝韩之间没有正常的经贸关系，1999年朝韩贸易额只有3.33亿美元。东盟虽然获得了空前的发展，柬埔寨于1999年加入，实现了多年"大东盟"的梦想，并在内部加快了贸易自由化的进程。然而，现实上的东盟各国经济对东盟区域外的依赖程度要远高于内部的相互依赖程度。在东盟国家对外经济关系中，区域内部相互间的依赖约占30%，对区域外的依赖约占70%。中日韩三国的双边经济交往在冷战后有了很大的发展，但是多边的经济联系却十分薄弱。再加上日俄、日朝之间的双边经济交往受制于政治因素，蒙古又为内陆国家，因没有地区多边经济交往与合作机制，对外经济交往受到了极大的限制。因此，东北亚地区天然的地理的人文优势并没有得到充分的发挥，而处于经济上的割据和半割据状态，已经难以适应经济全球化的发展趋势。1997年始于泰国并演化成东南亚乃至整个东亚的金融危机说明，由于东亚没有一个本地区具有综合能力的国际经济组织，在关键的时候只能受制于人，任凭西方大国所控制的国际经济组织随意摆布。这是今后东亚经济发展道路上的一大障碍。东亚国家不建立自己本地区的国际经济组织，清除这一障碍，今后本地区的经济发展和经济安全就没有保证。

最后是军事的潜在危机。俄罗斯和中国是东亚地区传统的军事强国。冷战结束以后，日本的军事实力获得迅速提升，东南亚各国也纷纷加入军备快速增长的行列。朝鲜经济虽然增长迟缓，但军备力量相对雄厚。日美两国从1996年开始致力于加强安全保障体制，1997年9月，"新日美防卫合作指针"出台，1999年春季，日本的"周边事态法案"等与强化安保体制有关的三项法案在日本国会被通过，这些都引起了东亚一些国家的批评和反对。更有甚

者，1999年8月13日，日本内阁正式批准了日美共同研制和开发TMD（"日美海军全战区导弹防御系统"）的两国协议换文，决定美日联合开发TMD；美国还试图把台湾拉入它在亚太地区的TMD战略计划中，这些做法势必打破东亚地区已有的战略平衡，激起东亚一些国家的对应性反弹，成为东亚地区新一轮军备竞赛和21世纪该地区动乱的根源。

特别是东亚地区的军事对峙和领土纠纷尚未获得解决，美日把加强安保体制的目标主要指向朝鲜、中国、俄罗斯等国。朝韩军事对峙、中国海峡两岸的军事对峙依然存在。日本北方领土的归属纠纷，有关中国南海岛屿和领海的争执，这些领土问题如果不能妥善加以解决，都是未来引发军事危机和冲突的根源。

（二）东亚国际新秩序的基础与条件

在深重的政治、经济、军事危机面前，东亚拥有摆脱危机、走出困境、创建本地区国际新秩序的基础与条件。

1. 东亚国家希望建立起更为合理的地区国际新秩序

东亚国家要想从矛盾重重、危机深重的泥潭中走出，必须坚持走自己的路，而不能把西方国家一些在特定历史时期和特定条件下行之有效的东西照抄、照搬过来，那样必然会贻害东亚，后患无穷。特别是在东亚金融危机中所暴露出的一些问题和矛盾也表明，东亚国家盲目学习西方的自由市场经济是行不通的，东亚的这类扭曲与不合理的状况在很大程度上就是临摹西方的结果。东亚绝大多数国家都希望能够在世界上，特别是首先在本地区建立起更为合理的经济和政治新秩序，它们想借此平等地参与国际竞争，有效地维护自身的经济、政治和文化利益，避免被富国和强国任意宰割，在安全与和平的环境中使本国获得发展。东盟国家的地区发展模式和发展方向正是东亚国家这种意愿的反映。

但在整个东亚的发展模式和发展方向上，东亚各国尚未取得一致意见，尤其是在很多问题上还存在着严重的分歧，对未来的发展设想也不尽相同，这正是需要我们努力协调，争取和谐，并在大方向上达成共识的良好时机。

2. 创建东亚地区国际新秩序的物质基础和条件

东亚具有创建地区国际新秩序得天独厚的物质基础和现实条件。东亚国家得益于太平洋的恩惠，绝大多数国家都有良好的港口和便利的海上交通条件。同时一些国家又以中国为地理中心，在陆地上彼此衔接和毗邻，在海洋上相互对应和守望。这种天然的地缘纽带使东亚国家从古到今得以保持密切的联系。

从现实的经济交往来看，东亚国家和地区已经自觉或不自觉地组成了若干个联系相对密切的内部经济集团。它们有：中、蒙、俄三角经济集团，中、日、韩三角经济集团，东盟区域集团，日、韩、中国台湾、东盟四角集团。之所以大都称为"三角"或"四角"集团，而不称为"区域"集团，是因为在这些集团内、各主体之间，尚未形成具有深度和有效的多边合作机制，而主要停留在各主体双边相互较为密切的经济合作与交往上，因此还不能算作真正的多边区域集团。只有东盟构筑起了有效的多边区域合作机制。东亚内部这种总体上来说是相互割裂，但在较小的区域范围内又相对密切的经济联系与经济合作，为在整个东亚地区建立起一个涵盖东亚所有成员的多边区域合作机制奠定了良好的基础。

从东亚地区经济未来的发展方向上看，东亚的经济充满活力，互补性强，若能发挥这方面的优势,合作前景难以估量。冷战结束以后,经济发展迅速、市场前景广阔的所谓新型市场国家大多集中在东亚地区。日本是亚洲地区唯一的一个发达国家,日本的经济增长虽然多年一直处于低迷状态,但经济实力雄厚,技术先进,缺乏自然资源,市场需求不足,大量资本过剩和闲置。中国则是一个发展中的大国,人口众多,市场潜力极其广阔,同其他发展中国家相比较,投资环境优良,劳动力素质较好。但中国缺乏资金、技术和现代企业的运作模式与管理经验,中国和日本经济的互补性极强。俄罗斯的东亚地区,人口稀少,资源十分丰富,与中国的中西部地区相类似,有着诱人的开发前景。韩国与东南亚国家,经济上既有相同结构的一面,也存在差别的一面,特别是它们同中国、日本、俄罗斯之间仍然具有相当大的经济互补性。这种互补性和东亚国家经济交往与合作的现实基础,展示出东亚国家未来继续加深、拓展经济合作的巨大潜力,一定能给积极参与这一交往与合作的各国带来丰厚的回报。

(三)构筑东亚国际新秩序的主要思路和实际步骤建议

1. 主要思路

东亚国家需要善于学习西方的长处、好的经验和做法,并结合东亚本地区的实际,走出、走好一条属于自己的路。

"第二次世界大战"以后欧洲的建设经验就是我们极好的样板。"第二次世界大战"结束后的五六十年代,欧洲的各种危机和矛盾也极为深刻和尖锐,尤其是作为世仇的德法两大民族,相互仇视和对立的心理极为严重。但是两国的政治家能高瞻远瞩,从建立两国世代友好关系和致力于欧洲和平的长远利益考虑,捐弃前嫌,从煤钢联营的经济合作出发,大力推进地区经济合作和西欧国际新秩序的建立。目前已经发展成为整个欧洲的全面联合,各方都从中受益,获得了巨大的成功。东亚也应从中吸取有益的经验。

第一,进行"联合",走联合发展的道路。"联合"是构筑东亚国际新秩序最关键的步骤。不"联合"就无以形成向心力,就难以构筑共同的发展基础。"联合"应本着先易后难、先松散后紧密、开放而不排他的原则,走合理主义道路。

第二,要从对立的泥潭中解放出来,实现"和解"。"和解"本应放在"联合"之前,没有"和解"就不可能实现真正的"联合"。但东亚一些国家和地区在历史上遗留下的积怨与对立甚深,要想在短时期内化解矛盾、实现"和解"是难以做到的。如果等到完全"和解"以后再"联合",所费时日必将过长,在这一过程中,为此付出的代价也必然会很大。世界其他各大地区都在加快发展,时不我待。因此,首先利用现有条件,在能"和解"的国家和地区中首先进行"联合",在"联合"中促进"和解",在"和解"取得成效的同时推动"联合"的深化和拓展。东亚地区的"和解"主要包括四个部分:中日和解、日俄和解、韩朝和解、中国海峡两岸和解。其中,中日和解是东亚走向区域合作的关键。日本方面尤其要彻底反省对外侵略的历史,并且要真正从教育体制上让青年一代了解当年日本军队曾经犯有大屠杀、活体解剖、使用毒气等反人道、反人类的罪行,禁止在各种公共媒介中以正面形象来宣传曾经被远东国际军事法庭及各战区法庭宣布为战犯的人物,并认真对待和赔偿在战争中无辜受害者的索赔要求。这是日本彻底抛弃军国主义遗毒、走和平发展道路的基础,也是中日两大民族走向"和解"、友好的关键。中国的海峡两岸、韩国与朝鲜,若不能首先达成"和解",那么,东亚的两大民族——中华民族和高丽民族和平统一的设想就无法实现。在统一问题上，任何一方都应抓紧时间和时机，不做损害民族长远利益的无谓拖延，以诚相待，真心实意，探索"和解"与统一道路。对立双方的"和解"是和平统一的前提和条件。台湾方面必须彻底改变独立的倾向和可能，回到一个中国的轨道上来，首先消除人为阻隔两岸直接联系的局面，实现"三通"。

第三，在"联合"与"和解"、促进经济发展的同时，发掘东亚古代文化精华，以儒家思想为核心，以东亚的现实条件为依据，共同制定出一个东亚国际新秩序的指导理念和行为准则，作为指导东亚社会走向富裕与和谐之路的精神纲领，向天人和谐、国家和谐、民族和谐、宗教和谐、区域和谐的社会方向迈进，使东亚国家和地区都能从中受益，推动人类精神文明的发展。尤其要重视儒家的"德治""仁政""义勇""诚信""贵和""礼教""廉耻"等思想。因为儒家思想是以人际关系为核心内容的东亚古代思想精华，它和处理国与国之间的关系内容十分接近。佛家和道家文化比儒家文化虽然更为博大精深，但也正因为如此，其主要内核离现实社会较远，难以为世俗社会所接受。

2. 实际步骤建议

（1）建立一个由东北亚六国组成的区域经济合作组织。

（2）在东北亚区域经济合作组织和东盟的基础上，建立起一个包括整个东亚国家和地区的大的区域组织，促进东亚各国包括经济、政治、安全、文化等的全面合作。

（3）在促进东亚地区合作的过程中，努力实现东亚的四大"和解"（中日、日俄、朝韩、中国海峡两岸的和解）。

（4）组织多层次、多角度、学者之间关于东亚国际新秩序精神纲领的国际研究和讨论，在比较成熟的时机，由各国政府牵头联合制定出来。

四、亚太大国在东南亚地区的利益与矛盾

东南亚以重要的地理位置、丰富的自然资源、巨大的发展潜力和拥有东盟这样一支独立的政治力量而体现出高度的战略价值，历来是大国相争和施加影响的地区。在后冷战时代，美、日、中、俄4个亚太大国在该地区各有自己的利益。由于各大国利益取向不同，矛盾和冲撞不可避免，但在共同利益驱使下，四大国在该地区仍有相互协调与合作的一面。

（一）亚太大国在东南亚的利益

由于东南亚地区具有高度的战略价值，一直成为大国施加影响和兵家相争的地方。冷战时期，东南亚成为美苏两霸争夺势力范围的重要地区，被分成美国支持的原东盟六国和苏联支持的以越南为首的印支三国集团两个阵营。美国在菲律宾苏比克的军事基地和苏联在越南金兰湾的军事基地相互对峙。这种局面一直延续到冷战结束。冷战结束后，苏联和美国都撤出了东南亚，但大国的影响却没有消失。亚太四大国在东南亚地区有各自的利益。

1. 美国在东南亚的利益

东南亚是美国全球战略中的一个组成部分，虽然冷战结束初期，随着美军撤离菲律宾，美国在该地区的军事力量有所收缩，但美国仍继续保持其军事存在。美国与菲律宾、泰国仍维持着双边军事同盟关系，并且这种关系明显加强了。美国在东南亚地区的最大利益是安全利益，在亚太地区，美国的战略重点在东北亚，但东南亚可以起后备基地的作用。为此，美

国要控制这一地区,不能容忍其他任何一个亚太大国在东南亚发挥主导性作用。南中国海是美国从中东运输石油和其他战略物资(包括武器)的重要通道,美国要确保这里不发生军事冲突,以免影响其每年数以千计的船只和军舰通过。美国失去了在菲律宾的军事基地后,一直在寻找替代办法,加强在该地区的军事存在。例如,它一直在说服泰国,允许其在泰国湾建立一个浮动军火库。美国在新加坡保留着一个军备补给基地,此外还可以使用印尼和文莱提供的维修设施。

除了安全利益外,美国在东南亚也有较大的经济利益。东南亚是美国重要的海外市场和投资场所。美国是新加坡、菲律宾的第一大投资国,是泰国的第二大投资国,是马来西亚的第三大投资国。美国还在印尼的油、气资源上有巨额投资。此外,东盟是美国重要的军火市场之一。亚洲金融危机前,新、马、泰等国争相从美国采购战斗机等现代化武器装备。此外,向东盟推行西方价值观,鼓励"民主"制度也是美国卷入东南亚事务的动机之一,这属于政治利益。对于缅甸这样的军人政权,美国一直耿耿于怀。亚洲金融危机后东盟出现的某些变化,正是美国所乐意见到的。美国对印尼这个东南亚最大的国家踏上民主化的道路倍感兴奋。

一方面,大多数东盟国家对美国的心态是既依赖又戒备。东盟,特别是老成员,把美国看成安全上最重要的"保护伞"。菲律宾、新加坡、泰国都公开欢迎美军留驻东亚。东盟所谓的"平衡外交"绝非等距离外交,在与亚太大国的关系上,东盟对美国早已有所倾斜,特别是在安全方面。美国从菲律宾撤军后,新加坡、印尼、文莱争相为美国海空军提供后勤补给和维修设施。在南中国海争端上,菲律宾更是把美国视为其后盾,鼓动美国插手干预。

但另一方面,东盟各国又不能容忍美国干预其内政和东盟内部事务。东盟在人权、民主、价值观、知识产权、贸易等方面与美国经常发生摩擦,美国以其国内法律在国际事务中行事的做法引起东盟的不满。对于美国的霸道行径,东盟也敢于抵制。而东盟的新成员与美国曾长期对立,或直接打过仗(如越南)。双方的隔阂不会很快消除。在老挝和缅甸,美国尚无法产生较强的影响。

今后随着东盟国家经济的好转,美国的影响将会再度下降。总的来看,东盟对美国在经济、安全上的依赖将时轻时重,但很难再恢复到冷战时期的那种亲密程度。要知道,今日的东盟,民族主义变得更加强烈,而且随着成员的扩大,对美国的看法也更加不一致了。

2. 日本在东南亚的利益

日本在东南亚的利益,首先是经济利益。能源短缺、资源贫乏的日本一直把东南亚视为其能源和原料的重要来源地。"第二次世界大战"后,日本通过支付战争赔款,在东南亚建立了原料生产地,并将东南亚变成其倾销商品和输出资本的主要市场。20世纪70年代以来,日本陆续把失去竞争力的劳动密集型产业转移到东盟国家,通过垂直型国际分工形式,把东南亚变成了自己的生产基地,主要生产各种零配件,以后又把工厂直接迁到东南亚生产。为此,东南亚有"日本的经济殖民地"之称。

从经济利益角度来看,东南亚地区对日本的重要性主要表现在以下三个方面:第一,东南亚是日本对外输出资本的重要市场。20世纪80年代以来,日本取代美国,成为东南亚地区最大投资者,20世纪90年代至今,日本是印尼、马来西亚、泰国的最大投资者,是新加坡和菲律宾的第二大投资者。东南亚是日本汽车、家用电器和其他许多制成品的主要生产基地。第二,东盟国家是日本的重要贸易伙伴。20世纪80年代以后,东盟成为日本的第三大贸易伙伴,仅次于美、欧;而日本则成为东盟最大的贸易伙伴。东盟所消费的重工业和轻工业产品及电子产品,大部分从日本购买。日本所需要的重要工业原料及能源,如橡胶、有色金属、热带作物以及天然气几乎都来自东南亚,约有 1/5 的石油也来自东盟。第三,东南亚是日本政府开发援助(ODA)的重点地区。日本的 ODA 中约有六成集中在东盟国家,其中印尼、菲律宾、泰国、马来西亚是 ODA 的主要受援国。日本向东南亚提供巨额援助,除了政治动机外,也有经济动机,即以 ODA 来带动日本对受援国的出口,并配合对外投资及保证受援国对日本所需资源和能源的供应。

日本在东南亚还有重要的政治利益。冷战结束后,日本公开表示要做"政治大国"和联合国安理会常任理事国,为国际新秩序的建立"发挥积极作用"。日本深知,要取得中国的支持是很难的,在亚洲,首先要争取东盟的支持,因为东盟在经济上对日本依赖很重,不会不考虑日本的要求。东盟虽都是中小国家,但成员众多,在联合国的声音不容小觑。更为重要的是,东南亚是日本发挥"政治大国"作用的主要舞台。无论从地缘政治或历史因素还是从冷战后亚太地区政治格局来看,都是如此。无疑,东南亚是日本实现其"宏愿"的重要台阶。

3. 俄罗斯在东南亚的利益

冷战时期,东南亚是苏联与美国在亚太争霸的重要地区。1978 年,苏联和越南签订"友好合作条约",苏联获得使用越南金兰湾和岘港的权利,使苏联太平洋舰队在东南亚有了基地,苏联直接插手东南亚事务,构成对该地区安全的威胁。

1991 年苏联解体,苏联的继承者俄罗斯国力大衰,失去超级大国的地位,其战略利益也从全球缩小到欧洲地区。俄罗斯将安全利益的重点放在欧洲及苏联地区,对亚太地区事务的介入力度有限。俄罗斯亚太安全战略的重点也在东北亚,特别是朝鲜半岛,对东南亚的关注显著减弱。同时,俄罗斯调整了与越南的关系,不再在金兰湾驻扎舰队,停止在东南亚的军事扩张活动,并改善与东南亚其他国家,特别是东盟老成员的关系。俄对东南亚已构不成威胁。

苏联解体后,俄在该地区的利益首先在于经济方面。俄罗斯经济困难,债台高筑,外汇极度短缺。因而,经济发展迅速、外汇充裕的东盟国家便成了俄罗斯推销军火、获取外汇的重要市场。俄罗斯与东南亚国家的贸易中,最大宗的交易是武器。俄罗斯成功地向马来西亚、泰国、印尼推销米格战机。与西方国家相比,俄武器的性能、价格很有竞争力。

除了军火贸易外,俄罗斯还把东南亚作为其在亚太地区开展经济合作的重要地方。东南亚资源丰富,又充满经济活力,是俄理想的合作伙伴。俄拥有较高水平的科学技术和大量工程技术人才,东盟也希望与俄开展经济、技术合作。

俄罗斯虽不能与苏联相比,但它毕竟是一个世界军事、政治大国。它并没有放弃在东南亚谋求政治利益的行动。东南亚是俄罗斯"融入亚太合作"战略的重要一环。俄罗斯在东南亚获得的政治利益包括:1991 年苏联解体的当年,俄便被邀请参加东盟外长会议,1994 年被邀请参加"东盟地区论坛"(ARF),1995 年俄主持了 ARF 第二轨道会议;1996 年俄与中国一起从东盟的"磋商伙伴"提升为正式的对话伙伴。这表明,东南亚的国际事务没有俄罗斯的参加也是行不通的,尽管在大多数情况下,俄更多的是扮演平衡其他大国的角色。

4. 中国在东南亚的利益

与亚太其他大国不同,中国是一个过去没有,现在也没有谋求地区霸权的发展中大国。

尽管在美、日、中、俄四大国中，从地缘上看，只有中国最靠近东南亚，但中国从来没有将东南亚划入自己的势力范围。

东南亚国家是中国的近邻，对于中国的重要性不言而喻。东南亚目前已被东盟所覆盖，东盟虽是中小国家的联盟，但作为一个整体，它在国土、人口和国民经济实力方面都已相当于一个大国，在亚太地区已构成独立的一极力量。中国外交战略的重点有两个：一是世界主要大国外交，包括美、欧、日、俄，二是周边邻国外交。东盟与两者都有关系，所以东盟在中国的外交战略中占有非常重要的地位。

从地缘经济来看，中国与东盟在资源、技术和资金方面互补性较明显。东盟已成为中国第五大贸易伙伴，中国对东盟的投资虽不及东盟对中国的投资多，但从中国企业的技术和资金力量来看，东南亚都是一个较理想的投资场所，今后发展的潜力很大。

再从地缘政治看，中国北邻俄罗斯，东临日本，南接印度，都是世界大国，唯东南方是东盟这一群中小国家，是唯一对中国构不成威胁的周边地区。20世纪80年代以来，中国与越南实现了关系正常化。20世纪90年代以来，中国与东盟各国恢复、建立并进一步发展了外交关系。中国与东盟都是亚洲的发展中国家，双方文化背景相通，认同感强，在价值观、人权观、民主观及国际事务中的许多问题上都有相同的看法，彼此合作，互相支持，反对强权政治。显然，东盟不是对手，更不是敌人，而是中国的朋友，是可以长期进行合作的伙伴，这便是东盟在中国外交战略中的基本定位。

中国在东南亚的利益，主要是在政治和安全方面。东南亚是中国稳定周边环境的重要屏障。东南亚地区的稳定与否，对于中国会产生直接的影响。这一点，与美、日、俄等大国均有所不同。中国与越南、缅甸、老挝三国有陆地边界的接壤，并通过南中国海与菲律宾、越南、马来西亚、文莱、印尼相邻。中国的海外华侨有很大一部分居住在东南亚，所以东南亚地区政局的变化会或多或少地影响到中国。正因为如此，中国真诚地希望东南亚政治稳定、经济繁荣。从这一角度来看，东南亚和中国都能从该地区的稳定和繁荣中分享到利益。中国在亚洲金融危机中坚持人民币不贬值，在一定程度上牺牲了自己的利益，但也因此避免了更大的损失。因为稳定东南亚的金融形势对于稳定中国经济具有重要意义。这便是双方都能分享利益的一个例证。

随着中国和东盟经济的繁荣以及双方经贸关系的进一步发展，中国在东南亚的经济利益将逐渐增强。当然，这种利益也是由双方共享的。对于东南亚来说，中国是一个庞大的市场，极有发展潜力。而具有5亿人口的东南亚地区，自然也是中国的一个有潜力的市场。21世纪，双方的这种潜力都将进一步发挥出来。

中国与东南亚一些国家在领土主权和海洋权益上有争端，主要是在南沙群岛及附近海域的归属问题上。另外，与越南还有陆地和海域边界争端。南沙争端是历史遗留下来的问题，一时难以解决。但中国已提出"搁置争议，共同开发"的方针，这一方针将不会改变。与越南的陆地边界争端可望逐步解决。

（二）亚太大国在东南亚地区的利益矛盾与合作

由于亚太大国在该地区的利益取向有差别，自然会产生矛盾。

第一，在安全领域，美国力图将东南亚控制在自己手中。美国是唯一与东盟国家有双边军事协定的亚太大国。美国的第七舰队仍将东南亚作为其补给基地。中国在东南亚没有一兵一卒。俄罗斯在东南亚已经没有什么军事影响了。日本因宪法限制，无法将"自卫队"扩展到东南亚。这样，美国便在军事上独占鳌头，成为东南亚地区的"保护人"。美国的军事优势使其成为该地区影响最大的区外大国，同时也为其介入东南亚事务提供了力量。在这种情况下，美国与其他大国发生利益矛盾甚至冲突的可能性便不可避免。目前，美国与中国在该地区的矛盾比较明显。

中国致力于在东南亚创造一个和平、稳定的环境。如上所述，东南亚的稳定，对于中国甚为重要。中国的目标是努力实现现代化，发展经济，为此希望周边国家形势稳定。中国反对以任何形式和在任何地区出现的大国霸权行径。中国不主张美国在亚太地区驻军。在中国看来，美国的亚太战略中包括了遏制中国的内容。而美国在该地区的军事存在，包括东北亚的驻军和东南亚的双边军事同盟，便是遏制中国的力量。可见，中美两个大国在该地区的利益是有矛盾的。

另外，在南沙主权争端问题上，中美也存在利益矛盾。美国尽管多次表明它无意卷入南沙争端，但实际上，美国的倾向性是很明显的。美济礁事件后，美国加强了对菲律宾的军事援助。显然，美国不愿意看到中国收复南沙群岛主权，更不愿意看到中国在南中国海加强海空军力量。

再有，在对待东盟提出的建立"东南亚无核区"主张方面，中国与美国的立场也不相同。中国原则上支持东盟的要求，并在最近明确表示即将签署这一条约，而美国出于自己的利益，至今未同意签署。其中的症结在于，美国从不公开其通过东南亚地区的军舰上是否载有核武器，也不愿改变这一点。显然，美国是将自身的利益置于东南亚国家利益之上的。

第二，在政治领域，中国与美国在该地区的利益也存在着矛盾。美国竭力将西方价值观和民主观施加于东南亚，将缅甸军政权视为眼中钉。美国对中缅友好关系耿耿于怀，对于坚持自己的社会主义道路，并不想把自己的政治制度强加于邻国，但也反对大国对别国内政的干预。于是，中美在该地区的矛盾也就难以避免了。

除了中美之间的利益矛盾外，中日之间在该地区也有一定的利益矛盾。日本将中国视为影响其实现政治大国宏愿的障碍。在东南亚，日本是"中国威胁论"的始作俑者。日本比美国更加担心中国在东南亚影响的日益扩大，因为这会直接制约日本的利益。在南沙争端上，日本表现出异乎寻常的关注，其倾向性也是不言而喻的。事实上，第二次世界大战结束后，日本在归还被其占领的南沙群岛时，故意埋下了今日争端的种子。

尽管中、美、日在东南亚地区有利益上的矛盾，但由此引发正面冲突，特别是军事冲突的可能性不大，这是因为大国在东南亚除了利益矛盾外，还有利益协调和相互合作的一面。同时，冷战结束后，亚太地区形势总的趋势是走向缓和。而且，相比之下东南亚比东北亚要稳定得多。其原因如下：

第一，维持东南亚地区的政治稳定，促进其经济繁荣是各大国的共同利益所在。在今天，没有一个大国能在东南亚发生动乱中获得好处，这是显而易见的。亚洲金融危机表明，随着经济的全球化和亚太国家在经济上相互依赖的加深，美、日、中、俄和东盟已在一定程度上形成"一荣俱荣，一损皆损"的格局。亚洲金融危机不但影响到日、中、美，甚至还打击了俄罗斯的金融。今后亚太大国与东南亚在经济上的关联度还会进一步增强。而政治稳定则是经济繁荣的基础和保障。

第二，亚太地区的经济合作十分需要亚太大国之间的诚恳合作。亚太经合组织

（APEC）代表了亚太地区经济合作的潮流。APEC将所有亚太大国与东盟国家联合在一个组织中，大国之间的共同利益也因此而增强了。

第三，在东南亚安全格局中，大国也有共同利益与合作的一面。美、中、日、俄都是"东盟地区论坛"（ARF）的成员和东盟的对话伙伴，对于东南亚及亚太地区的安全负有共同的责任。虽然美国对于东盟主导ARF感到不满，但原则上也支持ARF这个多边安全论坛。显然，大国在ARF中的相互合作，对于保障未来亚太多边安全机制的建立及维护亚太地区的安全，具有非常重要的意义。

综上所述，亚太大国在东南亚地区各有自己的利益。利益的差别会引起矛盾，但另一方面，共同利益会促进大国之间的合作。从当前及今后的发展趋势来看，大国在该地区的合作和协调将占主导地位，但利益的冲撞和矛盾也是不可避免的。大国利益的平衡对于东南亚安全起着促进作用，这一点东盟是清楚的。实际上，东南亚的安全是由五种力量的平衡来保障的，即四个亚太大国加上东盟。倘若这种平衡被打破，便会损害该地区的安全。大国侵犯东盟的利益，或者东盟向某一大国严重倾斜，都会引起该地区的不稳定。所以，寻求和保持五大力量的平衡，将是维护该地区安全的重要手段。

第七章　欧洲新格局与战略问题

在短短的时期内，欧洲的事件接踵而至：东欧和苏联剧变、德国统一、南斯拉夫爆发内战……可以说欧洲面貌大变，战后格局被打乱，原来在两极体制下相对稳定的欧洲变成了世界上引人注目的地区。

欧洲只有统一起来，才会有真正的安全，这几乎成为欧洲的战略共识，但这只是理念。欧洲的统一，意味着超越民族国家的利益进而又在统一的机制下协调这些利益，操作起来，难乎其难。

欧洲正在紧锣密鼓地搞经济货币联盟和政治联盟。外部目标是实现"欧洲人的欧洲"，内部目标是"欧洲的德国"。前者将导致欧美矛盾增加，后者又可能使欧洲内部矛盾复杂化。

一、欧洲进入一个动荡时期

（一）动荡具有长期性

当前，欧洲的动荡无论是从地理或涉及面来看都是第二次世界大战后未曾有过的。

苏联是决定欧洲形势发展的关键因素。它的解体和面临着严重的经济、政治、社会和民族危机，具有特别的复杂性、多变性和长期性。

东欧可能成为新的热点。南斯拉夫危机是东欧形势的一个危险信号。东欧国家的民族矛盾有着极其深刻的历史根源和内在因素，而这种民族矛盾大都又与历史上纷乱离合而形成的领土纠纷纠缠在一块，这就使问题变得更具有潜在爆炸性。如果得不到控制，甚至可能使东欧形成一个以民族纷争和领土纠纷为主要特征的新热点。

德国统一后，"德国的欧洲"还是"欧洲的德国"的斗争将促使西方联盟内部产生新的离心倾向和不稳定因素。欧洲一些政治家认为，随着欧洲形势的变化，德国为了自身的利益日趋向外扩展自己的势力，有人甚至说，德国已开始谋求"东进"。德国坚决支持波罗的海三国独立，在南斯拉夫内乱中又支持克罗地亚和斯洛文尼亚的独立，就很说明问题。目前德国政策重点是积极填补由东欧剧变后出现的欧洲力量真空。德国的这种趋势已引起法英等国的警觉和忧虑。德国与英法在新形势下争夺欧洲事务主导权的较量正在开始，这个矛盾虽然由于苏联解体和东欧的动乱而在很大程度上被掩盖了，但随着形势的发展必将进一步暴露并趋向尖锐化。

一些舆论还认为，欧洲有可能卷入一场重新划分势力范围的斗争。第二次世界大战后以来，欧洲的势力范围基本上是以美苏两极为中心、以意识形态标准来划定的。随着欧洲政治版图的变化，特别是一些东欧国家转而寻求北约的庇护并要求加入欧共体，从而彻底打破了原来以意识形态为主划定的欧洲势力范围的界限与力量结构，导致各种力量的重新分化组合。

总之，目前欧洲的动荡才刚刚开始，各种矛盾尚未充分暴露，加剧动荡的因素还在增加,这将可能使欧洲进入一个较长的动荡时期。

(二) 动荡具有蔓延性

当前欧洲的动荡主要还是表现在东欧地区,但西欧也潜伏着不稳定因素。东欧的形势一旦失控,必将波及西欧地区,这是因为:①民族矛盾盘根错节,是整个欧洲的导火线。欧洲是一个由许多跨国界民族组成的混合体。人们注意到,东欧国家的民族独立浪潮已在开始影响到西欧地区。位于意大利、奥地利、瑞士边界的蒂洛尔地区民族独立浪潮高涨便是例证。此外,英、法、西班牙等国某些地区的一些民族分离主义者也加剧了活动。特别是地处素有"欧洲火药桶"之称的巴尔干地区潜在的危险是不能忽视的。南斯拉夫的民族矛盾不仅同东欧邻国纠缠在一起,而且同西欧大国如德国和奥地利有着历史纠葛,如形势进一步恶化,西欧可能首先从南斯拉夫这个薄弱口卷入。②领土纠纷一旦重提,就具有极大的爆炸性。"第二次世界大战"后,欧洲国家的版图大改其貌,其中有10个国家的变化尤为突出,如苏联先后从波兰获取了18万平方公里的土地,而波兰则从德国得到10.1万平方公里土地。苏联还将德国东普鲁士的哥尼斯堡地区1.32万平方公里土地划入俄罗斯联邦;从罗马尼亚取得了摩尔多瓦地区;苏联同芬兰、挪威、瑞典、土耳其也存在领土或领海争议。另外,罗马尼亚分别同匈牙利和保加利亚以及保加利亚同南斯拉夫之间均有领土纠纷。领土纠纷目前看来比民族问题更为严重,因为它直接涉及国与国之间的关系,因而更易使危机和冲突扩大化。③新涌现的"难民潮"给西欧社会注入新的不稳定因素。苏联和一些东欧国家由于政局动荡和严重经济危机,人们纷纷拥向富裕的西欧国家,形成了一股空前的难民潮。仅1990年,东欧国家已有130万难民拥入西欧,不仅加剧了西欧国家的各种社会矛盾,而且也增加了西欧的经济压力。这是当前西欧面临的一个十分棘手的问题。西方舆论认为,当前西欧对民族大迁移的惧怕甚于对外来的军事威胁。前者已构成现实的危险,而后者只是一个潜在的威胁。

以上三个方面的问题,如果处理不当,西欧将有可能陷入动荡的旋涡。

(三) 动荡具有局限性

欧洲的动荡形势虽有进一步发展的可能性,但从总体上看,近期将不致影响国际形势朝着缓和方向发展的总趋势。裁军谈判的势头将会继续维持下去。北约职能的转变将按原定计划进行,美俄也都将按原定计划减少或撤回驻军,等等。

欧洲目前的动荡之所以有局限性和潜在性,主要是因为东西方两大集团的对立随着东方集团和苏联的解体而消失,使得欧洲得以保持缓和的总趋势。西方当前紧迫的一致目标是不要让苏联的解体导致核武器失控。总的来说,欧洲形势虽然过去相对稳定,但却存在着两大军事集团大规模对抗和冲突的危险性;现在虽然动荡不宁,但还不致影响总的缓和进程。

二、欧洲安全战略三大症结

苏联解体后,欧洲解除了一个巨大的安全威胁,美国对欧洲的保护作用相对下降,欧洲因此需要重新建立自己的防务体系。然而,欧洲对自己的安全战略关系尚未理出头绪。欧洲的战略—安全格局中有三大问题至关重要:北约的扩大,欧洲统一与德国在欧洲的作用,北约和欧洲与俄罗斯建立怎样一种关系。这三个问题的逻辑联系是:如果北约的扩大归于失败，德国永久扎根于统一的欧洲就会成为问题，德国在欧洲的作用就会造成复杂的影响，在一定程度上亦会导致欧洲的混乱。那么，一个混乱的欧洲与俄罗斯的关系就可能朝危险的方向发展。

(一) 扩大的北约

如果不算巴尔干交战地区，欧洲的战略—安全结构实际上包括三个板块：西边的北约，东边的俄罗斯以及夹在二者中间的中东欧地区。这三个板块的政治性质各不相同，而且都在变化之中。对欧洲而言，要将这三个板块在战略上协调起来，最好是将它们纳入一种稳定的、主导权掌握在欧洲手里的结构当中，欧洲才会有真正的安全，要实现这一目标，比较现实而较可行的办法就是扩大北约，将东边的波兰、匈牙利、捷克等这些苏联集团国家纳入北约的战略轨道，进而与俄罗斯形成一种建设性合作关系。但这绝非轻而易举的事。

美国曾提出以"和平伙伴关系"计划作为扩大北约的"先遣步骤"。北约先与中东欧国家和俄罗斯建立一种"和平伙伴"关系，然后视情况逐步再将这些国家纳入北约。美国主张的这一北约扩大战略进可以攻，退可以守。

欧美考虑的北约扩大战略是建立在这样的"假设前提"之上的：俄罗斯在本质上是极权和扩张的，它将来必定对美国的利益和欧洲的安全构成威胁。如果北约不能顺利扩大，中东欧国家就有可能重新落入俄罗斯的支配之中。在西方看来，俄罗斯的衰弱和混乱局面给北约扩大提供了良机，但事情并不那么简单。直接的问题是，俄罗斯最终是否加入北约？如果它不加入，结果会不会再度造成集团对抗？如果最终俄罗斯也加入了，那么北约又有什么存在的意义呢？

(二) 德国在欧洲的作用

近期以来，德法英之间的关系又发生了深刻而微妙的变化。法国40多年来一直专心致志地与德国一道推进欧洲联合，期望通过统一的、独立的欧洲体现它的大国利益。现在它突然对德国的强大及其逐步向东扩大的潜在主宰能力敏感起来，它试图通过放慢统一步伐以限制德国的地缘影响。英国则一直有一种矛盾心理：一方面担心落入德国主宰的欧洲统一的"圈套"；另一方面又害怕被排除在法德"核心"之外，进而丧失其战略利益。因此它一贯主张经济趋同而政治独立的邦联欧洲。值得注意的是，在"法德轴心"发出不和谐音时，英国外交大臣声称，英法在欧洲问题上的"相同看法越来越多"，"法德轴心不能排他"。

统一的德国在欧洲的作用现在已无出其右者。德国期望借助"法德轴心"达到欧洲统一。然而地缘政治的现实是，统一的德国要么成为欧洲的德国，要么致力于德国的欧洲。如果北约东扩成功，就会使德国对东部的考虑简单一些，德国民族主义心理就会在北约的制约下减退。如果北约未能实现有效的向东扩展，德国的东进就会失去北约的制约，德国就有可能致力于"德国的欧洲"。这既可能引起俄罗斯的介意，又可能导致英法的不安。美国兰德公司的一份秘密研究报告指出，德国认定东欧和俄罗斯对其切身利益要比对法国和英国重要得多。可见，德国向东扩展对欧洲均势将产生深刻影响并在21世纪就会表现出来。对德国来说，如果英法的"不合作"态度影响和阻碍了欧洲统一的进展，就可能导致德国采取"单干行为"。基辛格预言，德国的崛起将在欧洲产生复杂影响，21世纪有可能形成俄德联盟，其后果对西方来说是灾难性的。为此，西方有见地的战略家都主张尽早实现欧洲统一，这样既可使德国安心于欧洲,又可使欧洲摆脱对美国的战略依赖,欧洲安全才会有可靠的保证。

(三) 如何对付俄罗斯

俄罗斯是影响欧洲安全的最大变数。这种影响将表现在几个方面:第一,俄国改革的成败。如果俄国改革成功(在西方看来是俄国成为真正民主的、不威胁别国的国家),它就有可能与欧洲建立起真正的伙伴关系。如它的改革进程夭折,俄罗斯成为民族主义、扩张性的大国,那么欧洲的安全就成问题。目前,欧美政治家在三方面犹豫不决:①使俄国改革进程继续下去;②承认俄国的某些地缘政治要求;③保护中东欧不受俄国的支配。这看起来有点绥靖加遏制的混合味道,但又是无可奈何的选择。第二,在未来几年,俄国与德国结盟的假设如成为事实,便形成了西方战略家担心的"灾难性轴线",欧洲联盟将走向破裂。美国著名的政治家布热津斯基说,欧洲的安全取决于两个重要条件:一是统一的德国在多大程度上扎根于欧洲,二是俄罗斯与欧洲建立怎样的关系。在布热津斯基看来,俄罗斯要么成为一个民主国家,要么成为一个扩张帝国,但它决不会同时具备这两种性质。如果一些欧洲国家执意为抗衡德国而玩俄罗斯牌,将对欧洲安全形成有害影响。

从力量均衡的角度看,目前的德国还只是个"手脚不便"的巨人,俄罗斯也只是个"气喘吁吁"的大国。对俄德的过分敏感将不利于欧洲的建设。欧洲的当务之急应是排除障碍,实现从经济和货币联盟向安全—防务联盟的转变,实现统一的"欧洲体制"。

三、欧洲军事格局

欧洲的军事格局虽不像政治格局那样地震频仍,但也在静悄悄地发生第二次世界大战后以来最深刻的变化。其主要特征是,由原来的华约和北约两根支柱构成的东西方互相对峙的军事格局正在演变为一个相互融合的、以北约为主的单一支柱的格局。从军事意义上讲,原华约国家基本上已成为北约的"外围势力"。这种性质和内容上的巨大变化对未来欧洲军事格局的走向将产生深远影响。

(一) 由"二元结构"变为"一元结构"

"第二次世界大战"后,国际秩序主要是靠美苏的军事力量来维持的。在欧洲,军事格局是以北约为一方和华约为另一方的相互对立的"二元结构"。实际上它是美苏军事对峙在欧洲的反映。

自20世纪80年代中期以来,这种"二元结构"的对峙水平开始降低,紧张关系开始大幅度缓解,并开始孕育着走向"一元结构"的某些因素。这除了政治和经济原因外,双方军事上的变化是一个极其重要的促进因素。这种变化集中表现在两大集团由冷战时期的互为"战略敌手"转为互为"合作伙伴"上,并为欧洲军事格局走向"一元结构"奠定了政治基础。其形成是一个十分复杂、曲折和艰难的过程。撇开其他因素,仅就军事角度看,至少经历了三个重要阶段。

第一个阶段是1987年12月美苏《中导协议》的签署。经历6年谈判达成的中导协议,不仅规定在欧洲而且在全球范围内全部销毁中程(射程1000~5000公里)和中短程(500~1000公里)导弹。它开创了美苏双方真正"削减"而不是"限制"核武器的先河,同时协议使美苏丧失了在欧洲打战区核战争的主要手段和基础，为双方由军事对立走向军事缓和迈出了实质性的一步。

第二个阶段是1990年11月《欧洲常规武装力量条约》（第一阶段）的签署及1992年6月该条约第二阶段协议的达成。《欧洲常规武装力量条约》对双方的武器、兵员和部署这三大军事要素都做了较为严格的限制，从而使双方不复可能利用其前沿部队发起大规模的"闪击战"。特别在第二阶段谈判后期，华约和苏联均已解体，北约也已开始转变职能，同时，东西方关心的重点都转到了遏制欧洲可能发生的新的动乱上。双方在安全问题上的趋同性明显增加。这些变化不仅为"一元格局"创造了军事前提，而且也开始奠定思想和心理转变的基础。

第三个阶段是1993年1月美俄《削减战略武器条约》的签署。美苏关于核裁军谈判进行了20余年，条约也签了几个，但真正具有实质意义的是《削减战略武器条约》。它不仅将战略核武器的数量大规模削减（双方大致削减2/3），而且在质量上将销毁某些对对方威胁最大的第一流武器或取消对某些新武器的发展计划。这为欧洲的军事缓和打下了较为扎实的军事基础，从而促使欧洲的"一元军事结构"的稳定形成。

以上不难看出，欧洲的"一元军事结构"是欧洲军事形势长期发展变化的结果，也是在东方集团瓦解的基础上出现的一种特定环境中的产物。

（二）对抗性由全球回到欧洲地区

冷战时期在欧洲所形成的以美苏为主体的"二元军事格局"，从军事对抗的性质看，它已超过欧洲的地区性范围而具有全球冲突的性质。因为当时在欧洲地区，任何一方在军事上的一举一动都包含着引发第三次世界大战的可能性。这不仅是由于对立的军事集团所包括的国家之多大大超过了第一和第二次世界大战初期参战双方的缔约国的总数，而且美苏的军事基地遍布全球，很可能将所在地区的各自有关的国家牵连进去。

但是，目前的"一元军事格局"使欧洲在军事上的地位已由过去的具有全球性质而降至地区性质。其主要原因有四：一是原有的集团性不复存在，二是失去了由此而产生的对抗性，三是欧洲的军事力量结构和战略态势发生了根本性的变化，四是由于上述原因而导致欧洲未来战争形态的变化。至少在俄罗斯未形成欧洲新大陆的主宰力量之前，这种状况不会改变。

但欧洲的"一元军事格局"并不能解决当前欧洲的安全和稳定问题。由于民族冲突代替了集团对抗，"一元军事格局"的内容和任务便不同于过去的"二元格局"，它面临的主要任务是遏制和解决欧洲地区内的由于民族和宗教等矛盾而引起的局部冲突问题。但作为"一元军事格局"支柱的北约却不能胜任这一任务。这不仅是因为过去的北约军事战略和部队结构只适于对付"大规模军事进攻"而不适于对付局部冲突，而且北约也需要一个继续改造和转变职能的过程。

在这种情况下，为了维护欧洲的安全和稳定，欧洲一些原来主要不属于军事组织或军事性质不强的组织都乘机出来建立或加强军事机能，作为对北约的一种"补充"。于是便出现一个奇特的现象，欧洲的军事格局虽是"一元结构"，但在欧洲安全领域中却出现"多元结构"，除北约外，还有欧共体、西欧联盟和欧安会等。主要是利用这些组织的合力来维护欧洲的安全和稳定：欧共体侧重于在政治上调解有关冲突各方之间的纠纷和矛盾；西欧联盟侧重于在北约不便活动的地区内配合北约进行部分军事活动；欧安会侧重于利用其众多的成员国的有利条件对有关冲突各方施加必要的政治和道义上的压力；北约则侧重于在联合国授权下对有关的冲突方面进行必要的军事威胁或军事干涉，以遏制事态的蔓延和扩大。但谁也无力独立担负起维护欧洲安全和稳定的责任。这是欧洲旧军事格局瓦解而新军事格局尚未真正确立的过渡时期欧洲安全结构的特点。

综上所述，目前欧洲的这种"一元军事格局"实际上只是一种过渡性的军事格局，它主要是起到旧格局瓦解后平衡欧洲军事形势的作用，而不能解决新形势下出现的新矛盾。因而它既不是完善的，也不是稳定的，它本身尚在继续发展和演变之中。看来，一个较为稳定的欧洲军事格局的形成尚需经历一段较长的时间。

四、欧盟经济战略

自20世纪90年代初起，欧洲联盟出于争夺全球经济新空间，扩展其势力范围的需要，加紧调整对外战略，将重点转向广大"南方"发展中国家。目前，欧盟对外经济新战略的轮廓已经初步绘制而成；立足西欧，推行"东扩"，建立以欧盟为核心囊括全部欧洲国家的"统一的大欧洲"；以欧洲为实力依托，面向全球，尤其将地中海周边地区及亚洲、拉丁美洲等新兴工业国家和地区作为其重点进击目标。欧盟的"南下"战略已经付诸行动，并正取得进展。它表明，在冷战后新形势下，欧盟同美、日等大国在全球范围内重新争夺势力范围、争夺地区经济主导权的斗争已经展开；同时它还表明，在当今新形势下，世界经济正在出现一个令人瞩目的新趋势，即南北国家正通过结盟的方式，在经济上加深融合，南北经济集团化、一体化趋势正日益增强。

（一）实现"统一的大欧洲"

1. 冷战结束后，欧洲一体化无论在深度还是广度方面均在加快向前推进

在一体化深化方面，欧共体于1993年1月1日起已建成内部统一大市场。在完成统一大市场的基础上，同年11月，由欧洲共同体成员国首脑会议签署的具有历史意义的《马斯特里赫特条约》正式生效并付诸实施。欧共体自此改名为欧洲联盟，并确定了20世纪末的目标，即从1991年起分三个阶段，最晚于1999年实现"经济货币联盟"和"政治联盟"。目前，欧盟正采取各种具体步骤加紧向这一目标推进。在一体化扩大方面，欧盟制定了北伸东进计划，力图将更多的欧洲国家纳入其一体化进程，最终实现以西欧为核心，囊括全部欧洲国家的"统一的大欧洲"的宏伟目标。

西欧是欧盟的立足点。按照传统的政治概念划分，西欧系指除苏联和东欧国家以外的欧洲部分，即包括北欧、西欧、中欧和南欧等在地缘上连成一片的24个主权国家。它们多属高度发达的资本主义国家。在这24个西欧国家中，欧盟（前欧共体）是实力中心。欧盟作为一个整体，据统计，1995年总面积为323.5万平方公里，人口约3.7亿，国内生产总值约7.5万亿美元，高于美国。对外贸易总额为3.5万亿美元，约占全球贸易总额的2/5以上，大大高于美国和日本，成为当今世界上规模最大，政治、经济一体化程度最高的地区经济集团。

在内部一体化深化和扩大的同时，欧盟进一步将其势力范围向其他西欧国家延伸。1994年1月1日，欧盟十二国与欧洲自由贸易联盟五国（芬兰、瑞典、冰岛、挪威、奥地利——

其中芬兰、瑞典、奥地利于次年加入欧盟）正式宣布建立"欧洲经济区"，自此，一个以欧盟为核心，由西欧两大经济组织组成的地区经济集团正式组成，成为当今世界上最大的地区经济组织。

由上可见，西欧地区实际上已经形成以欧盟为核心的统一大市场。从经济集团化角度看，"欧洲经济区"的建立已将北起北冰洋，南至地中海的几乎全部西欧国家纳入它的版图。

2. 积极推行统一的"大欧洲经济区"

欧盟一体化的雄心和目标不只局限在西欧，而是立足于西欧，进一步"融化东欧"，将其纳入它的版图。正如欧盟前任执委会主席雅克·桑特所说，"缺了中东欧国家，欧洲是不可想象的"。早在几年前，前欧共体执委会主席德洛尔就已提出，建立"三个同心圆"的"大欧洲经济区"构想。这就是以欧盟为同心圆的圆心，称为内圈；再向外扩展，建立由欧盟与欧洲自由贸易联盟组成的"欧洲经济区"，成为第二圈；再进一步扩展至东欧，构成第三圈。

自20世纪90年代以来，欧洲一体化建设实际上正是按照德洛尔的这一构想逐步向前推进的。内圈的深化和扩大已取得一定的进展，第二层面欧洲联合已于1994年初实现，第三层面的联合在加快进行之中。特别是自1990年起，5年来，欧共体先后在罗马、爱丁堡、哥本哈根、科孚以及埃森举行的成员国首脑会议上，做出了关于在欧共体与中东欧国家之间建立更紧密的联盟关系的一系列决议。1994年12月欧盟在埃森召开的成员国首脑会议已做出决定，正式批准吸收中、东欧国家为成员国的计划。目前已被欧盟批准纳入一体化计划的国家有：波兰、匈牙利、捷克、斯洛伐克、保加利亚、罗马尼亚以及波罗的海国家拉脱维亚、爱沙尼亚和立陶宛，此外还有斯洛文尼亚10个国家。截至1995年，它们中的9国（除斯洛文尼亚）已先后与欧盟签署了联系国协定，其中波兰、匈牙利、捷克、斯洛伐克、保加利亚和罗马尼亚等国已相继提出加入欧盟的申请。尽管西欧"消化"东欧，实现"东扩"目标尚待时日，但中、东欧10国正在积极向欧盟靠拢，准备入盟的条件。

（二）走出欧洲，推行南下战略

欧盟在加紧实施"东扩"战略，推行"大欧洲"计划的同时，又在积极制定和推行"南下"战略，将目光射向其他广大发展中国家，特别是把地中海南岸周边地区以及亚洲、拉丁美洲等新兴工业国家和地区作为其重点进军的目标。20世纪90年代以来，欧盟旨在争夺新的"南方"经济空间的对外战略陆续出台。

1. 利用地缘优势，挥师"南下"毗邻国家，推行"新地中海战略"

1994年10月，欧盟首次提出同地中海南岸国家建立更紧密的伙伴关系的倡议。年底这一倡议得到欧盟成员国首脑会议的一致通过，并很快得到地中海南岸国家的广泛响应。1995年11月27日，由欧盟15个成员国和地中海南岸十二国参加的第一次欧洲——地中海二十七国首脑会议在巴塞罗那召开，会议确定了双方在未来10年内建立和发展"总体伙伴关系"的方针，涉及未来双方经贸合作及政治和社会合作等广泛内容。特别是双方一致确认于2010年建立欧洲——地中海自由贸易区的宏伟目标。会议就上述方面发表了共同宣言。参加该自由贸易区计划的国家有欧盟15个成员国以及地中海南岸地区的摩洛哥、阿尔及利亚、突尼斯、埃及、约旦、叙利亚、黎巴嫩、以色列、巴勒斯坦、土耳其、塞浦路斯和马耳他12个南方国家。未来的自由贸易区，将要求成员国进一步扩大开放度，相互拆除贸易壁垒，最终实现区内贸易自由化。

当然，新地中海战略特别是自由贸易区目标的实现，决不会一帆风顺，预计将会遇到来自政治和经济等诸多方面的因素制约，特别是它将在很大程度上取决于中东和平进程取得的成功。

2. 发动"亚洲攻势"，尤其是经济高速增长的东亚地区成为欧盟推行全球新战略的又一重要目标

早在1994年7月，欧盟委员会就拟订了《走向亚洲新战略》文件，该文件不久在德国埃森举行的欧盟首脑会议上得到批准并付诸实施。欧盟《走向亚洲新战略》的目标是试图通过进一步加强两个地区之间的经贸合作，建立起一种建设性的稳定和平等的伙伴关系，以"加强欧盟经济在亚洲的存在"，"改善欧洲在亚洲的形象"，参与并充分利用亚洲国家经济高速发展所提供的经济机遇。1995年3月，欧盟公布了对日新政策。同年10月，欧盟部长理事会正式通过了"中国—欧盟关系长期政策"重要文件，欧盟对华新政策出台。与此同时，欧盟与东盟之间的经贸合作关系进一步加强。按照欧盟制定的总体战略原则，欧盟成员国，尤其法国、德国等大国纷纷制定各自的对亚洲新政策，加快向亚洲市场进军的步伐。1996年3月1日至2日，在泰国曼谷举行首次欧亚首脑会议，欧盟15个成员国、东盟七国加上中国、日本和韩国共二十五国的国家和政府首脑以及欧盟委员会主席出席了这一历史性盛会。会议发表的《主席声明》指出，欧亚两大洲的经济富有活力，并具有多样性的特点，合作潜力很大，不断加强经济联系是建立牢固伙伴关系的基础。这次会议是欧亚国家结束殖民关系以来第一次在平等基础上的对话。双方一致认为，欧亚会议架起了两大洲合作的桥梁，揭开了共同谱写欧亚新型伙伴关系的历史新篇章。欧亚首脑会议的成功召开，显然也是欧盟打入亚洲市场、推行全球新战略、同美国、日本相抗衡的一项重大行动。为具体落实欧亚会议精神，推动欧亚经济合作，密切伙伴关系，经欧亚双方共同商定，提出建立一条东起中国连云港，西至荷兰鹿特丹，全长1.1万公里的新欧亚大陆桥铁路线的构想。显然，这项巨大工程的完成，将形成一条横贯东西的欧亚经济走廊，它对进一步扩大欧亚经济合作，密切相互往来，意义是不言而喻的。

3. 进军拉丁美洲，建立跨洋联盟

向大西洋彼岸的拉美地区进军是欧盟推行对外新战略的又一组成部分。1994年10月，欧盟委员会首次提出组建"欧盟—南方共同市场地区联盟"的倡议，这一倡议很快得到南方共同市场（又称南锥体共同市场）的响应。同年12月，双方发表联合声明，确认了这一构想。次年12月，两个地区集团领导人正式签署《欧盟—南方共同市场地区间合作框架协议》。它将以"政治、经济和贸易均衡"为基础，逐步实行两大地区之间工业和服务贸易自由化，最终将于2005年建立由两大地区集团组成的自由贸易区。

欧盟与拉美地区经贸关系的发展是新近的事，特别是20年来，欧盟（欧共体）加强向拉美地区进行经济渗透，欧盟及其成员国已先后分别与拉美国家签署了各种双边商业和经济合作协定，双边关系有了很大发展。

五、欧洲格局转换中的英法德关系

英国、法国、德国是对欧洲全局有影响力的西欧国家。欧共体内部，起决定作用的是英、法、德三角关系。三国的组合、争夺、协调对西欧联合的进程以至对未来欧洲格局都有着重要影响。

东欧剧变、德国统一、苏联衰落，使欧洲力量严重失衡。欧共体内英、法、德之间的平衡亦被打破。三国正在重新调整关系，寻求新的平衡。三国既互相借重，又互相争斗。围绕欧共体领导权、欧洲新格局的塑造以及欧洲势力范围的重新划分，三国正在展开激烈的角逐。美国在三国间纵横捭阖，以维护其在欧洲的利益，使英、法、德三角关系更加错综复杂。

（一）"法德轴心"的变与不变

1. 变化有利于德国，但法国仍有机会

以 1963 年法德合作条约的形式固定下来的"法德轴心"，其基础是法德之间的"不平衡的平衡"，即法国以其政治优势和核国家地位平衡德国的经济优势。这种平衡是以德国一分为二为前提的。"雅尔塔"格局瓦解，德国统一，打破了法德力量均衡。一方面，德国的经济优势进一步扩大，拉大了法德经济差距，目前德国国民生产总值已高出法国一半。随着雄厚的经济实力转化为政治影响，作为欧洲头号经济强国的德国，在欧共体内以至整个欧洲的政治地位显著提高，在一定程度上恢复了它在欧洲的中心地位，在塑造欧洲新格局中具有举足轻重的作用。另一方面，天平这一边的法国砝码却在减轻。法国保持高于德国的政治地位，过去主要借助"雅尔塔"格局及与之相联系的德国分裂。随着德国统一，法国的政治优势正在削弱。在欧洲新格局形成过程中，起主要作用的是经济—政治力量，而不是军事力量。欧洲国家位次的重新排列主要也将取决于经济实力。法国的核力量正在贬值。苏联的衰落和变化又使一贯奉行联苏制德政策的法国失去一支制约德国的重要力量。总之，法德力量对比发生了不利于法国的变化，法国在欧共体内的政治领导地位受到严重挑战。

2. "轴心"仍对双方有利，但主从关系变化

法德间"不平衡的平衡"被打破，使"法德轴心"处于不稳定状态，法德间的猜忌和倾轧增加。但双方仍互有维系"法德轴心"的需要，短期内不致破裂。主要原因是：①"法德轴心"一直是推进西欧联合的主要动力。欧共体的发展正处于关键时刻，双方对加速西欧联合，使欧共体从经济一极走向政治一极方面存在共同的战略利益。建立一个奉行共同外交政策和安全政策的政治联盟以及经济和货币联盟有赖于法德紧密合作和共同推动。酝酿中的西欧共同防务也将以法德军事合作和法德混合部队为核心。②对法国来说，自 20 世纪 50 年代末戴高乐重新执政以来，法国一直谋求建立以法国为领导、以"法德轴心"为基础的西欧经济和政治实体。尽力维持"法德轴心"是实现这一战略构想的重要环节。况且，保持法德特殊关系也是法国制约德美、德英接近的有力手段。③德国尚未取得自行其是的完全自由。目前德国尚处在调整内部、积蓄力量、伺机崛起的阶段，不宜独树一帜。它只能通过现存的欧洲组织（特别是欧共体）和现有的欧洲力量结构（特别是"法德轴心"）来最大限度地发挥其经济、政治作用，扩大影响，谋求在未来欧洲格局的有利地位。而且维系欧共体和"法德轴心"有助于缓解邻国特别是法国的疑虑，从而有利于德国的崛起。

"法德轴心"依然存在，但内涵有变化。过去，法德联姻实际上是不平等的结合。法国唱主角，西德当配角；法国出政策，西德掏腰包。现在，双方不再是主、从关系，而是某种相互为用的平等伙伴关系。"法德轴心"在各自外交政策中的地位和作用也起了变化。重新统一的德国不再甘心局限于欧共体一隅，而是立足欧共体，放眼全欧洲。德国政策重心开始东移，法德合作关系的重要性相对下降。就法国而言，"法德轴心"从来就具有两重性。一是把德国纳入法国欧洲政策的轨道，借助德国的经济实力与自身的政治优势相结合，以树立法国在西欧的领导地位；二是防备德国，用多种形式的双边合作网络紧紧拴住德国。过去长时期内，"用"的一面占主导地位，而今"防"的一面更为突出。对法国的主要威胁，不再来自苏联，也不再是美国，而是德国。所谓威胁，并非军事安全方面的威胁，而是政治、经济方面的威胁，特别是统一的德国形成了对法国在欧洲的大国地位的挑战。密特朗设计的新欧洲蓝图——以欧共体12国联邦为核心，容纳东、西欧国家的"欧洲邦联"，其重要战略意图之一就是防止德国重新称雄欧洲。

(二) 英法德三角关系

"法德轴心"的存在并不意味着英、法、德关系是二对一的局面。英、法、德往往在不同问题上结成不同的共同利益关系，并没有形成两方长期反对一方的固定联盟。

1. 英法接近，但有限度

联英制德，这原是法国的传统政策，而今成为"法德轴心"的补充。当年蓬皮杜之所以改变戴高乐拒绝英国参加共同体的政策，重要原因之一就在于吸收英国以共同制约财大气粗的德国，保持共同体内部平衡。现在，德国是"雅尔塔"格局瓦解的最大受惠国，而英法地位均相对下降，它们对德国未来的走向疑虑重重。因此，英法在遏制德国、防止出现"德国的欧洲"方面存在共同利益。两者综合国力胜德国一等，以英法接近平衡德国，这个主意是吸引人的，但付诸实施却并不容易。英法双方对如何有效地遏制德国的想法不尽相同。英国认为，北约以及美国在德国的军事存在是管住德国的最有效的办法，因而主张倚重美国，加强北约作用。法国认为，单纯的军事机制终非久远之计，欧共体经济、政治一体化和共同防务才是拴住德国的最好办法，法国主张加快西欧联合的步伐，约束德国单独行动。英法两国在欧共体的深化和扩大、西欧共同防务、北约的作用以及欧美关系等重大问题上也存在深刻分歧。因此，英法接近是有限度的。

"法德轴心"不时出现裂痕为英国提供了可乘之机。英国时而在这个问题上向法国靠拢，时而在那个问题上同德国接近，利用法德矛盾，加强其在欧共体内的地位。德国不愿受制于法国，在维系"法德轴心"的同时，也拉住英国以扩大自己的回旋余地。

2. 三国利害与共，但又互有提防

英、法、德在推进西欧联合，加强同美、日的竞争地位，以及谋求建立以欧共体为核心的欧洲新格局方面利害与共，但又各有所图。法国希图利用一体化程度不断提高的欧共体增强制约德国的机制，保持其大国地位，并借重欧共体的合力在塑造欧洲新格局中扮演重要角色。德国则以欧共体为依托，争夺欧洲事务主导权。英国运用英美特殊关系，平衡法德，制约德国，以便使自己成为"欧洲的核心"。

英、法、德在促进东欧、苏联的演变、向东扩展势力方面有不少共同点，但也存在着利害冲突。德国利用其经济优势、历史渊源和地缘政治等有利条件，积极打入东欧、苏联，以重建其势力范围。德国强调要"建立一个完整的欧洲"，主张欧共体加快接纳东欧国家的步伐，也着眼于政策重心东移的需要。英国对"扩大"欧共体的调子唱得比德国高，两者有相通之处，但出发点却有很大差异。英国除着眼于影响东欧的变革外，主要意图是以欧共体的"扩大"制约欧共体的"深化"，放慢欧共体政治经济一体化的步伐，因为一个松散的自由贸易区一直是英国孜孜以求的目标。英、法都不愿看到德国单独填补东方出现的"真空"，在阻遏德国重建势力范围方面利益相同。德国在南斯拉夫危机中一度锋芒毕露，急于承认斯洛文尼亚和克罗地亚独立，以利于重返巴尔干。英、法力主维护南斯拉夫统一和领土完整，压制了德国的扩张意图。法国强调欧共体先深化后扩大，牵制德国东进，并力求将德国对东欧的援助纳入欧共体为主体的多边关系的范围内，不让德国独占鳌头。

3. 防务问题有共识，但难有进展

围绕西欧共同防务问题，英、法、德的角逐表现得更为充分。法国一直积极倡导西欧共同防务，德国予以附和。原先对此持保留态度的英国也改变了调子，接受了远期制定"共同防务政策"的必要性。英、法、德似乎在西欧共同防务问题上取得了共识。其实，三国在这个问题上的立场仍大相径庭。分歧的核心是如何处理欧共体与北约的关系，也就是如何处理欧美关系，其中夹杂着英法争夺欧洲领导权的斗争。

英国、意大利倡议在西欧联盟范围内建立一支快速反应"欧洲部队"，以应付北约防区以外的危机，但将西欧联盟置于依附于北约的地位，这与美国坚持"欧洲安全特性"只能作为北约的补充的立场相一致。这支欧洲部队实际上是作为由英国人指挥的北约快速反应部队的补充。英国的基本意图是，通过北约"欧洲化"，提高英国在欧洲大陆的地位，削弱法国的作用。早已退出北约军事一体化组织的法国，谋求削弱北约的作用，建立欧共体的防务机制，使欧共体成为一个奉行共同的对外政策和拥有独立的防务机构的政治联盟，从而使法国在欧洲居于主导地位。法德倡议建立以法德混合军团（从目前的4200人扩充到5万人）为核心的欧洲部队，置于西欧联盟控制之下。而西欧联盟应成为欧共体的防务机构，也就是独立于北约。这支欧洲部队的指挥权当然非法国莫属。在酝酿西欧共同防务的过程中，一场争夺军事领导权的斗争业已拉开序幕。这是争夺欧洲经济、政治领导权斗争的合乎逻辑的延伸。德国则在美、英、法之间玩弄平衡，取悦各方。德国既附和法国方案，又主张加强北约作用。美德联合建议北约与前华约成员国建立制度化的合作关系。德国以此表示支持美国提出的以北约为基石的"欧洲——大西洋共同体"的主张。英、法、德之间的严重分歧无疑是西欧共同防务一时难以取得进展的一个重要原因。

总的来看，欧洲力量失衡加剧了英、法、德之间的矛盾和争夺，给西欧联合进程增添了新的复杂因素。但是，加强欧共体建设的共同利益又对矛盾起着抑制作用。矛盾—妥协—前进，几乎已成了欧共体发展的规律。当前，欧共体正致力于深化（从单一大市场一直到经济货币联盟和政治联盟）和酝酿扩大（同欧洲自由贸易区七国建立欧洲经济区，吸收波兰、捷克、斯洛伐克、匈牙利为联系成员国）。深化和扩大既是欧共体适应欧洲形势变化的战略性步骤，也是寻求欧共体内部新的平衡的途径。英、法、德关系也将在深化和扩大的进程中不断调整与变化。

六、演变中的北欧平衡格局

欧洲冷战格局的消失使北欧地区安全形势发生了根本性的变化。冷战时期，一堵柏林墙使中欧地区的东西方对垒十分明显，但到了北欧地区，这种阵线就"模糊了"。丹麦和挪威虽是北约成员，但和平时期不让进驻北约其他国家的军队和核武器。芬兰虽以芬苏友好互助合作条约同苏维持着特殊关系，但并未同苏结盟。瑞典则恪守中立政策。这是欧洲冷战格局下北欧地区形成的特殊的安全小气候，人们称之为"北欧平衡格局"。随着雅尔塔两极格局瓦解，北欧平衡格局正处于急剧的演变之中。北欧国家正在积极向欧共体靠拢，但从长远来看，北欧地区由于战略地位重要，经济发达，美、德、俄三方都很重视，将形成三极影响的北欧新格局。

（一）北欧平衡格局的历史作用

"第二次世界大战"后，瑞典、丹麦、挪威三国面对欧洲日益尖锐的冷战形势，曾于1948年讨论建立北欧防务联盟问题，目的是保持三国的中立传统，置身于可能发生的大国冲突的旋涡之外。但此举因挪威不想加入而未成功。挪威担心拟议中的北欧防务联盟难以保障其漫长海岸线的安全，而且担心一旦加入会受三国中军事实力最强的国家瑞典的控制。另外，美国对三国诱压兼施，极力要把它们拉入北约，也是使北欧防务联盟流产的重要原因。

面对日益尖锐的冷战形势，北欧国家在确立自身安全体系的尝试失败后，丹麦和挪威于1949年加入了北约。同年冰岛也加入了北约，而且于1951年同美国签订了防务协定，从此美国以北约的名义负责冰岛的防务，约5000名美军事人员进入冰岛，建起了庞大的凯夫拉维克军事基地。而芬兰鉴于自己的特殊处境，于1948年同苏联签订了《芬苏友好互助合作条约》，同苏联保持了某种特殊关系，其外交在相当程度上受制于苏联。

1961年出现"柏林墙危机"，欧洲战事大有一触即发之势。苏联正式向芬兰提出两国就安全问题根据芬苏条约精神进行磋商。芬领导人不同意，指出如苏在芬采取重大军事行动，北约必然会在挪、丹采取相应的措施，北欧地区的相对平衡将会打破，中欧地区的紧张局势必然会进一步加剧。磋商之事最后不了了之。从此"北欧平衡格局"的说法开始出现于西方报端及政治家之口。

第二次世界大战后的历史表明，"北欧平衡格局"是北欧国家在冷战气氛下，巧妙选择的安全政策，以避免大国在北欧地区直接冲突和对峙。正是在这种安全格局下，北欧三国各自利用了内外有利的条件发展经济，跃入了世界经济最发达，生活水平最高的国家行列，建立了福利社会，形成了特有的"北欧模式"。

（二）向欧共体靠拢

当前"北欧平衡格局"演变的最引人瞩目的动向，是北欧国家积极发展同欧共体的关系。但北欧各国发展同欧共体关系的深度不同，想法也有差异。

丹麦早在1973年就加入了欧共体，是北欧五国中对发展同欧共体关系最积极的国家。它的基本想法是，北欧国家生产发展、生活水平的进一步提高离不开欧共体，只有乘上这列隆隆前进的"欧洲列车"，并设法参与驾驶，才能有效地维护北欧国家的利益。为此，它不仅一改以往对欧共体政治合作发展的消极态度，积极支持欧共体建立政治经济货币联盟，而且积极推动其他北欧国家加入欧共体。其具体目标是：在欧共体内形成北欧集团，共同对欧共体发展施加影响；共同对北欧国家最担心的德国崛起进行力所能及的制约；努力使丹麦成为欧共体北部地区的发展中心，拓宽丹麦经济发展的前景。

冰岛则与丹麦的情况有较大不同，是北欧五国中同欧共体关系发展最慢的国家。欧共体在冰对外贸易中的出口份额从 20 世纪 70 年代的 9% 增加到 1990 年的 67%，如把自由贸易联盟国家的出口额加在一起达 75%。尽管如此，冰岛对加入欧共体仍不积极。欧共体共同的渔业政策会威胁到冰岛赖以生存的渔业资源，这是主因。其次，冰岛对美国的出口在其出口总额中所占比重虽然由 20 世纪 70 年代的 20% 多降至 1991 年的 9%。但同年冰岛从美军的凯夫拉维克基地的收汇就占其外汇收入的 10%，而且还解决了 2000 多人的就业问题。冰岛权威人士公开表示，要尽可能长时间地避免在欧共体和美国之间做出厚此薄彼的选择，尽量保持等距离外交。

瑞典、芬兰、挪威都在设法迈进欧共体的门槛，但情况也有差异。

芬兰准备申请加入欧共体主要是寻求经济出路。冷战时期，苏联在能源供应、工业品订货方面对芬兰有相当大的照顾，这是芬兰 20 世纪七八十年代经济发展快的重要原因之一，一度被人喻为"欧洲的日本"。后来独联体国家在芬兰贸易中的份额已从 20 世纪 80 年代的约 24% 降到不足 5%，致使芬兰经济严重衰退，人民生活水平下降。在此情况下，尽管有各种疑虑，芬兰总统还是做出了申请加入欧共体的决断。

瑞典已向欧共体递交了加入申请，不仅是要充分享受欧共体经济合作的好处，使其经济尽可能保持同欧共体的同步增长，而且也有在欧共体争取与瑞典国力相适应的发言权之意。瑞典无论经济实力、科技水平，还是军事实力都是北欧第一，在欧洲国家亦属前列，自然不甘心处于听任摆布的从属地位。瑞典新政府不仅对加入欧共体态度积极，而且对欧共体深化外交，安全政策合作的态度也相当灵活。

挪威在申请加入欧共体方面的考虑既不同于芬兰，也有别于瑞典。挪威日出口原油大约 200 万桶，已居世界石油出口国的第 5 位，收汇近千亿挪威克朗，国际收支大额顺差。虽然不能说挪威在经济上再不需要欧共体，但欧共体可能更需要挪威。挪威考虑加入欧共体的主要原因之一是担心瑞、芬加入后，自己将成为欧共体之外被人遗忘的角落，而且也担心随着北约军事地位的下降，欧共体防务合作的加强，挪威在防务上会失去依托。因此挪威政府虽在加入欧共体问题上尚未拿定主意，最近却在议论成为西欧联盟的联系国。但挪威政党之间、执政党内部及选民之间在申请加入欧共体问题上分歧很大，统一认识尚需时日。

（三）受三极制约的格局

从长远来看，"北欧平衡格局"很可能会被三极制约格局所取代。北欧地区将会处于以德国为主体的欧共体、美国及俄国的影响之下，而以德国为主体的欧共体的影响可能大于后两者。欧共体国家对德国有种种疑虑和担心，但谁也难以离开德国这个经济上的"火车头"；而德国要想真正发挥国际作用也必须有欧共体做依托。因此欧共体合作发展虽是艰难的，但会在求得利益共同点中小步前进，欧共体在欧洲的核心作用会更明显，对外界的吸引力会更大，北欧国家同欧共体关系会更趋密切。

苏联解体了，俄罗斯正处在深刻的政治、经济困境之中。但俄罗斯毕竟是欧洲的大国，历史上不同程度地控制过芬兰、瑞典等北欧国家，现在又继承了苏联庞大的核武库，其地位和影响是不容忽视的。

七、西欧对东欧的"融合战略"

"融合战略"宗旨是最终将东欧"融合"到以西方价值观为基础、以欧共体为核心的欧洲新秩序中去,运用的主要手段是"人权"攻势和经济诱饵。

(一)酝酿过程

西欧国家对戈尔巴乔夫上台后按照"新思维"推行改革,一直怀有浓厚的兴趣。起初,西欧大多数国家抱着观望态度,到1988年它们取得了共识,认为戈尔巴乔夫的"真诚"的改革对西方是一个难得的"历史性机会"。为了抓住这个机会,充分加以利用,西欧必须制定一项共同的战略。西欧最高智囊机构"欧洲战略组织"于1988年9月提交给西欧国家政府一份长达137页的研究报告,提出西欧对苏联的变革要做出协调反应,在经济关系上加深苏联对西方的依赖,政治上则以"人权"作为同苏共建"全欧大厦"的基础。随后,西德、法、英、意四国领导人在一系列双边、多边会晤中进行了磋商。1989年4月下旬,在欧共体委员会主席德洛尔和比利时外交大臣廷德曼斯倡议下,欧共体12国外交部部长在卢森堡开会,全面研究了西欧对苏联、东欧的政治经济总体战略。欧共体外长理事会声明表示,欧共体及其成员国对苏联和东欧一些国家进行的政治和经济的改革将做出建设性反应。

西欧在探索、研究对东方集团过程中,回顾了第二次世界大战后两大集团的斗争情况,认为当前世界变革的广度和速度是"前所未有的"。在东方,"苏联帝国正在瓦解",苏联、东欧国家陷入政治经济危机。为了获得西欧的资金和技术,波兰、匈牙利和南斯拉夫一些领导人公开表示愿意参加欧共体。西欧深感这对它将东方国家"融合"到西方是千载难逢的"历史性机会"。

(二)新"马歇尔计划"

与实行上述演变战略相呼应,西欧于1988年下半年向东方发动了强大的外交攻势。1988年6月,欧共体与经互会建立了正式关系,并与匈牙利等经互会成员国签订了给予较优惠条件的经贸协定。接着,西欧领导人,特别是德、法领导人对戈尔巴乔夫提出的共建"欧洲大厦"的设想给予了积极评价和响应,表示愿为探索共建"全欧大厦"而努力。西欧国家领导人还掀起了"访苏热"和"贷款热"。一些国家主张,为支持苏联改革,对其实行新的"马歇尔计划"。

1989年7月,西方七国首脑会议决定西方国家共同制订一个支持波、匈改革进程的庞大而具体的援助计划,并委托欧共体委员会负责这项工作。1989年9月26日,欧共体委员会提出一项西方24国协同援助波、匈的名为"灯塔"的联合行动计划。西方24国已同意为波、匈联合筹集约10亿美元的援助,1990年还为波、匈提供6亿美元的额外财政援助。1989年9月和10月间,西方国家,特别是西德、法国、美国领导人竞相敦促西方大量增加援助,实行"马歇尔式"的计划。西德前总理施密特甚至主张西方每年向波、匈提供80亿至100亿美元的经济援助,并强调为了欧洲和西方的未来,西方在经济上必须"勇于做出牺牲"。法国前总理希拉克发表声明,建议创立一个"国际争取自由团结基金会",并使波兰成为欧共体联系国。总统密特朗主张建立一个欧洲投资银行,发行巨额"欧洲—波兰团结债券"，并建议欧共体制定一项每个成员国对波兰每个地区和城市实行包干援助计划。法国前总统德斯坦则建议欧共体在华沙创立一个"欧洲—波兰银行"，争取为波兰筹集50亿至80亿美元的低息长期贷款。美国政府官员在团结工会组阁后也制订了一个援助波兰的"小马歇尔计划"。从1989年10月起，西方国家相继确定了各自向波、匈提供中短期援助的计划。联邦德国向波兰提供15亿美元贷款，并取消波兰过去拖欠的约6亿美元的债款，还向匈提供10亿美元的贷款；法国向波兰提供约6亿美元的援助；美国为波、匈提供7.38亿美元；意大利向波提供4亿美元；日本向波、匈提供200亿日元。其他西方国家如瑞典、加拿大、挪威、丹麦、芬兰、奥地利和冰岛也相继宣布了各自的援助款额。

（三）策略与做法

归纳起来，西欧为实施"融合战略"，主要采取了以下策略：①发展与苏联、东欧在各方面的合作，着眼于长远战略利益，促进苏联、东欧逐步的和平的演变，避免变革过激、过快而引起动乱和失控。②把"人权问题"作为东方政策的重要组成部分和"欧洲大厦"的基础，利用"人权问题"，以压促变。③把推动军备控制和裁军纳入对东方和平演变战略的轨道之中。西欧正力争在关于裁减欧洲常规力量等谈判中取得重大进展，以减轻苏联、东欧推行改革的国内阻力。

西欧采取的做法大致可以归纳为以下几点。第一，西欧目前特别注意帮助苏联、东欧发展食品和消费品工业，以缓解苏联和东欧国家的国内压力。欧共体已制订了一项向食品供应最困难的波兰提供两年食品援助的庞大的具体计划。第二，提供财政援助，促使苏联、东欧转向"市场经济体制"，重点是对私营企业提供直接援助。第三，与苏联、东欧进行多层次、多渠道的交流、会晤、对话和合作，鼓励和支持东方实行社会开放，进行政治、经济和人权等方面的改革。第四，加强文化、教育和学术交流，争取在苏联、东欧国家建立文化中心，传播西方价值观，鼓励苏联、东欧派研究生去欧美研究西方民主体制，为东方国家培训技术和管理人员，向东方国家传授能促进其变革的西方实际知识和经验，包括如何竞选的经验。第五，因国制宜，区别对待。西欧把波兰、匈牙利作为援助重点，希望它们成为和平演变的"带头羊"和试验"样板"。对那些被西欧视为坚决反对改革的国家则在"人权"问题上进行谴责、独立和打击。第六，利用苏联、东欧国家对内控制的放松，公开同这些国家的其他政党领导人、持不同政见者、宗教界领导人和西欧民族后裔进行接触，提高他们的影响。

总之，西欧企图利用东欧国家局势的急剧变化，大力推行"融合战略"，建立以欧洲共同体为核心的"欧洲新秩序"。其胃口不可谓不大，然而，其结局如何，尚难预料。有一点可能肯定，由于各种势力竞相争夺建立"欧洲新秩序"的主导地位，欧洲在新旧格局交替之际，必然会有一番激烈的争斗和角逐。

第八章 俄罗斯的新战略

一、苏联剧变对欧洲的影响

过去,苏联作为超级大国,其影响遍及全球。由于地缘政治的原因,苏联对欧洲的影响尤为直接和重大。现在,原来意义上的作为超级大国的苏联已不复存在,但是正因为它过去是超级大国,它的跌落的影响是全局性的,是多层次、多领域的。

现在的俄罗斯正在谋求复兴,虽然困难重重,但是已有一系列成就。

二、新战略的出台

(一) 谋求维护大国地位

俄罗斯作为苏联的主要继承国登上国际舞台后,实行"一边倒"地面向西方的外交政策。但向西方靠拢并没能换来它所期望的巨额经济援助,反而使自己的国际声誉"一落千丈",沦为只能当"配角"的"二流国家"。这不仅激起国内反对派的强烈不满,也使当权派意识到"俄罗斯对自己国家利益和世界地位的认识太迟了"。经过激烈争论和逐步调整,俄罗斯国内各派对俄罗斯的国家利益及其国际地位已达成基本共识,认为在新形势下,尽管俄罗斯"面临危机",但"无论从潜力,还是对世界事务进程的影响和责任"来看,它仍然是"一个大国",其对外政策必须维护俄罗斯的大国利益。在此思想指导下,俄罗斯在一些国际问题上表现了自己的独立性,如在安理会"关于塞浦路斯维和费用"问题上,俄罗斯第一次使用了否决权。又如在波黑问题上,俄罗斯反对美国动武和取消对穆斯林的武器禁运,对安理会表决对南联盟实行进一步制裁问题上投了弃权票。与此同时,俄罗斯积极充当解决波黑冲突的调停人,率先提出解决波黑问题的四点和平计划,促成了联合国通过有关在波黑建立安全区计划的 836 号决议。

(二) 强调"非意识形态化"

俄罗斯改变了以往苏联那种把外交政策"意识形态化"的做法,把维护国家利益作为外交政策的"基本点"。外交政策的使命是"维护俄罗斯国家最重要的利益",而"不是意识形态化和政治偏见"。俄罗斯的主要国家利益为:①维护国家体制和领土完整。②保证国内稳定和改革不可逆转。③积极和全面参加国家关系新体系的建设。④确保俄罗斯在国际关系新体系中的地位和作用。

(三) 俄美"伙伴关系"

叶利钦当政后把俄美关系置于"特殊重要的地位",强调俄美建立"战略伙伴关系"。在国内经济改革问题上,叶利钦及其政府采用了美国开出的"休克疗法"的药方,推行激进改革,在国际上也尽量同美国保持一致,并在核裁军问题上做出让步。但事实证明美国的

"慷慨解囊"多是口惠而实不至,更不用说取消歧视性贸易壁垒、向俄罗斯提供贸易最惠国待遇了。许多俄罗斯人对美国感到失望,促使俄罗斯领导人重新考虑俄美关系中的俄罗斯利益。俄美两国在防止地区冲突以及核不扩散等方面"有共同利益",但更强调"伙伴关系"的发展"首先应由俄罗斯本身的利益来确定,而俄罗斯的利益远不是始终都同美国的利益相吻合的"。除波黑问题外,在对待乌克兰交接核武器问题上,双方矛盾也有所发展。美国想"充当俄乌关系的调停人",提出了将乌克兰核武器置于国际控制之下的建议。但俄罗斯并不领情,不仅"排除美国进行调停的可能性",而且坚持乌克兰必须将所有核武器运往莫斯科销毁。在武器出口问题上,俄罗斯同美国摩擦激烈。美国一贯反对俄罗斯向传统出口国家出口武器,而俄罗斯则把扩大武器出口、换取经济发展亟须的硬通货作为外交的一大突击方向。

(四) 做独联体的盟主

俄罗斯对加强独联体国家间的合作与联系,对加强苏联境内的稳定与安全,对独联体国家间建立新型关系均"负有特殊的责任",要求独联体"实行一体化","建立集体安全体系","发展军事政治领域的合作",但强调前提是"必须保证俄罗斯作为独联体唯一核大国的地位"。俄罗斯已在独联体中的6个国家签署了集体安全条约,开始以这6国为主组建联合部队,并已相继与哈萨克斯坦、乌兹别克斯坦、吉尔吉斯斯坦、白俄罗斯、土库曼斯坦等国签订了友好条约和协定。俄罗斯认为调整与独联体各国的关系和加强双边化能使自己处于有利地位,可体现俄罗斯在独联体中的特殊地位和权力,有助于形成以俄罗斯为中心的新格局。

(五) 兼及亚太地区

从俄罗斯领导人最近的一些言行中可以看出,俄罗斯的亚太政策的主要考虑是:确立"欧亚大国"地位,"平衡"东西方外交,谋求"在亚太地区发挥作用",对外经济活动多样化。俄罗斯在这一地区的方针是与亚太地区各国发展平衡和稳定的关系,特别是发展与中国、日本和印度的关系。叶利钦认为,发展与中国的友好合作关系应成为俄对外政策中"最优先考虑的问题之一"。《构想》指出,俄中关系已通过叶利钦的访华有了突破,必须巩固这一关系。因为中国是俄罗斯在亚洲的最大邻国,与中国发展睦邻友好关系,无论从地缘政治、地区安全以及国际事务的角度看,还是从直接的经济利益考虑,对俄"都具有十分重要的作用"。

由于《构想》是由俄罗斯国内各派代表在"意见一致"的基础上共同制定的,因此今后相当时期内左右俄罗斯的外交行动。从《构想》所阐述的那些指导原则不难看出,今后俄罗斯的外交政策将继续朝以西方为主、东西兼顾、加强周边、多方修好的全方位外交方向发展。当然,由于受国内政治斗争和西方政策变化等因素的影响,俄罗斯对外政策中的不确定因素依然存在,矛盾和斗争亦难避免。但不管怎样,俄罗斯外交要维护俄罗斯的国家利益、保持世界大国地位和外交上的独立性,这一根本目标是不会变的。

三、复兴战略中的经济走势

随着俄罗斯联邦总统职位的平衡交接,俄罗斯经济1999年下半年出现反弹,在21世纪之初仍然保持了明显的增长势头，于重重困难中让世人见到了俄罗斯经济复兴的一缕曙光。

（一）俄罗斯经济的增长

俄罗斯改革以来，政治危机、经济危机交织并发，俄罗斯社会处于崩溃边缘。为摆脱政治、经济危机，使经济快速发展和稳定增长，俄罗斯政府制定并出台了一系列旨在复兴经济的积极政策，诸如实行市场机制与国家刺激相结合的投资政策，推行积极的工业政策，实行合理的经济结构政策，建立有效的金融体系，取缔影子经济，推行现代化的农业政策，成立联邦出口支持署，通过了俄罗斯反倾销法，积极争取加入世界贸易组织，逐步实现同世界经济的接轨，等等。1999年，俄罗斯经济实现了转轨9年来最为明显的增长。据俄罗斯国家统计委员会主席弗拉基米尔·索科林宣布，1999年俄罗斯国内总产值比1998年增长3.3%，工业生产增长率为8.1%，农业产值则增长2.4%，对此索科林认为："国家走出了衰退的泥潭。"

继1999年国内生产总值增长3.2%之后，2000年前5个月与上年同期相比，俄罗斯的主要经济指标实现了大幅增长，财政状况明显改善，居民收入有所增加，内需呈上升趋势，外国投资大幅增加。总理卡西亚诺夫认为，俄罗斯2000年经济增长率可达到3%。具体情况如下：①工农业生产增长势头强劲。据俄罗斯国家统计委员会6月20日统计公报宣布，2000年1—5月俄工农业生产与去年同比，分别增长10.4%和1.2%。②外贸形势进一步好转。据俄罗斯国家统计委员会公布，今年上半年经济领域增幅最大的是外贸，1—5月同比增长28.2%，出口和进口分别增长43.1%和2.4%。③财政和税收状况明显改观。由于俄罗斯当局采取较为严厉的财政管理制度，使税收更多地流入国库，从而国家首次出现2%的盈余。④居民收入有所增加，生活略有改善。随着俄罗斯工农业生产的发展，居民的收入和生活水平略有改善。⑤债务负担减轻。2000年第一季度偿还外债31.4亿美元。经过谈判，伦敦俱乐部为俄罗斯减免106亿美元外债，剩余的212亿美元债务转换成欧洲债券，在2030年前分批还清。⑥外资投入有较快增长。据悉，2000年1—6月，外资对俄罗斯非金融部门的投资达79亿美元，同比增加3倍以上。⑦通货膨胀下降。据悉，2000年1季度俄联邦的通货膨胀率为4.1%，其中3月仅为0.6%。⑧黄金储备增加。

综上不难看出，在新千年到来之际，俄罗斯经济起步初见成效。

（二）经济痼疾难治

与此同时应该看到，俄罗斯经济虽即将跨入快车道，但阻碍俄罗斯经济发展的根本痼疾仍然存在，其中某些问题有愈加严重的趋势。

（1）国家机制涣散。俄罗斯经济的主要问题是政府作用得不到体现。政令不行、纪律松弛，导致投资者的合法收益得不到保证，市场秩序得不到维护，从而使投资者丧失信心，投资规模锐减。经济得不到发展的原动力，自然无从发展。国家机制涣散、私有财产的所有权得不到保障的另一个恶果就是资本外流。（2）产业结构严重失衡。首先，重工业进一步"加重"，俄罗斯对国际燃料、原材料价格变动的依赖性进一步加强。其次，农业连续几年歉收，原预测年产5800万吨粮食的目标没有实现。最后，银行体系改革滞后，无法提供适于经济发展的稳定的金融环境。俄罗斯的银行大多规模小，负债高，缺乏长远规划。（3）国家财政依然紧张。俄罗斯经济总量小，限制了预算规模。全年财政支出按现行汇率折合

320～340亿美元，尚不及日本一年的军费开支。（4）生产性投资不足。1991年俄罗斯联邦独立以来，其经济中生产性投资约减少80%，其中对固定资产投资减少70%，致使生产设备得不到更新，发展生产的软硬环境每况愈下。（5）居民人均国民生产总值下降。近10年来，俄居民人均国民生产总值下降了40%。居民生活水平的下降直接影响着其生活质量和人均寿命。居民贫困，不利于拉动消费，是俄经济增长的一大障碍。

（三）普京政府发展经济的基本思路

普京正式宣誓就职俄罗斯联邦总统以来，执俄罗斯联邦最高权杖，这期间他提出俄罗斯新政府目前经济发展的基本思路。

（1）普京为俄罗斯经济开出的第一剂药方就是整顿国家机制，加强国家作用。他强调指出，"俄罗斯必须在经济和社会领域建立完整的国家调控体系"，普京认为这是实施其他战略步骤的基础。这并不意味着俄罗斯将倒退到实施指令计划的年代，俄罗斯目前的状况不是缺乏经济自由，而是缺乏自由经济的协调员，结果导致无序竞争，使公平受到损害。此刻国家应以强有力的姿态参与经济发展，不仅要成为规则的制定者，更应注重的是要成为规则的维护者，为企业创造良好的外部环境。

普京治理经济正本清源的根本思路是：①颁布《税法典》。这部俄罗斯历史上第一部税收法典，堪称国家税收大法，该法将为纳税人建立有效的保障体系，在国家和国家机关面前保护他们的现实利益。该法典的确定同时对俄罗斯建立现代社会制度具有重要意义。②《银行和银行活动法》及《俄罗斯联邦中央银行（俄罗斯银行）法》。这两项法律规定，中央银行有权独立评估各银行的资产和负债，若发现银行有破产迹象，将向该银行派驻临时管理机构，并有权决定银行破产或托管。其目的在于规范银行体系，促进金融信贷机构的结构重组，这将大大有助于俄罗斯解决亟待解决的银行体系改革的问题。③《俄罗斯联邦外国投资法》《增值税法》等法律则针对具体问题做出了旨在鼓励投资、保护收益的一系列规定，对吸引外资、恢复投资者信心产生了良好的效果。

除加强立法工作外，国家也进一步加强对企业的调控。国家将干预企业破产，在原纯私人或私有化了的股份公司中加入或扩大国家股份，国有经济将得到加强。普京希望财政投资和政府消费的影响日益增长，使政府成为经济生活中的重要力量。

（2）对克里姆林宫来说，最重要的任务则是提高预算收入，积极推动投资活动及促进实际产业部门的发展，以工业为经济主导，改变以货币政策为核心的经济发展思路。

俄中央政府和中央银行同时着手实施降低贴现率的计划。此措施有望推动银行的信贷活动，从而加大对经济的投资力量。另外，中央银行拟定增加消费信贷的措施，以提高居民的购买力。几乎所有的经济政策都体现出新政府正在试图加强国家作用。

总之，普京目前的战略步骤可以这样理解：加强权力机关的作用，并以此获得财政上的主动，从而站稳脚跟，这是首要任务，尔后逐步进行深入的改革。笔者认为，这确实是稳健、务实的做法，也是行之有效的做法，但也必然会遇到阻力。其一，加强政府调控时很难把握住不损及自由市场经济的"自由"原则，一旦统控过严，势必会招致"走回头路"的批评。其二，俄罗斯的寡头集团势力很大，与政权有着千丝万缕的联系。实行"政企分离"、规范管理等措施，都将触动其利益，普京将会有在政治上遭到攻击的可能。俄罗斯一直是一个政治对经济的影响力极大的国家，经济发展首先取决于政治的稳定。只要普京有能力保持住俄罗斯政局稳定,不断"拨乱反正",以现行稳健的、从根本做起的思路来发展经济,俄罗斯经济复兴的前景将是光明的。

四、俄罗斯的外交策略

(一) 迟滞东扩步伐

随着波、捷、匈三国的正式入盟和21世纪新战略的推出,北约东扩势头咄咄逼人,俄罗斯的战略空间将被大大挤压,疑虑和防范心理日益加重,正着手考虑采取一系列应对举措。

1. "反""谈"并举

俄罗斯对北约吸收新成员是"过去反对,现在依然反对"。俄领导人对北约新式战略构想也持强烈反对态度,称其"孕育着整个国际关系体系和欧洲裁军和削减军备体系被破坏的危险","不仅无助于巩固国际关系的信任和稳定,而且将在地缘政治和民众心理两方面导致欧洲出现新的分界线"。俄罗斯还注意通过军售、军技合作、在军备控制领域讨价还价等方式,警告西方不要逼俄太甚。与此同时,俄注意以务实态度、利用谈判等"麻醉"方式与北约周旋,要求北约在重大国际问题上适当考虑俄的利益,力图将北约新战略构想给自身安全带来的威胁减少到最低程度。俄不断利用联合国、欧安组织和近年来俄与北约达成的磋商机制,坚守自己的政治要求,如坚持将原苏国家作为北约东扩不可逾越的"红线",坚决反对北约出兵科索沃,坚持修改欧常裁条约、增加其侧翼军力部署,坚持以欧安组织为欧洲最高安全机构等。此外,俄还注重利用美欧分歧积极发展与法、德的关系,从北约内部进行牵制。经过积极的外交努力,俄在北约东扩、波黑危机及欧洲安全机制等问题上得到了德、法的某种理解和支持。德、法领导人多次表示,北约东扩不应过于匆忙,应适当考虑俄在中东欧地区的利益和影响,重视俄对北约东扩的合理担心。

2. "拉""打"结合

波、捷、匈三国正式加盟北约后,为防止中东欧国家竞相"跟风",俄适时调整策略,对东欧地区国家奉行"诱压并举"政策。一方面对南联盟、保加利亚等与之具有传统友好关系、西靠不太积极的国家发展关系,不断将根据欧常裁条约裁减下来的大量坦克、步战车和武装直升机无偿奉送;另一方面警告波兰等国:"俄决不能容忍西方在其近邻部署军队和核武器,否则欧洲可能转变成战争状态。"俄还对罗马尼亚、斯洛文尼亚等第二批可能加入北约的国家施加压力,充分利用这些国家内部的和平思潮和反核力量,迟滞其政治上依靠欧美、经济上融入西方、军事上加入北约的进程。

3. "内联外引"

随着北约的步步进逼,俄积极在独联体国家和东方国家寻求盟友。通过"内联外引",增大与北约打交道时的回旋余地。继俄白通过《共同国防政策构想》、联合保障地区安全协定后,两国新近决定要组成联盟国家。俄与乌克兰关系取得进一步进展。在俄倡议下,俄、乌兹别克斯坦、塔吉克斯坦决定建立"三国联盟",这是继"俄白联盟"后独联体内出现的又一军事政治联盟。俄改变在里海石油资源划分问题上所持的"主权不容讨论"的强硬立场,与哈萨克斯坦签署了关于里海北部海底资源划分协议,为改善与里海沿岸国家关系创造了良好的氛围。

加强东方外交是俄维护欧亚平衡的另一有力筹码。俄中战略协作伙伴关系进一步加强，两国元首曾举行"不扎领带"的会晤，双方共同签署了关于世纪之交俄中关系的联合声明，为跨世纪的俄中战略协作伙伴关系确定了新的指导原则。俄日关系继续改善，俄印传统盟友关系不断升温，俄与印度高层互访频繁，两国宣布建立"特殊战略伙伴关系"。

为了应对北约东扩和新战略的出台，俄罗斯抓紧军队建设。尽管当前经济形势十分严峻，俄高层仍十分重视正在进行的军事改革计划，在驾驭军官队伍建设、保持一支训练有素的常规力量和核力量、保证战时扩编潜力等方面取得了阶段性成果。俄还适当加大了对军事高技术的投入，成功研制出能够发现隐形飞机的雷达装置，制造出第五代多功能歼击机，为部队装备 S-400 新式地空导弹等。

俄对北约新战略构想保持高度警惕并预作筹谋，无疑会对中东欧地区形势、未来欧洲安全格局产生重大影响。俄罗斯与北约在东扩问题及北约新战略问题上的严重分歧预示着双方间的矛盾可能增多，由此可能引发北约成员国内部围绕第二轮东扩问题产生龃龉，进而使欧、美、俄相互间的关系更加错综复杂。

第九章 日本谋求政治大国的战略

20世纪90年代中期，日本安全政策的主要防御对象已由原来的苏联转向了东亚地区。日本特别警惕正在崛起的中国。同时，日本政府追求大国地位的努力也给日本的防御政策以深刻的影响。在这一基础上，冷战后日本安全外交的政策与活动重心放在：要维持并在某种程度上加强日美安保体制，同时，利用适当时机，增强日本在日美安保体制中的作用和主动性。

一、加强日美安保体制

冷战结束后，曾以遏制苏联为主要目的的日美同盟失去了存在理由。然而世人却看到近年来日美两国通过"再定义"进程正大力强化安全同盟。如何减少乃至消除日美同盟"再定义"带来的负面影响，已成为维护东亚和平与稳定的重要课题。

（一）不断修改的"安保条约"

1951年出台的《日美安全保障条约》是冷战的产物，也是一个不平等条约，它规定日本向美军提供军事基地，但却没有明确美国对日本防卫所承担的义务；另外它规定运用驻日美军由美国自行判断决定，日本方面无权过问等。

1960年日美两国对该条约进行了修改与补充，使日本在表面上与美国处在了对等的地位。如条约明确规定美国对日本承担防卫义务以及日本向美军提供基地等。同时在修改的《日美安全保障条约》第六条中规定安保范围包括中国台湾。

20世纪70年代中期，针对远东地区美国整体实力的衰弱以及苏联军事力量增强的状况，日本在加强自身防卫力量的基础上，积极谋求将《日美安全保障条约》具体化和有效化，因而日美两国在1978年制定了《日美防卫合作指针》（旧指针），就"建立防止侵略于未然的体制""当日本受到武力侵略时日美采取联合措施""远东发生不测事态时日美进行合作"等问题进行了探讨。由于前两项主要涉及自卫队和驻日美军的合作问题，所以双方很快就制订了相应的共同作战计划，但第三项只是笼统地提出日本要给美国"提供便利"，并未做出具体的规定。

冷战结束后，美国需要同日本继续联手控制亚太安全事务，日本也更是极欲凭借自己拥有的经济、科技实力去填补"政治真空"。1996年4月16日克林顿总统终于访日，日美首脑于17日发表了《日美安全保障联合宣言》。这标志着美国的对日政策以及美日关系从20世纪90年代初期的经济优先重归于安全为中心的轨道。根据《联合宣言》精神，日美安全协商委员会（两国外交、国防首脑的"2+2委员会"）于1997年9月23日在纽约发表了新《日美防卫合作指针》（以下简称新《指针》），日美安全同盟的"再定义"由此告一段落。1999年4—5月间，日本国会众参两院通过了这一新《指针》的3个相关法案。至此，旨在落实新《指针》的日本国内立法程序也已基本完成。这次通过的3个相关法案主要内容即为：如日本周边地区发生武装冲突，日本自卫队就可以配合美军作战，向美军提供除作战现场之外的一切支援；自卫队的舰艇和战机可以自由派出日本，"救护"和"寻找"在国外的日本人，救护美军伤员并寻找美军失散人员；日本政府也能够随心所欲地要求地方政府和企业向美军提供各种后方援助等。

（二）发生质变的"合作"

"新指针"与"旧指针"最大的不同就在于以下几方面。

第一，日美防卫合作的地域范围扩大。虽然日本政府在1960年将"远东地区"解释为"大体上为菲律宾以北、日本及其周围地区，也包括韩国及'中华民国'统治下的地区"，但在1978年制定"旧指针"时，日本政府已公开声明"远东地区"不包括中国和朝鲜，也曾明确表示其中的涉台部分已自然失效。然而到了1997年，日本制定"新指针"时却又声称，所谓"周边地区"是指发生不测事态时能对日本的和平与安全产生重要影响的地区。从其含混的言辞来看，"周边地区"不仅包括中国台湾地区，而且还包括整个亚洲太平洋地区。

第二，"新指针"使日本对美合作从提供军事基地的静态参与转为实战的动态合作。"新指针"规定在"日本周边地区"出现不测事态时，日本自卫队不再袖手旁观，而要扮演战争中的实际角色，如收集情报、扫雷、补给、强行登船检查、实施海上封锁、人道主义求援活动、提供军事基地与设施、承担为美军治疗伤员等后勤支援等。这些规定显然使日本自卫队从防卫本土转向"在边界之外地区"发挥军事作用。

第三，"新指针"使日本"专守防卫"和禁止使用"集体自卫权"原则名存实亡。按照第二次世界大战后日本宪法的规定（日本宪法第二章第九条规定，日本国民衷心谋求基于正义与秩序的国际和平，永远放弃作为国家主权发动的战争、以武力威胁或使用武力作为解决国际争端的手段。为达到前项目的，不保持陆海空军及其他战争力量，不承认国家的交战权），日本自卫队不能在本土以外与美军联合开展军事行动，而且按照日本政府迄今为止的解释，在日本本国并未直接受到攻击而只是与其关系密切的国家遭到攻击时，日本是没有以武力阻止这一攻击的"集体自卫权"的。然而"新指针"却规定当美军为恢复因周边事态而受到影响的和平与安全而采取军事行动时，日本自卫队可以在界定为"非战斗区域内"向美军运送补给战争物资和参加扫雷等活动，实际上是将自卫队卷入国际冲突中，在本土之外与美军共同作战。从而使日本完全改变了"专守本土"的防卫性质。

从以上精心谋划的几处"修改"之处不难看出，新防卫指针实际上已经悄然把日本从第二次世界大战后的"防卫型"国家变成了"进攻型"国家。

冷战结束后，和平与发展成为世界的主流，可是近年来日本国内右倾思潮沉渣泛起，与此相呼应，日本加强了与美国的军事同盟，加紧制定新的军事战略。日本这种逐步升级的防务动向，不能不引起亚太地区各国的警惕。

首先，它为地区制造了不稳定因素。冷战结束以后，国际形势趋向缓和，在亚太地区，由于大国之间军事对抗的水平降低，政治相对稳定，经济迅速发展，虽然该地区还存在冷战时期遗留下来的许多矛盾，未能建立起多边安全保障体制，但在美国、日本、东盟、中国、俄罗斯五大主要力量互相牵制下，亚太地区的多极化格局正在形成。此次日美重新修订《日美防卫合作指针》，强化两国军事同盟，实际上仍然是冷战思维在新国际形势下的延续。"新指针"赋予日本在其国境外发挥军事作用的义务，将导致日本扩充军备，提高自卫队军事装备水平,并在日美联合作战的旗号下无所顾忌地向海外派兵,这将引起周边各国的不安与疑虑,并刺激地区的军备竞赛。尤其是当以美国为首的北约正在对主权国家南斯拉夫进行公然的武装干涉时,日本以立法的方式确定与美国进行军事合作,这不能不更加引起世人的关注和忧虑:美日两国在军事安全上的合作是否就是北约东扩在亚洲的翻版?!

其次,"新指针"一方面为日本使用军事力量干预国际事务或地区事务提供依据,为其实现政治大国的目标创造了条件,但另一方面,它也将日本更加束缚在美国全球军事战略的框架中,进一步缩小了日本在外交上的独立回旋余地。由于美军在日本设有130多个军事基地,美军还有权使用日本的民用机场和港口,这样,一旦日美声称的所谓"不测事态"发生,日本便成为美国在亚太地区的军事前沿基地。再加上日本有义务向美军提供雷达基地、预警飞机和潜艇收集到的情报,以及参加扫雷活动、为美军提供补给等,这些都会使日本卷入战争的旋涡去。

对于中日两国来讲,"新指针"更是发展两国睦邻友好合作关系的消极因素,这主要体现在两方面。一方面,尽管"新指针"没有明确指出防范的对象国,但世界上根本不存在无任何假想敌的军事同盟,实质上是将中国也包括在内,这不能不给两国关系蒙上阴影;另一方面,"新指针"所涉及的台湾问题将进一步阻碍中日关系的改善与发展。虽然日本政府将"周边事态"解释为"是对日本和平与安全造成重要影响的事态,它不是地理概念,而是着眼事态的性质",但显然这种"周边事态"不是指欧洲、南美洲或非洲,实际上是圈定了一个有针对性的地理范围的。换言之,若中国为威慑"台独"、维护主权和领土完整采取行动,当美国非法介入时,日本就可以依"法"与美国进行直接或间接的合作,从而严重干涉中国内政,这是中国绝对不能等闲视之的。

多行不义必自毙。藐视历史发展规律者,必将受到历史的惩罚。

(三) 日美同盟的未来趋势

未来日美同盟如何演变,归根到底将取决于在内外环境的新变化下日美双方做出何种战略调整。

日本坚持日美同盟路线,还取决于这一路线的强大惯性作用以及日本决策层是否具有做出重大战略调整的能力。如果美日双方都认为这一同盟十分必要,那么除非双方或其中一方的其他重大利益与日美关系出现严重冲突局面,日美同盟显然还不大可能走向解体。

"第二次世界大战"后数十年来,日本政府已形成了易于接受美国压力的决策惯性和政、官、财、学各界中强大的亲美集团。每当日本决策层表露出一些脱美或自主倾向时,美国马上通过驻日大使、国务院、总统乃至其他各种渠道对日施加压力,从而在萌芽状态打掉日本的这种念头。日本在20世纪90年代对"东亚核心论坛""亚洲货币基金"及东北亚经济合作的态度,如实地反映着这种"美国施压,日本让步"的影响机制。

从"合理决策"模式的观点看,今后可能促使日本选择脱美道路的必要前提有如下几个方面。第一,在安全领域有无摆脱对美安全依赖的能力与意志;第二,在对外经济领域能否降低对美依赖程度;第三,在政治领域是否具有转向独立自主外交的条件和意志;第四,东亚地区是否出现了美国无力控制的多极化和多边合作局面。

日本是否在为日美同盟万一破裂的局面作准备呢?其实,当前日本在加强日美同盟的名义下所采取的一切举措,都是以"借船出海"的手法增强自主防卫与外交能力。待到羽翼丰满，日本就将不再对解除日美同盟过于担忧。正如美国国家情报委员会两篇报告中的结论那样，日本"正在两面下赌注"，一方面加强其与美国的安全关系，一方面又在准备应付完全靠自己时将面临的局面。

在未来近期和中期内，在日本决策层占主流地位的对美基本态度，将是以"入美入亚"为理想目标，基于现实利益考虑继续维持"脱亚入美"，同时逐步扩大"脱美入亚"的倾向。

综上所述，日美同盟在未来可预见的相当长时期内不会走向解体，而是将继续得以维持；在近期乃至中期以内，这一同盟甚至将继续得到强化；在这一时期内"美主日从"仍将是框定日美关系的最基本架构。

在21世纪的头10年，日美同盟的强化趋势将继续恶化日美与中俄及其他东亚各国的安全困境。如何消除周边国家对美日同盟"再定义"的疑虑，如何在东亚地区促进基于平等合作之上的安全秩序，不能不是本地区每一个国家所面临的紧迫而重要的课题。

二、谋求政治大国的外交战略

20世纪80年代中期，日本提出实现政治大国的目标。但是，面对冷战条件下的制约因素，日本不得不对自己的行为稍加收敛。冷战结束后，日本重新将实现政治大国的目标列入重要的议事日程。特别是近两年来，日本进一步加快了迈向政治大国的步伐。根据日本政府提出的有关政策目标和外交活动，日本实现政治大国的标志，一个是取得联合国安理会常任理事国席位，另一个是取得对亚太事务的主导权。为实现上述目标，日本积极展开了立足于亚太的地缘外交。

（一）展开积极的地缘外交

为了争取在联合国安理会占有一席之地，日本采取了两项措施，以加重在联合国的分量。一是增加拨款。日本认为，"日本负担了联合国资金的12.45%。比英国、法国、中国三国之和还要多，完全有资格成为常任理事国"。二是表示要"积极参加联合国的维和行动"，以尽"联合国一员"的责任。通过上述两项措施，日本对联合国的工作虽取得一些成果，但却不尽如人意。近来，日本在这方面的工作似乎能以再取得进展，呈现停滞状态。于是日本调整其战略，把目光集中在自身所处的亚太地区。美、中、俄三国既是安理会常任理事国，又是亚太地区有影响的大国。通过扩大成员国增强集团实力的东盟，在亚太乃至国际舞台上的作用明显增强。日本展开地缘外交战略突出之点是争取这些国家的广泛支持，在国际上掀起一股支持日本政治要求的潮流，以推动常任理事国加速对日本的认可。

亚太地区正成为新的世界经济中心，这一地区的经济发展与日本利益攸关。亚洲已成为日本最大贸易对象，在其对外经济关系中占重要地位。日本一直重视亚洲为自己的利益所在，凭借地缘上的优势，从20世纪60年代开始就一直苦心经营。日本需要借助亚太经济的强大牵引力，带动本国经济增长。亚洲市场前景广阔，日本看好这一市场前景，可以缓解国内严重的经济和社会问题，并增强自己在国际贸易中的竞争地位。因此，日本不断扩大与该地区的经济关系，加紧在这一地区的经济渗透。

日本欲通过争夺亚太地区最大综合组织APEC的主导权，以确立和巩固自己在这一地区的优势地位，需要赢得中国和东盟的支持，并积极谋划建立日本起主导作用的亚太经济共同体。为此，日本强调APEC应是一个纯经济组织，不应成为地区性政治和安全组织，强调APEC成员和地区经济发展阶段的多样性和APEC组织的开放性，并迎合亚太地区发展中国家的要求，强调APEC应做一些有利于发展中国家成员的事情。日本还利用中国、东盟等国家对美国主导亚太经合组织的警惕和美亚关于APEC发展方向、推进自由化方式等方面存在的矛盾，不断做出重视亚洲的姿态，积极开展外交攻势，欲在APEC中赢得中国和东盟的支持，以充当美亚调解人的身份，保持自己在APEC中的主导地位。

（二）最终实现政治大国的目标

日本展开积极的地缘外交，是要通过对亚太地区经济、政治的渗透，扩大日本在该地区的影响力和确保日本的主导地位，最终实现政治大国的目标。日本的主要意图有以下几个。

1. 力图通过强化日美同盟关系，换取美国对日本在世界上发挥更大"政治作用"的支持

冷战结束后，日美同盟关系面临考验，但由于多种因素，这一同盟仍得以继续维持。就日本而言，尽管它"脱美入亚"的倾向在发展，在日本外交中，对美关系仍居最重要地位。日美间开始建立起较前平等的伙伴关系。由于两国在经济上有着非常强的相互依赖性，日美两国针对新的形势，从战略高度出发，重新在战略利益与贸易利益之间找到一个平衡点，使持续激化的贸易摩擦在1995年开始在出现缓和势头，这是与日美加强战略同盟关系的进展相同步的。

1996年4月17日，美国总统克林顿在东京与日本首相桥本龙太郎会晤后，签署了《日美安全保障联合宣言》，重新定义《日美安全条约》，并决定修改《日美防卫合作指针》。对于日本来说，想通过对《日美安全条约》的重新定义和进一步加强日美之间的防卫合作，换取美国对日本在世界上发挥更大的"政治作用"的支持。借美国要求它更多承担防务责任的机会，进一步突破自卫队向海外派兵的"禁区"。日本谋求在国际舞台上发挥作用，力争增加对国际事务的发言权。

2. 积极谋求改善日中关系，显示其对外政策的独立性、主动性，借此提高日本在亚洲的地位

中日关系自1972年邦交正常化以来，两国经过建交后近25年的共同努力，无论投资、贸易，还是高层互访都有了长足的进展，并形成相互促进的良性循环。中国已成为日本的第二大市场，中日两国已经互为主要贸易伙伴。日本对华投资进一步增加，在对华投资的国家和地区中超过美国占第三位。投资领域已开始向交通、能源、通信等产业拓展，合作的区域逐年由沿海地区扩大到内陆地区。日本积极谋求改善对华关系是基于这样的考虑：中国是政治大国，是亚太地区和世界上具有重要影响的国家，维护日中健康、稳定的关系，符合日本的国家利益，近20年来，由于经济高速增长和综合国力的提高，中国的国际战略地位变得愈发重要。现在美国也无法如20世纪90年代初期那样忽视中国或对中国采取高压政策，相反它需要与中国合作与协调的一面增大。日本担心由于美中外交关系密切，会削弱日美之间的协调，害怕美中关系过分超越日美关系使日本在亚洲的地位受到影响。日本基于自身国家利益的考虑，竭力避免政治大国的进程受阻。为了在中美有更大的外交回旋余地，日本争取在对华关系上采取更为独立、主动的姿态，防止美中外交超越日中外交。

3. 日本欲通过增进日俄关系谋取更大的经济利益；通过推进日俄安全对话，进而在未来东北亚安全对话中发挥主导作用

冷战结束之初，日俄双方根据变化了的国际形势及双方利益的需要，对领土问题的态度有所缓和，摆出了积极发展彼此关系的态势。1996年11月14日，俄外长普里马科夫访日，就北方领土问题，正式向日本建议由两国联合开发南千岛群岛，双方达成共识，进入1997年以来，日本与俄罗斯之间的双边交往频繁，关系日趋升温。俄罗斯海军的"维诺格拉多夫海军上将"号大型反潜舰实现第二次世界大战后首次去东京晴海港停泊，并且与日方进行了旨在防止海上事故的联合通信训练。日俄间的一系列外交举措，表明日俄两国对双边关系正在做重要的战略调整。

首先，日本欲合理运用经济因素，扬长避短，在经济竞争与合作中谋求自身更大的利益。日本资源匮乏，石油几乎全部依靠进口，俄罗斯是世界上最大的石油天然气生产国，而且其资源的88%分布在西伯利亚，但缺乏劳力、资金和技术，因此，日俄间存在着典型的"资源大国"与"资源小国"间的互补关系。现在，日本是西方国家中参与开发西伯利亚项目最多的国家。这意味着发展日俄关系能给日本带来最大的实际利益并有极大的发展潜力和余地。还可利用这种互补关系作为一种牵制手段，加速"北方领土问题"的解决。其次，冷战后，日本改变了其第二次世界大战后以来一直追随美国的针对苏联威胁为宗旨的军事战略，将俄罗斯视为"安全保障伙伴"，欲通过合作，在未来东北亚安全对话中发挥主导作用，确保日本在该地区的主导地位。

4. 桥本出访东盟5国，力图加强同东盟的政治对话，以显示日本在本地区的重要存在

日本认为，今后要在"亚太经合组织"及"亚欧会议"中发挥"主导"作用，就必须得到东盟国家的合作与支持，所以必须在经济和政治方面加深同东盟的关系。桥本首相1997年出访的第一站就选定东盟，便充分反映出日本重视加深同东盟关系的程度。桥本出访东盟，重点是谈与东盟定期举行首脑协商，即把目前的部长级对话提高到首脑论坛水平。其主要意图是：建立亚太地区安全保障方面的信任关系，要推进以东盟地区论坛为主的安全保障方面的对话和交流，同东盟各国和亚太经合组织等机构加强在全球性问题上的合作，与此同时，要致力于进一步推进这一地区的贸易、投资自由化，致力于各种领域的经济技术合作和政策对话。日本认为，东盟在历史问题上的对日批评不像中国和朝鲜那么强烈，有可能成为日本争当联合国安理会常任理事国的一大"票田"，东盟自由贸易区及印支湄公河开发计划也将为日本从经济上大举渗透东盟提供机会。加强与东盟的关系，对确保日本能源海上通道安全，增加对美、对华外交实力地位均至关重要。

（三）外交战略被制约的因素

日本的地缘外交战略在取得进展的同时，也暴露出它受到一些因素的制约，近期内不会有突破性进展。这些因素主要包括以下方面。

其一，美国不愿意接受一个起主导作用的日本，只是想让其成为自己在世界和地区支配战略的强有力帮手。

由于历史形成的原因，美国对日本能否取得"政治大国"地位拥有相当大的决定权。

对于美国来说，第二次世界大战带来的重要成果之一是在亚太地区排除了英、法、荷等老牌殖民主义势力，获得了向往已久的霸权地位。第二次世界大战后，用美国前国务卿贝克的话来说，防止在亚太地区出现一个敌视美国利益的强国或强国集团，是美国坚持不渝的长期战略目标。在冷战时期和冷战结束以来，美国在亚太地区与苏联的争斗，与觊觎政治大国地位的日本争夺主导权，均是为了维护美国在亚太地区的霸权地位。战后，美国对日本的政策，不管前期以扶植为主还是后期所谓的"伙伴关系"，其实质均从自己的战略利益出发来控制和利用日本，绝不容忍日本分享亚太地区的主导权。

其二，中日之间存在着现实的、潜在的分歧和摩擦，其变化必将使中日关系本身发生变化。

不可否认，中日之间在友好合作的主流下面，还存在着现实的、潜在的分歧和摩擦。随着日本国内"民族主义"和"国家主义"情绪的上升，越来越多的日本人主张日本战败已经70多年，军国主义给日本留下的历史黑锅不该再背。他们甚至错误地认为，承认侵略并向亚洲国家谢罪，是"自虐"行为，将会影响日本的"形象"，妨碍日本成为"政治大国"和在国际秩序中发挥"领导作用"。于是出现了"是不是侵略战争要留待后世历史学家评判"，"日本在过去战争中既有阴暗面，也有闪光点"等论调，甚至干脆对已有定论的侵略史实公开说"不"，一些人骨子里蔑视亚洲的潜意识，变为对亚洲各国忠告的反感。日本一心想成为政治大国，欲在国际舞台上拥有更大的发言权，并希望得到包括中国在内的亚洲各国的拥护和支持，但却在如何对待历史问题上发出消极的声音。可以说，日本只要坚持走和平发展的道路，真诚反省过去，真正与亚洲各国人民保持友好，减少双边关系中不必要的摩擦，建立中日间相互依赖的健康、稳定的关系，为世界和平与发展多做贡献，其所追求的政治大国目标是有可能得到亚洲邻国的理解和赞同的。否则，将很难取信于包括中国在内的广大亚洲国家。

另外，随着日本政界新老交替的结束，与中国友好的势力影响明显下降。现在，日本新一代领导人不像老一代领导人那样重视与中国的友好与合作，在日本上层将中国视为主要对手和威胁的认识相当普遍。特别是由于中国经济的发展，日本对中国国力的增强也越来越感到担心，提出要求中国增加军事透明度和停止核试验，并与美国一起散布"中国威胁论"。同时，日本右翼团体不断在钓鱼岛制造事端；在台湾问题上则企图不受中国牵制，以民间交往为名行官方接触之实，跟着美国提升对台关系等。这一系列因素的变化必将使中日关系本身也发生变化。

其三，日俄在领土问题上难有大的作为，经济合作方面亦有滞留问题。冷战结束后，围绕日俄关系的国际环境发生了重大变化。北方领土在国际关系中的重要性下降。日俄两国开始从两国关系的角度考虑关系正常化问题。但是其发展不会一帆风顺。今后，俄政府也不会轻易在领土问题上有大作为。因为在俄国内，议会和军方有一股强大的反对归还北方领土的势力。俄外长访日时也提出双方联合开发有争议的四岛并不是暗中替换解决领土问题，这并不意味着俄罗斯放弃对这些岛屿的主权。

日本虽表示愿意就联合开发问题进行研究，但日本方面有不少人认为这样做可能不利于日本主张拥有领土主权。另外，日本方面担心，如果同意联合开发，有可能对钓鱼岛（日本称之为尖阁列岛）领土权问题产生影响，因此，需要对此做出"审慎的高度政治判断"。由此看来，要落实联合开发的建议，还存在许多困难和问题。

在经济合作问题上，虽然俄罗斯持积极态度，日本也看好俄罗斯的资源和市场，但苏联解体前后日本一些民间企业向俄提供的 11 亿美元的贷款至今尚未收回，使日本经济界对进军俄罗斯视若畏途，这大大影响了日本企业界对俄投资的热情。日俄经贸委员会还未找到解决这一问题的妙策。

其四，日本与东盟对一些重大问题的看法相距甚远。

首先，东盟对日本提出的关于举行定期会晤一事持谨慎态度。之所以谨慎，是因为东盟尚未摸清日方的意图。目前东盟在外交上奉行大国平衡，希望通过大国力量均衡、相互制约来保持本地区的安全与稳定，不希望任何大国在本地区居于支配地位。东盟历来怀疑日本有充当盟主之企图，对桥本建议有所怀疑理所当然。

其次，东盟担心日本拉东盟共同遏制中国。担心被外国利用，成为大国在本地区角逐的一个棋子。在如何对待中国在亚太地区的影响力问题上，均与日本保持距离。

此外，日本在东亚经济核心论坛（EAEC）、亚欧首脑会议（AESM）、APEC 上，与东盟意见相左，存在明显差距；在经济问题上，也同东盟存在不少矛盾和分歧。

三、日本能否成为"军事大国"

近年来，日本走向"军事大国"的动向令人注目：通过日美防卫合作指针相关法案，正式启动"周边事态"法；同美国联合研制"战区导弹防御系统"；决定发射侦察卫星；计划引进导弹快艇等用于对付"可疑船只"；计划组建反生物武器的"部队医学实验队"；计划引进万吨级的补给舰和空中加油机；防卫厅政务次官西村真悟公开鼓吹日本也可以拥有核武器；等等。

不过，在人们谈论日本走向"军事大国"的时候，也有不同的理解，如有人认为"日本已经成为军事大国"，或者"日本正在向军事大国迈进"，也有人认为"日本正在或已经复活'军国主义'"，等等。究竟如何看待这个问题，我们不妨提出一些问题来讨论。

（一）"军事大国"与"军国主义"

这应该说是两个不同的概念。"军事大国"主要涉及一个国家有没有做"军事大国"的意图、实力，而"军国主义"则更进一步涉及一个国家的政治制度与社会基础等。比如，战前日本军国主义的一个重要基础是封建土地所有制。因此，要弄清日本究竟是做"军事大国"还是复活"军国主义"，首先应该搞清两者的定义，因为这两个概念是有区别的。

（二）意图与实力

当我们说"军事大国"这个词的时候，实际上是指一个国家的"军事大国"战略。一个国家能否成为"军事大国"，主要是看它有没有确立"军事大国"战略。

什么是"战略"？作为一般常识，"战略"可简单地理解为"意图与实力的对话"。因此，要判断一个国家是不是"军事大国"，既要看它有没有这种意图，也要看它有没有这种实力。有的国家在"意图"上急欲成为"军事大国"，然而在"实力"大打折扣，可谓"心有余而力不足"；相反，有的国家在"实力"上已经具备做"军事大国"的条件，但在"意图"上还没有下这个决心。这两种情况在当今世界上都可以找到实际的例子。例如，当今日本在"实力"上已经具备迅速开发核武器的条件，然而，在"意图"上它还没有下决心做"核大国"。

总之,只有同时具备做"军事大国"的"意图"和"实力"的国家,才能真正确立其"军事大国"战略。当然,"意图"和"实力"是相互影响的。有了"意图",就可以使本国的"一般实力"(或"综合实力")加快向作为"军事大国"所需的"实力"转变,而且"综合实力"越强,就越可能迅速地形成"军事大国"所需的实力。

具体到日本,它的"意图"是什么呢?是迅速成为一个"独立的军事大国",还是仍然依附于美国的军事保护?或是一边借助于美国的军事保护、一边向"独立的军事大国"方向发展?这很值得进行深入研究,因为这影响到它将以多快的速度将其比较强大的"综合实力"转变为同"军事大国"相称的实力。

(三) 技术与军事

现在,人们常常把是否拥有洲际导弹、潜射导弹、战略轰炸机这"三大件"作为衡量"军事大国"的标准。然而,随着军事技术革新的进展,精确制导武器、信息战能力、生化武器(号称"穷国的原子弹")等的战略意义日益上升。

以美国为首的北约对南联盟的空袭、1990年海湾战争以及冷战期间和冷战后的一次次局部战争,已经证明了武器高技术化、信息化的能力,可以说这是在用技术、金钱、鲜血、硝烟等撰写可供像日本那样欲走向"军事大国"的国家参考的教科书。

显然,军事技术革新的飞速发展,必然会改写人们头脑中现存的有关"军事大国"应该具备的实力"标准"。

(四) 经济与军事

对于一个不断发展的国家来说,日益增大的经济实力既可以成为其军事安全的"财源",同时也会成为其军事安全的"包袱"。例如,日本军费占GDP的比例大约在1%,是西方各国最低的,但由于它的GDP规模很大,占世界第二位,因此,军费的绝对额目前为世界第二位。与此同时,它在军事安全方面负责维护的"包袱"也不断增大,这不仅包括日本作为世界经济强国的国内"家当",也包括它延伸到世界各国、各大洲的经济利益。作为世界最大债权国,日本在海外的总资产超过1.5万亿美元,海外当地法人企业超过6000家,如何保护其在海外的经济利益成为不容轻视的课题。

(五) 全球性军事大国与地区性军事大国

"军事大国"也是有"级别"的。无论是从"意图"看还是从"实力"衡量,做"全球性的军事大国"与做"地区性的军事大国"是大不相同的。所谓"地区性的军事大国",也要根据"地区"的范围再分等级,东北亚或东南亚可看作是一个地区,东亚也可看作一个地区,亚太也可看作一个地区。日本国会通过的"新日美防卫合作指针"相关法案提出了"周边事态"概念,令人想起第二次世界大战前日本军国主义者曾经提出的"主权线""利益线"的概念,"周边"从一定意义上是否可看作"利益线"的"翻版"?对于日本来说,至少在今后较长时期只能做"地区性的军事大国"。

(六) 日本与"同美国结盟的日本"

从实力角度而言,"日本"与"同美国结盟的日本"是两个概念。如果仅仅是"日本"，恐怕最多也只能在"周边"发挥其军事作用而已。然而，"同美国结盟的日本"则可能突破"周边"的局限，成为冷战后美国全球战略棋盘上的重要一环。很多人认为日美同盟与北约是美国全球战略的东西两翼，这是有一定道理的。但也需指出两者的区别。例如，目前乃至今后较长时期，日本只能为美军提供"后勤支援"，而不能像北约国家那样直接进入"前方"参加战斗。

另外，日美同盟并非"铁板一块"。这样说并不意味着日美之间有多大的矛盾，有多大的可供外部施展离间计的"空间"，而是说日美关系内在力量的发展变化，终将导致两者"合久必分"，尽管在目前还看不出迹象，但可以相信日美同盟绝非是永恒的。

（七）进攻力与防御力（对外部攻击力的承受力）

考察一个国家能否当"军事大国"，不仅要看它的进攻力，还要看它的防御力，看它对外部攻击的承受能力。日本是一个狭窄的岛国，而且其工业力量高度密集地配置在关东等沿太平洋地区，因此面对外部攻击的承受力极差。日本所需石油几乎百分之百依靠进口，其中70%来自中东，如果油轮必经之路的"海上通道"被阻断，日本的生存就将受到威胁。此外，在日本有30多座大型核电站，如果有一两座发生像苏联切尔诺贝利那样的核事故，整个日本列岛就可能成为"无法居住的地方"。

现在，日本正寄希望于同美国联合开发战区导弹防御系统（TMD），然而，从军事技术发展看，想要依靠TMD形成一个"天网"罩住日本，从而免受外部的导弹攻击，只能是一个幻想。总之，对于日本这样一个防御力极其脆弱的国家来说，如果过度发展进攻力，导致形成"进攻力与防御力的失衡"，将会使自己处于极为危险的境地。

（八）人的因素与物的因素

武器再先进，也要靠人来运用、操纵。在今后相当长时期，人依然是国家安全的极重要因素。对于日本来说，更不能忽视"人的因素"的变化对其走向"军事大国"的制约。尽管人口结构老龄化是西方发达国家的普遍现象，但是，日本的特点在于：一方面是老龄化速度很快，大大超过其他西方国家；另一方面是老龄化与"少子化"齐头并进，少子化问题甚至比老龄化问题还要突出。与之对照，美国虽然也面临老龄化问题，但少子化问题并不明显。1995年日本的合计特殊出生率（一名女性一生生育儿女的平均数）为1.42，而美国为2.019。

从军事角度看，少子化将导致兵源不足。生产可以依靠雇用外来人部分地缓解劳力不足的问题，而让外人在日本当兵，对日本来说几乎是不可能的。目前，日本自卫队征兵就已经遇到困难了。

老龄化和少子化不仅从"人的因素"方面直接制约日本军事力量的增强，更重要的是，人口数量和结构的变化将不可避免地削弱日本的综合国力，从而削弱日本走向军事大国的物质基础。

由于笔者专业知识所限，未能做出结论性的意见。不过，有一点似乎是可以肯定的：日本走向"军事大国"的道路将不会平坦，它充满了矛盾和风险。

四、争夺亚太经济的领导权

候鸟随气候的变化南来北往。东方岛国日本也好像是灵敏的候鸟，随着世界经济气候的变化在调整自己的飞行方向。日本在"明治维新"后想挤进西方发达国家行列,提出所谓"脱亚入欧";现在亚太的繁荣景象又使日本发出一片"脱欧入亚"的议论。日本的这一"入"一"脱"和"返回"的过程恰恰表明它在不同的历史条件下,分别与西方世界和亚洲在经济、政治以及文化关系上相对强弱的变化趋势。

(一) 欲做"头雁"东飞

19世纪上半叶,日本拜西方为师,发起了富国强兵的"明治维新"运动。第二次世界大战后,战败的日本又在美国占领军的"指导"下,进行了政治体制、教育体系和土地制度等一系列改革,推动日本经济在20世纪六七十年代腾飞,最终于1975年在西方首脑会议上获得了一席之地,从而走完了自"明治维新"以来的"脱亚入欧"的百年历程。

从20世纪80年代起,亚太地区特别是在东亚地区出现经济奇迹,而西方国家经济却长期不景气。与欧美各国经济摩擦愈来愈严重的日本,开始将目光转向亚洲,日本应"重返"亚洲并主导亚洲经济发展的调门也越来越高。其中最具有代表性的便是"雁行模式"理论。根据这个理论,亚洲地区产业结构转换的起点(头雁)是日本,排在"雁行"的第二序列的是"四小龙",第三序列是中国内地,最后序列是印度支那和南亚次大陆。后四个序列的国家和地区像雁群飞行的队形一样,依序列紧随日本这只"头雁"向前飞。换言之,由于日本国内科技和经济的发展,日本将渐渐把不那么先进的产业和技术按上述序列向后转移,从而带动亚洲经济"迅速发展"。

"雁行模式"理论最初由日本学术界提出。到1992年9月,日本外务省在向亚太经济合作组织提交的有关报告中,也暗示"雁行模式"是东亚经济发展的道路。日本的如意算盘是,不断通过这种转让使亚洲其他国家成为日本市场所需要的资本密集和劳动密集产品的生产者,日本则集中精力开发高新技术,保证日本永远处在亚洲经济发展的最前列,防止美国主导亚洲经济合作进程,从而使日本能够依托亚洲与欧美在全球展开经济竞争。

(二) 强劲的"返亚"势头

"脱欧返亚"不仅仅停留在理论上,而且体现在日本致力于发展与亚洲经济关系的实践中。

第二次世界大战刚结束时,日本的经济尚处于恢复期,当时它与美国的贸易额曾占其对外贸易额总额的60%。但从20世纪80年代中期开始,日本与亚洲的贸易额逐渐上升。从1989年起,日本从亚洲的进口额第一次超过了从美国的进口,达到490亿美元,是从欧洲进口的两倍。到了1992年,日本从亚洲的进口已占到其进口总额的45%,是从美国进口的2倍。最新的统计数字表明,1992年日本向亚洲的出口比上一年增加14%,占日本出口总额的38.8%,而同期对美国的出口只占日本出口总额的28%。目前,中国内地、中国台湾、中国香港、韩国、新加坡、泰国和马来西亚等七个国家和地区都已进入日本十大出口对象之列。

在投资方面,从1985年到1992年,日本对亚洲的投资总额已从195亿美元上升到600亿美元,大大超过美国,稳居世界经济大国对亚洲投资的榜首。日本在亚洲的投资为日本带来巨大的经济效益。据日本通产省统计,从1991年4月到1992年3月,日本在亚洲的分公司只创利66亿日元,在北美的分公司则产生了2080亿日元的巨额亏损。

此外，日本对外援助的 60% 以上用于亚洲，超过了美国对亚洲的援助额；在技术转让方面，日本已跃居各国对亚洲技术转让的首位。随着日本与亚洲经济关系的加强，日元在亚洲地区贸易结算、债务支付和外汇储备方面的作用也在增强。

（三）大力推进亚洲外交

为促进经济"返亚"，日本在外交上调整了一些政策，采取了一系列措施。1992 年日本国会通过向海外派兵的《联合国维持和平行动法》后，首次参加维和行动的地点就是亚洲的柬埔寨。日本还不顾美国对越南实行经济制裁的禁令，加强了与越南的经贸关系。当然，日本更重视东亚大国中国，在对中国的制裁上率先同西方国家逐渐拉开距离。日本明仁天皇登基后推迟访问美国，首先访问了中国。日本新闻界透露，日本是要以天皇访华为契机，开展以日本为轴心的积极的亚洲外交。

进入 1993 年后，日本的亚洲外交显得更加活跃。1993 年 1 月中旬，宫泽首相访问了东盟四国，发表了被称为"宫泽主义"的《日本对亚洲政策》的演说，表示要与东盟国家一道为确保本地区的和平和安定加强密切合作，建议成立"印度支那全面开发论坛"。

1993 年 8 月，日本政局发生重大变动，自民党下台，多党联合政府执政。但这个变动并未影响日本推进既定的亚洲外交的决心。新首相细川护熙在首次发表的施政演说中，就对日本过去的侵略给亚洲人民带来的苦难表示深刻的反省和歉意。他主动迈出了第二次世界大战后日本历任首相所不愿迈出的重要一步，旨在消除日本侵略亚洲所带来的严重后遗症，以利于密切与亚洲的关系。

（四）心态上的变化

自"明治维新"运动以来，相当一部分日本国民在向西方学习的过程中，认为西洋文明远比东方文明优越，由此产生出一种文化上的自卑心理。日本在第二次世界大战中惨败，更加重了这种心态，即使在日本成为经济巨人后，这一阴影仍未完全消失。为此，一位美国记者曾讥讽日本拥有一流的经济，却怀有第三世界的心态。

20 世纪 80 年代末，日本经济力量进一步增强。同时，欧美等国与日本的经济关系日趋紧张，贸易摩擦不断加剧，美国更是咄咄逼人，要求日本调整经贸结构，向美国商品敞开大门。而越来越财大气粗的日本，却不断软顶硬抗。1989 年出版的《日本可以说"不"》一书，猛烈抨击美国对日本实行的是"根植于人种偏见"的经济贸易政策，鼓动日本抛弃第二次世界大战后形成的那种"小国意识"，并宣扬日本要成为亚洲的中心，因而在日本国内引起相当强烈的共鸣。一时东京纸贵，一年内此书就再版 10 次之多，从一个侧面显示了日本人的东方文化意识开始增强，也在一定程度上反映出日本"脱欧返亚"的意向。

（五）各方的反应

日本"脱欧返亚"欲做头雁主导亚洲经济的动向，引起有关国家的注意。深受日本"大东亚共荣圈"之害的亚洲国家虽然欢迎日本的技术转让和投资，愿与日本发展平等的经贸关系，但绝不想成为日本推销过时产业的市场。日本在科技和经济的某些领域虽暂时领先，但亚洲其他国家正在奋起直追，迅速提高生产力水平，缩短与日本的差距。亚洲其他各国的奋起，表现出"群雁"一字形排开的阵势，而非日本人设想的以它为"头雁"的人字形队列。

在亚太地区有重大利益的美国,对日本主导亚洲经济的图谋也高度警觉。美国新闻界将"雁行模式"斥责为更为巧妙的共荣圈,是妄图用金钱、外交和技术达到50年前它用军事力量未能达到的目的。美国企业界则指责此种构想是试图通过把产业转移到海外的方式,将日本对美国的贸易顺差转嫁到亚洲其他国家对美国的贸易中,是一场出口骗局。看来,随着日本"脱欧返亚"进程的加快,美日争夺亚太经济主导权的斗争将会加剧。

然而,日本所谓的"脱欧返亚"并不是要与欧美等西方国家"一刀两断",而是强调在新的形势下加强与亚洲的联系,以便在亚洲经济迅速起飞中获得最大限度的利益。日本既要不失时机地"回归"东方,同时又要稳坐西方世界中的前排交椅,这无疑是"脱欧返亚"的本质。

五、日本的军事大国化倾向

冷战后日本军事大国化倾向不断加强。这是与日美同盟的强化过程同步进行的,日美同盟成为日本政府拓展军事力量发展空间的主要外部借助因素。日美同盟不仅提升了日本自卫队的军备扩张水平,且促使日本的海外派兵日趋"正常化",但日本自主防卫力量的发展也给未来的日美同盟带来了诸多不确定性。

(一) 日本的军备扩张

自早在1995年11月,日本安全保障会议和内阁会议共同决定的新《防卫计划大纲》就已提出要进一步推进防卫力量的"合理化、效率化、精锐化",谋求防卫力量"质的提高"。日本军备扩张的重点在于发展海空远程武器系统,力求加快建立一支海空联合、具有远程打击能力的新型作战力量。至20世纪90年代末期,从军事装备的技术水平来看,日本自卫队所装备的90式坦克、AH-IS反坦克直升机、"金刚"级宙斯盾驱逐舰、F-15J歼击机、F-2支援战斗机、E-2C预警机、E-767预警机、"爱国者"防空导弹等均属于高技术武器。其中,许多高技术装备或是完全从美国引进的,如用于宙斯盾驱逐舰信息处理的高速电子计算机系统;或是根据美国的许可证进行生产的,如F-15J歼击机;或是日美两国共同研制的,如F-2支援战斗机。

2000年12月,日本安全保障会议和内阁会议共同决定的《2001年度~2005年度中期防卫力量整备计划》提出,日本的防卫费用总额在2001年度至2005年度内将达到25.16万亿日元的规模,并主要从改编自卫队体制、更新装备、提高自卫队的快速反应能力及与美军联合作战能力三个方面来加强防卫力量的建设。

2003年6月21日,日本政府正式决定出资从美国购入弹道导弹防御系统,该套系统将由在大气层外截击导弹的宙斯盾舰载爱国者-3型导弹系统(PAC-3)和在地面附近截击导弹的地对空标准-3型导弹系统(SM-3)两部分组成,构筑起由海基中段防御系统和地基末段防御系统组成的双层防御体系。为落实上述决定,2003年8月29日,日本防卫厅就2004年度防卫费用预算案提出了4.96万亿日元的概算要求,其中1423亿日元用于建设弹道导弹防御系统。日本防卫厅认为必须加紧部署弹道导弹防御系统的原因在于,"若不统一日美军事技术水准的步调和确保互动性,安全保障的同盟关系将不被信赖"。

由此可以发现,除满足日本自身军事战略的需求之外,以日美两国军事装备的"通用性"来保障日美安保体制的有效性是当前促使日本军备扩张的重要因素。显然，仅就军事战略而言，日美两国之间仍存有较大距离。日本至少在表面上坚守"专守防卫"战略，而美国的军事战略则是全球性的，美军装备也必然要谋求保持世界最高水平。但是，以日美同盟为借口，日本自卫队大量配备日美相互通用型装备，自然使得日本的军备水平不断提升、作战能力大幅增强。例如，1998年3月交付使用的E-767预警机，由于其包括雷达在内的机载电子装置与美国空军的E-3预警机基本相通，能够情报共享，这样便可进一步通过与美国在太平洋地区的雷达站和日本现有的地面雷达基地联网，从而形成全方位、多层次、大纵深的早期预警和空中指挥系统。另外，美军所实施的以信息技术为主的新军事变革对日本自卫队军备的发展方向亦有较大影响。海湾战争以来，日本自卫队在提高武器装备的信息化水平方面紧紧追随美国。例如，20世纪90年代末期美国海军提出名为"CEC"的情报共享扩大计划，日本海上自卫队随即表示关注，并探讨如何加以引进。

整体上看，日本的军备扩张正在进行之中。为了适应美国的全球反恐战略需要及新军事变革的形势，根据日本政府正在拟定中的"新防卫计划大纲"，自卫队的防卫重点将从防止外国侵略调整为防止弹道导弹袭击和恐怖活动等威胁；为适应新的职能，自卫队将增加5000名现役军人，届时自卫队现役军人将超过15万人；调整海上自卫队和航空自卫队的舰队编制和装备。

（二）日本的海外派兵

日本自卫队成立不久，参议院就通过了禁止自卫队向海外派兵的决议。长期以来，自卫队的军事活动空间大体上局限于日本本土。但冷战后，日本政府借助日美同盟的强化来实现其军事大国志向，自卫队向海外派兵呈"正常化"发展趋势。

1991年初爆发的海湾战争是冷战后日本政府启动海外派兵的出发点。当时，尽管日本先后向以美国为首的多国部队提供了总额达130亿美元的资金援助，但仍被西方舆论抨击为"纸上盟国""只出钱、不流汗"。于是，1991年5月日本向海湾地区派遣扫雷艇编队与以美国为首的多国部队一起执行扫雷任务。1992年6月日本国会通过了《联合国维持和平活动合作法案》，正式从法律上为自卫队参加联合国维和行动扫清了障碍。依此法案，1992年10月日本政府首先向柬埔寨派遣自卫队参加联合国维和行动。此后直至2003年底，日本政府又先后向莫桑比克、卢旺达、戈兰高地、东帝汶、阿富汗派遣自卫队参加联合国维和行动。2004年2月日本又派兵前往伊拉克协助美军行动。

"9.11"事件发生后，2001年9月19日，日本首相小泉纯一郎在首相官邸主持召开了"反恐怖对策阁僚会议"，会上决定的"基本方针"认为"与恐怖主义作斗争是我国自身的安全保障问题"，并提出"为了向美军针对恐怖主义采取的措施提供医疗、运输、补给等方面的援助活动，决定尽快采取派遣日本自卫队所需要的措施"。这样，日本搭乘美国的"反恐战车"，多次制定或修改国内相关法律，使其军事存在扩大到印度洋地区。

2001年10月，日本国会先后通过了《反恐特别措施法》《自卫队法修正案》《海上保安厅法修正案》，为配合美国的反恐行动提供了法律依据。与以往相比，《反恐特别措施法》进一步拓宽了自卫队的海外活动空间，只要是"认定的非作战区域"，其活动空间将包括"公海及其上空、当事国同意的该国领域"。根据该法案，2001年11月9日，日本政府派遣3艘军舰和700名自卫队员开赴印度洋，支援美军在阿富汗战场的作战行动。与1991年海湾战争后日本派遣扫雷舰队赴海湾地区"替美军打扫战场"相比，此次则是日本政府第一次公开在战时向海外派兵支援美军作战。2001年11月25日，日本政府再次派遣海上自卫队所属舰队开赴印度洋和巴基斯坦，加强对美军的支援。

随着2002年11月朝核危机的再度凸显和2003年3月美国对伊拉克发动战争，日本政府紧紧抓住在上述问题中与美国的"合作机会"，其海外派兵更加"积极进取"了。

2004年1月9日，日本政府正式下达了向伊拉克派兵的命令。对此，日本舆论认为"日本的安全政策因向伊拉克派遣陆上自卫队而迎来转折"，"在1954年创设自卫队时根本就无法想象陆上自卫队会去执行这样的任务，这个蜕变是借'9·11'后在反恐战争中支援美国而实现的。"无论如何，日本政府不顾其自卫队在伊拉克国内遭到袭击的危险，坚持向伊派兵，绝非仅仅为了日美两国的同盟利益，而是更多地反映了日本执政当局争当军事大国的决心。

六、"美日台战略同盟"的台湾角色

台湾当局将安全、民主和经济作为确保亚太地区"和平"与"繁荣"三个主要支柱的锚，进而逐渐确立了从政治、经济与军事等方面加强美日台战略的方针政策，以图形成一个遏制中国大陆的新链环。

（一）战略上构筑"美日台安全同盟"

建立"美日台安全同盟"为"台独"寻找靠山是自李登辉执政以来，台湾当局追求的重大战略目标。民进党执政后，更明确提出希望建立"美日台三角安全联盟"或建立"美日台东亚安全机制"。

陈水扁在2000年"大选"时发表的"对外政策白皮书"中就提出"建立美日台三角安全网络"口号，此后建构美日台安全同盟就成为民进党的重要战略与政策。2002年8月21日，台湾召开"美日台三边战略对话会议"，陈水扁提出"安全、民主和经济是确保亚太地区和平与繁荣三个主要支柱的锚"。随后台当局逐渐确立了从政治、经济、军事等方面加强美日台战略合作的方针政策。其策略之一是配合美日制造"中国军事威胁论"，极力散布大陆大力发展军事力量，已对亚太或台湾的安全构成威胁，因此台湾当局必须与美日积极发展军事安全结盟关系，共同对抗中国大陆。策略之二是将反华与反恐相联系，加强与美日的结盟。策略之三是强调台湾在美国亚太安全战略中的重要地位。2001年1月，陈水扁在接受日本《世界》月刊专访时表示，对日本来说，台湾海峡是生命线，如果台海发生危机或战争，不只是台湾，日本和美国在西太平洋的地位都会受到威胁，因此台日之间要进行"国防军事交流"。

（二）政治上寻求"美日台民主价值同盟"

台湾当局以民主、人权为口号，企图与美国、日本所谓"民主自由国家"结合，形成一个对抗中国大陆的"民主政治统一阵线"。在此战略下，台湾当局将"民主"与"外交"结合，推动以美日为主的"国会外交""二轨外交""经贸外交"，强化与美日的政治对话和合作关系，拓展台湾的国际生存空间。台湾当局还特别补助台湾"世界自由民主同盟"和"亚洲太平洋自由民主联盟"等机构的巨额经费，以推动与国际非政府组织交流。台湾

当局还以"人权"显借口，妄图挤进世界卫生组织，尽管屡次失败，但却获得美日的支持。

（三）军事上加强美日台军事合作关系

长期以来，台湾与美国有着密切的军事关系，近年来更有新的发展。民进党上台后，台湾对美军备采购大幅增加，4年间达120亿美元，超过前8年采购价值总和。2004年2月中旬，美国军方媒体披露，美国正式将"台湾"列为"非北约主要盟国"，有权优先取得美国先进武器与技术，以平衡所谓的"中共科技优势"。

特别值得关注的是，台湾与美日的军事合作关系正逐渐由双边向多边与同盟关系转变。1996年，美日达成"美日防卫合作指针"，是美日军事结盟、对付中国的重要战略步骤，从而受到台湾当局的大力支持与拥护，也增强了"台湾"与美日军事结盟的信心。1999年日本通过《周边有事法》，扩大了日美安保防卫范围，公开将台湾海峡纳入"周边有事"区域，企图在军事上介入两岸问题，这更是台湾当局求之不得的事情与极力争取的目标。

（四）经济上谋求建立"美日台自由贸易区"

陈水扁将"经济合作"作为美日台结盟、对抗中国大陆的"第三个锚"，并与地区安全、民主相结合，形成一个遏制中国的新链环。

由于在东亚地区双边自由贸易协定或多边自由贸易区的建设过程中，"台湾"均被排除在外，成为WTO成员中极少数未加入多边自由贸易区的成员之一。出于对台湾岛内经济日益边缘化与"大陆化"的焦虑，台湾当局提出了"深耕台湾，布局全球"的经济发展战略，要求经济、"外交"等部门应加速推动与美、日及东盟国家等签署自由贸易协定，以全面开展对外经贸网络。以此通过经济合作，将台湾经济融入西方经济体系，以对抗台湾经济"大陆化"趋势。目前，这一战略虽未有实质性进展，但"台湾"与美国、台湾与日本的双边自由贸易协定已在推动之中。不论"美日台自由贸易区"有无可能取得成功，但这一构想的本身则很可能成为美日勒索中国的又一重要筹码。

第十章　印度的国际战略

印度地处南亚次大陆的中心、占据得天独厚的地缘战略位置，长期以来，印度以南亚和印度洋地区的中心自居，将该地区作为本国的势力范围，印度现在已发展成南亚和印度洋地区最大的军事国家。印度不仅建立了一支装备精良的庞大军队，其规模达到120万，居世界第四位，而且还建立了能够生产先进常规武器和核武器的现代军事工业体系。

冷战后，印度军事战略嬗变围绕新军事革命的要求、力图建立一支适应21世纪战争需要的军队、达到"当实际的军事强国"的目标这个中心来展开。

一、国防政策

印度国防政策的基本目标是立足南亚，控制印度洋，争当世界一流军事强国，其主要内容包括以下方面。

（一）全力推行"大国外交"，为其争当地区军事大国创造条件

印度抓住冷战结束、世界和亚太战略格局向多极化发展这一"契机"，积极开展大国外交，以求更多地参与亚太安全事务。2000年印度与俄罗斯建立战略伙伴关系，并在发展核力量和争取联合国安理会常任理事国席位问题上获得俄罗斯的支持。2000年3月与美国签署了指导21世纪印美关系的框架性文件《印美关系：21世纪展望》，从而确立了"持久的、政治上有建设性、经济上有成果的"新型伙伴关系。印度还在反对恐怖主义、联合国维持和平行动等方面积极与美国合作，促使其结束了对印度的经济制裁，并部分恢复对印武器装备零部件的供应和同印度的军事交往。印度在同日本进行政治、经济和军事方面的全方位对话的基础上，建立了全球伙伴关系。2000年印度同中国和欧盟的关系得到了恢复性发展。印度重新调整"向东看"政策，加强同东盟的政治对话、经济交往和军事合作关系。此外，印度不定期地与美、俄、法、澳、新、马、越、韩、日、印尼等国举行联合海上军事演习。

（二）实行最低限度可靠核威慑的核政策

印度政府于1999年8月通过印度核政策构想草案，提出最低限度可靠核威慑政策。该草案称，一旦遭到攻击，印度能够而且也愿意以足够的核武器进行报复。这一政策根本改变了印度早期领导人提出的和平利用核能的原则。印度国防部1999—2000年度《国防报告》称："消除大规模杀伤性武器的努力收效甚微，印度正当的国家安全需求不能被忽视。"为此，印度正加紧核武器的运载工具和核武器小型化的研制与开发，组建战略核部队，建立核力量指挥与控制体系，加强对战术核武器实战运用的理论研究。

（三）继续坚持国防建设与国民经济发展并重的方针

印度以经济建设为中心，在全面提高综合国力的基础上，不断增加军费开支，确保国防建设目标的实现。经济建设中重视军民两用企业和技术的发展，特别是信息技术、核能技术

和航空航天领域的基础设施建设。印度同时赋予军队担负"维护国家安全,反对民族分裂"的任务,其职能由单一"对付外侵"转变为"御外安内"的双重职能,维护社会秩序的安定,保证经济顺利发展。

(四) 确保印度在印巴、印中边境地区的军事优势

此即有效"遏制"巴基斯坦支持的民兵对印占克什米尔地区的渗透和进攻,将50%的陆军、54%的空军和60%的海军兵力部署在印巴边境一线和毗连的海域,形成对巴的绝对军事优势;在印中边境地区仍保持着较大规模的兵力部署,形成对华局部军事优势。

二、军事战略

随着冷战的结束,美国和苏联在南亚地区的对抗逐渐消失,目前的南亚战略格局正朝着有利于印度方面发展。印度紧紧抓住了这一契机,积极开展多方位的防务外交。印度认为多极化的格局是印度实现称雄南亚、做世界大国目标的难得机遇。为此,印度进行了全方位务实的军事战略调整。

(一) 战略扩张

1. "西攻战略"

"西攻战略"即对巴基斯坦采取积极进攻的战略。印度在战略上对巴基斯坦采取了优势战略,即以优势兵力始终对巴基斯坦保持进攻态势。印度认为,在南亚地区,唯一有能力敢公开与印度相抗衡的国家只有巴基斯坦,而且,印度认为巴基斯坦是印度实现称霸南亚的主要障碍。长期以来,印度一直把巴基斯坦作为主要的战略对手。印度通过发动三次印巴战争,成功地肢解了巴基斯坦,严重削弱了巴基斯坦的实力,从而使印度基本上确立了自己在南亚的领先地位。

2. "东进战略"

其宗旨是谋求印度海军在太平洋地区的存在,并向东扩展,积极参与南中国海及太平洋地区的事务。印度海军作为印度洋周边最强大的海上力量,已不满足于只在印度洋地区游弋,印度的政治家和战略家都把目光投向了战略地位日益重要的南中国海地区。而且,印度积极参与东南亚地区的事务,迅速向西太平洋地区伸展。近年来,印度军方与菲律宾、新加坡、越南、缅甸等国军队进行了交流,印度总理分别访问了菲律宾、越南、印度尼西亚,东盟-印度之间的关系正在得到加强,以印度为首组成的孟加拉国、印度、缅甸、斯里兰卡和泰国经济合作体,增强了次区域合作的作用。

3. "北防战略"

"北防战略"即对中国采取"防御"态势,意在遏制中国。印度长期把中国视为其实现做"亚洲中心"目标的竞争者。虽然近年来中、印关系有所改善,但印度始终把中国视为战略上潜在的对手而加以防范,印度采取了对华均势的战略,在中、印边境建立了大纵深立体化的防御体系,长期保持了局部地区的优势兵力。印度在其北部边境地区仍驻守20多万的官兵,继续保持着局部地区的兵力优势。

4. "南下战略"

印度认为,"印度洋乃印度人的海洋",印度的军事理论家们以印度为核心,将印度洋划分成三个区,即完全控制区、中等控制区和软控制区。并据此向印度海军提出了不同的要求和任务,以达到控制印度洋的战略目标。印度认为,印度面临着两种海上威胁,一种是来自印度洋地区的国家,另一种则来自外部大国。就第一种威胁而言,印度强调保持绝对军事优势,以慑止其军事冒险;印度认为,对印度海上威胁主要是外部大国在印度洋的军事存在。对于第二种威胁,印度强调通过威慑,达成力量均势,限制其海军在印度洋上的行动,防止其对印度的渗透。

(二)军事战略

印度一直奉行"地区威慑"的军事战略。其主要内容有如下方面。

1. 战略目标

称霸南亚,遏制中国,控制印度洋,争当世界军事大国。俄罗斯在军事上大力收缩,美国也减少了在印度洋的军事存在,南亚地区出现了相对的力量真空。对此,印利用与美、俄、日等国的战略伙伴关系,加快核军备和军队现代化建设,加快争当军事强国和世界"一流"大国的步伐。

2. 战略方针

一是在战争威胁判断上,突出核威慑条件下的高技术局部战争(低强度战争)的威胁,从准备打一场全面战争转向打多场边境局部战争。

二是以进行"有限战争"作为主要作战手段,即通过给对手以必要的惩罚,实现相对有限的战争目的。

三是以巴、中两国为主要对手。拥有对巴进行一场全面战争的能力,迫使其撤出所占领土;将中国视为潜在威胁,对中国不放弃"既得利益",相机进行新的扩张和蚕食。

四是通过外交、军事和经济手段,特别是核威慑,谋取和维护对南亚诸国的威慑与控制。

五是控制从阿拉伯海到南中国海之间的海域,坚持不允许外国干涉南亚和印度洋事务的政策,特别是不允许中国同印度邻国发展军事关系。

六是加速与东盟建立经济上的战略联盟和"军事合作"关系。

3. 作战思想

当前印军认为,战争的基本目的是消灭敌人的武装力量,主张在进攻和防御时都具有进攻意识,并立足于打核威慑条件下的高技术局部战争。其基本内容包括以下方面。

一是强调攻势作战,先发制人,必要时越境作战,力求把战火引向敌方领土;

二是在进攻和防御中实施全纵深立体作战。

三是注重机动作战,力求掌握战场主动权。

四是强调诸军兵种联合作战,突出空军的作用,重视陆、空军协同联合作战。

五是强调在主要方向上集中绝对优势兵力,达成速战速决的效果。

六是重视发挥电子战的作用,实施电子欺骗,压制电子干扰,隐蔽作战意图,电子杀伤与火力杀伤相结合。

七是强调实行高效的作战指挥。

第六篇　人类未来的全球战略

第一章　宇宙万物运动的程序

秩序是普遍的现象，大到宏观宇宙，小到生物体、分子、原子，无处不有秩序，无物不需秩序。自然界中有秩序，人类社会也有秩序，而且秩序在人类生活中起着极为重要的作用。人们为使群体免于溃散也会强烈倾向于建立法律控制制度。自然秩序与社会秩序虽有区别，但更有着内在的一致性。到目前为止科学家发现宇宙中存在四类秩序，宇宙程序、社会程序、大脑程序、计算机程序。宇宙秩序之对于宇宙程序，社会秩序之对于社会程序，大脑（心灵）的秩序之对于大脑程序，是人类跨入信息时代后，对宇宙万物更高层次的认识。

一、宇宙程序、社会程序与大脑程序

（一）宇宙各级程序

宇宙中存在着生物级、分子级、原子级、粒子级、引力子级、奇子级这六级程序，从原子、分子层面上看，生物体就是一堆原子和分子的聚合，为什么它的运行是如此的有序？由原子、分子构成的生物体为什么具有无穷的变化？它的内在机理是什么？这就是生物级程序。

1. 生物级程序

生物基因很明显是一种非常复杂的程序，它非常精细地控制着生物体的生老病死，生物基因程序就是生物级程序中的总程序。笔者认为生物级程序是生物基因程序与分子级、原子级、粒子级、引力子级、奇子级程序协同运行的产物。

2. 分子级程序

分子级程序是指各种原子、分子之间所能产生的所有化学反应。

3. 原子级程序

原子级程序是指所有氢原子所能组合成的所有重原子，所有重原子所能分裂成的氢原子。

4. 粒子级程序

粒子级程序是指各种粒子在不同能量环境中所能组合或转化成的粒子。

5. 引力子级程序

引力子级程序是指引力子与反引力子如何组合成各种粒子，如何形成引力场，如何形成强核力、电磁力、弱核力。例如：

$xu + xn \to e$, $xu + xn \to p$

$xu + xn \to k$, $xu + xn \to \upsilon$

$xu + xn \to \gamma$, $xu + xn \to \pi$

$xu + xn \to z$, $Z2 = mb2$

其中 X 代表反引力子（u）、引力子（n）的数量，不同数量的反引力子（u）、引力子（n）的组合即可形成不同粒子，箭头右边的都是粒子的符号。物体的质量（m）乘以反引力子和引力子的超光速（b）的平方，即是引力子级物质的能量（E2）。

6. 奇子级程序

奇子级程序是指正奇子与反奇子如何组合成引力子与反引力子，并为宇宙万物的运行提供不竭动力。例如：

$xd + xb \to u$, $xd + xb \to n$

$q + p = Lu$, $d + b \to Ho$ $E1 = ma2$

其中 X 代表正奇子（d）、反奇子（b）的数量，不同数量的正奇子（d）、反奇子（b）即可组合成反引力子（u）、引力子（n），正奇力（q）与反奇力（p）可融合成奇力（Lu）、正奇子（q）与反奇子（b）可融合成数学奇子（Ho）。物体的质量（m）乘以正、反奇子的超光速（a）的平方，即是奇子级物质的能量（E1）。

7. 有机生命的出现是运行分子级程序的必然

生物体就是上述六级宇宙程序协同运行的产物。如阳光中的紫外线是太阳运行原子级、粒子级程序的产物，紫外线辐射到人体皮肤上，使其中的"B 环开环"转化为"维生素 D3"，维生素 D 也叫抗佝偻病维生素，因为缺乏时儿童便得佝偻病，成人则患软骨症。如突触形成的启动是按照一个明确不变的程序发生，又如细胞的编程性死亡（programmed cell deatc，PCD）生物体所呈现出的非常精密的程序性，正是上述各级宇宙"隐程序"的显化。我们可以发现运行"碳""氧""氢"等分子级程序就会出现有机分子，随后出现核苷酸、氨基酸、蛋白质及简单生命。

生物基因程序实质上是分子级程序的一次飞跃，生命的出现是执行分子级程序的必然结果，只要有周围环境中的原子级、粒子级、引力子级程序的充分协同，如地球环境。

在宇宙六级程序中，越最接近源头就越简明，在奇子级程序中，每个引力子产生的引力 = 反奇力 − 正奇力（N = p − q），每个反引力子产生的反引力 = 正奇力 − 反奇力（Z = q − p）。从宏观宇宙的角度讲，正奇力 + 反奇力 = 奇力（q + p = Lu）。奇子级物质的"智能方程"E1 = ma2，这是宇宙万物的能量之源。

古希腊哲学家毕达哥拉斯曾说"整个天是一个和谐"。当代人恐怕对这个问题都是认同的。"没有井井有条的1250亿个星系协同一致的调控，就不会有银河系；没有银河系井井有条的协同旋转，就不会有太阳系；没有太阳系各星球井井有条的协同一致运作，就不会有地球；没有地球的有序的协同调控，就不会有能产生生物的生态环境；……"那太阳系的恒星太阳与行星地球之间的和谐是通过什么样的具体形式实现的呢？太阳与地球之间的向心力与离心力是一对矛盾，它通过地球不断地接近太阳、又不断地远离太阳的围绕太阳旋转的椭圆轨迹，找到了太阳与地球之间共存、共生、共利的存在、运动、发展的具体形式。不仅自然宇宙的和谐，要通过各种共存、共生、共利的具体运动形式来实现，而且社会历史领域的大多数矛盾，也要通过找到各种共存、共生、共利的具体运动形式来解决。对此，马克思在《资本论》中做了精彩而深刻的揭示："我们看到，商品的交换过程包含着矛盾的和互相排斥的关系。商品的发展并没有扬弃这些矛盾，而是创造这些矛盾能在其中运动的形式。一般说来，这就是实际矛盾懒以得到解决的方法。例如，一个物体不断落向另一个物体而又不断离开这一物体，这是一个矛盾。椭圆便是这个矛盾借以实现和解决的运动形式之一。"

天文学家采用了一种切片的方法，也就是把宇宙像切西瓜一样，切成一片片以我们为中心的扇形薄片。在这些切片上，一个个星系犹如一粒粒西瓜籽，我们就可以看清楚它们的空间分布。结果，天文学家看到在更大的尺度上，星系、星系团和超星系团连接成链状和蜂窝状的结构，从总体上看明显趋向均匀化，但也可以看到呈现出一些巨壁和巨洞，好似生物体的细胞壁和细胞，不过它们的大小是以亿光年计的，大家一定会为微观世界与宏观世界的如此相似而吃惊。

太阳系以每秒230公里的速度，完成它围绕银河系中心的航行，银河系则以每秒90公里的速度，接近它的伴星系仙女星系，它们俩都属于延约1000万光年的"本星系群"，这个本星系群又以每秒约600公里的速度移动，被室女星系团吸进本超星系团，这些超星系团的范围约6000万光年。本超星系团及长蛇座与半人马座超星系团，接着又落向另一个更大星系集团，天文学家称之为"大引力源"，这些星系团与超星系团，形成了范围有几亿光年大的垣状和丝状结构，这些垣状和丝状结构很像生物体内细胞和组织。

（二）社会程序

秩序是人类社会生存与发展的基本条件。首先，它的意义在于消除混乱、维护安全，从而避免社会秩序崩溃。从个体角度来说，社会秩序使人们对自我和他人的行为可以做出预测。在一个秩序良好的社会里，人们只要根据秩序和规则进行活动，他就不会受到别人的攻击和侵害，所以，秩序带给的是安全感。同时，秩序带来的行为的可预测性，也使人与人的合作成为可能。在自然界中，秩序是密切地规律性联系在一起的，等到演化出人类社会之后，规律又往往体现为种种的规则。可以说，社会秩序与规则具有内在的因果关系，没有规则，就没有社会秩序。社会规则是社会秩序的内核。人们甚至将二者在等义上使用。在原始社会，规则首先表现为习惯，国家出现以后，主要的规则是法律。

秩序意味着和谐、均衡、协调、有次序、稳定、一致、连续性、顺利。

法律秩序是从法律的立场进行观察，从其组织成分的法律职能进行考虑的，存在于特殊社会中的人、机关、关系原则和规则的总体，它被当作具有法律意义的有机的社会。

和谐虽然不能与秩序等同，但秩序总意味着起码的和谐，和谐总是有秩序的和谐。可以说，没有和谐就谈不上秩序，而没有秩序也说不上有和谐。和谐是矛盾统一性的表现形式之一，是表示事物发展的协调性、有序性、平衡性、完整性和合乎规律性的哲学范畴。

人们是按照规则办事，而且是把对客观规律的认识转化为正确的实践规则之后，才能在按照规则办事时"间接地"按照客观规律办事。

客观规律就是自然规律，社会也是一种自然，只不过这种"自然"加入了文化因素，社会＝自然＋文化，是人类根据自身的认知对自然中某一区域加以改建，也就是说，社会及社会程序是大脑程序与宇宙程序相互作用的产物，其中，宇宙程序起到基础的根本的作用，它决定着资源的丰贫与社会的存在。如果大脑程序（人的思想）严重违背宇宙程序（自然规律），必将使社会无序运行，直至消亡，如战争、内乱、瘟疫流行、生态环境灾变。

战争与内乱是因国家掌权者的思想（大脑程序）没有遵循宇宙程序的"和谐、有序"原则，使社会运行失序，饥荒遍野，民不聊生，或因贪图他国的财富，思想为"魔"控制，最终导致国家社会的消亡。

瘟疫流行和生态环境灾变则源于人们对自然规律（宇宙程序）的无知，没有遵循它，即"逆天而行"，结果必将自取灭亡。

规则是与人的行为或行为的问题密切联系在一起的，规则是为了指导人的行为而制定出来的，有了规则，人们也就要照章办事。

制度化规则与道德是整合社会秩序的两种方式，德行是人类内在生活世界秩序的表征，而制度化规则是人类外在生活世界秩序的筹划，秩序性是人类永恒的追求，不管是内在生活世界还是外在生活世界，基本的秩序性都是不可或缺的。

社会秩序是社会存在、发展的基本条件。人类社会的社会规范就是人们的社会行为的规则，是人们从事社会活动的行为准则，它是人类为了维护共同生活的需要，为了协调人们之间的相互关系和交互作用而在社会互动过程中衍生出来的并以各种形式表现出来的人们的行为方式和方式规则。

道德最初是人们在集体生活中约定俗成的一套辨别是与非、善与恶、正义与非正义的价值表标准，是由习俗发展而来，以后经领导层的提炼和整理成为教化人的自觉遵守的规范。

风俗习惯也是人们在集体生活中逐渐形成共同遵守的行为规则，是人类生活中最基本的也是最原始的一种社会控制方式。

社会控制是指社会组织体系通过社会规范以及之相应的方式和手段，对社会成员或群体行为进行指导和约束，从而协调社会关系的各个部分，维持社会秩序，推动社会发展的过程。

法律具有有效地控制社会行为，维持社会秩序的作用，首先，法律是防止作恶的有力武器，具有制恶的价值。法律是人类理性的体现，所反映的是公意和公正，即具有意志的普遍性，其次，法律是制约行为的基本方式，具有规范价值，社会的秩序需要依据一定的规则来建立和维持，要使行为遵守秩序所要求的规则，必须明确规定这种规则，并通过有效的制约措施使之为人们的普遍遵循，法律正是建立社会秩序的最基本规范和使行为纳入这种基本规范的制约机制。行为的规范是多方面的，但法律规范是最重要的、最有效的。最后，法律是调节冲突的有效手段，具有协调的价值。在社会生活中。各种冲突在所难免，特别是在利益多元化的现代市场经济条件下，普遍存在的竞争更经常地导致冲突。冲突是破坏社会稳定和伦理秩序的重要根源，要避免和调解冲突，必须有公正而有效的社会裁决调节机制，法律就是这种避免无序竞争、调节各种矛盾和冲突的制约机制。

人类的社会生活及其秩序的建立必定要借助一定的行为规则，在所有规则中，法律和道德就是两种基本的和最重要的规则。

法律和道德对社会秩序和人的行为的调控有两个基本的和共同的运作机制，就是规则和原则。法律和道德正是通过它们所包含的规则和原则而成为行为的指南。其中，"规则"是客观性和有效性的基本来源,"原则"则追求价值性和合理性,规则和原则对人的行为都有约束的功能,是两者之间存在重大区别。

法律和道德都由规则和原则组成,区别在于原则的地位和运作方式不同,在法律方面,原则的作用场所主要在立法而不执法的过程中,法治要求执法必须完全按照规则行事,于是,法律的调控机制就是由规则、原则和强制性的组织三要素构成。道德则不同,由于道德调控具有更大的"原则性",并且,正是通过这种"原则性"的运作体现其价值合理性和行为主体性。因此,道德的调控除了规则和原则两个机制之外,还需要另一个更重要的机制,这就是美德。什么是美德?美德是人们合乎道德地行事的品质。

道德与社会秩序之间是一种互动的过程,一方面道德有赖于体现了公平与正义的社会秩序的支撑;另一方面,道德又是公平与正义的社会秩序的前提,特别是当政府实现了道德化,公平正义的社会秩序也就自然而然地出现了。

自由与秩序是一种充分协同的关系,两者相互依存,共同促进社会良性发展,只有良好的社会秩序才能提供给人们足够的自由,不然内乱四起,民不聊生,连基本的生存权和安全感都没有,何来真正自由。社会秩序是自由的保障,同时,只有足够的自由才能真正形成良好的社会秩序,在社会中,人民畅所欲言,通过议会制定法律,形成良好的社会规范。而且在自由、民主的环境中,人民畅所欲言能使政府及时纠正社会弊端,或修改法律条款,适应时代发展,使社会得以良性发展。在理想的状态之下,自由与秩序是同一的。

人类社会的有序运行依赖于各种"规则",人要立足于社会,其大脑中必然输入各种"规则"。"规则"在人类社会中占有极其重要的地位,是社会运行的基础,没有"规则"一切都将乱套,"规则"对于"社会秩序"的重要性无论怎么强调都不为过。

人类社会生活及其秩序的建立必定要借助一定行为规则。社会的运行就是在运行各种"社会程序",人的言行就是在运行"大脑程序"。

法律、伦理道德、价值观、世界观及其他社会规范、社会习俗、社会运行机制、言行规则(游戏规则)都是社会程序、大脑程序的重要编码。

社会程序是由各种社会规则组成的,如各种政治、经济、军事、文化、社会、艺术、体育竞赛规则,从某种意义上讲,人类社会就是由各种规则编织成的。

社会规范意味着为行为规定某种"度",规范作为普遍行为准则。社会秩序是指人的社会活动、行为具有一致性、连续性、确定性。

人们日常办事过程也就是办事流程、办事程序,众多社会程序的有序运行是社会存在的基础。

社会程序、人的思想(大脑程序)必须顺应宇宙程序,因为它是我们的生存之本,违反宇宙程序就是违反自然规律,违背科学与真理。

自然规律是客观自在的,规律的存在与否是不依人的认识和意识为转移的,人只能发现规律而不能制定规律。自然规律在人没有发现它的时候就已经存在了,随着人类社会的进步,人类在制定规则的时候必然越来越多地依靠人类对客观规律的认识。

自然规律具有不容置疑的绝对意义,人们的一切社会行为必须遵循它,因此,凡是遵循自然规律的行为都是有道德的行为,人类开发、利用地球,要选择符合自然规律,顺乎自然道路,这条道路的标准就是要保持地球生态及其环境的完整性、稳定性和协调性,这具有绝对性的意义。人类开发和利用地球的社会活动,不能超出自然生态的平衡系统,应当避免损害自然生态内在的自动调节机制，否则，自然生态的再生机制就会丧失或减弱，并将导致人类最终利益受到损害。地球在其存在的数十亿年间，依靠自身的力量和"智慧"，持续发展，不断演化为完整的、和谐的系统。人类要从自然的"能力"和"智慧"中，获取置身于自然的可持续发展的能力和机制，就是要学会如何在自然中系统地、和谐地生存和发展。"遵循自然"就是遵循"宇宙程序"，而科学是探索宇宙程序的最有力的工具。

目前人类和自然正走一条相互抵触的道路，由于片面的物质利益，对自然资源的争夺、占有和权力欲望的膨胀，造成了国与国、民族与民族、地域与地域之间的对立和战争。过分注重金钱和物质享受，造成了人与人之间关系的紧张，社会的冷漠、心灵的孤寂，使人们失落感日甚。所有这些问题无疑都和20世纪以来无限制地追求物质利益，而精神领域却日渐陷入危机有关。

（三）大脑程序

人脑程序是极高级的智能程序，其复杂和先进性是目前的计算机程序的10倍，就像人类制造的机器人的精密度和综合性能与哺乳动物相差1个量级以上，生物体是宇宙精神的设计，机器人是人的设计，由此也可看出两者的智能差距。

人脑是一种极其复杂的信息处理系统，各种图像、声音都能转换成经编码的电信号，输入大脑。编码系统对新输入的知识进行编码（coding）并按照任务的要求对已存在的信息进行再编码，并以编码的形式储存信息，以备后用。输入的信息（如视觉或听觉神经中的物理信号）必须经由某种内部表征或编码才能得到加工处理。

人类的语言文字是人脑程序、社会程序信息编码的主要码符，在人脑的形象思维中的则以图像作为信息编码的码符。作为思维信息编码码符的语言是离散的、有限的、数量很少的，给信息编码就是对信息及其所表达的事物的分类。

人脑程序采用逻辑语言（如逻辑思维、抽象思维）和非逻辑语言（如形象思维、非逻辑思维）。创造性思维是逻辑思维与非逻辑思维的统一，它表现出既遵循一定的逻辑程序，又不拘泥于逻辑程序，是逻辑与非逻辑的辩证统一。

逻辑思维是在感性认识的基础上，运用概念、判断、推理等形式对客观世界间接的、概括的反映过程，科学抽象、比较和分类、类比、分析和综合、归纳和演绎，是运用逻辑思维最重要、最常见的一些科学方法。

人类的思维是逻辑与非逻辑的统一体，创造性思维是发散性思维与收敛性思维的整合。

所谓非逻辑思维，就是逻辑思维所不包含而又在逻辑思维过程发生作用的各种非逻辑因素的作用过程。它包括形象思维、直觉思维、灵感等，非逻辑思维形式是创造性思维方式的重要组成部分。

人脑程序中的"非逻辑语言"占很大比重，这是人脑具有极强创造性的根源，同时也是使人类陷入迷惑的根源。

灵感思维、直觉思维、科学模糊思维是"非逻辑语言"与逻辑语言相互协同运行的产物，是理性与感性的统一，逻辑与非逻辑的统一，是秩序与混乱的统一。

人脑程序中的非逻辑语言之所以占到很大比重，是因大脑采用并行运算，每个神经元都相当于一个"中央处理器"，而每个神经元通过突触与周边神经元产生几十万种连接，在如此小的空间内同时运行如此多的神经元，各个神经元之间、分子之间、分子与原子、粒子之间形成的电场（反引立场）与引力场的相互干扰，形成一定程度的混乱，也就是说直觉、灵感思维、形象思维、创造性思维是非线性运行的，具有不可预测性，属于"混乱语言"，而逻辑思维采用的逻辑语言，则是线性的，可预测的。

正像数学是自然科学的语言，是宇宙程序的语言，逻辑则是人文社会科学的语言，是人脑程序、社会程序的语言。

逻辑思维是人脑程序的主要组成部分，逻辑思维与非逻辑思维是创造性思维的两种基本思维形式，逻辑思维是有序地进行创造的过程，是创造性思维的前提条件，非逻辑思维则能在逻辑思维中断时起"接通"的作用，使逻辑思维得以继续进行，逻辑思维与非逻辑思维是矛盾的对立统一，两者互相依存，互相补充共同完成创造性思维的过程。

"逻辑"一词在当代常被当作"规律"的同义词，逻辑学作为一门学科，其重要的任务就在于揭示出正确思维所必须遵循的规律。

逻辑矛盾是打开科学大门的钥匙。发现问题是知识创新的起点，如果对已有的理论只是一味地全盘接受，而不能发现其中的局限性，人们的认识就只能停留在已有的水平上，那么，思维创新或知识创新就只是一句空话。如何发现已有或现有的认识与科学理论中的不足或缺陷呢？发现问题的方法或手段可以多种多样，如进行实验，到实践中去检验，核实数据是否有误等，但进行逻辑分析发现其逻辑矛盾，也是发现问题并使问题引向深入的工具。

众所周知，在科学发展史上，物体下落的快慢与物体自身的重量成正比的观点，曾把人们的思维桎梏了1800多年，在16世纪，意大利科学家伽利略发现了自由落体定律之后才被纠正，而他所以能有这一辉煌的成就，正是发现了其中的逻辑矛盾并将之排除的结果。

伽利略曾感慨地说："在真理面前，一千个权威抵不上一个谦恭的逻辑推理。"

演绎推理、归纳推理、类比推理是极富创新功能的推理方法，如哈维提出人体血液循环理论时就是根据对一条蛇的解剖观察，由蛇推及人，否定了流行了2000年的"人体血液心脏生产供全身器官消耗"的"血液单向运动"的说法。

在上述案例的1000多年和2000多年中，世界上竟然没有一个人发现传统理论的错误，这就需要反省人类的思维模式和教育模式。正像笔者指出"传统原子模型"的致命缺陷，及用传统引力理论可以推导出很多荒谬的结果，都是使用了逻辑推理这种创新思维方法。

人脑是一种极其先进的超级电脑，采用并行运算，运算速度10次/秒左右。人脑有意识的思维活动只是其中主导的子程序在运行，其他众多子程序的运行是我们无法感知的，即无意识的，如一个人在走路时，还能思考问题，体内时刻进行着各种有序的生化反应，都是大脑的不同区域的子程序在有序运行。就算在睡觉时，大脑中也在运行多种子程序，由于此时已无觉醒时的主导程序，所以各种子程序相互作用，就升级为"主导程序"，因此梦境是相当奇异的，但信息编码（梦境中每一个图像、符号）都是过去通过眼睛、耳等感觉器输入大脑的。其实就算人在觉醒时，大脑也时刻在进行着此类子程序的组合运行，当其酝酿到一定程度，在某种诱因的作用下（如看到某物或听到某事），就使人产生苦思而不得的灵感。

人脑时刻运行着几十万种子程序，使身体各部位能充分协调，这就像操纵机器人走路需同时运行多种程序一样，两者的差别主要在于复杂度不同。就拿我们认为是"低级动物"的果蝇来说，其机体的精密程度是目前任何人工机器所无法比拟的，人类目前所能制造的最先进的小型机器人的综合性能与果蝇相差10倍以上，由此也可看出大自然的结晶"大脑"相对于计算机的先进性。

在目前的地球人类社会，由人脑的生物化学反应产生欲望，由人的欲望形成社会的价值体系，由价值体系产生各种"利益"，由利益产生了人类社会无尽的纷争和苦难。这一切都源于人脑的生化反应，更准确地说，是源于人脑程序。以下是产生人类纷争的根源及其流程：人脑程序→神经生物化学→欲望→价值→利益→纷争。所以调整"人脑程序"，即改变人的思想，就能消除人类社会绝大部分灾难性的纷争（如战争、内乱），使人类大家庭充满祥和、幸福。

（四）计算机程序

计算机程序采用"数理逻辑"。计算机程序可以说是"宇宙程序、人脑程序、社会程序"融合的产物，当然它也有其创造独特的一面，人们设计"计算机程序"是为人和社会服务的，为了人们的工作、生活更便捷，因此其中必然融入很多人脑程序和社会程序。

逻辑在许多方面同计算机和程序设计语言有着密切联系，计算机是根据（以 George BooLe 命名的）布尔代数设计的，布尔表达式和数据又普遍在程序设计语言中用来控制程序的动作。

数理逻辑广泛应用在计算机组成、数据库研究、软件开发、信息加工、逻辑网络等方面。

如果说现代演绎逻辑和计算机科学有密切的联系，那么现代归纳逻辑和人工智能的关系也十分密切。现代归纳逻辑在数理逻辑的基础上，已经建立了形式化与数量化的，并且用演绎方法进行处理的逻辑系统。

人工智能程序属于人脑程序和计算机程序高度融合的产物，这种科技的发展必须设定一个"铁律"，即"人工智能"必须始终服从人类的意识。如果让它产生"自觉"，将是人类的灾难，特别是采用某些"生物材料"作为 CPU 主要构件的人工智能机器。

科技的发展是为了使人们的工作、生活更加方便，效率更高，也就是说人类的惰性也是技术发展的一种驱动力，难道人类真的懒惰到因图方便而发明一种最终毁灭整个人类的人工智能机器吗？不！人类不需要，我们已经拥有了无与伦比的大脑，我们只需要永远忠于我们的机器。人工智能机器的智能级别肯定不及我们的大脑，但它有一种很大的优势，即以光速与地球的所有计算机系统连线，享有地球所有信息资源，随意操纵任何一种计算机系统，包括军用的，解开操纵核弹的密码简直像吃豆腐一样简单，而且能瞬间摧毁世界金融系统，使每一个涉及计算机的社会领域陷入瘫痪。

二、宇宙程序、社会程序与人脑程序三者存在复杂相互作用

在宇宙程序、人脑程序、社会程序、计算机程序四类程序中，宇宙程序占绝对主导地位，社会程序是人脑程序融合宇宙程序的产物，同时，社会程序又反过来影响人脑程序，计算机程序则是人脑程序、社会程序、宇宙程序融合的产物。

社会科学以研究社会程序为主，人文科学以研究人脑程序为主，自然科学研究的是宇宙程序。

社会程序是人脑程序的显化、物化，最初的社会程序产生于人脑程序，如人类在群居的生活生产实践中，领悟到必须用一些规则来规范人的行为，而后，社会程序又反作用于人脑程序，如通过教育使儿童学会遵守各种社会规范，即向儿童大脑输入各种社会程序。人脑程

序与社会程序相互作用非常紧密，人文科学以研究人类精神（人脑程序）为主，社会科学以研究社会秩序（社会程序）为主，这也是人文科学与社会科学存在密切联系的原因。

我们生活在程序（社会程序、宇宙程序）中，而且我们自身就是由程序（人脑程序、宇宙程序）构成的，这是一个程序化的世界，程序代表着秩序，法律、法规及组织规则可视为程序中的"硬性规则"，伦理道德可视为程序中的"柔性规则"，价值观、世界观、人生观就相当于在程序中设定的目标。程序混乱就是人脑或社会自然环境失序，就意味着走向消亡（可以称之为"死机"或"系统崩溃"）。

人类社会也是大自然的一种自然，因此，社会程序、人脑程序必须顺应宇宙程序。社会程序、人脑程序如何顺应、遵循宇宙程序？首先，宇宙程序从整体上表现为一种和谐、均衡、有序、统一，表现为大自然充满和谐、有序的美，这是在构建社会程序、人脑程序时必须遵循的。消除人类社会中存在的恶与不公正，这两者正是社会程序、人脑程序存在部分无序的表现。

其次，社会程序、人脑程序中设定的规则，不能违反自然规律，即不能妨碍宇宙程序的有序运行，如人类社会行为不能破坏地球生态环境，地球生态平衡是宇宙各级子程序协同运行的结果。

再次，由于太阳的寿命有限，且空间运行着很多可能危及地球的小行星，要求人类必须尽快发展科学技术，开拓宇宙疆土，因此在社会程序、人脑程序中必须设定这个最高目标，人类行为在很长一段时间内都以此为目的。

最后，宇宙程序的运行使宇宙中的行星、恒星、星系、总星系团存在运行的周期，最终宇宙将在烈火中重生，形成新的宇宙大爆炸，宇宙新的轮回，这就需要在社会程序、人脑程序中输入这种信息，使人类社会发展顺应这种周期，在宇宙黑洞坍缩之前，乘坐超光速巨型宇宙飞船，摆脱宇宙黑洞的引力，航行到宇宙的边缘，等待下一次宇宙大爆炸，在宇宙边缘漫长的等待过程中，就需要我们预先准备大量的能源及其他物资。总之，人类社会的发展必须顺应宇宙程序的运行，违反它就将是灭顶之灾，就像现在隐约可见的地球生态灾难。生态环境恶化正是因为人类不科学利用自然资源，使环境中各级宇宙子程序的运行失调，致使土壤荒漠化、生物多样化丧失、全球增暖、臭氧层破坏、森林锐减、淡水资源短缺。

宇宙为什么存在？为什么宇宙万物的运行充满和谐与秩序？因为宇宙是一种永恒的生命体，它无始无终地存在于无限空间中，宇宙万物的运动就是宇宙生命体脉动，它的运行必然是充满和谐、秩序的，是宇宙各级程序完美协同运行的结果，有机生物体是这些宇宙程序协同运行的一种小集体。

是宇宙运动创造了宇宙万物，创造了人类，而宇宙各种新星的爆发，为宇宙有机生命提供必要的化学元素。在空间中设置了众多有机生命孵化场，那就是"类太阳系"，恒星为生命提供热源，恒星引力场则用于固定生命的摇篮——类地行星（如地球）。且在每一个类太阳系中最多只有一个生命摇篮能孵化出高等智能生物，这由类地行星的运行轨道所决定，如地球的轨道恰到好处，且质量是适中，而在地球旁边的金星、火星却因酷热或酷寒难以演化生命，且火星质量过小，大气浓度低，不适合高等生物演化。在火星之外的巨大木星吸引了大量来自太阳系之外的小行星，使地球遭受小行星撞击的次数降低，而且我们的太阳系处于稳定的银河系的较外围，天体运行环境较稳定（与银核附近相比），正是这些无数必然性和偶然性因素的综合作用，使我们的太阳系中演化出一种智能生物——地球人类。

地球生命的演化，遵循着从低级到高级的演化过程，这也是生物智能进化的阶梯。有机生物"性"的意识是何等强烈，低级生物的使命就是通过适应环境和繁衍后代使物种向高级进化，繁衍后代是一种基因重组的过程，正是在无数次基因重组中，最终进化出地球人类。他们肩负有神圣的使命——使宇宙行星群文明化，使之成为充满"善与爱"的天堂。

宇宙的宽广和恒星燃料的有限性，正是宇宙对有机生命的考验，如果在类地行星上经100亿年都无法进化出信步漫游宇宙的智能生命，那该类地行星上的生物都属于淘汰品种，最终恒星爆发，又为新一代宇宙有机生命播下种子（碳、氧等化学元素）。

宇宙万物的运行显现出完美的秩序性，宇宙万物的设计是完美的，这种秩序性和精确设计是不可能随机产生的，必然有深刻的原因，宇宙秩序就是宇宙程序完美运行的结果，就是宇宙精神的有序运行，这种运行就是宇宙万物的设计者和创造者。

第二章 人类共同面临的重大威胁及如何对策

笔者在本篇第一章中谈过目前人类和自然正走一条相互抵触的道路，由于片面的物质利益对自然资源的争夺占有权利欲望的膨胀造成了国与国、民族与民族、地域与地域之间的对策与战争，因而人类目前正面临着各种重大威胁。这些重大威胁有：①国际恐怖主义；②民族、种族冲突和领土争端；③地球环境灾变；④人口、资源、贫困问题。

这些所谓的全球问题，是在世界范围内普遍存在的社会性问题。就其空间范围讲，不是各个国家存在的个别问题，而是关系到整个人类利益的重大问题，具有全世界性和全人类性；就其严重程度来讲，它不是世界范围内存在的一般问题，而是严重威胁人类社会生存和发展的一系列重大问题，具有相当的严重性和紧迫性；就其解决的方式而言，全球问题的解决不是仅仅依靠某些国家或地区的努力就可以做到的，而必须通过世界各国共同努力才能解决，具有全球的协调一致性和相互合作性。

一、人类共同面临的威胁

（一）国际恐怖主义

冷战后国际恐怖主义的泛滥，构成了日益增长的全球性危机和地区性威胁的主要因素之一，对国际秩序提出了尖锐的挑战。从美国俄克拉荷马城联邦政府大楼的爆炸声，到日本东京地铁的沙林毒气案；从英国伦敦的大爆炸，到斯里兰卡泰米尔猛虎组织大闹科伦坡；从以色列前总理拉宾遇刺，到美国驻坦桑尼亚和肯尼亚大使馆的剧烈爆炸……国际恐怖主义浪潮越来越显示出席卷全球的趋势。冷战后的国际恐怖主义在性质、形式、规模、手段等方面都发生了明显的变化，与其他的跨国有组织犯罪（如毒品走私、非法贩卖武器等）一起成为人类社会的公害。

目前最为活跃的国际恐怖主义，从特点上看主要包括以下几类：①民族（种族）主义的恐怖主义。奉行排外政策，或鼓吹民族分离主义并要求实现自治。例如欧洲新法西斯主义、库尔德工人党和俄罗斯车臣恐怖分子等。②宗教恐怖主义。以伊斯兰教宗教激进主义的复兴为代表。③高技术类型的恐怖主义。利用先进的技术手段，通过制造和散布恐怖来打击目标，主要包括经济恐怖主义和电脑恐怖主义等。① ④其他诸如黑手党组织、国际贩毒集团、极左革命恐怖组织等国际恐怖主义类型。

恐怖分子在实施恐怖活动中使用了许多先进的高技术产品，如移动电话和一些更加精密的炸弹武器等。1996年沙特阿拉伯发生的炸弹爆炸案就具有这一特征。恐怖分子还使用大规模杀伤性武器，包括化学武器、生物武器以及核武器等。1995年日本东京地铁发生了历史上罕见的沙林毒气案，致使5500多人中毒，这似乎证实了哥伦比斯的预想，"如果恐怖主

---

① 参见孟祥青：《冷战后恐怖主义的新特征及其泛滥之原因》，《世界经济与政治》，1996年第四期。

义分子在未来把手中的步枪和炸弹换成神经毒气、粗糙的核装置、热寻导弹和其他种种可怕的武器，那将会给人类带来深刻的消极影响……更为麻烦的设想是，恐怖分子策划用化学毒品污染一个城市的空气或供水系统。"人类似乎已经进入了所谓的"超级恐怖主义时代"。

冷战后国际恐怖主义的成因。冷战后，在苏东剧变和西方"民主化"浪潮的冲击下，一些第三世界国家政局动荡。与此同时，西方国家的内部凝聚力大大减弱，各种社会矛盾突显。中东、中亚、拉美等一些国家和地区恐怖主义的发展，与其经济贫困、政局动乱、政治腐败相辅相成。西方发达国家遭受恐怖活动袭击日益频繁，则与其社会危机深化、裂痕加大、主流规范缺失相伴相随。从根本上说，恐怖主义是一国范围内社会经济发展不平衡和世界范围内南北发展不平衡这两者相互作用而生成的恶性肿瘤。①

（二）民族主义和民族冲突

宗教极端主义、极端民族主义是国际（国内）恐怖主义的最重要根源。不可否认，民族主义在历史上发挥过一些正面意义，但在"全球化"的今天，民族主义越来越多的反面角色展现在世人面前，如造成国家、社会动荡不安、民不聊生的民族分裂主义、极端民族主义。由于民族主义情绪很容易走向极端，因此那些在国家或社会竞争中失利的民族很容易产生盲目的排外思想，甚至敌视主流社会，而他们的经济、军事力量远不及主流国家或主流社会，因此就采用不对称的各类恐怖袭击，希望通过恐怖手段达到某些目的。

当今世界哪里是民族主义热点地区，哪里就是麻烦、混乱、冲突或战火纷飞之地。如前南斯拉夫和科索沃民族问题、西班牙"埃塔"组织运动、法国科西嘉民族独立运动、俄罗斯车臣问题、非洲大湖地区的部族仇杀、库尔德独立运动、塞浦路斯民族纷争、斯里兰卡泰米尔猛虎组织问题、菲律宾棉兰岛问题、墨西哥"萨帕塔"解放军问题等。我们不难发现，以上这些热点无不和"民族主义"有关，有的打着"民族主义"的旗号。对国际社会来说，既不希望这些问题走向悲剧化，也不愿意看到这些问题的产生。

回顾整个人类历史，人类社会从原始社会到现代社会，从原始氏族到部落，再到部落联盟、部族，最后到现代民族，各个群体无不强调各自的利益，这本来是很正常的。只是随着时代的进步，各民族国家的联系比以前任何时期都要紧密，全球化日趋明显，这就要求各民族国家尽可能多地参与到全球化的浪潮之中。互惠互让、广泛合作，成为新时期鲜明的特征。在这样的形式之下，双边和多边国际性问题不断增多，这更要求个民族国家的合作。反过来，假若哪个民族国家十分执着地坚持本方的最大利益，企望实现自己的"最佳方案"，并且达到了超过其他民族国家可以接受的程度，可以想象获得有关国际问题的解决是不可能的，这种"执着"的行为经常被认为是"民族主义"的行为，但在实际上往往因为阻碍了国际问题的解决，而被认为是问题的症结。这在多边关系中表现得尤为明显。

当今世界上存在着许多形式的"极端民族主义""泛民族主义""宗教民族主义""种族民族主义"。如中东和中亚的伊斯兰极端民族主义、泛突厥主义，不仅具有排外性，而且这种排外性已经达到了狂热化的程度，对地区安全和世界的和平与稳定都造成了极大的威胁。中东和中亚的极端民族主义组织和宗教民族主义组织，许多都是以伊斯兰教宗教激进主义为指导思想，主张全世界穆斯林联合起来，共同拥戴一位哈里发，在《古兰经》和伊斯

---

① 孟祥青：《恐怖主义，当今世界的大敌》，《世界知识》，1996年第五期。

兰教法的基础上建立一个伊斯兰帝国。为此，他们采取了诸多手段，包括恐怖主义活动来达到目的。泛突厥主义是一种主张将所有操突厥语的民族联合起来，在土耳其、俄罗斯、高加索和中亚各国、中国和伊朗、阿富汗等地建立"大突厥斯坦"的民族主义思潮和势力。所谓的"东突"就是其中的一种。极端民族主义、宗教民族主义和泛突厥主义，都具有强烈和狂热的"排外性"。由于它们极大地威胁到有关国家的安全和世界和平，而且经常采取恐怖活动，因而遭到国际社会的谴责和打击。极端民族主义和宗教民族主义、国际恐怖主义一起被国际社会普遍认同为"三股恶势力"，"东突"也已被认为是国际恐怖主义的一部分。

随着时代的发展，许多民族问题将日趋政治化、复杂化和长期化，再加上"民族自决权"在许多地方的滥用以及某些势力的从中作梗，民族冲突发生的危险性仍将长期存在并有加剧的可能。伦敦防务问题研究中心的一位资深专家预测"民族冲突最有可能成为21世纪的咒语"；就连俄罗斯前总统叶利钦也曾惊呼"民族冲突成了新时代的核炸弹"。

（三）种族主义和种族冲突

种族与民族是两个不同的概念。种族是人类历史早期形成的、具有区别于其他人群的遗传体质特征的人们共同体，它是生物学、人种学的范畴，是根据人们的皮肤颜色、头发形状与颜色，眼、鼻、唇的形状以及体格、血型等生理、生化性质而划分的。人类分为四大种族，即欧罗巴种族（或称欧亚人种、白种人）、蒙古种族（或称亚美人种、黄种人）、尼格罗种族（或称黑色人种）和澳大利亚种族（或称棕色人种），也有许多学者认为后两个种族共性较多，而将它们合称为尼格罗-澳大利亚种族（或称赤道人种）。

种族冲突和民族分离主义所表现出的国家裂变、领土争端、地区冲突、部族仇杀、种族排斥、宗教纷争、霸权干预等一系列现象基本上都有民族问题的背景或直接来源于民族问题。民族问题在20世纪末变得日益突出，对世界和平与发展构成严重威胁。

历史上频繁发生种族冲突的国家和地区在近半个世纪的"休眠"状态之后再次爆发大规模的种族和民族分离主义。起因是国家裂变导致国家衰竭，昔日被两极对抗所抑制和掩盖的民族矛盾、宗教纷争、领土争端全部喷发出来。如车臣的极端分离主义势力利用苏联解体，在国际分裂势力的支持下，煽动人民的民族和宗教情绪，先后于1994年12月和1999年9月与俄罗斯发生武装冲突；亚美尼亚和阿塞拜疆围绕纳戈尔塔-卡拉巴赫领土归属引发的冲突；格鲁吉亚国内围绕阿布哈兹自治共和国独立问题导致的冲突；北奥塞梯共和国与印古什共和国之间的领土争端而引发的冲突；1991—1992年的克罗地亚内战；1992—1995年的波黑内战；1998—1999年的可索战争；等等。

非洲族际冲突与中东欧国家的种族冲突不同，非洲族际冲突具有层次多、内涵广、复杂化、烈度大、时间长等特点，具体表现为种族、民族、部族和氏族四个不同层面。在苏丹，是阿拉伯人和黑人的种族冲突；在尼日利亚，是豪萨富拉尼人和约鲁巴人、伊博人三个民族的冲突；在绝大部分国家，则表现为部族冲突。例如，得南部萨拉人与北部图布人的部族冲突；在索马里，族际冲突主要表现为部族或氏族间的斗争。在安哥拉，是奥文本杜人和姆本杜人的冲突；在卢旺达，是部落间的大仇杀；在布隆迪，是部族对异族的屠杀。德国《明星》杂志称这种杀戮是向愚昧、野蛮世界的倒退。

在中东，阿以冲突不断升级，冲突完全演变成强者与弱者的武力对话。土耳其、伊拉克的库尔德人独立运动再次出现高潮。塞浦路斯土耳其与希腊族的分裂形势更加严重。在南亚，印巴之间的克什米尔冲突变得异常尖锐，并伴有印巴之间的核对抗。斯里兰卡的泰米尔教族冲突和民族分离主义运动。这些冲突更多地表现为历史遗存问题的冲突和教派冲突，是集民族、宗教和领土为一体的冲突。

发展中国家要摆脱弱化现象、消除贫困，实现民族国家的现代化，其根本出路是尽可能减少或避免国内的种族冲突和民族分离主义，营造一个安定团结的大环境，多民族的内聚力才可能集中到民族国家的经济发展轨道上来。

(四) 领土（领海）争端

为夺取领土（领海）并在其中产生的经济价值，与双方长期争战投入的财力、物力、人力相比，是不成比例的。现代军事装备的杀伤力、破坏性越来越大，用战争解决两国领土（领海）争端，从经济学角度讲显得越来越不划算。而且领土、边界是一个历史的范畴，世界各国在每个朝代或时期的领土、边界都有所不同，为这些变动的边界领土而发动战争，不仅愚蠢，简直就是将人民送去当炮灰，是在犯罪大恶极的"反人类罪"。如果有领土领海争端的当事国，都能心平气和好好商谈，由有影响的国际组织或强国、大国从中调解，如果在领土（领海）归属问题上实在无法达成一致意见，就搁置领土归属问题，商议如何共同开发，在有争议的领土上设立边贸区、经济开发区，促进两国经贸往来，或者共同投资开发当地矿产等资源，两国共同受益，将原来的"火药桶"变成"聚宝盆"，使热点难点问题变成促成两国密切交往的纽带。同时通过国际立法，将那些战争贩子绳之以法，使后来者引以为戒。

(五) 地球环境灾变

自地球诞生以来，它就以其自身的规律造就并主宰着地球上的生灵。与此同时，地球上的人类在漫长的历史岁月中，为了自身的生存和发展，不断地影响并改造着地球环境，逐渐成为地球环境中不可缺少的组成部分。今天，人类对地球环境的影响已从罗马时期的局部影响步入了全球影响的时代。正因为如此，使得人类面临着一系列前所未有的、重大而紧迫的全球环境问题。环境污染、温室效应、气候异常、植被破坏、土地荒漠化等已成为人们的话题。从科学的角度看，这些紧迫的环境问题，涉及地球各部分的相互作用，涉及地球作为一颗行星的可居住性问题。认识并预言地球环境的变化，是世界科学家们面临的严重挑战。

1. "温室效应"与全球增暖

化石燃料的燃烧，森林的破坏及其他工业活动，使得大气化学成分发生了明显的变化。连续30年的测量表明，大气中CO_2的含量以每年0.4‰的速率递增，按现有的绝大多数气候模型估计，在不太远的将来可能使全球平均温度上升2℃，这样的温度变化可以和最近一次冰期以来1800a间的温度变化相比拟。而对湖泊中花粉和海底深游生物骨骼沉积物的考察表明，全球范围这样的温度变化，必然导致全球陆地植被类型和海洋生物物种分布的显著改变，而这又必然反过来影响全球气候。应该指出，除了CO_2以外，导致温室效应的还有甲烷（CH_4）、氯氟烃、一氧化碳（N_2O）等。它们在大气中的含量虽微，但增温效应强，因而引起的效应相当可观（大致与CO_2相当）。这些气体含量的增加，亦起因于人类工业和农业生产活动。

此外，其他温室气体如CH_4、N_2O等，浓度也在明显增加。而且人类活动还向大气排入了一些新的温室气体，如氯氟烃等，尽管它们在大气中的含量很低，但由于其年增长率高，温室效应强（GWP值大）而倍受人们重视。

大气中温室气体的增加，必然导致温室效应增强，从而有可能引起全球增暖。由于全球变暖，1880—1980年观察到的平均海平面上升14cm。以1980年海平面为基准，2050年海平面将上升30~50cm。气候变暖，海平面上升，将对全球的生态环境系统和人类社会的发展带来严重的影响：干旱区更为干旱，多雨区更多洪涝；海平面将以6 cm/10a的速度上升，海水盐度变小，岛国难以生存，地势低的沿海区域被淹没；海水污染淡水，地下水污染加剧；全球干旱频率增大，中纬度地区更为干旱、酷热，森林失火，湖泊干涸，水资源更为紧张；土壤盐化和沙漠化剧。

这将给全球生态系统和人类的社会经济活动带来巨大影响。因此，"温室效应"问题成为全人类共同关心的重大全球性环境问题。

2. 臭氧屏蔽的破坏

臭氧（O_3）是氧的衍生物。自然大气中有微量的臭氧存在，其浓度是随高度变化的。平流层（距地平20~25km的大气层）臭氧浓度最大。分布于同温层中的臭氧吸收了太阳光中99%的对地球生物圈有极大伤害作用的高能紫外线。测量表明，1978—1987年，全球臭氧浓度平均降低了3.4%~3.6%；1985年便在南极上空观测到了臭氧空洞。有证据表明，造成臭氧屏蔽破坏的主要原因是人类活动排放到大气中的氯氟烃的光化学反应。而臭氧屏蔽的破坏，必将对地球生命系统和人类生态环境造成灾难性的影响。

大气层中臭氧的浓度随高度变化，平流层中距地面20~25km的大气层中臭氧浓度最大。工业革命前氯氟烃的浓度为0，现今为110。人类活动排放的含氯氟烃的物质和氯氟烃合物在平流层中通过光化学反应将使臭氧减少。自20世纪70年代以来，北半球的臭氧减少了3%~5.5%，出现臭氧空洞。南极臭氧空洞正以每年相当于一个美国陆地面积的速度增长，不仅在南极上空，最近在北极和青藏高原上空也发现了臭氧层减薄，甚至出现臭氧空洞。臭氧层出现空洞，将使地面紫外线辐射增强，皮肤癌发病率上升，还将带来幼鱼死亡率和家畜瘟疫增加，谷物减产，气候变化等一系列的影响。

从科学的角度看，这些紧迫的环境问题涉及地球各部分、各层圈的相互作用，涉及地球作为一颗行星的可居住性问题。认识并预言地球环境的变化，是世界科学家们面临的严重挑战。

3. 土地荒漠化

耕地和牧场占陆地面积的30%以上。由于森林面积急剧减小，土地沙漠化，目前沙漠面积已占陆地总面积的10%，还有43%的土地正面临沙漠化的威胁。

据联合国环境规划署初步估计（IIED，1987）：荒漠化威胁着4800万hm的土地，约占世界表土面积的1/3，影响着至少8.5亿人民的生活。20世纪80年代初期，在全世界32.57亿hm的生产旱地中，约有19.86亿hm遭到荒漠化和严重荒漠化，约占生产旱地的61%。土地荒漠化极大地改变了陆地表面的物理特征，破坏了地表辐射收支平衡；诱发气候和环境变化。而气候和环境变化的反馈作用又将进一步影响土地荒漠化的进程，如此循环往复，从而对地球环境产生深远影响。可见土地荒漠化已成为又一重大的全球性环境问题。

4. 生态环境的破坏

人口爆炸和人类活动以直接或间接的形式,从多方面破坏了地球的生态系统,许多种生物已濒临灭绝。物种分布改变以及具体物种的灭绝对人类的影响究竟如何,虽然还不十分清楚,但作为一种标志,它表明地球作为人类生命的活动场所,其可居住性正面临着越来越严重的问题。

(1) 环境污染加剧。全球每年排放进入大气层的气体,CH_2 为57亿t,CH_4 约2亿t。排放有害金属铝200万t,砷7.8万t,镉5500t,超出自然背景值的20~300倍。SO_2 的排放,诱发的酸雨的频度在增加,面积在扩大;空气质量严重下降,全球有8亿人生活在空气污染的城市中;江河湖海的污染日趋严重,淡水匮乏使12亿人口生活在缺水城市,14亿人口在没有废水处理设施下生活;水质污染引发的疾病死亡率已成为人体健康最主要的危害;城市垃圾、污水、船舶废物、石油和工业污染、放射性废物等大量涌入海洋,每年有200亿t污染物从河流进入海洋,约500t垃圾被抛进海洋,在入海口处数万平方公里的臭氧层正在扩大。

(2) 森林锐减和物种灭绝。生物多样性的世界正发生着严重的危机。研究表明(TTED,1987),在人类活动干扰以前,全世界约有森林和林地60亿h㎡。到1954年世界森林和林地面积减少到40亿h㎡,其中温带森林减少了32%~33%,热带森林减少了15%~20%。近30年来,世界森林,特别是热带森林的减少速度明显加快,平均每年减少800万h㎡。中美洲由1950年的1.15亿h㎡减到1983年中0.71亿h㎡。非洲森林减少更快,从1950年的9.01亿h㎡减至1983年的6.9亿h㎡。

一些专家推测,当前每年消失的物种以达数千种之多。

森林锐减和生物物种的大量减少对人类社会和经济发展将产生巨大影响。特别是森林植被的大量减少,使得微量元素在地球系统中的循环遭到破坏,并迫使其从原有的平衡态向新的平衡态过渡,从而给人类社会和自然生态系统带来巨大影响。

(3) 淡水资源短缺。据TTED提供的资料,1987年,全球约140亿㎡的水量中,大约有4.2㎡淡水,约占全球水量3%,其中约77.2%被冷储在冰盖和冰川中,22.4%是地下水和土壤水,约0.4%为湖泊、沼泽和河水。

由于水循环的结果,全球水量分布极不均匀。从作物需水量的角度出发,非洲中东和中亚大部分地区,美国西部、墨西哥西北部、智利和阿根廷的部分地区以及澳大利亚全部都是贫水区,其年蒸发量超过年降雨量。另外,20世纪以来,世界用水量大幅度增加,年用水量从1990年的约4000亿㎡增加到1995年的3万亿㎡,增加了6.5倍。到2000年,全球淡水用量已达6万亿㎡。目前,世界上已有43个国家和地区缺水,占全球陆地面积的60%,约20亿人用水紧张,10亿人得不到良好的饮用水。

(六) 人口、资源、贫困问题

1. 人口激增

在人类的长期发展历史中,由于高出生率和高死亡率相互抵消,世界人口几千年来处于缓慢增加状况。1804年,全世界人口只有10亿。近代以来,由于死亡率不断下降,世界人口增长速度逐渐加快,目前,全球人口以每年8000万的速度增长,人口迅猛增长成为当今世界发展的一大特点。1927年世界人口达到20亿，1960年增至30亿，1974年增至40亿，1987年突破50亿，1999年10月12日达到60亿。尽管世界上少数地区的出生率近年来有些下降，但是全球性的人口爆炸仍在继续。如果现在的出生率不大大降低，那么世界人口只有到21世纪末才能稳定下来，而到那时，世界人口将增加到120~140亿。

人口爆炸给世界经济、政治及社会的发展造成极大的压力，特别是一些发展中国家的人口激增给这些国家带来了灾难性的后果，加剧了耕地、森林、淡水等一系列危机，使许多人面临着饥饿和失业的威胁，有时成为诱发社会动乱的重要因素。

2. 资源短缺

资源短缺是指相对人类需求的日益增长，包括生产资料（主要是能源）和生活资源（主要指粮食）在内的资源出现短缺问题。一方面人口在急剧增长，对资料的需求不断增加；另一方面，经济的发展与科技进步导致对资源的过度消耗，由此产生、加剧着资源短缺的问题。人口的急剧增长给自然资源带来了巨大的压力，导致所谓的"能源危机"，并正在吞掉"绿色革命"所增产的粮食。

在过去的200年里，地球上的人已经用掉世界矿物能源总储量的一半左右——相当于3亿年太阳辐射产生的能量。仅仅在20世纪，人类社会用掉的能源就超过了有史以来所消费掉的能源总和。

20世纪80年代末至90年代初，世界粮食产量增长速度开始放慢，但需求却继续增长。需求增长不仅与地球总人数增加有关，而且与大批发展中国家—特别是亚洲国家—实行广泛工业化这一新的因素密不可分。粮农组织提供的新数字显示，自1990年以来，世界粮食产量只增加2.3%，而人口增长了10%。世界上许多国家和地区依然一再发生粮食危机，饥荒竟成为头号杀手，动辄夺去千万人的生命，因此必须大力增产粮食。

世界粮食短缺将导致世界粮食价格大幅上涨，从根本上说，这将有助于刺激增加对农业的投入。但这样做所能产生的效果却是有限的。

第一，农用土壤退化。现在，世界上至少有15亿亩的耕地不宜农用或需巨资恢复。

第二，农用水资源储备减少。灌溉系统的推广在使农业大幅度增产的同时，也使河床干枯和内海水位下降，从而导致水资源短缺。

第三，无机肥料使用过多，采取增施肥料的办法已无法进一步提高产量。换言之，已不再具有过去几十年的"绿色革命"所具有的毋庸置疑的优势。同样，世界上大型拖网渔船队的建立使海产品产量增产，同时也使世界渔业资源面临枯竭的危险。

3. 贫困与饥饿

所有资本主义国家里，按照财富和社会权利来划分，都有一种金字塔行的结构。在美国，据参议院一个委员会估计，不到1%的人家占有一切公司股份的80%，其中2/3以上属于0.2%的人家。在英国，1973年，最有钱的1%人口占有一切可以出卖的财富的28%；而最有钱的5%占有50.5%〔这些数字其实大大低估了财富集中的程度，因为连私人住宅也算在可以出卖的财富之内了，而在大部分人来说，住宅并不是（可以出卖的财富），却是不可缺少的生活条件〕。在比利时，1/3的公民处在金字塔的底层，除了年年岁岁挣来又花掉的以外，什么都没有，既没有储蓄，也没有资产。4%的公民处在金字塔的顶点，拥有全国私人财富的一半。不到1%的比利时人，拥有全国公司股份半数以上。这些人之中，200户人家掌握了支配全国经济命脉的大控股公司。在瑞士，1%的人占有67%以上的私人财富。

收入和财富上的不平等，不仅仅是一种带有经济意义的事实，还暗示在生存和死亡的机会上的不平等。英国在第二次世界大战之前，不熟练工人家庭的幼儿死亡率比资产阶级家庭高一倍。官方统计显出，1951年在法国，每1000名幼儿中的死亡率，在自由职业界是19.1，雇主是23.9，商业雇员28.2，零售商34.5，手工艺工人36.4，熟练工人42.5，农民和农业工人的44.9，半熟练工人51.9，不熟练工人和粗工60.7。过了10年之后，这种比例的差别简直没有什么改变，只不过各种人家的幼儿死亡率都降低了。

在今天的时代，仅仅检查每一个国家里面所在的社会不平等，已经不够了，更重要的是计算到两种国家之间的不平等：一边是少数工业化的先进国家，另一边是生活在所谓不发达国家（殖民地和半殖民地国家）的人类大多数。

美国在资本主义世界工业化生产量之中差不多占了一半，而在许多主要的工业原料之中所消费的超过了一半。世界最穷的一类国家的平均每人实际收入只有最富一类国家平均每人收入的8%。世界人口的67%，只得到世界收入的15%。1970年印度妇女因分娩致死的比例等于英国的20倍。

因为贫富之差，印度人平均每日从食物中得到的热量只有西方人的一半。平均寿命在西方国家超过65岁，有些国家达到70岁，但印度才30岁。

二、消除人类祸患的对策

（一）国际反恐怖主义的措施

1. 和平与发展的共同目标是建立统一公约的思想基础

现代国际社会的两大主题是和平与发展，而国际恐怖主义犯罪是和平与发展的重大威胁之一，因此整个国际社会采取一致的行动，在协调各方利益的基础上努力达成公认的、最低的价值标准，乃是现代国际社会的共同追求。

恐怖活动，特别是涉及政治、宗教、道德等深层次因素的政治性恐怖主义犯罪行为，大多是基于某种偏激认识而进行的反抗，如以本·拉登为首的伊斯兰极端主义组织针对的是美国，认为美国是不公平、罪恶、专横的象征，从而制造多起恐怖事件。其行为和结果严重侵害无辜人们的生命权、健康权、财产权。现实使人们对恐怖事件日渐反感，因此，在恐怖主义犯罪的问题上国际社会会逐渐达成这样一个共识：无论恐怖活动的动机和目的如何，只要实施了恐怖活动即构成恐怖主义犯罪。正如联合国大会在报告中指出的那样，"一个事业之合法性并不意味着使用某些方式的暴力也是合法的，对无辜者更是如此"。

2. 各国国内反恐怖措施以及国家间的联合行动是建立国家统一公约的实践基础

从各国的反恐立法和实践以及各国家之间的联合行动中，可以看到各国在关于恐怖主义犯罪的某些问题上已经慢慢走近。随着国际社会法律趋同化趋势的发展，各国法律将进一步融合与渗透，各国会基于本国利益以及整个国际社会的共同利益，在反恐怖立法中逐渐趋于一致，最终建立一部国际社会普遍接受的国际公约。

3. 进一步加强国家间的合作

国际恐怖主义犯罪分子往往是在不同国家之间组织、策划和完成犯罪，或者通过跨国境活动逃避特定国家的追诉，故在国际社会没有形成一个超国家的统一的国际刑事司法系统情况下，仅依靠一国的刑事司法系统很难进行追诉，即使在国际刑事法院成立之后，亦离不开国家间的合作。因此，进一步加强国家间的合作仍是制止国际恐怖主义犯罪的重要措施。

4. 建立超国家组织打击国际恐怖主义犯罪行为

打击与预防国际恐怖主义犯罪的重要方面是有关信息与情报的交流。国际刑法学会第16次大会提出，要发展包括运用新的交流（联络官、混合的调查队以及能够成为超国家警察机关的 EUROPOL 和 OLAF 等机构）、超国家警察机关调查活动及其新的技术设备，如通过卫星的越界观察（当然这些途径的采用必须遵循合法性、均衡性和附属性原则），并建议建立普通自动操作系统和联合调查团。这些措施如果能真正实施，必须有利于国际恐怖主义犯罪的惩治和预防。

5. 寻求打击国际恐怖主义犯罪的共同基本原则

在统一的反国际恐怖主义犯罪公约未出台之前，在统一国际刑事司法系统未建立之前，国际社会也在谋求建立一些打击国际恐怖主义犯罪的基本原则以指导各国以及国际社会的反恐怖主义犯罪活动。

（1）有罪必罚原则。任何人在任何地方实施了国际恐怖主义犯罪，都应当对之承担刑事责任，都应当受到刑事制裁。恐怖主义分子在实施国际恐怖主义犯罪后无论身在何地均应受到制裁，在目前国际社会中，这依赖于"或引渡或起诉"原则的进一步发展和完善。为此，各国应当统一认识，尽量排除打击国际恐怖主义犯罪中的障碍。

（2）优先保护面临危险人的权利原则。由于活动本身是以人身、财产作为对第三方的要挟，在不能非常有把握控制恐怖主义犯罪分子之前，应当有限保护面临危险的权利尤其是保护人质的权利，否则会造成难以挽回的损失。

（3）最低限度宣扬原则。恐怖活动本身不是目的，只是一种手段，恐怖主义分子，尤其是政治性恐怖主义分子会不惜任何代价去达到其犯罪的根本目标。这样，恐怖主义分子优先考虑的是让他的目标晓于世人；并且他们总是乐意给他们的犯罪以最大公开性。因此在国际恐怖主义犯罪发生后，要尽量避免过度宣扬，尤其是新闻媒介的宣传要适度。新闻媒介是使恐怖活动得以公示的重要途径，媒介的渲染往往增加人们的恐怖感，使人们陷于极度紧张的恐慌状态，因此在反恐怖活动中应当遵循最低限度宣扬原则。制止国际恐怖主义犯罪任重而道远，不能只采取以"恐怖反恐怖"或"以暴制暴"的惩治措施，还需要像法国等国家那样采取有效的预防措施，尽量减少国际恐怖主义犯罪所造成的损害。

（二）人类必须爱护地球

人类社会正处在科技发展的初期，也是最危险的时期，有可能因滥用科技而走向毁灭，如大规模核战争，生化战争，如人类不合理开发地球有限的资源，致使生态系统崩溃，在这个危险时期，必须用一种科学的思想体系来整合全人类，统一思想，使人类社会步入最佳发展轨道，化解和消除人类共同面临的多种重大威胁。

人与自然之间存在着利益关系。自然以它的过程、力量影响社会，直接、间接地由它自身或在人的参与下对社会发生作用。人的生存资料不是从自然界现成得到的，而是通过改造自然对象的活动来获得。人由于受自身的认识能力和社会条件的限制，造成人与自然之间的冲突，人类应该调节自身的行为，积极寻找协调人与自然和谐相处的方法和途径，使自然界能长久、充分地为人类的文明进步服务。

长期以来，人们都把道德认识与调节的范围局限在人与人或人与社会的关系上。现代科学技术的迅速发展，大大增强了人类影响自然的能力，使人与自然的冲突空前尖锐起来。因此，人与自然关系的道德问题，引起了人们的普遍关注。各国都在日益重视一个新的道德课题——人与自然关系的研究。运用马克思主义的哲学原理，探讨新技术革命条件下人与自然关系的道德价值，对于我们把握人类道德发展的新趋势，提高我国人民的道德素养，促进社会主义现代化建设，有着重大的理论意义和现实意义。

1. 人与自然关系道德价值的现实基础

人与自然之间的利益关系表现在哪里呢？

第一，自然界的产物。人必须与自然界进行物质能量交换。"一个存在物如果在自身之外没有自己的自然界，就不是自然存在物，就不能参加自然界的生活"。而人要与自然界进行物质能量的交换，就必须服从自然规律，在自然界中确定自己的恰当位置。

第二，自然界是人类社会存在和发展的必要条件。自然界为人类的生产劳动和文明进步提供所需要的资源，保证社会能够长期生存和发展。在人与自然的相互作用中，积极的方面永远是人，是人以自己的活动决定着这种相互关系的性质。例如，随着现代科学技术的进步，人们正按照自己的目的越来越有效地利用太阳能、引力、潮水涨落等，对矿产、燃料、动植物资源的利用程度越来越高。社会的进步是与社会对自然现象利用的不断增加相联系的。但是，这本身也就增加了人对自然条件（如储藏的煤、石油、金属，保存完整的生物层等）的依赖。因而，在社会进步的条件下，人们能更加清醒地意识到自然环境，如生态平衡、自然资源等，对人类社会长久存在和持续发展的重要性。离开这些必要的自然条件，人类社会便无法生存和发展。

第三，人通过自己的劳动与自然界发生联系，并协调与自然的关系。人们为了能够创造历史，首先必须能够生活，而为了生活必须进行物质生产劳动来满足自己的衣食住行等需要。人类是从自然界获得自己生存资料的。不过许多重要的资料不是从自然界现成得到的，必须以改造自然对象的活动，进行物质资料的生产来获得。因而，生产劳动是人作用于自然界的最基本的实践活动，是影响和决定其他一切活动的东西。

但是，人们在具体条件下的生产劳动，由于受自身的认识能力和社会条件的限制，往往存在着只顾追求眼前的利益，忽视人类长久利益，盲目损坏和浪费自然资源，破坏生态环境的现象，造成人与自然之间的冲突。当代社会人与自然冲突的情况就证明了这一点。

2. 人与自然关系道德的特点

马克思主义认为，在人与自然的关系上，积极的、占主导方面的是人。道德活动的主体是人。在人与自然的关系中，人具有合理调节相互关系的全部责任和义务。在人与自然发生冲突时，人类不能把责任推给没有知觉、没有灵性的自然界，只能发挥人特有的主观能动性，用积极的方法去认识和把握自然规律，寻找协调人与自然和谐相处的方法和途径。

由于人与自然关系的道德是社会道德的一部分，它如同整个道德一样，受社会精神生产一般规律的支配，使处在一定历史条件下的"人—自然"道德观念，受一定社会经济、文化条件的制约，从而使人们的"人—自然"道德观念受到一定的社会或阶级利益的影响。

但是,"人—自然"道德毕竟与一般社会道德或阶级道德有区别,它比现有一切其他社会道德更具有人类共同性。第一,它合理调节人类自身的行为,改善人与自然的关系,是当今人类在社会发展过程中,面临的共同道德责任。第二,"人—自然"道德所反映的现实关系,是人类在发展科学技术和生产力的过程中,人与自然发生冲突并加以调节的反映。第三,"人—自然"道德所反映的现实关系,需要人们调节和维护的是"人类共同利益"。

3. 保护大自然是人类共同的道德责任

热爱大自然,保护自然环境,是人们处理与自然关系过程中应当遵守的基本行为准则。

第一,热爱大自然,是人类社会赖以生存和发展的物质条件。自然界一切对人类社会生活有益的存在物,如山川草木、飞禽走兽、大地河流、空气给养、物蓄矿产等,都是维护人类"生命圈"的重要资源。对大自然的热爱,实质上是对人类生命本身的热爱,对大自然的爱护,实质上是对人类文明发展的爱护。

第二,爱惜动植物,保护生态平衡。人类只有保证地球上的其他生物能生存和发展,才能保证人类自身的生存发展。但地球上的动植物遭到盲目的毁损,人类就会失去维护生命所必需的物质交换对象和自然环境。

第三,优化生产方法,防止环境污染。为了协调人与自然的关系,人类必须克服在生产中急功近利、只顾追求眼前利益而不考虑环境污染给人类造成严重危害的不道德行为。我们应当运用一切科学技术和工艺手段,努力减少并制止对环境的污染。

第四,发展科学技术,合理利用自然资源。发展科学技术,并在正确的价值观念的指导下合理利用自然资源,是人类发展过程中的一项根本性的使命。为了使人类社会持续向前发展,要求人们在发展科学技术和生产劳动中尽可能节约自然资源,特别是合理利用那些"不可再生产的资源"(如煤、石油、金属、矿藏)。

人类社会处在一个更高发展阶段的开端。面对人与自然的冲突,人们不应我行我素,也不必悲观失望,人类的未来取决于人类自身的选择。道德,是人类文明和智慧的结晶,是人们走向更高文明殿堂的精神阶梯。在调节人与自然的关系上,道德起着不可忽视的重要作用。"人—自然"道德的使命,是以自己的精神—实践手段促进人与自然的和谐发展,使自然界能够长久地、充分地、尽可能完善的为人类社会的文明进步服务。

(三)构建和谐社会与和谐世界

2005年4月,在雅加达召开的亚非会上,中国国家主席胡锦涛首次提出了"共同构建一个和谐世界"的主张。同年9月在联合国成立60周年庆典上,胡锦涛主席系统地阐述了"建立持久和平、共同繁荣的和谐世界"的新理念。和谐世界的理念表达了人类一个梦寐以求的美好愿望:在这个充满风险、冲突和碎裂的全球化时代,人类尤其应当努力实现和平、安宁、公正、相互尊重和共同繁荣的新的国际政治经济程序。和谐世界是全人类的永恒追求,也是中国古代"天下大同"这一崇高理想在全球化条件下的新发展,是中国和平发展道路的目标所在,它所要达到的是人与人之间、民族与民族之间、国家与国家之间、人类与自然之间的和谐共处。

和谐世界所追求的根本价值目标,就是建立民主、公正、平等的国际政治经济秩序,实现世界的持久和平与普遍繁荣。正像和谐社会一样,理想的和谐世界也应当是一个多元的世界、民主的世界、公正的世界、宽容的世界、诚信的世界、合作的世界、互助的世界、可持续发展的世界。

和谐世界还应当有另一个内容,即建立一个可持续发展的国际社会,使人类与地球和睦相处。从"全球一家"和"人与自然一体"的高度,去自觉保护全球的自然生态环境,合理开发和使用全球资源,使人与自然友好相处,永续发展。

中国政府提出和谐世界的构想,也是基于其对国际形势的判断。这一判断有两个要点。一是实现和谐世界依然是人类普遍追求的理想价值;二是国际社会在建设和谐世界方面已经具备了一定的现实条件,建设和谐世界是可能的。具体地说,和平与发展仍然是当今世界的两大主题,也是建设和谐世界的主体内容。人类正处于一个全球化时代,世界各国的联系更加紧密,各个国家的利益更加复杂地交织在一起,人类面临的问题和未来的命运日益具有共同性,因此,世界和平与国际合作变得更加重要。在经济全球化不断加深的同时,世界各国和各民族之间利益的多元化、政治的多极化和文化的多样性趋势也同样在不断加深,因而各个国家与民族之间更需要相互包容、相互尊重、平等相处,做到"和而不同"。关于如何构建和谐社会与和谐世界问题,将于下章全面展开讨论。

第三章 构建和谐社会与和谐世界

一、和谐思维与和谐观

（一）和谐思维

20世纪70年代以来，不论是世界格局的变迁，还是国内形势的发展，都在生长着新的时代精神，孕育着与之相适应的思维方式。这个新的时代精神的重要内涵，就是"和平与发展"；而与之相适应的重要思维方式，就是"公正与和谐"的思维。

邓小平在1985年3月以极其敏锐的智慧指出："现在世界上真正大的问题，是全球性的战略问题：一个是和平问题，一个是经济问题或者说发展问题。和平问题是东西的问题，发展问题是南北问题。概括起来，就是东西南北四个字。南北问题是核心问题。"由于全球化的迅猛发展，世界经济发展面临的总体性矛盾和人类面临的共同性问题，对世界各国的发展特别是经济发展制约越来越大。首先是战争威胁，世界形势总体上趋向缓和，但战争威胁依然存在，军备竞赛并未停止。而军备竞赛和战争威胁是世界发展特别是经济发展的最危险的制约因素。其次是人类面临日益严重的南北贫富悬殊问题、资源问题、经济和金融风险防范问题、国际犯罪和恐怖主义、毒品和艾滋病为代表的新型疾病的威胁等。这些人类面临的共同问题已经严重构成了对世界各国发展的现实障碍。所有这些重大的共同性的矛盾和问题，又都是个别国家不能独立解决的，必须依靠全世界不同信仰的国家、不同社会制度的国家、经济发展水平不同的国家的共同参与和努力，必须依靠全世界所有国家的广泛合作。正如邓小平所指出的，解决南北问题，有两条根本途径：一条是南北对话，解决发达国家与发展中国家的矛盾，缩小之间的差距。第一条是南南合作，发展中国家之间加强经济、贸易交往，联合起来共同反对不公正、不合理的世界政治经济秩序，促进自身的发展。

中国特色社会主义现代化建设的和平发展道路，正是对世界和平与发展时代主题在总体上和战略上的回应。中国和平发展的道路，就是利用世界和平的有利时机实现自身发展、又以自身发展更好地维护和促进世界和平，就是高举和平，发展合作、公正的旗帜，反对霸权主义和强权政治、推动建立和平稳定、公正合理的国际新秩序，做维护世界和平和促进共同发展的坚定力量。那作为和平发展战略的组成部分，在当今世界应如何解决国际争端呢？邓小平强调，在当今世界解决国际争端，必须以维护世界和平与发展为出发点和归宿点。他说"解决国际争端，要根据新情况、新问题，提出新办法"。"世界上有许多争端，总要找个解决问题的出路。我多年来一直在想，找个什么办法，不用战争手段，而用和平方式，来解决这种问题。"首先，对国际上的领土、资源争端，邓小平提出要从尊重现实出发，通过寻找争端各方的共同点、共同利益，从而结合成矛盾各方在共同生存、共同得利、共同发展的统一体的"和平方式"来解决。如对于南沙群岛问题和钓鱼岛问题等这些多年积累下来的争端，邓小平就主张："是不是可以不涉及两国的主权争议，共同开发。共同开发的无非是那个岛屿附近的海底石油之类，可以合资经营，共同得利嘛。"邓小平这个化争议和潜在冲突为合作的战略构想,符合争议各方的战略利益,有利于争端的最终和平解决。同时也为缓和和消除世界上存在的许多类似足以引起严重冲突的爆发点,维护世界和平,提供了大思路。其次,邓小平的和平发展战略思想和尽最大努力以"和平方式"解决各种国际争端的和谐思维原则,体现到港澳台问题上,就具体转化为"一国两制,和平统一"的方针。从保持港澳台的繁荣与稳定,从维护亚太地区以至世界和平稳定这个国际政治全局的客观需要出发,从国家的长远的根本利益出发,邓小平提出:现在进一步考虑,和平共处的原则用之于解决一个国家内部的某些问题,恐怕也是一个好办法。根据中国自己的实践,我们提出'一个国家,两种制度'的办法来解决中国的统一问题,这也是一种和平共处。我们解决香港问题,允许香港保留资本主义制度,五十年不变。解决台湾问题,也是这个原则。……

要搞一个你不吃掉我,我也不吃掉你的办法。十几亿人口的大陆坚定不移搞社会主义,台湾可以搞它的资本主义。

总之,和平与发展的时代主题,人类的生存现实、人类的发展、人类的命运、人类的共同利益对解决和平和发展两大全球性战略问题的迫切要求,需要世界摈弃的是所有强权和不公正的理念,是对抗和"冷战"思维,所呼唤的是和平、发展、合作、公正的理念,是公正与和谐的思维。

(二)形而上学的消极和谐观与辩证法的积极和谐观

构建和谐社会的理念一提出,便得到社会各阶层的广泛认同,也正成为理论界研究的一个热点问题。和谐的思想可谓源远流长,中外思想史上都有大量论述,对于我们具有相当的启发意义,但也一定要注意,我们今天所说的和谐与古人所说的和谐有着很大的不同。综观中外思想史和当今的文献,虽然不少人从不同方面谈到和谐,但从总体的思路上讲,还是有着很大不同。总而言之,一种是形而上学的消极和谐观,一种是辩证法的积极和谐观。注意区分这两种和谐观的差别,在理论和实践中都有重要意义。

两种和谐观的差别表现在以下方面。

从思维方式看,前者以形而上学的思维方式为基础,把和谐与矛盾对立起来,害怕和排斥矛盾。它所理解的和谐,就是排斥矛盾的和谐,是一种无矛盾的或克服了矛盾后的和谐。所谓"大同",所谓"王道",老子向往的无知无欲"小国寡民"社会,宋侨倡扬的灭尽人欲后的"天理"流行的世界,都是如此。这是一种绝对的和谐。后者则合理地辩证地看待和谐与矛盾的关系,它认为任何社会、任何时候都存在着矛盾,消除这些矛盾既无可能也不必要。和谐并不是没有矛盾,也不是排斥矛盾,而是包含了矛盾与自身又对之进行了限制或限定,是创造出一种使矛盾双方不至于发展为冲突的社会运行机制和社会正常生活的局面。总之,和谐是相对的、具体的、没有绝对的和谐。越是把和谐绝对化,就越使之带有乌托邦式的理想性质,越缺乏实际操作的可能。

从预设提前看,前者抽象地以社会为本,即把社会看作与人抽象对立的一种整体性存在,个人只是这个整体的组成部分,强调和突出的是社会整体秩序的绝对优先性,是个人对社会的义务,是下级对上级的服从,是人们对等级制度和身份差别的天经地义的道德认同。这种以社会为本将社会等级秩序合理化的观念,实质上不过是以统治者为本,因为他们是社会或国家的合法代表者。在这个前提下,礼也好,法也罢,都是统治者设立的管制人民大众的工具;或是诉诸家庭生活的亲情,如儒家;或是依仗某种"自然法"来论证现行的礼法制度的合理性，如西方某些思想家，其最终目的都是将这些不合理的东西合理化。很显然，这里的和谐就是统治者所要求的各安其位、各守其分、各行其道、克己复礼的秩序，柏拉图的理想国、孔子理想的周公之治都是这方面的例子。后者则坚持以人为本，即把社会看作人们的活动和交往关系的总和，而不是抽象的与人对立的独立性存在。它是在现代公民社会理念的基础上来审视人与社会的关系，首先关注的是人的权利、利益、机会的合理公正的分配，强调的是公民个人权利对各种社会权利的基础性作用和合理制约关系，诉诸的是不同阶层不同主体之间的信任和协商。它坚持的是"依法治国"的法治原则而不是"以法治国"的人治原则，任何人、任何政党和团体都必须在法律的范围内和制约下活动，不允许有任何法外特权、法外公民的存在。所以，和谐是以通过民主程序形成的公正的法制为基础的和谐，是以维护法制尊严为前提的和谐，也是以遵纪守法、以法衡平、定分止争、争而不乱为底线的和谐。

从最终目标看，前者以单纯的社会稳定利于统治为目标，只要没有纷争，社会安定，就是天下太平，至于这种稳定和太平是不是能够促进社会进步和人的发展，多不在其考虑范围之内。这是几千年来封闭的小农社会和家天下的形势使然的，也由此而获得其现实合理性。后者则是把稳定与发展理解为一种辩证关系，既有差异和矛盾，又相互制约，互为前提，互相为用，最终是以能够促进社会和人的共同进步、和谐发展为其目标。

从路径选择看，前者设想的是一种机械控制型的、通过等级制加强控制而实现的社会稳定。统治者始终把人民大众看作被管理被控制的对象，所谓"牧民"即是这个意思，将整个社会当作一架机器，通过各级官吏对之进行控制，同时对这些官吏又从上至下地进行监督和控制。而官僚机构本身就具有一种不断膨胀的趋势，有一种不断扩展其管制范围的倾向，结果就需要设置越来越多的机构，越来越多的官吏。最后形成的就是一种权力控制性的社会，也是依靠各层、各级的行政权力将社会各个方面"管住""抓紧"的社会，是靠一种刚性的社会运行机制来维持的社会。后者则主要是依靠在社会自身各个部分的分工协作中形成合理结构和运行机制而达成公共领域、公共生活的管理，它不是高居于社会之上，而是"内嵌"于社会之中，主要不是实施约束。国家政府的任务仍然还是管理，但这是一种顺向于社会的、以"理"为重点而不是以"管"为重点的、富有弹性而不是刚性的管理机制。

最后，从运行效果看，在机械控制型的状态下，即使权力系统保持有效运作，压制和控制着各种矛盾，维持着社会的稳定和暂时和谐，这种和谐和稳定也比较脆弱，难以持久。因为它在很大程度上依赖着处于权力源头的统治者的能力、品质、威信等个人情况，依赖着社会官僚机构的具体情况，而这些都具有很大的偶然性。而且，为了维持控制的稳态，往往需要付出很高的制度成本，消耗掉大量的社会资源。而有机型的社会和谐，主要依靠的是社会自组织能力，因而制度成本就会大大降低，社会活力则大大增强，是一种效益较好的和谐，一种不随着领导人的兴趣和注意力的转移而变更、不会出现人亡政息效应的和谐，一种能够长久维持持续发展的和谐。

我们所倡导的和谐观，自然应该是具有现代意义的辩证的积极和谐观，我们所构建的和谐社会，也是以这种和谐观为指导的和谐社会。这是一种建立在经济发展基础上的、富裕的并充满了活力的社会，是具有完备的法制和民主程序的现代公民社会，是一种比较公正的抑制两极分化有利于朝着共同富裕前进的社会主义社会，是一种比较宽容的、各种不同观点能够合理竞争、和平共处的现代文明社会。离开了这些内容，和谐社会就成为一种抽象的超历史性的东西,成为一种空洞的社会理念。

(三) 国际人权发展是推动世界和谐的强大动力

"每个人都享有人权"与"建设和谐世界"是人类社会共同追求的两个目标。进入21世纪以来,中国共产党和中国政府提出了一系列新的战略思想,其中包括了"尊重和保障人权"和"构建和谐社会"的思想。同时,在对外关系上,近年来我们又提出了推动建设和谐世界的理念。

那么,从和谐社会到和谐世界的提出意义何在?人权发展与构建和谐世界有怎样的联系?如何实现以人权发展促进和谐世界的构建?

1. 和谐世界是和谐社会思想在处理国际关系上的一种延伸

可以认为,构建和谐世界是中国构建和谐社会思想在处理国际关系上的一种延伸。它表明中国政府在对外政策上总的指导方针是坚持和平发展合作的道路,主张用和谐的方法来处理各种国际事务。也就是说,中国将更加积极地推进和平外交,国家之间不仅应该和平共处,而且进一步谋求和谐相处,即在平等和相互尊重独立主权的基础上,通过对话和交流增进相互信任,通过友好协商全面推进经济、政治、文化等方面的交流与合作,维护共同安全,建立互利双赢、和睦相处的国家关系,同时促进实现人类和自己生存的自然物质基础——地球的和谐。这是中国实行社会主义制度的本质所决定和必然要求的。

笔者认为,从和谐中国到和谐世界的提出,不是单纯的量的扩大、空间的扩大,而是国界的突破,是在远比国内更为复杂的条件下来构建社会和谐。首先是社会制度的不同,中国是社会主义国家(尽管是在初级阶段),而外国社会主义国家外,多数是资本主义国家,还有其他社会制度国家。其次是经济社会发达程度差别很大,有高度发达国家,有中等发达国家,有发展中国家,有十分落后的国家。最后是历史传统、文化、宗教信仰千差万别;最后还有种族民族、生活方式、风俗习惯的差别;等等。差别越多越大越深越复杂,就越容易导致矛盾、对立、冲突,越难构建和谐关系。

2. 全人类共同利益的存在,使和谐世界的构建具有可能性

我们知道,在当今世界,且不说构建和谐世界,就是构建双边的或多边的和谐关系也很不容易。那么,把构建和谐中国的目标进一步扩大为构建和谐世界,可能性和必要性何在?

我们认为,实现和谐世界尽管难度很大,但却是可能的。首先,全人类的利益已经成为现实存在,这种现实的全人类利益为构建和谐世界的可能和必要提供了实实在在的基础。主要表现在:一是生态的破坏触动了全人类的利益。由于生产规模的扩大,煤、油、气等燃料的消耗日增,这不仅引起资源的紧缺,它所产生的 CO_2 及其他废料对生态的破坏尤为严重,它所破坏的不仅是一国一地的生态,而且是全球的生态,其灾难性后果无一国能幸免。其他生态问题如热带雨林的减少和沙漠的扩大,也都涉及全人类的利益。二是战争规模的扩大与非常规武器的出现,构成了对全人类生命安全的威胁。20世纪出现过两次世界大战,死伤以千万计,特别是核武器及其他非常规武器的出现,使毁灭人类文明的战争成为可能。三是经济全球化的发展使全球各国的经济生活的关系日趋密切,互相依赖的成分日益加重,共同发展已逐渐成为世界各国的共同利益之所在。四是由于交通工具的高度发展使世界各地交往日益便捷,这一方面大大促进了各地的交流与互相学习,另一方面也导致一些恶习和传染病

的蔓延，如色情、赌博、吸毒、艾滋病等，已成为全球的共同敌人，如此等等。所有这些以及其他具有全球性的东西，都需要世界各国共同处理，也有可能共同处理。

其次，多数人的理智已经发展到能够科学地认识人类共同利益的高度，发展到能够控制那种为实现局部利益不择手段的邪恶势力的胡作非为的高度。科学的发展使很多人头脑清醒过来，认识到不能独霸世界、为所欲为，适当满足人类的共同利益是唯一聪明的选择。事实上，人类今天已经根据这种认识创立了一些机构和组织作为有力手段来实现人类的共同利益。今天超越国家之上即有全球性质的机构或组织已经很多，涉及的领域也非常广泛，有生产上的，有贸易上的，有政治上的，有法律上的，有文化上的，各式各样，难以枚举。其中规模最大、领域最广、权威最高的无疑是联合国。联合国的指导思想在一定程度上也反映了全人类利益，它的实际活动在一定程度上也体现了全人类的利益，它是一个能讨论事关全人类问题的场所，是一个能够适当实现全人类利益的场所。事实上，60多年来，它为各国承认全人类利益、实现全人类利益做了许多有效的工作。

随着经济全球化的发展和世界科学技术的突飞猛进，世界各国之间联系日益紧密，依存度和互动性大大增加，利害相通，祸福交融。在这种情况下，构建和谐世界的必要性更加凸显。

3. 发展人权与建设和谐世界的目标是一致的

全人类的共同利益是构建世界的客观基础。而国际人权建设正是全人类共同利益所在，因此，国际人权事业越发达，世界将越和谐。

世界上所有国家、民族、个人都能平等地享有人权，这是全世界人民的共同利益和价值观。它既是国际人权事业所追求的目标，又是国际人权对话和合作的基本原则，评价人权状况的标准。和谐是指人和自然、人和社会之间以及群体之间、个人之间相互关系的和睦、协调状态。现实的人不是孤立存在于社会之外的抽象的个体，而是与他人处于不可分割的联系之中的社会存在物。他一方面需要社会确保其做人的权利，另一方面需要与他人社会和谐相处。所以人权与和谐是人的两项基本需要，是构成现代文明社会不可缺少的两个要素，彼此互为前提，互相制约，互相促进。如果在社会中人权只是一部分人享受，另一部分人或大多数人的人权得不到尊重和保障，就不可能有真正的社会和谐。反之，如果社会总体上不和谐，也不可能保证全体社会成员都享有人权。一个国家是如此，整个世界也是如此。

4. 以人权发展促进和谐世界的构建必须推行以下几个原则

全球化具有两重性，既有积极的一面，也有消极的一面。现在有的发达国家出于维护和扩大本国利益的需要，极力推行霸权主义和强权政治，借口全球化，提出所谓"人权高于主权""人道主义干涉"等，采取各种手段肆意干涉各国内政，推行新殖民主义战略。因此，在以人权发展促进和谐世界的构建的过程中，我们应该怎样防止这种消极的因素？

全球化的消极方面造成了世界不公平，大多数人不能事实上享有各种人权，不同国家和民族之间出现各种不和谐因素。因此，推进国际人权事业，建设和谐世界，必须止制全球化的消极因素，在国际关系中提倡并推行以下三个原则。

一是平等原则。这是尊重和保障人权，建设和谐世界的首要前提。法律面前人人平等是人权之所以区别于特权的根本标志。《联合国宪章》一开始就"重申基本人权，人格尊严与价值，以及男女与大小各国平等权利之信念"。《世界人权宣言》把人人平等放在首位。第一条就明确宣布："人人生而自由,在尊严和权利上一律平等。"第二条强调,享受人权"不分种族、肤色、性别、语言、宗教、政治或其他见解、国籍或社会出身、财产、出生或其他身份等任何区别"。在当今全球化时代,平等原则不仅是国家内部所有成员在享有人权上必须实行的首要原则。违背平等原则,是发生种族、宗教、文化、政治等各种歧视,提出所谓"人权高于主权""人权无国界"等把人权与主权对立起来的错误观念,在评价人权状况时出现双重标准等错误作为重要根源。事实上,没有真正的平等,就不可能有国际关系的民主化,就不可能以和谐的态度和方法处理各种矛盾和问题,就不能实现国家之间的和谐,也就不可能在国际范围内真正实现公平正义,做到普遍地保障和尊重人权。

二是和谐原则。这是处理国际关系中各种矛盾和问题,包括人权问题,唯一可行的正确方法。《联合国宪章》早就明确规定,处理国际关系"力行容恕,彼此以善邻之道,和睦相处"。联合国成立以来,虽然国际局势总的保持和平局面,但很不稳定。人权领域则是建设性的对话和合作成效不多。有的政府往往热衷于制造所谓"人权问题",以此作为给别国施加压力,推行自己政策的手段,很少为国际人权事业作一点有价值的贡献。关键在于是选择和谐还是对抗。

三是民主原则。真正的和谐社会上充满活力的社会,生气勃勃的社会,不断发展着的社会。和谐的本质是发展中的平衡,和谐社会的发展是矛盾统一的动态过程。

任何社会都不可能没有矛盾,关键是如何解决好矛盾,使不同利益群体的人们之间的冲突得到恰当的处理,从而保持和谐。现代社会的发展经验说明,民族能够推动社会的和谐发展,因为它是恰当而稳妥解决各种社会矛盾的一种可靠机制。

随着政治生活的发展,人们通过总结经验教训,越来越多地把"协商"方式纳入民主实践中来,这就形成一种所谓"协商民主"。在这样的民主程序中,通过不同利益主体之间互相协商,在考虑到不同利益要求的条件下,求同存异,对主要问题达成共识,使矛盾得到相对的解决。这样的社会就是一个相对和谐的社会。

民主政治的一个特殊功能,是它以其特有的机制,为不同利益群体反映自己的要求、表达自己的愿望和不满,提供了不同而有效的途径、方式、方法;相应的民主机制也将约束政府依法公正负责地解决这些问题。所以,在推动社会和谐发展的过程中,我们完全可以把现代社会的民主政治制度称为一种具有特殊功能的"民主通道"。

中医学上的一句名言,叫作"不通则疼",逻辑的结论就是:去疼的根本途径是"通"。如果引申这句话的意思,我们可以说,一个社会如果民众与政府之间没有正常的民主途径,"下情不能上达""上情不能下达",积累的矛盾就会"淤积"起来,以至于"堵塞",社会就可能陷入使各个方面都感到痛苦的不和谐之中。在现代社会中,与各种方式相比,"民主通道"是解决这种矛盾的有效途径。

民主之所以能够使社会在充满活力和生机中和谐向前发展,更深刻的原因在于它以制度保障了社会成员的平等权利,因此使社会中的大多数成员成为这个社会的积极主体。这样,在民主的体制中,每个人就能够充分发挥主动性和创造性,从而使整个社会具有和谐发展的生机和活力。

二、和谐社会动力发展机制

一般来说，有什么样的发展观作指导就会有什么样的发展结果。不同的社会制度有不同的发展观作指导，由此产生不同的社会动力发展机制。在社会动力机制作用下，产生不同的社会发展结果。和谐社会发展的内在动力来自人们不断增长的内在发展要求。而促进这种内在动力始终作用的则是和谐社会公正、公平的竞争机制和社会发展保障机制。三者有机统一、相互促进，共同推动了和谐社会的健康发展。

"以人为本"的发展理念是和谐社会内在发展动力的基础和前提。"以人为本"具有以下两层含义。

第一，人是构成社会的主要元素，人的发展要求是社会发展的原始动力。用系统的观点来看，社会是一个由人、家庭、社会组织、国家机构等构成的自我适应、协调、组织的有机系统。人是构成人类社会的元素，如果没有了人，人类社会则没有了意义。所以在社会中人是第一位的。社会向前发展，人类向前进步，都是由于社会内在的发展动力在促进其发展的。社会发展的动力因素很多，但归根到底都是人在起着决定性作用。而每个人的发展要求则是产生各种内在动力的源泉。人们的发展要求具有多样性、相对性、层次性，处于不同年龄阶段、不同社会环境中的人的发展要求是不同的；对于整个社会的人群来说，既有共同的发展要求，也有每人特殊的发展要求。我们把人的发展要求概括为人们对于生存、发展和繁衍后代的要求。它是人们不断奋斗、进步的原始动力。在这种原始动力的驱使下，人们积极地参加生产，参与竞争，不断提高自身各方面的素质，积极参加社会的各项事务，从而推动了社会的进步、人类的发展。

其次，人的发展要求是全面的，而是不片面的。人的全面发展就是达到人智力和体力的统一，精神劳动、物质劳动和享受的统一，生存和发展的统一；并使人的潜能和天资、兴趣和才能得到前所未有的充分发展，使人的身心、精神（道德）、才能、个性全面而丰富地发展。如果和谐社会中的每个人都具有科学家、政治家、经济学家、社会学家等的高素质，那么和谐社会又何愁不发达、不先进、不文明呢？构建和谐社会我们必须把发展社会的主要因素放在人自身上。通过控制人口数量、提高人口素质来实现人的全面发展。没有一定的人才作支撑，构建和谐社会是不会实现的。

第二，和谐社会要不断满足人民各方面的发展需求，为人民发展、社会进步提供制度保障，从而实现共享共建。不同的人、不同的人群，他们的发展要求是不同的。和谐社会要通过自身机制不断满足人们的发展要求。对于没有劳动能力的人群，如老人、残疾人，他们不需要参与社会的各种竞争，只要求衣食住行的基本生存条件。那么和谐社会发展保障机制就要无条件地承担起这个义务，保障这些人正常的生活。对于处于竞争环境的社会人群，和谐社会也要通过自身机制，改善不同人群的社会发展环境，促进他们的发展。但是要不断满足人们的发展要求则必须有一定的社会机制作保障，在和谐社会中这个机制就是公正、公平的竞争机制和和谐社会发展保障机制。

和谐社会公正、公平的竞争机制是和谐社会发展的动力机制。竞争是相互联系的个体之间的一种基本关系，是系统之间或系统内各要素之间为了保持个性体而相互争取、力图取得支配和主导地位的活动与过程。竞争存在于一切事物的发展之中，是事物不断进步的内在动力机制。在人类社会中，每个人的发展要求促使每个人去努力地争取各种资源，以实现自身各方面发展的需要。但是人们在争取的过程中,由于各种资源的有限性促使人们相互之间的发展要求发生冲突,从而产生竞争。公正、有序的竞争会促使人们在各方面不断提高自身的素质,不断提高认识、开发和征服自然的能力和服务社会的能力。完善的机制是实现人的全面发展的前提。

人类自从有阶级以来,统治阶级利用手里的各项权利把有限的社会资源统统掠夺到自己手中,广大的劳动人民有时连基本的物质生存条件都难以解决,根本谈不上全面发展。所以在阶级社会里,国家机构不当的干预代替了公正、公平的竞争机制,阶级矛盾、阶级斗争代替了和谐发展。为了实现和谐社会公正、公平的竞争机制,在经济领域,"初次分配注重效率,发挥市场的作用,鼓励一部分人通过诚实劳动、合法经营先富起来。再分配注重公平,加强政府对收入分配的调节功能,调节差距过大的收入",达到经济利益的和谐。在政治领域,就是要实现基层民主,不断扩大人们的各项政治参与权力,打破僵化的社会体制,形成党、政府、社会组织的良性发展循环机制。在社会其他方面也要为人们创造一个公正、公平竞争的发展环境。形成一个人人求进步、求发展的竞争、合作环境,形成一个能上能下、能进能出的公平竞争环境。把每个人的潜能充分发挥出来,共同促进社会的进步。

一个社会的成熟程度,不仅要看这两大机制是否各自都具有良好的性质和功能,而且关键是要看这两种机制能否有机地结合起来,互相配合,协调稳定地发挥其总体的功能。按照马克思《哥达纲领批判》中的论述,在共产主义实现之前,人类社会要经历一个由资本主义到共产主义的过渡阶段,这个阶段后来被列宁称为"社会主义阶段"。以科学发展观为指导构建和谐社会集中反映了社会主义的本质要求,深化了对社会主义建设规律的认识。

和谐社会公平、公正的竞争机制和社会发展保障机制在制度层面为实现"以人为本"提供了保障。是实现社会政治关系的和谐,经济关系的和谐,思想关系的和谐,人际关系以及人与自然关系等方面的和谐的动力发展机制。实现社会和谐,建设美好社会,始终是人类孜孜以求的一个社会理想,也是包括中国共产党在内的马克思主义政党不懈追求的理想。只要中国人民在中国共产党的领导下,齐心协力,和谐社会就一定能够实现。

三、构建和谐世界

为何要建设一个和谐的世界?是因为当今世界很不和谐,不和谐的主要原因是"全球六大危机问题"的客观存在,也就是自私贪婪、精神污染所导致的知行性的伦理危机(上下问题),狂傲极端、思想空虚所导致的信仰性的道义危机(左右问题);无知痴迷、邪战争斗所导致的战乱性的和平危机(东西问题),剥削压迫、欺善怕恶所导致的贫困性的发展危机(南北问题),不可抗力、破坏生境所导致的劫难性的自然危机(天地问题),阶级利益、文明冲突所导致的关键性的生存危机(人和问题)。上述内容概括起来就是:上下左右东西南北天地人和的问题。总之,产生"全球六大危机问题"的根本原因是:损人利己、自私贪婪是全球危机之根,邪见恶见、狂傲为诸多祸乱之本,迷信盲从、无知愚痴为千邪万恶之源,极端言行、欺善怕恶为一切苦难之因。要想铲除"全球六大危机问题",谋求全人类的身心彻底解放与共同发展,人类社会就必须从解决这些根本原因问题入手,坚持正义、反对邪恶、联合团结、共同努力,践行公道、彻底改革,全面建设一个幸福、自由、美好与和谐的世界。

怎样建设和谐世界的问题?

(一) 树立和落实六大观念

1. 地球村民观念

所谓地球村民就是民族历史向世界历史转变过程中所出现的"真正普遍的个人"。当今人类已经走向了一个以知识经济为主体的信息社会,以信息技术为龙头的现代科技把当今世界变成了一个信息世界,而信息世界是一个"天涯若比邻"的普遍联系的世界,随着时代的变迁,社会越发展,科技越进步、信息越灵通、动向越敏感、结构越优化、社会相互间的沟通联系也就越密切,从而把世界变成了一个小小的"地球村"。地球村里的每一个人都成了名副其实的"地球村民"。地球村的含义很深很广,它不只是100多个国家与地区的拼盘,而且意味着全球是一个普遍联系的有机的系统。在这个有机系统中,国家与国家、民族与民族、宗教与宗教、经济与经济、军政与军政、科学与科学、文化与文化互相交融、协存发展,你中有我、我中有你,密切联系、难分彼此,从而形成了一个地球村民的整体社会。这种相互依赖已达到这种程度,以至于人类的任何一个重要部分都能够使全球突然陷入一种社会的、经济的、核环境的或者别的灾难之中。如今的世界可以说任何国家或地区无论是主动或被动地闭关锁国,割断与世界经济的联系,其灾难不仅是注定的,而且是立竿见影的。正是这种经济的相互依赖性,使各民族国家间的相互联系得以加强,而现代科学技术的发展又为这种联系提供了充分的信息手段,以至于人们感到世界变得越来越小,地球变成了一个"村"落。在这个同一的也是唯一的"村"落之中,"村"民们对于人类共同的命运有了前所未有的切身感受,以至于产生一种普遍利益——对于新的整体人道主义社会共存命运的深切关怀。

2. 世界大局观念

所谓世界大局是指维护人类和平,促进共同发展,建设和谐世界,实现普遍繁荣的全球战略。此战略的核心实质是正确处理民族根本利益和国际共同利益,集团局部利益和人类整体利益,各国特殊利益和世界普遍利益,社会现实利益和历史长远利益多元交融与辩证统一的关系,力图解决当代国际社会所面临的一系列超越国家和地区界限,关系到整个人类生存与发展的具有人类性与世界性的严峻问题,即全球危机。此战略的内容包括:①在国际策略上,奉行多边联合国际主义,联合国未来应向主权独立的联合公国过渡。②在全球政治上,倡导实施与知识经济相适应的知识政治公道体制根本性改革与创新。③在全球经济上,各国应注重宏观调控的前瞻性,树立易学预知观,积极预防诸风险。④在多元文化上,构建世界文化和而不同、和而创新、和而利人,兼收并蓄的和谐论。⑤在历史问题上,继承民族光荣传统,借鉴国外先进经验,共同创造崭新的世界历史。⑥在阶级阶层上,主张协调阶级矛盾,建设不同阶级、不同利益和谐与发展的新世界。⑦在行动策略上,广泛推行全球科学的发展观与文教观,大力弘扬新的整体人道主义。

3. 全球责任观念

所谓全球责任不是一种超越现实与阶级的历史责任,而是指与国际人权宣言平衡对等的一种国际责任。它是为了克服那种由于片面地强调人权问题所导致的极端个人主义、拜金享乐主义、极端个人主义、腐败贪贿主义、民族分裂主义、极端宗教主义、国际恐怖主义乃至世界霸权主义等诸多弊端而必须采取的国际社会制衡措施。

从和平与发展的人类共同主题意识形态上讲，这种全球责任就是新的整体人道主义的社会责任，它不仅是一种超越国家与民族的全球责任，而且是一种超越地球与文化的星际责任，这种跨星球的星际责任若用全球伦理学家汉斯·昆的话讲，即"什么是用于未来的战略口号？回答是：用于我们未来战略的关键概念应该是，人对这一行星负责，一种行星级的责任。"

4. 全球意识

所谓全球意识，就是在承认国际社会存在共同利益，人类文化现象具有共同性的基础上，超越社会制度和意识形态的分歧，克服民族国家和集团利益的限制，以全球的视野去考察、认识社会生活和历史现象的一种思维方式。在认识和把握全球意识时，必须紧紧抓住人类共同利益与人类文化的共同性等各个基本点，以及全球问题对全球意识的共同影响。

5. 全球主义

所谓全球主义是一个经常使用的概念，似乎有着不言而喻的内涵。一般来说，人们往往在如下几层含义上使用全球主义：其一，全球主义是理想主义；其二，全球主义是自由主义；其三，全球主义是经济自由主义；其四，全球主义是一种区别于国家主义的世界整体论和人类中心论的文化意识、社会主张、行为规范。应当说，这是对全球主义一种比较全面而准确的界定……全球主义包含着全球意识但并不止于全球意识，它指向社会实践，并积极介入社会现实的整合。

（二）明确推动和谐世界全面建设的十大领域

推动和谐世界全面建设的领域包括以下十个方面：全球社会制度领域的不同特色与公平竞争，全球思想政治领域的求同存异与主权平等，全球经济科技领域的互利共赢与共存共荣，全球军事安全领域的相互合作与共同安全，全球文教信仰领域的相互尊重与取长补短，全球民族宗教领域的团结，全球人口人权领域的不生不灭与全面发展，全球伦理道义领域的己所爱憎、勿强于人，全球生境代际领域的协调应对与代际和睦，宇航太空资源领域的和平利用与共同开发。

（三）明确推动和谐世界全面建设的四个层次

第一层次是各国建设，尤其是发展中国家建设要达到温饱小康水平，这是建设和谐世界的经济基础。第二层次是各国建设要达到内部和谐、社会稳定，民族团结与繁荣，这是建设和谐世界的政治基础。第三层次是各国与他国在和平共处五项原则的实践基础上友好往来，这是建设和谐世界的基本方针。第四层次是各国与他国在多元文化和而不同的理论基础上共同发展，这是建设和谐世界的总体战略。

（四）要明确推动和谐世界全面建设的六大主力

一是要以联合国的体制改革为主导，二是要以发达国家执政党为主角，三是要以各发展中国家政府为主要，四是要以非国行为国际组织为主流，五是要以世界各国专家学者为主干，六是要以各国的劳动人民群众主体。

（五）要明确推动和谐世界全面建设的基本途径是坚持奉行全球科学发展观与全球科学文教观

所谓全球科学发展观即弘扬唱响团结友爱、以人为本，新的整体人道主义的主旋律；携手高举复杂辨证、全面制衡，阴阳五行象征主义的圣火炬；共同建立平等合作、协调合理，多边联合国际主义的新秩序；总结推广文理交融、持续有序，普遍和谐世界主义的新规范。其核心实质是新的、整体的人道主义。全球科学文教观，即面向现代、多角多样，面向未来、多科多项，面向世界、多元多层，面向宇宙、多边高维的文教原则，简称：培育全才。其内容包括："四论""三观""融一灵魂"的"七灵文明"和"六大原理""两个反复"。

第四章 社会发展的内在动力

一、社会发展的动力机制

人们对于社会发展动力的认识,受社会本身的发展程度、社会发展动力机制和规律体系的展开程度以及主体能力的制约。社会发展动力系统是综合的和多层次的,社会发展动源在于经济力、政治力、文化力三个动力子系统的内部矛盾及其相互作用,而经济力则是社会发展的根本原因和核心动力。这一机制通过动力源开发、动力转化、动力培育、动力分配、动力反馈五个主要环节,实现为社会发展提供适度动力的目标。

社会作为一个有其独特结构和功能的复杂系统整体,具有自适应、自协调、自组织的能力。社会的发展和稳定,是由于其内在的驱动力和整合力。对于社会的发展动力,只能从社会自身中去寻找,而不能从社会外部的自在自然或神秘世界中去寻找。社会发展的驱动力是综合的、多层次的,而不是单一的、平面的。探究社会发展的动力机制,是破译社会发展之谜的发展哲学的重要任务之一。

(一)人们对于社会发展动力的认识

人们对于社会发展动力的认识是受社会本身的发展程度、社会发展的动力机制和规律体系的展开程度以及主体的认识能力与认识方法制约的。在很长一个历史时期,单一动力论是诠释社会历史发展动源的占统治地位的理论。客观唯心主义用形而上的精神实体或神秘力量解释社会发展,主观唯心主义则从作为主体的人的精神世界中寻求社会发展的根源,将人的理性、情感、意志作为社会发展的动力。在马克思主义以前,一些唯物主义思想家也试图用物质的、经济的和技术的原因解释社会发展,将地理环境、经济因素或科学技术作为社会发展的决定性力量。这些观点用单一因果观审视历史,只具有部分的真理性,不能如实地揭示社会发展的动力机制。单一动力论不能从影响社会发展的诸多因素的交互作用中探求社会发展的动力,它向人们展示的是一种机械的、线性的社会发展图景。与单一动力论相对立的是多元动力论,即"因素论"。这种观点歪曲地利用系统科学发展的成果,认为构成系统的诸要素或一个大系统中的诸多子系统没有主次轻重之分,社会系统内的经济、法律、道德、宗教、科技、心理、情感亦无原生与次生、主要与次要的区别,而是以无所谓本原与派生、主要与次要的方式对社会的发展起着作用。其指出人类社会的发展是多种因素综合作用的结果,较之单一动力论无疑是认识上的一个进步,但否认影响社会发展的诸因素是一个有层次的动力结构,就会误导人们对于社会的认识,使人们在纷繁复杂的社会历史现象面前抓不住根本线索和主要方面,在社会发展的实践层面抓不住解决一系列社会问题的关键。

马克思主义扬弃了单一经济决定论的历史观以及多元因素论概念平衡的折中主义历史观,从系统整体来说明社会发展的动力问题。他们所创立的社会发展动力论是以确认经济因素的决定性为基础、各种因素交互作用的综合动力论。他们将物质生产这一人类实践的基本方式作为整个社会历史的起点和新世界观建构的逻辑起点,把物质生存这一社会内部的、感性物质的和持久起作用的动态因素作为社会发展的根本动力。马克思在《政治经济学批判序言》指出:"根据唯物史观,历史过程中的决定性因素归根到底是现实生活的生产和再生产。……经济状况是基础,但是对历史斗争的进程发生影响并且在许多情况下主要是决定着这一斗争的形式的,还有上层建筑的各种因素……这里表现出一切因素间的交互作用,而在这种交互作用中归根到底是经济运动作为必然的东西通过无穷无尽的偶然事件……向前发展。"我们是在十分确定的前提下进行历史创造活动的,其中经济的前提和条件归根到底是决定性的,但政治的前提和条件,历史文化传统,也起着一定作用,尽管不是决定性的作用。经济条件归根到底制约着历史的发展。……政治、法律、哲学、宗教、文学、艺术等的发展是以经济发展为基础的。马克思和恩格斯把经济的、政治的、思想文化的、历史传统的以及自然地理环境的因素作为社会发展的动力,在这些动力因素中,又区分了终极原因和伟大动力、精神动力和精神动力的动因、交互作用和更有力、最原始、最有决定性的作用,始终把经济因素作为起决定作用的因素,作为理解社会发展进程的主线。

(二) 社会发展动力机制的结构与功能

社会是一个自适应、自协调、自组织的有机系统,它的发展动力机制不在其外部而在其内部,社会整体建构的各种因素、各个子系统既是发展的结果,也是发展的动因。社会发展的动力系统可以分为经济力、政治力、文化力三个层面,社会发展就表现为这三个动力子系统的内部矛盾及其相互作用。

经济力是社会发展的根本动力,但其本身也是由诸多要素构成的有结构、有层次的动力体系,其中的需要、劳动、生产力、生产关系是经济力的重要因素。人是社会活动的主体和社会关系的承担者,社会发展本质上是人的生存和发展。

生产力是社会发展的根本动力,而生产力本身作为由劳动者、劳动资料、劳动对象所构成的有机系统,也有自己发展的动力机制,这就是劳动者与生产工具的矛盾运动。人类需要是在物质生产基础上不断满足而又不断更新、提升的过程,新的需要促使劳动者改进原有的生产工具;而新的生产工具的出现,又呼唤和造就素质更高的掌握更先进的科学技术与劳动技能的劳动者,并创造出更高的人类需要。基于人类需要的劳动者与生产工具的矛盾,是生产力发展的内在机制。生产力的发展由劳动者与生产工具的矛盾所推动,是其中诸要素的协同与相互作用的结果,但这并不意味着其中的每一种要素的发展都是均衡的。在不同的历史时期,生产力的发展都具有其特殊的生产点和主导性要素。马克思曾经指出,生产力的发展与变革"在工场手工业中以劳动力为起点,在大工业中以劳动资料为起点",在现代社会,生产力的发展则是以精神生产力、以科学技术为生长点和主导性因素,科学技术成为推动历史发展的有力杠杆,成为最高意义上的革命力量。科学技术成为首要的生产力,首先体现在劳动者构成的变化上,由于科学技术的发展及其在生产中的应用,使劳动者的构成发生了巨大变化,从事简单劳动的体力劳动者日渐减少,而从事产品开发、发明创造、信息服务、生产管理等复杂劳动的脑力劳动者日渐增多。

生产力只是人类物质资料生产方式的一个方面,其另一个方面是作为使生产力得以形成和发挥作用的社会形式的生产关系。只有实现了劳动者与生产工具的结合,并且把个体的劳动能力联合起来形成社会生产力,才能进行物质资料生产。物质生产是以生产力为内容,以生产关系为形式的。生产关系作为人们在生产过程中结成的人与人之间的关系,本质上是一种经济关系，是直接或间接地参与生产过程的社会个体和社会集团之间的利益关系。每一个社会的经济关系首先是作为利益表现出来的。人们为了自身的需要以自己的体力、智力、资本、技术参与生产过程，生产关系则将人们对于生产资料的所有权和劳动产品的获取方式以社会经济制度的方式确定下来，并通过生产、分配、交换、消费的生产和再生产过程实现出来。生产关系作为人们的利益关系的制度化形态，既能够使利益一致的人们协同运行，也可能使社会丧失发展的动源和活力。这里的关键是其是否与生产力水平、与劳动者的主体素质相适应，能否恰当地确定劳动力、资本、技术在生产过程中的作用以及参与分配的比重。如果一个社会所采取的所有制形式与生产力水平相适应，所采取的分配方式能够全面考虑劳动力和其他生产要素在生产过程中的作用，使参与生产过程的人们对生产的贡献率与社会在分配方面对于他的回报率相适应，就会使人力资本、货币资本、物质资本以及其他生产要素实现最佳配置、有序流动和高效利用，就会充分调动人们的生产积极性，使物质生产和经济生活充满活力。

（三）社会发展动力机制的科学设计

组织的动力来源于组织成员对组织系统预设报偿追求，这种预设报偿包括了较多的内容，类如社会地位、金钱、荣誉等个人社会生活的所有需求都可以是其中的构成要素。这种报偿的积累对于社会成员而言，就是其人生价值的实现方式，也是一个人社会地位的标志。由于每个人对社会的贡献有所差异，这种差异在不同的成员间会造成不同的影响势，由此实现激励作用。激励机制是人作为一种高智慧动物社会属性的表达方式。所以，只要有人存在的地方就会存在激励机制。在这个意义上说组织的预设报偿体系也就是个人的人生价值目标体系。这两者的关系就是社会组织对个体成员的激励机制。我们在这里想要说明的问题是如何合理地设置激励机制，才能激发社会成员的积极力量，使其投身到社会所需的各个层面的创造性劳动中呢？

1. 建立一个具有理想特征的激励目标体系

理想的激励目标体系应该有如下几个特点。

（1）报偿体系应该是一个完善系统。所谓完善系统就是说预设目标的内容和实现方式是多点、多维分布的，它能够涵盖社会发展所需要的所有职业、行业、专业。社会发展所需要的职业都应该设置最高人生价值的实现点，由此形成多点激励的形式。我们这个社会的人生价值实现系统显得非常单一，主要集中在官员（干部）系统中。因为人是一种群体动物，由社会地位带来的高峰体验是群体动物的一种近于生理性的需求，这是人类从猿猴时代起就一直延续的亘古不变的法则。在这个意义上说，个体对社会地位（权力）的追求是一种具有本质性意义的追求，是一种个体对自身的群体属性的判断。随着人类社会群体生活特征的高级化，其中重要的进步就是提供个体心理高峰体验的价值系统开始多了起来，如科学家的创造性劳动获得国家奖之类的权威性奖励，这也是一种高峰体验。再如，拥有巨额财富也是一种高峰体验。也就是说人生价值的目标体系随着社会的进步在不断地多样化和多极化，这是一种文明进步的价值趋向。它能够指导社会智力资源的合理流向，使人的价值追求脱离生物性的制约而向社会化、高级化发展。通过这几年反民主的精英鼓噪，不断地加重着官职的附加价值，而且有越演越烈的趋势。只有多点设置人生价值的最高标志，才可以分解官职作为唯一价值中枢所形成的种种问题。

（2）目标体系对每个人来说是现实可追求的。当需要将人生价值作为组织动力进行配置的时候，人生价值就必须是可操作的、现实的，当追求的目标，如共产主义社会的理想就没有可能成为个人的人生价值目标，因为一个人在他生命结束以前未必能够见到共产主义的到来，所以这不是现实可追求的目标。而一个人工作能力强可以当科长或者处长，一个教师可以成为教育明星，这就是现实可追求的目标。所以一个好的社会，其人生价值体系应该是一个系统的、人人能够看到自己未来目标的体系。

（3）人生价值的目标体系应该彻底地否定人的社会职业等级。一个理想化的社会，应该是职业没有等级含义，而只有社会分工的不同。这是主流社会主义所持的一个主要的政治观点，也是现代社会文明有别于封建社会的一个重要的文明标志。但在中国这个等级意识较浓厚国家，社会的等级意识还没有被从社会生活中清除出去，职业也还有明显的贵贱之分。如政府官员是最高的职业，官职不仅意味着身份和地位的获取，还意味着金钱的获得。这些都说明我们这个社会还有明显的职业等级观念。这种地位等级制成为社会全面发展的制高点，使得整个社会的智力资源不是集中在具体的、有创造性的劳动上，而是集中在如何当上官上，这就是生产力的严重浪费。如果形成了所有职业都是当官的过渡和跳板的状况，就是社会管理动力机制设置的严重失败。

（4）人生价值系统应该受到强化了的道德环境的支持。人生价值的追求应该富有强烈的社会争议色彩，只有这样才可以保证一个社会是走向光明和正义的。在传统文化中之所以将官职作为价值来设置，是在农耕社会市场不发达的情况下，为避免人生价值受到金钱的腐蚀而作的一种理性安排，特别是科举制以后，将官职与读书求真、追求理性联系起来，这是中国文化了不起的智慧所在。但这种设计的副作用是将全社会的智力资源全部禁锢在了官场文化中。显然不愿意让读书人丢失了对社会正义的关注，而去追逐金钱。如果一个社会缺失了对理性正义的追求而极端地强调利益机制的作用，金钱取代一切理性化和价值内容，成为许多人的现实追求后，伴随而来的必然是贪污腐化等社会丑恶现象的泛滥。

2. 人事配合的操作方法

有了好的激励目标体系之后，接着的问题就是通过什么样的操作方式使社会成员的人生追求得以实现——广义地讲这就是科学、公正、公平的人事配合制度。对于组织动力而言，设置理想的人生价值体系是基础性的工作，但还不是核心性工作。真正核心性工作在于建立科学的人事配合制度，在人事配合制度中又有一个核心的问题——人才的选拔问题。这里想说的第一个问题是"由谁来选拔人才？""科学的方式是将选拔人才的执行者设计一个制度，而不是一个人或一级组织"。因为实践已经证明由人来选人的结果就会演化为买官卖官，而强调组织选人的机制，往往不可避免地演化为殊途同归的人选择人的形式。这里想说的第二个问题是"选拔过程遵循什么样的具体原则？"原则一：选拔方式、选拔过程脱离任何个人的影响，并且将这种人为影响选举的行为明确地确定为违法行为。原则二：不同的执政机构采用最能体现自身行为要求的选拔方式，分别体现能力、公正、公平、统一、专业五个方面的特征。原则三：选拔目标和人员能力简单对应，避免言无实议的评价内容，避免采用多侧面评价，使得评价不具可比性。

（四）建立科学的劳动评价和劳动报偿制度

一个合理的报偿制度就是对贡献的报酬而不是对职业的赠予。所谓合理性的主要内涵就是将报偿的目标对应着贡献而不是职位。不同职级、职位的待遇应该相近,而贡献的待遇应该有较大的差别。这就是说,目前这种将社会地位作为报偿载体的制度是一种严重错误的社会管理制度。职位成了报偿的目标,这是改革开放以来一种不断扩大的、严重的社会不公现象。

对于一个追求效率的发展中国家,不能将金钱作为动力机制的主要内容。穷国社会发展的动力机制的设置,最好还是回归多点设置的高峰体验为好,起码不能无节制地强调利益报偿。用老子的观点看,所谓德就是付出劳动多于获得报偿而留给社会的那一部分贡献,这个贡献就名之为德,这就是判断干部队伍德与非德的根本依据。这也就是说干部队伍整体工作的成效作为对社会的贡献减去其获得的报偿,如果是正数,这个社会就是一个德制的社会,就是一个光明、美好的人间。相反这个数如果是负数,这就是一个道德沦丧的社会,表现形式就是贪婪浮出水面,正义被指为虚伪,官员及他们的家人伸出了像毒水母一样长着吸盘的触角吞噬着社会的利益,老百姓处于被剥削的弱势地位,社会周期性动荡的因素在不断聚集。政治和政党的存在本来是要彰显道德和正义的,而道德就是一种无言的奉献。连封建官僚都会以天下为己任,后天下之乐而乐,连旧时代的商人都会"以义制利",偏偏在我们这个儒家文化的国度里却生长出了一片不惜违法犯罪、追逐不当得利的毒株,而且波及范围如此之广。

二、社会制度作为社会发展动力的作用机制

社会制度是社会稳定发展的动力机制。当代社会可持续发展观作为一个全球性的社会发展战略,由于其更为严重而复杂的原因,制度的科学性将更为重要,因为社会可持续发展观的实现,需要在一个稳定的社会政治、经济、文化环境中进行,因此,社会稳定的制度建设便成为当代社会可持续发展最为重要的动力要素。

(一)社会制度及其功能

1. 社会制度

所谓社会制度,就是建立在一定生产方式基础之上的社会结构,它反映一定的社会关系及其模式和准则,是社会行为的规范体系。其要素主要包括规则体系、组织体系、物资设备体系。规则体系是社会用来规范协调人们的相互关系及其行为模式,是社会整合与社会稳定的重要条件。组织体系是社会用以执行、推动和检查制度运行的机构。组织系统应包括所有的职能机构及其首脑和工作人员。物资设备体系,是社会用来推动、执行和检查制度运行的工具或手段。

任何一种社会制度都必须同时具备以上三个要素,缺一不可,共同构成推动社会进步与发展的动力。

2. 社会制度的功能:就是满足社会和人们生活的需要

各种社会制度都具有的共同功能有以下几个。

(1)行为导向功能。社会制度通常都给社会成员提供一套行为模式,使人们的行为按一定的准则、方向进行,从而维持社会秩序,保证人类共同生活的正常运行。

(2)控制能力。一些社会成员不遵守这种行为模式,偏离制度所规定的程序或范围行

事，制度会加以干预，根据那些社会成员偏离规范的程度给予惩戒。

（3）社会化功能。社会制度实际上给个人的社会化提供了一个大体的模式。例如中国的教育制度，无疑给我们如何培养人才提供了一个基本的模式。

（4）文化传播功能。一般而言，传统文化的继承或传递，主要是依靠社会制度来进行的。因为制度作为一种社会结构，它可以通过自己的组织系统，把人类文化传递给新加入社会的成员。另外，社会制度也是人类文化的一部分，它本身的延续，就可以使人类文化系统地保存下来。

（5）整合功能。社会制度作为一种社会结构和行为规范体系，它明确地规定了人与人之间关系的准则及每个社会成员的行为规范，通过对人与人之间的相互关系的调适，维持社会的稳定，促使社会一体化的实现。

随着世界性社会发展模式与发展动力的变化，制度分析逐渐成为各国政府推动社会前进、维护本民族稳定的焦点。制度分析终于被看成促进社会发展的主要动力，政府制度质量与公共政策质量之间的关系成了发展的关键。

（二）社会制度与社会的稳定发展

追求人类社会的可持续发展，旨在使人与自然、人与人、人与社会协调一致，社会中各个构成要素的相互依存、时空耦合和物质能量的供需协调，其突出表征是社会稳定。

所谓社会稳定是指社会关系结构的相对恒定、社会运动秩序的有条不紊、社会运作规则的相对适宜，人们的物质和精神需求的相对满足，这一切是建立在物质能量的供需均衡、物质利益的分配公平、人们心理素质和认知理念的相对成熟以及社会法规和保障体系相对健全的基础上的。

社会稳定与社会发展具有密切的关系，社会稳定是相对于社会发展而言的，没有发展就不可能稳定；同样，没有稳定也就不可能实现有效的发展。实践表明，传统的发展理念和模式，由于其内在固有的局限性，并不能保障社会的稳定，也使发展难以维系。因此，社会稳定既是可持续发展的基础，又是可持续发展的标志。只有建立在可持续发展理念基础上运行的社会，才能保障社会在稳定基础上的有效发展。

建立良性社会发展制度必须处理好以下几种关系。

一要处理好人与自然的关系。我们知道，人类社会的进化，主要表现为生命体的自我繁衍和人类智力的不断提高。以人与自然和谐为核心、以当代与未来人口利益公平为追求的可持续发展就成为全人类共同进步的合力点。由此可见，生存、发展和可持续发展组成了人类社会三个特征各异的演化阶段，分别对应着农业文明、工业文明和环境文明的孕育与实现，也阐释着人与自然、人与人关系的稳定发展的对立统一。

二要适应大系统存在与演化的规律。一个国家或区域的社会经济系统，是一个借助于外部物质、能量的交换，依靠自组织机制进行结构重组和多部门、多地域协同的非平衡系统。未来社会的可持续发展仍然离不开对生态环境的依赖而从中摄取愈来愈多的物质、能量，也更需要在转化物质和能量的过程中，一方面认识和遵循自然规律，在向自然索取过程中有机地补偿和维护地域生态系统的稳定演化；另一方面遵循社会经济规律，在有序控制人口自身再生产和物质生产行为的过程中，通过调整社会、经济和产业结构，实现资源的优化配置和有效利用，通过调整社会利益机制，实现当代人公平参与社会发展和分享经济报偿；通过对话与合作，促进国家区域之间发展的和谐。

因此，只有使自然生态环境和社会经济两大系统在地域空间发展有序和彼此和谐互利，才能使社会稳定，也才能最终保障人类社会的可持续发展。

三要推进社会在稳定基础上的发展。任何系统首先是稳定的存在。社会作为一个系统，尤其是作为一个开放系统，稳定是必需的。当然，稳定并不是社会的最终目的，发展才是人类追求的根本目标。

就社会发展而言，发展的手段是竞争而稳定的措施，是协同。没有协同就不可能保障系统的稳定，没有稳定系统也就不可能进行有序的发展。同时，没有竞争和发展，也就不可能使系统呈现出更高层次的稳定。

值得指出的是，竞争和协同不仅相互依赖，而且在一定条件下可以互相转化。亦即竞争之中有合作，创造之中有目的，反之亦然。竞争、创造以协同、目的为基础，协同、目的也以竞争创造为前提。于是，竞争和合作、创造的目的相互转化，既决定了系统的稳定，又推动了系统的有序发展。稳定是发展基础，基础不稳，发展则无序、创新也不复存在。发展是稳定的主导，主导不能创新、竞争和施展个性的张力，则稳定不复存在，也无协同可言。

适度加快经济发展，必须依靠政策、法规和市场机构的综合调控，而建立一个从中央到地方强有力的廉洁高效的政府，加强中央政府的主导及宏观控制则极为重要。建立一套能使政府的决策科学化、施政廉洁和民主化、管理高效和法制化的调控机制与运行规则，则是我们需要长期探索的问题。

总之，只有坚持改革开放，有序地加速现代化的经济建设，加强法治、精神文明和社会保障体系的建设，才能保障社会的稳定和可持续发展。

三、思想决定制度、制度决定强弱

先进的社会制度渊源于先进的思想，先进的生产力渊源于先进的社会制度。一个国家、民族、地区的社会运行秩序和生产力发展状况，从根本上说取决于社会制度，只有科学合理的社会制度才有可能实现长治久安、解放生产力的局面。

回顾人类历史，民族与民族、国家与国家、地区与地区（小至县、乡、村）之间，有很多经典的超越。如在西方，先是古希腊脱颖而出（这本身是对其他民族和地区的超越），而后是古罗马对古希腊的超越，16世纪前后大英帝国对西班牙帝国的超越，19世纪美国对英国以及欧洲的超越、日本对中国的超越，20世纪韩国对朝鲜的超越、西德对东德的超越、中国台湾以及中国香港对中国内地的超越等，数不胜数。以下试图从一系列的经典超越中采撷几个有借鉴意义的实例，一方面进一步印证上述"思想决定制度，制度决定强弱"的结论，另一方面进一步彰显执政者和政府在构建先进社会制度过程中的决定性作用以及制度环境对生产力的解放与发展的决定性作用。

（一）美国何以超越英国与欧洲

美国独立后，其亮点数不胜数。但最有研究价值的是这样四个现象：一是美国独立后只用了不到100年的时间，就在科学技术和经济实力上超越了原宗主国英国，并迅速超越欧洲，成为独一无二的经济、科技、文化、军事超级大国。而刚刚独立后的美国，人口只是300万，战争的创伤等使加盟的13个州的经济大伤元气，在综合国力上根本不可能与英国同日而语，更不能与欧洲相提并论；二是美利坚合众国不但顺利地由邦联制过渡到联邦制，除了南北战争时不但没有任何州试图分裂出去，而且不断有新的政治实体加入进来，使其达到53个州，且至今无分裂之虞；三是南北战争后，位于北方的联邦政府并未对南方闹独立的"伪政府"及"反叛者"的领导人和将领在舆论上进行任何公开的谩骂、挖苦、侮辱和谴责，从而使美国很快在充分自由的前提下实现了核心价值观的皈依；四是不但美国内部没有成气候的分裂势力，美国居民对本国具有高度的归属感和自豪感，而且并不像一些发达国家那样极端排外，显示了大度的包容胸襟，世界各国尤其是落后国家、发展中国家的国民对美国充满向往，不但很多外国人不惜倾家荡产冒生命危险以各种方法投奔美国，而且许多国家的精英以及政要、成功人士的子女都对美国趋之若鹜，从而使美国成为世界上精英人才荟萃之地。

那么美国为什么能够青出于蓝而胜于蓝，在一个普遍低效率而且不甚公平或者很不公平的世界里创设了公平和效率的国家呢？

独立后的美国也有可能出现国王，也有人提出设立一个仁慈的国王，并设想了很多听起来比较舒服的雅号。被后世誉为美国国父的华盛顿众望所归，只要他愿意，他可以轻而易举地登上王位，其部属中也不乏拥君的吹鼓手，但更多的是冷静的明智者，以至于有人坦言（对华盛顿）：你堪称一代明主，但谁能保证在总统的宝座上不会出现一个恶棍呢？正是这种对哪怕是偶尔出现一个恶棍君主的担忧使华盛顿坚拒封王。

美国人做出了明智的抉择，开创了其时人类历史上最为先进的有限政府和以限制权力、保护权利为宏旨的宪政制度。

美国的宪政制度不管从权力结构的角度说叫作权力分立制度还是叫作权力制衡制度，都没有把问题说到点子上。美国宪法设计理念和思路的真谛为：权利是目的，权力是手段，即私权是目的，公权是手段。美国的开国元勋们首先考虑的是公民的财产权、自由和机会平等，是为着这些目的的神圣不可侵犯而争论是否需要一个中央政府以及需要一个什么样的中央政府（联邦政府）的，这只要浏览一下著名的制宪会议的议程就一清二楚了，现存的一系列史料和文献都印证了这一事实。正是为了权利这一目的，开国元勋们才以英国及欧洲主要国家的历史经验教训为鉴，从那个时代所能发现的各种先进思想中汲取可资利用的成分，集思广益，竭尽所有参与者的生命智慧，创设了1787年美国宪法。

正是以这部宪法为基石，以该宪法及其衍生法律体系为架构，美国人民继续着对自由与平等思想的追求和探索，百折不挠，勇往直前，造就了今天为世人所瞩目的超级大国——美国。

我们要问：美国的开国元勋们在君主制盛行的时代，何以开创无国王的宪政民主制？此其一；其二是，那样一种看似简单的制度设计，何以就迸发出了那么巨大的社会生命力（创造力），以至于使美国一跃而成为世界上唯一的超级大国？

这个答案是：美国的开国元勋们之所以创设了史无前例的宪政民主制，是因为他们攫取了那个时代人类最先进的思想和智慧，并不为传统的即宗主国的制度窠臼所桎梏，直面人性的弱点和权力的本性，认识到了人权是人类的根本目的并决心为之尽忠。因此，当他们讨论是否应当设立一个中央政府时，他们清楚地知道即将设立的政府只是人权保护的手段，而不是国家的目的，这表明他们清晰地对权利和权力做了正确的定位，前者是目的，后者是手段，前者是国家的真理价值，后者是国家的工具价值。认识到这一点是至关重要的，因为这是正义社会的真谛。基于这样的理性和明智，剩下的就是把这一思想和认识付诸实践的智慧和能力了，实践证明他们是够格的。

对于第二个问题，我们尚不能断言美国的开国元勋们在议论立宪时，已经意识到了那样一部宪法以及由其确定的社会制度能够极大地激发国民的创造性和极大地释放国民的创造力。根据现存文献的记载，制宪者们当时所关注的主要是对国民权利的保护，如何不受政府的无理侵犯，即如何在必要的政府权力与公民的财产、自由和平等权利之间寻求一个恰当的平衡。然而，正是这种追求，无心插柳却成荫，取得了令世人瞠目结舌的科技、经济以及社会、文化等各方面的伟大成就，从而使美国成为全人类的骄子。

解放了的公民个性在其权利保护有明确预期的情况下，无须再担心受到政府的无理侵害，所以创造的热情、积极性被焕发了出来；而人天性有争取、出类拔萃、出人头地的本能冲动，所以个人英雄主义成为时尚；在机会平等的情况下每个人都可能成为英雄，每个人的思想都是自由的，在法律的框架内每个人的灵感都是绝对的，不受限制的，所以全美国成了个人英雄主义精神的弘扬乐园和个人英雄主义者的竞技场，而任何合法的英雄都受到宪法的平等保护。这就是美国奇迹和故事是奥秘之所在。

美国有了宪法，保护了公民权利，由此决定了社会的公平与效率水平。这又引导出了另一个问题，即政府如何才能保证社会公平？

这涉及廉洁、公平、效率三者之间的内在逻辑关系。廉洁与公平的内在关系是显而易见的，如果法律是善法或者是基本公正的法律，那么廉洁意味着奉公守法，不滥用职权，这当然意味着公平（机会平等，下同）；如果法律本身并不公平或有欠公正，廉洁也意味着守法，依法公事公办，那么对于法律所表达的意志而言，仍然意味着相对的公平。因此，对政治社会而言，公平或者公正的前提是公权的廉洁，这是不难理解的。而公平意味着平等，尤其意味着相互平等，而相互平等意味着个人自由主义和个人英雄主义，那么在恶由法禁的前提下，相互平等意味着公民个人主义的真、善、美的竞赛。以个人英雄主义所激发的自由平等的真善美竞赛，自然意味着效率，这是不言而喻的。由此不难得出的定律、定理和公式或者理路便是：要想高效率（善的而非恶的如弄虚作假、坑蒙拐骗等的邪恶效率），必得有公平为前提；要想公平，必得有廉洁为前提；要想廉洁，必得以法治的统治为前提；要想法治，必得以民主为前提。

以上是美国超越英国以及欧洲的所以然，也是美国经验给人们的启示。其理路不独适于美国，也同样适于其他民族和国家或者地区。

（二）日本何以超越中国

对于几乎所有中国人来说，中日问题无论何时提起，都是一个令人心痛的话题。中日关系绝不仅仅是一衣带水的邻邦关系，更不仅仅是源远流长的友好关系，而是宗主国与藩邦的关系转化为日本超越中国并从19世纪末到20世纪上半叶一直以极端的手段凌辱中国的历史。一个当年蕞尔小国不但猛然间便超越中国，而且其军队曾一度在中国土地上如入无人之境，烧杀掠抢淫无恶不作，这着实令中国人丧尽颜面并刻骨铭心。然而，一个弹丸小国何以能在短短的几十年内超越以中央之国自居的泱泱大国？这一问题本身的学术意义并不是最重要的，真正重要的是：中华民族要向世人证明自己是一个伟大的民族，光仇恨和义愤是不行的，只有实现反超越，以一个漂亮的本垒打令人信服地反超日本，我们才能证明自己！而要实现这样的反超越，我们就必须彻底弄清楚日本是何以超越中国的，日本为什么会强大起来？作为一个人口仅为中国1/10，国土不到中国1/25，且资源极为贫乏的岛国日本而言，曾经对中国亦步亦趋，它是怎么实现对中国的超越的？

在19世纪后30多年里日本以迅雷不及掩耳之势实现对中国的超越，简略而言应是基于这样的原因。

一是封建国体的分别。日本在文化性格逐步独立后，没有复制中国大一统的普遍皇权体制，而是以幕藩制度为基础，由将军幕府制架空了皇权。所谓幕藩制度，其基本的架构是幕府统治藩国。日本最早的幕府产生于1192年，即源赖朝取得"征夷大将军"称号后在关东建立的镰仓幕府（1192—1333年），开始了武士集团控制国家政权的时代。镰仓幕府（用中国话说类似于"征夷大将军"府）与京都的天皇朝廷并存，名义上将军必须由天皇任命，实际上天皇只是最高权力的象征，从中央到地方的军、政、司法大权均控制在将军手里，"将军府"成为实际上的中央政府。在将军是全国土地最高所有者的名义下，各地土地由层层递进地由庄园发展而成的数以百计的"藩"所有和控制，即藩国的领主称大名，大名效忠于将军。大名在藩国领地内执掌军、政、司法实权，割据一方。因此，大名与大名之间以及大名与将军之间的战争不断。1603年，德川家康在打败大名的联军后，于江户设立幕府，史称德川幕府或江户幕府，建立起了超越历史上所有幕府的独立于皇权的统一的中央集权的幕府政治。江户幕府统治日本长达265年，此时天皇成为名义上的国家元首，实权全部掌握在幕府将军的手中。这一体制与中国的大一统皇权体制相比的根本分别在于日本国民客观上存在三重效忠，第一重效忠于天皇，因为天皇是国家的象征；第二重效忠于幕府将军，因为幕府超越于26多个藩国家之上，拥有实际的最高统治权；第三重效忠是对作为藩主的大名的效忠，因为大名是国中之国的"国王"。从政治学意义上说，在三重效忠结构背景下，国民对任何一个效忠对象的效忠都不是绝对的，任何效忠对象的权力也不是绝对的，这与中国绝对至上的普遍皇权的单一效忠体系之不同的政治效果与后果，是不言而喻的。

二是明治维新即脱亚入欧。1868年10月23日天皇号由庆应改为明治，从此至1889年《明治宪法》颁布，是谓"明治维新"时期。

所谓"明治维新"即脱亚入欧，主指如下内容和举措。

第一，政体上脱亚入欧。三职制政府建立后，明治天皇于1868年4月率公卿宣读了"五条誓言"。一是广兴会议，万机取之公论；二是上下一心，大展经纶；三是公卿与武家同心，以至于庶民，须使各遂其志，人心不倦；四是破旧来之陋习，立基于天地之公道；五是求知识于世界，大振皇基。此即明治政府的主要施政纲领。

1868年6月11日明治政府发布《政体书》，规定实行太政官制度。第一次太政官时期（1868—1869年）权力中枢是"太政官"（机构名），下设议政官（掌立法权的官府）、行政官（行政官府）、刑法官（司法、检察官府）。这已具西方三权分立政体的雏形。议政官分上局和下局，已类似两院制议会。此一政府体制再经两次改革，已颇似宪政的责任内阁了。

1871年8月29日正式宣布《废藩置县诏书》，彻底废除了藩国制度，打破藩界，现代责任内阁制贯彻到全国。

1889年2月日本政府以天皇名义正式颁布了《大日本帝国宪法》（《明治宪法》），实行君主立宪制度，标志着日本国在政体上正式脱亚入欧。这是日本得以超越中国的根本。

第二，经济私有化。在政体改革的同时，明治政府大力改革国民身份制度和经济制度，为市场经济的发展扫平道路。1880年前，工矿企业的发展主要采取"官营示范主义"和"技术移植主义"，即大办官营企业，由国家出资引进西方先进技术设备，以此向私人企业"示范"。"官营示范"推行了约10年，从1880年开始明治政府改变了国营企业带动和示范的方针，转为廉价"处理"国营企业（私有化），直接对私人资本实行扶植和保护方针。国营企业的私有化即向私人资本的转卖，是以低廉的价格并采用无利息长期付款的方式进行的，这对日本经济的迅速现代化起到了极其重要的作用。

第三，由表及里的文明开化。日本是脱亚入欧，绝非仅止于政府体制，而是从虚心学习西方的科学技术、文化教育、思想风尚和生活方式入手。我们知道，教育是设计和生产灵魂的活动。日本从明治维新始畅开言路，而且极力推进科学文化教育事业的现代化，参照美国的教育制度设计本国的教育体制，从1872年9月始实行强制性的义务教育，随后逐步调整为公立义务教育和私立学校并举。从1870年起选派留学生四民平等（皇族、华族、士族、平民），留学贷款的还款期为20年。从1873年1月1日起废除阴历，采行太阳历。1872年12月定西服为官员礼服，1871年东京设立了西餐馆。从建筑风格到市民生活等各个方面，西化之风蔚然成势。

以上是指由政府主导的有意识的脱亚入欧运动。这些活动蕴藏着这样的逻辑理路，首先是思想开化。史学者从来都认为明治维新改变了日本，那么是什么使日本得以"维新"？三职制政府从何而来？回答只能有一个：思想。是开化的思想使得日本在废藩之后没有走向普遍皇权，而是实行了"三职制政府"，并由此演变为三权分立的责任政府。其次，通过较进步的政府体制把较先进的思想诉诸社会实践；同时，通过全面引进西方先进文化和科技知识，并通过教育塑造人们的意识形态，在这一过程中，政府着力培育市场经济，一方面，政府把自己的职责定位于打造一个优良的制度环境；另一方面把生产力发展的权利交给国民，发挥国民的创造精神。日本就是靠这种打法超越中国的。

（三）韩国和西德何以超越朝鲜和东德

人类历史上以意识形态截然两分为标志的对峙发生于20世纪，堪称奇迹。在约5000年的文明史中，部分人类因种族、宗教等原因而产生的对峙发生过无数次，但从未有像20世纪的社会主义意识形态与资本主义意识形态两大阵营的对立那么水火不容，那么针锋相对，那么互不相让，那么旗帜鲜明，那么广泛而普遍，那么绝对。世界上的几乎所有民族和国家都被卷了进来。这一对峙超越了种族、血统和宗教，剑拔弩张，人类的命运曾系于苏共总书记或美国总统的意志，灭绝人类的大灾难在20—30年间一触即发。纵然说人类的命运悬于此对峙一线，千钧一发，也绝不为过。这一对峙的另一个奇迹，是导致了一些原本统一的民族国家的戛然分裂：德国一分为二为西德与东德，朝鲜一分为二为南北两国，中国台湾与中国大陆隔海峡分而治之。曾几何时，意识形态的对立使得这些分裂了的同胞之间怒目而视，恶语相向，每一方都恨不得把另一方一口吞下去，这在道德、伦理和感情上，迄今都是有研究价值的素材。

分裂为两半的国家的对峙以及社会主义阵营与资本主义阵营的截然两分的对立，实为敌对双方倾尽所能的面对面、真刀真枪的思想与制度的对决和竞赛。每一方的宣传机器都不分青红皂白，竭尽诋毁、谩骂、诅咒、侮辱之能事，不但把对方贬得一无是处，而且把对方视为并斥为恶魔。然而，时间和实践是无情的判官。这场意识形态对决的结果当然是胜与负，且其胜负犹如对峙过程那样判若分明，令世人心服口服。

如若以生产力的解放与发展为判断的主要标准或者以人心所向为判断的根据，那么结论是：在20世纪40年代中期后的对决中，西德以绝对优势超越了东德，韩国以绝对优势超越了朝鲜，大西洋公约组织以绝对优势超越了华沙条约组织，以苏联解体和"东欧剧变"告终，连不服输的一方也不得不公开承认美国是当今世界上唯一的超级大国。

西德之超越东德，韩国之超越朝鲜，等等，归根到底是思想上的超越，因思想而制度（制度是思想的产物），因制度而实力（实力是先进制度的产物），因思想、制度、实力而文化，先进的文化反过来与思想、制度、实力形成良性循环，这就是我们应当从西德对东德的超越、韩国对朝鲜的超越中悟出的道理。由此观之，美国产的影片到中国来被推崇为"大片"，小小韩国在中国涌起了一浪高过一浪的"韩流"，都是不足为怪的。

（四）政府使命在于营造优越的制度环境

以上的几个经典超越范例表明：

（1）思想决定制度，制度决定社会文化和生产力发展水平，所以思想与制度是决定一切的。

（2）市场经济意味着国民消费自由和投资自由，而政府对分散且个性化的权利行为进行计划或者规划，是客观之不能。

（3）政府的使命在于创造优越的制度环境，保护国民的两个商业自由。制度环境安全、方便、实惠，消除了市场以外的不确定性，使投资人对未来有明确预期，蕴藏于国民之中的生产力便会解放出来，创造经济奇迹。

（4）效率的前提是公平，公平的前提是廉洁。所以，为求生产力效率，政府应把功夫下在创建公平社会上；为求公平，政府应把功夫下在廉洁权力上。

因之，政府既不应角色错位，既当裁判员又当运动员；政府也不应越俎代庖，更不应与市场争权夺利。政府应安分守己，即政府的管理首先在于治理好政府自身。治理好自身的政府是廉洁的和最好的政府，廉洁的政府才能创造公平的社会，从而解放生产力，创造经济奇迹。

（5）自从商业投资步入跨国时代，投资人心目中的投资环境、资源概念便渐渐发生了革命性的变化：自然资源禀赋、生产要素禀赋和基础设施条件的重要性逐渐为政府、制度、文化禀赋的重要性所超越。换句话说，政府、制度、文化早已不再置身于环境和资源范畴之外。政府、制度、文化不但是投资环境的最重要的构成要件，而且是社会经济资源的最重要构成要素。这一变化的力量是如此之巨大，以至于世界的势力格局因此而发生了沧海桑田般的变化；这一变化是如此之深沉，以至于当革命性的变化已经持续进行了几十年后，至今仍然有很多国家、民族和地区身在其中却浑然不觉。

这一革命性的变化具有决定性的意义，它向全人类昭示：在开放的世界中，民族与民族或者国家与国家之间的竞争，实际上是政府与政府在制度、文化、思想上的比拼和竞赛。

（7）美国之对于英国和欧洲、日本之对于中国、西德之对于东德、韩国对于朝鲜的超越范例，都是通过社会的前提转型实现的。任何民族和国家，从等级制、专制、君主、人治向平等、自由、民主、法治的社会转型是自然的趋势。这种社会制度的进化过程只有快与慢、先与后之分，没有有无之分，就像一切都只不过是时代的产物。社会转型的先进者会取得一定历史时期的竞争优势，形成对转型迟缓或者滞后的国家和地区的超越；后进者可以从先行者的经历中汲取经验教训，少走弯路，少犯错误，以跃迁的方式实现跨越性的社会转型，从而实现对先进者的超越。先进者对于后进者的意义不是看齐或模仿的样板（因为进化转型是一种自然的趋势和过程），而是启示和贡献经验与教训。故而后起的转型者不应是对先进者的照抄，而是对先进者的超越——在新的更高级的境界层面上进行思想与制度两个方面的超越，进而是文化上的超越。

人类文明进步的竞赛，就是这样的种族、民族、国家之间的超越与反超越的循环。

所以，今天的后进者，很可能就是明天的先进者。

我们中华民族是否已经展露这种势头了呢？民族的伟大复兴号召就是中华民族超越欧美的宣称与号角。我们民族滚滚向前的巨轮不但已经启动了，而且正在隆隆的轰鸣声中持续前进，全人类都正对此拭目以待。

第五章　未来的全球化与建立地球国家

一、全球化与当代民族主义

对全球化问题的探讨已成为目前学术界研究的一大热点。后冷战时代，全球化浪潮呈现强劲的发展势头，冲击和震撼着人类社会生活的方方面面。然而，就在我们透视全球化，感受凸显人类共性的全球观念、全球意识的同时，体现民族差异性、独特性的民族主义再次形成世界性浪潮，与全球化的发展相伴而行，表现出特有的逆反性功能。在同一历史发展阶段，全球出现特征相悖的两股潮流，必然影响世界的趋同与统一，影响地球国家的建立，所以我们研究全球化与地球国家的建立问题，必须探讨全球化与民族化的矛盾问题。

（一）发展特征相悖的两股世界性潮流：全球化与民族主义浪潮对世界的冲击

后冷战时代的全球化浪潮是在信息技术迅猛发展、市场经济向全球扩张的背景下到来的。它席卷世界各个角落，使公司企业的经营者能够利用世界范围的资金、技术、信息、管理和劳动力等各类资源，在所选择的最佳地区进行生产，然后把产品销往有市场需求的地方，由此实现资源在全球范围内的最优配置，使企业经济、一国经济最大限度地摆脱了地区资源和市场束缚，在更广阔的范围内展开竞争，实现发展。各国各地区被全球化这条无形的链绳紧密地联结在一起，相互间的距离大大缩小，彼此交往和依存的程度迅速增强。经济全球化所产生的效应是巨大的，它使国际关系的框架和内容得到调整，其"双刃剑"效应导致国际经济关系的重大变化：国际经济组织的职能不断扩大，对国际及国内事务的影响力增强；区域一体化建设规模扩大、步伐加快；双边、多边经贸合作超越意识形态、民族文化、历史积怨等非经济因素，在更广的范围和领域展开；国内经济与国际经济互动交融，一国经济的发展及政策的制定不再是孤立的、简单的国内现象，既受到外界国际环境的多层面影响，又向外产生多方位的影响；全球范围的贫富分化日显严重，导致世界经济体系呈现南北两极结构。经济全球化对国际政治关系的内涵与结构也产生重要的辐射作用，非国家行为体的作用显著增强，传统主权观念、国家安全理念、国家利益的内涵受到强烈影响和撞击，谋求多边、全方位的互利与合作成为国际关系的主旋律，大国伙伴关系对国际格局的建构亦产生重要影响。

在国内开始关注和研究全球化的时候，世界发生了大规模民族主义浪潮，这是20世纪的第三次民族主义浪潮。新民族主义浪潮席卷范围之广、发展势头之猛烈超乎人们的预料。如果说全球化浪潮对世界的冲击主要体现在经济层面的话，民族主义浪潮的冲击则更多地反映在政治层面上。民族分离主义、宗教民族主义、种族民族主义给国际社会带来很大的负面影响。苏联东欧国家的裂变是大规模民族分离运动的产物，而此后该地区民族问题仍是干扰国家正常社会生活的棘手问题，如俄罗斯车臣战乱、格鲁吉亚内乱、摩尔多瓦民族冲突、前南斯拉夫地区的战乱等。在世界其他地区还有南亚的印巴克什米尔争端，中东不断激化的巴以冲突，跨越国界的伊斯兰极端势力制造的恐怖活动，非洲索马里的部族骚乱，尼日利亚的民族冲突，卢旺达的部族仇杀，西欧北美发达国家的民族分离倾向以及不断发生的暴力排外事件等。形态各异的民族主义汇聚成湖，对冷战后的国际秩序和国际关系产生深刻影响，对地区及国家的安全与稳定构成重大威胁。

（二）全球化与民族主义本质特征的差异性

全球化与民族主义发展起点相近，但其运行轨迹及本质特征却存在较大差异性。

第一，全球化进程以西方国家为主导，体现西方价值观，而民族主义往往与西方价值理念相背离。在以资本主义生产方式占优势的人类社会发展阶段，全球化的发展必然较多地融入西方的价值理念，主要体现西方国家的经济利益。而民族主义在民族及民族国家的整合中，作为维护民族利益的思想武器，不可避免地强调本民族的价值理念。

第二，全球化强调利益的共同性和融合性，而民族主义凸显利益的差异性和多样性。全球化强调共同利益和超国家利益。在经济一体化、全球化趋势下，世界各国或主动或被动地都在寻求相互间的共同利益，发展合作关系，体现一种共存意识、全球意识。而民族主义体现对本民族历史和文化传统的强烈认同感和归属感，强调民族意识、民族特征和民族利益。因此，如果说全球化寻求的是利益的共同性和融合性，那么，民族主义呈现的则是差异性和多样性。

第三，全球化对各民族国家具有兼容性、渗透性和吸纳性，它使国际社会更加开放、联系更加广泛，从理论上讲全球化的发展将趋向世界的一体化；而民族主义则表现较强的排他性、分离性，以及在一定条件下的狭隘性，政治民族主义的排他性通过一些西方国家的民族排外主义展示得很充分。民族主义的排他性、孤立性往往和分离性紧密联系在一起，由此产生了民族分离主义。

（三）两个浪潮下的国际社会及引发的思考

全球化引起了各民族和地域间经济、政治、文化的交往与碰撞，融合与冲突，并由此产生两种相反的结果：一方面带来区域一体化的发展，相互依存度的加深，以及国际合作机制的加强；另一方面导致民族冲突和战争，地区持续动荡，极端民族主义和恐怖主义趁机活跃。前者谋求有序、和平、互利及合作，后者需要国际社会携手解决和治理。这两种结果的同时作用，使我们看到的国际社会充满矛盾。天下仍不太平，时代的复杂性引发我们更多的考虑。因此在全球化进程中，应当具有这样的观念和意识。

第一，全球化不是谋求某种经济政治发展模式上的统一，而是争取世界各种文明和社会制度的共存，所以应尊重各国的历史文化、社会制度和发展模式，承认世界多样性的实现，努力为发展中国家提供更大的发展空间。从一定角度讲，民族主义反映了世界的多样性，与全球化向共存共荣方向发展是不矛盾的，二者在一定条件下能够产生良性互动。

第二，创造良好的国际经济环境，是抑制极端民族主义、增强国际安全因素的重要途径。

20世纪90年代以来极端民族主义大多发端于经济相对落后地区，之后迅速向全球辐射和扩展。对此，消除民族主义负面效应的有效途径之一就是创造良好的国际经济环境，改造以不合理的国际生产体系、国际贸易体系、国际金融体系为主要内容的国际经济旧秩序，缩小全球的贫富差距。如果发达国家能够本着平等、公平和互利互惠的原则，切实支持和帮助广大发展中国家发展经济文化，使之尽快摆脱贫困落后状态，世界的和平与发展问题就有了解决的重要基础。极端民族主义恶性膨胀的经济环境将被大大弱化。

总之，在全球化进程中应当倡导和寻求不同民族和民族国家的共赢共存，而不是在激烈的市场竞争中进一步扩大不平等关系。从21世纪民族主义的发展趋势看，以民族利益和民族意识为号召力、实现从多民族国家中的分离或跨越国界的民族聚合、谋求建立单一民族国家的民族主义运动，不大可能大规模地发展下去。而全球化则呈加速发展的趋势，其发展不是推进世界政治单元的裂变以实现完全的民族与国家重合，也不是构建世界经济体系的两极分化格局，而是在全球范围内最大限度地打破地域界限和民族壁垒，促进人类社会的经济政治文化交往和沟通，并且在地区、民族、国家间深化合作与加强融合的基础上，谋求世界经济的普遍繁荣与世界政治的持久和平，为未来建立地球国家创造有利的条件。

二、文化的多元与制度的同构

在全球范围内，在技术进步和自由贸易的推动下，全球经济一体化逐渐成为驱动全球经济增长的重要引擎，全球范围内的市场分享与资源配置成为支撑经济持续正向运行的主要途径。

文化的多元化与制度是同构化趋势的存在，根本上源于人类集体同构的精神秩序与核心价值观同人类个体自由化、个性化、差异化思想、行为和生活价值取向与信念的并存。不同国家和地区也正是在文化多元化与制度同构的背景和趋势下体现和实现社会的转型，因此它实际是社会转型的过程，又是社会转型的结果。

（一）多元文化是自由贸易的结果

近代以来，随着全球范围内技术进步的程度加快和国际贸易规模的扩大，不仅对全球经济、政治格局产生深远的影响，而且也对各国的经济与社会发展形态及水平产生了巨大的影响。

技术进步使经济在提高生产效率的同时，也使社会创造价值的能力得以提升，由此促进了市场供需，带来了贸易繁荣，细化了产业分工和专业分工，从而加速了资本积累和资本周转的速率，为社会创造了更多的就业机会、创业机会、消费机会和其他社会福利。因此，技术进步和贸易扩大的结果是市场的繁荣和经济的增长。在激励技术进步和鼓励内外贸易的同时，社会经济、贸易等方面的制度也随之不断改进、完善和转型。

随着经济的持续增长，人们的消费方式、生活方式和生存状态也悄然改变，而国际贸易和国际投资推动了国际化的产业分工和市场与资源的分享，内在一致的利益所产生的彼此之间对资源、技术和市场共享的相互需要使世界经济逐步形成了一个巨大的经济磁场，各国的资源与市场纷纷被这个经济磁场的旋涡所吸附，成为这个因相互的贸易带来的经济增值而日益膨胀的经济旋涡的一部分，全球范围内的经济一体化趋势逐渐露形。

彼此紧密的经贸联系和日益开放的市场体系，使业务合作、人员交往及文化交流机会迅速增加；不同文化背景的人们的工作交往及旅游市场的开放，使不同特质的文化有了更多并存、交流和融合的机会。这在一定程度上增强了社会共同体中人们的开放意识和包容精神，文化多元化成为这一国际趋势和社会背景下的产物。

文化的多元化不仅表现在异质同构和同质异构文化的同生共存和兼容并蓄方面，也表现在消费方式、生活方式和生存状态的多元化带来的商业文化、消费文化和大众文化的更新方面。随着外部文化元素的融入，以及信息技术的发达导致人们受到更多外部文化的影响，使得整个社会呈现出文化形态多样性和文化特质多元化的格局。这种多元文化并存的现象不仅反映和促进了社会的包容和民主，也增强了社会的发展活力，优化了社会制度与社会契约，从而促进了社会的进步与转型。社会制度随着技术进步、贸易往来和经济增长，逐步走向同构状态。

（二）自由竞争和社会保障：社会制度同构的起点

自由竞争和社会保障是目前世界上绝大多数国家制度同构的主要表现侧面。这里所谓的自由竞争，是指在公正和平等原则基础上，建立和完善全面的社会竞争机制，既包括了社会经济生活领域内的自由竞争，也包括了社会政治生活和社会文化生活中的自由竞争。由此可见，所谓的社会竞争乃是社会个体与社会组织创造社会价值及为正当的价值创造活动提供有效的思想保障、制度契约保障和社会环境保障的竞争。从本质上说，为正当的社会价值创造活动提供思想保障、制度保障和环境保障的工作本身也是创造社会价值的社会实践的有机组成部分，这些工作一般表现在对社会经济、文化和政治制度契约的制定、执行和监督等活动内容中，这些社会政治、经济和文化制度契约的制定、执行和监督工作，具体反映在按照各类社会制度契约对社会正常运行和发展进行有效管理和服务的活动中。概括地讲，所谓的自由竞争就是社会成员及组织自由地进行价值创造和为此提供思想、制度与环境保障的竞争。竞争的过程是社会对社会个体及组织的创造性活动及为此提供保障活动的价值进行判断、评估和选择的过程，竞争的结果是那些能够为社会创造更多价值、提供更多福祉和更能促进社会与人的发展的个体及组织得到更多社会认可、获得更多的利益及发展空间。也就是说，社会竞争的真义是社会个体和社会组织围绕增进社会福祉和促进社会发展的宗旨，开展各种能够创造社会价值或保障社会存在、促进社会发展的社会实践和社会活动。

自由竞争与社会保障成为现代国家社会体系建设的两个重要的理念性和原则性"支柱"，使现代社会呈现出自由竞争型与公共服务型社会相融合的复合型社会，通过对自由竞争和社会保障基本信念与原则的确认，逐渐形成建立在价值激励和价值关怀、社会公正和人道原则基础上的政治民主化、经济自由化、文化多元化和社会福利化国家体系。自20世纪初至20世纪后期以来，无论是资本主义国家的社会转型还是社会主义国家的社会转型，都基本遵循着以上原则和路径。

资本主义国家的社会转型。进入20世纪后，不同社会共同体之间社会制度同构的进程明显加快。在资本主义国家体系与社会主义国家体系并存的情况下，这一进程分为两个阶段，即在20世纪初期，资本主义体系鉴于应对经济危机中人民生存保障以及社会公正的需要，借鉴社会主义思想中主张实现社会公平的有益元素，在权利和义务、机会与责任平等对称的原则上，逐步建立起自由竞争基础上的社会福利制度和社会保障体系，不仅兼顾了效率与公平，也逐步构建出自由竞争型与公共福利型有机结合的复合型社会体系。由此资本主义社会体系拉开了社会转型的帷幕。

从20世纪初开始的资本主义社会转型的本质是：在社会政策方面，强调价值激励的资本主义自由竞争型制度体系与强调价值关怀的社会主义公共福利型制度体系相结合；在经济政策方面，强调自由放任的市场调节机制与政府对市场进行宏观调控相结合。秉承中道原则的社会治理和经济管理机制的产生标志着现代社会体系和社会治理机制的形成。转型的结果是：强调社会自由竞争、价值激励和效率原则的资本主义政治和制度与推崇社会保障、价值关怀和人道原则的社会主义社会制度相互借鉴和融合，从而产生出新型的现代社会制度体系。

社会主义国家的社会转型。到了20世纪八九十年代，随着中国的改革开放和苏联及东欧国家社会制度迅速变革，社会主义体系国家或逐步，或迅速，或全面，或部分地借鉴资本主义政治制度和经济制度中的有助于激励、保障竞争和创造的有益元素。通过设计能够激励社会个体和社会组织进行有序、平等、良性、自由竞争的制度的契约、体制和机制，激发人们的创造精神和进取精神，增强社会个体及组织的价值创造能力，提高社会个体、组织及全社会的生产率水平，体现市场"看得见的手"配置资源的效率，从而提高社会整体的价值创造能力。

在社会治理方面，苏联及东欧前社会主义国家在引进市场经济制度的同时保留了原有了社会福利制度和社会保障体系，有些国家在经历短暂的重组后，又健全和完善了社会福利制度与社会保障体系；在经济管理方面，虽然引进了自由市场经济制度，但绝大多数前社会主义国家仍然保持着对市场进行宏观调控的经济干预机制。整体上看，原先的社会主义体系的国家，在借鉴自由市场经济制度有益元素以促进市场效率和人民的创造力的同时，也着手强化、恢复和重构原有的基于社会主义学说建立的社会福利与社会保障制度，同时也借鉴凯恩斯主义所倡导的运用政府"看得见的手"对市场进行干预的经济宏观调控机制。其结果不仅是兼顾了效率与公平，同时也使社会逐步向自由竞争型和公共福利型社会有机结合方向转型，其内容和结果是自由市场经济元素与社会主义元素的有机结合，原先的社会主义体系国家初步完成了经济制度的转型。

从社会主义国家社会制度的转型在不同阶段的转型重点和步骤来看可分为两种转型类别：一种是激进的社会转型，另一种是渐进的社会转型。前者如东欧及苏联加盟共和国的社会制度转型。这些前社会主义体系国家在加快推行政治民主化进程的同时，为了经济制度对与其相适应和相对称的各项社会制度的需要，相应地推行了自由市场经济或社会市场经济政策，并对社会管理体制和社会保障制度进行了改革，社会经济、政治和文化制度迅速转型，呈现出制度同构化和文化多样性的发展特征。

那些推行社会渐进转型的社会主义国家，与前者的激进转型的策略及步骤有着较大差异：激进转型的国家首先进行自上而下的政治制度转型，然后进行自下而上的经济制度转型，同时辅之以政府社会管理制度和社会保障制度转型，它们较为看重社会转型的速度与结果；而推行社会渐进转型的国家首先进行自下而上的经济制度转型，然后进行自下而上的政治制度转型，同时辅之以社会管理制度转型和社会保障制度转型，它们比较注重转型过程中社会的稳定。这两种不同社会转型类型的国家，所推行的社会转型策略在不同阶段社会转型的侧面不同，转型步骤也存在区别，但所遵循的原则和最终的结果与效果是相同的，可谓殊途同归。

制度同构化的国家大都有着自身文化背景与文化特质，这说明文化传统和文化异质，并不是制度同构化的障碍，相反它有助于在全球化背景下和制度同构化趋势下，保障文化的多样性，文化的多元化不仅体现社会的包容，更重要的是它有助于社会保持不竭的创造力，从而使社会机体在不断容纳不同文化营养和文化血液的同时永葆青春活力。

由以上阐述，我们对制度同构的内涵就会得出明确的定义：所谓制度同构，是指各社会共同体根据对社会平等与公正原则精神所形成的共同的价值判断，在相同或相近的生产力发展形态的基础上，按照价值关怀和价值激励原则精神，对社会制度体系进行建构和转型，体现出具有相同或相近的价值取向、制度功能与社会治理机制的社会体系，从而实现全体社会成员和全社会的最大自由、快乐、幸福和利益。

制度的同构并不是人为要推动实现的目标，而是一种社会自然选择的结果，是社会发展一般规律作用下和社会成员集体价值取向形成共识的结果。人的天性中存在实现个体价值最大化的需求与愿望，由此个体对于能够实现其价值最大化的社会制度抱有期待和希冀；人的天性中有对个体价值、自由、尊严、社会权利及社会需求尊重和关怀的需求与愿望，由此使他们向往并致力于创造这样的社会制度。这是人类共同的天性，它与文化背景和文化特质没有必然的关系。当能够实现这些需求和愿望的社会制度出现的时候，不论何种文化背景与传统的民众会不约而同地选择它。

因此，决定社会制度同构化的原因除了生产力和科学技术以及全球经济一体化的因素之外，另一个内在的决定性因素是人类共同的天性和精神秩序。

社会制度的同构并非指制度体系职能的整齐划一，也并不是说社会制度一经同构便万世不移，也并非在一夜之间所有的社会共同体的制度全部实现同构，社会制度同构意味着一种社会发展的价值取向和基本规律，它必定随着生产力的发展而完善、随着全球化的深入而深入、随着人的主观秩序与客观秩序的重构而变迁。但不论怎样变化，它必定会遵循着人类天性需求的轨道而行进，而决不会背离这一规律，如果某一个社会共同体的社会制度在某一阶段违背了这一规律，它最终会以不同的方式重新回到对人的价值和尊严、社会需求和社会权利的尊重、关怀、保障和实现的起点上，用中国的传统说法就是重新回到"以人为本"的起点上。鉴于人性的同构性原理，不同社会共同体会在自身文化背景和文化特质所形成的差异化外在形式下，而实现核心制度的同构化。

全球经济一体化和国际自由贸易有助于各国发挥资源上的比较优势，促进商品或服务品的跨国生产和流通，为各国的投资者、生产经营者创造投资和贸易机会，为消费者提供各种消费品，既满足社会多元化和消费需求，又推动生产力的发展。因此，当一个社会共同体的经济制度及其他制度不能适应或推动生产力发展的时候，意味着该社会共同体的生产关系不适应或限制了生产力的发展，调整、改造和转型不适应生产力发展的生产关系和社会制度，既是扩大社会生产和社会消费的需要，又是生产关系适应生产力发展和上层建筑匹配经济基础的需要。

所以，以国际通行的有助于生产力发展和兼顾公平与效率的制度为参照，调整和转型有碍于国际自由贸易和生产力发展的各类社会制度，是经济发展、社会进步和民众愿望的必然选择，是实现国家富强、人民幸福和社会民主与和谐的必由之路。

三、人类未来走向地球国家

（一）从经济全球化到全球一体化

现在及未来，经济全球化的浪潮是势不可当的，随着世界各国经济的相互交融，互为一体，必将逐渐出现世界政治、经济、社会一体化，即出现世界政治、经济联盟，或者称

"地球邦联""地球联邦",这是人类社会发展的必然,任何人都无法阻挡。

"欧盟"是人类社会一体化进程中的典范和缩影。"欧盟"所取得的巨大成功,有力证明了"团结发展"的真理性,"欧盟"盟旗就采用"同心圆"来表达彼此的团结一心。半个世纪以来,欧共体不断深化与扩大,取得了举世瞩目的进展。数百年来以战争、强权和均势为主要特征的欧洲民族国家关系,将转变为以和平与深度一体化为特征的新型关系。

有关区域经济一体化、经济全球化、全球化的专著有很多,这里不再复述。

包括笔者在内的众多学者、政治家都认为,有必要对"联合国"进行适当改革,使其适应时代的发展,"联合国"是"第二次世界大战"的产物,其结构已不能真实体现当今世界的政治、经济格局。例如,德国作为世界经济强国,应当在"联合国"发挥与其实力相称的作用。1945年9月爱因斯坦连续发表一系列关于世界政府的言论。1946年10月,他给联合国大会写公开信,敦促建立世界政府。1947年,他继续发表大量关于世界政府言论,9月发表公开信,建议把联合国改组为世界政府。有远见的思想家早就看到,如同一个地区的公共事务,要有一个地方政府管理;一个国家的事务,要有一个国家的政府管理;地球村的事务,也需要一个世界政府来管理。从康德,到爱因斯坦,都提出过这种意见。第二次世界大战结束后建立的联合国,已经是当今世界政府的雏形。在21世纪,它能否真正起到世界政府的作用,目前还是未知数。

上议院处理重大国际事务,有些类似于现在联合国的安理会,但涉及领域更广。经上议院通过的决议具有法律效力,由世界各国共同监督强制执行。如果上议院通过的决议有失公正,并且有下议院半数以上成员国提请再议,有关决议需交下议院再议,下议院经过商议后,可将上议院的决议否决,敦促上议院提出新的方案,或者同意执行。

这种组织结构是相当公正、合理的,它使强国、大国在世界上发挥了与其综合国力相称的作用,国家越强,其对别国的政治、经济影响力就越强,在会议中会拥有更多朋友。同时小国、穷国、弱国也可以用结成"国家联盟"的形式积极参与国际事务,"公道自在人心",如果上议院的决议有失公正、公平,它依然会被下议院否决,使正义得到伸张。

世界会议的另一个主要职能是立法,通过完善《国际法》,使国家行为更加规范,有利于和平解决国际争端。同时加强国际的环保和反恐怖立法,使各国国内的《环保法》和《反恐怖法》顺应《世界环保法》和《世界反恐怖法》。

联邦和邦联都是复合制国家结构的具体形式。在历史上,联邦多是由邦联演变发展而来。在近现代,联邦是复合制国家的主要形式。联邦一般由若干成员(如州、邦、共和国等)组成,是一个联盟形式的主权国家。联邦有统一的宪法,其中规定联邦及其成员均分别享有一定的主权。联邦规定有统一的法律制度、统一的立法机关、行政机关和司法机关。在联邦宪法的规定之下,联邦的各个成员也有自己各自独立的法律制度、立法机关、行政机关和司法机关。在国际事务中,联邦通常由其中央政府所代表。即是说,联邦的对外主权一般是归一的。但是,组成联邦的各个成员在其各自领域内,却享有高度的自治权。

邦联虽然也是复合制国家的一种形式,但它不同于联邦;虽然它也是由各个成员国组成的,但它通常没有统一的宪法、立法机关、行政机关和司法机关,没有统一的独立法律制度。邦联虽然也可设立"议会",但其决议必须经组成邦联的各成员国批准才能生效。一般地,邦联不具备统一的国家主权;而在对外方面,组成邦联的各个成员国都仍是独立的主权者。简言之,邦联仅是一种松散的国家联盟形式。

大约在1000年之后,"世界会议"会逐渐发展成"地球邦联",地球邦联委员会为最高权力机构,实行集体领导,委员会成员由国家或区域国家联盟领导人出任,委员会组成应该兼顾各方利益。

随着全球一体化的发展,地球邦联将逐渐发展成地球联邦,(地球国家)地球联邦委员会为最高权力机构,实行集体领导,委员会成员由各国、邦、州领导人出任。如世贸组织、世界银行、国际货币基金组织、国际劳工组织、世界卫生组织、万国邮政联盟、国际电信联盟、世界气象组织、国际海事组织、世界知识产权组织等20几个有影响的国际组织将逐渐发展成"地球联邦"部级机构。

这种"地球人类共同体"的凝聚力在于:

(1)顺应地球人类生存发展的需求,体现人类的共同利益,团结一心,共同发展,保护人类生存环境,共同开拓无尽宇宙疆土,开发宇宙无尽宝藏。

(2)完成神赋予人类的使命,实现人类的终极价值,使人类的存在获得终极意义。

(3)和平解决政治、经济、社会争端,使全人类生活在和睦的世界中。

(4)使地球资源获得更合理流动,各地人民各得其所,强者带领并扶携弱者,共同奔向繁荣富足的未来。

(5)地球人类是一种命运共同体,我们共同面临着众多重大威胁。同时面对浩瀚的宇宙,人类的力量还显得太渺小,开拓宇宙疆土的工作必须由全人类合力才能完成。

等到地球人类的融合程度相当高,且广泛处理银河系星际事务,地球联邦可以改为"总统"制,这大概要等到1万年以后。

(二)世界新秩序

这里的"世界新秩序"是指在人类社会形成"地球邦联"之前这一时期的世界秩序。笔者构想的秩序框架如下:强国带领大国、小国、穷国、弱国,共同奔向和平、繁荣的未来。我们知道大国未必是强国,强国之所以"强",自然有它必然的原因,它代表着当代最先进文明,其他国家必须向强国学习,才能使自己逐渐富强。这是一个倡导经济竞争(文争)的世界,"优胜劣汰"是自然界、人类社会永恒不变的"公平原则"。"向强者学习""能者上"是宇宙的真理。在这种世界新秩序中,强国的自身价值得到体现、大国、小国、穷国、弱国在与强国的合作中得到实惠,经济得到快速健康发展。同时为了防止强国以强凌弱,大国以大欺小,需要建立一种国际调停、仲裁机制,使弱国、穷国、小国有伸张正义的地方,改革后的联合国、世贸组织等有影响的国际组织及未来的"世界会议"可当此任。这种世界秩序的规则是公正、合理的,不带有任何偏向性,通过不断学习,大国、穷国、弱国、小国也可以成为强国;如果不思进取,强国也可能沦为弱国,人类的历史在反复证明这一质朴的真理。人类社会正是在这种新旧代谢中不断发展,获得勃勃生机,不断向人类输送新鲜血液(新的思想、新的文明)的。

(三)宇宙主义和全球主义

宇宙主义能统一人类的思想,统一人类文化的核心——世界观、价值观,能将全人类统一到宇宙之神的旗帜下,使人类拥有共同的核心信仰,最大限度地消除了不同文化间的冲突。

宇宙主义立足于人类整体和人类共同利益，它着眼于人类社会生活的共性，凸显人类的共同价值与共同利益。信仰的统一将成为全人类团结合作、共同发展的思想基础。

人类是命运的共同体，就像在汪洋大海中一叶小舟中的成员，必须同舟共济，团结一心，冲破万难，共创美好未来，这里的"汪洋大海"是指浩瀚宇宙，"一叶小舟"是指小小的地球。随着人口和资源需求的增长，开拓宇宙疆土是人类的必由之路，面临浩瀚的宇宙，人类的力量还显得太弱小，必须团结一心形成合力，方能持续发展，并成就伟业。

一个宇宙之神，一个地球人类，一个宇宙主义。一个中心，一切都围绕着这个中心（人类存在的终极意义，终极价值，神的使命），在中心点的外围，提倡各民族、各国的文化、思想的多样化，人类的文化、思想多样性是人类无穷创造力及智能进化的源泉，但必须有一个中心（统一的核心思想体系），不然人类又会陷入无尽的争斗之中。

宇宙主义中的政治主张是"全球主义"的高度发展，笔者借鉴了全球主义中很多合理成分，同时兼顾"国家主义"的现实要求，未来的地球邦联实质上还是一个国家，而且在这个国家内部，生存资源更加合理流动，不同区域的人群各得其所，这是一个相对公正、公平，没有压迫、战争，充满祥和的国度。

全球主义的思想可以追溯到古希腊罗马时期。众所周知，斯多葛派是自然法理论的真正奠基人。在斯多葛派看来，自然法是源于世界性的、与生俱来的一些基本原则。人必须自觉地做到与自然的和谐，因为宇宙是一个统一的整体，所以国家就应当是一个世界国家，每个人也就是宇宙公民。斯多葛派的世界主义主张明确表达了贬低单个国家（城邦）、推崇世界国家的观点。类似的见解还有古罗马对自然法、万民法的肯定，中世纪的但丁对"世界帝国"、世界和平的认同。在近代，卢梭的"邦联论"和康德的"永久和平论"是全球主义的直接思想渊源。卢梭的"邦联论"是基于对战争与和平的问题思考。他希望消灭战争，实现欧洲的永久和平，欲达此目的，他主张建立欧洲邦联。康德的"永久和平论"以道德法则为依据，在他看来，实现永久和平的关键是为理想中的道德性和道德责任的展现创造条件，从而使国家在对外行为中自觉、理性地遵循国际法，在国内则切实推行共和制。

一些政治家也对全球主义表示认同。前联邦德国总理、社会党国际主席勃兰特在其所主持的关于发展中国家和发达国家经济关系研究的报告中指出：国际社会已出现了一种新的认识的苗头，即认为人类正在成为一个统一的社会，因此，"我们的社会应该是实现一个建立在契约、协商一致而不是强制基础上的全球社会"。联合国前秘书长加利也于1992年撰文表示："使用几个世纪的绝对的排他式的主权学说已不再成立。"

全球主义的思想还渗透在国际社会的一些重要文献里。在这方面，最有说服力的是国际社会对环境与可持续发展的认识。1972年联合国环境会议是人类就环境问题召开的第一次世界性会议，这次会议的非正式报告鲜明地阐述了只有一个地球的思想。报告指出："我们已进入了人类进化的全球化阶段，每个人显然有两个国家，一个是自己的祖国，另一个是地球这颗行星。"该报告认为，世界的相互依存空前加强，环境的统一性日趋突显，在这种情况下，人类必须学习并确立一些新的知识，即"关于分享主权经济和主权政治的伙伴关系的新意识；关于必须超出狭隘地忠顺于部族和国家的老传统，而忠于更广大的全人类"。世界环境与发展委员会立足于世界的相互依存和全球性挑战，在其著名的《我们共同的未来》的报告中同样认为："人类需要的一致性，要求有一个有效的多边系统。这一系统要尊重协商一致的民主原则，并承认，不仅地球只有一个，而且世界只有一个。"1992年人类第一次环发会议发表的《里约环境与发展宣言》指出,这次历史性会议是"怀着各国、在各社会各个关键性阶层和人民之间开辟新的合作层面,从而建立一种新的、公平的全球伙伴关系的目标,致力于达成既尊重所有各方面的利益,又保护全球环境与发展体系的国际协议,认识到我们的家乡——地球的整体性和相互依存性"而召开的,其目的就是通过建立全球性伙伴的关系,迎接环境与发展的挑战。

全球主义的兴起是当代的一个基本事实,其根源在于世界各国的相互依存。而这种内在的高度相关性首先是市场经济向全球扩张的必然逻辑,其次是人类物质文明迅速发展,特别是通信、交通的革命性变革的结果。

人类社会的"趋同"和"统一"趋势

人类社会的"趋同化"是历史发展的必然,是势不可当的历史潮流,这种"趋同化"现象已深入到社会的每一个角落,这种潮流的原动力就是人类希望追随好的有生命力的思想和发展方向。当今世界哪些思想、哪些社会最有生机,大家都是心知肚明的,其中经济活力是衡量的一个重要指针。这是任何保守势力无法阻挡的,如果保守派得势,就意味着落后、贫穷、僵化、愚昧。

美国研究"趋同化"的专家格奥利认为,"趋同化"是对20世纪以来许多理论诸如"福利国家论",比较经济学、混合经济论等的综合吸收与发展。

笔者认为,近1万年来,人类社会一直进行着"趋同化"进程,是从趋近、趋似到趋同的演化过程。由于世界理性的预先目的存在和发挥作用,人类社会存在着趋近之势,这一趋势发展到终点就是人类社会的"大同",笔者所称的"大同"是指在人类文化的核心——价值观、世界观上的相同,而文化中的其他因素则应该是百花齐放、丰富多彩的。趋近规律是指人类社会在纵向和横向时间轴上,在空间距离上日益接近的趋势。从原始社会、奴隶社会、封建社会到资本主义社会以及未来的"全球社会",历史上不同地域、不同国家的人们一直探索、追随适应生产力发展的思想和社会制度,这就是一种逐渐"趋同"的进程,"趋同"是一种"合"的过程,当然其中也会出现一些"分"的插曲,但这种"合"的总趋势不会受到多大的影响,因为"趋同"的过程就是人类不断追求真理的过程,而真理只有一种,因此"合一"是必然的。这种"合"的阶段性终点即实现"全球社会",全球一体化的人类社会。

地球人类社会的最终统一是必然的,这种趋势是非常明显的。在140000～290000年前,由人类共同母亲繁衍的后代逐渐向各洲扩散,分居各地,这是"分"的过程;到了公元前20000年,人类由散居逐渐走向群居,经过"氏族融合,部落融合,部族融合,民族融合"四个阶段,族群人数越来越多,并逐渐形成社会、国家,"族群融合"就是不断走向统一的过程,民族融合的终点就是实现"地球人类共同体",这是"合"的过程。

国家是人类社会最重要组织形式,由国家大小也可看出这种"族群融合"的趋势,从古代部落、部族组成的城邦小国,随着族群不断融合,国家的版图也越来越大,族群人数越来越多,种类却越来越少。

(四)和平发展,团结共荣

从某种意义上讲,人类的历史就是一部夺取生存资源的历史,其惨烈程度令人发指。当人类步入宇航时代,就必须重新建立新的生存资源观、利益观和价值观。这就像一个有200

多人的大家庭，却彼此为争夺家族内非常有限的资源而明争暗斗，尔虞我诈，甚至骨肉相残，这是一幕何其悲惨的人间悲剧，但这种悲剧时至今日还在地球上频繁上演。这个大家庭没有看到在家庭之外还有无尽的资源，无穷的生存空间，那就是银河系、宇宙中无数适合人类发展繁衍的类地行星。人类必须团结一心，形成合力，方能发掘银河系宝藏，未来人类不会再为夺取资源而争斗，因为宇宙宝藏是人类分享不完的，那时人类社会将不再有贫困，不再有战争，充满祥和幸福。

全人类团结起来！勇往直前！去消灭魔鬼、邪恶、地狱，去消除人类共同面临的威胁，去开拓宇宙无尽疆土，去发掘宇宙无穷宝藏，去统治宇宙行星群，使宇宙行星群文明化，使之成为充满"善与爱"的天堂。

人类团结共荣是最高利益，只有和平发展才能使全人类都分享利益，争斗只能走向毁灭。历史上，人类为了争夺"利益"，最终得到的只有死亡、废墟和仇恨，在科技飞速发展的今日，这种斗争最终必将走向相互摧毁，甚至是全人类的消亡（如果使用生物或核武器）。国家、人民的最高利益就是人民能够世代繁荣富足，在今日及未来，这一切只能通过和平手段来获取。

和平是于全人类有重要意义的肯定性象征之一，和平是最普遍的起统一作用的象征，它也是全人类作正面响应的少数象征之一。

和平与战争是国际关系中两种最基本的状态，而爱好和平、追求和平、维护和平，从来就是人类生存的原则之一和共同的美好愿望。所谓"和平"，是指整个世界的和平，即不打世界大战，不打核生化战争；同时也反对局部战争和常规战争。和平关系着人类的生存和命运，是人类社会进步的重要前提，它将给人类发展和其他全球性问题的解决创造良好的国际环境。所以，维护和平是当今世界的根本问题。

发展是人类生存的基本目的，它既是人类进步的表现形式，又是人类持续进步的必要前提。所谓"发展"，一方面指各个国家和地区在政治、经济、文化等各个领域的综合协调发展；另一方面也指不同文化的国家、地区的共同繁荣和进步。所以，发展不仅是指各国自身的经济发展，而且是指整个社会的发展，即整个人类的共同全面发展。在经济相互依赖、经济全球化趋势不断加强的今天，世界各国经济的发展已不能仅仅取决于自身的努力，而需要世界各国的共同努力。促进人类的共同发展是当代的历史潮流，并成为当今世界的核心问题，它直接关系着人类社会的繁荣与进步。

和平与发展并不是孤立的，它们之间既各有特点，又密切相连，两者之间互为因果、互为条件、相互制约、相互促进。发展需要和平，和平离不开发展；在和平中不断发展，在发展中维持和平，这是人类社会走向美好未来的重要保证。

就人类目前的智能级别而言，希望他们为和平而和平，是很难的，因为他们需要从获取利益中得到快感，使存在充满激情，所以必须让他们为利益而和平，只有和平共荣、团结发展才能使他们获得最大、最持久的利益、激情和快感。

（五）科学与真理

国家是组织、管理社会生活最有效的工具，它的功能至今尚没有任何东西可以替代。全人类的共同利益也就是国家的长期利益，两者是一致的，现在我们只需要解决国家施政中的短视行为，组织大量自然科学、人文社会科学专家作为政府高级智囊团，使国家的政治、经济行为充满科学性，具有长远目光，并组建一种具有崇高地位的"科学会议"，参与立法工作，使制定的法律更加合理，并向政府提出最佳的施政建议，使政策深得民心。"科学会议"是由自然科学、人文社会科学家组成、由科学界共同推选的。现今的议会成员是由各地选民推选出来，他们分别代表着某些特定利益集团或地区民众的现实利益，现实利益着眼于目前，有时难免具有短视性。只有科学性和现实性的兼顾，才能使国家持续发展，不然光顾着眼前利益，很可能是"竭泽而渔"。

在所有决策中，"科学会议"的决策是最客观的、公正的，最具有科学性，虽然不是十全十美，但必然是最接近真理的。科学家广泛参与各种决策工作，即决策的科学化是一种必然趋势，是人类社会持续健康发展的必要条件。

立法、施政的科学化是人类社会发展的必然趋势，科学就是真理，就是神旨，未来的科学家将在国家、社会发展中起到极其重要的作用，由严谨、公正的科学家提供真理，再由灵活、中庸、仁义的政治家上台施政。

（六）可持续发展

地球是一个整体，污染没有国界，"以邻为壑"和"自扫门前雪"的时代已成为过去，人类只有同舟共济，才能实现人类的持续发展。

1972年6月5日，联合国在瑞典首都斯德哥尔摩召开了"联合国人类环境的会议"。会议通过了《联合国人类环境会议的宣言》（简称《人类环境宣言》），并制定了斯德哥尔摩行动计划。宣言分为两个部分：第一部分扼要叙述了人与环境的关系，规定了在保护和改善人类生存环境方面所应采取的7个共同原则；第二部分阐述了在保护和改善人类生存环境方面所采用的共同原则所申明的信念。就有关自然保护、生态平衡、污染防治、城市化、人口、资源、经济、环境责任及赔偿、核试验、发展中国家的需求等一系列范围广泛的人类环境问题，从环境道德、环境战略、环境法制的不同角度，表明了与会者的"共同信念"。

由于这些观点和原则并未真正被世界各国的决策层所接受，到了1982年5月1日—18日，在内罗华召开的人类环境特别会议，检查发现斯德哥尔摩行动计划并未收到实效。会议通过的内罗华宣言提出："然而应当指出，行动计划仅是部分地得到了执行，而且其结果也不能认为是令人满意的。这主要是由于对环境保护的长远利益缺乏足够的预见和理解，在方法和努力方面没有进行充分的协调，以及由于资源缺乏和分配不平均。……人类的一些无控制的或无计划的活动使环境日趋恶化。森林的砍伐、土壤与水质的恶化和沙漠化已达到惊人的程度，并严重地危及世界大片土地的生活条件。有害的环境状况引起的疾病继续造成人类的痛苦。大气变化（如臭氧层的变化、二氧化硫含量日益增加和酸雨），海洋和内陆水域的污染，滥用和随便处置有害物质，以及动植物物种的灭绝，进一步威胁人类的环境。"从斯德哥尔摩（1972）到内罗华（1982）经历了10年，虽然20世纪70年代中发达国家的城市环境污染状况有明显改善，但这只是局部有所改善，而整体仍在继续恶化，20世纪80年代出现了第二次环境问题的高潮。20世纪80年代末、90年代初全球性的严重环境问题已威胁到人类的生存和发展。

全球性环境的不断恶化，引起了人们的深刻反思。1987年，联合国世界环境与发展委员会（WECD）把经过长达4年研究和经充分论证的报告《我们共同的未来》（Our Common Future）提交给联合国大会，正式提出了可持续发展的模式。这种模式既包含了对传统发展模式的反思和批判，也包含了对规范的可持续发展模式的理性设计。就理性设计而言，可持续发展具体表现在：工业应当是低消耗高效益，能源应当被清洁利用，资源永续利用，粮食保障长期供给，人口与资源保持相对平衡，经济与环境协调发展等许多方面。这表明了世界各国都已意识到要从根本解决环境与发展问题，必须转变发展战略，从传统的发展模式转变为可持续发展模式。

为了促进可持续发展战略的实施，1992年6月在巴西里约热内卢召开了联合国环境与发展大会。与相隔20年的斯德哥尔摩的人类环境会议对比，审视人类走过的足迹，可以发现经过20年的实践和反思，人们对环境与发展的辩证关系和全球环境问题的严峻形势，取得了深刻而一致的认识；并明确了责任，主要责任直接地或间接地来自工业发达国家，这是公认的历史事实。当然，明确发达国家对环境问题应负主要责任，也不能掩饰发展中国家的责任。除了历史上的原因外，发展中国家的环境问题主要是对环境与发展的关系处置不当或管理不善造成的，而且呈发展趋势。还有非常重要的一点，这次大会找到了环境问题的根源，找到了解决环境问题的正确道路，世界各国普遍接受了"可持续发展战略"。回顾1972—1992年的发展历程，可以清楚地看出，走向可持续发展道路是人类经过深刻反思后所作出的唯一正确的选择，是历史发展的必然。

自然生态系统是人类生存和发展的支持系统，自然界的生态功能对人类的可持续生存和发展是有价值的，人类的可持续生存和发展的利益是确立生态的终极尺度和主体选择。生态文明就是要把人与自然的关系引入人们判断事物的价值观念之中，在维护人类自身生存的前提下，把人类的善恶观、良心观、义务观、权利观等道德观念扩大到自然生态方面。在人和自然关系中，人作为自然的一员，其生产和生活活动必须遵循生态学原理，建立生态化的科学技术，给技术以生态价值取向，克服技术异化，建立人与自然和谐相处、协调发展的关系。依靠不断发展的绿色科学技术，进行适度规模的社会生产、消费，既能满足人与自然协调发展，同时又能满足人的物质需求、精神需求和生态需求。提高人类整体生活质量，实现自然—经济—社会复合系统的良性循环。

全球生态危机标志旧的工业生产方式已走到尽头，今后人类的生存发展已经不能单纯依靠土地种植和挖掘地球资源来维持，而必须深入挖掘和利用人类自身的智能资源，这将导致以智力资源为基础的生态文明，一种以满足人的需求为中心的价值取向，以人的智力开发和利用为发展基础，以人与自然统一的生态和谐发展为核心的新发展观。可持续发展战略的真正实现，首先有赖于作为社会成员的劳动者从观念上接受这种世界观、价值观和道德观，广大社会成员良好的精神状态是实现可持续发展的不可或缺的条件，同时可持续发展的根本出路还在于人所特有的不断创新的精神。

可持续发展把人类看成一个不可分割的整体，它确信任何国家都无力单独解决任何一个威胁人类生存的全球问题，任何国家都不可能指望离开人类的共同发展而求得自身的发展。人类在发展过程中遇到的问题已具有全球性质，像生态环境、人口、资源、土地、粮食等，都是涉及全人类利益并需要全球范围内密切关注、合作，通过协同一致的国际行为加以解决的问题。可持续发展需要人与人、国家与国家之间建立协作关系，并确立人类"家园意识"的新观念。

随着全球经济的一体化，当今的世界已是一个高度整合和开放的世界，全球经济、科技、文化、军事、环境等各种因素相互作用、相互制约，把整个人类连成了一个相互依存的有机整体，这说明了人类面临的问题和涉及的利益是共同的，同时也为人类采取共同的行动对待各种危机提供了前提条件。人类已是一个不可分割的整体，特别是一些欠发达国家和小国发展的失误同样会严重影响整个世界生态环境的平衡，给包括发达国家在内的别的国家造成严重的危害。

2002年8月26日—9月4日，联合国可持续发展世界首脑会议在南非约翰内斯堡召开，9月2日—4日举行了首脑会议，包括104个国家元首和政府首脑在内的192个国家的代表出席了大会。会议最后通过了《执行计划》和《政治宣言》两个基本文件。这是继1992年联合国环发大会后又一次具有广泛影响的会议，它表明人类在实现可持续发展的道路上又向前迈出了一步。

联合国前秘书长安南指出，这次邀请世界各国元首和政府首脑与会，商讨拯救地球、保护环境、消除贫困、促进繁荣的世界可持续发展计划，他们回去后开始贯彻实施，"就世界可持续发展而言，这仅仅是个开端，联合国将成立有关监督机构，监督并报告各国对《执行计划草案》的实施情况，促进世界可持续发展"。

《执行计划》的通过是这次大会取得的主要成果。该计划分为10章，分别是：序言、消除贫困、改变有悖于可持续发展的消费和生产方式、保护和管理实现经济和社会发展的自然资源、全球化世界的可持续发展、健康与可持续发展、小岛发展中国家的可持续发展、非洲国家的可持续发展、执行方法和实施可持续发展的机制框架，其中最后两章是重点，突出了这次大会化语言为行动的宗旨。

人类在解决环境与发展问题上面临的困难还很多，道路也很漫长，但是，里约热内卢的共识，约翰内斯堡的目标，应该让发展中国家和发达国家携起手来，共同走向可持续发展的未来。